YVERT & TELLIER

CATALOGUE
DE TIMBRES-POSTE

CENT DOUZIÈME ANNÉE

TOME I

FRANCE

ÉMISSIONS GÉNÉRALES DES COLONIES

2008

ASCAT

YVERT&TELLIER

2, rue de l'Étoile - 80094 AMIENS cedex 3
http://www.yvert.com

Le catalogue Mondial de Cotation

Le Tome de Référence des Catalogues - *(Outil pour l'identification et le classement des Timbres-Poste)*

I. - FRANCE, Émissions Générales des Colonies - *(En couleurs. Parution annuelle)*

Ibis. - TOM - Monaco - Andorre - Europa - Nations Unies - *(En couleurs. Parution annuelle)*

II. - COLONIES FRANÇAISES - *(1re partie en couleurs)*

II. - PAYS INDÉPENDANTS D'AFRIQUE

(2e partie **Algérie à Khmère + Cambodge et Laos**).
(3e partie **Madagascar à Tunisie + Vanuatu - Vietnam**).

III. - EUROPE de l'Ouest

(1re partie **Allemagne à Epire**).
(2e partie **Espagne à Luxembourg**).
(3e partie **Macédoine à Yougoslavie**).

IV. - EUROPE de l'Est

(1re partie **Albanie à Pologne**).
(2e partie **Roumanie à Ukraine**).

OUTRE-MER

(Volume 1 **Aden à Burundi**).
(Volume 2 **Caïmanes à Dominicaine**).
(Volume 3 **Dominique à Guatemala**).
(Volume 4 **Guinée-Bissau à Lesotho**).
(Volume 5 **Liban à Nyassaland**).
(Volume 6 **Océan Indien à Samoa**).
(Volume 7 **Seychelles à Zoulouland**).

Les Classiques du Monde (1840-1940)

Le Catalogue Mondial des nouveautés

1998 - 1999 - 2000 - 2001 - 2002 - 2003 - 2004 - 2005 - 2006

Le Catalogue des Timbres Fiscaux et Socio-Postaux

de France et de Monaco.

AVERTISSEMENT

Yvert & Tellier attire l'attention des utilisateurs du présent catalogue sur le fait que les cotations qui y figurent ne constituent pas des indications de prix conseillés, et que les prix effectivement pratiqués résultent d'un accord librement conclu entre les vendeurs et les acheteurs. La responsabilité d'Yvert & Tellier ne saurait donc en aucun cas être recherchée sur le fondement d'un quelconque écart entre le prix indiqué et le prix effectif.

Yvert & Tellier draw users' attention of the present catalogue to the fact that quotes given in it are not an indication of recommended prices and that prices effectively applied are the result of agreements reached freely between sellers and buyers. Therefore, Yvert & Tellier's responsibility cannot be implicated on the basis of any discrepancy between the price indicated and the price applied in practice.

ISBN10 2-86814-181-1 ISBN13 978-2-86814-181-1 Publication annuelle - Imprimé en France.

INDEX ALPHABÉTIQUE

FRANCE

INDEX ALPHABÉTIQUE DES ANNONCEURS

AVERTISSEMENT

Nous saluons dans cette édition l'arrivée d'une nouvelle rubrique : les Feuillets souvenirs de la F.F.A.P. : A l'instar de la C.N.E.P., la Fédération Française des Associations Philatéliques, dont YVERT et TELLIER est partenaire depuis de nombreuses années, a décidé d'émettre à l'occasion de son dernier congrès un bloc qui a été offert aux abonnés de la revue "La Philatélie Française" et commercialisé par les professionnels de la philatélie.

Cette année encore, nous remercions chaleureusement M. Bertrand SINAIS de sa précieuse collaboration pour la rédaction de cet ouvrage ainsi que Messieurs GENGEMBRE et HERON qui ont succédé à M. BELAZ pour la rédaction de la rubrique Timbres de distributeurs.

Nous ne saurions trop vous conseiller enfin de consulter le tout nouveau volume II de notre catalogue spécialisé des Carnets de France dont les auteurs, Lucien COUTAN et Patrick REYNAUD sont des amis fidèles et participent activement à la rédaction de notre rubrique carnet.

Benoît GERVAIS
Christophe YVERT

Millésime

Légende

1949. - *Exposition philatélique internationale de Paris (CITEX). Type de 1849. Taille-douce. Non dentelé (bordure dentelée 13).* BF *n° 5.*

Sujet repris à la rubrique Blocs et Feuillets

Numéro Yvert

841	10 f. (+100 f.) vermil.	6 50	40 »	54 »
	a. (Non dent. complet)		1600 »	

Valeur faciale

Surtaxe

Variété ou autre état (ex : Non dentelé)

1949. - *Congrès international de Télégraphie et Téléphonie, à Paris. Taille-douce. Dentelés 13.* ✈

Sujets repris à la rubrique Avion

Claude Chappe.

F. Arago et Ampère.

Couleur

Dentelure

844	10 f. rouge	1 10	0 65	1 10
845	15 f. brun-noir	1 25	0 65	1 25

Modes d'impression

Emile Baudot.

Général Ferrié.

Couleur en italique = Non émis

Sujet

Cote du timbre oblitéré

846	25 f. lie de vin	3 »	2 »	2 75
846A	25 f. *lie de vin*	4000 »	3000 »	
847	50 f. bleu	5 65	3 »	4 90
Nos 844 à 847 sans le 846A (4 val.)		11 »	6 30	10 »
La série (sans le 846A), non dentelée			215 »	

Prix de la série

Chiffre de tirage du ou des timbres

Note

Le n° 846A, portant une erreur de date (1848 au lieu de 1845), n'a pas été émis.

Tirages : 844 : 2 900 000 - 845 : 3 340 000 - 846 : 2 700 000 - 847 : 2 585 000.

Cote du timbre neuf sans charnière

Cote du timbre avec charnière

CLEF DU CATALOGUE

Afin de ne pas alourdir le texte par la constante et fastidieuse répétition de notes explicatives, les auteurs ont adopté certaines conventions IMMUABLES, simples, peu nombreuses. Leur connaissance étant indispensable pour une parfaite utilisation du catalogue, nous les exposons ici aussi clairement que possible.

COMPLÉMENTS RELATIFS AUX TOMES I ET I BIS

Pour les timbres antérieurs à 1900, les cotes s'entendent pour des exemplaires sans défaut de papier, avec des marges correctes et filets visibles pour les timbres non dentelés et une dentelure normale pour les timbres dentelés ; une gomme d'origine pour les timbres neufs et une oblitération n'altérant pas le sujet du timbre pour les timbres oblitérés.

Les exemplaires avec défauts, clair dans le papier, marge courte, dents irrégulières, oblitération lourde ne sont pas sans valeur. On peut leur attribuer, suivant l'importance du défaut de 40 à 10% de la cote. Inversement, pour les exemplaires dits « de luxe » la cote doit être augmentée.

Dès l'origine à 1899, les cotes sont disposées sur deux colonnes : les cotes de la colonne de gauche concernent les timbres neufs avec charnière, celles de la colonne de droite les timbres oblitérés.

De 1900 à 1959, les cotes sont disposées sur trois colonnes : les cotes de la colonne de gauche concernent les timbres neufs avec gomme d'origine intacte et sans charnière **, celles de la colonne centrale les timbres neufs avec charnière légère *, celles de la colonne de droite les timbres oblitérés ⊙.

A partir de 1960, les cotes de la colonne de gauche concernent les timbres neufs sans charnière.

Les cotes des timbres sur lettres s'entendent pour un affranchissement et des cachets oblitérants normaux. Dans le cas d'affranchissements composés, il conviendra de prendre la cote du principal timbre **sur lettre** *et d'y ajouter les cotes des autres timbres* **oblitérés**. *Pour certains timbres, nous avons indiqué une seconde cote qui s'applique à l'affranchissement comportant un timbre unique ; cette cote est signalée par l'abréviation* **(id. seul)**. *Les affranchissements préparés philatéliquement valent moins.*

Centrage des timbres : les cotes s'entendent pour des timbres *bien centrés*. Lorsque le « très bon centrage » mérite une plus-value, nous indiquons entre parenthèses le pourcentage à appliquer à la cote pour obtenir le prix du timbre *très bien centré*. Pour un *centrage moyen*, il convient de diminuer la cote du même pourcentage, sans jamais excéder 50 %.

———●———

CLASSEMENT. - Dans chacun des volumes qui constituent le catalogue, nous avons suivi *l'ordre alphabétique*. Cette règle n'a souffert d'exceptions que lorsqu'il s'agissait de ne pas séparer certains départements d'un même pays, certaines régions géographiques, certains anciens États autrefois indépendants et plus tard groupés pour ne former qu'un seul État. En cas de doute, se reporter à **l'index alphabétique**.

Dans chaque pays, nous avons suivi autant que possible *l'ordre chronologique*. Pour faciliter les classements nous avons souvent groupé plusieurs émissions du même type ; nous avons alors indiqué les dates extrêmes d'émission. Lorsqu'un type ancien a été repris après un temps trop long pour qu'une telle réunion puisse être logiquement effectuée, nous avons indiqué, à la suite de la première émission à ce type, la référence des émissions successives.

COTES. - Les cotes sont disposées dans deux colonnes ; celle de gauche concerne les timbres **neufs** sans charnière ; celle de droite concerne les timbres **oblitérés**. (Voir ci-dessus les compléments relatifs aux tomes 1 et 1bis).

En général, les variétés valent plus cher que les timbres-types. Cependant, ce n'est pas une règle absolue. Pour faire connaître, tout de suite, s'il existe une variété moins chère que le timbre-type, nous avons mis les cotes de ce dernier en *chiffres italiques* (sauf dans le cas où les cotes sont à côté les unes des autres ou immédiatement l'une au-dessus de l'autre).

Remarque concernant les cotes des timbres oblitérés du 20e siècle, les cotes s'appliquent pour des exemplaires oblitérés proprement, durant la période de vente aux guichets et avec une tolérance de une à deux années, les oblitérés avec cachets tardifs lisibles ou non valent beaucoup moins. En revanche les timbres avec oblitération centrale lisible se rapportant à la période de vente valent beaucoup plus.

COULEURS. - La désignation des couleurs, difficile, a été cependant faite méthodiquement et permet un classement rationnel des variétés de nuances.

Pour les timbres imprimés en plusieurs couleurs nous avons toujours décrit celles-ci en partant des bords extérieurs du timbre de la droite vers la gauche. Pour les timbres à quatre ou cinq couleurs ou plus, nous mettons polychrome lorsque les couleurs sont confondues et multicolore lorsqu'elles sont côte à côte. - Lorsque la couleur d'une surcharge n'est pas spécifiée entre parenthèses, c'est que cette surcharge est noire.

Les couleurs en *italiques* signalent un timbre qui n'a pas été mis en cours, un « non émis ». De tels timbres ne sont naturellement cotés qu'à l'état neuf.

NUMÉROTAGE. - En principe nous avons donné un numéro différent - suivi parfois d'une lettre majuscule (toutefois les lettres i et o ne sont pas utilisées) - à chaque *timbre-type*, et aux *variétés* de ce timbre une lettre minuscule de l'alphabet. Toutes ces variétés sont imprimées en petits caractères. De plus elles sont mises en retrait afin que, à gauche de la composition, la suite normale des timbres-types saute à l'oeil du premier coup.

REPRODUCTIONS. - Tous les clichés utiles à connaître pour classer rapidement une collection figurent à leur place. Nous avons jugé superflue la reproduction entière de quelques séries sur le classement desquelles il est impossible d'hésiter un instant et, dans ce cas, nous avons remplacé les clichés par la désignation des sujets de chaque timbre.

L'expression *cadres variés* signifie que tous les timbres d'une émission ne sont pas exactement semblables au type reproduit, mais n'en diffèrent que par le détail des encadrements.

Les clichés des *timbres* sont réduits aux trois-quarts de leur grandeur réelle. Les *surcharges* ont été gravées en grandeur réelle et reproduites aussi fidèlement que possible. Il en est de même pour les *filigranes*.

[ ] - Deux crochets encadrant la couleur d'un timbre indiquent que ce timbre n'a pas été émis sans la surcharge qu'il porte.

( ) - Deux parenthèses encadrant la valeur nominale d'un timbre indiquent que cette valeur n'est pas portée sur le timbre ; s'agissant de timbres de bienfaisance, elles indiquent, accompagnées du signe +, la plus-value avec laquelle étaient vendus ces timbres, lorsque celle-ci n'est pas exprimée sur la vignette.

- Nous employons aussi les parenthèses pour faire connaître le numéro de certains timbres surchargés, lorsque nous n'avons pas la place de les décrire complètement ou lorsqu'une confusion peut se produire.

▯ - Un petit rectangle à la suite de la désignation de la couleur d'un timbre signifie que ce timbre existe *non dentelé*. Le même rectangle placé immédiatement après la légende, signifie que tous les timbres de la série existent *non dentelés*, ce qui ne veut pas dire que le prix en soit le même.

◺ - Un triangle indique que le timbre a été employé, *coupé en deux*, pour la moitié de sa valeur, soit obliquement, soit verticalement ou horizontalement.

✈ - Ce signe renvoie à la rubrique « Poste aérienne » où l'on trouvera une émission soit de même type, soit commémorant le même événement.

[BF] - Ce signe, lorsqu'il est suivi d'un numéro, renvoie à la rubrique « Blocs et feuillets ». Sous cette rubrique nous cataloguons les timbres imprimés en bloc, en bande, en paire ou même par unité sur des feuillets de dimensions variables, et nous donnons les cotes de ces pièces munies de toutes leurs marges.

- Lorsque le signe [BF] n'est pas suivi d'un numéro, c'est que le timbre existe en feuillet, mais que le caractère ou les conditions d'émission de ce feuillet ne nous ont pas paru justifier son homologation dans le catalogue.

[C] - Ce signe renvoie à la rubrique « Carnet ».

PETIT LEXIQUE PHILATÉLIQUE

Avec le concours de l'Académie de Philatélie et de l'Académie Européenne de Philatélie. Les termes précédés d'un astérisque sont extraits du dictionnaire philatélique et postal édité conjointement par les deux Académies.

*** AFFRANCHISSEMENT.** - Acquittement préalable de la totalité des frais de port, représenté, selon les époques et les cas, par des mentions, des marques spécifiques, des timbres-poste, des empreintes de machines à affranchir ou autres valeurs fiduciaires.

AMINCISSEMENT. - Diminution plus ou moins légère de l'épaisseur du papier, en un ou plusieurs endroits. Un timbre aminci perd beaucoup de sa valeur, laquelle est réduite proportionnellement à l'importance de l'amincissement.

BANDE. - Ensemble horizontal de plus de deux timbres qui n'ont pas été séparés. Les bandes de timbres non dentelés, lorsque les exemplaires qui les composent sont en parfait état, présentent de grosses plus-values. Les bandes verticales répondent à la même définition, mais leur plus-value est comparativement moins grande.

BIENFAISANCE (Timbres de). - Un grand nombre d'États ont pris l'habitude d'émettre des timbres qu'ils vendent à un prix supérieur à celui de la valeur d'affranchissement ; la différence est généralement versée à des oeuvres de bienfaisance. D'autres obligent à ajouter, certains jours, au prix normal du port de la lettre, un timbre n'ayant aucune valeur d'affranchissement et dont le montant intégral est remis à des oeuvres charitables. Ce sont seulement ces derniers que nous classons sous la rubrique « *Timbres de bienfaisance* ».

BLOC. - Ensemble de timbres qui n'ont pas été séparés. Le plus petit est le bloc de quatre, qui se présente ainsi : ⊞ ; ceux des timbres anciens sont très recherchés, surtout à l'état neuf, et présentent souvent de très importantes plus-values.

BURELAGE. - Fond formé de lignes légère entrecroisées ou parallèles, sur lequel se détache le dessin principal d'un timbre.

CADRES VARIÉS. - Ces mots signifient que les timbres d'une même émission représentent un même type entouré d'ornements différents. - Nous les employons lorsque nous croyons pouvoir nous dispenser, sans nuire à la clarté, de reproduire plusieurs timbres ne différant que par des détails d'encadrement.

CARACTÈRES. - Voici un modèle des caractères typographiques les plus employés et les noms sous lesquels on les désigne :

ANTIQUES — ÉGYPTIENNES
ROMAINS – *ITALIQUES*
NORMANDES

CENTRÉ. - Un timbre bien centré est celui dont les marges sont égales les unes aux autres, qu'il soit dentelé ou non.

CHARNIÈRES. - Petits morceaux de papier pelure gommé, à l'aide desquels on fixe les timbres dans les albums.

CHOIX. - Premier choix, second choix, expressions qui indiquent respectivement qu'un timbre est parfait ou imparfait. Nos cotes s'appliquent à des exemplaires de premier choix ; un amincissement, une petite fente, une dentelure incomplète, une oblitération trop forte, même un défaut de fraîcheur, sont autant de tares qui en diminuent plus ou moins la valeur.

COINS DATÉS. - De nombreuses feuilles de timbres de France, des Colonies françaises, de Monaco, etc., portent dans la marge inférieure de droite, depuis 1922, l'indication de la date de l'impression. Nos cotes s'entendent pour des blocs de quatre, neufs, attachés à la marge où figure la date.

COMMÉMORATIFS. - Timbres émis pour commémorer un événement. Ces émissions ont été mises à la mode en 1892 par les États d'Amérique qui ont presque tous émis des timbres à l'occasion du quatrième centenaire de la découverte de l'Amérique. La plupart de ces émissions sont faites pour être vendues aux collectionneurs plutôt que pour affranchir les lettres.

COUCHÉ. - Se dit d'un papier dont la surface est très glacée et brillante ; c'est le *chalky paper* des Anglais. Les séries jubilaires d'Autriche, quelques émissions des Colonies anglaises et françaises ainsi que de nombreuses séries modernes, ont été imprimées sur ce papier, qui constitue un support très mauvais pour les couleurs. Il ne faut pas mettre ces timbres dans l'eau et si on ne les protège pas, dans l'album, par une feuille de papier cristal, les couleurs se fanent et se rayent rapidement.

*** DÉCENTRÉ**. - Se dit d'un timbre-poste dont la partie imprimée n'est pas à égale distance des limites du papier ou de la dentelure, c'est-à-dire dont le centrage est défectueux.

*** DÉFECTUEUX.** - Se dit d'un timbre, ou d'une lettre, dont l'état est mauvais. L'appellation " troisième choix " est parfois utilisée dans ce sens. Les timbres défectueux n'ont, en règle générale, qu'une faible valeur.

DÉMONÉTISÉ. - Se dit d'un timbre qui n'est plus valable pour l'affranchissement des correspondances, à la suite d'un décret le retirant de la circulation.

DENTELÉ. - Se dit d'un timbre dont les bords ont été perforés ; cette perforation a pour but de faciliter la séparation des timbres d'une même feuille. — Lorsque ce mot n'est pas inscrit en tête d'une émission, les timbres de cette émission sont *non dentelés*. Le mot « dentelé » est toujours suivi d'un chiffre qui indique le nombre de dents contenues dans une longueur de deux centimètres et qu'on peut immédiatement évaluer à l'aide d'un *odontomètre* (voir ce mot).

Dentelés 13 signifie que les timbres d'une émission sont tous dentelés 13 sur les quatre côtés.

Dentelés 13x14 signifie que le côté horizontal a 13 dents et le côté vertical 14.

Dentelés 13-14 signifie que les timbres d'une émission sont indifféremment dentelés 13, 13x14, 14x13 ou 14.

Dentelés 12, 12x12½ signifie que chaque timbre de la série existe sous deux formes de dentelure différentes 12 et 12x12½.

*** DOUBLE IMPRESSION.** - Impression résultant de deux passages successifs sous la presse. Cela ne peut concerner que des presses imprimant feuille à feuille. Il peut aussi s'agir de feuilles de réglage de machine, utilisées successivement afin d'économiser le papier.

ÉMIS (NON). - Timbre préparé et dont une circonstance politique, économique ou financière n'a pas permis la mise en cours. Dans le catalogue, la couleur des timbres non émis est indiquée en caractères *italiques*.

EMPATTEMENT. - Forme donnée à la terminaison des jambages verticaux des lettres :

M : sans empattement (antiques) ;

M : empattement rectangulaire (égyptiennes) ;

M : empattement triangulaire (elzévir) ;

M : empattement à trait fin (romain).

ENTIER. - Mot qui sert à désigner les enveloppes, cartes postales, cartes-lettre, bandes, etc., portant un timbre imprimé.

*** EPREUVE.** - Empreinte sur papier d'un outil destiné à fabriquer le matériel d'impression des timbres-poste. Le mot " outil " est pris dans son sens large, il peut s'agir d'un poinçon métallique ou d'une pierre lithographique. Les épreuves sont imprimées à partir d'un poinçon sur petits feuillets avec marges, à l'unité. Grâce à elles, le graveur peut contrôler l'avancement de son travail. Elles permettent également de s'assurer de la mise en place des goujons ou de vérifier les poinçons de service. Le plus souvent elles sont imprimées en noir.

*** EPREUVE D'ARTISTE.** - Epreuve prise par le graveur sur le poinçon, soit en cours de gravure soit lorsqu'il est achevé. Les philatélistes l'appelle épreuve d'état lorsque le poinçon n'est pas terminé et épreuve terminale lorsque le poinçon est terminé. Pendant de nombreuses années, les artistes ont eu le droit de tirer des épreuves dont ils avaient la libre disposition.

ERREUR. - Timbre imprimé dans une couleur autre que celle qu'il aurait dû avoir, ou comportant une ou plusieurs fautes de composition, d'impression ou de disposition. Voir aussi **Tête-bêche**. Les erreurs sont trés recherchées par les spécialistes.

ESSAIS. - Épreuves tirées en diverses couleurs ou sur divers papiers avant l'adoption définitive d'un type de timbre.

*** EXPERTISE.** - Ensemble des opérations permettant de donner l'état civil d'un timbre ou d'une pièce, et de ce fait déterminer son numéro suivant un catalogue, son état, sa couleur, son authenticité.

EXPRÈS (Timbres). - Timbres émis par certains pays pour l'affranchissement des lettres qui doivent être délivrées par exprès dès leur arrivée au lieu de destination.

FAC-SIMILÉ. - Ces mots, imprimés au recto ou au verso des timbres, indiquent que ceux-ci sont faux. Cette mention est malheureusement exceptionnelle et les timbres faux se présentent en général sous les aspects les plus trompeurs.

FEUILLET. - Petite feuille sur laquelle sont imprimés un ou plusieurs timbres, dentelés ou non, et dont les marges portent souvent des inscriptions.

FIL DE SOIE. - Quelques timbres sont imprimés sur un papier contenant, dans la pâte, un fil de soie qu'on voit plus ou moins nettement en regardant le verso ; c'était un moyen d'empêcher la contrefaçon des timbres lorsque ce procédé de fabrication était secret. — Le papier mélangé de fils de soie est celui dans la pâte duquel se trouvent des multitudes de petits bouts de fils qui donnent au papier l'aspect de papier chiné. C'est aussi au verso qu'on les voit le mieux.

FILIGRANE. - Marque qui se trouve dans la pâte du papier et qui apparaît lorsqu'on regarde le timbre par transparence. Il y a cependant bien des cas où cet examen ne suffit pas à déceler le filigrane ; on a recours alors à la benzine ; on place le timbre, verso en l'air, sur une surface noire ou dans un *filigranoscope*, et on le recouvre de quelques gouttes de benzine. La plupart des filigranes apparaissent alors. Malheureusement un grand nombre de timbres sont imprimés avec des couleurs qui filent dans la benzine et, pour tous les timbres émis en ces dernières années, nous ne saurions recommander trop de circonspection.

Lorsque nous n'indiquons pas de filigrane en tête d'une émission, c'est qu'il s'agit de timbres *sans filigrane* ; dans le cas contraire, un cliché donne presque toujours l'aspect du filigrane tel qu'on le voit par transparence, c'est-à-dire le recto tourné vers soi. Pour les Colonies cependant, nous n'avons pas reproduit les filigranes employés dans les métropoles ; c'est, par exemple, au Danemark qu'on pourra voir le filigrane des Antilles danoises.

Nous reproduisons ici les quatre filigranes qui ont été employés successivement dans les Colonies anglaises :

CC ♔

CA ♔

CA *multiple*

𝒞𝒜 *multiple*

FISCAUX-POSTAUX. - Les timbres fiscaux sont ceux qui sont émis uniquement pour les besoins du fisc (enregistrement, contributions directes et indirectes, etc.). Quelques pays ont admis des timbres fiscaux à l'affranchissement des correspondances ; ce sont ces timbres que nous appelons *fiscaux-postaux*.

FORMAT. - Lorsque nous indiquons le format d'un timbre, les dimensions sont exprimées en millimètres et ne comprennent que le dessin, à l'exclusion des marges. La dimension horizontale est toujours indiquée la première.

GAUFRÉ. - Se dit d'un papier qui a passé à sec entre deux cylindres gravés et qui montre, en un léger relief, l'empreinte de cette gravure.

GOMME. - La plupart des collectionneurs attachent une grande importance à ce que les timbres neufs aient encore au verso la *gomme d'origine,* c'est-à-dire soient encore gommés comme ils l'étaient au moment où ils ont été émis. C'est souvent un premier indice qu'ils n'ont été ni lavés ni truqués.

GRAVÉ. - Se dit d'un timbre imprimé en taille-douce. Les timbres gravés se reconnaissent à la finesse de leur impression et à la légère saillie de l'encre sur le papier. Ils figurent parmi les plus beaux qui aient été émis et la France, qui avait été longtemps rebelle à l'emploi de ce procédé, lui a fait faire par la suite des progrès remarquables.

GRILLES EN RELIEF. - Léger burelage appliqué à sec en relief sur certains timbres anciens des États-Unis et du Pérou et qui avait pour but d'empêcher le lavage de l'oblitération.

GUILLOCHÉ. - Gravure formée d'un réseau d'entrelacs gravé par un moyen mécanique et d'une finesse remarquable.

HÉLIOGRAVÉ. - Nous appelons ainsi les timbres imprimés sur des planches obtenues par des moyens chimiques, après insolation naturelle ou artificielle. Ce procédé a fait son apparition philatélique en Bavière avec la série de 1914 à l'effigie du prince Louis III, alors régnant.

IDEM. - Ce mot, placé en tête d'une émission, signifie que toutes les indications de l'émission précédente, papier, filigrane, dentelure, etc., sont les mêmes, sauf contre-indication pour l'une ou plusieurs d'entre elles.

LÉGENDE. - Nous appelons ainsi les inscriptions qui figurent sur un timbre.

LETTRES EN RETARD (Timbres pour). - Dans certains pays, les lettres mises à la poste après l'heure normale de la dernière levée doivent être munies d'un timbre spécial pour être acheminées le jour même vers leur destination.

LITHOGRAPHIÉ. - Imprimé sur pierre. Nous indiquons, lorsque cela est possible, le moyen de distinguer les timbres lithographiés des gravés ou des typographiés. En général, la couleur est moins vive, l'impression est moins nette et ne laisse au verso aucune trace de foulage.

LOCAUX. - Timbres émis dans une ville ou dans un territoire quelconque et n'ayant pouvoir d'affranchir que les correspondances à destination de cette ville ou de ce territoire. La tradition seule a déterminé quels étaient ceux de ces timbres qui devaient faire partie de la collection générale (par ex. les cantonaux de Suisse) et ceux qui en étaient exclus (par ex. les ruraux de Russie), exclusion qui n'empêche pas ces derniers d'être recherchés par les spécialistes et d'être parfois excessivement rares et chers.

MANCOLISTE. - Liste des timbres qui manquent à un collectionneur.

MARGE. - Espace non imprimé qui encadre un timbre non dentelé. On dit « court de marge d'un côté » un timbre qui n'a pas de marge de ce côté, et cela diminue sa valeur.

MILLÉSIME. - Chiffre indiquant l'année dans laquelle un timbre a été émis ou imprimé. Certains millésimes ne sont pas indiqués sur le timbre, mais sur une marge de feuille, et souvent alors d'une façon conventionnelle.

*** MODERNE.** - Dans le langage philatélique, concerne les timbres-poste émis après 1945.

NETTOYAGE. - Nous ne saurions trop conseiller aux collectionneurs de ne jamais coller un timbre oblitéré dans leur album avant de l'avoir soigneusement nettoyé. Le meilleur moyen pour cela est de le laisser tremper un quart d'heure dans l'eau froide et de le faire sécher ensuite entre deux morceaux de buvard blanc et bien propre. — Il y a des timbres dont la couleur se dissout ou se dénature dans l'eau et que l'usage apprendra à connaître. Citons parmi eux : les premières émissions de Cachemire, de Russie, du Levant russe, certains timbres verts de Grande-Bretagne et tous les timbres des États malais, de Johore, de Maurice, de Sarawak, etc., imprimés en vert tendre (émissions postérieures à 1890). Il en est de même des timbres imprimés sur papier très glacé (dit couché). Le meilleur moyen de les nettoyer est de les placer sur un feutre dont on maintient l'humidité.

NEUF. - Ce n'est pas assez de dire qu'un timbre neuf n'est pas oblitéré : il faut aussi qu'il soit frais et de tout premier choix. La présence de la gomme d'origine doit être exigée quand un timbre est beaucoup plus cher à l'état neuf qu'à l'état oblitéré. Elle est d'ailleurs un premier indice qu'il n'a été ni tripoté ni lavuré.

NOIR SUR COULEUR. - Nous employons cette expression lorsqu'il s'agit d'une émission imprimée en noir sur papiers de couleur. La couleur indiquée est alors celle du papier.

*** NON DENTELÉ.** - Timbre-poste dépourvu de dents. Il peut s'agir :

- des premiers timbres-poste émis avant l'utilisation des machines à denteler (1849-1862).

- de timbres ayant échappé accidentellement à la dentelure : " non dentelé accidentel ".

- de timbres volontairement laissés sans dentelure, généralement pour des collections officielles (Empire Lauré) ou de timbres-poste destinés à être offerts.

*** NON ÉMIS.** - Il s'agit de vignettes dont la création fut décidée, l'effigie, la valeur faciale et les couleurs choisies, et qui reçurent un commencement de fabrication mais ne furent pas livrées au public par suite d'une décision de l'Administration des Postes, ou qui ne figurèrent que dans des collections officielles.

OBLITÉRATION. - Cachet ou marque quelconque qui indique qu'un timbre a servi et ne peut plus être utilisé. Certaines oblitérations donnent une grande valeur à certains timbres, mais ne sont guère collectionnées que dans les pays d'origine de ces timbres ; on ne saurait trop conseiller l'expertise avant l'acquisition de pièces de ce genre, qui ne prennent d'ailleurs tout leur intérêt que quand elles sont sur lettre, sur enveloppe ou sur grand fragment. — Les oblitérations à la plume sont les moins recherchées. Cependant, lorsqu'on ne trouve pas un prix spécial pour les timbres O P, on pourra admettre qu'ils ont la même valeur que les timbres oblitérés poste. L'oblitération fiscale consiste généralement en un cachet violet ; l'oblitération télégraphique, en un ! à l'emporte-pièce.

*** OBLITÉRATION TYPOGRAPHIQUE.** - Annulation des timbres mobiles par les caractères d'imprimerie des journaux. Réglementairement apposés en haut et à droite de la première page du journal avant impression, ils étaient annulés par celle-ci. Cette forme de préoblitération répond au désir des éditeurs, soucieux de la fraîcheur de leurs informations, de remettre les journaux en dernière minute, sans perdre de temps pour l'oblitération.

En dehors de quelques précurseurs, l'annulation typographique se rencontre sur les timbres pour journaux (timbres fiscaux ou fiscaux-postaux) dès 1869. Sur les timbres-poste, l'annulation typographique se rencontre normalement à partir de septembre 1870 (suppression du droit fiscal pour les journaux le 5 septembre 1870) et jusqu'en novembre 1893 avec quelques rares cas tardifs (dernière date connue 1931).

ODONTOMÈTRE. - Petit instrument en carton ou en celluloïd, portant un graphique qui sert à mesurer les dentelures.

OFFICIEL. - Apposé en surcharge sur un timbre-poste, ce mot le transforme presque toujours en timbre de service.

OFFSET. - Procédé lithographique dans lequel la pierre est remplacée par une plaque de métal, du zinc le plus souvent. L'impression sur le papier se fait par décalquage sur un cylindre plastique, ce qui permet l'emploi de papiers très peu satinés.

PAIRE. - Ensemble de deux timbres se tenant. La paire horizontale est davantage recherchée que la paire verticale. Voir **Bande.**

* **PAPIER GC** *(Grande Consommation).* - Qualité médiocre du papier utilisé entre 1916 et 1920 pour l'impression de certains timbres d'usage courant.

* **PELURAGE.** - Synonyme d'aminci. On emploie le mot pelurage lorsque l'aminci est de faible surface et de faible profondeur. Certains timbres, imprimés dans des conditions précaires sur des papiers de mauvaise qualité présentent généralement des pelurages (vignettes lithographiées de Diego Suarez). Certains papiers, tels les papiers de Chine ou de Japon, généralement utilisés pour l'impression d'épreuves, ne supportent que difficilement l'enlèvement de charnière qui provoque souvent un pelurage.

PERCÉS EN LIGNES. - Se dit d'un timbre dont les bords ont reçu légèrement l'empreinte d'une lame coupante ; cette empreinte a pour but de faciliter la séparation des timbres. Elle est quelquefois colorée et on dit alors que les timbres sont *percés en lignes colorées*. Les mots *percés en scie, en arc,* etc., indiquent des variantes du même procédé, désignées d'après la forme des empreintes.

* **PIQUAGE A CHEVAL.** - Résultat d'un dérèglement de l'unité de perforation lors de la fabrication des timbres-poste. La dentelure se trouve plus ou moins décalée, soit verticalement soit horizontalement. Il faut se défier des faux piquages à cheval appliqués sur des timbres modernes non dentelés.

PIQUÉ. - Synonyme de *dentelé*. De même, *piquage* est employé dans le même sens que *dentelure*.

PLANCHE. - Ensemble des clichés, généralement d'une même valeur, sur lesquels on imprime les timbres par feuilles entières. Lorsque ces planches sont numérotées, le même numéro est reproduit sur tous les timbres de la feuille.

* **PLI.** - Papier replié formant enveloppe, d'où l'expression courante de " lettre sous pli cacheté ". Par extension, lettre ou message. Jusqu'à la généralisation de l'enveloppe industrielle, en seconde partie du XIXe siècle, les lettres se présentent le plus souvent sous forme de pli.

POINTILLÉ. - Se dit d'un papier qui présente une impression plus ou moins visible de petits points rapprochés, formant une espèce de semis grisâtre.

POREUX. - Se dit d'un papier à trame apparente, mou et généralement assez épais.

PROVISOIRE. - Timbre ou émission faite occasionnellement par suite du manque d'une ou plusieurs valeurs postales. La brièveté de leur existence leur confère souvent une certaine rareté.

* **RARETE.** - Caractère de ce qui est peu courant et dont le nombre d'exemplaires connus est faible. En philatélie, il n'y a pas de lien systématique entre la rareté et la valeur marchande.

RECTO VERSO (Impression). - Se dit d'un timbre imprimé à l'endroit au recto et à l'envers, par décalque, au verso.

RECTO ET VERSO (Impression). - Se dit d'un timbre imprimé à l'endroit, au recto comme au verso.

RE-ENTRY. - Mot anglais qui s'applique à un timbre présentant quelques traces d'un report mal effacé et qui doublent certaines parties de l'image obtenue par un nouveau report.

RÉIMPRESSION. - Tirage fait, alors qu'un timbre n'est plus en cours, sur la planche qui a servi à imprimer ce timbre.

REPORT. - Opération qui consiste :

— soit à décalquer l'image d'une gravure pour la reproduire sur une pierre lithographique ou sur un bloc de métal ;

— soit à reporter sur zinc (pour l'impression *offset*), par un procédé photographique, le texte et les clichés qui ont été préalablement imprimés — ou montés (*typons*) — sur cellophane.

SERVICE (Timbres de). - Timbres avec lesquels sont affranchies dans certains pays les correspondances des fonctionnaires admises en franchise.

SERVICE INTÉRIEUR (Timbres pour le). - Timbres qui n'ont pas eu cours dans l'Union Postale Universelle ; on devrait logiquement faire entrer dans cette catégorie les premiers timbres d'un grand nombre de pays (Réunion, Cap de Bonne-Espérence, Suisse, etc.) et tous les timbres de certains autres (les petits États indiens, Shanghai, etc.).

SIGNATURE. - Mention faite, au bas d'un timbre, du nom du dessinateur, du graveur ou de l'imprimeur.

SPÉCIALISTE. - Collectionneur qui limite sa collection à un ou quelques pays, voire à une émission, dont il recherche alors les moindres variétés.

*** SPECIMEN.** - Mention enlevant toute valeur fiduciaire aux timbres-poste.

1) Surcharge apposée sur des timbres-poste non destinés à la vente.

2) Surcharge apposée sur diverses valeurs destinées à être exposées dans des bureaux de poste (2e série des Orphelins).

3) Surcharge apposée sur des timbres, carnets et entiers utilisés dans des cours pratiques des PTT de 1921 à 1931.

4) Surcharge apposée sur les timbres-poste d'une série des "Chômeurs intellectuels" de 1936, collés sur une présentation exposée chez les buralistes.

SPÉCIMEN. - Cette mention fut également apposée sur certains timbres qui ont été remis comme échantillons au bureau de l'Union Postale Universelle, à Berne, ou offerts par un gouvernement à des particuliers. Ces timbres sont admis dans beaucoup de collections ; nous en cotons d'ailleurs quelques-uns parmi ceux qu'on rencontre le plus souvent. Ceux des fortes valeurs de quelques colonies anglaises sont de véritables raretés.

SURCHARGE. - Inscription apposée sur un timbre et qui a pour objet d'en modifier la valeur ou la destination. — Nous indiquons toujours la couleur de la surcharge (voir aux **abréviations**) lorsqu'elle n'est pas noire ; et sa position lorsqu'elle n'est pas horizontale. Il n'est pas inutile de faire remarquer que, dans l'exemple ci-dessous, les surcharges I et II sont verticales et les surcharges III et IV horizontales :

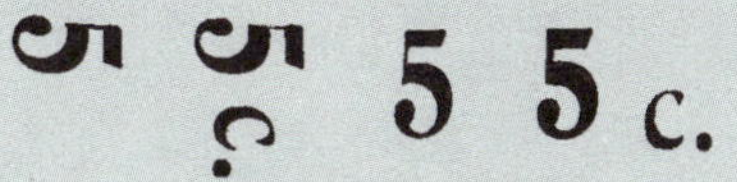

I II III IV

*** SURTAXE.** - 1) TIMBRES-POSTE : taxe supplémentaire, sans valeur d'affranchissement, s'ajoutant à la valeur fiduciaire d'un timbre-poste et collectée par l'administration postale au profit d'une œuvre (Croix-Rouge, Chômeurs intellectuels, etc.).

2) TARIFS : taxe supplémentaire s'ajoutant à l'affranchissement principal pour donner droit à un service particulier (surtaxe aérienne, de levée exceptionnelle, etc.).

TAXE (Timbres-). - Vignettes apposées sur les correspondances non ou insuffisamment affranchies.

TEINTÉ. - Se dit d'un papier qui à reçu une teinte de fond avant l'impression de la vignette-timbre. — Nous employons les mots *papier teinté*, — lorsque les timbres, sont imprimés sur un papier ayant reçu une teinte de fond de la même couleur que le timbre lui-même, mais dans un ton beaucoup plus pâle.

TÊTE-BÊCHE. - État de deux timbres tenant l'un à l'autre, dont l'un est à l'envers par rapport à l'autre. Le tête-bêche est dit horizontal lorsque les timbres sont à côté l'un de l'autre ; vertical lorsque l'un est au-dessus de l'autre. — Les amateurs préfèrent le tête-bêche horizontal ; c'est ce dernier que nous entendons coter lorsque nous indiquons un prix.

TÊTE D'IVOIRE. - Timbre au verso duquel se détache, en blanc sur azuré, le contour plus ou moins flou de l'effigie du recto.

*** TIRAGE.** - En philatélie, le mot désigne la quantité de timbres qui ont été imprimés. La date de tirage correspond donc à celle de l'impression des timbres.

TYPOGRAPHIÉ. - Se dit d'un timbre imprimé en typographie, c'est-à-dire sur des caractères ou des clichés en relief. Le signe distinctif de cette impression est le *foulage*, empreinte légère qu'on remarque souvent au verso.

USÉ. - Se dit (à tort) d'un timbre qui a servi et qui est oblitéré.

VERGÉ. - Se dit d'un papier bâtonné dans la pâte (comme le sont les papiers dits *anglais* du commerce). - A défaut d'indications contraires, la vergeure est horizontale.

SIGNES ET ABRÉVIATIONS

A. C.	Amérique Centrale
Af.	Afrique
A. N.	Amérique du Nord
ann.	Anniversaire
ard.	Ardoise
A. S.	Amérique du Sud
As.	Asie
Av.	Poste aérienne
B.	Annulé par barres
B.	Surcharge bleue
bienf.	Bienfaisance
briq.	Brique
C.	Surch. CANCELLED
C.	Surcharge carmin
cath.	Cathédrale
cent.	Centenaire
chs	Chamois
chaudr.	Chaudron
c^{in}	Carmin
$c^{né}$	Carminé
cl.	Clair
c^{net}	Carnet
Com.	Commémoratif
D.	Dentelé
Dble	Double
Eff.	Effigie
Eg.	Église
Eu.	Europe
F.	Fond
fcé	Foncé
Fil.	Filigrane
Fig.	Figure
fve	Fauve
gr.	Gris
imp.	Impression
J.	Surcharge jaune
jne	Jaune
L.	Surcharge lilas
l.d.v.	Lie-de-vin
Lég.	Légende
M. T.	Même type
Mill.	Millésime
N.	Surcharge noire
Non d.	Non dentelé
n^{r}	Noir
Obl.	Oblitéré
Oc.	Océanie
O. E.	Oblitéré entier
O. F.	Oblitéré fiscalement
O. P.	Oblitéré plume
O. T.	Oblitéré télégraphe
ol.	Olive
or^{ge}	Orange
outr.	Outremer
P.	Papier
P. en l.	Percé en lignes
Pl.	Planche
Quad.	Quadrillé
R.	Réimpression
R.	Surcharge rouge
renv.	Renversé(e)
rge	Rouge
s.	Sur
S. ou Surch.	Surcharge
sép.	Sépia
Sign.	Signature
SP.	Surch. SPÉCIMEN
T.	Timbre
T.-P.	Timbre-poste
V.	Surcharge verte
Val.	Valeur
v^{on}	Vermillon
v^{rt}	Vert
Vte	Surcharge violette
£	Livre sterling
$	Dollar, Peso ou Yuan
O	Perforé d'un cercle

TABLE ALPHABÉTIQUE

DES ARMOIRIES, DES PERSONNAGES ET DES VUES
représentés sur les timbres de FRANCE depuis 1849

ARMOIRIES, BLASONS, SCEAUX ET RÉGIONS

EFFIGIES

SITES ET MONUMENTS

AUTRES SUJETS

TABLEAUX PAR TYPES

(Blanc à Marianne de Lamouche)

ET GENRES

(Journée du Timbre à Blasons)

(LES COTES SONT CELLES DES TIMBRES NEUFS AVEC GOMME D'ORIGINE, SANS CHARNIÈRE)

Blanc

107	1 c. gris	1 25	109	3 c. orange	1 »	111	5 c. vert-jaune	5 »	Préo 42	7½ c. lilas	1 40
108	2 c. brun-lilas	1 55	110	4 c. brun-jaune	5 »				233	10 c. violet	7 65

Le 1 c. a été surchargé ½ c. (n° 157).

Merson

119	40 c. rge et bleu	65 »	144	60 c. viol. et bleu	2 »	145	2 f. orange. et vert-bleu	150 »	123	5 f. bl. et cham.	325 »
143	45 c. vert et bleu	120 »	121	1 f. lie-de-vin et olive	110 »	206	3 f. violet et bl.	60 »	207	10 f. vert et rge	340 »
120	50 c. br. et gris	375 »	122	2 f. viol. et jne	2 350 »	240	3 f. lilas et carm.	170 »	208	20 f. lilas-rose et vert-bleu	550 »

Les nos 121, 123 et 145 ont été surchargés pour des Expositions philatéliques (voir nos 182, 257A, Av. 1 et 2). Le 45 c. existe préoblitéré (n° 44). La plupart des « Merson » ont été également surchargés ANNULÉ OU SPÉCIMEN (voir Timbres des cours d'instruction).
On tiendra compte des % pour très bon centrage.

Semeuse lignée

129	10 c. rose	25 »	161	50 c bleu	80 »	201	65 c. rose	6 »	205	1 f. bleu	14 50
130	15 c. vert-gris	10 »	198	50 c. olive	13 »	234	65 c. olive	16 »	1233	20 c. turquoise et rose	0 30
131	20 c. brun-lilas	190 »	199	50 c. rouge	2 30	202	75 c. lilas-rose	11 70	1234A	30 c. noir et outremer	2 »
132	25 c. bleu	225 »	362	50 c. turquoise	2 60	203	80 c. rouge	60 »			
133	30 c. lilas	525 »	200	60 c. lilas	13 50	204	85 c. rouge	27 »			
197	45 c. lilas	13 »									

Ont été surchargés d'une nouvelle valeur (nos 220, 221, 223, 224) ou B.I.T., Caisse d'Amortissement (nos 247, 250, 254, 267, 276) ou Préoblitérés. La plupart ont été également surchargés ANNULÉ OU SPÉCIMEN. Le 20 c. de 1960 a été surchargé en francs C.F.A. pour la Réunion (n° 349).
On tiendra compte des % pour très bon centrage.

Avec sol.

Semeuse fond plein

Sans sol.

277A	1 c. bistre-olive	0 30	138	10 c. rouge	3 35	141	30 c. orange	35 »	194	40 c. vermillon	6 »
277B	1 c. bistre-brun	0 30	159	10 c. vert	1 25	160	30 c. rouge	17 »	236	40 c. violet	4 30
278	2 c. vert foncé	0 30	188B	10 c. vert	60 »	191	30 c. rose	2 50	237	40 c. outremer	2 60
278A	3 c. rge-orange	0 30	279	10 c. outremer	3 »	192	30 c. bleu	7 30	195	1 f. 05, vermillon	21 50
137	5 c. vert foncé	3 50	189	15 c. brun-lilas	0 50	360	30 c. rge sombre	1 »	238	1 f. 10, rose	25 »
158	5 c. orange	2 80	139	20 c. brun-rouge	11 »	136	35 c. violet clair	425 »	196	1 f. 40, rose	48 »
278B	5 c. rose	0 80	190	20 c. lilas-rose	0 50	142	35 c. violet	16 »	239	2 f. vert-bleu	27 »
134	10 c. rouge	4 60	140	25 c. bleu	6 »	361	35 c. vert	1 40	241	5 f. bleu	375 »
135	10 c. rouge	33 »	235	25 c. jaune-brun	0 30	193	40 c. brun-olive	3 70	242	10 f. rouge	375 »

Ont été également surchargés soit d'une nouvelle valeur (voir nos 217 218, 225, 227 228, 279A, 279B, 476) soit ANNULÉ ou SPÉCIMEN, soit Caisse d'Amortissement (nos 246, 249, 253, 266, 268, 275, 277) ou préoblitérés. voir BF n° 2.
On tiendra compte des % pour très bon centrage.

Paix

280	30 c. vert	2 60	364	60 c. bistre	0 50	285	90 c. rge carminé	75 »	287	1 f. 25, olive	215 »
281	40 c. lilas	0 50	284	65 c. violet-brun	1 10	367	90 c. vert	0 15	370	1 f. 25, rose	4 30
282	45 c. bistre	4 20	365	65 c. outremer	0 65	368	90 c. outremer	1 70	371	1 f. 40, lilas	14 »
283	50 c. rose-rouge	0 30	284A	75 c. olive	0 30	286	1 f. orange	7 50	288	1 f. 50, bleu	0 50
363	55 c. violet	7 »	366	80 c. orange	0 30	369	1 f. rose	7 »	289	1 f. 75, rose-lilas	18 »

Ont été également surchargés d'une nouvelle valeur (voir nos 298, 359, 478 à 485) soit surchargés F ou F.M. voir Franchise.
On tiendra compte des % pour très bon centrage.

Iris

431	80 c. brun-carmin	0 30	650	1 f. bleu clair	0 15	435	1 f. 50, orange	0 30	654	2 f. 40, rose carminé	0 30
649	80 c. vert-jaune	0 30	651	1 f. 20, violet	0 15	652	1 f. 50, rge-brun	0 15	655	3 f. rouge-orange	0 30
432	1 f. vert	1 40									
433	1 f. rouge	0 70	434	1 f. 30, outremer	0 30	653	2 f. brun	0 15	656	4 f. bleu	0 30

Marianne de Gandon

Typographie

712	1 f. 50, rose carminé	0 15
713	2 f. vert	0 15
714	2 f. 40, rouge	0 50
Préobl. 95		
	2 f. 50, brun	2 60
715	3 f. brun foncé	0 15
716	3 f. rose	0 15
716A	3 f. vert	2 30
806	3 f. rose-lilas	0 30
716B	3 f. 50, rge-brun	1 »
717	4 f. outremer	0 15
718	4 f. violet clair	0 15
807	4 f. émeraude	0 30
808	4 f. orange	3 70
718A	4 f. 50, bleu	0 15
719	5 f. vert	0 30
719A	5 f. rose	0 15
719B	5 f. bleu	0 30
809	5 f. vert clair	1 »
883	5 f. violet	0 60
720	6 f. bleu-violet	0 30
721	6 f. rouge	2 »
721A	6 f. rose carminé	0 30
884	6 f. vert	8 »
810	8 f. bleu clair	0 50
722	10 f. orange	0 80
723	10 f. bleu	2 »
811	10 f. lilas	0 30
812	12 f. outremer	3 70
885	12 f. orange	1 »
724	15 f. lilas-rose	4 »
813	15 f. rouge	1 20
886	15 f. outremer	0 40
887	18 f. rose cné	20 »

Taille-douce

725	4 f. bleu	0 30
726	10 f. bleu	1 60
727	15 f. lilas-rose	11 »
832	15 f. rouge	4 »
728	20 f. vert	1 60
730	20 f. vert	1 60
729	25 f. orange	11 »
833	25 f. bleu	4 »
731	25 f. violet	2 »
732	50 f. br.-rouge	2 40
733	100 f. carmin	15 50
3977	0,54 € rouge	2 »

Les nos 721A et 887 ont été surchargés d'une nouvelle valeur, des valeurs ont été préoblitérées, d'autres surchargées en francs CFA, voir Département de la Réunion (Tome II 1re partie).

Marianne de Cheffer

Taille-douce

1535	25 c. bleu	0 65
1536	30 c. lilas	0 50
1536A	30 c. vert	0 50
1536B	40 c. rouge carminé	0 65
1536Ba	Idem (2 bandes de phosphore)	4 »
1643	Idem avec vignette PÉRIGUEUX)	0 50

Typographie

1611	30 c. vert	0 30
1611b	Idem (1 bande de phosphore)	0 40

Les nos 1536A, 1536B et 1611 ont été surchargés en francs CFA, voir Département de la Réunion (Tome II 1re partie).

Marianne de Béquet

Taille-douce.

Avec signature BEQUET en bas à gauche.

1664	50 c. carmin-rose	0 30
1664c	Idem (3 bandes de phosphore)	0 50
1815	60 c. vert (1 bande de phosphore)	5 »
1815c	Idem (sans bande de phosphore)	31 »
1816	80 c. rouge (3 bandes de phosphore)	0 80
1816d	Idem (sans bande de phosphore)	9 »
1893	80 c. vert (1 bande de phosphore)	1 50
1894	Idem. Non dentelé verticalement (1 bande de phosphore)	0 80
1892	1 f. rouge (3 bandes de phosphore)	0 65
1892b	Idem (sans bande de phosphore)	3 »
1895	Idem. Non dentelé verticalement (3 bandes de phosphore)	0 80

Typographie.

Sans signature BEQUET en bas à gauche.

1663	45 c. bleu	0 50
1814	60 c. vert (1 bande de phosphore)	0 80
1814a	Idem (sans bande de phosphore)	4 »
1891	80 c. vert (1 bande de phosphore)	0 65
1891b	Idem (sans bande de phosphore)	2 »

Les nos 1664, 1814a et 1816b ont été surchargés en francs CFA, voir Département de la Réunion (Tome II 1re partie).
Les cotes « Marianne de Béquet » concernent les timbres avec gomme brillante.

Sabine de Gandon

1962	1 c. gris foncé	0 15
1963	2 c. bleu-violet	0 15
1964	5 c. vert-noir	0 15
1965	10 c. rouge-brun (1 bande phosphore)	0 15
1966	15 c. vert-bleu (1 bande phosphore)	0 50
1967	20 c. émeraude (1 bande phosphore)	0 15
1967a	Idem (1 bande phosphore à gauche 1979)	0 50
1968	30 c. orange (1 bande phosphore)	0 15
2118	40 c. brun foncé (1 bande phosphore)	0 30
1969	50 c. violet (1 bande phosphore)	0 30
2119	60 c. brun-rose (1 bande phosphore)	0 30
2056	70 c. bleu-violet (1 bande phosphore)	0 30
1970	80 c. vert (1 bande phosphore)	1 »
1980	Idem. Non dentelé verticalement (1 bande phosphore)	1 60
1971	80 c. jaune-olive (1 bande phosphore)	0 30
2120	90 c. lilas-rose (1 bande phosphore)	0 50
1972	1 f. rouge (2 bandes phosphore)	1 »
1981	Idem. Non dentelé verticalement (2 bandes phosphore)	1 60
1973	1 f. vert (1 bande phosphore)	0 80
1981A	Idem. Non dentelé verticalement (1 bande phosphore)	1 25
2057	1 f. olive (1 bande phosphore)	0 50
2058	1 f. 10, vert (1 bande phosphore)	0 80
2062	Idem. Non dentelé verticalement (1 bande phosphore)	2 »
1974	1 f. 20, rouge (2 bandes phosphore)	0 80
1981B	Idem. Non dentelé verticalement (2 bandes phosphore)	1 25
2101	1 f. 20, vert (1 bande phosphore)	0 65
2103	Idem. Non dentelé verticalement (1 bande phosphore)	0 80
2059	1 f. 30, rouge (2 bandes phosphore)	0 80
2063	Idem. Non dentelé verticalement (2 bandes phosphore)	2 »
1975	1 f. 40, bleu (2 bandes phosphore)	1 80
2102	1 f. 40, rouge (2 bandes phosphore)	0 80
2104	Idem. Non dentelé verticalement (2 bandes phosphore)	1 »
2060	1 f. 60, violet (2 bandes phosphore)	1 25
1976	1 f. 70, bleu clair (2 bandes phosphore)	1 10
2061	1 f. 80, ocre orangé (2 bandes phosphore)	1 10
1977	2 f. vert-jaune (2 bandes phosphore)	1 »
1978	2 f. 10, rose carminé (2 bandes phosphore)	1 10
1979	3 f. brun (2 bandes phosphore)	1 40
2121	3 f. 50, vert-olive (2 bandes phosphore)	1 70
2122	4 f. carmin (2 bandes phosphore)	2 15
2123	5 f. bleu (2 bandes phosphore)	2 75

Légende : RÉPUBLIQUE FRANÇAISE

2154	1 f. 40, vert (1 bande phosphore)	0 80
2157	Idem. Non dentelé verticalement	0 80
2155	1 f. 60, rouge (2 bandes phosphore)	0 80
2158	Idem. Non dentelé verticalement	0 80
2156	2 f. 30, bleu (2 bandes phosphore)	2 30

Les cotes « Sabine de Gandon » concernent les timbres avec gomme brillante.

Liberté de Gandon

2178	5 c. vert-noir	0 30
2179	10 c. rouge-brun	0 15
2180	15 c. rose	0 50
2181	20 c. émeraude	0 15
2182	30 c. orange	0 15
2183	40 c. brun foncé	0 30
2184	50 c. violet	0 30
2239	60 c. brun-rose	0 30
2240	70 c. bleu-violet	0 50
2241	80 c. brun-olive	0 50
2242	90 c. violet clair	0 50
2185	1 f. olive foncé	0 50
2186	1 f. 40, vert	1 »
2191	Idem. Non dentelé verticalement	1 50
2187	1 f. 60, rouge	0 80
2192	Idem. Non dentelé verticalement	1 50
2219	1 f. 60, vert	1 »
2222	Idem. Non dentelé verticalement	1 »
2318	1 f. 70, vert	1 »
2321	Idem. Non dentelé verticalement	1 »
2220	1 f. 80, rouge	1 »
2223	Idem. Non dentelé verticalement	1 10
2375	1 f. 80, vert	1 »
2378	Idem. Non dentelé verticalement	1 »
2424	1 f. 90, vert	1 50
2426	Idem. Non dentelé verticalement	1 50
2188	2 f. vert-jaune	1 10
2274	2 f. rouge	1 »
2277	Idem. Non dentelé verticalement	1 10
2484	2 f. vert	1 »
2487	Idem. Non dentelé verticalement	1 25
2319	2 f. 10, rouge	1 »
2322	Idem. Non dentelé verticalement	1 10
2376	2 f. 20, rouge	1 »
2379	Idem Non dentelé verticalement	1 »
2427	Idem. Dentelé sur 3 côtés	1 25
2461	Idem avec vignette « Philexfrance'89 »	1 »
2530	Id. surchargé 0,31 Écu	1 50
2189	2 f. 30, bleu	2 30
2221	2 f. 60, bleu clair	2 »
2275	2 f. 80, bleu	2 »
2243	3 f. brun-violet	1 40
2320	3 f. bleu	2 »
2377	3 f. 20, bleu	3 »
2425	3 f. 40, bleu	2 »
2485	3 f. 60, bleu	1 50
2486	3 f. 70, rose	1 50
2244	4 f. rouge-carmin	1 80
2190	5 f. bleu-vert foncé	2 70
2276	10 f. violet	4 60
2423	A = (1 f. 90) vert	1 »
2483	B = (2 f.) vert	1 »
2615	C = (2 f. 10) vert	1 »
2616	C = (2 f. 30) rouge	1 »

Marianne du Bicentenaire

2617	10 c. bistre-noir	0 15
2618	20 c. émeraude	0 15
2619	50 c. violet-rouge	0 15
2824	70 c. brun. Non dentelé, gommage adhésif	11 »
2873	Idem. Dentelure verticale en lignes ondulées	11 »
2620	1 f. orange	0 50
3009	Idem. Dentelure verticale en lignes ondulées. Gommage adhésif	4 »
2621	2 f. vert clair	1 »
2906	2 f. bleu	1 »
2622	2 f. 10, vert	1 »
2627	Idem. Non dentelé verticalement	1 25
2714	2 f. 20, vert	1 40
2718	Idem. Non dentelé verticalement	1 50
2790	2 f. 20, vert clair	1 50
2614	2 f. 30, rouge	1 »
2628	Idem. Non dentelé verticalement	1 50
2629	Idem. Dentelé sur 3 côtés	2 30
2630	Idem. Non dentelé, gommage adhésif	1 25
2820	2 f. 40, vert	1 25
2823	Idem. Non dentelé verticalement	2 »
2715	2 f. 50, rouge	1 25
2719	Idem. Non dentelé verticalement	1 50
2720	Idem. Non dentelé, gommage adhésif	1 40
3005	2 f. 70, vert	1 40
3008	Idem. Non dentelé verticalement	2 75
2623	3 f. 20, bleu	1 70
2716	3 f. 40, bleu	1 60
2821	3 f. 50, vert-jaune (2 bandes phosphore)	1 70
2821a	Idem (1 bande phosphore)	2 »
2624	3 f. 80, rose	1 85
3006	3 f. 80, bleu	1 70
2717	4 f. rose	2 25
2770	4 f. 20, rose	2 »
2822	4 f. 40, bleu	2 »
3007	4 f. 50, rose	2 »
2625	5 f. bleu-vert	2 20
2626	10 f. violet	4 30
2711	D = (2 f. 20) vert	1 25
2712	D = (2 f. 50) rouge	1 25
2713	Idem Non dentelé, gommage adhésif	1 50
2806	(Sans val.) Timbre à validité permanente	1 40
2807	Idem. Non dentelé, gommage adhésif	1 50
2819	Idem. Non dentelé verticalement	1 60
2874	Idem. Dentelure verticale en lignes ondulées. Gommage adhésif	1 25

Marianne du 14 Juillet

3086	10 c. bistre-noir	0 15
3087	20 c. émeraude	0 15
3088	50 c. violet-rouge	0 15
3089	1 f. orange	0 40
3101	Idem. Dentelure verticale en lignes ondulées. Gommage adhésif	4 »
3090	2 f. bleu	0 65
3091	2 f. 70, vert	1 »
3100	Idem. Non dentelé verticalement	2 »
3092	3 f. 50, vert-jaune	1 50
3093	3 f. 80, bleu	2 »
3094	4 f. 20, orange foncé	2 »
3095	4 f. 40, bleu	2 »
3096	4 f. 50, rose	1 50
3097	5 f. bleu-vert	1 50
3098	6 f. 70, vert foncé	2 »
3099	10 f. violet	3 »
3083	(Sans val.) rouge Timbre à validité permanente	1 »
3084	Idem. Non dentelé verticalement	2 »
3085	Idem. Dentelure verticale en lignes ondulées. Gommage adhésif	1 »
3417	(Sans val.) Mention RF	0 80
3418	Idem. Non dentelé verticalement	2 »
3419	Idem. Dentelure verticale en lignes ondulées. Gommage adhésif	0 80
3443	0,01 € jaune	0 15
3444	0,02 € bistre-noir	0 15
3445	0,05 € vert-émeraude	0 15
3446	0,10 € violet-rouge	0 30
3447	0,20 € orange	0 50
3448	0,41 € vert	1 25
3458	Idem. Non dentelé verticalement	2 »
3449	0,50 € bleu nuit	1 50
3450	0,53 € vert-jaune	1 50
3451	0,58 € bleu	1 50
3570	0,58 € jaune-olive	1 50
3452	0,64 € orange foncé	2 »
3453	0,67 € bleu outremer	2 »
3454	0,69 € rose	2 »
3571	0,70 € vert-olive	2 »
3572	0,75 € bleu ciel	2 »
3573	0,90 € bleu foncé	2 50
3455	1,00 € bleu-vert	3 »
3456	1,02 € vert foncé	3 »
3574	1,11 € lilas	3 »
3575	1,90 € brun-prune	5 »
3457	2,00 € violet	5 »
3535A	(sans val.) vert	1 50
3535B	Idem. Non dentelé verticalement	2 »

Marianne de Lamouche

3731	0,01 € jaune	0 20
3754	0,05 € bistre noir	0 20
3732	0,10 € violet-rouge	0 30
3965	0,10 € gris	0 30
3755	0,55 € bleu	1 50
3807	Idem. Non dentelé verticalement	2 »
3735	0,58 € jaune-olive	1 50
3966	0,60 € bleu	1 10
3973	0,60 € bleu	1 20
3756	0,64 € vert-olive	1 50
3736	0,70 € vert-olive	2 »
3967	0,70 € vert-olive	1 40
3737	0,75 € bleu ciel	1 50
3757	0,82 € lilas-brun clair	2 »
3968	0,85 € violet-rouge	1 70
3969	0,86 € lilas-brun clair	1 70
3738	0,90 € bleu foncé	2 »
3739	1,00 € orange	3 »
3740	1,11 € lilas	3 50
3970	1,15 € bleu ciel	2 30
3758	1,22 € lilas	3 »
3971	1,30 € lilas	2 40
3741	1,90 € brun-prune	5 50
3759	1,98 € brun-prune	4 80
3972	2,11 € brun-prune	4 »
3925	5,00 € argent	10 »
3733	(sans val.) vert	1 »
3742	Idem. Non dentelé verticalement	1 50
3741A	(sans val.) rouge	2 50
3744A	(sans val.) rouge	3 20
3734	(sans val.) rouge	1 20
3743	Idem. Non dentelé verticalement	1 75
3744	Idem. Autoadhésif	1 »
3744b	Idem. Légende Phila@poste	1 »
3802A	(sans val.) rouge	2 50
3802B	(sans val.) rouge	2 50
3802C	(sans val.) rouge	2 50

Journée du Timbre

Années			
1944	Renouard	668	0 30
1945	Louis XI	743	0 65
1946	La Varane	754	0 80
1947	Louvois	779	1 85
1948	Arago	794	0 80
1949	Choiseul	828	1 40
1950	Facteur rural	863	4 60
1951	Ambulants	879	4 60
1952	Diligence	919	5 50
1953	Argenson	940	4 »
1954	La Valette	969	5 50
1955	Ballon	1018	6 »
1956	Tassis	1054	3 50
1957	Felouque	1093	2 40
1958	Auto	1151	2 20
1959	Aéropostal	1196	0 80
1960	Bateau	1245	1 85
1961	Chamousset	1285	1 »
1962	Messager	1332	1 »
1963	Char	1378	0 30
1964	Postillon	1406	0 30
1965	La Guienne	1446	1 »
1966	Graveur	1477	0 30
1967	Facteur	1516	0 30
1968	Facteur rural	1549	0 30
1969	Omnibus	1589	0 30
1970	Facteur	1632	0 50
1971	La Poste aux Armées	1671	0 65
1972	Facteur rural	1710	1 »
1973	Relais de Poste	1749	0 50
1974	Centre de tri automatique d'Orléans la Source	1786	0 50
1975	Plaque de facteur de Paris sous la IIe République	1838	0 65
1976	Centenaire du type Sage	1870	0 50
1977	Enseigne du Relais de Marckolsteim	1927	0 65

Années			
1978	Relevage des lettres en 1900	2004	0 65
1979	Hôtel des Postes de Paris en 1908	2037	0 80
1980	« La lettre à Mélie », d'Avati	2078	0 80
1981	« La lettre d'Amour », de Goya	2124	1 »
1982	« Femme lisant », de Picasso	2205	1 10
1983	« Homme dictant une lettre » de Rembrandt	2258	1 25
1984	« Diderot », de Van Loo	2304	1 25
1985	Machine à oblitérer Daguin	2362	1 25
1986	La « Briska »	2410	1 40
	Idem de carnet	2411	1 50
1987	Berline	2468	1 40
	Idem de carnet	2469	1 50
1988	Voiture montée	2525	1 40
	Idem de carnet	2526	1 40
1989	Diligence	2577	1 40
	Idem de carnet	2578	1 40
1990	Les services financiers de La Poste	2639	1 40
	Idem de carnet	2640	1 40
1991	Le tri postal	2688	1 40
	Idem de carnet	2689	1 50
1992	L'accueil	2743	1 40
	Idem de carnet	2744	1 50
1993	La distribution du courrier	2792	1 40
	Idem, sans surtaxe, de carnet	2793	1 50
1994	La « Marianne de Dulac »	2863	1 40
	Idem, sans surtaxe, de carnet	2864	4 »

Années			
1995	La « Marianne de Gandon »	2933	1 75
	Idem, sans surtaxe, de carnet	2934	4 »
1996	La « Semeuse 1903 »	2990	1 70
	Idem, sans surtaxe, de carnet	2991	4 »
1997	« Mouchon 1902 »	3051	1 70
	Idem, sans surtaxe, de carnet	3052	4 50
1998	« Blanc 1900 »	3135	1 50
	Idem, sans surtaxe, de carnet	3136	4 »
1999	Astérix	3225	1 40
	Idem, avec surtaxe, de carnet	3226	4 »
	Idem, du feuillet (BF 22)	3228	2 75
2000	Tintin et Milou	3303	1 40
	Idem, avec surtaxe, de carnet	3304	2 50
2001	Gaston Lagaffe	3370	1 »
	Idem, avec surtaxe, de carnet	3371	2 50
2002	Boule & Bill	3467	1 »
	Idem, avec surtaxe, de carnet	3468	3 »
2003	Lucky Luke	3546	1 »
	Idem, avec surtaxe, de carnet	3546a	1 »
2004	Disney	3641	1 »
	Idem, sans surtaxe, de carnet	3641a	1 »
2005	Titeuf	3751	1 10
	Idem, sans surtaxe, de carnet	3751a	1 10
2006	Spirou	3877	1 20
	Idem, sans surtaxe, de carnet	3877a	1 20
2007	Harry Potter	4024	1 10
	Idem, sans surtaxe, de carnet	4024a	1 10

De 1969 à 1974, voir Département de la Réunion (Tome II 1re partie).

Blasons et Armoiries

1353A	Agen	0 15	958	Gascogne	0 30	758	Nice (Comté)	0 15
1195	Alger	0 30	557	Grenoble	4 50	563	Nice (Ville)	5 »
1232	Alger	1 »	1351B	Guéret	0 15	1184	Nice (Ville)	0 15
756	Alsace	0 15	835	Guyenne	0 15	1351A	Niort	0 15
1352	Amiens	0 15	575	Ile-de-France	1 90	1001	Nivernais	0 30
558	Angers	5 »	554	La Rochelle	4 50	605	Normandie	1 60
1003	Angoûmois	0 15	603	Languedoc	0 30	1230A	Oran	0 30
838	Anjou	0 50	561	Le Havre	5 »	556	Orléans	4 50
899	Artois	0 15	527	Lille	3 »	604	Orléanais	1 »
1468	Auch	0 15	1186	Lille	0 15	537	Paris	3 40
1004	Aunis	0 15	1230	Lille	6 »	1354B	Paris	0 60
837	Auvergne	0 65	560	Limoges	5 00	951	Picardie	0 30
901	Béarn	0 30	900	Limousin	0 15	555	Poitiers	4 50
959	Berri	0 30	757	Lorraine	0 15	952	Poitou	0 30
529	Bordeaux	3 »	533	Lyon	3 40	574	Provence	2 30
1183	Bordeaux	0 15	1181	Lyon	0 15	535	Reims	3 40
1002	Bourbonnais	0 15	572	Lyonnais	0 50	534	Rennes	3 40
834	Bourgogne	0 15	999	Maine	0 30	528	Rouen	3 »
573	Bretagne	0 80	1045	Marche	0 20	1046	Roussillon	0 20
553	Chambéry	6 »	532	Marseille	3 »	1354A	St-Denis-Réunion	0 50
953	Champagne	0 60	1180	Marseille	0 15	564	Saint-Étienne	6 »
531	Clermont-Fd	3 »	734	Metz	0 30	1510	Saint-Lô	0 15
1047	Comtat-Venaissin	0 20	1469	Mont-de-Marsan	1 10	1005	Saintonge	0 15
755	Corse	0 15	536	Montpellier	3 40	836	Savoie	0 65
954	Dauphiné	0 80	526	Nancy	3 »	735	Strasbourg	0 30
559	Dijon	5 »	562	Nantes	5 »	530	Toulouse	3 »
602	Flandre	0 30	1185	Nantes	0 15	1182	Toulouse	0 15
1044	Foix	0 20	1000	Navarre	0 30	902	Touraine	1 10
903	Franche-Comté	1 »	1354	Nevers	0 15	1353	Troyes	0 15

Le blason « Anjou » existe préoblitéré, quelques valeurs sont surchargées en francs CFA, voir Département de la Réunion (Tome II 1re partie).

Caisse d'Amortissement

Années			Années			Années		
1927	246 à 248	70 »	1929	253 à 255	265 »	1931	Provinces, 269	350 »
1928	249 à 251	230 »	1930	Sourire, 256	155 »	1931	275 à 277	660 »
1929	Travail, 252	240 »	1930	266 à 268	400 »			

On tiendra compte des % pour très bon centrage.

Croix-Rouge

146	10 + 5 c.	7 50	1508-1509	(1966)	1 30	2498	(1987)	1 25
147	10 + 5 c.	95 »	1540-1541	(1967)	1 30	2555	(1988)	1 25
156	15 + 5 c.	300 »	1580-1581	(1968)	1 »	2612	(1989)	1 25
422	90 + 35 c.	17 »	1619-1620	(1969)	1 30	2646	(1990)	1 40
459-460	(1940)	26 »	1661-1662	(1970)	1 60	2733	(1991)	1 40
876-877	(1950)	6 10	1700-1701	(1971)	1 60	2783	(1992)	1 40
914-915	(1951)	8 45	1735-1736	(1972)	1 60	2853	(1993)	1 70
937-938	(1952)	12 »	1779-1780	(1973)	1 30	2915	(1994)	1 70
966-967	(1953)	23 50	1828-1829	(1974)	1 45	2946	(1995)	1 70
1006-1007	(1954)	30 50	1860-1861	(1975)	1 45	3039	(1996)	1 70
1048-1049	(1955)	16 50	1910-1911	(1976)	1 65	3122	(1997)	1 70
1089-1090	(1956)	7 10	1959-1960	(1977)	1 45	3199	(1998)	1 60
1140-1141	(1957)	11 50	2024-2025	(1978)	2 »	3288	(1999)	1 60
1187-1188	(1958)	3 20	2070-2071	(1979)	1 65	3362	(2000)	1 25
1226-1227	(1959)	5 60	2116-2117	(1980)	1 80	3436	(2001)	1 10
1278-1279	(1960)	8 »	2175-2176	(1981)	2 10	3531	(2002)	1 20
1323-1324	(1961)	6 25	2247-2248	(1982)	2 20	3620	(2003)	2 »
1366-1367	(1962)	4 30	2295-2296	(1983)	2 10	3717	(2004)	2 »
1400-1401	(1963)	2 »	2345	(1984)	1 25	3745	(2005)	1 40
1433-1434	(1964)	1 »	2392	(1985)	1 25	3840	(2005)	2 »
1466-1467	(1965)	0 80	2449	(1986)	1 40	3991-3992	(2006)	2 80

De 1962 à 1974, voir Département de la Réunion (Tome II 1re partie). Pour les nos 147 et 156, on tiendra compte des % pour très bon centrage.

Tableaux

« Musée imaginaire » (Vitraux, Tapisseries, etc.)

1319	Braque (Messager)	4 »
1320	Matisse (Nus bleus)	7 »
1321	Cézanne (Joueurs de cartes)	4 »
1322	R. de La Fresnaye (14 juillet)	5 »
1363	Courbet (Bonjour M.)	4 »
1364	Manet (Canapé bleu)	4 »
1365	Géricault (Officier)	7 »
1376	Delacroix (Lutte)	5 »
1377	Vitrail de Conches	6 »
1398	Chagall (Mariés)	2 20
1399	Vitrail de Chartres	0 80
1413	D'Orléans (Jean le Bon)	2 »
1419	Vitrail de N.-D. de Paris	0 65
1424	Email champlevé	1 50
1425	La Dame à la licorne	0 80
1426	Toulouse-Lautrec (Serveuse)	0 60
1427	Vitrail de Sens	0 60
1457	Les Très riches heures	0 50
1458	« L'Apocalypse » d'Angers	0 50
1459	Dufy (Violon rouge)	0 50
1478	Le « Cratère » de Vix	0 50
1479	G. de La Tour (Nouveau-né)	0 50
1492	Vitrail de la Sainte-Chapelle	0 50
1493	Lurçat (Tapisserie)	0 50
1494	Daumier (Crispin et Scapin)	0 50
1517	Rousseau (Carriole)	0 50
1518	Clouet (François Ier)	0 50
1530	Ingres (Baigneuse)	0 50
1531	Vitrail de Troyes	0 50
1555	Peinture rupestre de Lascaux	0 65
1568	Gauguin (Arearea)	0 80
1569	Bourdelle (La Danse)	0 80
1570	Renoir (Modèle)	1 »
1586	Bas-relief d'Amiens	0 80
1587	R. de La Pasture (Ph. le Bon)	0 80
1588	Fresque de Saint-Savin	0 80
1588A	Seurat (Le Cirque)	0 80
1640	Primitif de Savoie	0 65
1641	Carpeaux (Triomphe de Flore)	0 65
1652	Boucher (Diane au retour de la Chasse)	1 »
1653	Degas (Danseuse au bouquet)	1 »
1654	Sculpture de la cathédrale de Strasbourg	1 »
1672	Millet (Le Vanneur)	0 80
1673	Rouault (Songe creux)	0 80
1702	Fragonard (L'Étude)	1 »
1703	Monet (Femmes au Jardin)	1 50
1732	Maître de Moulins (Pierre de Bourbon)	1 80
1733	Derain (Les Péniches)	2 20
1741	Chapiteau d'Issoire	1 50
1742	Le Brun (Étude de femme)	1 50
1743	Boiseries du Moutier d'Ahun	1 50
1765	Watteau (La Finette)	1 50
1766	Philippe de Champaigne (Cardinal de Richelieu)	1 50
1811	Miro (Tableau de)	1 50
1812	Sisley (Canal du Loing)	1 50
1813	Mathieu (Tapisserie de la manufacture nationale des Gobelins « Hommage à Nicolas Fouquet »)	1 50
1867	Linteau de St-Genis-des-Fontaines	1 40
1868	Vénus de Brassempouy	1 25
1869	Robert Delaunay (La joie de vivre)	1 40
1899	Ramsès (Fresque d'Abu-Simbel)	1 25
1900	Carzou (Oeuvre de)	1 25
1901	Vlaminck (Nature morte)	1 25
1923	Corot (Le « Pont de Mantes »)	1 25
1924	Vasarely (Oeuvre de)	1 85
1950	Trémois (Oeuvre de)	2 »
1951	Excoffon (Oeuvre d')	2 »
1958	Rubens (Vierge à l'Enfant)	1 50
1983	Carrousel sous Louis XIV	2 »
1994	Buffet (Le Pont des Arts)	2 50
2026	Brayer (Oeuvre de)	2 »
2033	Miniature sur la Musique	1 50
2053	Diane au bain (Château d'Écouen)	1 50
2054	Van Gogh (L'Eglise d'Auvers-sur-Oise)	2 50
2067	Salvador Dali (Oeuvre originale)	1 75
2068	Chapelain-Midy (Le « Danseur du feu »)	1 85
2074	Zadkine (La « Femme à l'éventail »)	1 85
2075	Ubac (Oeuvre d')	1 85
2090	Dürer (Autoportrait)	1 25
2107	Picart Le Doux (Hommage à Bach)	2 »
2108	Le Nain (Paysan, détail)	2 »
2109	Modigliani (Femme aux yeux bleus)	2 50
2110	Hartung (Oeuvre de)	2 50
2113	Agam (Message de Paix)	2 50
2136	Pissarro (La sente du chou)	1 25
2137	Gleizes (Composition)	2 30
2141	Trémois (La France)	1 40
2142	Trémois (Paris)	1 40
2168	Pignon (Les Plongeurs)	2 30
2169	Manessier (Alleluia)	2 30
2174	Hommage à Virgile « Mosaïque du 2e siècle »	1 50
2199	Folon (La Poste et les Hommes)	3 »
2200	Folon (La Poste et les Techniques)	3 »
2210	L'Ephèbe d'Agde	2 30
2211	Claude Gelée, dit Le Lorrain (Embarquement à Ostie)	2 30
2231	« La Dentellière », de Vermeer	2 30
2234	« La Famille », sculpture de Boyan	2 30
2245	« La Chambre turque », de Balthus	2 30
2263	« Aurora-Set », de Dewasne	2 30
2264	« Vénus et Psyché », de Raphaël	2 30
2265	Gustave Doré (Illustration des Contes de Perrault)	2 30
2291	Hommage à Jean Effel	2 30
2297	« Le Lapin Agile », de Maurice Utrillo	2 30
2299	Hommage au Cinéma », sculpture de César	2 30
2300	« Les 4 coins du ciel », de Messagier	2 30
2301	« Coin de salle à manger au Cannet », de Bonnard	2 30
2342	« La Pythie », d'André Masson	3 »
2343	« Le peintre piétiné par son modèle », de Jean Hélion	3 »
2363	Vitrail de la Cathédrale de Strasbourg	3 »
2364	« Nature morte au chandelier », de Nicolas de Staël	3 »
2381	Dubuffet	3 »
2382	P. Alechinsky	3 »
2383	« Le chien », sculpture par A. Giacometti	3 »
2407	La Typographie	3 »
2413	« Skibet », de Maurice Estève	3 »
2414	« Virginia », d'Alberto Magnelli	3 »

Tableaux (suite)

2446	« Portrait d'Isabelle d'Este, de Léonard de Vinci	3 »
2447	« La Danseuse » de Jean Arp	3 »
2448	Oeuvre de Pierre Soulages	3 »
2473	Oeuvre de Bram Van Velde	3 »
2474	« Femme à l'ombrelle », d'Eugène Boudin	3 »
2493	« Précambrien » de Camille Bryen	3 »
2494	« Monde » d'Antoine Pevsner	3 »
2537	L'Assemblée de Vizille	1 40
2538	La journée des tuiles	1 70
2551	« Hommage à Léon Degand » de Robert Jacobsen	3 »
2553	Le Sépulcre Saint-Mihiel de Ligier-Richier	3 »
2554	« Composition » de Serge Poliakoff	3 »
2557	« Meta » de Tinguely	3 »
2558	Pietà de Villeneuve-lès-Avignon	3 »
2561	« Anthropométrie de l'époque bleue » d'Yves Klein	2 75
2591	« Le Serment du Jeu de Paume » par David	2 75
2606	« Régates vent arrière » de Lapicque	2 75
2635	« Profil de femme » d'Odilon Redon	2 75
2636	« Cambodgienne assise » d'Auguste Rodin	2 75
2637	« Tête de Christ » de Wissembourg	2 75
2672	« Jaune et gris » de Roger Bissière	2 75
2692	« La balançoire » d'Auguste Renoir	2 75
2693	« Le Noeud noir » de Georges Seurat	2 75
2730	« Volta faccia » de François Rouan	2 75
2731	« Ô tableau noir » de Roberto Matta	2 75
2761	« Portrait de Claude Deruet » de Jacques Callot	2 75
2779	« Étude pour le portrait de John Edward » de Francis Bacon	2 30
2780	Création pour la Poste, d'Alberto Burni	2 30
2781	« Le rendez-vous d'Ephèse » de Paul Delvaux	2 30
2782	Création pour la Poste, d'Antoni Tapies	2 30
2797	« Rouge rythme bleu » d'Olivier Debré	1 25
2798	« Le griffu » de Germaine Richier	1 80
2828	« Saint Thomas », de Georges de la Tour	2 75
2832	« Les Muses » de Maurice Denis	2 60
2834	Oeuvre originale de Takis	2 30
2835	« Gravure rehaussée », de Marie Hélène Vieira da Silva	2 30
2858	Oeuvre originale de Sean Scully	3 »
2859	« La légende de Saint Étienne » vitrail de la Cathédrale du Mans	3 »
2914	Oeuvre originale de Georg Baselitz	3 »
2926	La châsse de Saint-Taurin à Evreux	3 »
2927	« Etude pour le rêve du bonheur », de Pierre Prud'hon	3 »
2928	Oeuvre originale de Zao Wou-Ki	3 »
2969	Oeuvre originale de Kirkeby	3 »
2972	« Le Berceau » de Berthe Morisot	3 »
2986	Oeuvre originale de Wercollier	3 »
2987	« Horizon » de Dibbets	3 »
2989	« Le Pont de Narni » de Jean-Baptiste Corot	3 »
3014	Bronze gallo-romain du Trésor de Neuvy-en-Sullias	3 »
3023	Oeuvre originale d'Arman	3 35
3049	Fresque de Tavant	3 »
3050	Oeuvre originale de Bernard Moninot	3 »
3104	« Le Pouce » de César	3 »
3105	« Raisins et grenades » de Chardin	3 »
3145	« Le Retour » de Magritte	1 50
3147	« Entrée des Croisés à Constantinople » d'Eugène Delacroix	3 »
3162	« Le Printemps » de Pablo Picasso	3 »
3197	« Les neufs moules Malic » de Marcel Duchamp	3 »
3207	« Vision après le sermon » de Paul Gauguin	3 »
3222	Jean Goujon	2 75
3234	La Vénus de Milo	15 »
3235	« La Joconde » de Léonard de Vinci	25 »
3236	Détail de "La Liberté guidant le peuple" de Delacroix	20 »
3247	« Nymphéas, effet du soir » de Claude Monet	3 »
3254	Cathédrale d'Auch	3 »
3289	Portrait de Charles Ier d'Anton Van Dyck	3 »
3301	« Vénus et les Grâces offrant des présents à une jeune fille », détail d'une fresque de Sandro Botticelli	2 75
3309	« La Valse » de Camille Claudel	2 75
3350	« Visage rouge » de Gaston Chaissac	2 50
3358	Mosaïque (9e siècle) de Germigny-des-Prés	2 50
3359	« Le kiosque des amoureux - Valence » de Peynet	2 »
3369	« La danse des paysans » de Pieter Brugel l'Ancien	2 50
3385	Hôtel des Chevaliers de Saint-Jean-de-Jérusalem, à Toulouse	2 50
3421	« Yvette Guilbert chantant « Linger, Longer, Loo » de Toulouse-Lautrec	2 50
3429	« Honfleur à marée basse » de Johan Barthold Jongking	2 50
3435	Œuvre originale d'Albert Decaris	1 25
3461	« Le baiser » de Gustav Klimt	2 50
3482	« Les danseurs » de Fernando Botero	2 50
3498	« Eve et le serpent, La Création » de Marc Chagall, cathédrale de Metz	1 20
3526	« Autoportrait » Elisabeth Vigée-Lebrun	2 50
3535	« Sphère Concorde » de Jesus Rafael Soto	2 »
3558	« Esclave rebelle », « Esclave mourant » de Michel-Ange	1 75
3584	« La Bouée Rouge » de Paul Signac	2 »
3585	« Tableau » de Wassily Kandinsky	2 50
3628	« Marilyn », 1967 de Andy Warhol	2 50
3629	« Enluminure française du 15e s. »	1 »
3630	« Joaillerie indienne du 19e s. »	2 »
3660	« Un combat de coqs » de Jean-Léon Gérôme	2 50
3676	« Galatée aux sphères » de Salvador Dali	2 50
3690	« La méridienne » d'après Millet de Vincent Van Gogh	2 »
3762	« Sicile » de Nicolas de Staël	2 40
3806	« L'Ours blanc » de François Pompon	1 80
3835	« Le guitariste » de Jean-Baptiste Greuze	1 60
3894	« Baigneuses » de Paul Cézanne	1 60
3905	Grotte de Rouffignac (Dordogne)	1 10
3916	Oeuvre originale sur cape de torero de Claude Vicellat	2 45
3984	« Mendiants à la porte d'une maison » de Rembrandt	2 60

Les nos 1766, 1811, 1812 et 1813 ont été surchargés en francs CFA, voir Département de la Réunion (Tome II 1re partie).

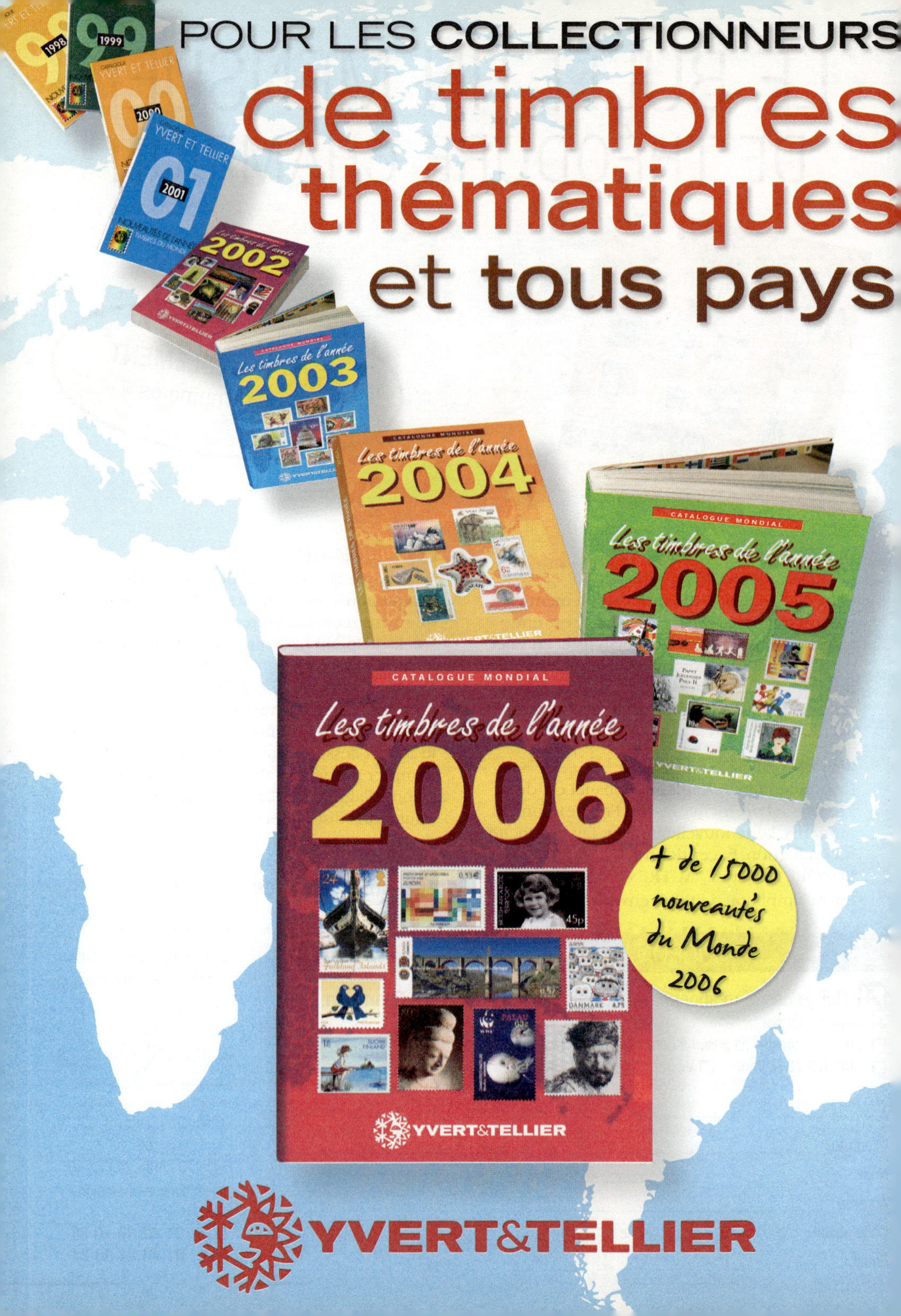
POUR LES COLLECTIONNEURS
de timbres
thématiques
et tous pays
CATALOGUE MONDIAL
Les timbres de l'année
2006
YVERT&TELLIER
Les timbres de l'année
2005
Les timbres de l'année
2004
Les timbres de l'année
2003
2002
2001
+ de 15000 nouveautés du Monde 2006
YVERT&TELLIER

FRANCE

100 c(entimes) =1 f(ranc)

Depuis le 1er Janvier 2002 : 1 €(uro) =100 c(entimes).

IIe République

Pour les timbres (sur lettre) voir rubrique "Clef du catalogue".

La cote des timbres oblitérés des nos 1 à 106 varie en fonction du type d'oblitération.

En règle générale, la cote figurant dans la colonne de droite correspond à l'oblitération la plus commune.

Les autres cotes sont détaillées dans les tableaux des principales oblitérations après le n° 106.

Voir également nos éditions spécialisées.

1849-50. - *Cérès. Typographie. Papier teinté.*

Le 20 centimes noir.

Ce type a été repris en 1870-71 pour la France et les Colonies générales : en 1937 à l'occasion de l'Exposition philatélique de Paris (nos 348 à 351), en 1949, à l'occasion de l'Exposition du Centenaire du Timbre (nos 830, 831 et 841) et en 1999 pour le cent cinquantième anniversaire (nos 3211 et 3212 et entier n° 3094).

1	10 c. bistre-jaune	2 200 »	330 »
	(sur lettre)		700 »
	a. bistre-brun	2 700 »	425 »
	b. bistre verdâtre	3 500 »	500 »
	c. bistre verdâtre foncé	5 500 »	1 000 »
2	15 c. vert	25 000 »	1 000 »
	(sur lettre)		1 750 »
	a. vert clair	26 500 »	1 100 »
	b. vert foncé	30 000 »	1 200 »
	c. vert très foncé	35 000 »	2 500 »
3	20 c. noir s. jaune	450 »	60 »
	(sur lettre)		100 »
	a. noir s. blanc	535 »	65 »
	b. noir s. chamois	1 100 »	200 »
	c. gris-noir	2 300 »	500 »
	i. gris souris	3 700 »	1 000 »
4	25 c. bleu	7 500 »	45 »
	(sur lettre)		70 »
	a. bleu foncé	8 500 »	70 »
	b. bleu s. jaune	7 500 »	55 »
	h. bleu-noir	9 000 »	100 »
5	40 c. orange	4 750 »	500 »
	(sur lettre)		800 »
	a. orange vif	5 500 »	575 »
	b. orange foncé	5 500 »	650 »
	c. (gomme brunâtre)	2 700 »	

Carmin.

Vermillon.

6	1 f. carmin foncé	13 000 »	900 »
	(sur lettre)		1 600 »
	a. carmin clair	14 000 »	1 100 »
	d. carmin cerise		3 250 »
6A	1 f. rouge-brun	24 000 »	2 700 »
6B	1 f. carmin-brun	14 000 »	1 000 »
7	1 f. vermillon	95 000 »	20 000 »
	(sur lettre)		32 500 »
	a. vermillon vif	120 000 »	26 500 »
	b. vermillon terne	60 000 »	17 000 »
7A	1 f. *vermillon pâle* (Vervelle)	28 000 »	

Le n° 7A, toujours sans gomme, est généralement aminci. Il n'existe qu'à l'état neuf.

Timbres neufs, sans gomme.

(1)	10 c. bistre-jaune	800 »
(2)	15 c. vert	10 000 »
(3)	20 c. noir sur jaune	200 »
(4)	25 c. bleu	2 500 »
(5)	40 c. orange	2 000 »
(6)	1 f. carmin foncé	4 000 »
(6A)	1 f. rouge-brun	8 000 »
(6B)	1 f. carmin-brun	5 000 »
(7)	1 f. vermillon	60 000 »
(7b)	1 f. vermillon terne	40 000 »

4 retouchés (plus larges).

normal

retouché

5d	40 c. orange	30 000 »	7 000 »
	(Sur lettre)		15 000 »
5e	Paire avec un normal	47 500 »	16 000 »
5f	Paire des deux timbres retouchés	125 000 »	65 000 »

Par erreur, on avait placé deux clichés du 20 c. dans une planche du 40 c. Cette erreur fut corrigée en modifiant individuellement les chiffres 2.

NON ÉMIS

8	20 c. *bleu s. jaunâtre*	4 000 »
	a. *bleu foncé*	3 400 »
	b. *bleu s. azuré*	3 200 »

Le n° 8 est toujours sans gomme, les nos 8a et 8b sont avec ou sans gomme.

DOCUMENT POSTAL

Le 1er décembre 1849, une circulaire portant une moitié de 1 f. vermillon et une moitié de 1 f. carmin fut envoyée aux bureaux de poste, afin de procéder au retrait des timbres vermillon dont la couleur était proche de celle des 40 c. orange, imprimés depuis avril 1849, mais qui ne furent émis qu'en 1850.

sur circulaire entière	70 000 »
sur fragment	10 000 »

TÊTE-BÊCHE

1d	10 et 10 c. bistre-jaune	90 000	» 18 000	»	
	(Sur lettre)		35 000	»	
1e	10 et 10 c. bistre verdâtre	110 000	» 27 500	»	
	(Sur lettre)		42 500	»	
2d	15 et 15 c. vert (Sur lettre)		325 000	»	
3d	20 et 20 c. noir s. jaune	12 000	» 7 500	»	
	(Sur lettre)		15 000	»	
3e	20 et 20 c. noir s. blanc	13 000	» 8 500	»	
	(Sur lettre)		17 500	»	
4c	25 et 25 c. bleu	160 000	» 15 000	»	
	(Sur lettre)		30 000	»	
6e	1 et 1 f. carmin	200 000	» 28 000	»	
	(Sur lettre)		75 000	»	
6Aa	1 et 1 f. rouge-brun (Sur lettre)		140 000	»	
6Ba	1 et 1 f. carmin-brun	220 000	» 45 000	»	
	(Sur lettre)		75 000	»	
7d	1 et 1 f. vermillon vif	1 000 000	»200 000	»	
7e	1 et 1 f. vermillon terne		200 000	»	
7f	1 et 1 f. *vermillon pâle (Vervelle)*	400 000	»		
8c	20 et 20 c. *bleu s. jaunâtre*	100 000	»		
8d	20 et 20 c. *bleu foncé*	85 000	»		
8e	20 et 20 c. *bleu s. azuré*	75 000	»		

On ne connaît qu'un exemplaire oblitéré et défectueux du n° 2d (sur lettre), un tête-bêche neuf sans gomme du 1 f. vermillon vif (dans un bloc de quatre), un oblitéré mais défectueux dans une bande de trois, un tête-bêche du 1 f. vermillon terne dans une bande de trois oblitérée, et un tête-bêche du 1 f. vermillon pâle dans un bloc de quatre.

BLOCS DE QUATRE

10 c. bistre-jaune	10 000	» 12 000	»
10 c. bistre verdâtre	18 000	» 16 000	»
15 c. vert	140 000	» 80 000	»
15 c. vert foncé	160 000	»100 000	»
20 c. noir s. jaune	2 250	» 5 000	»
20 c. noir s. blanc	2 500	» 5 500	»
25 c. bleu	40 000	» 5 750	»
40 c. orange (gomme blanche)	27 000	» 20 000	»
1 f. carmin	70 000	» 16 500	»
1 f. rouge-brun	120 000	»	
1 f. carmin-brun	75 000	» 40 000	»
1 f. vermillon	450 000	»135 000	»
1 f. vermillon vif	500 000	»160 000	»
1 f. vermillon terne	275 000	» 95 000	»
1 f. *vermillon pâle*	200 000	»	
20 c. *bleu s. jaunâtre*	18 000	»	
20 c. *bleu foncé*	15 000	»	
20 c. *bleu s. azuré*	16 000	»	

Le 10 c. avec annulation rouleau de gros points vaut 4 000 »

Le 10 c. verdâtre vaut ainsi 6 500 »

TÊTE-BÊCHE DANS UN BLOC

Pour évaluer la cote d'un tête-bêche dans un bloc de quatre, ajouter la cote du tête-bêche à celle du bloc de quatre.

RÉIMPRESSIONS

1f	10 c. bistre clair	600	»
2e	15 c. vert vif clair	800	»
3f	20 c. noir	500	»
4d	25 c. bleu	550	»
5g	40 c. orange	750	»
5h	40 c. (4 retouchés)	14 000	»
5j	(Paire avec un normal)	20 000	»
5k	(Paire des 2 retouchés)	35 000	»
6f	1 f. carmin	800	»
8f	20 c. bleu	600	»

Ces réimpressions ont été faites en 1862 dans les couleurs employées à cette époque, qui sont généralement plus claires que celles de 1849-50.

Surchargé.

8A	25 c. s. 20 c. *bleu* (R)	21 000	»

On connaît un exemplaire d'un n° 8 original avec une surcharge voisine qui ne comprend ni le point sous le c ni les barres ornementales.

TIMBRE COUPÉ, SUR LETTRE

On connaît une lettre affranchie avec la moitié gauche d'un timbre de 40 c. ayant servi de timbre de 20 c. ; oblitération losange de points avec 851 en petits chiffres (Le Cheylard).

Valeur 150 000 »

Voir ci-après les tableaux des principales oblitérations.

1852. - *Prince-président Louis-Napoléon. Légende REPUB. FRANC. B sous le cou. Typographie. Papier teinté.*

9	10 c. bistre-jaune	42 000	»	700	»
	(sur lettre)			1 000	»
	a. bistre-brun	45 000	»	900	»
10	25 c. bleu	3 500	»	40	»
	(sur lettre)			100	»
	a. bleu foncé	4 000	»	80	»

Timbres neufs, sans gomme.

(9)	10 c. bistre-jaune	12 000	»
(10)	25 c. bleu	1 300	»

TIMBRES AVEC LIGNES D'ENCADREMENT.

9b	10 c.	60 000	»	8 500	»
10b	25 c.	6 000	»	1 700	»

BLOCS DE QUATRE

10 c.	230 000	»	50 000	»
25 c.	16 000	»	2 300	»

RÉIMPRESSIONS (1862)

9c	10 c. bistre clair	750	»
10c	25 c. bleu	500	»

Voir ci-après les tableaux des principales oblitérations.

Second Empire

1853-60. - *Napoléon III. Idem. Légende EMPIRE FRANC. Typographie. Papier teinté.*

Le 1 c. n'a existé qu'au type II, les 5, 25, 40, 80 c. et 1 f., qu'au type I.

Type I

Type II

11	1 c. olive	250 »	100 »
	(Seul sur lettre)		450 »
	a. bronze	250 »	110 »
12	5 c. vert	1 000 »	100 »
	(Seul sur lettre)		325 »
	a. vert-jaune	1 000 »	100 »
	b. vert foncé	1 500 »	185 »
	c. vert foncé s. vert	2 750 »	325 »
13A	10 c. bistre (I)	600 »	12 »
	(sur lettre)		25 »
	a. jaune-citron	2 300 »	80 »
	b. bistre-orange	800 »	25 »
	c. bistre-brun	700 »	35 »
13B	10 c. brun clair (II)	700 »	30 »
	(sur lettre)		50 »
	a. bistre-brun	800 »	45 »
	b. brun	1 000 »	70 »

14A	20 c. bleu (I)	250 »	2 »
	(sur lettre)		3 »
	a. bleu foncé	400 »	2 »
	(sur lettre)		4 »
	b. bleu-noir	1 700 »	40 »
	c. bleu s. azuré	500 »	12 »
	d. bleu s. vert	6 500 »	180 »
	e. bleu s. lilas	5 500 »	80 »
	f. bleu laiteux	350 »	12 »
	g. bleu s. rose		4 500 »
	h. POSTFS	1 350 »	75 »
	j. bleu laiteux s. vert	10 000 »	250 »
14B	20 c. bleu (II)	425 »	6 »
	(sur lettre)		8 »
	a. bleu s. vert	6 500 »	200 »
	b. bleu s. lilas	5 500 »	450 »
15	25 c. bleu	2 800 »	285 »
	(sur lettre)		500 »
	a. bleu laiteux	2 850 »	300 »
16	40 c. jaune-orange	2 750 »	18 »
	(sur lettre)		30 »
	a. orange vif	3 500 »	25 »
	b. orange s. paille	3 500 »	30 »
17A	80 c. carmin foncé	5 500 »	120 »
	(sur lettre)		200 »
	a. carmin clair	2 800 »	60 »
	b. carmin-rose	2 800 »	60 »
	c. carmin foncé s. paille	6 000 »	150 »
	d. vermillonné	20 000 »	600 »
17B	80 c. rose	2 500 »	55 »
	(sur lettre)		120 »
	a. rose vif	2 800 »	80 »
	b. rose pâle	2 400 »	60 »
18	1 f. carmin	8 000 »	3 250 »
	(sur lettre)		5 500 »
	(Id. seul)		7 500 »
	a. carmin foncé	10 000 »	4 200 »

Timbres neufs, sans gomme.

(11)	1 c. olive	120 »
(12)	5 c. vert	350 »
(13A)	10 c. bistre (I)	250 »
(13B)	10 c. brun clair (II)	300 »
(14A)	20 c. bleu (I)	150 »
(14B)	20 c. bleu (II)	200 »
(15)	25 c. bleu	1 200 »
(16)	40 c. jaune-orange	1 100 »
(17A)	80 c. carmin foncé	1 800 »
(17Aa)	80 c. carmin clair	1 100 »
(17Ab)	80 c. carmin-rose	1 000 »
(17B)	80 c. rose	1 000 »
(18)	1 f. carmin	4 000 »
(18a)	1 f. carmin foncé	4 500 »

Les 1 c. et 25 c. ont subi certaines retouches qu'on reconnaît aux raccords des filets des cadres ou à des lettres déformées.

Il a été fait un tirage spécial, dit des "*Arts & Métiers*".

12e	5 c. *vert clair*	700 »
13Ae	10 c. *bistre-jaune*	475 »
14Ak	20 c. *bleu laiteux*	425 »
16d	40 c. *orange vif*	2 250 »
17Ae	80 c. *carmin terne*	2 000 »

Ces timbres sont sans gomme et d'une impression très soignée.

TÊTE-BÊCHE

14Bc	20 et 20 c. bleu (II)	200 000 »	
17Af	80 et 80 c. carmin	320 000 »	25 000 »
	(Sur lettre)		35 000 »
17Bc	80 et 80 c. rose	65 000 »	15 000 »
	(Sur lettre)		27 000 »
18b	1 et 1 f. carmin	350 000 »	145 000 »
	(Sur lettre)		250 000 »

On ne connaît qu'un exemplaire neuf du n° 17Af et deux du n° 18b. Le n° 14Bc est en réalité le n° 22b non dentelé.

TIMBRES AVEC LIGNES D'ENCADREMENT.

12d	5 c.	7 500 »	2 850 »
13Ad	10 c. (I)	1 500 »	650 »
14Aj	20 c. (I)	850 »	400 »
15b	25 c.	5 500 »	3 000 »
16c	40 c.	7 750 »	1 300 »
17Ag	80 c.	15 000 »	4 000 »
18c	1 f.	14 000 »	11 000 »

Les timbres avec ligne d'encadrement formant coin de feuille valent le double des cotes ci-dessus.

BLOCS DE QUATRE

1 c. vert-olive	1 200 »	1 250 »
5 c. vert-jaune	4 750 »	1 250 »
10 c. bistre (I)	2 600 »	350 »
10 c. brun clair (II)	3 250 »	450 »
20 c. bleu (I)	1 100 »	90 »
20 c. bleu (II)	2 000 »	450 »
25 c. bleu	13 500 »	2 500 »
40 c. jaune-orange	13 500 »	950 »
80 c. carmin clair	11 000 »	650 »
80 c. carmin foncé	30 000 »	1 100 »
80 c. rose	12 000 »	650 »
1 f. carmin	40 000 »	32 000 »

Piquages.

A. - Piquage Susse, consistant en larges trous (7¼ x 7) :

	sur fragment	✉
1 c. vert-olive	500 »	6 000 »
5 c. vert-jaune	250 »	2 400 »
10 c. bistre (I)	60 »	385 »
10 c. bistre (II)	50 »	285 »
20 c. bleu (I)	30 »	180 »
20 c. bleu s. vert (I)	200 »	800 »
20 c. bleu (II)	30 »	150 »
40 c. orange	100 »	480 »
80 c. rose	200 »	1 600 »

B. - Percés en lignes.

Les cotes concernent les lettres entières.	sur fragment	✉
1 c.	120 »	750 »
5 c.	100 »	400 »
10 c.	25 »	140 »
20 c.	10 »	110 »
20 c. bleu s. vert	200 »	700 »
40 c.	30 »	150 »
80 c.	80 »	280 »

C. - Percés en scie (ou en arc).

	sur fragment	✉
1 c.	120 »	725 »
5 c.	100 »	575 »
10 c.	35 »	300 »
20 c.	10 »	140 »
20 c. bleu s. vert	200 »	750 »
40 c.	35 »	230 »
80 c.	100 »	550 »

D. - Piquage de Clamecy (dents en pointes allongées).

	sur fragment	✉
5 c.	2 000 »	20 000 »
10 c.	1 000 »	8 000 »
20 c.	700 »	7 500 »
20 c. bleu s. vert	1 000 »	8 500 »
40 c.	1 500 »	16 000 »

E. - Piquage de Cosne (dents en triangle).

	sur fragment	✉
20 c.	2 000 »	20 000 »

F. - Piquage de Chéroy.

	sur fragment	✉
10 c.	2 500 »	20 000 »
20 c.	2 000 »	20 000 »

G. - Piquage de Sancerre.

		sur fragment	✉
20 c.		1 500 »	12 500 »

Les cotes des timbres piqués ou percés s'entendent pour des timbres oblitérés sur lettre entière. (Les timbres sur grand fragment daté valent le quart).

RÉIMPRESSIONS (1862-63)

15c	25 c. bleu clair	600 »
17Ah	80 c. carmin-rose	2 300 »
18d	1 f. carmin	1 700 »
18e	(Tête-bêche)	30 000 »

TIMBRES COUPÉS, SUR LETTRES

Moitié de 10 c. (13)	
Moitié de 20 c. (14)	25 000 »
Moitié de 40 c. (16)	85 000 »
Moitié de 80 c. (17)	30 000 »

La moitié de 80 c. n'est connue que sur fragment.

Voir ci-après les tableaux des principales oblitérations.

1862. - *Napoléon III. Idem. Légende EMPIRE FRANC. Typographie. Papier teinté. Dentelés 14 x 13½.*

19	1 c. olive	210 »	45 »
	(Seul sur lettre)		160 »
	a. bronze	220 »	50 »
	b. mordoré	450 »	
	c. mordoré, non dentelé	550 »	
	d. (Grand C dans le cartouche supérieur)	1 400 »	1 100 »
20	5 c. vert	250 »	12 »
	(Seul sur lettre)		75 »
	a. vert foncé	300 »	17 »
21	10 c. bistre	1 800 »	3 »
	(sur lettre)		10 »
	a. bistre-jaune	1 900 »	3 »
	b. bistre-brun	2 350 »	12 »
22	20 c. bleu	300 »	1 »
	(sur lettre)		2 »
	a. bleu foncé	300 »	2 »
23	40 c. orange	1 800 »	7 »
	(sur lettre)		15 »
	a. orange pâle	1 400 »	6 »
	b. orange vif	2 400 »	13 »
24	80 c. rose	1 600 »	40 »
	(sur lettre)		80 »
	a. rose foncé	1 700 »	65 »

Timbres neufs, sans gomme.

(19)	1 c. olive	70 »
(20)	5 c. vert	100 »
(21)	10 c. bistre	450 »
(22)	20 c. bleu	100 »
(23)	40 c. orange	500 »
(24)	80 c. rose	500 »

TÊTE-BÊCHE

22b	20 et 20 c.	4 500 »	1 300 »
	(Sur lettre)		3 000 »
24b	80 et 80 c.	25 000 »	10 000 »
	(Sur lettre)		30 000 »

Le 24b est généralement décentré.

Une plus-value est à ajouter pour tout exemplaire très bien centré.

BLOCS DE QUATRE

1 c.	950 »	500 »
5 c.	1 200 »	275 »
10 c.	9 000 »	175 »
20 c.	1 350 »	100 »
40 c.	8 000 »	300 »
80 c.	7 750 »	500 »

Voir ci-après les tableaux des principales oblitérations.

1863-70. - *Napoléon III lauré. Typographie. Papier teinté. Dentelés 14 x 13½.*

Types des 10 c. et 20 c.

Type I : petits points

Type II : gros points

Le 30 c. est au type I, les 40 c. et 80 c. sont au type II. Il existe également deux types pour les 2 c. et 4 c. (voir catalogue spécialisé Volume I édition 1975).

Type des 1 c., 2 c. et 4 c.

Type des 10 c., 20 c., 30 c., 40 c. et 80 c.

25	1 c. bronze	55 »	20 »
	(Seul sur lettre)		100 »
	a. olive	60 »	20 »
	b. (à la cigarette)	3 000 »	1 000 »
26	2 c. rouge-brun	150 »	30 »
	(Seul sur lettre)		130 »
	a. rouge-brun foncé	175 »	60 »
	b. (Boule blanche sous le cou)	2 200 »	1 600 »
27	4 c. gris	275 »	65 »
	(Seul sur lettre)		450 »
	a. gris jaunâtre	275 »	65 »
	b. gris-lilas	350 »	90 »
	c. gris foncé	380 »	90 »
28A	10 c. bistre (I)	650 »	10 »
	(sur lettre)		10 »
28B	10 c. bistre (II)	320 »	4 »
	(sur lettre)		8 »
	a. bistre foncé	350 »	8 »
29A	20 c. bleu (I)	400 »	2 »
	(Sur lettre)		3 »
	a. bleu foncé	450 »	3 »
29B	20 c. bleu (II)	235 »	2 »
	(Sur lettre)		3 »
	a. bleu foncé	275 »	3 »
	b. (à la corne)	2 250 »	125 »
	c. (aux abeilles)	3 500 »	300 »
	d. (à la pipe)		1 100 »
30	30 c. brun	1 000 »	20 »
	(Sur lettre)		35 »
	a. brun clair	1 000 »	25 »
	b. brun-noir	1 500 »	50 »
31	40 c. orange	1 100 »	10 »
	(Sur lettre)		20 »
	a. orange pâle	950 »	10 »
	b. orange vif	1 750 »	15 »
32	80 c. rose	1 300 »	20 »
	(Sur lettre)		60 »
	a. rose carminé	1 750 »	45 »

33	5 f. violet-gris	7 500 »	1 100 »
	(sur lettre)		2 500 »
	(Id. seul)		27 000 »
	a. gris-bleu	8 000 »	1 100 »
	b. 5 et F en bleu	9 500 »	1 350 »
	c. (Non dentelé)	11 000 »	

Timbres neufs, sans gomme.

(25)	1 c. bronze	20 »
(26)	2 c. rouge-brun	50 »
(27)	4 c. gris	120 »
(28A)	10 c. bistre (I)	200 »
(28B)	10 c. bistre (II)	130 »
(29A)	20 c. bleu (I)	140 »
(29B)	20 c. bleu (II)	100 »
(30)	30 c. brun	300 »
(31)	40 c. orange	320 »
(32)	80 c. rose	380 »
(33)	5 f. violet-gris	2 500 »

Grand chiffre 5

Chiffre 5 normal

33d	5 f. (grand chiffre 5)	8 000 »	1 350 »

Le "grand chiffre 5" mesure 4,3 mm de haut.

ERREUR Sans "5" et "F".

33e	violet-gris	110 000 »

On ne connaît que quelques exemplaires oblitérés, plus ou moins défectueux, de cette rarissime variété.

On connait également un exemplaire de la variété sans "5" mais avec "F" tenant à la variété sans "5" et sans "F" dans un bloc de 6 oblitérés.

TÊTE-BÊCHE

27c	4 et 4 c.	28 000 »	17 000 »
	(Sur lettre)		48 000 »

BLOCS DE QUATRE

1 c.	250 »	175 »
2 c.	700 »	400 »
4 c.	1 350 »	750 »
10 c. (I)	3 250 »	125 »
10 c. (II)	1 800 »	100 »
20 c. (I)	2 000 »	75 »
20 c. (II)	1 350 »	65 »
30 c.	4 750 »	375 »
40 c.	5 000 »	400 »
80 c.	6 250 »	300 »
5 f.	35 000 »	10 000 »

Non dentelé (dit Lebaudy).

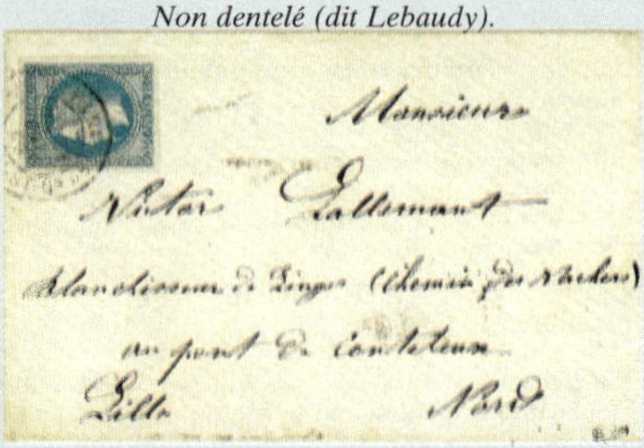

29Be	20 c. bleu laiteux (sur lettre)	22 000 »
	Le timbre détaché, oblitéré vaut	4 600 »

Émission Rothschild.

Impression très fine. Non dentelés.

25c	1 c.	1 400	»
26c	2 c.	250	»
27d	4 c.	200	»
28Aa	10 c. (I)	200	»
29Ab	20 c. (I)	350	»
30c	30 c.	250	»
31c	40 c.	250	»
32b	80 c.	550	»

RÉIMPRESSION (Granet). Sans gomme.

25d	1 c. bronze	1 300	»

Voir les réimpressions Granet après le n° 99.

TIMBRES COUPÉS, SUR LETTRE

Moitié de 2 c.	42 000	»
Moitié de 4 c.	55 000	»
Moitié de 10 c.	4 200	»
Moitié de 20 c.	45 000	»
Moitié de 40 c.	45 000	»
Quart de 80 c.	60 000	»
Moitié de 80 c.	50 000	»

Voir ci-après les tableaux des principales oblitérations.

1871. - *Non émis. Timbre de 1863 surchargé.*

34	10 s.10 c. *bistre* (B)	2 200	»
	a. Surcharge bleu pâle	2 200	»

Timbre neuf, sans gomme.

(34)	10 s. 10 c.	1 100	»

BLOC DE QUATRE

10 s. 10 c.	12 000	»

Le changement de tarif du 1er septembre 1871 avait porté de 5 à 10 c. l'affranchissement des cartes du Nouvel An. Comme la pénurie de timbres était grande, on songea à utiliser le stock restant du 10 c. Empire lauré. Pour éviter la confusion avec le 15 c. (n° 59) on apposa la surcharge 10 en bleu. Il ne fut jamais mis officiellement en cours. Il peut se rencontrer oblitéré tardivement par complaisance.

1871 (Novembre). - *Type de 1862. Typographie. Dentelé 14 x 13½.*

35	5 c. vert pâle s. bleu	2 800	»	160	»
	(Seul sur lettre)			370	»

Timbre neuf, sans gomme.

(35)	5 c. vert pâle sur bleu	650	»

BLOC DE QUATRE

5 c.	20 000	»	1 200	»

1870-71. - *Émission dite du Siège de Paris. Type de 1849. Typographie. Dentelés 14 x 13½.*

36	10 c. bistre-jaune	875	»	85	»
	(Seul sur lettre)			220	»
	a. bistre-brun	1 000	»	120	»
37	20 c. bleu	325	»	8	»
	(Sur lettre)			12	»
	a. bleu foncé	475	»	10	»
	b. (Papier jaunâtre)	600	»	20	»
38	40 c. orange	725	»	8	»
	(Sur lettre)			15	»
	a. jaune-orange	800	»	10	»
	b. orange terne	725	»	10	»
	c. (Coin inférieur gauche absent)	1 100	»	100	»

Timbres neufs, sans gomme.

(36)	10 c. bistre-jaune	300	»
(37)	20 c. bleu	120	»
(38)	40 c. orange	250	»

4 retouchés (plus larges).

38d	40 c. orange	4 350	»	200	»
38e	Paire avec un normal	9 000	»	650	»
38f	Paire de deux retouchés	27 500	»	4 000	»

Pour la distinction de cette variété, se reporter aux clichés placés avant le n° 5c.

TÊTE-BÊCHE

36b	10 et 10 c.	8 000	»	3 000	»
	(Sur lettre)			7 000	»
37c	20 et 20 c.	5 250	»	2 000	»
	(Sur lettre)			5 000	»
37d	20 et 20 c. (Pap. jaunâtre)	6 500	»	2 250	»
	(Sur lettre)			5 000	»

BLOCS DE QUATRE

10 c.	4 250	»	1 300	»
20 c.	1 700	»	130	»
40 c.	3 600	»	125	»

RÉIMPRESSIONS (Granet).

Non dentelés. Papier teinté. Avec ou sans gomme.

36c	10 c. bistre-jaune	450	»
37f	20 c. bleu clair	500	»

Voir les réimpressions Granet après le n° 99.

TIMBRES COUPÉS, SUR LETTRE

Moitié de 10 c.	6 000	»
Moitié de 40 c.	60 000	»

Gouvernement provisoire

1870-71. - *Cérès. Émission dite de Bordeaux. Lithographie. Papier teinté.*

Type des 1 c., 2 c. et 4 c.

On distingue les timbres lithographiés de cette émission des timbres au même type, typographiés (qui servirent non dentelés, en France en 1849-50 et aux Colonies en 1871-76), par la couronne d'épis qui fait beaucoup moins saillie au sommet de la tête sur les timbres imprimés à Bordeaux que sur les autres (cette observation ne s'applique pas au premier type du 20 c. bleu).

Reports du 1 centime.

Report 1

Reports 2 et 3

Report 3 (2e État)

R. 1. Ombres sous l'oeil formées par des points. Les impressions usées présentent un léger contour blanc derrière la tête.

R. 2. - Ombres sous l'oeil formées par des traits. Une ligne blanche derrière la tête souligne le contour des cheveux.

R. 3. - Pas de contour blanc derrière la tête.

1er état : ombres sous l'oeil formées par des traits.

2e état : les traits formant les ombres de l'oeil sont reliés entre eux.

Reports du 2 centimes.

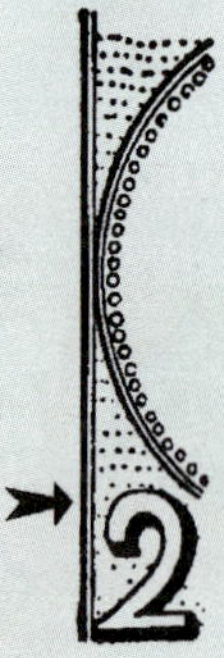

Report 1

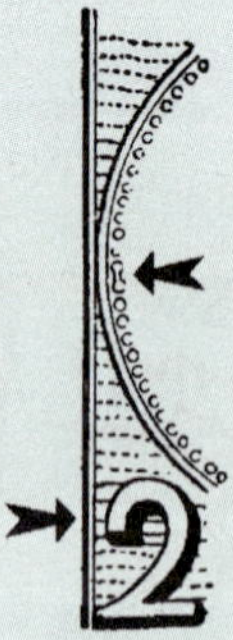

Report 2

R. 1. - Toutes les lignes ondulées sont formées par des points, notamment celles entre le cadre et la boucle du 2 qui sont peu visibles.

R. 2. - La plupart des lignes ondulées sont formées par des traits. Trois lignes horizontales séparées se trouvent entre le cadre et la boucle du 2.

Reports du 4 centimes.

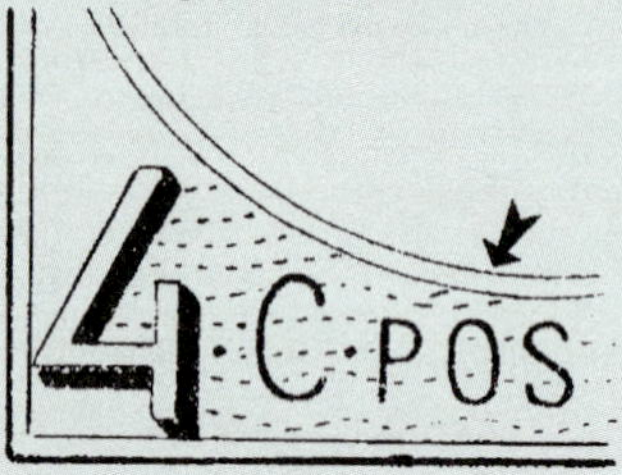

Report 1

R. 1. - Impression fine du burelage constitué par des points. Les traits formant les ombres sous l'oeil sont plus ou moins reliés entre eux.

R. 2. - Impression plus lourde. Le burelage est constitué de traits irréguliers dont certains se touchent.

39A	1 c. olive impression fine, Report I		
	(1er état)	200 »	180 »
	a. olive, impression usée (2e état)	180 »	150 »
	b. olive très foncé (idem)	280 »	250 »
39B	1 c. olive, Report 2	140 »	130 »
	a. olive foncé	160 »	150 »
39C	1 c. olive, Report 3 (1er état)	150 »	140 »
	(Seul sur lettre)		1 100 »
	a. olive clair (2e état)	160 »	150 »
	b. olive foncé	180 »	180 »
	c. olive bronze	280 »	220 »
40A	2 c. chocolat clair, Report 1	1 000 »	1 100 »
	a. chocolat	1 300 »	1 200 »
	b. brun-rouge	6 500 »	7 500 »
	c. impression très fine dite de Tours	1 800 »	5 250 »
40B	2 c. brun-rouge, Report 2	340 »	300 »
	(Seul sur lettre)		1 800 »
	a. rouge-brique	1 300 »	800 »
	b. marron	1 800 »	1 100 »
	c. chocolat foncé	6 000 »	4 250 »
	f. rouge brique foncé	2 250 »	1 300 »
41A	4 c. gris, Report 1	2 500 »	2 500 »
	a. gris jaunâtre	2 600 »	2 500 »
41B	4 c. gris, Report 2	350 »	280 »
	(Sur lettre)		750 »
	(Id. seul)		17 000 »
	a. gris jaunâtre	375 »	300 »
	b. gris-lilas	480 »	400 »
	c. gris-noir	3 000 »	2 600 »
	e. gris foncé	600 »	450 »

Reports du 5 centimes.

Report 1

Report 2

R. 1. - Pas de ligne blanche derrière la tête. L'iris de l'oeil est fait d'un trait et d'un point qui ne touche que la paupière supérieure. Menton en retrait de la lèvre inférieure. Impression très fine donnant aspect dépouillé.

R. 2. - Ligne blanche derrière la tête plus ou moins marquée. L'iris de l'oeil est fait d'une seule grosse tache ovale. Menton fuyant en avant de la lèvre inférieure. Impression générale plus lourde.

Reports du 10 centimes.

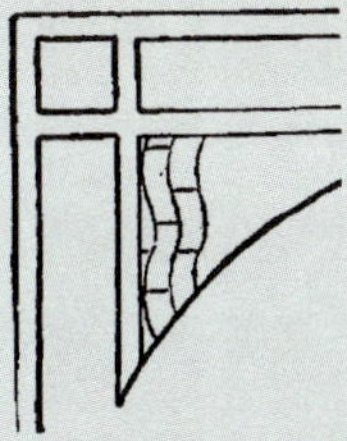

Report 1

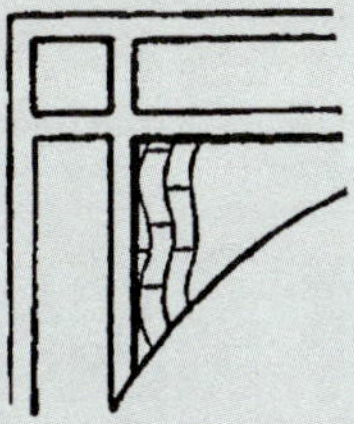

Report 2

R. 1. - Le cadre triangulaire intérieur est formé de traits égaux en épaisseur.

R. 2. - Le filet intérieur du cadre est plus épais.

42A	5 c. vert-jaune, Report 1	3 750 »	4 250 »
42B	5 c. vert-jaune, Report 2	320 »	200 »
	(Seul sur lettre)		4 200 »
	a. vert-jaune foncé	450 »	280 »
	b. vert-émeraude foncé	4 750 »	1 350 »
	c. vert-gris	800 »	500 »
	d. vert-sauge (vert-jaune clair)	1 200 »	600 »
	e. vert très foncé	3 000 »	1 000 »
43A	10 c. bistre, Report 1	1 100 »	75 »
	(Sur lettre)		130 »
	a. brun clair	1 100 »	90 »
	b. bistre verdâtre	2 000 »	700 »
43B	10 c. bistre-jaune, Report 2	1 100 »	100 »
	a. bistre orangé	1 500 »	140 »
	b. bistre verdâtre	1 600 »	600 »
	c. citron	2 400 »	800 »

Types et reports du 20 centimes

Type I.

Type II.

Type III.

Type I. - L'ombre du cou est formée par des points, les inscriptions sont petites.

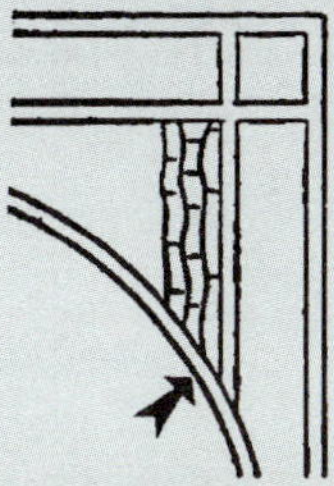

Report 1

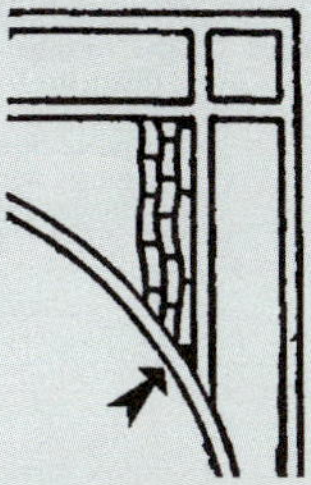

Report 2

R. 1. - Imbriquement normal.

R. 2. - Dans la partie supérieure droite du timbre, un point de couleur réunit la ligne intérieure du cadre au premier trait horizontal de l'imbriquement.

Type II. L'ombre du cou est formée par des traits, les inscriptions sont petites comme dans le type I.

La grecque supérieure gauche est prolongée à sa base par un trait blanc de forme triangulaire.

Report 1

Reports 2 et 3

R. 1. Les seconds grains de raisin des 1re et 3e rangées de la grappe sont blancs. Le premier lobe de la feuille de vigne de droite est à peine indiqué.

R. 2. - Les seconds grains de raisins des 1re et 3e rangées de la grappe sont ombrés par un trait courbe. La feuille de vigne est franchement découpée. Il y a un point ou un trait parasite dans le cinquième intervalle de l'imbriquement à gauche en bas.

R. 3. - Mêmes caractéristiques que le report 2. De plus le contour des cheveux est souligné par une ligne blanche.

Type III. - Les inscriptions sont plus grandes.

R. 1. - Le cadre est formé de traits égaux en épaisseur (voir R. 1 du 10 c.). Le contour des cheveux est souligné par une légère ligne blanche.

R. 2. - Le filet intérieur du cadre triangulaire est plus épais (voir R. 2 du 10 c.). Pas de contour blanc derrière la tête.

44A	20 c. bleu (I), Report 1	24 000 »	700 »
	(Sur lettre)		1 000 »
	a. bleu foncé	26 000 »	1 000 »
	b. bleu outremer	27 000 »	1 350 »
44B	20 c. bleu (I), Report 2	24 000 »	800 »
	a. bleu foncé	27 500 »	1 200 »
45A	20 c. bleu (II), Report 1	1 200 »	65 »
	a. bleu foncé	1 350 »	120 »
	b. bleu-noir	3 750 »	1 100 »
	c. Impression fine	2 000 »	300 »
45B	20 c. bleu (II), Report 2	1 200 »	60 »
	a. bleu foncé	1 400 »	120 »
45C	20 c. bleu (II), Report 3	1 200 »	60 »
	(Sur lettre)		70 »
	a. bleu foncé	1 500 »	110 »
	b. outremer	26 000 »	4 500 »
46A	20 c. bleu (III), Report 1	1 300 »	70 »
	a. bleu pâle	1 300 »	70 »
	b. bleu foncé	1 500 »	160 »
	c. gris-bleu	1 700 »	250 »
	d. outremer	3 500 »	800 »
46B	20 c. bleu (III), Report 2	1 200 »	25 »
	(Sur lettre)		35 »
	a. bleu foncé	1 400 »	65 »
	b. gris-bleu	1 300 »	100 »
47	30 c. brun	450 »	250 »
	(Sur lettre)		400 »
	a. brun pâle	480 »	270 »
	b. brun-noir	2 400 »	1 100 »
	c. brun verdâtre	3 200 »	1 700 »
	d. impression fine	3 200 »	1 700 »
	e. (R. relié au cadre)	650 »	450 »
48	40 c. orange	575 »	130 »
	(Sur lettre)		280 »
	a. orange vif	800 »	220 »
	b. jaune citron	13 000 »	2 700 »
	c. rouge-orange	850 »	220 »
	d. rouge sang clair	1 500 »	900 »
	e. rouge sang foncé	6 500 »	2 200 »
	f. ocre	10 000 »	2 000 »
	g. vermillon	5 000 »	2 000 »
49	80 c. rose	650 »	320 »
	(Sur lettre)		900 »
	a. rose pâle	650 »	320 »
	b. rose vif	1 000 »	350 »
	c. rose carminé	1 100 »	450 »
	d. groseille	2 500 »	1 200 »
	e. saumon	5 000 »	2 200 »
	f. (88 au lieu de 80)	20 000 »	8 000 »
	g. (Boule blanche sous le cou)	26 000 »	8 000 »

Timbres neufs, sans gomme.

(39A)	1 c. olive report 1	120 »
(39B)	1 c. olive report 2	100 »
(39C)	1 c. olive report 3	100 »
(40A)	2 c. chocolat clair report 1	500 »
(40B)	2 c. brun-rouge report 2	200 »
(41A)	4 c. gris report 1	1 500 »
(41B)	4 c. gris report 2	200 »
(42A)	5 c. vert-jaune report 1	2 300 »
(42B)	5 c. vert-jaune report 2	220 »
(43A)	10 c. bistre report 1	450 »
(43B)	10 c. bistre-jaune report 2	450 »
(44A)	20 c. bleu (I) report 1	9 000 »
(44B)	20 c. bleu (I) report 2	9 000 »
(45A)	20 c. bleu (II) report 1	450 »
(45B)	20 c. bleu (II) report 2	450 »
(45C)	20 c. bleu (II) report 3	450 »
(46A)	20 c. bleu (III) report 1	500 »
(46B)	20 c. bleu (III) report 2	450 »
(47)	30 c. brun	280 »
(48)	40 c. orange	300 »
(49)	80 c. rose	320 »

BLOCS DE QUATRE ET BLOCS-REPORTS DE 15.

Blocs de 4.

1 c. Rep. 1	900 »	1 000 »
1 c. Rep. 2	650 »	750 »
1 c. Rep. 3	650 »	750 »
2 c. Rep. 1	5 200 »	9 000 »
2 c. Rep. 2	1 400 »	2 400 »
2 c. (40Ac) Rep. 1	12 000 »	
4 c. Rep. 1	12 000 »	17 000 »
4 c. Rep. 2	1 600 »	2 100 »
5 c. Rep. 1	19 000 »	
5 c. Rep. 2	1 700 »	2 100 »
10 c. Rep. 1	4 800 »	2 000 »
10 c. Rep. 2	4 800 »	2 000 »
20 c. (I) Rep. 1	110 000 »	
20 c. bleu foncé (I) Rep. 2		40 000 »
20 c. (II) Rep. 1	5 600 »	1 800 »
20 c. (II) Rep. 2	5 600 »	1 800 »
20 c. (II) Rep. 3	5 600 »	1 800 »
20 c. (III) Rep. 1	6 000 »	1 800 »
20 c. (III) Rep. 2	5 300 »	1 800 »
30 c.	2 100 »	2 900 »
40 c.	2 600 »	3 400 »
80 c.	3 500 »	3 700 »

Blocs de 15.

1 c. Rep. 1	3 500 »
1 c. Rep. 2	2 500 »
1 c. Rep. 3	2 600 »
2 c. Rep. 1	32 000 »
2 c. Rep. 2	5 300 »
4 c. Rep. 1	60 000 »
4 c. Rep. 2	6 000 »
5 c. Rep. 1	80 000 »
5 c. Rep. 2	7 000 »
10 c. Rep. 1	27 000 »
10 c. Rep. 2	30 000 »
20 c. (I) Rep. 1	500 000 »
20 c. (II) Rep. 1	60 000 »
20 c. (II) Rep. 2	60 000 »
20 c. (II) Rep. 3	60 000 »
20 c. (III) Rep. 1	52 000 »
20 c. (III) Rep. 2	48 000 »
30 c.	10 000 »
40 c.	14 000 »
80 c.	16 000 »

Percés en lignes.

Les cotes des timbres percés ou piqués s'entendent pour des timbres oblitérés sur lettre entière. (les timbres sur grands fragments datés valent le quart).

1 c.	1 700 »
2 c.	1 700 »
4 c.	1 600 »
5 c.	700 »
10 c.	500 »
20 c. (I)	2 850 »
20 c. (II)	200 »
20 c. (III)	185 »
30 c.	1 850 »
40 c.	600 »
80 c.	2 200 »

Piquage d'Avallon.

	sur fragment	✉
10 c.	1 300 »	22 500 »
20 c.	1 000 »	18 000 »

TIMBRES COUPÉS, SUR LETTRES

Moitié de 2 c.	» »
Moitié de 10 c.	16 500 »
Quart de 20 c.	60 000 »
Moitié de 20 c.	42 500 »
Moitié de 40 c.	60 000 »
Quart de 80 c.	75 000 »
Moitié de 80	100 000 »

FAUX POUR SERVIR

	neuf	⊙	✉
20 c. (Type I) Lyon	» »	»	» 20 000 »
20 c. (Type II) Marseille	» »	2 800 »	» »
20 c. (Type III) Marseille	550 »	1 800 »	5 500 »

Voir ci-après les tableaux des principales oblitérations.

IIIe République

1871-75. - *Cérès. Typographie. Papier teinté. Dentelés 14 x 13½.*

Type des Nos 50 à 53.

Type des Nos 54 à 57.

a. - *Grands chiffres dans les angles inférieurs.*

50	1 c. vert-olive	80 »	15 »
	(Seul sur lettre)		120 »
	a. vert-bronze	80 »	20 »
	b. *(Trait inférieur du cadre brisé)*	150 »	65 »
51	2 c. rouge-brun	150 »	18 »
	(Seul sur lettre)		100 »
	a. brun-rouge foncé	160 »	20 »
	b. *(Trait inférieur du cadre brisé)*	325 »	150 »
52	4 c. gris	365 »	50 »
	(Seul sur lettre)		340 »
	a. gris-jaunâtre	375 »	50 »
53	5 c. vert-jaune s. azuré	240 »	10 »
	(Seul sur lettre)		40 »
	a. vert s. blanc	250 »	10 »
	b. *(Trait inférieur du cadre brisé)*	300 »	90 »
	c. *(Trait mince sous le cadre inférieur)*	330 »	120 »
	d. (Fond ligné)	325 »	85 »

Timbres neufs, sans gomme.

(50)	1 c. vert-olive	30 »
(51)	2 c. rouge-brun	50 »
(52)	4 c. gris	150 »
(53)	5 c. vert-jaune sur azuré	100 »

b. - *Type de 1849-50. Gros chiffres.*

54	10 c. brun s. rose	500 »	12 »
	(Sur lettre)		30 »
	a. brun foncé s. rose	580 »	15 »
55	15 c. bistre	500 »	5 »
	(Sur lettre)		10 »
	a. bistre-jaune	550 »	5 »
56	30 c. brun	850 »	7 »
	(Sur lettre)		15 »
	a. brun foncé	1 000 »	10 »
57	80 c. rose	1 000 »	12 »
	(Sur lettre)		50 »
	a. carmin-rose	1 100 »	15 »
	b. carmin vif	1 300 »	25 »

Timbres neufs, sans gomme.

(54)	10 c. brun sur rose	180 »
(55)	15 c. bistre	180 »
(56)	30 c. brun	250 »
(57)	80 c. rose	300 »

c. - *Même type. Petits chiffres.*

Les petits chiffres furent les premiers émis.

Le 25 c. a été tiré sur plusieurs planches différentes. Trois planches du type **I** et deux planches au type **II** ont été complètement reconstituées. Le nombre de planches au type **III** n'est pas encore déterminé avec certitude.

I. - Type normal (1er état, sans les signes ci-après).

II (2e état).

II. - Point de couleur à gauche du fleuron supérieur droit et point blanc sous le fleuron inférieur droit.

III (3e état).

III. - Trois points de couleur, un dans le coin supérieur gauche, branche supérieure gauche, les deux chacun sur une des branches supérieures, coin supérieur droit.

58	10 c. brun s. rose	400 »	12 »
	(Sur lettre)		30 »
	a. brun foncé s. rose	450 »	15 »
59	15 c. bistre	500 »	5 »
	(Sur lettre)		15 »
	a. bistre-brun	525 »	6 »

Type des N°s 58 à 60.

60A	25 c. bleu (I)	175	»	2	»
	(Sur lettre)			3	»
	a. bleu foncé	225	»	2	»
60B	25 c. bleu (II)	3 000	»	30	»
	(Sur lettre)			40	»
60C	25 c. bleu (III)	175	»	2	»
	(Sur lettre)			3	»
	a. 25 c. (II) et 25 c. (III) se tenant	8 000	»	2 250	»

Timbres neufs, sans gomme.

(58)	10 c. brun sur rose	150	»
(59)	15 c. bistre	150	»
(60A)	25 c. bleu (I)	60	»
(60B)	25 c. bleu (II)	800	»
(60C)	25 c. bleu (III)	70	»

Non dentelés.

50c	1 c.	350	»
51c	2 c.	450	»
52b	4 c.	500	»
53d	5 c.	300	»
56b	30 c.	700	»
57c	80 c.	1 000	»
58b	10 c.	600	»
59c	15 c.	500	»

Papier filigrané.

53e	5 c.	1 250	»	450	»

Le filigrane "LACROIX FRÈRES" porte sur la surface de 12 timbres d'un tirage.

ERREUR

55b	15 c. brun s. rose	5 750	»	6 250	»
	(Sur lettre)			35 000	»
55c	15 c. et 10 c. se tenant	12 000	»	15 000	»
	(Sur lettre)			40 000	»

L'erreur provient de ce qu'un cliché de 15 c. s'est glissé dans une planche de 10 c.

TÊTE-BÊCHE

58c	10 et 10 c.	5 800	»	2 500	»
	(Sur lettre)			4 500	»
59b	15 et 15 c.	65 000	»	22 000	»
	(Sur lettre)			50 000	»
60Ab	25 et 25 c.	10 000	»	4 500	»
	(Sur lettre)			12 000	»

BLOCS DE QUATRE

1 c.	375	»	220	»
2 c.	700	»	250	»
4 c.	1 800	»	650	»
5 c.	1 000	»	150	»
10 c. (54)	2 500	»	180	»
15 c. (55)	2 500	»	180	»
30 c.	4 200	»	225	»
80 c.	4 750	»	225	»
10 c. (58)	1 900	»	160	»
15 c. (59)	2 400	»	160	»
25 c. I	850	»	50	»
25 c. II	15 000	»	610	»
25 c. III	850	»	50	»

FOND LIGNÉ

50d	1 c.	75	»	25	»
51d	2 c.	140	»	23	»
52c	4 c.	500	»	70	»
53f	5 c.	300	»	18	»
54b	10 c. (gros chiffres)	550	»	25	»
56c	30 c.	1 000	»	20	»
57d	80 c.	1 100	»	35	»
58d	10 c. (petits chiffres)	500	»	20	»

RÉIMPRESSION (Granet). (1887)

Papier teinté. Non dentelé.

25 c. bleu laiteux	600	»

Voir les réimpressions Granet après le n° 99.

Les n°s 61 à 106 trés bien centrés méritent une plus-value de 60% environ.

En outre les timbres neufs avec gomme d'origine intacte et sans charnière méritent une plus-value.

1876-78. - *Groupe allégorique Paix et Commerce dit Type Sage. Typographie. Papier teinté. Dentelés 14 x 13½.*

Le coin (plaque gravée) se fendit pendant une trempe et le graveur dut refaire tout l'angle inférieur gauche du timbre ; la signature J. A. SAGE INV. ne fut pas disposée exactement de la même façon que sur le cliché original et ceci donna naissance aux deux types ci-dessous :

I. N sous B.

II. N sous U.

En 1897 on utilisa un troisième poinçon peu différent du Type I.

*Type **I**.*

61	1 c. vert	200	»	90	»
	(Sur lettre)			300	»
	(Id. seul)			800	»
62	2 c. vert	1 900	»	300	»
	(Sur lettre)			400	»
	(Id. seul)			600	»
63	4 c. vert	220	»	70	»
	(Sur lettre)			280	»
	(Id. seul)			750	»
64	5 c. vert	950	»	45	»
	(Sur lettre)			70	»
	(Id. seul)			85	»
65	10 c. vert	1 200	»	20	»
	(Sur lettre)			35	»
	(Id. seul)			45	»
66	15 c. gris	1 100	»	12	»
	(Sur lettre)			30	»
	(Id. seul)			45	»
67	20 c. brun-lilas	825	»	15	»
	(Sur lettre)			40	»
	(Id. seul)			85	»

68	25 c. outremer	11 000 »	60 »
	(Sur lettre)		85 »
69	30 c. brun clair	600 »	8 »
	(Sur lettre)		15 »
70	40 c. rouge-orange	800 »	30 »
	(Sur lettre)		50 »
71	75 c. carmin	1 400 »	8 »
	(Sur lettre)		50 »
	(Id. seul)		40 »
72	1 f. bronze	1 300 »	10 »
	(Sur lettre)		70 »
	(Id. seul)		100 »

Non émis.

73	20 c. *bleu*	40 000 »	

*Type **II**.*

74	2 c. vert	165 »	20 »
	(Sur lettre)		60 »
	(Id. seul)		100 »
75	5 c. vert	40 »	0 50
	(Sur lettre)		1 »
76	10 c. vert	1 400 »	280 »
	(Sur lettre)		320 »
	(Id. seul)		400 »
77	15 c. gris	900 »	2 »
	(Sur lettre)		3 »
78	25 c. outremer	600 »	1 »
	(Sur lettre)		1 50
	b. outremer sur vert clair		850 »
79	25 c. bleu	675 »	2 »
	(Sur lettre)		2 50
80	30 c. brun-jaune	130 »	1 50
	(Sur lettre)		3 »
	(Id. seul)		5 »
	a. brun	140 »	2 »
81	75 c. rose (1885)	2 500 »	120 »
	(Sur lettre)		250 »
	(Id. seul)		500 »
82	1 f. olive clair	225 »	8 »
	(Sur lettre)		60 »
	(Id. seul)		100 »

*Types **I** et **II** se tenant.*

78a	25 c. et 25 c.	100 000 »	23 000 »
	(Sur lettre)		80 000 »

Non dentelés.

*Type **II**. Non émis.*

73a	20 c. *bleu sur verdâtre*	700 »

*Type **I**.*

61a	1 c.	200 »
62a	2 c.	2 000 »
63a	4 c.	200 »
64a	5 c.	800 »
65a	10 c.	900 »
66a	15 c.	900 »
67a	20 c.	650 »
69a	30 c.	300 »
70a	40 c.	300 »
71a	75 c.	700 »
72a	1 f.	450 »

*Type **II**.*

75a	5 c.	200 »
78c	25 c.	350 »
80b	30 c.	600 »
81a	75 c.	
82a	1 f.	1 400 »

BLOCS DE QUATRE

*Type **I**.*

1 c.	1 000 »	420 »
2 c.	10 000 »	2 800 »
4 c.	975 »	500 »
5 c.	5 000 »	400 »
10 c.	5 900 »	350 »
15 c.	6 000 »	350 »
20 c.	4 000 »	350 »
25 c.	75 000 »	3 000 »
30 c.	3 000 »	150 »
40 c.	4 000 »	285 »
75 c.	6 500 »	170 »
1 f.	6 000 »	130 »

*Type **II**.*

2 c.	800 »	170 »
5 c.	170 »	10 »
10 c.	8 400 »	2 500 »
15 c.	4 500 »	60 »
25 c. outremer	2 700 »	75 »
25 c. bleu	3 000 »	110 »
30 c.	600 »	100 »
75 c.	12 000 »	1 000 »
1 f.	1 100 »	70 »

RÉIMPRESSIONS (voir après le n° 99).

1877-80. - *Idem (type **II**). Dentelés 14 x 13½.*

Noir sur azuré.

Noir sur bleu de Prusse.

83	1 c. noir s. azuré	10 »	1 »
	(Sur lettre)		5 »
	(Id. seul)		3 »
	a. noir s. bleu	11 »	1 25
	b. noir s. gris	10 »	1 »
	c. noir sur cobalt	2 500 »	1 000 »
84	1 c. noir s. bleu de Prusse	15 000 »	5 750 »
	(Sur lettre)		» »
	(Id. seul)		30 000 »
85	2 c. brun-rouge	12 »	2 »
	(Sur lettre)		5 »
	(Id. seul)		10 »
	a. brun foncé	14 »	3 »
86	3 c. bistre s. jaune	300 »	50 »
	(Sur lettre)		450 »
	(Id. seul)		900 »
87	3 c. gris	9 »	2 »
	(Sur lettre)		20 »
	(Id. seul)		70 »
	a. gris clair	10 »	2 »
	b. gris-jaunâtre	9 »	2 »
88	4 c. lilas-brun	12 »	2 »
	(Sur lettre)		20 »
	(Id. seul)		110 »
	a. lilas s. azuré	13 »	3 »
	b. lilas foncé s. azuré	17 »	4 »
89	10 c. noir s. lilas	60 »	1 »
	(Sur lettre)		2 »
	a. noir s. violet	65 »	2 »
90	15 c. bleu	45 »	0 50
	(Sur lettre)		1 »
	a. bleu sur bleu	600 »	5 »
91	25 c. noir s. rouge	1 500 »	25 »
	(Sur lettre)		45 »
	a. noir s. rouge foncé	1 600 »	30 »
92	25 c. bistre s. jaune	500 »	5 »
	(Sur lettre)		13 »
	a. jaune s. bistre-jaune	480 »	6 »
93	35 c. violet-noir s. jaune	750 »	35 »
	(Sur lettre)		100 »
	(Id. seul)		140 »
	a. violet-noir s. orange	800 »	40 »
94	40 c. rouge-orange	160 »	2 »
	(Sur lettre)		10 »
	a. vermillon	160 »	3 »
95	5 f. violet s. lilas	600 »	90 »
	(Sur lettre)		500 »
	(Id. seul)		3 500 »
	a. lilas-rose s. lilas pâle	750 »	100 »

Voir le 5 f. carmin sous le n° 216.

Non dentelés.

83d	1 c.	80 »	
85b	2 c.	80 »	
86a	3 c. bistre s. jaune	280 »	
87c	3 c. gris	80 »	
88c	4 c.	80 »	
89b	10 c.	130 »	
90b	15 c.	110 »	
91b	25 c. noir s. rouge	750 »	
92b	25 c. bistre s. jaune	400 »	
93b	35 c.	320 »	
94b	40 c.	350 »	
95b	5 f.	850 »	

BLOCS DE QUATRE

1 c. noir s. azuré	50 »	20 »
1 c. noir s. bleu de Prusse	110 000 »	
2 c.	55 »	25 »
3 c. bistre s. jaune	1 400 »	400 »
3 c. gris	40 »	20 »
4 c.	55 »	23 »
10 c.	275 »	15 »
15 c.	200 »	12 »
25 c. noir s. rouge	7 000 »	600 »
25 c. bistre s. jaune	2 250 »	300 »
35 c.	3 350 »	400 »
40 c.	700 »	50 »
5 f.	3 000 »	500 »

Emission dite des Régents,

Ce tirage de luxe a été fait officiellement, alors que les timbres français étaient imprimés par la Banque de France.

Les timbres, tous non dentelés et au type **II**, se distinguent par la perfection de l'impression et la texture du papier, qui est épais.

1 c. noir s. azuré	80 »
2 c. brun-rouge	80 »
3 c. gris	275 »
4 c. lilas-brun	80 »
5 c. vert	80 »
10 c. noir s. lilas	80 »
15 c. jaune clair	80 »
15 c. bleu	700 »
20 c. bleu	925 »
20 c. brun-lilas s. paille	270 »
20 c. brique s. vert	775 »
25 c. noir s. rouge	275 »
25 c. jaune clair	775 »
30 c. brun clair	80 »
35 c. violet s. jaune	80 »
a. violet s. orange	80 »
40 c. rouge-orange	80 »
75 c. rose	80 »
1 f. vert-bronze	80 »
5 f. violet s. lilas	425 »
La série complète (19 valeurs)	5 500 »

Une deuxième série des mêmes timbres existe, dans les mêmes couleurs, mais sans teinte de fond (même valeur).

Voir les réimpressions Granet après le n° 99.

FAUX POUR SERVIR

Il existe un certain nombre de timbres de 15 c. faux, ayant servi à l'affranchissement des lettres ; les plus connus sont, entre autres, ceux de Chalon-sur-Saône.

valeur neuf	100 »
oblitéré sur lettre	2 000 »

Ces faux se reconnaissent à la dentelure, qui n'est pas rectangulaire mais linéaire, et montre, par conséquent, des irrégularités aux quatre angles.

1884-90. - *Idem (type **II**). Dentelés 14 x 13½.*

96	20 c. brique s. vert	65 »	4 »
	(Sur lettre)		30 »
	(Id. seul)		130 »
	a. garance s. vert	75 »	5 »
97	25 c. noir s. rose	110 »	1 »
	(Sur lettre)		4 »
	a. noir s. rose foncé	120 »	1 50
98	50 c. rose	275 »	3 »
	(Sur lettre)		25 »
	(Id. seul)		30 »
	a. rose pâle	275 »	3 »
99	75 c. violet s. orange	300 »	35 »
	(Sur lettre)		150 »
	(Id. seul)		280 »
	a. violet s. jaune	325 »	45 »

Non dentelés.

96b	20 c.	120 »
97b	25 c.	200 »

BLOCS DE QUATRE

20 c.	300 »	40 »
25 c.	500 »	30 »
50 c.	1 350 »	45 »
75 c.	1 400 »	300 »

RÉIMPRESSIONS (Granet 1887).

Ces réimpressions sont connues sous le nom du Ministre des Postes. Leurs nuances et la structure du papier, ainsi que leur réaction sous la lumière de Wood, où elles prennent une teinte jaune caractéristique, permettent de les distinguer.

Elles sont toutes au type **II** et non dentelées et souvent sans gomme (même prix).

1 c. vert foncé sur vert	80 »
1 c. noir sur azuré	70 »
2 c. vert foncé sur vert	80 »
2 c. brun sur jaune foncé	70 »
3 c. jaune	80 »
3 c. gris	80 »
4 c. vert foncé sur vert	80 »
4 c. lilas-brun sur azuré	100 »
5 c. vert foncé sur vert	70 »
10 c. vert foncé sur vert	80 »
10 c. noir sur lilas	150 »
15 c. gris	90 »
15 c. bleu	70 »
20 c. brun sur jaune	70 »
20 c. bleu foncé	650 »
20 c. rouge sur vert	100 »
25 c. outremer	65 »
25 c. bleu	75 »
25 c. noir sur rouge-brique	600 »
25 c. bistre sur jaune	80 »
25 c. noir sur rose	80 »
30 c. brun	80 »
35 c. violet sur orange	85 »
40 c. vermillon sur paille	85 »
75 c. rose vif	180 »
1 f. vert-bronze	150 »
5 f. violet	2 200 »
La série complète (27 valeurs)	5 600 »

1892. - *Idem (type **II**). Papier quadrillé. Dentelé 14 x 13½.*

101	15 c. bleu	25 »	0 50
	(Sur lettre)		2 »
	a. bleu foncé	25 »	1 »
	b. (Non dentelé)	250 »	

BLOC DE QUATRE

15 c. bleu	115 »	10 »

Il s'agit d'un quadrillé de vernis gras incolore, qui forme sur le recto un réseau de petits carrés de 3½ mm de côté. Il s'aperçoit plus ou moins visiblement.

1898-1900. - *Idem. Dentelés 14 x 13½.*

*Type **III**.*

Pour les n°s 102 à 105 on utilisa un troisième poinçon, gravé dès 1876. Ce poinçon est peu différent du type **I** (N sous B).

102	5 c. vert-jaune	25 »	2 »
	(Sur lettre)		3 »
103	10 c. noir s. lilas	35 »	3 »
	(Sur lettre)		5 »
104	50 c. rose	300 »	35 »
	(Sur lettre)		70 »
	(Id. seul)		100 »
105	2 f. bistre s. azuré	185 »	40 »
	(Sur lettre)		500 »
	(Id. seul)		5 500 »

*Type **II**.*

106	5 c. vert-jaune	30 »	2 »
	(Sur lettre)		3 »

*Types **III** et **II** se tenant verticalement.*

106a	5 c. et 5 c.	175 »
103a	10 c. (II) et 10 c. (III)	275 »
103b	10 c. (III) et 10 c. (II)	500 »

Non dentelés.

*Type **III**.*

102a	5 c.	700 »
103c	10 c.	300 »
105a	2 f.	3 000 »

*Type **II**.*

106b	5 c.	100 »

BLOCS DE QUATRE

5 c. (III)	120 »	12 »
5 c. (II)	160 »	20 »
10 c.	180 »	20 »
50 c.	1 400 »	300 »
2 f.	850 »	400 »

Voir ci-après les tableaux des principales oblitérations.

Les n°s 61 à 106 trés bien centrés méritent une plus-value de 60% environ.

En outre les timbres neufs avec gomme d'origine intacte et sans charnière méritent une plus-value de 50%.

PRINCIPALES OBLITERATIONS SE RENCONTRANT SUR LES PREMIÈRES ÉMISSIONS DE FRANCE

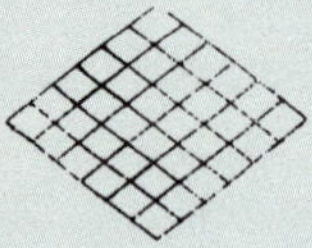

Grille de 1849

Gros points

Grille sans fin

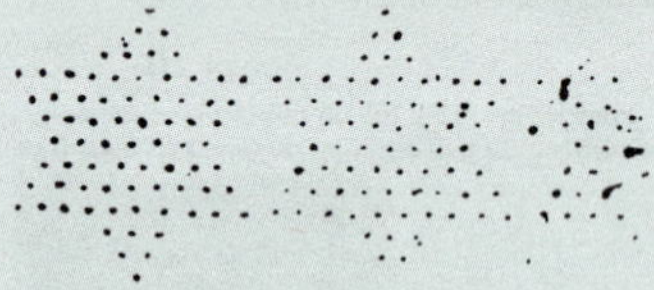

Roulette d'étoiles

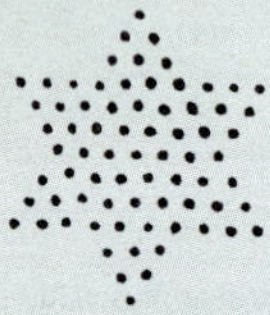

Etoile

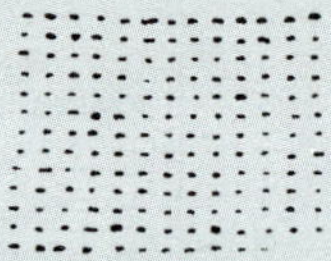

Pontillé

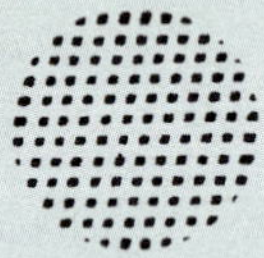

Cercle de points

Losange petits chiffres

Losange gros chiffres

Ancre

Petit cachet à date

Grand cachet à date

Moyen cachet à date

Cachet à date à cercle pointillé

OR dans un cercle
(Origine Rurale)

PD dans un rectangle
(Payé jusqu'à destination)

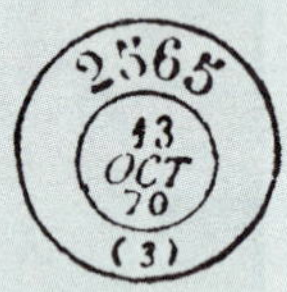

Cachet à date de bureau de Passe

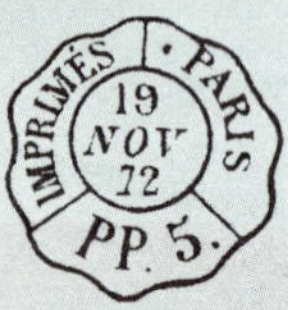

Cachet à date rouge des Imprimés

Annulation typographique des journaux.

Assemblée Nationale

Lorsque la couleur n'est pas précisée, il s'agit d'une oblitération noire.

OBLITÉRATIONS

Les cotes représentent la valeur du timbre et de l'oblitération (celle-ci nette et lisible).
Abréviations : **P.C.** : Petits Chiffres - **G.C.** : Gros Chiffres - **C. à D.** : Cachet à Date

I. CÉRÈS de 1849-50 (Nos 1 à 7)

Timbres détachés

Oblitérations	10 c.	15 c.	20 c.	25 c.	40 c.	1 F carmin	1 F vermillon
Grille sans fin	500 »	1000 »	950 »	110 »	575 »	1 150 »	23 000 »
Grille (rouge)	2 300 »	4 600 »	1000 »	2 300 »	3 850 »		
Gros points	385 »	1 300 »		85 »	500 »	1 100 »	
Étoile de points	460 »	1 100 »	600 »	45 »	500 »	1 050 »	22 000 »
Losange P. C.	340 »	4 600 »	800 »	40 »	500 »	950 »	23 000 »
Petit C. à D.	900 »	3 500 »	200 »	600 »	1 000 »	3 100 »	24 000 »
Moyen C. à D.	1 110 »	3 850 »	400 »			3 200 »	27 500 »
Grand C. à D.	1 400 »		800 »			3 200 »	28 000 »
OR dans un cercle	700 »						

Timbres sur lettre

Oblitérations	10 c.	15 c.	20 c.	25 c.	40 c.	1 F carmin	1 F vermillon
Grille sans fin	1 200 »	2 500 »	10 000 »	170 »	840 »	1 700 »	
Grille (rouge)			12 000 »				
Gros points	1 250 »	2 800 »		400 »	800 »	1 800 »	
Étoile de points	900 »	1 600 »	14 000 »	90 »	750 »	1 600 »	
Losange P. C.	650 »	25 000 »	5 350 »	60 »	750 »	1 600 »	34 000 »
Petit C. à D.	3 700 »		700 »	3 200 »	3 850 »		38 500 »
Moyen C. à D.	7 800 »		2 000 »				45 000 »
Grand C. à D.	11 000 »		4 800 »				78 000 »
OR dans un cercle	2 200 »						

NOTA : *Sur les 20 c. noir et le 1 F vermillon les oblitérations des premiers jours de janvier 1849 et surtout celles du 1er janvier sont recherchées. Il en est de même de toutes les oblitérations provisoires de cette époque.*

II. - PRÉSIDENCE (Nos 9 et 10)

Timbres détachés

Oblitérations	10 c.	25 c.
Gros points	765 »	130 »
Grille sans fin	1 100 »	200 »
Petit C. à D.	1 300 »	900 »
OR dans un cercle	1 300 »	
Grille	1 500 »	800 »

Timbres sur lettre

Oblitérations	10 c.	25 c.
Gros points	2 200 »	700 »
Grille sans fin	4 000 »	800 »
Petits C. à D.	8 400 »	3 850 »
OR dans un cercle	5 300 »	
Grille	15 000 »	5 000 »

III. - EMPIRE NON DENTELE (Nos 11 à 18)

Timbres détachés

Oblitérations	1 c.	5 c.	10 c.	20 c.	25 c.	40 c.	80 c.	1 F
Grille	320 »	270 »	70 »	50 »	600 »	120 »	300 »	5 400 »
Gros points		140 »	50 »	55 »	280 »	30 »	90 »	3 500 »
Grille sans fin			220 »	110 »	300 »	130 »		3 800 »
Cercle de points		150 »	30 »	12 »		60 »	120 »	
Étoile (bleue)	280 »	230 »	160 »	125 »		250 »	300 »	4 000 »
Étoile (rouge)	300 »	280 »	180 »	180 »		270 »		
Roulettes d'étoiles	210 »	185 »	70 »	60 »		80 »	120 »	
Pointillé	200 »	140 »	25 »	20 »		30 »	80 »	
Losange P. C.	125 »	100 »	12 »	2 »	270 »	18 »	70 »	3 250 »
Losange P. C. (bleu)	300 »	280 »	130 »	120 »	420 »			
Losange P. C. (rouge)	320 »	300 »	140 »	180 »		230 »	280 »	
Losange G. C.	125 »	115 »	20 »	10 »	400 »	20 »	80 »	
Ancre	385 »	270 »	45 »	40 »		25 »	85 »	
Petit C. à D.	100 »	100 »	20 »	20 »	450 »	75 »	185 »	4 300 »
C. à D. à cercle pointillé	120 »	110 »	25 »	30 »		100 »	200 »	
C. à D. des Imprimés (rouge)	150 »	170 »	130 »	170 »		160 »	220 »	
PD dans un rectangle		250 »	150 »	150 »		170 »	220 »	
OR dans un cercle	220 »	200 »	80 »	130 »				
Cachet de facteur (autres lettres que OR	250 »	220 »	120 »	160 »				

Timbres sur lettre

Oblitérations	1 c.	5 c.	10 c.	20 c.	25 c.	40 c.	80 c.	1 F
Grille		1 000 »	300 »	300 »		700 »	1 300 »	
Gros points		650 »	220 »	220 »	920 »	120 »	500 »	6 000 »
Grille sans fin				»	725 »			7 800 »
Cercle de points		400 »	70 »	35 »		280 »	480 »	
Étoile (bleue)	1 400 »	1 200 »	750 »	500 »		1 300 »	2 000 »	
Étoile (rouge)	2 200 »	1 200 »	1 000 »	1 300 »		4 000 »		
Roulettes d'étoiles	1 000 »	700 »	320 »	200 »		850 »	1 000 »	
Pointillé		450 »	80 »	75 »		100 »	250 »	
Losange P. C.	400 »	200 »	25 »	3 »	500 »	30 »	130 »	5 500 »
Losange P. C. (bleu)		1 000 »	400 »	450 »				
Losange P. C. (rouge)		840 »	480 »	550 »		850 »	1 000 »	
Losange G. C.	380 »	200 »	40 »	30 »		50 »	150 »	
Ancre		900 »	100 »	100 »		70 »	230 »	
Petit C. à D.	230 »	200 »	80 »	60 »		230 »	700 »	8 500 »
C. à D. à cercle pointillé	320 »	250 »	100 »	120 »		350 »		
C. à D. des Imprimés (rouge)	725 »	725 »	650 »	800 »		1 000 »	1 250 »	
PD dans un rectangle			750 »	750 »		1 000 »	1 300 »	
OR dans un cercle		800 »	300 »	800 »				
Cachet de facteur (autres lettres que OR		850 »	535 »	800 »				

IV. - EMPIRE DENTELÉ (N°s 19 à 24)

Timbres détachés

Oblitérations	1 c.	5 c.	10 c.	20 c.	40 c.	80 c.
Grille			60 »	50 »	120 »	
Gros points	170 »	170 »	50 »	50 »	70 »	120 »
Pointillé		100 »	30 »	20 »	25 »	80 »
Etoile (rouge)		120 »	100 »	100 »	130 »	180 »
Losange P. C.	65 »	25 »	15 »	5 »	15 »	70 »
Ancre	200 »	170 »	18 »	17 »	16 »	55 »
Petit C. à D.	45 »	13 »	10 »	5 »	15 »	60 »
C. à D. à cercle pointillé	60 »	40 »	15 25	11 50	30 50	92 »
C. à D. des Imprimés (rouge)	65 »	30 »	30 »	40 »	55 »	130 »
C. à D. de Bureau de Passe	100 »	90 »	40 »	30 »	60 »	90 »
OR dans un cercle	120 »	75 »	35 »	50 »		
Annulation typographique des Journaux	160 »	270 »				

Timbres sur lettre

Oblitérations	1 c.	5 c.	10 c.	20 c.	40 c.	80 c.
Grille			500 »	350 »	1 000 »	
Gros points		1 200 »	700 »	500 »	700 »	1 200 »
Pointillé			100 »	70 »	90 »	250 »
Etoile (rouge)		2 000 »	1 300 »	750 »	1 200 »	2 200 »
Losange P. C.	250 »	70 »	35 »	10 »	35 »	120 »
Ancre	600 »	480 »	60 »	70 »	40 »	185 »
Petit C. à D.	160 »	45 »	15 »	10 »	45 »	130 »
C. à D. à cercle pointillé	420 »	230 »	85 »	70 »	185 »	450 »
C. à D. des Imprimés (rouge)	350 »	150 »	320 »	340 »	460 »	1 100 »
C. à D. de Bureau de Passe		500 »	230 »	90 »	250 »	700 »
OR dans un cercle		575 »	230 »	535 »		
Annulation typographique des Journaux	2 850 »					

V. - EMPIRE LAURÉ (Nos 25 à 33)

Timbres détachés

Oblitérations	1 c.	2 c.	4 c.	10 c.	20 c.	30 c.	40 c.	80 c.	5 F
Gros points				80 »	75 »	85 »	80 »	90 »	1 450 »
Losange P. C.	40 »	50 »	75 »	10 »	7 »	23 »	20 »	30 »	1 400 »
Ancre	140 »	170 »	180 »	18 »	17 »	35 »	20 »	40 »	1 450 »
Petit C. à D.	15 »	30 »	65 »	10 »	5 »	30 »	28 »	35 »	1 000 »
C. à D. avec cercle pointillé	30 »	35 »	70 »	15 »	10 »	35 »	35 »	40 »	1 200 »
C. à D. de Bureau de Passe	60 »	70 »	250 »	20 »	10 »	40 »	40 »	70 »	
C. à D. des Imprimés (rouge)	30 »	40 »	80 »	40 »	40 »	70 »	70 »	90 »	1 600 »
OR dans un cercle	70 »	75 »	120 »	50 »	70 »				
Annulation typographique des Journaux	20 »	35 »	180 »						

Timbres sur lettre

Oblitérations	1 c.	2 c.	4 c.	10 c.	20 c.	30 c.	40 c.	80 c.	5 F
Gros points				450 »	450 »	500 »	500 »	600 »	
Losange P. C.	120 »	130 »	200 »	20 »	15 »	60 »	40 »	85 »	2 700 »
Ancre				50 »	50 »	90 »	45 »	90 »	3 200 »
Petit C. à D.	40 »	70 »	130 »	15 »	15 »	80 »	70 »	120 »	2 200 »
C. à D. avec cercle pointillé	120 »	150 »	200 »	40 »	42 »	100 »	110 »	185 »	2 500 »
C. à D. de Bureau de Passe	500 »	650 »	2 000 »	100 »	40 »	370 »	300 »	650 »	
C. à D. des Imprimés (rouge)	150 »	250 »	450 »	385 »	385 »	480 »	550 »	850 »	6 500 »
OR dans un cercle	400 »	400 »	450 »	200 »	385 »				
Annulation typographique des Journaux	100 »	180 »	1 250 »						

VI. SIÉGE DE PARIS (Nos 35 et 36 à 38)

Timbres détachés

Oblitérations	Empire	Cérès		
	5 c.	10 c.	20 c.	40 c.
Gros points		125 »	80 »	65 »
Losange P. C.	200 »	100 »	14 »	12 »
Ancre	200 »	170 »	80 »	40 »
AS. NA.		180 »	70 »	80 »
C. à D. des Imprimés (rouge)	200 »	125 »	75 »	55 »
OR dans un cercle		150 »		

Timbres sur lettre

Oblitérations	Empire	Cérès		
	5 c.	10 c.	20 c.	40 c.
Gros points		800 »	600 »	500 »
Losange P. C.	250 »	150 »	40 »	30 »
Ancre		850 »	500 »	85 »
AS. NA.		1 400 »	700 »	800 »
C. à D. des Imprimés (rouge)	650 »	900 »	700 »	450 »
OR dans un cercle				

VII. - BORDEAUX (Nos 39 à 49)

Timbres détachés

Oblitérations	1 c.	2 c.	4 c.	5 c.	10 c.	20 c. (I)	20 c. (II)	20 c. (III)	30 c.	40 c.	80 c.
Losange P. C.	180 »	350 »	350 »	230 »	120 »	900 »	70 »	30 »	340 »	160 »	385 »
Cachet à date	150 »	300 »	280 »	200 »	100 »	1 200 »	100 »	100 »	370 »	180 »	400 »
Etoile	200 »	350 »	400 »	270 »	120 »	1 400 »	100 »	60 »	385 »	200 »	500 »
Ancre	385 »	420 »	460 »	360 »	160 »	1 000 »	160 »	125 »	420 »	160 »	370 »
OR dans un cercle	200 »	400 »	450 »	300 »	180 »						
Annulation typographique des journaux	180 »	385 »	535 »	575 »							

Timbres sur lettre

Oblitérations	1 c.	2 c.	4 c.	5 c.	10 c.	20 c. (I)	20 c. (II)	20 c. (III)	30 c.	40 c.	80 c.
Losange P. C.	500 »	840 »	1 100 »	700 »	200 »	2 300 »	170 »	80 »	840 »	385 »	950 »
Cachet à date	300 »	420 »	650 »	350 »	130 »	2 600 »	285 »	340 »	1 300 »	780 »	1 100 »
Etoile		2 300 »	9 000 »	650 »	450 »	2 100 »	450 »	270 »	1 300 »	1 300 »	1 700 »
Ancre					500 »		385 »	340 »	800 »	400 »	900 »
OR dans un cercle			4 000 »	2 000 »	1 200 »						
Annulation typographique		2 400 »									
des journaux	2 000 »	1 800 »									

VIII. CÉRÈS DE 1871-75 (Nos 50 à 60)

Timbres détachés

Oblitérations					Gros chiffres				Petits chiffres		
	1 c.	2 c.	4 c.	5 c.	10 c.	15 c.	30 c.	80 c.	10 c.	15 c.	25 c.
Gros points				200 »	80 »	80 »	70 »	70 »	70 »	70 »	60 »
Losange G.C. (bleu)	80 »	80 »	100 »	70 »	50 »	50 »	60 »	70 »	50 »	50 »	50 »
Losange P.C.	25 »	20 »	50 »	12 »	13 »	6 »	10 »	15 »	13 »	6 »	4 »
Ancre	140 »	120 »	170 »	70 »	45 »	45 »	45 »	30 »	45 »	40 »	25 »
AS. NA.			220 »	120 »	110 »	80 »	125 »	170 »	80 »	80 »	40 »
C. à D. des Imprimés (rouge)	25 »	25 »	70 »	15 »	20 »	20 »	40 »	60 »	20 »	20 »	20 »
OR dans un cercle	50 »	50 »	90 »	60 »	50 »	50 »			50 »	50 »	
Annulation typographique des Journaux	30 »	20 »	150 »	230 »							

Timbres sur lettre

Oblitérations					Gros chiffres				Petits chiffres		
	1 c.	2 c.	4 c.	5 c.	10 c.	15 c.	30 c.	80 c.	10 c.	15 c.	25 c.
Gros points				850 »	600 »	600 »	600 »	700 »	650 »	650 »	600 »
Losange G.C. (bleu)	600 »	600 »	750 »	400 »	300 »	300 »	350 »	400 »	280 »	250 »	180 »
Losange P.C.	100 »	100 »	250 »	50 »	35 »	35 »	30 »	50 »	30 »	25 »	10 »
Ancre				300 »	150 »	150 »	120 »	80 »	140 »	140 »	80 »
AS. NA.				1 100 »	780 »	780 »	1 100 »	1 400 »	780 »	765 »	250 »
C. à D. des Imprimés (rouge)	150 »	120 »	400 »	125 »	120 »	130 »	280 »	380 »	100 »	130 »	250 »
OR dans un cercle				350 »	220 »	230 »			220 »	230 »	400 »
Annulation typographique des Journaux	100 »	100 »	1 400 »								

IX. - GROUPE ALLÉGORIQUE DIT « TYPE SAGE » (Nos 61 à 106)

a) Émission de **1876 (Type I)** (Nos 61 à 72)

Timbres détachés

Oblitérations	1 c.	2 c.	4 c.	5 c.	10 c.	15 c.
Petit C. à D. (bleu)	130 »	385 »	100 »	75 »	60 »	35 »
C. à D. des Imprimés (rouge)	120 »	340 »	90 »	70 »	40 »	40 »
Annulation typographique des Journaux	150 »	350 »	220 »	240 »		

Oblitérations	20 c.	25 c.	30 c.	40 c.	75 c.	1 F
Petit C. à D. (bleu)	40 »	150 »	25 »	55 »	50 »	35 »
C. à D. des Imprimés (rouge)	40 »	140 »	15 »	45 »	45 »	45 »

Timbres sur lettre

Oblitérations	1 c.	2 c.	4 c.	5 c.	10 c.	15 c.
Petit C. à D. (bleu)	350 »	900 »	300 »	150 »	120 »	65 »
C. à D. des Imprimés (rouge)	350 »	1 000 »	300 »	130 »	100 »	90 »
Annulation typographique des Journaux	2 000 »	2 000 »	1 700 »			

Oblitérations	20 c.	25 c.	30 c.	40 c.	75 c.	1 F
Petit C. à D. (bleu)	130 »	400 »	40 »	140 »	150 »	140 »
C. à D. des Imprimés (rouge)	90 »	400 »	70 »			

b) Émission de **1876 (Type II)** (N°s 73 à 82)

Timbres détachés

Oblitérations	2 c.	5 c.	10 c.	15 c.	25 c. outremer	25 c. bleu	30 c.	75 c.	1 F
Petit C. à D. (bleu)	35 »	10 »	340 »	10 »	10 »	10 »	15 »	140 »	20 »
C. à D. des Imprimés (rouge)	40 »	5 »	350 »	10 »	10 »	10 »	20 »		
Ancre		15 »	370 »						
Annulation typographique des Journaux	35 »	100 »							

Timbres sur lettre

Oblitérations	2 c.	5 c.	10 c.	15 c.	25 c. outremer	25 c. bleu	30 c.	75 c.	1 F
Petit C. à D. (bleu)	120 »	40 »	750 »	30 »	30 »	35 »	40 »	450 »	80 »
C. à D. des Imprimés (rouge)	120 »	50 »	850 »	40 »	40 »	50 »	100 »		
Ancre		10 75							
Annulation typographique des journaux	200 »								

c) Émission de **1877-80 (Type II)** (N°s 83 à 95)

Timbres détachés

Oblitérations	1 c.	1 c. bl. de Prusse	2 c.	3 c. bistre	3 c. gris	4 c.	10 c.
Petit C. à D. (bleu)	10 »		10 »	80 »	15 »	15 »	10 »
C. à D. des Imprimés (rouge)	5 »	7 800 »	10 »	70 »	10 »	10 »	10 »
Annulation typographique des journaux	5 »	8 000 »	10 »	100 »	70 »	80 »	

Oblitérations	15 c.	25 c. noir/rouge	25 c. bistre	35 c.	40 c.	5 F
Petit C. à D. (bleu)	10 »	50 »	20 »	75 »	25 »	140 »
C. à D. des Imprimés (rouge)	15 »	35 »	15 »	60 »	50 »	200 »

Timbres sur lettre

Oblitérations	1 c.	1 c. bl. de Prusse	2 c.	3 c. bistre	3 c. gris	4 c.	10 c.
Petit C. à D. (bleu)	50 »		50 »	500 »	70 »	70 »	60 »
C. à D. des Imprimés (rouge)	50 »		50 »	500 »	50 »	50 »	50 »
Annulation typographique des journaux	40 »		60 »	2 850 »	2 600 »	3 500 »	

Oblitérations	15 c.	25 c. noir/rouge	25 c. bistre	35 c.	40 c.	5 F
Petit C. à D. (bleu)	50 »	150 »	50 »	350 »	85 »	500 »
C. à D. des Imprimés (rouge)	50 »	120 »	60 »	280 »		

d) Émissions de **1884 et 1892 (Type II)** (N°s 96 à 101)

Timbres détachés

Oblitérations	20 c.	25 c.	50 c.	75 c.	15 c. Papier quadrillé
Petit C. à D. (bleu)	20 »	17 »	20 »	60 »	8 »
C. à D. des Imprimés (rouge)	20 »	15 »	20 »	60 »	8 »
OR dans un cercle					15 »

Timbres sur lettre

Oblitérations	20 c.	25 c.	50 c.	75 c.	15 c. Papier quadrillé
Petit C. à D. (bleu)	80 »	60 »	80 »	300 »	25 »
C. à D. des Imprimés (rouge)	90 »	80 »	80 »		50 »
OR dans un cercle					100 »

e) Émission de **1898-1900** (N°s 102 à 106)

Timbres détachés

Oblitérations	Type III				Type II
	5 c.	10 c.	50 c.	2 F	5 c.
Petit C. à D. (bleu)					
C. à D. des Imprimés (rouge)	10 »	10 »	40 »	100 »	12 »
Ancre	10 »	10 »	40 »	100 »	10 »
Chiffres dans un cercle	20 »	25 »			20 »
	5 »				5 »

Timbres sur lettre

Oblitérations		Type III	Type II		
	5 c.	10 c.	50 c.	2 F	5 c.
Petit C. à D. (bleu)	40 »	50 »	140 »	550 »	60 »
C. à D. des Imprimés (rouge)	50 »	60 »	130 »		50 »
Ancre	80 »	80 »			80 »
Chiffres dans un cercle	80 »				80 »

BUREAUX FRANÇAIS A L'ÉTRANGER

Comme les Bureaux Métropolitains, les Bureaux Français à l'Étranger reçurent l'attribution d'un numéro dans la première nomenclature mise en service (losange petits chiffres) et un nouveau numéro lors de l'établissement de la deuxième (losange gros chiffres).

«Les cotes indiquées s'appliquent : pour les losanges petits chiffres, aux oblitérations sur le 40 c. (n° 16) ; pour les losanges gros chiffres, aux oblitérations sur le 40 c. (n° 31). Ce sont sur ces timbres, que les oblitérations se rencontrent surtout. Lorsqu'il s'agit d'un autre timbre, le numéro est signalé entre parenthèses.»

Les prix de la première colonne s'entendent pour des timbres détachés, ceux de la deuxième colonne pour des timbres sur lettre.

Petits chiffres.

Gros chiffres.

LOSANGE PETITS CHIFFRES

			✉
3704	Alexandrie	40 »	280 »
3705	Bâle		
3706	Beyrouth	70 »	400 »
3707	Constantinople	40 »	120 »
3708	Dardanelles	200 »	1 300 »
3709	Smyrne	50 »	200 »
3766	Alexandrette	70 »	450 »
3767	Gallipoli	300 »	2 500 »
3768	Jaffa	350 »	2 800 »
3769	Lattaquié	500 »	3 000 »
3770	Mersina	150 »	700 »
3771	Metelin	200 »	1 200 »
3772	Rhodes	350 »	3 000 »
3773	Tripoli (Syrie)	300 »	2 500 »
4008	Galatz	280 »	2 500 »
4009	Ibraila	600 »	6 500 »
4010	Ineboli (13)	1 200 »	15 000 »
4011	Kerassunde	500 »	6 500 »
4012	Salonique	60 »	250 »
4013	Samsoun	130 »	1 200 »
4014	Sinope	1 300 »	20 000 »
4015	Sulina	1 300 »	18 000 »
4016	Trébizonde	100 »	800 »
4017	Tulscha	800 »	7 000 »
4018	Varna	180 »	1 200 »
4222	Monaco (14)	1 000 »	8 000 »

LOSANGE GROS CHIFFRES

			✉
2387	Monaco (29)	120 »	380 »
5079	Alexandrette	30 »	200 »
5080	Alexandrie	15 »	60 »
5081	Bâle		25 000 »
5082	Beyrouth	30 »	140 »
5083	Constantinople	13 »	40 »
5084	Dardanelles	50 »	500 »
5085	Galatz	150 »	850 »
5086	Gallipoli	280 »	1 800 »
5086	Rodosto (38)	400 »	17 000 »
5087	Ibraila	220 »	1 600 »
5088	Ineboli	800 »	13 500 »
5089	Jaffa	100 »	1 200 »
5090	Kerassunde	180 »	1 700 »
5091	Lattaquié	180 »	1 700 »
5092	Mersina	100 »	600 »
5093	Metelin (1862-72)	150 »	800 »
5094	Rhodes	200 »	1 200 »
5095	Salonique	30 »	125 »
5096	Samsoun	120 »	800 »
5097	Ordou (38)	800 »	25 000 »
5097	Sinope	1 000 »	28 000 »
5098	Smyrne	20 »	80 »
5099	Sulina	800 »	12 000 »
5100	Trébizonde	75 »	600 »
5101	Tripoli (Syrie)	200 »	1 300 »
5102	Tulscha	250 »	2 250 »
5103	Varna	100 »	800 »
5104	Shangai	70 »	700 »
5105	Suez	200 »	1 400 »
5107	Tunis	50 »	280 »
5118	Yokohama	100 »	850 »
5119	Le Caire	70 »	550 »
5121	La Goulette	200 »	1 200 »
5129	Port-Saïd	200 »	1 100 »
5139	Kustendjé	1 000 »	12 000 »
5153	Enos (38)	3 200 »	
5154	Port-Lagos (38)	1 800 »	
5155	Dédéagh (38)	1 900 »	20 000 »
5156	Cavalle (38)	2 000 »	20 000 »

BUREAUX D'ALGÉRIE

Les Bureaux d'Algérie ont reçu également l'attribution d'un numéro dans la première nomenclature mise en service (losange petits chiffres) et un nouveau numéro lors de l'établissement de la deuxième (losange gros chiffres). Il est connu :

- 81 Bureaux ayant eu un losagne petits chiffres (le premier numéro attribué à l'Algérie fut le 3710 (Alger) ;
- 147 Bureaux ayant eu un losange gros chiffres (le premier numéro attribué à l'Algérie fut le 5000 (Aboukir) ;
- Certains numéros sont rares et recherchés.

A partir de 1900 et jusqu'en 1959 les cotes de la colonne de gauche concernent les timbres neufs avec gomme d'origine intacte et sans charnière, celles de la colonne centrale les timbres neufs avec charnière légère, celles de la colonne de droite les timbres oblitérés.

1900-24. - *Type Blanc. Typographie. Dentelés 14* x *13½.* Ⓒ

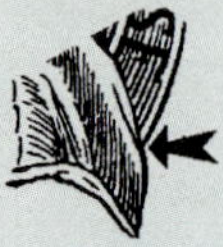

Type I.

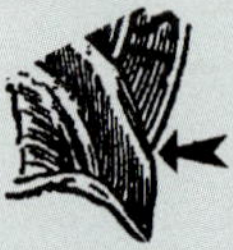

Type II.

Type I. - A la bordure de la draperie qui se trouve sous la lettre E de FRANÇAISE, il n'y a qu'un seul trait d'ombre.

Type II. - A cet endroit, il y a deux traits d'ombre.

Type IIB (roulette). - Comme II mais trait cassé à droite du gros orteil du pied droit.

Un type II existe pour le 4 c. mais seulement en préoblitérés.

Types du 1 c.

Type IA

Type IB

Type IA. - Ligne blanche allant en se rétrécissant sous ISE de FRANÇAISE. Trait épais reliant le pied du S à celui du E.

Type IB. - Ligne blanche de largeur régulière. Trait mince ou ne se marquant pas, ou très peu entre S et E.

Types du 2 c.

Type IA

Type IB

Type IA. - Tache reliant deux lignes.

Type IB. - Tache à cheval sur une ligne.

Types du 3 c.

Type IA. - La boucle inférieure du C se termine par un triangle.

Type IB. - Boucle inférieure du C ramenée à une simple pointe par retaille au burin.

Types du 5 c.

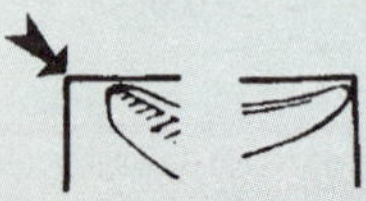

Type IA

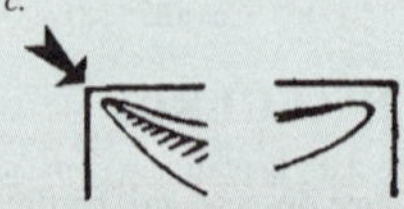

Type IB

Type IA. - Dans le coin supérieur gauche, l'extrémité de la plume est ronde et éloignée de l'angle ; dans le coin supérieur droit, l'extrémité est rapprochée du cadre, ou le touche.

Type IB. - Dans le coin supérieur gauche, l'extrémité est pointue et se dirige vers l'angle du cadre ; dans le coin supérieur droit, l'extremité est éloignée du cadre. Ce type n'a existé qu'en carnets.

Type IIA

Type IIB

Trait sous le pied (zone inférieure droite du timbre).

IIA - Trait continu (feuilles rotatives).

IIB - Trait interrompu un peu à droite du gros orteil (roulettes rotatives).

107	1 c. gris (IB)	1 25	0 80	0 50
	(Sur lettre)			0 80
	a. ardoise (IB)	1 40	0 80	0 80
	b. ardoise (II)	1 25	0 80	0 80
	f. gris (IA)	3 »	1 85	0 80
	g. ardoise (IA)	2 30	1 55	0 80
	h. double impression (IB)			6 000 »
108	2 c. brun-lilas (IB)	1 55	1 »	0 30
	(Sur lettre)			0 80
	a. brun-lilas foncé (IB)	3 35	2 »	0 50
	b. brun-lilas (II)	1 55	1 »	0 50
109	3 c. orange (IB)	1 »	0 65	0 65
	(Sur lettre)			3 »
	(Id. seul)			9 15
	a. rouge-orange (IB)	1 10	0 65	0 80
	b. rouge (IB)	30 »	23 »	7 65
	c. rouge-orange (II)	3 »	2 30	0 80
	f. rouge-orange (IA)	4 60	3 »	1 55
	g. rouge (IA)	40 »	30 »	12 50
110	4 c. brun-jaune (I)	5 »	3 »	2 »
	(Sur lettre)			4 60
	(Id. seul)			61 »
	a. brun (I)	10 »	6 10	2 30
	b. brun foncé (I)	15 50	9 15	3 85
111	5 c. vert (IIA) (1925)	5 »	2 30	0 30
	(Sur lettre)			0 80
	a. vert (IIB)	100 »	77 »	30 »
	b. vert-jaune (IA) (1900-02)	5 35	2 60	0 50
	c. vert-bleu (IA) (1902-06)	7 65	4 15	0 65
	d. vert (IA) (1906-07)	11 50	7 65	1 55
	e. vert (IB) (1906)	42 »	35 »	13 »
	f. id. paire verticale de carnet (IB)	88 »	77 »	
	h. vert sur fond jaune (1A)	5 500 »	4 500 »	

Paire verticale de carnet :

Les cotes s'appliquent à des paires avec marges blanches supérieure et inférieure.

Papier GC.

A la fin de 1916 et jusqu'en 1920, les timbres ont été imprimés sur un papier grisâtre de très mauvaise qualité, dit "de grande consommation" (GC) :

107d	1 c. gris (IB)	1 55	1 »	1 »
107e	1 c. ardoise (IB)	1 85	1 10	1 10
107h	1 c. gris (IA)			
107j	1 c. ardoise (IA)			
108d	2 c. (IA)	4 »	1 85	1 10
109e	3 c. (IB)	1 »	0 80	1 10

Non dentelés.

107c	1 c.	70	»
108c	2 c.	70	»
109d	3 c.	70	»
110c	4 c.	210	»
111g	5 c.	92	»

A ce type ont paru en 1919, un ½ c. sur 1 c. (157), en 1926, un 7½ c. lilas (Préoblitérés, n° 42) et, en 1929, un 10 c. violet (233).

1900-01. - *Types Mouchon. Typographie. Dentelés 14 x 13½.*

Type I : les premiers tirages étaient faits en deux fois : on imprimait tout d'abord la vignette, ensuite le chiffre de la valeur, et il arriva que celui-ci occupait dans le cartouche des places variables ou n'était pas exactement de la même couleur que la vignette.

Type I

Type I

Type II

Type II

Type II : ces timbres furent par la suite imprimés en une seule fois. Les 10 c. et 25 c. existent seuls dans les deux types. Dans le premier type du 10 c., la barre inférieure du 1 est droite, tandis qu'elle est courbe dans le type II.

Dans le deuxième type du 25 c., les traits du cadre inférieur du cartouche sont interrompus.

Type I.

112	10 c. rose	90 »	27 »	11 50
	(Sur lettre)			13 »
113	20 c. brun-lilas	200 »	61 »	10 »
	(Sur lettre)			15 50
	(Id. seul)			40 »
114	25 c. bleu	375 »	135 »	10 »
	(Sur lettre)			11 »
	(Id. seul)			15 50
115	30 c. violet	300 »	90 »	6 »
	(Sur lettre)			15 50
	(Id. seul)			40 »

Type II.

116	10 c. rouge	125 »	33 »	2 »
	(Sur lettre)			11 50
	(Id. seul)			15 50

117	15 c. orange	30 »	9 »	0 50
	(Sur lettre)			0 80
118	25 c. bleu	485 »	150 »	2 15
	(Sur lettre)			4 60
	(Id. seul)			7 65

Très bon centrage (+125%). Voir note Clef du catalogue.

Chiffre 1 touchant le cadre.

117a	15 c.	100 »	70 »	15 »

Chiffres déplacés.

Un des chiffres doit sortir du cartouche blanc, soit à gauche ou à droite, soit en bas ou en haut.

112a	10 c.	200 »	125 »	45 »
113a	20 c.	280 »	200 »	50 »
114a	25 c.	1 250 »	915 »	185 »
115a	30 c.	450 »	280 »	45 »

Chiffres doubles.

113b	20 c.		3 850 »	
115b	30 c.		15 500 »	

Sans chiffres.

112b	10 c.		9 500 »	
113c	20 c.		12 500 »	
114b	25 c.		13 500 »	

Impression recto-verso.

113d	20 c.	300 »	180 »	40 »
114c	25 c.	450 »	275 »	60 »
115c	30 c.	375 »	225 »	50 »
117b	15 c.	35 »	23 »	10 »

Non dentelés.

112c	10 c.	385 »	255 »
113e	20 c.	500 »	345 »
114d	25 c.	650 »	460 »
115d	30 c.		385 »
116a	10 c.	305 »	210 »
117c	15 c.	230 »	170 »
118a	25 c.	650 »	420 »

Pour les non dentelés, la colonne de droite concerne les timbres sans gomme.

1900. - *Type Merson. Typographie. Dentelés 13½ x 14.*

119	40 c. rouge et bleu	65 »	16 »	0 80
	(Sur lettre)			1 55
	(Id. seul)			2 30
120	50 c. brun et gris	375 »	115 »	1 60
	(Sur lettre)			2 30
	(Id. seul)			3 85
121	1 f. lie-de-vin et olive	110 »	31 »	0 80
	(Sur lettre)			2 30
	(Id. seul)			4 60
122	2 f. violet et jaune	2 350 »	950 »	90 »
	(Sur lettre)			305 »
	(Id. seul)			2 300 »
123	5 f. bleu et chamois	325 »	100 »	5 »
	(Sur lettre)			40 »
	(Id. seul)			155 »
	a. bleu et olive	425 »	200 »	20 »

Très bon centrage (+100%).

Papier GC.

119d	40 c.	75 »	30 »	1 40
120d	50 c.	450 »	225 »	2 30
121f	1 f.	150 »	55 »	1 40

Voir note au nº 107d.

Non dentelés.

119a	40 c.		280 »	175 »
120a	50 c.		500 »	400 »
121a	1 f.		275 »	200 »
122a	2 f.			1 750 »
123b	5 f.		1 100 »	610 »

Pour les non dentelés, la colonne de droite concerne les timbres sans gomme.

Centre déplacé.

119b	40 c.	120 »	75 »	15 »
120b	50 c.	600 »	425 »	80 »
121b	1 f.	300 »	200 »	25 »
123c	5 f.	575 »	375 »	85 »

Sans teinte de fond.

119c	40 c.	800 »	600 »	100 »
120c	50 c.	875 »	550 »	115 »
121c	1 f.	850 »	550 »	100 »
123d	5 f.	1 000 »	700 »	155 »

Double teinte de fond.

121d	1 f.	750 »	500 »	200 »
121e	(Idem), dont une renversée		1 250 »	800 »

Pour les timbres à ce type, de 1906 à 1927, voir Tableau par Types et Genres.

1902. - *Type Mouchon retouché. Typographie. Dentelés 14 x 13½.*

124	10 c. rose	185 »	50 »	1 25
	(Sur lettre)			1 55
125	15 c. vermillon	42 »	12 »	0 50
	(Sur lettre)			0 65
126	20 c. brun-lilas	300 »	95 »	16 »
	(Sur lettre)			23 »
	(Id. seul)			46 »
127	25 c. bleu	385 »	100 »	2 30
	(Sur lettre)			4 60
	(Id. seul)			8 »
128	30 c. violet	900 »	275 »	17 »
	(Sur lettre)			23 »
	(Id. seul)			45 »

Très bon centrage (+125%).

Pour le centrage, voir rubrique "Clef du catalogue".

Queue du 5 touchant le cadre.

125a	15 c.	150 »	100 »	40 »

Non dentelés.

124a	10 c.		345 »
125b	15 c.	610 »	420 »
126a	20 c.		610 »
128a	30 c.		840 »

La colonne de droite concerne les timbres sans gomme.

Impression recto-verso.

124b	10 c.	275 »	110 »
125c	15 c.	100 »	40 »
127a	25 c.	550 »	275 »

1903-24. - *Type Semeuse lignée de Roty (gravée par Mouchon). Typographie. Dentelés 14 x 13½.* ©

Types du 10 c.

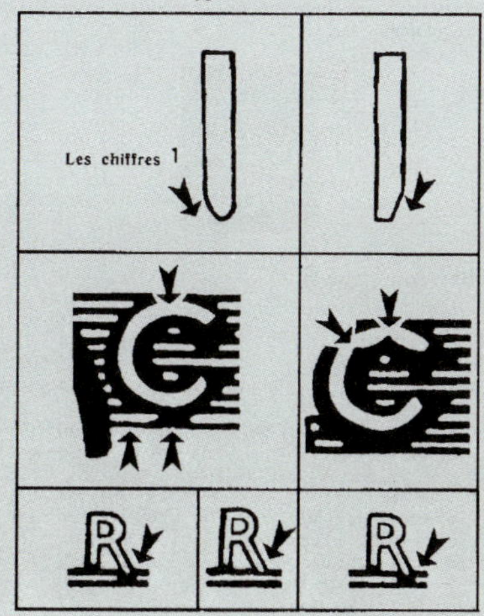

Type I. - Deuxième jambage du R de République avec ombre pied du chiffre 1 arrondi et courbe inférieure du C de 10 c. régulière.

Type II. - Semblable au type I mais le deuxième jambage du R est sans ombre.

Type III. - Pied du chiffre 1 avec méplat à droite, courbe inférieure du C irrégulière et deuxième jambage du R avec ombre.

Types du 15 c.

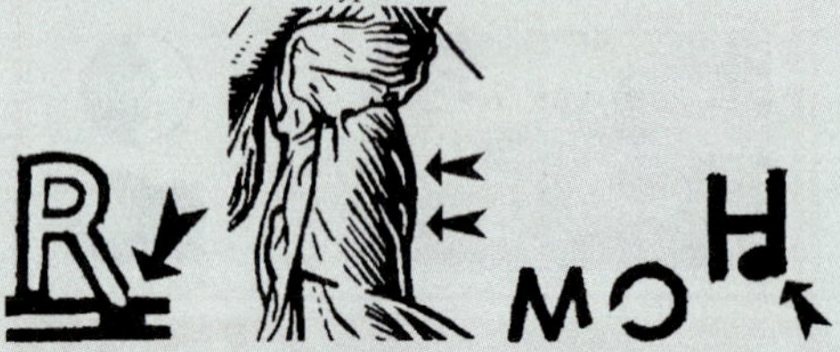

Types I, II, III, IV — *Types I et II* — *Type II* — *Type III*

Types III, IV, V et VI — *Types V et VI* — *Type V*

Les types I à V sont difficilement identifiables lorsque les timbres sont décentrés vers le bas.

Type I. - Ligne de lumière en deux tronçons sur la partie postérieure de la Semeuse. Lettre M de MOUCHON normale.

Type II. - Comme type I mais les deux premières lettres de MOUCHON sont brisées, notamment la lettre M.

Type III. - Ligne de lumière en un seul tronçon ; lettre H de MOUCHON avec boule au pied du deuxième jambage.

Type IV. - Ligne de lumière en un seul tronçon, mais lettre H sans boule. La lettre M de Mouchon est dissymétrique.

Types I à IV. - Deuxième jambage du R de République avec ombre ; ces types sont ceux des timbres des feuilles et roulettes à plat.

Type V. - R de République sans ombre. Le premier O de O. ROTY est en forme de toupie. C'est le type propre aux timbres des carnets.

Type VI. - R de République sans ombre, format plus grand 22,5 mm de filet à filet (c'est le seul type du 15 c. imprimé sur rotative pour roulettes). Dentelures latérales avec coupe mécanique rectiligne et nette, 4 hachures dans le bras qui tient le sac.

129	10 c. rose (type I)	25 »	9 »	0 30
	(Sur lettre)			0 65
	a. rose (II)	120 »	61 »	3 »
	b. rose (III)	22 »	9 »	0 30
	c. rose foncé (III)	40 »	15 50	1 »
130	15 c. vert-gris (I) (1903-06)	10 »	4 50	0 30
	(Sur lettre)			0 50
	a. vert-gris (II) (1903-04)	38 »	19 »	0 80
	b. vert-gris (III) (1904)	61 »	30 »	2 30
	c. id., à olive (IV) (1904-06, 1916-24)	9 »	4 50	0 30
	d. vert (V) (1917-20)	60 »	30 »	5 »
	e. id., paire verticale de carnet à partir de	155 »	77 »	
	f. vert-gris (Type VI)		6 100 »	210 »
131	20 c. brun-lilas	190 »	77 »	2 »
	(Sur lettre)			8 »
	(Id. seul)			30 »
	a. brun-lilas foncé	220 »	95 »	3 »
132	25 c. bleu	225 »	84 »	1 55
	(Sur lettre)			3 85
	(Id. seul)			5 35
	a. bleu foncé	240 »	110 »	2 30
	b. bleu-noir	550 »	305 »	70 »
133	30 c. lilas	525 »	200 »	6 50
	(Sur lettre)			12 50
	(Id. seul)			28 25
	a. violet foncé	575 »	230 »	7 »
	b. violet très foncé	850 »	500 »	25 »

Très bon centrage (+100%).

Papier GC.

130j	15 c. (IV)	9 »	4 50	0 80
130k	15 c. (V)	30 »	15 50	2 »
130l	id. paire vertic. de carnet	70 »	32 »	

Voir note au n° 107d.

Non dentelés.

129d	10 c.		210 »	84 »
130g	15 c.		170 »	77 »
131b	20 c.		305 »	130 »
132c	25 c.		385 »	125 »
133c	30 c.		765 »	305 »

Pour les non dentelés, la colonne de droite concerne les timbres sans gomme.

Impression recto-verso.

129e	10 c.	70 »	35 »	7 »
130h	15 c.	54 »	27 »	8 »
132d	25 c.	350 »	200 »	15 »
133d	30 c.	805 »	420 »	77 »

Pour les timbres émis à ce type, de 1921 à 1938, voir Tableau par Types et Genres.

1906. - *Type Semeuse fond plein avec sol. Typographie. Dentelé 14 x 13½.*

Type I. - La figure et le bras droit de la "Semeuse", ainsi que le sol, sont fortement ombrés.

Type II. - La figure et le bras droit, ainsi que le sol, sont moins ombrés et apparaissent beaucoup plus blancs et plus contrastés.

134	10 c. rouge (I)	4 60	3 »	2 »
	(Sur lettre)			6 10
	a. rouge clair (I)	7 65	4 60	2 »
	b. (Non dent. avec gomme)		300 »	
	c. (Non dent. sans gomme)		200 »	
	d. rouge (II)	6 75	3 »	2 »
	e. rouge clair (II)	8 40	4 60	2 30
	f. rouge sombre (II)	13 »	6 »	3 »
	g. (Non dent. sans gomme)		200 »	

1906. - *Type Semeuse fond plein sans sol, à inscriptions maigres. Typographie. Dentelés 14 x 13½.* ©

Types du 10 c.

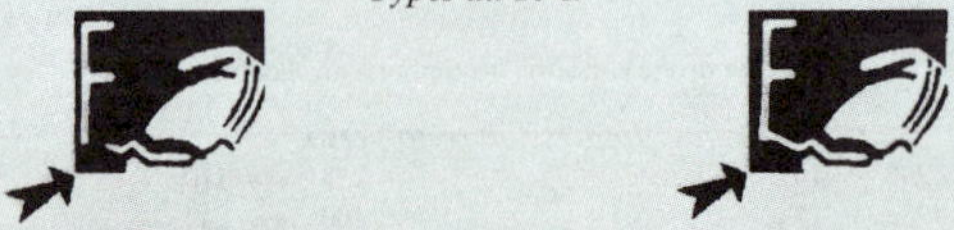

Types I et II — *Type III*

Type I des 10 c. et 35 c. - Le contour de la Semeuse et du sac se confond avec le fond plein.

Type IIA. - Des lignes de lumière dessinent le contour et détachent le sujet du fond uni. Sur ces 2 types la dernière lettre de RÉPUBLIQUE a la forme d'un F.

Type IIB (particulier aux entiers postaux). - Accentuation des lignes de lumière, notamment celle de la partie postérieure.

Type III du 10 c. - Comme type IIA mais la lettre finale de RÉPUBLIQUE ressemble à un E. C'est le type des timbres de carnets, les deux autres étant ceux des timbres de feuilles.

135	10 c. rouge (I)	33 »	9 »	1 10
	(Sur lettre)			3 »
	a. rouge foncé (IIA)	45 »	20 »	1 50
	b. rouge (IIA)	40 »	17 »	1 25
	c. rouge (III)	35 »	15 »	5 »
	d. id. paire verticale de carnet	80 »	60 »	
	e. (Non dentelé)		385 »	
136	35 c. violet clair (IIA)	425 »	170 »	8 »
	(Sur lettre)			23 »
	a. violet (I)	700 »	305 »	30 »
	b. (Non dentelé sans gomme)		500 »	

Très bon centrage (+40%).

Impression recto-verso.

135f	10 c. (IIA)	100 »	50 »	11 »

A ce type est paru, en 1926, un 10 c. vert (n°s 188 à 188B).

1907-20. - *Type Semeuse fond plein sans sol, à inscriptions grasses. Typographie. Dentelés 14 x 13½.* ©

Les inscriptions sont plus fortes et rappellent celles du n° 134.

Types du 5 c.

On distingue 2 types principaux pour le 5 c.

I

II

Type I. - Le bas de la lettre Q est formé par un point (timbres des feuilles, des roulettes à plat et des premiers carnets).

Type IIA. - La lettre Q est normale (timbres des seconds carnets).

Types du 10 c.

Il existe 2 types et 1 sous-type du 10 c. rouge.

Type IA. - Timbres des feuilles et des roulettes à plat : lettre Q avec un trait, barre médiane du B de RÉPUBLIQUE horizontale, hachures régulières dans la main qui sème.

Type IC. - Timbres des carnets de 20 : la barre médiane du B est oblique et la troisième hachure est brisée dans la main qui sème. Le type IB appartient au 10 c. vert n° 159.

Type IA

Type IC

Type II (carnets de 30 timbres et feuilles de 144 pour les dits carnets). - Lettre Q avec un gros point. R de RÉPUBLIQUE avec 2 jambages égaux.

Types du 20 c.

Il est connu 3 types du 20 c. (hormis les entiers postaux).

Type I. - Timbres des feuilles à plat dont les mesures du cadre sont 18 x 22 mm. Les 20 c. sur papiers GC sont à ce type.

Type III. - Timbres des feuilles rotatives. Dimensions du cadre 18½ x 22½ mm.

Type IV. - Timbres des roulettes rotatives ; mêmes dimensions que type III.

Type III

Type IV

Bon repère entre types III et IV : présence ou absence de point et hachure à l'endroit indiqué par la flèche supérieure.

Types du 25 c.

Il est connu 4 types principaux et 5 sous-types pour le 25 c.

Type I

Type II

Type IV

Type III

Type I (feuilles, roulettes à plat et carnets). - La branche supérieure du C n'est pas barrée et présente un tracé caractéristique presque horizontal. - Le chiffre 2 a la tête moins creusée que dans les autres types. La pointe inférieure gauche est distante de 1 mm du cadre extérieur. La base du chiffre 2 est mince et bien déliée.

Type IA. - Chiffre 2 avec tête la moins creusée et boule la plus grosse dont l'axe est en biais.

Type IB. - Boule du 2 plus creusée, base de ce chiffre bien déliée.

Type II (carnets). - La branche supérieure du C est nettement courbe et a son extrémité barrée. Le chiffre 2 a la tête plus creuse que dans le type 1. Sa pointe est à 3/4 de mm du cadre extérieur. La base du 2 est épaisse et beaucoup moins déliée que dans les autres types.

Type III. - La branche supérieure du C est courbe mais moins nettement barrée que dans le type II. Le chiffre 2 a la tête creuse. Sa pointe inférieure forme presque angle droit et est à moins de 3/4 de mm du cadre extérieur. La base du 2 est épaisse mais bien déliée sa partie droite descend plus bas que sa partie gauche qui se divise en :

Type IIIA (feuilles à plat). - Le filet intérieur blanc du cadre gauche est important et d'épaisseur irrégulière.

Type IIIB (feuilles rotatives). - Comme le type IIIA, mais le filet est très mince et le cadre plus haut.

Type IIIC (roulettes). - Comme le type IIIB, mais la rencontre des boucles du R de FRANÇAISE forme un angle aigu.

Type IV (carnets). - La lettre C a le même aspect que dans le type I. Le chiffre 2 a la tête creuse ; sa pointe est à un peu plus de 3/4 de mm du cadre extérieur. La base du chiffre est plus épaisse que dans le type I, mais est cependant bien déliée.

Types du 35 c.

Enfin on distingue 2 types pour le 35 c. :

Type I (feuilles à plat). Le premier S de POSTES est ouvert dans le bas.

Type II (feuilles rotatives). La boucle inférieure du S remonte fortement.

Type I

Type II

Timbre avec bande publicitaire.

137	5 c. vert foncé (I)	3 50	1 85	0 15
	(Sur lettre)			0 50
	a. vert clair	4 60	2 30	0 50
	b. vert	4 30	2 30	0 30
	c. id. paire verticale de carnet	37 »	18 50	
	d. vert (IIA)	7 »	4 »	2 »
	e. id. paire verticale de carnet	17 »	10 »	
138	10 c. rouge (IA)	3 35	1 85	0 15
	(Sur lettre)			0 50
	a. rouge foncé	8 »	4 60	0 50
	b. rouge-orange	3 35	1 85	0 15
	c. écarlate	345 »	230 »	54 »
	d. rouge (IC) (1910)	25 »	15 »	5 »
	e. id. paire verticale de carnet	60 »	30 »	
	f. rouge (II)	130 »	65 »	55 »
139	20 c. brun-rouge (III)	11 »	3 »	0 65
	(Sur lettre)			1 55
	a. lilas-brun (I)	11 »	4 »	0 65
	b. brun très foncé (I)	15 »	6 50	1 60
	c. brun-rouge (IV)	32 »	17 »	10 »
140	25 c. bleu (IA)	6 »	3 »	0 15
	(Sur lettre)			0 50
	a. bleu foncé (IA)	8 »	3 »	0 80
	b. bleu-noir (IA)	35 »	15 »	5 50
	c. bleu (IB)	325 »	200 »	50 »
	d. id. paire verticale de carnet	675 »	425 »	
	e. bleu (II)	25 »	16 »	3 »
	f. id. paire verticale de carnet	130 »	80 »	
	g. id. unité (avec bande publ.)	25 »	18 50	6 10
	h. bleu (IIIA) (1923-24)	34 »	18 50	3 »
	j. bleu (IIIB) (1924-27)	5 50	2 30	0 15
	k. bleu (IIIC)	60 »	40 »	15 »
	l. bleu (IV)	175 »	100 »	10 »
	m. id. paire verticale de carnet	425 »	300 »	
141	30 c. orange (I)	35 »	15 »	1 55
	(Sur lettre)			2 30
	(Id. seul)			6 90
	a. jaune foncé	38 »	20 »	2 60
142	35 c. violet (I)	16 »	9 »	1 »
	(Sur lettre)			1 85
	a. violet foncé	18 50	10 »	1 25
	b. (II) (1926)	105 »	65 »	40 »

Type Merson. Dentelés 13½ x 14.

143	45 c. vert et bleu	120 »	35 »	2 50
	(Sur lettre)			4 60
	(Id. seul)			6 10
	a. (sans teinte de fond)		1 100 »	765 »
144	60 c. violet et bleu	2 »	1 »	1 »
	(Sur lettre)			4 60
	a. (sans teinte de fond)		1 100 »	

N° 145

N° 145c

145	2 f. orange et vert-bleu	150 »	55 »	0 50
	(Sur lettre)			7 65
	(Id. seul)			30 »
	a. (double teinte de fond)	750 »	500 »	100 »
	b. (triple teinte de fond)	1 000 »	700 »	
	c. (cassure dans le bas de l'écusson)	1 800 »	1 250 »	305 »
	d. (sans teinte de fond)	475 »	325 »	175 »

Nos 143 à 145, très bon centrage (+75%).

Papier GC.

137h	5 c. (I)	5 »	3 »	0 80
137j	5 c. (IIA)	18 50	9 »	3 »
137k	id. paire verticale de carnet	32 »	20 »	
138j	10 c. (IA)	23 »	14 »	2 30
138k	10 c. (IC)	185 »	115 »	15 50
138l	id. paire verticale de carnet	380 »	230 »	
139e	20 c. (I)	14 »	5 »	1 25
140r	25 c. (IA)	14 »	6 »	1 25
141c	30 c.	40 »	20 »	2 15
142d	35 c. (I)	30 »	14 »	1 85
143d	45 c.	120 »	45 »	4 »

Voir note au n° 107d.

Non dentelés.

137f	5 c. (I)		23 »	
137g	5 c. (IIA)		210 »	
138g	10 c. (IA)		23 »	
138h	10 c. (IC)		230 »	
139d	20 c. (I)		30 »	
140n	25 c. (IA)		27 »	
140p	25 c. (II)		92 »	
140q	25 c. (IIIA)		170 »	
141b	30 c.		92 »	
142c	35 c.		92 »	
143b	45 c.		385 »	230 »
144b	60 c.		765 »	535 »
145e	2 f.		610 »	460 »

Pour les n°s 143b à 145e, la colonne de droite concerne les timbres sans gomme.

Centre très déplacé.

143c	45 c.	250 »	150 »	35 »
145f	2 f.	350 »	225 »	35 »

Impression recto-verso.

137l	5 c. (I)	15 »	10 »	5 »
138m	10 c. (IA)	15 »	10 »	5 »
139f	20 c. (I)	55 »	30 »	12 50
140s	25 c. (IA)	17 »	9 »	4 60
141d	30 c.	72 »	46 »	12 50
142e	35 c. (I)	72 »	46 »	12 50
143e	45 c.	200 »	140 »	77 »
144c	60 c.	185 »	125 »	77 »

Pour les timbres émis à ce type, de 1921 à 1938, voir Tableau par Types et Genres.

1914. - *Au profit de la Croix-Rouge. Semeuse fond plein avec surtaxe carmin.*

146	+5 c. s. 10 c. rouge foncé (138a)	7 50	6 »	6 »
	(Sur lettre)			11 50
	(Id. seul)			15 50
	a. sur 10 c. rouge-orange (138)	10 »	7 »	7 »

Premier timbre de France avec surtaxe.

1914. - *Idem. Typographie. Dentelé 14 x 13½.* [C]

147	10 c.+5 c. rouge	95 »	40 »	4 »
	(Sur lettre)			12 50
	(Id. seul)			16 »
	a. rouge-orange	125 »	55 »	8 »
	b. paire verticale de carnet	260 »	160 »	

Très bon centrage (+25%).

1917-18. - *Au profit des Orphelins de la guerre. Typographie. Dentelés 13½-14.*

148	2 c.+3 c. brun-lilas	25 »	5 »	5 »
149	5 c.+5 c. vert	75 »	25 »	12 »

150	15 c.+10 c. gris-vert	100 »	35 »	28 »
151	25 c.+15 c. bleu	200 »	90 »	65 »

Tranchée et drapeau.

Le Lion de Belfort (réplique de Paris).

152	35 c.+25 c. ardoise et violet	400 »	170 »	140 »
153	50 c.+50 c. brun et brun clair	□800 »	285 »	210 »

La Marseillaise (haut-relief de Rude, Arc de Triomphe de l'Etoile), à Paris.

La Marseillaise (haut-relief de Rude, Arc de Triomphe de l'Etoile), à Paris.

154	1 f.+1 f. carmin	1 250 »	490 »	440 »
155	5 f.+5 f. noir et bleu	4 750 »	1 900 »	1 850 »
	Nos 148 à 155 (8 val.)	7 600 »	3 000 »	2 750 »

Très bon centrage (+25%).

Ces timbres ont été surchargés en 1922 (nos 162 à 169), puis ont reparu en 1926-27 avec réduction de la surtaxe (nos 229 à 232).

1918. - *Au profit de la Croix-Rouge. Typographie. Dentelé 13½ x 14.*

156	15 c.+5 c. noir et rouge	300 »	140 »	70 »
	(Sur lettre)			92 »
	a. (Non dentelé)	2 750 »	2 000 »	

Très bon centrage (+25%).

1919-26. - *Timbre de 1900 (n° 107) surchargé.*

157	½ c. s. 1 c. gris-noir (R) (IA)	1 »	0 30	0 30
	(Sur lettre)			40 »
	(Id. seul)			765 »
	a. ardoise (II)	1 »	0 30	0 30
	e. gris-noir (R) (IB)	1 55	0 65	0 30

Papier GC.

157b	½ c. s. 1 c. (IA)	0 50	0 30	0 30
157c	½ c. s. 1 c. (Surch. renv.)		1 400 »	1 150 »
157d	½ c. s. 1 c. (Double surcharge)			
157f	½ c. s. 1 c. gris-noir (R) (IB)	1 55	0 65	0 30

Voir note au n° 107d.

Il existe deux types de surcharges : la première, de 14½ mm de haut, nette (surcharge à plat), la seconde de 15 mm, moins nette (surcharge rotative).

1921-22. - *Typographie. Dentelés 14 x 13½.* ©

Type Semeuse fond plein, inscriptions grasses.

Types du 5 c.

Type I (feuilles et roulettes à plat) et type IIA (carnets). - Se reporter au n° 137 mêmes types.

Type IIB (roulette rotative). - Dimensions du cadre 18¼ x 22½ contre 18 x 22 pour les types IA et IIA. Le trait signalé par la flèche est absent.

Types du 10 c.

Type IB

Type III

Type IV

Type IA. - Lettre Q avec un trait ; lettre C de 10 c. à dos plat (feuilles et roulettes à plat) voir au n° 138.

Type IB. - Lettre Q avec un point ; C à dos plat (premières feuilles rotatives de France).

Type IC. - Voir au n° 138 (carnets).

Type III. - C de 10 c. à dos rond avec boucle inférieure courte (deuxièmes feuilles rotatives).

Type IV. - C à dos rond avec longue boucle inférieure (roulettes rotatives).

158	5 c. orange (I)	2 80	1 40	0 30
	(Sur lettre)			0 80
	(Id. seul)			3 »
	a. orange (IIA)	3 70	2 30	0 30
	b. id. paire verticale de carnet	9 »	5 35	
	c. orange (IIB)	27 »	20 »	9 15
	d. (Non dentelé)		54 »	
159	10 c. vert (III)	1 25	0 65	0 50
	(Sur lettre)			0 80
	a. vert (IA)	2 »	1 10	0 65
	b. vert (IB)	2 90	1 55	0 65
	c. vert (IC)	11 »	7 »	2 »
	d. id. paire verticale de carnet	24 »	15 »	
	e. vert (IV)	8 40	5 35	3 85
	f. (Non dentelé) (IA)		185 »	
	g. (Non dentelé) (III)		305 »	
	h. (Premier s de Postes retouché)		155 »	92 »
160	30 c. rouge (I)	17 »	8 »	2 »
	(Sur lettre)			4 60

Type Semeuse lignée.

161	50 c. bleu (I)	80 »	30 »	1 25
	(Sur lettre)			3 »
	(Id. seul)			4 60
	a. (Non dentelé)		155 »	

Très bon centrage (+50%).

1922. - *Au profit des Orphelins de la guerre. Timbres de 1917 surchargés.*

162	+1 c. s. 2+3 c. (148)	1 »	0 50	0 50
163	+2½ c. s. 5+5 c. (149)	1 50	0 80	0 80
164	+5 c. s. 15+10 c. (150)	3 »	1 40	1 40
165	+5 c. s. 25+15 c. (151)	4 50	2 80	2 80
166	+5 c. s. 35+25 c. (152)	35 »	16 50	16 50
167	+10 c. s. 50+50 c. ▯ (153)	65 »	27 »	27 »

168	+25 c. s. 1+1 f. (154)	70 »	36 »	36 »
169	+1 f. s. 5+5 f. [noir et bleu-gris] (155)	350 »	170 »	170 »
	a. +1 f. s. 5+5 f. noir et bleu (155)	385 »	220 »	220 »
	Nos 162 à 169 (8 val.)	530 »	255 »	255 »

Très bon centrage (+25%).

La surcharge est différente sur chaque valeur.

1923-26. - *Type Pasteur. Typographie. Dentelés 14 x 13½.* [C]

Louis Pasteur (1822-1895).

170	10 c. vert	1 60	0 80	0 30
	(Sur lettre)			0 80
	(Id. seul)			2 30
	a. paire verticale de carnet	7 »	3 50	
171	15 c. vert	3 70	1 85	0 30
	(Sur lettre)			0 80
	(Id. seul)			2 30
172	20 c. vert	5 70	3 35	1 »
	(Sur lettre)			2 30
	(Id. seul)			4 60
173	30 c. rouge	1 70	1 »	1 85
	(Sur lettre)			3 85
	(Id. seul)			6 10
174	30 c. vert	1 55	0 80	0 50
	(Sur lettre)			3 85
	(Id. seul)			6 10
175	45 c. rouge	4 30	2 30	2 50
	(Sur lettre)			6 10
176	50 c. bleu	9 30	5 20	0 50
	(Sur lettre)			5 35
	a. (roulette)	420 »	305 »	155 »
	b. (imp. recto verso)	70 »		
177	75 c. bleu	7 65	4 60	1 25
	(Sur lettre)			3 85
	(Id. seul)			5 35
	a. (Non dentelé)		155 »	
178	90 c. rouge	23 50	13 »	4 »
	(Sur lettre)			5 35
	(Id. seul)			7 65
179	1 f. bleu	50 »	25 »	0 50
	(Sur lettre)			5 35
	(Id. seul)			40 »

180	1 f. 25, bleu	51 »	31 »	10 »
	(Sur lettre)			23 »
	(Id. seul)			46 »
	a. bleu-noir	285 »	200 »	21 »
181	1 f. 50, bleu	25 »	6 10	0 30
	(Sur lettre)			1 55
	(Id. seul)			2 30
	Nos 170 à 181 (12 val.)	185 »	95 »	23 »

Très bon centrage (+25%).

Le 50 c. provenant de roulettes a son format plus haut (22 mm).

Les valeurs suivantes ont également donné lieu à l'impression de timbres sur bandes sans fin pour roulettes : 10 c., 15 c., 30 c. vert, 75 c., 1 f. et 1 f. 50. Leur identification n'est pas toujours aisée. Se reporter au tableau "ROULETTES".

Le 1 f. 50 a été surchargé 10 f. en 1928 (voir Poste aérienne N° 4). Il a également été surchargé CONGRES DU B.I.T. 1930 (n° 265).

1923. - *Congrès philatélique de Bordeaux. Timbre de 1900 (n° 121) surchargé en bleu.*

182	1 f.(+2 f.) lie-de-vin et olive	900 »	550 »	600 »
	a. (BORDFAUX)		2 000 »	2 000 »

Très bon centrage (+50%).

Le prix indiqué pour le timbre oblitéré s'entend pour oblitération apposée à Bordeaux à l'époque du Congrès (15 au 24 juin).

Ce timbre n'était vendu que contre le ticket d'entrée à l'exposition, qui valait 2 f.

1924. - *Jeux olympiques de Paris. Typographie. Dentelés 13½ x 14.*

183	10 c. vert-jaune et vert-gris	8 »	2 50	1 10
	(Sur lettre)			2 30
	(Id. seul)			4 60

	b. (Bague au doigt)	70 »	50 »	35 »
184	25 c. rouge carminé et rouge	10 »	3 50	0 90
	(Sur lettre)			2 30
	(Id. seul)			5 35
	b. (centre très déplacé)	225 »	185 »	125 »

Milon de Crotone (Louvre).

185	30 c. noir et rouge-brun	25 »	10 »	13 »
	(Sur lettre)			23 »
	(Id. seul)			58 »
186	50 c. bleu et outremer	115 »	29 »	5 »
	(Sur lettre)			40 »
	(Id. seul)			100 »
	Nos 183 à 186 (4 val.)	158 »	45 »	20 »

Non dentelés.

183a	10 c.	1 600 »
184a	25 c.	1 600 »
185a	30 c.	1 600 »
186a	50 c.	1 600 »

Voir également à la rubrique des Entiers postaux (n° 185-CP1).

On trouvera au n° 42 des Préoblitérés le timbre précédemment catalogué sous le n° 187.

1924-26. - *Dentelés 14 x 13½.* [C]

Type Semeuse fond plein, inscriptions maigres (type III) avec bandelette supérieure ou inférieure au timbre.

188	10 c. vert *(Phéna)*	65 »	45 »	50 »
188A	10 c. vert *(Minéraline)*	700 »	500 »	550 »

Sans bandelette.

188B	10 c. vert	60 »	40 »	45 »

Très bon centrage (+40%).

N'ont été émis qu'en carnets pour les produits pharmaceutiques des laboratoires Phéna ou du laboratoire Mauchant (Minéraline).

1924-26. - *Type Semeuse fond plein, inscriptions grasses. Dentelés 14 x 13½.* [C]

Types du 15 c.

Type I

Type II

15 c. Type I. - Le chiffre 1 est élancé et mince, le trait horizontal du 5 se termine par un triangle pointe en bas.

Type II. - Le chiffre 1 est plus épais, la barre horizontale du 5 se termine par un trait vertical.

Types du 20 c.

Types III, IV et VI

Type V

Type III (premières feuilles rotatives). - Le chiffre 2 a le graphisme de celui des timbres brun-lilas n° 139.

Type IV (roulettes). - Se reporter au n° 139 pour distinction entre les types III et IV.

Type V (deuxième feuilles rotatives). - Chiffre 2 à pointe effilée.

Type VI (carnets). - Graphisme semblable au type IV ; le timbre est grand ; marges réduites.

Types du 30 c.

Type I (feuilles à plat). - La barre du chiffre 3 mesure 1¾ de mm (les n°s 141 et 160 sont à ce type).

Type II. - La barre du 3 mesure 2¼ de mm. Ce type se divise en :

Type IIA (feuilles rotatives). - Avec la boucle supérieure du S de FRANÇAISE ouverte, courte et horizontale.

Type I

Type II

Type IIA

Type IIB

Type IIB (carnets). - Avec la boucle du S plongeante.

Type IIC (roulette). - Comme le type IIA, mais il manque la deuxième hachure à la partie antérieure du pied droit.

Types du 40 c.

Type I

Type II

Type I (feuilles et carnets à plat). - Les 2 extrémités du c de la valeur se trouvent sur une même verticale. Le trait gauche du 4 est incurvé.

Type II (feuilles rotatives). - L'extrémité inférieure du c est plus arrondie et dépasse la verticale correspondante à la tête de la lettre. Le trait gauche du 4 est droit.

189	15 c. brun-lilas (I)	0 50	0 30	0 15
	(Sur lettre)			0 50
	a. (avec bande publ.)	21 50	15 50	11 50
	b. (Type II)	1 »	0 50	0 15
190	20 c. lilas-rose (III)	0 50	0 30	0 30
	(Sur lettre)			0 65
	a. (Type IV)	26 »	18 50	5 35
	b. (Type V)	1 »	0 50	0 50
	c. (Type VI)	1 70	1 10	0 30
	d. (Id. avec bande publ.)	2 »	1 55	0 65
191	30 c. rose (I)	2 50	1 30	0 80
	(Sur lettre)			3 »
	(Id. seul)			7 65
	a. (Type IIA)	5 »	3 85	1 10
	b. (Type IIB)	7 65	3 85	1 85
	c. (Id. avec bande publ.)	8 40	6 10	3 35
192	30 c. bleu (IIA)	7 30	4 60	0 50
	(Sur lettre)			1 55
	a. (Type IIB)	7 65	4 60	0 65
	b. (Id. avec bande publ.)	8 40	5 35	1 85
	c. (Type IIC)	340 »	245 »	46 »
193	40 c. brun-olive (I)	3 70	1 50	0 50
	(Sur lettre)			1 55
	a. (avec bande publ.)	13 50	8 40	4 60
	b. (Type II)	3 70	2 30	0 65
194	40 c. vermillon (II)	6 »	3 »	0 50
	(Sur lettre)			1 55
	a. (Type I)	5 »	3 »	0 80
	b. (avec bande publ.)	6 75	4 60	2 75
195	1 f. 05, vermillon	21 50	10 »	5 25
	(Sur lettre)			11 »
	(Id. seul)			40 »
196	1 f. 40, rose	48 »	21 »	23 »
	(Sur lettre)			77 »
	(Id. seul)			
	N°s 189 à 196 (8 val.)	90 »	42 »	31 »

Très bon centrage (+20%).

Timbres se tenant verticalement.

190e	20 c. (III)+20 c. (V)	385 »	270 »

Non dentelés.

191d	30 c.	305 »
193c	40 c.	610 »

1924-32. - *Type Semeuse lignée. Typographie. Dentelés 14* x *13½.* [c]

Types du 50 c.

On distingue pour le 50 c. :

Type I (feuilles et premiers carnets à plat). - Seul type avec point dans le bonnet. Les oeilletons des deux R sont égaux ; les oeilletons des A de FRANCAISE sont normaux et les deux du B sont à peu près égaux.

Type II (feuilles rotatives IIA, seconds carnets IIB et seconds carnets rotatifs IIA). - L'oeilleton du premier R est plus grand que celui du deuxième. L'oeilleton supérieur du B est plus petit que l'inférieur. Ceux des A sont minuscules.

Type III (roulettes). - Comme le type II, mais sans ombre sous le R de RÉPUBLIQUE.

Type IV (premiers carnets rotatifs sans, puis avec publicité sur marges des timbres). - R de RÉPUBLIQUE sans ombre ; le cadre intérieur de gauche est très épais. Le fond apparaît plein derrière les lettres de RÉPUBLIQUE ; ligne large du fond ligné.

Types du 75 c.

Type I

Type II

Type I. - Une ligne blanche entre le c de centimes et la pointe de la retombée de la ceinture.

Type II. - Au même endroit, deux lignes blanches, l'aspect du chiffre de la valeur est différent du type I, 7 plus cambré ; pas d'ombre sous le c.

197	45 c. lilas	13 »	7 »	2 15
	(Sur lettre)			8 40
	(Id. seul)			40 »
	a. violet clair	15 50	8 40	1 25
198	50 c. olive (I)	13 »	7 50	1 25
	(Sur lettre)			3 »
	(Id. seul)			12 50
	a. vert (Type IIA)	15 50	9 15	1 10
	b. (c. fermé : 50°)	240 »	180 »	85 »
199	50 c. rouge (IIA)	2 30	1 50	0 15
	(Sur lettre)			0 50
	a. (Avec bande publ.)	6 10	4 60	1 85
	b. (Type I)	4 30	2 30	0 65
	c. (Avec bande publ.)	5 35	3 85	1 55
	d. (Type IIB)	3 35	2 30	0 50
	e. (Avec bande publ.)	5 »	3 »	1 55
	f. (Type III)	35 »	22 »	7 65
	g. (Type IV)	7 65	4 60	2 »
	h. (Id. paire verticale de carnet)	17 »	11 »	
	j. (IV) (Avec bande publ.)	6 75	4 60	1 85
	k. (c fermé : 50°)	65 »	40 »	16 »
200	60 c. lilas	13 50	6 90	1 85
	(Sur lettre)			3 85
	(Id. seul)			7 65
201	65 c. rose	6 »	3 »	1 55
	(Sur lettre)			5 35
	(Id. seul)			30 »
202	75 c. lilas-rose (I)	11 70	6 10	0 65
	(Sur lettre)			1 55
	(Id. seul)			3 85
	a. (Type II)	1 250 »	880 »	155 »
203	80 c. rouge	60 »	30 »	9 »
	(Sur lettre)			11 50
	(Id. seul)			46 »
204	85 c. rouge	27 »	15 »	2 60
	(Sur lettre)			3 85
	(Id. seul)			7 65
205	1 f. bleu	14 50	7 »	0 80
	(Sur lettre)			3 »
	(Id. seul)			10 »
	a. bleu-noir	155 »	100 »	20 »
	Nos 197 à 205 (9 val.)	161 »	84 »	20 »

Très bon centrage (+20%) ; n° 203 : (+50%).

Type Merson. Typographie. Dentelés 13½ x *14.*

206	3 f. violet et bleu	60 »	30 »	8 »
	(Sur lettre)			15 50
	(Id. seul)			46 »
	a. (sans teinte de fond)	1 500 »	900 »	
207	10 f. vert et rouge	340 »	145 »	17 »
	(Sur lettre)			30 »
	(Id. seul)			92 »
208	20 f. lilas-rose et vert-bleu	550 »	230 »	40 »
	(Sur lettre)			125 »
	(Id. seul)			385 »

Très bon centrage (+50%).

Non dentelés.

198c	50 c.	140 »
199l	50 c.	92 »
199m	50 c. (avec bande publicitaire)	125 »
201a	65 c.	385 »
202b	75 c.	575 »
205b	1 f.	1 150 »
206b	3 f.	915 »

Centre déplacé.

206c	3 f.	375 »	225 »	

1924. - *4ᵉ centenaire de la naissance du poète Pierre de Ronsard (1524-1585). Typographie. Dentelé 14 x 13½.*

209	75 c. bleu s. azuré	3 50	2 30	1 85
	(Sur lettre)			11 50
	(Id. seul)			20 »
	a. (Impression recto-verso)	130 »		

1924-25. - *Exposition internationale des Arts décoratifs, à Paris. Typographie. Dentelés 13½ x 14.*

210	10 c. vert-noir et jaune	1 40	0 80	1 »
	(Sur lettre)			1 85
	(Id. seul)			4 60
	a. (Centre déplacé)	200 »	170 »	140 »
211	15 c. bleu-vert et vert	1 70	0 80	1 10
	(Sur lettre)			1 85
	(Id. seul)			5 35
	a. (Non dentelé)		1 100 »	

212	25 c. violet-brun et lilas-brun	2 »	0 80	0 50
	(Sur lettre)			1 55
	(Id. seul)			5 35
213	25 c. gris-bleu et violet	2 90	1 75	1 »
	(Sur lettre)			1 55
	(Id. seul)			2 »
	a. (Non dentelé)		1 100 »	
214	75 c. gris et outremer (212)	8 »	3 85	2 75
	(Sur lettre)			3 85
	(Id. seul)			14 »
215	75 c. bleu foncé et bleu (210)	44 »	20 »	7 65
	(Sur lettre)			12 50
	(Id. seul)			25 »
	a. (Non dentelé)		840 »	
	b. (Tenant à dentelé)	1 100 »	900 »	
	Nᵒˢ 210 à 215 (6 val.)	60 »	28 »	14 »

Très bon centrage (+50%).

Voir également à la rubrique des Entiers postaux (nᵒ 213-CP1).

1925. - *Exposition philatélique internationale de Paris. Type de 1876-77 (II). Typographie. Dentelé 14 x 13½.* BF *nᵒ 1.*

216	5 f. carmin	275 »	160 »	160 »
	a. (Non dentelé)		1 300 »	

Le prix indiqué pour le timbre oblitéré s'entend pour une oblitération apposée à Paris. (2 au 12 mai).

1926-27. - *Timbres de 1906-26 surchargés. Avec double bande publicitaire.* C

Avec double bande publicitaire.

217	25 c. s. 30 c. bleu (192 IIA)	0 50	0 30	0 50
	(Sur lettre)			3 85
	a. Id. (192 IIB)	3 35	2 30	1 55
	b. (Avec bde publ. Gibbs)	6 75	3 85	2 30
	c. (Avec bde publ. autre)	275 »	200 »	200 »
	d. (Avec double publ. Gibbs)	15 50	9 15	
	e. (Boucle du 5 fermée)	84 »	61 »	
218	25 c. s. 35 c. violet (142)	0 50	0 30	0 50
	(Sur lettre)			3 85
	a. (Double surcharge)	725 »	675 »	
	b. (Boucle du 5 fermée)	60 »	40 »	

219	50 c. s. 75 c. bleu (177)	6 »	3 75	2 »
	(Sur lettre)			5 35
220	50 c. s. 80 c. rouge (203)	2 50	1 40	1 25
	(Sur lettre)			4 60
221	50 c. s. 85 c. rouge (204)	7 »	2 30	1 10
	(Sur lettre)			4 60
222	50 c. s. 1 f. 25, bleu (180)	6 »	3 »	2 60
	(Sur lettre)			5 35
223	50 c. s. 60 c. violet (200)	2 90	1 40	1 25
	(Sur lettre)			5 35
224	50 c. s. 65 c. rose (201)	1 70	0 80	0 80
	(Sur lettre)			4 60
	a. (Surch. renversée)	2 200 »	1 600 »	1 600 »
225	50 c. s. 1 f. 05, vermillon (195)	2 60	1 40	0 80
	(Sur lettre)			4 60
	a. (Double surcharge)	» »	» »	

227	90 c. s. 1 f. 05, vermillon (195)	4 30	2 75	3 10
	(Sur lettre)			4 60
228	1 f. 10 s. 1 f. 40, rose (196)	2 »	1 10	1 10
	(Sur lettre)			7 »
	(Id. seul)			23 »
	Nos 217 à 228 (11 val.)	36 »	18 50	15 »

Le 55 c. s. 60 c. lilas (no 200), précédemment répertorié sous le no 226, n'existe qu'avec surcharge Affr. Postes (voir Préoblitérés, no 47).

1926-27. - *Au profit des Orphelins de la guerre. Types de 1917 avec surtaxe modifiée. Typographie. Dentelés 13½-14.*

229	2 c.+1 c. brun-lilas	5 »	2 »	1 50
230	50 c.+10 c. brun foncé et brun (153)	95 »	25 »	15 50
231	1 f.+25 c. carmin	190 »	63 »	48 »
232	5 f.+1 f. noir et bleu (155)	300 »	120 »	110 »
	Nos 229 à 232 (4 val.)	590 »	210 »	175 »

Très bon centrage (+25%).

1927-31. - *Typographie. Dentelés 14 x 13½.* [C]

Type Blanc.

233	10 c. violet (II)	7 65	4 60	0 50
	(Sur lettre)			3 »
	(Id. seul)			46 »

Type Semeuse lignée.

234	65 c. olive	16 »	8 »	2 30
	(Sur lettre)			9 15
	(Id. seul)			54 »

Type Semeuse fond plein, inscriptions grasses.

235	25 c. jaune-brun (IIIB)	0 30	0 15	0 15
	(Sur lettre)			0 65
	a. jaune-brun (IIIC)	80 »	55 »	20 »
236	40 c. violet (II)	4 30	2 30	1 »
	(Sur lettre)			1 10
	a. (Non dentelé)			
237	40 c. outremer (II)	2 60	1 55	0 50
	(Sur lettre)			0 80
	a. gris-bleu	3 35	1 85	0 80

	b. (Sans le chiffre 4)	100 »	70 »	50 »
238	1 f. 10, rose	25 »	12 50	2 60
	(Sur lettre)			8 40
	(Id. seul)			19 25
239	2 f. vert-bleu	27 »	16 »	1 60
	(Sur lettre)			15 50
	(Id. seul)			54 »
	a. (Sans nom du graveur)		27 50	4 60

Type Merson. Dentelé 13½ x 14.

240	3 f. lilas et carmin	170 »	61 »	2 30
	(Sur lettre)			11 50
	(Id. seul)			40 »
	a. (Non dentelé)	850 »	600 »	

Très bon centrage (+50%).

1927. - *Exposition philatélique de Strasbourg. Semeuse sur fond plein. Typographie. Dentelés 14 x 13½.* [BF] *no 2.*

241	5 f. bleu	375 »	250 »	250 »
242	10 f. rouge	375 »	250 »	250 »
242A	Paire avec intervalle	1 100 »	750 »	675 »

Les prix indiqués pour les timbres oblitérés s'entendent pour des oblitérations apposées à Strasbourg (4 au 12 Juin).

1927. - *Centenaire de la naissance de Marcelin Berthelot (1827-1907). Typographie. Dentelé 14 x 13½.*

243	90 c. rouge	3 80	2 30	0 65
	(Sur lettre)			2 30

A été surchargé 10 f. en 1928 (voir Poste aérienne nº 3).

Voir également à la rubrique des Entiers Postaux (nº 243-CP1).

1927. - *Visite de la Légion Américaine. Typographie. Dentelés 13½ x 14.*

Bustes de Marie-Joseph Motier, marquis de La Fayette (1757-1834), et Washington. Le "Spirit of Saint-Louis" survolant le "Paris".

Bustes de Marie-Joseph Motier, marquis de La Fayette (1757-1834), et Washington. Le "Spirit of Saint-Louis" survolant le "Paris".

244	90 c. rouge	3 »	1 40	1 85
	(Sur lettre)			4 60
	(Id. seul)			9 15
	a. (Non dentelé)	13 000 »	11 000 »	
	d. (Tenant à dentelé)	22 500 »	19 000 »	
245	1 f. 50, outremer	9 »	4 60	2 30
	(Sur lettre)			5 35
	(Id. seul)			9 15
	a. (Non dentelé)		1 050 »	

Sans valeur dans le cartouche.

244b	rouge ▯	3 250 »	2 500 »	
245b	outremer ▯	2 350 »	1 750 »	

Valeur déplacée.

244c	90 c.	2 350 »	1 700 »	1 700 »

"90 c." se trouve dans le coin supérieur gauche du timbre.

Vendus durant un mois seulement.

1927. - *Au profit de la Caisse d'Amortissement. Types anciens surchargés. Typographie. Dentelés 14 x 13½.*

246	+10 c. s. 40 c. [bleu] (C)	10 »	6 »	6 »
247	+25 c. s. 50 c. [vert-bleu] (B)	15 »	9 »	9 »
248	+50 c. s. 1 f. 50 [rouge-orange]	45 »	18 »	15 »

Très bon centrage (+20%).

Sans le premier e d'Amortissement.

246a	+10 c. s. 40 c.	160 »	100 »	100 »

Sans point sur le i d'Amortissement.

247a	+25 c. s. 50 c.	100 »	60 »	50 »

Avec les mêmes surcharges, ont paru de 1928 à 1931 :

Au type Semeuse sur fond plein :

+10 c. sur 40 c. violet-gris (nº 249)

+10 c. sur 40 c. vert (nº 253)

+10 c. sur 40 c. rose (nº 266)

+10 c. sur 40 c. olive (nº 275)

+50 c. sur 1 f. 50, violet (nº 268)

+50 c. sur 1 f. 50, rouge (nº 277)

Au type Semeuse sur fond ligné :

+25 c. sur 50 c. rouge-brun (nº 250)

+25 c. sur 50 c. rose-lilas (nº 254)

+25 c. sur 50 c. brun (nº 267)

+25 c. sur 50 c. violet (nº 276)

Au type Pasteur :

+50 c. sur 1 f. 50, lilas (nº 251)

+50 c. sur 1 f. 50, rouge-brun (nº 255)

1928. - *Au profit de la Caisse d'Amortissement. Types anciens surchargés. Typographie. Dentelés 14 x 13½.*

249	+10 c. s. 40 c. [violet-gris] (C)	38 »	12 »	10 »
250	+25 c. s. 50 c. [rouge-brun] (B)	72 »	35 »	30 »
251	+50 c. s. 1 f. 50 [lilas]	120 »	60 »	45 »

Très bon centrage (+20%).

Sans le premier e d'Amortissement.

249a	+10 c. s. 40 c.	150 »	85 »	85 »

Sans point sur le i d'Amortissement.

250a	+25 c. s. 50 c.	130 »	85 »	85 »

1928. - *Au Profit de la Caisse d'Amortissement. Taille-douce. Dentelé 13½.*

Le Travail.

I

II

III

252	1 f. 50 + 8 f. 50, bleu (Etat I)	240 »	170 »	170 »
	(Sur lettre)			230 »
	(Id. seul)			305 »
	a. (Etat II)	425 »	250 »	250 »
	b. (Etat III)	240 »	170 »	170 »
	c. bleu-vert (I, II ou III)	840 »	610 »	610 »
	d. (Non dentelé)	700 »	550 »	
	Les trois états (III+II+I) se tenant	1 350 »	975 »	

Très bon centrage (+20%).

1929. - *Au profit de la Caisse d'Amortissement. Types anciens surchargés. Typographie. Dentelés 14 x 13½.*

253	+10 c. s. 40 c. [vert]	45 »	20 »	17 »
254	+25 c. s. 50 c. [rose-lilas]	70 »	35 »	30 »
255	+ 50 c. s. 1 f. 50 [rouge-brun]	150 »	65 »	65 »

Très bon centrage (+20%).

Sans le premier e d'Amortissement.

253a	+10 c. s. 40 c.	150 »	100 »	100 »

Sans point sur le i d'Amortissement.

254a	+25 c. s. 50 c.	140 »	100 »	100 »

1930. - *Au profit de la Caisse d'Amortissement. Taille-douce. Dentelé 13.* ©

Détail de "l'Ange au Sourire", de la Cathédrale de Reims.

256	1 f. 50+3 f. 50, lilas	155 »	100 »	100 »
	(Sur lettre)			140 »
	(Id. seul)			230 »
	a. Paire verticale de carnet	330 »		

La cote de la paire s'applique à une paire avec marges blanches supérieure et inférieure.

Ce timbre a été présenté en feuilles de 25 et en carnets de 8 (Deux blocs de 4 entourés chacun de marges blanches).

1929. - *5e centenaire de la délivrance d'Orléans par Jeanne d'Arc. Typographie. Dentelé 14 x 13½.* ©

257	50 c. bleu (I)	3 50	2 30	0 30
	(Sur lettre)			0 80
	a. (Id. avec bande publ.)	5 »	3 85	1 55
	b. (Type II) (avec bande publicitaire)	6 75	4 60	2 30
	c. (Non dentelé)		230 »	
	d. Id. (avec bande publ.)		275 »	

Le type II est celui des timbres des carnets tirés sur rotative. La ligne à la base des lettres de ORLÉANS est fine, interrompue ou absente entre les lettres O et R ; le cadre du cartouche est aminci au-dessus des lettres AN ; le timbre est légèrement plus haut que le 257a, tiré à plat.

1929. - *Exposition philatélique du Havre. Timbre de 1906-20 (n° 145) surchargé.*

257A	2 f. (+5 f.) orange et vert-bleu (B)	1 500 »	825 »	825 »

Très bon centrage (+60%).

Le prix oblitéré s'entend avec l'oblitération de l'Exposition (18 au 26 mai).

Ce timbre n'était vendu que contre le ticket d'entrée à l'exposition qui valait 5 f.

1929-31. - *Monuments et sites. Taille-douce. Dentelés 13.*

3 FRANCS

I

II

III

IV

I. - Ogive brisée à gauche, 3 et F non séparés, ligne du bas interrompue.

II. - Ogive brisée à gauche, 3 et F non séparés, ligne du bas continue.

III. - Ogive brisée à gauche, 3 et F séparés, pas de pointillé sous le porche central, ligne du bas continue. (Le type III est, en fait, un état de molette du type II).

IV. - Ogive intacte, 3 et F séparés, ligne du bas continue.

5 FRANCS

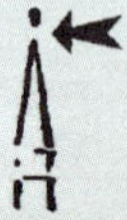
I

II

I. - Trait interrompu en haut du clocher.

10 FRANCS

I

II et III

I. - Le E de POSTES montre un petit trait vertical en haut à droite.

II

III

II. - Pas de trait vertical au E de POSTES. L'ovale allongé qui se trouve à l'intérieur du chiffre zéro est ouvert dans le bas et le filet d'encadrement du même chiffre est brisé à la partie inférieure.

III. - Pas de trait vertical au E de POSTES. L'ovale intérieur du zéro est fermé dans le bas et le filet qui encadre ce chiffre est intact.

20 FRANCS

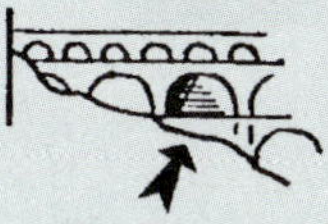

I

IIA, IIB

I. - L'ombre sous la seconde arcade gauche moyenne du pont est terminée par des lignes horizontales (tirage à plat).

IIA-IIB. - Le relief de la même arcade est limité par 3 traits obliques qui coupent les horizontales à leurs extrémités droites.

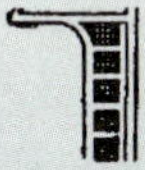

I et IIA

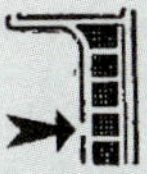

IIB

I - IIA. - Le filet du cadre intérieur, à droite, est intact.

IIB. - Le filet de ce cadre est brisé.

Arc de Triomphe de l'Etoile.

Cathédrale de Reims.

258	2 f. brun-rouge	95 »	42 »	1 »
	(Sur lettre)			3 85
	(Id. seul)			9 15
259	3 f. ardoise (I)	135 »	77 »	3 »
	(Sur lettre)			5 35
	(Id. seul)			23 »
	a. (Type II)	275 »	160 »	5 »
	b. (Type III)	800 »	460 »	27 »
	c. (Type IV)	135 »	77 »	3 »
	d. (Non dentelé) (III)		5 000 »	

Mont-Saint-Michel.

Port de La Rochelle.

260	5 f. brun (II)	45 »	25 »	0 80
	(Sur lettre)			3 »
	(Id. seul)			11 »
	a. brun (I)	50 »	27 50	5 35
261	10 f. bleu (III)	170 »	84 »	7 65
	(Sur lettre)			17 »
	(Id. seul)			35 »
	b. outremer pâle (I)	185 »	125 »	18 50
	c. bleu (II)	285 »	180 »	30 »
	d. outremer (II)	425 »	280 »	45 »
261A	10 f. chaudron clair (I)	6 000 »	4 750 »	
	a. (Non dentelé)	4 800 »	4 100 »	
261B	10 f. brun-noir (I)	5 500 »	4 750 »	
	a. (Non dentelé)	4 500 »	3 850 »	
261C	10 f. *outremer vif* (III)	21 000 »	15 500 »	

Papier transparent (tirage rotatif) (1931).

Dentelure rectangulaire 13.

Pont du Gard.

262	20 f. chaudron (IIB)	550 »	325 »	42 »
	(Sur lettre)			92 »
	(Id. seul)			345 »
	a. chaudron foncé	575 »	375 »	45 »
	b. chaudron clair	625 »	400 »	45 »
	c. chaudron (IIA)	625 »	400 »	45 »
	d. chaudron foncé	610 »	420 »	55 »
	e. chaudron clair (IIA)	765 »	535 »	61 »
	f. Types se tenant (IIA+IIB) verticalement	1 400 »	915 »	305 »
	g. Types se tenant (IIA+IIB) horizontalement	2 000 »	1 400 »	450 »
	h. Types se tenant (IIB+IIA) horizontalement	3 500 »	2 800 »	1 000 »

Papier opaque (tirage à plat) (1929).

Dentelure rectangulaire 13½ x 13.

262A	20 f. chaudron (I)	500 »	350 »	45 »
	a. chaudron clair	2 300 »	1 400 »	385 »

Dentelure linéaire 11 (1930).

262B	20 f. chaudron clair (I)	2 250 »	1 250 »	425 »
	a. (Dentelé sur 3 côtés)	8 500 »	7 000 »	

Un 65 c.+35 c. outremer au type Cathédrale de Reims modifié, a paru en 1938 (n° 399).

Le millénaire du Mont-Saint-Michel a été célébré en 1966 (n° 1482).

1930. - *Centenaire de l'Algérie Française. Vue prise de Mustapha supérieur, à Alger. Typographie. Dentelé 13½* x *14.*

263	50 c. bleu et rose	7 »	3 »	0 50
	(Sur lettre)			1 55
	(Id. seul)			3 85
	a. (Non dentelé)		305 »	
	b. (ALCERIE)	200 »	120 »	75 »

1930. - *Réunion du conseil d'administration du Bureau International du Travail, à Paris. Timbres de 1923-24 surchargés.*

264	50 c. rouge (199)	7 »	2 75	2 30
	(Sur lettre)			7 65
	(Id. seul)			11 50
265	1 f. 50, bleu (181)	48 »	21 »	15 50
	(Sur lettre)			27 »
	(Id. seul)			40 »

Sans accent grave sur le E de CONGRES.

264a	50 c.	125 »	70 »	70 »
265a	1 f. 50	225 »	150 »	150 »

1930. - *Au profit de la Caisse d'Amortissement. Types anciens surchargés. Dentelés 14* x *13½.*

266	+10 c. s. 40 c. [rose]	75 »	25 »	25 »
267	+25 c. s. 50 c. brun	125 »	45 »	40 »
268	+50 c. s. 1 f. 50 [violet]	200 »	80 »	80 »

Très bon centrage (+20%).

Sans point sur le i d'Amortissement.

267a	+25 c. s. 50 c.	150 »	100 »	80 »

Surcharge déplacée.

C de Caisse au-dessus du premier t d'Amortissement.

268a	+50 c. s. 1 f. 50	220 »	155 »	155 »

1931. - *Au profit de la Caisse d'Amortissement. Taille-douce. Dentelé 13.*

Les coiffes des provinces françaises (Arlésienne, Boulonnaise, Alsacienne et Bretonne).

269	1 f. 50+3 f. 50, vert-jaune	350 »	175 »	175 »
	(Sur lettre)			245 »
	(Id. seul)			300 »

1930-31. - *Exposition coloniale internationale de Paris (1931). Typographie. Dentelés 14 x 13½.* ©

Femme Fachi.

Types du 50 c.

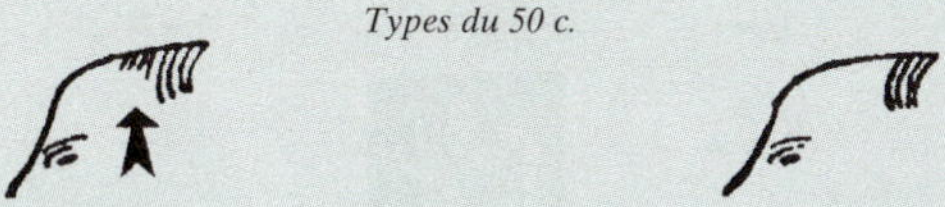

Type I *Type II*

Type I. - Cheveux en haut du front ; profil du menton peu visible flou dans le feuillage (timbres des premières feuilles).

Type II. - Front dégagé ; menton souligné par un trait ; lignes de lumière dans le feuillage (timbres des deuxièmes feuilles et des carnets).

270	15 c. gris	2 60	1 40	0 50
	(Sur lettre)			1 »
	(Id. seul)			3 85
271	40 c. sépia	5 50	2 60	0 50
	(Sur lettre)			1 »
	(Id. seul)			1 85
272	50 c. rouge (I)	1 40	1 »	0 15
	(Sur lettre)			0 80
	(Id. seul)			1 55
	a. (Id. II)	1 55	1 »	0 30
	b. (Avec bande publicitaire)	6 75	3 85	1 85
	c. (Non dentelé)		92 »	
	d. (Non dentelé) (Avec bande publicitaire)		155 »	
273	1 f. 50, bleu	25 50	11 »	0 65
	(Sur lettre)			1 25
	(Id. seul)			2 30

Héliogravure. Dentelé 13½.

274	1 f. 50, bleu	110 »	50 »	2 20
	(Sur lettre)			3 85
	(Id. seul)			5 35
	a. sans point après le F de RF	750 »	500 »	225 »
	Nos 270 à 274 (5 val.)	145 »	66 »	4 »

Très bon centrage (+25%).

1931. - *Au profit de la Caisse d'Amortissement. Types anciens surchargés. Dentelés 14 x 13½.*

275	+10 c. s. 40 c. [olive]	135 »	60 »	40 »
276	+25 c. s. 50 c. [violet]	290 »	140 »	110 »
277	+50 c. s. 1 f. 50 [rge sombre]	235 »	125 »	110 »

Très bon centrage (+20%).

Sans point sur le i d'Amortissement.

276a	+25 c. s. 50 c.	275 »	175 »	175 »

Surchage déplacée.

C de Caisse au-dessus du premier t d'Amortissement.

277a	+50 c. s. 1 f. 50	350 »	240 »	225 »

1932-37. - *Type Semeuse fond plein, inscriptions grasses. Dentelés 14* x *13½.*

Le graphisme au type III du 5 c. rose est particulier à ce timbre.

277A	1 c. bistre-olive	0 30	0 15	0 30
	(Sur lettre)			3 »
	(Id. seul)			46 »
	a. (retouche du 1er S de POSTES)	90 »	60 »	50 »
277B	1 c. bistre-brun	0 30	0 15	0 30
	(Sur lettre)			3 »
	(Id. seul)			46 »
278	2 c. vert foncé	0 30	0 15	0 30
	(Sur lettre)			3 »
	(Id. seul)			46 »
278A	3 c. rouge-orange	0 30	0 15	0 30
	(Sur lettre)			3 »
	(Id. seul)			77 »
278B	5 c. rose (III)	0 80	0 15	0 30
	(Sur lettre)			3 85
	(Id. seul)			140 »
279	10 c. outremer (III)	3 »	1 85	0 30
	(Sur lettre)			1 55
	(Id. seul)			15 50
	a. Id. (IV)	10 50	6 90	3 »

Surchargés.

279A	½ c. s. 1 c. bistre-olive	0 65	0 30	0 50
	a. (retouche du 1er S de POSTES)	100 »	60 »	50 »
279B	½ c. s. 1 c. bistre-brun	2 »	1 »	1 50

Sur ce dernier, le tirage de la surcharge a été défectueux et presque tous les exemplaires présentent un doublage des caractères et de la barre de fraction.

1932-33. - *Type Paix. Typographie. Dentelés 14* x *13½.* ©

On distingue les types suivants :

Pour le 40 c. :

Type I. - La barre horizontale formant la base de la boucle du R de FRANÇAISE est mince par rapport à l'ensemble des traits de la lettre.

Type II (roulette). - La barre du R est d'épaisseur normale.

Pour le 50 c., il existe 4 types et 1 sous-type du type II :

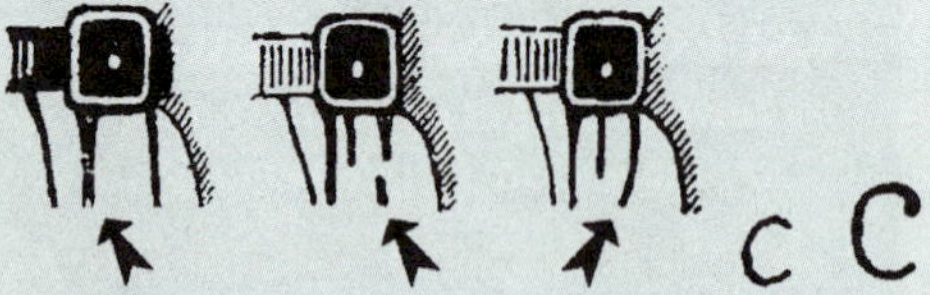

I et II *III* *IV* *A* *B*

Type I. - Petit c (A) ; sous la boucle de la ceinture, lignes comme en (I).

Type IIA. - c plus grand et avec boule (B) ; sous la boucle de la ceinture, lignes comme en (II).

Type IIB (roulette). - Comme le type IIA, mais le filet inférieur est plus épais dans sa partie centrale, entre les 2 signatures.

Type IIB

Type III. - Petit c (A) ; sous la boucle de la ceinture, lignes comme en (III).

Type IV. - Petit c (A) sous la boucle de la ceinture, lignes comme en (IV). (La ceinture est fortement ombrée sur les types I et II ; elle est plus aérée sur les types III et IV).

Pour le 1 F :

Type I. - Ceinture unie à gauche de la boucle.

Type II. - Ceinture avec traits blancs.

Type I

Type II

280	30 c. vert	2 60	1 »	0 65
	(Sur lettre)			1 55
	(Id. seul)			4 60
281	40 c. lilas (I)	0 50	0 30	0 30
	(Sur lettre)			1 »
	(Id. seul)			2 30
	a. (Type II)	» »	» »	
282	45 c. bistre	4 20	2 »	1 30
	(Sur lettre)			15 50
	(Id. seul)			46 »
283	50 c. rose-rouge (I)	0 30	0 15	0 15
	(Sur lettre)			0 30
	(Id. seul)			0 65
	a. (Avec bande publ.)	3 35	1 85	0 80
	b. (Type IIA)	5 »	3 »	0 50
	c. (Avec bande publ.)	6 »	4 »	1 85
	d. (Type IIB)	155 »	92 »	9 15
	e. (Type III)	0 30	0 15	0 15
	f. (Avec bande publ.)	3 70	2 30	1 »
	g. (Type IV)	35 »	18 50	2 30
	h. (Avec bande publ.)	40 »	23 »	3 85
	i. (Non dentelé) (I)		70 »	
	k. (Non dentelé) (I), avec bande publ.)		115 »	
	l. (Non dentelé) (IIA)		140 »	
284	65 c. violet-brun	1 10	0 50	0 50
	(Sur lettre)			1 »
	(Id. seul)			3 85
284A	75 c. olive	0 30	0 15	0 30
	(Sur lettre)			0 65
	(Id. seul)			2 30
285	90 c. rouge carminé	75 »	42 »	2 30
	(Sur lettre)			6 10
	(Id. seul)			10 »
286	1 f. orange (II)	7 50	3 60	0 30
	(Sur lettre)			3 »
	(Id. seul)			6 10
	a. (Type I)	9 30	5 »	0 50
287	1 f. 25, olive	215 »	85 »	5 40
	(Sur lettre)			7 65
	(Id. seul)			40 »
288	1 f. 50, bleu	0 50	0 30	0 30
	(Sur lettre)			1 55
	(Id. seul)			3 »
289	1 f. 75, rose-lilas	18 »	5 »	0 50
	(Sur lettre)			1 »
	(Id. seul)			3 »
	Nos 280 à 289 (11 val.)	325 »	140 »	12 »

Nos 285 et 287. Très bon centrage (+30%).

Timbres se tenant verticalement.

283m	50 c. (I)+50 c. (III)	37 »
283n	50 c. (III)+50 c. (I)	61 »

Timbres se tenant horizontalement.

283p	50 c. (I)+50 c. (IIA)	77 »
283q	50 c. (IIA)+50 c. (III)	175 »
283r	50 c. (I)+50 c. (III)	115 »

Pour les timbres émis à ce type, de 1937 à 1939, voir Tableau par Types et Genres.

1933. - *Taille-douce. Dentelé 13.*

Le Puy-en-Velay.

290	90 c. rose-lilas	7 »	4 »	1 10
	(Sur lettre)			2 15
	(Id. seul)			3 »

Tirage : 12 000 000.

1933. - *Célébrités. Typographie. Dentelés 14* x *13½.*

Aristide Briand (1862-1932).

Paul Doumer (1857-1932).

Victor Hugo (1802-1885).

291	30 c. bleu-vert	42 »	20 »	9 15
	(Sur lettre)			11 »
	(Id. seul)			15 50
292	75 c. lilas □	85 »	30 »	1 55
	(Sur lettre)			3 »
	(Id. seul)			9 15
293	1 f. 25, lilas-rose	13 »	7 »	2 30
	(Sur lettre)			4 60
	(Id. seul)			23 »

Très bon centrage (+30%).

1934. - *Colombe de la Paix, de Daragnès. Typographie. Dentelé 14* x *13½.*

294	1 f. 50, outremer	120 »	61 »	17 »
	(Sur lettre)			27 »
	(Id. seul)			46 »

Tirage : 6 000 000.

1934. - *Centenaire de la mort du tisseur Joseph Marie Jacquard (1752-1834). Taille-douce. Dentelé 14* x *13.*

295	40 c. bleu-gris	6 »	4 »	1 »
	(Sur lettre)			1 55
	(Id. seul)			2 30

Tirage : 10 000 000.

1934. - *4e centenaire de l'arrivée de Jacques Cartier (1491-1557) au Canada. Taille-douce. Dentelés 13.*

296	75 c. lilas	110 »	30 »	2 30
	(Sur lettre)			4 60
	(Id. seul)			15 50
297	1 f. 50, bleu	180 »	52 »	4 60
	(Sur lettre)			7 65
	(Id. seul)			11 50

Tirage : 2 500 000 paires.

1934. - *Timbre de 1932-33 (n° 287) surchargé.*

298	50 c. s. 1 f. 25, olive	8 »	4 60	0 65
	(Sur lettre)			3 »
	(Id. seul)			11 »

1934-36. - *Paquebot "Normandie". Taille-douce. Dentelés 13.*

299	1 f. 50, bleu □	32 »	15 »	2 30
	(Sur lettre)			3 »
	(Id. seul)			5 35
300	1 f. 50, bleu clair □	180 »	70 »	20 »
	(Sur lettre)			40 »
	(Id. seul)			61 »
	b. turquoise	460 »	300 »	40 »
300A	1 f. 50, *bleu-vert*	32 500 »	26 500 »	

Tirage global : 20 000 000.

Le 1 f. 50 bleu clair a été émis lorsque "Normandie" a obtenu le "Ruban bleu".

Voir également à la rubrique des Entiers postaux (n° 299-CP1).

1935. - *Taille-douce. Dentelés 13.*

Rivière bretonne.

Cloître de St-Trophime à Arles.

301	2 f. vert	85 »	40 »	1 »
	(Sur lettre)			3 »
	(Id. seul)			15 50
301A	2 f. *ardoise*	10 000 »	8 000 »	
302	3 f. 50, brun	90 »	32 »	4 60
	(Sur lettre)			8 50
	(Id. seul)			20 »

Tirages : 20 000 000 et 8 000 000.

1935. - *Congrès international des Caisses d'épargne, à Paris et centenaire de leur création. Taille-douce. Dentelé 13.*

Benjamin, baron Delessert (1773-1847).

303	75 c. vert	55 »	21 50	1 50
	(Sur lettre)			3 »
	(Id. seul)			7 65

Tirage : 10 000 000.

1935. - *Cinquantenaire de la mort de Victor Hugo (1802-1885). Taille-douce. Dentelé 14 x 13.*

304	1 f. 25, lilas-rose	9 »	5 35	2 30
	(Sur lettre)			6 10
	(Id. seul)			30 »

Tirage : 5 000 000.

1935. - *Tricentenaire de l'Académie Française. Effigie d'Armand-Jean Du Plessis, cardinal de Richelieu (1585-1642). Taille-douce. Dentelé 13.*

305	1 f. 50, rose	85 »	25 »	1 50
	(Sur lettre)			3 »
	(Id. seul)			6 10

Tirage : 10 000 000.

1935. - *Tricentenaire de la mort du graveur Jacques Callot (1592-1635) (d'après le tableau de Van Dyck, 1599-1641). Taille-douce. Dentelé 14 x 13.*

306	75 c. rouge-brique	22 »	12 »	0 65
	(Sur lettre)			1 55
	(Id. seul)			6 »

Tirage : 8 000 000.

1935. - *Au profit des Chômeurs intellectuels. Taille-douce. Dentelés 13.*

307	50 c.+10 c. bleu	5 50	3 »	3 »
	(Sur lettre)			4 60
	(Id. seul)			7 65
308	50 c.+2 f. rouge-brique	130 »	65 »	55 »
	(Sur lettre)			61 »
	(Id. seul)			100 »

Le 50 c.+2 f. est reparu, surchargé +20 c. en 1936 (nº 329).

1936. - *Au profit des réfugiés politiques. Statue de la Liberté, par Frédéric-Auguste Bartholdi (1834-1904). Taille-douce. Dentelé 13.*

309	75 c.+50 c. violet	24 »	11 »	11 »
	(Sur lettre)			15 »
	(Id. seul)			27 50

Au même type a paru, en 1937, un 50 c.+25 c. bleu-gris (nº 352).

1936. - *Centenaire de la mort d'André-Marie Ampère (1775-1836). Taille-douce. Dentelé 13.*

310	75 c. brun	43 »	20 »	2 30
	(Sur lettre)			3 »
	(Id. seul)			7 65

1936. - *Le moulin d'Alphonse Daudet. Taille-douce. Dentelé 13.*

311	2 f. outremer	6 »	4 50	0 50
	(Sur lettre)			1 55
	(Id. seul)			5 35
	a. (fond blanc)	135 »	100 »	30 »

Tirage : 8 000 000.

1936. - *Au profit des enfants des Chômeurs. Taille-douce. Dentelé 13.*

312	50 c.+10 c. rouge-brique	8 »	5 35	5 35
	(Sur lettre)			7 65
	(Id. seul)			11 »

1936. - *150e anniversaire de la mort de l'aéronaute François Pilâtre de Rozier (1756-1785). Taille-douce. Dentelé 13.*

Cathédrale de Metz et montgolfière.

313	75 c. bleu-vert	42 »	20 »	3 »
	(Sur lettre)			6 »
	(Id. seul)			9 15

Tirage : 8 100 000.

1936. - *Centenaire de la mort de Claude Rouget de Lisle (1760-1836). Taille-douce. Dentelés 13.*

Sa statue, à Lons-le-Saunier.

La Marseillaise de Rude (haut-relief de l'Arc de Triomphe).

314	20 c. vert	6 50	3 85	2 30
	(Sur lettre)			3 »
	(Id. seul)			4 60
315	40 c. brun	13 »	6 »	3 85
	(Sur lettre)			4 60
	(Id. seul)			5 35

La gravure du 40 c. a été utilisé en 1940 pour une enveloppe. Voir à la rubrique des Entiers postaux (n° 315-E1).

Tirages : 16 000 000 et 15 000 000.

1936. - *Inauguration du monument de Vimy à la mémoire des Canadiens tombés au cours de la guerre 1914-1918. Taille-douce. Dentelés 13.*

316	75 c. rouge-brun	33 »	10 »	2 30
	(Sur lettre)			4 60
	(Id. seul)			23 »
317	1 f. 50, bleu	37 »	18 »	10 »
	(Sur lettre)			12 50
	(Id. seul)			20 »

Tirages : 7 000 000 et 5 000 000.

1936. - *22e anniversaire de la mort de Jean Jaurès (1859-1914). Taille-douce. Dentelés 13.*

318	40 c. brun-rouge	6 50	4 »	1 60
	(Sur lettre)			1 60
	(Id. seul)			4 »
319	1 f. 50, outremer	40 »	15 »	4 »
	(Sur lettre)			4 60
	(Id. seul)			7 65

Tirages : 15 000 000 et 8 000 000.

1936. - *100e traversée aérienne de l'Atlantique-Sud par les avions postaux français. Taille-douce. Dentelés 13.*

320	1 f. 50, bleu-violet	40 »	20 »	5 50
	(Sur lettre)			7 65
	(Id. seul)			23 »
321	10 f. vert foncé	800 »	375 »	150 »
	(Sur lettre)			160 »
	(Id. seul)			210 »

Tirages : 8 000 000 et 500 000.

1936. - *Propagande pour l'Exposition internationale de Paris, 1937. Typographie. Dentelés 13½ x 14.*

322	20 c. lilas	1 »	0 50	0 65
	(Sur lettre)			1 60
	(Id. seul)			4 60
323	30 c. vert-bleu	4 50	3 »	1 85
	(Sur lettre)			3 85
	(Id. seul)			23 »
324	40 c. outremer	3 50	1 60	0 80
	(Sur lettre)			1 85
	(Id. seul)			3 »
325	50 c. rouge-orange	3 »	1 40	0 40
	(Sur lettre)			0 80
	(Id. seul)			1 60
325A	50 c. *rouge carminé*	12 500 »	10 000 »	

326	90 c. rose carminé	30 »	13 50	8 70
	(Sur lettre)			14 »
	(Id. seul)			27 »
327	1 f. 50, outremer	78 »	37 »	4 60
	(Sur lettre)			9 15
	(Id. seul)			20 »
	Nos 322 à 327 (6 val.)	12 620	»10 057 »	17 »

Très bon centrage (+20%).

Voir également le n° 336, émis l'année suivante.

1936. - *Rassemblement universel pour la paix, à Paris. Taille-douce. Dentelé 13.*

328	1 f. 50, bleu	40 »	17 »	4 60
	(Sur lettre)			6 »
	(Id. seul)			12 50

Tirage : 6 000 000.

1936. - *Au profit des Chômeurs intellectuels. Timbre de 1935 (n° 308) surchargé.*

329	+20 c. s. 50 c.+2 f. rouge-brique	5 50	4 »	4 »
	(Sur lettre)			5 50
	(Id. seul)			10 »

La surcharge recouvre entièrement l'ancienne surtaxe.

1936. - *Au profit des Chômeurs intellectuels. Taille-douce. Dentelés 13.*

Jacques Callot (1592-1635).

Louis-Hector Berlioz (1802-1869).

330	20 c.+10 c. brun carminé	5 »	3 »	3 »
	(Sur lettre)			4 60
	(Id. seul)			9 15
331	40 c.+10 c. vert	6 »	3 »	4 »
	(Sur lettre)			5 35
	(Id. seul)			9 15

Victor Hugo (1802-1885).

Louis Pasteur (1822-1895).

332	50 c.+10 c. rouge-brique	9 »	4 »	4 »
	(Sur lettre)			5 35
	(Id. seul)			6 90
333	1 f. 50+50 c. outremer	47 »	23 »	22 »
	(Sur lettre)			26 »
	(Id. seul)			35 »
	Nos 330 à 333 (4 val.)	67 »	33 »	33 »

De nouvelles valeurs à ces types ont paru en 1938 (nos 380 à 385).

Voir également les nos 343 et 344 (1937), 436 à 439 (1939) et 462 à 464 (1940).

Tirages : 1 600 000, 1 600 000, 1 600 000 et 1 300 000.

1937. - *Championnats internationaux de ski, à Chamonix. Taille-douce. Dentelé 13.*

334	1 f. 50, bleu-violet	16 »	7 65	1 85
	(Sur lettre)			4 »
	(Id. seul)			5 50

Tirage : 4 000 000.

1937. - *Tricentenaire de la tragédie "Le Cid". Taille-douce. Dentelé 13.*

Pierre Corneille (1606-1684), par Lebrun.

335	75 c. brun carminé	4 30	2 30	1 60
	(Sur lettre)			2 30
	(Id. seul)			5 50

Tirage : 6 000 000.

1937. - *Propagande pour l'Exposition internationale de Paris. Taille-douce. Dentelé 13.*

336	1 f. 50, bleu-vert	4 75	2 75	1 25
	(Sur lettre)			1 85
	(Id. seul)			4 60

Tirage : 30 000 000.

1937. - *En souvenir de l'aviateur Jean Mermoz (1901-1936) et de ses compagnons de l'hydravion "Croix du Sud". Taille-douce. Dentelés 13.*

337	30 c. vert-gris	1 »	0 50	0 80
	(Sur lettre)			4 60
	(Id. seul)			6 »
337A	30 c. *vert-jaune*	13 500	»10 000 »	
338	3 f. lilas	15 »	6 »	3 85
	(Sur lettre)			11 50
	(Id. seul)			27 »
	a. violet	15 »	7 »	4 60
	b. violet-gris	400 »	200 »	60 »

Tirages : 8 900 000 et 5 750 000.

1937. - *13e Congrès international des chemins de fer, à Paris. Taille-douce. Dentelés 13.*

Locomotive électrique.

"Pacific" carénée.

339	30 c. vert	1 70	1 »	1 60
	(Sur lettre)			3 85
	(Id. seul)			6 »
340	1 f. 50, outremer	17 »	8 50	8 50
	(Sur lettre)			11 50
	(Id. seul)			30 »

Tirages : 3 000 000 et 2 400 000.

1937. - *Tricentenaire du Discours de la méthode. Effigie de René Descartes, dit "Cartesius" (1596-1650). Taille-douce. Dentelés 13.*

Portrait, d'après Frans Hals.

Portrait, d'après Frans Hals.

341	90 c. rouge-brique	4 30	2 30	1 60
	(Sur lettre)			2 30
	(Id. seul)			4 60
342	90 c. rouge-brique	12 »	7 »	2 »
	(Sur lettre)			3 »
	(Id. seul)			4 60

Le no 341 porte l'inscription erronée : Discours sur la méthode.

Tirages : 5 000 000 et 4 500 000.

1937. - *Au profit des Chômeurs intellectuels. Taille-douce. Dentelés 13.*

Anatole France (1844-1924).

Auguste Rodin (1840-1917), et "le Penseur".

343	30 c.+10 c. vert	5 »	2 30	3 »
	(Sur lettre)			4 60
	(Id. seul)			7 65
344	90 c.+10 c. rose carminé	16 »	7 »	7 »
	(Sur lettre)			7 »
	(Id. seul)			8 »

Tirage : 1 500 000 paires.

De nouvelles valeurs à ces types ont paru en 1938 (nos 380 et 384).

1937. - *Au profit des oeuvres sociales et sportives des P.T.T. Légende P.T.T. SPORTS ET LOISIRS. Taille-douce. Dentelés 13.*

Plaisirs de la plage.

345	20 c.+10 c. brun	3 35	1 85	2 30
	(Sur lettre)			3 »
	(Id. seul)			4 60

Sports.

346	40 c.+10 c. brun-rouge	3 35	1 85	2 30
	(Sur lettre)			3 »
	(Id. seul)			4 60

L'auberge des loisirs.

347	50 c.+10 c. brun-violet	3 35	1 85	2 30
	(Sur lettre)			3 »
	(Id. seul)			4 60

Tirage : 1 500 000 séries.

1937. - *Exposition philatélique de Paris (PEXIP). Type Cérès de 1849-50. Typographie. Dentelés 14 x 13½.* BF *n° 3.*

348	5 c. outremer et brun	100 »	60 »	60 »
349	15 c. rouge-brun et rose	100 »	60 »	60 »
350	30 c. outremer et rose	100 »	60 »	60 »
351	50 c. rouge-brun et brun	100 »	60 »	60 »
	Nos 348 à 351 (4 val.)	400 »	240 »	240 »
	La série, non dentelée	3 000 »	2 400 »	

Les prix oblitérés s'entendent avec l'oblitération de l'exposition (18 au 27 juin 1937).

1937. - *Au profit des réfugiés politiques. Type de 1936. Taille-douce. Dentelé 13.*

352	50 c.+25 c. bleu-gris (309)	8 »	4 »	4 60
	(Sur lettre)			6 »
	(Id. seul)			12 50

Tirage : 1 500 000 dont 800 000 vendus.

1937. - *Pour le fonds d'érection d'un monument à Pierre Loti (1850-1923). Taille-douce. Dentelé 13.*

Buste de Pierre Loti et vue de Constantinople.

353	50 c.+20 c. rose carminé	8 »	4 »	4 60
	(Sur lettre)			7 65
	(Id. seul)			23 »

Tirage : 1 300 000 dont environ 500 000 invendus.

1937. - *Pour les musées nationaux, Victoire de Samothrace (Musée du Louvre). Taille-douce. Dentelés 13.*

354	30 c. vert	200 »	85 »	50 »
	(Sur lettre)			65 »
	(Id. seul)			110 »
354A	30 c. *rouge*	» »	» »	
355	55 c. rouge	200 »	85 »	50 »
	(Sur lettre)			65 »
	(Id. seul)			110 »

Très bon centrage (+25%).
Tirage : 150 000 paires.

Vendus avec plus-value de 70 c., représentant le coût de la carte illustrée qu'on était obligé d'acheter en même temps que chacun de ces timbres.

Les cotes, sur lettres, s'entendent pour affranchissement non philatélique.

1937. - *Au profit de la Société de prophylaxie sanitaire et morale. Taille-douce. Dentelé 13.*

356	65 c.+25 c. brun-lilas	6 »	3 85	3 »
	(Sur lettre)			4 60
	(Id. seul)			6 »
	a. (Non dentelé)		385 »	

Tirage : 2 000 000.
Un 90 c.+30 c. bleu-vert au même type a paru en 1939 (n° 419).

1937. - *Sesquicentenaire de la Constitution des Etats-Unis. Taille-douce. Dentelé 13½.*

357	1 f. 75, outremer	5 »	3 »	2 30
	(Sur lettre)			3 85
	(Id. seul)			4 60

Tirage : 10 600 000.

1937. - *Ouverture de la route du col de l'Iseran. Taille-douce. Dentelé 13½.*

358	90 c. vert foncé	4 30	2 30	0 30
	(Sur lettre)			0 80
	(Id. seul)			2 30
	a. (Non dentelé)	4 250 »	3 500 »	

Tirage : 30 000 000.

1937. - *Timbre de 1932-33 (nº 286) avec surcharge rouge.*

359	80 c. s. 1 f. orange (II)	0 65	0 50	0 65
	(Sur lettre)			4 »
	(Id. seul)			54 »
	a. 80 c. s. 1 f. (I)	2 »	1 10	1 10
	b. (Surch. renv.) (II)	1 350 »	1 000 »	
	c. (Tenant à non surchargé)	1 650 »	1 250 »	

Voir aux "Préoblitérés" nº 74a.

Il existe deux types de surcharge : la première a les barres, épaisses, écartées de 1¼ mm (surcharge à plat), la seconde a les barres, moins épaisses, écartées de 1½ mm (surcharge rotative).

1937-39. - *Typographie. Dentelés 14 x 13½.* ©

Type Semeuse fond plein, inscriptions grasses.

IIA

III

Le type III spécial au nº 360 n'a été émis qu'en carnet. (Boucle du 3 remontant haut et 0 étroit).

360	30 c. rouge sombre (IIA)	1 »	0 50	0 30
	(Sur lettre)			0 80
	(Id. seul)			1 60
	a. (Type III)	2 »	1 »	0 50
	b. Id. (avec bande publ.)	2 60	1 25	1 10
361	35 c. vert (II)	1 40	0 80	0 65
	(Sur lettre)			1 60
	(Id. seul)			6 »
	a. (Non dentelé)		460 »	

Type Semeuse lignée (1938).

362	50 c. turquoise	2 60	1 60	0 50
	(Sur lettre)			1 60
	(Id. seul)			4 60
	a. (Non dentelé)		77 »	

Type Paix.

On distingue les types suivants :

Pour le 65 c. :

Type I (feuilles). - La ligne blanche sous l'avant-bras gauche est mal venue ou manquante. Deux points de couleur dans la robe, à la verticale du Q de RÉPUBLIQUE.

Type II (carnets). - Comme le type 1, mais un seul point de couleur dans la robe.

Type III (roulettes). - Forte ligne blanche sous l'avant-bras gauche et un seul point à la robe.

Toutefois, dans certains tirages, la différenciation de ce type peut être difficilement repérable.

Pour le 90 c. :

Type I (feuilles et carnets). - La barre du L. de LAURENS touche le A.

Type I

Type II

Type II (roulettes). - La barre du L ne touche pas le A.

363	55 c. violet	1 40	0 80	0 30
	(Sur lettre)			0 80
	(Id. seul)			1 60
364	60 c. bistre	0 50	0 30	0 50
	(Sur lettre)			3 85
	(Id. seul)			20 »
365	65 c. outremer (I)	0 65	0 30	0 15
	(Sur lettre)			0 50
	(Id. seul)			0 80
	a. (Type II)	3 »	1 60	0 50
	b. (Avec bande publ.)	3 70	2 30	1 25
	c. (Type III)	47 »	30 »	6 »
366	80 c. orange	0 30	0 15	0 30
	(Sur lettre)			0 80
	(Id. seul)			3 »
367	90 c. vert (I)	0 15	0 15	0 15
	(Sur lettre)			0 80
	(Id. seul)			3 85
368	90 c. outremer (I)	1 70	1 »	0 15
	(Sur lettre)			0 50
	(Id. seul)			0 80
	a. (Avec bande publ.)	3 70	2 30	1 25
	b. (Type II)	84 »	70 »	15 50
	c. (Non dentelé) (Id. avec bde publicit.)		420 »	
369	1 f. rose (II)	7 »	4 40	0 50
	(Sur lettre)			1 »
	(Id. seul)			2 30
370	1 f. 25, rose	4 30	2 »	2 50
	(Sur lettre)			4 »
	(Id. seul)			7 65
371	1 f. 40, lilas	14 »	7 »	6 »
	(Sur lettre)			15 50
	(Id. seul)			77 »
	Nºs 363 à 371 (9 val.)	35 »	19 »	12 »

Le nºs 365a, émis en carnets, existe avec variété sans C (timbre supérieur droit).

1938-41. - *Type Cérès. Typographie. Dentelés 14 x 13½.*

372	1 f. 75, bleu	1 50	0 80	0 60
	(Sur lettre)			1 »
	(Id. seul)			5 35
373	2 f. rose-rouge	0 30	0 20	0 30
	(Sur lettre)			1 »
	(Id. seul)			12 50
374	2 f. 25, outremer	20 »	10 »	1 »
	(Sur lettre)			1 60
	(Id. seul)			4 60
375	2 f. 50, vert	3 50	1 70	0 80
	(Sur lettre)			1 60
	(Id. seul)			3 85
375A	2 f. 50, outremer	1 40	0 65	0 80
	(Sur lettre)			1 »
	(Id. seul)			4 60
376	3 f. lilas-rose	1 30	0 65	0 50
	(Sur lettre)			1 25
	(Id. seul)			3 »
	Nºs 372 à 376 (6 val.)	28 »	14 »	4 »

1938-39. - *Au profit de la Société des oeuvres de mer. Effigie de Charcot (1867-1936). Taille-douce. Dentelés 13.*

377	65 c.+35 c. vert-bleu	3 20	1 60	3 »
	(Sur lettre)			4 60
	(Id. seul)			6 »
377A	90 c.+35 c. lilas-rose	34 »	13 »	13 »
	(Sur lettre)			17 »
	(Id. seul)			40 »

Tirages : 2 000 000 et 1 200 000.

1938. - *Centenaire de la naissance de Léon Gambetta (1838-1882). Taille-douce. Dentelé 13.*

378	55 c. lilas	0 65	0 50	0 65
	(Sur lettre)			1 60
	(Id. seul)			3 »

Tirage : 4 500 000.

1938. - *Au profit des "Saisons nationales d'Art français". Taille-douce. Dentelé 13.*

Cour d'honneur du château de Versailles.

379	1 f. 75+75 c. bleu	45 »	23 »	21 50
	(Sur lettre)			25 »
	(Id. seul)			35 »

Tirage : 1 500 000 dont environ 500 000 vendus.

1938. - *Au profit des Chômeurs intellectuels. Types de 1936-37. Taille-douce. Dentelés 13.*

380	30 c.+10 c. brun-rouge (343)	3 50	2 »	2 »
	(Sur lettre)			4 60
	(Id. seul)			7 65
381	35 c.+10 c. vert-bleu (330)	4 50	3 »	3 »
	(Sur lettre)			5 35
	(Id. seul)			7 65

382	55 c.+10 c. lilas (331)	14 »	7 »	4 50
	(Sur lettre)			6 »
	(Id. seul)			7 65
383	65 c.+10 c. outremer (332)	15 »	7 »	4 50
	(Sur lettre)			6 »
	(Id. seul)			7 65

384	1 f.+10 c. carmin (344)	10 »	6 »	6 »
	(Sur lettre)			6 »
	(Id. seul)			7 65
385	1 f. 75+25 c. bleu (333)	43 »	20 »	20 »
	(Sur lettre)			25 »
	(Id. seul)			30 »
	Nos 380 à 385 (6 val.)	90 »	45 »	40 »

Tirages : 1 500 000, 1 500 000, 1 400 000, 1 400 000, 1 250 000 et 1 250 000.

1938. - *Pour l'érection d'un monument à la gloire de l'infanterie. Taille-douce. Dentelés 13.*

386	55 c.+70 c. brun-violet	10 »	5 35	5 35
	(Sur lettre)			7 65
	(Id. seul)			23 »
387	65 c.+1 f. 10, bleu-vert	7 »	5 35	5 35
	(Sur lettre)			7 65
	(Id. seul)			23 »

Tirage : 1 100 000 paires dont 565 000 vendues.

1938. - *Taille-douce. Dentelés 13.*

Champenoise coiffée du toquat.

Arc de Triomphe d'Orange.

388	1 f. 75, outremer	10 »	4 »	4 60
	(Sur lettre)			5 35
	(Id. seul)			7 65

389	2 f. brun-gris	1 50	0 70	1 30
	(Sur lettre)			3 »
	(Id. seul)			15 50

Mineurs.

Avignon : le château des Papes et le pont Benazet.

390	2 f. 15, brun-lilas	13 »	5 »	1 »
	(Sur lettre)			1 25
	(Id. seul)			2 30
391	3 f. brun-rouge	33 »	15 »	4 60
	(Sur lettre)			6 90
	(Id. seul)			23 »

Remparts de la cité de Carcassonne.

Donjon du château de Vincennes.

392	5 f. outremer	1 50	0 80	0 50
	(Sur lettre)			3 »
	(Id. seul)			15 50
	a. (Non dentelé)		535 »	
393	10 f. brun sur azuré	6 »	1 50	2 »
	(Sur lettre)			4 60
	(Id. seul)			30 »

Port de Saint-Malo.

394	20 f. vert foncé	95 »	45 »	21 »
	(Sur lettre)			27 »
	(Id. seul)			42 »
	a. (Papier épais)	115 »	63 »	26 »
	Nos 388 à 394 (7 val.)	160 »	72 »	35 »

Les 2 f. 15, 5 f., 10 f. et 20 f. ont été surchargés d'une nouvelle valeur en 1940-41 (nos 489 à 492).

Tirages : 3 500 000, 10 000 000, 14 000 000, 8 000 000, 50 000 000, 15 500 000 et 1 500 000.

1938. - *Pour l'érection du monument à la gloire du Service de Santé militaire, à Lyon. Taille-douce. Dentelé 13.*

395	55 c.+45 c. rouge	25 »	13 »	13 »
	(Sur lettre)			18 50
	(Id. seul)			46 »

Tirage : 1 000 000 dont 500 000 vendus.

1938. - *3e Coupe mondiale de football, à Paris. Taille-douce. Dentelé 13.*

396	1 f. 75, outremer	35 »	15 »	15 »
	(Sur lettre)			30 »
	(Id. seul)			61 »

Tirage : 3 500 000.

1938. - *En l'honneur du fabuliste Jean de La Fontaine (1621-1695). Taille-douce. Dentelé 13.*

La Fontaine et scène du loup et de l'agneau.

397	55 c. vert	1 40	0 65	1 25
	(Sur lettre)			1 60
	(Id. seul)			2 30

Tirage : 6 000 000.

1938. - *En souvenir de Clément Ader (1841-1925), pionnier de l'aviation. Ader et son "Avion No 3". Taille-douce. Dentelé 13.*

398	50 f. outremer	180 »	110 »	80 »
	(Sur lettre)			185 »
	(Id. seul)			305 »
	a. outremer fcé (Papier épais)	190 »	110 »	92 »

Tirage : 570 000.

Les nos 398 et 398a ont été surchargés d'une nouvelle valeur en 1940-41 (nos 493 et 493a).

1938. - *Fêtes de la restauration de la cathédrale de Reims. Type du n° 259 modifié. Taille-douce. Dentelé 13.*

399	65 c.+35 c. outremer	20 »	10 »	12 50
	(Sur lettre)			17 »
	(Id. seul)			23 »

Tirage : 1 500 000 dont environ 700 000 vendus.

1938. - *Visite des souverains britanniques. Taille-douce. Dentelé 13.*

Tour du Palais de Wesminster et Arc de Triomphe.

400	1 f. 75, outremer	1 40	0 65	1 25
	(Sur lettre)			2 30
	(Id. seul)			3 85

Tirage : 4 000 000.

Voir également à la rubrique des Entiers postaux (n°s 400-CP1 et 400-CP2).

1938. - *Au profit du Comité d'assistance aux Français rapatriés d'Espagne. Taille-douce. Dentelé 13.*

401	65 c.+60 c. rose	9 50	4 50	6 »
	(Sur lettre)			7 65
	(Id. seul)			15 50

Tirage : 1 100 000 dont environ 750 000 vendus.

1938. - *40e anniversaire de la découverte du radium. Taille-douce. Dentelé 13.*

Pierre (1859-1906) et Marie Curie (1867-1934).

402	1 f. 75+50 c. outremer	27 »	10 »	12 50
	(Sur lettre)			15 50
	(Id. seul)			23 »

Tirage : 1 500 000 dont environ 850 000 vendus.

Dans 21 colonies, a paru un timbre similaire de même couleur. Ce dessin a également été utilisé en Afghanistan et à Cuba (Voir les tomes Outre-Mer).

1938. - *20e anniversaire de la Victoire. Taille-douce. Dentelé 13.*

Défilé du 11 Novembre.

403	65 c.+35 c. rouge carminé	6 50	3 70	4 50
	(Sur lettre)			7 »
	(Id. seul)			8 50

Tirage : 1 700 000 dont environ 1 000 000 vendus.

Voir également à la rubrique des Entiers postaux (n°s 403-CP1 et 403-CP2).

1938-41. - *Type Mercure. Typographie. Dentelés 14 x 13½.*

Timbres de roulettes :

30 c. type II. - La barre oblique du chiffre 3 descend plus bas et sa boucle est plus fermée que sur le type I ; le dos du C est rond et plus rapproché du zéro. La différenciation de ce type peut être difficilement repérable.

70 c. type II. - Les traits de l'aile entre le caducée et le serpent sont détachés les uns des autres. Ils sont en partie comme soudés entre eux sur le type I.

404	1 c. sépia	0 15	0 15	0 15
	(Sur lettre)			4 60
	(Id. seul)			55 »
405	2 c. vert foncé	0 15	0 15	0 15
	(Sur lettre)			4 60
	(Id. seul)			54 »
406	5 c. rose	0 15	0 15	0 15
	(Sur lettre)			4 60
	(Id. seul)			61 »
407	10 c. outremer	0 15	0 15	0 15
	(Sur lettre)			3 »
	(Id. seul)			23 »
408	15 c. vermillon	0 30	0 15	0 30
	(Sur lettre)			3 »
	(Id. seul)			46 »
	a. orange pâle	0 50	0 30	0 30
409	15 c. brun-orange	1 25	0 75	0 80
	(Sur lettre)			3 »
	(Id. seul)			46 »
410	20 c. lilas	0 15	0 15	0 15
	(Sur lettre)			2 30
	(Id. seul)			7 65
411	25 c. vert	0 15	0 15	0 15
	(Sur lettre)			2 30
	(Id. seul)			7 65
412	30 c. rouge (I)	0 15	0 15	0 15
	(Sur lettre)			0 80
	(Id. seul)			2 30
	a. (Type II)	» »	» »	» »
413	40 c. violet	0 15	0 15	0 15
	(Sur lettre)			0 80
	(Id. seul)			1 85
414	45 c. vert-jaune	1 10	0 50	0 80
	(Sur lettre)			4 60
	(Id. seul)			15 50
414A	50 c. bleu	5 »	3 »	0 65
	(Sur lettre)			3 »
	(Id. seul)			15 50
414B	50 c. vert	1 »	0 50	0 65
	(Sur lettre)			3 »
	(Id. seul)			23 »

415	60 c. rouge-orange	0 30	0 15	0 30
	(Sur lettre)			1 60
	(Id. seul)			6 »
416	70 c. lilas-rose (I)	0 35	0 15	0 30
	(Sur lettre)			0 80
	(Id. seul)			2 30
	a. (Type II)	» »	» »	» »
416A	75 c. brun-rouge	9 50	4 60	2 75
	(Sur lettre)			30 »
	(Id. seul)			92 »
	Nos 404 à 416A (16 val.)	20 »	11 »	7 75

Un 50 c. turquoise au même type a paru en 1942 (nº 538).

- Les 10, 30, 40 et 50 c. ont paru en 1942 avec légende POSTES FRANÇAISES (nos 546 à 549) ; ces derniers ont été surchargés RF en 1944 (nos 657 à 660).

1938. - *Au profit des oeuvres sociales en faveur des étudiants. Taille-douce. Dentelé 13.*

417	65 c.+60 c. bleu-vert	20 »	9 15	9 15
	(Sur lettre)			11 50
	(Id. seul)			18 50

Tirage : 1 500 000 dont 657 800 vendus.

1938. - *Au profit de l'oeuvre "La radio aux aveugles". Taille-douce. Dentelé 13.*

418	90 c.+25 c. brun-lilas	20 »	9 »	10 »
	(Sur lettre)			11 50
	(Id. seul)			18 50

Tirage : 1 500 000 dont 751 500 vendus.

1938
Du Nº 372 au Nº 418 =
52 timbres **744 **376 ⊙301

1939. - *Au profit de la Société de prophylaxie sanitaire et morale. Type de 1937. Taille-douce. Dentelé 13.*

419	90 c.+30 c. bleu-vert (356)	4 50	2 50	3 »
	(Sur lettre)			5 50
	(Id. seul)			15 »
	a. (Non dentelé)		305 »	

Tirage : 1 511 700.

1939. - *Pour l'érection du monument aux victimes civiles de la guerre de 1914-1918. Taille-douce. Dentelé 13.*

Maquette du monument au jeune Léon Trulin qui devait être érigé à Lille.

420	90 c.+35 c. brun-gris	21 »	10 »	11 »
	(Sur lettre)			14 »
	(Id. seul)			18 50

Tirage : 1 200 000 dont 729 780 vendus.

1939. - *Centenaire de la naissance du peintre Paul Cézanne (1839-1906). Taille-douce. Dentelés 13.*

421	2 f. 25, bleu-vert	11 »	4 »	4 »
	(Sur lettre)			5 »
	(Id. seul)			8 »

421A	2 f. 25, *bleu foncé*	5 250 »	4 000 »	
421B	2 f. 25, *bleu-vert*	5 750 »	4 200 »	

Les n°s 421A et 421B se distinguent du n° 421 non seulement par leurs couleurs mais aussi par de sensibles différences dans la gravure : traits du paysage du fond plus accentués, sourcil droit en angle aigu, quadrillé du veston moins distinct et hachures dans la lettre R.

1939. - *75e anniversaire de la Croix-Rouge internationale. Croix en rouge. Taille-douce. Dentelé 13.*

422	90 c.+35 c. noir et bleu	17 »	8 »	8 50
	(Sur lettre)			10 »
	(Id. seul)			14 »

Tirage : 1 200 000 dont environ 720 000 vendus.

1939. - *A la gloire du génie militaire. Taille-douce. Dentelé 13.*

423	70 c.+50 c. rouge	16 »	7 »	7 65
	(Sur lettre)			11 50
	(Id. seul)			46 »

Tirage : 1 200 000 dont 725 650 vendus.

1939. - *Au profit de l'oeuvre des Orphelins des P.T.T. Taille-douce. Dentelé 13.*

Paris, le ministère des P.T.T.

424	90 c.+35 c. bleu-vert	50 »	22 50	22 50
	(Sur lettre)			25 »
	(Id. seul)			40 »

Tirage : 1 260 000 dont 667 300 vendus.

1939. - *Mise sur cale du cuirassé "Clemenceau". Taille-douce. Dentelé 13.*

Cuirassé "Clemenceau".

425	90 c. outremer	1 »	0 65	0 80
	(Sur lettre)			2 30
	(Id. seul)			4 60

Tirage : 4 000 000.

1939. - *Exposition internationale de New York. Taille-douce. Dentelé 13.*

Le pavillon de la France et la statue de la Liberté.

426	2 f. 25, outremer	20 »	9 »	7 »
	(Sur lettre)			7 65
	(Id. seul)			11 50
	a. (Non dentelé)		285 »	

Tirage : 4 000 000 dont 2 000 000 vendus.

Un 2 f. 50 à ce type a paru en 1940 (n° 458).

Voir également à la rubrique des Entiers postaux (n° 426-CP1).

1939. - *Centenaire de la photographie. Effigies de J.-N. Niepce (1765-1833) et Louis Daguerre (1787-1851). Taille-douce. Dentelé 13.*

François Arago annonçant la découverte à l'Académie des Sciences.

427	2 f. 25, bleu	18 »	8 »	7 »
	(Sur lettre)			7 65
	(Id. seul)			12 50

Tirage : 4 000 000 dont 2 000 000 vendus.

1939. - *Au profit de l'oeuvre des enfants des chômeurs. Taille-douce. Dentelé 13.*

428	90 c.+35 c. rouge-brique	4 30	2 75	2 75
	(Sur lettre)			4 60
	(Id. seul)			9 15

Tirage : 1 250 000.

1939. - *Fêtes du cinquantenaire de la tour Eiffel. Taille-douce. Dentelé 13.*

429	90 c.+50 c. lilas-rose	17 »	9 15	9 15
	(Sur lettre)			11 50

Tirage : 1 140 000 dont 875 000 vendus.

En 1982, une carte postale a utilisé cette gravure de la tour Eiffel.

Voir à la rubrique des Entiers postaux (n° 429-CP1).

1939. - *Exposition de l'eau, à Liège (Belgique). Taille-douce. Dentelé 13.*

"La machine de Marly", à Bougival (démolie).

430	2 f. 25, outremer	35 »	13 »	5 50
	(Sur lettre)			7 »
	(Id. seul)			10 »

Tirage : 4 000 000.

1939-41. - *Type Iris. Typographie. Dentelés 14 x 13½.* ©

431	80 c. brun-carmin	0 30	0 15	0 30
	(Sur lettre)			0 80
	(Id. seul)			11 »
432	1 f. vert	1 40	0 80	0 30
	(Sur lettre)			0 80
	(Id. seul)			1 60
433	1 f. rouge	0 70	0 30	0 30
	(Sur lettre)			0 80
	(Id. seul)			1 60
	a. (Paire verticale de carnets non confectionnés)	8 40	5 35	
434	1 f. 30, outremer	0 30	0 15	0 30
	(Sur lettre)			3 85
	(Id. seul)			15 50
435	1 f. 50, orange	0 30	0 15	0 30
	(Sur lettre)			1 60
	(Id. seul)			11 »
	Nos 431 à 435 (5 val.)	3 »	1 55	1 50

Le n° 434 existe sans nom du graveur.

Le n° 433a a été émis en feuilles de 80 sans publicité marginale (voir chapitre des carnets).

Les 80 c., 1 f. et 1 f. 50 ont reparu en d'autres couleurs en 1944, en même temps que d'autres valeurs (nos 649 à 656).

1939. - *Au profit des Chômeurs intellectuels. Taille-douce. Dentelés 13.*

Pierre Puvis de Chavannes (1824-1898).

Claude Debussy (1862-1918) et évocation du "Prélude à l'après-midi d'un faune".

436	40 c.+10 c. rouge	2 »	0 90	1 25
	(Sur lettre)			3 »
	(Id. seul)			6 »
437	70 c.+10 c. brun-lilas	12 »	4 60	2 75
	(Sur lettre)			4 60
	(Id. seul)			9 15

Honoré de Balzac (1799-1850).

Claude Bernard (1813-1878).

438	90 c.+10 c. lilas-rose	9 »	4 »	3 »
	(Sur lettre)			4 60
	(Id. seul)			7 65
439	2 f. 25+25 c. outremer	32 »	17 »	13 »
	(Sur lettre)			15 50
	(Id. seul)			20 »
	Nos 436 à 439 (4 val.)	55 »	26 50	20 »

Tirage : 1 200 000 séries.

Ces trois derniers types ont été remis en cours en 1940 (nos 462 à 464).

1939. - *Propagande en faveur de la natalité. Taille-douce. Dentelés 13.*

440	70 c.+80 c. bleu, vert et violet	6 »	3 85	4 50
	(Sur lettre)			6 »
	(Id. seul)			15 »
441	90 c.+60 c. brun, lilas et brun-rouge	10 »	5 15	6 »
	(Sur lettre)			6 »
	(Id. seul)			9 »
	La paire, non dentelée		185 »	

Tirage : 673 000 paires vendues.

1939. - *14e centenaire de la naissance de Grégoire de Tours (v. 538-v. 594). Taille-douce. Dentelé 13.*

Effigie de Grégoire de Tours et vue de Clermont-Ferrand.

442	90 c. rouge	1 »	0 50	0 80
	(Sur lettre)			1 60
	(Id. seul)			2 30

Tirage : 4 000 000.

1939. - *5ᵉ centenaire de l'achèvement de la flèche de la cathédrale de Strasbourg. Taille-douce. Dentelé 13.*

Cathédrale de Strasbourg.

443	70 c. brun-rouge	1 70	1 »	1 50
	(Sur lettre)			1 85
	(Id. seul)			3 »

Tirage : 4 000 000.

1939. - *Sesquicentenaire de la Révolution. Taille-douce. Dentelé 13.*

Le Serment du Jeu de Paume, d'après David.

444	90 c. ardoise	4 30	2 15	2 15
	(Sur lettre)			3 »
	(Id. seul)			4 60

Tirage : 4 000 000.

1939. - *23ᵉ anniversaire de la victoire de Verdun. Taille-douce. Dentelé 13.*

Verdun : la Porte Chaussée.

445	90 c. gris-brun	1 40	0 65	1 10
	(Sur lettre)			1 60
	(Id. seul)			4 60

Tirage : 4 000 000.

1939. - *Au profit du Musée postal. Taille-douce. Dentelé 13.*

L'inspiration favorable (de Fragonard).

446	40 c.+60 c. brun-lilas, brun et sépia	5 »	2 75	3 85
	(Sur lettre)			5 35
	(Id. seul)			7 65
	a. (Non dentelé)		270 »	

Tirage : 1 000 000 dont 954 500 vendus.

1939. - *Pour l'érection du monument national "Aux Marins perdus en mer", à Boulogne-sur-Mer. Taille-douce. Dentelé 13.*

Statue de Desruelles.

447	70 c.+30 c. lilas-brun	35 »	14 »	14 »
	(Sur lettre)			15 50
	(Id. seul)			25 »

Tirage : 730 000.

1939. - *Taille-douce. Dentelés 13.*

Languedocienne et cathédrale de Béziers.

448	70 c. noir sur azuré	0 65	0 50	0 65
	(Sur lettre)			4 60
	(Id. seul)			23 »

Château de Pau.

Pont de la Guillotière, à Lyon.

449	90 c. carmin sur azuré	1 70	1 »	1 25
	(Sur lettre)			4 60
	(Id. seul)			9 15
450	90 c. brun-violet	1 25	0 65	1 »
	(Sur lettre)			4 60
	(Id. seul)			16 »

Tirage : 4 000 000 de séries.

1939
Du N° 419 au N° 450
sauf n° 421A et B =
32 timbres **341 *157 ⊙147

1940. - *Pour nos soldats. Taille-douce. Dentelés 13.*

Fantassin et Strasbourg.

Marsouin et village africain.

451	40 c.+60 c. brun	5 »	2 30	3 »
	(Sur lettre)			5 50
	(Id. seul)			12 50
452	1 f.+50 c. vert-bleu	5 »	2 30	3 »
	(Sur lettre)			5 50
	(Id. seul)			12 50

Tirages : 1 700 000 et 2 000 000.

1940. - *Pour la France d'Outre-Mer. Taille-douce. Dentelé 13.*

Carte de l'Empire français.

453	1 f.+25 c. rouge	3 35	2 »	2 75
	(Sur lettre)			4 60
	(Id. seul)			6 »

Tirage : 1 700 000 dont 920 000 vendus.

A reparu en 1941 avec mill. 1941 (n° 503) et en 1945 avec mill. 1945 et croix de Lorraine (n° 741).

1940. - *Au profit des oeuvres de guerre. Taille-douce. Dentelés 13.*

Joseph Joffre (1852-1931), Maréchal de France.

Ferdinand Foch (1851-1929), Maréchal de France, de Grande-Bretagne et de Pologne.

454	80 c.+45 c. brun-rouge	11 »	5 »	7 »
	(Sur lettre)			9 15
	(Id. seul)			15 50
455	1 f.+50 c. violet	10 »	8 50	7 »
	(Sur lettre)			9 15
	(Id. seul)			15 50

Joseph-Simon Galliéni (1849-1916).

La femme au labour.

456	1 f. 50+50 c. rouge-brun	9 »	4 50	4 50
	(Sur lettre)			9 15
	(Id. seul)			15 50
457	2 f. 50+50 c. bleu	20 »	9 »	12 50
	(Sur lettre)			15 50
	(Id. seul)			46 »
	Nos 454 à 457 (4 val.)	50 »	27 »	31 »
	La série, non dentelée		340 »	

Tirage : 1 700 000 séries.

1940. - *Exposition internationale de New York. Type de 1939. Taille-douce. Dentelé 13.*

458	2 f. 50, outremer (426)	30 »	11 »	11 »
	(Sur lettre)			11 »
	(Id. seul)			14 »

Tirage : 2 000 000 dont 1 000 000 vendus.

1940. - *Au profit des blessés. Taille-douce. Croix rouge en surchage typographique. Dentelés 13.*

459	80 c.+1 f. vert	11 »	5 50	7 »
	(Sur lettre)			12 50
	(Id. seul)			80 »
460	1 f.+2 f. brun-lilas	15 »	7 »	7 »
	(Sur lettre)			11 »
	(Id. seul)			16 »

Tirage : 1 500 000 paires.

1940. - *Capitaine aviateur Georges Guynemer (1894-1917), par Lawrence (Musée de l'Armée, Paris). Taille-douce. Dentelé 13.*

461	50 f. bleu	20 »	10 »	10 »
	(Sur lettre)			92 »
	(Id. seul)			230 »
	a. outremer	22 »	11 50	11 50
	b. (Non dentelé)		230 »	

Tirage : 937 500.

1940. - *Au profit des Chômeurs intellectuels. Types de 1939. Taille-douce. Dentelés 13.*

462	80 c.+10 c. brun-lilas (437)	12 »	5 50	9 »
	(Sur lettre)			10 »
	(Id. seul)			12 50
463	1 f.+10 c. lilas-rose (438)	12 »	5 50	9 »
	(Sur lettre)			10 »
	(Id. seul)			12 50
464	2 f. 50+25 c. outremer (439)	12 »	5 50	9 »
	(Sur lettre)			10 »
	(Id. seul)			12 50
	a. (Papier carton)	12 »	5 50	8 50

Tirage : 1 500 000 séries.

1940. - *Au profit des victimes de la guerre. Taille-douce. Dentelé 13.*

465	1 f.+2 f. brun-lilas	1 70	1 10	1 25
	(Sur lettre)			3 »
	(Id. seul)			9 15
	a. (Double signature)	50 »	40 »	25 »

Tirage : 1 500 000 dont 1 430 000 vendus.

1940. - *Au profit du Secours national. Taille-douce. Dentelés 13.*

Moisson.

Semailles.

466	80 c.+2 f. brun	4 10	1 85	2 50
	(Sur lettre)			4 60
	(Id. seul)			80 »
467	1 f.+2 f. brun-rouge	4 10	1 85	2 50
	(Sur lettre)			4 60
	(Id. seul)			23 »

Vendanges.

Élevage.

468	1 f. 50+2 f. violet	4 10	2 »	2 50
	(Sur lettre)			4 60
	(Id. seul)			40 »
469	2 f. 50+2 f. vert	5 70	2 80	2 50
	(Sur lettre)			4 60
	(Id. seul)			46 »
	Nos 466 à 469 (4 val.)	18 »	8 50	10 »

Tirage : 1 200 000 séries.

1940
Du N° 451 au N° 469 =
19 timbres **195 *93 ⊙113

État Français

1940-41. - *Effigie du Maréchal Pétain. Taille-douce. Dent. 13.*

470	40 c. brun-rouge	0 50	0 30	0 50
	(Sur lettre)			7 65
	(Id. seul)			40 »
471	80 c. vert-bleu	0 65	0 30	0 65
	(Sur lettre)			7 65
	(Id. seul)			30 »
472	1 f. rouge	0 30	0 15	0 30
	(Sur lettre)			1 60
	(Id. seul)			3 »
473	2 f. 50, outremer	1 85	1 10	1 40
	(Sur lettre)			9 15
	(Id. seul)			30 »
	Nos 470 à 473 (4 val.)	3 30	1 85	2 85
	La série, non dentelée		185 »	

Le 1 f. est reparu surchargé + 10 c. (n° 494).

Ce type a été repris en 1943 pour deux timbres de 2 f. + 12 f. (nos 570 et 571).

Tirages : 1 930 000, 1 950 000, 4 000 000 et 2 000 000.

1941. - *Au profit des prisonniers de guerre. Taille-douce. Dentelés 13.*

474	80 c.+5 f. vert	2 »	1 10	1 90
	(Sur lettre)			4 60
	(Id. seul)			46 »
475	1 f.+5 f. brun carminé	2 15	1 25	2 »
	(Sur lettre)			4 60
	(Id. seul)			30 »

Tirage : 1 170 000 paires.

1940-41. - *Timbres de 1932-38 avec nouvelle valeur en surcharge rouge (noire sur le n° 483).*

Type Semeuse fond plein.

476	30 sur 35 c. vert (361)	0 35	0 15	0 35
	(Sur lettre)			1 70
	(Id. seul)			11 50
	a. (Double surcharge)	1 100 »	825 »	

Type Mercure.

477	50 sur 75 c. brun-rouge (416A)	0 35	0 15	0 35
	(Sur lettre)			1 70
	(Id. seul)			23 »

Type Paix.

478	50 sur 55 c. violet (363)	0 35	0 15	0 35
	(Sur lettre)			1 »
	(Id. seul)			11 50
	a. (Surcharge renversée)	1 250 »	1 000 »	
479	50 sur 65 c. outremer (365)	0 15	0 15	0 15
	(Sur lettre)			1 »
	(Id. seul)			11 50
	a. (Surcharge renversée)	700 »	550 »	
	b. (Double surcharge dont une verticale)	1 100 »	915 »	
480	50 sur 75 c. olive (284A)	0 35	0 15	0 35
	(Sur lettre)			1 »
	(Id. seul)			11 50
481	50 sur 80 c. orange (366)	0 35	0 15	0 35
	(Sur lettre)			1 »
	(Id. seul)			11 50
482	50 sur 90 c. outremer (368)	0 15	0 15	0 15
	(Sur lettre)			1 »
	(Id. seul)			11 50
	a. (Surcharge renversée)	650 »	475 »	
	b. (Sans surcharge tenant à normal)	1 300 »	1 000 »	
	c. (05 sur 90 c.)	10 000 »	8 000 »	
483	1 F. sur 1 f. 25, rose (370)	0 35	0 15	0 35
	(Sur lettre)			1 »
	(Id. seul)			3 »
484	1 F. sur 1 f. 40, lilas (371)	0 50	0 15	0 50
	(Sur lettre)			1 70
	(Id. seul)			4 60
	a. (Double surcharge)	1 600 »	1 250 »	
485	1 F. sur 1 f. 50, bleu (288)	1 40	1 »	1 40
	(Sur lettre)			1 70
	(Id. seul)			3 »

Type Cérès.

486	1 F. sur 1 f. 75, bleu (372)	0 35	0 20	0 35
	(Sur lettre)			0 80
	(Id. seul)			3 »
487	1 F. sur 2 f. 25, outremer (374)	0 35	0 20	0 35
	(Sur lettre)			0 80
	(Id. seul)			3 »
	a. (Sans surcharge tenant à normal)	1 650 »	1 300 »	
488	1 F. sur 2 f. 50, vert (375)	1 70	1 »	1 70
	(Sur lettre)			1 70
	(Id. seul)			3 »

Timbres grand format en taille-douce, avec nouvelle valeur et traits sur l'ancienne en surcharge rouge.

489	1 F. sur 2 f. 15, brun-lilas (390)	0 50	0 35	0 50
	(Sur lettre)			0 80
	(Id. seul)			3 »
	a. (Surcharge renversée)		13 500 »	6 100 »
490	2 f. 50 s. 5 f. outremer (392)	0 50	0 35	0 50
	(Sur lettre)			7 65
	(Id. seul)			23 »
	a. (Double surcharge)		385 »	170 »

491	5 F. sur 10 f. br. s. azuré (393)	2 30	1 45	2 30
	(Sur lettre)			7 65
	(Id. seul)			30 »
492	10 F. sur 20 f. vert foncé (394)	2 »	1 10	2 »
	(Sur lettre)			15 50
	(Id. seul)			61 »

493	20 f. s. 50 f. outremer foncé (Pap. épais) (398a)	85 »	40 »	45 »
	(Sur lettre)			92 »
	(Id. seul)			275 »
	a. (Papier mince) (398)	90 »	55 »	62 »
	b. (Double surcharge)	3 250 »	2 800 »	
	Nos 476 à 493 (18 val.)	97 »	47 »	57 »

1941. - *Au profit du Secours national. Timbre précédent (n° 472), avec surcharge violette.*

494	+10 c. sur 1 f. rose carminé	0 30	0 15	0 15
	(Sur lettre)			3 »
	(Id. seul)			5 35
	a. (Non dentelé)		23 »	

Tirage : 2 000 000.

1941. - *Frédéric Mistral (1830-1914), poète. Taille-douce. Dentelé 14 x 13.*

495	1 f. brun carminé	0 30	0 15	0 30
	(Sur lettre)			1 60
	(Id. seul)			6 »
	a. (Non dentelé)		40 »	

Tirage : 3 070 000.

1941. - *Lutte contre le cancer. Taille-douce. Dentelé 13.*

496	2 f. 50+50 c. ardoise et brun	2 »	1 10	1 70
	(Sur lettre)			6 »
	(Id. seul)			30 »
	a. (Non dentelé)		110 »	

Tirage : 1 235 000.

1941. - *Au profit du Secours national. Taille-douce. Dentelés 13.*

497	1 f.+2 f. brun-violet	3 35	1 85	1 60
	(Sur lettre)			3 »
	(Id. seul)			15 50
498	2 f. 50+7 f. 50, bleu	11 »	5 80	3 »
	(Sur lettre)			3 85
	(Id. seul)			30 »
	La paire, non dentelée		155 »	

Tirages : 1 160 000 et 1 225 000, dont 600 000 paires vendues.

1941. - *Monuments et sites. Taille-douce. Dentelés 13.*

Hôtel-Dieu de Beaune Cour intérieure.

Angers.

499	5 f. brun-noir	0 50	0 30	0 30
	(Sur lettre)			3 »
	(Id. seul)			15 50
	a. brun	0 65	0 50	0 30
	b. (Non dentelé)		30 »	
500	10 f. violet foncé	1 10	0 50	0 65
	(Sur lettre)			3 »
	(Id. seul)			23 »
	a. (Non dentelé)		30 »	

Remparts d'Aigues-Mortes.

501	20 f. brun-noir	1 70	0 80	1 25
	(Sur lettre)			6 »
	(Id. seul)			40 »
	a. brun-gris	2 15	1 25	1 85
	b. (Non dentelé)		140 »	

Au type du 5 f., a été émis en 1942 un 15 f. (n° 539). La légende a été modifiée.

Tirages : 52 850 000, 35 000 000 (environ) et 7 140 000.

1941. - *Au profit des oeuvres de mer. Lancement du paquebot "Pasteur". Taille-douce (non émis) surchargé en rouge. Dentelé 13.*

502	1 f.+1 f. sur 70 c. [vert foncé] (R)	0 50	0 30	0 50
	(Sur lettre)			1 60
	(Id. seul)			4 60
	a. (Non dentelé)		40 »	
	b. (Sans surcharge)	37 500	» 31 000	»

Tirage : 3 350 000.

1941. - *"Pour la France d'Outre-Mer". Type de 1940 avec millésime 1941. Taille-douce. Dentelé 13.*

503	1 f.+1 f. vert, lilas et bleu	1 »	0 50	0 65
	(Sur lettre)			1 60
	(Id. seul)			3 85
	a. (Non dentelé)		35 »	

Tirage : 1 260 000.

Ce timbre ne porte plus la mention R. F.

1941. - *Au profit des oeuvres de mer. Taille-douce. Dentelé 13.*

504	1 f.+9 f. vert	1 25	0 65	1 10
	(Sur lettre)			3 85
	(Id. seul)			23 »
	a. (Non dentelé)		77 »	

Tirage : 1 200 000.

1941-42. - *Types Pétain. Typographie et Taille-douce (n°s 522 à 525). Dentelés 14 x 13½.* ©

Type Prost.

Type Hourriez.

Type Bersier.

Type Prost.

505	20 c. lilas-rose	0 15	0 15	0 15
	(Sur lettre)			7 65
	(Id. seul)			» »
506	30 c. rouge	0 15	0 15	0 15
	(Sur lettre)			4 60
	(Id. seul)			27 »
507	40 c. outremer	0 15	0 15	0 15
	(Sur lettre)			4 60
	(Id. seul)			30 »

Type Hourriez.

508	50 c. vert	0 15	0 15	0 15
	(Sur lettre)			2 30
	(Id. seul)			7 65
509	60 c. violet	0 15	0 15	0 15
	(Sur lettre)			1 60
	(Id. seul)			3 »
510	70 c. bleu	0 15	0 15	0 15
	(Sur lettre)			1 60
	(Id. seul)			40 »
	a. bleu foncé	0 50	0 30	0 50
511	70 c. orange	0 15	0 15	0 15
	(Sur lettre)			1 60
	(Id. seul)			23 »
512	80 c. brun	0 30	0 15	0 30
	(Sur lettre)			1 60
	(Id. seul)			40 »
513	80 c. vert-jaune	0 15	0 15	0 15
	(Sur lettre)			1 60
	(Id. seul)			23 »
514	1 f. rouge	0 15	0 15	0 15
	(Sur lettre)			1 »
	(Id. seul)			1 60
515	1 f. 20, brun-rouge	0 15	0 15	0 15
	(Sur lettre)			1 25
	(Id. seul)			1 60

Type Bersier.

516	1 f. 50, rose	0 15	0 15	0 15
	(Sur lettre)			0 65
	(Id. seul)			1 25
517	1 f. 50, brun-rouge	0 15	0 15	0 15
	(Sur lettre)			0 50
	(Id. seul)			0 80
	a. (Avec bande publ.)	1 25	0 80	0 50
	b. Id. (Non dentelé)		115 »	
	c. Paire verticale de carnets avec barres	8 »	5 »	5 »
518	2 f. vert	0 15	0 15	0 15
	(Sur lettre)			0 65
	(Id. seul)			2 30
519	2 f. 40, rouge	0 30	0 15	0 30
	(Sur lettre)			7 65
	(Id. seul)			115 »
520	2 f. 50, outremer	1 »	0 30	1 »
	(Sur lettre)			7 65
	(Id. seul)			30 »
521	3 f. orange	0 15	0 15	0 15
	(Sur lettre)			3 »
	(Id. seul)			12 50

Type Hourriez.

521A	4 f. bleu	0 30	0 15	0 30
	(Sur lettre)			1 60
	(Id. seul)			3 »
521B	4 f. 50, vert-jaune	1 20	0 50	0 80
	(Sur lettre)			1 60
	(Id. seul)			3 85

Taille-douce.

Type Hourriez. Format 18 x 21.

Dentelés 14 x 13.

522	4 f. outremer	0 30	0 15	0 30
	(Sur lettre)			2 30
	(Id. seul)			5 35
523	4 f. 50, vert foncé	0 30	0 15	0 30
	(Sur lettre)			1 60
	(Id. seul)			5 35

Types Mazelin.

524	5 f. vert-bleu	0 30	0 15	0 30
	(Sur lettre)			7 65
	(Id. seul)			23 »
	La série, non dentelée (22 val.)		130 »	

Dentelé 13.

525	50 f. noir	5 40	3 20	5 »
	(Sur lettre)			46 »
	(Id. seul)			92 »
	a. (Papier jaunâtre)	7 65	4 60	6 »
	b. (Non dentelé)		100 »	
	N°s 505 à 525 (23 val.)	11 50	7 »	10 70

Le type du 50 f. a été repris en 1943 pour deux timbres de 1 f. + 10 f. (n°s 568 et 569).

Pour les timbres aux types Pétain surchargés R. F., voir à la rubrique Libération.

1941. - *Au profit du Secours national. Armoiries de ville (I). Taille-douce. Dentelés 14 x 13.*

Nancy.

Lille.

Rouen.

526	20 c.+30 c. noir	3 »	2 »	3 »
527	40 c.+60 c. brun-rouge	3 »	2 »	3 »
528	50 c.+70 c. bleu-vert	3 »	2 »	3 »

Bordeaux.

Toulouse.

Clermont-Ferrand.

529	70 c.+80 c. lilas-rose	3 »	2 »	3 »
530	80 c.+1 f. rose	3 »	2 »	3 »
531	1 f.+1 f. noir	3 »	2 »	3 »

Marseille.

Lyon.

Rennes.

532	1 f. 50+2 f. bleu	3 »	2 »	3 »
533	2 f.+2 f. violet	3 40	2 »	3 40
534	2 f. 50+3 f. vert-jaune	3 40	2 »	3 40

Reims.

Montpellier.

Paris.

535	3 f.+5 f. brun-rouge	3 40	2 »	3 40
536	5 f.+6 f. outremer	3 40	2 »	3 40
537	10 f.+10 f. rouge	3 40	2 »	3 40
	Nos 526 à 537 (12 val.)	38 »	24 »	38 »
	La série, non dentelée		185 »	

Tirage : 1 000 000, dont 600 000 séries vendues.

1941
Du N° 470 au N° 537 =
70 timbres ****177** ***94** **⊙124**

1942. - *Type Mercure. Typographie. Dentelé 14 x 13½.*

538	50 c. turquoise	0 15	0 15	0 15
	(Sur lettre)			0 80
	(Id. seul)			3 85
	a. (Non dentelé)		4 60	

A reparu avec inscriptions modifiées (n° 549).

1942. - *Hôtel-Dieu de Beaune. Type de 1941. Lég. : POSTES FRANÇAISES. Taille-douce. Dentelé 13.*

539	15 f. brun carminé	0 80	0 30	0 65
	(Sur lettre)			3 »
	(Id. seul)			9 15
	a. (Non dentelé)		27 »	
	b. (Papier carton)	9 15	6 »	4 60

1942. - *Au profit des oeuvres de l'air. Taille-douce. Dentelé 13.*

540	1 f. 50+3 f. 50, violet	3 »	1 85	3 »
	(Sur lettre)			3 »
	(Id. seul)			9 15
	a. (Non dentelé)		155 »	

Tirage : 1 560 000 dont 350 000 invendus.

Ce timbre existe en bleu-gris. (Voir Tome II 1re partie Algérie n° 245c).

1942. - *Au profit du Secours national. Bicentenaire de la naissance de Jean-François de Galaup, comte de La Pérouse (1741-1788). Taille-douce. Dentelé 13.*

La Boussole et l'Astrolabe.

541	2 f. 50+7 f. 50, bleu	1 85	1 10	1 85
	(Sur lettre)			2 30
	(Id. seul)			15 50
	a. (Non dentelé)		140 »	

Tirage : 1 225 000.

1942. - *Au profit des oeuvres d'entraide des musiciens. Centenaire de la naissance d'Emmanuel Chabrier (1841-1894). Taille-douce. Dentelé 13.*

Chabrier au piano (extrait du tableau de Fantin-Latour).

542	2 f.+3 f. brun-gris	1 70	0 80	1 60
	(Sur lettre)			2 30
	(Id. seul)			15 50
	a. (Non dentelé)		140 »	

Tirage : 1 225 000.

1942. - *Au profit du comité de propagande de la Quinzaine impériale. Taille-douce. Dentelé 13.*

543	1 f. 50+8 f. 50, noir	1 40	0 80	1 40
	(Sur lettre)			2 30
	(Id. seul)			15 50
	a. (Non dentelé)		110 »	

Tirage : 1 275 000.

1942. - *Sixième centenaire de la naissance de Jean de Vienne (1341-1396), amiral de France. Au profit des oeuvres de la marine. Taille-douce. Dentelé 13.*

544	1 f. 50+8 f. 50, brun-violet	1 60	0 80	1 60
	(Sur lettre)			2 30
	(Id. seul)			7 65
	a. (Non dentelé)		110 »	

Tirage : 1 250 000.

1942. - *Centenaire de la naissance du compositeur Jules Massenet (1842-1912). Taille-douce. Dentelé 14 x 13.*

545	4 f. vert-bleu	0 30	0 15	0 30
	(Sur lettre)			1 60
	(Id. seul)			12 50
	a. (Non dentelé)		18 50	

Tirage : 2 150 000.

1942. - *Type Mercure modifié avec légende POSTES FRANÇAISES. Typographie. Dentelés 14 x 13½.*

546	10 c. outremer	0 15	0 15	0 15
	(Sur lettre)			2 30
	(Id. seul)			15 50
547	30 c. rouge	0 15	0 15	0 15
	(Sur lettre)			2 30
	(Id. seul)			6 »
548	40 c. violet	0 30	0 15	0 30
	(Sur lettre)			1 60
	(Id. seul)			6 »
549	50 c. turquoise	0 15	0 15	0 15
	(Sur lettre)			1 60
	(Id. seul)			3 »

	a. (Bord de feuille filigrané)	60 »	50 »	
Nos 546 à 549 (4 val.)		0 75	0 60	0 75
La série, non dentelée			30 »	

Ces timbres ont reparu, surchargés R F en 1944 (nos 657 à 660).

1942. - *Centenaire de la mort de l'écrivain Henri Beyle, dit Stendhal (1783-1842). Taille-douce. Dentelé 13.*

Henri Beyle, dit Stendhal, par Alfred de Dreux-Dorcy (Musée de Grenoble).

550	4 f. brun-noir et carmin	0 65	0 50	0 65
	(Sur lettre)			3 »
	(Id. seul)			23 »
	a. (Non dentelé)		61 »	

Tirage: 2 060 000.

1942. - *En souvenir du physicien André Blondel (1863-1938). Taille-douce. Dentelé 13.*

André Blondel.

551	4 f. bleu	0 65	0 50	0 65
	(Sur lettre)			3 »
	(Id. seul)			15 50
	a. (Non dentelé)		61 »	

Tirage : 2 060 000.

1942. - *Secours national. Type Bersier de 1941-42, dentelé 14 x 13½ avec surcharge carmin.*

552	+50 sur 1 f. 50, [outremer]	0 15	0 15	0 15
	(Sur lettre)			1 60
	(Id. seul)			3 85
	a. (Non dentelé)		15 50	
	b. (Sans surch.)		200 »	
	c. (Id.) (Non dentelé)		200 »	
	d. +50 (N) s. 1 f. 50, brun		2 200 »	

Tirages : 5 100 000 dont 5 050 000 vendus.

1942. - *Au profit du Secours national. Armoiries de villes (II). Taille-douce. Dentelés 14 x 13.*

Chambéry.

La Rochelle.

Poitiers.

553	50 c.+60 c. noir	6 »	3 »	4 65
554	60 c.+70 c. bleu-vert	4 50	2 30	3 90
555	80 c.+1 f. rose	4 50	2 30	3 90

Orléans.

Grenoble.

Angers.

556	1 f.+1 f. 30, vert	4 50	2 30	3 90
557	1 f. 20+1 f. 50, lie-de-vin	4 50	2 30	4 20
558	1 f. 50+1 f. 80, bleu foncé	5 »	2 30	4 30

Dijon. Limoges. Le Havre.

559	2 f.+2 f. 30, rouge	5 »	2 30	4 30
560	2 f. 40+2 f. 80, vert-gris	5 »	2 60	4 30
561	3 f.+3 f. 50, violet	5 »	2 60	4 30

Nantes. Nice. Saint-Étienne.

562	4 f.+5 f. outremer	5 »	3 »	4 30
563	4 f. 50+6 f. orange	5 »	3 »	4 30
564	5 f.+7 f. lilas-rose	6 »	3 »	4 65
	Nos 553 à 564 (12 val.)	60 »	31 »	51 »
	La série, non dentelée		185 »	

Tirage : 800 000 dont 560 000 séries vendues.

1942. - *Pour la Légion tricolore. Taille-douce. Dentelés 13.*

565	1 f. 20+8 f. 80, bleu	12 50	6 90	12 50
566	1 f. 20+8 f. 80, rouge	12 50	6 90	12 50
	a. La paire avec intervalle, impr. en relief	27 50	15 50	26 »
	b. La bande complète avec intervalle	55 »	35 »	54 »
	c. Idem (Non dentelée)		1 300 »	

Ces timbres ont été imprimés par feuilles de 20 exemplaires (10 timbres bleus dans le haut, 10 rouges dans le bas).

La bande blanche qui les ,sépare porte une impression du timbre à sec.

Tirage : 120 000 feuilles dont 48 000 vendues.

1942. - *Beffroi d'Arras. Taille-douce. Dentelé 13.*

567	10 f. vert	0 30	0 15	0 30
	(Sur lettre)			1 60
	(Id. seul)			4 60
	a. (Non dentelé)		55 »	
	b. (double légende inférieure)	50 »	40 »	25 »

Tirage : 17 400 000.

1942
Du N° 538 au N° 567 =
30 timbres ****98** ***53** **⊙ 89**

1943. - *Au profit du Secours national. Types de 1940-42. Taille-douce. Dentelés 13.*

568	1 f.+10 f. bleu	3 »	1 60	3 »
569	1 f.+10 f. rouge	3 »	1 60	3 »
570	2 f.+12 f. bleu	3 »	1 60	3 »
571	2 f.+12 f. rouge	3 »	1 60	3 »
	Nos 568 à 571 (4 val.)	12 »	6 40	12 »
571A	La bande de quatre timbres avec francisque	18 »	10 »	18 »
	a. idem, non dentelée		1 250 »	

Tirés par feuilles de cinq bandes.

Tirage : 1 000 000 de bandes.

1943. - *Armoiries de provinces (I). Typographie. Dentelés 14 x 13½.*

Lyonnais. Bretagne.

572	5 f. outremer, rouge et jaune	0 50	0 30	0 50
	(Sur lettre)			0 80
	(Id. seul)			7 65
573	10 f. noir et jaune-brun	0 80	0 50	0 65
	(Sur lettre)			0 80
	(Id. seul)			15 50
	a. (signature EL au lieu de PIEL)	25 »	14 »	14 »

Provence. Ile-de-France.

574	15 f. outremer, rouge et jaune	2 30	1 40	1 70
	(Sur lettre)			3 »
	(Id. seul)			23 »
575	20 f. brun, outremer et jaune	1 90	1 »	1 90
	(Sur lettre)			3 85
	(Id. seul)			23 »
	Nos 572 à 575 (4 val.)	5 50	3 20	4 75
	La série, non dentelée		46 »	

Sans impression rouge dans l'écusson.

572a	5 f. outremer et jaune		125 »	

Tirages : 39 500 000, 45 350 000, 12 000 000 et 10 600 000.

1943. - *Au profit du Secours national. ("Travail, Famille, Patrie"). Taille-douce. Dentelés 13.*

576	1 f. 20+1 f. 40, violet-brun	20 »	12 »	18 50
577	1 f. 50+2 f. 50, rouge	20 »	12 »	18 50
578	2 f. 40+7 f. brun	20 »	12 »	18 50

579	4 f.+10 f. violet-brun	20 »	12 »	18 50
580	5 f.+15 f. rouge-brun	20 »	12 »	18 50
	Nos 576 à 580 (5 val.)	100 »	60 »	92 50
580A	La bande de cinq timbres	155 »	95 »	140 »
	a. idem non dentelée		1 250 »	

Tirés par feuilles de cinq bandes.

Tirage : 1 075 000 bandes.

1943. - *Antoine Laurent de Lavoisier (1743-1794) (d'après David). Taille-douce. Dentelé 14 x 13.*

581	4 f. bleu	0 30	0 15	0 30
	(Sur lettre)			3 »
	(Id. seul)			15 50
	a. (Non dentelé)		15 50	

Tirage : 2 610 000.

1943. - *Paysage du Dauphiné. Taille-douce. Dentelé 13.*

Le lac Lérié et la Meije.

582	20 f. vert foncé	1 10	0 80	1 10
	(Sur lettre)			3 »
	(Id. seul)			30 »
	a. (Non dentelé)		70 »	

Tirage : 1 675 000.

1943. - *Cinquième centenaire de l'Hôtel-Dieu de Beaune. Taille-douce. Dentelé 13.*

Nicolas Rolin (1380-1461) et Guigone de Salins, d'après Roger de La Pasture (Van der Weyden), et porche de l'Hôtel-Dieu.

583	4 f. bleu	0 30	0 15	0 30
	(Sur lettre)			2 30
	(Id. seul)			15 50
	a. bleu-gris	2 30	1 40	2 30
	b. bleu-gris, impression très défectueuse		420 »	
	c. bleu-noir	1 25	0 80	0 80
	d. (Non dentelé)		46 »	

Tirage : 2 450 000.

1943. - *Au profit du Secours national. Taille-douce. Dentelé 13.*

584	1 f. 50+3 f. 50, noir	0 65	0 50	0 65
	(Sur lettre)			1 60
	(Id. seul)			15 50
	a. (Non dentelé)		61 »	

Tirage : 1 150 000.

1943. - *Au profit de la famille du prisonnier. Taille-douce. Dentelés 13.*

585	1 f. 50+8 f. 50, gris-brun	1 10	0 80	1 10
	(Sur lettre)			3 85
	(Id. seul)			15 50
586	2 f. 40+7 f. 60, vert	1 25	0 80	1 25
	(Sur lettre)			3 85
	(Id. seul)			77 »
	La paire, non dentelée		125 »	

Tirages : 1 190 000 et 1 050 000, dont 1 000 000 de paires vendues.

1943. - *Célébrités du XVIe siècle. Taille-douce. Dentelés 13.*

Michel Eyquem de Montaigne (1533-1592), moraliste.

François Clouet (1520-1572), peintre, Autoportrait.

Ambroise Paré (1510-1590), chirurgien.

587	60 c.+80 c. vert-bleu	2 40	1 40	2 40
588	1 f. 20+1 f. 50, noir	2 40	1 40	2 40
589	1 f. 50+3 f. outremer	2 40	1 40	2 40

Pierre Terrail, seigneur de Bayard (1476-1524).

Maximilien de Béthune, baron de Rosny, duc de Sully (1560-1641).

Henri IV (1553-1610).

590	2 f. 40+4 f. rouge	2 40	1 40	2 40
591	4 f.+6 f. brun-rouge	2 65	1 40	2 65
592	5 f.+10 f. vert	2 75	1 60	2 75
	Nos 587 à 592 (6 val.)	15 »	8 60	15 »
	La série, non dentelée		230 »	

Tirage : 1 000 000 de séries.

1943. - *Coiffes régionales. Au profit du Secours national. Taille-douce. Dentelés 13.*

Picardie.

Bretagne.

Ile-de-France.

593	60 c.+1 f. 30, brun	2 45	1 75	2 45
594	1 f. 20+2 f. violet	2 45	1 75	2 45
595	1 f. 50+4 f. bleu-vert	2 45	1 75	2 45

Bourgogne.

Auvergne.

Provence.

596	2 f. 40+5 f. carmin	2 45	1 75	2 45
597	4 f.+6 f. bleu	3 60	2 »	3 60
598	5 f.+7 f. rouge	3 60	2 »	3 60
	Nos 593 à 598 (6 val.)	17 »	11 »	17 »
	La série, non dentelée		230 »	

Tirage : 1 030 000, dont 1 000 000 de séries vendues.

1943
Du N° 568 au N° 598
Soit I : sauf 571A et 580A =
31 timbres **154 *92 ⊙146
Soit II : sauf 568-71 et 576-80 =
24 timbres,
2 bandes **215 *131 ⊙199

1944. - *Centenaire de la naissance du physicien Édouard Branly (1844-1940). Taille-douce. Dentélé 14 x 13.*

599	4 f. outremer	0 30	0 15	0 30
	(Sur lettre)			3 85
	(Id. seul)			15 50
	a. (Non dentelé)		23 »	

Tirage : 2 500 000.

1944. - *Tricentenaire de la naissance du maréchal Anne-Hilarion de Cotentin, comte de Tourville (1642-1701). Taille-douce. Dentelé 13.*

600	4 f.+6 f. rouge-brun	1 »	0 65	1 »
	(Sur lettre)			3 »
	(Id. seul)			15 50
	a. fond teinté	3 »	1 85	1 60
	b. (Non dentelé)		54 »	

Tirage : 1 185 000.

1944. - *Cinquantenaire de la mort du compositeur Charles Gounod (1818-1893). Taille-douce. Dentelé 14 x 13.*

601	1 f. 50+3 f. 50, sépia	1 25	0 65	1 »
	(Sur lettre)			3 »
	(Id. seul)			23 »
	a. (Non dentelé)		46 »	

Tirage : 1 350 000, dont 1 200 000 vendus.

1944. - *Armoiries de provinces (II). Typographie. Dentelés 14 x 13½.*

Flandre.

Languedoc.

602	5 f. rouge, noir et orange	0 30	0 15	0 30
	(Sur lettre)			0 80
	(Id. seul)			15 50
603	10 f. noir, carmin et jaune	0 30	0 15	0 30
	(Sur lettre)			0 80
	(Id. seul)			15 50

Orléanais.

Normandie.

604	15 f. brun, bleu et jaune	1 »	0 70	1 »
	(Sur lettre)			1 10
	(Id. seul)			15 50
605	20 f. outremer, rouge et jaune	1 60	1 »	1 25
	(Sur lettre)			1 60
	(Id. seul)			15 50
	Nos 602 à 605 (4 val.)	3 20	2 »	2 85
	La série, non dentelée		61 »	

Tirages : 35 400 000, 28 900 000, 13 500 000 et 9 100 000.

1944. - *88e anniversaire du maréchal Pétain. Taille-douce. Dentelés 13.*

Buste du maréchal (médaille, par Lavrillier).

606	1 f. 50+3 f. 50, brun-noir	4 60	2 75	4 60
	a. brun rosé	11 »	6 40	11 »
	b. (Non dentelé)		115 »	

Corporation paysanne.

Charte du travail.

607	2 f.+3 f. bleu	0 80	0 50	0 80
608	4 f.+6 f. rose	0 80	0 50	0 80
	La paire, non dentelée		92 »	

Tirages : 1 100 000, 1 200 000 et 1 200 000.

1944. - *Centenaire du service postal ambulant. Taille-douce. Dentelé 13.*

609	1 f. 50, vert	1 »	0 50	0 80
	(Sur lettre)			1 60
	(Id. seul)			7 65
	a. (Non dentelé)		46 »	

Tirage : 3 070 000.

1944. - *Château de Chenonceaux. Taille-douce. Dentelés 13.*

610	15 f. brun-lilas	0 80	0 30	0 65
	(Sur lettre)			1 60
	(Id. seul)			7 65
	a. brun-noir	11 »	6 90	2 30
	b. (Non dentelé)		30 »	
	c. gris-noir	65 »	50 »	46 »
611	25 f. noir	1 »	0 50	0 80
	(Sur lettre)			1 60
	(Id. seul)			7 65
	a. (Non dentelé)		61 »	

Le no 611, paru en octobre 1944, porte R F dans le coin supérieur droit.
Tirages : 2 500 000 et 4 000 000.

1944. - *Célébrités du XVIIe siècle. Taille-douce. Dentelés 13.*

J.-B. Poquelin, dit Molière (1622-1673).

Jules Hardouin dit Hardouin-Mansart (1646-1708).

Blaise Pascal (1623-1662).

612	50 c.+1 f. 50, rouge carminé	2 50	1 60	2 50
613	80 c.+2 f. 20, vert foncé	1 90	1 10	1 90
614	1 f. 20+2 f. 80, noir	1 90	1 10	1 90

Louis II, prince de Condé (1621-1686).

J.-B. Colbert (1619-1683).

Louis XIV (1638-1715), par Rigaud.

615	1 f. 50+3 f. 50, outremer	1 90	1 10	1 90
616	2 f.+4 f. brun-rouge	1 90	1 10	1 90
617	4 f.+6 f. vermillon	1 90	1 10	1 90
	Nos 612 à 617 (6 val.)	12 »	7 10	12 »
	La série, non dentelée		245 »	

Tirage : 1 050 000 séries.

1944. - *Centenaire des lignes de chemin de fer Paris-Orléans et Paris-Rouen. Au profit du Secours national. Taille-douce. Dentelé 13.*

618	4 f.+6 f. noir	2 60	1 60	2 30
	(Sur lettre)			7 65
	(Id. seul)			30 »
	a. (Non dentelé)		61 »	

Tirage : 1 160 000.

1944. - *Sesquicentenaire du télégraphe optique. Taille-douce. Dentelé 14 x 13.*

Claude Chappe (1763-1805), ingénieur.

619	4 f. bleu	0 30	0 15	0 30
	(Sur lettre)			3 »
	(Id. seul)			15 50
	a. (Non dentelé)		23 »	

Tirage : 2 725 000.

Gouvernement Provisoire

1944. - *Arc de Triomphe de l'Étoile. 1re série. Lithographie. Dentelés 11.*

620	5 c. lilas-rose	0 15	0 15	0 15
	(Sur lettre)			7 65
	(Id. seul)			» »
621	10 c. gris	0 15	0 15	0 15
	(Sur lettre)			7 65
	(Id. seul)			77 »
622	25 c. brun-jaune	0 15	0 15	0 15
	(Sur lettre)			7 65
	(Id. seul)			61 »
623	50 c. jaune-olive	0 15	0 15	0 15
	(Sur lettre)			7 65
	(Id. seul)			77 »
624	1 f. vert	0 15	0 15	0 15
	(Sur lettre)			7 65
	(Id. seul)			77 »
625	1 f. 50, rose	0 15	0 15	0 15
	(Sur lettre)			7 65
	(Id. seul)			15 50

	a. (Auréolé)	30 »	30 »	30 »
626	2 f. 50, violet	0 15	0 15	0 15
	(Sur lettre)			15 50
	(Id. seul)			110 »
627	4 f. bleu	0 15	0 15	0 15
	(Sur lettre)			9 15
	(Id. seul)			15 50
628	5 f. gris-noir	0 30	0 30	0 30
	(Sur lettre)			30 »
	(Id. seul)			110 »
629	10 f. orange	38 50	21 50	27 50
	(Sur lettre)			155 »
	(Id. seul)			460 »
	Nos 620 à 629 (10 val.)	40 »	23 »	29 »

Cette série a été imprimée aux États-Unis.

Les 50 c. et 1 f. 50 ont reparu en 1945, mais avec chiffres en noir, en même temps que d'autres valeurs (nos 702 à 711).

1944. - *Série d'Alger. Coq et Marianne (d'Alger). Lithographie. Dentelés 12.*

No 635a.

Type Coq.

630	10 c. vert-jaune	0 15	0 15	0 15
	(Sur lettre)			23 »
	(Id. seul)			» »
631	30 c. lilas foncé	0 50	0 30	0 50
	(Sur lettre)			23 »
	(Id. seul)			125 »
632	40 c. bleu	0 15	0 15	0 15
	(Sur lettre)			23 »
	(Id. seul)			125 »
633	50 c. rouge	0 15	0 15	0 15
	(Sur lettre)			23 »
	(Id. seul)			230 »

Type Marianne.

634	60 c. sépia	0 15	0 15	0 15
	(Sur lettre)			30 »
	(Id. seul)			230 »
635	70 c. lilas-rose	0 15	0 15	0 15
	(Sur lettre)			23 »
	(Id. seul)			125 »
	a. (bonnet à pointe)	30 »	30 »	30 »
636	80 c. vert-jaune	1 40	0 80	1 40
	(Sur lettre)			23 »
	(Id. seul)			155 »
637	1 f. violet	0 30	0 15	0 30
	(Sur lettre)			15 50
	(Id. seul)			155 »
638	1 f. 20, rouge carminé	0 30	0 15	0 30
	(Sur lettre)			15 50
	(Id. seul)			185 »
639	1 f. 50, bleu	0 15	0 15	0 15
	(Sur lettre)			7 65
	(Id. seul)			15 50

Type Coq.

640	2 f. gris-bleu	0 15	0 15	0 15
	(Sur lettre)			15 50
	(Id. seul)			230 »

Type Marianne.

641	2 f. 40, vermillon	1 85	1 10	1 85
	(Sur lettre)			40 »
	(Id. seul)			915 »
642	3 f. vert foncé	0 30	0 15	0 30
	(Sur lettre)			23 »
	(Id. seul)			125 »
643	4 f. bleu clair	0 30	0 15	0 30
	(Sur lettre)			15 50
	(Id. seul)			61 »

644	4 f. 50, noir	0 15	0 15	0 15
	(Sur lettre)			15 50
	(Id. seul)			46 »
645	5 f. bleu-violet	5 50	3 35	5 50
	(Sur lettre)			77 »
	(Id. seul)			230 »
	Type Coq.			
646	10 f. violet	6 »	3 85	6 »
	(Sur lettre)			77 »
	(Id. seul)			» »
647	15 f. sépia	6 »	3 90	6 »
	(Sur lettre)			77 »
	(Id. seul)			» »
648	20 f. vert-noir	5 35	3 40	5 35
	(Sur lettre)			77 »
	(Id. seul)			305 »
	Nos 630 à 648 (19 val.)	29 »	18 50	29 »
	La série, non dentelée		500 »	

Les timbres au type Coq ont une gomme mate, peu visible.

1944. - *Type Iris. Typographie. Dentelés 14 x 13½.*

649	80 c. vert-jaune	0 30	0 15	0 30
	(Sur lettre)			4 60
	(Id. seul)			15 50
650	1 f. bleu clair	0 15	0 15	0 15
	(Sur lettre)			1 60
	(Id. seul)			4 60

	a. (Bord de feuille filigrané)	30 »		
651	1 f. 20, violet	0 15	0 15	0 15
	(Sur lettre)			0 80
	(Id. seul)			1 60
652	1 f. 50, rouge-brun	0 15	0 15	0 15
	(Sur lettre)			0 80
	a. bistre	0 15	0 15	0 15
653	2 f. brun	0 15	0 15	0 15
	(Sur lettre)			0 80
	(Id. seul)			1 60
	a. (bord de feuille filigrané)	120 »		
654	2 f. 40, rose carminé	0 30	0 15	0 30
	(Sur lettre)			3 »
	(Id. seul)			46 »
655	3 f. rouge-orange	0 30	0 15	0 15
	(Sur lettre)			3 »
	(Id. seul)			6 »
	a. (bord de feuille filigrané)	30 »		
656	4 f. bleu	0 30	0 15	0 30
	(Sur lettre)			4 60
	(Id. seul)			9 15
	Nos 649 à 656 (8 val.)	1 80	1 20	1 65
	La série, non dentelée		77 »	

1944. - *Type Mercure. Timbres de 1942 (nos 546 à 549) surchargés RF*

657	10 c. outremer	0 15	0 15	0 15
	(Sur lettre)			1 60
	(Id. seul)			7 65
658	30 c. rouge	0 15	0 15	0 15
	(Sur lettre)			1 60
	(Id. seul)			4 60
659	40 c. violet	0 15	0 15	0 15
	(Sur lettre)			1 60
	(Id. seul)			3 »
660	50 c. turquoise	0 15	0 15	0 15
	(Sur lettre)			0 80
	(Id. seul)			1 60
	Nos 657 à 660 (4 val.)	0 60	0 60	0 60

1944. - *Huitième centenaire de la basilique de Saint-Denis. Taille-douce. Dentelé 13.*

Tombeaux des rois de France dans la crypte.

661	2 f. 40, brun-rouge	0 50	0 30	0 50
	(Sur lettre)			4 60
	(Id. seul)			155 »
	a. (Non dentelé)		40 »	

Tirage : 2 400 000.

1944. - *Centenaire de la bataille de l'Isly (Algérie). Effigie du maréchal Bugeaud (1784-1849). Taille-douce. Dentelé 13.*

Thomas Robert Bugeaud, marquis de la Piconnerie.

662	4 f. gris-vert	0 30	0 15	0 30
	(Sur lettre)			4 60
	(Id. seul)			23 »
	a. (Non dentelé)		40 »	

Tirage : 2 400 000.

1944. - *Cathédrales. Au profit de l'Entraide française. Taille-douce. Dentelés 13.*

Angoulême.

Chartres.

Amiens.

663	50 c.+1 f. 50, noir	1 »	0 65	1 »
664	80 c.+2 f. 20, lie-de-vin	1 »	0 65	1 »
665	1 f. 20+2 f. 80, brun-rouge	1 »	0 65	1 »

Beauvais.

Albi.

666	1 f. 50+3 f. 50, bleu	1 »	0 65	1 »
667	4 f.+6 f. orange	1 »	0 65	1 »
	Nos 663 à 667 (5 val.)	5 »	3 25	5 »
	La série, non dentelée		345 »	

Tirage : 1 375 000 séries.

Écusson de Renouard de Villayer, créateur de la Petite Poste.

1944. - *Journée du Timbre. Au profit de l'Entraide française. Taille-douce. Dentelé 13.*

668	1 f. 50+3 f. 50, brun	0 30	0 15	0 30
	(Sur lettre)			4 60
	(Id. seul)			16 »
	a. (Non dentelé)		46 »	

Tirage : 2 700 000.

> **1944**
> **Du N° 599 au N° 668 =**
> **70 timbres **107 *64 ⊙95**

1945. - *Libération. Taille-douce. Dentelé 13.*

669	4 f. bleu	0 50	0 30	0 50
	(Sur lettre)			3 »
	(Id. seul)			15 50
	a. (Non dentelé)		54 »	

Tirage : 7 500 000.

IVe République

1945-47. - *Typographie. Dentelés 14 x 13½.*

Chaînes brisées.

Cérès de Mazelin.

Type Chaînes brisées.

670	10 c. brun-noir	0 15	0 15	0 15
	(Sur lettre)			3 »
	(Id. seul)			40 »
671	30 c. vert	0 15	0 15	0 15
	(Sur lettre)			3 »
	(Id. seul)			23 »
672	40 c. lilas-rose	0 35	0 15	0 35
	(Sur lettre)			3 »
	(Id. seul)			23 »
673	50 c. violet foncé	0 15	0 15	0 15
	(Sur lettre)			3 »
	(Id. seul)			15 50

Type Cérès de Mazelin.

674	60 c. outremer	0 15	0 15	0 15
	(Sur lettre)			3 »
	(Id. seul)			23 »
675	80 c. vert-jaune	0 15	0 15	0 15
	(Sur lettre)			3 »
	(Id. seul)			15 50
676	1 f. rose-rouge	0 15	0 15	0 15
	(Sur lettre)			3 »
	(Id. seul)			4 60
677	1 f. 20, brun-noir	0 15	0 15	0 15
	(Sur lettre)			3 »
	(Id. seul)			61 »
678	1 f. 30, bleu	0 15	0 15	0 15
	(Sur lettre)			3 »
	(Id. seul)			11 »
679	1 f. 50, lilas	0 15	0 15	0 15
	(Sur lettre)			3 »
	(Id. seul)			4 60
680	2 f. vert-jaune	0 15	0 15	0 15
	(Sur lettre)			3 »
	(Id. seul)			4 60
681	2 f. 50, brun	0 15	0 15	0 15
	(Sur lettre)			3 »
	(Id. seul)			4 60
	Nos 670 à 681 (12 val.)	2 »	1 80	2 »
	Nos 670 à 681, sauf 678 et 680, ▯, chaque		9 15	

Le 90 c. vert au type Cérès de Mazelin n'existe qu'avec préoblitération (voir Préoblitérés n° 89).

1945. - *Série de Londres. Marianne de Dulac. Taille-douce. Dentelés 11½ x 12½.*

682	10 c. bleu	0 15	0 15	0 15
	(Sur lettre)			3 »
	(Id. seul)			46 »
683	30 c. jaune-bistre	0 15	0 15	0 15
	(Sur lettre)			3 »
	(Id. seul)			30 »
684	40 c. bleu-noir	0 15	0 15	0 15
	(Sur lettre)			3 »
	(Id. seul)			30 »
685	50 c. vermillon	0 15	0 15	0 15
	(Sur lettre)			3 »
	(Id. seul)			92 »
686	60 c. bleu-gris	0 15	0 15	0 15
	(Sur lettre)			3 »
	(Id. seul)			92 »
687	70 c. brun-violet	0 15	0 15	0 15
	(Sur lettre)			3 »
	(Id. seul)			46 »
688	80 c. vert	0 15	0 15	0 15
	(Sur lettre)			3 »
	(Id. seul)			15 50
689	1 f. lilas	0 15	0 15	0 15
	(Sur lettre)			3 »
	(Id. seul)			6 »
690	1 f. 20, noir-olive	0 15	0 15	0 15
	(Sur lettre)			3 »
	(Id. seul)			40 »
691	1 f. 50, groseille	0 15	0 15	0 15
	(Sur lettre)			3 »
	(Id. seul)			4 60
692	2 f. brun	0 15	0 15	0 15
	(Sur lettre)			3 »
	(Id. seul)			4 60

693	2 f. 40, rouge BF n° 4	0 15	0 15	0 15
	(Sur lettre)			3 »
	(Id. seul)			305 »
	a. (Non dentelé)	750 »	600 »	
694	3 f. olive	0 15	0 15	0 15
	(Sur lettre)			3 »
	(Id. seul)			7 65
695	4 f. outremer	0 30	0 15	0 30
	(Sur lettre)			3 »
	(Id. seul)			15 50
696	4 f. 50, gris foncé	0 30	0 15	0 30
	(Sur lettre)			3 »
	(Id. seul)			23 »
697	5 f. orange	0 30	0 15	0 30
	(Sur lettre)			7 65
	(Id. seul)			46 »
698	10 f. vert clair	0 30	0 15	0 30
	(Sur lettre)			7 65
	(Id. seul)			46 »
699	15 f. lie-de-vin	0 50	0 15	0 30
	(Sur lettre)			15 50
	(Id. seul)			77 »
700	20 f. brun-orange	2 15	1 10	1 85
	(Sur lettre)			15 50
	(Id. seul)			61 »
701	50 f. violet foncé	4 20	2 30	3 »
	(Sur lettre)			23 »
	(Id. seul)			77 »
	Nos 682 à 701 (20 val.)	10 »	6 10	8 30

Imprimés à Londres chez De La Rue.

Toutes les valeurs existent, non dentelées, souvent collées sur les feuilles de De La Rue. (valeur : 460 » chaque).

Dès 1942 deux séries de trois valeurs chacune, portant la même effigie mais avec encadrement différent avaient été imprimées en héliogravure chez Harrison and Sons et livrées au gouvernement de la France Libre du Général de Gaulle. Ces deux séries ne furent pas mises en cours.

Dentelés 15 x 14.

I

II

Type I.

701A	25 c. *vert*	210 »	120 »
701B	1 f. *rose-rouge*	210 »	120 »
701C	2 f.50, *outremer*	210 »	120 »

Type II.

701D	25 c. *vert*	40 »	27 »
701E	1 f. *rose-rouge*	40 »	27 »
701F	2 f.50, *outremer*	40 »	27 »

1945. - *Type Arc de Triomphe de 1944. 2e série. Chiffres de la valeur en noir. Lithographie. Dentelés 11.*

702	30 c. orange	0 15	0 15	0 15
	(Sur lettre)			3 »
	(Id. seul)			30 »
703	40 c. gris	0 15	0 15	0 15
	(Sur lettre)			3 »
	(Id. seul)			40 »
704	50 c. jaune-olive	0 15	0 15	0 15
	(Sur lettre)			3 »
	(Id. seul)			46 »
705	60 c. violet	0 15	0 15	0 15
	(Sur lettre)			3 »
	(Id. seul)			46 »
706	80 c. vert-jaune	0 15	0 15	0 15
	(Sur lettre)			3 »
	(Id. seul)			30 »
707	1 f. 20, brun	0 15	0 15	0 15
	(Sur lettre)			3 »
	(Id. seul)			30 »
708	1 f. 50, rouge	0 15	0 15	0 15
	(Sur lettre)			3 »
	(Id. seul)			30 »
709	2 f. jaune-orange	0 15	0 15	0 15
	(Sur lettre)			3 »
	(Id. seul)			30 »
710	2 f. 40, rose carminé	0 15	0 15	0 15
	(Sur lettre)			6 »
	(Id. seul)			385 »
711	3 f. lilas	0 15	0 15	0 15
	(Sur lettre)			6 »
	(Id. seul)			46 »
	Nos 702 à 711 (10 val.)	1 50	1 50	1 50

Série imprimée aux États-Unis.

1945-47. - *Marianne de Gandon.*

N° 722a.

Typographie. Format 17 x 21. Dentelés 14 x 13½.

712	1 f. 50, rose carminé	0 15	0 15	0 15
	(Seul sur lettre)			7 65
	a. (Sans f après 1)	12 50	7 65	3 85
713	2 f. vert	0 15	0 15	0 15
	(Seul sur lettre)			1 60
	a. vert foncé	0 30	0 15	0 15
	b. (2 sans f)	14 »	8 40	5 35
714	2 f. 40, rouge	0 50	0 15	0 50
	(Seul sur lettre)			460 »
715	3 f. brun foncé	0 15	0 15	0 15
	(Seul sur lettre)			1 60
	a. brun-noir	0 30	0 15	0 30
716	3 f. rose	0 15	0 15	0 15
	(Seul sur lettre)			1 60
	a. rose carminé	0 30	0 15	0 15
716A	3 f. vert	2 30	1 10	0 50
	(Seul sur lettre)			3 »
716B	3 f. 50, rouge-brun	1 »	0 50	0 65
	(Seul sur lettre)			4 60
717	4 f. outremer	0 15	0 15	0 15
	(Seul sur lettre)			30 »
	a. bleu	0 30	0 15	0 30
718	4 f. violet clair	0 15	0 15	0 15
	(Seul sur lettre)			15 50
	a. violet vif	0 30	0 15	0 30
718A	4 f. 50, bleu	0 15	0 15	0 15
	(Seul sur lettre)			15 50
719	5 f. vert	0 30	0 15	0 15
	(Seul sur lettre)			7 65
719A	5 f. rose	0 15	0 15	0 15
	(Seul sur lettre)			7 65
	(Idem, sur lettre des 1 ou 2/1/47)			460 »
719B	5 f. bleu	0 30	0 15	0 30
	(Seul sur lettre)			3 »
720	6 f. bleu-violet	0 30	0 15	0 30
	(Seul sur lettre)			1 60
721	6 f. rouge	2 »	1 10	1 30
	(Seul sur lettre)			30 »
721A	6 f. rose carminé	0 30	0 15	0 15
	(Seul sur lettre)			3 »
722	10 f. orange	0 80	0 45	0 65
	(Seul sur lettre)			30 »
	a. (Boucle d'oreille)	50 »	40 »	25 »
723	10 f. bleu	2 »	1 10	1 »
	(Seul sur lettre)			125 »
724	15 f. lilas-rose	4 »	2 30	2 30
	(Seul sur lettre)			30 »
	Nos 712 à 724 (19 val.)	15 »	8 50	9 »

Taille-douce. Format 18 x 22. Dentelés 14 x 13.

725	4 f. bleu	0 30	0 15	0 30
	(Seul sur lettre)			7 65
726	10 f. bleu	1 60	0 80	0 65
	(Seul sur lettre)			46 »
727	15 f. lilas-rose	11 »	6 »	2 50
	(Seul sur lettre)			77 »
	a. lilas-rose pâle	12 50	6 90	2 30
728	20 f. vert	1 60	0 80	0 65
	(Seul sur lettre)			46 »
	a. vert pâle	1 85	1 10	0 80
729	25 f. orange	11 »	5 80	1 85
	(Seul sur lettre)			92 »

Taille-douce. Format 22 x 36. Dentelés 13.

730	20 f. vert	1 60	1 »	1 40
	(Seul sur lettre)			92 »
731	25 f. violet	2 »	1 10	1 60
	(Seul sur lettre)			54 »
	a. lilas-gris	3 85	2 30	2 »
732	50 f. brun-rouge	2 40	1 25	2 40
	(Seul sur lettre)			54 »
733	100 f. carmin	15 50	9 10	7 65
	(Seul sur lettre)			230 »
	a. rose	17 »	11 »	8 40

	b. (à la bretelle)	140 »	80 »	45 »
	Nos 725 à 733 (9 val.)	47 »	26 »	19 »

Mèches reliées.

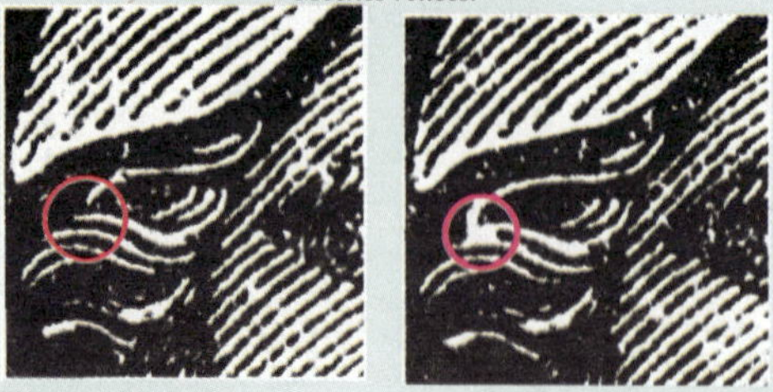

720a	6 f. bleu-violet	28 »	20 »	11 50
721a	6 f. rouge	28 »	20 »	14 »
721Aa	6 f. rose carminé	28 »	20 »	11 50
721Ab	Idem, retouché	54 »	40 »	17 »

Cette variété existant sur les cases 44 et 94 a été retouchée au cours des tirages du 6 f. rose.

Mèches croisées.

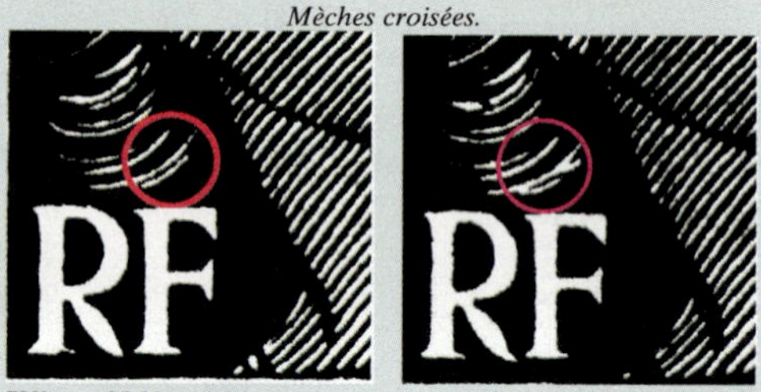

720b	6 f. bleu-violet	28 »	20 »	11 50
721b	6 f. rouge	28 »	20 »	14 »
721Ac	6 f. rose carminé	28 »	20 »	11 50

Cette variété existe sur les cases 15 et 65.

Non dentelés.

Nos 712, 713, 714, 715, 716, 717, 719 720, 721, 722, 723 et 724 (12 valeurs) 215 »

718A et 719B (chaque timbre)	305 »
725 à 729 (5 valeurs)	110 »
730 et 731 (chaque timbre)	115 »
732 et 733 (chaque timbre)	535 »

Le n° 719A, vendu à la poste avec un rabais de 10%, n'affranchissait que pour 4 f. 50.

Voir, de 1948 à 1953, les valeurs au même type parues dans d'autres couleurs (nos 806 à 813, 827, 883 à 887, 968 et Préoblitérés n° 95) et celles émises en 1949 à l'occasion de l'Exposition du centenaire du Timbre (nos 832 et 833).

1945. - *Libération de Metz et de Strasbourg. Armoiries. Taille-douce. Dentelés 14 x 13.*

Metz.

Strasbourg.

734	2 f. 40, bleu	0 30	0 15	0 30
	(Sur lettre)			7 65
	(Id. seul)			155 »
735	4 f. brun-noir	0 30	0 15	0 30
	(Sur lettre)			7 65
	(Id. seul)			30 »
	La paire, non dentelée		70 »	

Tirages : 5 035 000 et 5 040 000.

1945. - *Au profit des tuberculeux. Typographie. Dentelés 14 x 13½.*

736	2 f.+1 f. orange	0 30	0 15	0 30
	a. (Non dentelé)		19 25	

Est reparu surchargé en 1945 (n° 750).

Tirage : 38 000 000.

1945. - *Au profit des victimes de guerre des P.T.T. Taille-douce. Dentelé 13.*

737	4 f.+6 f. brun-lilas	0 30	0 15	0 30
	a. (Non dentelé)		42 »	

Tirage : 5 050 000.

1945. - *Centenaire de la naissance de Sarah Bernhardt (1844-1923). Au profit de la fondation Coquelin. Taille-douce. Dentelé 13.*

Rosine Bernard dite Sarah Bernhardt par Bastien-Lepage.

738	4 f.+1 f. brun-lilas	0 50	0 30	0 50
	a. (Non dentelé)		77 »	

Tirage : 4 500 000.

1945. - *Libération de l'Alsace et de la Lorraine. Taille-douce. Dentelé 13.*

Alsacienne et Lorraine, Cathédrales de Strasbourg et de Metz.

739	4 f. rouge-brun	0 30	0 15	0 30
	a. (Non dentelé)		54 »	

Tirage : 4 950 000.

1945. - *Au profit de la Croisade de l'air pur. Taille-douce. Dentelé 13.*

740	4 f.+2 f. vert-bleu	0 30	0 15	0 30
	a. (Non dentelé)		46 »	

Tirage : 3 500 000.

1945. - *La France d'Outre-mer. Type de 1940 avec millésime 1945 et Croix de Lorraine. Taille-douce. Dentelé 13.*

741	2 f. bleu-vert (453)	0 30	0 15	0 30
	a. (Non dentelé)		30 »	

Tirage : 4 250 000.

1945. - *Anniversaire de la destruction d'Oradour-sur-Glane. Au profit de l'Entraide française. Taille-douce. Dentelé 13.*

L'incendie de l'Église.

742	4 f.+2 f. gris	0 30	0 15	0 30
	a. (Non dentelé)		40 »	

Tirage : 4 500 000.

1945. - *Journée du Timbre. Effigie de Louis XI. Au profit de l'Entraide française. Taille-douce. Dentelé 13.*

Louis XI (1423-1483).

743	2 f.+3 f. bleu	0 65	0 30	0 65
	a. (Non dentelé)		50 »	

Tirage : 3 530 000.

1945. - *Au profit de l'Entraide française. Taille-douce. Dentelés 13.*

Place Jean Bart, à Dunkerque.

Cathédrale et quais de Rouen.

744	1 f. 50+1 f. 50, rouge-brun	0 65	0 50	0 65
745	2 f.+2 f. violet	0 65	0 50	0 65

Église Saint-Jean, à Caen.

Les remparts, à Saint-Malo.

746	2 f. 40+2 f. 60, bleu	0 65	0 50	0 65
747	4 f.+4 f. noir	0 65	0 50	0 65
	Nos 744 à 747 (4 val.)	2 60	2 »	2 60
	La série, non dentelée		185 »	

Tirage : 3 225 000 séries.

1945
Du No 669 au No 747
(sauf 701A à F) =
85 timbres ****82** ***48** **⊙46**

1946. - *Propagande sanitaire. Taille-douce. Dentelés 13.*

Alfred Fournier (1839-1914), médecin.

Henri Becquerel (1852-1908), prix Nobel de Physique, 1903.

748	2 f.+3 f. rouge-brun	0 50	0 30	0 50
749	2 f.+3 f. violet	0 50	0 30	0 50
	La paire, non dentelée		110 »	

Tirage : 2 225 000 dont 2 200 000 vendus.

Le n° 748 a été émis en bleu-noir en 1947 (n° 789).

1946. - *Timbre de 1945 (n° 736) surchargé :*

750	3 f. s. 2 f.+1 f. orange	0 30	0 15	0 30

Tirage : 11 700 000.

1946. - *Pour les plus grands invalides de guerre. Taille-douce. Dentelé 13.*

Chapelle des Invalides, à Paris.

751	4 f.+6 f. rouge-brun	0 50	0 30	0 50
	a. (Non dentelé)		40 »	

Tirage : 2 300 000.

1946. - *Pour les oeuvres de la marine. Taille-douce. Dentelé 13.*

Bâtiments de ligne.

752	2 f.+3 f. noir	1 »	0 65	1 »
	a. (Papier mince)	1 85	1 »	1 10
	b. (Non dentelé)		125 »	

Tirage : 2 525 000.

1946. - *Pour le Musée postal. Taille-douce. Dentelé 13.*

"Le cachet de cire", d'après J.-B. Chardin (1699-1779).

753	2 f.+3 f. rouge-brun	0 65	0 30	0 65
	a. (Papier mince)	1 60	1 »	1 10
	b. (Non dentelé)		155 »	

Tirage : 2 640 000.

1946. - *Journée du Timbre. Taille-douce. Dentelé 13.*

Guillaume Fouquet, marquis de La Varane (1560-1616), et chapelle du Prytanée de la Flèche.

754	3 f.+2 f. brun-noir	0 80	0 50	0 80
	a. (Non dentelé)		84 »	

Tirage : 3 100 000.

1946. - *Armoiries de Provinces (III). Typographie. Dentelés 14 x 13½.*

Corse.

Alsace.

755	10 c. outremer et noir	0 15	0 15	0 15
	a. bleu-gris et noir	0 30	0 15	0 30
756	30 c. noir, rouge et jaune	0 15	0 15	0 15

Lorraine.

Nice.

757	50 c. brun, jaune et rouge	0 15	0 15	0 15
758	60 c. noir, rouge et outremer	0 15	0 15	0 15
	Nos 755 à 758 (4 val.)	0 60	0 60	0 60
	La série, non dentelée		61 »	

Tirages : 71 900 000, 129 900 000, 244 500 000 et 64 600 000.

1946. - *Monuments et sites. Taille-douce. Dentelés 13.*

Vézelay.

Palais du Luxembourg, oeuvre de Salomon de Brosse (1571-1626).

759	5 f. lilas	0 30	0 15	0 30
760	10 f. bleu	0 30	0 15	0 30
	a. bleu clair	0 30	0 15	0 30
	b. (Non dentelé)		840 »	

Un 12 f. rose carminé et un 15 f. rouge, Palais du Luxembourg, ont paru en 1948 (n°s 803 et 804).

Tirages : 34 500 000 et 124 300 000.

1946. - *Conférence de la paix, à Paris. Taille-douce. Dentelés 13.*

761	3 f. vert foncé	0 30	0 15	0 30
762	10 f. bleu	0 30	0 15	0 30
	La paire, non dentelée		110 »	

Tirages : 15 000 000 et 10 000 000.

1946. - *Monuments et sites. Taille-douce. Dentelés 13.*

Rocamadour.

Pointe du Raz.

763	15 f. brun-lilas	5 35	3 »	0 65
764	20 f. bleu-noir	1 60	0 80	0 30
	a. (Non dentelé)		840 »	

Tirages : 46 850 000 et 185 300 000.

1946. - *Célébrités du XVe siècle. Taille-douce. Dentelés 13.*

Villon.

Fouquet.

Commynes.

765	2 f.+1 f. vert foncé	1 90	1 25	1 90
766	3 f.+1 f. noir	1 90	1 25	1 90

	a. (Bonnet à pointe)	40 »	25 »	30 »
	b. (Non dentelé)		500 »	
767	4 f.+3 f. brun-rouge	1 90	1 25	1 90

Jeanne d'Arc.

Jean Charlier, dit Jean de Gerson.

Charles VII.

768	5 f.+4 f. outremer	2 10	1 25	2 10
769	6 f.+5 f. sépia	2 10	1 50	2 10
770	10 f.+6 f. rouge	2 10	1 50	2 10
	a. (Papier mince)	14 »	9 15	14 »
	N°s 765 à 770 (6 val.)	12 »	8 »	12 »

Tirage : 2 200 000 séries.

1946. - *Conférence générale de l'U.N.E.S.C.O. (Organisation pour le développement de l'éducation, des sciences et de la culture dans les Nations Unies), à Paris. Taille-douce. Dentelé 13.*

771	10 f. bleu	0 30	0 15	0 30

Tirage : 5 000 000.

1946
Du N° 748 au N° 771 =
24 timbres ****25** ***16** **⊙19**

1947. - *Cathédrales et Basiliques. Taille-douce. Dentelés 13.*

Basilique romane Saint-Sernin, de Toulouse.

Basilique Notre-Dame du Port, à Clermont-Ferrand.

772	1 f.+1 f. rose	1 30	0 80	1 30
773	3 f.+2 f. bleu-noir	3 70	2 15	3 70

Saint-Front, de Périgueux.

Saint-Julien, Le Mans.

774	4 f.+3 f. brun-rouge	1 90	1 10	1 90
775	6 f.+4 f. bleu	1 90	1 10	1 90

Notre-Dame de Paris.

776	10 f.+6 f. vert	3 70	2 15	3 70
	Nos 772 à 776 (5 val.)	12 50	7 30	12 50

Tirage : 1 600 000 séries.

1947. - *Monuments et sites. Taille-douce. Dentelés 13.*

La Croisette, à Cannes.

Place Stanislas, à Nancy.

777	6 f. rouge	1 85	1 10	0 80
778	25 f. brun-noir	5 35	3 »	0 50

Ce dernier a reparu en bleu en 1948 (n° 822).

Tirages : 16 350 000 et 72 800 000.

1947. - *Journée du Timbre. Michel Le Tellier, marquis de Louvois. Taille-douce. Dentelé 13.*

779	4 f. 50+5 f. 50, rose carminé	1 85	1 10	1 85
	a. (Papier mince)	10 »	6 »	10 »

Tirage : 2 200 000.

1947. - *12e Congrès de l'Union Postale Universelle, à Paris. Taille-douce. Dentelés 13.* ✈

Colonnade du Louvre.

La Conciergerie.

780	3 f. 50, brun-lilas	0 50	0 30	0 50
781	4 f. 50, bleu-gris	0 70	0 50	0 50

La Cité.

Place de la Concorde.

782	6 f. rouge	1 40	0 80	1 25
783	10 f. outremer	1 40	0 80	1 25
	a. bleu	2 60	1 70	2 60
	Nos 780 à 783 (4 val.)	4 »	2 40	3 50

La série, non dentelée

Tirages : 2 500 000, 4 500 000, 2 500 000 et 3 500 000.

1947. - *Centenaire de la naissance de l'explorateur Auguste Pavie. Taille-douce. Dentelé 13.*

784	4 f. 50, brun foncé	0 50	0 30	0 50

Tirage : 2 000 000.

1947. - *En l'honneur de Fénelon. Taille-douce. Dentelé 13.*

François de Salignac
de la Mothe-Fénélon.

785	4 f. 50, brun-lilas	0 50	0 30	0 50

Tirage : 2 000 000.

1947. - *5e anniversaire du débarquement britannique à Saint-Nazaire. Taille-douce. Dentelé 13.*

Monument commémoratif.

786	6 f.+4 f. bleu-noir	0 80	0 50	0 80

Tirage : 1 800 000.

1947. - *Jamboree mondial, à Moisson. Taille-douce. Dentelé 13.*

Emblème scout.

787	5 f. brun	0 50	0 30	0 50

Tirage : 2 875 000.

1947. - *Voie de la Liberté. Taille-douce. Dentelé 13.*

Une des bornes de la
Voie de la Liberté, à
Ste-Mère-Église.

788	6 f.+4 f. vert-bleu	1 25	0 80	1 25
	a. (anneau sur la flamme)	30 »	20 »	28 »

Tirage : 1 900 000.

1947. - *Alfred Fournier. Type de 1946 (n° 748). Taille-douce. Dentelé 13.*

789	2 f.+3 f. bleu-noir	0 50	0 30	0 50

Tirage : 1 970 000.

1947. - *Résistance. Taille-douce. Dentelé 13.*

790	5 f. sépia	0 80	0 50	0 80

Tirage : 2 500 000.

1947. - *Timbre de 1945-47 (Cérès, n° 678) surchargé :*

791	1 f. s. 1 f. 30, bleu (R)	0 15	0 15	0 15

Tirage : 18 300 000.

1947. - *Abbaye de Conques. Taille-douce. Dentelé 13.*

792	15 f. brun-orange	5 35	3 »	1 25

Tirage : 22 700 000.

Voir au n° 805 un 18 f. bleu au même type.

1947
Du N° 772 au N° 792 =
21 timbres ****36** *** 21** **⊙25**

1948. - *Au bénéfice de l'Entraide française. Effigie de Louis Braille. Taille-douce. Dentelé 13.*

793	6 f.+4 f. violet	0 50	0 30	0 50

Tirage : 1 900 000.

1948. - *Journée du Timbre et centenaire de l'institution du Timbre-poste par Étienne Arago. Taille-douce. Dentelé 13.*

794	6 f.+4 f. sépia	0 80	0 50	0 80

Tirage : 2 160 000.

1948. - *Centenaire de la Révolution de 1848. Taille-douce. Dentelés 13.*

Alphonse Marie-Louis de Prat de Lamartine (1790-1869).

Alexandre-Auguste Ledru-Rollin (1807-1874).

Louis Blanc (1811-1882).

795	1 f.+1 f. vert	1 60	1 »	1 60
796	3 f.+2 f. rouge-brun	1 60	1 »	1 60
797	4 f.+3 f. brun-lilas	1 60	1 »	1 60

A.-M. Albert (1815-1895).

Pierre Joseph Proudhon (1809-1865).

Louis-Auguste Blanqui (1805-1881).

798	5 f.+4 f. émeraude	4 »	2 50	4 »
799	6 f.+5 f. bleu-noir	3 10	1 85	3 10
800	10 f.+6 f. carmin	3 10	1 85	3 10

Armand Barbès (1809-1870).

Mgr Denis-Auguste Affre (1793-1848).

801	15 f.+7 f. bleu-vert	4 »	2 15	4 »
802	20 f.+8 f. violet	4 »	2 15	4 »
	Nos 795 à 802 (8 val.)	23 »	13 50	23 »
	La série, non dentelée		185 »	

Tirage : 2 000 000 de séries.

1948. - *Palais du Luxembourg. Type de 1946 (nº 760). Légende FRANCE au lieu de R.F. Taille-douce. Dentelés 13.*

803	12 f. rose carminé	3 85	2 30	0 80
804	15 f. rouge	1 »	0 50	1 »

Tirages : 25 300 000 et 8 000 000.

1948. - *Abbaye de Conques. Type de 1947 (nº 792). Légende FRANCE au lieu de RÉPUBLIQUE FRANÇAISE. Taille-douce. Dentelé 13.*

805	18 f. bleu	5 35	2 75	0 50

Tirage : 44 000 000.

1948. - *Type Marianne de Gandon. Format 17 x 21. Typographie. Dentelés 14 x 13½.* ©

806	3 f. rose-lilas	0 30	0 15	0 30
807	4 f. émeraude	0 30	0 15	0 30
808	4 f. orange	3 70	2 15	1 10
809	5 f. vert clair	1 »	0 65	0 30
810	8 f. bleu clair	0 50	0 30	0 30
811	10 f. lilas	0 30	0 15	0 15

	a. (Sans le "F" après le 10)	60 »	60 »	60 »
812	12 f. outremer	3 70	2 15	0 50
	a. (Non dentelé)	30 »		

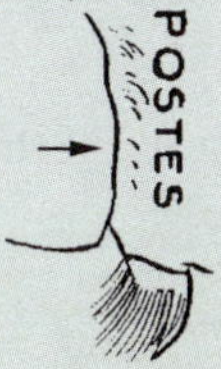

Type I

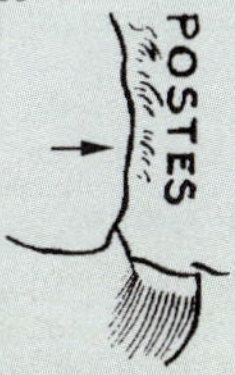

Type II

813	15 f. rouge (I)	1 20	0 50	0 15
	a. (Type II)	19 25	12 50	4 60
	b. (avec band. publ.) (II)	19 25	12 50	6 »
	c. (Non dentelé) (I)		19 25	
	Nos 806 à 813 (8 val.)	11 »	6 20	3 10

Voir au n° 95 des Préoblitérés, le 2 f. 50, brun, au même type.

1948. - *1er Congrès international du B. C. G. (Bacille, Calmette-Guérin). Taille-douce. Dentelé 13.*

Calmette dans son laboratoire.

814	6 f.+4 f. bleu-vert	1 »	0 50	0 80

Tirage : 1 800 000.

1948. - *Anniversaire de la mort du général Leclerc de Hauteclocque (1902-1947). Taille-douce. Dentelé 13.*

Leclerc et cathédrale de Strasbourg.

815	6 f. noir	0 50	0 30	0 50
	a. (Non dentelé)		40 »	

Tirage : 8 100 000.

Un 8 f. brun-rouge et un 12 f. olive et bleu-gris au même type ont été émis en 1953-54 avec la légende GÉNÉRAL LECLERC, MARÉCHAL DE FRANCE (nos 942 et 984).

1948. - *Centenaire de la mort de François-René, Vicomte de Chateaubriand. Taille-douce. Dentelé 13.*

Chateaubriand et le château de Combourg.

816	18 f. bleu	0 50	0 30	0 50
	a. (Non dentelé)		40 »	

Tirage : 2 480 000.

1948. - *Barrage de Génissiat. Taille-douce. Dentelé 13.*

Barrage de Génissiat.

817	12 f. rose carminé	1 »	0 50	1 »
	a. (Non dentelé)		40 »	

Tirage : 2 000 000.

1948. - *Assemblée générale des Nations Unies, à Paris. Taille-douce. Dentelés 13.*

Palais de Chaillot.

Palais de Chaillot.

818	12 f. rouge carminé	0 65	0 30	0 65
819	18 f. bleu-noir	0 65	0 50	0 65
	La paire, non dentelée		305 »	

Tirages : 3 000 000 et 3 500 000.

1948. - *Transfert, au Panthéon des cendres de célébrités. Taille-douce. Dentelés 14 x 13.*

Paul Langevin.

Jean Perrin.

820	5 f. brun-rouge	0 50	0 30	0 30
821	8 f. bleu-vert	0 50	0 30	0 30
	La paire, non dentelée		50 »	

Tirage : 2 890 000 paires.

1948. - *Place Stanislas, à Nancy. Type de 1947 (n° 778). Taille-douce. Dentelé 13.*

822	25 f. bleu	14 »	7 65	1 60

Tirage : 8 000 000.

1948
Du N° 793 au N° 822 =
30 timbres   **65   *37   ⊙36

1949. - *Série des métiers. Taille-douce. Dentelés 13.*

Agriculteur.

Marin pêcheur.

823	3 f.+1 f. lilas-brun	1 20	0 65	0 80
824	5 f.+3 f. bleu	1 20	0 65	1 »
	a. double galon sur la manche	40 »	23 »	9 15

Mineur.

Métallurgiste.

825	8 f.+4 f. bleu-noir	1 20	0 65	1 »
826	10 f.+6 f. rouge	1 40	1 05	1 20
	Nos 823 à 826 (4 val.)	5 »	3 »	4 »
	La série, non dentelée		92 »	

Tirage : 1 600 000 séries.

1949. - *Timbre de 1945-47 (Marianne de Gandon, n° 721A) surchargé :*

827	5 f. s. 6 f. rose	0 30	0 15	0 30
	a. (mèches reliées)	230 »	125 »	29 »
	b. (Idem, retouché)	17 »	11 »	8 40
	c. (mèches croisées)	15 50	9 15	7 65

Tirage : 32 500 000.

Pour explication des nos 827a, b et c voir après le n° 733.

1949. - *Journée du Timbre. Portrait d'Étienne-François, duc de Choiseul (1719-1785) et malle-poste. Taille-douce. Dentelé 13.*

828	15 f.+5 f. vert	1 40	0 65	1 40
	a. (Non dentelé)		77 »	

Tirage : 1 800 000.

1949. - *Expéditions polaires de Paul-Emile Victor. Taille-douce. Dentelé 13.*

829	15 f. bleu-noir	0 50	0 30	0 50
	a. (Non dentelé)		77 »	

Tirage : 3 450 000.

1949. - *Centenaire du Timbre.*

Type de 1849-50 (Cérès).
Taille-douce. Non dentelés.

830	15 f. rouge	4 »	2 30	4 »
831	25 f. bleu	4 »	2 30	4 »

Type de 1945 (Marianne de Gandon).
Taille-douce. Dentelés 14 x 13.

832	15 f. rouge	4 »	2 30	4 »
833	25 f. bleu	4 »	2 30	4 »

Ces quatre timbres ont été imprimés par bandes verticales, les deux paires étant séparées par un intervalle portant la mention CENTENAIRE 1849-1949 DU TIMBRE-POSTE, imprimée en rouge-brun.

833A	la bande	20 »	14 »	20 »
	Idem, avec dentelure inversée	3 100 »	2 700 »	

Tirage : 2 520 000 bandes.

Le 10 f., émis à l'occasion de la CITEX, est catalogué sous le n° 841. Voir aussi la rubrique BF n° 5.

1949. - *Armoiries de provinces (IV). Typographie. Dentelés 14 x 13½.*

Bourgogne.

Guyenne.

Savoie.

834	10 c. outremer, rouge, jaune et noir	0 15	0 15	0 15
835	50 c. outremer, rouge, jaune et noir	0 15	0 15	0 15
836	1 f. brun et rouge	0 65	0 30	0 50

Auvergne.

Anjou.

837	2 f. vert, jaune et rouge	0 65	0 30	0 30
838	4 f. outremer, rouge et jaune	0 50	0 15	0 50
	Nos 834 à 838 (5 val.)	2 10	1 05	1 60

La série, non dentelée

Tirages : 145 010 000, 58 990 000, 94 060 000, 64 000 000 et 36 040 000.

1949. - *6e centenaire du rattachement du Dauphiné. Taille-douce. Dentelé 13.*

Collégiale St Barnard, à Romans et armoiries du Dauphiné.

839	12 f. brun-rouge	0 50	0 30	0 50
	a. (Non dentelé)		30 »	

Tirage : 2 550 000.

1949. - *Amitié franco-américaine. Taille-douce. Dentelé 13.*

Écussons des États-Unis et de la France.

840	25 f. bleu et rouge	0 80	0 50	0 80
	a. (Non dentelé)		92 »	

Tirage : 2 575 000.

1949. - *Exposition philatélique internationale de Paris (CITEX). Type de 1849. Taille-douce. Non dentelé (bordure dentelée 13).* BF *n° 5.*

841	10 f. (+100 f.) vermillon	65 »	40 »	54 »
	a. (Non dent. complet)	1 850 »	1 600 »	

Imprimés sur feuilles de 10 comme ci-dessous (voir bloc feuillet n° 5).

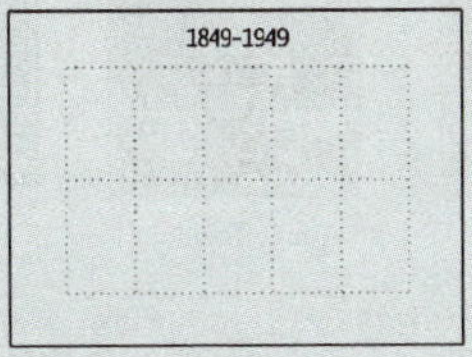

841b	La bande horizontale de 3 timbres avec marge supérieure portant 1849-1949	245 »	185 »	245 »

Tirage : 1 300 000 dont 725 000 vendus.

Le prix d'entrée à l'exposition (100 francs) donnait droit à l'achat d'un timbre (10 francs).

1949. - *Monuments et sites. Taille-douce. Dentelés 13.*

Saint-Bertrand-de-Comminges.

Abbaye de Saint-Wandrille.

841A	20 f. rouge-brique	0 30	0 15	0 30
842	25 f. outremer	0 50	0 30	0 30

Vallée de la Meuse.

Mont Gerbier de Jonc.

842A	40 f. vert-noir	18 50	10 »	0 50
843	50 f. brun violacé	3 »	1 85	0 30
	a. brun-noir	28 »	20 »	12 »
	Nos 841A à 843 (4 val.)	22 30	12 30	1 40
	La série, non dentelée		100 »	

Un 30 f. bleu clair, Abbaye St-Wandrille a paru en 1951 (n° 888).

Tirages : 132 185 000, 133 345 000, 74 450 000 et 126 750 000.

1949. - *Congrès international de Télégraphie et Téléphonie, à Paris. Taille-douce. Dentelés 13.* ✈

Claude Chappe.

F. Arago et Ampère.

844	10 f. rouge	1 10	0 65	1 10
845	15 f. brun-noir	1 25	0 65	1 25

Emile Baudot.

Emile Baudot.

Général Ferrié.

846	25 f. lie-de-vin	3 »	2 »	2 75
846A	25 f. *lie-de-vin*	4 200 »	3 200 »	
847	50 f. bleu	5 65	3 »	4 90
	Nos 844 à 847 sans le 846A (4 val.)	4 211 »	3 206 30	10 »
	La série (sans le 846A), non dentelée		215 »	

Le no 846A, portant une erreur de date (1848 au lieu de 1845), n'a pas été émis.

Tirages : 2 900 000, 3 390 000, 2 700 000 et 2 585 000.

1949. - *250e anniversaire de la mort de Jean Racine (1639-1699). Taille-douce. Dentelé 13.*

848	12 f. brun violacé	0 50	0 30	0 50
	a. (Non dentelé)		27 »	

Tirage : 2 580 000.

1949. - *Assemblée des présidents de Chambres de Commerce de l'Union française, à Paris. Taille-douce. Dentelé 13.*

849	15 f. rouge carminé	0 30	0 15	0 30
	a. (Non dentelé)		27 »	

Tirage : 2 800 000.

1949. - *75e anniversaire de l'U.P.U. Taille-douce. Dentelé 13.*

850	5 f. vert	0 30	0 15	0 30
851	15 f. rouge	0 50	0 30	0 30
852	25 f. bleu	1 60	1 10	1 10
	La série, non dentelée		690 »	

Tirages : 2 000 000, 3 000 000 et 2 000 000.

1949. - *Célébrités du XVIIIe siècle (I). Taille-douce. Dentelés 13.*

Charles de Secondat, baron de La Brède et de Montesquieu.

François Marie Arouet, dit Voltaire.

Antoine Watteau.

853	5 f.+1 f. vert	4 »	2 30	4 »
854	8 f.+2 f. bleu-noir	4 »	2 30	4 »
855	10 f.+3 f. brun-rouge	4 60	2 70	4 60

George Louis Leclerc, comte de Buffon.

Joseph François, marquis Dupleix.

Anne Robert Jacques Turgot, baron de l'Aulne.

856	12 f.+4 f. violet	4 60	2 70	4 60
857	15 f.+5 f. rouge	6 »	4 »	6 »
858	25 f.+10 f. bleu	7 80	5 »	7 80
	Nos 853 à 858 (6 val.)	31 »	19 »	31 »
	La série, non dentelée		305 »	

Tirage : 1 425 000 séries.

1949. - *Série des saisons. Bas-reliefs de la Fontaine de Bouchardon, rue de Grenelle, à Paris. Taille-douce. Dentelés 13.*

Printemps.

Été.

859	5 f.+1 f. vert	2 20	1 10	2 15
860	8 f.+2 f. jaune et brun	2 80	1 60	2 75

Automne.

Hiver.

861	12 f.+3 f. violet	3 »	1 60	2 75
862	15 f.+4 f. bleu	5 »	2 70	4 60
	N°s 859 à 862 (4 val.)	13 »	7 »	12 25
	La série, non dentelée		305 »	

Tirage : 1 325 000 séries.

1949
Du N° 823 au N° 862
(sauf N°s 833A et 846A) =
42 timbres   **172   *102   ⊙136

1950. - *Journée du Timbre. Taille-douce. Dentelé 13.*

Facteur rural.

863	12 f.+3 f. bleu	4 60	2 75	3 55
	a. (Non dentelé)		84 »	

Tirage : 1 275 000.

1950. - *Raymond Poincaré. Taille-douce. Dentelé 13.*

864	15 f. bleu-noir	0 50	0 30	0 50
	a. (Non dentelé)		30 »	

Tirage : 3 825 000.

1950. - *Charles Péguy et cathédrale de Chartres. Taille-douce. Dentelé 13.*

865	12 f. brun-noir	0 50	0 30	0 50
	a. (Non dentelé)		40 »	

Tirage : 2 950 000.

1950. - *François Rabelais (1494-1553). Taille-douce. Dentelé 13.*

866	12 f. brun-rouge	1 »	0 65	1 »
	a. (Non dentelé)		30 »	

Tirage : 2 800 000.

1950. - *Célébrités du XVIIIe siècle (II) (Révolution de 1789). Cadre bleu-noir. Taille-douce. Dentelés 13.*

André-Marie de Chénier, par J.-B. Suvée. — Jacques-Louis David, d'après son autoportrait. — Lazare Carnot.

867	5 f.+2 f. lilas	13 »	7 »	13 »
868	8 f.+3 f. sépia	13 »	7 »	13 »
869	10 f.+4 f. lie-de-vin	14 »	9 »	14 »

Georges Jacques Danton. — Maximilien de Robespierre. — Lazare Hoche.

870	12 f.+5 f. brun-rouge	16 »	10 »	16 »
871	15 f.+6 f. vert	17 »	10 »	17 »
872	20 f.+10 f. bleu	17 »	10 »	17 »
	N°s 867 à 872 (6 val.)	90 »	53 »	90 »
	La série, non dentelée		305 »	

Tirage : 1 200 000 séries.

1950. - *Taille-douce. Dentelés 13.*

Château de Châteaudun.

Madame de Sévigné, par Nanteuil.

873	8 f. brun-violet et brun	1 »	0 60	0 70
	a. (Non dentelé)		30 »	
874	15 f. bleu clair	0 80	0 40	0 70
	a. (Non dentelé)		30 »	

Tirages : 2 895 000 et 3 000 000.

1950. - *Madame Récamier (1777-1849) (détail), d'après Gérard. Taille-douce. Dentelé 13.*

875	12 f. vert	0 80	0 40	0 70
	a. (Non dentelé)		30 »	

Tirage : 2 960 000.

1950. - *Au profit de la Croix-Rouge. Croix en rouge. Taille-douce. Dentelés 13.*

Portrait de Brongniart enfant (1739-1813), par Houdon (1741-1828).

L'Amour, par Falconet (1716-1791).

876	8 f.+2 f. bleu-gris	2 75	1 60	2 75
877	15 f.+3 f. brun-rouge	3 35	1 85	3 »
	La paire, non dentelée		275 »	

Tirage : 3 000 000 de paires dont 1 350 000 vendues.

1950
Du N° 863 au N° 877 =
15 timbres ****105** ***62** **⊙103**

1951. - *Château de Fontainebleau. Taille-douce. Dentelé 13.*

La Cour des Adieux.

878	12 f. brun violacé	1 30	0 70	1 »
	a. (Non dentelé)		40 »	

Tirage : 2 895 000.

1951. - *Journée du Timbre. Taille-douce. Dentelé 13.*

Intérieur d'un wagon-poste.

879	12 f.+3 f. gris-violet	4 60	3 »	4 60
	a. (Non dentelé)		77 »	

Tirage : 1 625 000.

1951. - *Jules Ferry. Taille-douce. Dentelé 13.*

880	15 f. vermillon	0 65	0 30	0 65
	a. (Non dentelé)		50 »	

Tirage : 3 010 000.

1951. - *Exposition textile internationale de Lille. Taille-douce. Dentelé 13.*

Navette de métier à tisser.

881	25 f. bleu-violet	1 25	0 65	0 80
	a. (Non dentelé)		30 »	

Tirage : 2 800 000.

1951. - *Tricentenaire de la naissance de Saint Jean-Baptiste de La Salle (1651-1719). Taille-douce. Dentelé 13.*

882	15 f. brun-lilas	0 80	0 50	0 65
	a. (Non dentelé)		40 »	

Tirage : 3 115 000.

1951. - *Type Marianne de Gandon. Format 17 x 21. Typographie. Dentelés 14 x 13½.* Ⓒ

Pour le type II du 886b se reporter au cliché du 813a.

Dans le type III du 886d, la dernière lettre (C) suivant le nom du graveur (CORTOT SC) dépasse nettement à droite la verticale du cadre du timbre.

883	5 f. violet	0 60	0 15	0 15
884	6 f. vert	8 »	4 70	0 70
	a. (mèches reliées, retouché)	130 »	54 »	4 60
	b. (mèches croisées)	100 »	52 »	5 35
885	12 f. orange	1 »	0 50	0 30
886	15 f. outremer (type I)	0 40	0 15	0 15
	a. (avec bande publ.)	6 »	3 85	1 85
	b. id. (Type II)	8 40	5 35	1 85
	c. (avec bande publ.)	9 15	6 »	2 75
	d. id. (Type III) (roulette)	46 »	30 »	8 40
887	18 f. rose carminé	20 »	11 50	1 70
	Nos 883 à 887 (5 val.)	30 »	17 »	3 »
	La série, non dentelée		77 »	

1951. - *Abbaye de St-Wandrille. Type de 1949 (nº 842). Taille-douce. Dentelé 13.*

888	30 f. bleu clair	6 »	3 85	5 35
	a. (Non dentelé)		35 »	

Tirage : 6 160 000.

1951. - *Cinquantenaire des troupes coloniales. Taille-douce. Dentelé 13.*

889	15 f. bleu	1 »	0 60	0 70
	a. (Non dentelé)		40 »	

Tirage : 3 000 000.

1951. - *Centenaire de la naissance du compositeur Vincent d'Indy (1851-1931). Taille-douce. Dentelé 13.*

890	25 f. vert foncé	2 30	1 40	2 30
	a. (Non dentelé)		54 »	

Tirage : 2 000 000.

1951. - *Célébrités du XIXe siècle (I). Cadres brun-violet. Taille-douce. Dentelés 13.*

Alfred de Musset, par Landelle.

Eugène Delacroix (autoportrait).

Louis-Joseph Gay-Lussac.

891	5 f.+1 f. vert	8 »	4 50	8 »
892	8 f.+2 f. lie-de-vin	9 50	5 50	9 50
893	10 f.+3 f. bleu-vert	8 »	4 50	8 »

Robert, baron Surcouf, par Alaux.

Charles-Maurice de Talleyrand-Périgord, par Prud'hon (1758-1823).

Napoléon 1er, par Gros (détail) (1771-1835).

894	12 f.+4 f. violet-brun	9 50	5 50	9 50
895	15 f.+5 f. brun carminé	9 50	6 »	9 50
896	30 f.+10 f. bleu	15 50	10 »	15 50
	Nos 891 à 896 (6 val.)	60 »	36 »	60 »
	La série, non dentelée		275 »	

Tirage : 1 400 000 séries.

1951. - *Hommage à la médecine vétérinaire et à la médecine militaire. Taille-douce. Dentelés 13.*

Docteurs Nocard, Bouley, Chauveau et péristyle de l'École vétérinaire de Lyon.

Docteurs Picqué, Roussin, Villemin et chapelle du Val-de-Grâce, à Paris.

897	12 f. lilas-rose	0 70	0 50	0 65
	a. (Non dentelé)		46 »	
898	15 f. brun-lilas	0 90	0 50	0 65
	a. (Non dentelé)		54 »	

Tirages : 2 550 000 et 3 055 000.

1951. - *Armoiries de provinces (V). Typographie. Dentelés 14 x 13½.*

Artois.

Limousin.

899	10 c. carmin, outremer, noir et jaune	0 15	0 15	0 15
900	50 c. olive, noir et carmin	0 15	0 15	0 15

Béarn.

Touraine.

Franche-Comté.

901	1 f. outemer, carmin et jaune foncé	0 30	0 15	0 30
902	2 f. outremer, carmin, noir et jaune	1 10	0 65	0 50
903	3 f. carmin, outremer et jaune foncé	1 »	0 65	0 50
	Nos 899 à 903 (5 val.)	2 70	1 75	1 60
	La série, non dentelée		77 »	

1951. - *Inauguration du musée de l'imagerie française, à Epinal. Taille-douce. Dentelé 13.*

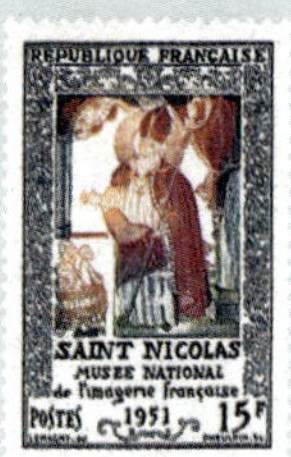

La légende de saint Nicolas.

904	15 f. bleu-noir, lie-de-vin, vert et orange	1 70	0 90	1 30
	a. (Non dentelé)		77 »	

Tirage : 3 265 000.

1951. - *Vue d'Arbois. Taille-douce. Dentelé 13.*

905	30 f. bleu-noir	1 25	0 65	0 30
	a. (Non dentelé)		40 »	

Tirage : 69 615 000.

1951. - *Bimillénaire de Paris. Taille-douce. Dentelé 13.*

Sceau de la corporation des bateliers.

906	15 f. rouge, sépia et bleu	0 80	0 50	0 50
	a. (Non dentelé)		70 »	

Tirage : 3 570 000.

1951. - *A la mémoire de l'aviateur Maurice Noguès (1889-1934) et 20e anniversaire de la ligne aérienne France-Indochine. Taille-douce. Dentelé 13.*

907	12 f. bleu-noir et bleu clair	1 10	0 65	1 »
	a. (Non dentelé)		77 »	

Tirage : 2 935 000.

1951. - *Poètes symbolistes. Taille-douce. Dentelé 13.*

Charles Baudelaire (1821-1867) et évocation des "Fleurs du Mal".

Paul Verlaine (1844-1896) et évocation de l'"Après-midi d'un faune", par Carrière.

908	8 f. violet	1 »	0 60	0 90
909	12 f. gris	1 »	0 60	0 90

Arthur Rimbaud (1854-1891) et évocation du "Bateau ivre", par Fantin-Latour.

910	15 f. vert foncé	1 »	0 60	0 90
	La série, non dentelée		92 »	

Tirage : 2 225 000 séries.

1951. - *6e session des Nations Unies, à Paris. Taille-douce. Dentelés 13.*

Tour Eiffel et palais de Chaillot.

911	18 f. rouge	1 40	1 »	1 »
912	30 f. bleu	2 45	1 40	1 40
	La paire, non dentelé		305 »	

Tirage : 3 000 000 de paires.

1951. - *4e Centenaire du château du Clos de Vougeot. Taille-douce. Dentelé 13.*

Château du Clos de Vougeot.

913	30 f. brun et violet-brun	7 65	3 85	3 »
	a. brun-jaune et violet-brun	20 »	11 50	6 »
	b. (Non dentelé)		77 »	

Tirage : 2 997 000.

1951. - *Au profit de la Croix-Rouge. Croix en rouge. Taille-douce. Dentelés 13.*

Enfant royal en prière (portrait présumé du dauphin Charles), par le Maître de Moulins.

Portrait de Nicole Ricard, par Quentin de La Tour.

914	12 f.+3 f. brun-rouge	3 85	2 30	3 85
915	15 f.+5 f. bleu	4 60	3 »	4 60
	La paire, non dentelée		230 »	

Tirage : 2 000 000 de paires.

1951. - *Monuments et sites. Taille-douce. Dentelés 13.*

Pic du Midi de Bigorre et observatoire.

Abbaye aux Hommes, Caen.

916	40 f. violet foncé	6 90	3 85	0 30
	a. (Non dentelé)		77 »	
917	50 f. brun-noir	6 »	3 »	0 30
	a. (Papier carton)	12 50	7 65	1 60

Tirages : 57 780 000 et 113 000 000.

1951. - *33e anniversaire de l'armistice. Taille-douce. Dentelé 13.*

Georges Clemenceau.

918	15 f. brun-noir	0 65	0 50	0 65
	a. (Non dentelé)		30 »	

Tirage : 3 500 000.

1951
Du N° 878 au N° 918 =
41 timbres **154 *90 ⊙103

1952. - *Journée du Timbre. Taille-douce. Dentelé 13.*

Malle-poste.

919	12 f.+3 f. vert	5 50	3 50	5 50
	a. (Non dentelé)		77 »	
	b. RepublTque ("T" au lieu de "I")	60 »	40 »	20 »

Tirage : 1 575 000.

1952. - *Maréchal de Lattre de Tassigny (1889-1952). Taille-douce. Dentelé 13.*

Vue de Colmar et piton de Ninh-Binh.

920	15 f. brun-lilas	1 25	0 80	0 80
	a. (Non dentelé)		40 »	

Tirage : 5 120 000.

Un 12 f. à ce type a paru en 1954 (n° 982).

1952. - *Porte de France, à Vaucouleurs. Taille-douce. Dentelé 13.*

921	12 f. noir violacé	1 60	1 »	1 25
	a. (Non dentelé)		70 »	

Tirage : 2 800 000.

1952. - *12e anniversaire de la bataille de Narvik (Norvège). Taille-douce. Dentelé 13.*

Le Monument aux soldats et marins français.

922	30 f. bleu-violet	4 »	2 30	2 75
	a. (Non dentelé)		77 »	

Tirage : 2 500 000.

1952. - *Réunion du Conseil de l'Europe, à Strasbourg. Taille-douce. Dentelé 13.*

Siège du Conseil et cathédrale de Strasbourg.

923	30 f. vert	9 50	5 50	7 »
	a. (Non dentelé)		575 »	

Tirage : 2 450 000.

1952. - *Château de Chambord et premier spectacle "Son et Lumière". Taille-douce. Dentelé 13.*

924	20 f. violet foncé	0 65	0 30	0 30
	a. (Non dentelé)		35 »	

Tirage : 66 500 000.

1952. - *10e anniversaire de la victoire de Bir Hakeim (Libye). Taille-douce. Dentelé 13.*

Le monument érigé dans le désert.

925	30 f. brun carminé	4 50	2 80	2 50
	a. (Non dentelé)		77 »	

Tirage : 2 000 000.

1952. - *14e centenaire de l'abbaye Sainte-Croix de Poitiers. Taille-douce. Dentelé 13.*

926	15 f. vermillon	0 65	0 50	0 65
	a. (Non dentelé)		35 »	

Tirage : 4 280 000.

1952. - *Centenaire de la Médaille militaire. Taille-douce. Dentelé 13.*

927	15 f. marron, vert et jaune	0 80	0 60	0 70
	a. (Non dentelé)		95 »	

Tirage : 4 500 000.

1952. - *Viaduc de Garabit. Taille-douce. Dentelé 13.*

928	15 f. bleu foncé	0 80	0 50	0 65
	a. (Non dentelé)		40 »	

Tirage : 4 080 000.

1952. - *5e centenaire de la naissance de Léonard de Vinci (1452-1519). Taille-douce. Dentelé 13.*

Autoportrait, château d'Amboise, et vue de Florence.

929	30 f. bleu-violet	10 »	6 »	8 40
	a. (Non dentelé)		130 »	

Tirage : 2 250 000.

1952. - *Célébrité du XIXe siècle (II). Cadres sépia. Taille-douce. Dentelés 13.*

Gustave Flaubert, écrivain.

Édouard Manet, peintre.

Camille St-Saëns, compositeur.

930	8 f.+2 f. bleu-noir	8 50	5 »	8 50
	a. (Papier carton)	25 »	16 »	16 »
931	12 f.+3 f. outremer	8 50	5 »	8 50
932	15 f.+4 f. vert foncé	8 50	5 »	8 50

Jules-Henri Poincaré, physicien.

Georges Eugène baron Haussmann, urbaniste.

Adolphe Thiers, homme d'État.

933	18 f.+5 f. brun-violet	11 50	7 »	11 50
934	20 f.+6 f. carmin	11 50	7 »	11 50
935	30 f.+7 f. violet	11 50	7 »	11 50
	Nos 930 à 935 (6 val.)	60 »	36 »	60 »
	La série, non dentelée		230 »	

Tirage : 1 300 000 séries.

1952. - *Dr René Laennec, inventeur du stéthoscope. Taille-douce. Dentelé 13.*

936	12 f. vert foncé	1 »	0 60	0 75
	a. (Non dentelé)		77 »	

Tirage : 2 825 000.

1952. - *Au profit de la Croix-Rouge. Motifs du bassin de Diane, à Versailles. Croix en rouge. Taille-douce. Dentelés 13.* ©

937	12 f.+3 f. vert	6 »	4 »	6 »
938	15 f.+5 f. bleu foncé	6 »	4 »	6 »
	a. (avec bande publ.)	16 »	10 »	16 »
	La paire, non dentelée		230 »	

Tirage : 1 600 000 paires.

Le 15+5 f. a également été émis en carnet de 10.

1952. - *Grille d'entrée du château de Versailles (d'après une gouache de Maurice Utrillo (1883-1955). Taille-douce. Dentelé 13.*

939	18 f. brun	3 50	2 »	2 30
	a. (Non dentelé)		77 »	

Tirage : 2 600 000.

Ce timbre a reparu dans d'autres couleurs en 1954 (no 988).

1952
Du No 919 au No 939 =
21 timbres **116 *70 ⊙106

1953. - *Journée du Timbre. Taille-douce. Dentelé 13.*

Marc-Pierre, comte d'Argenson (1696-1764), surintendant général des Postes.

940	12 f.+3 f. bleu	4 »	2 »	4 »
	a. (Non dentelé)		77 »	

Tirage : 1 570 000.

1953. - *Haute couture parisienne. Taille-douce. Dentelé 13.*

Mannequin en robe de soirée et place Vendôme, à Paris.

941	30 f. violet et bleu-noir	1 20	0 65	0 50
	a. (Non dentelé)		42 »	

Tirage : 29 950 000.

Voir également les n°s 970 à 974 et 1020.

1953. - *Maréchalat posthume de Philippe de Hautecloque, dit Leclerc (1902-1947). Type de 1948 (n° 815) modifié. Légende GÉNÉRAL LECLERC, MARÉCHAL DE FRANCE. Taille-douce. Dentelé 13.*

Le Maréchal Leclerc. Cathédrale de Strasbourg.

942	8 f. brun-rouge	1 25	0 65	1 10
	a. (Non dentelé)		40 »	

Tirage : 2 540 000.

Un 12 f. à ce type a paru en 1954 (n° 984).

1953. - *Théâtre français. Taille-douce. Dentelés 13.*

Gargantua.

Hernani.

943	6 f. rose-rouge et lilas	0 40	0 30	0 30
944	18 f. violet-brun et brun-noir	0 75	0 30	0 50
	La paire, non dentelée		70 »	

Voir également les n°s 956 et 957.
Tirages : 32 600 000 et 20 350 000.

1953. - *Célébrités du XIIe au XXe siècles. Taille-douce. Dentelés 13.*

Saint Bernard, 8e centenaire de sa mort.

Olivier de Serres, agronome.

Jean-Philippe Rameau, compositeur.

945	8 f.+2 f. outremer	8 »	5 »	8 »
946	12 f.+3 f. vert foncé	8 »	5 »	8 »
947	15 f.+4 f. brun carminé	13 »	8 »	13 »

Gaspard Monge, comte de Peluse, mathématicien.

Jules Michelet, historien.

Maréchal Hubert Lyautey.

948	18 f.+5 f. bleu	13 50	8 »	13 50
949	20 f.+6 f. violet	13 50	8 »	13 50
950	30 f.+7 f. brun-lilas	14 »	10 »	14 »
	N°s 945 à 950 (6 val.)	70 »	44 »	70 »
	La série, non dentelée		200 »	

Tirage : 1 300 000 séries.

1953. - *Armoiries de provinces (VI). Typographie. Dentelés 14 x 13½.*

Picardie.

Poitou.

951	50 c. outremer, rouge et jaune	0 30	0 15	0 30
952	1 f. noir, rouge et jaune	0 30	0 15	0 30

Champagne.

Dauphiné.

953	2 f. brun-rouge, outremer et jaune	0 60	0 15	0 50
954	3 f. rouge, outremer et jaune	0 80	0 55	0 50
	Nos 951 à 954 (4 val.)	2 »	1 »	1 60
	La série, non dentelée		61 »	

Tirages : 22 500 000, 53 450 000, 73 000 000 et 39 000 000.

1953. - *Cinquantenaire du Tour de France cycliste. Taille-douce. Dentelé 13.*

Cyclistes de 1903 et 1953.

955	12 f. rouge-brun, outremer et noir	2 75	1 60	1 60
	a. (Non dentelé)		54 »	

Tirage : 3 075 000.

1953. - *Théâtre français. Taille-douce. Dentelés 13.*

Célimène.

Figaro.

956	8 f. bleu-noir et outremer	0 40	0 15	0 30
957	12 f. brun-lilas et vert-bleu	0 40	0 15	0 30
	La paire, non dentelée		70 »	

Voir également les nos 943 et 944.

Tirages : 42 285 000 et 84 125 000.

1953. - *Armoiries de provinces (VI). Typographie. Dentelés 14 x 13½.*

Gascogne.

Berri.

958	70 c. rouge, outremer et jaune	0 30	0 15	0 30
959	80 c. outremer, rouge et jaune	0 30	0 15	0 30
	La paire, non dentelée		30 »	

Tirages : 10 600 000 et 10 250 000.

1953. - *Jeux olympiques d'Helsinki (1952). Taille-douce. Dentelés 13.*

Natation.

Athlétisme.

960	20 f. rose-carmin et bistre	3 »	1 85	0 30
961	25 f. vert foncé et bistre	16 »	9 50	0 70

Escrime.

Canoë.

962	30 f. bleu-violet et bistre	3 »	2 »	0 50
963	40 f. bistre et bleu-violet	14 »	7 65	0 70

Aviron.

Hippisme.

964	50 f. émeraude et bistre	10 »	6 »	0 30
965	75 f. orange et brun carminé	44 »	26 »	15 50
	Nos 960 à 965 (6 val.)	90 »	53 »	18 »
	La série, non dentelée		275 »	

Série émise en l'honneur des athlètes français médaillés d'or : Boiteux, Mimoun (argent sur 5000 et 10000 m), D'Oriola, Turller et Laudet, Salles et Mercier barré par Mallvoire, et Jonquères d'Oriola.

Tirages : 26 650 000, 13 950 000, 16 850 000, 17 000 000, 21 200 000 et 6 650 000.

1953. - *Au profit de la Croix-Rouge. Croix en rouge. Taille-douce. Dentelés 13.* Ⓒ

Marie-Louise Elisabeth Vigée-Le Brun et sa fille, par elle-même (1755-1842).

"Le retour du baptême", par Louis Le Nain (détail), (1593-1648).

966	12 f.+3 f. brun	10 »	5 50	8 50
967	15 f.+5 f. bleu-noir	13 50	8 »	12 »
	La paire, non dentelée		230 »	

Tirage : 1 500 000 paires.

Ont été émis aussi en carnets (tirage : 127 000).

1953
Du No 940 au No 967 =
28 timbres **197 *118 ⊙119

1954. - *Timbre de 1951 (Marianne de Gandon, n° 887) surchargé :*

968	15 f. s. 18 f. rose-carmin	0 65	0 30	0 65

Tirage : 21 750 000.

1954. - *Journée du timbre. Taille-douce. Dentelé 13.*

Comte de La Valette.

969	12 f.+3 f. vert et sépia	5 50	3 »	4 60
	a. (Non dentelé)		77 »	

Tirage : 1 507 000.

1954. - *Productions de luxe. Métiers d'Art. Taille-douce. Dentelés 13.*

Tapisserie et cour des Gobelins. — Édition, reliure et Institut de France. — Porcelaine, cristaux et le Louvre.

970	25 f. brun-rouge, rose et noir	17 »	10 »	0 65
971	30 f. violet-gris et vert-bleu	3 »	1 50	0 30
972	40 f. brun, violet et brun-jaune	5 »	3 »	0 50

Joaillerie, orfèvrerie et la Madeleine. — Fleurs, parfums et l'Opéra.

973	50 f. bleu-violet, vert et brun clair	3 »	1 50	0 30
974	75 f. rouge-carmin et lie-de-vin	17 »	10 »	1 40
	Nos 970 à 974 (5 val.)	45 »	26 »	3 15
	La série, non dentelée		130 »	

Voir également les nos 941 et 1020.

Tirages : 31 160 000, 90 525 000, 63 325 000, 134 195 000 et 19 295 000.

1954. - *Cinquantenaire de la foire de Paris. Taille-douce. Dentelé 13.*

Entrée de la Foire à la Porte de Versailles.

975	15 f. rouge et bleu	0 50	0 30	0 50
	a. (Non dentelé)		30 »	

Tirage : 3 880 000.

1954. - *Série touristique. Taille-douce. Dentelés 13.*

Lourdes. — La vallée de la Seine aux Andelys et le château Gaillard.

976	6 f. bleu-noir, outremer et olive	0 60	0 40	0 50
977	8 f. bleu et olive	0 40	0 20	0 30
	a. (noir et bleu)	2 850 »	2 300 »	

Royan. — Quimper, la rue Kéréon.

978	10 f. brun-rouge et bleu clair	0 40	0 20	0 15
979	12 f. lilas et violet	0 60	0 40	0 15
	a. violet	130 »	80 »	45 »

Château de Cheverny (1630), oeuvre de Hurault et Boyer. — Baie d'Ajaccio (Corse).

980	18 f. vert foncé et bleu-noir	4 »	2 30	1 10
981	20 f. brun foncé, brun-rouge et bleu-vert	3 50	2 50	0 30
	Nos 976 à 981 (6 val.)	9 50	6 »	2 50
	La série, non dentelée		140 »	

Le type du 6 f. (Lourdes) a été repris en 1958 pour un 20 f. olive et bleu-vert (n° 1150).

Tirages : 48 750 000, 116 600 000, 110 000 000, 194 750 000, 23 500 000 et 61 250 000.

1954. - *Maréchal de Lattre de Tassigny. Type de 1952 (n° 920). Taille-douce. Dentelé 13.*

982	12 f. bleu-violet et bleu-noir	2 30	1 60	1 60
	a. (Non dentelé)		30 »	

Tirage : 3 080 000.

1954. - *10e anniversaire de la Libération. Taille-douce. Dentelé 13.*

983	15 f. rouge et bleu	2 50	1 50	1 70
	a. (Non dentelé)		50 »	

Tirage : 5 215 000.

1954. - *Maréchal Leclerc. Type de 1953 (n° 942). Taille-douce. Dentelé 13.*

984	12 f. olive et bleu-gris	3 70	2 15	2 30
	a. (Non dentelé)		30 »	

Tirage : 3 085 000.

1954. - *13e centenaire de l'abbaye de Jumièges. Taille-douce. Dentelé 13.*

Ruines de l'abbaye.

985	12 f. outremer, vert foncé et bleu-noir	2 »	1 20	1 50
	a. (Non dentelé)		23 »	

Tirage : 2 970 000.

1954. - *1er colloque du Centre international d'études romanes, à Tournus. Taille-douce. Dentelé 13.*

Église St-Philibert, vue du cloître.

986	30 f. bleu-noir et bleu clair	6 »	4 »	5 50
	a. (Non dentelé)		25 »	

Tirage : 2 450 000.

1954. - *Tricentenaire du rattachement de Stenay. Taille-douce. Dentelé 13.*

Place de la République et armoiries.

987	15 f. brun-noir et brun-rouge	1 »	0 50	0 80
	a. (Non dentelé)		23 »	

Tirage : 3 810 000.

1954. - *Grille d'entrée du château de Versailles. Type de 1952 (n° 939). Taille-douce. Dentelé 13.*

988	18 f. brun-lilas, bleu-noir et bleu	11 »	7 »	7 65
	a. (Non dentelé)		70 »	

Tirage : 2 515 000.

1954. - *Célébrités du XIIIe au XXe siècles. Taille-douce. Dentelés 13.*

Louis IX, dit Saint-Louis. Roi de France de 1226 à 1270.

Jacques-Bénigne Bossuet. 250e anniversaire de sa mort.

Marie-François Sadi Carnot. Président de la République de 1887 à 1894.

989	12 f.+4 f. bleu	26 »	15 »	26 »
990	15 f.+5 f. violet	26 »	15 »	26 »
991	18 f.+6 f. brun foncé	26 »	15 »	26 »

Bourdelle.

Dr Émile Roux.

Paul Valéry.

992	20 f.+7 f. rouge	36 »	22 »	36 »
993	25 f.+8 f. bleu-noir	36 »	22 »	36 »
994	30 f.+10 f. lilas-brun	36 »	21 »	36 »
	Nos 989 à 994 (6 val.)	186 »	110 »	186 »
	La série, non dentelée		230 »	

Tirage : 1 050 000 séries.

1954. - *Château de Villandry (Touraine). Taille-douce. Dentelé 13.*

995	18 f. bleu et vert	6 »	3 50	5 »
	a. (Non dentelé)		25 »	

Tirage: 2 385 000.

1954. - *150e anniversaire de l'École spéciale militaire de Saint-Cyr. Taille-douce. Dentelé 13.*

St-Cyrien et porche de l'École.

996	15 f. bleu, gris-bleu et rouge	1 60	1 »	1 60
	a. (Non dentelé)		46 »	

Tirage : 3 550 000.

1954. - *150e anniversaire de la Légion d'honneur. Taille-douce. Dentelé 13.*

Napoléon 1er au camp de Boulogne.

997	12 f. rouge	2 »	1 50	1 50
	a. (Non dentelé)		61 »	

Tirage: 3 000 000.

1954. - *10e conférence internationale des Poids et Mesures, à Paris. Le Système métrique. Taille-douce. Dentelé 13.*

998	30 f. bleu-noir et brun-lilas	6 »	3 50	5 50
	a. (Non dentelé)		35 »	

Tirage: 1 800 000.

1954. - *Armoiries de provinces (VII). Typographie. Dentelés 14 x 13½.*

Maine.

Navarre.

999	50 c. brun-noir, rouge, outremer et jaune	0 30	0 15	0 30
1000	70 c. vert, rouge et jaune	0 30	0 15	0 30

Nivernais.

Bourbonnais.

Angoumois.

1001	80 c. outremer, rouge et jaune	0 30	0 15	0 30
1002	1 f. rouge, outremer et jaune	0 15	0 15	0 15
1003	2 f. noir, rouge et jaune	0 15	0 15	0 15

Aunis.

Saintonge.

1004	3 f. brun, rouge et jaune	0 15	0 15	0 15
1005	5 f. outremer et jaune	0 15	0 15	0 15
	Nos 999 à 1005 (7 val.)	1 50	1 05	1 50
	La série, non dentelée		77 »	

Tirages : 16 600 000, 9 500 000, 5 320 000, 40 060 000, 273 420 000, 130 690 000 et 1 104 660 000.

1954. - *Au profit de la Croix-Rouge. Croix en rouge. Taille-douce. Dentelés 13.* ©

Maternité, par Eugène Carrière (1849-1906).

Jeune fille aux colombes, par J.-B. Greuze (1725-1805).

1006	12 f.+3 f. bleu-gris et bleu-noir	14 50	8 »	12 50
1007	15 f.+5 f. brun et sépia	16 »	10 »	14 »
	La paire, non dentelée	230 »		

Tirage : 1 350 000 paires.

Ont été émis aussi en carnets (tirage : 135 000).

1954
Du N° 968 au N° 1007 =
40 timbres ****323** ***192** **⊙260**

1955. - *Bicentenaire de la mort de Louis de Rouvroy, duc de Saint-Simon. Taille-douce. Dentelé 13.*

1008	12 f. brun et lie-de-vin	0 80	0 50	0 80
	a. (Non dentelé)		23 »	

Tirage : 2 500 000.

1955. - *Cinquantenaire du Rotary international. Taille-douce. Dentelé 13.*

1009	30 f. bleu et jaune	3 30	2 »	2 »
	a. (Non dentelé)		125 »	

Tirage : 2 500 000.

1955-59. - *Marianne de Muller. Typographie. Dentelés 14 x 13½.* ©

1009A	6 f. brun-orange	3 50	1 60	2 30
1010	12 f. vert-jaune	4 »	1 70	1 60
	a. (Feuillet de 10)	55 »	40 »	
1011	15 f. rose carminé	0 30	0 15	0 15
	a. (Avec bande publicit.)	1 85	1 25	0 65

Type I.

Type II.

1011A	18 f. vert foncé (II)	0 30	0 15	0 30
	a. (Type I)	1 50	1 »	1 »

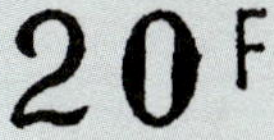

Type I.

Type II.

1011B	20 f. bleu (I)	0 60	0 30	0 15
	b. (Avec bande publicité) (I)	2 30	1 40	1 »
	c. (Type II)	19 »	12 »	6 »
	d. (Avec bande publicité) (II)	19 »	12 »	6 »

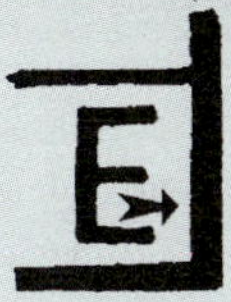

Type I.

Type II (carnet de 8).

Type II (carnet de 8).

1011C	25 f. rouge (I)	1 80	0 80	0 15
	a. (Paire verticale de carnet avec barres) (I)	6 »	4 »	
	b. (Type II)	3 50	2 50	0 70
	c. (Avec bandelette inférieure blanche) (II)	16 »	10 »	6 »
	N°s 1009A à 1011C (6 val.)	10 50	4 70	4 65

Tirages : 6 440 000, 19 212 000, 4 435 368 500, 112 630 000, 2 749 939 600 et 1 042 390 000.

Le n° 1009A n'a été émis qu'en roulettes. La coupe des dentelures verticales des roulettes rotatives est toujours nette et rectiligne, parfois rognée. Il en est de même des timbres provenant des carnets pour distributeurs (Exemple : 1011Cb).

Deux textes et dessins différents se rencontrent sur les feuillets de 10 timbres de 12 F n° 1010a.

Les timbres au type II du n° 1011C sont ceux des carnets de 8.

Non dentelés

1009Aa		270 »
1010b		270 »
1010c	feuillet de 10	3 500 »
1011b		30 »
1011Ab		30 »
1011Be	(I)	30 »
1011Bf	id. avec pub.	385 »
1011Cd		30 »

1955. - *Inventeurs célèbres. Taille-douce. Dentelés 13.*

Philippe Le Bon (gaz d'éclairage).

Barthélémy Thimonnier (machine à coudre).

1012	5 f. bleu et bleu clair	0 90	0 50	0 90
1013	10 f. brun foncé et brun-rouge	1 10	0 70	1 10

Nicolas Appert (conserve alimentaire).

Sainte-Claire Deville (aluminium).

1014	12 f. vert-bleu	1 50	0 80	1 50
1015	18 f. bleu et bleu-gris	3 50	1 70	3 50

Pierre Martin (fabrication de l'acier) (40e anniv. de sa mort).

Louis-Maurice-Hilaire de Bernigaud, comte de Chardonnet (soie artificielle).

1016	25 f. brun-violet et violet-noir	4 »	2 »	3 »
1017	30 f. carmin et vermillon	4 »	2 30	3 »
	Nos 1012 à 1017 (6 val.)	15 »	8 »	13 »
	La série, non dentelée		125 »	

Tirage : 2 500 000 séries.

1955. - *Journée du Timbre et 85e anniversaire de la poste aérienne. Taille-douce. Dentelé 13.*

Départ d'un ballon-poste pendant le Siège de Paris.

1018	12 f.+3 f. bleu-olive et brun-rouge	6 »	3 60	5 50
	a. (Non dentelé)		61 »	

Tirage : 1 470 000.

1955. - *Vue de Limoges (le pont Saint-Étienne et la cathédrale). Taille-douce. Dentelé 13.*

1019	12 f. brun-jaune et brun-lilas	2 »	1 20	1 80
	a. (Non dentelé)		23 »	

Tirage : 2 540 000.

1955. - *La ganterie. Taille-douce. Dentelé 13.*

Élégante devant les fontaines de l'Obélisque de la place de la Concorde.

1020	25 f. noir violacé et bleu-violet	1 25	0 50	0 30
	a. (Non dentelé)		23 »	

Tirage : 31 500 000.

Voir également les nos 941 et 970 à 974.

1955. - *Bicentenaire de la naissance du fabuliste Jean-Pierre Claris de Florian (1755-1794). Taille-douce. Dentelé 13.*

Florian et scène de "Estelle et Nemorin".

1021	12 f. bleu-vert	1 »	0 65	0 80
	a. (Non dentelé)		23 »	

Tirage : 2 545 000.

1955. - *La Télévision. Taille-douce. Dentelé 13.*

La Tour Eiffel et antennes, au-dessus des toits de Paris.

1022	15 f. bleu-noir et outremer	1 25	0 80	1 10
	a. (Non dentelé)		35 »	

Tirage : 3 500 000.

1955. - *10e anniversaire de la libération des camps de déportation. Taille-douce. Dentelé 13.*

1023	12 f. brun-noir et gris-bleu	1 25	0 80	1 10
	a. (Non dentelé)		30 »	

Tirage : 2 500 000.

1955. - *Électrification de la ligne Valenciennes-Thionville. Taille-douce. Dentelé 13.*

Locomotive Alsthom.

1024	12 f. sépia et gris-bleu	2 60	1 60	1 60
	a. (Non dentelé)		40 »	

Tirage : 2 500 000.

1955. - *5e centenaire du Jacquemart de Moulins. Taille-douce. Dentelé 13.*

Moulins : le Jacquemart.

1025	12 f. brun-gris	1 85	1 10	1 60
	a. (Non dentelé)		23 »	

Tirage : 2 600 000.

1955. - *Cinquantenaire de la mort de Jules Verne (1828-1905). Taille-douce. Dentelé 13.*

Jules Verne et le "Nautilus".

1026	30 f. bleu-noir	9 »	4 50	6 »
	a. (Non dentelé)		80 »	

Tirage : 2 200 000.

1955. - *Célébrités du XIIe au XXe siècles. Taille-douce. Dentelés 13.*

Philippe-Auguste, roi de France de 1180 à 1223.

François de Malherbe, poète.

Sébastien Le Prestre de Vauban, par Rigaud.

1027	12 f.+5 f. violet	20 »	12 »	19 »
1028	15 f.+6 f. bleu	20 »	12 »	19 »
1029	18 f.+7 f. vert	22 »	12 50	21 »

Charles Gravier, comte de Vergennes.

Pierre Simon, marquis de Laplace.

Pierre-Auguste Renoir.

1030	25 f.+8 f. violet-gris	30 »	15 50	26 »
1031	30 f.+9 f. lie-de-vin	32 »	17 »	30 »
1032	50 f.+15 f. bleu-vert	36 »	21 »	35 »
	Nos 1027 à 1032 (6 val.)	160 »	90 »	150 »
	La série, non dentelée		245 »	

Tirage : 1 050 000 séries.

1955. - *60e anniversaire de l'invention du cinématographe par les frères Lumière. Taille-douce. Dentelé 13.*

Auguste (1862-1954) et Louis (1864-1948) Lumière.

1033	30 f. brun-rouge	7 50	4 »	5 50
	a. (Non dentelé)		40 »	

Tirage : 2 200 000.

1955. - *5e centenaire de la mort de Jacques Coeur (1395-1456). Taille-douce. Dentelé 13.*

Jacques Coeur et son palais de Bourges.

1034	12 f. violet foncé	2 80	1 50	1 90
	a. (Non dentelé)		23 »	

Tirage : 2 535 000.

1955. - *Centenaire de l'amitié franco-canadienne. Frégate "La Capricieuse". Taille-douce. Dentelé 13.*

1035	30 f. bleu-vert et bleu	6 »	3 60	5 50
	a. (Non dentelé)		30 »	

Tirage : 2 200 000.

1955. - *Série touristique. Taille-douce. Dentelés 13.*

Région bordelaise (la Gironde et puits de pétrole de Parentis).

Marseille, le vieux port et N. D. de la Garde.

1036	6 f. rouge carminé	0 40	0 15	0 30
1037	8 f. ardoise	0 80	0 30	0 30

Le port de Nice.

Pont Valentré, à Cahors.

1038	10 f. bleu	0 40	0 15	0 30
1039	12 f. sépia et gris-bleu	0 40	0 15	0 30

Uzerche (Limousin).

Le Mont Pelé, Martinique.

1040	18 f. vert et bleu-noir	1 »	0 70	0 30
1041	20 f. violet et lilas	4 »	2 30	0 30

Remparts de Brouage (Aunis) (16e siècle).

1042	25 f. brun-rouge et brun-lilas	1 50	1 »	0 30
	Nos 1036 à 1042 (7 val.)	8 50	4 75	2 10
	La série, non dentelée		125 »	

Les types des 6 f. et 12 f. ont été repris en 1957 pour des 35 f. et 70 f. (nos 1118 et 1119).

Tirages : 53 830 000, 115 050 000, 169 885 000, 384 835 00, 60 370 000, 75 080 000 et 114 595 000.

1955. - *Centenaire de la mort de l'écrivain Gérard Labrunie, dit de Nerval. Taille-douce. Dentelé 13.*

Médaillon, par Ichan Duseigneur.

1043	12 f. brun carminé et brun-noir	0 70	0 50	0 50
	a. (Non dentelé)		23 »	

Tirage : 2 500 000.

1955. - *Armoiries de provinces (VIII). Typographie. Dentelés 14 x 13½.*

Comté de Foix.

Marche.

1044	50 c. noir, vert, jaune et rouge	0 20	0 20	0 20
1045	70 c. rouge, bleu et jaune	0 20	0 20	0 20

Roussillon.

Comtat Venaissin.

1046	80 c. bistre, jaune et rouge	0 20	0 20	0 20
1047	1 f. outremer, rouge et jaune	0 20	0 20	0 20
	Nos 1044 à 1047 (4 val.)	0 80	0 80	0 80
	La série, non dentelée		46 »	

Tirages : 35 920 000, 26 240 000, 8 240 000 et 102 230 000.

1955. - *Au profit de la Croix-Rouge. Croix en rouge. Taille-douce. Dentelés 13.* ©

L'enfant à la cage, par J.-B. Pigalle (1714-1785).

L'enfant à l'oie (statue grecque).

1048	12 f.+3 f. lie-de-vin	10 »	5 »	10 »
1049	15 f.+5 f. bleu-gris	6 50	4 50	6 50
	a. paire verticale de carnet		52 »	
	La paire, non dentelée		160 »	

Tirage: 1 500 000 paires.

Le 15 f.+5 f. a aussi été émis en carnets de 10 (tirage : 150 000).

La cote du no 1049a s'applique à une paire avec marges blanches supérieure et inférieure.

1955
Du No 1008 au No 1049 =
46 timbres **259 *145 ⊙223

1956. - *Mémorial national de la déportation, à Struthof (Alsace). Taille-douce. Dentelé 13.*

1050	15 f. brun-carmin et brun-noir	0 80	0 50	0 65
	a. (Non dentelé)		30 »	

Tirage : 2 600 000.

1956. - *Beffroi de Douai. Taille-douce. Dentelé 13.*

1051	15 f. bleu foncé et bleu clair	0 70	0 50	0 65
	a. (Non dentelé)		23 »	

Tirage : 3 000 000.

1956. - *40e anniversaire de la mort du colonel Émile A.-C. Driant (1855-1916) à Verdun. Taille-douce. Dentelé 13.*

Le colonel Driant et son poste de commandement du bois des Caures.

1052	15 f. bleu	0 55	0 30	0 50
	a. (Non dentelé)		23 »	

Tirage : 3 130 000.

1956. - *40e anniversaire de la victoire de Verdun. Taille-douce. Dentelé 13.*

Fantassins dans la tranchée.

1053	30 f. bleu-violet et brun-olive	2 40	1 40	1 85
	a. (Non dentelé)		30 »	

Tirage : 2 350 000.

1956. - *Journée du Timbre. Taille-douce. Dentelé 13.*

François de Tassis et courrier à cheval, gravure de Dürer.

1054	12 f.+3 f. vert, outremer et brun-lilas	3 50	2 »	3 50
	a. (Non dentelé)		40 »	

Tirage : 1 400 000.

1956. - *Inventeurs et chercheurs célèbres. Taille-douce. Dentelés 13.*

J-H. Fabre et insectes.

Charles Tellier et navire frigorifique.

1055	12 f. brun-violet et brun-orange	1 25	0 50	0 80
1056	15 f. noir et violet-noir	1 25	0 50	0 80

Camille Flammarion et observatoire de Juvisy.

Paul Sabatier et catalyseur.

1057	18 f. outremer	2 25	1 30	2 »
1058	30 f. vert-noir et vert-bleu	5 75	3 20	3 50
	Nos 1055 à 1058 (4 val.)	10 50	5 50	7 10
	La série, non dentelée		110 »	

Tirage : 2 300 000 séries.

1956. - *Grand Trianon de Versailles. Taille-douce. Dentelé 13.*

Oeuvre d'Hardouin-Mansart (1646-1708).

1059	12 f. vert foncé et brun	1 90	1 10	1 25
	a. (Non dentelé)		23 »	

Tirage : 2 800 000.

1956. - *Amitié France-Amérique latine. Taille-douce. Dentelé 13.*

Sculpture péruvienne du XVIe siècle (guerrier Ataviado et tête de "La Prudence" (XVIe siècle), par Michel Colombe (1431-1512).

1060	30 f. brun et brun-rouge	2 50	1 60	2 »
	a. (Non dentelé)		30 »	

Tirage : 2 075 000.

1956. - *Jumelage Reims-Florence. Taille-douce. Dentelé 13.*

Détail de "l'Ange au Sourire", cathédrale de Reims. Palais de la Seigneurie à Florence et détail du "Printemps", de Botticelli.

1061	12 f. noir et vert	1 »	0 65	1 »
	a. (Non dentelé)		42 »	

Tirage : 2 550 000.

1956. - *Ordre de Malte. Taille-douce. Dentelé 13.*

Léproserie en A.E.F.

1062	12 f. sépia, rouge et brun-rouge	0 70	0 50	0 65
	a. (Non dentelé)		35 »	

Tirage : 2 450 000.

1956. - *Saint Yves, patron des hommes de loi. Taille-douce. Dentelé 13.*

St Yves entre le pauvre et le riche.

1063	15 f. gris et noir	0 55	0 30	0 50
	a. (Non dentelé)		27 »	

Tirage : 2 900 000.

1956. - *Centenaire de la naissance du maréchal Franchet d'Esperey. Taille-douce. Dentelé 13.*

Maréchal Franchet d'Esperey.

1064	30 f. lilas-brun	3 25	1 85	2 30
	a. (Non dentelé)		23 »	

Tirage : 2 200 000.

1956. - *Centenaire de l'érection en commune de Montceau-les-Mines. Taille-douce. Dentelé 13.*

Monument aux mineurs de Montceau-les-Mines.

1065	12 f. brun-violet	0 70	0 50	0 65
	a. (Non dentelé)		23 »	

Tirage : 2 730 000.

1956. - *Célébrités du XVe au XXe siècles. Taille-douce. Dentelés 13.*

Guillaume Budé, humaniste.

Jean Goujon, sculpteur.

Samuel de Champlain, explorateur.

1066	12 f.+3 f. bleu	7 »	4 »	7 »
1067	12 f.+3 f. gris-violet	7 »	4 »	7 »
1068	12 f.+3 f. vermillon	7 »	4 »	7 »

Jean-Baptiste Siméon Chardin (autoportrait).

Maurice Barrés, écrivain.

Maurice Ravel, compositeur.

1069	15 f.+5 f. vert	10 »	6 »	10 »
1070	15 f.+5 f. bistre	10 »	6 »	10 »
1071	15 f.+5 f. violet	10 »	6 »	10 »
	Nos 1066 à 1071 (6 val.)	51 »	30 »	51 »
	La série, non dentelée		185 »	

Tirage : 1 100 000 séries.

1956. - *Série sportive. Taille-douce. Dentelés 13.*

Basket-ball.

Pelote basque.

1072	30 f. gris et noir	1 80	0 80	0 30
1073	40 f. brun foncé et lilas	7 20	4 50	0 50

Rugby.

Alpinisme.

1074	50 f. lilas et violet	2 50	1 20	0 30
1075	75 f. bleu ardoise et vert	14 50	9 50	2 90
	Nos 1072 à 1075 (4 val.)	26 »	16 »	4 »
	La série, non dentelée		155 »	

Tirages : 53 475 000, 35 575 000, 101 575 000 et 13 590 000.

1956. - *Europa. Format 21 x 35½. Typographie. Dentelé 13½ x 14.*

1076	15 f. rose et grenat	1 25	0 80	0 30

Tirage : 43 500 000.

Taille-douce. Format 22 x 36. Dentelé 13.

1077	30 f. bleu foncé et bleu	7 20	4 »	1 25

Tirage : 13 300 000.

La paire, non dentelée 500 »

1956. - *Réalisations techniques (I). Taille-douce. Dentelés 13.*

Barrage de Donzère-Mondragon.

Téléphérique de l'Aiguille du Midi.

1078	12 f. ardoise et brun	2 »	1 10	1 40
1079	18 f. bleu-noir	4 »	2 30	2 75

Port de Strasbourg.

1080	30 f. bleu-noir et bleu	17 »	9 50	7 65
	La série, non dentelée		80 »	

Tirages : 2 590 000, 2 200 000 et 2 535 000.

1956. - *Antoine-Augustin, baron Parmentier, créateur de la chimie alimentaire (1737-1803). Taille-douce. Dentelé 13.*

1081	12 f. brun-rouge et brun-lilas	1 10	0 60	0 80
	a. (Non dentelé)		23 »	

Tirage : 2 600 000.

1956. - *Personnages étrangers ayant participé à la vie française. Taille-douce. Dentelés 13.*

Pétrarque, poète italien.

J.-B. Lulli, musicien italien.

J.-J. Rousseau, littérateur suisse.

1082	8 f. vert	1 »	0 50	0 80
1083	12 f. lie-de-vin	1 »	0 50	0 80
1084	15 f. rouge	1 50	0 65	0 80

Benjamin Franklin, homme d'État et physicien américain.

Frédéric Chopin, musicien polonais.

Vincent van Gogh, peintre néerlandais (autoportrait).

1085	18 f. outremer	3 30	1 75	2 80
1086	20 f. violet	4 70	2 60	2 20
1087	30 f. turquoise	7 »	4 »	3 60
	Nos 1082 à 1087 (6 val.)	18 50	10 »	11 »
	La série, non dentelée		155 »	

Tirage : 2 500 000 séries.

1956. - *60e anniversaire de la rénovation des Jeux Olympiques. Baron Pierre de Coubertin, rénovateur. Taille-douce. Dentelé 13.*

1088	30 f. gris et lilas	2 50	1 50	1 80
	a. (Non dentelé)		185 »	

Tirage : 2 500 000.

1956. - *Surtaxe au profit de la Croix-Rouge. Croix en rouge. Taille-douce. Dentelés 13.* [C]

Jeune paysan. Détail de "Famille de paysans dans un intérieur", par Le Nain.

"Gilles", par Watteau.

1089	12 f.+3 f. brun-olive	3 50	1 85	3 50
1090	15 f.+5 f. carmin	3 60	2 »	3 60
	La paire, non dentelée		155 »	

Tirage : 1 600 000 paires.

Ont été émis aussi en carnets (tirage : 155 700).

1956
Du No 1050 au No 1090 =
41 timbres **167 *96 ⊙112

1957. - *En l'honneur de la colombophilie. Taille-douce. Dentelé 13.*

Pigeon "Bleu-Sion-Lamotte".

1091	15 f. bleu-noir, bleu et rose	0 55	0 30	0 50
	a. (Non dentelé)		30 »	

Tirage : 4 550 000.

1957. - *A la mémoire de Victor Schoelcher (1804-1893). Taille-douce. Dentelé 13.*

1092	18 f. rose	0 80	0 50	0 80
	a. (Non dentelé)		23 »	

Tirage : 2 645 000.

1957. - *Journée du Timbre. Taille-douce. Dentelé 13.*

Felouque du XVIIIe siècle.

1093	12 f.+3 f. gris-bleu et brun-noir	2 40	1 50	1 90
	a. (Non dentelé)		27 »	

Tirage : 1 900 000.

1957. - *Bicentenaire de la manufacture nationale de Sèvres. Biscuit "La Baigneuse", d'après Falconet. Taille-douce. Dentelé 13.*

1094	30 f. outremer et bleu foncé	1 »	0 65	0 80
	a. (Non dentelé)		27 »	

Tirage : 2 595 000.

1957. - *Savants et inventeurs. Taille-douce. Dentelés 13.*

Gaston Planté, inventeur de l'accumulateur électrique.

Antoine Béclère, fondateur de la radiologie.

1095	8 f. gris-olive et brun-lilas	0 60	0 30	0 60
1096	12 f. bleu, vert et noir	0 70	0 30	0 70

Octave Terrillon, créateur de l'asepsie.

Étienne Oehhmichen, inventeur de l'hélicoptère.

1097	18 f. rose et lie-de-vin	1 70	0 80	1 70
1098	30 f. vert et vert-noir	3 »	1 70	3 »
	Nos 1095 à 1098 (4 val.)	6 »	3 10	6 »
	La série, non dentelée		125 »	

Tirage : 2 500 000 séries.

1957. - *Château d'Uzès. Taille-douce. Dentelé 13.*

1099	12 f. bleu-vert et bistre	0 50	0 30	0 50
	a. (Non dentelé)		23 »	

Tirage : 2 980 000.

1957. - *Héros de la Résistance (I). Taille-douce. Dentelés 13.*

Jean Moulin.

Honoré d'Estienne d'Orves.

1100	8 f. brun-lilas	1 30	0 80	0 65
1101	10 f. noir et outremer	1 30	0 80	0 65

Robert Keller.

Pierre Brossolette.

Jean-Baptiste Lebas.

1102	12 f. bistre et vert foncé	1 30	0 80	1 10
1103	18 f. violet et noir	2 30	1 25	1 85
1104	20 f. bleu-vert et bleu	2 »	1 10	1 25
	Nos 1100 à 1104 (5 val.)	8 20	4 75	5 50
	La série, non dentelée		115 »	

Tirage : 2 570 000 séries.

1957. - *Le Quesnoy. Taille-douce. Dentelés 13.*

Remparts, lac Vauban et porte fortifiée de Fauroeulx.

1105	8 f. vert foncé	0 15	0 15	0 15
1106	15 f. sépia et vert-bleu	0 15	0 15	0 15
	La paire, non dentelée		40 »	

Tirage : 244 255 000 (15 f.).

1957. - *Sesquicentenaire de la Cour des Comptes. Taille-douce. Dentelé 13.*

1107	12 f. brun-olive, noir et bleu	0 30	0 15	0 30
	a. (Non dentelé)		17 »	

Tirage : 2 800 000.

1957. - *Célébrités du XIIIe au XIXe siècles. Taille-douce. Dentelés 13.*

Jean de Joinville.

Bernard Palissy.

Quentin de La Tour. Autoportrait.

1108	12 f.+3 f. brun-olive et olive	3 30	1 85	3 30
1109	12 f.+3 f. vert-noir et bleu	3 30	1 85	3 30
1110	15 f.+5 f. lie-de-vin et rouge	4 50	2 50	4 50

Félicité Robert de Lamennais.

George Sand.

Jules Guesde.

1111	15 f.+5 f. outremer et bleu-noir	4 40	2 30	4 40
1112	18 f.+7 f. vert-noir et vert-gris	5 25	2 75	5 25
1113	18 f.+7 f. brun-lilas et brun	5 25	2 75	5 25
	Nos 1108 à 1113 (6 val.)	26 »	14 »	26 »
	La série, non dentelée		140 »	

Tirage : 1 100 000 séries.

1957. - *Travaux publics. Taille-douce. Dentelé 13.*

1114	30 f. vert-noir, violet-brun et bistre	2 50	1 40	1 60
	a. (Non dentelé)		20 »	

Tirage : 2 320 000.

1957-59. - *Type Moissonneuse. Typographie. Dentelés 14 x 13½.*

1115	6 f. brun-jaune	0 15	0 15	0 15
1115A	10 f. vert	1 »	0 30	0 15
1116	12 f. lilas-rose	0 30	0 15	0 30
	Chaque, non dentelé		15 50	

Plusieurs timbres à ce type ont été émis avec préoblitération (voir Préoblitérés n°s 106 et suivants).

Un 10 c. vert a paru en 1960 (nº 1231).

Tirages : 390 910 000, 303 740 000 et 148 980 000.

1957. - *Port de Brest. Taille-douce. Dentelé 13.*

1117	12 f. brun et vert foncé	1 40	0 80	1 40
	a. (Non dentelé)		23 »	

Tirage : 2 500 000.

1957. - *Série touristique. Types de 1955. Taille-douce. Dentelés 13.*

1118	35 f. vert-noir et vert-bleu (1036)	4 60	3 »	1 10
1119	70 f. noir et vert (1039)	24 »	13 »	2 30
	La paire, non dentelée		50 »	

Tirages : 14 345 000 et 9 635 000.

1957. - *Jeux universitaires mondiaux, à Paris. Taille-douce. Dentelé 13.*

Léo Lagrange (1900-1940) et stade.

1120	18 f. gris et noir	0 65	0 50	0 65
	a. (Non dentelé)		46 »	

Tirage : 2 200 000.

1957. - *Centenaire de la mort d'Auguste Comte. Taille-douce. Dentelé 13.*

Auguste Comte.

1121	35 f. brun-rouge et sépia	0 50	0 30	0 50
	a. (Non dentelé)		23 »	

Tirage : 3 000 000.

1957. - *Europa. Taille-douce. Dentelés 13.*

1122	20 f. brun et vert	0 75	0 35	0 35
1123	35 f. brun-noir et bleu	1 40	1 10	1 10
	La paire, non dentelée		230 »	

Tirages : 12 630 000 et 9 335 000.

1957. - *Bimillénaire de Lyon. Taille-douce. Dentelé 13.*

Théâtre antique de Fourvière.

1124	20 f. lilas-brun et orange	0 50	0 30	0 50
	a. (Non dentelé)		27 »	

Tirage : 4 400 000.

1957. - *Série touristique. Taille-douce. Dentelés 13.*

Rivière Sens, à la Guadeloupe.

1125	8 f. vert et ocre	0 20	0 15	0 15
	a. vert-jaune et ocre	0 30	0 15	0 15

Palais de l'Élysée, à Paris.

1126	10 f. violet-gris et bistre	0 20	0 15	0 15
	a. (Sans légende ni faciale)	500 »		

Beynac-Cazenac.

1127	18 f. bleu et brun-lilas	0 35	0 15	0 30

Château de Valençay. Cathédrale de Rouen.

1128	25 f. brun-rouge et gris-bleu	0 85	0 50	0 30
1129	35 f. rose et lie-de-vin	0 35	0 15	0 15

St-Rémy-les-Antiques. Évian-les-Bains.

1130	50 f. bistre et vert	0 70	0 30	0 15
1131	65 f. bleu-noir et bleu	0 85	0 50	0 50
	Nos 1125 à 1131 (7 val.)	3 50	1 90	1 70
	La série, non dentelée		170 »	

Les types des 8 f., 10 f. et 65 f. ont été repris en 1959 (nos 1192 à 1194).

Le 35 f. a été surchargé CONSEIL DE L'EUROPE en janvier 1958, pour les besoins de cette institution (voir Timbres de Service, no 16).

Tirages : 63 840 000, 67 850 000, 92 855 000, 55 335 000, 121 900 000, 190 615 000 et 110 430 000.

1957. - *Célébrités étrangères. Taille-douce. Dentelés 13.*

Nicolas Copernic. Michelangelo Buonarroti, dit Michel-Ange.

1132	8 f. brun-violet	1 10	0 70	0 80
1133	10 f. vert-bleu	1 10	0 70	0 80

Miguel Cervantès de Saavedra. Rembrandt (autoportrait). Newton.

1134	12 f. violet foncé	1 10	0 70	1 »
1135	15 f. bistre et brun	1 40	1 »	1 10
1136	18 f. bleu	2 »	1 10	1 30

Wolfgang Amadeus Mozart. Johann Wolfgang Von Goethe.

1137	25 f. violet et brun-violet	2 »	1 60	1 30
1138	35 f. bleu	2 30	1 60	1 70
	Nos 1132 à 1138 (7 val.)	11 »	7 40	8 »
	La série, non dentelée		170 »	

Tirage : 2 700 000 séries.

1957. - *Centenaire de la mort du chimiste L.-J. Thénard et de la fondation de la Société de secours des amis des sciences. Taille-douce. Dentelé 13.*

1139	15 f. jaune-olive et vert foncé	0 50	0 30	0 50
	a. (Non dentelé)		19 25	

Tirage : 3 000 000.

1957. - *Au profit de la Croix-Rouge. Croix en rouge. Gravures de Jacques Callot (1592-1635) (musée de Nancy). Taille-douce. Dentelés 13.* [C]

L'aveugle et le mendiant.

La mendiante et la borgnesse.

1140	15 f.+7 f. outremer	5 »	2 50	5 »
1141	20 f.+8 f. brun-lilas	6 50	3 80	6 50
	La paire, non dentelée		115 »	

Tirage : 1 350 000 paires.

Ont été émis aussi en carnets (tirage : 180 000).

1957
Du N° 1091 au N° 1141 =
52 timbres **110 *63 ⊙74

1958. - *Grands médecins. Taille-douce. Dentelés 13.*

Philippe Pinel.

Fernand Widal.

1142	8 f. olive	1 10	0 65	0 80
1143	12 f. violet	1 10	0 65	0 80

Charles Nicolle.

René Leriche.

1144	15 f. bleu	1 70	0 80	1 »
1145	35 f. noir	2 10	1 10	1 40
	N°s 1142 à 1145 (4 val.)	6 »	3 20	4 »
	La série, non dentelée		95 »	

Tirage : 2 600 000 séries.

1958. - *Grands savants. Taille-douce. Dentelés 13.*

Joseph-Louis Lagrange.

Urbain Le Verrier.

1146	8 f. bleu-vert et bleu-violet	1 10	0 50	0 80
1147	12 f. brun-noir et violet-gris	1 30	0 65	0 80
	a. brun-noir	185 »	125 »	

Léon Foucault.

Claude-Louis Berthollet.

1148	15 f. vert-noir et vert	2 20	1 25	1 10
1149	35 f. carmin et brun-carmin	2 90	1 60	1 60
	N°s 1146 à 1149 (4 val.)	7 50	4 »	4 30
	La série, non dentelée		100 »	

Tirage : 2 400 000 séries.

1958. - *Série touristique. Type de 1954 (976). Taille-douce. Dentelé 13.*

1150	20 f. olive et bleu	0 50	0 30	0 30
	a. (Non dentelé)		23 »	

1958. - *Journée du Timbre. Taille-douce. Dentelé 13.*

Mécanisation de la distribution rurale.

1151	15 f.+5 f. vert-brun et olive foncé	2 20	1 25	1 60
	a. (Non dentelé)		35 »	

Tirage : 1 900 000.

1958. - *Villes reconstruites. Taille-douce. Dentelés 13.*

Le Havre.

Maubeuge.

1152	12 f. olive et rose-rouge	0 80	0 50	0 65
1153	15 f. bistre, lilas et violet-brun	0 80	0 50	0 65

Saint-Dié.

Sète.

1154	18 f. vert-noir et outremer	1 30	0 80	1 »
1155	25 f. bistre, vert-bleu et bleu foncé	1 60	1 »	1 »
	Nos 1152 à 1155 (4 val.)	4 50	2 80	3 30
	La série, non dentelée		95 »	

Tirage : 2 700 000 séries.

1958. - *Exposition de Bruxelles. Taille-douce. Dentelé 13.*

1156	35 f. vert foncé et bleu	0 30	0 15	0 30
	a. (Non dentelé)		46 »	

Tirage : 3 600 000.

1958. - *Héros de la Résistance (II). Taille-douce. Dentelés 13.*

Jean Cavaillès.

Fred Scamaroni.

1157	8 f. violet et brun-noir	0 90	0 50	0 90
1158	12 f. bleu clair et vert-bleu	0 90	0 50	0 90

Simone Michel-Lévy.

Jacques Bingen.

1159	15 f. brun et gris	2 40	1 25	1 25
1160	20 f. olive et bleu foncé	1 80	1 25	1 40
	Nos 1157 à 1160 (4 val.)	6 »	3 50	4 45
	La série, non dentelée		95 »	

Tirage : 2 450 000 séries.

1958. - *Jeux traditionnels. Taille-douce. Dentelés 13.*

Boules.

Joutes nautiques.

1161	12 f. rouge et brun-orange	1 25	0 80	1 10
1162	15 f. vert foncé, bleu et vert	1 60	1 »	1 20
	a. (FFRANÇAISE)	230 »	185 »	130 »
	b. (FFRANÇAISE), non dent.	2 500 »	2 000 »	

Tir à l'arc.

Lutte bretonne.

1163	18 f. vert et brun-orange	3 »	1 60	1 60
1164	25 f. brun et vert-noir	4 15	3 »	2 50
	Nos 1161 à 1164 (4 val.)	10 »	6 40	6 40
	La série, non dentelée		115 »	

Tirages : 2 350 000, 2 685 000, 2 585 000 et 2 350 000.

1958. - *Cathédrale de Senlis. Taille-douce. Dentelé 13.*

1165	15 f. gris-bleu et bleu	0 50	0 30	0 50
	a. (Non dentelé)		19 25	

Tirage : 2 800 000.

1958. - *Célébrités. Taille-douce. Dentelés 13.*

Joachim du Bellay. Jean Bart. Denis Diderot.

1166	12 f.+4 f. vert	2 20	1 25	2 20
1167	12 f.+4 f. bleu	2 20	1 25	2 20
1168	15 f.+5 f. lilas-brun	2 40	1 60	2 40

Gustave Courbet. J.-B. Carpeaux (autoportrait). Toulouse-Lautrec.

1169	15 f.+5 f. outremer	2 50	1 70	2 50
1170	20 f.+8 f. rouge	2 50	1 70	2 50
1171	35 f.+15 f. vert-bleu	3 20	2 »	3 20
	Nos 1166 à 1171 (6 val.)	15 »	9 50	15 »
	La série, non dentelée		130 »	

Tirages : 1 250 000, 1 300 000, 1 100 000, 1 200 000, 1 200 000 et 1 100 000.

1958. - *Fragment de la tapisserie de la reine Mathilde, à Bayeux. Taille-douce. Dentelé 13.*

1172	15 f. rouge et bleu	0 55	0 30	0 55
	a. (Non dentelé)		40 »	

Tirage : 2 900 000.

1958. - *Europa. Taille-douce. Dentelés 13.*

1173	20 f. rouge	0 50	0 20	0 40
1174	35 f. outremer	1 50	0 70	1 15
	La paire, non dentelée		155 »	

Tirages : 19 805 000 et 9 210 000.

1958. - *Château de Foix. Taille-douce. Dentelé 13.*

Château de Foix.

1175	15 f. outremer, gris, brun et vert	0 50	0 30	0 50
	a. (Non dentelé)		19 25	

Tirage : 3 285 000.

1958. - *Jumelage Paris-Rome. Taille-douce. Dentelé 13.*

Hôtels de Ville des deux capitales.

1176	35 f. gris, rouge et bleu clair	0 50	0 30	0 50
	a. (Non dentelé)		30 »	

Tirage : 3 335 000.

1958. - *Inauguration du palais de l'U.N.E.S.C.O., à Paris. Taille-douce. Dentelés 13.*

1177	20 f. bistre et bleu-vert	0 15	0 15	0 15
1178	35 f. orange et vert-noir	0 30	0 15	0 30
	La paire, non dentelée		125 »	

Tirages : 5 350 000 et 4 400 000.

1958. - *40e anniversaire de l'armistice. Taille-douce. Dentelé 13.*

1179	15 f. vert et bleu	0 70	0 30	0 50
	a. (Non dentelé)		23 »	

Tirage : 4 050 000.

1958. - *Armoiries de villes (III). Typographie. Dentelés 14 x 13½.*

Marseille. Lyon.

1180	50 c. bleu et outremer	0 15	0 15	0 15
1181	70 c. brun-rouge, rouge, bleu et jaune	0 15	0 15	0 15

Toulouse. Bordeaux.

1182	80 c. rouge, bleu et jaune	0 15	0 15	0 15
	a. (Bleu et jaune très décalés)	200 »		
1183	1 f. bleu, rouge et jaune	0 15	0 15	0 15

Nice. Nantes. Lille.

1184	2 f. bleu foncé, rouge et vert	0 15	0 15	0 15
1185	3 f. noir, rouge, jaune et vert	0 15	0 15	0 15
1186	5 f. brun-noir et rouge	0 15	0 15	0 15
	Nos 1180 à 1186 (7 val.)	1 05	1 05	1 05
	La série, non dentelée		95 »	

Un 5 c. au type du 5 f. Lille a paru en 1960 (n° 1230).

Tirages : 11 790 000, 13 930 000, 8 160 000, 92 560 000, 41 850 000, 35 540 000 et 473 320 000.

1958. - *Au profit de la Croix-Rouge. Croix en rouge. Taille-douce. Dentelés 13.* Ⓒ

Saint Vincent de Paul. J. Henri Dunant.

1187	15 f.+7 f. vert foncé	1 60	1 »	1 60
1188	20 f.+8 f. violet	1 60	1 »	1 60
	La paire, non dentelée		115 »	

Tirage : 1 700 000 paires.

Ont été émis aussi en carnets (tirage : 199 300).

1958
Du N° 1142 au N° 1188 =
47 timbres   **61   *37   ⊙48

Ve République

1959. - *Floralies parisiennes. Taille-douce. Dentelé 13.*

Arc de Triomphe du Carrousel, à Paris.

1189	15 f. polychrome	0 65	0 50	0 50
	a. (Non dentelé)		30 »	

Tirage : 6 360 000.

1959. - *Sesquicentenaire des Palmes académiques. Taille-douce. Dentelé 13.*

1190	20 f. grenat, violet et sépia	0 30	0 15	0 30
	a. (Non dentelé)		19 25	

Tirage : 3 325 000.

1959. - *Centenaire de la naissance de Charles de Foucauld, apôtre du Sahara (1858-1916). Taille-douce. Dentelé 13.*

Le Père de Foucauld devant son ermitage, à Tamanrasset.

1191	50 f. bleu, brun-rouge et brun-lilas	0 65	0 30	0 65
	a. (Non dentelé)		30 »	

Tirage : 3 060 000.

1959. - *Série touristique. Types de 1957. Taille-douce. Dentelés 13.*

Palais de l'Elysée, à Paris. Evian-les-Bains.

1192	30 f. vert foncé (1126)	3 20	1 60	0 30
1193	85 f. lilas-brun (1131)	4 70	2 75	0 50

Rivière Sens, à la Guadeloupe.

1194	100 f. violet (1125)	38 »	21 »	0 50
	La série, non dentelée		110 »	

Tirages : 67 095 000, 46 445 000 et 59 775 000.

1959. - *Blason d'Alger. Typographie. Dentelé 14 x 13½.*

1195	15 f. polychrome	0 30	0 15	0 15
	a. (Non dentelé)		15 50	

Tirage : 96 490 000.

Un 15 c. à ce type a paru en 1960 (nº 1232).

1959. - *Journée du Timbre et 20ᵉ anniversaire du service aéropostal de nuit. Taille-douce. Dentelé 13.*

1196	20 f.+5 f. polychrome	0 80	0 50	0 80
	a. (Non dentelé)		61 »	

Tirage : 2 500 000.

Ce type a été repris, modifié, en 1964 (nº 1418).

1959. - *175ᵉ anniversaire de l'École des Mines à Paris. Taille-douce. Dentelé 13.*

Façade de l'École et lampe de mineur.

1197	20 f. carmin, noir et bleu-vert	0 30	0 15	0 30
	a. (Non dentelé)		23 »	

Tirage : 2 950 000.

1959. - *Héros de la Résistance (III). Taille-douce. Dentelés 13.*

Les 5 martyrs du lycée Buffon.

Yvonne Le Roux.

Médéric Védy.

1198	15 f. violet et gris-noir	0 55	0 30	0 30
1199	15 f. lilas-rose et lilas	0 55	0 30	0 55
1200	20 f. vert et bleu-vert	0 55	0 30	0 55

Louis Martin-Bret.

Gaston Moutardier.

1201	20 f. brun-orange et brun clair	0 75	0 30	0 75
1202	30 f. lilas-rose et violet foncé	0 90	0 30	0 75
	Nᵒˢ 1198 à 1202 (5 val.)	3 30	1 50	2 90
	La série, non dentelée		95 »	

Tirages : 3 085 000, 3 150 000, 3 000 000, 3 100 000 et 3 100 000.

1959. - *Réalisations techniques (II). Taille-douce. Dentelés 13.*

Barrage de Foum el Gherza, en Algérie.

Centre atomique de Marcoule.

1203	15 f. olive et bleu-vert	0 50	0 20	0 30
1204	20 f. carmin et brun-rouge	0 70	0 30	0 70

Hassi-Messaoud, Sahara.

Palais du C.N.I.T (Centre National des Industries et des Techniques).

1205	30 f. brun-olive, bleu et bleu-vert	0 70	0 30	0 70
1206	50 f. vert terne et bleu-gris	1 10	0 80	0 80
	Nᵒˢ 1203 à 1206 (4 val.)	3 »	1 60	2 50
	La série, non dentelée		100 »	

Tirages : 4 140 000, 4 550 000, 4 110 000 et 4 085 000.

1959. - *Célébrités. Taille-douce. Dentelés 13.*

Geoffroi de La Villehardouin.

André Le Nôtre et vue du parc de Versailles.

1207	15 f.+5 f. bleu-violet	1 60	1 »	1 60
1208	15 f.+5 f. vert foncé	1 60	1 »	1 60

Jean d'Alembert.

David d'Angers, sa statue et le château du roi René, à Angers.

1209	20 f.+10 f. brun-jaune	1 60	1 »	1 60
1210	20 f.+10 f. gris	1 80	1 »	1 80

Xavier Bichat.

Frédéric-Auguste Bartholdi et ses oeuvres : la statue de la Liberté, à New York et le Lion de Belfort.

1211	30 f.+10 f. carmin	1 60	1 25	1 60
1212	30 f.+10 f. brun-rouge	2 »	1 25	1 80
	Nos 1207 à 1212 (6 val.)	10 20	6 50	10 »
	La série, non dentelée		140 »	

Tirage : 1 500 000 séries.

1959. - *Hommage aux pilotes d'essai. Taille-douce. Dentelé 13.*

Charles Goujon et colonel Rozanoff.

1213	20 f. bleu et brun-orange	0 65	0 30	0 65
	a. (Non dentelé)		54 »	

Tirage : 4 380 000.

1959. - *Centenaire de la mort de Marceline Desbordes-Valmore. Taille-douce. Dentelé 13.*

Marceline Desbordes-Valmore et église N.-D. de Douai.

1214	30 f. vert-bleu, brun-lilas et bleu	0 30	0 15	0 30
	a. (Non dentelé)		27 »	

Tirage : 4 200 000.

1959. - *Inauguration du pont de Tancarville. Taille-douce. Dentelé 13.*

1215	30 f. bistre, vert et bleu	0 50	0 15	0 50
	a. (Non dentelé)		30 »	
	b. (inscript. en bleu clair)	46 »	30 »	15 50

Tirage : 4 930 000.

1959. - *Marianne à la nef. Typographie. Dentelé 14 x 13½.*

1216	25 f. vert-gris et rouge	0 50	0 30	0 15
	a. (Non dentelé)		19 25	

Tirage : 714 710 000.

Un 25 c. bleu et rouge à ce type a paru en 1960 (no 1234).

1959. - *Centenaire de la naissance de Jean Jaurès. Taille-douce. Dentelé 13.*

1217	50 f. brun-violet	0 50	0 30	0 50
	a. (Non dentelé)		23 »	

Tirage : 4 630 000.

1959. - *Europa. Taille-douce. Dentelés 13.*

1218	25 f. vert	0 50	0 20	0 20
1219	50 f. violet	2 »	1 »	1 40
	La paire, non dentelée		155 »	

Tirages : 10 000 000 et 8 500 000.

1959. - *Hommage aux donneurs de sang. Taille-douce. Dentelé 13.*

1220	20 f. lilas-rose et gris	0 30	0 15	0 30
	a. (Non dentelé)		42 »	

Tirage : 4 890 000.

1959. - *Tricentenaire du traité des Pyrénées. Taille-douce. Dentelés 13.*

Avesnes-s-Helpe (la place Guillemin).

Perpignan (le Castillet).

1221	20 f. bleu et bistre	0 50	0 30	0 30
1222	30 f. lilas-brun et bleu	0 50	0 30	0 50

Symbole du traité (détail du revers de la médaille frappée à cette occasion).

1223	50 f. bleu, orange et rose	0 65	0 30	0 50
	La série, non dentelée		77 »	

Tirages : 4 475 000, 4 990 000 et 4 730 000.

1959. - *Pour vaincre la poliomyélite. Taille-douce. Dentelé 13.*

1224	20 f. bleu foncé	0 30	0 15	0 30
	a. (Non dentelé)		35 »	

Tirage: 4 500 000.

1959. - *Centenaire de la naissance du philosophe Henri Bergson. Taille-douce. Dentelé 13.*

1225	50 f. brun-orange	0 50	0 30	0 50
	a. (Non dentelé)		27 »	

Tirage : 4 600 000.

1959. - *Au profit de la Croix-Rouge. Croix en rouge. Taille-douce. Dentelés 13.* ⓒ

Abbé de L'Épée.

Valentin Haüy.

1226	20 f.+10 f. noir et brun-violet	2 60	1 60	2 60
1227	25 f.+10 f. bleu et noir	3 »	1 60	3 »
	La paire, non dentelée		110 »	

Tirages : 1 700 000 paires ; ont été émis aussi en carnets (tirage : 132 000).

1959. - *10e anniversaire de l'O.T.A.N. et inauguration de son palais, à Paris. Taille-douce. Dentelé 13.*

Le Palais de l'O.T.A.N., porte Dauphine.

1228	50 f. vert, outr. et brun-lilas	0 65	0 30	0 65
	a. (Non dentelé)		77 »	

Tirage : 4 325 000.

1959. - *Au profit des sinistrés de Fréjus. Timbre de même date (Marianne à la nef, n° 1216) surchargé.*

1229	+5 f. s. 25 f. vert-gris et rouge	0 30	0 15	0 30
	a. (Non dentelé)		23 »	
	b. (Surch. renv.)		2 700 »	

Tirage : 12 420 000.

1959
Du N° 1189 au N° 1229 =
41 timbres ****80** ***44** **⊙32**

A partir de 1960 : 100 c(entimes) = 1 NF.

1 (nouveau) f(ranc) = 100 f. anciens.

Avec le "nouveau franc", les mentions c (centimes) et f (franc) n'apparaissent plus sur les timbres : pour garder l'homogénéité du catalogue nous avons préféré indiquer comme avant 1960, les valeurs inférieures au franc en centimes (Exemple : N° 1230 : 5 c. et 0,05 sur le timbre).

A partir de 1960 les cotes de la colonne de gauche concernent les timbres neufs sans charnière, celles de la colonne de droite, les timbres oblitérés.

1960-61. - *Types de 1957-59 (nouveaux pour les nos 1230A, 1233 et 1234A) avec valeur en nouveau franc. Typographie. Dentelés 14 x 13½.* C

20 c. Type I : Présence de deux taches parasites entre 0 et 2.
20 c. Type II : Taches parasites absentes (roulettes).

Voir note après le n° 181.

25 c. Type I : Présence de petites taches en bout des hachures.
25 c. Type II : Taches supprimées (carnets de 8).

Armoiries d'Oran.

1230	5 c. brun-noir et rouge	6 »	0 20
1230A	5 c. polychrome	0 30	0 15
1231	10 c. vert	0 65	0 15

La semeuse de Piel, d'après Roty.

1232	15 c. polychrome	1 »	0 20
1233	20 c. turquoise et rose (I)	0 30	0 15
	a. (type II) (roulette)	25 »	6 »

1234	25 c. bleu et rouge (I)	2 75	0 15
	a. (paire verticale de carnet avec barres)	12 »	
	b. (type II)	8 »	2 »
	c. (avec bandelette inférieure blanche)	22 »	
1234A	30 c. noir et outremer (1233)	2 »	0 50
	Nos 1230 à 1234A (7 val.)	13 »	1 50
	La série, non dentelée	115 »	

Le n° 1231 a été surchargé "E.A." en 1962 (voir tome II 2e partie Algérie nos 354 et 359).

Tirages : 143 580 000 (1230), 255 500 000 (1230A), 892 530 000 (1231), 143 760 000 (1232) et 390 300 000 (1234).

1960. - *Série touristique. Taille-douce. Dentelés 13.*

Cathédrale de Laon.

1235	15 c. bleu-noir et bleu	0 50	0 30

Château de Fougères.

Gorges de Kerrata, en Algérie.

1236	30 c. brun, vert et bleu	3 50	0 40
1237	45 c. olive et violet	1 »	0 30

Mosquée de Tlemcen, en Algérie.

Vallée de la Sioule.

1238	50 c. vert foncé et lie-de-vin	2 50	0 15
1239	65 c. bistre-olive, brun et bleu	1 50	0 30

Viaduc de Chaumont.

Massif du Grand Bénard et église de Cilaos, à La Réunion.

1240	85 c. vert, sépia et bleu	3 »	0 30
1241	1 f. violet, vert et bleu	3 »	0 25
	Nos 1235 à 1241 (7 val.)	15 »	2 »
	La série, non dentelée	170 »	

Les nos 1237 et 1238 ont été surchargés "E.A." en 1962 (voir tome II 2e partie Algérie nos 356, 357, 361 et 362).

Tirages : 32 680 000, 37 360 000, 63 670 000, 87 050 000, 36 965 000, 55 365 000 et 87 130 000.

1960. - *Centenaire de la naissance de l'historien Pierre Girauld de Nolhac. Taille-douce. Dentelés 13.*

Effigie de l'historien, château de Versailles et St-Pierre de Rome.

1242 20 c. noir et gris 0 65 0 50
a. (Non dentelé) 30 »
Tirage : 4 500 000.

1960. - *Musée d'art et d'industrie de Saint-Étienne. Taille-douce. Dentelé 13.*

1243 30 c. brun-lilas, vert-bleu et rouge 0 65 0 50
a. (Non dentelé) 23 »
Tirage : 4 500 000.

1960. - *5e session des États généraux des communes d'Europe, à Cannes. Taille-douce. Dentelé 13.*

Vue de Cannes.

1244 50 c. rouge-orange et vert 1 » 0 80
a. (Non dentelé) 77 »
Tirage : 4 500 000.

1960. - *Journée du Timbre. Taille-douce. Dentelé 13.*

Navire câblier "Ampère".

1245 20 c.+5 c. bleu, bleu-vert et bleu-noir 1 85 1 50
a. (Non dentelé) 30 »
b. (nuages bleus) 23 »
Tirage : 2 600 000.

1960. - *Centenaire du rattachement du duché de Savoie et du comté de Nice. Taille-douce. Dentelés 13.*

Savoyarde et glaciers de l'Homme.

Niçoise et plage.

1246 30 c. vert foncé 0 80 0 70
1247 50 c. brun-rouge, rouge et jaune 0 80 0 50
La paire, non dentelée 77 »

Tirages : 4 500 000 et 5 000 000.

1960. - *Héros de la Résistance (4e série). Taille-douce. Dentelés 13.*

Edmond Debeaumarché.

Pierre Masse.

Maurice Ripoche.

1248 20 c. jaune-olive et noir 3 » 2 »
1249 20 c. rose et lilas-rose 2 30 2 »
1250 30 c. violet et lilas 2 30 2 »

Léonce Vieljeux.

Abbé René Bonpain.

1251 30 c. bleu-gris et bleu 4 20 3 »
1252 50 c. olive et brun-rouge 4 20 4 »
N°s 1248 à 1252 (5 val.) 16 » 13 »
La série, non dentelée 95 »

Tirage : 3 300 000 séries.

1960. - *Année mondiale du réfugié. Taille-douce. Dentelé 13.*

1253 25 c.+10 c. vert, brun-olive et bleu-noir 0 50 0 50
a. (Non dentelé) 70 »

Tirage : 3 030 000.

1960. - *Sesquicentenaire de l'École Normale de Strasbourg. Taille-douce. Dentelé 13.*

1254	20 c. rose-lilas, violet et noir	0 30	0 30
	a. (Non dentelé)	23 »	

Tirage : 4 500 000.

1960. - *Château de Blois. Taille-douce. Dentelé 13.*

1255	30 c. bleu, sépia et vert-bleu	1 »	0 80
	a. (Non dentelé)	23 »	

Tirage : 4 500 000.

1960. - *Station thermale de La Bourboule. Taille-douce. Dentelé 13.*

1256	50 c. brun foncé, carmin et vert-bleu	0 80	0 80
	a. (Non dentelé)	27 »	

Tirage : 4 500 000.

1960. - *Célébrités. Taille-douce. Dentelés 13.*

Michel de l'Hospital et château de La Roche les Aigueperse.

Henri de La Tour d'Auvergne, vicomte de Turenne et la ferme de Turenne, à Bazeille.

1257	10 c.+5 c. lilas-rose et violet	3 »	3 »
1258	20 c.+10 c. olive et lilas-brun	3 »	3 »

Nicolas Boileau et sa maison, à Auteuil.

Jean-Martin Charcot et hôpital de la Salpétrière, à Paris.

1259	20 c.+10 c. vert et vert-bleu	3 »	3 »
1260	30 c.+10 c. lie-de-vin et rouge	4 »	4 »

Georges Bizet et évocation de l'Arlésienne et de Carmen.

Edgar Degas et ses oeuvres : Danseuse au bouquet, Femme se baignant, La Ballerine.

1261	30 c.+10 c. violet et bleu	4 »	4 »
1262	50 c.+15 c. ardoise	5 »	5 »
	Nos 1257 à 1262 (6 val.)	22 »	22 »
	La série, non dentelée	130 »	

Tirage : 1 600 000 séries.

1960. - *Type Marianne de Decaris. Typographie. Dentelé 14 x 13½.* [C]

Type II : présence d'une ligne épaisse (carnets de 8), à la base du menton, dentelures verticales souvent rognée sur 1 côté.

1263	25 c. gris clair et carmin foncé (I)	0 30	0 15
	a. rose et carm. foncé (I)	20 »	8 »
	b. (Non dentelé)	30 »	
	c. (avec bande publicit.) (I)	5 »	3 »
	d. (paire verticale de carnets avec barres) (I)	5 »	
	e. gris et carmin (II)	2 »	1 »
	f. (avec bandelette inférieure blanche) (II)	15 »	
	g. gris omis	200 »	
	h. rouge omis	150 »	

Ce timbre a été surchargé "E.A." en 1962 (voir Algérie Tome II 2e partie nos 355 et 360).

1960. - *20e anniversaire de l'Appel du général de Gaulle (18 juin 1940). Taille-douce. Dentelé 13.*

1264	20 c. brun-rouge, vert et sépia	0 80	0 50
	a. (Non dentelé)	77 »	

Tirage : 10 000 000.

1960. - *Jeux olympiques de Rome. Taille-douce. Dentelé 13.*

Jean Bouin (1888-1914).

1265	20 c. noir, lie-de-vin et bleu	0 50	0 50
	a. (Non dentelé)	125 »	

Tirage : 5 500 000.

1960. - *Europa. Taille-douce. Dentelés 13.*

1266 25 c. vert et bleu-vert 0 25 0 15

1267 50 c. carmin et lilas 0 75 0 50

a. (centre de la rosace rose pâle) 15 »

La paire, non dentelée 140 »

Tirages : 17 050 000 et 11 735 000.

1960. - *Basilique de Lisieux. Taille-douce. Dentelé 13.*

Statue de sainte Thérèse et la basilique.

1268 15 c. bleu, gris et sépia 0 50 0 50

a. (Non dentelé) 30 »

Tirage : 4 795 000.

1960. - *Madame de Staël (Précurseur de l'Idée Européenne). Taille-douce. Dentelé 13.*

Corrine au Cap Misène, par Gérard (détail).

1269 30 c. lilas et brun-jaune 0 50 0 50

a. (Non dentelé) 54 »

Tirage : 5 200 000.

1960. - *Centenaire de la naissance du général Estienne. Taille-douce. Dentelé 13.*

Portrait, char Renault et avion d'observation.

1270 15 c. lilas et gris-olive 0 50 0 50

a. (Non dentelé) 40 »

Tirage : 4 750 000.

1960. - *10ᵉ anniversaire de la mort de Marc Sangnier. Taille-douce. Dentelé 13.*

Marc Sangnier et auberge de la jeunesse.

1271 20 c. bleu, lilas et noir 0 30 0 30

a. (Non dentelé) 30 »

Tirage : 5 025 000.

1960. - *20ᵉ anniversaire de l'Ordre de la Libération. Taille-douce. Dentelé 13.*

1272 20 c. noir et vert 0 50 0 50

a. (Non dentelé) 35 »

Tirage : 4 990 000.

1960. - *Oiseaux. Taille-douce. Dentelés 13.*

Vanneaux.

1273 20 c. multicolore 0 30 0 30

Macareux-moines.

1274 30 c. multicolore 0 30 0 30

a. (Houppe prononcée sur le 4ᵉ macareux) 2 » 1 »

Sarcelles.

Guêpiers.

1275 45 c. multicolore 0 80 1 »

1276 50 c. multicolore 1 » 0 50

Nᵒˢ 1273 à 1276 (4 val.) 2 40 2 10

La série, non dentelée 125 »

Tirages : 5 000 000, 5 350 000, 3 600 000 et 5 250 000..

1960. - *10e anniversaire de la mort d'André Honnorat. Taille-douce. Dentelé 13.*

André Honnorat et entrée de la Cité Universitaire de Paris.

1277	30 c. noir, vert et bleu	0 30	0 30
	a. (Non dentelé)	19 25	

Tirage : 4 835 000.

1960. - *Au profit de la Croix-Rouge. Croix en rouge. Taille-douce. Dentelés 13.* Ⓒ

Bâton de Confrérie de St-Martin (bois doré).

Bois sculpté de l'église St-Martin (Oise, XVIe siècle).

1278	20 c.+10 c. grenat	4 »	4 »
1279	25 c.+10 c. bleu	4 »	4 »
	La paire, non dentelé	110 »	

Ont été émis aussi en carnets (tirage : 110 200).

Tirages : 1 480 000 et 1 435 000.

1960. - *5e centenaire du collège Sainte-Barbe, à Paris. Taille-douce. Denielé 13.*

Statuette de Ste Barbe et ancien plan du quartier du Collège.

1280	30 c. brun-olive, bleu, olive et rouge	0 50	0 50
	a. (Non dentelé)	23 »	

Tirage : 5 145 000.

1960
Du N° 1230 au N° 1280 =
53 timbres ****90** **⊙60**

Autres rubriques de l'année :

Poste aérienne 38 à 41
Préoblitérés 119 à 122
Service 22 à 26
Taxe 90 à 94

1961. - *Centenaire de la naissance du sculpteur Aristide Maillol. Taille-douce. Dentelé 13.*

"La Pensée", de Maillol (Hôtel de Ville de Perpignan).

1281	20 c. rouge et vert-noir	0 30	0 30
	a. (Non dentelé)	30 »	

Tirage : 5 445 000.

1961. - *Type Marianne de Cocteau. Taille-douce. Dentelé 13.*

I

II

1282	20 c. bleu et rouge (I)	0 30	0 15
	a. (Type II)	4 »	0 80
	b. (Non dentelé) (I)	46 »	

1961. - *Inauguration de l'aéroport de Paris-Orly. Taille-douce. Dentelé 13.*

Aérogare-Sud.

1283	50 c. bleu, bleu clair et sépia	0 65	0 50
	a. (Non dentelé)	46 »	

Tirage : 5 175 000.

1961. - *Centenaire de la naissance de Georges Méliès. Taille-douce. Dentelé 13.*

Georges Méliès et son film "Le voyage dans la Lune".

1284	50 c. violet, olive et vert foncé	1 »	0 80
	a. (Non dentelé)	65 »	

Tirage : 5 270 000.

1961. - *Journée du Timbre. Taille-douce. Dentelé 13.*

Facteur de la Petite
Poste de Paris, 1760.

1285	20 c.+5 c. vert foncé, rouge et bistre	1 »	0 80
	a. (Non dentelé)	30 »	

Tirage : 2 200 000.

1961. - *4e centenaire de l'introduction du tabac. Taille-douce. Dentelé 13.*

J. Nicot, feuilles et fleurs de tabac.

1286	30 c. vert, brun-orange et rouge	0 30	0 30
	a. (Non dentelé)	30 »	

Tirage : 5 440 000.

1961. - *Centenaire de la mort de Jean-Baptiste Henri de Lacordaire. Taille-douce. Dentelé 13.*

Portrait, par
Chasseriau.

1287	30 c. brun et sépia	0 50	0 50
	a. (Non dentelé)	23 »	

Tirage : 5 080 000.

1961. - *Héros de la Résistance (5e série). Taille-douce. Dentelés 13.*

Jacques Renouvin.

Lionel Dubray.

Paul Gateaud.

Mère Elisabeth.

1288	20 c. bleu et lilas	1 20	0 80
1289	20 c. olive et bleu	1 20	0 80
1290	30 c. brun-orange et noir	2 »	1 10
1291	30 c. outremer et gris-vert	1 60	1 30
	Nos 1288 à 1291 (4 val.)	6 »	4 »
	La série, non dentelée	77 »	

Tirages : 3 400 000, 3 115 000, 3 315 000 et 3 565 000.

1961. - *Réunion à Paris de la fédération mondiale des anciens combattants. Taille-douce. Dentelé 13.*

1292	50 c. bleu, vert et grenat	0 50	0 50
	a. (Non dentelé)	20 »	

Tirage : 4 800 000.

1961. - *Bagnoles-de-l'Orne. Taille-douce. Dentelé 13.*

Le lac de la Vée.

1293	20 c. vert, bleu et ocre	0 30	0 30
	a. (Non dentelé)	20 »	

Tirage : 5 135 000.

1961. - *Centenaire de Deauville. Taille-douce. Dentelé 13.*

Deauville en 1861.

1294	50 c. rose-lilas	2 30	1 70
	a. (Non dentelé)	30 »	

Tirage : 4 750 000.

1961. - *Célébrités. Taille-douce. Dentelés 13.*

Du Guesclin et scène de la bataille de Cocherel.

Pierre Puget et ses oeuvres Milon de Crotone cariatides de l'Hôtel de Ville de Toulon, figure de proue.

1295 15 c.+5 c. lilas-brun et noir 3 » 3 »

1296 20 c.+10 c. vert foncé et bleu 3 » 3 »

Coulomb et sa balance de torsion.

Général Drouot et les grilles de Lamour, place Stanislas, à Nancy.

1297 20 c.+10 c. orange et carmin 3 » 3 »

1298 30 c.+10 c. brun-orange et noir 3 » 3 »

Honoré Daumier et ses oeuvres : laveuses, le drame, Ratapoil.

Guillaume Apollinaire et évocation de ses oeuvres.

1299 45 c.+10 c. violet-brun et vert foncé 4 » 4 »

1300 50 c.+15 c. lilas-rose et violet 4 » 4 »

Nos 1295 à 1300 (6 val.) 20 » 20 »

La série, non dentelée 130 »

Tirages : 1 600 000, 1 600 000, 1 500 000, 1 550 000, 1 600 000 et 1 600 000.

1961. - *Comédiens français. Encadrement grenat. Taille-douce. Dentelés 13.*

La Champmeslé, dans le rôle de Roxane.

Talma, dans le rôle d'Oreste.

Rachel, dans Phèdre.

1301 20 c. vert et brun-violet 1 20 0 50

1302 30 c. brun-jaune et rouge 1 25 0 65

1303 30 c. vert-jaune et vert-noir 1 25 0 65

Raimu, dans le rôle de César (Marius).

Gérard Philipe, dans Le Cid.

1304 50 c. bleu-vert et brun-orange 1 70 1 »

1305 50 c. olive et brun-violet 1 60 0 80

Nos 1301 à 1305 (5 val.) 7 » 3 60

La série, non dentelée 115 »

Tirages : 5 200 000, 4 745 000, 4 580 000, 5 650 000 et 5 650 000.

1961. - *Le Mont-Dore. Taille-douce. Dentelé 13.*

Téléphérique du Puy de Sancy.

1306 20 c. orange et lilas 0 30 0 30

a. (Non dentelé) 35 »

Tirage : 10 390 000.

1961. - *Bicentenaire de la mort de Pierre Fauchard. Taille-douce. Dentelé 13.*

Gravure, par J. Le Bel.

1307 50 c. vert et noir 0 65 0 65

a. (Non dentelé) 20 »

Tirage : 4 300 000.

1961. - *8e centenaire de la ville de Thann. Taille-douce. Dentelé 13.*

Thann.

1308 20 c. vert foncé, brun-lilas et violet 0 80 0 65

a. (Non dentelé) 23 »

Tirage : 4 835 000.

1961. - *Europa. Taille-douce. Dentelés 13.*

1309 25 c. rouge 0 25 0 15
1310 50 c. outremer 0 75 0 50
La paire, non dentelée 140 »

Tirages : 19 725 000 et 14 395 000.

1961-62. - *Série touristique. Taille-douce. Dentelés 13.*

Saint-Paul-de-Vence.

1311 15 c. violet, bleu et gris 0 15 0 15

Arcachon.

1312 30 c. vert-gris, outremer et bistre 0 30 0 30
a. (Sans "Postes") 300 »

Sully-sur-Loire.

1313 45 c. bleu, vert et brun-orange 0 30 0 15
a. (Château blanc) 350 »

Cognac.

1314 50 c. vert, vert foncé et bleu-vert 1 60 0 30
a. (2 péniches absentes) 5 » 1 »
b. (3 péniches et digue absentes) 20 » 5 »

Dinan. Calais.

1315 65 c. vert foncé, brun-orange et bleu 0 50 0 30
1316 85 c. vert foncé, bleu-gris et brun-orange 0 65 0 50

Dunkerque. 3e centenaire du port. Médéa (Algérie).

1317 95 c. bistre, lilas et vert 1 50 0 80
1318 1 f. bistre, vert foncé et bleu 6 » 0 50
N°s 1311 à 1318 (8 val.) 11 » 3 »
La série, non dentelée 170 »

Voir également le n° 1355.

Le n° 1318 a été surchargé "E.A." en 1962 (voir Tome II 2e partie Algérie n°s 358 et 363).

Tirages : 22 625 000, 63 025 000, 123 325 000, 93 125 000, 58 980 000, 44 190 000, 22 900 000 et 46 950 000.

1961. - *Tableaux de peintres modernes. Taille-douce. Dentelés 13 x 12½.*

Le Messager, de Braque (1882-1963).

1319 50 c. polychrome 4 » 2 »
a. (Liseré blanc très prononcé au dessus de la couleur noire) 30 » 10 »

Les Nus bleus, d'Henri Matisse (1869-1954).

1320 65 c. vert, bleu foncé et violet-noir 7 » 3 »
a. vert, bleu ciel et violet-noir 10 » 5 »

Les Joueurs de cartes, de Paul Cézanne (1839-1906).

1321 85 c. polychrome 4 » 2 »

"14 juillet", de R. de La Fresnaye (1885-1925).

1322	1 f. polychrome	5 »	3 »
	Nos 1319 à 1322 (4 val.)	20 »	10 »
	La série, non dentelée	420 »	

Tirages : 4 252 500, 3 315 000, 4 137 000 et 3 520 000.

1961. - *Au profit de la Croix-Rouge. Reproductions d'oeuvres de Rouault (1871-1958). Croix en rouge. Taille-douce. Dentelés 13.* [C]

"Il serait si doux d'aimer".

"L'aveugle a parfois consolé le voyant".

1323	20 c.+10 c. noir et sépia	2 75	2 75
1324	25 c.+10 c. noir et sépia	3 50	3 50
	La paire, non dentelée	155 »	

Ont été émis aussi en carnets (tirage : 242 800).

Tirages : 1 575 000 et 1 610 000.

1961
Du N° 1281 au N° 1324 =
44 timbres ****80** **⊙55**

1962. - *Premier voyage du paquebot "France". Taille-douce. Dentelé 13.*

1325	30 c. bleu foncé, noir et rouge	1 »	0 65
	a. (Non dentelé)	40 »	
	b. (Cheminées noires)	95 »	

Tirage : 6 230 000.

1962. - *Championnats du monde de ski, à Chamonix. Taille-douce. Dentelés 13.*

Descente.

Slalom.

1326	30 c. outremer et violet foncé	0 30	0 30
	a. (Ski court)	15 »	5 »
1327	50 c. vert foncé, violet et bleu-vert	0 65	0 50
	La paire, non dentelée	155 »	

Tirages : 5 545 000 et 6 800 000.

1962. - *Centenaire de la mort du docteur Pierre-Fidèle Bretonneau. Taille-douce. Dentelé 13.*

Vue de Tours.

1328	50 c. violet et bleu	0 50	0 50
	a. (Non dentelé)	23 »	

Tirage : 6 375 000.

1962. - *60e anniversaire de la naissance du journaliste Maurice Bourdet (1902-1944). Taille-douce. Dentelé 13.*

1329	30 c. gris	0 30	0 30
	a. (Non dentelé)	19 25	

Tirage : 5 970 000.

1962. - *Vue de Laval. Taille-douce. Dentelé 13.*

Château et Pont-Vieux sur la Mayenne.

1330	20 c. brun et vert	0 30	0 30
	a. (Non dentelé)	19 25	

Tirage : 6 650 000.

1962-65. - *Type Coq de Decaris. Taille-douce. Dentelés 13.* 🄲

1331	25 c. outremer, carmin et brun	0 30	0 15
	a. (Non dentelé)	61 »	
	b. (nº rouge au verso)	80 »	
	c. (nº vert au verso)	265 »	
	d. (Papier spécial fluor. jaune vif aux U.V.)	1 000 »	65 »
1331A	30 c. vert, rouge et bistre	1 »	0 15
	a. (Non dentelé)	40 »	
	b. (nº rouge au verso)	13 50	

Depuis 1962, les timbres des roulettes destinés aux distributeurs portent tous les 10 exemplaires, un numéro inscrit au verso. C'est ce timbre que nous cotons sous l'appellation : (nº rouge au verso). A partir de 1986, les numéros apparaissent tous les 5 timbres.

1962. - *Journée du Timbre. Taille-douce. Dentelé 13.*

Messager royal de la fin du Moyen Age.

1332	20 c.+5 c. rose-rouge, violet-brun et bleu	1 »	1 »
	a. (Non dentelé)	30 »	

Tirage : 2 200 000.

1962. - *Remparts illuminés de Vannes. Taille-douce. Dentelé 13.*

Vannes.

1333	30 c. bleu foncé	1 »	1 »
	a. (Non dentelé)	23 »	

Tirage : 5 150 000.

1962. - *Journée mondiale du théâtre. Taille-douce. Dentelé 13.*

1334	50 c. vert foncé, jaune et carmin	0 65	0 50
	a. (Non dentelé)	23 »	

Tirage: 5 810 000.

1962. - *Hauts lieux de la Résistance. Taille-douce. Dentelés 13.*

Mont Valérien.

1335	20 c. vert foncé et olive	1 »	0 80

Vercors.

Ile de Sein.

1336	30 c. ardoise	1 »	0 80
1337	50 c. bleu et bleu-noir	1 25	1 »
	La série, non dentelée	100 »	

Voir également les nºˢ 1380 et 1381.

Tirages : 4 300 000, 4 870 000 et 4 870 000.

1962. - *Eradication du paludisme. Taille-douce. Dentelé 13.*

1338	50 c. bleu, vert foncé et rouge	0 50	0 40
	a. (Non dentelé)	61 »	

Tirage : 5 995 000.

1962. - *Semaine nationale des hôpitaux. Taille-douce. Dentelé 13.*

1339	30 c. vert, gris et rouge-brun	0 30	0 30
	a. (Non dentelé)	27 »	

Tirage : 5 240 000.

1962. - *Aviation légère et sportive. Taille-douce. Dentelés 13.*

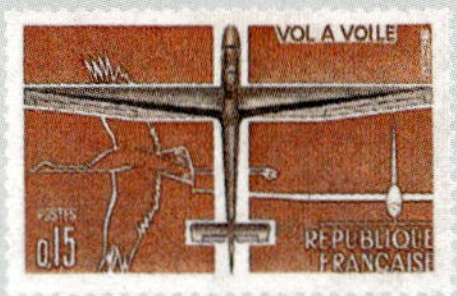

Vol à voile. Aviation de tourisme.

1340	15 c. brun-orange et violet-brun	0 65	0 50
1341	20 c. lilas-rose et lie-de-vin	0 65	0 50
	La paire, non dentelée	125 »	

Tirages : 5 560 000 et 5 120 000.

1962. - *Centenaire de l'école d'horlogerie de Besançon. Taille-douce. Dentelé 13.*

1342	50 c. brun-lilas, violet foncé et ocre	0 65	0 50
	a. (Non dentelé)	23 »	

Tirage : 4 745 000.

1962. - *Tricentenaire de la manufacture des Gobelins. Taille-douce. Dentelé 13.*

Louis XIV visitant la manufacture. Tapis de Ch. Le Brun et tapis moderne.

1343	50 c. vert, rose et vert-bleu	0 65	0 50
	a. (Non dentelé)	23 »	

Tirage : 6 050 000.

1962. - *Tricentenaire de la mort de Blaise Pascal. Taille-douce. Dentelé 13.*

1344	50 c. vert-noir et orange	0 65	0 50
	a. (Non dentelé)	27 »	

Tirage : 5 825 000.

1962. - *Célébrités. Taille-douce. Dentelés 13.*

Denis Papin. Edmé Bouchardon. Joseph Lakanal.

1345	15 c.+ 5 c. vert-bleu et sépia	2 »	2 »
1346	20 c.+10 c. lilas-brun et brun	3 »	3 »
1347	20 c.+10 c. gris et bleu-gris	3 »	3 »

Gustave Charpentier. Edouard Estaunié. Hyacinthe Vincent.

1348	30 c.+10 c. bleu et bleu-noir	3 »	3 »
1349	45 c.+15 c. brun-rouge et violet-brun	3 »	3 »
1350	50 c.+20 c. bleu-vert et noir	4 »	4 »
	Nos 1345 à 1350 (6 val.)	18 »	18 »
	La série non dentelée	125 »	

Tirage : 1 600 000 séries.

1962. - *Palais de justice de Rennes. Taille-douce. Dentelé 13.*

Palais de Justice.

1351	30 c. noir, vert et gris-bleu	1 50	1 »
	a. (Non dentelé)	27 »	

Tirage : 5 645 000.

1962-65. - *Armoiries de villes (IV). Typographie. Dentelés 14 x 13½.* Ⓒ

Niort. Guéret. Amiens.

1351A	1 c. bleu et jaune	0 15	0 15
1351B	2 c. vert, outremer et jaune	0 15	0 15
1352	5 c. rouge, bleu et jaune	0 15	0 15

Troyes. Agen. Nevers.

1353	10 c. brun, outremer et jaune	0 15	0 15
	a. (3 bandes de phosphore) (1970)	0 20	0 15
1353A	12 c. rouge, jaune et noir	0 15	0 15
1354	15 c. rouge, bleu foncé et jaune	0 15	0 15

Saint-Denis de La Réunion. Paris.

1354A	18 c. bleu, vert, rouge et jaune	0 50	0 50
1354B	30 c. bleu et rouge	0 60	0 15
	a. (Paire verticale de carnet, avec barres)	8 »	
	Nos 1351A à 1354B (8 val.)	2 »	1 55
	La série, non dentelée	95 »	

1962. - *Le Touquet-Paris-Plage. Taille-douce. Dentelé 13.*

1355	1 f. bleu, vert-bleu et brun-rouge	0 65	0 15
	a. (Non dentelé)	70 »	
	b. (plage verte)	70 »	30 »

Tirage : 193 700 000.
Fait partie de la série touristique nos 1311 à 1318.

1962. - *Roses. Taille-douce. Dentelés 13.*

1356	20 c. olive, rose-rouge et vert	0 80	0 50
1357	30 c. olive, vert-noir et rose	0 80	0 65
	La paire, non dentelée	140 »	

Tirages : 7 940 000 et 5 800 000.

1962. - *Europa. Taille-douce. Dentelés 13.*

1358	25 c. lilas	0 25	0 15
1359	50 c. rouge-brique	0 75	0 50
	La paire, non dentelée	140 »	

Tirages : 18 975 000 et 10 380 000.

1962-63. - *Télécommunications spatiales. Taille-douce. Dentelés 13.* BF

Centre de télécommunications spatiales de Pleumeur-Bodou.

1360	25 c. gris, vert-bleu et jaune	0 30	0 30

Première liaison de télévision par satellite "Telstar".

1361	50 c. bleu foncé, outremer et vert pâle	0 65	0 50

Radiotélescope de Nançay.

1362	50 c. bleu et brun-violet	0 65	0 50
	La série, non dentelée	275 »	

Afin de commémorer les premières liaisons de télécommunications spatiales et à l'intention de tous ceux qui furent les artisans de cette réussite, il a été émis un bloc-feuillet spécial comportant les nos 1360 et 1361 (tirage : 400), valeur 850 ».

Tirages : 11 212 500, 10 650 000 et 6 457 500.

1962. - *Tableaux de Maîtres. Taille-douce. Dentelés 12½-13.*

Bonjour, M. Courbet ! de Courbet (1819-1877).

1363	50 c. polychrome	4 »	3 »
	a. (Double bâton)	10 »	5 »

Madame Manet au canapé bleu, de Manet (1832-1883).

1364	65 c. polychrome	4 »	2 »
	a. (Liseré blanc très prononcé entre haut de la robe et canapé)	30 »	15 »

Officier de chasseurs de la Garde, de Théodore Géricault (1791-1824).

1365	1 f. polychrome	7 »	4 »
	a. (Sabre et chiffre rouges)	10 »	5 »
	La série, non dentelée	305 »	

Tirages : 3 365 000, 3 962 500 et 3 900 000.

1962. - *Au profit de la Croix-Rouge. Reproductions d'oeuvres de Fragonard (1732-1806). Croix en rouge. Taille-douce. Dentelés 13.* C

Rosalie Fragonard.

L'enfant en Pierrot.

1366	20 c.+10 c. lilas-brun	1 85	1 85
	a. lilas-brun foncé	100 »	100 »
1367	25 c.+10 c. vert	2 45	2 45
	a. gris	100 »	100 »
	La paire, non dentelée	125 »	

Ont été émis aussi en carnets (tirage : 242 600).

Les n°s 1366a et 1367a proviennent du 2e tirage des carnets.

Tirages : 2 110 000 et 2 100 000.

1962
Du N° 1325 au N° 1367 =
49 timbres ****60** **⊙48**

A compter de 1963 la plupart des timbres portent le millésime de l'année de parution.

1963. - *Bathyscaphe "Archimède". Taille-douce. Dentelé 13.*

1368	30 c. bleu et noir	0 30	0 30
	a. (Non dentelé)	40 »	

Tirage : 5 400 000.

1963. - *Floralies nantaises. Taille-douce. Dentelé 13.*

1369	30 c. polychrome	0 30	0 30
	a. (Non dentelé)	46 »	

Tirage : 5 450 000.

1963. - *Célébrités. Taille-douce. Dentelés 13.*

Jacques Amyot (écrivain, 450e anniversaire de sa naissance).

Étienne Méhul (compositeur, bicentenaire de sa naissance).

1370	20 c.+10 c. brun-lilas, gris et violet	1 40	1 40
1371	20 c.+10 c. rouge, bleu et brun-rouge	1 85	1 85

Pierre de Marivaux (écrivain, bicentenaire de sa mort).

Nicolas Vauquelin (chimiste, bicentenaire de sa naissance).

1372	30 c.+10 c. vert-bleu et lie-de-vin	1 25	1 25
1373	30 c.+10 c. lilas-brun, olive et sépia	1 60	1 60

Jacques Daviel (chirurgien, bicentenaire de sa mort).

Alfred de Vigny (poète, centenaire de sa mort).

1374	50 c.+20 c. bleu, jaune-brun et olive	1 40	1 40
1375	50 c.+20 c. brun-noir, bleu-gris et sépia	2 50	2 50
	N°s 1370 à 1375 (6 val.)	10 »	10 »
	La série, non dentelée	125 »	

Tirages : 1 950 000, 1 900 000, 1 950 000, 1 900 000, 1 950 000 et 1 900 000.

1963. - *Oeuvres d'art. Taille-douce. Dentelés 12½ x 13.*

Lutte de Jacob avec l'Ange, de Delacroix.

1376 50 c. polychrome 5 » 3 »

Vitrail de l'Église Sainte-Foy, à Conches.

1377 1 f. polychrome 6 » 4 60

La paire, non dentelée 215 »

Tirages : 4 290 000 et 3 622 500.

1963. - *Journée du Timbre. Taille-douce. Dentelé 13.*

Char de poste gallo-romain.

1378 20 c.+5 c. lilas-brun et bistre 0 30 0 30

a. (Non dentelé) 35 »

Tirage : 3 000 000.

1963. - *Campagne mondiale contre la faim. Taille-douce. Dentelé 13.*

1379 50 c. vert-noir et brun-rouge 0 50 0 50

a. (Non dentelé) 46 »

Tirage : 5 050 000.

1963. - *Hauts lieux de la Résistance. Taille-douce. Dentelés 13.*

A la mémoire des résistants des Glières (Haute-Savoie).

A la mémoire des déportés, monument de Paris.

1380 30 c. brun-violet et olive 0 65 0 65

1381 50 c. bleu-noir 0 65 0 65

La paire, non dentelée 54 »

Voir également les n°s 1335 à 1337.

Tirages : 5 460 000 et 5 655 000.

1963. - *Grands hommes de la Communauté Economique Européenne. Taille-douce. Dentelés 13.*

Ludwig van Beethoven, musicien allemand (1770-1827).

Émile Verhaeren, poète belge (1855-1916).

1382 20 c. vert, bleu-noir et brun-jaune 0 50 0 50

1383 20 c. grenat, noir et violet 0 50 0 50

F. Mazzini, homme d'État italien.

Émile Mayrisch, diplomate luxembourgeois.

1384 20 c. olive, bleu-noir et brun carminé 0 50 0 50

1385 20 c. brun-jaune, sépia et brun carminé 0 50 0 50

Hugo de Groot, homme d'État néerlandais.

1386 30 c. brun-jaune, violet et sépia 0 50 0 50

N°s 1382 à 1386 (5 val.) 2 50 2 50

La série, non dentelée 125 »

Tirages : 6 000 000, 6 250 000, 6 600 000, 6 100 000 et 5 150 000.

1963. - *Centenaire de la 1re Conférence postale internationale, à Paris. Taille-douce. Dentelé 13.*

Hôtel des Postes, en 1863.

1387	50 c. sépia	0 50	0 50
	a. (Non dentelé)	58 »	

Tirage : 5 580 000.

1963. - *4e centenaire du Lycée Louis le Grand, à Paris. Taille-douce. Dentelé 13.*

Lycée Louis le Grand.

1388	30 c. vert foncé	0 30	0 30
	a. (Non dentelé)	30 »	

Tirage : 7 295 000.

1963. - *36e Congrès de la Fédération des sociétés philatéliques françaises, à Caen. Taille-douce. Dentelé 13.*

Église Saint-Pierre et donjon du château.

1389	30 c. gris-bleu et brun	0 30	0 30
	a. (Non dentelé)	23 »	

Tirage : 6 620 000.

1963-65. - *Série touristique. Taille-douce. Dentelés 13.*

Château d'Amboise.

Côte d'Azur varoise.

1390	30 c. bleu-gris, vert et ocre	0 50	0 20
1391	50 c. bleu-noir, rouge-brun et vert	0 50	0 15

Saint-Flour.

Tour de César, à Provins.

1392	60 c. bleu, vert et rouge-brun	0 80	0 40
1392A	70 c. gris, vert-bleu et rose	0 50	0 15

Vittel.

Abbaye de Moissac.

1393	85 c. vert-jaune, vert et violet-brun	1 70	0 40
1394	95 c. sépia et gris	1 »	0 30

Chapelle de Notre-Dame du Haut, à Ronchamp.

1394A	1 f. 25 bleu, vert-noir et olive	1 »	0 40
	Nos 1390 à 1394A (7 val.)	6 »	2 »
	La série, non dentelée	155 »	

Un 40 c. au type du 1 f. 25 a été émis en 1965 (no 1435).

Tirages : 82 250 000, 74 250 000, 47 690 000, 279 535 000, 29 240 000, 19 830 000 et 19 650 000.

1963. - *Championnats du monde de ski nautique, à Vichy. Taille-douce. Dentelé 13.*

1395	30 c. vert foncé, noir et rouge	0 30	0 30
	a. (Non dentelé)	70 »	

Tirage : 6 515 000.

1963. - *Europa. Taille-douce. Dentelés 13.*

1396	25 c. brun-rouge	0 40	0 30
1397	50 c. vert-bleu	0 60	0 50
	La paire, non dentelée	140 »	

Tirages : 19 435 000 et 10 765 000.

1963. - *Oeuvres d'art. Taille-douce. Dentelés 12½ x 13.*

Les mariés de la Tour Eiffel, de Chagall.

1398 85 c. polychrome 2 20 1 60

Les marchands de fourrures, vitrail de la cathédrale de Chartres.

1399 95 c. polychrome 0 80 0 80

La paire, non dentelée 230 »

Tirages : 4 435 000 et 4 292 500.

1963. - *Au profit de la Croix-Rouge. Centenaire de la Croix-Rouge internationale. Croix en rouge. Taille-douce. Dentelés 13.* [C]

L'enfant à la grappe, par David d'Angers (1788-1856).

Le fifre, par Manet (1832-1883).

1400 20 c.+10 c. noir 1 » 1 »

1401 25 c.+10 c. vert foncé 1 » 1 »

La paire, non dentelée 155 »

Tirage : 2 100 000 paires.

Ont été aussi émis en carnets (tirage : 300 700).

1963. - *Maison de la Radiodiffusion-Télévision à Paris. Taille-douce. Dentelé 13.*

1402 20 c. bleu, bistre, vert et rouge 0 30 0 30
a. (Non dentelé) 23 »

Tirage : 9 660 000.

1963. - *Exposition philatélique internationale "PHILATEC 1964", à Paris (Prélude). Taille-douce. Dentelé 13.*

Le Grand Palais. Cheval de Marly, aux Champs-Élysées.

1403 25 c. gris, rouge et vert 0 30 0 30
a. (Non dentelé) 40 »

Tirage : 52 525 000.

Des timbres à ce type ont été émis dans les différents Territoires d'Outre-Mer, à l'exception des T.A.A.F. (voir Tome 1bis).

Voir également les n°s 1414 à 1417 et le n° 1422 émis en 1964.

1963
Du N° 1368 au N° 1403 =
38 timbres ****40** **⊙32**
Autre rubrique de l'année :
Service 27 à 35

1964. - *Protection civile (sapeurs-pompiers). Taille-douce. Dentelé 13.*

1404 30 c. jaune-orange, carmin et outremer 0 50 0 50
a. (Non dentelé) 30 »

Tirage : 6 735 000.

1964. - *Reclassement professionnel des paralysés. Taille-douce. Dentelé 13.*

1405 30 c. brun-olive, orange et vert 0 30 0 30
a. (Non dentelé) 23 »

Tirage : 6 370 000.

1964. - *Journée du Timbre. Taille-douce. Dentelé 13.*

Courrier à cheval (18e s.). Gravure de Parrocel.

1406	20 c.+5 c. vert	0 30	0 30
	a. (Non dentelé)	30 »	

Tirage : 3 690 000.

1964. - *20e anniversaire de la Libération. Taille-douce. Dentelés 13.*

Déportation.

L'affiche "A tous les Français".

1407	20 c.+5 c. gris foncé	0 80	0 80
1408	25 c.+5 c. carmin, bleu, rouge et noir (dent. 13 x 12½)	1 20	1 20
	a. (Papier bleuté)	8 »	8 »

Vingtième anniversaire des débarquements de Normandie et de Provence.

1409	30 c.+5 c. brun-orange, gris-bleu et sépia	1 »	1 »

Libération de Paris et de Strasbourg.

Résistance.

1410	30 c.+5 c. lie-de-vin, noir et rouge	1 »	1 »
1411	50 c.+5 c. vert foncé	1 »	1 »
	Nos 1407 à 1411 (5 val.)	5 »	5 »
	La série, non dentelée	155 »	

Tirages : 2 500 000, 5 975 000, 3 300 000, 3 800 000 et 2 500 000.

1964. - *2e anniversaire de la mort du président René Coty. Taille-douce. Dentelé 13.*

1412	30 c.+10 c. lilas-brun et noir	0 50	0 50
	a. (Non dentelé)	23 »	

Tirage : 2 875 000.

1964. - *6e centenaire de la mort de Jean II le Bon, roi de France (1319-1364). Taille-douce. Dentelé 12½ x 13.*

1413	1 f. polychrome	2 »	1 60
	a. (Non dentelé)	100 »	

Tirage : 4 325 000.

1964. - *Exposition philatélique internationale PHILATEC, à Paris (Interlude). Taille-douce. Dentelés 13.*

Sujets : 1416, Poste ; 1414, Type Blanc ; 1415, Type Mouchon ; 1417, Télécommunications. Tour hertzienne de Meudon ; au centre de la bande emblème de Philatec.

1414	25 c. brun-jaune et brun-lilas	0 50	0 50
1415	25 c. brun-jaune et bleu	0 50	0 50
1416	30 c. noir, bleu et brun-orange	0 50	0 50
1417	30 c. sépia, rose et vert-bleu	0 50	0 50
	Nos 1414 à 1417 (4 val.)	2 »	2 »
1417A	La bande de quatre avec emblème PHILATEC	2 50	2 50
	a. Id. (Non dentelé)	305 »	

Tirages : 4 500 000 bandes.

1964. - *25e anniversaire du service aéropostal de nuit. Taille-douce. Dentelé 13.*

Douglas DC-3.

1418	25 c. polychrome	0 30	0 30
	a. (Non dentelé)	58 »	

Tirage: 20 155 000.

1964. - *8e centenaire de Notre-Dame de Paris. Taille-douce. Dentelé 12½ x 13.*

Rose Ouest de la Cathédrale.

1419	60 c. polychrome	0 65	0 65
	a. (Non dentelé)	100 »	

Tirage: 5 675 000.

1964. - *Personnages célèbres. Taille-douce. Dentelés 13.*

Jean Calvin, réformateur (4e centenaire de sa mort).

Gerbert (pape sous le nom de Sylvestre II).

1420	30 c.+10 c. vert, noir et bistre	0 50	0 50
1421	30 c.+10 c. gris et lilas-brun	0 50	0 50
	La paire, non dentelée	61 »	

Tirages : 2 755 000 et 2 790 000.

1964. - *Exposition philatélique internationale PHILATEC à Paris (Ouverture). Taille-douce. Dentelé 13.* BF *n° 6.*

1422	1 f. (+3 f.) brun, bleu foncé et carmin	37 »	25 »
	a. (Non dentelé)	305 »	

Tirage : 300 000 feuillets de 8 timbres.

Le prix d'entrée de l'Exposition (3 f.) donnait droit à l'achat d'un timbre (1 f.).

1964. - *20e anniversaire de la mort de Georges Mandel. Taille-douce. Dentelé 13.*

1423	30 c. lilas-brun	0 30	0 30
	a. (Non dentelé)	18 50	

Tirage : 6 450 000.

1964-65. - *Oeuvres d'art. Taille-douce. Dentelés 12½ x 13.*

Plaque tombale Email champlevé limousin (XIIe s.), de Geoffroi IV le Bel, dit Plantagenet (1113-1151), comte d'Anjou et du Maine.

1424	1 f. polychrome	1 50	1 20
	a. (Non dentelé)	95 »	

La Dame à la licorne. Tapisserie (15e s.). Musée de Cluny.

1425 1 f. polychrome 0 80 0 80
a. (Non dentelé) 95 »

La serveuse anglaise du "Star", au Havre,
par Toulouse-Lautrec.

1426 1 f. polychrome 0 60 0 50
a. (Non dentelé) 95 »

Saint Paul sur le chemin de Damas. Vitrail de
la cathédrale de Sens.

1427 1 f. polychrome 0 60 0 50
a. (Non dentelé) 95 »
Nos 1424 à 1427 (4 val.) 3 50 3 »
Ce dernier timbre commémore le 8e centenaire de la cathédrale.
Tirages : 4 385 000, 4 770 000, 6 917 500 et 7 182 500.

1964. - *Jeux olympiques de Tokyo. Taille-douce. Dentelé 13.*

1428 50 c. bleu et brun-lilas 0 50 0 50
a. (Non dentelé) 115 »
Tirage : 9 360 000.

1964. - *Cinquantenaire de la Victoire de la Marne. Taille-douce. Dentelé 13.*

Le rassemblement des "Taxis de la Marne".

1429 30 c. noir, rouge et bleu 0 30 0 30
a. (Non dentelé) 30 »
Tirage : 6 500 000.

1964. - *Europa. Taille-douce. Dentelés 13.*

1430 25 c. carmin, ocre et vert 0 25 0 15
1431 50 c. violet, vert et carmin 0 75 0 30
La paire, non dentelée 140 »
Tirages : 28 990 000 et 10 225 000.

1964. - *Coopération avec l'Afrique et Madagascar. Taille-douce. Dentelé 13.*

1432 25 c. brun-rouge et bleu 0 30 0 30
a. (Non dentelé) 27 »
Tirage : 15 175 000.
Treize pays africains ont émis simultanément une valeur à ce type (voir au tome II, 2e partie).

1964. - *Au profit de la Croix-Rouge. Croix en rouge. Taille-douce. Dentelés 13.* [C]

Jean-Nicolas baron
Corvisart.

Dominique baron
Larrey.

1433 20 c.+10 c. noir 0 50 0 50
1434 25 c.+10 c. noir 0 50 0 50
La paire, non dentelée 125 »
Ont été aussi émis en carnets (tirage : 345 000).
Tirages : 2 790 000 et 2 810 000.

1964
Du N° 1404 au N° 1434
(sauf 1417A) =
31 timbres **56 ⊙38

Autres rubriques de l'année :
Blocs et feuillets 6
Préoblitérés 123 à 129
Taxe 95 à 102

1965. - *Série touristique. Type de 1963-64 pour le 40 c. Taille-douce. Dentelés 13.*

Chapelle de Notre-Dame du Haut, à Ronchamp.

Moustiers-Sainte-Marie.

1435 40 c. vert, ocre et violet-brun (1394A) 0 40 0 30
a. (Provenant de roulette) vert-olive foncé, bistre-jaune et violet-brun (1971) 0 50 0 50
b. (2 n^os rouges au verso) 5 »
1436 50 c. vert, bleu-gris et ocre 0 50 0 20
a. (Neige sur le bourg) 25 » 10 »

Aix-les-Bains.

1437 60 c. bleu et brun 1 » 0 35

Gorges du Tarn.

Paysage vendéen.

1438 75 c. brun violacé, bleu et vert 1 60 1 20
1439 95 c. bistre, vert et bleu 7 » 1 20

Alignements de Carnac.

Château de Joux (Doubs).

1440 1 f. gris, vert et bistre 1 75 0 25
1441 1 f. 30, ocre, violet-brun et brun-orange 1 75 0 50
N°s 1435 à 1441 (7 val.) 14 » 4 »
La série, non dentelée 155 »

Pour les n°s 1435a et b, voir note après le n° 1331Ab.

Tirages : 64 000 000, 108 600 000, 36 290 000, 14 915 000, 19 355 000, 129 840 000 et 20 000 000.

1965. - *Célébrités. Taille-douce. Dentelés 13.*

François VI, prince de Marcillac, duc de La Rochefoucauld (1613-1680), moraliste, tricentenaire de la publication de ses "Maximes".

Nicolas Poussin (1594-1665), peintre, tricentenaire de sa mort (autoportrait), détail.

1442 30 c.+10 c. bleu foncé et brun-orange 0 50 0 50
1443 30 c.+10 c. brun foncé et rouge 0 65 0 65

Paul Dukas (1865-1955), compositeur, centenaire de sa naissance.

Charles d'Orléans (1391-1465), poète, 5e centenaire de sa mort.

1444 40 c.+10 c. gris-bleu et brun-lilas 0 65 0 65
1445 40 c.+10 c. rouge-brique, brun foncé et bleu-vert 0 65 0 65
N°s 1442 à 1445 (4 val.) 2 45 2 45
La série, non dentelée 115 »

Tirages : 2 600 000, 2 750 000, 2 500 000 et 2 950 000.

1965. - *Journée du Timbre. Taille-douce. Dentelé 13.*

Paquebot-poste "La Guienne".

1446 25 c.+10 c. bleu, vert foncé et sépia 1 » 1 »
a. (Non dentelé) 30 »

Tirage : 4 300 000.

1965. - *20ᵉ anniversaire du retour des déportés. Taille-douce. Dentelé 13.*

1447 40 c. bleu-vert et vert 0 65 0 50
a. (Non dentelé) 30 »

Tirage : 7 250 000.

1965. - *Maisons des Jeunes et de la Culture. Taille-douce. Dentelé 13.*

Troyes : Maison des Jeunes et de la Culture.

1448 25 c. noir, vert foncé et brun-lilas 0 30 0 30
a. (Non dentelé) 18 50

Tirage : 11 240 000.

1965. - *Campagne de l'accueil et de l'amabilité. Taille-douce. Dentelé 13.*

1449 60 c. vert foncé, bistre et rouge 0 50 0 50
a. (Non dentelé) 23 »

Tirage : 10 650 000.

1965. - *20ᵉ anniversaire de la Victoire. Taille-douce. Dentelé 13.*

1450 40 c. bleu, rouge et noir 0 50 0 30
a. (Non dentelé) 30 »

Tirage : 8 285 000.

1965. - *Centenaire de l'Union Internationale des Télécommunications. Taille-douce. Dentelé 13.*

1451 60 c. bleu, bistre et noir 0 65 0 65
a. (Non dentelé) 95 »

Tirage : 7 000 000.

A l'intention des personnalités invitées à assister à la Commémoration du Centenaire de l'Union Internationale des Télécommunications, dans le Salon de l'Horloge du Ministère des Affaires Étrangères où fut signée le 17 mai 1865 la première Convention Télégraphique Internationale, il a été émis un feuillet spécial dentelé et gommé comportant un bloc de quatre du nº 1451 (tirage : 300), valeur : 950 ».

1965. - *Cinquantenaire de la Croix de guerre. Taille-douce. Dentelé 13.*

1452 40 c. vert, brun et rouge 0 65 0 65
a. (Non dentelé) 30 »

Tirage : 7 760 000.

1965. - *Cathédrale de Bourges. Taille-douce. Dentelé 13.*

1453 40 c. brun-rouge et gris-bleu 0 50 0 50
a. (Non dentelé) 23 »

Tirage : 7 780 000.

1965. - *Inauguration du tunnel routier sous le Mont-Blanc. Taille-douce. Dentelé 13.*

1454 30 c. turquoise, bleu et violet 0 30 0 30
a. (Non dentelé) 30 »

Tirage : 19 550 000.

1965. - *Europa. Taille-douce. Dentelés 13.*

1455	30 c. rouge	0 75	0 30
1456	60 c. bleu-gris	1 25	0 75
	La paire, non dentelée	140 »	

Tirages : 23 890 000 et 11 225 000.

1965. - *Oeuvres d'art. Taille-douce. Dentelés 12½-13.*

Les très riches heures du duc de Berry.

1457	1 f. polychrome	0 50	0 50
	a. (Non dentelé)	100 »	
	b. (Sans le jaune)		

L'Apocalypse (tapisserie du XIVe s., à Angers).

1458	1 f. polychrome	0 50	0 50
	a. (Non dentelé)	95 »	

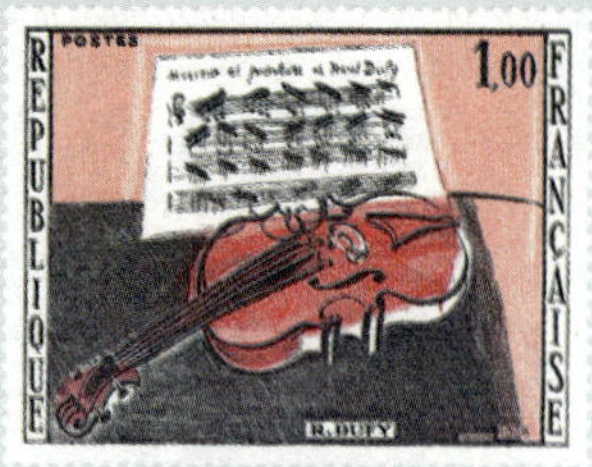

Le violon rouge, de Raoul Dufy.

1459	1 f. noir, rose et rouge	0 50	0 50
	a. (Non dentelé)	95 »	

Tirages : 7 647 000, 7 275 000 et 7 275 000.

1965. - *Millionième hectare reboisé. Taille-douce. Dentelé 13.*

1460	25 c. vert foncé, vert et bistre	0 30	0 30
	a. (Non dentelé)	30 »	

Tirage : 12 460 000.

1965. - *Tricentenaire du peuplement de l'île Bourbon (La Réunion). Taille-douce. Dentelé 13.*

1461	30 c. carmin et bleu-noir	0 30	0 30
	a. (Non dentelé)	23 »	

Tirage : 17 565 000.

A paru avec valeur exprimée en francs CFA. Voir tome II 1re partie à département de La Réunion (no 365).

1965. - *20e anniversaire du Commissariat à l'énergie atomique. Taille-douce. Dentelé 13.*

Centre d'étude nucléaire de Cadarache (Bouches-du-Rhône), la pile Rapsodie.

1462	60 c. outremer et bleu foncé	0 65	0 65
	a. (Non dentelé)	70 »	

Tirage : 7 800 000.

1965. - *30e anniversaire de l'École de l'Air, à Salon-de-Provence. Taille-douce. Dentelé 13.*

1463	25 c. bleu foncé et vert	0 50	0 30
	a. (Non dentelé)	70 »	
	b. (sans les toits)	200 »	100 »

Tirage : 8 505 000.

1965. - *Lancement du premier satellite national, à Hammaguir (Sahara). Taille-douce. Dentelés 13.*

Sujets : 30 c. Fusée Diamant ; 60 c. Satellite A1.

1464	30 c. bleu-vert, bleu-noir et bleu	0 30	0 30
1465	60 c. bleu-noir, bleu et bleu-vert	0 50	0 30
1465a	La paire se tenant	1 20	1 20

Les deux timbres sont émis sous forme de triptyque avec, au centre, une vignette bleue MISE SUR ORBITE DU PREMIER SATELLITE FRANÇAIS 26 NOVEMBRE 1965.

1465A	Le triptyque	1 »	1 »
	a. Idem, (non dentelé)	230 »	

Tirage : 8 052 800 triptyques.

BF voir note après le n° 1476.

1965. - *Au profit de la Croix-rouge. Oeuvres de Renoir (1841-1919). Croix en rouge. Taille-douce. Dentelés 13.* C

Bébé à la cuiller.

Coco écrivant.

1466	25 c.+10 c. gris-bleu	0 30	0 30
1467	30 c.+10 c. brun-lilas	0 50	0 50
	La paire, non dentelée	140 »	

Ont été aussi émis en carnets (tirage : 524 000).

Tirages : 3 350 000 et 3 450 000.

1965
Du N° 1435 au N° 1467
(sauf 1465A) =
33 timbres **28 ⊙17

Autre rubrique de l'année :
Poste aérienne 42

1966. - *Armoiries de ville (V). Typographie. Dentelés 14 x 13½.*

Auch.

Mont-de-Marsan.

1468	5 c. bleu et rouge	0 15	0 15
	a. (Dent. 13, roulette)	0 15	0 15
	b. (n° rouge au verso)	2 50	
1469	25 c. brun-rouge et bleu	1 10	0 30
	a. (n° rouge au verso)	100 »	
	La paire, non dentelée	30 »	

Voir note après le n° 1331Ab.

1966. - *Célébrités. Taille-douce. Dentelés 13.*

Saint Pierre Fourier, éducateur (1565-1640) et basilique St-Pierre Fourier, à Mattaincourt (Vosges).

François Mansart architecte (1598-1666) et hôtel Carnavalet, à Paris.

1470	30 c.+10 c. vert et sépia	0 50	0 50
1471	30 c.+10 c. vert et violet-brun	0 50	0 50

Marcel Proust, écrivain (1871-1922), et pont St-Hilaire, à Illiers (Eure-et-Loire).

Gabriel Faure et "Ulysse et Pénélope", pour le Prématice.

1472	30 c.+10 c. bleu-noir, vert et brun-olive	0 50	0 50
1473	30 c.+10 c. gris-bleu et ocre	0 50	0 50

Elie Metchnikoff, biologiste.

Hippolyte Taine, philosophe.

1474	30 c.+10 c. noir et sépia	0 50	0 50
1475	30 c.+10 c. brun et vert	0 50	0 50
	N°s 1470 à 1475 (6 val.)	3 »	3 »
	La série, non dentelée	155 »	

Tirages : 3 350 000, 3 320 000, 3 485 000, 3 825 000, 3 760 000 et 3 300 000.

1966. - *Lancement du satellite D1, à Hammaguir (Algérie). Taille-douce. Dentelé 13.*

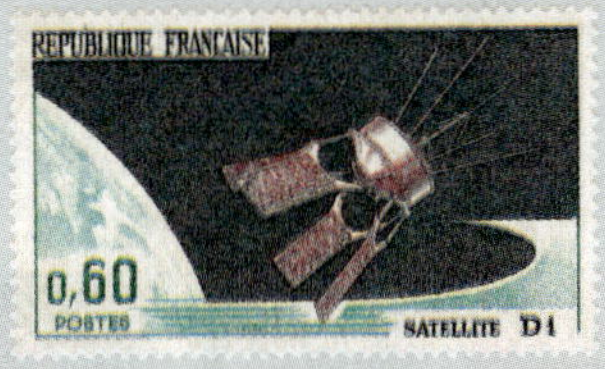

1476	60 c. bleu-noir, lilas et émeraude	0 30	0 30
	a. (Non dentelé)	77 »	

Tirage : 9 807 500.

Afin de commémorer le lancement, par la fusée Diamant, des Satellites A1 et D1 et à l'intention de tous ceux qui furent les artisans de cette réussite, il a été émis un bloc-feuillet spécial comportant les n°s 1464, 1465 et 1476 (tirage : 400), valeur : 925 ».

1966. - *Journée du Timbre. Taille-douce. Dentelé 13.*

Gravure d'un poinçon.

1477	25 c.+10 c. brun-lilas, bistre et ardoise	0 30	0 30
	a. (Non dentelé)	23	»

Tirage : 3 400 000.

1966. - *Oeuvres d'art. Taille-douce. Dentelés 12½-13.*

Vase "Cratère de Vix".

1478	1 f. lilas, noir et vert	0 50	0 50
	a. (Non dentelé)	84	»

"Le Nouveau-Né", de Georges de La Tour.

1479	1 f. polychrome	0 50	0 50
	a. (Non dentelé)	100	»

Un feuillet spécial a été émis fin 1966 au profit du Musée Postal :

Document philatélique de 92 x 185 reproduisant les phases d'impression du timbre-poste "Le Nouveau Né", de Georges de la Tour (n° 1479). De gauche à droite, impression taille-douce report (jaune, jaune-orange et rouge), impression taille-douce (noir et blanc) et impression définitive (polychrome). Avec - POUR LE MUSEE POSTAL -, Phases d'impression du Timbre-poste "Le Nouveau-Né", de Georges de La tour. Sans pouvoir d'affranchissement. Sans gomme. Non dentelé.

1479b	Polychrome	2 30	

Tirages : 6 957 075 et 8 024 575.

1966. - *Festival international d'échecs, au Havre. Taille-douce. Dentelé 13.*

1480	60 c. outremer, gris-bleu, ocre et noir	0 80	0 80
	a. (Non dentelé)	200	»

Tirage : 6 470 000.

1966. - *7e centenaire du pont de Pont-Saint-Esprit. Taille-douce. Dentelé 13.*

1481	25 c. noir et bleu	0 30	0 30
	a. (Non dentelé)	23	»

Tirage : 9 795 000.

1966. - *Millénaire du Mont-Saint-Michel. Taille-douce. Dentelé 13.*

1482	25 c. noir, vert et rouge s. paille	0 30	0 30
	a. (Non dentelé)	30	»
	b. (Colonnes gris-vert)	5 »	1 »

Tirage : 10 160 000.

1966. - *Bicentenaire de l'intégration de la Lorraine et du Barrois. Taille-douce. Dentelé 13.*

Stanislas Leczinski (1677-1766) et château de Lunéville.

1483	25 c. vert, bleu et brun-rouge	0 30	0 30
	a. (Non dentelé)	23	»

Tirage : 9 610 000.

1966. - *Cinquantenaire de la Victoire de Verdun. Taille-douce. Dentelé 13.*

Porte de la Chaussée, à Verdun.

1484 30 c.+5 c. outremer, bleu-vert et vert 0 30 0 30
a. (Non dentelé) 23 »

Tirage : 5 600 000.

1966. - *39e Congrès de la Fédération des sociétés philatéliques françaises, à Niort. Taille-douce. Dentelé 13.*

Église Saint-André.

1485 40 c. bleu, gris-bleu et vert 0 50 0 30
a. (Non dentelé) 23 »

Tirage : 9 595 000.

1966. - *9e centenaire de la bataille d'Hastings. Taille-douce. Dentelé 13.*

Le château de Falaise, la statue de Guillaume le Conquérant.

1486 60 c. outremer et brun-orange 0 65 0 50
a. (Non dentelé) 46 »

Tirage : 5 700 000.

1966. - *Tricentenaire de l'Académie des Sciences, à Paris. Taille-douce. Dentelé 13.*

Bernard Le Bovier de Fontenelle (1657-1757), écrivain, Secrétaire perpétuel de l'Académie des Sciences (1699-1740).

1487 60 c. carmin et violet-brun 0 50 0 50
a. (Non dentelé) 23 »

Tirage : 6 380 000.

1966. - *19e congrès international des chemins de fer, à Paris. Taille-douce. Dentelé 13.*

1488 60 c. carmin, bleu et violet-brun 1 » 0 80
a. (Non dentelé) 46 »

Tirage : 6 510 000.

1966. - *Inauguration du pont d'Oléron. Taille-douce. Dentelé 13.*

1489 25 c. bleu-vert, bleu, brun et vert 0 30 0 30
a. (Non dentelé) 27 »

Tirage : 10 805 000.

1966. - *Europa. Taille-douce. Dentelés 13.*

1490 30 c. bleu et bleu foncé 0 50 0 30
1491 60 c. rouge et rouge foncé 1 » 0 50
La paire, non dentelée 140 »

Tirages : 31 310 000 et 8 200 000.

1966. - *Oeuvres d'art. Taille-douce. Dentelés 12½-13.*

Vitrail de la Sainte-Chapelle (le baptême de Judas).

1492 1 f. polychrome 0 50 0 50
a. (Non dentelé) 84 »

Tapisserie de Lurçat (lunes et toros).

1493 1 f. polychrome 0 50 0 50
a. (Non dentelé) 84 »

Crispin et Scapin, de Daumier.

1494 1 f. polychrome 0 50 0 50
a. (Non dentelé) 95 »

Tirages : 7 665 000, 7 537 000 et 7 610 000.

1966. - *Grands noms de l'Histoire. Taille-douce. Dentelés 13.*

Vercingétorix (82-46 av. J.-C.).

1495 40 c. brun-rouge et sépia 0 50 0 50

Clovis (455-511).

Charlemagne (742-814).

1496 40 c. vert, bleu et violet-brun 0 50 0 50
1497 60 c. brun-violet, rose et violet 0 65 0 50
La série, non dentelée 95 »

Tirages : 6 550 000, 6 545 000 et 6 232 000.

1966. - *Centenaire de la poste pneumatique, à Paris. Taille-douce. Dentelé 13.*

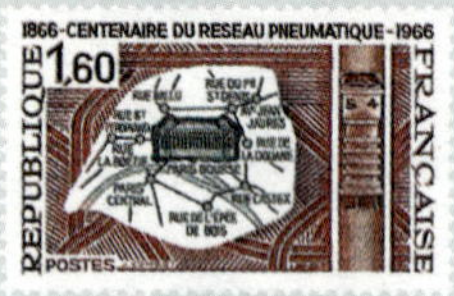

1498 1 f. 60, violet-brun et gris-bleu foncé 1 » 0 80
a. (Non dentelé) 23 »

Tirage : 6 323 650.

1966-67. - *Monuments et sites. Taille-douce. Dentelés 13.*

Hôtel de Ville de St-Quentin.

Porte de l'Horloge à Vire.

1499 50 c. bistre, bleu-noir et bleu clair 0 50 0 30
1500 60 c. bleu clair, bleu foncé et bistre 0 70 0 70

Château de St-Germain-en-Laye.

La Baule.

1501 70 c. brun, carmin et bleu 0 50 0 15
1502 75 c. bleu-vert, bistre et rouge 2 » 1 60

Boulogne-sur-Mer.

Cathédrale de Rodez.

1503 95 c. vert, violet et bleu 1 60 1 60
1504 1 f. gris-bleu 0 80 0 15

Morlaix.

Château de Val, à Lanobre (Cantal) et lac de Bort-les-Orgues (Corrèze).

1505	1 f. 50, rouge, outremer et vert-jaune	1 60	0 50
1506	2 f. 30, bleu, violet, brun et vert foncé	2 30	0 50
	Nos 1499 à 1506 (8 val.)	10 »	5 50
	La série, non dentelée	170 »	

1966. - *Usine marémotrice de la Rance. Taille-douce Dentelé 13.*

1507	60 c. gris-bleu, brun et vert	0 65	0 65
	a. (Non dentelé)	27 »	

Tirage : 7 610 000.

1966. - *Au profit de la Croix-Rouge. Croix en rouge. Taille-douce. Dentelés 13.* [c]

Ambulancière (1859).

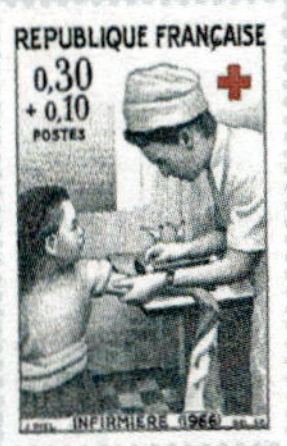

Infirmière (1966).

1508	25 c.+10 c. vert-gris	0 65	0 65
1509	30 c.+10 c. gris-bleu	0 65	0 65
	La paire, non dentelée	125 »	

Ont été émis aussi en carnets (tirage : 538 800).

Tirages : 3 500 000 et 4 100 000.

1966. - *Armoiries de ville (VI). Héliogravure. Dentelé 13.*

Blason de Saint-Lô.

1510	20 c. multicolore	0 15	0 15
	a. (Non dentelé)	27 »	
	b. (n° rge au verso (1971)	18 »	
	c. (Trois bandes de phosphore) (1972)	0 15	0 15
	d. (1510 et 1510c en paire verticale)	170 »	

Pour le n° 1510b, voir note après le n° 1331Ab.

1966
Du N° 1468 au N° 1510 =
43 timbres **29 ⊙22

Autre rubrique de l'année :
Service 36 à 38

1967. - *Célébrités. Taille-douce. Dentelés 13.*

Émile Zola.

Beaumarchais.

1511	30 c.+10 c. noir et bleu-vert	0 50	0 50
1512	30 c.+10 c. rouge-brique et violet	0 50	0 50

Saint François de Sales.

Albert Camus.

1513	30 c.+10 c. bleu-violet et violet	0 50	0 50
1514	30 c.+10 c. bistre-brun et lilas	0 50	0 50
	Nos 1511 à 1514 (4 val.)	2 »	2 »
	La série, non dentelée	115 »	

Tirages : 3 850 000, 3 870 000, 4 080 000 et 4 160 000.

1967. - *3e congrès international de l'Union Européenne de Radiodiffusion, à Paris. Taille-douce. Dentelé 13.*

1515	40 c. violet et rouge-brun	0 30	0 30
	a. (Non dentelé)	30 »	

Tirage : 6 810 000.

1967. - *Journée du Timbre. Taille-douce. Dentelé 13.*

Facteur du Second Empire.

1516	25 c.+10 c. gris-bleu, vert et rouge	0 30	0 30
	a. (Non dentelé)	30 »	

Tirage : 5 120 000.

1967. - *Oeuvres d'art. Taille-douce. Dentelés 12½-13.*

La carriole du père Juniet, du douanier Henri Rousseau (1844-1910).

1517	1 f. polychrome	0 50	0 50
	a. (Non dentelé)	100 »	
	b. (Côté droit de la roue entièrement blanc)	3 »	1 »

Portrait de François Ier (1494-1547), par Jean Clouet (1475-1541).

1518	1 f. polychrome	0 50	0 50
	a. (Non dentelé)	100 »	

Tirages : 8 142 500 et 8 092 500.

1967. - *Exposition internationale de Montréal (Canada). Taille-douce. Dentelé 13.*

Pavillon français.

1519	60 c. bleu et vert-bleu	0 50	0 50
	a. (Non dentelé)	50 »	

Tirage : 8 730 000.

1967. - *Prélude aux Jeux Olympiques d'hiver, à Grenoble. Héliogravure. Dentelé 13.*

1520	60 c. bleu, bleu clair et rouge	0 50	0 50
	a. (Non dentelé)	130 »	

Tirage : 20 000 000.

1967. - *Europa. Taille-douce. Dentelés 13.*

1521	30 c. bleu, gris et bleu foncé	0 50	0 30
1522	60 c. brun, bleu et sépia	1 25	0 80
	La paire, non dentelée	125 »	

Tirages : 40 600 000 et 10 310 000.

1967. - *40e anniversaire de la tentative de traversée aérienne de l'Atlantique-Nord. Taille-douce. Dentelé 13.*

Nungesser, Coli et avion Levasseur "L'Oiseau blanc".

1523	40 c. violet-brun, brun-jaune et bleu-noir	0 65	0 50
	a. (Non dentelé)	61 »	

Tirage: 7 300 000.

1967. - *Inauguration du grand pont de Bordeaux. Taille-douce. Dentelé 13.*

1524	25 c. noir et brun	0 30	0 30
	a. (Non dentelé)	23 »	

Tirage : 15 485 000.

1967. - *40e Congrès de la Fédération des Sociétés philatéliques françaises, à Tours. Taille-douce. Dentelé 13.*

Hôtel Goüin à Tours.

1525	40 c. brun-rouge, rouge et violet	0 65	0 65
	a. (Non dentelé)	23 »	

Tirage : 8 000 000.

1967. - *10e anniversaire de la mort de Robert Esnault-Pelterie (1881-1957). Taille-douce. Dentelé 13.*

1526	60 c. outremer foncé, bleu-gris et gris-vert	0 65	0 65
	a. (Non dentelé)	70 »	

Tirage : 7 325 000.

1967. - *Bicentenaire de l'École Vétérinaire d'Alfort. Taille-douce. Dentelé 13.*

Professeur Gaston Ramon (1886-1953).

1527	25 c. vert, bleu et brun	0 30	0 30
	a. (Non dentelé)	30 »	

Tirage : 13 165 000.

1967. - *Floralies d'Orléans. Taille-douce. Dentelé 13.*

Orchidées.

1528	40 c. rouge, rose et violet	1 10	0 80
	a. (Non dentelé)	40 »	

1967. - *9e congrès international de comptabilité, à Paris. Taille-douce. Dentelé 13.*

1529	60 c. violet, gris-vert et ocre	0 80	0 80
	a. (Non dentelé)	18 50	

Tirage : 6 610 000.

1967. - *Oeuvres d'art. Taille-douce. Dentelés 12½-13.*

La Baigneuse, de Dominique Ingres (1780-1867).

1530	1 f. polychrome	0 50	0 50
	a. (Non dentelé)	100 »	

Vitrail de l'église Sainte-Madeleine de Troyes (Aube).

1531	1 f. polychrome	0 50	0 50
	a. (Non dentelé)	95 »	

1967. - *25e anniversaire de la Victoire de Bir-Hakeim. Taille-douce. Dentelé 13.*

1532	25 c. bleu-violet, bleu et brun	0 30	0 30
	a. (Non dentelé)	30 »	

Tirage : 8 810 000.

1967. - *Centenaire de la naissance de Marie Sklodowska-Curie (1867-1934). Taille-douce. Dentelé 13.*

1533	60 c. bleu et outremer	0 50	0 50
	a. (Non dentelé)	77 »	

Tirage : 7 040 000.

1967. - *Cinquantenaire du Lions international. Taille-douce. Dentelé 13.*

1534	40 c. violet-brun et bleu foncé	1 10	0 65
	a. (Non dentelé)	95 »	

Tirage : 10 000 000.

1967-69. - *Type Marianne de Cheffer (I). Taille-douce. Dentelés 13.* [C] [BF]

1535	25 c. bleu	0 65	0 50
	a. (n° rouge au verso)	75 »	
1536	30 c. lilas	0 50	0 15
	a. (Gomme tropicale)	2 »	
	b. (Idem n° rouge au verso)	15 »	
1536A	30 c. vert	0 50	0 15
	a. (Gomme tropicale)	1 »	
	b. (Idem n° rouge au verso)	4 50	
1536B	40 c. rouge carminé	0 65	0 20
	a. (Deux bandes de phosphore (1970)	4 »	2 30
	b. (Gomme tropicale)	1 50	
	c. (Idem n° rouge au verso)	17 50	
	N°s 1535 à 1536B (4 val.)	2 30	1 »
	La série, non dentelée	77 »	

Les timbres avec gomme tropicale (gomme mate) proviennent de roulettes.

Voir note après le n° 1331Ab.

Afin de commémorer la parution des deux premières valeurs à l'effigie de Marianne (de Cheffer), un bloc-feuillet a été émis, comportant les n°s 1535-1536 en bloc de quatre (tirage : 300), valeur : 1250 ».

Le 30 c. vert a été réimprimé en typographie en 1969 (n° 1611).

Le 40 c. a été réimprimé en 1970 avec vignette attenante à l'occasion de l'inauguration de l'Imprimerie des timbres-poste à Périgueux (n° 1643).

1967. - *Grands noms de l'Histoire. Taille-douce. Dentelés 13.*

Hugues Capet (938-996).

Philippe II Auguste (1165-1222).

Louis IX (Saint Louis) (1214-1270).

1537	40 c. bleu-vert foncé et outremer	0 50	0 50
1538	40 c. gris et noir	0 50	0 50
1539	60 c. brun-rouge et vert foncé	0 65	0 50
	La série, non dentelée	125 »	

Tirages : 7 212 000, 7 450 000 et 6 300 000.

1967. - *Au profit de la Croix-Rouge. Ivoires du musée de Dieppe. Croix en rouge. Taille-douce. Dentelés 13.* [C]

Joueur de flûte.

Violoneux.

1540	25 c.+10 c. violet et brun carminé	0 65	0 65
1541	30 c.+10 c. vert foncé et brun carminé	0 65	0 65
	La paire, non dentelée	125 »	

Ont été émis aussi en carnets (tirage : 525 000).

Tirages : 3 735 000 et 4 280 000.

1967
Du N° 1511 au N° 1541 =
33 timbres ****19** **⊙16**

1968. - *Cinquantenaire des Comptes courants postaux (chèques postaux). Taille-douce. Dentelé 13.* [BF]

1542	40 c. vert foncé et brun pâle	0 30	0 30
	a. (Non dentelé)	23 »	

Tirage : 11 670 000.

Afin de commémorer le cinquantenaire de l'établissement des chèques postaux, un bloc-feuillet a été émis comportant le n° 1542 en bloc de quatre (tirage : 300), valeur : 420 ».

1968. - *Jeux Olympiques d'hiver, à Grenoble. Taille-douce. Dentelés 13.*

Ski (saut et fond). Hockey sur glace. Flamme.

1543	30 c.+10 c. gris, brun et rouge	0 50	0 50
1544	40 c.+10 c. jaune-olive, lilas et violet	0 50	0 50
1545	60 c.+20 c. violet, rouge et vert	0 65	0 65

Patinage artistique. Ski (slalom).

1546	75 c.+25 c. vert-jaune, brun-violet et rose-lilas	0 65	0 65
1547	95 c.+35 c. rose-lilas, brun-rouge et turquoise	0 70	0 70
	Nos 1543 à 1547 (5 val.)	3 »	3 »
	La série, non dentelée	230 »	

Tirages : 6 330 000, 6 515 000, 6 000 000, 5 030 000 et 5 005 000.

1968. - *Prévention routière. Taille-douce. Dentelé 13.*

1548	25 c. lilas, carmin et bleu-vert	0 30	0 30
	a. (Non dentelé)	23 »	

Tirage : 9 555 000.

1968. - *Journée du Timbre. Taille-douce. Dentelé 13.*

Facteur rural de 1830.

1549	25 c.+10 c. ardoise, bleu, rouge et noir	0 30	0 30
	a. (Non dentelé)	30 »	

Tirage : 5 210 000.

1968. - *Célébrités. Taille-douce. Dentelés 13.*

François Couperin, compositeur (1668-1733). Général Louis-Charles-Antoine Desaix de Veygoux (1768-1800).

1550	30 c.+10 c. violet et lilas	0 30	0 30
1551	30 c.+10 c. vert et brun-carmin	0 30	0 30

Paul-Pierre Roux, dit Saint-Pol-Roux, et "Golgotha". Paul-Louis-Charles Claudel et "Jeanne au bûcher".

1552	30 c.+10 c. bistre-rouge et sépia	0 30	0 30
1553	30 c.+10 c. brun et violet	0 30	0 30
	Nos 1550 à 1553 (4 val.)	1 20	1 20
	La série, non dentelée	95 »	

Tirages : 4 980 000, 4 400 000, 4 150 000 et 4 550 000.

1968. - *5e conférence de Coopération mondiale pour l'enseignement audiovisuel des langues vivantes, à Royan. Taille-douce. Dentelé 13.*

1554	40 c. sépia, vert foncé et bleu	0 50	0 50
	a. (Non dentelé)	23 »	

Tirage : 8 855 000.

1968. - *Oeuvre d'art. Taille-douce. Dentelé 13 x 12½.*

Peinture rupestre de la grotte de Lascaux à Montignac (Dordogne).

1555	1 f. polychrome	0 65	0 65
	a. (Non dentelé)	95 »	

Tirage : 7 747 500.

1968. - *Europa. Taille-douce. Dentelés 13.*

1556 30 c. lilas et brun-orange 0 50 0 15

1557 60 c. brun et violet 1 25 0 80

La paire, non dentelée 125 »

Tirages : 30 290 000 et 11 165 000.

1968. - *Tricentenaire de la naissance de l'écrivain Alain René Lesage (1668-1747). Taille-douce. Dentelé 13.*

1558 40 c. violet et bleu 0 30 0 30

a. (Non dentelé) 23 »

Tirage : 14 535 000.

1968. - *Château de Langeais. Taille-douce. Dentelé 13.*

Construction de Jean Bourré de 1450 à 1460.

1559 60 c. vert, bleu et brun 0 75 0 65

a. (Non dentelé) 23 »

Tirage : 7 555 000.

1968. - *Sesquicentenaire de la naissance du grammairien Pierre Larousse (1817-1875). Taille-douce. Dentelé 13.*

1560 40 c. violet et bistre 0 50 0 50

a. (Non dentelé) 23 »

Tirage : 17 905 000.

1968. - *Jumelage de la forêt de Rambouillet et de la Forêt Noire. Taille-douce. Dentelé 13.*

1561 25 c. bleu-vert, vert et brun 0 50 0 50

a. (Non dentelé) 30 »

Tirage : 9 630 000.

1968. - *650e anniversaire de l'enclave papale de Valréas. Taille-douce. Dentelé 13.*

1562 60 c. brun-lilas, olive et violet 0 65 0 65

a. (Non dentelé) 27 »

Tirage : 7 215 000.

1968. - *Tricentenaire du rattachement de la Flandre (traité d'Aix-la-Chapelle). Taille-douce. Dentelé 13.*

Louis XIV.

1563 40 c. gris, olive et carmin 0 30 0 30

a. (Non dentelé) 30 »

Tirage : 7 665 000.

1968. - *Pont de Martrou, à Rochefort. Taille-douce. Dentelé 13.*

1564 25 c. bleu, noir et rose 0 30 0 30

a. (Non dentelé) 27 »

Tirage : 9 615 000.

1968. - *50e anniversaire de la première liaison postale régulière par avion (Paris - Le Mans - Saint-Nazaire). Taille-douce. Dentelé 13.*

1565 25 c. bleu foncé, bleu et rouge 0 65 0 50

a. (Non dentelé) 77 »

Tirage : 9 750 000.

1968. - *Bicentenaire de la libération des prisonnières huguenotes de la tour de Constance, à Aigues-Mortes. Taille-douce. Dentelé 13.*

1566	25 c. bleu, olive et brun-carmin	0 30	0 30
	a. (Non dentelé)	30 »	

Tirage : 7 400 000.

1968. - *41e Congrès de la Fédération des Sociétés philatéliques françaises, à Béziers. Taille-douce. Dentelé 13.*

Cathédrale Saint-Nazaire et Pont-Vieux de Béziers.

1567	40 c. bistre, vert et bleu	1 »	0 65
	a. (Non dentelé)	23 »	

Tirage : 10 620 000.

1968. - *Oeuvres d'art. Taille-douce. Dentelés 12½-13.*

L'arearea, de Paul Gauguin (1848-1903).

1568	1 f. polychrome	0 80	0 65
	a. (Non dentelé)	115 »	

La Danse, d'Antoine Bourdelle (1861-1929).

1569	1 f. olive et rouge	0 80	0 50
	a. (Non dentelé)	95 »	

Modèle, d'Auguste Renoir (1841-1919).

1570	1 f. polychrome	1 »	0 65
	a. (Non dentelé)	110 »	

Tirages : 8 567 000, 8 270 000 et 7 950 000.

1968. - *Cinquantenaire de l'Armistice sur le front d'Orient. Taille-douce. Dentelé 13.*

La Tour Blanche de Salonique (Grèce).

1571	40 c. violet foncé et violet	0 30	0 30
	a. (Non dentelé)	27 »	

Tirage : 7 300 000.

1968. - *Bicentenaire du rattachement de la Corse. Taille-douce. Dentelé 13.*

Louis XV.

1572	25 c. vert, noir et bleu	0 30	0 30
	a. (Non dentelé)	27 »	

Tirage : 17 000 000.

1968. - *Jeux Olympiques de Mexico. Taille-douce. Dentelé 13.*

1573	40 c. bleu, brun et vert	0 65	0 65
	a. (Non dentelé)	115 »	

Tirage: 6 285 000.

1968. - *20e anniversaire des Expéditions polaires françaises. Taille-douce. Dentelé 13.*

1574	40 c. bleu-vert et brun-rouge	0 50	0 50
	a. (Non dentelé)	110 »	

Tirage: 6 917 500.

1968. - *Cinquantenaire du bal des Petits Lits Blancs. Taille-douce. Dentelé 13.*

Léon Bailby (1867-1954).

1575	40 c. rouge, brun-orange et brun	0 30	0 30
	a. (Non dentelé)	19 25	

Tirage : 7 760 000.

1968. - *Cinquantenaire de l'Armistice du 11 novembre. Taille-douce. Dentelé 13.*

1576	25 c. carmin et bleu	0 30	0 30
	a. (Non dentelé)	27 »	

Tirage : 8 120 000.

1968. - *Grands noms de l'Histoire. Taille-douce. Dentelés 13.*

Philippe IV le Bel (1268-1314), États Généraux de 1302.

1577	40 c. gris, rouge-brun et vert	0 50	0 50

Mort de Bertrand du Guesclin (1320-1380), devant Châteauneuf-de-Randon (Lozère).

Jeanne d'Arc (1412-1431), départ de Vaucouleurs (1429).

1578	40 c. vert, bleu et brun	0 50	0 50
1579	60 c. gris-bleu, bleu et brun	0 80	0 65
	La série, non dentelée	95 »	

Tirages : 6 675 000, 6 950 000 et 6 817 000.

1968. - *Au profit de la Croix-Rouge. Tableaux de Nicolas Mignard (1606-1668). Croix en rouge. Taille-douce. Dentelés 13.* [C]

Le Printemps.

L'Automne.

1580	25 c.+10 c. bleu et violet	0 50	0 50
1581	30 c.+10 c. carmin et brun	0 50	0 50
	La paire, non dentelée	125 »	

Ont été émis aussi en carnets (tirage : 554 000).

Tirages : 4 025 000 et 4 750 000.

1968
Du N° 1542 au N° 1581 =
40 timbres ****21** **⊙19**

1969. - *Série touristique. Taille-douce. Dentelés 13.*

Église de Brou, à Bourg-en-Bresse (Ain).

Barrage de Vouglans (Jura).

1582	45 c. polychrome	0 30	0 20
1583	80 c. brun-violet, rouge, brun et jaune	0 50	0 15

Château de Chantilly (Oise).

Port de La Trinité-sur-Mer (Morbihan).

1584	85 c. gris-bleu, vert foncé et bleu	1 »	0 90
1585	1 f. 15, bleu, brun-rouge et brun	1 »	0 75
	a. (brun-rouge omis)	115 »	45 »
	Nos 1582 à 1585 (4 val.)	2 80	2 »
	La série, non dentelée	110 »	

1969. - *Oeuvres d'art. Taille-douce. Dentelés 12½-13.*

Bas-relief de la cathédrale d'Amiens (Quatre-feuilles de Février, paysan au coin du feu).

1586	1 f. brun-olive et vert foncé	0 80	0 65
	a. (Non dentelé)	77 »	

Philippe III le Bon, duc de Bourgogne, (1396-1467), par Rogier de La Pasture.

1587	1 f. polychrome	0 80	0 65
	a. (Non dentelé)	100 »	

Fresque de l'Abbaye de Saint-Savin (Vienne).

1588	1 f. polychrome	0 80	0 65
	a. (Non dentelé)	95 »	

"Le Cirque", de G. Seurat (1859-1891).

1588A	1 f. polychrome	0 80	0 65
	a. (Non dentelé)	100 »	
	Nos 1586 à 1588A (4 val.)	3 20	2 60

Tirages : 7 830 000, 7 920 000, 7 622 500 et 7 700 000.

1969. - *Journée du Timbre. Taille-douce. Dentelé 13.*

Omnibus de transport des facteurs (1890).

1589	30 c.+10 c. violet-brun, noir et vert	0 30	0 30
	a. (Non dentelé)	30 »	

Tirage : 5 000 000.

1969. - *Célébrités du XVIIIe au XXe siècles. Taille-douce. Dentelés 13.*

Albert-Charles-Paul, Marie Roussel, compositeur (1869-1937).

Général François, Séverin, Marceau Desgravier, dit Marceau (1769-1796).

Charles, Augustin Sainte-Beuve, poète (1804-1869).

1590	50 c.+10 c. bleu-gris	0 50	0 50
1591	50 c.+10 c. brun-rouge	0 50	0 50
1592	50 c.+10 c. gris	0 50	0 50

Maréchal Jean, Lannes (1769-1809), duc de Montebello.

André Gide (1869-1951), écrivain.

Georges, baron Cuvier (1769-1832), naturaliste.

1593 50 c.+10 c. brun-violet 0 50 0 50

1594 50 c.+10 c. émeraude 0 50 0 50

1595 50 c.+10 c. lie-de-vin 0 50 0 50

N°s 1590 à 1595 (6 val.) 3 » 3 »

La série, non dentelée 155 »

Tirages : 4 350 000, 4 200 000, 4 290 000, 5 025 000, 5 045 000 et 4 630 000.

1969. - *Château de Hautefort (Dordogne). Taille-douce. Dentelé 13.*

1596 70 c. bistre, bleu et bleu foncé 0 50 0 50
a. (Non dentelé) 23 »

Tirage : 10 530 000.

1969. - *Floralies internationales de Paris. Héliogravure. Dentelé 13.*

1597 45 c. polychrome 0 50 0 50
a. (Non dentelé) 40 »

Tirage : 8 980 000.

1969. - *Europa. 10e anniversaire de la Conférence Européenne des Postes et Télécommunications. Taille-douce. Dentelés 13.*

1598 40 c. rouge carminé 0 50 0 15

1599 70 c. bleu-vert 0 75 0 50

La paire, non dentelée 125 »

Tirages : 24 920 000 et 11 925 000.

1969. - *Cinquantenaire de l'Organisation Internationale du Travail. Taille-douce. Dentelé 13.*

Albert Thomas (1878-1932).

1600 70 c. brun-olive, brun-rouge et gris-bleu 0 50 0 50
a. (Non dentelé) 40 »

Tirage : 9 265 000.

1969. - *25e anniversaire de la victoire du Garigliano. Taille-douce. Dentelé 13.*

Victoire du Maréchal Alphonse Juin (1888-1967).

1601 45 c. violet-gris et gris 0 65 0 65
a. (Non dentelé) 40 »

Tirage : 7 920 000.

1969. - *42e Congrès national de la Fédération des Sociétés philatéliques françaises. Taille-douce. Dentelé 13.*

Ancien pont des Archers, à Châlons-sur-Marne (Marne).

1602 45 c. vert, brun-olive et bleu-gris 0 50 0 50
a. (Non dentelé) 23 »

Tirage : 8 850 000.

1969. - *25e anniversaire de la Libération. Taille-douce. Dentelés 13.*

Débarquement en Normandie.

Combats du mont Mouchet.

1603 45 c. bleu-violet, gris et gris-vert 1 60 0 65
a. (Non dentelé) 40 »

1604 45 c. gris-bleu, vert et gris 1 10 0 80
a. (Non dentelé) 30 »

Débarquement en Provence.

1605 45 c. bistre foncé, gris et bleu foncé 1 25 0 80
a. (Non dentelé) 30 »

Escadrille Normandie-Niemen.

1606 45 c. ardoise, bleu et rouge 1 30 1 »
a. (Non dentelé) 54 »

Libération de Paris et Maréchal Leclerc.

1607 45 c.+10 c. gris-bleu et brun-olive 1 25 1 25
a. (Non dentelé) 40 »

Libération de Strasbourg et Maréchal Leclerc.

1608 70 c.+10 c. brun-rouge, lilas-brun et brun-olive 3 50 3 »
a. (Non dentelé) 40 »

N°s 1603 à 1608 (6 val.) 10 » 7 50

Tirages : 8 440 000, 8 520 000, 8 370 000, 7 975 000, 4 870 000 et 4 100 000.

1969. - *Championnats du monde de canoë-kayak, à Bourg-Saint-Maurice (Savoie). Taille-douce. Dentelé 13.*

1609 70 c. bistre, bleu et gris-olive 0 50 0 50
a. (Non dentelé) 77 »

Tirage : 9 150 000.

1969. - *Bicentenaire de la naissance de Napoléon Bonaparte. Taille-douce. Dentelé 13.*

1610 70 c. violet, turquoise et olive 0 50 0 50
a. (Non dentelé) 95 »

Tirage : 8 880 000.

1969. - *Type Marianne de Cheffer. Typographie. Dentelé 14 x 13.*

1611 30 c. vert 0 30 0 15
a. (Non dentelé) 15 50
b. (Une bande de phosphore) (1970) 0 40 0 15

1969. - *Charte européenne de l'eau. Taille-douce. Dentelé 13.*

1612 70 c. bleu, émeraude et noir 0 50 0 50

a. (Non dentelé) 46 »

Tirage : 8 415 000.

1969. - *Fonds mondial pour la Nature. Taille-douce. Dentelé 13.*

Mouflon
méditerranéen.

1613 45 c. olive, brun-rouge et noir 0 80 0 65

a. (Non dentelé) 95 »

Tirage : 8 855 000.

1969. - *École centrale des Arts et Manufactures, à Châtenay-Malabry. Taille-douce. Dentelé 13.*

1614 70 c. vert et orange 0 50 0 50

a. (Non dentelé) 61 »

Tirage : 8 775 000.

1969. - *Sous-marin "Le Redoutable", à propulsion nucléaire. Taille-douce. Dentelé 13.*

1615 70 c. vert clair, vert foncé et bleu 0 50 0 50

a. (Non dentelé) 30 »

Tirage : 8 590 000.

1969. - *Grands noms de l'Histoire. Taille-douce. Dentelés 13.*

Louis XI et Charles le Téméraire.

1616 80 c. vert, brun et sépia 0 65 0 50

Le chevalier Bayard à la
bataille de Brescia.

1617 80 c. bistre, noir et sépia 0 65 0 50

Henri IV (1553-1610) et l'Edit de Nantes.

1618 80 c. bleu, noir et violet 0 65 0 50

La série, non dentelée 77 »

Tirages : 6 300 000, 7 500 000 et 7 500 000.

1969. - *Au profit de la Croix-Rouge. Croix en rouge. Tableaux de Nicolas Mignard (1606-1668). Taille-douce. Dentelés 13.* ©

L'Été. L'Hiver.

1619 40 c.+15 c. brun-jaune 0 65 0 65

1620 40 c.+15 c. bleu-vert et violet 0 65 0 65

La paire, non dentelée 125 »

Ont été émis aussi en carnets. (Tirage : 550 000).

Tirages : 4 475 000 et 4 195 000.

1969
Du N° 1582 au N° 1620 =
40 timbres ****30** **⊙25**

Autres rubriques de l'année :
Poste aérienne 43
Service 39 à 42

1970. - *Tour du monde par Alain Gerbault (1923-1929). Taille-douce. Dentelé 13.*

1621 70 c. bleu et ardoise 1 » 0 80
a. (Non dentelé) 46 »

Tirage : 7 527 500.

1970. - *Gendarmerie nationale. Taille-douce. Dentelé 13.*

Ses différentes activités.

1622 45 c. outremer, vert foncé et brun 1 40 0 65
a. (Non dentelé) 30 »

Tirage : 7 250 000.

1970. - *Personnages célèbres. Taille-douce. Dentelés 13.*

Louis Le Vau, architecte (1612-1670).

Prosper Mérimée, écrivain (1803-1870).

1623 40 c.+10 c. brun-rouge 0 50 0 50
1624 40 c.+10 c. vert-bleu 0 50 0 50

Philibert de l'Orme, architecte (1515-1570).

Édouard Branly, physicien et chimiste (1844-1940).

1625 40 c.+10 c. olive foncé 0 50 0 50
1626 40 c.+10 c. brun-lilas 0 50 0 50

Maurice de Broglie, physicien (1875-1960).

Alexandre Dumas, écrivain (1803-1870).

1627 40 c.+10 c. gris 0 50 0 50
1628 40 c.+10 c. bleu foncé 0 50 0 50

N°s 1623 à 1628 (6 val.) 3 » 3 »

La série, non dentelée 140 »

Tirages : 4 205 000, 4 500 000, 4 440 000, 4 750 000, 5 000 000 et 5 350 000.

1970. - *7e championnat du monde de handball. Taille-douce. Dentelé 13.*

1629 80 c. vert 0 65 0 60
a. (Non dentelé) 40 »

Tirage : 7 545 000.

1970. - *Maréchal Juin. Taille-douce. Dentelé 13.*

La chapelle des Invalides.

1630 45 c. bleu et violet-brun 0 50 0 30
a. (Non dentelé) 35 »

Tirage : 7 337 500.

1970. - *Aérotrain. Taille-douce. Dentelé 13.*

1631 80 c. violet et bistre 0 80 0 60
a. (Non dentelé) 46 »

Tirage : 7 600 000.

1970. - *Journée du Timbre. Taille-douce. Dentelé 13.*

Facteur de ville en 1830.

1632 40 c.+10 c. bleu, carmin et noir 0 50 0 50
a. (Non dentelé) 23 »
Tirage : 6 250 000.

1970. - *150e anniversaire de la découverte de la quinine. Taille-douce. Dentelé 13.*

Pelletier et Caventou.

1633 50 c. vert foncé, bleu clair et carmin 0 50 0 50
a. (Non dentelé) 42 »
Tirage : 7 000 000.

1970. - *Année européenne de la Nature. Taille-douce. Dentelé 13.*

Flamant rose.

1634 45 c. olive, rose et gris 0 50 0 30
a. (Non dentelé) 40 »
Tirage : 9 280 000.

1970. - *Premier lancement de la fusée "Diamant B". Taille-douce. Dentelé 13.*

1635 45 c. émeraude 0 80 0 65
a. (Non dentelé) 70 »
Tirage : 7 300 000.

1970. - *Journée mondiale de lutte contre le cancer. Taille-douce. Dentelé 13.*

1636 40 c.+10 c. bleu, sépia et rose carminé 0 30 0 30
a. (Non dentelé) 30 »
Tirage : 6 750 000.

1970. - *Europa. Taille-douce. Dentelés 13.*

Symbole en forme de soleil.

1637 40 c. rouge 0 50 0 30
1638 80 c. turquoise 0 75 0 65
La paire, non dentelée 125 »
Tirages : 20 375 000 et 15 900 000.

1970. - *25e anniversaire de l'Armistice du 8 mai 1945. Taille-douce. Dentelé 13.*

Maréchal de Lattre de Tassigny (Berlin 8 mai 1945).

1639 40 c.+10 c. gris-vert et violet 0 80 0 80
a. (Non dentelé) 35 »
Tirage : 4 325 000.

1970. - *Oeuvres d'art. Taille-douce. Dentelés 12½-13.*

"L'Annonciation". Primitif de Savoie (15e siècle).

1640 1 f. polychrome 0 65 0 65
a. (Non dentelé) 95 »

Sculpture "Le Triomphe de Flore", de J.-B. Carpeaux (1827-1875).

1641	1 f. polychrome	0 65	0 65
	a. (Non dentelé)	77 »	

Tirages : 7 700 000 et 7 700 000.

1970. - *43ᵉ Congrès national de la Fédération des Sociétés Philatéliques françaises, à Lens. Taille-douce. Dentelé 13.*

1642	40 c. carmin	0 30	0 30
	a. (Non dentelé)	23 »	

Tirage : 10 455 000.

1970. - *Inauguration de l'Imprimerie des timbres-poste de Périgueux. Type Marianne de Cheffer. Taille-douce. Dentelé 13.*

1643	40 c. rouge carminé	0 50	0 30

Tirage : 20 330 000.

Ce timbre a été émis en feuilles de 50 figurines, chacune de ces figurines étant jumelée avec une vignette portant l'inscription JUIN 1970 PÉRIGUEUX 1ʳᵉ ÉMISSION.

La vignette peut, bien entendu, être attenante à l'un quelconque des quatre côtés du timbre.

1970. - *Série touristique. Taille-douce. Dentelés 13.*

Rocher du Diamant (Martinique).

Abbaye de Chancelade (Dordogne).

1644	50 c. vert foncé, bleu foncé et lie-de-vin	0 50	0 15
	a. (bleu omis)	230 »	
1645	95 c. olive, violet-brun et rouge-brun	1 20	1 »

Ilet du Gosier (Guadeloupe).

Observatoire de Haute-Provence.

1646	1 f. vert foncé, bleu foncé et rouge-brun	0 60	0 15
1647	1 f. 30, bleu foncé, bleu-violet et vert	1 70	1 20
	Nᵒˢ 1644 à 1647 (4 val.)	4 »	2 50
	La série, non dentelée	125 »	

1970. - *25ᵉ anniversaire de la libération des camps de concentration. Taille-douce. Dentelé 13.*

1648	45 c. bistre, bleu-violet et bleu ciel	0 65	0 50
	a. (Non dentelé)	40 »	

Tirage : 7 235 000.

1970. - *Jeux mondiaux des handicapés physiques, à Saint-Etienne. Taille-douce. Dentelé 13.*

1649	45 c. lilas foncé, vert et bleu	0 55	0 50
	a. (Non dentelé)	42 »	

Tirage : 7 340 000.

1970. - *1ᵉʳˢ championnats d'Europe d'athlétisme des Juniors. Taille-douce. Dentelé 13.*

1650	45 c. lilas-rose, bleu et gris-bleu	0 60	0 50
	a. (Non dentelé)	40 »	

Tirage : 7 300 000.

1970. - *Salines de Chaux - Nicolas Ledoux, Centre du futur à Arc-et-Senans (Doubs). Taille-douce. Dentelé 13.*

1651 80 c. bleu, violet-brun et vert-noir 0 80 0 60
a. (Non dentelé) 30 »

Tirage : 6 800 000.

1970-71. - *Oeuvres d'art. Taille-douce. Dentelés 12½-13.*

"Diane au retour de la chasse", de Boucher (1703-1770).

1652 1 f. polychrome 1 » 0 80
a. (Non dentelé) 100 »

"Danseuse au bouquet saluant", de Degas (1834-1917).

1653 1 f. polychrome 1 » 0 80
a. (Non dentelé) 100 »

Sculpture de la cathédrale de Strasbourg.

1654 1 f. violet-brun 1 » 0 80
a. (Non dentelé) 77 »

Tirages : 7 600 000, 6 800 000 et 6 600 000.

1970. - *Histoire de France. Taille-douce. Dentelés 13.*

Richelieu (1575-1642).

1655 45 c. gris-bleu, sépia et carmin 0 80 0 65

Louis XIV (1637-1715).

1656 45 c. vert foncé, ocre et rouge-brun 0 80 0 65

Bataille de Fontenoy (1745).

1657 45 c. rouge-brun, gris-bleu et violet-brun 0 80 0 80
La série, non dentelée 95 »

Tirages : 7 100 000, 7 200 000 et 7 200 000.

1970. - *25ᵉ anniversaire de l'O.N.U. Taille-douce. Dentelé 13.*

1658 80 c. violet-brun, bleu et olive 0 65 0 50
a. (Non dentelé) 54 »

Tirage : 7 200 000.

1970. - *Centenaire de l'"Émission de Bordeaux". Taille-douce. Dentelé 13.*

Vue générale de Bordeaux.

1659 80 c. violet et gris-bleu 0 65 0 50
a. (Non dentelé) 46 »

Tirage : 7 300 00.

1970. - *100e anniversaire du Siège de Belfort. Taille-douce. Dentelé 13.*

Colonel Denfert-Rochereau.

1660	45 c. rouge-brun, gris-olive et bleu foncé	0 50	0 50
	a. (Non dentelé)	40 »	

Tirage : 7 200 000.

1970. - *Au profit de la Croix-Rouge. Croix en rouge. Fresques de la chapelle de Dissay (Vienne). Taille-douce. Dentelés 13.* ⓒ

Seigneurs.

L'ange au fouet.

1661	40 c.+15 c. vert	0 80	0 80
1662	40 c.+15 c. rouge-brun	0 80	0 80
	La paire, non dentelée	125 »	

Ont été émis aussi en carnets. (Tirage : 613 000).
Tirages : 4 600 000 et 4 900 000.

1970
Du N° 1621 au N° 1662 =
42 timbres ****29** **⊙24**
Autre rubrique de l'année :
Poste aérienne 44

1971. - *Type Marianne de Béquet. 1re série. Typographie (N° 1663) et taille-douce (N° 1664). Dentelés 14 x 13.* ⓒ

Typographie.

Taille-douce.

Les timbres typographiés ne portent pas la signature BÉQUET en bas à gauche.

1663	45 c. bleu	0 50	0 15
NOUVEAU	a. (Sans postes)	30 »	15 »
1664	50 c. carmin-rose	0 30	0 15
	a. (Gomme tropicale)	1 25	
	b. (Id. n° rouge au verso)	28 »	
	c. (3 bandes de phosphore)	0 50	0 15
	d. Idem (Gomme tropicale)	1 25	
	e. (Id. n° rouge au verso)	27 »	
	La paire, non dentelée	61 »	

Ce type a été repris avec de nouvelles valeurs en 1974-75 (n°s 1814 à 1816) et en 1976 (n°s 1891 à 1895).
Voir note après 1331Ab.

1971. - *Championnats du monde de patinage sur glace. Taille-douce. Dentelé 13.*

1665	80 c. noir, bleu pâle et violet	0 65	0 65
	a. (Non dentelé)	61 »	

Tirage : 7 500 000.

1971. - *OCÉANEXPO. Bordeaux 1971. Taille-douce. Dentelé 13.*

1666	80 c. bleu-vert et bleu foncé	0 65	0 50
	a. (Non dentelé)	23 »	

Tirage : 7 400 000.

1971. - *Personnages célèbres. Taille-douce. Dentelés 13.*

Esprit Auber (1782-1871).

Général Diégo Brosset (1898-1944).

1667	50 c.+10 c. lilas-brun et bistre	0 60	0 60
1668	50 c.+10 c. vert foncé et réséda	0 65	0 65

Victor Grignard (1872-1935).

Henri Farman (1874-1958).

1669	50 c.+10 c. brique et bistre	0 60	0 60
1670	50 c.+10 c. violet et lilas	0 65	0 65
	N°s 1667 à 1670 (4 val.)	2 50	2 50
	La série, non dentelée	110 »	

Cette série est complétée par deux timbres émis en 1971 (n°s 1689 et 1690).

Tirages : 4 200 000, 4 300 000, 4 840 000 et 3 645 000.

1971. - *Journée du Timbre. Taille-douce. Dentelé 13.*

La poste aux Armées, 1914-1918.

1671	50 c.+10 c. bistre, bleu foncé et brun-orange	0 65	0 50
	a. (Non dentelé)	23 »	

Tirage : 5 900 000.

1971. - *Oeuvres d'art. Taille-douce. Dentelés 12½ x 13.*

"Le Vanneur", de Millet (1814-1875).

1672	1 f. polychrome	0 80	0 65
	a. (Non dentelé)	95 »	

"Songe creux", oeuvre de Rouault (1871-1958).

1673	1 f. polychrome	0 80	0 65
	a. (Non dentelé)	95 »	

Tirages : 6 600 000 et 6 948 000.

1971. - *Quatre-mâts. Cap-hornier "Antoinette". Taille-douce. Dentelé 13.*

1674	80 c. gris-vert, bleu et violet pâle	1 20	0 80
	a. (Non dentelé)	30 »	

Tirage : 7 297 000.

1971. - *Protection de la nature. Taille-douce. Dentelé 13.*

Isard.

1675	65 c. bleu, ocre et violet	0 80	0 65
	a. (Non dentelé)	27 »	

Tirage : 15 400 000.

Voir également les n°s 1692 à 1694 émis en 1971-72.

1971. - *Europa. Taille-douce. Dentelés 13.*

Basilique de la Salute, à Venise.

1676	50 c. gris-bleu et bistre	0 75	0 30
1677	80 c. lilas-rose	1 »	0 70
	La paire, non dentelée	125 »	

Tirages : 20 000 000 et 10 100 000.

1971. - *Histoire de France. Taille-douce. Dentelés 13.*

Salle des États Généraux et représentants des trois ordres.

1678	45 c. brun-orange, bleu et violet	0 65	0 50

Bataille de Valmy.

1679	45 c. bistre, bleu et brun-orange	0 80	0 60

Prise de la Bastille.

1680	65 c. violet-brun, bleu-gris et lilas	1 »	0 80
	La série, non dentelée	125 »	

Tirages : 8 045 000, 6 800 000 et 6 880 000.

1971. - *44e congrès national de la Fédération des sociétés philatéliques françaises, à Grenoble. Taille-douce. Dentelé 13.*

1681	50 c. ocre-orange, rouge et lilas	0 50	0 30
	a. (Non dentelé)	20 »	

Tirage : 13 900 000.

1971. - *Aide familiale rurale. Taille-douce. Dentelé 13.*

1682	40 c. violet foncé et vert foncé	0 30	0 30
	a. (Non dentelé)	18 50	

Tirage : 23 800 000.

1971. - *Série touristique. Taille-douce. Dentelés 13.*

Sainte-Chapelle de Riom.

Dôle.

Riquewihr.

1683	60 c. vert, gris et bleu	0 60	0 30
1684	65 c. noir, ocre-jaune et lilas	0 80	0 30
1685	90 c. violet-brun, ocre-orange et vert	0 80	0 30

Château fort de Sedan.

Gorges de l'Ardèche.

1686	1 f. 10, vert foncé, brun et bleu	0 80	0 80
1687	1 f. 40, vert, violet-brun et bleu	1 »	0 30
	Nos 1683 à 1687 (5 val.)	4 »	2 »
	La série, non dentelée	95 »	

1971. - *59e conférence de l'Union interparlementaire. Taille-douce. Dentelé 13.*

L'Assemblée Nationale.

1688	90 c. bleu-violet	0 80	0 80
	a. (Non dentelé)	27 »	

Tirage : 10 550 000.

1971. - *Personnages célèbres. Taille-douce. Dentelés 13.*

Général Delestraint.

Robert Houdin.

1689	50 c.+10 c. violet foncé et lilas	1 »	1 »
1690	50 c.+10 c. bleu foncé et bleu-vert	0 60	0 60
	La paire, non dentelée	46 »	

Voir également les nos 1667 à 1670.
Tirages : 4 600 000 et 4 050 000.

1971. - *40e anniversaire de l'assemblée permanente des Chambres de métiers. Taille-douce. Dentelé 13.*

1691	90 c. rouge et lilas	0 80	0 50
	a. (Non dentelé)	17 »	

Tirage : 8 900 000.

1971-72. - *Protection de la nature. Héliogravure (No 1692) et taille-douce (Nos 1693 et 1694). Dentelés 13.*

Caméléon (Ile de la Réunion).

1692	60 c. polychrome	1 »	0 80

Saumon.

Grand-duc.

1693	60 c. vert, outremer et bleu-gris	1 50	1 »
1694	65 c. bleu-gris, brun foncé et brun	1 »	0 80
	La série, non dentelée	77 »	

Voir également le no 1675.

Tirages : 8 408 000, 7 450 000 et 7 600 000.

1971. - *Anniversaire de la mort du général de Gaulle. Taille-douce. Dentelés 13.*

Sujets : 1695, le général de Gaulle en juin 1940 ; 1696, le général de Gaulle à Brazzaville en 1944 ; 1697, la descente des Champs Elysées en 1944 ; 1698, portrait officiel du président de la République.

Imprimés en bandes horizontales de quatre timbres avec une vignette centrale sans valeur représentant une croix de Lorraine.

1695	50 c. sépia	0 85	0 75
1696	50 c. outremer	0 85	0 75
1697	50 c. rouge	0 85	0 75
1698	50 c. sépia	0 85	0 75
	Nos 1695 à 1698 (4 val.)	3 40	3 »
1698A	La bande entière	4 »	3 50
	a. (Non dentelée)	305 »	

Tirage : 14 140 000 bandes.

1971. - *Sesquicentenaire de l'Académie nationale de Médecine. Taille-douce. Dentelé 13.*

Baron Antoine Portal (1742-1832).

1699	45 c. violet et lilas	0 50	0 50
	a. (Non dentelé)	27 »	

Tirage : 8 728 000.

1971. - *Au profit de la Croix-Rouge. Croix en rouge. "Oeuvres de Greuze (1725-1805)". Taille-douce. Dentelés 13.* ©

Jeune fille au petit chien.

L'oiseau mort.

1700	30 c.+10 c. outremer	0 80	0 80
1701	50 c.+10 c. rouge-brique	0 80	0 80
	La paire, non dentelée	77 »	

Ont été émis aussi en carnets (tirage : 641 000).

Tirages : 5 007 000 et 4 503 000.

1971
Du N° 1663 au N° 1701
(sauf 1698A) =
39 timbres ****30** **⊙23**

Autres rubriques de l'année :

Poste aérienne 45, 46

Préoblitérés 130 à 133

1972. - *Oeuvres d'art. Taille-douce. Dentelés 12½ x 13.*

L'Étude, de Fragonard (1732-1806).

1702	1 f. polychrome	1 »	0 80
	a. (Non dentelé)	100 »	

Femmes au Jardin, de Monet (1840-1926).

1703	1 f. polychrome	1 50	0 80
	a. (Non dentelé)	100 »	

Tirages : 6 625 000 et 6 775 000.

1972. - *200e anniversaire de la découverte des îles Crozet et Kerguelen. Taille-douce. Dentelé 13.*

1704	90 c. noir, bleu et bistre	0 80	0 65
	a. (Non dentelé)	84 »	

Tirage : 7 750 000.

1972. - *Jeux olympiques d'hiver de Sapporo. Taille-douce. Dentelé 13.*

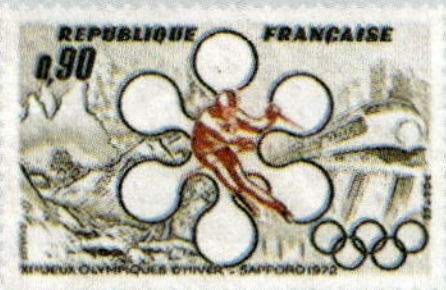

1705	90 c. olive et rouge	0 65	0 50
	a. (Non dentelé)	84 »	

Tirage : 7 750 000.

1972. - *Personnages célèbres. Surtaxe au profit de la Croix-Rouge. Taille-douce. Dentelés 13.*

Paul de Chomedey, sieur de Maisonneuve.

Aristide Bergés.

1706	50 c.+10 c. bleu-noir, noir et bleu pâle	0 60	0 60
1707	50 c.+10 c. vert foncé, noir et vert	0 60	0 60

Édouard Belin.

Louis Blériot.

1708	50 c.+10 c. lilas et gris	0 60	0 60
1709	50 c.+10 c. rouge et gris	0 70	0 70
	Nos 1706 à 1709 (4 val.)	2 50	2 50
	La série, non dentelée	95 »	

Voir également les nos 1727 et 1728.

Tirages : 4 300 000, 4 250 000, 4 650 000 et 4 500 000.

1972. - *Journée du Timbre. Taille-douce. Dentelé 13.*

Facteur rural et église de Champignelles (Yonne).

1710	50 c.+10 c. gris-olive, bleu et jaune	1 »	1 »
	a. (Non dentelé)	23 »	

Tirage : 5 800 000.

1972. - *Mois mondial du coeur. Taille-douce. Dentelé 13.*

1711	45 c. gris, orange et carmin	0 50	0 50
	a. (Non dentelé)	19 25	

Tirage : 7 750 000.

1972. - *Série touristique. Taille-douce. Dentelés 13.*

Abbaye de Charlieu.

Narbonne, Cathédrale Saint-Just.

1712	1 f. 20, bistre et bleu	0 80	0 30
	a. (Non dentelé)	18 50	
1713	3 f. 50, turquoise, carmin et olive	2 30	0 65
	a. (Non dentelé)	18 50	

1972. - *Europa.Taille-douce (N° 1714) et héliogravure (N° 1715). Dentelés 13.*

Cathédrale d'Aix-la-Chapelle.

1714	50 c. jaune, olive et brun-violet	0 75	0 30
1715	90 c. multicolore	1 »	0 70
	La paire, non dentelée	110 »	

Tirages : 21 550 000 et 10 500 000.

1972. - *20e anniversaire des donneurs de sang bénévoles des P.T.T. Taille-douce. Dentelé 13.*

1716	40 c. rouge-orange	0 30	0 30
	a. (Non dentelé)	19 25	

Tirage : 13 100 000.

1972. - *Trois-mâts, terre-neuvas "Côte d'Emeraude". Taille-douce. Dentelé 13.*

1717	90 c. saumon, vert foncé et bleu	1 »	0 80
	a. (Non dentelé)	23 »	

Tirage : 8 275 000.

1972. - *45e congrès national de la Fédération des sociétés philatéliques françaises, à Saint-Brieuc. Taille-douce. Dentelé 13.*

1718	50 c. rouge	0 30	0 30
	a. (Non dentelé)	17 »	

Tirage : 8 500 000.

1972. - *Code postal. Typographie. Dentelés 13.*

1719	30 c. vert et rouge	0 15	0 15
1720	50 c. rouge et jaune	0 50	0 30
	La paire, non dentelée	35 »	

1972. - *XXIe congrès mondial de l'Internationale P.T.T. Taille-douce. Dentelé 13.*

Tour du Télégraphe
Chappe de Saverne.

1721	45 c. gris-bleu et bleu foncé	0 50	0 30
	a. (Non dentelé)	23 »	

Tirage : 7 500 000.

1972. - *Jeux olympiques de Munich. Taille-douce. Dentelé 13.*

1722	1 f. brun-olive	0 65	0 50
	a. (Non dentelé)	77 »	

Tirage : 17 900 000.

1972. - *Année du tourisme pédestre. Héliogravure. Dentelé 13.*

1723	40 c. polychrome	0 80	0 50
	a. (Non dentelé)	18 50	

Tirage : 7 500 000.

1972. - *Championnats du monde cyclistes. Taille-douce. Dentelé 13.*

1724	1 f. gris-bleu, brun-olive et lilas	1 50	0 60
	a. (Non dentelé)	65 »	

Tirage : 7 500 000.

1972. - *Série touristique. Taille-douce. Dentelés 13.*

Sologne.

Château de Bazoches-du-Morvand.

1725	1 f. ocre et brun	0 75	0 30
	a. (Non dentelé)	27 »	
1726	2 f. vert-noir et brun-lilas	1 25	0 30
	a. (Non dentelé)	15 50	

1972. - *Personnages célèbres. Taille-douce. Dentelés 13.*

Amiral de Grasse.

Théophile Gautier.

1727 50 c.+10 c. orange et noir 0 60 0 60

1728 50 c.+10 c. brun-jaune et noir 0 60 0 60

La paire, non dentelée 30 »

Voir également les n°s 1706 à 1709.

Tirages : 3 700 000 et 3 850 000.

1972. - *Histoire de France. Taille-douce. Dentelés 13.*

"Incroyables et Merveilleuses".

1729 45 c. olive, vert foncé et carmin 0 50 0 50

Bonaparte au pont d'Arcole.

Expédition d'Égypte.

1730 60 c. rouge, gris et bleu-noir 1 » 0 65

1731 65 c. ocre, outremer et brun-violet 1 » 0 80

La série, non dentelée 95 »

Tirages : 6 700 000, 6 800 000 et 6 625 000.

1972. - *Oeuvres d'art. Taille-douce. Dentelés 12½-13.*

Pierre de Bourbon présenté par saint Pierre, oeuvre du maître de Moulins.

1732 2 f. polychrome 1 80 1 20
a. (Non dentelé) 95 »

"Les Péniches", de Derain (1880-1954).

1733 2 f. polychrome 2 20 1 30
a. (Non dentelé) 95 »
Tirages : 6 750 000 et 6 625 000.

1972. - *150e anniversaire du déchiffrement des hiéroglyphes par Jean-François Champollion. Taille-douce. Dentelé 13.*

1734 90 c. outremer et rouge-brun 0 65 0 50
a. (Non dentelé) 30 »
Tirage : 7 500 000.

1972. - *Au profit de la Croix-Rouge. Croix en rouge. Taille-douce. Dentelés 13.* [C]

N. Desgenettes.

F. Broussais.

1735 30 c.+10 c. vert 0 80 0 80
1736 50 c.+10 c. rouge 0 80 0 80
La paire, non dentelée 84 »
Tirage : 4 300 000 paires.
Ont été émis aussi en carnets (tirage : 617 000).

1972
Du N° 1702 au N° 1736 =
35 timbres ****30** **⊙21**
Autre rubrique de l'année :
Poste aérienne 47

1973. - *Centenaire de la naissance de Sainte Thérèse de l'Enfant-Jésus. Taille-douce. Dentelé 13.*

1737 1 f. turquoise et gris-bleu 0 80 0 65
a. (Non dentelé) 23 »
Tirage : 8 350 000.

1973. - *L'Anthurium de la Martinique. Héliogravure. Dentelé 13.*

1738 50 c. polychrome 0 50 0 50
a. (Non dentelé) 23 »
Tirage : 15 150 000.

1973. - *X^e anniversaire du traité sur la coopération franco-allemande. Héliogravure. Dentelé 13.*

1739 50 c. multicolore 0 50 0 50
a. (Non dentelé) 46 »
b. (bleu omis)
Tirage : 9 650 000.
La République Fédérale Allemande a émis simultanément une figurine au même type, de 40 p. (N° 603).

1973. - *Immigration polonaise de 1921-23. Taille-douce. Dentelé 13.*

1740 40 c. carmin, violet et vert 0 30 0 30
a. (Non dentelé) 15 50
Tirage : 8 000 000.

1973. - *Oeuvres d'art. Taille-douce. Dentelés 12½ x 13.*

Le chapiteau de la Cène de l'église Saint-Austremoine d'Issoire.

1741 2 f. polychrome 1 50 1 20
a. (Non dentelé) 77 »

"Étude de femme à genoux", de Charles Le Brun.

1742 2 f. jaune-orange et rouge 1 50 1 20
a. (Non dentelé) 77 »

Boiseries du Moutier d'Ahun.

1743 2 f. ocre et lilas-brun foncé 1 50 1 20
a. (Non dentelé) 77 »
Tirages : 6 375 000, 6 875 000 et 6 700 000.

1973. - *Personnages célèbres. Taille-douce. Dentelés 13.*

Amiral de Coligny.

Ernest Renan.

Santos-Dumont.

1744	50 c.+10 c. olive, violet et gris-bleu	0 60	0 60
1745	50 c.+10 c. orange, carmin et gris	0 80	0 60
1746	50 c.+10 c. gris-olive, jaune et lilas	0 60	0 60

Colette.

Duguay-Trouin.

1747	50 c.+10 c. lilas, rouge-brun et ocre	0 60	0 60
1748	50 c.+10 c. lilas, ocre et gris-bleu	0 60	0 60
	Nos 1744 à 1748 (5 val.)	3 20	3 »
	La série, non dentelée	100 »	

Voir également les nos 1768 et 1769.

Tirages : 4 250 000, 4 100 000, 4 150 000, 4 000 000 et 4 350 000.

1973. - *Journée du Timbre. Taille-douce. Dentelé 13.*

Relais de Poste.

1749	50 c.+10 c. turquoise	0 50	0 50
	a. (Non dentelé)	23 »	

Tirage : 5 550 000.

1973. - *Série "Grandes réalisations". Taille-douce. Dentelés 13.*

Centre téléphonique "Tuileries".

A 300 B Airbus.

1750	45 c. outremer, olive et vert	0 30	0 30
	a. (Non dentelé)	15 50	
1751	3 f. noir et bleu clair	2 »	1 60
	a. (Non dentelé)	61 »	

Voir également le no 1772.

Tirages : 8 100 000 et 8 050 000.

1973. - *Europa.Taille-douce (No 1752) et héliogravure (No 1753). Dentelés 13.*

Grand place de Bruxelles : l'Hôtel de Ville.

Cor postal.

1752	50 c. lilas-rose et brun-violet	0 75	0 30
1753	90 c. vert foncé, rouge, ocre-orange et jaune	1 75	1 10
	La paire, non dentelée	95 »	

Tirages : 20 000 000 et 10 200 000.

1973. - *Protection de la nature. Taille-douce. Dentelés 13.*

Raton laveur de la Guadeloupe.

Cigognes d'Alsace.

1754	40 c. lilas, olive et violet-brun	0 50	0 30
	a. (Non dentelé)	23 »	
1755	60 c. gris, turquoise et rose	0 65	0 65
	a. (Non dentelé)	23 »	

Tirages : 21 900 000 et 8 250 000.

1973. - *Bicentenaire du Grand-Orient de France. Taille-douce. Dentelé 13.*

1756	90 c. violet et carmin	0 65	0 50
	a. (Non dentelé)	27 »	

Tirage : 8 250 000.

1973. - *Série touristique. Taille-douce. Dentelés 13.*

Palais des Ducs de Bourgogne, à Dijon.

1757	65 c. violet et rouge	0 50	0 30
	a. (Non dentelé)	17 »	

Château de Gien.

Le Clos-Lucé, à Amboise.

1758 90 c. gris-bleu et brun carminé 0 65 0 15
a. (Non dentelé) 15 50
b. gris-bleu

1759 1 f. ocre-orange, vert et bleu clair 0 65 0 15
a. (Non dentelé) 15 50

1973. - *50e anniversaire de l'Académie des Sciences d'Outre-Mer. Taille-douce. Dentelé 13.*

1760 1 f. lilas, vert-noir et rouge 0 65 0 50
a. (Non dentelé) 15 50

Tirage : 7 650 000.

1973. - *50e anniversaire des 24 heures du Mans. Taille-douce. Dentelé 13.*

1761 60 c. violet et outremer 0 80 0 65
a. (Non dentelé) 42 »

Tirage : 8 250 000.

1973. - *Cinq-mâts "France II". Taille-douce. Dentelé 13.*

1762 90 c. bleu et gris-bleu 1 20 0 80
a. (Non dentelé) 23 »

Tirage : 7 600 000.

1973. - *46e congrès national de la Fédération des sociétés philatéliques françaises, à Toulouse. Taille-douce. Dentelé 13.*

1763 50 c. violet et rouge-brun 0 50 0 30
a. (Non dentelé) 15 50

Tirage : 11 500 000.

1973. - *Série touristique. Taille-douce. Dentelé 13.*

Le saut du Doubs.

1764 60 c. turquoise, vert foncé et bleu-noir 0 50 0 30
a. (Non dentelé) 15 50

Voir également les nos 1757 à 1759.

1973-74. - *Oeuvres d'art. Taille-douce. Dentelés.*

"La Finette", de Watteau (1684-1721).

1765 2 f. polychrome (dent. 12½ x 13) 1 50 1 20
a. (Non dentelé) 84 »

Cardinal de Richelieu, tableau de Philippe de Champaigne (1602-1674).

1766	2 f. polychrome (dent. 12 x 13)	1 50	1 25
	a. (Non dentelé)	84 »	

Ce dernier timbre est imprimé attenant à une vignette portant la mention "ARPHILA 1975", qui ne fait pas partie du timbre, mais qui est comprise avec le non dentelé.

Tirages : 6 500 000 et 6 700 000.

1973. - *Centenaire de la découverte du bacille de la lèpre par Hansen (1841-1912). Taille-douce. Dentelé 13.*

1767	45 c. vert-olive, brun-jaune et vert	0 50	0 30
	a. (Non dentelé)	46 »	

Tirage : 8 750 000.

1973. - *Personnages célèbres. Taille-douce. Dentelés 13.*

Pasteur.

Tony Garnier (La cité industrielle).

1768	50 c.+10 c. brun-olive, lilas et violet	0 60	0 60
1769	50 c.+10 c. lilas-rose, noir et gris-bleu	0 60	0 60
	La paire, non dentelée	40 »	

Voir également les n°s 1744 à 1748.

Tirages : 4 050 000 et 3 550 000.

1973. - *75e anniversaire de la liaison T.S.F. "Tour Eiffel-Panthéon (E. Ducretet)". Taille-douce. Dentelé 13.*

1770	1 f. vert et grenat	0 65	0 65
	a. (Non dentelé)	18 50	

Tirage : 8 150 000.

1973. - *Tricentenaire de la mort de Molière. Taille-douce. Dentelé 13.*

1771	1 f. brun et rouge	0 65	0 50
	a. (Non dentelé)	18 50	

Tirage : 8 250 000.

1973. - *Série "Grandes réalisations". Taille-douce. Dentelé 13.*

Le Havre, écluse François 1er.

1772	90 c. noir, bleu et lilas foncé	0 65	0 65
	a. (Non dentelé)	18 50	

Tirage : 8 000 000.

Voir également les n°s 1750 et 1751.

1973. - *Pierre Bourgoin et Philippe Kieffer. Héros des parachutistes S.A.S. et commandos F.F.L. Compagnons de la Libération. Taille-douce. Dentelé 13.*

1773	1 f. rouge, carmin et bleu	0 65	0 50
	a. (Non dentelé)	30 »	

Tirage : 8 050 000.

1973. - *Histoire de France. Taille-douce. Dentelé 13.*

Bonaparte. Jean Portalis. Préparation du Code Civil, 1800-1804.

1774 45 c. bleu, brun-violet et gris 0 65 0 50

Encouragement à l'industrie, 1806.

1775 60 c. brun-jaune, vert-bleu et brun 0 65 0 65

Sacre de Napoléon.

1776 1 f. vert-noir, olive et carmin 0 80 0 65

La série, non dentelée 100 »

Tirages : 7 575 000, 7 575 000 et 7 525 000.

1973. - *50e anniversaire de la flamme sous l'Arc de Triomphe. Taille-douce. Dentelé 13.*

1777 40 c. lilas, rouge et bleu 0 50 0 30

a. (Non dentelé) 18 50

Tirage : 8 150 000.

1973. - *50e anniversaire de la création des chambres d'agriculture. Taille-douce. Dentelé 13.*

1778 65 c. outremer, noir et vert 0 50 0 50

a. (Non dentelé) 15 50

Tirage : 8 050 000.

1973. - *Au profit de la Croix-Rouge. Taille-douce. Dentelés 13.* [c]

Sépulcre de Tonnerre. (Marie-Madeleine).

Sépulcre de Tonnerre. (Femme avec vase aux aromates).

1779 30 c.+10 c. vert foncé et rouge 0 65 0 65

1780 50 c.+10 c. noir et rouge 0 65 0 65

La paire, non dentelée 84 »

Tirage : 4 000 000 de paires.

Ont été émis aussi en carnets (tirage : 616 000).

1973. - *25e anniversaire de la déclaration des Droits de l'Homme. Taille-douce. Dentelé 13.*

1781 45 c. orange, brun-rouge et brun 0 30 0 30

a. (Non dentelé) 23 »

Tirage : 7 700 000.

1973. - *Musée Postal. Maison de la poste et de la philatélie. Taille-douce. Dentelé 13.*

1782	50 c. brun carminé et ocre	0 30	0 30
	a. (Non dentelé)	15 50	

Tirage : 6 900 000.

1973
Du N° 1737 au N° 1782 =
46 timbres ****35** **⊙28**

Autre rubrique de l'année :
Poste aérienne 48

1974. - *Arphila 75. Paris. Taille-douce. Dentelé 13.*

1783	50 c. lilas foncé, brun et bleu	0 30	0 30
	a. (Non dentelé)	21 »	

Tirage : 16 350 000.

1974. - *Personnages célèbres. Taille-douce. Dentelés 13.*

Saint-Louis Marie Grignon de Montfort (1673-1716).

Francis Poulenc (1899-1963).

1784	50 c.+10 c. sépia, carmin et vert foncé	0 60	0 60
1785	50 c.+10 c. brun carminé et lilas foncé	0 60	0 60
	La paire, non dentelée	35 »	

Voir également les n°s 1822 et 1823.
Tirages : 3 800 000 et 3 600 000.

1974. - *Journée du Timbre. Taille-douce. Dentelé 13.*

Centre de tri automatique d'Orléans la Source.

1786	50 c.+10 c. rouge-brique et sépia	0 50	0 50
	a. (Non dentelé)	17 »	

Tirage : 5 655 000.

1974. - *Série "Grandes réalisations". Taille-douce. Dentelé 13.*

Aéroport Charles de Gaulle.

1787	60 c. olive et violet	0 50	0 50
	a. (Non dentelé)	100 »	

Tirage : 8 200 000.

1974. - *Centenaire du club alpin français. Taille-douce. Dentelé 13.*

Gentiane et glacier.

1788	65 c. bleu-noir et violet	0 50	0 50
	a. (Non dentelé)	30 »	

Tirage : 7 750 000.

1974. - *Europa. Sculptures. Taille-douce. Dentelés 13.*

"L'Age d'Airain", de Rodin (1840-1917).

"L'Air", Maillol (1861-1944).

1789	50 c. lilas et noir	0 75	0 30
1790	90 c. violet-brun et ocre	1 25	0 70
	La série, non dentelée	95 »	

Tirages : 20 300 000 et 10 200 000.

1974. - *Sauvetage en mer. Taille-douce. Dentelé 13.*

1791	90 c. gris, bleu foncé, ocre et rouge	0 65	0 50
	a. (Non dentelé)	18 50	

Tirage : 7 575 000.

1974. - *25e anniversaire du Conseil de l'Europe. Taille-douce. Dentelé 13.*

1792	45 c. ocre, bleu et gris-bleu	0 50	0 50
	a. (Non dentelé)	46 »	

Tirage : 7 675 000.

1974. - *Série touristique. Taille-douce. Dentelés 13.*

Salers.

Golfe de Saint-Florent (Corse).

1793	65 c. vert-jaune et violet-brun	0 50	0 50
	a. (Non dentelé)	15 50	
1794	3 f. bleu, rouge et vert-jaune	1 60	0 65
	a. (Non dentelé)	21 50	

1974. - *Protection de la nature. Taille-douce. Dentelé 13.*

Bison d'Europe.

1795	40 c. ocre, bleu et violet-brun	0 50	0 30
	a. (Non dentelé)	23 »	

Tirage : 10 350 000.

1974. - *30e anniversaire de la Libération. Taille-douce. Dentelés 13.*

Général Koenig.

1796	1 f. lilas, lilas-rose et brun-jaune	0 65	0 50
	a. (Non dentelé)	21 »	

Villes "Compagnons de la Libération".

1797	1 f.+10 c. vert-émeraude, noir et sépia	0 80	0 80
	a. (Non dentelé)	27 »	

Tirages : 7 725 000 et 4 200 000.

1974. - *47e congrès national de la Fédération des sociétés philatéliques françaises, à Colmar. Taille-douce. Dentelé 13.*

La maison Pfister.

1798	50 c. rouge-brique et lilas	0 30	0 30
	a. (Non dentelé)	15 50	

Tirage : 8 450 000.

1974. - *30e anniversaire du débarquement en Normandie. Taille-douce. Dentelé 13.*

1799	45 c. vert, gris-bleu et rouge pâle	1 »	0 80
	a. (Non dentelé)	27 »	

Tirage : 7 750 000.

1974. - *XXIe Jeux olympiques échiquéens. Taille-douce. Dentelé 13.*

1800	1 f. brun, outremer et rouge	0 80	0 50
	a. (Non dentelé)	155 »	

Tirage : 8 050 000.

1974. - *Tricentenaire de la fondation de l'Hôtel des Invalides. Taille-douce. Dentelé 13.*

1801	40 c. bleu, brun-jaune et gris-bleu foncé	0 30	0 30
	a. (Non dentelé)	18 50	

Tirage : 7 765 000.

1974-75. - *Série "Grandes réalisations". Taille-douce. Dentelés 13.*

Turbotrain TGV 001.

Surrégénérateur Phénix.

1802	60 c. bleu-gris, rouge et sépia	1 10	0 80
	a. (Non dentelé)	61 »	
	b. (Barbouillé de rouge)	250 »	
1803	65 c. rouge-orange lilas et noir	0 50	0 50
	a. (Non dentelé)	30 »	

Réseau Express Régional.

Hélicoptère Gazelle.

1804	1 f. gris-bleu et bleu	0 80	0 50
	a. (Non dentelé)	46 »	
1805	1 f. 30, violet et vert-olive	0 80	0 65
	a. (Non dentelé)	70 »	
	Nos 1802 à 1805 (4 val.)	3 20	2 45

Tirages : 7 800 000, 7 700 000, 10 000 000 et 6 000 000.

1974-75. - *Série touristique. Taille-douce. Dentelés 13.*

Palais de Justice de Rouen.

La vallée du Lot.

1806	85 c. bistre et bleu	0 65	0 50
1807	1 f. 10, brun et olive	0 65	0 50

Saint-Pol-de-Léon.

Château de Rochechouart.

1808	1 f. 20, brun-olive, bleu et bistre	0 65	0 30
1809	1 f. 40, bleu-gris, vert-jaune et brun	0 80	0 30

Basilique de Saint-Nicolas de Port.

1810	2 f. gris et lilas-rose	1 25	0 30
	Nos 1806 à 1810 (5 val.)	4 »	1 90
	La série, non dentelée	77 »	

1974. - *"Arphila'75".Héliogravure (Nos 1811 et 1813) et taille-douce (No 1812). Dentelés 12-13.*

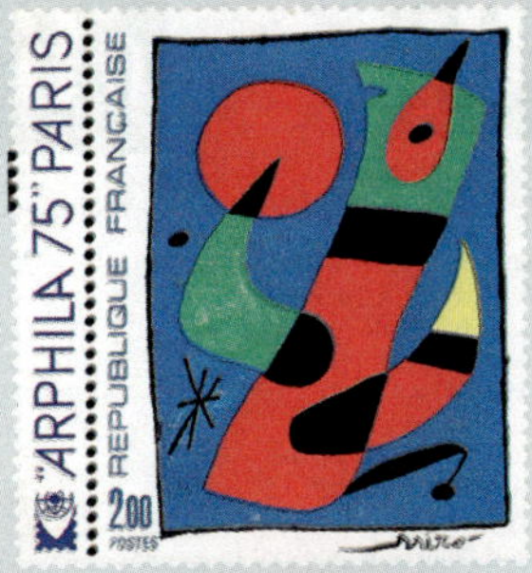

Tableau de Miro.

1811	2 f. bleu, rouge, vert, jaune et noir	1 50	1 10
	a. (Non dentelé)	84 »	

"Canal du Loing". Tableau de A. Sisley.

1812	2 f. polychrome	1 50	1 10
	a. (Non dentelé)	84 »	

Tapisserie de la manufacture nationale des Gobelins, par Mathieu. "Hommage à Nicolas Fouquet".

1813 2 f. polychrome 1 50 1 10
a. (Non dentelé) 84 »

Timbres imprimés attenant à une vignette portant la mention "ARPHILA 75 Paris", qui ne fait pas partie du timbre, mais qui est comprise avec le non dentelé.

Tirages : 6 800 000, 5 825 000 et 5 950 000.

1974. - *Type Marianne de Béquet. Une bande de phosphore pour les 60 c., trois bandes pour le 80 c.Typographie (N° 1814) et taille-douce (N°s 1815 et 1816). Dentelés 13.* ©

Typographie (1814).

Taille-douce (1815).

Voir note sous les clichés des n°s 1663 et 1664.

1814 60 c. vert (dent. 14 x 13) 0 80 0 15
a. (Sans bande de phos.) 4 » 1 »
b. (Non dentelé) 30 »
1815 60 c. vert 5 » 0 70
a. (Gomme tropicale) 9 »
b. (Id. n° rouge au verso) 30 »
c. (sans bande de phos.) 31 » 28 »
1816 80 c. rouge 0 80 0 15
a. (sans bandes de phosphore, gomme brillante) 22 » 2 »
b. (Gomme tropicale) 2 »
c. (Id. n° rouge au verso) 28 »
d. (Gomme tropicale, sans bandes de phosphore, tirage des D.O.M.) 9 » 2 »
e. (Non dentelé) 35 »

Les n°s 1815 et 1815c proviennent de carnets ; le 1815c est avec gomme tropicale, dentelure souvent rognée.

1974. - *Centenaire de l'U.P.U. Taille-douce. Dentelé 13.*

1817 1 f. 20, outremer, carmin et vert-olive 0 65 0 50
a. (Non dentelé) 95 »

Tirage : 7 525 000.

1974. - *500e anniversaire de la naissance de Nicolas Copernic. Taille-douce. Dentelé 13.*

1818 1 f. 20, bleu-gris, brun et lilas-rose 0 65 0 50
a. (Non dentelé) 46 »

Tirage : 6 825 000.

1974-75. - *Protection de la nature. Taille-douce. Dentelés 13.*

Tatou géant de la Guyane.

Aigrette Garzette.

1819 65 c. bleu-gris, bistre et vert-jaune 0 50 0 50
a. (Non dentelé) 27 »
1820 70 c. bleu et bistre 0 50 0 50
a. (Gomme tropicale) 30 »
b. (Non dentelé) 27 »

Tirages : 9 050 000 et 6 750 000.

1974. - *XXXe anniversaire de la Libération, médaille de la Résistance française. Taille-douce. Dentelé 13.*

1821 1 f. rouge, bistre et noir 0 80 0 65
a. (Non dentelé) 40 »

Tirage : 5 100 000.

1974. - *Personnages célèbres. Légende RÉPUBLIQUE FRANÇAISE. Taille-douce. Dentelés 13.*

Jean Giraudoux.

Barbey d'Aurevilly.

1822 80 c.+15 c. bleu, lilas et violet-brun 0 65 0 65
1823 80 c.+15 c. bleu-gris, lilas et noir 0 65 0 65
La paire, non dentelée 30 »

Voir également les n°s 1784 et 1785.

Tirages : 3 100 000 et 3 050 000.

1974. - *Personnages célèbres avec légende FRANCE. Taille-douce. Dentelés 13.*

Docteur A. Schweitzer.

Edmond Michelet.

1824 80 c.+20 c. vert-noir, brun-rouge et rouge 0 70 0 70

1825 80 c.+20 c. gris-bleu et bleu 0 65 0 65

Robert Schuman.

Eugène Thomas.

1826 80 c.+20 c. bleu-noir et noir 1 » 1 »

1827 80 c.+20 c. gris-bleu et gris 0 65 0 65

Nos 1824 à 1827 (4 val.) 3 » 3 »

La série, non dentelée 95 »

Ces timbres ont paru en 1975.

Tirages : 3 050 000, 3 300 000, 3 750 000 et 3 500 000.

1974. - *Au profit de la Croix-Rouge. "Les saisons". Taille-douce. Dentelés 13.* [C]

L'été.

L'hiver.

1828 60 c.+15 c. bleu, brun-lilas et rouge 0 65 0 65

1829 80 c.+15 c. gris-bleu et bistre 0 80 0 80

La paire, non dentelée 84 »

Ont été émis aussi en carnets (tirage : 600 000).

Tirages : 3 400 000 et 3 050 000.

1974
Du N° 1783 au N° 1829 =
47 timbres ****40** **⊙27**

1975. - *Arphila'75. Paris. Taille-douce. Dentelés 13.*

"L'oeil".

1830 1 f. violet foncé, jaune-orange et rouge 0 50 0 50

Le Chapiteau.

1831 2 f. carmin, vert-olive et vert-noir 1 » 0 80

Graphisme.

1832 3 f. vert et brun carminé 1 50 1 10

Cérès.

1833 4 f. vert-noir, bistre et rouge 2 » 1 60

Nos 1830 à 1833 (4 val.) 5 » 4 »

La série, non dentelée 185 »

Tirage : 7 500 000 séries.

1975. - *Idem. Valeurs et couleurs différentes. Taille-douce. Dentelés 13 x 13½.* [BF] *n° 7.*

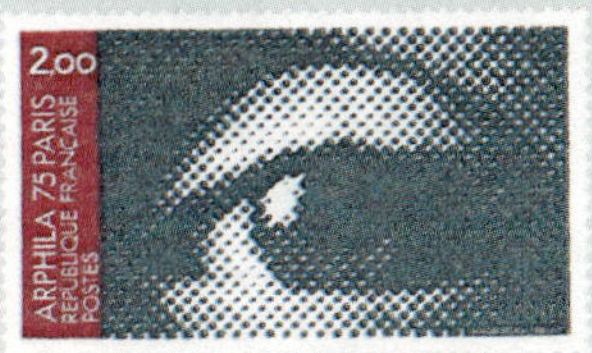

1834 2 f. gris-vert et rouge-brique 1 50 1 50

1835 3 f. rouge, bleu et gris-bleu 2 » 2 »

1836 4 f. bleu, rouge-brique et vert-noir 2 30 2 30

1837 6 f. gris-vert, rouge et bleu 3 20 3 20

Nos 1834 à 1837 (4 val.) 9 » 9 »

Émis seulement en feuillet.

Tirage : 2 300 000 blocs.

1975. - *Journée du Timbre. Héliogravure. Dentelé 13.*

Plaque de facteur de Paris sous la IIe République.

1838 80 c.+20 c. bleu, noir et jaune 0 65 0 65
a. (Non dentelé) 17 »

Tirage : 4 150 000.

1975. - *Président Georges Pompidou (1911-1974). Taille-douce. Dentelé 13.*

Georges Pompidou.

1839 80 c. gris-bleu et gris 0 50 0 30
a. (Non dentelé) 17 »

A partir du no 1840 les timbres portent la légende FRANCE, pour reprendre la légende REPUBLIQUE FRANÇAISE en septembre 1981.

1975. - *Europa. Tableaux. Héliogravure. Dentelés 13.*

Paul en Arlequin, de Picasso (1881-1973).

1840 80 c. polychrome 0 75 0 35
a. (marron omis : sans valeur et logo CEPT) » » » »

En la plaza, femme à la balustrade, de Van Dongen (1877-1968).

1841 1 f. 20, polychrome 1 10 0 90

La paire, non dentelée 125 »

Tirages : 20 000 000 et 10 000 000.

1975. - *Exposition mondiale de la machine-outil. Taille-douce. Dentelé 13.*

1842 1 f. 20, turquoise, noir et brun-rouge 1 25 0 50
a. (Non dentelé) 15 50

Tirage : 6 100 000.

1975. - *Centenaire du Sénat de la République. Taille-douce. Dentelé 13.*

1843 1 f. 20, gris-olive et carmin 0 80 0 65
a. (Non dentelé) 15 50

Tirage : 7 500 000.

1975. - *Convention du mètre. Taille-douce. Dentelé 13.*

1844	1 f. violet et lilas	0 65	0 50
	a. (Non dentelé)	18 50	

Tirage : 6 000 000.

1975. - *Fondation santé des étudiants de France. Taille-douce. Dentelé 13.*

1845	70 c. noir, lilas et rouge	0 50	0 50
	a. (Non dentelé)	15 50	

Tirage : 10 000 000.

1975. - *Théâtre du peuple de Bussang. Taille-douce. Dentelé 13.*

1846	85 c. bleu, olive et violet	0 50	0 50
	a. (Non dentelé)	15 50	

Tirage : 7 000 000.

1975. - *Régions. Taille-douce. Dentelés 13.*

Picardie.

Bourgogne.

Pays de la Loire.

1847	85 c. bleu, vert-bleu et orange	0 80	0 50
1848	1 f. brun, rouge et jaune	0 80	0 50
1849	1 f. 15, bistre-olive, turquoise et émeraude	0 80	0 50

Auvergne.

Poitou-Charentes.

1850	1 f. 30, bleu-gris, noir et rouge	1 »	0 65
1851	1 f. 90, gris, olive et bleu-gris	1 25	0 50

Nord - Pas-de-Calais.

1852	2 f. 80, carmin, gris et bleu	1 70	1 25
	Nos 1847 à 1852 (6 val.)	6 35	3 90
	La série, non dentelée	77 »	

1975. - *30e anniversaire de la libération des camps de concentration. Taille-douce. Dentelé 13.*

Pierre Kaan. F. H. Manhes et le général Jean Verneau.

1853	1 f. bleu, olive et rouge	0 65	0 50
	a. (Non dentelé)	30 »	

Tirage : 7 000 000.

1975. - *30e anniversaire de la création du service de déminage. Taille-douce. Dentelé 13.*

1854	70 c. bleu, olive et bistre-olive	0 50	0 30
	a. (Non dentelé)	15 50	

Tirage : 10 000 000.

1975. - *Villes nouvelles. Taille-douce. Dentelé 13.*

1855 1 f. 70, brun-jaune, vert et bleu 1 » 0 80

a. (Non dentelé) 15 50

Tirage : 7 000 000.

1975. - *Pont de Saint-Nazaire. Taille-douce. Dentelé 13.*

1856 1 f. 40, turquoise, vert-bleu et noir 0 80 0 50

a. (Non dentelé) 15 50

Tirage : 10 000 000.

1975. - *Année internationale de la Femme. Héliogravure. Dentelé 13.*

1857 1 f. 20, polychrome et argent 0 65 0 50

a. (Non dentelé) 40 »

Tirage : 7 500 000.

1975. - *Personnage célèbre. André Siegfried (1875-1959). Taille-douce. Dentelé 13.*

1858 80 c.+20 c. noir et turquoise 0 65 0 65

a. (Non dentelé) 15 50

Tirage : 3 500 000.

1975. - *50e anniversaire des relations diplomatiques franco-soviétiques. Taille-douce. Dentelé 13.*

1859 1 f. 20, bleu, rouge et bistre-jaune 0 65 0 50

a. (Non dentelé) 18 50

Tirage : 7 000 000.

1975. - *Au profit de la Croix-Rouge. "Les saisons". Taille-douce. Dentelés 13.* ©

Le printemps.

L'automne.

1860 60 c.+15 c. olive, rouge et brun-rouge 0 65 0 65

1861 80 c.+20 c. brun-olive, rouge et orange 0 80 0 80

La paire, non dentelée 100 »

Tirage : 3 500 000 paires.

Ont été émis aussi en carnets (tirage : 600 000).

1975. - *Bateau-école. Frégate "La Melpomène". Taille-douce. Dentelé 13.*

1862 90 c. rouge, orange et vert-noir 1 10 0 60

a. (Non dentelé) 23 »

Tirage : 8 000 000.

1975
Du N° 1830 au N° 1862 =
33 timbres ****35** **⊙28**

Autres rubriques de l'année :
Blocs et feuillets 7
Préoblitérés 134 à 137
Service 43 à 48

1976. - *Régions. Taille-douce (N°s 1863, 1864, 1865 et 1865A) et héliogravure (N° 1866). Dentelés 13.*

Centre.

1863	25 c. bleu, vert-jaune et vert	0 30	0 30
	a. (Non dentelé)	15 50	

Aquitaine.

Limousin.

1864	60 c. brun carminé, vert foncé et outremer	0 30	0 30
	a. (Non dentelé)	15 50	
1865	70 c. noir, vert foncé et bleu	0 70	0 50
	a. (Non dentelé)	15 50	

Guyane.

Midi-Pyrénées.

1865A	1 f. 25, vert, orange et turquoise	0 80	0 80
	a. (Non dentelé)	54 »	
1866	2 f. 20, multicolore	1 40	1 25
	a. ("France" omis)	3 450 »	1 700 »
	b. (Non dentelé)	70 »	
	N°s 1863 à 1866 (5 val.)	3 50	3 15

1976. - *Oeuvres d'art. Taille-douce (N°s 1867 et 1868) et héliogravure (N° 1869). Dentelés 13.*

Linteau de l'église de Saint-Genis-des-Fontaines.

1867	2 f. gris-bleu et bleu	1 40	1 10
	a. (Non dentelé)	70 »	

La Vénus de Brassempouy.

1868	2 f. sépia et bistre	1 25	1 10
	a. (Non dentelé)	70 »	

La joie de vivre de Robert Delaunay (1885-1941).

1869	2 f. polychrome	1 40	1 25
	a. (Non dentelé)	77 »	

Tirages : 6 000 000 de chaque.

1976. - *Journée du Timbre. Centenaire du Timbre-poste au type Sage. Taille-douce. Dentelé 13.*

1870	80 c.+20 c. noir et lilas	0 50	0 50
	a. (Non dentelé)	23 »	

Tirage : 4 000 000.

1976. - *Série touristique. Taille-douce. Dentelés 13.*

Château fort de Bonaguil.

1871	1 f. vert foncé, bistre et brun-rouge	0 50	0 30

Ussel.

Château de Malmaison.

1872	2 f. lilas, brun-jaune et ocre	1 10	0 30
1873	3 f. bleu-gris, vert-jaune et bistre	1 40	0 30
	La série, non dentelée	35 »	

1976. - *Cinquantenaire de l'Association Centrale des Officiers de Réserve de l'Armée de Mer (A.C.O.R.A.M.). Taille-douce. Dentelé 13.*

1874	1 f. outremer, carmin et bistre-jaune	0 65	0 50
	a. (Non dentelé)	15 50	

Tirage : 7 000 000.

1976. - *49e congrès national de la Fédération des sociétés philatéliques françaises à Rouen. Taille-douce. Dentelé 13.*

1875	80 c. brun-olive et brun-orange	0 50	0 30
	a. (Non dentelé)	14 »	

Tirage : 10 000 000.

1976. - *Exposition philatélique mondiale de la jeunesse "JUVA-ROUEN". Taille-douce. Dentelé 13.*

1876	60 c. bleu-vert, carmin et gris-bleu	0 50	0 30
	a. (Non dentelé)	15 50	

Tirage : 10 000 000.

Voir également à la rubrique "Entiers Postaux" (n° 1876-CP1).

1976. - *Europa. Héliogravure. Dentelés 13.*

Faïence de Strasbourg.

Porcelaine de Sèvres.

1877	80 c. polychrome	0 75	0 30
1878	1 f. 20, polychrome	1 25	0 75
	La paire, non dentelée	100 »	

Tirages : 20 000 000 et 10 000 000.

1976. - *Bicentenaire de l'indépendance des États-Unis. Taille-douce. Dentelé 13.*

Charles Gravier de Vergennes (1719-1787),
et Benjamin Franklin (1706-1790).

1879	1 f. 20, gris-bleu, bleu et carmin	0 65	0 50
	a. (Non dentelé)	77 »	

Tirage : 8 000 000.

1976. - *Personnages célèbres. Taille-douce. Dentelés 13.*

Maréchal Moncey.

Max Jacob.

Mounet-Sully.

1880	80 c.+20 c. lilas et brun-jaune	0 65	0 65
1881	80 c.+20 c. brun-rouge et brun-olive	0 65	0 65
1882	80 c.+20 c. vert-olive et carmin	0 65	0 65
	La série, non dentelée	40 »	

Tirages : 3 000 000 de chaque.

Voir également les nos 1896 à 1898.

1976. - *Verdun. Taille-douce. Dentelé 13.*

1883	1 f. vert foncé, rouge et brun carminé	0 65	0 50
	a. (Non dentelé)	14 »	

Tirage : 8 000 000.

1976. - *La Communication. Héliogravure. Dentelé 13.*

1884	1 f. 20, polychrome	0 65	0 65
	a. (Non dentelé)	14 »	

Tirage : 6 500 000.

1976. - *30e anniversaire de l'Association des Français libres. Taille-douce. Dentelé 13.*

1885	1 f. bleu, rouge et outremer	0 80	0 50
	a. (Non dentelé)	30 »	

Tirage : 8 000 000.

1976. - *Protection de la nature et de l'environnement. Taille-douce. Dentelé 13.*

Forêt de Tronçais.

1886	70 c. vert foncé, bistre et bleu	0 50	0 30
	a. (Non dentelé)	18 50	

Tirage : 8 000 000.

1976. - *Satellite "Symphonie". Taille-douce. Dentelé 13.*

1887	1 f. 40, violet et brun-violet	0 80	0 65
	a. (Non dentelé)	54 »	

Tirage : 7 000 000.

1976. - *La Fête. Taille-douce. Dentelé 13.*

1888	1 f. bleu-nuit, rouge et vert-jaune	0 65	0 50
	a. (Non dentelé)	12 50	

Tirage : 8 000 000.

1976. - *Jeux Olympiques de Montréal. Taille-douce. Dentelé 13.*

1889	1 f. 20, bleu, outremer et noir	0 80	0 50
	a. (Non dentelé)	77 »	

Tirage : 6 500 000.

1976. - *Centenaire du Corps des officiers de réserve. Taille-douce. Dentelé 13.*

1890	1 f. noir, bleu et carmin	0 65	0 30
	a. (Non dentelé)	12 50	

Tirage : 8 000 000.

1976. - *Type Marianne de Béquet. Typographie pour le n° 1891 et taille-douce pour les n°s 1892 et 1893.* Ⓒ

Voir note sous les clichés des n°s 1663 et 1664.

Pour ces 3 timbres, la 1re colonne de prix concerne les timbres neufs avec gomme brillante, la 2e les oblitérés.

1891	80 c. vert (1 bande de phosphore (dent. 14 x 13)	0 65	0 15
	a. (Non dentelé)	21 »	
	b. (Sans bande de phosphore) (1977)	2 »	1 »
	c. (Gomme tropicale)	1 »	
1892	1 f. rouge (3 bandes de phosphore (dent. 13)	0 65	0 15
	a. (Non dentelé)	21 »	
	b. (Sans bande de phosphore) (1977)	3 »	1 »
	c. (Gomme tropicale)	1 25	

Provenant de carnet. Dentelé 13.

1893	80 c. vert (1 bande de phosphore)	1 50	0 70
	a. (Sans bande de phosphore)	230 »	
	b. (Gomme tropicale)	1 50	

Émis seulement en carnets de 20, une des dentelures horizontales de ce timbre est coupée ou rognée.

Timbres non dentelés verticalement et dentelés 13 horizontalement, provenant de roulettes. Taille-douce.

1894	80 c. vert (1 bde de phosph.)	0 80	0 70
	a. 80 c. vert (n° rouge au verso)	3 »	
1895	1 f. rouge (3 bandes de phosphore)	0 80	0 70
	a. 1 f. rouge (n° rouge au verso)	3 »	

Voir note après le n° 1331Ab.

1976. - *Personnages célèbres. Au profit de la Croix-Rouge. Taille-douce. Dentelés 13.*

Général Daumesnil.

Eugène Fromentin.

Anna de Noailles.

1896	1 f.+20 c. bleu-vert, bleu et turquoise	0 70	0 70
1897	1 f.+20 c. outremer, violet-brun et lilas-rose	0 70	0 70
1898	1 f.+20 c. gris-bleu et brique	0 70	0 70
	La série, non dentelée	40 »	

Tirages : 3 000 000 chacun.

Voir également les n°s 1880 à 1882.

1976. - *Oeuvres d'art. Taille-douce. Dentelés 13 x 12½.*

Ramsés (fresque d'Abu-Simbel).

1899	2 f. polychrome	1 25	1 »
	a. (Non dentelé)	77 »	

Oeuvre de Carzou.

1900	2 f. polychrome	1 25	1 »
	a. (Non dentelé)	77 »	

Nature morte, de Maurice de Vlaminck (1876-1958).

1901	2 f. polychrome	1 25	1 »
	a. (Non dentelé)	84 »	

Tirages : 6 000 000 chacun.

1976. - *Série touristique. Taille-douce. Dentelés 13.*

Cathédrale de Lodève.

Biarritz-Côte basque.

1902	1 f. 10, outremer	0 65	0 50
	a. (Non dentelé)	15 50	
1903	1 f. 40, brun, bleu et olive	0 80	0 30
	a. (Non dentelé)	15 50	

Thiers.

1904 1 f. 70, bleu, vert-olive et lilas-brun 1 » 0 30
a. (Non dentelé) 15 50

1976. - *Centenaire de la première liaison téléphonique. Taille-douce. Dentelé 13.*

1905 1 f. gris, bleu et brique 0 65 0 30
a. (Non dentelé) 23 »

Tirage : 12 000 000.

1976. - *X^e festival international du film de tourisme, Tarbes 1976. Taille-douce. Dentelé 13.*

1906 1 f. 40, vert-noir, orange et brun-olive 0 80 0 65
a. (Non dentelé) 17 »

Tirage : 6 000 000.

1976. - *Police nationale. Taille-douce. Dentelé 13.*

1907 1 f. 10, bleu, olive et rouge 0 65 0 50
a. (Non dentelé) 15 50

Tirage : 6 000 000.

1976. - *Accélérateur européen de particules. Héliogravure. Dentelé 13.*

1908 1 f. 40, multicolore 1 » 0 80
a. (Non dentelé) 50 »

Tirage : 6 000 000.

1976. - *Foires expositions. Taille-douce. Dentelé 13.*

1909 1 f. 50, bleu-noir, vert-bleu et ocre 1 » 0 65
a. (Non dentelé) 12 50

Tirage : 8 000 000.

1976. - *Au profit de la Croix-Rouge. Sculptures religieuses de l'église de Brou. Croix en rouge. Taille-douce. Dentelés 13.* [C]

Sainte Barbe.

Sibylle cimmérienne.

1910 80 c.+20 c. lilas 0 65 0 65
1911 1 f.+25 c. sépia 1 » 1 »
La paire, non dentelée 61 »

Tirage : 3 500 000 paires.

Ont été émis aussi en carnets.

1976. - *Douane. Héliogravure. Dentelé 13.*

1912 1 f. 10, polychrome et or 0 65 0 65
a. (Non dentelé) 18 50

Tirage : 6 000 000.

1976. - *Port-Louis (Morbihan). Musée de l'Atlantique. Taille-douce. Dentelé 13½ x 13.*

Vue aérienne et trois-mâts "Duchesse Anne".

1913	1 f. 45, bleu-vert et olive	0 80	0 65
	a. (Non dentelé)	18 50	

Tirage : 6 000 000.

1976
Du N° 1863 au N° 1913 =
52 timbres ****43** **⊙31**

Autres rubriques de l'année :
Poste aérienne 49
Préoblitérés 138 à 145
Service 49 à 52

1977. - *Régions.Héliogravure (N°s 1914, 1915 et 1918) et taille-douce (N°s 1916, 1917, 1919, 1920 et 1921). Dentelés 13.*

Réunion.

Martinique.

1914	1 f. 45, vert et rose carminé	0 80	0 50
1915	1 f. 50, multicolore	0 80	0 65

Franche-Comté.

Bretagne.

1916	2 f. 10, turquoise, bleu et jaune	1 25	1 »
1917	2 f. 40, olive, brun et outremer	1 40	0 50

Languedoc-Roussillon.

Rhône-Alpes.

1918	2 f. 50, multicolore	1 40	1 »
1919	2 f. 75, bleu-vert foncé	1 75	1 »

Champagne-Ardenne.

Alsace.

1920	3 f. 20, bleu, vert-noir et bistre	2 »	1 10
1921	3 f. 90, bleu, lilas-brun et bistre	2 60	1 75
	N°s 1914 à 1921 (8 val.)	12 »	7 50
	La série, non dentelée	95 »	

1977. - *Centre national d'Art et de Culture Georges Pompidou. Taille-douce. Dentelé 13.*

1922	1 f. vert foncé, bleu et rouge	0 50	0 30
	a. (Non dentelé)	19 25	

Tirage : 6 500 000.

1977. - *Oeuvres d'art. Taille-douce. Dentelés 12½-13.*

Le "Pont de Mantes", de Camille Corot (1796 1875).

1923 2 f. polychrome 1 25 1 »
a. (Non dentelé) 84 »

"Hommage à l'hexagone". Oeuvre de Vasarely.

1924 3 f. lilas pâle et vert-noir 1 85 1 »
a. (Non dentelé) 77 »

Tirages : 6 000 000 chacun.

1977. - *Extensions portuaires de Dunkerque. Taille-douce. Dentelé 13.*

1925 50 c. lilas-brun, bleu-noir et bleu 0 30 0 30
a. (Non dentelé) 14 »

Tirage : 10 000 000.

1977. - *Le Souvenir français. Taille-douce. Dentelé 13.*

1926 80 c. bleu, rouge et brun-olive 0 65 0 50
a. (Non dentelé) 15 50

Tirage : 8 000 000.

1977. - *Journée du Timbre. Taille-douce. Dentelé 13.*

Enseigne du relais de poste à Marckolsheim (Bas-Rhin).

1927 1 f.+20 c. bleu et bleu-noir 0 65 0 65
a. (Non dentelé) 15 50

Tirage : 4 500 000.

1977. - *Europa. Taille-douce. Dentelés 13.*

Village provençal.

Port breton.

1928 1 f. bleu, olive et brique 0 75 0 25
1929 1 f. 40, vert-olive, brun-olive et noir 1 25 0 45
La paire, non dentelée 95 »

Tirages : 20 000 000 et 10 000 000.

1977. - *150e anniversaire de la Société nationale d'horticulture. Taille-douce. Dentelé 13.*

1930 1 f. 70, vert-olive et carmin-brun 1 » 0 65
a. (Non dentelé) 27 »

Tirage : 8 000 000.

1977. - *Floralies internationales de Nantes. Taille-douce. Dentelé 13.*

1931 1 f. 40, lilas, jaune et bleu-vert 1 » 0 80
a. (Non dentelé) 23 »

Tirage : 8 000 000.

1977. - *Rattachement du Cambrésis. Taille-douce. Dentelé 13.*

1932 80 c. bleu, brun-lilas et lilas-rouge 0 50 0 50
a. (Non dentelé) 15 50
Tirage : 7 000 000.

1977. - *Instituts catholiques de France. Taille-douce. Dentelé 13.*

1933 1 f. 10, gris-bleu, brun et brun-olive 0 65 0 65
a. (Non dentelé) 15 50
Tirage : 7 000 000.

1977. - *Fédération européenne de la construction. Taille-douce. Dentelé 13.*

1934 1 f. 10, outremer, rouge et bistre 0 65 0 50
a. (Non dentelé) 19 25
Tirage : 7 000 000.

1977. - *50e congrès national de la Fédération des sociétés philatéliques françaises à Annecy. Taille-douce. Dentelé 13.*

1935 1 f. brun-olive et brun-lilas 0 65 0 50
a. (Non dentelé) 15 50
Tirage : 10 000 000.

1977. - *École polytechnique de Palaiseau. Taille-douce. Dentelé 13.*

1936 1 f. 70, vert-noir, outremer et rouge 1 » 0 50
a. (Non dentelé) 19 25
Tirage : 7 000 000.

1977. - *Série touristique. Taille-douce. Dentelés 13.*

Collégiale du Dorat (XIIe s.).

1937 1 f. 45, gris-bleu et brun-olive 0 80 0 50

Abbaye de Fontenay (XIIe s.) Côte d'Or.

Cathédrale de Bayeux (XIIe-XVe siècles).

1938 1 f. 50, brun-rouge, rouge et brun-olive 0 80 0 50
1939 1 f. 90, jaune et sépia 1 10 0 50
La série, non dentelée 42 »

1977. - *60e anniversaire de la coupe de France de football. Taille-douce. Dentelé 13.*

1940 80 c. rouge, bleu et brun-olive 1 » 0 65
a. (Non dentelé) 46 »
Tirage : 6 000 000.

1977. - *5e anniversaire du Mémorial au général de Gaulle. Héliogravure. Dentelé 13.*

1941 1 f. polychrome et or 1 » 0 80
a. (Non dentelé) 77 »
Tirage : 15 000 000.

1977. - *Jeune Chambre économique française. Taille-douce. Dentelé 13.*

1942 1 f. 10, outremer et rouge 0 65 0 50
a. (Non dentelé) 14 »

Tirage : 7 000 000.

1977. - *5ᵉ centenaire de la bataille de Nancy. Taille-douce. Dentelé 13.*

1943 1 f. 10, bleu et gris 1 » 0 65
a. (Non dentelé) 18 50

Tirage : 6 000 000.

1977. - *5ᵉ centenaire du rattachement de la Bourgogne (1477). Taille-douce. Dentelé 13.*

1944 1 f. 25, bistre et vert-noir 0 65 0 50
a. (Non dentelé) 14 »

Tirage : 7 000 000.

1977. - *10ᵉ anniversaire de l'Association internationale des parlementaires de langue française. Taille-douce. Dentelé 13.*

1945 1 f. 40, bleu, rouge et bistre clair 0 80 0 50
a. (Non dentelé) 12 50

Tirage : 7 000 000.

1977. - *La cigale rouge. Héliogravure. Dentelé 13.*

1946 80 c. polychrome 0 65 0 50
a. (Non dentelé) 42 »
b. (Inscriptions omises) 5 000 »

Tirage : 10 000 000.

1977. - *Série touristique. Taille-douce. Dentelés 13.*

Abbaye des Prémontrés à Pont-à-Mousson.

1947 1 f. 25, sépia, rouge et gris 0 65 0 50

Tour abbatiale de Saint-Amand-les-Eaux.

Château de Vitré.

1948 1 f. 40, lilas-brun, lilas-rouge et vert-bleu 0 80 0 50
1949 2 f. 40, gris, vert et brun 1 25 0 50
La série, non dentelée 46 »

1977. - *Oeuvres d'art.Héliogravure (Nº 1950) et taille-douce (Nº 1951). Dentelés 12½-13.*

Oeuvre originale de Trémois.

1950 3 f. noir et rouge-brun 2 » 1 60
a. (Non dentelé) 77 »

Oeuvre originale d'Excoffon.

1951 3 f. bleu et bistre-rouge 2 » 1 60
a. (Non dentelé) 77 »

Tirages : 6 000 000 chacun.

1977. - *Meilleurs ouvriers de France. Taille-douce. Dentelé 13.*

1952 1 f. 40, brun-rouge et olive 1 » 0 65
a. (Non dentelé) 12 50

Tirage : 7 000 000.

1977. - *Personnages célèbres. Taille-douce. Dentelés 13.*

Édouard Herriot.

Abbé Breuil.

1953 1 f.+20 c. noir 0 75 0 75
1954 1 f.+20 c. vert-bleu et olive 0 75 0 75

Guillaume de Machault.

Charles Cros.

1955 1 f.+20 c. brun, vert-noir et brun-lilas 0 75 0 75
1956 1 f.+20 c. grenat, bleu-vert et bleu-noir 0 75 0 75
N°s 1953 à 1956 (4 val.) 3 » 3 »
La série, non dentelée 61 »

Tirages : 3 000 000 chaque.

1977. - *30ᵉ anniversaire du Conseil économique et social. Taille-douce. Dentelé 13.*

1957 80 c. brun foncé, brun-olive et bistre-olive 0 50 0 30
a. (Non dentelé) 12 50

Tirage : 10 000 000.

1977. - *400ᵉ anniversaire de la naissance de P. P. Rubens. Tableau. Détail du tableau "La Vierge à l'Enfant et deux donateurs Alexandre Goubeau et sa femme". Taille-douce. Dentelé 12½ x 13.*

1958 2 f. polychrome 1 50 1 »
a. (Non dentelé) 84 »

Tirage : 6 000 000.

1977. - *Au profit de la Croix-Rouge. "Santons" de Provence. Taille-douce. Dentelés 13.* Ⓒ

Chemineau.

Guérisseuse.

1959 80 c.+20 c. rouge et bleu-gris foncé 0 65 0 65
1960 1 f.+25 c. rouge et vert-noir 0 80 0 80
La paire, non dentelée 95 »

Tirage : 4 000 000 de paires.

Ont été émis aussi en carnets.

1977. - *Tournoi du cinquantenaire de la Fédération française de tennis de table. Taille-douce. Dentelé 13.*

1961	1 f. 10, orange, lilas-rouge et vert-bleu	3 »	1 »
	a. (Non dentelé)	95 »	

Tirage : 7 000 000.

> **1977**
> **Du N° 1914 au N° 1961 =**
> **48 timbres** **50 ⊙34
> Autres rubriques de l'année :
> Poste aérienne 50
> Préoblitérés 146 à 149
> Service 53 à 55

1977-78. - *Type Sabine, tirée d'une oeuvre du peintre Louis David. 1re série. Taille-douce. Dentelés 13.* [C]

Les nos 1970 (80 c. vert) et 1972 (1 f. rouge) ont été seuls émis en 1977.

La 1re colonne concerne les neufs avec gomme métropolitaine (brillante), la 2e les oblitérés.

1962	1 c. gris foncé	0 15	0 15
	a. (Gomme tropicale)	0 15	
1963	2 c. bleu-violet	0 15	0 15
	a. (Gomme tropicale)	0 15	
1964	5 c. vert-noir	0 15	0 15
	a. (Gomme tropicale)	0 15	
1965	10 c. rouge-brun	0 15	0 15
	a. (Gomme tropicale)	0 15	
1966	15 c. vert-bleu	0 50	0 50
	a. (2 bandes de phosphore)	155 »	
	b. (Gomme tropicale)	0 50	
1967	20 c. émeraude	0 15	0 15
	a. (Bande de phosph. à gauche) (1979)	0 50	0 15
	b. (Gomme tropicale)	0 30	
1968	30 c. orange	0 15	0 15
	a. (Gomme tropicale)	0 30	
1969	50 c. violet	0 30	0 15
	a. (Gomme tropicale)	0 30	
1970	80 c. vert	1 »	0 30
	b. (Gomme tropicale)	1 25	
	c. (Gomme tropicale, sans bande de phosphore)	2 »	
1971	80 c. jaune-olive	0 30	0 30
	a. (Gomme tropicale)	0 50	
1972	1 f. rouge	1 »	0 15
	b. (Gomme tropicale)	1 60	
	c. (Gomme tropicale, sans bande de phosphore)	5 »	
1973	1 f. vert	0 80	0 15
	a. (Gomme tropicale)	1 10	
1974	1 f. 20, rouge	0 80	0 15
	a. (Gomme tropicale)	1 10	
1975	1 f. 40, bleu	1 80	0 80
	a. (Gomme tropicale)	2 15	
1976	1 f. 70, bleu clair	1 10	0 65
	a. (Gomme tropicale)	1 25	
1977	2 f. vert-jaune	1 »	0 15
	a. (Gomme tropicale)	1 25	
1978	2 f. 10, rose carminé	1 10	0 30
	a. (Gomme tropicale)	1 25	
1979	3 f. brun	1 40	0 50
	a. (Gomme tropicale)	1 60	
	Nos 1962 à 1979 (18 val.)	12 »	5 »
	La série, non dentelée	305 »	

Les 1 c., 2 c. et 5 c. sont sans phosphore. - Les 10 c., 15 c., 20 c., 30 c., 50 c., les deux 80 c. et le 1 f. vert, avec une bande de phosphore à droite (sauf n° 1967a). - Les autres valeurs avec deux bandes de phosphore.

Les nos 1965 à 1979, avec gomme métropolitaine (brillante), sont connus sans bande de phosphore.

La série de 15 val. 460 »

Timbres non dentelés verticalement et dentelés 13 horizontalement, provenant de roulettes.

1980	80 c. vert (1 bande de phosphore)	1 60	1 40
	a. 80 c. vert (n° rouge au verso)	6 »	
1981	1 f. rouge (2 bandes de phosphore)	1 60	1 20
	a. 1 f. rouge (n° rouge au verso)	6 »	
1981A	1 f. vert (1 bande de phosphore)	1 25	1 »
	a. (n° rouge au verso)	5 »	
1981B	1 f. 20, rouge (2 bandes de phosphore)	1 25	1 »
	a. (n° rouge au verso)	5 »	

Voir note après le n° 1331Ab.

De nouvelles valeurs à ce type ont paru en 1979 (nos 2056 à 2063), en 1980 (nos 2101 à 2104) et en 1981 (nos 2118 à 2123 et nos 2154 à 2158).

1978. - *Tableau de Jacques Birr. Héliogravure. Dentelé 13.*

Percheron.

1982	1 f. 70, polychrome	1 25	1 »
	a. (Non dentelé)	46 »	

Tirage : 8 000 000.

1978. - *Les Tuileries, 1662. Dessin du "Cabinet du Roy". Taille-douce. Dentelé 12.*

Carrousel sous Louis XIV.

1983	2 f. noir	2 »	1 50
	a. (Non dentelé)	77 »	

Tirage : 6 000 000.

1978. - *Centenaire de l'École Nationale Supérieure des Télécommunications. Taille-douce. Dentelé 13.*

1984	80 c. bleu-vert foncé	0 50	0 30
	a. (Non dentelé)	15 50	

Tirage : 10 000 000.

1978. - *Rattachement de l'île de Saint-Barthélemy à la France (1878-1978). Taille-douce. Dentelé 13.*

1985	1 f. 10, carmin, rouge-brun et brun	0 65	0 50
	a. (Non dentelé)	14 »	

Tirage : 7 000 000.

1978. - *Personnages célèbres. Taille-douce. Dentelés 13.*

Marie Noël.

Georges Bernanos.

Leconte de Lisle.

1986	1 f.+20 c. bleu-noir et bleu	0 75	0 75
1987	1 f.+20 c. olive, brun-jaune et bleu-gris	0 75	0 75
1988	1 f.+20 c. lilas-rouge et bleu-violet	0 75	0 75

Léon Tolstoi.

Voltaire et Rousseau.

Claude Bernard.

1989	1 f.+20 c. vert foncé et vert-olive	0 75	0 75
1990	1 f.+20 c. grenat et lilas	0 75	0 75
1990A	1 f.+20 c. bistre, brun, rouge et noir	0 75	0 75
	Nos 1986 à 1990A (6 val.)	4 50	4 50
	La série, non dentelée	77 »	

Tirage : 3 000 000 de séries.

1978. - *"Régions". Héliogravure (Nos 1991 et 1993) et taille-douce (No 1992). Dentelés 13.*

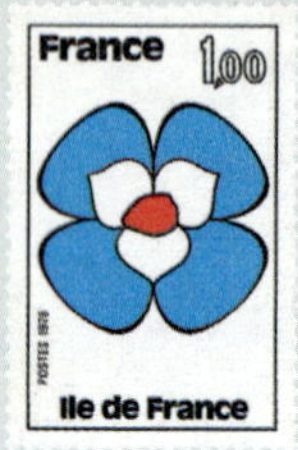

Ile-de-France.

Haute-Normandie.

1991	1 f. noir, bleu et rouge	0 65	0 30
1992	1 f. 40, vert, outremer et orange	1 »	0 65

Basse-Normandie.

1993	1 f. 70, noir, grenat et or	1 40	0 80
	La série, non dentelée	46 »	

1978. - *Oeuvre d'art. Taille-douce. Dentelé 13 x 12½.*

Oeuvre originale de Bernard Buffet.

1994	3 f. bleu pâle, vert pâle, jaune et noir	2 50	1 60
	a. (Non dentelé)	77 »	

Tirage : 6 000 000.

1978. - *15e anniversaire de la délégation à l'aménagement du territoire et à l'action régionale (DATAR). Taille-douce. Dentelé 13.*

1995	1 f. 10, violet et vert	0 65	0 30
	a. (Non dentelé)	14 »	

Tirage : 7 000 000.

1978. - *Série touristique. Taille-douce. Dentelés 13.*

Les gorges du Verdon.

Le Pont-Neuf de Paris.

1996	50 c. bleu, vert-noir et turquoise	0 30	0 30
1997	80 c. vert-noir et bleu-vert	0 50	0 30

Église de St-Saturnin.

Abbaye Notre-Dame du Bec-Hellouin.

1998	1 f. noir	0 50	0 30
1999	1 f. 10, brun-olive, bleu et lilas	0 80	0 50

Château d'Esquelbecq.

Église abbatiale Aubazine.

2000	1 f. 10, brun, gris-bleu et vert	0 70	0 50
2001	1 f. 25, carmin et brun-rouge	1 »	0 50

Abbaye de Fontevraud.

2002	1 f. 70, brun-rouge et noir	1 20	0 80
	Nos 1996 à 2002 (7 val.)	5 »	3 20
	La série, non dentelée	95 »	

1978. - *"Juvexniort". Taille-douce. Dentelé 13.*

2003	80 c. brun foncé, carmin et bistre	0 50	0 30
	a. (Non dentelé)	14 »	

Tirage : 10 000 000.

1978. - *Journée du Timbre. Taille-douce. Dentelé 13.*

Facteur parisien de 1900.

2004	1 f.+20 c. olive et gris-bleu	0 65	0 65
	a. (Gomme tropicale)	30 »	
	b. (Non dentelé)	14 »	

Tirage : 4 500 000.

1978. - *Parc national de Port-Cros. Héliogravure. Dentelé 13.*

2005	1 f. 25, polychrome	1 25	1 25
	a. (Non dentelé)	27 »	

Tirage : 8 000 000.

1978. - *Fleurir la France. Taille-douce. Dentelé 13.*

2006	1 f. 70, vert-olive, bleu et carmin	1 50	0 65
	a. (Non dentelé)	27 »	

Tirage : 8 000 000.

1978. - *Économies d'énergie. Taille-douce. Dentelé 13.*

2007	1 f. bistre, brun et ocre	0 65	0 50
	a. (Non dentelé)	15 50	

Tirage : 10 000 000.

1978. - *Europa. Monuments. Taille-douce. Dentelés 13.*

Fontaine des Innocents à Paris.

Fontaine du Parc floral de Paris.

2008 1 f. outremer, bistre et noir 1 » 0 35
a. (Gomme tropicale) 30 »
2009 1 f. 40, bleu, vert et brun 1 25 0 60
La paire, non dentelée 95 »

Tirages : 20 000 000 et 10 000 000.

1978. - *Colline Notre-Dame de Lorette. Taille-douce. Dentelé 13.*

2010 2 f. bistre-olive et lilas-rouge 1 25 0 50
a. (Non dentelé) 14 »

Tirage : 7 000 000.

1978. - *51e Congrès national de la Fédération des Sociétés Philatéliques Françaises, à Troyes. Taille-douce. Dentelé 13.*

2011 1 f. bleu, carmin, brun et noir 0 65 0 50
a. (Non dentelé) 14 »

Tirage : 10 000 000.

1978. - *Cinquantenaire du stade Roland Garros. Taille-douce. Dentelé 13.*

2012 1 f. bleu-noir, bleu et brique 2 50 0 50
a. (Gomme tropicale) 10 »
b. (Non dentelé) 61 »

Tirage : 10 000 000.

1978. - *Métiers d'Art. Taille-douce. Dentelé 13.*

2013 1 f. 30, brun foncé, carmin et vert-olive 0 65 0 50
a. (Non dentelé) 12 25

Tirage : 7 000 000.

1978. - *Imprimerie nationale. Taille-douce. Dentelé 13.*

2014 1 f. vert-bleu, bleu et noir 0 50 0 30
a. (Non dentelé) 12 25

Tirage : 7 000 000.

1978. - *Réunion de la Franche-Comté à la Couronne par la Paix de Nimègue (1678-1978). Taille-douce. Dentelé 13.*

2015 1 f. 20, bleu-vert et vert foncé 0 65 0 30
a. (Gomme tropicale) 30 »
b. (Non dentelé) 15 »

Tirage : 10 000 000.

1978. - *300e anniversaire du rattachement de Valenciennes et Maubeuge. Taille-douce. Dentelé 13.*

2016 1 f. 20, gris-brun, rouge et violet 0 65 0 50
a. (Non dentelé) 15 »

Tirage : 7 000 000.

1978. - *Cinquantenaire de l'Académie de Philatélie. Taille-douce. Dentelé 13.*

2017 1 f. outremer, lilas-rouge et turquoise 0 65 0 50
a. (Non dentelé) 23 »
Tirage: 8 000 000.

1978. - *Série nature. Taille-douce. Dentelé 13.*

Balbuzard.

2018 1 f. 80, vert-jaune, olive et brun 1 10 0 65
a. (Non dentelé) 30 »
Tirage : 7 000 000.

1978. - *XIXes championnats du monde de gymnastique, à Strasbourg. Taille-douce. Dentelé 13.*

2019 1 f. brun, orange et brun carminé 0 65 0 50
a. (Non dentelé) 70 »
Tirage : 7 000 000.

1978. - *Sport pour tous. Taille-douce. Dentelé 13.*

2020 1 f. violet, turquoise et rose 1 » 0 80
a. (Non dentelé) 46 »
Tirage : 7 000 000.

1978. - *Monument aux Combattants Polonais 1939-1945. Taille-douce. Dentelé 13.*

2021 1 f. 70, rouge, vert-bleu et carmin-brun 1 » 0 80
a. (Non dentelé) 14 »

Tirage : 7 000 000.

1978. - *60e anniversaire de l'Armistice à Rethondes. Taille-douce. Dentelé 13.*

Le wagon de l'Armistice.

2022 1 f. 20, noir 1 » 0 50
a. (Non dentelé) 40 »

Tirage : 8 000 000.

1978. - *Aide à la réadaptation. Taille-douce. Dentelé 13.*

2023 1 f. ocre, brun et rouge 0 65 0 50
a. (Non dentelé) 14 »

Tirage : 7 000 000.

1978. - *Au profit de la Croix-Rouge. Fables de La Fontaine. Taille-douce. Dentelés 13.* Ⓒ

Le lièvre et la tortue.

Le rat de ville et le rat des champs.

2024 1 f.+25 c. brun-olive, olive et rouge 1 » 0 80
2025 1 f. 20+30 c. olive, brun-olive et rouge 1 » 1 »
La paire, non dentelée 80 »

Tirage : 3 000 000 de paires.

Ont été émis aussi en carnets (Tirage : 550 000).

1978. - *Oeuvre d'art. Taille-douce. Dentelé 13 x 12½.*

"Chevaux de Camargue", oeuvre originale d'Yves Brayer.

2026	3 f. polychrome	2 »	1 40
	a. (Non dentelé)	85 »	

Tirage : 6 000 000.

1978. - *30e anniversaire de la Déclaration universelle des Droits de l'Homme. Taille-douce. Dentelé 13.*

2027	1 f. 70, brun et bleu	1 »	0 50
	a. (Non dentelé)	54 »	

Tirage : 7 000 000.

1978
Du N° 1962 au N° 2027 =
69 timbres **63 ⊙40

Autres rubriques de l'année :
Poste aérienne 51
Préoblitérés 150 à 157
Service 56 à 59

1979. - *Année internationale de l'Enfant. Taille-douce. Dentelé 13.*

2028	1 f. 70, brun-rouge, violet et rouge	2 50	2 »
	a. (Non dentelé)	80 »	

Tirage : 7 000 000.

1979. - *Personnages célèbres. Taille-douce. Dentelés 13.*

Ladislas de Bercheny.

Léon Jouhaux.

Pierre Abélard.

2029	1 f. 20+30 c. brun, bleu vif et bleu-vert	1 »	1 »
2030	1 f. 20+30 c. gris-noir et ocre	1 »	1 »
2031	1 f. 20+30 c. brun-rose, orange, et brun	0 80	0 80

G. Moineaux, dit Courteline.

Simone Weil.

André Malraux.

2032	1 f. 20+30 c. rouge, lilas-rouge et bleu-gris	1 »	1 »
2032A	1 f. 30+30 c. carmin et brun-rouge	1 »	1 »
2032B	1 f. 30+30 c. bleu et outremer	1 »	1 »
	Nos 2029 à 2032B (6 val.)	5 80	5 80
	La série, non dentelée	80 »	

Tirage : 3 000 000 de séries.

1979. - *Miniature du XVe siècle sur la musique. Taille-douce. Dentelé 13 x 12.*

2033	2 f. multicolore	1 50	1 »
	a. (Non dentelé)	85 »	

Tirage : 6 000 000.

1979. - *100e anniversaire de la naissance de Victor Segalen (1878-1919). Ecrivain. Taille-douce. Dentelé 13.*

2034	1 f. 50, brun, vert-bleu et carmin	0 80	0 50
	a. (Non dentelé)	23 »	

Tirage : 7 000 000.

1979. - *Floralies internationales de la Martinique. Taille-douce. Dentelé 13.*

2035 35 c. vert, carmin et violet-brun 0 30 0 30
a. (Non dentelé) 23 »

Tirage : 7 000 000.

1979. - *Temple de Borobudur à Java. Taille-douce. Dentelé 13.*

2036 1 f. 80, brun clair et vert-bleu 1 10 0 50
a. (Non dentelé) 46 »

Tirage : 7 000 000.

1979. - *Journée du Timbre. Taille-douce. Dentelé 13.*

Hôtel des Postes de Paris sur carte postale.

2037 1 f. 20+30 c. gris-bleu, rouge et bistre clair 0 80 0 65
a. (Non dentelé) 23 »

Tirage : 4 500 000.

1979. - *100ᵉ anniversaire de la naissance de Francisque Poulbot (1879-1946), dessinateur. Héliogravure. Dentelé 13.*

2038 1 f. 30, rose, orange, bleu ciel, jaune et noir 0 80 0 50
a. (Non dentelé) 18 50

Tirage : 10 000 000.

1979. - *Protection de la nature. L'abeille (apis mellifica). Taille-douce. Dentelé 13.*

2039 1 f. sépia, olive et ocre 1 » 0 50
a. (Non dentelé) 50 »

Tirage : 8 000 000.

1979. - *Série touristique. Taille-douce. Dentelés 13.*

Abbayes normandes.

Auray (Morbihan).

Moulin de Steenvoorde (Nord).

2040 1 f. vert-bleu, vert-olive et vert 0 50 0 50
2041 1 f. brun, bistre et violet 0 50 0 30
2042 1 f. 20, turquoise, olive et brun-lilas 0 65 0 30

Grotte de Niaux.

Palais des Rois de Majorque.

2043 1 f. 50, brun-jaune, rouge et brun 0 80 0 50
2044 1 f. 70, brun-rouge et gris-bleu 0 80 0 80
a. gomme tropicale 30 »

Nᵒˢ 2040 à 2044 (5 val.) 3 25 2 40
La série, non dentelée 110 »

1979. - *Abbaye de Saint-Germain-des-Prés. Taille-douce. Dentelé 13.*

2045 1 f. 40, bleu, carmin et gris-bleu 0 80 0 50
a. (Non dentelé) 15 »

Tirage : 7 000 000.

1979. - *Europa. Taille-douce. Dentelés 13.*

"Simoun", aviation postale intérieure.

Boule de Moulins.

2046 1 f. 20, bleu, bleu-turquoise et vert 1 » 0 30
2047 1 f. 70, vert foncé, rouge et bleu-turquoise 2 » 0 70
La paire, non dentelée 125 »
Tirage : 10 000 000 de paires.

1979. - *52e Congrès national de la Fédération des Sociétés Philatéliques Françaises, à Nantes. Taille-douce. Dentelé 13.*

2048 1 f. 20, violet, bleu et gris 0 65 0 50
a. (Non dentelé) 15 »
Tirage : 10 000 000.

1979. - *Palais Royal. Taille-douce. Dentelé 13.*

2049 1 f. grenat et carmin 0 50 0 30
a. (Non dentelé) 15 »
Tirage : 7 000 000.

1979. - *Élection de l'Assemblée des Communautés Européennes. Héliogravure. Dentelé 13.*

2050 1 f. 20, multicolore 0 65 0 30
a. (Non dentelé) 70 »
Tirage : 15 000 000.

1979. - *Hommage à Jeanne d'Arc. Monument national. Taille-douce. Dentelé 13.*

2051 1 f. 70, carmin 1 » 0 65
a. (Non dentelé) 30 »
Tirage : 7 000 000.

1979. - *Félix Guyon (1831-1920), chirurgien français. Maître de l'école urologique française. Taille-douce. Dentelé 13.*

2052 1 f. 80, brun et vert-bleu 1 » 0 50
a. (Non dentelé) 14 »
Tirage : 7 000 000.

1979. - *Série artistique. Taille-douce (No 2053) et héliogravure (No 2054). Dentelés 12½ x 13.*

Diane au bain. Château d'Écouen.

2053 2 f. bistre-orange et noir 1 50 1 25
a. (Non dentelé) 80 »

L'église d'Auvers-sur-Oise, de Vincent van Gogh (1853-1890).

2054 2 f. polychrome 2 50 1 50
a. (Non dentelé) 85 »
Tirage : 6 000 000 chacun.

1979. - *3e exposition mondiale des télécommunications "TELECOM 79". Genève 20-26 sept. 1979. Taille-douce. Dentelé 13.*

2055 1 f. 10, olive, bleu-vert et brun 0 65 0 30
a. (Non dentelé) 23 »
Tirage : 7 000 000.

1979. - *Type Sabine. Taille-douce. Dentelés 13.* ©

Voir note au nº 1962.

2056	70 c. bleu-violet	0 30	0 30
	b. (Gomme tropicale)	0 50	
2057	1 f. olive	0 50	0 15
	b. (Gomme tropicale)	0 50	
2058	1 f. 10, vert	0 80	0 30
	b. (Gomme tropicale)	1 85	
2059	1 f. 30, rouge	0 80	0 15
	b. (Gomme tropicale)	2 30	
2060	1 f. 60, violet	1 25	0 50
	b. (Gomme tropicale)	1 55	
2061	1 f. 80, ocre orangé	1 10	0 80
	b. (Gomme tropicale)	1 10	
	Nºˢ 2056 à 2061 (6 val.)	4 75	2 20
	La série, non dentelée	110 »	

Les 70 c., 1 f. et 1 f. 10, sont avec une bande de phosphore à droite, les autres valeurs avec deux bandes de phosphore.

Sans bandes de phosphore.

2056a	70 c.	» »	
2057a	1 f.	15 »	
2058a	1 f. 10	12 50	
2059a	1 f. 30	130 »	
2060a	1 f. 60	185 »	
2061a	1 f. 80	54 »	

Timbres non dentelés verticalement et dentelés 13 horizontalement, provenant de roulettes.

2062	1 f. 10, vert (1 bande de phosphore)	2 »	1 »
	a. (nº rouge au verso)	6 10	
2063	1 f. 30, rouge (2 bandes de phosphore)	2 »	1 »
	a. (nº rouge au verso)	6 10	

1979. - *Série touristique. Taille-douce. Dentelé 13.*

Château de Maisons-Laffitte.

2064	45 c. bleu, turquoise et violet	0 30	0 30
	a. (Non dentelé)	15 »	

1979. - *Région. Héliogravure. Dentelé 13.*

Lorraine.

2065	2 f. 30, rouge, noir et jaune	1 25	0 50
	a. (Non dentelé)	15 »	

1979. - *150ᵉ anniversaire de la fondation de l'École Centrale des Arts et Manufactures. Héliogravure. Dentelé 13.*

2066	1 f. 80, vert, noir et jaune	1 »	0 80
	a. (Non dentelé)	15 »	

Tirage : 7 000 000.

1979. - *Série "Création philatélique". Tableaux. Taille-douce. Dentelés 12½ x 13.*

Oeuvre originale de Salvador Dali.

2067	3 f. brun, noir, rouge, outremer et jaune	1 75	1 25
	a. (Non dentelé)	85 »	

"Danseur du feu, la flûte enchantée", de Chapelain-Midy.

2068	3 f. olive et brun	1 85	1 25
	a. (Non dentelé)	80 »	

Tirage : 6 000 000 chacun.

1979. - *Championnats du monde de judo. Taille-douce. Dentelé 13.*

2069	1 f. 60, vert et noir	0 80	0 50
	a. (Non dentelé)	80 »	

Tirage : 7 000 000.

1979. - *Au profit de la Croix-Rouge. Vitraux de l'église Jeanne d'Arc à Rouen (détails). Taille-douce. Dentelés 13.* [C]

"Hérodiade".

"Simon le Magicien".

2070	1 f. 10+30 c. polychrome	0 65	0 65
	a. (dent. 12½ x 13)	1 »	0 80
2071	1 f. 30+30 c. polychrome	1 »	0 80
	a. (dent. 12½ x 13)	1 »	1 »
	La paire, non dentelée	92 »	

Tirage : 4 000 000 de paires.

Ont été aussi émis en carnets (tirage : 550 000). Les n°s 2070a et 2071a proviennent des carnets.

1979. - *Métiers d'Art. "La Lutherie". Taille-douce. Dentelé 13.*

2072	1 f. 30, brun-rouge et sépia	0 80	0 50
	a. (Non dentelé)	20 »	

Tirage : 10 000 000.

1979
Du N° 2028 au N° 2072 =
47 timbres **48 ⊙32

Autres rubriques de l'année :
Poste aérienne 52
Préoblitérés 158 à 165

1980. - *Eurovision. Taille-douce. Dentelé 13.*

2073	1 f. 80, gris, bleu et bleu-vert	1 10	1 »
	a. (Non dentelé)	46 »	

Tirage : 7 000 000.

1980. - *Série artistique. Taille-douce. Dentelés 12½-13.*

Femme à l'éventail de Zadkine (1890-1967).

2074	3 f. bistre, vert et brun	1 85	1 25
	a. (Non dentelé)	80 »	

Oeuvre de Raoul Ubac.

2075	3 f. bleu-noir, bleu-gris et beige	1 85	1 25
	a. (Non dentelé)	80 »	
	b. couleur beige omise	650 »	

Tirage : 6 000 000 chacun.

1980. - *Les Géants du Nord. Taille-douce. Dentelé 13.*

2076	1 f. 60, vert, rouge et bleu	0 80	0 50
	a. (Non dentelé)	12 50	

Tirage : 7 000 000.

1980. - *Gastronomie française. Taille-douce. Dentelé 13.*

2077 90 c. rouge et brun — 1 » — 0 80
a. (Non dentelé) — 12 50

Tirage : 7 000 000.

1980. - *Journée du Timbre. Héliogravure. Dentelé 13.*

La Lettre à Mélie, d'Avati.

2078 1 f. 30+30 c. noir, rose-lilas et bleu-gris — 0 80 — 0 80
a. (Non dentelé) — 15 »

Tirage : 4 500 000.

1980. - *Métiers d'Art. "La Broderie", d'après une oeuvre de Toffoli. Taille-douce. Dentelé 13.*

2079 1 f. 10, bleu foncé, jaune clair et orange — 0 65 — 0 50
a. (Non dentelé) — 15 »

Tirage : 8 000 000.

1980. - *Lutte contre le tabagisme. Héliogravure. Dentelé 13.*

2080 1 f. 30, bleu, noir et rouge — 0 65 — 0 30
a. (Non dentelé) — 14 »

Tirage : 9 000 000.

1980. - *Série touristique. Taille-douce. Dentelés 13.*

Bastide (1222) Cordes (Tarn).

Château de Maintenon.

2081 1 f. 50, orange, brun et bleu — 0 80 — 0 30
a. (Non dentelé) — 14 »
2082 2 f. noir, brun et rouge-brun — 1 » — 0 50
a. (Non dentelé) — 14 »

Montauban.

Cathédrale du Puy.

2083 2 f. 30, brun, vert et bleu — 1 25 — 0 50
a. (Non dentelé) — 14 »
2084 3 f. 20, bleu et brun-rouge — 1 70 — 0 70
a. (Non dentelé) — 15 »

Nos 2081 à 2084 (4 val.) — 4 75 — 2 »

1980. - *Europa. Personnages célèbres. Taille-douce. Dentelés 13.*

Aristide Briand (1862-1932).

Saint Benoît (v. 480-547). Patron de l'Europe.

2085 1 f. 30, brun-rouge, rouge, bleu et jaune — 0 75 — 0 35
2086 1 f. 80, brun-rouge et rouge — 1 25 — 0 75
La paire, non dentelée — 115 »

Tirages : 10 000 000 et 8 000 000.

1980. - *200e anniversaire de l'École nationale supérieure d'Arts et Métiers. Taille-douce. Dentelé 13.*

2087 2 f. vert foncé et lie-de-vin — 1 » — 0 50
a. (Non dentelé) — 15 »

Tirage : 7 000 000.

1980. - *53ᵉ Congrès national de la Fédération des Sociétés Philatéliques Françaises, à Dunkerque. Taille-douce. Dentelé 13.*

2088 1 f. 30, bleu-vert, violet et bleu 0 65 0 30
a. (Non dentelé) 15 »

Tirage : 10 000 000.

1980. - *Série nature. Papillon. Héliogravure. Dentelé 13.*

Graellsia isabellae gr.

2089 1 f. 10, vert-olive, brun foncé, jaune et bleu-vert 1 » 0 65
a. (Non dentelé) 61 »

Tirage : 8 000 000.

1980. - *"Philexfrance'82". Exposition philatélique internationale. Taille-douce. Dentelé 12½ x 13.*

Autoportrait, d'Albrecht Dürer (1471-1528).

2090 2 f. noir, rose carminé, brun, vert-olive et bistre 1 25 1 »
a. (Avec marge attenante (logo) 2 » 1 85
b. (Non dentelé) 92 »
c. (Non dent. avec marge attenante) 155 »

Les marges, à gauche et à droite de chaque rangée horizontale de 5 timbres, comportent, imprimés en noir, le logo de Philexfrance 82 et la légende : EXPOSITION PHILATELIQUE INTERNATIONALE PARIS-LA DEFENSE 10-24 JUIN 1982.

Tirage : 12 000 000.

1980. - *25ᵉ anniversaire de l'Association internationale des relations publiques. Héliogravure. Dentelé 13.*

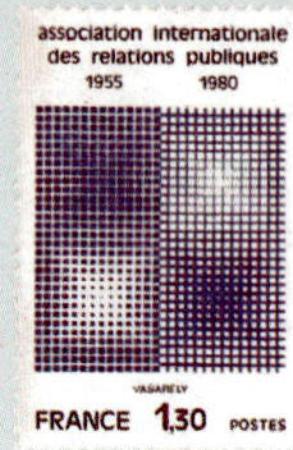

2091 1 f. 30, rouge-brun et bleu 0 80 0 50
a. (Non dentelé) 20 75

Tirage : 9 000 000.

1980. - *Année du Patrimoine. Taille-douce. Dentelé 13.*

2092 1 f. 50, gris et noir 0 80 0 50
a. (Non dentelé) 20 »

Tirage : 12 000 000.

1980. - *Sciences de la Terre. Taille-douce. Dentelé 13.*

2093 1 f. 60, rouge, brun-vert et brun 1 » 0 65
a. (Non dentelé) 14 »

Tirage : 8 000 000.

1980. - *Rochambeau. 2ᵉ centenaire de l'arrivée à Newport. Taille-douce. Dentelé 13.*

2094 2 f. 50, violet, rouge orangé et gris 1 50 1 »
a. (Non dentelé) 46 »

Tirage : 8 000 000.

1980. - *Personnages célèbres. Taille-douce. Dentelés 13.*

Viollet-le-Duc. (1814-1879).

Jean Monnet (1888-1979).

2095	1 f. 30+30 c. noir	1 »	0 80
2096	1 f. 30+30 c. brun-rouge et vert	1 60	1 60

Jean-Marie de La Mennais (1780-1860).

Frédéric Mistral (1830-1914).

2097	1 f. 40+30 c. bleu et bleu-gris	1 »	0 80
2098	1 f. 40+30 c. noir	1 »	0 80

Saint-John Perse (1887-1975).

Pierre Paul de Riquet (1604-1680).

2099	1 f. 40+30 c. vert foncé et vert-olive	1 »	0 80
2100	1 f. 40+30 c. gris et noir	1 »	0 80
	Nos 2095 à 2100 (6 val.)	6 60	5 60
	La série, non dentelée	92 »	

Tirages : 3 000 000 de séries.

1980. - *Type Sabine. Taille-douce. Dentelés 13.* Ⓒ

Voir note au n° 1962.

2101	1 f. 20, vert (une bande de phosphore à droite)	0 65	0 15
	b. (Gomme tropicale)	0 80	
2102	1 f. 40, rouge (deux bandes de phosphore)	0 80	0 15
	b. (Gomme tropicale)	0 80	
	La paire, non dentelée	35 »	

Sans bandes de phosphore.

2101a	1 f. 20,	6 90	
2102a	1 f. 40,	17 »	

Timbres non dentelés verticalement et dentelés 13 horizontalement, provenant de roulettes.

2103	1 f. 20, vert (une bande de phosphore à droite)	0 80	0 65
	a. (n° rouge au verso)	2 30	
2104	1 f. 40, rouge (deux bandes de phosphore)	1 »	0 50
	a. (n° rouge au verso)	2 30	

Le n° 2103 est connu sans bande de phosphore.

1980. - *Fédération française de golf. Taille-douce. Dentelé 13.*

2105	1 f. 40, brun et vert	0 80	0 50
	a. (Non dentelé)	61 »	

Tirage : 10 000 000.

1980. - *300e anniversaire de la Comédie Française. Taille-douce. Dentelé 13.*

2106	2 f. gris foncé, bleu foncé et carmin	1 10	0 65
	a. (Non dentelé)	20 »	

Tirage : 8 000 000.

1980. - *Série artistique.Héliogravure (Nos 2107 et 2110) et taille-douce (Nos 2108 et 2109). Dentelés 12½-13.*

"Hommage à J.-S. Bach", Tapisserie de Jean Picart Le Doux.

2107	3 f. noir, rouge, jaune, gris et brun clair	2 »	1 30
	a. (Non dentelé)	80 »	

"La famille de paysans" (détail), de Louis Le Nain (1593-1648).

2108 3 f. brun foncé, brun-rouge, brun clair et gris 2 » 1 30

a. (Non dentelé) 85 »

"Femme aux yeux bleus", oeuvre d'Amedeo Modigliani (1884-1920).

2109 4 f. noir, vert, sépia, rose et bleu 2 50 1 40

a. (Non dentelé) 85 »

Oeuvre de Hans Hartung.

2110 4 f. gris-bleu, noir et bleu-gris 2 50 1 50

a. (Non dentelé) 85 »

b. (Sans la valeur)

Nos 2107 à 2110 (4 val.) 9 » 5 50

Tirages : 6 000 000, 5 500 000, 5 000 000 et 5 500 000.

1980. - *Série touristique. Taille-douce. Dentelés 13.*

Le château de Rambouillet.

L'Abbaye Saint-Pierre de Solesmes.

2111 2 f. 20, bleu, vert et brun-rouge (papier phosphorescent) 1 10 0 50

2112 2 f. 50, violet, bleu et lilas-rose 1 25 0 30

La paire, non dentelée 30 »

1980. - *Série "Création philatélique". Héliogravure. Dentelé 13.*

"Message de Paix", oeuvre de Yaacov Agam.

2113 4 f. multicolore 2 50 1 50

a. (Non dentelé) 80 »

b. (couleur noire omise) 2 850 »

Tirage : 5 000 000.

1980. - *Charles de Gaulle. 40e anniversaire de l'Appel du 18 juin 1940 et 10e anniversaire de la mort du général de Gaulle. Oeuvre de G. Mathieu. Héliogravure. Dentelé 13.*

2114 1 f. 40, noir, gris, jaune, bleu et rouge 1 40 0 65

a. (Non dentelé) 140 »

Tirage : 10 000 000.

1980. - *Garde Républicaine. Taille-douce. Dentelé 13.*

Trompette de la Garde.

2115	1 f. 70, rouge, bleu et rouge carminé	1 10	0 65
	a. (Non dentelé)	15 »	

Tirage : 8 000 000.

1980. - *Au profit de la Croix-Rouge. Stalles de la cathédrale d'Amiens (détails). Taille-douce. Dentelés 13.* ©

Remplissage des greniers.

Le raisin de la terre promise.

2116	1 f. 20+30 c. rouge et brun-rouge	0 80	0 80
	a. (dent. 12½ x 13)	1 »	1 »
2117	1 f. 40+30 c. rouge et brun-rouge	1 »	1 »
	a. (dent. 12½ x 13)	1 »	1 »
	La paire, non dentelée	80 »	

Tirages : 4 000 000 de paires.

Ont été émis aussi en carnets. (Tirage : 550 000). Les n°s 2116a et 2117a proviennent des carnets.

1980
Du N° 2073 au N° 2117 =
45 timbres **53 ⊙34

Autres rubriques de l'année :

Poste aérienne 53

Préoblitérés 166 à 169

Service 60 à 64

1981. - *Type Sabine. Taille-douce. Dentelés 13.*

Voir note au n° 1962.

2118	40 c. brun foncé	0 30	0 30
	b. (Gomme tropicale)	0 30	
2119	60 c. brun-rose	0 30	0 30
	b. (Gomme tropicale)	0 30	
2120	90 c. lilas-rose	0 50	0 50
	a. (Gomme tropicale)	0 50	
2121	3 f. 50, vert-olive	1 70	0 80
	a. (Gomme tropicale)	1 70	
2122	4 f. carmin	2 15	0 70
	b. (Gomme tropicale)	2 15	
2123	5 f. bleu	2 75	0 30
	b. (Gomme tropicale)	2 75	
	N°s 2118 à 2123 (6 val.)	7 70	2 90
	La série, non dentelée	100 »	

Les 40 c., 60 c. et 90 c. sont avec une bande de phosphore à droite, les autres valeurs avec deux bandes de phosphore.

Sans bandes de phosphore.

2118a	40 c.	7 65
2119a	60 c.	40 »
2122a	4 f.	42 »
2123a	5 f.	» »

1981. - *Journée du Timbre. Oeuvre de Goya (1746-1828). Taille-douce. Dentelé 13 x 12½.*

"La lettre d'amour".

2124	1 f. 40+30 c. multicolore	1 »	1 »
	a. (Non dentelé)	70 »	

Tirage : 4 500 000.

1981. - *"L'Eau". Concours de dessins d'enfants. Taille-douce. Dentelé 13.*

Dessin de Virginie Saura.

2125	1 f. 40, bleu, noir et rouge	0 80	0 50
	a. (Non dentelé)	20 75	

Tirage : 8 000 000.

1981. - *Série "Grandes réalisations". Héliogravure. Dentelés 13.*

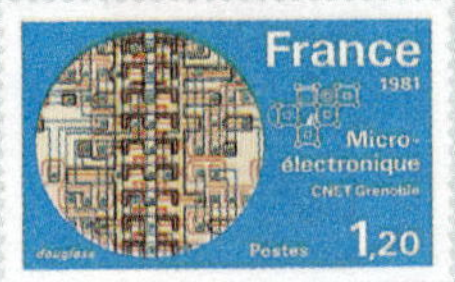

La microélectronique du C.N.E.T. (Microprocesseurs).

Biologie (micro-organisme en évolution).

2126	1 f. 20, multicolore	0 65	0 50
2127	1 f. 20, vert-jaune, bleu-gris, vert et brun	0 65	0 50

Énergies nouvelles ("Dialogue" stylisé entre la terre et le Soleil).

Fonds marins (Recherche des dépôts pélagiques).

2128	1 f. 40, jaune, noir, bleu et bleu foncé	0 80	0 50
2129	1 f. 80, bleu, bleu foncé et jaune	1 »	0 80

Télématique (Poste à clavier).

2130	2 f. bleu clair, noir et rouge	1 25	1 »
	a. (Sans rayures horizontales dans le cercle)	3 050 »	2 150 »
	Nos 2126 à 2130 (5 val.)	4 35	3 30
	La série, non dentelée	85 »	

Tirages : 8 000 000, 8 000 000, 8 000 000, 7 000 000 et 7 000 000.

1981. - *Série "Métiers d'Art". La Reliure. Taille-douce. Dentelé 13.*

Relieur à sa presse.

2131	1 f. 50, brun-olive, gris et rouge-carmin	1 »	0 65
	a. (Non dentelé)	14 »	

Tirage : 7 000 000.

1981. - *Série touristique. Taille-douce. Dentelés 13.*

Cathédrale Saint-Jean de Lyon, "Primatiale des Gaules".

La Maison Carrée, à Nîmes.

2132	1 f. 40, carmin et brun	0 80	0 30
2133	1 f. 70, bleu, brun-rouge et olive	1 10	0 65

Basilique de Sainte-Anne d'Auray.

Château de Sully, à Rosny-sur-Seine.

2134	2 f. 20, noir et bleu	1 25	0 65
2135	2 f. 50, brun, bleu et vert-olive	1 25	0 50
	Nos 2132 à 2135 (4 val.)	4 40	2 10
	La série, non dentelée	80 »	

1981. - *Série artistique. Taille-douce (N° 2136) et héliogravure (N° 2137). Dentelés 12½-13.*

"La sente du chou", oeuvre de Camille Pissarro (1830-1903).

2136	2 f. multicolore	1 25	1 10
	a. (Non dentelé)	85 »	

	b. (Arbres du milieu verts)	12 »	5 »

"Composition 1920-23", oeuvre d'Albert Gleizes (1881-1953).

2137	4 f. multicolore	2 30	1 10
	a. (Non dentelé)	80 »	

Tirages : 5 500 000 chacun.

1981. - *Europa. Folklore. Danses traditionnelles. Taille-douce. Dentelés 13.*

La Bourrée croisée (Berry).

La Sardane (Pays Catalans).

2138 1 f. 40, noir, brun et vert 0 80 0 30

2139 2 f. brun, bleu et noir 1 50 0 50

La paire, non dentelée 92 »

Tirages : 20 000 000 et 10 000 000.

1981. - *Centenaire de l'École militaire de Saint-Maixent. Taille-douce. Dentelé 13.*

Formations militaires et sportives (croquis juxtaposés).

2140 2 f. 50, lilas-rose, bleu et violet 1 25 0 50

a. (Non dentelé) 15 »

Tirage : 7 000 000.

1981. - *"Philexfrance'82". Exposition philatélique internationale. Dessins symboliques de Trémois. Héliogravure. Dentelés 13.*

Sujets : 2141, "La France" ; 2142, "Paris".

2141 2 f. bleuté, or, noir, bleu et rouge 1 40 1 10

2142 2 f. bleuté, noir, gris-bleu, or et rouge 1 40 1 10

2142A La paire attenant au logo 3 » 3 »

a. (La paire, non dentelée) 230 »

b. (Or omis) » »

Tirage : 8 000 000 de paires.

Imprimés en bande horizontale de 2 paires disposées ainsi :

Logo	2141	2142	2141	2142	Logo

1981. - *Presse. Anniversaires : Centenaire des lois sur la liberté de la presse. 350e anniversaire de la fondation du journal : "La Gazette", par Théophraste Renaudot et centenaire de la mort d'Emile de Girardin, créateur du journalisme moderne. Taille-douce. Dentelé 13.*

Portraits de T. Renaudot (1586-1653) et d'Émile de Girardin (1806-1884).

2143 2 f. 20, noir et rouge 1 25 0 80

a. (Non dentelé) 15 »

Tirage : 7 000 000.

1981. - *54e Congrès national de la Fédération des Sociétés Philatéliques Françaises, à Vichy. Taille-douce. Dentelé 13.*

Loisirs, sports et station thermale de Vichy.

2144 1 f. 40, brun, bleu et olive 0 80 0 50

a. (Non dentelé) 20 »

Tirage : 10 000 000.

1981. - *Centenaire de la fondation de l'École des hautes études commerciales. Taille-douce. Dentelé 13.*

H.E.C., sigle de l'École.

2145 1 f. 40, rouge, vert-olive et bleu 0 80 0 50

a. (Non dentelé) 20 »

Tirage : 8 000 000.

1981. - *Conservatoire de l'espace littoral et des rivages marécageux. Taille-douce. Dentelé 13.*

Héron, symbole de la vie protégée et côte de la Palissade.

2146 1 f. 60, vert, brun et rouge 1 10 0 80

a. (Non dentelé) 26 75

Tirage : 8 000 000.

1981. - *Championnats du monde d'escrime. Taille-douce. Dentelé 13.*

Restitution de l'assaut fulgurant.

2147	1 f. 80, noir et brique	1 10	0 80
	a. (Non dentelé)	46 »	

Tirage : 7 000 000.

1981. - *Personnages célèbres. Taille-douce. Dentelés 13.*

Louis Armand (1905-1971), académicien.

Louis Jouvet (1887-1951), artiste et directeur de théâtre.

2148	1 f. 20+30 c. olive et vert-olive	0 80	0 80
2149	1 f. 20+30 c. gris-noir et vermillon	0 80	0 80

Soeur Anne-Marie Javouhey (1779-1851), fondatrice de la congrégation Saint-Joseph de Cluny.

Jacques Offenbach (1819-1880), compositeur.

2150	1 f. 40+30 c. brun clair et vert-olive	1 »	1 »
2151	1 f. 40+30 c. noir et bleu-gris	1 »	1 »

Révérend-Père Pierre Teilhard de Chardin (1881-1955), théologien et savant.

Pasteur Marc Boegner (1881-1970), penseur et écrivain.

2152	1 f. 40+30 c. bleu foncé et violet	1 15	1 15
2153	1 f. 40+30 c. olive et brun	1 25	1 25
	Nos 2148 à 2153 (6 val.)	6 »	6 »
	La série, non dentelée	92 »	

Tirages : 3 000 000, 3 200 000, 2 500 000, 2 500 000, 3 000 000 et 3 200 000.

1981. - *Type Sabine. Légende "République Française". Taille-douce. Une bande de phosphore à droite pour le 1 f. 40, et deux bandes pour les 1 f. 60 et 2 f. 30. Dentelés 13.* ©

Voir note au n° 1962.

2154	1 f. 40, vert	0 80	0 15
	a. (Gomme tropicale)	1 »	
2155	1 f. 60, rouge	0 80	0 15
	b. (Gomme tropicale)	1 »	
2156	2 f. 30, bleu	2 30	1 10
	b. (Gomme tropicale)	3 85	
	La série, non dentelée	54 »	

Sans bandes de phosphore.

2155a	1 f. 60	» »	
2156a	2 f. 30	11 »	

Provenant de roulettes. Dentelés 13 horizontalement.

2157	1 f. 40, vert (1 bande de phosphore à droite)	0 80	0 65
	a. (N° rouge au verso)	2 30	
2158	1 f. 60, rouge (2 bandes de phosphore)	0 80	0 50
	a. (N° rouge au verso)	2 30	

1981. - *Campagne pour la sécurité routière : "Boire ou conduire, à vous de choisir". Taille-douce. Dentelé 13.*

2159	1 f. 60, brun, rouge et olive	1 10	0 50
	a. (Non dentelé)	17 »	

Tirage : 8 000 000.

1981. - *Série touristique. Taille-douce. Dentelés 13.*

Abbaye de Vaucelles (Nord).

Notre-Dame de Louviers.

2160	2 f. noir et rouge	1 25	0 65
2161	2 f. 20, brun et carmin	1 25	0 65

Saint-Émilion (Gironde).

Crest (Drôme).

2162	2 f. 60, olive et carmin	1 40	0 50
2163	2 f. 90, vert-noir	1 60	0 30
	a. (Gomme tropicale)	40 »	
	Nos 2160 à 2163 (4 val.)	5 50	2 10
	La série, non dentelée	61 »	

1981. - *45ᵉ congrès international du "P.E.N. Club". Poètes, Essayistes et Romanciers. Taille-douce. Dentelé 13.*

"La plume" (Pen en anglais).

2164	2 f. vert, violet et noir	1 10	0 50
	a. (Non dentelé)	15 »	

Tirage : 7 000 000.

1981. - *Centenaire de la Caisse nationale d'épargne. Héliogravure. Dentelés 13.*

2165	1 f. 40, vert, bleu et rouge	0 80	0 30
2166	1 f. 60, carmin, bleu et rouge	1 »	0 30
	La paire, non dentelée	30 »	

Tirages : 10 000 000 et 12 000 000.

1981. - *Centenaire de l'École publique. Taille-douce. Dentelé 13.*

Portrait de Jules Ferry (1832-1893).

2167	1 f. 60, brun foncé, violet et noir	1 »	0 50
	a. (Non dentelé)	15 »	

Tirage : 8 000 000.

1981. - *Série "Création philatélique". Tableaux. Héliogravure. Dentelés 12½-13.*

"Les Plongeurs", oeuvre d'Edouard Pignon.

2168	4 f. polychrome	2 30	1 10
	a. (Non dentelé)	80 »	

"Alléluia", d'Alfred Manessier.

2169	4 f. polychrome	2 30	1 10
	a. (Non dentelé)	80 »	

Tirages : 5 500 000 et 11 000 000.

1981. - *150ᵉ anniversaire de l'École navale. Taille-douce. Dentelé 13.*

Bateau "Borda" et bâtiments de la nouvelle École navale.

2170	1 f. 40, bleu-gris, rouge et brun	1 »	0 50
	a. (Non dentelé)	15 »	

Tirage : 8 000 000.

1981. - *Maison de la chasse et de la nature. Hôtel de Guénégaud. Taille-douce. Dentelé 13.*

Saint Hubert devant le "cerf", sculpture sur pierre du 15ᵉ siècle.

2171	1 f. 60, brun foncé et beige	1 10	0 50
	a. (Non dentelé)	15 »	

Tirage : 10 000 000.

1981. - *"Panthéon - 21 mai 1981". Visite du Président de la République. Hommage à trois grandes figures de la Nation. Portraits. Taille-douce. Dentelé 13.*

J. Moulin (1899-1943), J. Jaurès (1859-1914) et V. Schoelcher (1804-1893).

2172	1 f. 60, violet et bleu	1 »	0 30
	a. (Non dentelé)	23 »	

Tirage : 8 000 000.

1981. - *Année internationale des personnes handicapées. Taille-douce. Dentelé 13.*

Réadaptation professionnelle.

2173	1 f. 60, rouge, gris-bleu et noir	0 80	0 50
	a. (Non dentelé)	15 »	

Tirage : 9 000 000.

1981. - *Hommage à Virgile (70 av. J.-C. - 19 av. J.-C.). Taille-douce. Dentelé 13 x 12½.*

Mosaïque du 2e siècle (Musée de Saint-Germain-en-Laye).

2174	2 f. brun, gris, rose-brun et brun foncé	1 50	1 10
	a. (Non dentelé)	80 »	

Tirage : 7 000 000.

1981. - *Au profit de la Croix-Rouge. Église du Sacré-Coeur d'Audincourt. Vitraux de Fernand Léger. Héliogravure. Dentelés 13.* ©

"Les fouets de la Passion".

"La paix".

2175	1 f. 40+30 c. multicolore	1 »	1 »
2176	1 f. 60+30 c. multicolore	1 10	1 »
	La paire, non dentelée	115 »	

Tirages : 4 000 000 de paires.

Ont été émis aussi en carnets (tirage : 550 000).

1981. - *Hommage aux martyrs de Châteaubriant. Taille-douce. Dentelé 13.*

Mémorial national de la Résistance Française, oeuvre de Antoine Rohal.

2177	1 f. 40, violet, noir et bleu	0 80	0 50
	a. (Non dentelé)	15 »	

Tirage : 8 000 000.

1981
Du N° 2118 au N° 2177 =
(sauf bandes-carnets, paires et triptyques) =
60 timbres ** 69 ⊙40

Autres rubriques de l'année :

Poste aérienne 54 et 55
Préoblitérés 170 à 173
Service 65 à 70

1982. - *Type Liberté, d'après le tableau "La Liberté guidant le peuple", de Delacroix. Taille-douce. Dentelés 13.* ©

2178	5 c. vert-noir	0 30	0 30
2179	10 c. rouge-brun	0 15	0 15
	c. (Papier couché)	110 »	
2180	15 c. rose	0 50	0 50
2181	20 c. émeraude	0 15	0 15
2182	30 c. orange	0 15	0 15
	b. (Papier couché)	110 »	
2183	40 c. brun foncé	0 30	0 30
	a. (Papier couché)	9 50	
2184	50 c. violet	0 30	0 15
	a. (Papier couché)	12 50	
2185	1 f. olive foncé	0 50	0 30
	a. (Papier couché)	15 »	
2186	1 f. 40, vert	1 »	0 15
2187	1 f. 60, rouge	0 80	0 15
2188	2 f. vert-jaune	1 10	0 15
	a. Une bande de phosphore (1984)	1 50	0 30
2189	2 f. 30, bleu	2 30	1 40
2190	5 f. bleu-vert foncé	2 70	0 15
	Nos 2178 à 2190 (13 val.)	10 25	4 »
	La série, non dentelée	200 »	

Le 5 c. est sans phosphore. Les 10 c., 15 c., 20 c., 30 c., 40 c., 50 c., 1 f. et 1 f. 40 avec une bande de phosphore à droite. Les 1 f. 60, 2 f., 2 f. 30 et 5 f. avec deux bandes de phosphore.

Sans bandes de phosphore.

2179b	10 c.	80 »
2181a	20 c.	60 »
2182a	30 c.	70 »
2183b	40 c.	54 »
2184b	50 c.	42 »
2185b	1 f.	8 »
2188b	2 f.	42 »
2189a	2 f. 30	25 »
2190a	5 f.	10 »

Provenant des carnets n° 1501. Paire se tenant horizontalement. Dentelure horizontale souvent rognée.

2179a	10 c.+40 c. (n° 2183)	2 »	1 70

Provenant de roulettes. Dentelés 13 horizontalement.

2191	1 f. 40, vert (1 bande de phosphore)	1 50	1 25
	a. (N° rouge au verso)	5 »	
2192	1 f. 60, rouge (2 bandes de phosphore)	1 50	1 25
	a. (N° rouge au verso)	5 »	

De nouvelles valeurs ont paru à ce type en 1982 (nos 2219 à 2223 et 2239 à 2244), en 1983 (nos 2274 à 2277) en 1984 (nos 2318 à 2322), en 1985 (nos 2375 à 2379) en 1986 (nos 2423 et 2424 à 2427) et en 1987 (nos 2483 et 2484 à 2487).

Un 2 f. 20 a été imprimé, avec vignette attenante pour annoncer l'Exposition philatélique mondiale "Philexfrance'89" (n° 2461), puis sur un timbre grand format (n° 2524).

Le 2 f. 20 est paru en 1988, avec surcharge en ÉCU (n° 2530).

1982. - *Série touristique. Taille-douce. Dentelés 13.*

Saint-Pierre-et-Miquelon.

Aix-en-Provence.

2193	1 f. 60, bleu foncé, vert et noir	1 »	0 30
2194	2 f. rouge et violet	1 »	0 50

Pau - Château Henri IV.

Collonges-la-Rouge.

2195	3 f. bleu foncé, bleu et noir	1 40	0 65
2196	3 f. rouge, jaune et bleu foncé	1 40	0 50
	Nos 2193 à 2196 (4 val.)	4 80	1 95
	La série, non dentelée	80 »	

Tirages : 12 000 000, 8 000 000, 8 000 000 et 8 000 000.

1982. - *Région. Taille-douce. Dentelé 13.*

Corse.

2197	1 f. 90, bleu et rouge-brique	1 »	0 50
	a. (Non dentelé)	17 »	

Tirage : 10 000 000.

1982. - *800e anniversaire de la naissance de saint François d'Assise. Taille-douce. Dentelé 13.*

Saint François d'Assise.

2198	2 f. bleu et noir	1 10	0 65
	a. (Non dentelé)	18 50	

Tirage : 7 000 000.

1982. - *"Philexfrance'82". Exposition philatélique internationale. Dessins de Jean-Michel Folon. Héliogravure. Dentelés 13.*

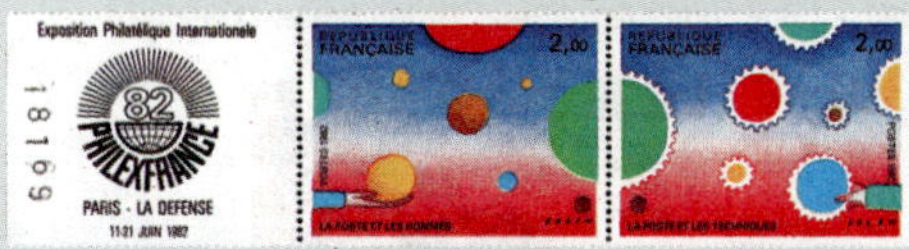

Sujets : 2199, "La Poste et les Hommes" ; 2200, "La Poste et les Techniques".

2199	2 f. multicolore	3 »	2 50
2200	2 f. multicolore	3 »	2 50
2200A	La paire attenant au logo	6 »	5 »
	a. (La paire, non dentelée)	170 »	

Tirages : 7 000 000 de paires.

Imprimés en bande horizontale de 2 paires disposées ainsi :

Logo	2199	2200	2199	2200	Logo

1982. - *125e anniversaire de la naissance de Lord Baden-Powell et 75e anniversaire du Mouvement scout. Taille-douce. Dentelé 13.*

Portrait de Baden-Powell et scouts.

2201	2 f. 30, noir et vert	1 10	0 50
	a. (Non dentelé)	85 »	

Tirage : 6 000 000.

1982. - *Recensement de la population. Héliogravure. Dentelé 13.*

"Une belle moisson de chiffres".

2202	1 f. 60, multicolore	0 80	0 30
	a. (Chiffre 7 vert manquant sur la Corse)	40 »	25 »
	b. (Couleur verte manquant)	535 »	345 »
	c. (Non dentelé)	23 »	
	d. (Idem, sans le chiffre 7)		

Tirage : 10 000 000.

Il existe deux n° 2202a par planche de 50 timbres (29e et 39e cases).

1982. - *Aéroport Bâle-Mulhouse. Taille-douce. Dentelé 13.*

Aérogare, passerelle "Swissair" et avion "Air-France".

2203 1 f. 90, bleu, rouge et brun 1 25 0 65
a. (Non dentelé) 40 »

Tirage : 5 000 000.

1982. - *Lutte contre le racisme. Taille-douce. Dentelé 13.*

Fraternité des races.

2204 2 f. 30, orange et brun foncé 1 25 0 65
a. (Non dentelé) 14 »

Tirage : 6 000 000.

1982. - *Journée du Timbre. Oeuvre de Pablo Picasso. Taille-douce. Dentelé 13 x 12½.*

"Femme lisant".

2205 1 f. 60+40 c. multicolore 1 10 0 80
a. (Non dentelé) 61 »

Tirage : 4 500 000.

1982. - *Série "Métiers d'art". La ferronnerie. Taille-douce. Dentelé 13.*

Ferronnier à son ouvrage.

2206 1 f. 40, multicolore 0 80 0 65
a. (Non dentelé) 14 »

Tirage : 10 000 000.

1982. - *Europa. Faits historiques. Taille-douce. Dentelés 13.*

Traité de Rome de 1957. Traité de Verdun de 843.

2207 1 f. 60, bleu foncé 1 25 0 65
2208 2 f. 30, noir, brun et brun-vert 1 50 0 65
La paire, non dentelée 110 »

Tirages : 12 000 000 et 8 000 000.

1982. - *Coupe du monde de football. Taille-douce. Dentelé 13.*

Gardien de but et stade.

2209 1 f. 80, bleu foncé, olive et rouge 1 85 0 50
a. (Non dentelé) 70 »

Tirage : 8 000 000.

1982. - *Série artistique. Taille-douce (N° 2210) et héliogravure (N° 2211). Dentelés 12½-13.*

"L' Éphèbe d'Agde", chef-d'oeuvre de la statuaire hellénistique.

2210 4 f. brun foncé, brun et bleu pâle 2 30 1 10
a. (Non dentelé) 80 »

"Embarquement à Ostic", oeuvre de Claude Gellée, dit Le Lorrain.

2211 4 f. bleu-vert, ocre, noir, bleu et rose 2 30 1 10
a. (Non dentelé) 80 »

Tirages : 5 500 000 et 5 500 000.

1982. - *35e festival international du film, à Cannes. Héliogravure. Dentelé 13.*

Affiche du festival, illustration du film "Amarcord".

2212	2 f. 30, polychrome	1 25	1 »
	a. (Non dentelé)	30 »	

Tirage : 6 000 000.

1982. - *20e anniversaire du Centre national d'études spatiales (C.N.E.S.). Taille-douce. Dentelé 13.*

Satellite "Éole", fusée "Ariane" et antenne terrestre.

2213	2 f. 60, bleu, bleu-violet et rouge-brun	1 25	0 80
	a. (Non dentelé)	42 »	

Tirage : 7 000 000.

1982. - *Sommet des Pays industrialisés. Château de Versailles. Héliogravure. Dentelé 13.*

Synthèse graphique.

2214	2 f. 60, multicolore	1 25	0 80
	a. (Non dentelé)	23 »	

Tirage : 6 000 000.

1982. - *150e anniversaire de la naissance de Jules Vallès (1832-1885), écrivain et journaliste. Taille-douce. Dentelé 13.*

2215	1 f. 60, olive, vert et noir	1 »	0 30
	a. (Non dentelé)	15 »	

Tirage : 10 000 000.

1982. - *"Philexfrance'82". Exposition philatélique internationale. La "Marianne" de Jean Cocteau. Type de 1961. Taille-douce. Dentelés 13.* BF *n° 8.*

2216	4 f. rouge et bleu	7 »	7 »
2217	6 f. bleu et rouge	7 »	7 »

Émis seulement en feuillet vendu 30 f. (10 f. de valeur faciale et 20 f. de droit d'entrée permanente à l'exposition).

Voir également à la rubrique "Entiers postaux" (n° 2216-CP1).

Tirage : 1 252 652 blocs vendus.

1982. - *Hommage à Frédéric et Irène Joliot - Curie, physiciens. Taille-douce. Dentelé 13.*

2218	1 f. 80, rose, violet et bleu	1 »	0 50
	a. (Non dentelé)	35 »	

Tirage : 10 000 000.

1982. - *Type Liberté. Taille-douce. Une bande de phosphore pour le 1 f. 60, et deux bandes pour les 1 f. 80 et 2 f. 60. Dentelés 13.* C

2219	1 f. 60, vert	1 »	0 15
2220	1 f. 80, rouge	1 »	0 15
2221	2 f. 60, bleu clair	2 »	1 25
	La série, non dentelée	46 »	

Sans bandes de phosphore.

2219a	1 f. 60,	100 »	
2220a	1 f. 80,	110 »	

Provenant de roulettes. Dentelés 13 horizontalement.

2222	1 f. 60, vert (1 bande de phosphore)	1 »	0 50
	a. (N° rouge au verso)	2 »	
	b. (Sans bande de phosphore)	85 »	
	c. (Idem N° Rouge au verso)	115 »	
2223	1 f. 80, rouge (2 bandes de phosphore)	1 10	0 50
	a. (N° rouge au verso)	2 »	

1982. - *Première réalisation d'un éclairage public à l'électricité - Grenoble 14 juillet 1882. Taille-douce. Dentelé 13.*

Évocation.

2224	1 f. 80, violet, bleu-gris et bleu	1 »	0 30
	a. (Non dentelé)	15 »	

Tirage : 10 000 000.

1982. - *Personnages célèbres. Taille-douce. Dentelés 13.*

Guillaume Postel (1510-1581), érudit.

Henri Mondor (1885-1962), chirurgien et écrivain.

2225	1 f. 40+30 c. brun-rouge et noir	1 10	1 10
2226	1 f. 40+30 c. bleu-noir et brun	1 10	1 10

Louis Pergaud (1882-1915), écrivain.

Robert Debré (1882-1978), pédiatre.

2227	1 f. 60+40 c. bleu et brun foncé	1 10	1 10
2228	1 f. 60+40 c. vert-bleu foncé et noir	1 10	1 10

André Chantemesse (1851-1919), médecin, bactériologiste.

Gustave Eiffel (1832-1923), ingénieur.

2229	1 f. 60+30 c. bleu, brun-violet et violet	1 20	1 20
2230	1 f. 80+40 c. brun	1 40	1 40
	N°s 2225 à 2230 (6 val.)	7 »	7 »
	La série, non dentelée	92 »	

Tirages : 3 000 000 de séries.

1982. - *Série artistique. Héliogravure. Dentelé 12½ x 13.*

"La Dentellière", de Vermeer.

2231	4 f. polychrome	2 30	1 25
	a. (Non dentelé)	80 »	

Tirage : 6 000 000.

1982. - *Série touristique. Taille-douce. Dentelé 13.*

Château de Ripaille (Haute-Savoie).

2232	2 f. 90, brun-rouge et brun	1 55	1 »
	a. (Non dentelé)	15 »	

Tirage : 10 000 000.

1982. - *100e anniversaire de la Fédération nationale des Sapeurs-Pompiers. Taille-douce. Dentelé 13.*

Sapeurs-Pompiers au combat.

2233	3 f. 30, brun et rouge	1 85	0 50
	a. (Non dentelé)	26 75	

Tirage : 8 000 000.

1982. - *Sculpture de Marc Boyan. Taille-douce. Dentelé 12½ x 13.*

"La Famille".

2234	4 f. bleu-gris foncé et brun clair	2 30	1 25
	a. (Non dentelé)	80 »	

Tirage : 8 000 000.

1982. - *Marionnettes. Taille-douce. Dentelé 13.*

Marionnettes à tige, fils et gaine.

2235	1 f. 80, carmin, bleu et violet	1 »	0 50
	a. (Non dentelé)	15 »	

Tirage : 10 000 000.

1982. - *Rugby. Taille-douce. Dentelé 13.*

Phase de jeu.

2236	1 f. 60, bleu foncé, rouge et olive	2 »	0 50
	a. (Non dentelé)	58 »	

Tirage : 8 000 000.

1982. - *Écoles Normales supérieures. Taille-douce. Dentelé 13.*

Hémicycle.

2237	1 f. 80, rouge-brique et gris-bleu	1 »	0 50
	a. (Non dentelé)	17 »	

Tirage : 10 000 000.

1982. - *Lille. Année du Beffroi. Taille-douce. Dentelé 13.*

2238	1 f. 80, olive et rouge-brique	1 »	0 50
	a. (Non dentelé)	15 »	

Tirage : 12 000 000.

1982. - *Type Liberté. Taille-douce. Dentelés 13.*

2239	60 c. brun-rose	0 30	0 15
2240	70 c. bleu-violet	0 50	0 30
	a. (Double frappe)	15 »	
2241	80 c. brun-olive	0 50	0 15
	a. (Bande de phosphore à gauche)	3 50	
2242	90 c. violet clair	0 50	0 30
2243	3 f. brun-violet	1 40	0 30
2244	4 f. rouge-carmin	1 80	0 30
	N°s 2239 à 2244 (6 val.)	5 »	1 50
	La série, non dentelée	70 »	

Les 60 c., 70 c., 80 c. et 90 c. avec une bande de phosphore à droite. Les 3 f. et 4 f. avec deux bandes de phosphore.

Sans bandes de phosphore.

2239a	60 c.	42 »
2240b	70 c.	4 60
2241b	80 c.	30 »
2242a	90 c.	54 »
2243a	3 f.	27 50
2244a	4 f.	185 »

1982. - *Série "Création philatélique". Tableau. Héliogravure. Dentelé 13* x *12½.*

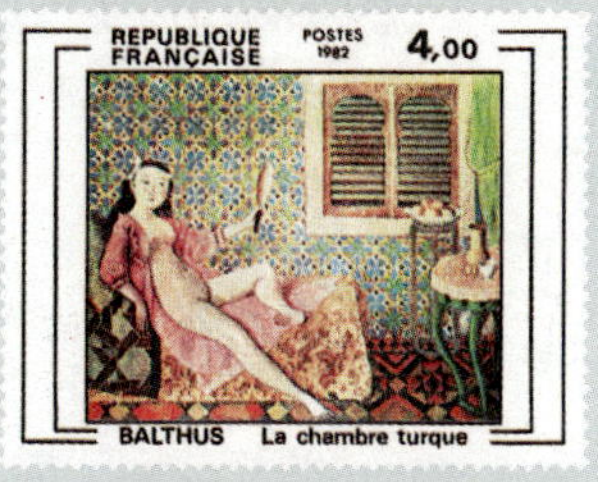

"La chambre turque", oeuvre de Balthus.

2245	4 f. polychrome	2 30	1 25
	a. (Non dentelé)	80 »	
	b. (Dominante rose)	25 »	

Tirage : 5 500 000.

1982. - *Centenaire de la découverte du bacille de la tuberculose par Robert Koch. Taille-douce. Dentelé 13.*

Microscope, R. Koch et évolutions bacillaires.

2246	2 f. 60, noir et rouge	1 25	0 65
	a. (Non dentelé)	18 50	

Tirage : 7 000 000.

1982. - *Au profit de la Croix-Rouge. Hommage à Jules Verne. Illustrations de romans. Taille-douce. Dentelés 13.* ©

"Cinq semaines en ballon".

"Vingt mille lieues sous les mers".

2247	1 f. 60+30 c. brun et rouge	1 10	0 80
	a. (Dent. 12½ x 13)	1 25	1 »
2248	1 f. 80+40 c. vert et rouge	1 10	0 80
	a. (Dent. 12½ x 13)	1 25	1 »
	La paire, non dentelée	110 »	

Tirages : 4 500 000 paires.

Ont été aussi émis en carnets (tirage : 500 000). Les n°s 2247a et 2248a proviennent des carnets.

1982. - *4e centenaire de la mort de sainte Thérèse d'Avila. Taille-douce. Dentelé 13.*

Portrait et remparts d'Avila.

2249	2 f. 10, vert, brun et noir	1 10	0 65
	a. (Non dentelé)	18 50	

Tirage : 6 000 000.

1982. - *Cavelier de La Salle. Découverte de la Louisiane, 1682. Taille-douce. Dentelé 13.*

Portrait et carte avec tracé du Mississippi.

2250	3 f. 25, vert, rose et brun-rouge	1 50	0 65
	a. (Non dentelé)	18 50	

Tirage : 5 500 000.

1982. - *Hommage à Léon Blum (1872-1950), écrivain et homme politique. Taille-douce. Dentelé 13.*

2251	1 f. 80, brun et brun-rouge	1 »	0 30
	a. (Non dentelé)	14 »	

Tirage : 10 000 000.

1982
Du N° 2178 au N° 2251 =
(sauf bandes-carnets, paires et triptyques) =
74 timbres ****103 ⊙62**

Autres rubriques de l'année :
Poste aérienne 56
Bloc-feuillet 8
Préoblitérés 174 à 177
Service 71 à 74
Taxe 103 à 108

1983. - *Région. Héliogravure. Dentelé 13.*

Provence-Alpes-Côte d'Azur.

2252	1 f. multicolore	0 65	0 30
	a. (Non dentelé)	15 »	

Tirage : 10 000 000.

1983. - *Série touristique. Taille-douce. Dentelés 13.*

Brantôme en Périgord.

Concarneau, remparts de la Ville-close.

2253	1 f. 80, vert foncé, bleu foncé et brun-rouge	1 »	0 30
2254	3 f. brun foncé et bleu-vert	1 40	0 80

Abbaye de Noirlac, Bruère Allichamps (Cher).

2255	3 f. 60, bleu, noir et brun	1 85	0 50
	La série, non dentelée	46 »	

Tirages : 10 000 000, 8 000 000 et 8 000 000.

1983. - *500e anniversaire de la naissance de Martin Luther (1483-1546), théologien et réformateur. Taille-douce. Dentelé 13 x 12½.*

Portrait, d'après Lucas Cranach.

2256	3 f. 30, bistre et brun	1 70	0 65
	a. (Non dentelé)	40 »	

Tirage : 8 000 000.

1983. - *Centenaire de l'Alliance française. Taille-douce. Dentelé 13.*

Symboles.

2257	1 f. 80, bleu, brun et rouge	1 »	0 50
	a. (Non dentelé)	18 50	

Tirage : 10 000 000.

1983. - *Journée du timbre. Oeuvre de Rembrandt. Taille-douce. Dentelé 13.*

"Homme dictant une lettre".

2258	1 f. 80+40 c. sépia et bistre	1 25	1 »
	a. (Non dentelé)	61 »	

Tirage : 4 500 000.

1983. - *Hommage à la femme. Journée internationale de la femme. Taille-douce. Dentelé 13.*

Danielle Casanova, résistante morte en déportation.

2259	3 f. noir et brun-rouge	1 40	0 50
	a. (Non dentelé)	15 »	

Tirage : 7 000 000.

1983. - *Année mondiale des communications. Héliogravure. Dentelé 13.*

2260	2 f. 60, multicolore	1 25	1 »
	a. (Non dentelé)	15 »	

Tirage : 8 000 000.

1983. - *Bicentenaire de l'air et de l'espace. Premières ascensions de l'homme dans l'atmosphère. Héliogravure. Dentelés 13.*

Sujets : 2 f. 1re ascension en montgolfière à air chaud par Pilâtre de Rozier et le marquis d'Arlandes ; 3 f. 2e ascension en ballon à hydrogène par J. Charles et M.N. Robert.

2261	2 f. polychrome et or	1 25	0 80
2262	3 f. polychrome et or	1 55	1 »
2262A	La paire attenant au logo	3 »	2 50
	a. (La paire, non dentelée)	170 »	

Imprimés en bande horizontale de 2 paires disposées ainsi :

*	2261	2262	2261	2262	*

* Emblème des manifestations du bicentenaire.

Émis en feuille de 10 paires.

Tirage : 6 000 000 de paires.

1983. - *Série "Création philatélique". Héliogravure. Dentelé 13.*

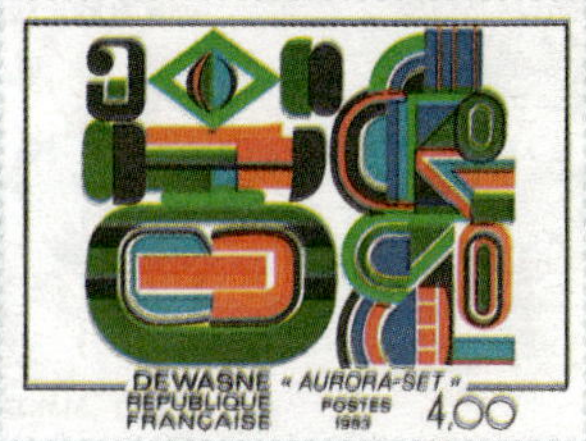

"Aurora-Set", oeuvre de Dewasne.

2263	4 f. multicolore	2 30	1 25
	a. (Non dentelé)	80 »	

Tirage : 6 000 000.

1983. - *Série artistique. Taille-douce. Dentelés 12½ x 13.*

"Vénus et Psyché", oeuvre de Raphaël.

2264	4 f. brun-orange et brun clair	2 30	1 25
	a. (Non dentelé)	85 »	

Illustration des Contes de Perrault, oeuvre de Gustave Doré.

2265	4 f. multicolore	2 30	1 25
	a. (Non dentelé)	80 »	

Tirages : 6 000 000 pour chaque valeur.

1983. - *Flore et faune de France (I). Fleurs de montagne. Taille-douce. Dentelés 12½.*

Carline (Carlina flore rubente).

Martagon (Lilium montanum).

2266	1 f. multicolore	0 50	0 30
2267	2 f. multicolore	1 10	0 30

Aster (Aster montanus coeruleus).

Aconit (Aconitum pyrenaicum).

2268	3 f. multicolore	1 60	0 70
2269	4 f. multicolore	2 30	0 70
	Nos 2266 à 2269 (4 val.)	5 50	2 »
	La série, non dentelée	125 »	

Tirages : 8 000 000 pour chaque valeur.

1983. - *Europa. Les grandes oeuvres du génie humain. Taille-douce. Dentelés 13.*

La photographie.

Le cinéma.

2270	1 f. 80, brun foncé et brun-rouge	1 50	0 50
2271	2 f. 60, brun foncé et brun-rouge	2 »	1 »
	La paire, non dentelée	115 »	

Tirages : 12 000 000 et 8 000 000.

1983. - *Convention de Paris pour la protection de la propriété industrielle. Héliogravure. Dentelé 13.*

2272	2 f. polychrome	1 »	0 30
	a. (Non dentelé)	12 50	

Tirage : 8 000 000.

1983. - *56ᵉ Congrès national de la Fédération des Sociétés Philatéliques Françaises, à Marseille. Taille-douce. Dentelé 13.*

Vieux-Port et Notre-Dame-de-la-Garde.

2273	1 f. 80, bleu et rouge	1 »	0 50
	a. (Non dentelé)	15 »	

Tirage : 8 000 000.

1983. - *Type Liberté. Deux bandes de phosphore. Taille-douce. Dentelés 13.* (c)

2274	2 f. rouge	1 »	0 15
2275	2 f. 80, bleu	2 »	1 10
2276	10 f. violet	4 »	0 15
	a. (papier couché)	23 »	
	La série, non dentelée	40 »	

Sans bandes de phosphore

2274a	2 f.	70 »	
2276b	10 f.	20 »	

Provenant de roulettes. Dentelé 13. horizontalement.

2277	2 f. rouge (2 bandes de phosphore)	1 10	0 30
	a. (Nᵒ rouge au verso)	2 30	

1983. - *50ᵉ anniversaire de la création de la Compagnie Air-France. Héliogravure. Dentelé 13.*

2278	3 f. 45, noir, rouge et bleu	1 85	1 10
	a. (Non dentelé)	30 »	

Tirage : 6 500 000.

1983. - *Personnages célèbres. Taille-douce. Dentelés 13.*

André Messager (1852-1929), compositeur et chef d'orchestre.

Jacques-Ange Gabriel (1698-1782), architecte.

Hector Berlioz (1803-1869), compositeur.

2279	1 f. 60+30 c. noir et bleu	1 10	1 10
2280	1 f. 60+30 c. orange et noir	1 »	1 »
2281	1 f. 80+40 c. noir et violet	1 20	1 20

Max-Pol Fouchet (1913-1980), écrivain.

René Cassin (1887-1976), juriste. (Prix Nobel de la paix, 1968).

Stendhal (Henri Beyle, dit), (1783-1842), écrivain.

2282	1 f. 80+40 c. rouge et noir	1 20	1 20
2283	2 f.+40 c. vert et noir	1 25	1 25
2284	2 f.+40 c. noir et outremer	1 25	1 25
	Nᵒˢ 2279 à 2284 (6 val.)	7 »	7 »
	La série, non dentelée	92 »	

Tirage : 3 000 000 de séries.

1983. - *Indépendance américaine 1783. Traités de Versailles et de Paris. Dentelé 13 x 12½.*

"La jeune Amérique défendue par la France contre l'Angleterre", médaille du 18ᵉ siècle.

2285	2 f. 80, noir et gris-olive	1 40	0 80
	a. (Non dentelé)	46 »	

Tirage : 7 000 000.

Les Etats-Unis ont émis simultanément sur ce sujet une figurine de 20 c. (nᵒ 1494).

1983. - *Série "Métiers d'art". Art du bijou. Héliogravure. Dentelé 13.*

Fabrication d'une bague.

2286	2 f. 20, multicolore	1 »	0 50
	a. (Non dentelé)	20 »	

Tirage : 8 000 000.

1983. - *Série touristique. Taille-douce. Dentelés 13 (nº 2287) et 13 x 12½ (nº 2288).*

Jarnac (Charente).

2287 2 f. bistre-orange et noir 1 » 0 50

Charleville-Mézières (Ardennes).

2288 3 f. 10, rose foncé et brun 1 60 1 »

La paire, non dentelée 30 »

Tirages : 10 000 000 et 8 000 000.

1983. - *30e anniversaire du Conseil de coopération douanière. Taille-douce. Dentelé 13.*

Musée des Douanes à Bordeaux et emblème du C.C.D.

2289 2 f. 30, vert, brun-olive et noir 1 » 0 65

a. (Non dentelé) 14 »

Tirage : 10 000 000.

1983. - *Vélocipède. Pierre et Ernest Michaux. Taille-douce. Dentelé 13.*

Ancêtres de la bicyclette.

2290 1 f. 60, carmin, brun-olive et outremer 1 50 0 50

a. (Non dentelé) 20 »

Tirage : 8 000 000.

1983. - *Série "Création philatélique". Hommage à Jean Effel. Héliogravure. Dentelé 13.*

Lettre de Marianne, dessin humoristique du caricaturiste.

2291 4 f. bleu pâle, noir, rouge et rose 2 30 1 25

a. (Non dentelé) 80 »

Tirage : 6 000 000.

1983. - *Météorologie nationale. Taille-douce. Dentelé 13.*

Satellite et carte de météorologie sur globe.

2292 1 f. 50, bleu foncé, bleu et brun foncé 0 80 0 30

a. (Non dentelé) 46 »

b. (bleu foncé omis) 155 »

Tirage : 8 000 000.

1983. - *Héroïnes de la Résistance. Taille-douce. Dentelés 13.*

Renée Lévy (1906-1943). Berthie Albrecht (1893-1943).

2293 1 f. 60, brun foncé et bleu 0 80 0 50

2294 1 f. 60, brun foncé et olive 0 80 0 50

La paire, non dentelée 40 »

Tirages : 7 000 000 de paires.

1983. - *Au Profit de la Croix-Rouge. Sculptures en bois polychrome. Taille-douce. Dentelés 13.* ⓒ

Vierge à l'Enfant, Baillon, 16e siècle.

Vierge à l'Enfant, Genainville, 16e siècle.

2295	1 f. 60+40 c. rouge et brun	1 »	0 80
	a. (dent. 12½ x 13)	1 25	1 »
2296	2 f.+40 c. rouge et bleu	1 10	0 80
	a. (dent. 12½ x 13)	1 25	1 10
	La paire, non dentelée	80 »	

Tirages : 3 500 000 paires.

Ont été aussi émis en carnets (tirage : 450 000). Les nos 2295a et 2296a proviennent des carnets.

1983. - *Série artistique. Taille-douce. Dentelé 13 x 12½.*

"Le Lapin Agile", de Maurice Utrillo (1883-1955).

2297	4 f. multicolore	2 30	1 10
	a. (Non dentelé)	80 »	

Tirage : 6 000 000.

1983. - *Hommage à Pierre Mendès France (1907-1982). Taille-douce. Dentelé 13.*

Portrait de l'homme d'État.

2298	2 f. bleu et carmin	1 »	0 30
	a. (Non dentelé)	14 »	

Tirage : 12 000 000.

1983
Du No 2252 au No 2298
(sauf bandes-carnets, paires et triptyques) =
47 timbres ****67 ⊙35**

Autres rubriques de l'année :
Préoblitérés 178 à 181
Service 75 à 78
Taxe 109 à 112

1984. - *Série artistique. Taille-douce (Nos 2299 et 2301) et héliogravure (No 2300). Dentelés 12½-13.*

"Hommage au Cinéma", sculpture de César (César Baldaccini, dit).

2299	4 f. brun foncé et brun-orange	2 30	1 10
	a. (Non dentelé)	80 »	

"Les 4 coins du ciel", de Jean Messagier.

2300	4 f. polychrome	2 30	1 25
	a. (Non dentelé)	70 »	

"Coin de salle à manger au Cannet", de Pierre Bonnard (1867-1947).

2301	4 f. multicolore	2 30	1 25
	a. (Non dentelé)	80 »	

Tirages : 6 000 000 chacun.

1984. - *Région. Taille-douce. Dentelé 13.*

La Guadeloupe.

2302	2 f. 30, brun-rouge, rose foncé et violet	1 »	0 50
	a. (Non dentelé)	14 »	

Tirage : 10 000 000.

1984. - *Hommage aux Femmes. Taille-douce. Dentelé 13.*

Flora Tristan (Flore Tristan-Morcoso, dite Flora) (1803-1844), femme de lettres et initiatrice du féminisme en France.

2303	2 f. 80, lilas-rose et noir	1 40	0 65
	a. (Non dentelé)	14 »	

Tirage : 7 000 000.

1984. - *Journée du Timbre. Oeuvre de L.M. Van Loo. Taille-douce. Dentelé 12½ x 13.*

"Diderot".

2304	2 f.+40 c. bleu et noir	1 25	1 10
	a. (Non dentelé)	61 »	

Tirage : 4 500 000.

1984. - *Centenaire de la création des Syndicats professionnels par la loi du 21 mars 1884. Taille-douce. Dentelé 13.*

Pierre Waldeck-Rousseau (1846-1904), promoteur de la loi.

2305	3 f. 60, noir et bleu	1 70	0 50
	a. (Non dentelé)	14 »	

Tirage : 8 000 000.

1984. - *2es élections au Parlement Européen - 17 juin 1984. Héliogravure. Dentelé 13.*

Emblème du Parlement.

2306	2 f. multicolore	1 »	0 30
	a. (Non dentelé)	30 »	

Tirage : 12 000 000.

1984. - *Jacques Cartier. 450e anniversaire de son Ier voyage au Canada. Emission commune franco-canadienne. Taille-douce. Deux bandes de phosphore. Dentelé 13.*

Évocation symbolique.

2307	2 f. multicolore	1 »	0 30
	a. (Sans bandes de phosphore)	300 »	» »
	b. (Non dentelé)	30 »	

Tirage : 15 000 000.

Imprimé au Canada.

Le Canada a émis simultanément une figurine au même type de 32 c. (n° 869).

1984. - *"Philex-Jeunes'84". Exposition philatélique de la jeunesse, à Dunkerque. Taille-douce. Dentelé 13.*

Éveil philatélique de la jeunesse et semeuse des timbres de France.

2308	1 f. 60, violet, brun et rouge-brique	0 80	0 50
	a. (Non dentelé)	14 »	

Tirage : 8 000 000.

Voir également à la rubrique "Entiers postaux, (n° 2308-CP1)".

1984. - *Europa. 25e anniversaire de la Conférence européenne des administrations des postes et télécommunications (C.E.P.T.). Taille-douce. Dentelés 13.*

Pont de la coopération européenne (thème commun).

Pont de la coopération européenne (thème commun).

2309	2 f. rouge-brique	1 50	0 50
2310	2 f. 80, bleu	2 »	0 85
	La paire, non dentelée	80 »	

Voir également à la rubrique "Entiers postaux" (n° 2309-CP1).

Tirages : 10 000 000 et 8 000 000.

1984. - *Légion étrangère. Taille-douce. Dentelé 13.*

Le serment de Camerone et uniforme actuel.

2311	3 f. 10, vert, rouge et noir	1 50	0 65
	a. (Non dentelé)	15 »	

Tirage : 7 000 000.

1984. - *40e anniversaire de la Libération : Résistance et débarquements. Taille-douce. Dentelés 13.*

Sujets : 2 f. Résistance au combat ; 3 f. Débarquements des armées.

Imprimés se tenant avec vignette centrale "Croix de la Libération".

2312	2 f. gris, noir et rose	1 »	0 65
2313	3 f. gris, rose et noir	1 60	0 80
2313A	Le triptyque	2 75	2 50
	a. (Idem. Non dentelé)	92 »	

Tirage : 10 000 000 de triptyques.

Imprimés en bande horizontale de 2 triptyques disposés ainsi :

2312	*	2313	2312	*	2313

* : Croix de la Libération.

1984. - *Jeux olympiques d'été, à Los Angeles. 90e anniversaire du Comité international olympique (C.I.O.). Taille-douce. Dentelé 13.*

Mouvements de différentes disciplines.

2314	4 f. violet pâle, olive et bleu	2 »	1 10
	a. (Non dentelé)	70 »	

Tirage : 7 000 000.

1984. - *Série "Métiers d'art". Art de la gravure. Taille-douce. Dentelé 13.*

Exécution d'une gravure ancienne.

2315	2 f. noir, vert et bistre	1 »	0 30
	a. (Non dentelé)	14 »	

Tirage : 8 000 000.

1984. - *57e Congrès national de la Fédération des Sociétés philatéliques françaises, à Bordeaux. Taille-douce. Dentelé 13.*

Monuments, édifices et croissant de lune de la ville.

2316	2 f. rouge-brique	1 »	0 30
	a. (Non dentelé)	14 »	

Tirage : 8 000 000.

1984. - *40e anniversaire du Centre national d'études des télécommunications (CNET). Héliogravure. Dentelé 13.*

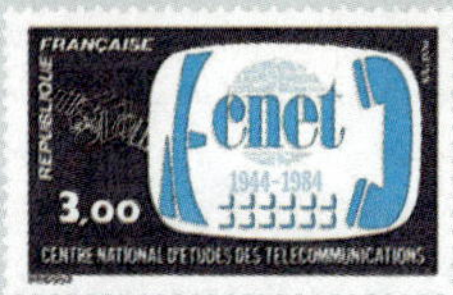

Moyens modernes de télécommunications.

2317	3 f. bleu-noir et bleu	1 40	0 50
	a. (Non dentelé)	20 »	

Tirage : 8 000 000.

1984. - *Type Liberté. Une bande de phosphore pour le 1 f. 70, et deux bandes pour les 2 f. 10 et 3 f. Taille-douce. Dentelés 13.* ©

2318	1 f. 70, vert	1 »	0 15
2319	2 f. 10, rouge	1 »	0 15
2320	3 f. bleu	2 »	0 80
	La série, non dentelée	40 »	
	Sans bandes de phosphore.		
2318a	1 f. 70	55 »	
2319a	2 f. 10	30 »	

Provenant de roulettes. Dentelés 13 horizontalement.

2321	1 f. 70, vert (1 bande de phosphore)	1 »	0 65
	a. (N° rouge au verso)	1 85	
2322	2 f. 10, rouge (2 bandes de phosphore)	1 10	0 50
	a. (N° rouge au verso)	2 30	
	Avec gomme brillante.		
2321b	1 f. 70	4 »	
2321c	1 f. 70 (N° rouge au verso)	15 »	
2322b	2 f. 10	6 »	
2322c	2 f. 10 (N° rouge au verso)	20 »	

1984. - *Série touristique. Taille-douce. Dentelés 13.*

Monastère de la Grande Chartreuse (Isère).

Palais idéal du Facteur Cheval, à Hauterives (Drôme).

2323	1 f. 70, gris-bleu et rose violacé	1 »	0 30
2324	2 f. 10, brun, vert et brun-rouge	1 10	0 30

La citadelle de Vauban. Belle-Ile-en-Mer (Morbihan).

Phare de Cordouan (16e siècle), Gironde.

2325	2 f. 50, olive, bleu et brun	1 25	0 50
2326	3 f. 50, violet et noir	2 15	0 50
	Nos 2323 à 2326 (4 val.)	5 50	1 60
	La série, non dentelée	61 »	

Tirages : 10 000 000, 12 000 000, 10 000 000 et 7 000 000.

1984. - *25e Congrès international de géographie. Dentelé 13.*

2327	3 f. jaune orangé, noir et gris	1 40	0 65
	a. (Non dentelé)	23 »	

Tirage : 6 000 000.

1984. - *Personnages célèbres. Taille-douce. Dentelés 13.*

Émile Littré (1801-1881), lexicographe.

Jean Zay (1904-1944), homme politique.

2328	1 f. 60+40 c. violet clair et noir	1 »	1 »
2329	1 f. 60+40 c. vert et noir	1 »	1 »

Pierre Corneille (1606-1684), auteur dramatique.

Gaston Bachelard (1884-1962), philosophe.

2329A	1 f. 70+40 c. violet et noir	1 10	1 10
2330	2 f.+40 c. gris et noir	1 10	1 10

Jean Paulhan (1884-1968), critique et essayiste.

Evariste Galois (1811-1832), mathématicien.

2331	2 f. 10+40 c. brun et noir	1 10	1 10
2332	2 f. 10+40 c. bleu et noir	1 10	1 10
	Nos 2328 à 2332 (6 val.)	6 40	6 40
	La série, non dentelée	80 »	

Tirage : 3 000 000 de séries.

1984. - *Lancement du satellite TELECOM 1. Héliogravure. Dentelé 13.*

Télécom 1 en service.

2333	3 f. 20, multicolore	1 70	0 65
	a. (Non dentelé)	35 »	

Tirage : 7 000 000.

1984. - *Mise en service du TGV postal. Héliogravure. Dentelé 13.*

2334	2 f. 10, multicolore	1 55	0 30
	a. (Non dentelé)	50 »	

Tirage : 12 000 000.

1984. - *Série touristique. Taille-douce. Dentelé 13.*

Château de Montségur (Ariège).

2335	3 f. 70, violet, violet-rouge et rouge	1 70	0 50
	a. (Non dentelé)	15 »	

Tirage : 8 000 000.

1984. - *Hommage à Marx Dormoy (1888-1941). Taille-douce. Dentelé 13.*

2336	2 f. 40, noir et bleu	1 25	0 50
	a. (Non dentelé)	12 50	

Tirage : 7 000 000.

1984. - *Faune et flore de France (II). Rapaces diurnes. Taille-douce. Dentelés 13.*

Gypaète barbu (Gypaetus barbatus aureus).

Circaète Jean le Blanc (Circaetus G. Gallicus).

2337	1 f. multicolore	0 50	0 30
2338	2 f. multicolore	1 25	0 50

Épervier d'Europe (Accipiter N. Nisus).

Faucon pèlerin (Falco P. Peregrinus).

2339	3 f. multicolore	1 70	1 »
2340	5 f. multicolore	2 75	0 70
	N°s 2337 à 2340 (4 val.)	6 20	2 50
	La série, non dentelée	110 »	

Tirages : 8 000 000 pour chaque valeur.

1984. - *Centenaire de l'automobile. Taille-douce. Dentelé 13.*

Plans du véhicule de MM. Delamare, Deboutteville et Malandin.

2341	3 f. brun, rouge et bleu	1 85	0 50
	a. (Non dentelé)	26 75	

Tirage : 7 000 000.

1984. - *Série artistique. Héliogravure. Dentelés 12 x 13.*

"La Pythie", oeuvre d'André Masson.

2342	5 f. multicolore	3 »	1 25
	a. (Non dentelé)	70 »	

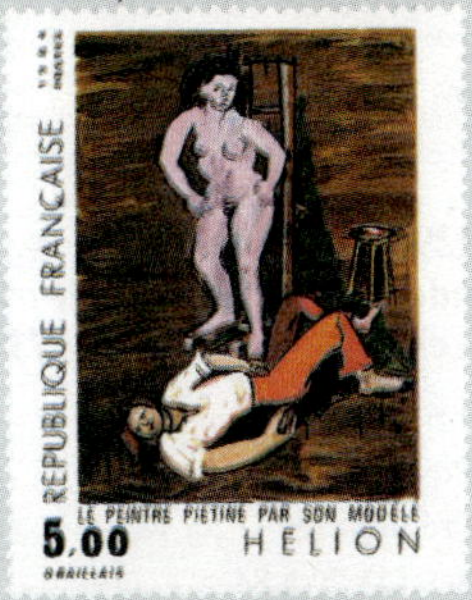

"Le peintre piétiné par son modèle", oeuvre de Jean Hélion.

2343	5 f. multicolore	3 »	1 25
	a. (Non dentelé)	70 »	

Tirages : 6 000 000 pour chaque valeur.

1984. - *Hommage à Vincent Auriol (1884-1966). Taille-douce. Dentelé 13.*

Portrait du Président.

2344	2 f. 10, brun et vert	1 »	0 30
	a. (Non dentelé)	14 »	

Tirage : 8 000 000.

1984. - *Au profit de la Croix-Rouge. "La corbeille rose", d'après une oeuvre de Caly. Héliogravure. Dentelé 12½ x 13.* ©

2345 2 f. 10+50 c. multicolore 1 25 1 10
a. (Dentelé 13½ x 13) 1 40 1 25
b. (Non dentelé) 46 »

Tirage : 4 000 000.

A été aussi émis en carnets (tirage : 500 000 carnets). Le n° 2345a provient des carnets.

1984. - *9e Plan. Moderniser la France. Héliogravure. Dentelé 13.*

Symbole du 9e Plan.

2346 2 f. 10, bleu, rouge et noir 1 10 0 30
a. (Non dentelé) 15 »

Tirage : 10 000 000.

1984
Du N° 2299 au N° 2346
(sauf bandes-carnets, paires et triptyques) =
49 timbres ****71** **⊙33**

Autres rubriques de l'année :
Poste aérienne 57
Préoblitérés 182 à 185
Service 79 à 84

1985. - *La Francophonie. Taille-douce. Dentelé 13.*

Symbolique de l'égalité et de l'union entre peuples différents.

2347 3 f. bleu foncé et bleu clair 1 40 0 50
a. (Non dentelé) 14 »

Tirage : 7 000 000.

1985. - *Série touristique. Taille-douce. Dentelés 13.*

Vienne (Isère).

Abbaye de Landévennec (1500e anniversaire).

2348 1 f. 70, vert, brun clair et brun foncé 1 » 0 30
2349 1 f. 70, vert et violet 1 » 0 30

Millénaire de la fondation de Montpellier (985).

Abbaye Saint-Michel-de-Cuxa.

2350 2 f. 10, brun et jaune 1 10 0 50
2351 2 f. 20, beige, brun, bleu et rouge 1 10 0 30
a. (198 au lieu de 1985) 80 » 40 »

Saintonge Romane : l'Église de Talmont.

2352 3 f. brun, rouge et bleu 1 40 0 70
Nos 2348 à 2352 (5 val.) 5 60 2 10
La série, non dentelée 70 »

Tirages : 10 000 000, 7 000 000, 10 000 000, 10 000 000 et 7 000 000.

1985. - *50e anniversaire de la Télévision. Héliogravure. Dentelé 13.*

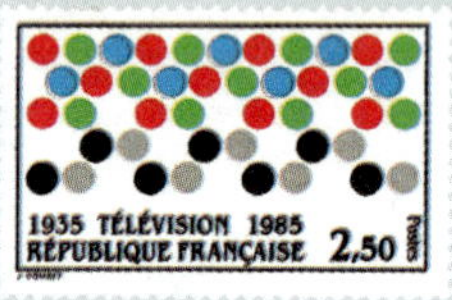

Représentation schématique du balayage de l'écran par le "spot" électronique.

2353 2 f. 50, multicolore 1 25 0 65
a. (Non dentelé) 17 »

Tirage : 6 000 000.

1985. - *La Saint-Valentin. Héliogravure. Dentelé 13.*

"Les amoureux", de Peynet.

2354 2 f. 10, multicolore 1 10 0 30
a. (Non dentelé) 50 »
b. (Valeur omise) 17 500 »
c. (Oiseau dans la branche) 15 »

Tirage : 12 000 000.

1985. - *Personnages célèbres. Écrivains. Taille-douce. Dentelés 13.* [C]

Romain Rolland (1866-1944).

Jules Romains (1885-1972).

2355	1 f. 70+40 c. rouge violacé et violet foncé	2 »	2 »
2356	1 f. 70+40 c. violet clair et violet foncé	2 »	2 »

Jean-Paul Sartre (1905-1980).

Victor Hugo (1802-1885).

2357	1 f. 70+40 c. violet foncé et rouge violacé	2 »	2 »
	b. (point sur le I de FRANCAISE)	30 »	25 »
2358	2 f. 10+50 c. violet clair et rouge violacé	2 »	2 »

Roland Dorgelès (1885-1973).

François Mauriac (1885-1970).

2359	2 f. 10+50 c. rouge violacé et violet foncé	2 »	2 »
2360	2 f. 10+50 c. violet clair et violet foncé	2 »	2 »
	Nos 2355 à 2360 (6 val.)	12 »	12 »
	La série, non dentelée	110 »	

Tirage : 2 500 000 séries.

Dentelés 15 x 15½.

2355a	1 f. 70+40 c.	4 »	4 »
2356a	1 f. 70+40 c.	4 »	4 »
2357a	1 f. 70+40 c.	4 »	4 »
2358a	2 f. 10+50 c.	4 »	4 »
2359a	2 f. 10+50 c.	4 »	4 »
2360a	2 f. 10+50 c.	4 »	4 »
	Nos 2355a à 2360a (6 val.)	24 »	24 »

Ont été aussi émis en carnets (tirage : 750 000). Les nos 2355a à 2360a proviennent des carnets.

La bande destinée à la confection de carnets, et comprenant les timbres nos 2355a à 2360a, est disposée comme suit :

BC2360A	La bande-carnet non pliée	35 »	30 »

1985. - *Hommage aux femmes. Taille-douce. Dentelé 13.*

Pauline Kergomard. Portrait de l'inspiratrice de l'école maternelle.

2361 1 f. 70, bleu-gris et rouge 1 » 0 30
a. (Non dentelé) 14 »

Tirage : 7 000 000.

1985. - *Journée du Timbre. Machine à oblitérer Daguin. Taille-douce. Dentelé 13.*

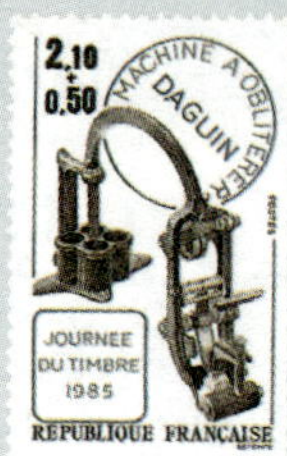

Vue de la machine et cachets.

2362 2 f. 10+50 c. bistre foncé, gris et noir 1 25 1 10
a. (Non dentelé) 18 50

Tirage : 4 500 000.

1985. - *Série artistique. Taille-douce (N° 2363) et héliogravure (N° 2364). Dentelés 12½-13.*

Vitrail de la cathédrale de Strasbourg.

2363 5 f. multicolore 3 » 1 25
a. (Non dentelé) 70 »
b. (Vitrail jaune au lieu de vert) 500 »

"Nature morte au chandelier", de Nicolas de Staël.

2364 5 f. multicolore 3 » 1 25
a. (Non dentelé) 70 »

Tirages : 6 000 000 pour chaque valeur.

1985. - *L'architecture contemporaine. Taille-douce. Dentelé 13.*

Vue de Givors.

2365 2 f. 40, noir, vert et orange 1 25 0 65
a. (Non dentelé) 15 »

Tirage : 6 000 000.

1985. - *Europa. Année européenne de la Musique. Taille-douce. Dentelés 13.*

Adam de la Halle (1240-1285), trouvère.

Darius Milhaud (1892-1974), compositeur.

2366 2 f. 10, bleu, bleu clair et noir 1 30 0 65
2367 3 f. noir, bleu et bleu clair 2 » 1 »
La paire, non dentelée 92 »

Tirages : 10 000 000 et 6 000 000.

1985. - *40e anniversaire de la Victoire. Taille-douce. Dentelés 13.*

Sujets : 2 f. "Retour à la Paix" ; 3 f. "Retour à la Liberté".

2368 2 f. bleu, rouge, noir et or 1 » 0 65
2369 3 f. bleu, rouge, noir et or 1 40 0 65
2369A Le triptyque 2 45 2 15
a. (Idem, Non dentelé) 80 »

Imprimés attenant à une vignette centrale sans valeur en bande horizontale de 3 triptyques.

Tirage : 8 000 000 de triptyques.

1985. - *58e Congrès national de la Fédération des Sociétés philatéliques françaises, à Tours. Taille-douce. Dentelé 13.*

La cathédrale de Tours.

2370	2 f. 10, bleu-noir et turquoise	1 10	0 50
	a. (Non dentelé)	14 »	

Tirage : 8 000 000.

1985. - *Centenaire de la découverte du vaccin contre la rage. Taille-douce. Dentelé 13.*

Vaccination d'un patient (gravure d'époque).

2371	1 f. 50, vert foncé et rouge sur beige	0 80	0 30
	a. (Non dentelé)	20 »	
	b. (Sans point sur le i de française)	10 »	3 »

Tirage : 10 000 000.

1985. - *Série "Grandes réalisations". Taille-douce. Dentelé 13.*

Mystère Falcon 900.

2372	10 f. bleu	4 60	2 30
	a. (Non dentelé)	54 »	

Tirage : 6 000 000.

1985. - *Centenaire de la Société internationale de sauvetage du Lac Léman. Taille-douce. Dentelé 13.*

Canot de sauvetage en action.

2373	2 f. 50, bleu-gris, rouge et bleu	1 25	0 65
	a. (Non dentelé)	23 »	

Tirage : 8 000 000.

La Suisse a émis simultanément sur ce sujet une figurine de 70 c. (n° 1221).

1985. - *40e anniversaire de l'Organisation des Nations Unies. Taille-douce. Dentelé 13.*

Emblème de l'O.N.U.

2374	3 f. bleu clair, bleu et gris	1 40	0 50
	a. (Non dentelé)	23 »	

Tirage : 7 000 000.

1985. - *Type Liberté. Une bande de phosphore à droite pour le 1 f. 80, et deux bandes pour les 2 f. 20 et 3 f. 20. Taille-douce. Dentelés 13.* ©

Type I.

Type II. Barre du grand 2 plus droite et plus épaisse.

2375	1 f. 80, vert	1 »	0 15
2376	2 f. 20, rouge (I)	1 »	0 15
	a. (Type II)	4 »	1 »
	c. (Type II) (Papier couché)	100 »	
	d. (Type I) (Papier couché)	10 »	
	e. (Type I) (Double frappe tenant à normal)	11 50	
2377	3 f. 20, bleu	3 »	1 »
	La série, non dentelée	40 »	

Le papier couché glacé fait apparaître une gravure plus fine et précise. Sur le 2376c les bandes de phosphore semblent jaunes.

Provenant des carnets n° 1501. Paire se tenant horizontalement. Dentelure horizontale souvent rognée.

2376b	2 f. 20+40 c. (n° 2183)	5 »	4 »

Provenant de roulettes. Dentelés 13 horizontalement.

a

b

Depuis le mois de mars 1986, la numérotation des figurines a été modifiée. Les numéros rouges apparaissant au verso sont désormais apposés tous les cinq timbres. Les chiffres composant ces numéros sont également légèrement différents.

2378	1 f. 80, vert (1 bande de phosphore)	1 »	0 50
	a. (N° rouge au verso)	2 »	
	b. (N° rouge au verso)	3 »	
	c. 1 f. 80, vert (Gomme brillante)	20 »	
	d. Idem, n° rouge type b au verso (Gomme brillante)	60 »	
2379	2 f. 20, rouge (2 bandes de phosphore)	1 »	0 30
	a. (N° rouge au verso)	3 »	
	b. (N° rouge au verso)	2 »	
	c. 2 f. 20, rouge (Gomme brillante, jaunâtre (1988)	2 »	
	d. Id., n° rouge type b au verso (Gomme brillante, jaunâtre (1988)	5 »	

Sans bandes de phosphore.

2375a	1 f. 80	11 »	
2376f	2 f. 20 (I)	4 »	
2376g	2 f. 20 (II)	40 »	
2379e	2 f. 20	10 »	
2379f	Id. nº rouge au verso	20 »	

Pour le 2 f. 20 rouge dentelé sur 3 côtés voir au nº 2427.

Le 2 f. 20 a été imprimé en 1987, avec vignette attenante pour annoncer l'exposition philatélique mondiale "Philexfrance'89" (nº 2461), puis en 1988, sur un timbre de grand format horizontal (nº 2524).

Le 2 f. 20 a en outre été surchargé, en 1988, en ÉCU (nº 2530).

1985. - *Tricentenaire de la révocation de l'Édit de Nantes : accueil des Huguenots. Taille-douce. Dentelé 13.*

La croix huguenote, emblème des Huguenots accueillis en tous pays du "Refuge".

2380	2 f. 50, brun, rouge et bleu	1 25	0 65
	a. (Non dentelé)	20 »	

Tirage : 10 000 000.

1985. - *Série artistique.Héliogravure (Nº 2381) et taille-douce (Nºs 2382 et 2383). Dentelés 12½-13.*

"L'égaré", Oeuvre de Dubuffet.

2381	5 f. multicolore	3 »	1 25
	a. (Non dentelé)	70 »	

Oeuvre de Pierre Alechinsky.

2382	5 f. vert clair, rouge et noir	3 »	1 25
	a. (Non dentelé)	70 »	

"Le chien", sculpture par Alberto Giacometti.

2383	5 f. olive clair et noir	3 »	1 25
	a. (Non dentelé)	80 »	

Tirages : 6 000 000 chacun.

1985. - *Flore et faune de France (III). Arbres. Dentelés 13.*

Fagus sylvatica.

Ulmus montana.

2384	1 f. multicolore	0 65	0 30
2385	2 f. multicolore	1 25	0 30

Quercus pedunculata.

Picea abies.

2386	3 f. multicolore	1 60	0 80
2387	5 f. multicolore	2 50	0 60
	Nºs 2384 à 2387 (4 val.)	6 »	2 »
	La série, non dentelée	110 »	

Tirages : 8 000 000 de chaque valeur.

1985. - *Série touristique. Dentelé 13.*

Solutré.

2388	3 f. 90, brun, bleu et rouge	2 »	0 50
	a. (Non dentelé)	15 »	

Tirage : 12 000 000.

1985. - *La France à ses morts. 65e anniversaire de l'inhumation du Soldat inconnu sous l'Arc de Triomphe. Dentelé 13.*

Allégorie.

2389 1 f. 80, rouge violacé, brun clair et noir 1 » 0 30
a. (Non dentelé) 14 »
Tirage : 12 000 000.

1985. - *Hommage à Charles Dullin. Dentelé 13.*

Portrait.

2390 3 f. 20, noir et bleu 1 50 0 65
a. (Non dentelé) 14 »
Tirage : 7 000 000.

1985. - *La documentation française. Dentelé 13.*

Livre et planisphère, clavier d'ordinateur.

2391 2 f. 20, noir et rouge 1 » 0 30
a. (Non dentelé) 15 »
Tirage: 15 000 000.

1985. - *Au profit de la Croix-rouge. Retable d'Issenheim Colmar. Dentelé 12½ x 13.* ⓒ

2392 2 f. 20+50 c. multicolore 1 25 1 »
a. (Dentelé 13½ x 13) 1 25 1 »
b. (Non dentelé) 40 »
Tirage : 3 500 000.

A été aussi émis en carnets (tirage : 600 000 carnets). Le n° 2392a provient des carnets.

1985
Du N° 2347 au N° 2392
(sauf bandes-carnets, paires et triptyques) =
46 timbres **76 ⊙39

Autres rubriques de l'année :
Poste aérienne 58
Préoblitérés 186 à 189
Service 85 à 90

1986. - *Tricentenaire des relations diplomatiques avec la Thaïlande. Emission conjointe France-Thaïlande. Taille-douce. Dentelé 13.*

Les émissaires du Roi de Siam présentant à Louis XIV leurs lettres de créance.

2393 3 f. 20, rouge violacé et noir 1 70 0 80
a. (Non dentelé) 17 »

Tirage : 5 658 008.

La Thaïlande a émis simultanément sur ce sujet deux figurines de 2 b. et 8 b. 50 (n°s 1131/32).

A compter du 1-1-1986, nous indiquons sous "Tirage" les chiffres de vente.

1986. - *Cinquantenaire du Front populaire. Héliogravure. Dentelé 13.*

"Les Loisirs", d'après Fernand Léger.

2394 2 f. 20, multicolore 1 » 0 30
a. (Non dentelé) 30 »

Tirage : 15 465 238.

1986. - *Carnaval. Venise à Paris. Héliogravure. Dentelé 12½ x 13.*

Tour Eiffel et masques.

2395 2 f. 20, multicolore et or 1 » 0 30
a. (Non dentelé) 25 »
b. (Tour Eiffel jaune au lieu de verte) 20 »

Tirage : 14 456 244.

1986. - *Personnages célèbres. Physicien, chimistes et ingénieurs. Taille-douce. Dentelés 13.* Ⓒ

François Arago, physicien (1786-1853).

Henri Moissan, chimiste (1852-1907).

2396 1 f. 80+40 c. gris, bleu et vert 1 » 1 »
2397 1 f. 80+40 c. gris, bleu et vert 1 » 1 »

Henri Fabre, ingénieur (1882-1984).

Marc Seguin, ingénieur (1786-1875).

Paul Héroult, chimiste (1863-1914).

2398 1 f. 80+40 c. gris, bleu et vert 1 » 1 »
2399 2 f. 20+50 c. gris, vert et bleu 1 25 1 25
2400 2 f. 20+50 c. gris, vert et bleu 1 25 1 25
Nos 2396 à 2400 (5 val.) 5 50 5 50
La série, non dentelée 92 »

Ont été aussi émis en carnets (tirage : 1 224 392).

La bande (format horizontal) destinée à la confection de carnets et comprenant les timbres 2396 à 2400 est disposée comme suit (de gauche à droite) : guillochis, vignette, 2396, 2399, 2397, 2400, 2398, vignette.

BC2400A La bande-carnet non pliée 6 » 6 »

Voir après le n° 2360 la présentation de la bande.

Tirages : 1 727 727, 1 705 385, 1 737 701, 1 727 204 et 1 677 350.

1986. - *Série touristique. Taille-douce. Dentelés 13.*

Monument mégalithique de Filitosa (Corse du Sud).

Château de Loches.

2401 1 f. 80, multicolore 1 » 0 30
2402 2 f. bleu-gris et noir 1 10 0 70

Manoir normand, à Saint-Germain de Livet.

Cloître de Notre-Dame-en-Vaux, à Châlons-sur-Marne.

2403 2 f. 20, brun, bleu-gris et vert 1 10 0 50
2404 2 f. 50, brun et rouge 1 40 0 50
a. (Double frappe) 11 50

Bastide de Monpazier (Dordogne).

2405 3 f. 90, ocre-jaune et noir 2 40 1 »
Nos 2401 à 2405 (5 val.) 7 » 3 »
La série, non dentelée 80 »

Tirages : 9 690 496, 5 749 800, 12 197 138, 6 800 730 et 4 862 657.

1986. - *Hommage à Pierre Cot (1895-1977). Surtaxe. Taille-douce. Dentelé 13.*

Portrait de l'homme politique.

2406 2 f. 20+50 c. brun et noir 1 50 1 50
a. (Non dentelé) 17 »

Tirage : 1 750 000.

1986. - *La Typographie. Taille-douce. Dentelé 12½* x *13.*

Figure allégorique.

2407	5 f. noir et rouge	3 »	1 25
	a. (Non dentelé)	70 »	

Tirage : 5 014 497.

1986. - *Hommage aux Femmes. Taille-douce. Dentelé 13.*

Louise Michel (1830-1905).

2408	1 f. 80, noir et rouge	1 »	0 30
	a. (Non dentelé)	14 »	

Tirage : 13 258 357.

1986. - *La Villette, cité des Sciences et de l'Industrie. Dentelé 13.*

Vue d'une partie des aménagements.

2409	3 f. 90, multicolore	2 »	0 65
	a. (Non dentelé)	21 50	
	b. (Bleu foncé omis)	800 »	

Tirage : 7 191 188.

1986. - *Journée du Timbre. Taille-douce. Dentelé 13.*

Malle-poste Briska.

2410	2 f. 20+60 c. marron sur beige	1 40	1 25
	a. (Non dentelé)	23 »	

Tirage : 2 241 433.

1986. - *Idem. Timbre provenant de carnet.* Ⓒ

2411	2 f. 20+60 c. brun foncé sur jaune clair	1 50	1 40

La bande (format vertical) destinée à la confection de carnets comprend six n° 2411 plus deux vignettes.

BC2411A	La bande-carnet	9 »	9 »

Tirage : 1 011 328.

Voir après le n° 2360 la présentation de la bande.

1986. - *Centre des Hautes Etudes sur l'Afrique et l'Asie Modernes. Héliogravure. Dentelé 13.*

Carte des deux continents.

2412	3 f. 20, rouge, vert et noir	1 50	0 50
	a. (Non dentelé)	17 »	

Tirage : 5 744 816.

1986. - *Série artistique. Héliogravure. Dentelés 13* x *12½.*

"Skibet", de Maurice Estève.

2413	5 f. multicolore	3 »	1 25
	a. (Non dentelé)	70 »	

"Virginia", d'Alberto Magnelli.

2414	5 f. multicolore	3 »	1 40
	a. (Non dentelé)	70 »	
	b. (Légende absente)	2 850 »	

Tirages : 4 658 187 et 4 830 517.

1986. - *Année internationale de la Paix. Taille-douce. Dentelé 13.*

Portrait de Victor Basch (1863-1944), et emblème de l'année.

2415	2 f. 50, noir et vert clair	1 25	0 50
	a. (Non dentelé)	21 »	

Tirage : 7 101 440.

1986. - *Europa. Protection de la nature et de l'environnement. Mammifères. Taille-douce. Dentelés 13.*

Genette.

Petit rhinolophe.

2416	2 f. 20, noir et rouge	1 50	0 40
2417	3 f. 20, noir et rouge	2 »	0 80
	La paire, non dentelée	92 »	

Tirages : 12 106 214 et 6 187 592.

1986. - *Bicentenaire de la naissance de saint J.M.B. Vianney (1786-1859), curé d'Ars. Taille-douce. Dentelé 13.*

Portrait du Saint, vue de l'église.

2418	1 f. 80, brun, brun foncé et brun clair	1 »	0 30
	a. (Non dentelé)	23 »	

Tirage : 12 118 058.

1986. - *59ᵉ Congrès national de la Fédération des Sociétés philatéliques françaises, à Nancy. Taille-douce. Dentelé 13.*

La porte de la Craffe.

2419	2 f. 20, bleu-gris et vert	1 »	0 30
	a. (Non dentelé)	14 »	

Tirage : 11 889 017.

1986. - *Championnat du monde masculin de volley-ball. Taille-douce. Dentelé 13.*

2420	2 f. 20, violet, brun-lilas et rouge	1 »	0 50
	a. (Non dentelé)	23 »	

Tirage : 11 378 250.

1986. - *Centenaire de l'érection de la statue de la Liberté, à New York. Emission conjointe France-États-Unis. Taille-douce. Dentelé 13.*

Tête de la Statue.

2421	2 f. 20, bleu et rouge	1 »	0 30
	a. (Non dentelé)	58 »	

Les Etats-Unis ont émis simultanément une figurine au même type de 22 c. (nº 1672).

Voir également à la rubrique "Entiers postaux" (nº 2421-CP1).

Tirage : 21 562 605.

1986. - *Bicentenaire de la première ascension du Mont-Blanc (8 août 1786), par le guide Balmat et le Dr Paccard. Taille-douce. Dentelé 13.*

2422	2 f. bleu, bleu-vert et brun	1 »	0 65
	a. (Non dentelé)	23 »	

Tirage : 6 316 152.

1986. - *Type Liberté avec lettre A (valeur du tarif postal pour P.N.U. de 20 gr maximum : 1 f. 90 à compter du 1.8.86). 1 bande de phosphore. Taille-douce. Dentelé 13.*

2423	A = (1 f. 90), vert	1 »	0 30
	a. (Non dentelé)	11 50	
	c. (Antenne sur le front)	30 »	15 »

1986. - *Type Liberté. Une bande de phosphore à droite pour le 1 f. 90 et deux bandes pour les 2 f. 20 et 3 f. 40. Taille-douce. Dentelés 13.* Ⓒ

2424	1 f. 90, vert	1 50	0 15
2425	3 f. 40, bleu	2 »	1 »
	La paire, non dentelée	23 »	

Provenant de roulettes. Dentelés 13 horizontalement. Une bande de phosphore à gauche.

2426	1 f. 90, vert	1 50	0 50
	a. (N° rouge au verso)	3 »	
	Sans bande de phosphore.		
2423b	A = (1 f. 90)	4 »	
2424a	1 f. 90	14 »	
2426b	1 f. 90	61 »	

Provenant de carnets. Dentelés 13 sur 3 côtés. Deux bandes de phosphore.

2427	2 f. 20, rouge	1 25	0 30
	a. Paire verticale	3 »	2 30

1986. - *250ᵉ anniversaire des mesures d'arcs de méridien par Maupertuis, en Laponie. Emission conjointe franco-finnoise. Taille-douce. Dentelé 13.*

Compas ; effigies de Maupertuis et La Condamine.

2428	3 f. bleu et gris foncé	1 50	0 65
	a. (Non dentelé)	23 »	

Tirage : 6 185 949.

La Finlande a émis simultanément une figurine au même type de 1 m. 60 (n° 966).

L'Équateur a de son côté commémoré la partie équatoriale de cet événement scientifique.

1986. - *Série "Nature de France" (IV). Minéraux. Taille-douce. Dentelés 13.*

Marcassite.

Quartz.

2429	2 f. jaune, noir et lilas	1 10	0 30
2430	3 f. bleu clair, noir et lilas	1 40	0 30

Calcite.

Fluorite.

2431	4 f. brun clair, noir et lilas	2 »	1 »
2432	5 f. turquoise, noir et lilas	2 50	0 80
	N°s 2429 à 2432 (4 val.)	7 »	2 40
	La série, non dentelée	125 »	

Tirages : 6 589 906, 5 803 786, 4 787 581 et 5 014 583.

1986. - *Cinquantenaire de la cinémathèque française. Héliogravure. Dentelés 13 x 13½.* BF *n° 9.*

Louis Feuillade - "Les vampires".

Max Linder.

2433	2 f. 20, noir et gris	1 50	1 25
2434	2 f. 20, noir et gris	1 50	1 25

Sacha Guitry - "Le roman d'un tricheur".

Jean Renoir - "La grande illusion".

2435	2 f. 20, noir et gris	1 50	1 25
2436	2 f. 20, noir et gris	1 50	1 25

Marcel Pagnol - "La femme du boulanger".

Jean Epstein - "La glace à trois faces".

2437	2 f. 20, noir et gris	1 50	1 25
2438	2 f. 20, noir et gris	1 50	1 25

René Clair - "Les belles de nuit".

Jean Grémillon - "Gueule d'amour".

2439	2 f. 20, noir et gris	1 50	1 25
2440	2 f. 20, noir et gris	1 50	1 25

Jacques Becker - "Casque d'or".

François Truffaut - "L'enfant sauvage".

2441	2 f. 20, noir et gris	1 50	1 25
2442	2 f. 20, noir et gris	1 50	1 25
	Nos 2433 à 2442 (10 val.)	15 »	12 50

Emis uniquement en feuillet.

Tirage : 2 364 800 feuillets.

1986. - *Centenaire de la naissance d'Henri Alain-Fournier (1886-1914). Taille-douce. Dentelé 13.*

Illustration du livre "Le Grand Meaulnes".

2443	2 f. 20, noir et rouge	1 »	0 50
	a. (Non dentelé)	18 50	

Tirage : 14 854 238.

1986. - *Centenaire de l'enseignement technique. Taille-douce. Dentelé 13.*

Circuit imprimé, profil féminin, équerre et rapporteur.

2444	1 f. 90, violet et rose carminé	1 »	0 30
	a. (Non dentelé)	14 »	

Tirage : 14 645 588.

1986. - *Conférence mondiale de l'énergie, à Cannes. Héliogravure. Dentelé 13.*

Symbole.

2445	3 f. 40, bleu foncé, rose et rouge	1 70	0 80
	a. (Gomme tropicale)	3 »	
	b. (Non dentelé)	15 »	

Tirage : 6 990 654.

1986. - *Série artistique. Taille-douce et héliogravure. Dentelés 12½-13.*

"Portrait d'Isabelle d'Este", de Léonard de Vinci.

2446	5 f. jaune clair et brun	3 »	1 10
	a. (Non dentelé)	80 »	

"La danseuse", de Jean Arp.

2447	5 f. multicolore	3 »	1 10
	a. (Non dentelé)	70 »	

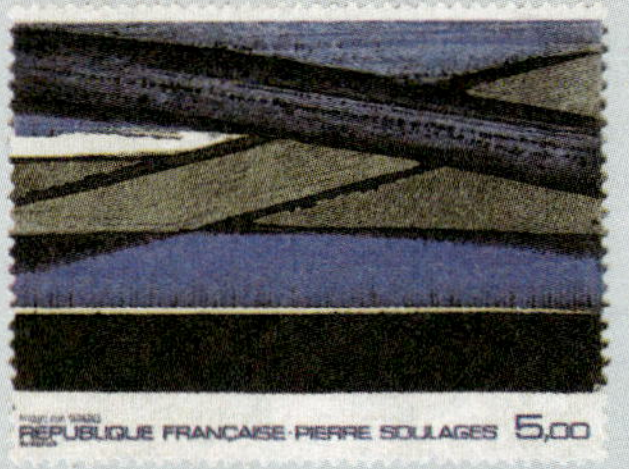

Oeuvre de Pierre Soulages.

2448	5 f. violet, gris et noir	3 »	1 10
	a. (Non dentelé)	70 »	

Tirages : 4 743 992, 4 751 615 et 4 839 227.

1986. - *Au profit de la Croix-Rouge. Vitrail de Vieira da Silva (église Saint-Jacques de Reims, Marne). Héliogravure. Dentelé 12½ x 13.* [c]

2449	2 f. 20+60 c. gris, noir et rouge	1 40	1 10
	a. (Dentelé 13 x 13½)	1 60	1 25
	b. (Non dentelé)	46 »	

Tirage : 1 900 058.

A été aussi émis en carnets (tirage : 637 434). Le n° 2449a provient des carnets.

1986. - *Les Musées techniques de Mulhouse. Taille-douce. Dentelé 13.*

Automobile, locomotive et étoffe imprimée.

2450	2 f. 20, noir, rouge et bleu	1 25	0 50
	a. (Non dentelé)	30 »	

Tirage : 15 696 071.

1986. - *Inauguration du Musée d'Orsay. Héliogravure. Dentelé 13.*

Façade du bâtiment.

2451	3 f. 70, bleu clair sur bleu foncé	1 70	0 80
	a. (Non dentelé)	27 »	

Ce timbre porte le millésime "1987".

Tirage : 8 715 853.

1986
Du N° 2393 au N° 2451
(sauf bandes-carnets, paires et triptyques) =
59 timbres ****93** **⊙48**

Autres rubriques de l'année :

Poste aérienne 59
Bloc-feuillet 9
Préoblitérés 190 à 193
Service 91 à 95

1987. - *Hommage à Fulgence Bienvenüe (1852-1936), créateur du métropolitain de Paris. Taille-douce. Dentelé 13.*

Portrait, et rame de métro.

2452	2 f. 50, brun, vert et violet	1 25	0 50
	a. (Non dentelé)	30 »	

Tirage : 6 898 795.

1987. - *Hommage à Raoul Follereau (1903-1977), "père" des lépreux. Taille-douce. Dentelé 13.*

Portrait.

2453	1 f. 90, vert foncé et vert clair	1 »	0 30
	a. (Non dentelé)	15 »	

Tirage : 13 187 607.

1987. - *Personnages célèbres médecins et biologistes. Taille-douce. Gomme tropicale. Dentelés 13.* [C]

Charles Richet, physiologiste (1850-1935). Prix Nobel 1913.

Eugène Jamot, médecin (1879-1937).

2454	1 f. 90+50 c. bleu-gris	1 »	1 »
2455	1 f. 90+50 c. violet-brun	1 »	1 »

Bernard Halpern, immunologiste (1904-1978).

Alexandre Yersin, microbiologiste (1863-1943).

2456	1 f. 90+50 c. gris-vert	1 »	1 »
2457	2 f. 20+50 c. gris-vert	1 10	1 10

Jean Rostand, biologiste et écrivain (1894-1977).

Jacques Monod, biologiste (1910-1976). Prix Nobel 1965.

2458	2 f. 20+50 c. bleu-gris	1 10	1 10
2459	2 f. 20+50 c. violet-brun	1 10	1 10
	N°s 2454 à 2459 (6 val.)	6 30	6 30
	La série, non dentelée	80 »	

Gomme brillante.

	N°s 2454a à 2459a (6 val.)	10 »	

Ont été aussi émis en carnets (tirage : 1 112 598). Les 2454a à 2459a proviennent des carnets.

La bande (format vertical), destinée à la confection de carnets et comprenant les timbres n°s 2454a à 2459a est disposée comme suit (de haut en bas).

Vignette, 2454a, 2457a, 2455a, 2458a, 2456a, 2459a, vignette.

BC2460	La bande-carnet non pliée	10 »	10 »

Voir après le n° 2360 la présentation de la bande.

Tirages : 1 597 149, 1 588 002, 1 599 507, 1 593 116, 1 600 228 et 1 599 816.

1987. - *"Philexfrance'89" : exposition philatélique mondiale, à Paris, du 7 au 17 juillet 1989. T.-P. de 1985 émis attenant à une vignette sans valeur comportant une adaptation du logotype de l'exposition. Dentelé 13.*

2461	2 f. 20, rouge (2376)	1 »	0 30
	a. (Non dentelé)	46 »	

Ce timbre a été émis en feuilles de 50 figurines, attenant chacune à une vignette.

Est connu sans bandes de phosphore.

Tirage : 19 866 306.

1987. - *Série touristique. Taille-douce (n°s 2462, 2464, 2465 et 2466) et héliogravure (n° 2463). Dentelés 13 (n°s 2462, 2463, 2464, 2466) et 13 x 12½ (n° 2465).*

Redon. Clocher de l'abbatiale.

Vue d'Étretat, d'après E. Delacroix.

2462	2 f. 20, noir, brun et violet	1 »	0 30
2463	2 f. 20, multicolore	1 »	0 65

Château d'Azay-le-Rideau.

Les Baux de Provence.

2464	2 f. 50, turquoise et olive	1 40	0 65
2465	3 f. brun et violet	1 60	0 50

Les Côtes de Meuse.

2466	3 f. 70, brun-rouge, violet et bleu-gris	2 »	1 90
	N°s 2462 à 2466 (5 val.)	7 »	4 »
	La série, non dentelée	80 »	

Tirages : 10 372 259, 15 214 784, 6 734 412, 5 472 387 et 6 020 150.

1987. - *Série "Métiers d'art". La coutellerie Thiers. Taille-douce. Dentelé 13.*

Emouleur au travail.

2467 1 f. 90, noir et rouge foncé 1 » 0 30
a. (Non dentelé) 14 »

Tirage : 11 314 323.

1987. - *Journée du Timbre. Taille-douce. Dentelé 13.*

Berline.

2468 2 f. 20+60 c. brun sur beige clair 1 40 1 10
a. (Non dentelé) 23 »

Tirage : 2 165 203.

1987. - *Idem. Timbre provenant de carnet.* [C]

2469 2 f. 20+60 c. bleu sur bleu clair 1 50 1 25

La bande (format vertical) destinée à la confection de carnets comprend six n° 2469 plus deux vignettes.

BC2469A La bande-carnet 9 » 9 »

Tirage : 972 323.

Voir après le n° 2360 la présentation de la bande.

1987. - *Centenaire de la naissance de Le Corbusier (1887-1965), architecte et urbaniste. Héliogravure. Dentelé 13 x 12½.*

Le "Modulor".

2470 3 f. 70, noir, rouge, bleu et brun clair 1 50 0 65
a. (Non dentelé) 25 »

Tirage : 6 522 477.

1987. - *Europa. Architecture moderne. Taille-douce. Dentelés 13.*

"57 métal" Boulogne-Billancourt.

Rue Mallet-Stevens Paris 16e.

2471 2 f. 20, bleu et vert 1 50 0 70
2472 3 f. 40, brun et vert 2 » 0 90
La paire, non dentelée 80 »

Tirages : 10 649 881 et 5 344 668.

1987. - *Série artistique. Héliogravure et taille-douce. Dentelés 13 x 12½.*

Oeuvre de Bram Van Velde (1895-1981).

2473 5 f. multicolore 3 » 1 25
a. (Non dentelé) 70 »

"Femme à l'ombrelle", d'Eugène Boudin (1824-1898).

2474 5 f. multicolore 3 » 1 85
a. (Non dentelé) 70 »

Tirages : 4 855 255 et 4 472 074.

1987. - *Centenaire de la naissance de l'écrivain Henri Pourrat (1887-1959). Taille-douce. Dentelé 13.*

Illustration de "Gaspard des Montagnes".

2475 1 f. 90, brun et vert 1 » 0 30
a. (Non dentelé) 14 »

Tirage : 9 194 800.

1987. - *60ᵉ Congrès national de la Fédération des Sociétés philatéliques françaises, à Lens. Taille-douce. Dentelé 13.*

2476 2 f. 20, rouge et brun 1 » 0 50
a. (Non dentelé) 14 »

Tirage : 9 072 088.

1987. - *70ᵉ anniversaire de l'entrée en guerre des États-Unis, lors de la 1ʳᵉ Guerre mondiale. Taille-douce. Dentelé 13.*

Général Pershing, soldats, drapeau.

2477 3 f. 40, vert, rouge et bleu 1 70 1 »
a. (Non dentelé) 40 »

Tirage : 5 632 166.

1987. - *Millénaire de l'avènement d'Hugues Capet. Offset. Dentelé 13.*

Sceau et cathédrale de Noyon.

2478 1 f. 90, bleu clair et noir 1 » 0 65
a. (Non dentelé) 15 »

Tirage : 6 365 174.

1987. - *Le Prytanée national militaire de la Flèche (Sarthe). Taille-douce. Dentelé 13.*

Bâtiment principal et portail d'entrée.

2479 2 f. 20, vert, turquoise et brun clair 1 » 0 50
a. (Non dentelé) 15 »

Tirage : 9 121 641.

1987. - *6ᵉ Congrès international des transports à câbles, à Grenoble. Héliogravure. Dentelé 13.*

Chaîne de nacelles sur fond montagneux.

2480 2 f. bleu, noir et vert 1 » 0 80
a. (Non dentelé) 15 »
b. (vert omis) 4 200 »

Tirage : 7 225 043.

1987. - *Rassemblement mondial des "Pieds-Noirs" : Nice 25 ans après. Héliogravure. Dentelé 13.*

2481 1 f. 90, bleu, rouge, noir et gris 1 » 0 65
a. (Non dentelé) 17 »

Tirage : 5 582 608.

1987. - *Championnats du monde de lutte, à Clermont-Ferrand. Dentelé 13.*

Mappemonde et lutteurs.

2482 3 f. brun clair, gris et violet 1 50 0 80
a. (Non dentelé) 30 »

Tirage : 5 514 618.

1987. - *Type Liberté avec lettre B. (Valeur du tarif postal pour P.N.U. de 20 g maximum : 2 F à compter du 1.8.87). Une bande de phosphore. Taille-douce. Dentelé 13.*

2483 B = (2 f.) vert 1 » 0 30
a. (Non dentelé) 11 50

1987. - *Type Liberté. Une bande de phosphore à droite pour le 2 f., deux bandes pour les 3 f. 60 et 3 f. 70. Taille-douce. Dentelés 13.*

2484	2 f. vert	1 »	0 15
2485	3 f. 60, bleu	1 50	0 65
	a. (papier couché)	15 »	
2486	3 f. 70, rose	1 50	0 50
	a. (Une bande de phosphore à droite)	4 »	0 80
	La série, non dentelée	35 »	

Provenant de roulettes. Dentelés 13 horizontalement. Une bande de phosphore à droite.

2487	2 f. vert	1 25	0 60
	a. (N° rouge au verso)	1 60	
	b. 2 f. vert (Gomme brillante jaunâtre (1988)	3 »	
	c. Id. n° rouge au verso (Gomme brillante jaunâtre (1988)	6 »	

Sans bandes de phosphore.

2483b	B = (2 f.)	25 »
2484a	2 f.	46 »
2486b	3 f. 70	85 »
2487d	2 f.	12 50

1987. - *Flore et faune de France (V). Champignons. Taille-douce. Dentelés 12½.*

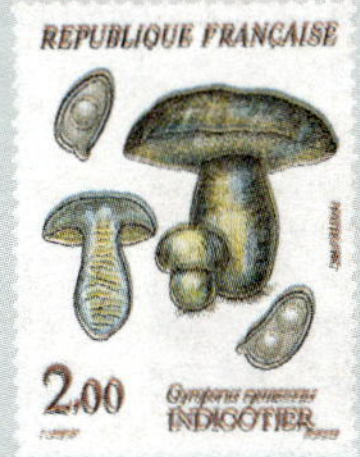

Indigotier (Gyroporus cyanescens).

Chanterelle violette (Gomphus clavatus).

2488	2 f. bleu, jaune et brun	1 10	0 30
2489	3 f. violet, jaune et bistre	1 40	0 50

Morille conique (Morchella conica).

Palomet (Russula virescens).

2490	4 f. brun, jaune et noir	2 »	1 40
2491	5 f. vert, brun et noir	2 50	1 »
	N°s 2488 à 2491 (4 val.)	7 »	3 20
	La série, non dentelée	125 »	

Tirages : 7 898 588, 6 173 011, 4 947 838 et 6 074 754.

1987. - *900e anniversaire de la mort de Guillaume le Conquérant. Taille-douce. Dentelé 13.*

Guillaume et ses frères (d'après la tapisserie de Bayeux).

2492	2 f. brun, rouge et vert	1 »	0 50
	a. (Non dentelé)	20 »	

Tirage : 6 985 275.

1987. - *Série artistique. Héliogravure (n° 2493) et taille- douce (n° 2494). Dentelés 12½-13.*

Oeuvre de Camille Bryen, "Précambrien".

2493	5 f. multicolore	3 »	1 25
	a. (Non dentelé)	70 »	

Oeuvre d'Antoine Pevsner, "Monde".

2494	5 f. brun, beige rosé et noir	3 »	1 25
	a. (Non dentelé)	70 »	

Tirages : 5 126 658 et 5 175 365.

1987. - *Montbenoît, "capitale" de la "République" du Saugeais. Taille-douce. Dentelé 13.*

Les fondateurs ; chapiteaux du cloître ; les 24 heures des neiges.

2495	2 f. 50, bleu, rouge et bleu-noir	1 25	0 65
	a. (Non dentelé)	14 »	

Tirage : 6 633 075.

1987. - *Centenaire de l'Institut Pasteur. Taille-douce. Dentelé 13.*

L'entrée principale.

2496 2 f. 20, rouge et bleu 1 » 0 30
a. (Non dentelé) 15 »

Tirage : 14 197 436.

Voir également à la rubrique "Entiers postaux" (nº 2496-CP1).

1987. - *Centenaire de la naissance de Blaise Cendrars (1887-1961). Taille-douce. Dentelé 12½.*

Portrait du poète et écrivain, d'après Modigliani.

2497 2 f. gris, vert et jaune 1 » 0 50
a. (Non dentelé) 30 »

Tirage : 13 691 216.

1987. - *Au profit de la Croix-Rouge. Retable de la Chartreuse de Champmol. Héliogravure. Dentelé 12½ x 13.* ⓒ

"La fuite en Égypte", de Melchior Broederlam.

2498 2 f. 20+60 c. multicolore 1 25 1 »
a. (Dentelé 13½ x 13) 1 40 1 10
b. (Non dentelé) 42 »

Tirage : 2 098 021.

A été aussi émis en carnets (tirage : 728 126). Le nº 2498a provient des carnets.

1987. - *40ᵉ anniversaire de la mort du Général Leclerc, Maréchal de France (1902-1947). Taille-douce. Dentelé 13.*

Portrait, char et monuments.

2499 2 f. 20, brun, brun clair et gris 1 25 0 30
a. (Non dentelé) 20 »

Tirage : 13 961 416.

1987. - *1400ᵉ anniversaire du Traité d'Andelot. Taille-douce. Dentelé 13.*

Gontran, Chilpéric II et Brunehaut, sur fond de parchemin.

2500 3 f. 70, bleu foncé, gris et bleu clair 1 85 0 65
a. (Non dentelé) 15 »

Tirage : 6 526 313.

1987
Du Nº 2452 au Nº 2500
(sauf bandes-carnets, paires et triptyques) =
48 timbres **71 ⊙36

Autres rubriques de l'année :

Poste aérienne 60

Préoblitérés 194 à 197

Service 96 à 99

1988. - *25ᵉ anniversaire du traité sur la coopération franco-allemande. Émission conjointe France-R.F.A. Taille-douce. Dentelé 13.*

Portraits du Chancelier Adenauer et du Général De Gaulle.

2501 2 f. 20, noir et violet-brun 1 50 0 50
a. (Non dentelé) 30 »

Tirage : 19 736 659.

La R.F.A. a émis simultanément une figurine au même type de 80 p. (nº 1183).

1988. - *Hommage à Marcel Dassault (1892-1986). Taille-douce. Dentelé 13.*

Portrait de l'avionneur et avions.

2502 3 f. 60, bleu-rouge et brun 2 » 0 80
a. (Non dentelé) 28 »

Tirage : 5 129 018.

1988. - *"La Communication", vue par 12 auteurs de bandes dessinées français, lauréats du "Grand Prix" du Festival d'Angoulême. Multicolores. Héliogravure. Dentelés 13½ x 13.* ©

Pellos.

Reiser.

2503 2 f. 20, multicolore 1 » 0 80
2504 2 f. 20, multicolore 1 » 0 80

Marijac.

Fred.

2505 2 f. 20, multicolore 1 » 0 80
2506 2 f. 20, multicolore 1 » 0 80

Giraud-Moebius.

Gillon.

2507 2 f. 20, multicolore 1 » 0 80
2508 2 f. 20, multicolore 1 » 0 80

Brétécher.

Forest.

2509 2 f. 20, multicolore 1 » 0 80
2510 2 f. 20, multicolore 1 » 0 80

Mezières.

Tardi.

2511 2 f. 20, multicolore 1 » 0 80
2512 2 f. 20, multicolore 1 » 0 80

Lob.

Bilal.

2513 2 f. 20, multicolore 1 » 0 80
2514 2 f. 20, multicolore 1 » 0 80
Nos 2503 à 2514 (12 val.) 12 » 9 60

Emis uniquement en carnets.

Tirage : 3 252 778.

Voir également à la rubrique "Prêt-à-Poster" (nº 2514-E1).

La bande (format vertical) destinée à la confection de carnets.

BC2515 La bande-carnet non pliée 12 » 10 »
a. (Non dentelé) 275 »

1988. - *La Grande Synagogue de la rue de la Victoire, à Paris. Offset. Dentelé 13.*

2516 2 f. noir et or 1 » 0 50
a. (Non dentelé) 23 »
b. (Double impression) 270 »

Tirage : 13 680 577.

1988. - *Personnages célèbres. Grands navigateurs français. Buste et carte de leurs périples. Taille-douce. Dentelés 13.* ©

Duquesne (1610-1688).

Suffren (1729-1788).

2517 2 f.+50 c. noir, bleu clair et marron clair 1 » 1 »
2518 2 f.+50 c. noir, bleu clair et marron clair 1 » 1 »

La Pérouse (1741-1788). La Bourdonnais (1699-1753).

2519 2 f.+50 c. noir, bleu clair et marron clair 1 » 1 »

2520 2 f. 20+50 c. noir, bleu clair et marron clair 1 » 1 »

Bougainville (1729-1811). Dumont d'Urville (1790-1842).

2521 2 f. 20+50 c. noir, bleu clair et marron clair 1 » 1 »

2522 2 f. 20+50 c. noir, bleu clair et marron clair 1 » 1 »

Nos 2517 à 2522 (6 val.) 6 » 6 »

La série, non dentelée 110 »

Ont été aussi émis en carnets (tirage : 1 505 898).

La bande (format vertical) destinée à la confection de carnets et comprenant les timbres nos 2517 à 2522 est disposée comme suit (de haut en bas).

Vignette, 2517, 2520, 2518, 2521, 2519, 2522, vignette.

BC2523 La bande-carnet non pliée 6 » 6 »

a. (Méridiens estompés) 15 » 15 »

Tirages : 1 720 946, 1 771 611, 1 742 590, 1 731 475, 1 788 790 et 1 758 714.

1988. - *"Philexfrance'89". Exposition philatélique mondiale, à Paris, du 7 au 17 juillet 1989 (II). Taille-douce. Dentelé 13.*

"Liberté de Gandon" et logotype de l'exposition.

2524 2 f. 20, rouge, bleu et noir 1 » 0 30

a. (Non dentelé) 46 »

Tirage : 20 275 130.

1988. - *Journée du Timbre. Taille-douce. Dentelé 13.*

Voiture montée.

2525 2 f. 20+60 c. violet sur mauve clair 1 40 1 25

a. (Non dentelé) 23 »

Tirage : 2 122 028.

1988. - *Idem. Timbre provenant de carnet.* Ⓒ

2526 2 f. 20+60 c. brun sur beige clair 1 40 1 25

La bande (format vertical) destinée à la confection de carnets comprend six n° 2526 plus deux vignettes.

BC2526A La bande-carnet 8 » 8 »

Tirage : 1 049 374.

Voir après le n° 2360 la présentation de la bande.

1988. - *Centenaire de l'École nationale supérieure des P.T.T. Taille-douce. Dentelé 13.*

Mappemonde et enveloppe.

2527 3 f. 60, bleu, bleu-vert et brun 1 70 0 50

a. (Non dentelé) 17 »

Tirage : 4 752 194.

1988. - *En faveur du don du sang. Héliogravure. Dentelé 13.*

Goutte de sang.

2528 2 f. 50, noir, rouge et jaune 1 25 0 50

a. (Non dentelé) 23 »

Tirage : 5 649 234.

1988. - *"Philex-Jeunes 88". Exposition philatélique des jeunes, à Nevers. Taille-douce. Dentelé 13.*

"Timbres" représentant de jeunes collectionneurs et une vue de Nevers.

2529 2 f. rose, rouge, violet et bleu clair 1 » 0 30

a. (Non dentelé) 15 »

Tirage : 14 244 013.

1988. - *Série courante. Type Liberté. T.-P. de 1985 avec en surcharge valeur convertie en monnaie européenne (ECU).*

2530 0,31 ECU s. 2 f. 20, rouge (2376) 1 50 0 30
a. (Non dentelé) 14 »

1988. - *Europa. Transports et communication. Taille-douce. Dentelés 13.*

Câbles et Satellites.

Transports urbains de demain.

2531 2 f. 20, bleu-vert et gris 1 50 0 40
2532 3 f. 60, violet et noir 2 » 0 65
La paire, non dentelée 92 »

Tirages : 12 047 695 et 5 167 380.

1988. - *Centenaire de la naissance de Jean Monnet (1888-1979). Taille-douce. Dentelé 13.*

Portrait du "Père" de l'Europe.

2533 2 f. 20, gris-bleu, noir et brun 1 25 0 30
a. (Non dentelé) 28 »

Tirage : 13 676 133.

1988. - *61e Congrès de la Fédération des Sociétés philatéliques françaises, à Valence. Taille-douce. Dentelé 13.*

Sculptures, et vue de l'Hôtel de Ville.

2534 2 f. 20, ocre, bleu et bleu clair 1 » 0 50
a. (Non dentelé) 15 »

Tirage : 8 919 789.

1988. - *Assistance médicale internationale. Héliogravure. Dentelé 13.*

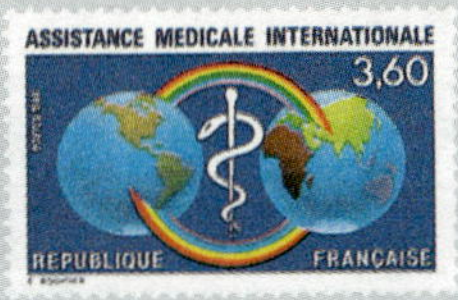

Arc-en-ciel, caducée et globe.

2535 3 f. 60, bleu, bleu clair, jaune et rouge 1 70 0 65
a. (Non dentelé) 15 »
b. (Sans le jaune sur l'Asie) » »

Tirage : 5 469 681.

1988. - *Accessibilité aux handicapés. Héliogravure. Dentelé 13.*

Illustration des difficultés d'accès pour les handicapés.

2536 3 f. 70, bleu-gris, bleu, vert et jaune 1 70 0 65
a. (Non dentelé) 15 »

Tirage : 5 375 689.

1988. - *Bicentenaire de la Révolution. "Philexfrance'89". Exposition philatélique mondiale, à Paris. Taille-douce. Dentelés 13 x 12½.*

Sujets : Tableaux d'Alexandre Debelle. 3 f. "L'Assemblée des 3 Ordres, à Vizille, en 1788" ; 4 f. "La journée des Tuiles, à Grenoble, en 1788".

2537 3 f. bleu, noir et rouge 1 40 1 25
2538 4 f. bleu, noir et rouge 1 70 1 40
2538A Le triptyque 3 35 3 »
a. (Idem. Non dentelé) 170 »

Tirage : 4 192 961.

1988. - *Série "Nature de France" (VI). Animaux de l'"Histoire naturelle", de Buffon. Taille-douce. Dentelés 13.*

Loutre.

Cerf.

2539 2 f. vert et noir 1 » 0 30
2540 3 f. rouge et noir 1 40 0 50

Renard.

Blaireau.

2541	4 f. violet et noir	1 90	1 »
2542	5 f. bleu et noir	2 30	0 70
	Nos 2539 à 2542 (4 val.)	6 60	2 50
	La série, non dentelée	92 »	

Tirages : 10 335 162, 5 731 452, 4 700 949 et 5 639 184.

1988. - *Centenaire des Troupes alpines. Taille-douce. Dentelé 13.*

Soldats en tenues de 1888 et 1988.

2543	2 f. 50, bleu-gris, rouge et bleu	1 50	0 80
	a. (Non dentelé)	15 »	

Tirage : 6 429 637.

1988. - *Centenaire de la naissance de Roland Garros (1888-1918). Taille-douce. Dentelé 13.*

Monoplan d'époque (vue et schémas).

2544	2 f. vert clair, vert et bleu	1 25	0 30
	a. (Non dentelé)	30 »	

Tirage : 11 033 695.

1988. - *Série touristique. Taille-douce. Dentelés 13 (nos 2545, 2546, 2547) et 13 x 12½ (no 2548).*

Musée du Bateau, à Douarnenez.

Château de Sedières.

2545	2 f. multicolore	1 »	0 30
2546	2 f. 20, brun, ardoise et bleu clair	1 »	0 50

Cirque de Gavarnie.

2547	3 f. violet, vert et brun	1 40	0 50

Hermès dicéphale (Haut Empire romain) Fréjus.

2548	3 f. 70, gris, bleu et rouge	1 60	1 »
	Nos 2545 à 2548 (4 val.)	5 »	2 30
	La série, non dentelée	85 »	

Tirages : 12 879 594, 11 838 961, 5 510 097 et 5 832 492.

1988. - *70e anniversaire de l'Armistice du 11 novembre 1918. Taille-douce. Dentelé 13.*

Soldats souriants sortant des tranchées.

2549	2 f. 20, gris clair, bleu et noir	1 25	0 30
	a. (Non dentelé)	23 »	

Tirage : 14 959 414.

1988. - *Série touristique. Taille-douce. Dentelé 13.*

Vue de Pérouges (Ain).

2550	2 f. 20, bleu-violet, vert et vert clair	1 »	0 30
	a. (Non dentelé)	15 »	

Tirage : 12 026 633.

1988. - *Série artistique. Année culturelle France-Danemark. Émission conjointe franco-danoise. Taille-douce. Dentelé 12½ x 13.*

"Hommage à Léon Degand", sculpture de Robert Jacobsen.

2551	5 f. noir et brun-rouge sur bleuté	3 »	1 55
	a. (Non dentelé)	70 »	

Tirage : 4 283 267.

Le Danemark a émis simultanément une figurine au même type de 4 k. 10 (n° 931).

1988. - *Bimillénaire de Strasbourg. Taille-douce. Dentelé 13.*

Armoiries.

2552	2 f. 20, bleu, or, rouge, gris et noir	1 »	0 30
	a. (Non dentelé)	20 »	

Tirage : 14 085 946.

1988. - *Série artistique. Taille-douce (n° 2553) et héliogravure (n° 2554). Dentelés 13 x 12½.*

Le Sépulcre Saint-Mihiel de Ligier-Richier.

2553	5 f. brun foncé	3 »	1 25
	a. (Non dentelé)	70 »	

"Composition", de Serge Poliakoff.

2554	5 f. multicolore	3 »	1 25
	a. (Non dentelé)	70 »	

Tirages : 4 046 917 et 4 124 399.

1988. - *Au profit de la Croix-rouge. 125ᵉ anniversaire de la Croix-Rouge. Taille-douce. Dentelé 12½ x 13.* [c]

Emblème.

2555	2 f. 20+60 c. noir, rouge et bleu	1 25	1 »
	a. (Dentelé 13½ x 13)	1 40	1 25
	b. (Non dentelé)	30 »	

Tirage : 1 891 561.

A été aussi émis en carnets (tirage : 806 609). Le n° 2555a provient des carnets.

1988. - *Le thermalisme. Taille-douce. Dentelé 13.*

Source stylisée ; curistes.

2556	2 f. 20, bleu, rouge et vert	1 »	0 30
	a. (2 f. 20, rouge au lieu de bleu)	600 »	
	b. ("aux doigts coupés")	60 »	
	c. (Non dentelé)	23 »	

N° 2556a est sur papier couché.
Tirage : 11 973 844.

1988. - *Série artistique. Émission conjointe franco-suisse. Oeuvre de Tinguely. Héliogravure. Dentelé 13 x 12½.*

"Meta".

2557	5 f. multicolore	3 »	1 50
	a. (Non dentelé)	80 »	

Tirage : 4 430 027.

La Suisse a émis simultanément une figurine au même type de 90 c. (n° 1308).

1988. - *Série artistique. Héliogravure. Dentelé 13 x 12½.*

Pietà de Villeneuve-lès-Avignon, par Enguerrand Quarton.

2558	5 f. multicolore et or	3 »	1 50
	a. (Non dentelé)	80 »	

Tirage : 4 753 456.

1988. - *40e anniversaire de la Déclaration universelle des Droits de l'Homme. Offset. Dentelé 13.*

Article 1er de la Déclaration.

2559	2 f. 20, bleu et turquoise	1 »	0 30
	a. (Non dentelé)	28 »	

Tirage : 7 655 416.

1988
Du N° 2501 au N° 2559
(sauf bandes-carnets, paires et triptyques) =
58 timbres **86 ⊙46

Autre rubrique de l'année :
Préoblitérés 198 à 201

1989. - *Bicentenaire de la Révolution. Héliogravure. Dentelé 13.*

Logotype de J.-M. Folon (Liberté, Égalité, Fraternité).

2560	2 f. 20, bleu et rouge	1 »	0 50
	a. (sans signature FOLON)	185 »	100 »
	b. (Non dentelé)	61 »	

Tirage : 42 232 940.

Voir également à la rubrique des Entiers Postaux (Aérogramme n° 1017).

1989. - *Série artistique. Oeuvre d'Yves Klein. Héliogravure. Dentelé 13 x 12½.*

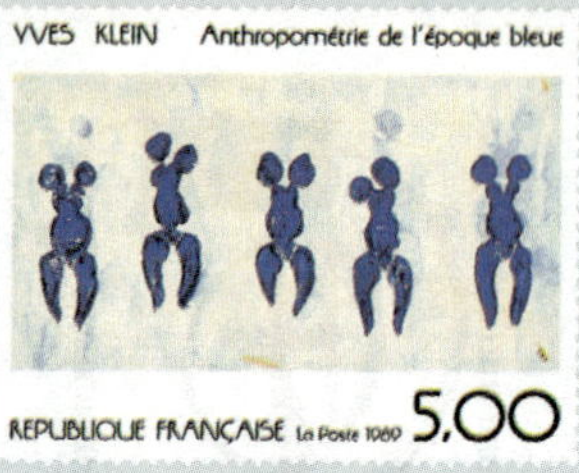

"Anthropométrie de l'époque bleue".

2561	5 f. bleu, noir et jaune clair	2 75	1 25
	a. (Non dentelé)	61 »	

Tirage : 4 410 474.

1989. - *Pour le bien des aveugles. Héliogravure. Dentelé 13.*

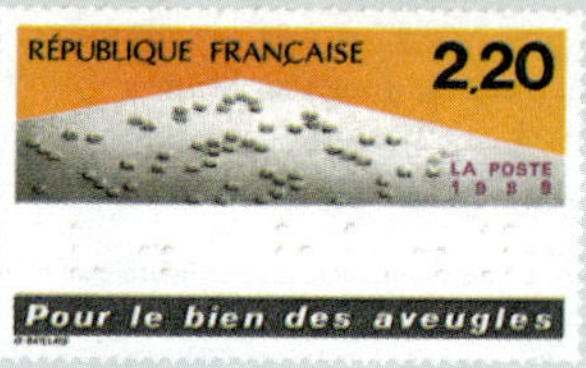

Texte en braille (V. Haüy).

2562	2 f. 20, orange, gris et bleu	1 »	0 50
	a. (Non dentelé)	23 »	
	b. (sans l'inscription en relief du braille)	3 500 »	

Tirage : 14 250 009.

1989. - *Centenaire de l'École Estienne (École supérieure des Arts et industries graphiques). Taille-douce. Dentelé 12½.*

2563	2 f. 20, noir et rouge sur gris	1 »	0 50
	a. (Non dentelé)	18 50	

Tirage : 9 765 711.

1989. - *Personnages célèbres de la Révolution. Taille-douce. Dentelés 13.* ⓒ

Sieyès (1748-1836).

Mirabeau (1749-1791).

2564	2 f. 20+50 c. rouge, bleu, noir et rose	1 10	1 10
2565	2 f. 20+50 c. rouge, bleu, noir et rose	1 10	1 10

Vicomte de Noailles (1756-1804). La Fayette (1757-1834).

2566	2 f. 20+50 c. rouge, bleu, noir et rose	1 10	1 10
2567	2 f. 20+50 c. rouge, bleu, noir et rose	1 10	1 10

Barnave (1761-1793). Drouet (1763-1824).

2568	2 f. 20+50 c. rouge, bleu, noir et rose	1 10	1 10
2569	2 f. 20+50 c. rouge, bleu, noir et rose	1 10	1 10
	Nos 2564 à 2569 (6 val.)	6 60	6 60
	La série, non dentelée	125 »	

Ont été aussi émis en carnets (tirage : 1 648 703).

La bande (format vertical) destinée à la confection de carnets comprend les timbres nos 2564 à 2569, dans l'ordre des numéros de haut en bas, encadrés de deux vignettes.

BC2570	La bande-carnet non pliée	7 »	7 »

Voir après le n° 2360 la présentation de la bande.

Tirages : 2 120 770, 2 036 369, 1 964 055, 1 983 435, 1 975 224 et 2 070 210.

1989. - *Vol franco-soviétique "C.N.E.S.-Glavcosmos-Intercosmos". Offset. Dentelé 13.*

Spationaute, engins spatiaux.

2571	3 f. 60, multicolore	2 »	0 80
	a. (Non dentelé)	42 »	

Tirage : 6 191 638.

La Russie a émis simultanément un timbre (n° 5567).

1989. - *3es élections au Parlement européen. Offset. Dentelé 13.*

Symbole.

2572	2 f. 20, multicolore	1 »	0 30
	a. (Non dentelé)	42 »	

Tirage : 11 100 939.

1989. - *Bicentenaire de la Révolution et de la Déclaration des Droits de l'Homme et du Citoyen. Taille-douce. Dentelés 12½ x 13.*

La Liberté. L'Égalité.

2573	2 f. 20, multicolore	1 »	0 50
2574	2 f. 20, multicolore	1 »	0 50

La Fraternité.

2575	2 f. 20, multicolore	1 »	0 50
	La série, non dentelée	160 »	

Idem - imprimés en bande horizontale de deux triptyques, attenant chacun à une vignette sans valeur (logo de "Philexfrance'89", Liberté, Egalité, Fraternité).

2576	Le triptyque, avec vignette	3 »	2 50
	a. (Non dentelé)	185 »	

Tirage : 4 899 857.
Tirages : 15 208 975, 14 889 763 et 14 825 534.

1989. - *Journée du Timbre. Taille-douce. Dentelé 13.*

Diligence Paris-Lyon.

2577	2 f. 20+60 c. bleu-gris sur bleu clair	1 40	1 10
	a. (Non dentelé)	30 »	

Tirage : 2 329 828.

1989. - *Idem. Timbre provenant de carnet.* ⓒ

2578 2 f. 20+60 c. violet sur mauve 1 40 1 10

La bande (format vertical) destinée à la confection de carnets comprend six n° 2578 plus deux vignettes.

BC2578A La bande carnet 8 » 8 »

Tirage : 1 145 898.

Voir après le n° 2360 la présentation de la bande.

1989. - *Panorama de Paris. Monuments de la Capitale. Multicolores. Taille-douce. Dentelés 13 x 12½.*

Imprimés se tenant horizontalement.

2579 2 f. 20 *(Arche de la Défense)* 1 25 1 »
2580 2 f. 20 *(Centenaire de la tour Eiffel)* 1 25 1 »
2581 2 f. 20 *(Pyramide du Grand Louvre)* 1 25 1 »
2582 2 f. 20 *(Notre-Dame)* 1 25 1 »
2583 2 f. 20 *(Opéra Bastille)* 1 25 1 »
N°s 2579 à 2583 (5 val.) 6 25 5 »
2583A La bande entière 6 25 6 »
a. (Non dentelée) 185 »

Tirage : 4 154 665.

Voir également à la rubrique "Entiers Postaux" (n°s 2579-CP1 à 2583-CP1).

1989. - *Europa. Jeux d'enfants. Taille-douce. Dentelés 13.*

La marelle.

Jeu de balle.

2584 2 f. 20, multicolore 2 » 0 45
2585 3 f. 60, multicolore 3 » 1 »
La paire, non dentelée 80 »

Tirages : 13 302 761 et 5 939 388.

1989. - *Série touristique. Taille-douce. Dentelés 13 (n°s 2586, 2588) et 13 x 12½ (n° 2587).*

Forêt de Fontainebleau.

2586 2 f. 20, vert, brun et orange 1 10 0 30

Château de Vaux-le-Vicomte.

2587 3 f. 70, olive et noir 1 85 0 80

Malestroit.

2588 3 f. 70, rouge et noir 1 85 0 65
La série, non dentelée 50 »

Tirages : 10 282 672, 5 581 100 et 6 602 565.

1989. - *Conférence des plénipotentiaires de l'U.I.T. (Union Internationale des Télécommunications), à Nice. Offset. Dentelé 13.*

Bâtiment et emblème.

2589 3 f. 70, bleu, orangé et rouge 1 70 0 50
a. (Non dentelé) 42 »

Tirage : 6 277 192.

1989. - *Championnats du monde de cyclisme. Offset. Dentelé 13.*

2590 2 f. 20, multicolore 1 40 0 30
a. (Non dentelé) 42 »

Tirage : 13 442 328.

1989. - *Bicentenaire de la Révolution et de la Déclaration des Droits de l'Homme et du Citoyen. Héliogravure. Dentelé 13 x 12½.*

"Le serment du Jeu de Paume" par David.

2591	5 f. multicolore	2 75	1 25
	a. (Non dentelé)	61 »	

Tirage : 5 459 534.

1989. - *Personnages célèbres de la Révolution. Taille-douce. Dentelés 13.* BF *nº 10.*

Antoine Caritat, marquis de Condorcet (1743-1794) ; philosophe et mathématicien.

Mme Roland (1754-1793).

2592	2 f. 20, multicolore	1 10	0 80
2593	2 f. 20, multicolore	1 10	0 80

Camille Desmoulins (1760-1794) ; avocat et journaliste.

François-Christophe Kellermann, Maréchal de France, Duc de Valmy (1735-1820).

2594	2 f. 20, multicolore	1 10	0 80
2595	2 f. 20, multicolore	1 10	0 80
	Nos 2592 à 2595 (4 val.)	4 40	3 20

Émis uniquement en feuillet.

Tirage : 3 616 296.

1989. - *Bicentenaire de la Révolution et de la Déclaration des Droits de l'Homme et du Citoyen. Taille-douce et offset. Dentelés 13 x 12½.* BF *nº 11.*

Sujets : Préambule et texte de la Déclaration, d'après peinture et gravure conservées au Musée Carnavalet. 2596, préambule ; article 1er ; 2597, articles II à VI ; 2598, articles VII à XI ; 2599, articles XII à XVII.

2596	5 f. multicolore	4 50	4 50
2597	5 f. multicolore	4 50	4 50
2598	5 f. multicolore	4 50	4 50
2599	5 f. multicolore	4 50	4 50
	Nos 2596 à 2599 (4 val.)	18 »	18 »

Émis uniquement en feuillet, vendu 50 f. (20 f. de valeur faciale et 30 f. de droit d'entrée permanent à l'Exposition "Philexfrance'89").

Tirage : 1 440 114.

1989. - *Sommet des pays industrialisés, à l'Arche de la Défense. Héliogravure. Dentelé 13.*

Logo de la Conférence.

2600	2 f. 20, multicolore	1 »	0 65
	a. (Non dentelé)	27 »	
	b. (ligne verte omise)	2 700 »	2 000 »

Tirage : 12 322 901.

1989. - *Série touristique. Taille-douce. Dentelé 13 x 12½.*

La Brenne.

2601	4 f. bleu	2 »	0 80
	a. (Non dentelé)	17 »	

Tirage : 4 666 010.

1989. - *Bicentenaire de la Déclaration des Droits de l'Homme et du Citoyen. Taille-douce. Dentelés 13 x 12½.*

Sujets : Faisceau de licteur et texte de la Déclaration. 2602, préambule et article premier ; 2603, articles II à VI ; 2604, articles VII à XI ; 2605, articles XII à XVII.

Pour les textes des n°s 2603 à 2605 se reporter aux clichés des n°s 2597 à 2599.

2602	2 f. 50, multicolore	1 10	1 »
2603	2 f. 50, multicolore	1 10	1 »
2604	2 f. 50, multicolore	1 10	1 »
2605	2 f. 50, multicolore	1 10	1 »
	N°s 2602 à 2605 (4 val.)	4 40	4 »

2605A	La bande, avec vignette	4 40	4 40
	a. (Idem, non dentelée)	155 »	

Imprimés se tenant horizontalement, et attenant à une vignette sans valeur (illustration et date de la Déclaration).

Tirage : 2 505 756 bandes.

1989. - *Série artistique. Héliogravure. Dentelé 12½ x 13.*

"Régates vent arrière", de Lapicque.

2606	5 f. multicolore	2 75	1 25
	a. (Non dentelé)	61 »	

Tirage : 4 791 363.

1989. - *Le TGV atlantique. Héliogravure. Dentelé 13.*

2607	2 f. 50, bleu, argent et rouge	2 »	0 50
	a. (Non dentelé)	46 »	

Tirage : 6 588 053.

1989. - *Centenaire du 1er tramway électrique, à Clermont-Ferrand. Taille-douce. Dentelé 13.*

2608	3 f. 70, marron clair et noir	2 »	0 50
	a. (Non dentelé)	30 »	

Tirage : 6 737 815.

1989. - *450e anniversaire de l'Ordonnance de Villers-Cotterêts sur le traitement des archives. Taille-douce. Dentelé 13.*

2609	2 f. 20, noir et rouge	1 »	0 50
	a. (Non dentelé)	15 »	

Tirage : 14 631 414.

1989. - *Bicentenaire de la naissance d'Augustin Cauchy (1789-1857), mathématicien. Taille-douce. Dentelé 13.*

Portrait, formule et courbes.

2610	3 f. 60, bleu-vert, rouge et noir	1 70	0 65
	a. (Non dentelé)	15 »	

Tirage : 5 332 706.

1989. - *Centenaire de la naissance du Maréchal de Lattre de Tassigny (1889-1952). Taille-douce. Dentelé 13.*

Portrait et devise.

2611	2 f. 20, rouge, noir et bleu	1 25	0 65
	a. (Non dentelé)	20 »	

Tirage : 14 188 987.

1989. - *Au profit de la Croix-Rouge. Motif d'une soierie de Lyon (XVIIIe siècle). Héliogravure. Dentelé 12½ x 13.* ©

Oiseau ; nid avec oisillons.

2612	2 f. 20+60 c. multicolore	1 25	1 10
	a. (Dentelé 13½ x 13)	1 40	1 25
	b. (Non dentelé)	35 »	

Tirage : 2 137 931.

A été aussi émis en carnets (tirage : 935 167). Le n° 2612a provient des carnets.

1989. - *Hommage aux Harkis, soldats de la France. Héliogravure. Dentelé 13.*

Profil d'un harki.

2613	2 f. 20, multicolore	1 25	0 30
	a. (Non dentelé)	18 50	

Tirage : 11 084 185.

1989. - *Type Marianne du Bicentenaire. Deux bandes de phosphore. Taille-douce. Dentelé 13.* ©

2614	2 f. 30, rouge	1 »	0 15
	b. (Non dentelé)	12 50	

Pour le 2 f. 30, provenant de carnets et de roulettes, voir ci-dessous après le n° 2626.

Sans bandes de phosphore.

2614c	2 f. 30	20 »

De nouvelles valeurs à ce type sont parues en 1990 (n°s 2617 à 2630), 1991 (n°s 2711 à 2720), 1992 (n° 2770), 1993 (n°s 2790, 2806 et 2807), 1994 (2873, 2874 et 2906).

1989
Du N° 2560 au N° 2614
(sauf bandes-carnets, paires et triptyques) =
54 timbres ****90** **⊙59**

Autres rubriques de l'année :

Blocs et feuillets 10 et 11
Préoblitérés 202 à 205
Service 100 et 101

1990. - *Type "Liberté" avec lettre C (valeur du tarif postal pour plis de 20 g maximum, à compter du 1er janvier 1990 : P.N.U. = 2 f. 10 ; Lettre = 2 f. 30). Une bande de phosphore à droite pour le timbre "C" vert, deux bandes pour le "C" rouge. Taille-douce. Dentelés 13.*

2615	C = (2 f. 10) vert	1 »	0 50
2616	C = (2 f. 30) rouge	1 »	0 50
	La paire, non dentelée	23 »	

1990. - *Type Marianne du Bicentenaire. Taille-douce. Dentelés 13.* ©

2617	10 c. bistre-noir	0 15	0 15
2618	20 c. émeraude	0 15	0 15
2619	50 c. violet-rouge	0 15	0 15
2620	1 f. orange	0 50	0 30
2621	2 f. vert clair	1 »	0 15
2622	2 f. 10, vert	1 »	0 15
2623	3 f. 20, bleu	1 70	1 »
2624	3 f. 80, rose	1 85	0 30
2625	5 f. bleu-vert	2 20	0 15
2626	10 f. violet	4 30	0 30
	N°s 2617 à 2626 (10 val.)	13 »	2 80
	La série, non dentelée	92 »	

Une bande de phosphore à droite pour les 10 c., 20 c., 50 c., 1 f., 2 f. et 2 f. 10. Deux bandes de phosphore pour les autres valeurs.

Sans bande de phosphore.

2618a	20 c.	15 »
2619a	50 c.	12 »
2620a	1 f.	10 »
2624a	3 f. 80	40 »

Provenant de carnets. Paires se tenant horizontalement. Dentelure horizontale souvent rognée.

2614a	2 f. 30+20 c.	13 »	11 »
2617a	10 c.+20 c.	7 »	6 »

Provenant de roulettes. Dentelés 13 horizontalement. Une bande de phosphore à droite pour le 2 f. 10, deux bandes pour le 2 f. 30.

2627	2 f. 10, vert	1 25	0 40
	a. (N° rouge au verso)	1 60	
2628	2 f. 30, rouge	1 50	0 40
	a. (N° rouge au verso)	1 60	

Provenant de carnets. Dentelés 13 sur 3 côtés. Deux bandes de phosphore.

2629 2 f. 30, rouge 2 30 0 30
a. Paire verticale 5 » 3 »

Provenant de carnets. Gommage adhésif. Non dentelé. Deux bandes de phosphore.

2630 2 f. 30, rouge 1 25 0 30

Ce numéro ainsi que les nos 2713, 2720, 2807 et 2824 sont non dentelés par précoupe droite entre les timbres.

Les timbres adhésifs doivent être conservés sur leur support papier.

1990. - *Métiers d'art. La dentelle. Taille-douce. Dentelé 13.*

Dentelle réalisée à la main.

2631 2 f. 50, rouge et rose 1 25 0 50
a. (Non dentelé) 15 »

Tirage : 6 793 697.

1990. - *"Albertville'92". Jeux olympiques d'hiver 1992, à Albertville (I). Héliogravure. Dentelé 13.*

Logo des jeux.

2632 2 f. 50, multicolore 1 25 0 30
a. (Non dentelé) 46 »

Tirage : 22 822 844.

1990. - *"Albertville'92" (II). Patinage artistique. Taille-douce. Dentelé 13.*

Logo, et couple de patineurs.

2633 2 f. 30+20 c. rouge, gris et bleu 1 25 1 »
a. (Non dentelé) 46 »

Tirage : 3 110 831.

A ce type est paru en 1992 un 2 f. 50+20 c. (no 2737).

1990. - *Centenaire de la naissance du Général de Gaulle (1890-1970). Taille-douce. Dentelé 13.*

Portrait.

2634 2 f. 30, bleu, violet et noir 1 50 0 50
a. bleu, violet-rose et noir 2 » 0 80
b. (Non dentelé) (2634) 50 »

Tirage : 27 279 272.

1990. - *Série artistique. Offset (no 2635) et taille-douce (nos 2636 et 2637). Dentelés 12½ x 13.*

"Profil de femme", d'Odilon Redon.

2635 5 f. multicolore 2 75 1 25
a. (Non dentelé) 61 »

"Cambodgienne assise", d'Auguste Rodin.

2636 5 f. bleu et ocre 2 75 1 25
a. (Non dentelé) 61 »

Tête de Christ de Wissembourg.

2637	5 f. jaune, bleu et rouge	2 75	1 25
	a. (Non dentelé)	61 »	

Tirages : 3 564 206, 4 991 667 et 4 625 323.

1990. - *Hommage à Max Hymans (1900-1961), résistant, homme d'Etat, organisateur d'Air-France. Dentelé 13.*

Portrait, avions, emblème d'Air-France.

2638	2 f. 30, lilas, olive et bleu	1 »	0 30
	a. (Non dentelé)	28 »	

Tirage : 11 295 930.

1990. - *Journée du Timbre. Les Métiers de la Poste. Héliogravure. Dentelé 13.*

Les services financiers. Chiffres, clavier, et regard d'un employé.

2639	2 f. 30+60 c. bleu et jaune	1 40	1 10
	a. (Non dentelé)	17 »	

Tirage : 1 974 379.

1990. - *Idem. Timbre provenant de carnet.* Ⓒ

2640	2 f. 30+60 c. bleu, jaune et vert	1 40	1 25

La bande (format vertical), destinée à la confection de carnets comprend six n° 2640 plus deux vignettes.

BC2640A	La bande carnet	8 »	8 »

Tirage : 1 069 529.

Voir après le n° 2360 la présentation de la bande.

1990. - *Centenaire de la naissance de Jean Guéhenno (1890-1978), écrivain, critique et polémiste. Taille-douce. Dentelé 13.*

2641	3 f. 20, brun sur crème	1 50	0 50
	a. (Non dentelé)	15 »	

Tirage : 5 873 958.

1990. - *Europa. Bâtiments postaux d'hier et d'aujourd'hui. Taille-douce. Dentelés 13.*

Bâtiment postal historique : Mâcon.

Bâtiment postal moderne : Cerizay.

2642	2 f. 30, brun, noir et bleu clair	1 50	0 90
2643	3 f. 20, brun, jaune et bleu	2 »	1 40
	La paire, non dentelée	80 »	

Tirages : 13 711 930 et 5 524 562.

1990. - *Centenaire du 1er Mai. Héliogravure. Dentelé 13.*

Manifestants avec banderoles.

2644	2 f. 30, multicolore	1 »	0 30
	a. (Non dentelé)	23 »	

Tirage : 15 915 063.

1990. - *L'Institut du Monde arabe. Taille-douce. Dentelé 13.*

Institut et "Tour des Livres".

2645	3 f. 80, bleu et rouge	1 85	0 65
	a. (Non dentelé)	15 »	

Tirage : 6 419 141.

1990. - *Au profit de la Croix-Rouge. Faïence de Quimper. Héliogravure. Dentelé 12½ x 13.* Ⓒ

Assiette avec bretonne en costume régional.

2646	2 f. 30+60 c. multicolore	1 40	1 10
	a. (Dentelé 13½ x 13)	1 60	1 25
	b. (Non dentelé)	30 »	

Tirage : 2 152 858.

A été aussi émis en carnets (tirage : 942 429). Le n° 2646a provient de carnets.

1990. - *63e Congrès de la Fédération des Sociétés philatéliques françaises, à Villefranche sur Saône. Taille-douce. Dentelé 13.*

Frises gothiques de Notre-Dame des Marais.

2647	2 f. 30, rouge, vert et noir	1 »	0 50
	a. (Non dentelé)	15 »	

Tirage : 14 582 552.

1990. - *Course autour du monde 1989-1990. Taille-douce. Dentelé 13.*

"La Poste" en course.

2648	2 f. 30, vert, bleu et jaune	1 »	0 30
	a. (Non dentelé)	30 »	

Tirage : 15 038 805.

Voir également à la rubrique "Entiers postaux" (n° 2648-CP1).

1990. - *Personnages célèbres. Grands noms de la chanson française. Héliogravure. Dentelés 13.* Ⓒ

Aristide Bruant.

Maurice Chevalier.

2649	2 f. 30+50 c. noir et rouge sur or	1 25	1 25
2650	2 f. 30+50 c. rose et noir sur or	1 25	1 25

Tino Rossi.

Edith Piaf.

2651	2 f. 30+50 c. bleu, rouge et jaune sur or	1 25	1 25
2652	2 f. 30+50 c. noir et rouge sur or	1 25	1 25

Jacques Brel.

Georges Brassens.

2653	2 f. 30+50 c. multicolore sur or	1 25	1 25
2654	2 f. 30+50 c. rouge, bleu et noir sur or	1 25	1 25
	Nos 2649 à 2654 (6 val.)	7 50	7 50
	La série, non dentelée	125 »	

Ont été aussi émis en carnets (tirage : 1 650 476).

La bande (format horizontal) destinée à la confection de carnets est disposée comme suit, de gauche à droite : deux vignettes (effigies des 6 personnages, réparties sur les 2 vignettes), timbres nos 2649 à 2654, dans l'ordre des numéros.

BC2655	La bande-carnet non pliée	8 »	8 »

Voir après le n° 2360 la présentation de la bande.

Tirages : 2 103 508, 2 123 638, 2 052 815, 2 164 172, 2 136 464 et 2 093 868.

1990. - *Cinquantenaire de l'Appel à la Résistance (Appel du 18 juin 1940). Taille-douce. Dentelé 13.*

Croix de Lorraine sur Marianne symbolique.

2656	2 f. 30, noir, rouge et bleu	1 25	0 30
	a. (Non dentelé)	42 »	

Tirage : 14 447 618.

1990. - *Série touristique. Taille-douce. Dentelé 13.*

Abbaye de Cluny.

Pont-canal de Briare.

2657	2 f. 30, bleu, orange et noir	1 »	0 50
2658	2 f. 30, bleu, noir et vert	1 »	0 50

Abbaye de Flaran (Gers).

Cap Canaille à Cassis.

2659	3 f. 80, brun et vert	2 »	0 65
2660	3 f. 80, bleu, violet et rouge-brique	2 »	0 65
	Nos 2657 à 2660 (4 val.)	6 »	2 30
	La série, non dentelée	61 »	

Tirages : 12 048 208, 15 818 595, 6 885 399 et 6 868 558.

1990. - *La Maison France-Brésil à Rio de Janeiro. Taille-douce. Dentelé 13.*

Vue aérienne.

2661	3 f. 20, multicolore	1 60	1 »
	a. (Non dentelé)	23 »	

Tirage : 5 211 605.

Ce timbre porte le millésime "1989".

Le Brésil a émis simultanément une figurine de 50 C. sur ce sujet (n° 1973).

1990. - *Cinquantenaire de l'Institut Géographique National. Héliogravure. Dentelé 13.*

Carte de France.

2662	2 f. 30, multicolore	1 25	0 65
	a. (Non dentelé)	28 »	

Tirage : 15 176 965.

1990. - *Série "Nature de France" (VII). Poissons d'eau douce. Taille-douce. Dentelés 13.*

Gardon.

Perche.

2663	2 f. multicolore	1 »	0 15
2664	3 f. multicolore	1 40	0 25

Saumon.

Brochet.

2665	4 f. multicolore	2 30	0 80
2666	5 f. multicolore	2 30	0 80
	Nos 2663 à 2666 (4 val.)	7 »	2 »
	La série, non dentelée	110 »	

Tirages : 7 187 192, 5 755 146, 5 284 988 et 5 455 607.

1990. - *Bicentenaire de la Révolution. Taille-douce. Dentelés 13.* BF *n° 12.*

Gaspard Monge, comte de Péluse (1746-1818), mathématicien.

Abbé Grégoire (Henri) (1750-1831).

2667	2 f. 50, multicolore	1 25	1 »
2668	2 f. 50, multicolore	1 25	1 »

Création du drapeau tricolore (allégorie).

Création des départements français.

2669 2 f. 50, multicolore 1 25 1 »
2670 2 f. 50, multicolore 1 25 1 »

Nos 2667 à 2670 (4 val.) 5 » 4 »

Émis uniquement en feuillet.

Tirage : 2 539 176.

1990. - *Centenaire de la naissance de Maurice Genevoix (1890-1980). Taille-douce. Dentelé 13.*

Portrait de l'écrivain.

2671 2 f. 30, noir sur jaune verdâtre 1 » 0 30
a. (Non dentelé) 15 »

Tirage : 15 293 317.

1990. - *Série artistique. Héliogravure. Dentelé 12½ x 13.*

"Jaune et gris", de Roger Bissière.

2672 5 f. multicolore 2 75 1 25
a. (Non dentelé) 61 »

Tirage : 4 707 417.

1990. - *30e anniversaire de l'O.C.D.E. (Organisation de Coopération et de Développement Economiques). Offset. Dentelé 13.*

Sigle et dates sur planisphère.

2673 3 f. 20, bleu et bleu clair 1 50 0 80
a. (Non dentelé) 42 »

Tirage : 6 312 668.

1990. - *"Albertville'92". Jeux olympiques d'hiver (III). Logo et disciplines sportives. Taille-douce. Dentelés 13.*

Saut à skis (Courchevel).

Ski de vitesse-démonstration (Les Arcs).

2674 2 f. 30+20 c. rouge, gris et bleu 1 25 0 80
2675 2 f. 30+20 c. rouge, gris et bleu 1 25 0 80
La paire, non dentelée 92 »

A ces types ont parus en 1992 des 2 f . 50+20 c. (nos 2738 et 2739).

Tirages : 2 946 636 et 2 694 522.

1990
Du No 2615 au No 2675
(sauf bandes-carnets, paires et triptyques) =
60 timbres **89 ⊙42

Autres rubriques de l'année :
Bloc-feuillet 12
Préoblitérés 206 à 212
Service 102 à 105

1991. - *"Albertville'92". Jeux olympiques d'hiver (IV). Logo et disciplines sportives. Taille-douce. Dentelés 13.*

Slalom (Les Ménuires).

Hockey (Méribel).

2676 2 f. 30+20 c. rouge, gris et bleu 1 25 1 »
2677 2 f. 30+20 c. rouge, gris et bleu 1 25 1 »

Ski de fond (Les Saisies).

2678 2 f. 30+20 c. rouge, gris et bleu 1 25 1 »

Luge (La Plagne).

Curling-démonstration (Pralognan).

2679 2 f. 50+20 c. rouge, gris et bleu 1 25 1 »
a. (Papier blanc brillant) 2 » 2 »
2680 2 f. 50+20 c. rouge, gris et bleu 1 25 1 »
a. (Papier blanc brillant) 2 » 2 »

Nos 2676 à 2680 (5 val.) 6 25 5 »
La série, non dentelée 230 »

Le no 2678 porte le millésime 1992.

Les nos 2679a et 2680a proviennent du BF no 14.

Aux types des n°s 2676 à 2678 sont parus en 1992 des 2 f. 50+20 c. (n°s 2740 à 2742).

Tirages : 2 709 745, 2 587 163, 2 689 257, 2 285 528 et 2 198 160.

1991. - *Personnages célèbres. Poètes français du 20e siècle. Taille-douce. Dentelés 13.* Ⓒ

Paul Eluard (1895-1952).

André Breton (1896-1966).

2681 2 f. 50+50 c. gris, noir et bleu 1 30 1 30
2682 2 f. 50+50 c. gris, noir et bleu 1 30 1 30

Louis Aragon (1897-1982).

Francis Ponge (1899-1988).

2683 2 f. 50+50 c. gris, noir et bleu 1 30 1 30
2684 2 f. 50+50 c. gris, noir et bleu 1 30 1 30

Jacques Prévert (1900-1977).

René Char (1907-1988).

2685 2 f. 50+50 c. gris, noir et bleu 1 30 1 30
2686 2 f. 50+50 c. gris, noir et bleu 1 30 1 30

N°s 2681 à 2686 (6 val.) 7 80 7 80

La série, non dentelée 110 »

Ont été aussi émis en carnets (tirage : 1 196 527).

Réalisés à partir de dessins originaux de Pablo Picasso pour P. Eluard et J. Prévert ; Man Ray pour A. Breton ; Henri Matisse pour L. Aragon ; Stella Martens pour F. Ponge ; Valentine Hugo pour R. Char.

La bande, destinée à la confection de carnets est disposée comme suit, de haut en bas : vignette avec noms des poètes des 3 premiers timbres et des artistes ayant réalisé le dessin original, timbres n°s 2681 à 2686, vignettes avec noms des poètes et dessinateurs des 3 derniers timbres.

BC2687 La bande-carnet non pliée 8 » 8 »

Voir après le n° 2360 la présentation de la bande.

Tirages : 1 450 778, 1 587 752, 1 460 619, 1 541 987, 1 579 234 et 1 556 674.

1991. - *Journée du Timbre. Les Métiers de la Poste. Héliogravure. Dentelé 13.*

Le Tri postal.

2688 2 f. 50+60 c. bleu clair, lilas, jaune et rouge 1 40 1 25
a. (Non dentelé) 18 50

Tirage : 1 915 789.

1991. - *Idem. Timbre provenant de carnet.* Ⓒ

2689 2 f. 50+60 c. lilas, bleu, jaune et rouge 1 50 1 40

La bande (format vertical) destinée à la confection de carnets comprend six n°s 2689 plus deux vignettes.

BC2689A La bande carnet 9 » 9 »

Tirage : 1 030 310.

Voir après le n° 2360 la présentation de la bande.

1991. - *"Philexjeunes'91". Exposition philatélique des Jeunes, à Cholet. Offset. Dentelé 13.*

Garçon avec bicyclette, fillette au cerceau, oiseau et lettres.

2690 2 f. 50, multicolore 1 25 0 50
a. (Non dentelé) 15 »
b. (Vélo sans cadre inférieur) 15 » 5 »

Tirage :

1991. - *350e anniversaire de l'Imprimerie Nationale. Héliogravure. Dentelé 13.*

Portrait de Gutenberg réalisé en caractères.

2691 4 f. multicolore 1 85 0 80
a. (Non dentelé) 15 »

Tirage : 6 823 246.

1991. - *Série artistique. Taille-douce. Dentelés 12½ x 13.*

"La balançoire", d'Auguste Renoir.

2692 5 f. multicolore 2 75 1 25
a. (Non dentelé) 61 »

"Le Noeud noir", de Georges Seurat.

2693 5 f. jaune clair et gris foncé 2 75 1 25
a. (Non dentelé) 61 »
Tirages : 4 522 541.

1991. - *90e anniversaire du Concours Lépine. Taille-douce. Dentelé 13.*

Affiche du 13e Concours Lépine.

2694 4 f. multicolore 1 85 1 »
a. (Non dentelé) 15 »
Tirage : 7 160 543.

1991. - *Bicentenaire de la mort de Mozart (1756-1791). Héliogravure. Dentelé 13.*

Allégorie.

2695 2 f. 50, bleu, noir, rouge et bleu foncé 1 25 0 80
a. (Non dentelé) 54 »
Tirage : 9 769 188.

1991. - *Europa. L'Europe et l'espace. Taille-douce. Dentelés 13.*

Espace et Guyane.

Satellite de télévision directe.

2696 2 f. 50, bleu, rouge et vert 1 50 0 45
2697 3 f. 50, bleu, vert et rouge 2 50 1 »
La paire, non dentelée 85 »

Un 2 f. 80 est paru en 1995 au type du 2 f. 50, avec inscriptions modifiées et sans le sigle de la C.E.P. T. (no 2948).

Tirages : 21 313 540 et 5 429 361.

1991. - *Congrès de la Fédération des Sociétés Philatéliques françaises, à Perpignan. Taille-douce. Dentelé 13.*

Monuments perpignanais.

2698 2 f. 50, rouge, gris et bleu 1 25 0 30
a. (Non dentelé) 15 »

Tirage : 10 319 163.

1991. - *"Roland Garros 1991". Tournoi du centenaire. Taille-douce. Dentelé 13.*

Oeuvre originale de Miro.

2699 3 f. 50, multicolore 1 85 0 65
a. (Non dentelé) 46 »

Tirage : 6 042 117.

1991. - *Bicentenaire de la Révolution française. Taille-douce. Dentelés 13.* BF *no 13.*

La Tour d'Auvergne (1743-1800).

Plantation de l'Arbre de la Liberté.

2700 2 f. 50, multicolore 1 25 1 »
2701 2 f. 50, multicolore 1 25 1 »

Bicentenaire de la Gendarmerie Nationale.

Saint-Just (1767-1794).

2702	2 f. 50, multicolore	1 25	1 »
2703	2 f. 50, multicolore	1 25	1 »
	Nos 2700 à 2703 (4 val.)	5 »	4 »

Émis uniquement en feuillet.

Tirage : 2 451 507.

1991. - *Série touristique. Taille-douce. Dentelés 13.*

Le pont de Cheviré, à Nantes.

Carennac (Lot).

2704	2 f. 50, gris, orange et bleu clair	1 25	0 30
2705	2 f. 50, brun-rouge, brun et vert foncé	1 60	0 50

Wasquehal (Nord) ; le buffet d'orgue.

Vallée de Munster.

2706	4 f. crème et noir	2 »	0 65
2707	4 f. mauve	1 85	0 65
	Nos 2704 à 2707 (4 val.)	6 70	2 10
	La série, non dentelée	110 »	

Tirages : 10 104 448, 7 348 981, 6 788 360 et 6 765 129.

1991. - *Sixième centenaire de la mort de Gaston Fébus (1331-1391). Héliogravure. Dentelé 13.*

2708	2 f. 50, multicolore	1 25	0 65
	a. (Non dentelé)	23 »	

Tirage : 7 582 438.

1991. - *"Albertville'92". Jeux olympiques d'hiver (V). Disciplines sportives. Taille-douce. Dentelés 13.*

Ski artistique (Tignes).

Ski alpin (Val d'Isère).

2709	2 f. 50+20 c. rouge, gris et bleu	1 25	1 »
	a. (papier blanc brillant)	2 »	2 »
2710	2 f. 50+20 c. rouge, gris et bleu	1 25	1 »
	a. (papier blanc brillant)	2 »	2 »
	La paire, non dentelée	92 »	

Les nos 2709a et 2710a proviennent du BF no 14.

Tirages : 2 084 907 et 1 999 543.

1991. - *Type Marianne du Bicentenaire avec lettre D (valeur du tarif postal pour plis de 20 g maximum, à compter du 19 août 1991 : ECOPLI : 2 f. 20, lettre : 2 f. 50). Une bande de phosphore à droite pour le timbre "D" vert, deux bandes pour le "D" rouge. Taille douce. Dentelés 13.* C

2711	D = (2 f. 20) vert	1 25	0 30
2712	D = (2 f. 50) rouge	1 25	0 30
	La paire, non dentelée	23 »	

Provenant de carnets. Gommage adhésif. Deux bandes de phosphore. Non dentelé.

2713	D = (2 f. 50) rouge	1 50	0 40

1991. - *Type Marianne du Bicentenaire. Taille-douce. Dentelés 13.* C

2714	2 f. 20, vert	1 40	0 15
2715	2 f. 50, rouge	1 25	0 15
2716	3 f. 40, bleu	1 60	0 65
2717	4 f. rose	2 25	0 30
	Nos 2714 à 2717 (4 val.)	6 50	1 25
	La série, non dentelée	46 »	

Une bande de phosphore à droite pour le 2 f. 20, deux bandes pour les autres valeurs.

Imprimé attenant horizontalement à la gauche d'une vignette sans valeur ("Des cadeaux olympiques. Les souvenirs philatéliques de la Poste") : dentelure souvent rognée.

2715a	2 f. 50, rouge	6 »	4 »

Provient du carnet no 2715-C1.

Provenant de roulettes. Une bande de phosphore à droite pour le 2 f. 20, deux bandes pour le 2 f. 50. Dentelés 13 horizontalement.

2718	2 f. 20, vert	1 50	0 65
	a. (N° rouge au verso)	2 »	
2719	2 f. 50, rouge	1 50	0 50
	a. (N° rouge au verso)	2 »	
	c. (Gomme brillante)	5 »	
	d. (Gomme brillante et N° rouge au verso)	10 »	

Provenant de carnet. Gommage adhésif. Deux bandes de phosphore. Non dentelé.

2720	2 f. 50, rouge	1 40	0 30

Sans bandes de phosphore.

2714a	2 f. 20	15 »
2715b	2 f. 50	20 »
2717a	4 f.	40 »
2718b	2 f. 20	230 »
2719b	2 f. 50	230 »

1991. - *Série "Nature de France" (VIII). Espèces protégées. Taille-douce. Dentelés 13.*

Ours des Pyrénées.

Tortue terrestre.

2721	2 f. marron, violet et vert	1 10	0 50
2722	3 f. marron clair, rouge et noir	1 40	0 50

Castor.

Martin pêcheur.

2723	4 f. marron, lilas et noir	2 »	1 10
2724	5 f. bleu clair, jaune et noir	2 50	1 10
	N°s 2721 à 2724 (4 val.)	7 »	3 20
	La série, non dentelée	110 »	

Tirages : 6 552 732, 5 651 069, 7 884 441 et 5 103 792.

1991. - *10e Congrès forestier mondial, à Paris. Taille-douce. Dentelé 13.*

Composition symbolique.

2725	2 f. 50, vert foncé, bleu-vert et noir	1 25	0 30
	a. (Non dentelé)	18 50	

Tirage : 11 948 802.

1991. - *Centenaire de l'École Spéciale des Travaux Publics. Impression mixte offset-taille-douce. Dentelé 13.*

Têtes casquées, engin, réalisations.

2726	2 f. 50, multicolore	1 25	0 65
	a. (Non dentelé)	15 »	

Tirage : 5 629 966.

1991. - *Centenaire de la naissance de Max Ernst (1891-1976). Émission conjointe franco-allemande. Oeuvre de l'artiste. Héliogravure. Dentelé 13.*

"Après nous la maternité".

2727	2 f. 50, multicolore	1 50	1 »
	a. (Non dentelé)	54 »	

Tirage : 7 495 036.

La R.F.A. a émis simultanément sur ce sujet une figurine de 100 p. (n° 1401).

1991. - *30e anniversaire d'"Amnesty International". Héliogravure. Dentelé 13.*

2728	3 f. 40, rose, bleu et noir	1 70	0 65
	a. (Non dentelé)	28 »	

Tirage : 6 304 294.

1991. - *75e anniversaire de la naissance de Marcel Cerdan (1916-1949). Héliogravure. Dentelé 13.*

Un combat de Cerdan.

2729	2 f. 50, noir, rouge et gris	1 25	0 50
	a. (Non dentelé)	28 »	

Tirage : 7 928 177.

1991. - *Série artistique. Taille-douce (n° 2730) et héliogravure (n° 2731). Dentelés 12½-13.*

Oeuvre de François Rouan. "Volta faccia".

2730	5 f. noir	2 75	1 10
	a. (Non dentelé)	61	»

Oeuvre de Roberto Matta. "Ô tableau noir".

2731	5 f. multicolore	2 75	1 25
	a. (Non dentelé)	61	»

Tirages : 4 099 831 et 4 206 186.

1991. - *Parcours de la flamme olympique (VI). Taille-douce. Dentelé 13.*

Logo officiel.

2732	2 f. 50, bleu, rouge et noir	1 25	0 30
	a. (Non dentelé)	46	»

Tirage : 27 928 695.

1991. - *Au profit de la Croix-Rouge. Toulon, d'après l'oeuvre de François Nardi. Héliogravure. Dentelé 13 x 12½.* 🄲

Vue du port.

2733	2 f. 50+60 c. multicolore	1 40	1 10
	a. (Dentelé 13 x 13½)	1 60	1 40
	b. (Non dentelé)	30	»

Tirage : 1 819 292.

A été aussi émis en carnets. Tirage : 957 135. Le n° 2733a provient des carnets.

1991. - *V^es Jeux paralympiques, à Tignes. Héliogravure. Dentelé 13.*

Oiseau aux ailes brisées de Folon.

2734	2 f. 50, bleu foncé et bleu clair	1 25	0 65
	a. (Non dentelé)	40	»

Tirage : 14 882 599.

Porte le millésime 1992.

1991. - *150e anniversaire du rattachement volontaire de Mayotte à la France. Taille-douce. Dentelé 13.*

Paysage et logo.

2735	2 f. 50, brun, vert, jaune et bleu clair	1 25	0 30
	a. (Non dentelé)	15	»

Tirage : 12 176 397.

Porte le millésime 1992.

1991
Du N° 2676 au N° 2735
(sauf bandes-carnets, paires et triptyques) =
59 timbres　　**92　　⊙47

Autres rubriques de l'année :

Bloc-feuillet 13

Service 106 à 109

1992. - *"Expo'92". Exposition universelle de 1992, à Séville (Espagne). Offset-taille-douce. Dentelé 13.*

Croquis sommaire du pavillon français.

2736	2 f. 50, bleu, noir et vert clair	1 25	0 30
	a. (Non dentelé)	30	»

Tirage : 15 659 136.

1992. - *"Albertville'92". Jeux olympiques d'hiver (VII). Types des T.-P. de 1990 et 1991, avec valeur faciale différente. Taille-douce. Dentelés 13.* BF *n° 14.*

2737	2 f. 50+20 c. rouge, gris et bleu (2633)	2 »	2 »
2738	2 f. 50+20 c. rouge, gris et bleu (2674)	2 »	2 »
2739	2 f. 50+20 c. rouge, gris et bleu (2675)	2 »	2 »
2740	2 f. 50+20 c. rouge, gris et bleu (2676)	2 »	2 »
2741	2 f. 50+20 c. rouge, gris et bleu (2677)	2 »	2 »
2742	2 f. 50+20 c. rouge, gris et bleu (2678)	2 »	2 »
	Nos 2737 à 2742 (6 val.)	12 »	12 »

Ces timbres portent le millésime 1990 (2737, 2738, 2739), 1991 (2740, 2741) ou 1992 (2742).

Émis uniquement en feuillet.

Tirage : 1 777 996.

1992. - *Journée du Timbre. Les Métiers de la Poste. Impression offset. Dentelé 13.*

L'accueil des usagers.

2743	2 f. 50+60 c. bleu, gris et jaune	1 40	1 10
	a. (Non dentelé)	18 50	

Tirage : 1 816 225.

1992. - *Idem. Timbre provenant de carnet. Héliogravure. Dentelé 13.* C

2744	2 f. 50+60 c. bleu, rouge et jaune	1 50	1 10

La bande (format vertical) destinée à la confection de carnets comprend 6 nos 2744 et deux vignettes.

BC2744A	La bande carnet	9 »	9 »

Tirage : 1 023 174.

Voir après le n° 2360 la présentation de la bande.

1992. - *Jeux olympiques d'été 1992, à Barcelone (Espagne). Émission conjointe franco-grecque. Offset. Dentelé 13.*

Silhouette de coureur.

2745	2 f. 50, rouge, ocre, noir et bleu	1 50	0 30
	a. (Non dentelé)	42 »	

Tirage : 13 193 419.

La Grèce a émis simultanément une figurine au même type de 90 d. (n° 1781).

1992. - *500e anniversaire de la naissance de Marguerite d'Angoulême, Reine de Navarre (1492-1549). Offset. Dentelé 13.*

Portrait, d'après l'oeuvre de Clouet.

2746	3 f. 40, multicolore	1 70	1 10
	a. (Non dentelé)	20 »	

Tirage : 7 560 069.

1992. - *Personnages célèbres. Musiciens. Héliogravure. Dentelés 13.* C

César Franck (1822-1890).

Erik Satie (1866-1925).

Florent Schmitt (1870-1958).

2747	2 f. 50+50 c. multicolore	1 40	1 40
2748	2 f. 50+50 c. multicolore	1 40	1 40
2749	2 f. 50+50 c. multicolore	1 40	1 40

Arthur Honegger (1892-1955).

Georges Auric (1899-1983).

Germaine Tailleferre (1892-1983).

2750	2 f. 50+50 c. multicolore	1 40	1 40
2751	2 f. 50+50 c. multicolore	1 40	1 40
2752	2 f. 50+50 c. multicolore	1 40	1 40
	Nos 2747 à 2752 (6 val.)	8 40	8 40
	La série, non dentelée	110 »	

Tirages : 1 553 056, 1 573 526, 1 534 763, 1 558 541, 1 554 152 et 1 560 581.

Ont été aussi émis en carnets (tirage : 1 171 197).

La bande (format horizontal) destinée à la confection de carnets comprend les timbres nos 2747 à 2752, dans l'ordre des numéros de gauche à droite, encadrés de deux vignettes.

BC2753	La bande-carnet non pliée	9 »	9 »

Voir après le n° 2360 la présentation de la bande.

1992. - *500ᵉ anniversaire de la fondation d'Ajaccio. Détail d'une oeuvre de Sandro Botticelli. Héliogravure. Dentelé 13.*

"La Vierge et l'Enfant soutenus par un ange, sous une guirlande".

2754 4 f. multicolore sur bistre 1 85 0 65
a. (Non dentelé) 23 »
Tirage : 4 872 476.

1992. - *Europa. 500ᵉ anniversaire de la découverte de l'Amérique par Christophe Colomb. Taille-douce. Dentelés 13.*

1493. Christophe Colomb. Carte avec trajet ; instruments de navigation.

1507. America. Carte, caravelle, rose des vents.

2755 2 f. 50, rouge, jaune, brun, bleu et noir 1 50 0 50
2756 3 f. 40, rouge, noir, jaune et vert-bleu 2 50 1 »
La paire, non dentelée 85 »
Voir également à la rubrique des "Entiers Postaux" (nᵒˢ 2755-CP1 et 2756-CP1).
Tirages : 12 128 142 et 5 634 125.

1992. - *Congrès international des céréales et du pain. Offset. Dentelé 13.*

Pains, épis et coquelicots.

2757 3 f. 40, multicolore 1 70 1 25
a. (Non dentelé) 18 50
Tirage : 6 823 504.

1992. - *Congrès des Sociétés philatéliques françaises, à Niort. "L'Europe d'Art". Héliogravure. Dentelé 13.*

Personnages allégoriques sur timbre triangulaire.

2758 2 f. 50, multicolore 1 25 0 30
a. (Non dentelé) 28 »
Tirage : 12 484 695.

1992. - *L'Homme de Tautavel. Héliogravure. Dentelé 13.*

Homme préhistorique avec javelot ; grotte.

2759 3 f. 40, multicolore 1 70 0 80
a. (Non dentelé) 18 50
Tirage : 4 906 292.

1992. - *La France et l'Espagne pays olympiques 1992. Émission conjointe franco-espagnole. Héliogravure. Dentelé 13.*

Anneaux olympiques sur noms "Albertville" et "Barcelone" répétés.

2760 2 f. 50, multicolore 1 50 0 50
a. (Non dentelé) 46 »
Tirage : 17 063 210.
L'Espagne à émis simultanément une figurine au même type de 45 ptas (nᵒ 2808).

1992. - *Série artistique. Gravure de Jacques Callot. Taille-douce. Dentelé 12½ x 13.*

"Portrait de Claude Deruet".

2761 5 f. noir sur crème 2 75 0 80
a. (Non dentelé) 61 »
Tirage : 3 972 272.

1992. - *500ᵉ anniversaire de la 1ʳᵉ ascension du Mont Aiguille (Isère). Taille-douce. Dentelé 13.*

Vue du Mont.

2762 3 f. 40, brun, vert et bleu 1 70 0 80
a. (Non dentelé) 23 »
Tirage : 5 203 910.

1992. - *Série touristique. Taille-douce. Dentelés 13.*

Château de Biron (Dordogne).

2763	2 f. 50, vert, bleu foncé et brun	1 25	0 30

Le canal de l'Ourcq.

Lorient.

2764	4 f. vert, noir et bleu	1 85	0 65
2765	4 f. ocre, vert clair et vert foncé	1 85	0 80
	La série, non dentelée	61 »	

Tirages : 13 680 272, 6 647 681 et 5 556 441.

1992. - *Série "Nature de France" (IX). Fleurs des étangs et marais. Taille-douce. Dentelés 12½.*

Lys de mer.

Rossolis.

2766	2 f. multicolore	1 »	0 30
2767	3 f. multicolore	1 40	0 50

Orchis des marais.

Nénuphar jaune.

2768	4 f. multicolore	1 80	0 80
2769	5 f. multicolore	2 30	1 40
	Nos 2766 à 2769 (4 val.)	6 50	3 »
	La série, non dentelée	92 »	

Tirages : 5 567 941, 5 105 801, 5 528 486 et 4 235 364.

1992. - *Type Marianne du Bicentenaire. Deux barres de phosphore. Taille-douce. Dentelé 13.*

2770	4 f. 20, rose	2 »	0 30
	a. (Non dentelé)	11 50	
	Sans bandes de phosphore.		
2770b	4 f. 20	30 »	

1992. - *1792, An I de la République Française. Taille-douce. Dentelé 13.*

Allégorie de la République et texte.

2771	2 f. 50, multicolore	1 25	0 30
	a. (Non dentelé)	42 »	

Tirage : 14 734 220.

1992. - *Bicentenaire de la proclamation de la République. Oeuvres d'artistes contemporains. Taille-douce. Dentelés 13.*

Oeuvre d'Alechinsky.

Oeuvre de M. Raysse.

2772	2 f. 50, rouge	1 25	0 15
2773	2 f. 50, rouge	1 25	0 15

Oeuvre de G. Garrouste.

Oeuvre de J.-C. Blais.

2774	2 f. 50, rouge	1 25	0 15
2775	2 f. 50, rouge	1 25	0 15
	Nos 2772 à 2775 (4 val.)	5 »	0 60
	La série, non dentelée	110 »	
	2772c à 2775c, la série avec sigle 1792-1992	10 »	4 »

Imprimés par feuilles de 100 avec interpanneaux comportant des inscriptions (50 exemplaires du n° 2772 à gauche et 50 du n° 2773 à droite ; idem pour les nos 2774 et 2775).

Paires se tenant.

2772a	(2772+2773)	7 »	5 »
2774a	(2774+2775)	7 »	5 »

Sans bandes de phosphore.

2772b 2 f. 50 25 »

2773a 2 f. 50 25 »

Tirages : 102 877 017, 102 877 017, 108 017 074 et 108 017 074.

1992. - *Mise en vigueur du Marché unique européen. Héliogravure. Dentelé 13.*

Composition de N. de Saint-Phalle.

2776 2 f. 50, multicolore 1 25 0 50

a. (Sans le vert, sur maillot et coeur) 230 » » »

b. (Non dentelé) 46 »

Tirage : 15 238 156.

1992. - *10ᵉ anniversaire de la mort de Marcel Paul (1900-1982), ancien Ministre (1945). Taille-douce. Dentelé 13.*

Portrait, et pylône électrique, conduite de gaz.

2777 4 f. 20, lilas-brun et bleu 2 30 0 65

a. (Non dentelé) 23 »

Tirage : 6 565 323.

1992. - *80ᵉ anniversaire de la 1ʳᵉ liaison postale aérienne, Nancy-Lunéville. Héliogravure. Dentelé 13.*

Avions ancien et moderne en vol.

2778 2 f. 50, multicolore 1 25 0 65

a. (Non dentelé) 23 »

Tirage : 24 520 065.

Voir également à la rubrique des "Entiers postaux" (nᵒ 2778-CP1).

1992. - *Série européenne d'art contemporain. Héliogravure. Dentelés 13 x 12½.*

"Étude pour le portrait de John Edward", de F. Bacon (Grande-Bretagne).

2779 5 f. multicolore 2 30 1 10

Création pour la Poste d'Alberto Burri (Italie).

2780 5 f. multicolore 2 30 1 10

"Le rendez-vous d'Ephèse", de P. Delvaux (Belgique).

2781 5 f. multicolore 2 30 1 10

Création pour la Poste d'Antoni Tapies (Espagne).

2782 5 f. multicolore 2 30 1 10

Nᵒˢ 2779 à 2782 (4 val.) 9 20 4 40

La série, non dentelée 230 »

Voir également les nᵒˢ 2834, 2835, 2858, 2914, 2969, 2986 et 2987 ainsi que le nᵒ 2797.

Tirages : 3 834 334, 3 786 880, 3 922 429 et 3 861 977.

1992. - *Au profit de la Croix-Rouge. L'Entraide, Strasbourg. Héliogravure. Dentelé 13½ x 13.* ⓒ

Illustration de l'entraide.

2783	2 f. 50+60 c. multicolore	1 40	1 10
	a. (Non dentelé)	35 »	

Tirage : 1 709 276.

A été aussi émis en carnets. (Tirage : 880 680).

1992. - *Les gens du voyage. Taille-douce. Dentelé 13.*

Composition symbolique.

2784	2 f. 50, multicolore	1 25	0 50
	a. (Non dentelé)	28 »	

Tirage : 13 151 767.

1992
Du N° 2736 au N° 2784
(sauf bandes-carnets, paires et triptyques) =
48 timbres ****82 ⊙45**

Autres rubriques de l'année :

Bloc-feuillet 14

Préoblitérés 213 à 227

1993. - *Série "Nature de France" (X). Espèces protégées de canards. Taille-douce. Dentelés 13.*

Harle Piette.

Fuligule Nyroca.

2785	2 f. multicolore	1 »	0 30
2786	3 f. multicolore	1 50	0 30

Tadorne de Belon.

Harle huppé.

2787	4 f. multicolore	2 »	1 »
2788	5 f. multicolore	2 50	0 80
	N°ˢ 2785 à 2788 (4 val.)	7 »	2 40
	La série, non dentelée	92 »	

Tirages : 5 934 372, 5 162 410, 6 036 310 et 4 581 175.

1993. - *Les Postiers autour du monde dans la "Whitbread". Taille-douce. Dentelé 13.*

Mappemonde et voilier en course.

2789	2 f. 50, multicolore	1 60	0 50
	a. (Non dentelé)	35 »	

Tirage : 16 512 108.

Au même type est paru un 2 f. 80 (n° 2831).

Voir également à la rubrique "Entiers postaux" (n° 2789-E1).

1993. - *Type Marianne du Bicentenaire. Une bande de phosphore. Taille-douce. Dentelé 13.*

2790	2 f. 20, vert clair	1 50	0 30
	a. (Non dentelé)	15 »	

Sans bandes de phosphore.

2790b	2 f. 20	20 »	

1993. - *Mémorial des guerres en Indochine (Nécropole de Fréjus). Taille-douce. Dentelé 13.*

Motif symbolique.

2791	4 f. multicolore	1 85	0 65
	a. (Non dentelé)	23 »	

Tirage : 5 371 957.

Ce timbre porte le millésime 1992.

1993. - *Journée du Timbre. Les métiers de la Poste. "La distribution du courrier", d'après une affiche dessinée pour le film "Jour de Fête". Héliogravure. Dentelé 12½ x 13.*

Le facteur et son vélo.

2792	2 f. 50+60 c. multicolore sur rouge	1 40	1 10
	a. (Non dentelé)	23 »	

Tirage : 1 942 284.

1993. - *Idem, sans surtaxe. Émis en carnet. Héliogravure. Dentelés 12½ x 13.* [C]

2793	2 f. 50, multicolore sur rouge	1 50	0 80
2793A	La paire 2793+2792	3 »	2 50
	a. (La paire, avec vignette)	5 »	4 »
BC2794	La bande carnet non pliée	10 »	10 »

La bande (format horizontal) destinée à la confection de carnets comprend 1 vignette, 4 timbres n° 2793 et 3 timbres n° 2792 intercalés entre les précédents.

Tirage : 1 196 978 carnets.

1993. - *Jeux méditerranéens 93. Agde Languedoc Roussillon. Héliogravure. Dentelé 13 x 12½.*

Coureur en action.

2795	2 f. 50, multicolore	1 25	0 30
	a. (Non dentelé)	35 »	
	b. (Cicatrice au bras)	23 »	» »

Tirage : 15 291 910.

1993. - *Centenaire du "Droit Humain", Ordre maçonnique mixte international. Taille-douce. Dentelé 13.*

Emblèmes : couple en médaillon.

2796	3 f. 40, bleu et noir	1 70	0 65
	a. (Non dentelé)	35 »	

Tirage : 4 569 906.

1993. - *Europa. Art contemporain. Héliogravure. Dentelés 12½-13.*

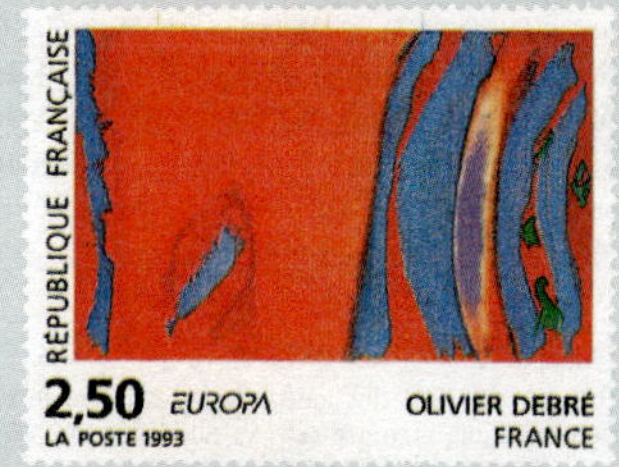

Oeuvre d'Olivier Debré, "Rouge rythme bleu".

2797	2 f. 50, rouge, bleu, vert et violet	1 25	0 50

Oeuvre de Germaine Richier, "Le griffu".

2798	3 f. 40, gris clair, gris foncé et bronze	1 80	0 90
	La paire, non dentelée	110 »	

Le n° 2797 fait également partie de la série européenne d'art contemporain.

Tirages : 16 455 095 et 4 376 647.

1993. - *Personnages célèbres. Ecrivains français. Taille-douce. Dentelés 13.* [C]

Guy de Maupassant (1850-1893).

Émile Chartier, dit Alain (1868-1951).

2799	2 f. 50+50 c. bleu, vert et noir	1 40	1 40
2800	2 f. 50+50 c. bleu, vert et noir	1 40	1 40

Jean Cocteau (1889-1963). Marcel Pagnol (1895-1974).

2801	2 f. 50+50 c. bleu, vert et noir	1 40	1 40
2802	2 f. 50+50 c. bleu, vert et noir	1 40	1 40

André Chamson (1909-1983). Marguerite Yourcenar (1903-1987).

2803	2 f. 50+50 c. bleu, rouge et noir	1 40	1 40
2804	2 f. 50+50 c. bleu, vert et noir	1 40	1 40
	Nos 2799 à 2804 (6 val.)	8 40	8 40
	La série, non dentelée	110 »	

Tirages : 1 389 269, 1 401 390, 1 394 740, 1 404 071, 1 382 329 et 1 437 729.

Ont été aussi émis en carnets (tirage : 1 058 740).

La bande (format vertical) destinée à la confection de carnets comprend de haut en bas : une vignette sans valeur (titre de l'émission), une seconde vignette (signatures des écrivains), les timbres nos 2799 à 2804, dans l'ordre des numéros.

BC2805	La bande-carnet non pliée	9 »	9 »

Voir après le n° 2360 la présentation de la bande.

1993. - *Type Marianne du Bicentenaire. Sans valeur indiquée (validité permanente). Deux bandes de phosphore. Taille-douce. Dentelé 13.* ⓒ

2806	(sans val.), rouge	1 40	0 15
	a. (Non dentelé)	15 »	

Sans bandes de phosphore.

2806b	(sans val.)	11 »	

1993. - *Idem. Émis en carnet. Gommage adhésif. Non dentelé.* ⓒ

2807	(sans val.) rouge	1 50	0 15

Imprimé attenant horizontalement à la gauche d'une vignette sans valeur ("l'enveloppe à cases. Elle facilite votre courrier"). Provenant du carnet n° 1503.

2807a	(sans val.)+vignette	2 50	

Ce timbre non dentelé a été remplacé en 1994 par un timbre comportant une dentelure verticale en lignes ondulées (n° 2874).

1993. - *IXe Conférence des Cours Constitutionnelles européennes. Protection des Droits de l'Homme. Taille-douce. Dentelé 13.*

Allégorie.

2808	2 f. 50, multicolore	1 25	0 30
	a. (Non dentelé)	30 »	

Tirage : 9 434 623.

1993. - *Centenaire de la naissance et 10e anniversaire de la mort de Louise Weiss (1893-1983), écrivain et femme politique. Taille-douce. Dentelé 13.*

Portrait : logo européen, main et crayon.

2809	2 f. 50, noir, crème et rouge	1 25	0 50
	a. (Non dentelé)	30 »	

Tirage : 9 778 832.

1993. - *40e anniversaire de la mort du compositeur et guitariste Django Reinhardt (1910-1953). Héliogravure. Dentelé 13 x 12½.*

Tête vue de face, Reinhardt à la guitare.

2810	4 f. 20, multicolore	2 »	0 80
	a. (Non dentelé)	23 »	

Tirage : 5 438 585.

1993. - *Congrès de la Fédération des Sociétés Philatéliques françaises, à Lille. Taille-douce. Dentelé 13.*

TGV et bâtiments.

2811	2 f. 50, multicolore	1 25	0 50
	a. (Non dentelé)	30 »	

Tirage : 9 827 621.

1993. - *Bicentenaire du Muséum national d'Histoire naturelle. Taille-douce et offset. Dentelé 13.*

Sceau, avec rappel des 3 ordres (minéral, végétal, animal).

2812	2 f. 50, multicolore	1 25	0 30
	a. (Non dentelé)	23 »	

Tirage : 9 204 339.

1993. - *Martyrs et Héros de la Résistance. Héliogravure. Dentelés 13.*

Sujets : 2 f. 50, Martyrs ; 4 f. 20, Héros.

2813	2 f. 50, noir et gris sur rouge	1 40	0 80
2814	4 f. 20, noir et gris sur rouge	2 »	1 10
2813A	La paire se tenant	3 35	3 »
	a. (La paire, non dentelée)	61 »	

Tirage : 5 676 802 paires.

Imprimés se tenant horizontalement.

1993. - *Bicentenaire de la mise en service du télégraphe optique Chappe (1794). Taille-douce. Dentelé 13.*

2815	2 f. 50, bleu clair, jaune et noir	1 25	0 30
	a. (Non dentelé)	28 »	

Tirage : 7 550 119.

1993. - *Série touristique. Taille-douce. Dentelés 13 (nos 2816 et 2818) et 13 x 12½ (n° 2817).*

Le petit train d'Artouste (Pyrénées-Atlantiques).

2816	3 f. 40, bleu, vert et rouge	1 85	1 »

Chinon, Indre-et-Loire.

2817	4 f. 20, multicolore	2 »	1 »

Minerve.

2818	4 f. 20, brun et vert	2 »	0 50
	La série, non dentelée	70 »	

Tirages : 3 890 852, 5 451 297 et 4 701 486.

1993. - *Type Marianne du Bicentenaire. Sans valeur indiquée. Émis en roulettes. Deux bandes de phosphore. Taille-douce. Dentelé 13 horizontalement.*

2819	(sans val.), rouge	2 »	0 30
	a. (N° rouge au verso)	2 50	

1993. - *Type Marianne du Bicentenaire. Taille-douce. Dentelés 13.*

2820	2 f. 40, vert	1 25	0 15
2821	3 f. 50, vert-jaune	1 70	0 30
	a. (Une bande de phosphore)	2 »	0 30
2822	4 f. 40, bleu	2 »	0 65
	La série, non dentelée	54 »	

Une bande de phosphore à droite pour le 2 f. 40, deux bandes pour les autres valeurs.

Sans bande de phosphore.

2820a 2 f. 40 17 »

Provenant de roulettes. Dentelé 13 horizontalement.

2823 2 f. 40, vert 2 » 1 »
a. (N° rouge au verso) 2 50

Provenant de carnet. Une bande de phosphore à droite. Gommage adhésif. Taille-douce. Non dentelé.

2824 70 c. brun 11 » 6 »

Imprimé attenant horizontalement à la gauche d'une vignette sans valeur ("L'enveloppe à cases. Elle facilite votre courrier"). Provenant du carnet n° 1503.

2824a 70 c.+vignette 11 » 7 »
2824b (sans val.)+70 c.+vignette 14 » 10 »

Remplacé en 1994 par un timbre comportant une dentelure verticale en lignes ondulées (n° 2873).

1993. - *Série touristique. Taille-douce. Dentelés 13.*

Abbaye de la Chaise-Dieu (Haute-Loire).

2825 2 f. 80, brun, bleu et vert 1 40 0 50

Palais et temple de Montbéliard (Doubs).

Le Jacquemard de Lambesc (Bouches-du-Rhône).

2826 4 f. 40, vert, ardoise et brun-rouge 2 » 0 80
2827 4 f. 40, multicolore 2 » 0 80
La série, non dentelée 61 »

Tirages : 15 277 579, 6 210 973 et 6 330 234.

1993. - *Série artistique. 400e anniversaire de la naissance de Georges de la Tour (1593-1652). Héliogravure. Dentelé 12½ x 13.*

"Saint Thomas".

2828 5 f. multicolore 2 75 1 10
a. (Non dentelé) 61 »

Tirage : 3 880 322.

1993. - *Cinquantenaire de la libération de la Corse. Taille-douce. Dentelé 13.*

Carte de l'île, sous-marin "Casabianca".

2829 2 f. 80, noir, brun-rouge et bleu 1 50 0 30
a. (Non dentelé) 30 »

Tirage : 13 746 395.

1993. - *Bicentenaire de l'implantation du Service de Santé des Armées au Val de Grâce. Taille-douce. Dentelé 13.*

Le Dôme.

2830 3 f. 70, noir et vert 1 70 0 50
a. (Non dentelé) 23 »

Tirage : 8 211 384.

1993. - *Les Postiers autour du monde dans la "Withbread". Type du n° 2789. Taille-douce. Dentelé 13.*

2831 2 f. 80, bleu et jaune 2 » 0 50
a. (Non dentelé) 23 »

Tirage : 14 301 047.

Voir également à la rubrique des "Entiers postaux" (nos 2831-CP1 et 2831-CP2).

1993. - *Série artistique. Cinquantième anniversaire de la mort de Maurice Denis (1870-1943). Héliogravure. Dentelé 12½ x 13.*

"Les Muses".

2832	5 f. multicolore		2 60	1 »
	a. (Non dentelé)		61 »	

Tirage : 4 092 500.

1993. - *Centre National des Arts du Cirque, à Châlons-sur-Marne. Héliogravure. Dentelé 13.*

"Les Clowns", d'après Albert Gleizes.

2833	2 f. 80, multicolore	1 40	0 30
	a. (Non dentelé)	23 »	

Tirage : 14 927 518.

1993. - *Série européenne d'art contemporain. Héliogravure. Dentelés 13 x 12½.*

Oeuvre originale de Takis (Grèce).

2834	5 f. rouge et noir	2 30	0 80
	a. (Non dentelé)	61 »	

"Gravure rehaussée", oeuvre de Marie Hélène Vieira da Silva (1909-1992).

2835	5 f. multicolore	2 30	0 80
	a. (Non dentelé)	61 »	

Tirages : 3 815 619 et 3 906 369.

1993. - *"Le plaisir d'écrire", vu par 12 auteurs de bandes dessinées. Héliogravure. Dentelés 13½ x 13.* ©

"Bonne Fête", de C. Wendling.

"Bonne Fête", de B. Olivié.

2836	2 f. 80, multicolore	1 25	0 50
2837	2 f. 80, multicolore	1 25	0 50

"Joyeux anniversaire", de S. Colman.

"Joyeux anniversaire", de G. Sorel.

2838	2 f. 80, multicolore	1 25	0 50
2839	2 f. 80, multicolore	1 25	0 50

"Avec flamme", de J.-M. Thiriet.

"Plaisir d'écrire", d'E. Davodeau.

2840	2 f. 80, multicolore	1 25	0 50
NOUVEAU	a. (Accent sur le "e" de avec)	10 »	5 »
2841	2 f. 80, multicolore	1 25	0 50

"Félicitations", de J. de Moor.

"Bonne chance", de Mezzo.

2842	2 f. 80, multicolore	1 25	0 50
2843	2 f. 80, multicolore	1 25	0 50

"Meilleurs voeux", de N. de Crécy.

"Meilleurs voeux", de F. Magnin.

2844	2 f. 80, multicolore	1 25	0 50
2845	2 f. 80, multicolore	1 25	0 50

"Joyeux Noël", de T. Robin.

"Joyeux Noël", de P. Prugne.

2846	2 f. 80, multicolore	1 25	0 50
2847	2 f. 80, multicolore	1 25	0 50
	Nos 2836 à 2847 (12 val.)	15 »	6 »

Dentelés 12½.

Nos 2836a à 2847a (12 val.)	17 »	5 50

Tirages :

La bande (format vertical) destinée à la confection de carnets comprend six paires horizontales superposées, entourées de marges blanches.

BC2848	La bande-carnet non pliée	15 »	13 »
	a. (Dentelée 12½)	17 »	15 »
	b. (Non dentelé)	275 »	
	c. (Avec accent sur le "e" de avec (284a)	25 »	20 »

Émis en carnets ces timbres ont également été émis en feuilles composées de 4 bandes verticales des 12 timbres, séparées les unes des autres par un perçage en lignes et avec inscription dans la marge supérieure ("Feuille de 4 bandes de 12 timbres à 2,80 F : 33,60 F x 4 = 134,40").

Voir également à la rubrique des "Prêt-à-Poster" (nos 2841-E1, 2844-E1 à 2846-E1).

1993. - *Salon du Timbre. 1er Salon européen des Loisirs du Timbre (I). Héliogravure. Dentelés 13.* BF *no 15.*

Rhododendrons.

Parc floral de Paris.

2849	2 f. 40, multicolore	9 »	9 »
2850	2 f. 40, multicolore	9 »	9 »

Émis uniquement en feuillet.

Tirage :

1993. - *Bicentenaire de la création du Musée du Louvre. Héliogravure. Dentelés 13.*

1793 Le Palais devient Musée.

1993 Le Grand Louvre.

2851	2 f. 80, multicolore	1 40	1 »
2852	4 f. 40, multicolore et or	2 »	1 25

Imprimés se tenant horizontalement pour former panorama. Les diptyques sont imprimés attenant horizontalement de part et d'autre d'une vignette centrale sans valeur (regard de la "Joconde"). Emis en feuille de 20 diptyques, vendus en bande de 2 diptyques et 1 vignette.

2852A	Le diptyque avec vignette	4 »	3 »
2852B	La bande de 2 diptyques et 1 vignette	8 »	7 »
	a. Idem, non dentelé	170 »	

Tirage : 2 199 329 bandes de 2 diptyques.

1993. - *Au profit de la Croix-Rouge. L'imagerie de Metz. Taille-douce. Dentelé 12½ x 13.* C

Saint Nicolas.

2853	2 f. 80+60 c. multicolore	1 70	1 25
	a. (Dentelé 13½ x 13)	1 70	1 25
	b. (Non dentelé)	40 »	

Tirage : 1 749 138.

A été aussi émis en carnets (tirage : 898 823). Le no 2853a provient de carnets.

1993
Du No 2785 au No 2853
(sauf bandes-carnets, paires et triptyques) =
66 timbres ****129** **⊙67**

Autres rubriques de l'année :

Bloc-feuillet 15

Préoblitérés 228 à 231

Service 110 et 111

1994. - *Série "Arts décoratifs". Héliogravure. Dentelés 12½ x 13.*

Verrerie de Gallé (1901).

Fonte de Guimard (vers 1900).

2854	2 f. 80, multicolore	1 25	0 30
2855	2 f. 80, multicolore	1 25	0 30

Ébénisterie de Majorelle (vers 1902).

Théière en céramique de Dalpayrat (vers 1898).

2856	4 f. 40, multicolore	1 75	0 65
2857	4 f. 40, multicolore	1 75	0 65
	Nos 2854 à 2857 (4 val.)	6 »	1 90
	La série, non dentelée	85 »	

Tirages : 12 246 349, 13 348 130, 4 987 910 et 5 077 513.

1994. - *Série européenne d'art contemporain. Héliogravure. Dentelé 13 x 12½.*

Oeuvre originale de Sean Scully (Irlande).

2858	6 f. 70, multicolore	3 »	1 10
	a. (Non dentelé)	61 »	

Tirage : 5 265 258.

1994. - *Série artistique. Vitrail roman de la cathédrale du Mans. Taille-douce. Dentelé 12½ x 13.*

"La légende de Saint Étienne" (XIIe siècle).

2859	6 f. 70, multicolore sur bleu	3 »	1 25
	a. (Non dentelé)	61 »	

Tirage : 5 844 468.

1994. - *4e élections au Parlement Européen. Offset. Dentelé 13.*

Drapeau européen.

2860	2 f. 80, gris, bleu et jaune	1 25	0 30
	a. (Non dentelé)	40 »	

Tirage : 11 237 249.

1994. - *150e anniversaire de la mort de Laurent Mourguet (1769-1844), créateur de Guignol. Héliogravure. Dentelé 13.*

Portrait ; la marionnette.

2861	2 f. 80, multicolore	1 25	0 50
	a. (Non dentelé)	23 »	

Tirage : 14 489 257.

1994. - *Bicentenaire de la création de l'École Polytechnique. Héliogravure. Dentelé 13.*

"X" allégorique.

2862	2 f. 80, multicolore	1 25	0 50
	a. (Non dentelé)	23 »	

Tirage : 8 112 308.

1994. - *Journée du Timbre. Cinquantenaire de la Marianne de Dulac. Timbre sur timbre. Taille-douce. Dentelé 13.*

2863	2 f. 80+60 c. rouge et bleu	1 40	1 40
	a. (Id. timbre de carnet, dent. 13½ x 13)	1 60	1 60
	b. (Non dentelé)	30 »	

Tirage : 1 651 056.

1994. - *Idem, sans surtaxe. Émis en carnet. Taille-douce. Dentelé 13½ x 13.* [C]

2864	2 f. 80, rouge et bleu	4 »	2 »
2864A	La paire 2864+2863a	6 »	4 60
	a. (La paire avec vignette)	8 »	6 »

La bande (format vertical) destinée à la confection de carnets comprend 1 vignette sans valeur, 4 timbres n° 2864 et 3 timbres n° 2863a intercalés entre les précédents (voir au n° 2794).

BC2865	La bande carnet non pliée	18 »	18 »
	a. (Non dentelée)	305 »	

Tirage : 974 324 carnets.

1994. - *Relations culturelles France-Suède. Émission conjointe franco-suédoise. Émis en carnet. Taille-douce. Dentelés 13.* Ⓒ

"Les Vikings" ; détails de la tapisserie de Bayeux.

"Les Vikings" ; détails de la tapisserie de Bayeux.

2866	2 f. 80, multicolore	2 75	1 10
2867	2 f. 80, multicolore	2 75	1 10

Costumes de Fernand Léger pour les Ballets Suédois ("Skating Rink") : "Un marin".

Costumes de Fernand Léger pour les Ballets Suédois ("Skating Rink") : "Monsieur en haut-de-forme".

2868	2 f. 80, multicolore	2 75	1 10
2869	2 f. 80, multicolore	2 75	1 10

"Fête au Trianon pour Gustave III" (1784), de Niclas Lafrensen le jeune.

2870	3 f. 70, multicolore	4 50	1 80

"Relations France-Suède", composition de René Dessirier.

2871	3 f. 70, multicolore	4 50	1 80
	N°s 2866 à 2871 (6 val.)	20 »	8 »

La bande (format horizontal) destinée à la confection de carnets comprend les six timbres ci-dessus dans l'ordre de gauche à droite : 2866, 2867, 2870, 2871, 2868, 2869, entourés de marges blanches.

BC2872	La bande-carnet non pliée	20 »	20 »
	a. (Non dentelée)	200 »	

Tirage : 1 505 086 carnets.

La Suède a émis simultanément sur ce sujet un carnet de 30 k., de 6 timbres dont 2 sont identiques aux n°s 2870 et 2871 (carnet C1794).

1994. - *Type Marianne du Bicentenaire. Émis en carnets. Gommage adhésif. Précoupé vertical en lignes ondulées.* Ⓒ

Type I

Type II

Type I : lettres plus épaisses, cadre du bas interrompu au milieu et base de l'échancrure du cou arrondie.

Type II : lettres plus fines, cadre du bas continu et base de l'échancrure du cou en pointe.

2873	70 c. brun	11 »	6 »
2874	(sans val.) rouge (I)	1 25	0 15
	a. (Type II)	9 »	4 »

Une bande de phosphore pour le 70 c., deux bandes pour le timbre sans valeur indiquée.

Le n° 2874a provient du carnet 2874-C9.

Imprimé attenant horizontalement à une vignette sans valeur ("l'enveloppe à cases, elle facilite votre courrier"), provenant des carnets n°s 1504 à 1506.

2873a	70 c.+vignette	11 »	7 »

2873b	70 c.+vignette caractères maigres	12 »	8 »
2874b	(Sans valeur)+vignette	3 »	1 50
2874ba	(Sans valeur)+vignette caractères maigres	4 »	2 »
2874c	(Sans valeur)+70 c.+vignette	14 »	10 »
2874ca	(Sans valeur)+70 c.+vignette caractères maigres	16 »	12 »

1994. - *20ᵉ anniversaire de la mort du Président Georges Pompidou. Taille-douce. Dentelé 13.*

Esquisse du portrait.

2875	2 f. 80, brun sur verdâtre	1 25	0 50
	a. (Non dentelé)	30 »	

Tirage : 8 963 204.

1994. - *Hommage aux Maquis. Taille-douce. Dentélé 13.*

Maquisards en embuscade, et convoi ennemi.

2876	2 f. 80, noir, vert, jaune et bleu	1 25	0 30
	a. (Non dentelé)	46 »	

Tirage : 7 683 096.

1994. - *"Philexjeunes'94". Exposition philatélique des Jeunes, à Grenoble. Héliogravure. Dentelé 13 x 12½.*

"La chasse aux timbres".

2877	2 f. 80, multicolore	1 25	0 30
	a. (Non dentelé)	20 »	

Tirage : 14 189 093.

1994. - *Europa. L'Europe et les découvertes. Taille-douce et offset. Dentelés 13.*

Le virus du SIDA. L'onde de Louis de Broglie.

2878	2 f. 80, multicolore	1 40	0 30
2879	3 f. 70, multicolore	1 65	1 25
	La paire, non dentelée	80 »	

Le nᵒ 2878 a été réimprimé attenant à une vignette sans valeur à l'occasion de la journée mondiale de lutte contre le SIDA (nᵒ 2916).

Tirages : 11 040 316 et 6 960 223.

1994. - *Inauguration du tunnel sous la Manche. Emission commune franco-britannique. Héliogravure. Dentelés 13½.*

Sujets : 2880 et 2882 : lion britannique et coq gaulois se serrant ... la "main" par-dessus la Manche ; 2881 et 2883 mains britannique et française (cocardes) sous la mer et au-dessus du TGV.

2880	2 f. 80, multicolore	1 25	0 50

2881	2 f. 80, multicolore	1 25	0 50

2882	4 f. 30, multicolore	2 »	1 10

2883	4 f. 30, multicolore	2 »	1 10
	Nos 2880 à 2883 (4 val.)	6 50	3 20
	La série, non dentelée	170 »	

Imprimés se tenant horizontalement par valeurs faciales identiques.

La Grande-Bretagne a émis simultanément 4 timbres identiques de 25 p. (x 2) et 41 p. (x 2), (nos 1758 à 1761).

Tirages : 8 973 307, 8 973 307, 3 677 868 et 3 677 868.

1994. - *Banque asiatique de développement. Offset. Dentelé 13.*

Logo de l'établissement.

2884	2 f. 80, multicolore	1 25	0 30
	a. (Non dentelé)	18 50	

Tirage : 7 851 171.

1994. - *67e Congrès de la Fédération des Sociétés Philatéliques Françaises, à Martigues. Taille-douce. Dentelé 13.*

Poisson englobant une vue de la ville.

2885	2 f. 80, multicolore	1 25	0 30
	a. (Non dentelé)	18 50	

Tirage : 8 087 369.

1994. - *La Cour de Cassation. Taille-douce et offset. Dentelé 12½ x 13.*

Vue du monument.

2886	2 f. 80, bleu, noir et jaune	1 25	0 30
	a. (Non dentelé)	18 50	

Tirage : 7 606 174.

1994. - *50e anniversaire du débarquement des troupes alliées en Normandie. Taille-douce. Dentelés 13.*

Le débarquement. Hommage aux libérateurs.

2887	4 f. 30, bleu, rouge et gris	2 »	0 80
2888	4 f. 30, multicolore	2 »	0 80
	La paire, non dentelée	92 »	

Tirages : 7 800 256 et 7 795 045.

1994. - *Centenaire de la création du C.I.O. (Comité International Olympique). Impression offset. Dentelé 13.*

Visage de P. de Coubertin, coupole de la Sorbonne, anneaux olympiques.

2889	2 f. 80, multicolore	1 85	0 50
	a. (Non dentelé)	46 »	

Tirage : 7 823 574.

1994. - *Bicentenaire de l'orgue de la cathédrale de Poitiers. Dentelé 13½.*

Vue du buffet.

2890	4 f. 40, noir, jaune, lilas et brun-rouge	2 »	0 65
	a. (Non dentelé)	18 50	

Tirage : 6 000 720.

1994. - *Série touristique. Héliogravure (No 2891) et taille-douce (Nos 2892 à 2894). Dentelés 13.*

La montagne Sainte-Victoire, d'après une aquarelle de Cézanne. Pays de la Saulx (Meuse). Le pont de Rupt-aux-Nonains.

2891	2 f. 80, multicolore	1 25	0 30
2892	2 f. 80, bleu nuit	1 25	0 30

Bastia. Le vieux port et l'église Saint-Jean-Baptiste.

Argentat (Corrèze).

2893	4 f. 40, brun et bleu	1 85	0 65
2894	4 f. 40, rouge et brun	1 85	0 65
	Nos 2891 à 2894 (4 val.)	6 20	1 90
	La série, non dentelée	80 »	

Tirages : 9 781 660, 11 712 066, 5 912 166 et 5 460 779.

1994. - *Débarquement et bataille de Provence-Août 1944. Taille-douce. Dentelé 13.*

Emblème, tracé des côtes, soldat débarquant, dans la mer.

2895	2 f. 80, noir, bleu, jaune et rouge	1 25	0 30
	a. (Non dentelé)	46 »	

Tirage : 11 955 533.

1994. - *400e anniversaire de la naissance de Nicolas Poussin (1594-1665). Oeuvre de l'artiste. Taille-douce. Dentelé 13.*

"Moïse et les filles de Jethro".

2896	4 f. 40, noir et brun-jaune	2 »	1 »
	a. (Non dentelé)	35 »	

Tirage : 5 068 456.

1994. - *Personnages célèbres. "De la scène à l'écran". Héliogravure. Dentelés 13.* Ⓒ

Yvonne Printemps (1894-1977).

Fernandel (1903-1971).

Joséphine Baker (1906-1975).

2897	2 f. 80+60 c. multicolore	1 50	1 50
2898	2 f. 80+60 c. multicolore	1 50	1 50
2899	2 f. 80+60 c. multicolore	1 50	1 50

Bourvil (1917-1970).

Yves Montand (1921-1991).

Coluche (1944-1986).

2900	2 f. 80+60 c. multicolore	1 50	1 50
2901	2 f. 80+60 c. multicolore	1 50	1 50
2902	2 f. 80+60 c. multicolore	1 50	1 50
	Nos 2897 à 2902 (6 val.)	9 »	9 »
	La série, non dentelée	125 »	

Tirages : 1 738 255, 1 815 853, 1 777 735, 1 758 757, 1 799 307 et 2 371 418.

La bande (format horizontal) destinée à la confection de carnets comprend, de gauche à droite, deux vignettes reproduisant le rideau de scène à l'Olympia, puis les timbres nos 2897 à 2902, dans l'ordre des numéros.

BC2903	La bande-carnet non pliée	9 »	9 »
	a. (Non dentelée)	230 »	

Tirage : 1 416 202 carnets.

Voir également à la rubrique "Entiers postaux" (No 2902-CP1).

1994. - *Bicentenaire du Conservatoire National des Arts et Métiers. Taille-douce. Dentelé 13.*

Pendule de Foucault ; carte de France.

2904	2 f. 80, rouge, noir et bleu	1 25	0 30
	a. (Non dentelé)	20 »	

Tirage : 7 630 288.

1994. - *Série touristique. La Grande Cascade du Parc de Saint-Cloud. Taille-douce. Dentelé 13.*

Vue de la cascade.

2905	3 f. 70, vert-bleu, vert clair et noir	1 70	0 65
	a. (Non dentelé)	20 »	

Tirage : 5 697 830.

1994. - *Type Marianne du Bicentenaire. Une fine bande de phosphore à droite. Taille-douce. Dentelé 13.*

2906	2 f. bleu	1 »	0 15
	a. (Non dentelé)	12 50	

1994. - *Bicentenaire de l'École Normale Supérieure. Taille-douce. Dentelé 13.*

Porche d'entrée, rue d'Ulm à Paris.

2907	2 f. 80, lilas et brun-rouge	1 25	0 30
	a. (Non dentelé)	18 50	

Tirage : 7 923 636.

1994. - *Journée mondiale de prévention des toxicomanies. Héliogravure. Dentelé 13.*

Oeuvre symbolique de V. Velikovic.

2908	2 f. 80, multicolore	1 25	0 50
	a. (Non dentelé)	18 50	

Tirage : 7 877 313.

1994. - *Salon du Timbre. 1er Salon européen des Loisirs du Timbre (II). Héliogravure. Dentelés 13.* BF *n° 16.*

Parc floral de Paris.

Dahlias.

2909	2 f. 80, multicolore	9 »	9 »
2910	2 f. 80, multicolore	9 »	9 »

Emis uniquement en feuillet.

Tirages :

1994. - *Hommage à Georges Simenon (1903-1989). Émission conjointe Belgo-Franco-Suisse. Offset-taille-douce. Dentelé 13.*

Portrait du romancier ; vue du Quai des Orfèvres.

2911	2 f. 80, multicolore	1 40	0 30
	a. (Non dentelé)	28 »	

Tirage : 17 064 208.

La Belgique et la Suisse ont chacune émis simultanément un timbre de présentation identique, la vue en arrière-plan étant différente Belgique 16 f. (n° 2579), Suisse 100 c. (n° 1463).

1994. - *Centenaire de la Grande Loge de France. Taille-douce. Dentelé 13.*

Symboles maçonniques.

2912	2 f. 80, bleu-vert, rouge et ocre	1 25	0 30
	a. (Non dentelé)	35 »	

Tirage : 8 703 799.

1994. - *Hommage à Alain Colas (1943-1978). Taille-douce. Dentelé 13.*

Portrait ; mer déchaînée.

2913	3 f. 70, vert clair, noir et vert foncé	1 85	0 80
	a. (Non dentelé)	28 »	

Tirage : 5 805 738.

1994. - *Série européenne d'art contemporain. Héliogravure. Dentelé 13 x 12½.*

Oeuvre originale de Georg Baselitz.

2914	6 f. 70, multicolore	3 »	1 25
	a. (Non dentelé)	61 »	

Tirage : 4 573 902.

Vous désirez voir les personnages ? tournez votre catalogue.

1994. - *Au profit de la Croix-Rouge. Tapisserie d'Arras (XVe siècle). Héliogravure. Dentelé 12½ x 13.* ©

Saint Vaast.

2915 2 f. 80+60 c. multicolore 1 70 1 25
a. (Dentelé 13½ x 13) 1 70 1 40
b. (Non dentelé) 40 »
Tirage : 1 767 018.
A été aussi émis en carnets (tirage : 913 860). Le n° 2915a provient des carnets.

1994. - *Journée mondiale de lutte contre le SIDA. T.-P. précédent réimprimé attenant à une vignette sans valeur. Taille-douce et offset. Dentelé.*

2916 2 f. 80, multicolore (2878) 1 40 0 80
a. (Valeur faciale et légende omises) 7 500 »
Tirage : 7 857 312.

1994. - *Cinquantenaire de la Fédération nationale de la Presse française. Héliogravure. Dentelé 13.*

2917 2 f. 80, lilas et jaune 1 25 0 30
a. (Non dentelé) 15 »
Tirage : 8 219 584.
Le n° 2917 porte le millésime 1995.

1994
Du N° 2854 au N° 2917
(sauf bandes-carnets, paires et triptyques) =
61 timbres **133 ⊙70

Autres rubriques de l'année :
Bloc-feuillet 16
Préoblitérés 232 à 235

1995. - *Série touristique. Taille-douce. Dentelé 13.*

Avenue des Champs-Élysées.

2918 4 f. 40, multicolore 2 30 0 80
a. (Non dentelé) 28 »
Tirage : 5 837 023.

Imprimé attenant à une vignette sans valeur ("Bonne Année 1995-Happy New Year").

1995. - *1er siècle du cinéma. Héliogravure. Dentelés 13.* BF *n° 17.*

Tête d'acteur, projecteur. Projecteur, tête avec casquette.

2919 2 f. 80, muticolore 1 75 1 50
2920 2 f. 80, multicolore 1 75 1 50

Projecteur, tête grimée, style "La Bête". Bobines et tête d'Indien.

2921 2 f. 80, multicolore 1 75 1 50
2922 2 f. 80, multicolore 1 75 1 50
N°s 2919 à 2922 (4 val.) 7 » 6 »
Emis uniquement en feuillet.
Tirage : 2 334 341.

1995. - *Inauguration du pont de Normandie. Taille-douce. Dentelé 13.*

Vue de l'ouvrage d'art.

2923 4 f. 40, bleu et vert 2 30 0 65
a. (Non dentelé) 23 »
Tirage : 5 247 073.

1995. - *Le Notariat européen. Taille-douce. Dentelé 13.*

Drapeau européen, emblème, devise.

2924 2 f. 80, bleu clair, jaune et bleu foncé 1 25 0 30
a. (Non dentelé) 23 »
Tirage : 8 372 272.

1995. - *Centenaire de la mort de Louis Pasteur (1822-1895). Héliogravure. Dentelé 13.*

Portrait.

2925 3 f. 70, multicolore 1 70 1 10
a. (Non dentelé) 23 »
Tirage : 5 413 259.

1995. - *Série artistique. Taille-douce et offset. Dentelés 12½-13.*

La châsse de Saint-Taurin, à Evreux.

2926 6 f. 70, jaune, brun-rouge et noir 3 » 1 10
a. (Non dentelé) 54 »

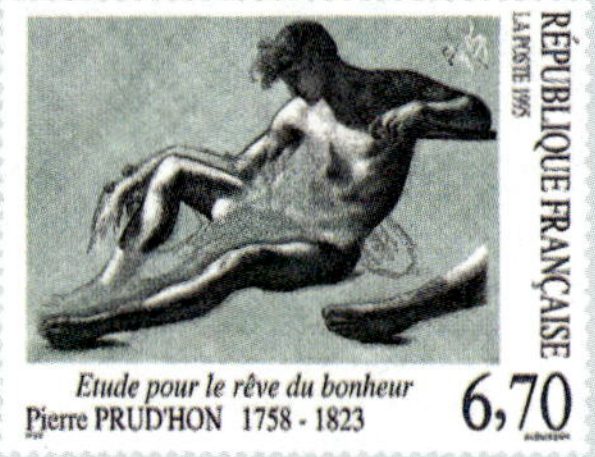

"Etude pour le rêve du bonheur". Oeuvre de Pierre Prud'hon (1758-1823).

2927 6 f. 70, gris foncé, beu clair et bleu 3 » 1 10
a. (Non dentelé) 61 »

Oeuvre originale de Zao Wou-Ki.

2928 6 f. 70, bleu foncé, bleu clair, vert et brun 3 » 1 10
a. (Non dentelé) 61 »
Tirages : 4 694 480, 4 912 561 et 4 781 970.

1995. - *Série "Arts décoratifs". Les oiseaux de J.-J.Audubon. Héliogravure. Dentelés 12½.*

Aigrette neigeuse.

Pigeons à queue rayée.

2929 2 f. 80, multicolore 1 25 0 50
2930 2 f. 80, multicolore 1 25 0 50

Sterne Pierre-Garin.

Buse pattue.

2931 4 f. 30, multicolore 1 75 1 »
2932 4 f. 40, multicolore 1 75 1 »
Nos 2929 à 2932 (4 val.) 6 » 3 »
La série, non dentelée 92 »
Tirages : 14 355 685, 13 704 106, 6 229 792 et 6 174 258.

Idem. Émis en feuillet. Héliogravure. Dentelés 13½. BF *nº 18.*

2929a 2 f. 80, multicolore 1 50 1 50
2930a 2 f. 80, multicolore 1 50 1 50
2931a 4 f. 30, multicolore 2 » 2 »
2932a 4 f. 40, multicolore 2 » 2 »
Nos 2929a à 2932a (4 val.) 7 » 7 »
Tirage : 1 517 342 blocs.

1995. - *Journée du Timbre. Cinquantenaire de la Marianne de Gandon. Timbre sur timbre. Taille-douce. Dentelé 13.*

2933 2 f. 80+60 c. rouge, lilas, vert-gris 1 75 1 25
a. Id. timbre de carnet, dent. 13½ x 13, longueur 39 mm (au lieu de 40) 2 » 1 50
b. (Non dentelé) 23 »
Tirage : 1 656 110.

1995. - *Idem, sans surtaxe. Émis en carnet. Taille-douce. Dentelé 13½ x 13.* C

2934 2 f. 80, rouge, lilas, vert-gris 4 » 2 50
2934A La paire 2933a+2934 6 » 4 60
a. (La paire avec vignette) 8 » 6 »

La bande (format vertical) destinée à la confection de carnets comprend 1 vignette sans valeur, 4 timbres n° 2934, et 3 timbres n° 2933a intercalés entre les précédents.

BC2935 La bande-carnet non pliée 18 » 18 »
a. (Non dentelée) 305 »

Tirage : 958 276.

1995. - *50e anniversaire de la création des Comités d'Entreprise. Taille-douce. Dentelé 13.*

Composition avec sablier.

2936 2 f. 80, bleu et brun-jaune 1 25 0 30
a. (Non dentelé) 15 »

Tirage : 8 787 316.

1995. - *Centenaire de l'École Supérieure d'Électricité. Héliogravure. Dentelé 13.*

Logotype, train, antenne.

2937 3 f. 70, bleu foncé, bleu clair et rouge 1 70 1 25
a. (Non dentelé) 23 »

Tirage : 4 882 277.

1995. - *Bicentenaire de l'École des Langues Orientales. Héliogravure. Dentelé 13.*

Lettres : arabe, hébreu, chinois, cyrillique.

2938 2 f. 80, bleu-vert, bleu, rouge et jaune 1 25 0 50
a. (Non dentelé) 23 »

Tirage : 9 479 147.

1995. - *Centenaire de la naissance de Jean Giono (1895-1970). Taille-douce. Dentelé 13.*

Portrait de l'écrivain, paysage.

2939 3 f. 70, bleu clair, bleu et jaune-brun 1 85 1 25
a. (Non dentelé) 15 »

Tirage : 4 858 508.

1995. - *La sidérurgie lorraine. Taille-douce. Dentelé 13 x 12½.*

Acier laminé, câble, ouvrier fondeur, haut fourneau, coulée de métal.

2940 2 f. 80, multicolore 1 25 0 30
a. (Non dentelé) 15 »

Tirage : 8 397 847.

1995. - *Europa. Paix et Liberté. Héliogravure. Dentelés 13.*

2941 2 f. 80, multicolore sur gris 1 25 0 30
2942 3 f. 70, multicolore sur gris 1 80 1 »
La paire, non dentelée 80 »

Tirages : 9 232 583 et 5 477 765.

1995. - *Métier de la forêt. Taille-douce. Dentelé 13 x 12½.*

Bûcheron des Ardennes.

2943 4 f. 40, multicolore 1 85 0 80
a. (Non dentelé) 15 »

Tirage : 5 246 485.

1995. - *"8 mai 1945 - La Victoire". Héliogravure. Dentelé 13.*

Portrait du Général de Gaulle et monuments de Paris.

2944 2 f. 80, bleu, brun-jaune, jaune et rouge 1 70 0 50
a. (Non dentelé) 46 »

Tirage : 14 923 903.

1995. - *L'Assemblée Nationale. Héliogravure. Dentelé 13.*

Vue du bâtiment ; Liberté avec drapeau.

2945	2 f. 80, multicolore	1 25	0 65
	a. (Non dentelé)	20 »	

Tirage : 9 342 688.

1995. - *Au profit de la Croix-Rouge. Tapisserie de Saumur (XVIIe siècle). Héliogravure. Dentelé 12½ x 13.* ⓒ

Louis XIII à cheval.

2946	2 f. 80+60 c. multicolore	1 70	1 40
	a. (Dentelé 13½ x 13)	1 70	1 55
	b. (Non dentelé)	40 »	

Tirage : 1 583 020.

A été aussi émis en carnets (tirage : 827 924). Le n° 2946a provient des carnets.

1995. - *Cinquantenaire du Secours Populaire Français. Taille-douce. Dentelé 13.*

Logo du mouvement humanitaire.

2947	2 f. 80, jaune, noir, rouge et bleu	1 25	0 30
	a. (Non dentelé)	15 »	

Tirage : 8 979 423.

1995. - *Espace et Guyane ; Ariane. Type du n° 2696, sans "EUROPA" ni le sigle C.E.P.T. Taille-douce. Dentelé 12½ x 13.*

2948	2 f. 80, bleu, rouge et vert	1 60	0 30
	a. (Non dentelé)	35 »	

Tirage : 7 757 322.

1995. - *Série courante. Les régions françaises. Taille-douce. Dentelés 13.*

Bretagne.

Vosges.

2949	2 f. 40, vert	1 »	0 15
2950	2 f. 40, vert	1 »	0 15

Auvergne.

Camargue.

2951	2 f. 80, rouge	1 25	0 15
2952	2 f. 80, rouge	1 25	0 15
	N°s 2949 à 2952 (4 val.)	4 50	0 60
	La série, non dentelée	40 »	

Les 2 f. 40 sont avec une bande de phosphore à droite, les 2 f. 80 avec deux bandes de phosphore.

Tirages : 27 385 699, 27 177 146, 37 800 566 et 37 710 695.

1995. - *68e Congrès de la Fédération Française des Associations Philatéliques à Orléans. Taille-douce. Dentelé 13.*

Pont George V et Cathédrale Sainte-Croix.

2953	2 f. 80, brun, brun-orange et bleu	1 25	0 30
	a. (Non dentelé)	17 »	

Tirage : 8 270 701.

1995. - *Série touristique. Taille-douce. Dentelés 13.*

La malterie de Stenay (Meuse).

Remiremont (Vosges).

2954	2 f. 80, vert foncé et olive clair	1 25	0 30
2955	2 f. 80, bleu, brun et vert	1 25	0 30

Le pont de Nyons (Drôme).

Corrèze.

2956	4 f. 40, multicolore	2 »	0 80
2957	4 f. 40, vert, mauve et ardoise	2 »	0 80
	N°s 2954 à 2957 (4 val.)	6 50	2 20
	La série, non dentelée	61 »	

Tirages : 8 833 489, 8 790 960, 6 144 929 et 5 885 635.

1995. - *Tricentenaire de la mort de Jean de la Fontaine (1621-1695). Illustrations de fables. Héliogravure. Dentelés.*

La cigale et la fourmi.

La grenouille qui veut se faire aussi grosse que le boeuf.

Le loup et l'agneau.

2958	2 f. 80, multicolore sur crème	1 60	0 80
2959	2 f. 80, multicolore sur crème	1 60	0 80
2960	2 f. 80, multicolore sur crème	1 60	0 80

Le corbeau et le renard.

Le chat, la belette et le petit lapin.

Le lièvre et la tortue.

2961	2 f. 80, multicolore sur crème	1 60	0 80
2962	2 f. 80, multicolore sur crème	1 60	0 80
2963	2 f. 80, multicolore sur crème	1 60	0 80
	N°s 2958 à 2963 (6 val.)	9 60	4 80

Imprimés se tenant horizontalement, avec 2 vignettes sans valeur (titres des fables illustrées, portrait du fabuliste).

BC2964	La bande	10 »	9 »
	a. (Non dentelée)	170 »	

Tirage : 5 171 225.

Voir également à la rubrique des "Prêt-à-Poster" (n°s 2958-E1 à 2963-CP1).

1995. - *Commémoration de la rafle du 16 juillet 1942 dite "Rafle du Vel d'Hiv" (vélodrome d'hiver). Héliogravure. Dentelé 13.*

Barbelés, étoile, fleur symbolique.

2965	2 f. 80, multicolore	1 25	0 50
	a. (Non dentelé)	23 »	

Tirage :

1995. - *Hommage à André Maginot (1877-1932). Taille-douce. Dentelé 13.*

Portrait de l'homme politique et Ministère de la Guerre.

2966	2 f. 80, brun-jaune et vert	1 25	0 30
	a. (Non dentelé)	17 »	

Tirage : 7 850 944.

1995. - *50e anniversaire de la Grande Loge Féminine de France. Taille-douce. Dentelé 13.*

Emblème ; colonnes à chapiteau.

2967	2 f. 80, multicolore	1 25	0 30
	a. (Non dentelé)	20 »	

Tirage : 9 169 607.

1995. - *500e anniversaire de la Pharmacie hospitalière. Taille-douce. Dentelé 13.*

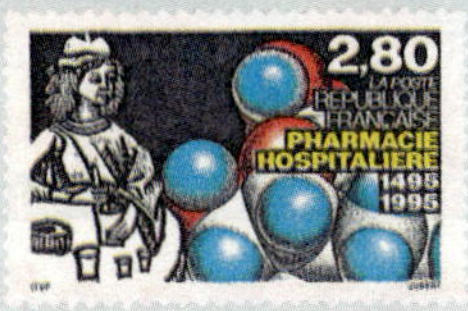

Préparateur d'antan ; gélules.

2968	2 f. 80, multicolore	1 25	0 30
	a. (Non dentelé)	17 »	

Tirage : 8 168 174.

1995. - *Série européenne d'art contemporain. Héliogravure. Dentelé 13 x 12½.*

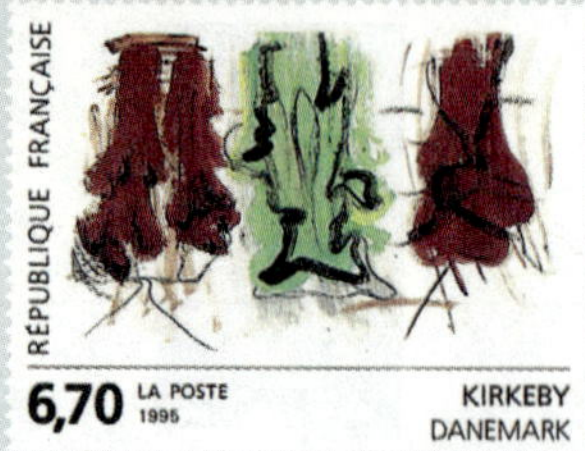

Oeuvre originale de Kirkeby.

2969 6 f. 70, marron, vert et noir 3 » 1 25
a. (Non dentelé) 58 »

Tirage : 5 117 729.

1995. - *Série touristique. Barbizon. Héliogravure. Dentelé 13.*

"Les chaumières de Barbizon vers 1838-1839". Détail d'un tableau de Diaz de la Peña.

2970 4 f. 40, multicolore 2 » 0 80
a. (Non dentelé) 20 »

Tirage : 5 557 198.

1995. - *50e anniversaire de l'Ecole Nationale d'Administration. Héliogravure. Dentelé 13.*

Couleurs nationales.

2971 2 f. 80, bleu, rouge et noir 1 25 0 30
a. (Non dentelé) 17 »

Tirage : 8 354 551.

1995. - *Série artistique. Oeuvre de Berthe Morisot (1841-1895). Offset. Dentelé 12½ x 13.*

"Le Berceau".

2972 6 f. 70, multicolore 3 » 1 10
a. (Non dentelé) 60 »

Tirage : 4 669 866.

1995. - *Bicentenaire de l'Institut de France. Taille-douce. Dentelé 13.*

Vue aérienne.

2973 2 f. 80, noir, vert et brun-orange 1 25 0 30
a. (Non dentelé) 17 »

Tirage : 8 685 711.

1995. - *Centenaire de l'Automobile Club de France. Taille-douce. Dentelé 13.*

Parties avant et arrière de voitures ancienne et moderne ; logo et siège du Club, Place de la Concorde à Paris.

2974 4 f. 40, gris, rouge et bleu 2 » 0 80
a. (Non dentelé) 20 »

Tirage : 5 649 914.

1995. - *Cinquantenaire de l'Organisation des Nations Unies. Héliogravure. Dentelé 13.*

Emblème et nombre 50 ; colombe et casque stylisés.

2975 4 f. 30, multicolore 2 » 1 25
a. (Non dentelé) 20 »

Tirage : 5 378 159.

1995. - *Personnages célèbres. "Les santons de Provence". Taille-douce. Dentelés 13.* ©

Le berger.

Le meunier.

Le tambourinaire et le ravi.

2976	2 f. 80+60 c. multicolore	1 50	1 50
2977	2 f. 80+60 c. multicolore	1 50	1 50
2978	2 f. 80+60 c. multicolore	1 50	1 50

La poissonnière.

Le rémouleur.

Les vieux.

2979	2 f. 80+60 c. multicolore	1 50	1 50
2980	2 f. 80+60 c. multicolore	1 50	1 50
2981	2 f. 80+60 c. multicolore	1 50	1 50
	Nos 2976 à 2981 (6 val.)	9 »	9 »
	La série, non dentelée	110 »	

La bande (format horizontal) destinée à la confection de carnets, comprend, de gauche à droite, deux vignettes représentant un village provençal stylisé, puis les timbres 2976 à 2981, dans l'ordre des numéros.

BC2982	La bande-carnet non pliée	9 »	9 »
	a. (Non dentelé)	140 »	

Tirage : 1 388 014.

Tirages : 1 698 539, 1 627 168, 1 699 623, 1 680 348, 1 688 554 et 1 700 133.

1995. - *Hommage à Francis Jammes (1868-1938). Taille-douce. Dentelé 13.*

Portrait de l'écrivain.

2983	3 f. 70, bleu et noir	1 70	1 25
	a. (Non dentelé)	17 »	

Tirage : 5 048 195.

1995. - *La Cathédrale d'Evry. Taille-douce. Dentelé 13.*

2984	2 f. 80, multicolore	1 40	0 30
	a. (Non dentelé)	17 »	

Tirage : 7 137 652.

1995. - *"France 98". Coupe du monde de Football (I). Dentelé 13.*

Logo sur terrain stylisé.

2985	2 f. 80, multicolore	1 25	0 30
	a. (Non dentelé)	23 »	

Tirage :

Voir également à la rubrique "Prêt-à-Poster" (nos 2985-E1 à 2985-CP1).

1995
Du No 2918 au No 2985
(sauf bandes-carnets, paires et triptyques) =
66 timbres **120 ⊙63

Autre rubrique de l'année :
Blocs et feuillets 17 et 18

1996. - *Série européenne d'art contemporain. Héliogravure. Dentelés 13 x 12½.*

Oeuvre originale de Wercollier (Luxembourg).

2986	6 f. 70, noir, rouge et bleu	3 »	1 10

"Horizon". Oeuvre originale de Dibbets (Pays-Bas).

2987 6 f. 70, bleu, rouge et noir 3 » 1 10

Tirages : 6 165 090 et 5 758 829.

1996. - *Civilisation des Arawaks (Guadeloupe). Taille-douce. Dentelé 13.*

Chien en céramique.

2988 2 f. 80, multicolore 1 25 0 50

Tirage : 7 071 771.

1996. - *Série artistique. Bicentenaire de la naissance de Jean-Baptiste Corot (1796-1875). Offset. Dentelé 13 x 12½.*

"Le pont de Narni".

2989 6 f. 70, multicolore 3 » 1 10

Tirage : 5 234 438.

1996. - *Journée du Timbre. "Semeuse 1903". Taille-douce. Dentelé 13½.*

2990 2 f. 80+60 c. bleu et rose violacé 1 70 1 50
a. Idem, timbre de carnet, dentelé 13½ x 13 2 » 1 70

Tirage : 1 864 530.

1996. - *Idem, sans surtaxe. Emis en carnet. Taille-douce. Dentelé 13½ x 13.* [C]

2991 2 f. 80, bleu et rose violacé 4 » 2 50
a. (Timbre avec vignette) 5 » 3 »
2991A La paire 2991+2990a 6 » 4 60

La bande (format vertical) destinée à la confection de carnets comprend 1 vignette sans valeur, 4 timbres n° 2991 et 3 timbres n° 2990a.

BC2992 La bande-carnet non pliée 22 » 22 »

Tirage : 1 154 867.

1996. - *"L'imaginaire irlandais". Emission conjointe avec l'Irlande. Héliogravure. Dentelé 13½.*

Saint Patrick (d'après l'oeuvre d'Evie Hone).

2993 2 f. 80, multicolore 1 25 0 50

Tirage : 5 960 508.

L'Irlande a émis simultanément sur ce sujet une figurine de 32 p. (n° 937).

1996. - *Centenaire de la naissance de Jacques Rueff (1896-1978). Taille-douce. Dentelé 13.*

Portrait de l'économiste.

2994 2 f. 80, noir, bleu et jaune 1 25 0 50

Tirage : 5 490 049.

1996. - *400e anniversaire de la naissance de René Descartes (1596-1650). Taille-douce. Dentelé 13.*

Portrait du philosophe et savant (d'après Frans Hals).

2995 4 f. 40, rouge-brique 2 » 1 40

Tirage : 5 969 830.

1996. - *Cinquantenaire de Electricité de France-Gaz de France. Héliogravure. Dentelé 13.*

Incandescence d'une ampoule électrique.

2996 3 f. multicolore 1 50 0 50

Tirage : 9 413 295.

1996. - *Série "Nature de France" (XI). Parcs naturels nationaux. Héliogravure. Dentelés 13 x 13½.*

Parc des Cévennes (Marmotte et ancolie). Parc de la Vanoise (Bouquetin et gentiane bleue).

2997 3 f. multicolore 1 40 0 65

2998 4 f. 40, multicolore 2 15 0 80

Parc du Mercantour (Gypaète barbu et saxifrage).

2999 4 f. 40, multicolore 2 15 1 25

Tirages : 10 516 008, 6 332 455 et 5 705 200.

1996. - *50ᵉ Salon philatélique d'Automne. Dentelé 13.*

3000 3 f. multicolore 1 40 0 30

Tirage : 10 280 525.

A l'exemple de cette sympathique Tour Eiffel, nous avons légèrement joué avec la chronologie pour affecter le n° 3000 au timbre commémorant cet évènement philatélique. Nos amis lecteurs apprécieront certainement ce geste.

1996. - *Europa. Les femmes célèbres. Héliogravure. Dentelé 13.*

Madame de Sévigné.

3000A 3 f. multicolore 1 40 0 50

Tirage : 11 857 721.

1996. - *Cinquantenaire de l'Institut National de la Recherche Agronomique. Héliogravure. Dentelé 13.*

Pinces saisissant une fleur, et jeunes pousses.

3001 3 f. 80, multicolore 1 90 1 25

Tirage : 6 772 467.

1996. - *Maison de Jeanne d'Arc à Domrémy-la-Pucelle (Vosges). Héliogravure. Dentelé 13.*

3002 4 f. 50, multicolore 2 15 0 65

Tirage : 6 297 310.

1996. - *20ᵉ anniversaire de l'Accord RAMOGE. Emission conjointe avec l'Italie et Monaco. Taille-douce. Dentelé 13.*

Poissons, navire, phare et littoral.

3003 3 f. multicolore 1 90 0 50

Tirage : 11 241 200.

L'Italie et Monaco ont chacune émis simultanément un timbre de présentation identique. Italie 750 lires (n° 2167), Monaco 3 f. (n° 2038).

1996. - *69ᵉ Congrès de la Fédération Française des Associations Philatéliques, à Clermont-Ferrand. Taille-douce. Dentelé 13.*

Flèches de la cathédrale et horloge avec personnages sculptés.

3004	3 f. brun, rouge et vert	1 40	0 50

Tirage : 10 020 590.

1996. - *Type Marianne du Bicentenaire. Taille-douce. Dentelés 13.*

3005	2 f. 70, vert	1 40	0 15
3006	3 f. 80, bleu	1 70	0 80
3007	4 f. 50, rose	2 »	0 30

Une bande de phosphore pour le 2 f. 70 et deux bandes de phosphore pour les 3 f. 80 et 4 f. 50.

Provenant de roulettes. Une bande de phosphore à droite. Dentelé 13 horizontalement.

3008	2 f. 70, vert	2 75	1 50
	a. (N° rouge au verso)	3 »	

Provenant de carnet. Une bande de phosphore. Gommage adhésif précoupé vertical en lignes ondulées.

3009	1 f. orange	4 »	2 »

Imprimé attenant horizontalement à une vignette sans valeur ("Simplifiez vous la vie ! essayez l'enveloppe timbrée"), provenant du carnet 1507.

3009a	1 f.+vignette	4 »	2 50
3009b	2874 (sans val.)+1 f.+vignette	8 »	6 »

Sans phosphore.

3005a	2 f. 70	8 »	
3007a	4 f. 50	28 »	

1996. - *"France 98". Coupe du Monde de Football (II). Héliogravure. Dentelés 13.* BF *n° 19.*

Sujets : Logo, joueurs en action stylisés et mentions : 3010, Lens ; 3011, Montpellier ; 3012, Saint-Etienne ; 3013, Toulouse.

3010	3 f. multicolore	1 40	0 50
3011	3 f. multicolore	1 40	0 50
3012	3 f. multicolore	1 40	0 50
3013	3 f. multicolore	1 40	0 50
	Nᵒˢ 3010 à 3013 (4 val.)	5 60	2 »

Tirages :

Voir également à la rubrique des "Prêt-à-Poster" (nᵒˢ 3010-E1 à 3013-E1).

1996. - *Série artistique. Le trésor de Neuvy-en-Sullias. Taille-douce. Dentelé 12½ x 13.*

Bronze gallo-romain (Cheval).

3014	6 f. 70, beige rosé, bronze, vert et marron	3 »	1 10

Tirage : 5 874 691.

1996. - *Hommage à Jacques Marette (1922-1984). Taille-douce. Dentelé 13.*

Portrait de l'homme politique.

3015	4 f. 40, violet foncé	2 »	1 25

Tirage : 5 257 104.

1996. - *Centenaire des Jeux olympiques. Héliogravure. Dentelé 13.*

Lanceur de disque.

3016 3 f. multicolore 1 40 0 65

Tirage : 11 589 444.

1996. - *Centenaire de la mise en service du train Ajaccio-Vizzavona. Héliogravure. Dentelé 13.*

3017 3 f. multicolore 1 40 0 65

Tirage : 10 356 590.

1996. - *Série touristique. Taille-douce (n°s 3018, 3019 et 3020) et héliogravure (n° 3021). Dentelés 13 (n°s 3018, 3019, 3021) et 12½ x 13 (n° 3020).*

Bitche (Moselle). Vue des îles Sanguinaires.

3018 3 f. multicolore 1 40 0 50

3019 3 f. multicolore 1 40 0 50

Abbaye du Thoronet (Var). Cathédrale de Chambéry.

3020 3 f. 80, brun et violet 1 60 1 »

3021 4 f. 50, multicolore 1 90 0 80

N°s 3018 à 3021 (4 val.) 6 30 2 80

Tirages : 9 269 186, 9 906 847, 4 780 232 et 6 163 979.

1996. - *Centenaire de la consécration de la Basilique Notre-Dame de Fourvière, à Lyon. Taille-douce. Dentelé 13 x 12½.*

3022 3 f. multicolore 1 40 0 30

Tirage : 8 804 801.

1996. - *Série artistique. Oeuvre originale d'Arman. Héliogravure. Dentelé 13 x 13½.*

3023 6 f. 70, noir, or rouge et or jaune 3 35 1 25

Tirage : 5 861 609.

1996. - *De la Gaule à la France (I) (496-1996). Taille-douce. Dentelé 13.*

Le baptême de Clovis.

3024 3 f. multicolore 1 40 0 30

a. (Sans la couleur violette) 600 »

Tirage : 15 260 439.

1996. - *Personnages célèbres. Héros français du roman policier. Héliogravure. Dentelés 13.* ©

Rocambole. Arsène Lupin. Rouletabille.

3025 3 f.+60 c. multicolore 1 60 1 60

3026 3 f.+60 c. multicolore 1 60 1 60

3027 3 f.+60 c. multicolore 1 60 1 60

Fantômas. Maigret. Nestor Burma.

3028 3 f.+60 c. multicolore 1 60 1 60
3029 3 f.+60 c. multicolore 1 60 1 60
3030 3 f.+60 c. multicolore 1 60 1 60

Nos 3025 à 3030 (6 val.) 9 60 9 60

La bande (format vertical) destinée à la confection de carnets comprend de haut en bas, deux vignettes et les timbres nos 3025 à 3030.

BC3031 La bande-carnet non pliée 10 » 10 »

Tirage : 1 124 832.

Tirages : 1 434 443, 1 457 244, 1 439 089, 1 451 179, 1 437 784 et 1 356 997.

1996. - *Bicentenaire du Lycée Henri IV. Taille-douce. Dentelé 12½ x 13.*

Vue de la Tour Clovis.

3032 4 f. 50, multicolore 2 » 0 80

Tirage : 5 988 255.

1996. - *Cinquantenaire de l'U.N.I.C.E.F. (Fonds des Nations Unies pour l'enfance). Héliogravure. Dentelé 13½.*

3033 4 f. 50, multicolore 2 » 0 80

Tirage : 6 679 565.

1996. - *Cinquantenaire du Conseil Economique et Social. Taille-douce. Dentelé 13.*

Façade et hémicycle du Palais d'Iéna.

3034 3 f. multicolore 1 40 0 30

Tirage : 8 474 373.

1996. - *Cinquantenaire de l'UNESCO (Organisation des Nations Unies pour l'éducation, la science et la culture). Offset. Dentelé 13.*

Oeuvre du sculpteur Calder et bâtiment de la salle plénière.

3035 3 f. 80, multicolore 1 70 1 »

Tirage : 4 569 832.

1996. - *Cinquantenaire de la création des Départements d'Outre-Mer. Héliogravure. Dentelé 13.*

Silhouette avec mention du nom des D.O.M.

3036 3 f. multicolore 1 40 0 50

Tirage : 10 409 941.

1996. - *150e anniversaire de l'Ecole Française d'Athènes. Héliogravure. Dentelé 13.*

La tholos (Delphes).

3037 3 f. multicolore 1 40 0 50

Tirage : 8 941 394.

1996. - *20e anniversaire de la mort d'André Malraux (1901-1976). Taille-douce. Dentelé 13 x 12½.*

Portrait et signature.

3038 3 f. multicolore 1 40 0 50

Tirage : 11 483 713.

1996. - *Au profit de la Croix-Rouge. Fêtes de fin d'année. Héliogravrue. Dentelé 12½ x 13.* Ⓒ

Ours blanc et bonhomme de neige en ballon.

3039	3 f.+60 c. multicolore	1 70	1 40
	a. idem (dentelé 13½ x 13)	1 70	1 60

Tirage : 1 561 945.

A été aussi émis en carnets (tirage : 880 602).

Le n° 3039a provient des carnets.

Voir également à la rubrique des "Prêt-à-Poster" (nos 3039-E1 à 3039-E5).

1996. - *50e Festival international du Film de Cannes. Héliogravure. Dentelé 13.*

Clap, caméra et tige de laurier.

3040	3 f. multicolore	1 40	0 30

Tirage : 9 687 483.

1996. - *Bibliothèque Nationale de France. Héliogravure. Dentelé 13½.*

3041	3 f. bleu, rouge et jaune	1 40	0 30

Tirage : 9 759 120.

1996
Du N° 2986 au N° 3041
(sauf bandes-carnets, paires et triptyques) =
55 timbres ****101 ⊙48**

Autres rubriques de l'année :
Préoblitérés 236 à 239
Service 114 à 117

1997. - *1er anniversaire de la mort du Président François Mitterrand (1916-1996). Héliogravure. Dentelé 13.*

Portrait.

3042	3 f. multicolore	1 40	0 30

Tirage : 17 227 298.

1997. - *Innovation participative. Héliogravure. Dentelé 13½.*

3043	3 f. multicolore	1 40	0 30

Tirage : 11 519 528.

1997. - *20e anniversaire du Centre Georges Pompidou. Taille-douce. Dentelé 12½ x 13.*

Détail de la façade : escaliers mécaniques.

3044	3 f. vert, bleu et rouge	1 40	0 30

Tirage : 8 325 294.

1997. - *Timbres de souhaits. Héliogravure. Dentelés 13.*

"Bonne fête". "Joyeux anniversaire".

3045	3 f. multicolore	1 40	0 30
3046	3 f. multicolore	1 40	0 30

Voir également à la rubrique des "Prêt-à-Poster" (nos 3045-E1, 3046-E1).

Tirages : 9 214 065 et 8 736 199.

1997. - *250e anniversaire de l'École Nationale des Ponts et Chaussées. Taille-douce. Dentelé 12½ x 13.*

Partie de la façade de la nouvelle École.

3047 3 f. multicolore 1 40 0 30

Tirage : 8 262 928.

1997. - *Patrimoine guyanais. Saint-Laurent-du-Maroni. Taille-douce. Dentelé 12½ x 13.*

Le Camp de la Transportation.

3048 3 f. multicolore 1 40 0 30

Tirage : 8 528 668.

1997. - *Série artistique. Taille-douce (no 3049) et héliogravure (no 3050). Dentelés 13-13½.*

Fresques de Tavant (Indre-et-Loire). Scènes avec deux personnages.

3049 6 f. 70, multicolore 3 » 1 »

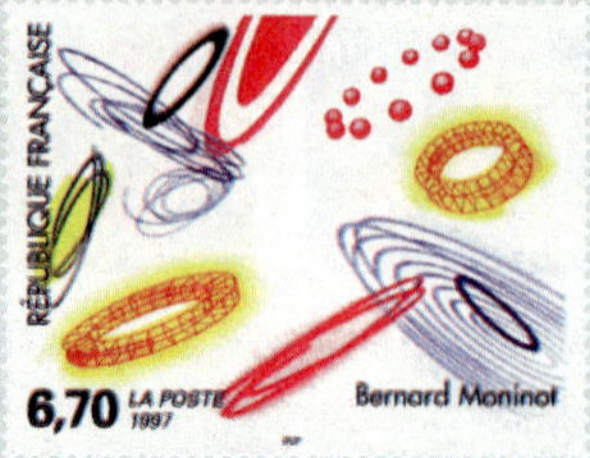

Oeuvre originale de Bernard Moninot.

3050 6 f. 70, multicolore 3 » 1 »

Tirages : 5 858 074 et 6 055 830.

1997. - *Journée du Timbre "Mouchon 1902". Taille-douce. Dentelé 13½.*

3051 3 f.+60 c. violet, gris clair et bleu foncé 1 70 1 25
a. Idem timbre de carnet, dentelé 13½ x 13 2 » 1 50

Tirage : 1 454 012.

1997. - *Idem. Sans surtaxe. Emis en carnet. Taille-douce. Dentelé 13½ x 13.* [C]

3052 3 f. violet, gris clair et bleu foncé 4 » 2 50
a. (Timbre avec vignette) 5 » 3 »

3052A La paire 3052+3051a 6 » 4 60

La bande (format vertical) destinée à la confection de carnets comprend 1 vignette sans valeur, 4 timbres verticaux no 3052 et 3 timbres verticaux no 3051a.

BC3053 La bande-carnet non pliée 22 » 22 »

Tirage : 909 689.

1997. - *Série "Nature de France" (XII). Parcs naturels nationaux. Héliogravure. Dentelés 13½.*

Parc des Ecrins (Barre des Ecrins, aigle royal et chardon bleu).

Parc de la Guadeloupe (Volcan de la Soufrière, fleur de balisier et racoon (raton laveur).

3054 3 f. multicolore 1 40 0 50
3055 3 f. multicolore 1 40 0 50

Parc des Pyrénées (Isard et lis jaune).

Parc de Port-Cros (Tête de puffin et lavande maritime).

3056 4 f. 50, multicolore 1 90 1 25
3057 4 f. 50, multicolore 1 90 1 25
Nos 3054 à 3057 (4 val.) 6 60 3 50

Tirages : 11 521 101, 13 354 630, 6 424 678 et 6 298 394.

1997. - *Europa. Contes et légendes. Taille-douce. Dentelé 13.*

"Le chat Botté" de Charles Perrault (d'après illustration de Gustave Doré).

3058 3 f. bleu 1 40 0 30

Tirage : 12 255 013.

1997. - *"Philexjeunes'97". Exposition philatélique de jeunes collectionneurs, à Nantes. Offset. Dentelé 13.*

3059 3 f. multicolore 1 40 0 30

Tirage : 10 573 301.

1997. - *Les Journées de la Lettre. Le voyage d'une lettre. Héliogravure. Dentelés 13 x 13½.* [C]

Enveloppe personnage écrivant une lettre.

Pli grimpant à l'échelle pour accéder à la boîte aux lettres.

3060 3 f. multicolore 2 50 1 »

3061 3 f. multicolore 2 50 1 »

Pli roulant à toute vitesse.

Facteur portant du courrier et deux plis le suivant.

3062 3 f. multicolore 2 50 1 »

3063 3 f. multicolore 2 50 1 »

La réception de la lettre.

Sa longue et captivante lecture.

3064 3 f. multicolore 2 50 1 »

3065 3 f. multicolore 2 50 1 »

N°s 3060 à 3065 (6 val.) 15 » 6 »

Imprimés se tenant verticalement avec mini-vignette supérieure sans valeur.

3065A La bande 15 » 10 »

Tirage : 4 434 636 bandes.

Idem. Emis en carnet de 2 séries. Auto-adhésifs. Dentelés 11.

3066	3 f. multicolore (3060)	2 »	1 50
3067	3 f. multicolore (3061)	2 »	1 50
3068	3 f. multicolore (3062)	2 »	1 50
3069	3 f. multicolore (3063)	2 »	1 50
3070	3 f. multicolore (3064)	2 »	1 50
3071	3 f. multicolore (3065)	2 »	1 50
	N°s 3066 à 3071 (6 val.)	27 »	19 »

Tirage : 7 439 291 carnets.

Voir également à la rubrique des "Prêt-à-Poster" (n°s 3060-E1 à 3065-E1).

BC3071A La bande-carnet non pliée 24 » 20 »

1997. - *Hommage aux combattants français en Afrique du Nord (1952-1962). Dentelé 13.*

Soldat ; carte de l'Afrique du Nord.

3072 3 f. multicolore 1 40 0 30

Tirage : 8 323 352.

1997. - *70e Congrès de la Fédération Française des Associations Philatéliques, à Versailles. Héliogravure. Dentelé 13.*

Façade du château, sculptures du bassin d'Apollon.

3073 3 f. multicolore 1 40 0 30

Imprimé attenant à une vignette sans valeur (Logo du 75e anniversaire de la Fédération des Associations Philatéliques).

Tirage :

1997. - *"France 98". Coupe du Monde de Football (III). Héliogravure. Dentelés 13.* [BF] *n° 19.*

Sujets : Logo, joueurs en action stylisés et mentions : 3074, Lyon ; 3075, Marseille ; 3076, Nantes ; 3077, Paris.

3074 3 f. multicolore 1 40 0 50

3075 3 f. multicolore 1 40 0 50

3076	3 f. multicolore	1 40	0 50
3077	3 f. multicolore	1 40	0 50
	Nos 3074 à 3077 (4 val.)	5 60	2 »

Voir également à la rubrique des "Prêt-à-Poster" (nos 3074-E1 à 3077-E1).

Tirages : 8 354 710, 8 516 834, 8 479 289 et 8 209 295.

1997. - *De la Gaule à la France (II) (397-1997). Taille-douce. Dentelé 13½.*

Saint Martin (320-397).

3078	4 f. 50, multicolore	2 »	0 80

Tirage : 6 317 371.

1997. - *Série touristique. Taille-douce (nos 3079 et 3080), offset taille-douce (no 3081) et héliogravure (no 3082). Dentelés 12½-13½.*

Millau (Aveyron).

Guimiliau (Finistère).

3079	3 f. vert clair et vert foncé	1 40	0 30
3080	3 f. gris-noir et brun clair	1 40	0 30

Château du Plessis-Bourré (Maine et Loire).

Les Salles-Lavauguyon (Hte-Vienne). ("La Création" fresque de l'église Saint-Eutrope).

3081	4 f. 40, multicolore	1 90	1 20
3082	4 f. 50, multicolore	1 90	0 70
	Nos 3079 à 3082 (4 val.)	6 60	2 50

Tirages : 9 078 785, 9 691 053, 5 499 206 et 5 770 482.

1997. - *Type Marianne du 14 Juillet. Sans valeur indiquée (validité permanente). Deux bandes de phosphore. Taille-douce. Dentelé 13.*

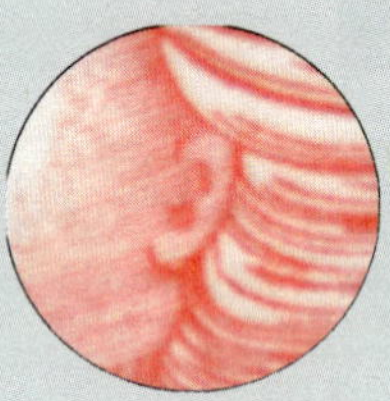

Type I, gravure mécanique "Oreille intacte".

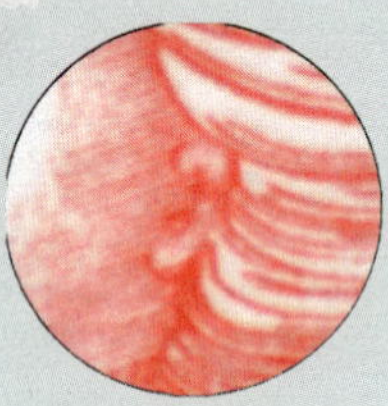

Type II gravure numérique "Oreille cassée".

3083	(sans val.) rouge	1 »	0 15

Provenant de roulette. Dentelé 13 horizontalement.

3084	(sans val.) rouge	2 »	0 50
	a. (No rouge au verso)	2 50	

Provenant de carnet. Gommage adhésif. Précoupé vertical en lignes ondulées. C

3085	(sans val.) rouge (Type I gravure mécanique)	1 »	0 15
	a. (Type II gravure numérique)	4 »	0 50

Sans bande de phosphore.

3083a	(sans val.)	12 »	
3084b	(sans val.)	20 »	

1997. - *Type Marianne du 14 Juillet. Taille-douce. Dentelés 13.* BF *nos 41 et 42.*

3086	10 c. bistre-noir	0 15	0 15
3087	20 c. émeraude	0 15	0 15
3088	50 c. violet-rouge	0 15	0 15
3089	1 f. orange	0 40	0 15
3090	2 f. bleu	0 65	0 30
3091	2 f. 70, vert	1 »	0 15
3092	3 f. 50, vert-jaune	1 50	0 30
3093	3 f. 80, bleu	2 »	1 30
3094	4 f. 20, orange foncé	2 »	0 90
3095	4 f. 40, bleu	2 »	1 30
3096	4 f. 50, rose	1 50	0 30
3097	5 f. bleu-vert	1 50	0 30
3098	6 f. 70, vert foncé	2 »	0 30
3099	10 f. violet	3 »	0 30
	Nos 3086 à 3099 (14 val.)	18 »	6 »

Une bande de phosphore à droite pour les 10 c., 20 c., 50 c., 1 f., 2 f. et 2 f. 70, une bande à gauche pour le 3 f. 50 et deux bandes pour les autres valeurs.

Les timbres sans phosphore proviennent des blocs et feuillets 41 et 42.

Sans bande de phosphore.

3086a	10 c.	14 »	
3091a	2 f. 70,	12 »	

Provenant de roulette, une bande de phosphore à droite. Dentelé 13 horizontalement.

3100	2 f. 70, vert	2 »	1 25
	a. (No rouge au verso)	2 50	

Provenant de carnet, une bande de phosphore. Gommage adhésif. Précoupé vertical en lignes ondulées.

3101	1 f. orange (Type I gravure mécanique)	4 »	2 »
	c. (Type II gravure numérique)	8 »	5 »

Imprimés attenant horizontalement à une vignette sans valeur ("simplifiez vous la vie ! essayez l'enveloppe timbrée") provenant du carnet 1508.

3101a	1 f.+vignette	4 »	2 »
	aa. Type II	6 50	6 50
3101b	3085 (sans val.)+1 f.+vignette	7 »	5 »
	ba. Type II	13 »	10 »

Pour les n°s 3101aa et 3101ba : oreille cassée + accent sur le é de timbrée dans la vignette attenante.

1997. - *Championnats du monde d'Aviron-Savoie. Taille-douce. Dentelé 13 x 13½.*

3102	3 f. bleu, violet et brun	1 40	0 30

Tirage : 8 099 187.

1997. - *Corsaires basques. Taille-douce. Dentelé 13½ x 13.*

Corsaires, navire, fort de Socoa et la Rhune.

3103	3 f. multicolore	1 40	0 30

Tirage : 8 496 509.

1997. - *Série artistique. Héliogravure. Dentelés 13½ x 13.*

"Le Pouce". Oeuvre de César.

3104	6 f. 70, multicolore	3 »	1 25

"Raisins et grenades". Oeuvre de Chardin (1699-1779).

3105	6 f. 70, multicolore	3 »	1 25

Tirages : 5 188 850 et 5 684 074.

1997. - *Voiturier de marée - Port de Boulogne. Taille-douce. Dentelé 13½ x 13.*

3106	3 f. gris, bleu et violet	1 40	0 30

Tirage : 8 008 670.

1997. - *Série touristique. Taille-douce. Dentelés 12 x 13 (n° 3107), 13 x 12½ (n° 3108) et 13 (n° 3109).*

Sablé-sur-Sarthe.

Basilique Saint-Maurice, à Epinal (Vosges).

3107	3 f. vert, brun et bleu	1 40	0 30
3108	3 f. brun, rouge et vert	1 40	0 30

Les cascades Domaine de Sceaux.

3109	3 f. jaune, vert et bleu	1 40	0 30

Tirages : 8 558 587, 8 494 246 et 8 579 494.

1997. - *Année du Japon. Taille-douce. Dentelé 13½.*

Kudara Kannon, bodhisattva (statue du VIIe s.) et façade de la Maison de la Culture du Japon à Paris.

3110 4 f. 90, bleu, orangé et noir 2 15 1 25

Tirage : 4 205 274.

1997. - *Championnats du monde de Judo 1997. Héliogravure. Dentelé 13.*

Composition avec judokas.

3111 3 f. multicolore 1 40 0 50

Tirage : 8 131 763.

1997. - *Espace européen SAR.LOR.LUX (Sarre, Lorraine et Luxembourg). Héliogravure. Dentelé 13.*

Motif symbolique.

3112 3 f. multicolore 1 40 0 50

Tirage : 9 431 280.

L'Allemagne et le Luxembourg ont chacun émis simultanément un timbre de présentation identique (respectivement n° 1789 et n° 1375).

1997. - *La Qualité. Héliogravure. Dentelé 13.*

Motif symbolique.

3113 4 f. 50, multicolore 1 90 0 65

Tirage : 6 746 187.

1997. - *Le Collège de France. Taille-douce. Dentelé 13.*

Vue du bâtiment ; effigie de François 1er.

3114 4 f. 40, vert, brun et noir 1 90 1 »

Tirage : 4 497 468.

1997. - *Personnages célèbres. Héros d'aventures. Héliogravure. Dentelés 13.* ©

Lancelot.

Pardaillan.

3115 3 f.+60 c. multicolore 1 60 1 60
3116 3 f.+60 c. multicolore 1 60 1 60

D'Artagnan.

Cyrano.

3117 3 f.+60 c. multicolore 1 60 1 60
3118 3 f.+60 c. multicolore 1 60 1 60

Le capitaine Fracasse.

Le Bossu.

3119 3 f.+60 c. multicolore 1 60 1 60
3120 3 f.+60 c. multicolore 1 60 1 60
N°s 3115 à 3120 (6 val.) 9 60 9 60

La bande (format horizontal) destinée à la confection de carnets comprend de gauche à droite, deux vignettes et les timbres n°s 3115 à 3120.

BC3121 La bande-carnet non pliée 10 » 10 »

Tirage : 1 070 219.

Tirages : 1 295 909, 1 275 252, 1 308 811, 1 341 168, 1 305 306 et 1 290 269.

1997. - *Au profit de la Croix-Rouge. Fêtes de fin d'année. Héliogravure. Dentelé 12½ x 13.* ©

Ourson en peluche aux commandes d'une étoile.

3122 3 f.+60 c. multicolore 1 70 1 40
a. (Dentelé 13½ x 13) 1 70 1 60

Tirage : 1 453 692.

A été aussi émis en carnets (Tirage : 831 825).

Le nº 3122a provient des carnets.

1997. - *"Meilleurs voeux" du facteur. Héliogravure. Dentelé 13.*

Souris présentant un paquet cadeau à un chat.

3123 3 f. multicolore 1 40 0 50

Tirage : 9 996 949.

1997. - *Protection de l'enfance maltraitée. Héliogravure. Dentelé 13½.*

Ours en peluche tenant un moulinet.

3124 3 f. multicolore 1 40 0 50

Tirage : 9 035 408.

1997. - *"Meilleurs voeux" du facteur. Héliogravure. Dentelé 13.*

Oeuvre originale du facteur Michel Trani.

3125 3 f. multicolore 1 40 0 50

Tirage : 9 261 945.

1997. - *Cinquantenaire de la mort du Maréchal Leclerc. Héliogravure. Dentelé 13.*

Portrait : Croix de Lorraine sur carte de France.

3126 3 f. vert, noir et bleu 1 40 0 50

Tirage : 9 229 374.

1997. - *"Philexfrance'99". Exposition philatélique mondiale, à Paris, du 2 au 11 juillet 1999. Taille-douce. Dentelé 13½ x 13.*

Marianne du 14 Juillet et logo de l'exposition.

3127 3 f. bleu et rouge 1 40 0 30

Tirage :

1997. - *Millénaire de l'abbaye de Moutier d'Ahun (Creuse). Taille-douce. Dentelé 13½ x 13.*

Église Notre-Dame ; détail d'une sculpture sur bois (XVIIᵉ s.).

3128 4 f. 40, multicolore 2 » 1 »

Tirage : 5 078 452.

> **1997**
> **Du Nº 3042 au Nº 3128**
> **(sauf bandes-carnets, paires et triptyques) =**
> **85 timbres** ****146** **⊙65**
> Autre rubrique de l'année :
> Poste aérienne 61

1998. - *Hommage à Michel Debré (1912-1996). Héliogravure. Dentelé 13.*

Portrait de l'homme politique.

3129 3 f. multicolore 1 40 0 50

Tirage : 7 664 200.

1998. - *"France'98". Coupe du Monde de Football (IV). Héliogravure. Dentelés 13½.* BF *nº 19.*

Sujets : Logo, joueurs en action stylisés et mentions : 3130, Bordeaux ; 3131, Saint-Denis.

3130 3 f. multicolore 1 40 0 50

3131 3 f. multicolore 1 40 0 50

Voir également à la rubrique des "Prêt-à-Poster" (n°s 3130-E1 et 3131-E1).

Tirages : 8 085 858 et 8 122 324.

1998. - *Bicentenaire de l'Assemblée Nationale. Héliogravure. Dentelé 13.*

Composition avec façade du bâtiment stylisée.

3132	3 f. rouge sur bleu	1 40	0 50

Tirage :

1998. - *Timbres de souhaits. "Bonne fête". Héliogravure. Dentelé 13.*

Petite fille tenant un bouquet et un pli avec coeur.

3133	3 f. multicolore	1 40	0 30

Tirage : 8 557 976.

1998. - *25e anniversaire de la fonction de Médiateur de la République. Offset. Dentelé 13.*

Composition symbolique.

3134	3 f. multicolore	1 40	0 50

Tirage : 8 012 534.

1998. - *Journée du Timbre. "Blanc 1900". Taille-douce. Dentelé 13½.*

3135	3 f.+60 c. orange sur vert	1 50	1 25
	a. Idem. Timbre de carnet dentelé 13½ x 13	2 »	1 50

Tirage : 1 704 748.

Les caractères des noms du dessinateur et du graveur sont légèrement plus grands sur le n° 3135a.

1998. - *Idem. Sans surtaxe. Emis en carnet. Taille-douce. Dentelés 13½ x 13.* Ⓒ

3136	3 f. orange sur vert	4 »	2 50
	a. (Timbre avec vignette)	5 »	3 »
3136A	La paire 3136+3135a	6 »	4 60

La bande (format vertical) destinée à la confection de carnets comprend 4 timbres verticaux n° 3136, 1 vignette et 3 timbres verticaux n° 3135a.

BC3137	La bande-carnet non pliée	22 »	22 »

Tirage : 966 459 carnets.

1998. - *50e anniversaire de la mort de l'Abbé Franz Stock (1904-1948), aumônier des prisons. Taille-douce. Dentelé 13.*

Portrait.

3138	4 f. 50, bleu	1 90	1 »

Tirage : 5 020 920.

1998. - *"France'98". Coupe du Monde de Football (V). Héliogravure. Dentelé.*

Ballon.

3139	3 f. multicolore	1 40	0 30

Tirage : 35 714 414.

Un timbre à ce type a ensuite été émis avec la mention "Champion du Monde FRANCE" (n° 3170).

1998. - *Idem. Emis en carnet. Héliogravure. Auto-adhésif. Dentelé.* Ⓒ

3140	3 f. multicolore	1 50	0 80
BC3140	La bande-carnet non pliée	15 »	

Tirage : 7 969 653.

Un exemplaire de ce timbre figure également sur un feuillet de 286 x 210, comportant 7 vignettes auto-adhésives représentant la mascotte "Footix" au cours de 7 actions de jeu (tête, passe, shoot, etc).

3140a	Le feuillet	10 »	

1998. - *Timbre de souhaits. "Joyeux anniversaire". Héliogravure. Dentelé 13.*

Composition avec bougie.

3141 3 f. multicolore 1 40 0 30

Tirage : 7 506 204.

1998. - *Bicentenaire de la réunion de la République de Mulhouse à la France. Héliogravure. Dentelé 13½.*

Mulhousiens célébrant l'événement devant l'Hôtel de Ville.

3142 3 f. multicolore 1 40 0 50

Tirage : 9 074 549.

1998. - *900e anniversaire de la fondation de l'abbaye de Cîteaux - Côte d'Or. Taille-douce. Dentelé 13.*

Aile de la bibliothèque entre deux enluminures (un scribe et un lecteur).

3143 3 f. multicolore 1 40 0 50

Tirage : 9 470 807.

1998. - *Patrimoine réunionnais. Saint-Pierre. Taille-douce. Dentelé 13.*

La Sous-Préfecture.

3144 3 f. multicolore 1 40 0 50

Tirage : 8 333 329.

1998. - *Centenaire de la naissance du peintre René Magritte (1898-1967). Emission commune avec la Belgique. Héliogravure. Dentelé 13.*

"Le Retour".

3145 3 f. multicolore 1 50 0 65

Tirage : 9 167 913.

La Belgique a émis simultanément un timbre du même type de 17 f. belges (n° 2755).

1998. - *400e anniversaire de la signature de l'Edit de Nantes. Offset. Dentelé 13.*

Portrait d'Henri IV.

3146 4 f. 50, multicolore 2 » 0 80

Tirage : 5 367 150.

1998. - *Série artistique. Bicentenaire de la naissance du peintre Eugène Delacroix (1798-1863). Taille-douce. Dentelé 12½ x 13.*

"Entrée des Croisés dans Constantinople".

3147 6 f . 70, multicolore 3 » 1 25

Tirage : 4 820 310.

1998. - *150e anniversaire de l'Abolition de l'esclavage. Offset. Dentelé 13.*

Composition symbolique.

3148 3 f. multicolore 1 40 0 50

Tirage : 8 399 615.

1998. - *Centenaire de la Ligue des Droits de l'Homme. Héliogravure. Dentelé 13.*

Composition symbolique.

3149 4 f. 40, multicolore 1 90 1 »

Tirage : 4 628 216.

1998. - *Les Journées de la Lettre. La lettre au fil du temps. Héliogravure. Dentelés 13 x 13½.*

Colombe tenant un pli et l'arche de Noé.

Scribe égyptien.

3150 3 f. multicolore 2 50 1 »
3151 3 f. multicolore 2 50 1 »

Messager de Marathon portant un pli destiné à Athènes.

Chevalier avec pli et porte-plume géants.

3152 3 f. multicolore 2 50 1 »
3153 3 f. multicolore 2 50 1 »

L'écrivain Voltaire.

Cosmonaute avec une lettre.

3154 3 f. multicolore 2 50 1 »
3155 3 f. multicolore 2 50 1 »
N°s 3150 à 3155 (6 val.) 15 » 6 »

Imprimés se tenant verticalement avec mini-vignette supérieure sans valeur.

3155A La bande 15 » 10 »

Tirages : 2 342 104.

Idem. Emis en carnet de 2 séries. Auto-adhésifs. Dentelés 11. ©

3156 3 f. multicolore (3150) 2 » 1 50
3157 3 f. multicolore (3151) 2 » 1 50
3158 3 f. multicolore (3152) 2 » 1 50
3159 3 f. multicolore (3153) 2 » 1 50
3160 3 f. multicolore (3154) 2 » 1 50
3161 3 f. multicolore (3155) 2 » 1 50
N°s 3156 à 3161 (6 val.) 27 » 19 »
BC3161A La bande-carnet non pliée 24 »

Tirages : 2 905 848.

1998. - *Série artistique. Oeuvre de Pablo Picasso (1881-1973). Offset. Dentelé 13 x 13½.*

"Le Printemps". © Succession Picasso 98.

3162 6 f. 70, multicolore 3 » 1 25

Tirage : 6 609 416.

1998. - *Hommage au compositeur Henri Collet (1885-1951). Taille-douce. Dentelé 12½ x 13.*

Portrait ; extrait de la partition de la "Symphonie de l'Alhambra".

3163 4 f. 50, gris, jaune et noir 2 » 1 »

Tirage : 5 457 567.

1998. - *71e Congrès de la Fédération Française des Associations Philatéliques, à Dunkerque. Taille-douce. Dentelé 13½.*

Géant, Bateau feu de France, église Saint-Eloi.

3164 3 f. multicolore 1 40 0 30

Tirage : 9 748 106.

1998. - *Le Mont Saint-Michel. Héliogravure. Dentelé 13.*

3165 3 f. multicolore 1 90 0 65

Tirage : 12 982 187.

1998. - *Europa. Festivals nationaux. Fêtes nationales. La Fête de la Musique le 21 juin. Héliogravure. Dentelé 13.*

Le dieu Pan.

3166	3 f. multicolore	1 40	0 50

Tirage : 10 872 487.

1998. - *Série touristique. Héliogravure (n°s 3167 et 3168) et taille-douce (n° 3169). Dentelés 13.*

Le Gois - Ile de Noirmoutier (Vendée).

La Baie de Somme.

3167	3 f. multicolore	1 40	1 »
3168	3 f. multicolore	1 40	0 50

Le château de Crussol (Ardèche).

3169	3 f. multicolore	1 40	0 30

Tirages : 8 367 789, 9 473 425 et 10 039 684.

1998. - "*France'98*". *Coupe du Monde de Football (VI). T.-P. de même date avec la mention "Champion du Monde FRANCE". Héliogravure. Dentelé.*

3170	3 f. multicolore	1 40	0 30

Tirage : 12 440 852.

1998. - *Centenaire de la mort du poète Stéphane Mallarmé (1842-1898). Taille-douce-offset. Dentelé 13.*

Portrait.

3171	4 f. 40, multicolore	1 90	1 »

Tirage : 3 509 890.

1998. - *Centenaire de l'Aéro-Club de France. Héliogravure. Dentelé 13.*

Composition avec avions, ballon.

3172	3 f. multicolore	1 40	0 50

Tirage : 9 192 284.

1998. - *Emission commune France-Chine. Patrimoine culturel. Héliogravure. Dentelés 13½.*

Palais impérial.

Palais du Louvre - Paris.

3173	3 f. multicolore	1 60	0 50
3174	4 f. 90, multicolore	2 30	1 20

La Chine a émis simultanément deux timbres aux mêmes types (n°s 3609 et 3610).

Tirages : 9 441 381 et 4 493 139.

1998. - "*Philexfrance 99*". *Exposition philatélique internationale (II). Emis en feuillet et en bande se tenant. "Le Petit Prince" d'Antoine de Saint-Exupéry (1900-1944). Héliogravure. Dentelés 13.* BF *n° 20. © Fondation Saint-Exupéry 1998.*

Sujets : D'après dessins de l'auteur. Le petit prince : 3175, portrait ; 3176, avec le renard ; 3177, sur sa planète ; 3178, assis sur un mur, et le serpent ; 3179, arrosant la fleur.

Format vertical pour les n°s 3177 à 3179.

3175	3 f. multicolore	1 40	0 80
3176	3 f. multicolore	1 40	0 80
3177	3 f. multicolore	1 40	0 80
3178	3 f. multicolore	1 40	0 80
3179	3 f. multicolore	1 40	0 80
	N°s 3175 à 3179 (5 val.)	7 »	4 »
3179A	La bande	7 »	5 »

Tirages : 3 520 868.

1998. - *Série touristique. La Collégiale de Mantes-la-Jolie. Taille-douce. Dentelé 13½.*

3180 4 f. 40, multicolore 1 90 1 »

Tirage : 3 926 212.

1998. - *L'Opéra de Paris - Palais Garnier. Héliogravure. Dentelé 13½.*

Détail du rideau d'avant-scène, silhouette de danseuse.

3181 4 f. 50, multicolore 1 90 0 80

Tirage : 6 397 059.

1998. - *Série "Nature de France" (XIII). Chevaux. Héliogravure. Multicolores. Dentelé 13½.*

3182 2 f. 70 *(Le camarguais)* 1 40 0 50

3183 3 f. *(Le trotteur)* 1 40 0 50

3184 3 f. *(Le Pottok)* 1 40 0 50

3185 4 f. 50 *(L'ardennais)* 2 » 1 »

N°s 3182 à 3185 (4 val.) 6 20 2 50

Tirages : 19 365 376, 10 068 500, 10 701 081 et 6 916 359.

1998. - *Centenaire du Salon de l'Auto. Héliogravure. Dentelé 12½.*

Dessins d'un bolide et d'une de Dion-Bouton.

3186 3 f. multicolore 1 40 0 50

a. (Rouge omis) 5 000 »

Tirage : 8 854 016.

1998. - *Personnages célèbres. Acteurs du cinéma français. Héliogravure. Dentelés 13.* Ⓒ

Romy Schneider (1938-1982). Simone Signoret (1921-1985). Jean Gabin (1904-1976).

3187 3 f.+60 c. multicolore 2 » 2 »

3188 3 f.+60 c. multicolore 2 » 2 »

3189 3 f.+60 c. multicolore 2 » 2 »

Louis de Funès (1914-1983). Bernard Blier (1916-1989). Lino Ventura (1919-1987).

3190 3 f.+60 c. multicolore 2 » 2 »

3191 3 f.+60 c. multicolore 2 » 2 »

3192 3 f.+60 c. multicolore 2 » 2 »

N°s 3187 à 3192 (6 val.) 12 » 12 »

La bande (format vertical) destinée à la confection de carnets comprend de haut en bas, une vignette et les timbres n°s 3187 à 3192.

BC3193 La bande-carnet non pliée 12 » 12 »

Tirage : 944 798.

Tirages : 1 151 694, 1 143 499, 1 131 713, 1 163 100, 1 129 032 et 1 130 353.

1998. - *Série touristique. Saint-Dié (Vosges). Taille-douce. Dentelé 13.*

La Tour de la Liberté.

3194 3 f. multicolore 1 40 0 30

Tirage : 9 361 812.

1998. - *40e anniversaire de la Constitution de la Ve République. Héliogravure. Dentelé 13.*

Composition symbolique.

3195 3 f. multicolore 1 40 0 50

Tirage : 9 594 822.

1998. - *80e anniversaire de l'Armistice. Héliogravure. Dentelé 13 x 13½.*

Composition avec drapeaux des pays belligérants.

3196 3 f. multicolore 1 40 0 50

Tirage : 7 235 949.

1998. - *Série artistique. Oeuvre de Marcel Duchamp. Héliogravure. Dentelé 13 x 13½.*

Les neufs moules Malic.

3197 6 f. 70, multicolore 3 » 1 25

Tirage : 3 990 450.

1998. - *Cinquantenaire de l'Union Mondiale pour la Nature (UICN). Offset. Dentelé 13 x 13½.*

Composition avec logo, visage d'enfant, macareux, étoile de mer, fleur.

3198 3 f. multicolore 1 40 0 50

Tirage : 3 965 129.

1998. - *Au profit de la Croix-Rouge. Fêtes de fin d'année. Héliogravure. Dentelé 12½ x 13.* [C]

Lutin marchant sur une boule dorée.

3199 3 f.+60 c. multicolore 1 60 1 10
a. idem, dentelé 13½ x 13 1 60 1 40

Tirage : 1 333 983.

A été aussi émis en carnets (Tirage : 790 756).

Le nº 3199a provient des carnets.

1998. - "*Meilleurs Voeux*". *Emis uniquement en feuillet. Héliogravure. Dentelés 13 x 13½.* [BF] *nº 21.*

Père Noël sur surf des neiges ; collines jaunes.

Maison décorée, aux volets verts.

Père Noël sur surf et cimes de sapins.

3200 3 f. multicolore 2 » 0 80
3201 3 f. multicolore 2 » 0 80
3202 3 f. multicolore 2 » 0 80

Maison décorée, aux volets rouges.

Père Noël sur surf et collines enneigées.

3203 3 f. multicolore 2 » 0 80
3204 3 f. multicolore 2 » 0 80
Nos 3200 à 3204 (5 val.) 10 » 4 »

Sur les timbres nos 3200, 3202 et 3204 figure "Bonne Année" ; sur ceux nos 3201 et 3203 figure "Meilleurs Voeux".

Tirage : 3 998 825 feuillets.

1998. - *Médecins Sans Frontières. Héliogravure. Dentelé 13½.*

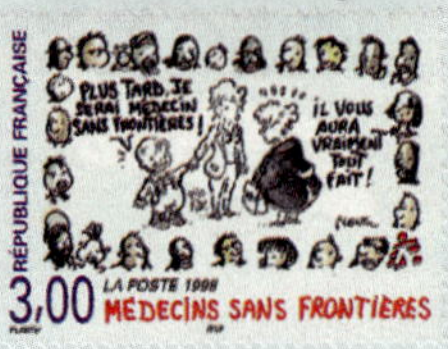

Logo et dessin de Plantu.

3205 3 f. multicolore 1 40 0 50

Tirage : 8 424 894.

1998. - *Nouvel hémicycle du Parlement Européen. Héliogravure. Dentelé 13.*

3206 3 f. multicolore 1 40 0 50

Tirage : 9 017 758.

1998. - *150e anniversaire de la naissance du peintre Paul Gauguin (1848-1903). Héliogravure. Dentelé 13 x 13½.*

D'après "Vision après le sermon".

3207 6 f. 70, multicolore 3 » 1 60

Tirage : 4 911 908.

1998. - *Cinquantenaire de la Déclaration Universelle des Droits de l'Homme. Offset. Dentelés 13½ x 13.*

Globe et 4 visages.

3208 3 f. multicolore 1 40 0 50

Portraits de R. Cassin et E. Roosevelt. Palais de Chaillot.

3209 3 f. multicolore 1 40 0 50

Tirages : 7 847 308 et 5 531 456.

1998. - *Centenaire de la découverte du radium par Pierre et Marie Curie. Héliogravure. Dentelé 13.*

Composition symbolique.

3210 3 f. multicolore 1 40 0 50

Tirage : 6 387 286.

1998
Du No 3129 au No 3210
(sauf bandes-carnets, paires et triptyques) =
80 timbres **144 ⊙72

Autres rubriques de l'année :
Poste aérienne 62
Blocs et feuillets 19 à 21
Service 118 et 119

1999. - *150e anniversaire du premier timbre-poste français. Emis en carnet. Timbres sur timbres. Taille-douce. Dentelés 13.* ©

"Cérès noir" de 1849 sur timbre. "Cérès rouge" de 1849 sur timbre.

3211 3 f. noir et rouge 7 » 5 »
3212 3 f. rouge et noir 1 25 0 50
3212A La paire 3211+3212+vignette 8 50 5 »

La bande (format vertical) destinée à la confection de carnets comprend de haut en bas, une vignette avec le logo et les dates de l'Exposition philatélique mondiale "Philexfrance 99", le timbre no 3211 et 4 timbres no 3212.

BC3213 La bande-carnet non pliée 12 » 12 »

Tirage : 2 166 956.

1999. - *Le timbre Euro. Taille-douce. Dentelé 13.*

Symbole de l'euro.

3214 3 f. rouge et bleu 1 » 0 15

Idem. Emis en carnet. Auto-adhésif. Précoupé vertical en lignes ondulées. [C]

3215 3 f. rouge et bleu 1 50 0 50
BC3215A La bande-carnet non pliée 12 »
Tirages :

1999. - *150e anniversaire de l'Assistance publique - Hôpitaux de Paris. Héliogravure. Dentelé 13½.*

3216 3 f. multicolore sur rose 1 40 0 50
Tirage : 7 869 628.

1999. - *50 ans de relations diplomatiques France-Israël. Héliogravure. Dentelé 13.*

Composition avec drapeaux des deux Etats.

3217 4 f. 40, multicolore 2 » 1 »
Tirage : 3 661 337.

1999. - *Saint-Valentin. Héliogravure. Dentelés.*

Coeur avec "Je t'aime".

Rose dans un coeur.

3218 3 f. multicolore 1 50 0 50
3219 3 f. multicolore 1 50 0 50

Idem. Emis en carnet. Auto-adhésifs. Héliogravure. Dentelés. [C]

3220 3 f. multicolore (3218) 2 50 0 80
3221 3 f. multicolore (3219) 2 50 0 80
Tirage : 2 453 722 carnets.
BC3221A La bande-carnet non pliée 18 » 15 »
Tirages : 7 844 196 et 8 534 935.

1999. - *Série artistique. Jean Goujon, architecte et sculpteur (v. 1510-v. 1566). Taille-douce. Dentelé 13½ x 13.*

3222 6 f. 70, multicolore 2 75 1 25
Tirage : 3 711 475.

1999. - *Recensement de la Population. Héliogravure. Dentelé 13½.*

Composition symbolique.

3223 3 f. multicolore 1 40 0 50
Tirage : 8 969 556.

1999. - *Patrimoine culturel du Liban. Héliogravure. Dentelé 12½.*

D'après mosaïque de pavement "L'Enlèvement d'Europe".

3224 4 f. 40, multicolore 1 50 0 80
Tirage : 5 039 001.

1999. - *Journée du Timbre. Astérix. Héliogravure. Dentelé 13½.*
© 1999 Les Editions Albert René/Goscinny-Uderzo.

Oeuvre originale d'Albert Uderzo.

3225 3 f. multicolore 1 40 0 50
a. Idem. Timbre de carnet dentelé 13½ x 13 1 50 0 80
b. Timbre 3225a avec vignette 3 » 1 50

Tirage : 9 659 222.

Idem. Emis en carnet. Dentelé 13½ x 13. [C]

3226 3 f.+60 c. multicolore 4 » 2 50
3226A La paire 3226+3225a 5 » 4 »

La bande (format vertical) destinée à la confection de carnets comprend 4 timbres verticaux n° 3225a, 1 vignette et 3 timbres verticaux n° 3226.

BC3227 La bande-carnet non pliée 20 » 20 »

Tirage : 1 020 766.

Idem. Emis uniquement en feuillet. Sans réserve blanche autour de l'image. Dentelé 13½ x 13. [BF] *n° 22.*

3228 3 f.+60 c. multicolore 2 75 2 50

Tirage : 1 471 430.

1999. - *Timbre pour Mariages. Héliogravure. Dentelé 13.*

Couple de tourterelles, coeurs, "Oui".

3229 3 f. multicolore 1 » 0 50

Tirage : 15 785 596.

1999. - *Timbre pour Remerciements. Héliogravure. Dentelé 13.*

"merci" en plusieurs langues.

3230 3 f. multicolore 1 » 0 50

Tirage : 10 246 896.

1999. - *Timbres pour Naissances. Héliogravure. Dentelés 13.*

Cigogne avec petit paquet et "c'est une fille".

Idem et "c'est un garçon".

3231 3 f. rose, noir et bleu 1 » 0 50
3232 3 f. bleu, noir et rose 1 » 0 50

Tirages : 12 069 478 et 12 353 144.

1999. - *Cinquantenaire du Conseil de l'Europe. Héliogravure. Dentelé 13.*

Carte du monde et étoiles européennes.

3233 3 f. multicolore 1 40 0 50

Tirage : 8 749 529.

1999. - *"Philexfrance'99". Exposition philatélique internationale (III). Emis uniquement en feuillet. Chefs-d'oeuvre de l'Art. Taille-douce pour le n° 3234, offset pour les autres valeurs. Dentelés 13½ x 13 pour le 3234 ; 13 pour les autres valeurs.* [BF] *n° 23.*

La Vénus de Milo (2e s. av. J.-C.).

La Joconde, de Léonard de Vinci (1452-1519).

3234 5 f. multicolore 15 » 15 »
3235 5 f. multicolore 25 » 25 »

Détail de "La Liberté guidant le peuple" d'Eugène Delacroix (1798-1863).

3236 10 f. multicolore 20 » 20 »

Emis uniquement en feuillet vendu 50 f. dont 30 f. reversés à l'Association pour le Développement de la Philatélie.

Tirages :

1999. - *13 juin 1999, élections au Parlement européen. Héliogravure. Dentelé 13.*

Oeuvre originale de Jean-Michel Folon.

3237 3 f. multicolore 1 40 0 50

Tirage : 7 506 444.

1999. - *800e anniversaire de la mort du Roi d'Angleterre Richard Ier Coeur de Lion (1157-1199). Taille-douce. Dentelé 13 x 12.*

Détail de l'"Historia Anglorus" (d'après photo).

3238 3 f. multicolore 1 40 0 50

Tirage : 6 791 259.

1999. - *Série touristique. Dieppe. Taille-douce. Dentelé 13½.*

3239 3 f. multicolore 1 40 0 30

Tirage : 7 944 627.

1999. - *Europa. Réserves et parc naturels. La Camargue. Héliogravure. Dentelé 13 x 13½.*

Flamants roses en vol, cheval s'abreuvant, coucher de soleil.

3240 3 f. multicolore 1 40 0 50

Tirage : 8 759 012.

1999. - *Timbre "Bonne vacances". Héliogravure. Dentelé 13.*

Soleil avec lunettes.

3241 3 f. multicolore 1 25 0 50

Tirage : 12 201 066.

1999. - *Timbre "Joyeux anniversaire". Héliogravure. Dentelé 13.*

Gâteau avec bougie.

3242 3 f. multicolore 1 25 0 50

Tirage : 8 737 064.

1999. - *Timbre "Vive les vacances". Héliogravure. Dentelé 13.*

Bouchon flottant.

3243 3 f. multicolore 1 25 0 50

Tirage : 11 991 541.

1999. - *Saint-Pierre, patrimoine martiniquais. Héliogravure. Dentelé 13.*

Maison de la Bourse, hibiscus, barque, volcan, mer.

3244 3 f. multicolore 1 40 0 50

Tirage : 7 493 091.

1999. - *Série touristique. Château du Haut-Koenigsbourg (Bas-Rhin). Offset/taille-douce Dentelé 13.*

3245 3 f. multicolore 1 25 0 60

Tirage : 5 995 562.

1999. - *Centenaire de l'Ecole de Nancy. Offset. Dentelé 13.*

Détail de la coupe "Noctuelles" d'Emile Gallé.

3246 3 f. multicolore 1 40 0 50
a. (Non dentelé) 150 »

Tirage : 9 297 921.

1999. - *Série artistique. Claude Monet (1840-1926). Offset. Dentelé 13.*

"Nymphéas, effet du soir".

3247 6 f. 70, multicolore 3 » 1 25

Tirage : 4 992 635.

1999. - *Congrès mondial de Roses anciennes, à Lyon. Emis uniquement en feuillet. Héliogravure. Dentelés 13½ x 13.* BF *n° 24.*

Rose "Madame Alfred Carrière" (1879).

Rose "Madame Caroline Testout" (1890).

3248 3 f. multicolore 4 » 3 »
3249 4 f. 50, multicolore 4 » 3 »

Rose "La France" (1867).

3250 4 f. 50, multicolore 4 » 3 »

Tirage : 1 902 214 feuillets.

1999. - *800e anniversaire de la Jurade de Saint-Emilion. Taille-douce. Dentelé 13½ x 13.*

Sceau d'origine et vignes de "la grande muraille".

3251 3 f. 80, multicolore 1 70 1 20

Tirage : 3 663 727.

1999. - *Hôtel de la Monnaie, à Paris. Taille-douce. Dentelé 13.*

3252 4 f. 50, multicolore 2 » 0 80

Tirage : 5 994 382.

1999. - *Bicentenaire de la naissance de la Comtesse de Ségur (1799-1874). Héliogravure. Dentelé 13½.*

"Les Petites Filles modèles" (1858).

3253 3 f. multicolore 1 40 0 50

Tirage : 8 884 221.

1999. - *Série artistique. Vitrail de la cathédrale d'Auch. Taille-douce. Dentelé 13½ x 13.*

Détail de vitrail réalisé par Arnaud de Moles.

3254 6 f. 70, multicolore 3 » 1 25
Tirage : 3 907 372.

1999. - *Timbre "Aimer accueillir". Héliogravure. Dentelé 13.*

Mosaïque avec soleil, colombes, fleurs.

3255 3 f. multicolore 1 40 0 50
Tirage : 8 967 013.

1999. - *Série touristique. Figeac (Lot). Taille-douce. Dentelé 13½.*

3256 3 f. multicolore 1 40 0 30
Tirage : 8 348 183.

1999. - *Bicentenaire de la naissance de l'explorateur René Caillié (1799-1838). Taille-douce. Dentelé 13½ x 13.*

Portrait.

3257 4 f. 50, multicolore 2 » 0 80
Tirage : 5 606 640.

1999. - *"Philexfrance'99". Exposition philatélique internationale (III). 150e anniversaire du premier timbre-poste français. Héliogravure. Dentelé 12 x 13.*

Composition avec le timbre n° 3 sur timbre et le visage de Cérès en hologramme.

3258 6 f. 70, multicolore 4 » 2 »

Imprimé avec petite vignette attenant horizontalement comportant la mention "Philexfrance'99" - Paris et le logo de l'Exposition.

Tirage : 3 360 554.

Ce timbre fût le dernier timbre en francs.

1999. - *Célébration de l'an 2000. Héliogravure. Dentelé 13½.*

Composition symbolique.

3259 3 f. (0,46 €) multicolore 1 40 0 50

Tirage : 8 596 121.

Ce timbre est le 1er en double monnaie.

1999. - *"Dessine-moi l'an 2000". Héliogravure. Dentelé 13 x 12½.*

Oeuvre de Morgane Toulouse (9 ans).

3260 3 f. (0,46 €) multicolore 1 40 0 50

Tirage : 8 730 690.

1999. - *Eclipse de soleil, le 11 août 1999. Héliogravure. Dentelé 12½.*

La Lune occultant le disque solaire.

3261 3 f. (0,46 €) multicolore 1 40 0 50

Tirage : 9 701 481.

1999. - *Personnages célèbres. Les oeuvres des grands photographes français. Héliogravure. Dentelés 13.* ⓒ

Robert Doisneau.

Braissaï.

3262 3 f.+60 c. (0,46+0,09 €) multicolore 1 90 1 90
3263 3 f.+60 c. (0,46+0,09 €) multicolore 1 90 1 90

Jacques-Henri Lartigue.

Henri Cartier-Bresson.

3264 3 f.+60 c. (0,46+0,09 €) multicolore 1 90 1 90
3265 3 f.+60 c. (0,46+0,09 €) multicolore 1 90 1 90

Atget.

Nadar.

3266 3 f.+60 c. (0,46+0,09 €) multicolore 1 90 1 90
3267 3 f.+60 c. (0,46+0,09 €) multicolore 1 90 1 90

Nos 3262 à 3267 (6 val.) 11 40 11 40

La bande (format horizontal) destinée à la confection de carnets comprend de gauche à droite, une vignette et les timbres nos 3262 à 3267.

BC3268 La bande-carnet non pliée 12 » 12 »

Tirage : 963 790.

Tirages : 1 236 521, 1 195 827, 1 190 908, 1 199 374, 1 191 038 et 1 185 055.

1999. - *Série "Collection Jeunesse". Armada du siècle - Rouen 1999. Grands voiliers. Emis uniquement en feuillet. Héliogravure. Multicolores. Dentelés 13.* BF *n° 25.*

3269	1 f. (0,15 €) *("Simón Bolivar")*	0 60	0 50
3270	1 f. (0,15 €) *("Iskra")*	0 60	0 50

3271	1 f. (0,15 €) *("Statsraad Lehmkuhl")*	0 60	0 50
3272	1 f. (0,15 €) *("Asgard II")*	0 60	0 50

3273	1 f. (0,15 €) *("Belle-Poule")*	0 60	0 50
3274	1 f. (0,15 €) *("Belem")*	0 60	0 50

3275	1 f. (0,15 €) *("Amérigo Vespucci")*	0 60	0 50
3276	1 f. (0,15 €) *("Sagres")*	0 60	0 50

3277	1 f. (0,15 €) *("Europa")*	0 60	0 50
3278	1 f. (0,15 €) *("Cuauhtemoc")*	0 60	0 50
	Nos 3269 à 3278 (10 val.)	6 »	5 »

Tirage : 3 277 294 feuillets.

1999. - *Série touristique. Arnac-Pompadour (Corrèze). Taille-douce. Dentelé 13 x 13½.*

Le château.

3279	3 f. (0,46 €) multicolore	1 40	0 50

Tirage : 8 900 801.

1999. - *Coupe du monde de Rugby 1999. Héliogravure. Dentelé.* BF *n° 26.*

Plaquage.

3280	3 f. (0,46 €) multicolore	1 10	0 50
	a. (Sans le "F" de "ITVF")	6 »	

Tirage : 11 812 584.

1999. - *Hommage à Frédéric Ozanam (1813-1853). Taille-douce. Dentelé 13.*

Portrait de l'historien.

3281	4 f. 50, (0,69 €) multicolore	1 90	0 80

Tirage : 4 950 197.

1999. - *Cinquantenaire du Mouvement Emmaüs. Héliogravure. Dentelé 13.*

Silhouettes d'hommes et de femmes se tenant par la main ; logo.

3282	3 f. (0,46 €) multicolore	1 40	0 50

Tirage : 8 516 890.

1999. - *Série "Nature de France" (XIV). Chats et chiens. Héliogravure. Dentelés 13½.*

Le chartreux.

L'européen.

3283	2 f. 70, (0,41 €) multicolore	1 25	0 50
3284	3 f. (0,46 €) multicolore	1 25	0 50

Le montagne des Pyrénées.

L'épagneul breton.

3285	3 f. (0,46 €) multicolore	1 25	0 50
3286	4 f. 50, (0,69 €) multicolore	1 90	1 »
	Nos 3283 à 3286 (4 val.)	5 65	2 50

Tirages : 16 937 307, 10 891 595, 11 206 547 et 6 655 178.

1999. - *150e anniversaire de la mort du compositeur Frédéric Chopin (1810-1849). Emission commune Pologne - France. Taille-douce. Dentelé 13½.*

Portrait de profil ; bâtiment de la Bibliothèque de l'Université, à Varsovie.

3287	3 f. 80, (0,58 €) bleu, violet et orange	1 25	1 »

Tirage : 4 401 778.

La Pologne a émis simultanément une figurine au même type de 1 z. 40, (no 3564).

1999. - *Au profit de la Croix-Rouge. Fêtes de fin d'année. Héliogravure. Dentelé 12½ x 13.* ⓒ

Etoile s'apprêtant à frapper les douze coups de minuit sur un tambour-horloge.

3288	3 f.+60 c. (0,46+0,09 €) multicolore	1 60	1 10
	a. idem, dentelé 13½ x 13	1 60	1 40

Tirage : 1 287 089.

A été aussi émis en carnets (Tirage : 756 536).

Le no 3288a provient des carnets.

1999. - *400e anniversaire de la naissance du peintre flamand Antoon Van Dyck (1599-1641). Héliogravure. Dentelé 13½ x 13.*

Détail du portrait de Charles 1er à la chasse.

3289	6 f. 70, (1,02 €) multicolore	3 »	1 40

Tirage : 4 834 869.

1999. - *"Meilleurs Voeux 2000". Héliogravure. Dentelés 13 x 13½ (no 3290) et 13 (no 3291).*

Paquet cadeau dont le papier déchiré fait découvrir un morceau de ciel.

3290	3 f. (0,46 €) multicolore	1 25	0 50

Composition avec le nombre 2000.

3291	3 f. (0,46 €) multicolore	1 25	0 65

Le timbre no 3291 est imprimé attenant horizontalement à une vignette sans valeur (mention "Vive l'An 2000" en plusieurs langues).

Tirages :

1999. - *Centenaire du Métro. Héliogravure. Dentelé 13.*

Panneaux anciens et modernes.

3292	3 f. (0,46 €) multicolore	1 25	0 50

Tirage : 9 336 704.

1999. - *Bicentenaire du Conseil d'Etat. Héliogravure. Dentelé 13 x 12½.*

Dessin d'entablement.

3293 3 f. (0,46 €) multicolore 1 25 0 50

Tirage : 6 329 612.

1999
Du N° 3211 au N° 3293
(sauf bandes-carnets, paires et triptyques) =
80 timbres **191 ⊙132

Autres rubriques de l'année :

Poste aérienne 63

Blocs et feuillets 22 à 26

Service 120 et 121

2000. - *Le phare du bout du monde. Héliogravure. Dentelé 13 x 12½.*

Le phare de San Juan de Salvamento (Cap Horn) et sa réplique à la Rochelle achevée le 1er janvier 2000.

3294 3 f. (0,46 €) multicolore 1 25 0 50

Tirage : 19 295 891.

2000. - *Saint-Valentin. Coeurs 2000 du couturier Yves Saint Laurent. Héliogravure. Dentelés.* BF *n° 27.*

Coeurs entourés de deux serpents.

Coeur avec profil féminin.

3295 3 f. (0,46 €) multicolore 1 50 0 60
3296 3 f. (0,46 €) multicolore 1 50 0 60

Tirages : 10 769 648 et 7 994 899.

Idem. Emis en carnet. Auto-adhésifs. Héliogravure. 3Dentelés. C

3297 3 f. (0,46 €) multicolore (3295) 2 50 1 »
3298 3 f. (0,46 €) multicolore (3296) 2 50 1 »

Tirage : 1 719 608 carnets.

BC3298A La bande-carnet non pliée 20 » 15 »

2000. - *Bicentenaire de la Banque de France. Offset. Dentelé 13.*

Portail, parties de billets.

3299 3 f. (0,46 €) multicolore 1 » 0 30

Tirage : 9 151 038.

2000. - *Bicentenaire de la création du Corps préfectoral. Héliogravure. Dentelé 13 x 12½.*

Allégorie.

3300 3 f. (0,46 €) multicolore 1 » 0 50

Tirage : 8 578 997.

2000. - *Série artistique. Sandro Botticelli (1445-1510). Héliogravure. Dentelé 13.*

"Vénus et les Grâces offrant des présents à une jeune fille" (détail de fresque).

3301 6 f. 70, (1,02 €) multicolore 2 75 1 90

Tirage : 4 910 543.

2000. - *Série touristique. La cité de Carcassonne (Aude). Héliogravure. Dentelé 13.*

3302 3 f. (0,46 €) multicolore 1 » 0 60

Tirage : 9 963 764.

2000. - *Fête du Timbre. Héliogravure. Dentelé 13½. © Hergé/Moulinsart 2000.*

Tintin et Milou (d'après oeuvre de Hergé).

3303 3 f. (0,46 €) multicolore 1 40 0 50
a. Idem. Timbre de carnet dentelé 13½ x 13 1 50 0 70
b. Timbre 3303a avec vignette 3 » 1 50

Tirage : 15 258 643.

Idem. Emis en carnet. Dentelés 13½ x 13. [C] [BF] *n° 28.*

3304 3 f.+60 c. (0,55 €) multicolore 2 50 1 80
3304A La paire 3304+3303a 4 » 3 »

La bande (format vertical) destinée à la confection de carnets comprend 1 timbre n° 3303a et 1 vignette, et 3 paires successives n°s 3303a+3304.

BC3305 La bande-carnet non pliée 16 » 16 »

Tirage : 1 054 591.

2000. - *Flore. Pervenche de Madagascar. Offset. Dentelé 13 x 13½.*

3306 4 f. 50, (0,69 €) multicolore 1 40 0 80

Tirage : 6 780 877.

2000. - *Le Parlement de Bretagne (Rennes). Héliogravure. Dentelé 13½.*

3307 3 f. (0,46 €) multicolore 1 » 0 30

Tirage : 9 495 807.

2000. - *Timbre "Félicitations". Héliogravure. Dentelé 13.*

Composition avec "Félicitations", fleur stylisée.

3308 3 f. (0,46 €) multicolore 1 » 0 30

Tirage :

2000. - *Série artistique. Camille Claudel (1864-1943). Héliogravure. Dentelé 13½ x 13.*

Sculpture "La Valse".

3309 6 f. 70, (1,02 €) multicolore 2 75 1 40

Tirage : 4 468 344.

2000. - *Série touristique. Saint-Guilhem-le-Désert (Hérault). Taille-douce. Dentelé 13½.*

3310 3 f. (0,46 €) multicolore 1 » 0 30

Tirage : 9 690 478.

2000. - *Série touristique. Gérardmer - Vallée des lacs (Vosges). Taille-douce. Dentelé 13½.*

3311 3 f. (0,46 €) multicolore 1 » 0 30

Tirage : 10 024 180.

2000. - *Le siècle au fil du timbre (I). Le sport. Emis uniquement en feuillet. Héliogravure. Dentelés 13 pour les n°s 3312 et 3316, et 13½ x 13 pour les n°s 3313 à 3315.* [BF] *n° 29.*

Portrait du boxeur Marcel Cerdan et détail ceinture (champion du monde des poids moyens en 1948).

l'athlète américain Carl Lewis (4 médailles d'or aux Jeux olympiques de Los Angeles, en 1984).

3312 3 f. (0,46 €) multicolore 1 » 0 50
3313 3 f. (0,46 €) multicolore 1 » 0 50

la France, championne du monde de football en 1998 (coupe et supporters en fond).

le skieur Jean-Claude Killy (3 médailles d'or aux Jeux olympiques de Grenoble en 1968).

3314	3 f. (0,46 €) multicolore	1 »	0 50
3315	3 f. (0,46 €) multicolore	1 »	0 50

l'aviateur Charles Lindbergh et partie avant de son avion le "Spirit of Saint Louis" (1ère traversée sans escale de l'Atlantique les 20-21 mai 1927).

3316	3 f. (0,46 €) multicolore	1 »	0 50
	Nos 3312 à 3316 (5 val.)	5 »	2 50
3316A	La bande	5 »	3 »

Paire verticale se tenant.

3312a	(3312+3316)	2 50	1 80

Tirage : 5 895 439.

Le feuillet comprend deux séries, la première dans la partie supérieure est sur un format photographique illustrant l'équipe de France victorieuse de la coupe du monde de football, Jean-Claude Killy et Charles Lindbergh à son arrivée au Bourget ; la seconde, dans la partie inférieure est une bande se tenant des cinq timbres.

2000. - *Série "Collection Jeunesse". Voitures anciennes. "Philexjeunes 2000" - Annecy. Emis uniquement en feuillet. Héliogravure. Multicolores. Dentelés 13½ x 13.* BF *n° 30.*

3317	1 f. (0,15 €) *(Bugatti 35)*	0 40	0 35

3318	1 f. (0,15 €) *(Citroën Traction)*	0 40	0 35

3319	1 f. (0,15 €) *(Renault 4 CV)*	0 40	0 35

3320	1 f. (0,15 €) *(Simca Chambord)*	0 40	0 35

3321	1 f. (0,15 €) *(Hispano-Suiza K6)*	0 40	0 35

3322	2 f. (0,30 €) *(Coccinelle Volkswagen)*	0 80	0 60

3323	2 f. (0,30 €) *(Cadillac 62)*	0 80	0 60

3324	2 f. (0,30 €) *(Peugeot 203)*	0 80	0 60

3325	2 f. (0,30 €) *(Citroën DS19)*	0 80	0 60

3326	2 f. (0,30 €) *(Ferrari 250 GTO)*	0 80	0 60
	Nos 3317 à 3326 (10 val.)	6 »	4 75

Tirage : 3 065 089 feuillets.

2000. - *Europa 2000. Héliogravure. Dentelé 13½.*

Colonne d'étoiles européennes et enfants cueillant de nouvelles étoiles.

3327	3 f. (0,46 €) multicolore	1 »	0 50

Tirage : 8 948 921.

2000. - *300e anniversaire de la naissance de l'ingénieur et agronome Henri-Louis Duhamel du Monceau (1700-1782). Taille-douce. Dentelé 13.*

Portrait sur fond de forêt.

3328	4 f. 50, (0,69 €) multicolore	1 40	0 80
	a. (Bleu omis)	1 600 »	

Tirage : 5 290 745.

2000. - *73e Congrès de la Fédération Française des Associations Philatéliques, à Nevers. Taille-douce. Dentelé 13½.*

Aiguière en faïence, du 17e s. et la Porte de Croux.

3329	3 f. (0,46 €) multicolore	1 »	0 30

Tirage : 9 413 848.

2000. - *Timbre "Bonnes vacances". Héliogravure. Dentelé 13.*

Composition symbolique.

3330	3 f. (0,46 €) multicolore	1 »	0 30

Tirage : 1 687 497.

2000. - *Cinquantenaire de la conquête de l'Annapurna. Taille-douce. Dentelé 13 x 12½.*

Alpinistes en cordée et montagne en fond.

3331	3 f. (0,46 €) multicolore	1 »	0 50

Tirage : 9 434 075.

2000. - *Série "Nature de France" (XV). Faune et flore. Héliogravure. Dentelés 13½.* BF *n° 31.*

Papillon sardanapale.

Girafe réticulée.

3332	2 f. 70, (0,41 €) multicolore	1 »	0 50
3333	3 f. (0,46 €) multicolore	1 »	0 50

Allosaure.

Tulipa lutea.

3334	3 f. (0,46 €) multicolore	1 »	0 50
3335	4 f. 50, (0,69 €) multicolore	1 40	1 »
	N°s 3332 à 3335 (4 val.)	4 40	2 50

Pour les timbres n°s 3332 à 3335, en juxtaposant à droite ou à gauche, au-dessus ou en-dessous de chaque timbre, un autre exemplaire du même timbre, on obtient l'image de l'animal en entier.

Tirages : 9 610 899, 2 103 922, 11 100 790 et 6 715 091.

2000. - *Série touristique. Abbatiale d'Ottmarsheim (Haut-Rhin). Taille-douce. Dentelé 12½ x 13.*

3336	3 f. (0,46 €) multicolore	1 »	0 30

Tirage : 10 852 927.

2000. - *Centenaire de la naissance d'Antoine de Saint-Exupéry (1900-1944). Héliogravure. Dentelé 13.*

Portrait, avion.

3337	3 f. (0,46 €) multicolore	1 »	0 50

Tirage : 11 869 655.

2000. - *Le Train jaune de Cerdagne. Héliogravure. Dentelé 13.*

Le train de face et sur un viaduc.

3338	3 f. (0,46 €) multicolore	1 »	0 50

Tirage : 9 963 430.

2000. - *Folklores. Héliogravure. Dentelé 13.*

Silhouettes de danseurs, musicien, instruments de musique.

3339	4 f. 50, (0,69 €) multicolore	1 40	0 80

Tirage : 5 548 595.

2000. - *Jeux olympiques de Sydney (Australie). Disciplines. Héliogravure. Dentelés 13.* BF *n° 31A.*

Sujets : 3340, cyclisme, escrime, relais ; 3341, relais, judo, plongeon.

3340	3 f. (0,46 €) multicolore	1 »	0 50
3341	3 f. (0,46 €) multicolore	1 »	0 50
3340A	La paire 3340+3341	2 »	1 50
	a. La paire, avec vignette Henri Didon	6 »	5 »

Tirage : 3 409 172.

2000. - *Personnages célèbres. Les grands aventuriers français. Héliogravure. Dentelés 13.* C

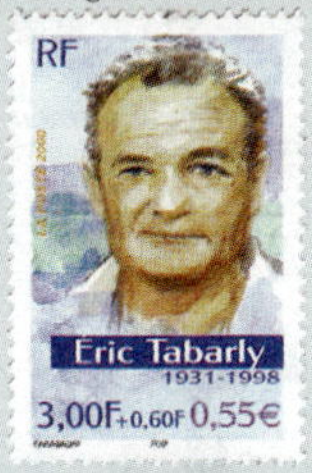

Eric Tabarly (1931-1998).

Alexandra David-Néel (1868-1969).

Haroun Tazieff (1914-1998).

3342	3 f.+0.60 f. (0,55 €) multicolore	1 25	0 80
3343	3 f.+0.60 f. (0,55 €) multicolore	1 25	0 80
3344	3 f.+0.60 f. (0,55 €) multicolore	1 25	0 80

Paul-Emile Victor (1907-1995).

Jacques-Yves Cousteau (1910-1997).

Norbert Casteret (1897-1987).

3345	3 f.+0.60 f. (0,55 €) multicolore	1 25	0 80
3346	3 f.+0.60 f. (0,55 €) multicolore	1 25	0 80
3347	3 f.+0.60 f. (0,55 €) multicolore	1 25	0 80
	N°s 3342 à 3347 (6 val.)	7 50	4 80

La bande (format vertical) destinée à la confection de carnets comprend une vignette et les timbres n°s 3342 à 3347.

BC3348	La bande-carnet non pliée	10 »	

Tirage : 2 562 396.

Tirages : 893 059, 1 000 041, 903 750, 768 271, 885 013 et 916 515.

2000. - *25e anniversaire de la mort du Frère Alfred Stanke (1904-1975). Taille-douce. Dentelé 13.*

Portrait et cathédrale de Bourges.

3349	4 f. 40 (0,67 €) bleu-noir, bleu et brun	1 50	1 »

Tirage : 3 139 953.

2000. - *Série artistique. Gaston Chaissac (1910-1964). Héliogravure. Dentelé 13½ x 13.*

Tableau "Visage rouge".

3350 6 f. 70 (1,02 €) multicolore 2 50 1 40
Tirage : 10 395 270.

2000. - *Le siècle au fil du timbre (II). Société. Emis uniquement en feuillet. Héliogravure. Dentelés 13½-13.* BF *n° 32.*

1901, le lave-linge.

1936, les congés payés (famille se baignant d'après photo d'époque).

3351 3 f. (0,46 €) multicolore 1 » 0 50
3352 3 f. (0,46 €) multicolore 1 » 0 50

1944, le droit de vote des femmes (femmes votant).

1948, la Déclaration universelle des Droits de l'Homme (mentions : dignité, droits de l'homme, libres, égaux, et mur en brique en fond).

3353 3 f. (0,46 €) multicolore 1 » 0 50
3354 3 f. (0,46 €) multicolore 1 » 0 50

1969, le premier pas sur la Lune (astronaute sur la Lune).

3355 3 f. (0,46 €) multicolore 1 » 0 50
N°s 3351 à 3355 (5 val.) 5 » 2 50
3355A La bande issue du BF n° 32 5 » 3 50
Tirage : 5 895 439.

2000. - *40e anniversaire de S.O.S. amitié. Offset. Dentelé 13.*

3356 3 f. (0,46 €) multicolore 1 » 0 50
Tirage :

2000. - *2001 nouveau millénaire. Offset. Dentelé 13.*

3357 3 f. (0,46 €) multicolore 1 » 0 30
Tirage : 4 933 796.

2000. - *Série artistique. Mosaïque (9e siècle) de Germigny-des-Prés (Loiret). Héliogravure. Dentelé 13½ x 13.*

Détail (ange).

3358 6 f. 70 (1,02 €) multicolore 2 50 1 40
Tirage : 12 870 664.

2000. - *Hommage au dessinateur Raymond Peynet (1908-1999). Taille-douce. Dentelé 13½ x 13.*

"Le kiosque des amoureux - Valence".

3359 3 f. (0,46 €) multicolore 2 » 0 60
Tirage : 8 743 795.

2000. - *Faune en voie de disparition. Emission commune avec la Nouvelle-Zélande. Héliogravure. Dentelés 13½.*

Kiwi austral (Nouvelle-Zélande).

3360 3 f. (0,46 €) multicolore 1 20 0 50

Faucon crécerellette (France).

3361 5 f. 20 (0,79 €) multicolore 1 80 1 20

La Nouvelle-Zélande a émis simultanément deux timbres aux mêmes types (nos 1793 et 1798).

Tirages : 9 281 120 et 3 007 257.

2000. - *Au profit de la Croix-Rouge. Fêtes de fin d'année. Héliogravure. Dentelé 13½ x 13.* Ⓒ

Avion en bois avec pilote larguant des cadeaux.

3362 3 f.+60 c. (0,55 €) multicolore 1 25 1 »

Tirage :

2000. - *"Bonne année" et "Meilleurs voeux". Héliogravure. Dentelés 12½ x 13 (n° 3363) et 13½ x 13 (n° 3364).*

Cristaux de neige et feuille de houx.

3363 3 f. (0,46 €) multicolore 1 » 0 30

Boule de neige - Terre avec bonnet rouge.

3364 3 f. (0,46 €) multicolore 1 » 0 30

Les nos 3365, 3365A et B se trouvent à la rubrique Timbres-Poste avec vignettes personnalisées.

Tirages : 13 737 871 et 13 737 871.

2000. - *Métallurgie - 1900-2000. Taille-douce. Dentelé 13 x 13½.*

Silhouette de tour Eiffel et de fusée Ariane.

3366 4 f. 50 (0,69 €) multicolore et argent 1 60 1 »

Tirage : 4 046 406.

2000. - *3e millénaire. Héliogravure. Dentelé 13 x 13½.*

3365 3 f. (0,46 €) multicolore 1 20 0 50

Imprimé attenant horizontalement à une vignette personnalisée sans valeur (symboles @ et "Meilleurs voeux"). Emis en petite feuille de 10 timbres+vignettes avec marges illustrées de nuages.

F3365 La feuille 12 » 8 »

2000
Du N° 3294 au N° 3366
(sauf bandes-carnets, paires et triptyques) =
70 timbres ****85** **⊙45**

Autres rubriques de l'année :

Poste aérienne 64

Bocs et feuillets 27 à 3

2001. - *Championnat du monde de Handball, à Nantes. Héliogravure. Dentelé 13½.*

Joueur stylisé.

3367 3 f. (0,46 €) multicolore 1 » 0 50

Tirage : 14 994 651.

2001. - *Saint-Valentin. Coeur 2001 du couturier Christian Lacroix. Héliogravure. Dentelé.* BF *n° 33.*

3368 3 f. (0,46 €) multicolore 1 » 0 50

Tirage : 12 451 763.

2001. - *Série artistique. Pieter Bruegel l'Ancien (v. 1525-1569). Taille-douce. Dentelé 13 x 13½.*

"La danse des paysans".

3369 6 f. 70 (1,02 €) multicolore 2 50 1 40

Tirage :

2001. - *Fête du Timbre. Héliogravure. Dentelé 13½. © 2001 Marsu by Franquin.*

Gaston Lagaffe
(d'André Franquin).

3370 3 f. (0,46 €) multicolore 1 » 0 50

a. Idem. Timbre de carnet dentelé 13½ x 13 1 » 0 65

Tirage :

Idem. Emis en carnet. Héliogravure. Dentelé 13½ x 13. C BF *n° 34.*

3371 3 f.+0 f. 60 (0,55 €) multicolore 2 50 1 50

3371A La paire 3371+3370a 4 » 3 »

La bande (format vertical) destinée à la confection de carnets comprend 1 paire horizontale du n° 3370a et 3 paires horizontales n°s 3370a+3371.

BC3370a La bande-carnet non pliée 14 » 14 »

Tirage :

2001. - *Le siècle au fil du timbre (III). Communication. Emis uniquement en feuillet. Héliogravure. Dentelés 13.* BF *n° 35.*

La télévision : personnages de "Bonne nuit les petits".

La publicité au cinéma : le Petit Mineur.

3372 3 f. (0,46 €) multicolore 1 » 0 60

3373 3 f. (0,46 €) multicolore 1 » 0 60

Le téléphone portable.

La radio : "Salut les copains".

3374 3 f. (0,46 €) multicolore 1 » 0 60

3375 3 f. (0,46 €) multicolore 1 » 0 60

Le disque compact.

3376 3 f. (0,46 €) multicolore 1 » 0 60

N°s 3372 à 3376 (5 val.) 5 » 3 »

B3372 La bande issue du BF n° 35 6 » 4 »

Tirage : 5 923 089.

2001. - *Timbres pour naissances. Héliogravure. Dentelés 13.*

"C'est un garçon".

"C'est une fille".

3377 3 f. (0,46 €) multicolore 1 » 0 50

3378 3 f. (0,46 €) multicolore 1 » 0 50

Tirages : 9 397 791 et 9 282 655.

2001. - *Timbres de messages. Héliogravure. Dentelés 13.*

"merci".

"oui".

3379	3 f. (0,46 €) multicolore	1 »	0 50
	a. (Sans "ITVF")	100 »	50 »
3380	4 f. 50 (0,69 €) multicolore	1 40	0 80

Tirages : 7 473 798 et 10 899 004.

2001. - *Série "Nature de France" (XVI). Faune. Héliogravure. Dentelés 13½.* BF *n° 36.*

Ecureuil.

Chevreuil.

3381	2 f. 70 (0,41 €) multicolore	1 »	0 50
3382	3 f. (0,46 €) multicolore	1 »	0 50

Hérisson.

Hermine.

3383	3 f. (0,46 €) multicolore	1 »	0 50
3384	4 f. 50 (0,69 €) multicolore	1 50	1 »
	Nos 3381 à 3384 (4 val.)	4 50	2 50

Tirages : 43 107 664, 10 748 348, 10 748 348 et 14 881 535.

2001. - *Série artistique. Hôtel des Chevaliers de Saint-Jean-de-Jérusalem, à Toulouse. Taille-douce. Dentelé 13.*

Détail peinture murale (13e s.).

3385	6 f. 70 (1,02 €) multicolore	2 50	1 40

Tirage : 4 494 886.

2001. - *Série touristique. Nogent-le-Rotrou (Eure-et-Loir). Taille-douce et offset. Dentelé 13½ x 13.*

Château.

3386	3 f. (0,46 €) multicolore	1 »	0 50

Tirage : 7 558 383.

2001. - *Série touristique. Besançon (Doubs). Taille-douce. Dentelé 13.*

La citadelle de Vauban et fontaine.

3387	3 f. (0,46 €) multicolore	1 »	0 50

Tirage : 10 144 364.

2001. - *Europa. L'eau, richesse naturelle. Héliogravure. Dentelé 13.*

Globe dans une goutte d'eau.

3388	3 f. (0,46 €) multicolore	1 »	0 30

Tirage : 12 414 392.

2001. - *Les Jardins de Versailles. Hommage au jardinier Le Nôtre (1613-1700). Héliogravure. Dentelé 13.*

3389	4 f. 40 (0,67 €) multicolore	1 50	1 »

Tirage : 4 426 885.

2001. - *Le Vieux-Lyon (Rhône). Taille-douce. Dentelé 13½ x 13.*

Les traboules.

3390 3 f. (0,46 €) multicolore 1 » 0 50

Tirage : 7 723 398.

2001. - *Les personnages célèbres. Artistes de la chanson. Héliogravure. Dentelés 13.* BF *n° 37.*

Claude François (1939-1978).

Léo Ferré (1916-1993).

Serge Gainsbourg (1928-1991).

3391 3 f. (0,46 €) multicolore 1 » 0 60

3392 3 f. (0,46 €) multicolore 1 » 0 60

3393 3 f. (0,46 €) multicolore 1 » 0 60

Dalida (1933-1987).

Michel Berger (1947-1992).

Barbara (1930-1997).

3394 3 f. (0,46 €) multicolore 1 » 0 60

3395 3 f. (0,46 €) multicolore 1 » 0 60

3396 3 f. (0,46 €) multicolore 1 » 0 60

N°s 3391 à 3396 (6 val.) 6 » 3 60

Tirages : 10 265 425, 7 607 564, 7 825 407, 10 157 601, 7 748 031 et 7 736 323.

2001. - *74e Congrès de la Fédération Française des Associations Philatéliques, à Tours. Taille-douce. Dentelé 13½.*

Statuette de compagnon (de Jean Bourreau), pont et cathédrale.

3397 3 f. (0,46 €) multicolore 1 » 0 50

Tirage : 7 306 979.

2001. - *30e anniversaire de la mort de Jean Vilar (1912-1971). Taille-douce et offset. Dentelé 13.*

Portrait de l'acteur et metteur en scène de théâtre ; Palais des Papes à Avignon.

3398 3 f. (0,46 €) multicolore 1 » 0 50

Tirage : 7 488 028.

2001. - *"Bonnes Vacances". Deux bandes de phosphore. Offset. Dentelé 13.*

Empreinte de pied sur une plage.

3399 3 f. (0,46 €) multicolore 1 » 0 50

Tirage : 9 719 579.

Idem. Emis en carnet. Deux bandes de phosphore. Auto-adhésif. Offset. Dentelé 11. C

3400 3 f. (0,46 €) multicolore (3399) 1 50 0 60

Tirage : 2 109 534.

BC3400A La bande-carnet non pliée 15 » 12 »

2001. - *Série touristique. Calais (Pas-de-Calais). Taille-douce. Dentelé 13.*

Jetée, Hôtel de ville et ferry.

3401 3 f. (0,46 €) multicolore 1 » 0 50

Tirage : 6 521 947.

2001. - *"Demain l'Euro". Héliogravure. Dentelé.*

Composition avec pièce de 1 euro
et étoiles du drapeau européen.

3402 3 f. (0,46 €) multicolore 1 40 0 50

Tirage : 14 377 621.

2001. - *120e anniversaire de la naissance de l'ingénieur Albert Caquot (1881-1976). Taille-douce. Dentelé 13½.*

Portrait ; pont ; ballon "saucisse".

3403 4 f. 50 (0,69 €) multicolore 1 40 1 »

Tirage : 4 374 880.

2001. - *Centenaire de la Loi du 1er Juillet 1901 sur la liberté d'association. Héliogravure. Dentelé 13.*

Composition avec pièces de puzzle
et mention "Liberté d'association".

3404 3 f. (0,46 €) multicolore 1 » 0 50

Tirage : 12 975 420.

2001. - *Série "Collection Jeunesse". Les légendes du rail. Locomotives. Emis uniquement en feuillet. Héliogravure. Multicolores. Dentelés 13½ x 13.* BF *nº 38.*

3405 1 f. 50 (0,23 €) *(Eurostar)* 0 60 0 50

3406 1 f. 50 (0,23 €) *(American 220)* 0 60 0 50

3407 1 f. 50 (0,23 €) *(Crocodile)* 0 60 0 50

3408 1 f. 50 (0,23 €) *(Crampton)* 0 60 0 50

3409 1 f. 50 (0,23 €) *(Garratt 59)* 0 60 0 50

3410 1 f. 50 (0,23 €) *(Pacific Chapelon)* 0 60 0 50

3411 1 f. 50 (0,23 €) *(Mallard)* 0 60 0 50

3412 1 f. 50 (0,23 €) *(Capitole)* 0 60 0 50

3413 1 f. 50 (0,23 €) *(Autorail panoramique)* 0 60 0 50

3414 1 f. 50 (0,23 €) *(230 Classe P8)* 0 60 0 50
Nos 3405 à 3414 (10 val.) 6 » 5 »
Tirages : 1 962 144.

2001. - *Série touristique. Château de Grignan (Drôme). Taille-douce. Dentelé 13.*

3415 3 f. (0,46 €) multicolore 1 » 0 30
Tirage : 7 690 717.

2001. - *Cinquantenaire de la Convention de Genève relative aux Réfugiés. Héliogravure. Dentelé 13.*

Emblème.

3416 4 f. 50 (0,69 €) multicolore 1 40 1 »
Tirage : 4 298 032.

2001. - *Type Marianne du 14 Juillet. Type du T.-P. de 1997. Mention RF (au lieu de République Française). Sans valeur indiquée (validité permanente). Deux bandes de phosphore. Taille-douce. Dentelé 13.*

3417 (sans val.) rouge (3083) 0 80 0 15
a. (Avec vignette personnalisée attenante) 4 » 3 »

Le timbre n° 3417a a été personnalisé et mis en vente en feuillets de 15 au 76e Congrès de la FFAP à Mulhouse du 6 au 9 juin 2003.

Papier fluorescent aux U.V., gomme blanche et mate à ne pas confondre avec le n° 3587A.

Provenant de roulette. Deux bandes de phosphore. Taille-douce. Dentelé 13 horizontalement.

3418 (sans val.) rouge (3084) 2 » 0 50
a. (N° rouge au verso) 2 50
b. (N° noir au verso) 1 50

Le n° 3418b existe sans phosphore.

Provenant de carnet. Deux bandes de phosphore. Gommage adhésif. Taille-douce. Précoupé vertical en lignes ondulées. ©

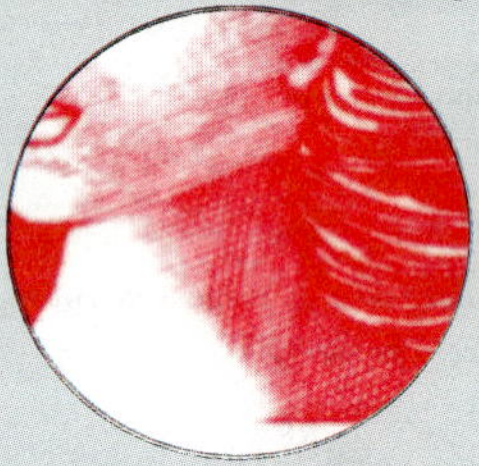

Type I, gravure mécanique, impression fine, oreille intacte.

Type II, gravure numérique, impression floue, oreille cassée.

3419 (sans val.) rouge (3085) (Type II gravure numérique) 0 80 0 15
a. (Type I transfert mécanique du poinçon) 2 » 0 50

Le timbre 3419a a été émis, en 2003, en carnet "Centenaire de la Semeuse de Roty".

2001. - *400e anniversaire de la naissance du mathématicien Pierre de Fermat (1601-1665). Taille-douce. Dentelé 13½ x 13.*

Portrait.

3420 4 f. 50 (0,69 €) multicolore 1 40 1 »
Tirage : 5 236 779.

2001. - *Série artistique. Centenaire de la mort du peintre Henri de Toulouse-Lautrec (1864-1901). Héliogravure. Dentelé 13½ x 13.*

"Yvette Guilbert chantant "Linger, Longer, Loo".

3421 6 f. 70 (1,02 €) multicolore 2 50 1 40
Tirage : 4 955 125.

2001. - *Le siècle au fil du timbre (IV). Sciences. Emis uniquement en feuillet. Héliogravure. Dentelés 13½ x 13.* BF *n° 39.*

La pénicilline.

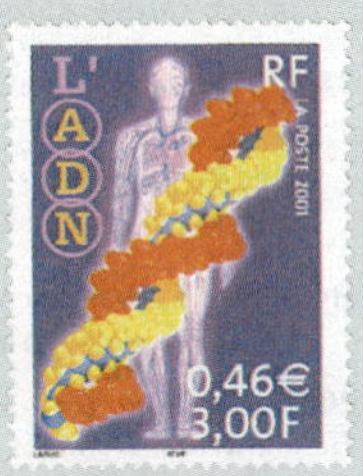

L'ADN.

3422	3 f. (0,46 €) multicolore	1 »	0 50
3423	3 f. (0,46 €) multicolore	1 »	0 50

Le laser.

Le 1er homme dans l'espace.

3424	3 f. (0,46 €) multicolore	1 »	0 50
3425	3 f. (0,46 €) multicolore	1 »	0 50

La carte à puce.

3426	3 f. (0,46 €) multicolore	1 »	0 50
	Nos 3422 à 3426 (5 val.)	5 »	2 50
B3422	La bande issue du BF n° 39	6 »	4 »

Tirage : 5 200 440.

2001. - *Val-de-Reuil (Eure). Héliogravure. Dentelé 13.*

"L'Astrolabe", sculpture d'Alain Le Boucher.

3427	3 f. (0,46 €) multicolore	1 »	0 30

Tirage : 6 883 497.

2001. - *Halloween. Héliogravure et phosphorescence. Dentelé 13.* BF *n° 40.*

Citrouille.

3428	3 f. (0,46 €) multicolore	1 »	0 30

Tirage :

2001. - *Série artistique. Johan Barthold Jongkind (1819-1891). Offset. Dentelé 13 x 13½.*

"Honfleur à marée basse".

3429	6,70 f. (1,02 €) multicolore	2 50	1 40

Tirage : 4 499 423.

2001. - *Hommage à Jacques Chaban-Delmas (1915-2000). Deux bandes de phosphore. Taille-douce. Dentelé 13 x 13½.*

Portrait de l'homme politique.

3430	3 f. (0,46 €) multicolore	1 »	0 40

Tirage : 6 701 813.

Les nos 3431 à 3433 se trouvent à la rubrique Timbres-Poste avec vignettes personnalisées.

2001. - *Hommage à Jean Pierre-Bloch (1905-1999). Deux bandes de phosphore. Taille-douce. Dentelé 13.*

Portrait de l'homme politique.

3434	4,50 f. (0,69 €) bleu	1 40	1 »

Tirage : 5 096 745.

2001. - *Centenaire de la naissance du dessinateur et graveur Albert Decaris (1901-1988). Taille-douce. Dentelé 13½ x 13.*

3435	3 f. (0,46 €) multicolore	1 25	0 50

Tirage : 6 756 951.

2001. - *Au profit de la Croix-Rouge. Fêtes de fin d'année. Deux bandes de phosphore. Héliogravure. Dentelé 12½ x 13.* [C]

Boule-Père Noël.

3436	3 f.+0,60 f. (0,46+0,09 €) multicolore	1 10	0 70
	a. (Idem, dentelé 13½ x 13)	1 10	0 70

Tirage : 1 208 513.

A été aussi émis en carnets (Tirage : 769 786).

Le n° 3436a provient de carnets.

2001. - *"Bonne Année" et "Meilleurs Voeux". Deux bandes de phosphore. Offset. Dentelés 13.*

Enfants et bonhomme de neige.

Enfants transportant du houx et un paquet cadeau dans une brouette.

3437	3 f. (0,46 €) multicolore	1 »	0 50
3438	3 f. (0,46 €) multicolore	1 »	0 50

Emis en carnet. Auto-adhésifs. Deux bandes de phosphore. Offset. Dentelés 11. [C]

3439	3 f. (0,46 €) multicolore (3437)	1 50	0 50
3440	3 f. (0,46 €) multicolore (3438)	1 50	0 50

Existe sans phosphore.

Tirage : 3 024 148 carnets.

	La paire	3 »	1 50
BC3440A	La bande-carnet non pliée	15 »	12 »

Tirages : 9 898 933 et 9 970 853.

2001. - *Fontaines. Emission commune avec le Maroc. Héliogravure. Dentelés 13½.*

Fontaine Nejjarine (Maroc).

Fontaine Wallace (France).

3441	3,00 f. (0,46 €) multicolore	1 »	0 50
3442	3,80 f. (0,58 €) multicolore	2 »	1 50

Le Maroc a émis simultanément deux timbres aux mêmes types (n°s 1298 et 1299).

Tirages : 9 327 491 et 3 694 872.

2001
Du N° 3367 au N° 3442
(sauf bandes-carnets, paires et triptyques) =
73 timbres ****83** **⊙45**

Autres rubriques de l'année :

Blocs et feuillets 33 à 42

Service 122 à 125

2002. - *Type Marianne du 14 Juillet. Types des T-P de 1997. Mention RF (au lieu de République Française). Taille-douce. Dentelés 13.* [BF] *n°s 44 et 45.*

3443	0,01 € jaune	0 15	0 15
3444	0,02 € bistre-noir	0 15	0 15
3445	0,05 € vert-émeraude	0 15	0 15
3446	0,10 € violet-rouge	0 30	0 15
3447	0,20 € orange	0 50	0 20
3448	0,41 € vert	1 25	0 40
3449	0,50 € bleu nuit	1 50	0 50
3450	0,53 € vert-jaune	1 50	0 80
3451	0,58 € bleu	1 50	1 25
3452	0,64 € orange foncé	2 »	1 »
3453	0,67 € bleu outremer	2 »	1 25

3454	0,69 € rose	2 »	1 »
3455	1,00 € bleu-vert	3 »	1 »
3456	1,02 € vert foncé	3 »	1 »
3457	2,00 € violet	5 »	1 »
	Nos 3443 à 3457 (15 val.)	24 »	10 »

Une bande de phosphore à droite pour les 0,01 €, 0,02 €, 0,05 €, 0,10 €, 0,20 €, 0,41 €, 0,53 € et 0,64 € et deux bandes de phosphore pour les autres valeurs. Les timbres sans phosphore proviennent des blocs et feuillets 44 et 45.

Tirages :

Provenant de roulette. Une bande de phosphore à droite. Dentelé 13 horizontalement.

3458	0,41 € vert	2 »	1 »
	a. (N° rouge au verso)	3 »	
	b. (N° noir au verso)	2 »	

Tirage :

2002. - *Saint-Valentin. Coeur 2002, du photographe Yann Arthus-Bertrand. Héliogravure. Dentelé.* BF *n° 43.*

Photo aérienne de Voh
(Nouvelle-Calédonie).

3459	0,46 € multicolore	0 90	0 50

Tirage :

2002. - *Jeux olympiques d'hiver de Salt Lake City (Etats-Unis). Deux bandes de phosphore. Héliogravure. Dentelé 13.*

Snowboard.

3460	0,46 € multicolore	0 90	0 50

Tirage : 10 850 252.

2002. - *Série artistique. Gustav Klimt (1862-1918). Héliogravure. Dentelé 13½ x 13.*

"Le Baiser".

3461	1,02 € multicolore	2 50	1 20
	a. (Valeur faciale et légende omises)	5 000 »	

Tirage : 5 424 594.

2002. - *Hommage à l'écrivain Alain Bosquet (1919-1998). Deux bandes de phosphore. Taille-douce. Dentelé 13.*

Portrait.

3462	0,58 € multicolore	1 20	1 »

Existe sans phosphore.

Tirage : 2 565 780.

2002. - *Timbres pour naissances. Deux bandes de phosphore. Héliogravure. Dentelés 13.*

"C'est une fille". "C'est un garçon".

3463	0,46 € multicolore	1 »	0 50
3464	0,46 € multicolore	1 »	0 50

Tirages : 8 766 030 et 8 840 973.

2002. - *Timbre pour mariages. Deux bandes de phosphore. Héliogravure. Dentelé 13.*

"Oui".

3465	0,69 € multicolore	1 40	1 »

Tirage : 9 580 698.

2002. - *Europa. Le cirque. Deux bandes de phosphore. Héliogravure. Dentelé 13½.*

3466 0,46 € multicolore 1 25 0 50

Tirage : 9 988 558.

2002. - *Fête du timbre. Deux bandes de phosphore. Héliogravure. Dentelé 13½. © Boule & Bill €, International s.a. 2002.*

Boule et Bill (de Jean Roba).

3467 0,46 € multicolore 1 » 0 50

a. Idem. Timbre de carnet. Dentelé 13½ x 13 1 40 0 60

Tirage : 10 470 356.

Idem. Emis en carnet. Sans bandes de phosphore. Héliogravure. Dentelés 13½ x 13. Ⓒ

3468 0,46 €+0,09 € multicolore 3 » 2 »

P3467a La paire 3467a+3468 4 » 3 »

La bande (format vertical) destinée à la confection de carnets comprend 3 paires horizontales 3467a+3468 et 1 paire 3467a.

BC3467a La bande-carnet non pliée 14 » 14 »

Tirage : 749 464 carnets.

Idem. Emis uniquement en feuillet. Sans réserve blanche autour de l'image. Sans bandes de phosphore. Dentelé 13½ x 13. BF *n° 46.*

3469 0,46 €+0,09 € multicolore (3468) 3 » 2 50

Tirage : 896 131.

2002. - *Les arènes de Nîmes. Taille-douce et offset. Dentelé 13.*

3470 0,46 € multicolore 1 » 0 50

a. (Valeur faciale et légende omises) 7 500 »

Tirage : 7 760 279.

2002. - *Le siècle au fil du timbre (V). Transports. Emis uniquement en feuillet. Héliogravure. Dentelés 13 (nos 3471, 3475) et 13½ x 13 (nos 3472, 3473, 3474).* BF *n° 47.*

Concorde.

3471 0,46 € multicolore 2 » 1 »

La mobylette.

Le France.

3472 0,46 € multicolore 1 » 0 60

3473 0,46 € multicolore 1 » 0 60

La 2 CV. Le TGV.

3474 0,46 € multicolore 1 » 0 60

3475 0,46 € multicolore 1 » 0 60

N°s 3471 à 3475 (5 val.) 6 » 3 40

Tirages : 5 165 488.

B3471 La bande issue du BF n° 47 6 » 5 »

2002. - *Bicentenaire de la rencontre des deux navigateurs et explorateurs Nicolas Baudin (1754-1803) et Matthew Flinders (1774-1814). Emission commune avec l'Australie. Deux bandes de phosphore. Héliogravure. Dentelés 13½.*

Portrait de M. Flinders et l'"Investigator".

3476 0,46 € multicolore 1 » 0 50

Portrait de N. Baudin et le "Géographe".

3477 0,79 € multicolore 2 » 1 50

L'Australie à émis simultanément deux timbres (n°s 2026 et 2027).

Tirages : 9 232 578 et 2 869 308.

2002. - *Série touristique. La Charité-sur-Loire (Nièvre). Deux bandes de phosphore. Taille-douce. Dentelé 13½.*

3478 0,46 € multicolore 1 » 0 50

Tirage : 7 131 747.

2002. - *Timbre pour invitations. Deux bandes de phosphore. Héliogravure. Dentelé 13.*

3479 0,46 € or et multicolore 1 » 0 50

Tirage : 8 676 399.

2002. - *Timbre pour anniversaires. Deux bandes de phosphore. Héliogravure. Dentelé 13.*

3480 0,46 € multicolore 1 » 0 50

Tirage : 6 610 041.

2002. - *100e Paris-Roubaix. Deux bandes de phosphore. Héliogravure. Dentelé 13.*

Coureurs sur les pavés.

3481 0,46 € multicolore 1 25 0 50

Tirage : 8 155 496.

2002. - *Série artistique. Fernando Botero. Héliogravure. Dentelé 13.*

"Les Danseurs".

3482 1,02 € multicolore 2 50 1 50

Tirage : 4 460 886.

2002. - *Champions du monde de Football. Emission commune avec l'Allemagne, l'Argentine, le Brésil, l'Italie et l'Uruguay. Héliogravure. Dentelés (12½ pour le n° 3484).* BF *n° 49.*

Sujets : 3483, ballon, terrain et drapeaux de 6 des 7 pays ayant remporté la coupe du monde ; 3484, drapeau français, 1998, image floue de joueurs.

3483 0,46 € multicolore 1 25 0 60
3484 0,46 € multicolore 1 25 0 60

Tirages : 3 315 684 paires.

Imprimés se tenant horizontalement.

La paire 2 50 1 50

2002. - *Série "Nature de France" (XVII). Faune marine. Héliogravure. Dentelés 13½.* BF *n° 48.*

Tortue luth. Grand dauphin.

3485 0,41 € multicolore 1 » 0 50
3486 0,46 € multicolore 1 » 0 50

Orque. Phoque veau marin.

3487 0,46 € multicolore 1 » 0 50
3488 0,69 € multicolore 1 50 1 »
N°s 3485 à 3488 (4 val.) 4 50 2 50

Tirages : 16 956 056, 9 864 176, 9 230 761 et 6 131 148.

2002. - *75ᵉ Congrès de la Fédération Française des Associations Philatéliques, à Marseille. Deux bandes de phosphore. Taille-douce. Dentelé 13.*

Vue panoramique de la ville.

3489 0,46 € multicolore 1 » 0 60

Tirage : 7 585 080.

2002. - *Bicentenaire de la Légion d'honneur. Héliogravure. Dentelé 13.*

Croix.

3490 0,46 € multicolore 1 » 0 50

Tirage : 7 340 695.

2002. - *Bicentenaire de la mort de Louis Delgrès (1766-1802), défenseur de l'abolition de l'esclavage. Deux bandes de phosphore. Héliogravure. Dentelé 13½.*

Portrait de l'officier.

3491 0,46 € multicolore 1 » 0 50

Tirage : 6 850 070.

2002. - *Rocamadour (Lot). Deux bandes de phosphore. Héliogravure. Dentelé 13½.*

3492 0,46 € multicolore 1 » 0 50

Tirage : 8 859 244.

2002. - *Timbre pour vacances. Deux bandes de phosphore. Offset. Dentelé 13.*

3493 0,46 € multicolore 1 » 0 50

Tirage : 9 719 579.

Idem. Emis en carnet. Deux bandes de phosphore. Auto-adhésif. Offset. Dentelé 11. C

3494 0,46 € multicolore (3493) 1 50 0 60

Tirage : 2 109 534 carnets.

BC3494A La bande-carnet non pliée 15 » 12 »

2002. - *Championnat du monde d'Athlétisme Handisport., au stadium Lille-Métropole. Deux bandes de phosphore. Héliogravure. Dentelé 13½.*

Course en fauteuils roulants.

3495 0,46 € multicolore 1 » 0 50

Tirage : 7 703 234.

2002. - *Chapelle de Saint-Ser (Bouches-du-Rhône). Deux bandes de phophore. Taille-douce. Dentelé 13 x 13½.*

3496 0,46 € multicolore 1 » 0 50

Tirage : 9 148 078.

2002. - *Série touristique. Collioure (Pyrénées-orientales). Deux bandes de phophore. Héliogravure. Dentelé 13½.*

"Le phare de Collioure", d'André Derain.

3497 0,46 € multicolore 1 » 0 50

Tirage : 11 169 114.

2002. - *Cathédrale de Metz. Taille-douce. Dentelé 13½ x 13.*

Détail vitrail "Eve et le serpent, La Création" (1963-64), de Marc Chagall.

3498 0,46 € multicolore 1 20 0 60

Tirage : 8 011 300.

2002. - *Série touristique. Locronan (Finistère). Deux bandes de phosphore. Taille-douce. Dentelé 13.*

Eglise Saint-Ronan et chapelle du Pénity.

3499 0,46 € multicolore 1 » 0 50

Tirage : 9 044 727.

2002. - *Les personnages célèbres. Grands interprètes de jazz. Deux bandes de phosphore. Héliogravure. Dentelés 13.*

Louis Armstrong (1901-1971).

Sidney Bechet (1897-1959).

3500 0,46 € multicolore et or 1 » 0 60
3501 0,46 € multicolore et or 1 » 0 60

Duke Ellington (1899-1974).

Ella Fitzgerald (1918-1996).

3502 0,46 € multicolore et or 1 » 0 60
3503 0,46 € multicolore et or 1 » 0 60

Stéphane Grappelli (1908-1997).

Michel Petrucciani (1962-1999).

3504 0,46 € multicolore et or 1 » 0 60
3505 0,46 € multicolore et or 1 » 0 60

Nos 3500 à 3505 (6 val.) 6 » 3 60

Idem. Emis en feuillet. Sans bandes de phosphore. Héliogravure. Dentelés 13. BF n° 50.

3500a	0,46 € multicolore et or	2 »	1 »
3501a	0,46 € multicolore et or	2 »	1 »
3502a	0,46 € multicolore et or	2 »	1 »
3503a	0,46 € multicolore et or	2 »	1 »
3504a	0,46 € multicolore et or	2 »	1 »
3505a	0,46 € multicolore et or	2 »	1 »

Tirages : 6 494 109, 6 567 176, 6 546 789, 6 519 980, 6 647 086 et 6 600 890.

2002. - *Notre-Dame de La Salette (Isère). Deux bandes de phosphore. Taille-douce. Dentelé 13½ x 13.*

Basilique.

3506	0,46 € multicolore	1 »	0 50

Tirage : 8 387 189.

2002. - *L'Art chorégraphique. Deux bandes de phosphore. Héliogravure. Dentelé 13.*

3507	0,53 € multicolore	1 50	0 80

Existe sans bande de phosphore.

Tirage :

2002. - *Série "Collection Jeunesse". Cylindrées et carénages. Motos. Emis uniquement en feuillet. Héliogravure. Multicolores. Dentelés 13½ x 13.* BF *n° 51.*

3508	0,16 € *(Honda 750 Four)*	0 40	0 30
3509	0,16 € *(Terrot 500 RGST)*	0 40	0 30

3510	0,16 € *(Majestic)*	0 40	0 30
3511	0,16 € *(Norton Commando 750)*	0 40	0 30

3512	0,16 € *(Voxan 1000 Café Racer)*	0 40	0 30
3513	0,30 € *(BMW R90S)*	0 80	0 50

3514	0,30 € *(Harley Davidson Hydra glide)*	0 80	0 50
3515	0,30 € *(Triumph Bonneville 650)*	0 80	0 50

3516	0,30 € *(Ducati 916)*	0 80	0 50
3517	0,30 € *(Yamaha 500XT)*	0 80	0 50
	Nos 3508 à 3517 (10 val.)	6 »	4 »

Tirages : 2 313 645 feuillets.

2002. - *20e anniversaire de la mort de l'écrivain Georges Perec (1936-1982). Deux bandes de phosphore. Taille-douce. Dentelé 13½.*

Portrait avec chat.

3518	0,46 € multicolore	1 »	0 50

Tirage : 7 338 386.

2002. - *Le siècle au fil du timbre (VI). Vie quotidienne. Emis uniquement en feuillet. Héliogravure. Dentelés 13 pour les nos 3519, 3523, et 13½ x 13 pour les nos 3520 à 3522.* BF *n° 52.*

"Pêcheur de sable", Plage de Capbreton, 1947.

"Enfant à la fontaine", Avignon, 1950.

3519	0,46 € multicolore	1 »	0 60
3520	0,46 € multicolore	1 »	0 60

"Un superbe été", Saint-Brévin-les-Pins, 1955.

"Sur les bancs de l'école", Paris, 1965.

3521	0,46 € multicolore	1 »	0 60
3522	0,46 € multicolore	1 »	0 60

"Louise la repasseuse", La Pommeraye, 1950.

3523	0,46 € multicolore	1 »	0 60
	Nos 3519 à 3523 (5 val.)	5 »	3 »

Tirages : 4 487 837 feuillets.

B3519	La bande issue du BF n° 52	6 »	3 »

2002. - *Centenaire de la mort de l'écrivain Emile Zola (1840-1902). Deux bandes de phosphore. Héliogravure. Dentelé 13.*

Portrait.

3524	0,46 € multicolore	1 »	0 50

Tirage : 7 785 970.

2002. - *Série touristique. Neufchâteau (Vosges). Deux bandes de phosphore. Taille-douce. Dentelé 13½ x 13.*

Pavillon des Goncourt.

3525	0,46 € multicolore	1 »	0 50

Existe sans bande de phosphore.

Tirage : 8 308 032.

2002. - *Série artistique. Elisabeth Vigée-Lebrun (1755-1842). Taille-douce. Dentelé 13½ x 13.*

Autoportrait.

3526	1,02 € multicolore	2 50	1 20

Tirage : 4 321 048.

2002. - *Capitales européennes. Rome. Emis uniquement en feuillet. Héliogravure. Dentelés 13-13½.* BF *n° 53.*

Le Colisée.

La Fontaine de Trevi.

3527	0,46 € multicolore	1 50	1 »
3528	0,46 € multicolore	1 50	1 »

L'Eglise de la Trinité-des-Monts.

La Basilique Saint-Pierre.

3529	0,46 € multicolore	1 50	1 »
3530	0,46 € multicolore	1 50	1 »
	Nos 3527 à 3530 (4 val.)	6 »	4 »

Tirage : 1 607 976 feuillets.

2002. - *Au profit de la Croix-Rouge. Fêtes de fin d'année. Deux bandes de phosphore. Héliogravure. Dentelé 12½ x 13.* Ⓒ

"Le sommeil de l'Enfant Jésus", du peintre Giovanni Battista Salvi.

3531	0,46 €+0,09 € multicolore	1 20	0 80
	a. (Dentelé 13½ x 13)	1 20	0 50

A été aussi émis en carnets (tirage : 673 850 carnets).

Le n° 3531a provient de carnets.

Tirage : 1 164 605.

2002. - *"Le Monde en réseau". Timbre destiné au courrier des Entreprises. Deux bandes de phosphore. Héliogravure. Dentelé 13.*

3532	0,46 € multicolore	1 »	0 50

Tirage : 7 798 200.

2002. - *"Meilleurs Voeux". Deux bandes de phosphore. Offset. Dentelé 13.*

Chalet sous la neige.

3533	0,46 € multicolore	1 »	0 50

Tirage : 7 609 695.

2002. - *"Meilleurs Voeux". Type du T.-P. de même date. Emis en carnet. Deux bandes de phosphore. Offset. Auto-adhésif. Dentelé 11.* Ⓒ

3534	0,46 € multicolore	1 50	0 60

Tirage : 2 084 425.

BC3534A	La bande-carnet non pliée	15 »	12 »

2002. - *Série artistique. Jesus Rafael Soto. Héliogravure. Dentelé 13½ x 13.*

"Sphère Concorde" (art cinétique).

3535	0,75 € multicolore	2 »	1 »

Tirage : 3 616 978.

2002. - *Type Marianne du 14 Juillet. Type de 2002. Sans valeur indiquée (validité permanente) (pour les écoplis). Une bande de phosphore à droite. Dentelé 13.*

3535A	(sans val.) vert	1 50	0 20

Tirage :

Provenant de roulette. N° noir au verso. Une bande de phosphore à droite. Dentelé 13 horizontalement.

3535B	(sans val.) vert	2 »	1 »

Tirage :

2002. - *Bicentenaire de la naissance de l'écrivain Alexandre Dumas (1802-1870). Deux bandes de phoshore. Héliogravure. Dentelé 13.*

Portrait, dessin du Panthéon.

3536	0,46 € multicolore	1 »	0 50

Tirage : 6 944 786.

2002. - *1er anniversaire de la mort de Léopold Sédar Senghor (1906-2001), homme d'Etat et poète sénégalais. Deux bandes de phosphore. Héliogravure. Dentelé 13.*

Portrait.

3537	0,46 € multicolore	1 »	0 50

Tirage : 7 398 073.

2002
Du N° 3443 au N° 3537
(sauf bandes-carnets, paires et triptyques) =
97 timbres ** 122 ⊙65

Autres rubriques de l'année :
Poste aérienne 65
Blocs et feuillets 43 à 53
Préoblitérés 244 et 245

2003. - *Saint-Valentin. Coeurs 2003 du couturier Torrente. Emis également en feuillet pour le n° 3538. Héliogravure. Dentelés.* BF *n° 54.*

Coeur avec trèfle à quatre feuilles et signature.

Coeur avec roses et signature.

3538	0,46 € multicolore et or	1 25	0 50
3539	0,69 € multicolore	1 75	1 »

Tirages : 5 327 743 et 5 102 376.

2003. - *Timbre de message. "Merci". Deux bandes de phosphore. Héliogravure. Dentelé 13.*

3540	0,46 € multicolore	1 »	0 50

Tirage : 4 815 732.

2003. - *Timbre pour naissances. Deux bandes de phosphore. Héliogravure. Dentelé 13.*

3541	0,46 € bleu et orange	1 »	0 50

Tirage : 4 725 731.

2003. - *40e anniversaire du Traité sur la Coopération franco-allemande. Emission conjointe avec l'Allemagne. Deux bandes de phosphore. Héliogravure. Dentelé 13.*

3542	0,46 € multicolore	1 25	0 50

Tirage : 3 186 860.

2003. - *40 ans d'aménagement du territoire. Deux bandes de phosphore. Héliogravure. Dentelé 13.*

Composition avec carte de France.

3543	0,46 € multicolore	1 »	0 50

Tirage : 3 660 068.

2003. - *Hommage à Geneviève de Gaulle Anthonioz (1920-2002). Deux bandes de phosphore. Héliogravure. Dentelé 13.*

Portrait de la résistante, ancienne Présidente d'ATD Quart Monde, grand-croix de la Légion d'honneur.

3544	0,46 € brun et noir	1 »	0 50

Tirage : 3 392 473.

2003. - *Bicentenaire de la Chambre de commerce et d'industrie de Paris. Héliogravure. Deux bandes de phosphore. Dentelé 13½.*

Tour Eiffel composée par des silhouettes.

3545	0,46 € multicolore	1 »	0 50

Tirage : 3 263 990.

2003. - *Fête du timbre. Héliogravure. Deux bandes de phosphore. Dentelé 13½. © Lucky Comics 2003.*

Lucky Luke (de Morris).

3546 0,46 € multicolore 1 » 0 50
a. (Dentelé 13½ x 13 provenant de carnet) 1 » 0 50

Tirage : 10 400 887.

2003. - *Fête du timbre. Avec surtaxe. Emis en carnet. Héliogravure. Deux bandes de phosphore. Dentelés 13½ x 13. © Lucky Comics 2003.* BF *n° 55.*

Lucky Luke (de Morris).

3547 0,46 €+0,09 € multicolore 2 50 2 »
P3547 La paire (3546a+3547) 4 » 3 »

La bande (format vertical) destinée à la confection de carnets comprend 1 paire 3547+3546a, 1 paire 3546a+3547, 1 paire 3547+3546a et 1 paire du n° 3546a.

BC3546a La bande-carnet non pliée 14 » 12 »

Tirage : 802 816.

2003. - *Série "Nature de France" (XVIII). Oiseaux d'outre-mer. Héliogravure. Dentelés 13½.* BF *n° 56.*

Colibri à tête bleue. Toucan ariel.

3548 0,41 € multicolore 1 » 0 50
3549 0,46 € multicolore 1 » 0 50

Colibri grenat. Terpsiphone de Bourbon.

3550 0,46 € multicolore 1 » 0 50
3551 0,69 € multicolore 1 50 1 »
Nos 3548 à 3551 (4 val.) 4 50 2 50

Tirages : 10 135 902, 6 295 030, 4 532 646 et 5 506 026.

2003. - *Série touristique. Nantes (Loire-Atlantique). Deux bandes de phosphore. Taille-douce. Dentelé 13½.*

Tramway TAN et tour LU (Lefèvre-Utile).

3552 0,46 € multicolore 1 » 0 50

Tirage : 3 850 995.

2003. - *Hommage à Pierre Bérégovoy (1925-1993). Deux bandes de phosphore. Taille-douce. Dentelé 13 x 13½.*

Portrait de l'homme politique.

3553 0,46 € multicolore 1 » 0 50

Existe sans bande de phosphore.

Tirage : 3 034 412.

2003. - *Hommage à Milan Rastislav Stefanik (1880-1919), astronome, diplomate, Général de brigade de l'Armée de l'Air française, nommé ministre de la Défense de la République tchécoslovaque en 1918. Emission commune avec la Slovaquie. Deux bandes de phosphore. Taille-douce. Dentelé 13 x 13½.*

Portrait, Observatoire de Meudon.

3554 0,50 € multicolore 1 » 0 50

Tirage : 3 864 624.

La Slovaquie a émis simultanément sur ce sujet une figurine de 14 K (n° 390).

2003. - *Charte des droits fondamentaux de l'Union européenne. Deux bandes de phosphore. Héliogravure. Dentelé 13½.*

3555 0,50 € multicolore 1 » 0 50

Tirage : 8 410 623.

2003. - *Europa. Art de l'affiche. Deux bandes de phosphore. Héliogravure. Dentelé 13½.*

"Bal des affiches" (1986), oeuvre de Raymond Savignac.

3556 0,50 € multicolore 1 » 0 50

Tirage : 8 573 370.

2003. - *Bâtiment de guerre. Porte-avions Charles de Gaulle. Taille-douce. Dentelé 13½.*

3557 0,50 € multicolore 1 25 0 50

Tirage : 4 945 207.

2003. - *Série artistique. Michel-Ange (1475-1564). Taille-douce. Dentelé 13½ x 13.*

"Esclave rebelle", "Esclave mourant", sculptures.

3558 0,75 € multicolore 1 75 1 »

Tirage : 5 942 025.

2003. - *Portraits de régions. La France à vivre n° 1. Emis uniquement en feuillet. Deux bandes de phosphore. Héliogravure. Dentelés 13.* BF *n° 57.*

Les cabines de bain. La pêche au carrelet.

3559	0,50 € multicolore	1 20	0 60
3560	0,50 € multicolore	1 20	0 60

Les vignobles de Champagne. Le camembert.

3561	0,50 € multicolore	1 20	0 60
3562	0,50 € multicolore	1 20	0 60

Le foie gras. La pétanque.

3563	0,50 € multicolore	1 20	0 60
3564	0,50 € multicolore	1 20	0 60

Guignol. La crêpe.

3565	0,50 € multicolore	1 20	0 60
3566	0,50 € multicolore	1 20	0 60

Le cassoulet. La porcelaine.

3567	0,50 € multicolore	1 20	0 60
3568	0,50 € multicolore	1 20	0 60
	Nos 3559 à 3568 (10 val.)	12 »	6 »

Tirages :

2003. - *Timbre pour anniversaires. Personnage de bande dessinée. Deux bandes de phosphore. Héliogravure. Dentelé 13. André Franquin & BATEM © Marsu 2003.* BF *n° 58.*

Marsupilami portant un gâteau, d'André Franquin et Batem.

3569 0,50 € multicolore 1 » 0 50

Tirage : 6 967 896.

2003. - *Type Marianne du 14 juillet. Type de 2002. Taille-douce. Dentelés 13.*

3570	0,58 € jaune-olive	1 50	0 50
3571	0,70 € vert-olive	2 »	0 70
3572	0,75 € bleu ciel	2 »	0 70
3573	0,90 € bleu foncé	2 50	1 50
3574	1,11 € lilas	3 »	1 10
3575	1,90 € brun-prune	5 »	2 »
	N°s 3570 à 3575 (6 val.)	16 »	6 50

Une bande de phosphore à droite pour les n°s 3570 et 3571 et deux bandes pour les n°s 3572 à 3575.

Tirages :

2003. - *76e Congrès de la Fédération Française des Associations Philatéliques, à Mulhouse. Deux bandes de phosphore. Taille-douce. Dentelé 13½ x 13.*

La Tour du Bolwerk et automobile Bugatti coupé cabriolet d'Esders.

3576 0,50 € multicolore 1 » 0 50

Tirage : 4 772 611.

2003. - *Timbre pour vacances. Deux bandes de phosphore. Offset. Dentelé 13 x 13½.*

Mère et enfants sur leur serviette de plage.

3577 0,50 € multicolore 1 25 0 50

Tirage : 4 458 943.

Idem. Emis en carnet. Auto-adhésif. Deux bandes de phosphore. Offset. Dentelé 11. C

3578 0,50 € multicolore (3577) 1 50 0 60

Tirage : 2 620 381 carnets.

BC3578A La bande-carnet non pliée 15 » 12 »

2003. - *Basilique Notre-Dame de l'Epine (Marne). Taille-douce. Dentelé 13 x 13½.*

3579 0,50 € multicolore 1 » 0 50

Tirage : 4 457 827.

2003. - *Série touristique. Tulle (Corrèze). Deux bandes de phosphore. Taille-douce. Dentelé 13½.*

Cathédrale.

3580 0,50 € multicolore 1 » 0 50

Tirage : 4 701 502.

2003. - *275e anniversaire de la Franc-maçonnerie française. Taille-douce. Dentelé 13½ x 13.*

Symboles : compas et équerre.

3581 0,50 € multicolore 1 » 0 50

Tirage : 4 349 906.

2003. - *Cyclisme. Centenaire du Tour de France. Emis uniquement en feuillet. Héliogravure. Dentelés 13.* BF *n° 59.*

Le coureur Maurice Garin, vainqueur du Tour de 1903. — Coureur de 2003 à l'arrivée.

3582	0,50 € multicolore	1 50	0 75
3583	0,50 € multicolore	1 60	0 75
P3582	La paire 3582+3583	3 »	1 50

Tirages : 2 088 239 feuillets.

2003. - *Série artistique. Paul Signac (1863-1935). Héliogravure. Dentelé 13½* x *13.*

"La Bouée Rouge", tableau du peintre.

3584	0,75 € multicolore	2 »	1 »

Tirage : 5 697 725.

2003. - *Série artistique. Wassily Kandinsky (1866-1944). Offset. Dentelé 13½* x *13.*

Tableau du peintre.

3585	1,11 € multicolore	2 50	1 25
	a. (Valeur faciale omise)	5000 »	

Un feuillet de 3 timbres accompagnés de la décomposition des 4 phases d'impression était intégré dans l'ouvrage "Impressions Expressions" édité par la Poste début 2004 (voir paragraphe "Carnets et ouvrages de luxe" à la fin de la rubrique Carnets).

Tirage : 4 241 165.

2003. - *Eglise de Saint-Père (Yonne). Deux bandes de phosphore. Taille-douce. Dentelé 13½.*

3586	0,50 € multicolore	1 »	0 50

Tirage : 4 677 662.

2003. - *Championnats du monde d'Athlétisme Paris 2003 Saint-Denis. Deux bandes de phosphore. Héliogravure. Dentelé 13.*

Lancer du javelot, course, saut en hauteur.

3587	0,50 € multicolore	1 »	0 60

Tirage : 6 469 092.

2003. - *Les personnages célèbres. Personnages de la littérature française. Deux bandes de phosphore. Héliogravure. Dentelés 13.* BF *n° 60.*

Vidocq. — Esmeralda. — Claudine.

3588	0,50 € multicolore	1 »	0 60
3589	0,50 € multicolore	1 »	0 60
3590	0,50 € multicolore	1 »	0 60

Nana. — Le comte de Monte-Cristo. — Gavroche.

3591	0,50 € multicolore	1 »	0 60
3592	0,50 € multicolore	1 »	0 60
3593	0,50 € multicolore	1 »	0 60
	Nos 3588 à 3593 (6 val.)	6 »	3 60

Tirages : 7 073 460, 7 754 134, 7 595 431, 7 162 444, 7 352 176 et 7 604 516.

2003. - *Cinquantenaire de la naissance du Commandant afghan Ahmad Shah Massoud (1953-2001). Deux bandes de phosphore. Héliogravure. Dentelé 13.*

Portrait.

3594	0,50 € multicolore	1 »	0 50

Tirage : 4 363 193.

2003. - *Portraits de régions. La France à voir n° 2. Emis uniquement en feuillet. Deux bandes de phosphore. Héliogravure. Dentelés 13.* BF *n° 61.*

Le château de Chenonceau.

Maison alsacienne.

3595	0,50 € multicolore	1 20	0 60
3596	0,50 € multicolore	1 20	0 60

Toits de Bourgogne.

Tour génoise en Corse.

3597	0,50 € multicolore	1 20	0 60
3598	0,50 € multicolore	1 20	0 60

L'Arc de Triomphe.

Mas provençal.

3599	0,50 € multicolore	1 20	0 60
	a. Légende Phil@poste	2 »	1 50
3600	0,50 € multicolore	1 20	0 60

La pointe du Raz.

Le mont Blanc.

3601	0,50 € multicolore	1 20	0 60
3602	0,50 € multicolore	1 20	0 60

Maison basque.

Le pont du Gard.

3603	0,50 € multicolore	1 20	0 60
3604	0,50 € multicolore	1 20	0 60
	Nos 3595 à 3604 (10 val.)	12 »	6 »

Tirages :

2003. - *Série touristique. Arras (Pas-de-Calais). Deux bandes de phosphore. Taille-douce. Dentelé 13.*

Le beffroi et les maisons de la Grand'Place.

3605	0,50 € multicolore	1 »	0 60

Existe sans phosphore.

Tirage : 4 238 591.

2003. - *Jardins de France. Emis uniquement en feuillet. Héliogravure. Dentelés 13½ x 13.* BF *n° 62.*

Parc des Buttes-Chaumont (détail falaise avec le temple de la Sibylle).

Jardin du Luxembourg (détail avec le bâtiment du Sénat en fond).

3606	1,90 € multicolore	5 »	4 »
3607	1,90 € multicolore	5 »	4 »

Tirages :

2003. - *Série touristique. Pontarlier (Doubs). Deux bandes de phosphore. Dentelé 13½.*

La Porte Saint-Pierre.

3608	0,50 € multicolore	1 »	0 50

Tirage : 4 542 265.

2003. - *Série "Collection Jeunesse". Véhicules utilitaires et grande échelle. Emis uniquement en feuillet. Multicolores. Dentelés 13½ x 13.* BF *n° 63.*

3609	0,20 € *(Autocar)*	0 50	0 40
3610	0,20 € *(Tracteur)*	0 50	0 40

3611	0,20 € *(Camion de pompiers à échelle)*	0 50	0 40
3612	0,20 € *(Voiture postale)*	0 50	0 40

3613	0,20 € *(Autobus parisien)*	0 50	0 40
3614	0,30 € *(Véhicule de livraison)*	0 70	0 50

3615	0,30 € *(Camion de chantier)*	0 70	0 50
3616	0,30 € *(Véhicule de Police)*	0 70	0 50

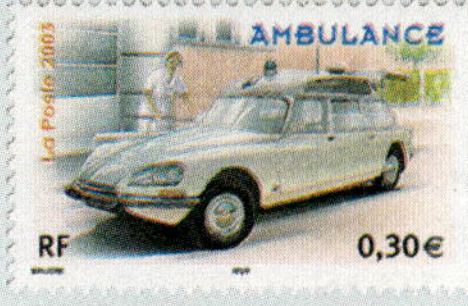

3617	0,30 € *(Ambulance)*	0 70	0 50
3618	0,30 € *(Véhicule de Premiers secours)*	0 70	0 50
	Nos 3609 à 3618 (10 val.)	6 »	4 50

Tirages :

2003. - *Centenaire de la Semeuse de Roty. Emis en carnet. Deux bandes de phosphore. Taille-douce. Auto-adhésif. Précoupé vertical en lignes ondulées.* C

3619	0,50 € rouge	2 50	2 »
P3619	La paire 3619+3419a	4 »	3 »

Tirages :

2003. - *Au profit de la Croix-Rouge. Fêtes de fin d'année. Timbre avec surtaxe de 0,16 €. Deux bandes de phosphore. Emis uniquement en carnet. Héliogravure. Dentelé 13½ x 13.* C

"La Vierge à la grappe", du peintre Pierre Mignard.

3620	0,50 €+0,16 € multicolore	2 »	1 »

Tirage : 719 493 carnets.

2003. - *"Meilleurs Voeux". Deux bandes de phosphore. Offset. Dentelé 13.* BF *n° 65.*

Rouge-gorge.

3621	0,50 € multicolore	1 »	0 50
	a. (Sans phosphore gomme brillante)	160 »	160 »

Le n° 3621a est issu du BF n° 65.

Tirage : 8 583 263.

2003. - *"Meilleurs Voeux". Type du T.-P. de même date. Deux bandes de phosphore. Emis en carnet. Auto-adhésif. Dentelé 11.* C

3622	0,50 € multicolore (3621)	1 50	0 60

Tirage : 3 292 833 carnets.

BC3622	La bande-carnet non pliée	15 »	12 »

2003. - *"Meilleurs Voeux". Deux bandes de phosphore. Héliogravure. Dentelé 13.*

3623 0,50 € multicolore 1 » 0 50

Tirage : 9 086 531.

2003. - *Capitales européennes. Luxembourg. Emis uniquement en feuillet. Héliogravure. Dentelés 13-13½.* BF *n° 64.*

Cathédrale Notre-Dame.

Citadelle Saint-Esprit.

3624 0,50 € multicolore 1 50 1 »
3625 0,50 € multicolore 1 50 1 »

Palais grand-ducal.

Pont Adolphe.

3626 0,50 € multicolore 1 50 1 »
3627 0,50 € multicolore 1 50 1 »
N°s 3624 à 3627 (4 val.) 6 » 4 »

Tirages : 1 676 518 blocs.

2003. - *Série artistique. Andy Warhol (1928-1987). Héliogravure. Dentelé 13½ x 13.*

"Marilyn", 1967, sérigraphie du peintre.

3628 1,11 € multicolore 2 50 1 25

Tirage : 3 765 206.

2003. - *Art. Emission commune avec l'Inde. Taille-douce. Dentelés 13½ x 13.*

Enluminure française du 15e s. extraite du livre des Heures à l'usage de Rome (coq).

Joaillerie indienne du 19e s. (paon).

3629 0,50 € multicolore 1 » 0 50
3630 0,90 € multicolore 2 » 1 50

Tirages : 9 373 550 et 3 775 169.

2003. - *Paquebot. Le "Queen Mary 2". Deux bandes de phosphore. Héliogravure. Dentelé 13½.*

3631 0,50 € multicolore 1 50 0 50

Tirage : 4 650 873.

2003
Du N° 3538 au N° 3631
(sauf bandes-carnets, paires et triptyques) =
94 timbres ****129** **⊙71**

Autres rubriques de l'année :

Poste aérienne 66
Blocs et feuillets 54 à 65
Préoblitérés 246 et 247
Service 126 à 129

2004. - *Saint-Valentin. Coeurs 2004 du couturier Karl Lagerfeld. Emis également en feuillet pour le n° 3632. Héliogravure. Dentelés.* BF *n° 66.*

Flacon de parfum Chanel n° 5 dans un coeur.

Le tailleur Chanel sur fond avec Tour Eiffel dans un coeur.

3632	0,50 € multicolore	1 50	0 50
3633	0,75 € multicolore	2 »	1 »

Tirages : 10 971 832 et 6 266 199.

2004. - *Saint-Valentin. Coeurs 2004 du couturier Karl Lagerfeld. Type des T.-P. de même date autoadhésifs.*

3632B	0,50 € multicolore	3 50	3 »
3633B	0,75 € multicolore	4 50	4 »

2004. - *Timbres pour naissances. "C'est une fille", "c'est un garçon". Emis en carnets. Offset. Deux bandes de phosphore. Autoadhésifs. Dentelés 11. © Anne Geddes.* C

Bébé-abeille (d'après photographie d'Anne Geddes, Australienne).

3634	0,50 € multicolore	1 50	0 60
BC3634	La bande-carnet non pliée	12 »	10 »

Tirage : 19 790 800 carnets.

Bébé-papillon (d'après photographie d'Anne Geddes, Australienne).

3635	0,50 € multicolore	1 50	0 60
BC3635	La bande-carnet non pliée	12 »	10 »

Tirage : 19 798 800 carnets.

2004. - *Timbres de messages. Héliogravure. Deux bandes de phosphore. Dentelés 13.*

"Ceci est une invitation" avec point des "i" perforé.

"Un grand merci" avec point du "i" perforé.

3636	0,50 € multicolore	1 »	0 50
3637	0,50 € multicolore	1 »	0 50

Tirages :

Tirages : 10 603 510 et 10 774 050.

2004. - *Lille, capitale européenne de la Culture en 2004. Héliogravure. Deux bandes de phosphore. Dentelé 13.*

Les Maisons Folies.

3638	0,50 € multicolore	1 10	0 50

Tirage : 4 574 788.

2004. - *Personnalité. Centenaire de la mort du sculpteur Auguste Bartholdi (1834-1904). Taille-douce. Dentelé 13½ x 13.*

Statue de la Liberté.

3639	0,90 € multicolore	2 »	1 20

Tirage : 3 451 016.

2004. - *Personnalité. 800e anniversaire de la mort de la reine Aliénor d'Aquitaine (v. 1122-1204). Taille-douce. Deux bandes de phosphore. Dentelé 13 x 13½.*

Portrait d'après un détail d'une miniature.

3640	0,50 € multicolore	1 »	0 50

Tirage :

2004. - *Fête du timbre. Héliogravure. Deux bandes de phosphore. Dentelé 13½. © Disney.* C

Mickey.

3641	0,50 € multicolore	1 »	0 50
	a. (Dentelé 13½ x 13 provenant de carnet)	1 »	0 50

Tirage : 11 550 390.

2004. - *Fête du timbre. Héliogravure. Type du T.-P. de même date pour le n° 3641a. Emis en carnet. Deux bandes de phosphore. Dentelés 13½ x 13. © Disney.* [C]

Donald.

Minnie.

3642	0,45 € multicolore	2 »	1 50
3643	0,75 € multicolore	1 50	1 »
T3641a	Le triptyque 3641a+3643+3642	5 »	4 »

Tirages :
La bande (format horizontal) destinée à la confection de carnets comprend 2 rangées composées chacune de 1 n° 3641a, 1 n° 3643, 1 n° 3642, 1 n° 3643, 1 n° 3641a.

BC3641a	La bande-carnet non pliée	14 »	12 »

Tirage : 1 115 043

2004. - *Bicentenaire du Code Civil. Deux bandes de phosphore. Taille-douce. Dentelé 13½ x 13.*

3644	0,50 € multicolore	1 »	0 50

Tirage :

2004. - *Personnalité. Bicentenaire de la naissance de l'écrivain George Sand (1804-1876). Deux bandes de phosphore. Taille-douce. Dentelé 13½ x 13*

Portrait, maison à Nohant.

3645	0,50 € multicolore	1 »	0 50
	a. (Violet omis)	» »	» »

Tirage :

2004. - *Portraits de régions. La France à vivre n° 3. Emis uniquement en feuillet. Héliogravure. Deux bandes de phosphore. Dentelés 13.* [BF] *n° 68.*

La coutellerie.

Le marché de Provence.

3646	0,50 € multicolore	1 20	0 60
3647	0,50 € multicolore	1 20	0 60

Les vignobles du Beaujolais.

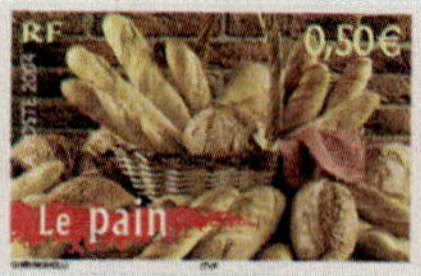

Le pain.

3648	0,50 € multicolore	1 20	0 60
3649	0,50 € multicolore	1 20	0 60

Coiffe madras.

Les huîtres.

3650	0,50 € multicolore	1 20	0 60
3651	0,50 € multicolore	1 20	0 60

La quiche lorraine.

La course landaise.

3652	0,50 € multicolore	1 20	0 60
3653	0,50 € multicolore	1 20	0 60

Le clafoutis.

Le bagad.

3654	0,50 € multicolore	1 20	0 60
3655	0,50 € multicolore	1 20	0 60
	Nos 3646 à 3655 (10 val.)	12 »	6 »

Tirages :

2004. - *Série touristique. Clermont-Ferrand (Puy-de-Dôme). Taille-douce. Deux bandes de phosphore. Dentelé 13½.*

Statue équestre de Vercingétorix (oeuvre de Bartholdi), cathédrale, le Puy-de-Dôme.

3656	0,50 € multicolore	1 »	0 50

Tirage :

2004. - *Centenaire de l'Entente cordiale. Emission commune avec la Grande-Bretagne. Héliogravure. Deux bandes de phosphore. Dentelés 13½.*

"Coccinelle", aquarelle du peintre Sonia Delaunay (1885-1979).

"Lace I (Trial Proof)", 1968, lithographie du peintre abstrait Terry Frost (1915-2003).

3657 0,50 € multicolore 1 » 0 50

a. (Valeur faciale et "RF" omises) 150 »

3658 0,75 € multicolore 1 50 1 »

La Grande-Bretagne a émis simultanément deux figurines sur ce sujet de 28 p. et 57 p. (nos 2546 et 2547).

Tirages : 5 528 574 et 4 301 470.

2004. - *Sécurité routière. Héliogravure. Deux bandes de phosphore. Dentelé 13½.*

Composition avec ceinture de sécurité.

3659 0,50 € multicolore 1 » 0 50

Tirage : 4 332 980.

2004. - *Série artistique. Jean-Léon Gérôme (1824-1904). Héliogravure. Dentelé 13 x 13½.*

"Un combat de coqs", détail tableau du peintre.

3660 1,11 € multicolore 2 50 1 25

Tirage : 2 874 643.

2004. - *Série touristique. Bordeaux (Gironde). Taille-douce. Deux bandes de phosphore. Dentelé 13.*

Tramway et pont.

3661 0,50 € multicolore 1 » 0 60

Tirage : 4 346 603.

2004. - *Série "Nature de France" (XIX). Animaux de la ferme. Héliogravure. Dentelés 13½.* BF *n° 69.*

Le lapin.

3662 0,45 € multicolore 0 90 0 50

La poule.

3663 0,50 € multicolore 1 » 0 50

La vache.

Le baudet.

3664 0,50 € multicolore 1 » 0 50

3665 0,75 € multicolore 1 50 1 »

Nos 3662 à 3665 (4 val.) 4 40 2 50

Tirages : 17 826 586, 10 374 965, 9 643 771 et 6 031 471.

2004. - *1er mai 2004, élargissement de l'Union Européenne. Héliogravure. Deux bandes de phosphore. Dentelé 13½.*

Carte avec drapeaux des pays membres, étoiles européennes.

3666 0,50 € multicolore 1 » 0 50

Tirage : 4 535 589.

2004. - *Cinquantenaire de la bataille de Diên Biên Phu (Vietnam). Hommage aux combattants. Héliogravure. Deux bandes de phosphore. Dentelé 13.*

Soldats, parachutage.

3667 0,50 € multicolore 1 » 0 50

Tirage : 4 253 796.

2004. - *Europa. Les vacances. Héliogravure. Deux bandes de phosphore. Dentelé 13 x 13½. Raoul Dufy © ADAGP, Paris 2004.*

Détail d'une œuvre originale du peintre Raoul Dufy (1877-1953).

3668 0,50 € multicolore 1 » 0 50

Tirage : 2 727 832.

2004. - *Bande dessinée. "Blake et Mortimer", du dessinateur Edgar-Pierre Jacobs (1904-1987). Emission commune avec la Belgique. Héliogravure. Deux bandes de phosphore. Dentelés 13½-13. © 2004 Blake & Mortimer.*

"La Marque Jaune".

Blake et Mortimer.

3669 0,50 € multicolore 1 » 0 50

3670 1,00 € multicolore 2 » 1 50

La Belgique a émis simultanément une figurine au même type (nº 3270), émis également en bloc dans un format différent.

Tirages : 8 064 682 et 2 476 546.

2004. - *Centenaire de la FIFA (Fédération Internationale de Football Association). Héliogravure. Deux bandes de phosphore. Dentelé 13. © 2004 FIFA TM.*

Logo.

3671 0,50 € multicolore 1 » 0 50

Tirage : 4 853 253.

2004. - *Europa. Les vacances. Type du T.-P. de 2004. Emis en carnet. Offset. Deux bandes de phosphore. Autoadhésif. Dentelé 11.*

3672 0,50 € multicolore (3668) 1 20 0 50

BC3672 La bande carnet, non pliée 12 » 10 »

Existe sans phosphore

Tirage : 2 654 485.

2004. - *Jardins de France. Emis uniquement en feuillet. Héliogravure. Dentelés 13½ x 13.* BF *nº 70.*

Le Jardin des Tuileries (perspective sur les bassins, l'Obélisque de la place de la Concorde et l'Arc de Triomphe).

Le Parc floral de Paris.

3673 1,90 € multicolore 5 » 4 »

3674 1,90 € multicolore 5 » 4 »

Tirage : 1 281 244 feuillets.

2004. - *60e anniversaire des Débarquements des troupes alliées et de la Libération. Héliogravure. Deux bandes de phosphore. Dentelé 13.*

3675	0,50 € multicolore	1 25	0 50

Tirage : 6 701 743.

2004. - *Série artistique. Salvador Dali (1904-1989). Dentelé 13½ x 13. © Salvador Dali, Fondation Gala-Salvador Dali/ADAGP Paris 2004.*

"Galatée aux sphères", tableau du peintre.

3676	1,11 € multicolore	2 50	1 25

Tirage : 3 917 266.

2004. - *Le don d'organes. Héliogravure. Deux bandes de phosphore. Dentelé 13½.*

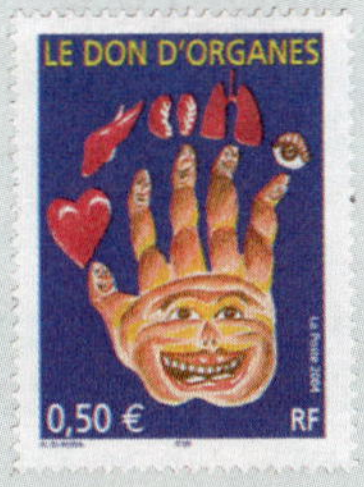

3677	0,50 € multicolore	1 »	0 50

Tirage : 4 021 371.

2004. - *400e anniversaire de la fondation de la colonie de l'île Sainte-Croix par Pierre Dugua de Mons. Emission commune avec le Canada. Taille-douce et offset. Deux bandes de phosphore. Dentelé 13.*

Portrait de l'explorateur et marchand de fourrures.

3678	0,90 € multicolore	2 »	1 20

Tirage : 2 375 201.
Le Canada a émis simultanément une figurine au même type (n° 2086).

2004. - *Personnages célèbres. Napoléon 1er et la garde impériale. Héliogravure. Deux bandes de phosphore. D. 13.* BF *n° 72.*

Chasseur à cheval.

Artilleur à pied.

3679	0,50 € multicolore	1 »	0 60
3680	0,50 € multicolore	1 »	0 60

Dragon.

Mameluk.

3681	0,50 € multicolore	1 »	0 60
3682	0,50 € multicolore	1 »	0 60

Napoléon 1er à cheval.

Grenadier à pied.

3683	0,50 € multicolore	1 »	0 60
3684	0,50 € multicolore	1 »	0 60
	N°s 3679 à 3684 (6 val.)	6 »	3 60

Tirages : 4 451 568, 4 432 015, 4 386 795, 4 365 708, 4 635 719 et 4 419 843.

2004. - *77e Congrès de la Fédération Française des Associations Philatéliques, à Paris. Taille-douce et offset. Deux bandes de phosphore. Dentelé 13½ x 13.*

Composition avec la Tour Eiffel.

3685 0,50 € multicolore — 1 » 0 50

Tirage : 4 976 627.

2004. - *Jeux olympiques d'été à Athènes (Grèce). Emis uniquement en feuillet. Héliogravure. Dentelés.* BF *n° 73.*

Kayak, tennis, saut d'obstacles.

3686 0,50 € multicolore 1 50 1 »

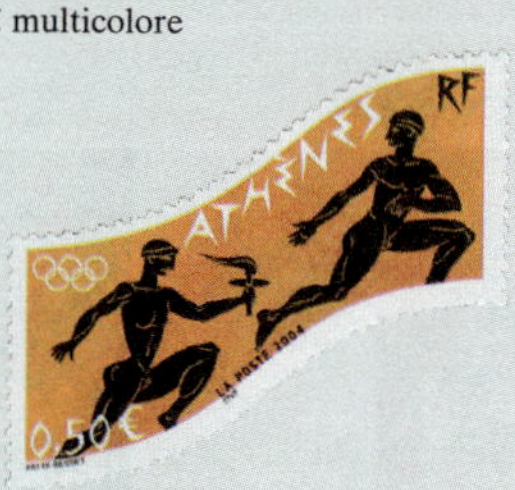

Athlète antique portant la flamme olympique et relayeur.

3687 0,50 € multicolore 1 50 1 »
P3686 La paire 3686+3687 3 » 2 20

Tirages :

2004. - *Timbre pour Anniversaires. Héliogravure. Dentelé 13.* BF *n° 75.*

Maître d'hôtel portant un énorme gâteau (Oeuvre originale du dessinateur humoriste Jean-Jacques Sempé).

3688 0,50 € multicolore 1 » 0 50

Tirage : 11 015 326.

2004. - *Fonds mondial de lutte contre le SIDA, la Tuberculose et le Paludisme. Timbre sur timbre. Sans valeur indiquée (Validité permanente). Taille-douce. Dentelé 13.*

Timbre n° 3417 de la Marianne du 14 Juillet sur timbre et composition avec le logo de l'Organisme.

3689 (sans val.) rouge 1 » 0 50

Tirage : 4 738 890.

2004. - *Série artistique. Vincent Van Gogh (1853-1890). Héliogravure. Dentelé 13 x 13½. Vincent Van Gogh d'après photo © AKG/E. Lessing.*

"La méridienne" d'après Millet, tableau du peintre.

3690 0,75 € multicolore 2 » 1 »

Tirage : 4 744 942.

2004. - *Série "Collection Jeunesse". Les sports de glisse. Héliogravure. Emis uniquement en feuillet. Dentelés 13½ x 13.* BF *n° 76.*

Skateboard. Parachutisme.

3691 0,20 € multicolore 0 50 0 40
3692 0,20 € multicolore 0 50 0 40

Planche à voile. Surf.

3693	0,20 € multicolore	0 50	0 40
3694	0,20 € multicolore	0 50	0 40

Luge. Bicross.

3695	0,20 € multicolore	0 50	0 40
3696	0,30 € multicolore	0 70	0 50

Parapente. Jet-ski.

3697	0,30 € multicolore	0 70	0 50
3698	0,30 € multicolore	0 70	0 50

Snowboard. Roller.

3699	0,30 € multicolore	0 70	0 50
3700	0,30 € multicolore	0 70	0 50
	Nos 3691 à 3700 (10 val.)	6 »	4 50

Tirages :

2004. - *Série touristique. Vaux-sur-Mer (Charente-Maritime). Taille-douce. Deux bandes de phosphore. Dentelé 13½.*

Eglise Saint-Etienne du 12e s.

3701	0,50 € multicolore	1 »	0 50
	a. (bleu clair omis)	» »	

Existe sans phosphore.

Tirage : 4 629 351.

2004. - *Portraits de régions. La France à voir n°4. Emis uniquement en feuillet. Héliogravure. Deux bandes de phosphore. Dentelés 13.* BF *n° 77.*

Maison normande. Le château de Chambord.

3702	0,50 € multicolore	1 20	0 60
3703	0,50 € multicolore	1 20	0 60

Les gorges du Tarn. Notre-Dame de Paris.

3704	0,50 € multicolore	1 20	0 60
3705	0,50 € multicolore	1 20	0 60

Moulin du Nord. Maison troglodytique.

3706	0,50 € multicolore	1 20	0 60
3707	0,50 € multicolore	1 20	0 60

Les calanques de Cassis. Le phare du Cap-Ferret.

3708	0,50 € multicolore	1 20	0 60
3709	0,50 € multicolore	1 20	0 60

Château cathare. Chalet des Alpes.

3710	0,50 € multicolore	1 20	0 60
3711	0,50 € multicolore	1 20	0 60
	Nos 3702 à 3711 (10 val.)	12 »	6 »

Tirages :

2004. - *Cathédrale de Luçon (Vendée). Taille-douce. Deux bandes de phosphore. Dentelé 13 x 13½.*

Edifice et portrait du cardinal de Richelieu.

3712	0,50 € multicolore	1 »	0 50
	a. (Rose omis)	750 »	

Tirage : 4 657 647.

2004. - *Halloween. Offset. Deux bandes de phosphore. Encres phosphorescentes. Zones recouvertes de vernis. Dentelé 13.*

Composition avec citrouille, sorcière, araignée.

3713	0,50 € multicolore	1 »	0 50

Tirage : 2 651 315.

2004. - *Personnalité. 60 ans de la mort de Félix Eboué (1884-1944). Héliogravure. Deux bandes de phosphore. Dentelé 13.*

Portrait de l'administrateur des colonies
et portrait du Général de Gaulle.

3714	0,50 € multicolore	1 »	0 50

Tirage : 2 724 341.

2004. - *Le phare d'Ouistreham. Deux bandes de phosphore. Héliogravure. Dentelé 13½.*

3715	0,50 € multicolore	1 »	0 50

Tirage : 4 648 582.

2004. - *60ᵉ anniversaire de la Marianne d'Alger. Emis en carnet. Deux bandes de phosphore. Taille-douce. Autoadhésif. Précoupé vertical en lignes ondulées.* [C]

3716	0,50 € rouge	2 50	1 50
P3716	La paire 3716+3419	4 »	3 »

Tirage :

2004. - *Au profit de la Croix-Rouge. Fêtes de fin d'année. Timbre avec surtaxe de 0,16 €. Emis en carnet. Deux bandes de phosphore. Héliogravure. Dentelé 13½ x 13.* [C]

"Vierge à l'Enfant", icône
de l'Ecole crétoise (fin
XVᵉ siècle).

3717	0,50 € multicolore	2 »	1 »

Tirage : 709 627 carnets.

2004. - *Capitales européennes. Athènes. Emis uniquement en feuillet. Héliogravure. Dentelés 13-13½.* [BF] *n° 78.*

L'Académie.

Le Parthénon.

3718	0,50 € multicolore	1 25	1 »
3719	0,50 € multicolore	1 25	1 »

L'Odéon d'Hérode Atticus.

L'Eglise des Saints-Apôtres.

3720	0,50 € multicolore	1 25	1 »
3721	0,50 € multicolore	1 25	1 »
	Nᵒˢ 3718 à 3721 (4 val.)	5 »	4 »

Tirages :

2004. - *"Meilleurs Voeux". Emis en carnet. Deux bandes de phosphore. Offset. Autoadhésifs. Dentelés 11.* BF *n° 79 et bloc souvenir n° 3.* C

Etoiles personnages avec chapeaux.

Etoiles, oiseau et sapins stylisés.

3722 0,50 € multicolore 1 50 0 90
3723 0,50 € multicolore 1 50 0 90

Etoile personnage tenant une fleur.

Guirlande avec sujets décoratifs.

3724 0,50 € multicolore 1 50 0 90
a. (Papier gommé sans bande de phosphore) 18 » 18 »
3725 0,50 € multicolore 1 50 0 90

Etoiles personnages.

3726 0,50 € multicolore 1 50 0 90
N°s 3722 à 3726 (5 val.) 7 50 4 50
BC3722 La bande-carnet non pliée 15 » 12 »
Tirage : 2 722 019 carnets.
Le n° 3727 a été supprimé, il porte le n° 3724a (papier gommé). Issu du bloc souvenir n° 3.

2004. - *"Meilleurs Voeux" (Pour entreprises). Deux bandes de phosphore. Héliogravure. Dentelé 13.*

Composition avec étoile.

3728 0,50 € multicolore 1 25 0 50
Tirage : 4 725 732.

2004. - *Personnalité. Centenaire de la mort d'Henri Wallon (1812-1904), historien et homme politique. Deux bandes de phosphore. Héliogravure. Dentelé 13.*

Portrait.

3729 0,50 € multicolore 1 » 0 50
Tirage : 3 874 898.

2004. - *Inauguration du viaduc de Millau. Deux bandes de phosphore. Héliogravure. Dentelé 13 x 13¼.*

Vue de l'ouvrage.

3730 0,50 € multicolore 2 » 1 »
Tirage : 3 791 081.

2004
Du N° 3632 au N° 3730
(sauf bandes-carnets, paires et triptyques) =
100 timbres **135 ⊙80
Autres rubriques de l'année :
Poste aérienne 67
Blocs et feuillets 66 à 79
Préoblitéré 248

2005-06 - *Type Marianne de Lamouche. Sans valeur indiquée (validité permanente) pour les n°s 3733 (Ecopli 20 g) et 3734 (Lettre 20 g). Une bande de phosphore à droite pour les n°s 3731 à 3733, 3735 et 3736, deux bandes de phosphore pour les n°s 3734, 3737 à 3741. Taille-douce numérique. Existe en impression fine. Dentelés 13.*

Marianne et l'environnement.

3731 0,01 € jaune 0 20 0 15
a. (Légende ITVF, gravure assistée par ordinateur) 0 20 0 15
b. (Légende Phil@poste, gravure assistée par ordinateur) 0 15 0 15
3732 0,10 € violet-rouge 0 30 0 15
a. (Légende ITVF, gravure assistée par ordinateur) 0 50 0 20
3733 (sans val.) vert 1 » 0 15
a. (Légende ITVF, gravure assistée par ordinateur) 1 » 0 15
b. (Légende Phil@poste, gravure assistée par ordinateur) 0 90 0 15
3734 (sans val.) rouge 1 20 0 15
a. (Légende ITVF, gravure assistée par ordinateur) 1 20 0 15
b. (Légende Phil@poste, gravure assistée par ordinateur) 1 » 0 15
3735 0,58 € jaune-olive 1 50 0 85
3736 0,70 € vert-olive 2 » 1 »
3737 0,75 € bleu ciel 1 50 0 75
3738 0,90 € bleu foncé 2 » 1 50
3739 1,00 € orange 3 » 1 »
a. (Légende ITVF, gravure assistée par ordinateur) 3 » 1 »
b. (Légende Phil@poste, gravure assistée par ordinateur) 2 » 0 30
3740 1,11 € lilas 3 50 2 »
3741 1,90 € brun-prune 3 80 1 80
N°s 3731 à 3741 (11 val.) 20 » 9 50
Tirages :
Le timbre n° 3736 a été réimprimé en 2006 avec la légende Phil@poste (en gravure assistée par ordinateur) (n° 3967).
Les n°s 3731 à 3734, 3739 et 3741 existent sans phosphore légende ITVF.
Les timbres avec signature philaposte à la place d'ITVF sont parus fin 2006.

Taille-douce numérique (ou gravure électromécanique - GEM) : flou et couleur plus foncée. Gravure assistée par ordinateur (GAO) : net, couleur plus claire.

2005-06 - *Type Marianne de Lamouche. Sans valeur indiquée (validité permanente) pour le nº 3742 (Ecopli 20 g) et 3743 (Lettre 20 g). Une bande de phosphore à droite pour le nº 3742 et deux bandes de phosphore pour le nº 3743. Provenant de roulette. Nº noir au verso. Taille-douce numérique. Dentelés 13 horizontalement.*

3742	(sans val.) vert (3733)	1 50	0 45
3743	(sans val.) rouge (3734)	1 75	0 50
	a. (Légende Phil@poste, gravure assitée par ordinateur)	1 25	0 50

Tirages :

Taille-douce numérique (ou gravure électromécanique - GEM) : flou et couleur plus foncée. Gravure assistée par ordinateur (GAO) : net, couleur plus claire.

Provenant de carnet. Deux bandes de phosphore. Taille-douce. Autoadhésif. Précoupé vertical en lignes ondulées. [C]

Type I, gravure mécanique, noms plus fins du dessinateur, de l'imprimeur et du graveur (boucle du J remontant plus haut).

Type II, gravure numérique.

3744	(sans val.) rouge (3734) (Type II, gravure numérique)	1 »	0 15
	a. (Type I transfert mécanique du poinçon)	2 »	1 »
	b. (Légende Phil@poste au lieu d'ITVF)	1 »	0 30

Le timbre nº 3744a a été émis, en 2005, en carnet "60ᵉ anniversaire de la Marianne de Dulac".

Le timbre nº 3744b est émis en carnets (à partir de 2006) (gravure numérique).

2005. - *Solidarité Asie. Croix-Rouge Française. Timbre avec surtaxe au profit des sinistrés du tsunami. Timbre sur timbre. Timbre sans valeur indiquée (Validité permanente). Taille-douce. Deux bandes de phosphore. Dentelé 13.*

Timbre nº 3734 de la Marianne de Lamouche sur timbre, logo de la Croix-Rouge Française et mention "Solidarité Asie - 0,20 € de don".

3745	(sans val.)+0,20 € rouge	1 40	1 »

Tirage : 5 224 756.

2005. - *Personnalité. Rachi (1040-1105), rabbin, commentateur de la Bible et du Talmud. Deux bandes de phosphore. Taille-douce. Dentelé 13¼.*

Portrait.

3746	0,50 € multicolore	1 »	0 50

Tirage : 3 532 561.

2005. - *Saint-Valentin. Coeurs 2005 du couturier Cacharel. Héliogravure. Dentelés.* [BF] *nº 80.*

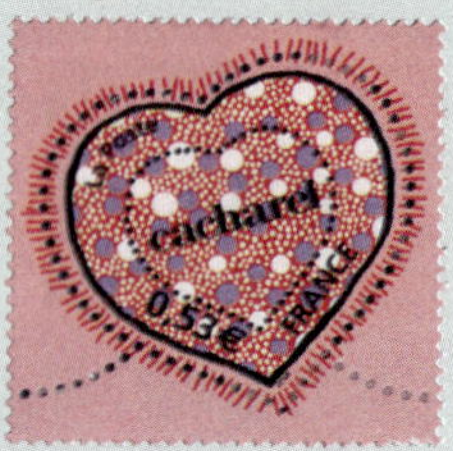

Coeur en tissu Liberty.

Coeur au motif d'un cacharel, oiseau de Camargue.

3747	0,53 € multicolore	1 50	0 75
3748	0,82 € multicolore	2 50	1 75
	a. sans poste	150 »	100 »

Tirages :

2005. - *Saint-Valentin. Coeurs 2005 du couturier Cacharel. Types des T.-P. de même date. Autoathésifs.*

3747B	0,53 € multicolore	3 »	2 »
3748B	0,82 € multicolore	4 »	3 »
NOUVEAU	a. sans poste	50 »	30 »

2005. - *Année lunaire chinoise du coq. Sans valeur indiquée (Lettre 20 g). Héliogravure. Papier gaufré. Dentelé 13½ x 13.*

Coq stylisé.

3749	(sans val.) multicolore	1 20	0 50

Tirage :

Emis en petite feuille composée de 10 timbres nº 3749 avec marge centrale illustrée par des idéogrammes et des dessins des animaux du zodiaque chinois.

F3749	La feuille	12 »	

2005-06 - *Centenaire du Rotary Club International. Deux bandes de phosphore. Héliogravure. Dentelé 13¼.*

Emblème sur carte de France.

3750	0,53 € multicolore	1 25	0 50

Tirage : 3 878 515.

3750A	0,53 € multicolore (Emis en 2006 en autoadhésif, deux bandes de phosphore, dentelé 11)	3 »	1 50

2005. - *Fête du Timbre. Bande dessinée. Titeuf, du dessinateur Zep. Sans valeur indiquée (validité permanente) (Lettre 20 g). Deux bandes de phosphore. Héliogravure. Dentelé 13¼. Titeuf par Zep © France Animation/Editions Glénat/France 3/Canal J/Smec.*

Le personnage.

3751	(sans val.) multicolore	1 10	0 50
	a. (Dentelé 13¼ x 13 provenant de carnet)	1 10	0 50

Tirage : 10 820 388.

2005. - *Fête du Timbre. Bande dessinée. Titeuf, du dessinateur Zep. Sans valeur indiquée (validité permanente) (Ecopli 20 g pour le n° 3752) (Monde 20 g pour le n° 3753). Type du T.-P. de même date pour le n° 3751a. Emis en carnet. Deux bandes de phosphore. Héliogravure. Dentelés 13¼ x 13. Titeuf par Zep © France Animation/Editions Glénat/France 3/Canal J/Smec.* [C]

Manu.

Nadia.

3752	(sans val.) multicolore	2 »	1 50
3753	(sans val.) multicolore	1 80	0 90
T3751a	Le triptyque 3753+3751a+3752	5 »	4 »

Tirages :

La bande (format horizontal) destinée à la confection de carnets comprend 2 rangées composées chacune de 1 n° 3752, 1 n° 3751a, 1 n° 3753, 1 n° 3751a et 1 n° 3752.

BC3751a	La bande-carnet non pliée	15 »	14 »

Tirage :

2005. - *Type Marianne de Lamouche. Une bande de phosphore à droite pour les n°s 3754 et 3756, deux bandes de phosphore pour les n°s 3755 et 3757 à 3759. Taille-douce numérique. Dentelés 13.*

3754	0,05 € bistre-noir (ITVF)	0 20	0 15
	a. (Légende ITVF, gravure assistée par ordinateur)	0 20	0 15
	b. (Légende Phil@poste, gravure assistée par ordinateur)	0 15	0 15
3755	0,55 € bleu	1 50	0 50
3756	0,64 € vert-olive	1 50	0 60
	a. (Légende ITVF, gravure assistée par ordinateur)	1 50	0 60
3757	0,82 € lilas-brun clair	2 »	0 75
	a. (Légende ITVF, gravure assistée par ordinateur)	2 »	0 75
3758	1,22 € lilas	3 »	1 25
3759	1,98 € brun-prune	4 80	1 75
	a. (Légende ITVF, gravure assistée par ordinateur)	4 80	1 75
	N°s 3754 à 3759 (6 val.)	13 »	5 »

Les n°s 3754, 3756, 3759 existent sans phosphore.

Taille-douce numérique (ou gravure électromécanique - GEM) : flou et couleur plus foncée. Gravure assistée par ordinateur (GAO) : net, couleur plus claire.

Tirages :

2005. - *Timbres de messages. Sans valeur indiquée (validité permanente) (Lettre 20 g). Héliogravure. Deux bandes de phosphore. Dentelés 13.*

"ceci est une invitation" avec point des "i" perforé.

"un grand merci".

3760	(sans val.) multicolore	1 10	0 50
3761	(sans val.) multicolore	1 10	0 50

Tirages :

2005. - *Série artistique. Nicolas de Staël (1914-1955). Héliogravure. Dentelé 13 x 13¼.*

"Sicile", tableau du peintre.

3762	1,22 € multicolore	2 40	1 20

Tirage : 3 917 622.

2005. - *Série "Nature" (XX). Flore. Fleurs. Orchidées. Héliogravure. Dentelés 13¼.* [BF] *n° 81.*

Orchidée "Mabel Sanders".

Sabot de Vénus.

3763	0,53 € multicolore	1 10	0 50
3764	0,53 € multicolore	1 10	0 50

Orchidée papillon.

Orchidée d'Aphrodite.

3765	0,55 € multicolore	1 10	0 50
3766	0,82 € multicolore	1 70	1 »
	Nos 3763 à 3766 (4 val.)	5 »	2 50

Tirages :

2005. - *Portraits de régions. La France à vivre n° 5. Emis uniquement en feuillet. Héliogravure. Deux bandes de phosphore. Dentelés 13.* BF *n° 82.*

Les joutes nautiques.

L'horlogerie comtoise.

3767	0,53 € multicolore	1 20	0 60
3768	0,53 € multicolore	1 20	0 60

Le cantal.

Les guinguettes.

3769	0,53 € multicolore	1 20	0 60
3770	0,53 € multicolore	1 20	0 60

La bouillabaisse.

Le P'tit Quinquin (sculpture).

3771	0,53 € multicolore	1 20	0 60
3772	0,53 € multicolore	1 20	0 60

Les rillettes.

La choucroute.

3773	0,53 € multicolore	1 20	0 60
3774	0,53 € multicolore	1 20	0 60

La pelote basque.

La canne à sucre.

3775	0,53 € multicolore	1 20	0 60
3776	0,53 € multicolore	1 20	0 60
	Nos 3767 à 3776 (10 val.)	12 »	6 »

Tirages :

2005. - *Série touristique. Aix-en-Provence. Deux bandes de phosphore. Taille-douce. Dentelé 13¼.*

Fontaine des Quatre-Dauphins et montagne Sainte-Victoire.

3777	0,53 € multicolore	1 10	0 50

Tirage : 3 871 629.

2005. - *Timbre pour Anniversaires. Bande dessinée. Centenaire de Bécassine, du dessinateur Joseph Porphyre Pinchon. Sans valeur indiquée (validité permanente) (Lettre 20 g). Deux bandes de phosphore. Héliogravure. Dentelé 13¼. Caumery - Pinchon © Hachette Livre/GL 2005.* BF *n° 83.*

Bécassine portant un gâteau d'anniversaire.

3778	(sans val.) multicolore	1 10	0 50

Tirage :

2005. - *Personnalité. Cinquantenaire de la mort d'Albert Einstein (1879-1955), physicien. Deux bandes de phosphore. Héliogravure. Dentelé 13¼.*

Portrait du Prix Nobel de physique en 1921, formule E=mc2.

3779 0,53 € multicolore 1 10 0 50
Tirage : 3 426 790.

2005. - *Personnalité. Alexis de Tocqueville (1805-1859), historien et homme politique. Deux bandes de phosphore. Taille-douce. Dentelé 13 x 13¼.*

Portrait.

3780 0,90 € multicolore 1 80 1 40
Tirage : 2 874 569.

2005. - *60e anniversaire de la Libération des camps. Deux bandes de phosphore. Héliogravure. Dentelé 13¼.*

Soldats américain et soviétique libérant un déporté (dessin de Plantu).

3781 0,53 € multicolore 1 10 0 50
Tirage : 3 367 230.

2005. - *Bicentenaire de la bataille d'Austerlitz. Emission commune avec la République tchèque. Deux bandes de phosphore. Taille-douce et offset. Dentelé 13¼.*

L'empereur Napoléon 1er, monument de la Paix à Austerlitz, soleil.

3782 0,55 € multicolore 1 10 0 80
Tirage : 3 056 009.

Le République Tchèque a émis une figurine au même type de 19 K (n° 399).

2005. - *Série touristique. Golfe du Morbihan. Deux bandes de phosphore. Héliogravure. Dentelé 13.*

Paysage avec voiliers, sinagot, maisons sur une île.

3783 0,53 € multicolore 1 10 0 60
Tirage : 3 779 242.

2005. - *Europa. La gastronomie. Deux bandes de phosphore. Héliogravure. Dentelé 13½ x 13¼.*

Chef cuisinier présentant des plats dont un avec homard.

3784 0,53 € multicolore 1 10 0 50
Tirage : 3 510 784.

2005. - *78e Congrès de la Fédération française des associations philatéliques, à Nancy. Deux bandes de phosphore. Taille-douce. Dentelé 13.*

La place Stanislas avec la statue de Stanislas 1er Leszczynski, duc de Lorraine, et ses édifices du XVIIIe siècle réalisés par l'architecte Emmanuel Héré de Corny.

3785 0,53 € multicolore 1 10 0 60
a. (Légende Phil@poste (au lieu d'ITVF), sans vignette attenante) 8 » 8 »

Le n° 3785a est issu du bloc souvenir n° 14.
Imprimé attenant horizontalement à une vignette sans valeur.
Tirage : 3 310 300.

2005. - *Jardins de France. Emis uniquement en feuillet. Héliogravure. Dentelés 13½ x 13.* BF *n° 84.*

Jardin de la Fontaine à Nîmes ("La nymphe de la source" (1746), sculpture de Dominique Raché).

Jardin de la fontaine à Nîmes (sculpture du bassin du Nymphée).

3786 1,98 € multicolore 5 » 4 »
a. (Légende Phil@poste (au lieu d'ITVF), couleur des arbres dans les tons violets) 5 » 4 »

3787 1,98 € multicolore 5 » 4 »
a. (Légende Phil@poste (au lieu d'ITVF), couleur des arbres dans les tons violets) 5 » 4 »
Les timbres n°s 3786a et 3787a sont issus du BF n° 99.

Tirages :

2005. - *Timbre pour vacances. Sans valeur indiquée (validité permanente) (Lettre de 20 g). Emis en carnet. Deux bandes de phosphore. Offset. Autoadhésif. Dentelés 11.* C

Cabines de plage.

3788 (sans val.) multicolore 1 25 0 50
Tirage :
BC3788 La bande-carnet non pliée 12 » 10 »

2005. - *Personnages célèbres. Héros de romans de l'écrivain Jules Verne (1828-1905). Deux bandes de phosphore. Héliogravure. Dentelés 13.* BF *n° 85.*

"Cinq semaines en ballon" (1863) (montgolfière et éléphant).

"De la Terre à la Lune" (1865) (fusée).

3789 0,53 € multicolore 1 25 0 60
3790 0,53 € multicolore 1 25 0 60

"Voyage au centre de la Terre" (1864) (faune préhistorique, radeau).

"Michel Strogoff" (1876) (scène avec le héros, courrier du tsar, à cheval).

3791 0,53 € multicolore 1 25 0 60
3792 0,53 € multicolore 1 25 0 60

"Le Tour du monde en 80 jours" (1873) (locomotive, bisons).

"Vingt mille lieues sous les mers" (1870) (combat contre une pieuvre géante).

3793 0,53 € multicolore 1 25 0 60
3794 0,53 € multicolore 1 25 0 60
N°s 3789 à 3794 (6 val.) 7 50 3 60

Chacun de ces timbres figure sur une page gommée intégrée dans l'ouvrage "Jules Verne, aventures et légendes". Voir paragraphe Carnets et ouvrages de luxe à la fin de la rubrique carnets.
Tirages :

2005. - *Sport automobile. Coupe Gordon Bennett. Emis uniquement en feuillet. Héliogravure. Dentelés.* BF *n°s 86 et 87.*

Coupe Gordon Bennett (voiture de course Richard Brasier vainqueur en 1905).

3795 0,53 € multicolore 2 50 1 50

Coupe Gordon Bennett (voiture de course Richard Brasier vainqueur en 1905, représentée sur partie de route protégée par une palissade).

3796 0,53 € multicolore 2 50 1 50

Voiture de course d'endurance.

3797 0,53 € multicolore 1 25 0 75

Voiture de rallye.

3798 0,53 € multicolore 1 25 0 75

Voiture de rallye-raid.

Voiture de Formule 1.

3799 0,53 € multicolore 1 25 0 75
3800 0,53 € multicolore 1 25 0 75
N°s 3795 à 3800 (6 val.) 10 » 6 »
Tirages :

2005. - *Charte de l'environnement. Héliogravure sur papier recyclé alga carta naturale verde. Deux bandes de phosphore. Dentelé 13.*

Mains d'adulte tenant un parchemin sur lequel des mains d'enfant sont posées sur l'image d'un paysage verdoyant avec cascade, rivière et hirondelle rousseline.

3801 0,53 € multicolore 1 10 0 60

Tirage : 4 196 862.

2005. - *Série touristique. Villefranche-sur-Mer (Alpes-Maritimes). Héliogravure. Dentelé 13¼.*

Vue de la rade.

3802 0,53 € multicolore 1 10 0 50

Tirage : 3 664 990.

2005. - *30e anniversaire de la Loi pour les personnes handicapées. Héliogravure. Deux bandes de phosphore. Dentelé 13¼.*

Composition symbolique.

3803 0,53 € multicolore 1 10 0 50

Tirage : 3 486 934.

2005. - *Timbres de naissances. "C'est une fille", "C'est un garçon". Sans valeur indiquée (validité permanente) (Lettre 20 g). Emis en carnets. Offset. Deux bandes de phosphore. Autoadhésifs. Dentelés 11. © 2005 Anne Geddes.* ⓒ

"C'est un fille" (nouveau-né sur une pivoine) (d'après photographie d'Anne Geddes, Australienne).

"C'est un garçon" (nouveau-né sur un lotus) (d'après photographie d'Anne Geddes, Australienne).

3804 (sans val.) multicolore 1 25 0 50
BC3804 La bande-carnet non pliée 12 » 8 »
3805 (sans val.) multicolore 1 25 0 50
BC3805 La bande-carnet non pliée 12 » 8 »

Tirages :

2005. - *Série artistique. François Pompon (1855-1933), sculpteur. Héliogravure. Dentelé 13 x 13¼. RMN - A. Morin/ADAGP, Paris 2005.*

"L'Ours blanc", sculpture de 1929.

3806 0,90 € multicolore 1 80 1 40

Tirage : 2 989 630.

2005. - *Type Marianne de Lamouche. Type du T.-P. de 2005. Provenant de roulette. Taille-douce. Deux bandes de phosphore. N° noir au verso de 1 à 500. Dentelé 13 horizontalement.*

3807 0,55 € bleu (3755) 2 » 1 »

Tirage :

2005. - *Le Haras du Pin. Héliogravure. Deux bandes de phosphore. Dentelé 13 x 13¼.*

Entrée du haras, tête de cheval.

3808 0,53 € multicolore 1 10 0 50

Tirage : 3 829 914.

2005. - *Série touristique. La Roque-Gageac (Dordogne). Taille-douce. Deux bandes de phosphore. Dentelé 13¼.*

Maisons au pied de la falaise.

3809 0,53 € multicolore 1 10 0 50

Tirage : 3 686 685.

2005. - *Capitales européennes. Berlin. Emis uniquement en feuillet. Héliogravure. Dentelés 13½ x 13¾.* BF *n° 88.*

La Porte de Brandebourg.

L'église du Souvenir.

3810	0,53 € multicolore	1 25	1 »
3811	0,53 € multicolore	1 25	1 »

La Philharmonie.

Le Reichstag.

3812	0,53 € multicolore	1 25	1 »
3813	0,53 € multicolore	1 25	1 »
	Nos 3810 à 3813 (4 val.)	5 »	4 »

Tirages :

2005. - *Portraits de régions. La France à voir n° 6. Emis uniquement en feuillet. Héliogravure. Deux bandes de phosphore. Dentelés 13.* BF *n° 89.*

Le Lac d'Annecy.

Les falaises d'Etretat.

3814	0,53 € multicolore	1 20	0 60
3815	0,53 € multicolore	1 20	0 60

Pigeonnier.

Lavoir.

3816	0,53 € multicolore	1 20	0 60
3817	0,53 € multicolore	1 20	0 60

Quais de Seine.

Les mégalithes de Carnac.

3818	0,53 € multicolore	1 20	0 60
3819	0,53 € multicolore	1 20	0 60

Maison solognote.

La dune du Pilat.

3820	0,53 € multicolore	1 20	0 60
3821	0,53 € multicolore	1 20	0 60

Le phare du Stiff.

Borie.

3822	0,53 € multicolore	1 20	0 60
3823	0,53 € multicolore	1 20	0 60
	Nos 3814 à 3823 (10 val.)	12 »	6 »

Tirages :

2005. - *Personnalité. Victor Baltard (1805-1874), architecte en chef de la Ville de Paris. Taille-douce. Deux bandes de phosphore. Dentelé 13 x 13¼.*

Le Pavillon Baltard n° 8, remonté à Nogent-sur-Marne en 1976.

3824	1,22 € multicolore	2 50	1 20

Tirage :

2005. - *"Sourires" avec le Chat du dessinateur et humoriste Philippe Geluck. Créations originales du dessinateur. Emis en carnet. Sans valeur indiquée (validité permanente) (Lettre 20 g). Offset. Deux bandes de phosphore. Autoadhésifs. Dentelés 11.* [C]

"L'envers d'un timbre autocollant est un excellent attrape-mouche".

"Une seule lettre vous manque" "et tout est épeuplé".

3825	(sans val.) multicolore	1 30	0 60
3826	(sans val.) multicolore	1 30	0 60

"Envoyer une lettre" "est un jeu d'adresse".

"J'écris" "donc tu lis".

3827	(sans val.) multicolore	1 30	0 60
3828	(sans val.) multicolore	1 30	0 60

"Vous avez un joli timbre" "J 'aime votre enveloppe".

"Homme de lettres vu de dos".

3829	(sans val.) multicolore	1 30	0 60
3830	(sans val.) multicolore	1 30	0 60

"Ecrire ou ne pas écrire" "Lettre ou le néant ?".

"C'est l'histoire d'un timbre" "qui colle une enveloppe pour l'emmener en boîte".

3831	(sans val.) multicolore	1 30	0 60
3832	(sans val.) multicolore	1 30	0 60

"Le mot enveloppe" "contient neuf lettres".

"Entre nous" "ça colle".

3833	(sans val.) multicolore	1 30	0 60
3834	(sans val.) multicolore	1 30	0 60
	Nos 3825 à 3834 (10 val.)	13 »	6 »

Tirages :

BC3825 La bande-carnet non pliée 13 »

2005. - *Série artistique. Jean-Baptiste Greuze (1725-1805). Héliogravure. Dentelé 13¼ x 13.*

"Le guitariste", détail du tableau du peintre.

3835	0,82 € multicolore	2 »	1 »

Tirage : 3 507 064.

2005. - *Dépistage du cancer du sein. Héliogravure. Deux bandes de phosphore. Dentelé 13¼.*

3836	0,53 € multicolore	1 10	0 50

Tirage :

2005. - *Personnalité. Raymond Aron (1905-1983), philosophe et sociologue. Taille-douce. Deux bandes de phosphore. Dentelé 13¼.*

Portrait.

3837	0,53 € bleu et noir	1 10	0 50

Tirage : 3 246 281.

2005. - *Art. "L'Annonciation", oeuvre du peintre italien Raphaël (1483-1520). Emission commune avec le Vatican. Emis uniquement en feuillet. Taille-douce et offset. Dentelés 13 x 13½.* BF *n° 90.*

Sujets : Détails de "L'Annonciation", panneau de la prédelle du retable du "Couronnement de la Vierge" (v. 1502-1504) peint pour la chapelle Oddi de l'église Saint-François du Prato de Pérouse (Pinacothèque du Vatican). 3838, dessin préparatoire de l'ange Gabriel (Musée du Louvre) et peinture de la Vierge Marie ; 3839, peinture de l'ange Gabriel et dessin de préparatoire de la Vierge Marie (Musée du Louvre).

3838	0,53 € multicolore	1 20	0 80
3839	0,55 € multicolore	1 30	1 »

Tirages :

2005. - *Au profit de la Croix-Rouge. Fêtes de fin d'année. Timbre avec surtaxe de 0,17 €. Emis uniquement en carnet. Deux bandes de phosphore. Héliogravure. Dentelé 13½ x 13.* C

Détail du diptyque "Vierge à l'Enfant et Martin Van Nieuwenhoven" (1487), du peintre flamand Hans Memling (v. 1433-1494).

3840	0,53 € multicolore	2 »	0 80

Tirage :

2005. - *60e anniversaire de la Marianne de Dulac. Emis en carnet. Deux bandes de phosphore. Taille-douce. Autoadhésif. Précoupé vertical en lignes ondulées.* C

3841	0,53 € rouge	2 »	1 50
P3841	La paire 3841+3744a	3 »	2 »

Tirages :

2005. - *Série "Collection jeunesse". Héros des jeux vidéo. Emis uniquement en feuillet. Héliogravure. Dentelés 13¼ x 13.* BF *n° 91.*

Link avec son bouclier et son épée Excalibur.

Pac-Man.

3842	0,20 € multicolore	0 50	0 30
3843	0,20 € multicolore	0 50	0 30

Prince of Persia.

Spyro le petit dragon.

3844	0,20 € multicolore	0 50	0 30
3845	0,20 € multicolore	0 50	0 30

Donkey Kong le gorille.

Mario le plombier.

3846	0,20 € multicolore	0 50	0 30
3847	0,33 € multicolore	0 70	0 50

Adibou.

Rayman.

3848	0,33 € multicolore	0 70	0 50
3849	0,33 € multicolore	0 70	0 50

Lara Croft.

Les Sims.

3850	0,33 € multicolore	0 70	0 50
3851	0,33 € multicolore	0 70	0 50
	Nos 3842 à 3851 (10 val.)	6 »	4 »

Tirages :

2005. - *Personnalité. Avicenne (980-1037), médecin et philosophe. Deux bandes de phosphore. Taille-douce. Dentelé 13 x 13¼.*

Portrait.

3852	0,53 € multicolore	1 10	0 50

Tirage :

2005. - *"Meilleurs voeux". Sans valeur indiquée (validité permanente) (Lettre 20 g). Emis en carnet. Deux bandes de phosphore. Offset. Autoadhésifs. Dentelés 11.* BF *n° 52 et bloc souvenir n° 5.* C

Ours blanc et manchot sur patins à glace et deux jeunes manchots sur une luge.

Manchots, renne et bonhomme de neige.

3853	(sans val.) multicolore	1 30	0 60
3854	(sans val.) multicolore	1 30	0 60
	a. (Papier gommé sans bande de phosphore)	18 »	18 »

Renne et manchot sur une luge.

Manchots avec boules de neige.

3855	(sans val.) multicolore	1 30	0 60
3856	(sans val.) multicolore	1 30	0 60

Ours blanc sur une luge et manchots skiant ou glissant.

3857	(sans val.) multicolore	1 30	0 60
	Nos 3853 à 3857 (5 val.)	6 50	3 »

Tirages :

BC3853	La bande-carnet non pliée	13 »	8 »

Le n° 3858 a été supprimé, il porte le n° 3854a (papier gommé). Issu du bloc souvenir n° 5.

2005. - *Personnalité. Jacob Kaplan (1895-1994), grand rabbin de France. Taille-douce. Deux bandes de phosphore. Dentelé 13.*

Portrait du grand rabbin de France de 1955 à 1981.

3859	0,53 € multicolore	1 10	0 50

Tirage :

2005. - *Centenaire de la loi relative à la séparation des Eglises et de l'Etat. Deux bandes de phosphore. Héliogravure. Dentelé 13¼ x 13.*

Eglise et extrait du Journal officiel.

3860	0,53 € multicolore	1 10	0 50

Tirage :

2005
Du N° 3731 au N° 3860
(sauf bandes-carnets, paires et triptyques) =
131 timbres ****190 ⊙101**

Autres rubriques de l'année :
Poste aérienne 68
Blocs et feuillets 80 à 92
Préoblitéré 249

2006. - *Saint-Valentin. Coeurs 2006 du couturier Stéphane Rolland de la Maison Jean-Louis Scherrer. Sans valeur indiquée (validité permanente) (Lettre 20 g pour le n° 3861) (Lettre 50 g pour le n° 3862). Héliogravure. Dentelés.* BF *n° 93.*

Coeur.

Coeur.

3861	(sans val.) multicolore	1 10	0 50
3862	(sans val.) multicolore	1 60	0 80

Tirages :

2006. - *Saint-Valentin. Coeurs 2006 du couturier Stéphane Rolland de la Maison Jean-Louis Scherrer. Types des T.-P. de même date. Autoadhésifs. Dentelés.*

3863	(sans val.) multicolore (3861)	1 50	1 »
3864	(sans val.) multicolore (3862)	2 50	1 50

Tirages :

Emis chacun en feuille de 30 timbres.

2006. - *Année lunaire chinoise du chien. Sans valeur indiquée (validité permanente) (Lettre 20 g). Deux bandes de phosphore. Héliogravure. Dentelé 13½ x 13.*

Chien, oeuvre originale de Li Zhongyao, peintre et calligraphe.

3865	(sans val.) multicolore	1 10	0 50

Tirage :

F3865	La feuille	11 »

Emis en petite feuille de 10 timbres n° 3865 avec marge centrale illustrée par les animaux du zodiaque chinois.

2006. - *Art. Peinture. Les impressionnistes. Sans valeur indiquée (validité permanente) (Lettre 20 g). Emis en carnet. Deux bandes de phosphore. Offset. Autoadhésifs. Dentelés 11.* Ⓒ

"Portraits à la campagne" (1876), détail de tableau du peintre Gustave Caillebotte (1848-1894).

"La chasse aux papillons" (1874), détail de tableau du peintre Berthe Morisot (1841-1895).

3866	(sans val.) multicolore	1 30	0 60
3867	(sans val.) multicolore	1 30	0 60

"Mère et enfant" (1886), détail de tableau du peintre Mary Cassatt (1845-1926).

"Jeunes filles au piano" (1892), détail de tableau du peintre Auguste Renoir (1841-1919).

3868	(sans val.) multicolore	1 30	0 60
3869	(sans val.) multicolore	1 30	0 60

"La bergère" ou "Jeune fille à la baguette" (1881), détail de tableau du peintre Camille Pissarro (1830-1903).

"Mademoiselle Gachet dans son jardin" (1890), détail de tableau du peintre Vincent Van Gogh (1853-1890).

3870	(sans val.) multicolore	1 30	0 60
3871	(sans val.) multicolore	1 30	0 60

"L'air du soir" (1893-1894), détail de tableau du peintre Henri-Edmond Cross (1856-1910).

"Danseuses" (1884-1885), détail de tableau du peintre Edgar Degas (1834-1917).

3872	(sans val.) multicolore	1 30	0 60
3873	(sans val.) multicolore	1 30	0 60

"Le déjeuner sur l'herbe" (1863), détail de tableau du peintre Edouard Manet (1832-1883).

"Femmes de Tahiti" ou "Sur la plage" (1891), détail de tableau du peintre Paul Gauguin (1848-1903).

3874	(sans val.) multicolore	1 30	0 60
3875	(sans val.) multicolore	1 30	0 60
	N°s 3866 à 3875 (10 val.)	13 »	6 »

Tirages :

BC3866	La bande carnet	13 »	7 »

2006. - *Jeux olympiques d'hiver 2006 à Turin (Italie). Héliogravure. Deux bandes de phosphore. Dentelé 13.*

Biathlon, ski de fond.

3876	0,53 € multicolore	1 25	0 50

Tirage :

2006. - *Fête du timbre. Bande dessinée. Spirou, du dessinateur José Luis Munuera. Sans valeur indiquée (validité permanente) (Lettre 20 g). Deux bandes de phosphore. Héliogravure. Dentelé 13¼. Spirou © Dupuis 2006.*

3877	(sans val.) multicolore	1 20	0 50
	a. (Dentelé 13¼ x 13 provenant de carnet)	1 20	0 50

Tirage :

2006. - *Fête du timbre. Bande dessinée. Spirou, du dessinateur José Luis Munuera. Sans valeur indiquée (validité permanente) (Ecopli 20 g pour le n° 3878) (Monde 20 g pour le n° 3879). Type du T.-P. de même date pour le n° 3877a. Emis en carnet. Deux bandes de phosphore. Héliogravure. Dentelés 13¼ x 13. Spirou © Dupuis 2006.*

Spirou, Fantasio et Spip, l'écureuil.

Fantasio.

3878	(sans val.) multicolore	1 50	1 »
3879	(sans val.) multicolore	2 »	1 »
T3877a	Le triptyque 3879+3877a+3878	5 »	4 »

La bande (format horizontal) destinée à la confection de carnets comprend 2 rangées composées chacune de 1 n° 3879, 1 n° 3877a, 1 n° 3878, 1 n° 3877a et 1 n° 3879.

BC3877a	La bande-carnet non pliée	15 »	12 »

Tirages :

2006. - *Hommage aux mineurs victimes de la catastrophe de Courrières (Pas-de-Calais) en 1906. Deux bandes de phosphore. Héliogravure. Dentelé 13½ x 13¼.*

Mineur de l'époque.

3880	0,53 € multicolore	1 10	0 55

2006. - *Ossuaire de Douaumont (Meuse). Deux bandes de phosphore. Taille-douce. Dentelé 13¼.*

3881	0,53 € multicolore	1 10	0 55

2006. - *Portraits de régions. La France à vivre n° 7. Emis uniquement en feuillet. Deux bandes de phosphore. Héliogravure. Dentelés 13.* BF *n° 94.*

La mirabelle.

Les marais salants.

3882	0,53 € multicolore	1 20	0 60
3883	0,53 € multicolore	1 20	0 60

Le beurre.

Le roquefort.

3884	0,53 € multicolore	1 20	0 60
3885	0,53 € multicolore	1 20	0 60

L'huile d'olive.

Le carnaval.

3886	0,53 € multicolore	1 20	0 60
3887	0,53 € multicolore	1 20	0 60

Les vendanges.

Le café.

3888	0,53 € multicolore	1 20	0 60
3889	0,53 € multicolore	1 20	0 60

La transhumance.

Les hortillonnages.

3890	0,53 € multicolore	1 20	0 60
3891	0,53 € multicolore	1 20	0 60
	N° 3882 à 3891 (10 val.)	12 »	6 »

Tirages :

2006. - *Série touristique. Yvoire (Haute-Savoie). Deux bandes de phosphore. Héliogravure. Dentelé 13.*

Le village au bord du Lac Léman.

3892	0,53 € multicolore	1 10	0 50

Tirage :

2006. - *Série touristique. Dijon (Côte-d'Or). Deux bandes de phosphore. Taille-douce. Dentelé 13¼.*

Détails statues du Puits de Moïse (1396-1406), du sculpteur hollandais Claus Sluter et l'église Saint-Bégnine.

3893	0,53 € multicolore	1 10	0 50

Tirage :

2006. - *Série artistique. Paul Cézanne (1839-1906), peintre. Héliogravure. Dentelé 13 x 13¼.*

"Baigneuses", tableau du peintre.

3894	0,82 € multicolore	1 60	0 80

Tirage :

2006. - *Jardins de France. Emis uniquement en feuillet. Héliogravure. Dentelés 13½ x 13.* BF *n° 95.*

Arboretum du Parc de la Vallée-aux-Loups, à Châtenay-Malabry (Hauts-de-Seine).

Jardin Albert Kahn, à Boulogne-Billancourt (Hauts-de-Seine) (pont japonais).

3895	1,98 € multicolore	4 »	3 »
	a. (Légende Phil@poste (au lieu d'ITVF)	5 »	4 »
3896	1,98 € multicolore	4 »	3 »
	a. (Légende Phil@poste (au lieu d'ITVF)	5 »	4 »

Les timbres n°s 3895a et 3896a sont issus du BF n° 99.

Tirages :

2006. - *Série "Nature" (XXI). Faune. Les jeunes animaux domestiques. Héliogravure. Dentelés 13¼.* BF *n° 96.*

Le chaton.

Le chiot.

3897	0,53 € multicolore	1 10	0 50
3898	0,53 € multicolore	1 10	0 50

Le poulain.

L'agneau.

3899	0,55 € multicolore	1 10	0 50
3900	0,82 € multicolore	1 70	0 80
	N°s 3897 à 3900 (4 val.)	5 »	2 30

Tirages :

2006. - *Personnalité. Littérature. Pierre Bayle (1647-1706), écrivain et philosophe. Deux bandes de phosphore. Taille-douce. Dentelé 13 x 13¼.*

Portrait.

3901	0,53 € noir et brun foncé	1 10	0 55

2006. - *Europa. L'intégration. Deux bandes de phosphore. Héliogravure. Dentelé 13¼.*

Oeuvre originale de l'auteur de bandes dessinées Enki Bilal.

3902	0,53 € multicolore	1 10	0 55

2006. - *Mémoires de l'esclavage et de son abolition. Deux bandes de phosphore. Héliogravure. Dentelé 13¼ x 13½.*

3903 0,53 € multicolore 1 10 0 55

2006. - *Timbre pour vacances. Sans valeur indiquée (validité permanente) (Lettre 20 g). Emis en carnet. Deux bandes de phosphore. Offset. Autoadhésif. Dentelé 11.*

Oeuvre originale du dessinateur de bandes dessinées Jean Giraud.

3904 (sans val.) multicolore 1 20 0 55
BC3904 La bande carnet 12 »

2006. - *Série artistique. Grotte de Rouffignac (Dordogne). Taille-douce. Dentelé 13 x 13¼.*

Peinture rupestre d'animaux.

3905 0,55 € multicolore 1 10 0 55

2006. - *Coupe du monde de football 2006 en Allemagne. Emis uniquement en feuillet. Héliogravure. Multicolores. Dentelés.* BF *n° 97.*

3906 0,53 € *(Les remplaçants)* 1 10 0 70
3907 0,53 € *(Les supporters)* 1 10 0 70

3908 0,53 € *(L'entraîneur)* 1 10 0 70
3909 0,53 € *(Les journalistes)* 1 10 0 70

3910 0,53 € *(Le dégagement)* 1 10 0 70

3911 0,53 € *(Le contrôle)* 1 10 0 70

3912 0,53 € *(Le centre)* 1 10 0 70

3913 0,53 € *(Le retourné)* 1 10 0 70

3914 0,53 € *(La feinte de corps)* 1 10 0 70

3915 0,53 € *(L'arbitre)* 1 10 0 70

N°s 3906 à 3915 (10 val.) 11 » 7 »

2006. - *Série artistique. Claude Viallat, peintre. Héliogravure. Dentelé 13¼ x 13.*

Oeuvre originale sur cape de torero.

3916 1,22 € multicolore 2 45 1 20

2006. - *Personnages célèbres. Les opéras de Mozart. Deux bandes de phosphore. Héliogravure. Dentelés 13.* BF *n° 98.*

L'Enlèvement au sérail (1782) (costume de Varona).

Les Noces de Figaro (1786) (costume d'Ezio Frigerio).

3917	0,53 € multicolore	1 10	0 55
3918	0,53 € multicolore	1 10	0 55

Don Giovanni (1787) (costume de Marillier).

Cosi fan tutte (1790) (costume d'Erté).

3919	0,53 € multicolore	1 10	0 55
3920	0,53 € multicolore	1 10	0 55

La Clémence de Titus (1791) (costume de Graf).

La Flûte enchantée (1791) (costume de Chapelain-Midy).

3921	0,53 € multicolore	1 10	0 55
3922	0,53 € multicolore	1 10	0 55
	Nos 3917 à 3922 (6 val.)	6 60	3 30

2006. - *Monuments. Patrimoine mondial. Emission commune avec les Nations Unies. Deux bandes de phosphore. Héliogravure. Dentelés 13¼.*

La tour César (XIIe siècle), à Provins (Seine-et-Marne).

Le Mont-Saint-Michel et son abbaye (Manche).

3923	0,53 € multicolore	1 10	0 55
3924	0,90 € multicolore	1 80	0 90

2006. - *Type Marianne de Lamouche. Gravure à chaud argent. Autoadhésif. Dentelé 13.*

3925	5,00 € argent	10 »	8 »

Timbre (en argent 999 millièmes) présenté sous blister sur un support cartonné.

2006. - *79e Congrès de la Fédération française des associations philatéliques, à Paris. Deux bandes de phosphore. Taille-douce. Dentelé 13 x 13¼.*

Edifice de l'Opéra Garnier, à Paris.

3926	0,53 € multicolore	1 10	0 55

Imprimé attenant horizontalement à une vignette sans valeur (Apollon élevant sa lyre (dôme), du sculpteur Millet).

2006. - *Timbre pour Anniversaires. Bande dessinée. 75 ans de l'éléphant Babar par l'auteur et dessinateur Laurent de Brunhoff. Sans valeur indiquée (timbre à validité permanente) (Lettre 20 g). Deux bandes de phosphore. Héliogravure. Dentelé 13¼. Babar ™ and © Nelvana Jointly Licensed by Nelvana Ross.* BF *n° 100.*

Babar portant un gâteau d'anniversaire.

3927	(sans val.) multicolore	1 10	0 55

2006. - *Capitales européennes. Nicosie (Chypre). Emis uniquement en feuillet. Héliogravure. Dentelés 13 x 13¼.* BF *n° 101.*

Le Musée archéologique.

L'église byzantine de Chrysaliniotissa (1450).

3928	0,53 € multicolore	1 25	1 »
3929	0,53 € multicolore	1 25	1 »

La Porte de Famagouste. Le palais de l'Archevêché.

3930	0,53 € multicolore	1 25	1 »
3931	0,53 € multicolore	1 25	1 »
	Nos 3928 à 3931 (4 val.)	5 »	4 »

2006. - *Musique et danse. Le tango. Emission commune avec l'Argentine. Oeuvres originales du peintre argentin Antonio Segui. Deux bandes de phosphore. Héliogravure. Dentelés 12¼.*

Danseurs de tango. Joueur de bandonéon.

3932	0,53 € multicolore	1 10	0 55
3933	0,90 € multicolore	1 80	0 90

2006. - *10e anniversaire de la Fondation d'entreprise La Poste. Sans valeur indiquée (timbre à validité permanente) (Lettre 20 g). Deux bandes de phosphore. Offset sur papier de type kraft. Dentelé 13.*

Clé de sol, arobase et écriture manuscrite.

3934	(sans val.) multicolore	1 10	0 55

2006. – *Sport. Golf. Centenaire de l'Open de France. Héliogravure. Deux bandes de phosphore. Papier gaufré. Dentelé 13¼.*

3935	0,53 € *Silhouettes de joueurs de 1906 et de 2006*	1 10	0 55
	a. (sans bandes de phosphore, issu du bloc souvenir n° 13)	8 »	8 »

2006. – *Sport. Football. "Merci les Bleus". Héliogravure. Deux bandes de phosphore. Multicolore. Dentelé 13¼.*

3936	0,53 € *Mains et ballon*	1 25	0 60

2006. – *Inauguration du Musée du Quai Branly. Héliogravure. Deux bandes de phosphore. Dentelé 13.*

3937	0,53 € *Statuette, édifice, tour Eiffel*	1 10	0 60

2006. – *Personnalité. Réhabilitation du capitaine Alfred Dreyfus (1859-1935). Taille-douce. Deux bandes de phosphore. Dentelé 13 x 13¼.*

3938	0,53 € multicolore	1 10	0 50

2006. – *Personnalité. Capitaine Claude Joseph Rouget de Lisle (1760-1836). Héliogravure. Deux bandes de phosphore. Dentelé 13¼.*

3939	0,53 € *"Rouget de Lisle chantant la Marseillaise" (d'après tableau du peintre Isidore Pils), village de Montaigu à gauche, ville natale de Lons-le-Saunier à droite*	1 10	0 50

2006. – *Série touristique. Antibes Juan les Pins (Alpes-Maritimes). Taille-douce. Deux bandes de phosphore. Dentelé 13 x 13½.*

3940 0,53 € *Vue du Vieil Antibes* 1 10 0 50

2006. – *Personnalité. Musique. Pablo Casals (1876-1973), violoncelliste et chef d'orchestre espagnol. Héliogravure. Deux bandes de phosphore. Dentelé 13¼.*

3941 0,53 € *Portrait, manche de violoncelle* 1 10 0 50

2006. – *Portraits de régions. La France à voir. Héliogravure. Deux bandes de phosphore. Multicolore. Dentelés 13.* BF n° 102.

Emis uniquement en feuillet.

3942 0,54 € *Tours catalanes* 1 10 0 50
3943 0,54 € *La Croisette à Cannes (Alpes-Maritimes)* 1 10 0 50

3944 0,54 € *La forêt de Brocéliande* 1 10 0 50
3945 0,54 € *Les volcans d'Auvergne* 1 10 0 50

3946 0,54 € *Les Invalides, à Paris (l'édifice illuminé)* 1 10 0 50
3947 0,54 € *Le château de Chaumont-sur-Loire* 1 10 0 50

3948 0,54 € *Les gorges de l'Ardèche* 1 10 0 50
3949 0,54 € *Le moulin de Valmy* 1 10 0 50

3950 0,54 € *La grotte de Lourdes* 1 10 0 50
3951 0,54 € *Calanche de Piana (Corse)* 1 10 0 50
Nos 3942 à 3951 (10 val.) 11 » 5 »

2006. – *Série touristique. Thionville (Moselle). Taille-douce. Deux bandes de phosphore. Dentelé 13.*

3952 0,54 € *Le pont-écluse sud, œuvre de Louis de Cormontaigne (XVIIIe siècle)* 1 10 0 50

2006. – *"Sourires" avec le chien Cubitus du dessinateur Michel Rodrigue et scénariste Pierre Aucaigne. Rodrigue & Aucaigne Dupa/Le Lombard 2006. Offset. Autoadhésifs. Deux bandes de phosphore. Multicolore. Dentelés 11.* C

Sans valeur indiquée (timbre à validité permanente).

Emis en carnet.

3953 (Lettre 20 g) *Tête de Cubitus sur un timbre affranchissant un pli destiné au chat Sénéchal* 1 10 0 60
3954 (Lettre 20 g) *Tête de Cubitus avec un timbre collé sur la truffe* 1 10 0 60

3955 (Lettre 20 g) *"Oh ! le timbre a une dent de plus ! " (Cubitus et son neveu Bidule montrant sa nouvelle dent en riant)* 1 10 0 60

3956 (Lettre 20 g) *"Youhou ! il y a quelqu'un ? " (Cubitus, Sémaphore, Sénéchal et Bidule)* 1 10 0 60

3957 (Lettre 20 g) *"Ouf ! ce n'est pas une facture ! " (Cubitus ouvrant son courrier)* 1 10 0 60
3958 (Lettre 20 g) *Cubitus avec bonnet phrygien et fleur violette* 1 10 0 60

3959 (Lettre 20 g) *Cubitus tenant un pli d'où s'échappent des cœurs* 1 10 0 60
3960 (Lettre 20 g) *Cubitus : "Ce sont de bonnes nouvelles", Sénéchal : "C'est bon ! vous pouvez ouvrir ! "* 1 10 0 60

3961 (Lettre 20 g) *"Je suis le seul timbre au monde qu'on caresse dans le sens du poil ! " (Cubitus et l'escargot)* 1 10 0 60
3962 (Lettre 20 g) *"Je suis un timbre qui adore les papouilles ! " (main chatouillant Cubitus)* 1 10 0 60

Nos 3953 à 3962 (10 val.) 11 » 6 »

BC3953. Bande-carnet " Sourires " avec Cubitus (2006)
La bande-carnet non pliée 11 »

2006. – *Art. Œuvres de Constantin Brancusi (1876-1957), sculpteur. © Brancusi, Adagp Paris 2006. Héliogravure. Deux bandes de phosphore. Multicolore. Dentelés 13¼.*

Emission conjointe avec la Roumanie.

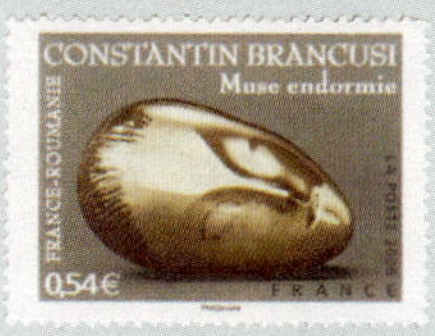

3963 0,54 € *"Muse endormie", sculpture* 1 10 0 50
3964 0,85 € *"Le sommeil" (1908), sculpture* 1 70 1 »

La Roumanie a émis deux timbres aux mêmes types n° 5147 de 2,10 L et n° 5148 de 3,10 L.

2006. – *Type Marianne de Lamouche. Gravure assistée par ordinateur, sauf n° 3966 : taille-douce numérique. Une bande de phosphore à droite, sauf n° 3966, 3968, 3969, 3970, 3971, 3972 : deux bandes de phosphore. Dentelés 13.*

3965 0,10 € gris 0 30 0 15
3966 0,60 € bleu 1 20 0 20
Type du T. -P. n° 3736 de 2005.
3967 0,70 € vert-olive 1 40 0 30
3968 0,85 € violet rouge 1 70 0 40
3969 0,86 € lilas-brun clair 1 70 0 40
a. (Sans bande de phosphore)
3970 1,15 € bleu ciel 2 30 0 50
3971 1,30 € lilas 2 40 0 50
3972 2,11 € brun-prune 4 » 0 60
Nos 3965 à 3972 (8 val.) 15 » 3 05

Taille-douce numérique (ou gravure électromécanique - GEM) : flou et couleur plus foncée
Gravure assistée par ordinateur (GAO) : net, couleur plus claire.

2006. – *Type Marianne de Lamouche. Taille-douce numérique. Deux bandes de phosphore. Dentelé 13 horizontalement.*

Provenant de roulette. N° noir au verso de 1 à 500.
Type du T. -P. de même date.
3973 0,60 € bleu (3966) 1 20 0 50
Taille-douce numérique (ou gravure électromécanique - GEM) : flou et couleur plus foncée.

2006. – *25e anniversaire d'Aviation Sans Frontières (ASF) association humanitaire. Héliogravure. Deux bandes de phosphore. Dentelé 13.*

3974 0,54 € *Avion, enfant avec colis* 1 10 0 50

2006. – *Personnalité. Henri Moissan (1852-1907), pharmacien et chimiste. Taille-douce. Deux bandes de phosphore. Dentelé 13¼ x 13.*

3975 0,54 € *Portrait du prix Nobel de chimie en 1906* 1 10 0 50

2006. – *Premières rencontres internationales sur la mémoire partagée, à Paris. Héliogravure. Deux bandes de phosphore. Dentelé 13¼.*

3976 0,54 € *Rencontres sur la mémoire combattante* 1 10 0 50

2006. – *60e anniversaire de la Marianne de Gandon. Taille-douce. Autoadhésif. Deux bandes de phosphore. Dent. : prédécoupé vertical en lignes ondulées.* [C]

Emis en carnet.

3977 0,54 € rouge 2 » 1 »

P3977 La paire 3977+3744b 3 » 1 50

2006. – *Aviation. Les machines volantes. Taille-douce. Deux bandes de phosphore. Multicolore. Dentelés 13.* [BF] n° 103.

Emis uniquement en feuillet..

3978 0,54 € *L' "Hélicoptère" du vicomte Ponton d'Amécourt* 1 20 0 50

3979 0,54 € *La "Demoiselle" d'Alberto Santos-Dumont* 1 20 0 50

3980 0,54 € *La "Barque ailée" de Jean-Marie Le Bris* 1 20 0 50

3981 0,54 € *L'Avion III de Clément Ader* 1 20 0 50

3982 0,54 € *L' "Hydravion" d'Henri Fabre* 1 20 0 50

3983 0,54 € *Le "Ballon à rames" de Jean-Pierre Blanchard* 1 20 0 50

N°s 3978 à 3983 (6 val.) 7 20 3 »

2006. – *Série artistique. Rembrandt (1606-1669), peintre et graveur flamand. Taille-douce. Dentelé 13¼ x 13.*

3984 1,30 € *"Mendiants à la porte d'une maison" (1648), eau-forte* 2 60 1 20

2006. – *Tram-train. Héliogravure. Deux bandes de phosphore. Dentelé 13 x 13¼.*

3985 0,54 € *Rame du tramway Trancilien de la ligne Bondy-Aulnay-sous-Bois (93) inauguré le 18 novembre 2006* 1 10 0 50

2006. – *"Meilleurs Voeux". Offset. Autoadhésifs. Multicolore. Dentelés 11.* [C]

Sans valeur indiquée (validité permanente).

Emis en carnet.

3986 (Lettre 20 g) *Manchots et renne en traîneau* 1 20 0 60

3987 (Lettre 20 g) *Renne pêchant et manchots se baignant* 1 20 0 60

3988 (Lettre 20 g) *Renne et manchots décorant un sapin* 1 20 0 60
3989 (Lettre 20 g) *Manchots regardant le renne patiner* 1 20 0 60

3990 (Lettre 20 g) *Renne avec paquet cadeau et manchots dans des paquets cadeaux* 1 20 0 60
a. (provenant du bloc souvenir n° 15 Dentelé 13 Papier gommé deux bandes de phosphore) 18 » 18 »

N°s 3986 à 3990 (5 val.) 6 » 3 »
BC3986. Bande-carnet "Meilleurs voeux" (2006) 12 »
La bande-carnet non pliée

2006. – *Au profit de la Croix-Rouge. "Dessine ton vœu pour les enfants du monde". Héliogravure. Deux bandes de phosphore. Multicolore. Dentelés 13¼ x 12¾.* C

Sans valeur indiquée (validité permanente).

Timbre avec surtaxe de 0,17 €.

Emis en carnet.

3991 (Lettre 20 g) *"Fleur", dessin de Yacine Lorafy, élève de CM2* 1 40 0 70
3992 (Lettre 20 g) *"Jouons ensemble ! ", dessin de Margot Deram, élève de CM2* 1 40 0 70
P3991 La paire 3991+3992 3 » 2 »
BC3991. Bande-carnet " Dessine ton voeu pour les enfants du monde" 14 »
La bande (format vertical) destinée à la confection de carnets comprend 5 paires n° 3991+3992

2006. – *Grande Loge Nationale Française. Héliogravure. Deux bandes de phosphore. Dentelé 13.*

3993 0,54 € *Emblème de l'ordre maçonnique* 1 10 0 50

2006. – *Personnalité. Alain Poher (1909-1996), homme politique. Taille-douce. Deux bandes de phosphore. Dentelé 13¼.*

3994 0,54 € *Portrait, le Sénat (Palais du Luxembourg)* 1 10 0 50

2006. – *Le tramway à Paris. Héliogravure. Deux bandes de phosphore. Dentelé 13¼.*

3995 0,54 € *Rame du tramway parisien dont la ligne n° 3 a été inaugurée le 16 décembre 2006* 1 10 0 50

2006
Du N° 3861 au N° 3995
(sauf bandes-carnets, paires et triptyques) =
136 timbres **189 ⊙96
Autres rubriques de l'année :
Poste aérienne 69
Blocs et feuillets 93 à 100

2007. – *Saint-Valentin. Cœurs 2007 de la Maison de couture Givenchy. Héliogravure. Dentelés.* BF n° 104.

Sans valeur indiquée (validité permanente).

3996 (Lettre 20 g) noir sur rouge *Cœur rouge* 1 10 0 50
3997 (Lettre 50 g) noir et rouge *Cœur blanc* 1 75 1 »

2007. – *Saint-Valentin. Cœurs 2007 de la Maison de couture Givenchy. Héliogravure. Autoadhésifs. Dentelés.*

Types des T. -P. de même date.

Sans valeur indiquée (validité permanente).

3998 (Lettre 20 g) noir sur rouge *Cœur rouge* (3996) 1 10 0 55

3999 (Lettre 50 g) noir et rouge *Cœur blanc* (3997) 1 75 0 90

Emis chacun en feuilles de 30 timbres.

2007. – *Hommage aux Justes de France. Deux bandes de phosphore. Dentelé 13¼ x 12½.*

4000 0.54 € *Le Panthéon* 1 10 0 50

2007. – *Année lunaire chinoise du Cochon. Héliogravure. Deux bandes de phosphore. Dentelé 13½ x 13.*

Sans valeur indiquée (validité permanente).

4001 (Lettre 20 g) *Cochon, œuvre originale de Li Zhongyao, peintre et calligraphe* 1 10 0 55

Emis en petite feuille de 10 timbres n° 4001 avec marge centrale illustrée par les animaux du zodiaque chinois.

2007. – *Art. Antiquités. Offset. Autoadhésifs. Deux bandes de phosphore. Multicolore. Dentelés 11.* ©

Sans valeur indiquée (validité permanente). Emis en carnet.

4002 (Lettre 20 g) *Hippopotame égyptien en faïence* 1 10 0 60

4003 (Lettre 20 g) *Tête de la déesse grecque Aphrodite* 1 10 0 60

4004 (Lettre 20 g) *Statue grecque de la Victoire de Samothrace* 1 10 0 60

4005 (Lettre 20 g) *Fresque romaine de Pompéi* 1 10 0 60

4006 (Lettre 20 g) *Le pharaon Amenemhat III* 1 10 0 60

4007 (Lettre 20 g) *Statue de la déesse romaine Junon* 1 10 0 60

4008 (Lettre 20 g) *Harpiste égyptien* 1 10 0 60

4009 (Lettre 20 g) *Le sarcophage des époux, antiquité étrusque* 1 10 0 60

4010 (Lettre 20 g) *Statue égyptienne de scribe accroupi* 1 10 0 60

4011 (Lettre 20 g) *Tête de Périclès, antiquité grecque* 1 10 0 60

Nos 4002 à 4011 (10 val.) 11 » 6 »

BC4002. Bande-carnet Art. Antiquités

La bande-carnet non pliée 11 »

2007. – *Série touristique. Valenciennes (Nord). Taille-douce. Deux bandes de phosphore. Dentelé 13¼.*

4012 0.54 € *Détails de la fontaine Watteau, œuvre du sculpteur Jean-Baptiste Carpeaux (1827-1875)* 1 10 0 50

2007. – *Bibliothèque humaniste de Sélestat. Taille-douce. Deux bandes de phosphore. Dentelé 12¼ x 13.*

4013	0,60 € *Lettrine enluminée extraite du manuscrit "Livre des Miracles de sainte Foy", 11ᵉ s.*	1 20	0 60

2007. – *Portraits de régions. La France à voir. Héliogravure. Deux bandes de phosphore. Multicolore. Dentelés 13.* BF n° 105.

Emis uniquement en feuillet.

4014	0,54 € *Les Baux-de-Provence*	1 10	0 50
4015	0,54 € *Cascade dans le Doubs*	1 10	0 50

4016	0,54 € *La forêt de Fontainebleau*	1 10	0 50
4017	0,54 € *Les bords de Loire*	1 10	0 50

4018	0,54 € *Le château de Chantilly*	1 10	0 50
4019	0,54 € *Le massif de la Grande-Chartreuse*	1 10	0 50

4020	0,54 € *Saint-Malo*	1 10	0 50
4021	0,54 € *Saint-Tropez*	1 10	0 50

4022	0,54 € *Le ballon d'Alsace*	1 10	0 50
4023	0,54 € *Le canal du Midi*	1 10	0 50
	Nᵒˢ 4014 à 4023 (10 val.)	11 »	5 »

2007. – *Fête du timbre. « Harry Potter », héros de la série de l'écrivain britannique Joanne Kathleen Rowling. Héliogravure. Deux bandes de phosphore. Multicolore. Dentelé 13¼.* BF n° 106.

Sans valeur indiquée.

4024	(Lettre prioritaire 20 g) *Harry Potter*	1 10	0 60
	a. (Dentelé 13¼ x 13 provenant de carnet)	1 10	0 55

2007. – *Fête du timbre. « Harry Potter », héros de la série de l'écrivain britannique Joanne Kathleen Rowling. TM & © Warner Bros. Entertainment Inc. (s07). Héliogravure. Deux bandes de phosphore. Multicolore. Dentelés 13¼ x 13.* C

Sans valeur indiquée. Emis en carnet.

4025	(Ecopli 20 g) *Ron Weasley*	1 »	0 50
4026	(Lettre 20 g) *Hermione Granger*	1 70	0 85
BC4024a.	Bande-carnet "Fête du timbre. "Harry Potter"	13 »	10 »

La bande (format horizontal) destinée à la confection de carnets comprend deux rangées composées pour la première de : 1 n° 4026, 1 n° 4024a, 1 n°4026, 1 n° 4024a et 1 n° 4026, pour la seconde de : 1 n° 4025, 1 n° 4024a, 1 n° 4025, 1 n° 4024a et 1 n° 4025

2007. – *Fête du timbre. « Harry Potter », héros de la série de l'écrivain britannique Joanne Kathleen Rowling. TM & © Warner Bros. Entertainment Inc. (s07). Héliogravure. Autoadhésifs. Deux bandes de phosphore. Multicolore. Dentelés 11.*

Types des T. -P. de même date.

Sans valeur indiquée.

4024A (Lettre prioritaire 20 g) *Harry Potter* 3 » 2 »
4025A (Ecopli 20 g) *Ron Weasley* 3 » 2 »
4026A (Lettre 20 g) *Hermione Granger* 4 » 3 »

Emis chacun en petite feuille de 5 timbres attenant chacun à une vignette illustrée différente.

F4024A. Feuille Harry Potter avec vignettes illustrées (autoadhésifs) 15 »
Feuille composée de 5 timbres n° 4024A attenant chacun à une vignette illustrée différente

F4025A. Feuille Harry Potter avec vignettes illustrées (autoadhésifs) 15 »
Feuille composée de 5 timbres n° 4025A attenant chacun à une vignette illustrée différente

F4026A. Feuille Harry Potter avec vignettes illustrées (autoadhésifs) 20 »
Feuille composée de 5 timbres n° 4026A attenant chacun à une vignette illustrée différente

2007. – *Personnalité. Albert Londres (1884-1932), journaliste. Taille-douce. Deux bandes de phosphore. Dentelé 13 x 13¼.*

4027 0,54 € brun et bleu *Portrait du reporter, scène d'arrivée de bagnards en Guyane* 1 10 0 50

2007. – *Bicentenaire de la Cour des Comptes. Taille-douce. Deux bandes de phosphore. Dentelé 13¼.*

Emission conjointe avec la France et les collectivités territoriales et les territoires d'Outre-Mer.

4028 0,54 € *Façade du Palais Cambon à Paris* 1 10 0 50
4028A Idem. Autoadhésif 1 50 1 »

2007. – *Série touristique. Limoges (Haute-Vienne). Taille-douce. Deux bandes de phosphore. Dentelé 13¼.*

4029 0,54 € *La gare des Bénédictins et détail d'une porcelaine* 1 10 0 50

2007. – *Cinquantenaire du traité de Rome. Héliogravure. Deux bandes de phosphore. Dentelé 13¼.*

4030 0,54 € *Composition avec silhouettes-étoiles sur texte avec signatures sur fond bleu* 1 10 0 50

2007. – *Personnalité. Sébastien Le Prestre de Vauban (1633-1707), maréchal de France. Taille-douce. Deux bandes de phosphore. Dentelé 13¼.*

4031 0,54 € *Portrait et citadelle de Mont-Louis dans les Pyrénées-Orientales* 1 10 0 50

2007. – *"Allez les petits". Timbre annonce de la VIe Coupe du monde de Rugby en France en 2007. Héliogravure. Deux bandes de phosphore. Dentelé 13¼.*

4032 0,54 € *Encouragement du commentateur sportif Roger Couderc (1918-1984) et joueurs* 1 10 0 50

2007. – *Série "Nature" (XXII). Faune en voie de disparition dans les départements d'outre-mer. Héliogravure. Multicolore. Dentelés 13¼.* BF n° 107.

4033	0,54 € *Iguane des Antilles (Iguana delicatissima)*	1 10	0 50
4034	0,54 € *Le racoon de la Guadeloupe*	1 10	0 50

4035	0,60 € *Le jaguar de Guyane*	1 20	0 60
4036	0,86 € *Le pétrel de Barau à La Réunion*	1 70	0 85
	Nos 4033 à 4036 (4 val.)	5 10	2 45

2007. – *Timbres pour vacances. Offset. Autoadhésifs. Deux bandes de phosphore. Multicolore. Dentelés 11.* C
Emis en carnet.

4037	(Lettre prioritaire 20 g) *Détail d'une porte peinte en bleue et roses trémières*	1 10	0 50
4038	(Lettre prioritaire 20 g) *Poisson-chirurgien à poitrine blanche*	1 10	0 50

4039	(Lettre prioritaire 20 g) *Gentiane bleue*	1 10	0 50
4040	(Lettre prioritaire 20 g) *Myrtilles*	1 10	0 50

4041	(Lettre prioritaire 20 g) *Détails de barques peintes en bleu*	1 10	0 50
4042	(Lettre prioritaire 20 g) *Echeveaux teints en bleu séchant*	1 10	0 50

4043	(Lettre prioritaire 20 g) *Glacier*	1 10	0 50
4044	(Lettre prioritaire 20 g) *Cocotier et ciel bleu*	1 10	0 50

4045	(Lettre prioritaire 20 g) *Parasols bleus*	1 10	0 50
4046	(Lettre prioritaire 20 g) *Pigments de différentes couleurs*	1 10	0 50
	Nos 4037 à 4046 (10 val.)	11 »	5 »
	BC4037. Bande-carnet "Vacances" 2007		
	La bande-carnet non pliée	11 »	

2007. – *Jardins de France. Le Parc de la Tête d'Or à Lyon (Rhône). Héliogravure. Multicolore. Dentelés 13½ x 13.* BF n° 108.

Emis uniquement en feuillet.

4047	2,11 € *Détail vue du parc*	4 20	2 10
4048	2,11 € *Détail vue des serres*	4 20	2 10

2007. – *Europa. Le scoutisme. Héliogravure. Deux bandes de phosphore. Dentelé 13¼.*

4049	0,60 € *Scout réalisant un brélage*	1 20	0 60

2007. – *Centenaire de la Fédération internationale de voile. Héliogravure. Deux bandes de phosphore. Dentelé 13.*

4050	0,85 € *Voiliers en compétition*	1 70	0 85

2007. – *Personnages célèbres. Les voyages de Tintin. © Hergé/Moulinsart 2007. Héliogravure. Deux bandes de phosphore. Multicolore. Dentelés 13.* BF n° 109.

4051	0,54 € *Tintin et Milou*	1 10	0 50
4052	0,54 € *Le professeur Tournesol avec ses jumelles*	1 10	0 50

4053	0,54 € *La capitaine Haddock utilisant un sextant*	1 10	0 50
4054	0,54 € *Dupond et Dupont en voiture*	1 10	0 50

4055	0,54 € *Bianca Castafiore, la diva*	1 10	0 50
4056	0,54 € *Le Chinois Tchang*	1 10	0 50
	Nos 4051 à 4056 (6 val.)	6 60	3 »

2007. – *Série touristique. Arcachon (Gironde). Héliogravure. Deux bandes de phosphore. Dentelé 13¼.*

4057	0,54 € *Le bassin d'Arcachon, villa, bateau*	1 10	0 50

2007. – *Art. Œuvres religieuses. Héliogravure. Deux bandes de phosphore. Multicolore. Dentelés 13¼.*

Emission conjointe avec l'Arménie.

4058	0,54 € *"Nativité", miniature d'un manuscrit liturgique du XVe siècle (collection du Matenadaran)*	1 10	0 50
4059	0,85 € *"L'Ange au Sourire", détail d'une statue du portail nord de la cathédrale de Reims*	1 70	0 85

L'Arménie a émis deux timbres aux mêmes types n° 542 de 70 D et 543 et 350 D.

2007. – *Série artistique. Sanglier-enseigne gaulois (Musée archéologique de Soulac-sur-Mer en Gironde). Taille-douce. Dentelé 13 x 13¼.*

4060	1,30 € multicolore	2 60	1 30

2007. – *Inauguration du TGV Est Européen. Héliogravure. Deux bandes de phosphore. Dentelé 13.*

4061	0,54 € *Nez du TGV, trajet avec le nom des villes desservies*	1 10	0 50

2007. – *80e congrès de la Fédération française des associations philatéliques, à Poitiers (Vienne). Taille-douce. Deux bandes de phosphore. Dentelé 13 x 13¼.*

4062	0,54 € brun foncé et ocre jaune *Eglise Notre-Dame la Grande, collégiale du XIe siècle, et détail de la frise biblique de sa façade (l'Annonciation et l'arbre de Jessé)*	1 10	0 50

Imprimé attenant à une vignette sans valeur (mandorle avec le Christ, sculpture figurant tout en haut du fronton)

2007. – *VIe coupe du monde de Rugby organisée par la France en 2007. Héliogravure. Multicolore. Dentelés 13 x 13½.* BF n° 110.

Emis uniquement en feuillet.

4063	0,54 € *La mêlée*	1 10	0 50
4064	0,54 € *L'attaque*	1 10	0 50

4065	0,54 € *L'essai*	1 10	0 50
4066	0,54 € *La touche*	1 10	0 50

4067	0,54 € *La transformation*	1 10	0 50
4068	0,54 € *La passe*	1 10	0 50

4069 0,54 € *Le raffut* 1 10 0 50
4070 0,54 € *Le haka* 1 10 0 50

4071 0,54 € *Le plaquage* 1 10 0 50
4072 0,54 € *Les supporters* 1 10 0 50
Nos 4063 à 4072 (10 val.) 11 » 5 »

2007. – *Capitales européennes. Bruxelles (Belgique). Héliogravure. Multicolore. Dentelure 13 x 13½, sauf n° 4074, 4075 : 13½ x 13.* BF n° 111.

Emis uniquement en feuillet.

4073 0,54 € *La Maison du Roi* 1 10 0 50
4074 0,54 € *L'Hôtel de Ville* 1 10 0 50

4075 0,54 € *Le Manneken Pis* 1 10 0 50
4076 0,54 € *L'Atomium* 1 10 0 50

2007. – *Centenaire de l'Association des Maires de France. Héliogravure. Deux bandes de phosphore. Dentelé 13½.*

4077 0,54 € *Profile de Marianne et devise de la République française* 1 10 0 50

2007. – *Personnalité. Pierre Pflimlin (1907-2000), homme politique. Héliogravure. Deux bandes de phosphore. Dentelé 13¼.*

4078 0,60 € *Portrait, étoiles européennes et clocher de la cathédrale de Strasbourg* 1 20 0 60

2007. – *Série touristique. Castres (Tarn). Taille-douce. Deux bandes de phosphore.*

4079 0,54 € *Le jardin de l'Evêché, dessiné par André Le Nôtre (1613-1700)* 1 10 0 50

ANNÉES COMPLÈTES

TIMBRES-POSTE

	**	*	⊙			
1938	744	376	301	Du N° 372 au N° 418	*52 timbres*	
1939	341	157	147	Du N° 419 au N° 450	*32 timbres*	*(sauf n° 421A et B)*
1940	195	93	113	Du N° 451 au N° 469	*19 timbres*	
1941	177	94	124	Du N° 470 au N° 537	*70 timbres*	
1942	98	53	89	Du N° 538 au N° 567	*30 timbres*	
1943 (1)	154	92	146	Du N° 568 au N° 598	*31 timbres*	*(sauf 571A et 580A)*
1943 (2)	215	131	199		*24 timbres*	*(sauf 568-71 et 576-580)*
1944	107	64	95	Du N° 599 au N° 668	*70 timbres*	
1945	82	48	46	Du N° 669 au N° 747	*85 timbres*	*(sauf 701A à F)*
1946	25	16	19	Du N° 748 au N° 771	*24 timbres*	
1947	36	21	25	Du N° 772 au N° 792	*21 timbres*	
1948	65	37	36	Du N° 793 au N° 822	*30 timbres*	
1949	172	102	136	Du N° 823 au N° 862	*42 timbres*	*(sauf N° 833A et 846A)*
1950	105	62	103	Du N° 863 au N° 877	*15 timbres*	
1951	154	90	103	Du N° 878 au N° 918	*41 timbres*	
1952	116	70	106	Du N° 919 au N° 939	*21 timbres*	
1953	197	118	119	Du N° 940 au N° 967	*28 timbres*	
1954	323	192	260	Du N° 968 au N° 1007	*40 timbres*	
1955	259	145	223	Du N° 1008 au N° 1049	*46 timbres*	
1956	167	96	112	Du N° 1050 au N° 1090	*41 timbres*	
1957	110	63	74	Du N° 1091 au N° 1141	*52 timbres*	
1958	61	37	48	Du N° 1142 au N° 1188	*47 timbres*	
1959	80	44	32	Du N° 1189 au N° 1229	*41 timbres*	
1960	90		60	Du N° 1230 au N° 1280	*53 timbres*	
1961	80		55	Du N° 1281 au N° 1324	*44 timbres*	
1962	60		48	Du N° 1325 au N° 1367	*49 timbres*	
1963	40		32	Du N° 1368 au N° 1403	*38 timbres*	
1964	56		38	Du N° 1404 au N° 1434	*31 timbres*	*(sauf 1417A)*
1965	28		17	Du N° 1435 au N° 1467	*33 timbres*	*(sauf 1465A)*
1966	29		22	Du N° 1468 au N° 1510	*43 timbres*	
1967	19		16	Du N° 1511 au N° 1541	*33 timbres*	
1968	21		19	Du N° 1542 au N° 1581	*40 timbres*	
1969	30		25	Du N° 1582 au N° 1620	*40 timbres*	
1970	29		24	Du N° 1621 au N° 1662	*42 timbres*	
1971	30		23	Du N° 1663 au N° 1701	*39 timbres*	*(sauf 1698A)*
1972	30		21	Du N° 1702 au N° 1736	*35 timbres*	
1973	35		28	Du N° 1737 au N° 1782	*46 timbres*	
1974	40		27	Du N° 1783 au N° 1829	*47 timbres*	
1975	35		28	Du N° 1830 au N° 1862	*33 timbres*	
1976	43		31	Du N° 1863 au N° 1913	*52 timbres*	
1977	50		34	Du N° 1914 au N° 1961	*48 timbres*	
1978	63		40	Du N° 1962 au N° 2027	*69 timbres*	
1979	48		32	Du N° 2028 au N° 2072	*47 timbres*	
1980	53		34	Du N° 2073 au N° 2117	*45 timbres*	
1981	69		40	Du N° 2118 au N° 2177	*60 timbres*	***A partir de 1981 sauf : bandes-carnets, paires***
1982	103		62	Du N° 2178 au N° 2251	*74 timbres*	***et triptyques***
1983	67		35	Du N° 2252 au N° 2298	*47 timbres*	
1984	71		33	Du N° 2299 au N° 2346	*49 timbres*	
1985	76		39	Du N° 2347 au N° 2392	*46 timbres*	
1986	93		48	Du N° 2393 au N° 2451	*59 timbres*	
1987	71		36	Du N° 2452 au N° 2500	*48 timbres*	
1988	86		46	Du N° 2501 au N° 2559	*58 timbres*	
1989	90		59	Du N° 2560 au N° 2614	*54 timbres*	
1990	89		42	Du N° 2615 au N° 2675	*60 timbres*	
1991	92		47	Du N° 2676 au N° 2735	*59 timbres*	
1992	82		45	Du N° 2736 au N° 2784	*48 timbres*	
1993	129		67	Du N° 2785 au N° 2853	*66 timbres*	
1994	133		70	Du N° 2854 au N° 2917	*61 timbres*	
1995	120		63	Du N° 2918 au N° 2985	*66 timbres*	
1996	101		48	Du N° 2986 au N° 3041	*55 timbres*	
1997	146		65	Du N° 3042 au N° 3128	*85 timbres*	
1998	144		72	Du N° 3129 au N° 3210	*80 timbres*	
1999	191		132	Du N° 3211 au N° 3293	*80 timbres*	
2000	85		45	Du N° 3294 au N° 3366	*70 timbres*	
2001	83		45	Du N° 3367 au N° 3442	*73 timbres*	
2002	122		65	Du N° 3443 au N° 3537	*97 timbres*	
2003	129		71	Du N° 3538 au N° 3631	*94 timbres*	
2004	135		80	Du N° 3632 au N° 3730	*100 timbres*	
2005	190		101	Du N° 3731 au N° 3860	*131 timbres*	
2006	189		96	Du N° 3861 au N° 3995	*136 timbres*	

POUR LES COLLECTIONNEURS
de timbres
thématiques
et tous pays
CATALOGUE MONDIAL
Les timbres de l'année
2006
YVERT&TELLIER
+ de 15000 nouveautés du Monde 2006
YVERT&TELLIER

TIMBRES POUR LA POSTE AERIENNE

Jusqu'en 1959 les cotes de la colonne de gauche concernent les timbres neufs avec gomme d'origine intacte et sans charnière, celles de la colonne centrale les timbres neufs avec charnière légère, celles de la colonne de droite les timbres oblitérés.

1927. - *Premier Salon international de l'Aviation et de la Navigation, à Marseille. Timbres-poste de 1900-06 (Merson, n°s 145 et 123) surchargés.*

1	2 f. orange et vert-bleu (n° 145) (B)	450 »	250 »	250 »
	a. (Coin de l'écusson cassé)	2 100 »	1 400 »	1 400 »
2	5 f. bleu et chamois (n° 123)	450 »	250 »	250 »

Très bon centrage (+100%).

Tirage : 90 000 paires, dont 65 000 vendues.

1928. - *Timbres-poste de 1923-27 (Berthelot, n° 243 et Pasteur, n° 181) surchargés.*

3	10 f. sur 90 c. rouge (n° 243)	4 000 »	2 800 »	2 800 »
	a. (Surch. renv.)	27 000 »	20 000 »	20 000 »
4	10 f. s. 1 f. 50, bleu (n° 181)	16 250 »	12 000 »	12 000 »

Surcharge espacée (8 mm au lieu de 6 mm entre la base du 1 et le second trait).

3b	10 f. s. 90 c.	6 000 »	4 500 »	4 500 »
3c	(Surch. renv.)		47 500 »	
4a	10 f. s. 1 f. 50	20 000 »	14 000 »	14 000 »

Surcharge espacée tenant à non espacée.

3d	10 f. sur 90 c. rouge	11 500 »	9 500 »	9 500 »
3e	10 f. sur 90 c. rouge (Surcharge renversée)		85 000 »	
4b	10 f. sur 1 f. 50, bleu	45 000 »	32 000 »	

Ces timbres ont été émis à bord du paquebot Ile-de-France et servaient uniquement pour la surtaxe aérienne.

Tirages : 2700 et 900.

1930. - *Avion survolant Marseille. Taille-douce. Dentelés 13.*

5	1 f. 50, carmin	45 »	26 »	4 60
	(Sur lettre)			6 10
6	1 f. 50, bleu	45 »	26 »	2 30
	(Sur lettre)			4 60
	a. outremer	140 »	60 »	23 »
	b. outremer vif	805 »	575 »	460 »

Le n° 6a fut émis à l'occasion de l'Exposition Internationale de la Poste Aérienne, à Paris ; pendant la durée de celle-ci, un certain nombre d'exemplaires ont été perforés comme ci-dessous :

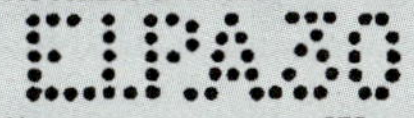

6c	1 f. 50 (+5 f.) outremer	875 »	580 »	450 »
6d	1 f. 50 (+5 f.) carmin	5 000 »	3 850 »	5 350 »

Tirages : 6 000 000 (n° 5), 36 800 000 (n° 6) et 60 000 (n° 6c).

1934. - *25e anniversaire de la traversée de la Manche par Louis Blériot. Taille-douce. Dentelé 13.*

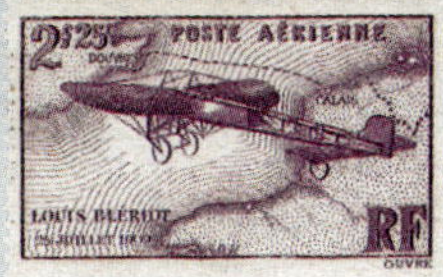

Monoplan de Blériot.

7	2 f. 25, lilas	47 »	25 »	7 »
	(Sur lettre)			11 50
	(Id. seul)			20 »

Tirage : 8 100 000.

1936. - *Avion survolant Paris. Taille-douce. Dentelés 13.*

8	85 c. vert foncé	7 »	3 »	3 »
	(Sur lettre)			6 10
	(Id. seul)			11 50
	a. vert clair	35 »	20 »	4 60
9	1 f. 50, bleu	23 »	13 »	6 »
	(Sur lettre)			9 20
	(Id. seul)			15 50
10	2 f. 25, violet	40 »	24 »	7 50
	(Sur lettre)			12 25
	(Id. seul)			23 »
11	2 f. 50, rose	51 »	30 »	9 20
	(Sur lettre)			15 50
	(Id. seul)			23 »
12	3 f. outremer	44 »	25 »	2 30
	(Sur lettre)			6 10
	(Id. seul)			23 »
13	3 f. 50, brun-jaune	120 »	75 »	27 »
	(Sur lettre)			30 »
	(Id. seul)			46 »
	N°s 8 à 14 (7 val.)	285 »	170 »	55 »

Tirages : 2 400 000, 5 000 000, 1 100 000, 1 400 000, 6 000 000 et 1 000 000.

14	50 f. vert-jaune	2 000 »	1 100 »	420 »
	(Sur lettre)			610 »
	(Id. seul)			1 250 »
	a. vert	2 100 »	1 200 »	450 »
	b. vert foncé	2 400 »	1 400 »	700 »

Tirage : 118 000.

1936. - *Avion survolant Paris. Burelage rose. Taille-douce. Dentelé 12½ x 13.*

Caudron "Simoun", sur Paris.

15	50 f. outremer	1 500 »	800 »	400 »
	(Sur lettre)			610 »
	(Id. seul)			1 150 »
	a. (Spécimen)	6 500 »	5 000 »	

Imprimé par l'Institut de Gravure à Paris.

Tirage : 210 000.

1946-47. - *Série mythologique. Taille-douce. Dentelés 13.*

Sagittaire.

Iris.

16	40 f. vert foncé	1 »	0 50	0 50
17	50 f. rouge	1 »	0 50	0 30
	a. rose	1 »	0 50	0 50

Egine enlevée par Jupiter.

Char du Soleil.

18	100 f. bleu foncé	9 »	6 »	1 30
	a. bleu-noir	11 »	7 65	1 55
19	200 f. vermillon	7 »	4 »	1 90
	a. rouge-sang (pap. carton)	50 »	25 »	8 50
	b. rouge foncé (pap. normal)	12 »	9 20	1 85
	Nos 16 à 19 (4 val.)	18 »	11 »	4 »
	La série, non dentelée		460 »	

Tirages : 51 970 775, 67 757 250, 19 505 000 et 7 656 975.

1947. - *12e Congrès de l'Union Postale Universelle à Paris. Vue de Paris. Taille-douce. Dentelé 13.*

Les ponts de Paris.

20	500 f. vert foncé	65 »	42 »	54 »

Tirage : 520 000.

F20	La feuille de 10 timbres	700 »

1947. - *Surtaxe au profit de l'Entraide française. Taille-douce. Dentelés 13.*

Antoine de Saint-Exupéry (1900-1944).

Jean Dagnaux (1891-1940).

21	50 f.+30 f. brun-lilas	4 »	2 30	3 85
22	100 f.+70 f. bleu	5 »	3 »	4 60
	La paire, non dentelée		230 »	

Tirages : 975 000 paires.

Le n° 21 a été repris en 1994 pour un aérogramme. Voir à la rubrique des "Entiers postaux" (n° 1021).

1948. - *Surtaxe au profit de l'Entraide française. Cinquantenaire du premier vol de l'avion d'Ader (1897). Taille-douce. Dentelé 13.*

23	40 f.+10 f. bleu foncé	2 »	1 25	1 85
	a. (Non dentelé)		115 »	
	b. hachures sur "FRANCE"	16 »	10 »	5 »

Tirage : 1 500 000.

1949. - *Vues stylisées de grandes villes. Taille-douce. Dentelés 13.*

24	100 f. brun-violet *(Lille)*	1 50	1 »	0 50
25	200 f. vert *(Bordeaux)*	17 50	10 »	1 »
	a. Papier épais	60 »	33 »	23 »

26 300 f. violet *(Lyon)* 20 » 14 » 13 »
27 500 f. rouge *(Marseille)* 77 » 45 » 7 »
Nos 24 à 27 (4 val.) 116 » 70 » 21 50
La série, non dentelée 460 »

Tirages : 85 152 500, 8 207 500, 3 212 500 et 2 827 500.

1949. - *Congrès international de Télégraphie et Téléphonie. Vue de Paris. Taille-douce. Dentelé 13.*

Grand Palais et pont Alexandre III.

28 100 f. rouge-brun 9 » 6 » 7 »
a. (Non dentelé) 230 »

Tirage : 1 625 000.

1950. - *Vue de Paris. Papier bleuté. Taille-douce. Dentelé 13.*

29 1000 f. noir et brun violacé 165 » 95 » 29 »
a. (Non dentelé) 690 »

Tirage : 1 137 500.

F29 La feuille de 10 timbres 1800 »

1954. - *Prototypes. Taille-douce. Dentelés 13.*

Dassault "Mystère IV". Nord-Aviation "Noratlas".

30 100 f. bleu et brun-rouge 3 50 3 » 0 30
31 200 f. brun-noir et outremer 11 50 7 » 0 50

Fouga "Magister". Bréguet "Provence" et vue générale du port d'Alger.

32 500 f. jaune-orange et rouge 250 » 110 » 15 20
33 1000 f. bleu-vert, bleu-noir et brun-rouge 135 » 80 » 20 »
Nos 30 à 33 (4 val.) 400 » 200 » 36 »
La série, non dentelée 500 »

Un 2 f. au type du 200 f. a paru en 1960 (no 38).

1955. - *Troisième anniversaire de la mort de l'aviatrice Maryse Bastié (1898-1952). Taille-douce. Dentelé 13.*

34 50 f. rose et brun-violet 8 » 5 » 5 »
a. (Non dentelé) 92 »

Tirage : 1 485 000.

1957-59. - *Prototypes. Taille-douce. Dentelés 13.*

Morane-Saulnier 760 "Paris".

35 300 f. vert foncé, olive et bleu-vert 8 » 4 60 3 85
a. (Non dentelé) 61 »

Sud-Aviation "Caravelle". Hélicoptère "Alouette".

36 500 f. bleu foncé et noir 35 » 23 » 4 60
a. (Non dentelé) 140 »
37 1000 f. olive, lilas et noir 77 » 46 » 27 »
a. (Non dentelé) 170 »

A partir de 1960 les cotes de la colonne de gauche concernent les timbres neufs sans charnière, celles de la colonne de droite, les timbres oblitérés.

1960-64. - *Prototypes. Types de 1954-59 avec valeur en nouveau franc. Taille-douce. Dentelés 13.*

38 2 f. brun-noir et outremer (31) 2 » 0 30
a. outremer 3 85 0 50

39 3 f. vert foncé, olive et bleu-vert (35) 2 » 0 20
a. vert foncé et bleu-vert 3 » 0 30

40 5 f. bleu foncé et noir (36) 4 » 1 »
41 10 f. olive, lilas et noir (37) 16 » 2 50
a. olive, rose et noir 30 » 3 »

Nos 38 à 41 (4 val.) 24 » 4 »

La série, non dentelée 305 »

1965. - *Taille-douce. Dentelé 13.*

Dassault "Mystère 20".

42 2 f. bleu-vert et bleu 1 » 0 30
a. (Non dentelé) 61 »

1969. - *Premier vol de l'avion supersonique "Concorde". Taille-douce. Dentelé 13.*

43 1 f. bleu et bleu-noir 1 » 0 65
a. (Non dentelé) 200 »

Voir également à la rubrique des Entiers postaux (Aérogramme 1001).

Des timbres à ce type ont été émis dans les différents Territoires d'Outre-Mer (Voir Tome 2, 1re partie).

1970. - *Mermoz (1901-1936) et Saint-Exupéry (1900-1944). Pionniers de la Poste Aérienne. Taille-douce. Dentelé 13.*

44 20 f. bleu et gris-bleu 12 50 0 65
a. (Non dentelé) 140 »
b. (Paire horizontale) 30 »
c. (Paire horizontale avec intervalle blanc) 35 »

Le 44b provient du tirage de 1970 (feuilles de 25), le 44c de feuilles de 10.

1971. - *Centenaire de la poste par ballons montés. Taille-douce. Dentelé 13.*

45 95 c. multicolore 1 » 0 80
a. (Non dentelé) 100 »

1971. - *Didier Daurat (1891-1969) et Raymond Vanier. Pionniers de la Poste Aérienne. Taille-douce. Dentelé 13.*

46 5 f. bleu-nuit, sépia et vert 3 » 0 30
a. (Non dentelé) 77 »

1972. - *Hélène Boucher (1908-1934) et Maryse Hilsz (1903-1946). Pionniers de la Poste Aérienne. Taille-douce. Dentelé 13.*

47 10 f. violet et noir 6 » 0 50
a. (Non dentelé) 61 »

1973. - *Guillaumet et Codos (1896-1960). Pionniers de la Poste Aérienne. Taille-douce. Dentelé 13.*

48 15 f. gris-bleu, carmin et violet-brun 9 » 0 80
a. (Non dentelé) 77 »

1976. - *Mise en service commercial de "Concorde" Paris-Rio de Janeiro 1976. Taille-douce. Dentelé 13.*

49 1 f. 70, rouge, bleu et noir 1 » 0 65
a. (Non dentelé) 155 »

1977. - *Cinquantenaire de la traversée de l'Atlantique-Nord par Charles Lindbergh (1902-1974) et de la disparition de Nungesser (1892-1927) et Coli (1881-1927). Taille-douce. Dentelé 13.*

50 1 f. 90, bleu-vert, olive et bleu-noir 1 » 0 80
a. (Non dentelé) 77 »

1978. - *65ᵉ anniversaire de la première liaison postale aérienne officielle entre Villacoublay et Pauillac. Taille-douce. Dentelé 13.*

51 1 f. 50, bleu, vert foncé et brun-rouge 1 » 0 65
a. (Non dentelé) 77 »

1979. - *Salon international de l'Aéronautique et de l'Espace. Taille-douce. Dentelé 13.*

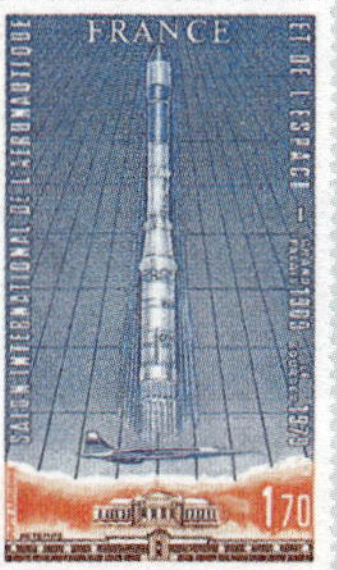

52 1 f. 70, outremer, brun-rouge et orange 1 25 1 10
a. (Non dentelé) 110 »

1980. - *Cinquantenaire de la première traversée Paris-New York sans escale, par Costes (1892-1973) et Bellonte. Taille-douce. Dentelé 13.*

Avion "Point d'interrogation".

53 2 f. 50, bleu et rouge-brun 1 40 0 50
a. (Non dentelé) 84 »

1981. - *34ᵉ Salon international de l'Aéronautique et de l'Espace. Taille-douce. Dentelé 13.*

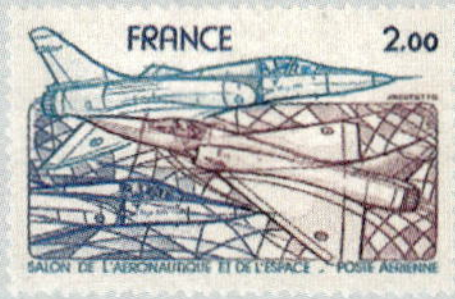

Avions "Mirage 2000".

54 2 f. bleu, violet et rose 2 » 0 65
a. (Non dentelé) 84 »

1981. - *Hommages aux aviateurs Dieudonné Costes (1892-1973) et Joseph Le Brix (1899-1931). Première traversée de l'Atlantique-Sud sans escale, 1927. Taille-douce. Dentelé 13.*

Portraits et avion Bréguet XIX GR "Nungesser-Coli".

55 10 f. noir et rouge 5 » 0 50
a. (Non dentelé) 70 »

1982. - *Hydravion Laté 300 "Croix du Sud". Taille-douce. Dentelé 13.*

L'hydravion au décollage et noms de son équipage.

56 1 f. 60, bleu et violet 1 » 1 »
a. (Non dentelé) 61 »

Tirage : 8 000 000.

1984. - *Avion bimoteur Farman F 60 Goliath. Taille-douce. Dentelé 13.*

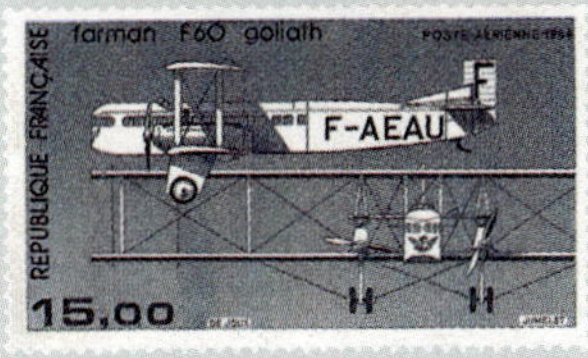

57 15 f. bleu foncé 6 » 0 80
a. (Non dentelé) 61 »

Impression fine. Papier couché azurant (1987).

57b 15 f. bleu-gris 10 » 1 »

1985. - *Hydravion CAMS 53. Taille-douce. Dentelé 13.*

58 20 f. orange 8 » 0 80
a. (Non dentelé) 61 »

Impression fine. Papier couché azurant (1987).

58b 20 f. orange 15 » 1 50

1986. - *Trimoteur Wibault 283. Taille-douce. Dentelé 13.*

Profil et face de l'appareil.

59 30 f. violet 12 » 2 »
a. (Non dentelé) 61 »

Impression fine. Papier couché azurant (1992).

59b 30 f. violet 26 » 3 »

1987. - *Trimoteur Dewoitine 338. Taille-douce. Dentelé 13.*

60 50 f. vert 16 » 6 »
a. (Non dentelé) 61 »

1997. - *Biplan Breguet XIV. Héliogravure. Dentelé 13 x 12½.*

61 20 f. multicolore 10 » 2 »
a. (Dentelé 13 x 13½) avec bord de feuille illustré 20 » 5 »
b. (Dentelé 13 x 13½) sans bord de feuille illustré 10 » 2 »

Le timbre "a" est émis en petite feuille de 10 timbres avec marges illustrées.

F61a La feuille 150 »

1998. - *Biplan Potez 25. Héliogravure. Dentelé 13 x 12½.*

62 30 f. multicolore 10 » 3 »
a. (Dentelé 13 x 13½) 18 » 8 »
b. (Sans "Poste Aérienne 1998", sans valeur faciale et ITVF) 10 000 »

Le timbre "a" est émis en petite feuille de 10 timbres avec marges illustrées.

F62a La feuille 180 »

1999. - *Airbus A300-B4. Héliogravure. Dentelé 13 x 12½.*

63 15 f. multicolore 8 » 1 »
a. (Dentelé 13 x 13½) 20 » 7 »

Le timbre "a" est émis en petite feuille de 10 timbres avec marges illustrées.

F63a La feuille 200 »

2000. - *Couzinet 70. Héliogravure. Dentelé 13 x 12½.*

64 50 f. (7,62 €) multicolore 18 » 7 »
a. (Dentelé 13 x 13½) 25 » 12 »

Le timbre "a" est émis en petite feuille de 10 timbres avec marges illustrées.

F64a La feuille 250 »

2002. - *30ᵉ anniversaire du premier vol de l'Airbus A300. Deux bandes de phosphore. Héliogravure. Dentelé 13 x 13½.*

65 3,00 € multicolore 6 » 3 »
a. (Papier mat) 12 » 7 »

Emis également en petite feuille de 10 timbres avec marges illustrées.

F65 La feuille 120 »

2003. - *Hommage à l'aviatrice Jacqueline Auriol (1917-2000). Deux bandes de phosphore. Taille-douce et offset. Dentelé 13.*

Portrait, avion.

66 4,00 € multicolore 8 » 4 »
a. (Légende et noir omis) » »

Emis également en petite feuille de 10 timbres avec marges illustrées.
F66 La feuille 100 »

2004. - *Personnalité. Hommage à Marie Marvingt (1875-1963), aviatrice, créatrice de l'avion sanitaire. Taille-douce et offset. Dentelé 13.*

Portrait de l'infirmière et assistante en chirurgie, avion.

67 5,00 € multicolore 10 » 5 »
a. (Papier différent gomme brillante) 12 »

Le timbre "a" est émis en petite feuille de 10 timbres avec marges illustrées.
F67a La feuille 120 »

2005. - *Personnalité. Hommage à Adrienne Bolland (1895-1975), aviatrice. Deux bandes de phosphore. Taille-douce et offset. Dentelé 13.*

Portrait du premier pilote à avoir traversé la cordillère des Andes le 1er avril 1921 à bord d'un Caudron G3 (dessin de l'avion).

68 2,00 € multicolore 4 » 2 »

Emis également en petite feuille de 10 timbres avec marges illustrées.
F68 La feuille 40 »

2006. - *Avion Airbus A380. Deux bandes de phosphore. Héliogravure. Dentelé 13 x 13¼.*

69 3,00 € multicolore 6 » 3 »

Emis également en petite feuille de 10 timbres avec marges illustrées.
F69 La feuille 60 »

2007. - *Centenaire de l'hélicoptère. Héliogravure. Deux bandes de phosphore. Dentelé 13 x 125.*

Dessin de l'engin de Paul Cornu et hélicoptère EC 130.

70 3,00 € multicolore 6 » 3 »
a. (Dentelé 13 x 13¼) 6 » 3 »

Le timbre "a" est émis en feuille de 10 timbres avec marges illustrées.
F70a La feuille 60 00

POSTE AERIENNE MILITAIRE

1943. - *Timbres-poste de 1940-41 surchargés.*

1	50 c. s. 75 c. brun-rouge (477)	1 300 »	1 100 »	1 400 »
2	1 f. rouge (514)	1 100 »	840 »	1 100 »
3	1 f. 50, brun-rouge (517)	240 »	185 »	270 »
	Idem, sur timbres de Mauritanie de 1938.			
4	2 f. lilas-rose (90)	535 »	460 »	535 »
5	3 f. vert (91)	535 »	460 »	535 »
	Idem, sur timbres de Sénégal de 1938-40.			
6	1 f. brun-rouge (164)	650 »	535 »	535 »
7	1 f. 75, outremer (148)	765 »	645 »	645 »

Il existe quelques exemplaires d'autres timbres de France (nos 491, 499, 500 et 512) d'Algérie (no 133) et du Sénégal (nos 121, 127 et 165) et revêtus de la même surcharge. (Les timbres se trouvant à bord, à l'agence postale embarquée, ont été utilisés).

Les lettres connues sont adressées aux États-Unis, au Sénégal et en Algérie lors du séjour du RICHELIEU à New York en 1943 (février à octobre) (*Valeur...à partir de* 2300 »).

Le RICHELIEU séjourna ensuite en Grande-Bretagne où il fut incorporé à la Royal Navy de novembre 1943 à mars 1944. Pendant cette période furent utilisés à bord les timbres et entiers postaux de Grande-Bretagne (*Valeur...à partir de* 2450 »).

Après diverses missions dans le Pacifique, le bâtiment a séjourné à Casablanca d'octobre 1944 à février 1945. Pendant cette période furent utilisés à bord les timbres et entiers des Etats-Unis avec la surcharge RF de Casablanca (voir ci-dessous).

1944-45. - *Timbre de poste aérienne no 26 des États-Unis surchargés.*

R. F.

1

II

III

IV

8	6 c. rouge Type I *(Casablanca)*	88 »	500 »
9	6 c. rouge Type II *(Oran)*	100 »	535 »
10	6 c. rouge Type III *(Alger)*	88 »	500 »
11	6 c. rouge Type IV *(Marseille)*	215 »	840 »

La colonne de droite concerne les timbres oblitérés sur lettre.

En France métropolitaine ces cachets furent utilisés en 1945 et 1946.

Les plis avec marque de censure américaine sont rares.

6 cents rouge...à partir de 1250 ».

Entier postal, 6 cents orange à partir de 1850 ».

ALSACE-LORRAINE

Guerre de 1870-71

TIMBRES DITS D'ALSACE-LORRAINE

1870. - *Typographie. Dentelés 13½ x 14½.*

1	1 c. vert-bronze	115 »	115 »
	(Sur lettre)		230 »
	a. vert-olive	115 »	115 »
2	2 c. brun-rouge	200 »	215 »
	(Sur lettre)		345 »
	(Id. seul)		1 100 »
	a. brun-lilas	210 »	215 »
3	4 c. gris-lilas	230 »	135 »
	(Sur lettre)		210 »
	(Id. seul)		690 »
	a. gris-noir	255 »	135 »
4	5 c. vert-jaune	230 »	18 50
	(Sur lettre)		46 »
	(Id. seul)		155 »
	a. vert foncé	260 »	18 50
5	10 c. bistre-brun	185 »	7 65
	(Sur lettre)		23 »
	a. bistre-orange (Burelage citron)	215 »	11 50
6	20 c. bleu	215 »	20 »
	(Sur lettre)		30 »
	a. bleu laiteux	230 »	18 50
7	25 c. brun-noir	245 »	125 »
	(Sur lettre)		305 »
	(Id. seul)		385 »
	a. brun clair	275 »	125 »

Ces timbres furent émis le 6 septembre 1870 par les armées allemandes occupant le territoire français : ils eurent cours forcé dans les départements envahis et n'ont pas été réimprimés.

Burelage renversé.

Ces timbres étant imprimés en deux fois, les feuilles qui se trouvaient à l'envers, au second passage, produisirent des timbres avec burelage renversé.

La distinction des burelages droits et renversés est aisée à faire : le fond des timbres est couvert d'arcs de cercle qui se coupent ; la convexité est tournée vers le bas dans les burelages droits (≋) vers le haut dans les burelages renversés (≋)

1b	1 c.	610 »	840 »
2b	2 c.	305 »	765 »
3b	4 c.	305 »	245 »
4b	5 c.	8 050 »	805 »
5b	10 c.	305 »	23 »
6b	20 c.	385 »	110 »
7b	25 c.	840 »	385 »

Guerre de 1939-1945

Les cotes de la colonne de gauche concernent les timbres neufs avec gomme d'origine intacte et sans charnière, celles de la colonne centrale les timbres neufs avec charnière légère, celles de la colonne de droite les timbres oblitérés.

1940. - *Timbres d'Allemagne de 1933-36 (Hindenburg) surchargés.*

8	3 p. bistre-brun	0 80	0 50	0 50
9	4 p. bleu-ardoise	0 80	0 50	0 50
10	5 p. vert vif	0 80	0 50	0 50
11	6 p. vert foncé	0 80	0 50	0 50
	a. (Surch. renversée)		1 000 »	
12	8 p. rouge-orange	0 80	0 50	0 50
	a. (Surch. renversée)		1 000 »	
13	10 p. marron	0 80	0 50	0 50
14	12 p. rouge carminé	1 25	0 65	0 65
15	15 p. lilas	1 25	0 65	0 65
16	20 p. bleu	1 85	0 80	0 80
17	25 p. outremer	1 85	0 80	0 80
18	30 p. brun-olive	1 85	0 80	0 80
19	40 p. lilas-rose	2 75	1 20	1 20
20	50 p. vert et noir	9 20	3 55	3 55
21	60 p. lie-de-vin et noir	9 20	3 55	3 55
22	80 p. bleu et noir	20 »	9 »	9 »
23	100 p. jaune-orange et noir	20 »	8 »	8 »
	Nos 8 à 23 (16 val.)	74 »	32 »	32 »

24	3 p. bistre-brun	1 25	0 65	0 65
25	4 p. bleu-ardoise	1 25	0 65	0 65
26	5 p. vert vif	1 25	0 65	0 65
27	6 p. vert foncé	1 25	0 65	0 65
28	8 p. rouge-orange	1 25	0 65	0 65
29	10 p. marron	1 50	0 80	0 80
30	12 p. rouge carminé	1 50	0 80	0 80
31	15 p. lilas	1 50	0 80	0 80
32	20 p. bleu	2 »	1 »	1 »
33	25 p. outremer	2 »	1 »	1 »
34	30 p. brun-olive	2 45	1 15	1 15
35	40 p. lilas-rose	3 »	1 50	1 50
36	50 p. vert et noir	7 65	3 55	3 55
37	60 p. lie-de-vin et noir	7 65	3 55	3 55
38	80 p. bleu et noir	21 50	9 20	9 20
39	100 p. jaune-orange et noir	20 »	8 40	8 40
	Nos 24 à 39 (16 val.)	77 »	35 »	35 »

CORRESPONDANCES TRANSPORTÉES PAR

BALLONS MONTÉS

PENDANT LE SIÈGE DE PARIS

(18 septembre 1870 - 27 janvier 1871)

Pendant le Siège, le transport du courrier à destination de l'extérieur fut assuré par aérostats. Au total, 67 ballons quittèrent la capitale, parmi lesquels on distingue : les ballons de la Compagnie des Aérostiers puis de la Compagnie des Aéronautes (dont les plis, à elles confiés portent leur cachet au dos) ; les ballons de l'Administration des Postes et les ballons privés, lesquels ne pouvaient, officiellement emporter de la correspondance.

Il est à peu près établi que, sur les 67 ballons, 56 seulement ont transporté officiellement des plis.

Le plus souvent, il est malaisé de déterminer le ballon ayant transporté le pli ; dans ce cas, il est alors dénommé « pli ordinaire » (§ A). Par contre, l'identification certaine du ballon donne une plus-value très nette au pli, qui est alors dénommé « ballon identifié » (§ B).

D'autres plus-values peuvent intervenir ; elles proviennent :

a) des timbres utilisés pour l'affranchissement (§ C) ;
b) de la destination (§ D) ;
c) de la nature du pli : Lettres-Journaux (§ E) ;
Journaux (§ F) ;
Correspondance de Presse (§ G) ;
Circulaires officielles ou privées (§ H) ;
d) des marques de départ, de transit ou d'arrivée (§ J).

A - PLIS ORDINAIRES

Les cotes s'entendent pour un affranchissement normal constitué :

soit avec deux 10 c. de l'Empire lauré (n° 28)
soit avec un 20 c. de l'Empire lauré (n° 29) ;
soit avec un 20 c. du Siège de Paris (n° 37) ;
soit (cartes postales) un 10 c. de l'Empire lauré (n° 28).

Le pli, à partir de ...... 300 ».

B - BALLONS IDENTIFIÉS

Les ballons dont le nom est suivi de la lettre A ont été affrêtés par la Compagnie des Aérostiers, ou par la Compagnie des Aéronautes.

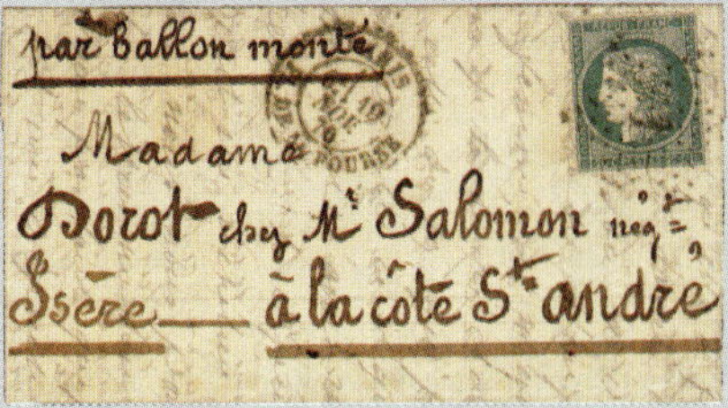

20 c. Siège oblitéré Etoile 1 ; Cachet à date de Paris : Place de la Bourse - 19 Nov. 70 - 6e Levée
à destination de la Côte St André (Isère). Arrivée au verso : cachet à date du 27 Nov. 70.
Voyagé par le Ballon L'ARCHIMÈDE

Nom des ballons	*Cachets de départ*	*Cachets d'arrivée*	*Valeur*
Le Neptune .... A	19 au 22-9-70	23 au 25-9-70	13 000 »
La Ville de Florence	23 et 24-9-70	27 et 28-9-70	995 »
Les États-Unis	25 au 28-9-70	29-9 au 3-10-70	765 »
Le Céleste	28 et 29-9-70	antérieurs au 7-10-70	535 »

Nom des ballons	*Cachets de départ*	*Cachets d'arrivée*	*Valeur*
Le non dénommé n° 1	27 au 29-9-70	sans ou du 15 au 22-10-70	385 »
L'Armand Barbès A	30-9 au 6-10-70	antérieurs au 11-10-70	305 »
Le non dénommé n° 2	30-9 au 8-10-70	Trouvé à La Courneuve le 10-10-70	4 600 »
Le Washington	7 au 11-10-70	12 au 14-10-70	305 »
Le Louis Blanc A	7 au 11-10-70	12 au 14-10-70	305 »
Le Godefroy Cavaignac	12 et 13-10-70	15 au 18-10-70	305 »
Le Jean-Bart n° 1	11 au 14-10-70 (1re levée)	15 au 17-10-70	305 »
Le Jules Favre n° 1	14 et 15-10-70	17 au 19-10-70	305 »
Le Jean-Bart n° 2	14 et 15-10-70	17 au 19-10-70	305 »
Le Victor Hugo A	16 au 18 (1re levée)10-70	20 au 22-10-70	400 »
Le Lafayette	18 (autres levées) 10-70	19 au 23-10-70	430 »
Le Garibaldi A	19 au 21-10-70	23-10 au 3-11-70	400 »
Le Montgolfier	22 et 23-10-70	sans	800 »
Le Vauban	24 au 26-10-70	27-10 au 4-11-70	360 »
Le Colonel Charras A	27 au 29 (2e levée) 10-70	30-10 au 3-11-70	360 »
Le Fulton	29 (autres levées) 10 au 1-11-70	3-4-11-70	345 »
Le Ferdinand Flocon A	2, 3-11-70	5, 6 au 8-11-70	360 »
Le Galilée	2 au 4 (1re levée) 11-70	sans ou 5, 6-11-70	575 »
La Ville de Châteaudun A	4 (autres levées),		
	5 et 6-11 (1re levée)	5 au 10-11-70	325 »
La Gironde	6 au 8 (1re levée), 11-70	9 au 11-11-70	360 »
Le Daguerre	8 (autres levées) au 11-11-70.	sans arrivée	765 »
		20 au 29-11-70	550 »
Le Général Uhrich A	12 au 18-11-70	20 au 27-11-70	305 »
L'Archimède	19 et 20-11-70	antérieurs au 30-11-70	360 »
La Ville d'Orléans A	12 au 24-11-70	10-12-70 et 1-71 accidenté	1 700 »
		non accid.	800 »
Le Jacquard	24 au 28-11-70	3 au 28-12-70	2 600 »
Le Jules Favre n° 2 A	28 au 30-11-70	antérieurs au 5-12-70.	305 »
Le Franklin	1er au 4-12-70	5 et 6-12-70	385 »
Le Denis-Papin	5 et 6-12-70	7-12-70	450 »
L'Armée de Bretagne A	5 et 6-12-70	8 au 10-12-70	305 »
Le Général Renault A	7 au 10-12-70	antérieurs au 15-12-70	490 »
La Ville de Paris A	10 (7e levée) au 13-12-70	sans ou 26-7-71	475 »
Le Parmentier	14, 15 et 16-12-70	22 au 31-12-70	360 »
Le Davy	17-12-70	18 au 21-12-70	610 »
Le Général Chanzy A	18 (1re à 6e levée), 12-70	sans	2 000 »
Le Lavoisier	18 (7e levée) au 21-12-70	22 au 26-12-70	370 »
La Délivrance A	22-12-70	23 au 26-12-70	385 »
Le Tourville	23 au 26-12-70	27 à 29-12-70	370 »
Le Bayard	27 et 28-12-70	30-12-70 au 3-1-71	385 »
L'Armée de la Loire A	29 au 30-12-70	1er au 3-1-71	385 »
Le Newton	31-12-70 au 3-1-71	antérieurs au 9-1-71	385 »
Le Duquesne	4 au 8-1-71	10 au 18-1-71	385 »
Le Gambetta A	9-1-71	11 au 17-1-71	385 »
Le Kepler	10-1-71	11, 12 et 13-1-71	500 »
Le Général Faidherbe A	11 et 12-1-71	13, 14, 15-1-71	385 »
Le Vaucanson	13 et 14-1-71	15, 16 et 17-1-71	375 »
La Poste de Paris A	15 au 17-1-71	21 au 29-1-71	450 »
Le Général Bourbaki A	18 et 19-1-71	23 au 29-1-71	385 »
Le Général Daumesnil	20 et 21-1-71	22, 23-1-71	370 »
Le Torricelli	22 et 23-1-71	25 au 30-1-71	560 »
Le Richard Wallace A	24 au 26-1-71	à partir du 7-2-71	5 750 »
Le Général Cambronne	27-1-71	28-1 au 4-2-71	1 550 »

Les cotes s'entendent pour affranchissement normal constitué comme décrit au paragraphe A.

C - AFFRANCHISSEMENTS

10 c. Empire, non dentelé		20 c. Empire, dentelé	385 »	30 c.	125 »
20 c.	3 450 »	40 c.	840 »	40 c.	230 »
40 c.	6 000 »	80 c.	2 200 »	80 c.	765 »
1 c. Empire, dentelé		1 c. Empire lauré		10 c. Siège	275 »
5 c.	1 500 »	2 c.		10 c. Sage Tête-bêche	15 000 »
10 c.	535 »	4 c. Empire lauré		40 c.	245 »

D - DESTINATIONS

Certaines lettres transportées étaient à destination de pays lointains (voir ci-dessous) ; elles sont relativement rares. Le chiffre ( ) suivant le nom du pays indique le montant de l'affranchissement courant :

France, territ. occupés (20)
cachet arrivée franç. . . . 1 250 »
allem . . . . 2 850 »
France (Corse) (20) . . . 1 300 »
Allemagne (40 ou 50),
sans cachet d'arrivée 1 000 »
avec cachet d'arrivée . 2 750 »

Algérie (20) . . . . 1 550 »
Autriche (60) . . . . 3 400 »
Antilles (70) . . . . 10 000 »
Argentine (80) . . . . 16 500 »
Belgique (30) . . . . 340 »
Brésil (80) . . . . 12 000 »
Cap de Bonne Esp. (80) 40 000 »
Chili (80) . . . . 15 000 »

Danemark (50) . . . . 5 000 »
Égypte (40) . . . . 7 000 »
Espagne (40) . . . . 2 450 »
États-Unis (70 ou 80) . . 4 000 »
Grande-Bretagne (30) . . 340 »
Haïti (80) . . . . 15 000 »
Indes (80) . . . . 21 000 »
Italie (40) . . . . 2 300 »

80 c. Empire Lauré oblitéré Etoile 16 sur formule imprimée ;
Paris rue de Palestro du 25 Octobre 70 à destination d'Osaka Japon (par Marseille).
Pli ayant voyagé par le Ballon Monté le Vauban le 27 Octobre.
Cachet de Transit de Marseille du 2 Novembre 70 et Arrivée au bureau français de Yokohama le 25 Décembre 70.

Gabon (80) . . . . .30 000 »
Japon (80) . . . . .40 000 »
Luxembourg (25) . . . . 10 000 »
Malaisie (80) . . . . 25 000 »
Maurice (80) . . . . 20 000 »
Monaco (20) . . . . 10 000 »
Mexique (80) . . . . 14 000 »
Norvège (70) . . . . 7 000 »

Pays-Bas (40) . . . . 1 300 »
Pérou (1 f.) . . . . 15 000 »
Philippines (80) . . . . . . 22 000 »
Portugal (40) . . . . 3 500 »
Puerto Rico (80) . . . . . 22 000 »
Réunion (50) . . . . 16 500 »
Roumanie (40) . . . . 14 000 »
Russie (80) ss cach. arr. 3 050 »

Russie (80) av. cach. arr.12 500 »
Russie du Sud (1 f.)
sans cachet d'arrivée . 4 000 »
Sénégal (50) . . . . 15 000 »
Suède (70) . . . . 7 000 »
Suisse (30) . . . . 300 »
Turquie (40) (voie marit.) 3 050 »
Turquie (80) (voie de terre)6 500 »

E. - LETTRES-JOURNAUX

Ces plis comportent une partie imprimée, donnant des nouvelles de Paris assiégé, et une partie réservée à la correspondance.

a) *LA GAZETTE DES ABSENTS* (32 numéros).

N° 1, par Le Montgolfier (22 et 23-10-70) . . . . 1 500 »
N° 1, autres dates . . . . 425 »
N° 10, par La Ville d'Orléans, non accidentée . . . . 1 200 »
N° 10, par La Ville d'Orléans, accidentée avec cachet PP . . . . 4 000 »
N° 11, par Le Jacquard (25 au 28-11-70) . . . . 2 600 »
N° 11, autres dates . . . . 1 400 »
N° 31, par Le Richard Wallace . . . . 3 000 »
N° 31, par Le Cambronne (arrivée jusqu'au 4 février) . . . . 1 950 »
N° 32, par Le Richard Wallace . . . . 3 000 »
N° 32, par Le Général Cambronne (arrivée jusqu'au 4 février) . . . . 1 850 »
Autres numéros, chaque . . . . de 385 » à 460 »
Nos 4, 7, 13, 14, 15 et 20, avec supplément imprimé, chaque . . . . 690 »
Les nos 13, 14 et 19 avec griffe « Le Figaro », chaque . . . . 3 850 »
Chaque numéro à l'état neuf, depuis . . . . 60 »
Plan de Paris, en couleurs (2 différents), neuf, chaque . . . . 610 »
Plan de Paris, en noir, neuf . . . . 765 »
Suppléments illustrés à la Gazette des Absents
(4 différents), neufs, chaque . . . . 690 »

(Un supplément illustré est connu ayant volé).

b) *LA DÉPÊCHE-BALLON* (27 numéros).

N° 1 . . . . 1 850 »
N° 8, par La Ville d'Orléans, non accidentée . . . . 1 550 »
N° 8, par La Ville d'Orléans, accidentée avec cachet PP . . . . 2 200 »
N° 9, par Le Jacquard . . . . 3 500 »

N° 26, par Le Richard Wallace		3 200 »
N° 27, par Le Général Cambronne		2 200 »
Autres numéros, chaque	de 460 »	à 690 »
Chaque numéro à l'état neuf, depuis		75 »

c) *AUTRES JOURNAUX-LETTRES.*

Le Ballon-Poste, sur papier rose (21 numéros).		
Nos 1 à 4, chaque		1 850 »
N° 8, par Le Jacquard		4 350 »
Autres numéros, chaque	de 600 »	à 765 »
Chaque numéro, à l'état neuf		75 »
Le Ballon-Poste, sur papier saumon, 31 octobre		3 850 »
La Cloche, 26 et 30 novembre, chaque		3 000 »
L'Echo des Étrangers (5 numéros), chaque		6 500 »
L'Électeur Libre, 29 novembre		6 000 »
L'Enveloppe-Gazette, du 7 au 19 décembre (13 numéros), chaque		6 000 »
Le Journal-Ballon (4 numéros), chaque		3 000 »
Le Moniteur Aérien, 27 octobre		8 000 »
Le Montgolfier, 15 novembre		12 000 »
Le Soir (17 numéros), chaque		3 000 »
Pour tous ces journaux, chaque numéro à l'état neuf,	depuis	155 »
Le Journal-Poste (17 numéros),		
Nos 12, 13, 14, 16, sous enveloppe avec griffe du journal, chaque		3 850 »
Autres numéros, chaque		1 100 »
Nos 3 et 7 avec supplément, chaque		2 300 »
A l'état neuf, chaque		80 »

F - JOURNAUX

Certains journaux parisiens ont imprimé, durant le Siège, des éditions spéciales, généralement sur papier pelure, destinées à être expédiées par ballons. Ils n'ont aucune place réservée à la correspondance.

L'Ami de la France, 15 décembre		
La Chronique Illustrée, 21 décembre sous enveloppe		6 300 »
Le Gaulois, grand format : (13 numéros), chaque		7 000 »
petit format : (2 numéros), chaque		6 800 »
Le Journal des Débats (5 numéros), chaque		8 000 »
Journal Le Français, sous enveloppe (2 numéros), chaque		9 000 »
Le Journal Officiel, 7 numéros connus ayant volé (sous bande)		9 000 »
Le Journal d'Outre-Mer (2 numéros connus)		
La Liberté, 2 novembre (sous enveloppe)		7 000 »
Le Moniteur des Communes		
Le National, sous enveloppe (un numéro)		3 800 »
Les Nouvelles, 17 décembre		
Les Nouvelles du Matin, 3 décembre		3 800 »
Les Nouvelles du Midi, 31 décembre, sous enveloppe		4 200 »
Les Nouvelles du Soir, 24 octobre		3 800 »
Le Petit Journal (7 numéros sous enveloppe), chaque		3 300 »
Le Petit Journal, reproduction photo, sous enveloppe (4 numéros), chaque		4 400 »
La Revue des Deux Mondes (1 numéro sous enveloppe)		4 600 »
Le Siècle (2 numéros sous enveloppe), chaque		4 600 »
Paris-Journal		5 500 »
Chaque numéros, à l'état neuf,	depuis	250 »

D'autres journaux sont connus, mais seulement à l'état neuf.

G. - CORRESPONDANCES DE PRESSE

Agence Fournier, sous enveloppe	5 000 »
Dernières Nouvelles (Havas), sous enveloppe, 20, 23, 26, septembre, chaque	4 200 »
Correspondance Havas, édition française	1 000 »
Correspondance Havas, édition allemande, sans arrivée	1 500 »
Correspondance Havas, édition allemande, avec arrivée	3 700 »
Gazette de Francfort	4 600 »
Nouvelle Presse Libre de Vienne	5 200 »

H - CIRCULAIRES

a) *CIRCULAIRES OFFICIELLES.*

Circulaire de la Compagnie du Chemin de fer P. L. M.	5 150 »
Conseil Général des Hospices	5 600 »
Ministère des Finances aux Directeurs des Manufactures	5 000 »
Circulaire du Directeur général des Manufactures de l'État	5 000 »

Circulaire de l'Assistance Publique .... 5 050 »
Circulaire de la Direction Générale des Domaines .... 4 800 »
Chacune de ces circulaires, à l'état neuf, ... depuis 300 »

b) *CIRCULAIRES PRIVÉES*

Circulaire du Directeur de l'École Albert-le-Grand .... 5 600 »
Circulaire de la Banque Vernes (sur Gazette n° 7) .... 6 300 »
Circulaire de la Banque Vernes (sur papier libre) .... 6 300 »
Circulaire de la Société Générale .... 4 800 »
Circulaire de « La Nationale » .... 3 500 »
Circulaire de « L'Union » .... 4 800 »
Circulaire de la Maison Paul Dupont .... 7 250 »
Circulaire de « La Providence » .... 4 800 »
Circulaire de L'Illustration .... 5 600 »
Circulaire de l'Alliance Républicaine .... 5 250 »
Crédit Viager .... 5 250 »
Compagnie des Courriers .... 7 250 »
Lettre aux Électeurs .... 5 250 »
Lettre aux Électeurs de l'Aisne .... 5 250 »
Lettre aux Électeurs de la Corrèze .... 5 250 »
Lettre aux Électeurs de la Dordogne .... 5 250 »
Lettre du Comité Vendéen de Paris .... 5 250 »
Lettre des Convoyeurs de Paris .... 6 400 »
Circulaire de la Maison Decugis .... 6 500 »
Manifeste des Loges .... 31 500 »
Circulaire de la Société Fraternelle des Enfants de la Drôme .... 6 800 »
Chacune de ces circulaires, à l'état neuf, ... depuis 290 »

J - MARQUES DE DÉPART

A. - Bureaux de Paris : Bureau central, étoile pleine ; bureaux de quartier ; étoile avec chiffre. Les plus rares sont ☆ 23 (rue d'Aligre) et ☆ 28 (Cardinal Lemoine) (le cachet à date y a servi habituellement) ; ☆ 29 (rue Pascal) ; ☆ 33 (boulevard de l'Hôpital) ; ☆ 36 (boulevard Voltaire).

Cachet à date Paris S. C. rouge .... à partir de 1 000 »

B. - Bureaux intra-muros et banlieue : Losanges GC les plus rares : 904 Paris-Charonne, 1625 Paris-Gare d'Ivry, 3180 Les Lilas, 3240 Rueil, 4097 Vanves, 4290 Vincennes (cachet à date simple cercle). Les losanges P. C. sont rares ; on connaît 432, 2170, 2523, 3739.

C. - Cachets avec taxe à payer 15 et 30 c .... à partir de 1 400 »

D. - Poste militaire :
a) Armée du Rhin 13e Corps : griffes AR 13e C, ARAL, ARAM, ARAN, avec cachet à date
Armée du Rhin .... à partir de 2 700 »
b) 14e Corps (le cachet à date sert d'oblitération) .... 3 000 »
c) Armée française : griffe AFA à AFM, en noir, parfois en rouge .... à partir de 2 500 »

K. - PLIS CONFIÉS AUX AÉRONAUTES

Lettre manuscrite de Paris du 16 Oct.70 affranchie à l'aide d'un 20 c. Siège.
Lettre confiée aux Aérostiers de Paris qui ont apposé leur cachet rouge.
REPUBLIQUE FRANÇAISE
I
AEROSTIERS
NADAR - DARTOIS
DURUOF

Ce pli quitta Paris le 18 Oct par le Ballon le Victor Hugo. Les aérostiers ont atterri dans l'Aisne le même jour et ont gagné Tours le 20 Oct. pour déposer le courrier. Le timbre fut annulé par le cachet à date de Tours du 21 Oct. et le pli distribué les jours suivants dans le Morbihan

a) Compagnie des Aérostiers
Grand cachet Nadar, Dartois, Duruof, rouge .... 9 000 »

b) Compagnie des Aéronautes
Grand cachet Dartois et Yon, bleu .... 12 500 »
rouge (Ballon Général Uhrich) .... 30 000 »

c) Plis sans cachet de départ, oblitérés en cours de route ou à l'arrivée ; le plus souvent :
Tours simple cercle, double cercle ou 3997 .... à partir de 2 000 »
Cachet à date avec PP .... à partir de 2 750 »
Bordeaux GC 532 .... à partir de 2 150 »

Autres cachets apposés en cours de route, soit griffe GC, PC, ambulant, soit cachet à date, permettant d'identifier le ballon .... à partir de 1 950 »
Le cachet des Aérostiers peut se trouver sur ces plis.

L. - AUTRES MARQUES DE TRANSIT OU D'ARRIVÉE

Certains cachets apposés en cours de route, ou à l'atterrissage, permettent d'identifier plus sûrement le ballon transporteur et donnent une plus-value aux plis. Certains sont forts rares.

L'identification de certains ballons est parfois difficile, par exemple lorsque deux de ceux-ci ont quitté Paris le même jour, ou bien lorsque le cachet d'arrivée est plus tardif que celui indiqué dans le tableau A. Il est recommandé, dans ce cas, de se reporter au Catalogue Spécialisé des Timbres de France (Volume I).

M. - PLIS TRANSPORTÉS PENDANT LE SIÈGE DE PARIS PAR D'AUTRES VOIES

Les plis sortis de Paris par passeur officiel ou par passeur privé sont très rares.
Les plis sortis ou entrés par la voie diplomatique sont rarissimes.

N. - AUTRES VILLES ASSIÉGÉES

Plusieurs villes de province, assiégées pendant la guerre, ont utilisé divers moyens officiels et privés pour assurer le transport du courrier.

CORRESPONDANCES TRANSPORTÉES PAR BOULES DE MOULINS

Pendant le Siège, dans le sens province-Paris, l'envoi de ballons montés, qui n'étaient pas dirigeables et dont le lieu d'atterrissage était donc parfaitement aléatoire, n'étant pas envisageable, trois inventeurs, ROBERT, DELORT et VONOVEN, firent adopter un système connu sous le nom de Boules de Moulins.

Les plis devaient initialement être centralisés à Clermont-Ferrand mais l'on opta très vite pour Moulins sur Allier.

Les lettres, après avoir été centralisées au bureau de Poste de Moulins, furent insérées dans 55 sphères de zinc contenant 500 à 800 missives. Chaque lettre était affranchie au tarif spécial de 1 franc et portait la mention manuscrite « Paris par Moulins-sur-Allier ». Au cours du mois de janvier 1871 les boules furent immergées dans la Seine en amont de Paris. Malheureusement, les filets installés dans Paris assiégé pour intercepter les boules, furent emportés par les blocs de glace que charriait la Seine.

Tandis qu'une partie des boules s'enlisèrent avant d'arriver à Paris, les autres traversèrent la capitale et allèrent se perdre jusque dans l'estuaire de la Seine, si bien que les premiers repêchages n'intervinrent qu'après la fin du Siège.

AFFRANCHISSEMENTS

- Affranchissement absent pour cause d'immersion .... 200 »
- Affranchissement incomplet pour cause d'immersion .... 400 »

Les affranchissements les plus habituels sont composés des timbres de l'émission Empire lauré (E.L.) et de ceux de l'émission de Bordeaux (B).

- 20 c. (E.L.) + 80 c. (E.L.) .... 1 000 »
- 20 c. (E.L.) x 5 .... 1 250 »
- 20 c. (E.L.) + 40 c. (E.L.) x 2 .... 1 500 »
- 20 c. (E.L.) + 80 c. (B) .... 1 500 »
- 40 c. (E.L.) x 2 + 20 c. (B) .... 1 800 »
- 80 c. (E.L.) + 20 c. (B) .... 1 750 »
- 20 c. (B) + 80 c. (B) .... 1 500 »

A partir des timbres-poste de ces deux émissions, d'autres compositions sont possibles ; certaines sont très rares.

Ainsi on connaît des plis affranchis avec 5 pièces du 20 c. (I) Bordeaux .... 15 000 »

L'importance du tarif et l'exiguité des lettres (qui ne devaient pas peser plus de 4 grammes) interdisaient totalement l'emploi de petites valeurs à 1, 2 et 4 centimes et rendaient difficile l'emploi de timbres à 5 ou 10 centimes :

Sont connus :

5 c. (B) .... 8 000 »
10 c. (B) .... 4 000 »
10 c. (E.L.) .... 4 000 »

Exceptionnellement des timbres des émissions antérieures ont été utilisés :

Sont connus :

5 c. Empire dentelé .... 20 000 »
10 c. Empire dentelé .... 7 500 »
20 c. + 80 c. Empire dentelé .... 7 500 »
40 c. Empire dentelé + 20 c. (B) .... 5 000 »
80 c. Empire dentelé + 20 c. (E.L.) .... 2 500 »
ainsi que les 20 c. et 80 c. Empire non dentelés .... 20 000 »

Dans les localités dépourvues de timbres, les lettres recevaient une griffe « PP » encadrée, accompagnée d'une mention manuscrite « Perçu 1 F en numéraire ».

LETTRES EN PROVENANCE DE L'ÉTRANGER

La plupart des plis en provenance de l'étranger étaient centralisés à Bordeaux (oblitération GC 532) mais certains parvinrent directement à Moulins (GC 2565) et quelques autres sont oblitérés de Marseille (GC 2240).

On connaît des lettres originaires des pays suivants : BELGIQUE, PAYS-BAS, GRANDE-BRETAGNE, SUISSE et PORTUGAL.

GC 532 .... 2 000 »
GC 2565 .... 3 000 »
GC 2240 .... 4 000 »

(Ces cotes s'entendent pour des plis contenant une correspondance établissant la provenance étrangère de la lettre).

Certaines lettres étrangères étaient postées en France près de la frontière : on connaît ainsi des plis de Belgique ou de Grande-Bretagne postés à Lille, de Suisse postés à Saint-Julien en Genevois ou Fernex : .... 3 000 »

• Plis de Grande-Bretagne affranchis en timbres anglais .... 25 000 »

• Plis avec double affranchissement (Suisse + France, Belgique + France) .... 45 000 »

LES « SACS DE RIZ »

Après la fin du Siège des lettres en souffrance à Moulins furent acheminées sur Paris, cachées dans des sacs de ravitaillement, d'où leur surnom de « Sacs de riz ». Elles portent un cachet d'arrivée à Paris du 12 février 1871.

• Lettre avec cachet d'arrivée à Paris le 12 février 1871 .... 3 000 »

Peu après, d'autres lettres en souffrance furent acheminées officiellement à Paris (cachet d'arrivée du 17, 18 ou 22 février 1871).

• Lettres avec cachet d'arrivée à Paris le 17, 18 ou 22 Février 1871 .... 3 000 »

LES REPÊCHAGES TARDIFS

Aucune lettre ne parvint à son destinataire pendant le Siège mais à partir de 1871 eurent lieu des repêchages suivis d'une distribution officielle par l'Administration avec cachet d'arrivée : 6 mars 1871, 26 mars 1871, 15 mai 1871, 2 et 5 juin 1871, 8 juin 1871, 23 juin 1871, 2, 26, 27 août 1871, 13 janvier 1872, 18 mars 1872, 2, 3 mai 1872, 29 août 1872, 29 novembre 1872, 11 décembre 1872, 13 mai 1873, 16 mai 1873, 5 juin 1873, 25 juin 1873, 25 juillet 1873, 6 juillet 1874, 10 décembre 1875, 7 juillet 1876, 18 avril 1882, 6 août 1968, 14 avril 1982 à partir de 6 000 »

Trois de ces repêchages donnèrent lieu à l'apposition d'une griffe spéciale :

- « Trouvée dans une boîte échouée sur les bords de la Seine à Quillebeuf (Eure), le 26 mars 1871 » .... 15 000 »

- « Corresp[ce] contenue dans une boule « de Moulins » repêchée prés de St-Wandrille, le 6 août 1968 » .... 30 000 »

- « Pli contenu dans une boule de Moulins découverte à Vatteville la Rue, le 14 avril 1982 » .... » »

BLOCS ET FEUILLETS

Jusqu'en 1949 les cotes de la colonne de gauche concernent les blocs neufs avec gomme d'origine intacte et sans charnière, celles de la colonne centrale les blocs neufs avec charnière légère, celles de la colonne de droite les blocs oblitérés.

Les reproductions de ces blocs sont réduites au quart.

1925. - *Exposition philatélique internationale de Paris. T.-P. imprimé par bloc de quatre sur feuillets de 140 x 220, avec cadre et EXPOSITION INTERNATIONALE DE TIMBRES-POSTE - Émission spéciale - PARIS - 1925. Dentelés.*

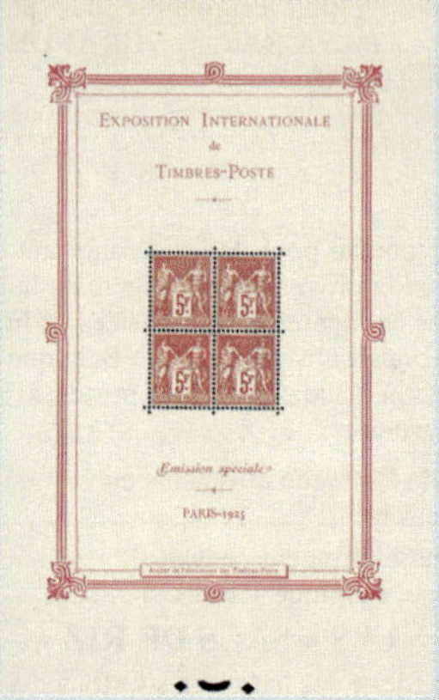

1	5 f. carmin (216)	4 250 »	1 450 »	1 450 »
	a. (Non dentelé)		6 000 »	
	b. (Avec cachet témoin de l'exposition hors timbre)	2 750 »	1 350 »	1 350 »

Pour acheter ce bloc, il fallait présenter un ticket d'entrée à l'exposition vendu 5 f. Il en a été de même pour les blocs suivants n°s 2 et 3.

1927. - *Exposition philatélique internationale de Strasbourg. T.-P. au type Semeuse réunis sur feuillets de 110 x 140 et séparés par un intervalle blanc avec inscription bleue STRASBOURG - 1927. Dentelés.*

2	5 f. bleu (241)			
	10 f. rouge (242)			
	Le feuillet	2 850 »	1 350 »	1 350 »
	a. (Avec cachet témoin de l'exposition hors timbre)	1 900 »	1 300 »	1 300 »

1937. - *Exposition philatélique internationale de Paris. (PEXIP). Timbres au type des T.-P. de 1849 imprimés en paires verticales séparées par un intervalle et les mots PEXIP - PARIS - 1937, sur feuillets de 150 x 220. Dentelés.*

3	5 c. outremer et brun (348) 15 c. rouge-brun et rose (349) 30 c. outremer et rose (350) 50 c. rouge-brun et brun (351)			
	Le feuillet	800 »	450 »	400 »
	a. Non dentelé	3 500 »		
	b. (Avec cachet témoin de l'exposition hors timbre)	500 »	420 »	385 »

1945. - *Non émis. Marianne de Dulac. T.-P. de même date réunis en bloc de quatre sur feuillets de 121 x 172. Non dentelé.*

4	2 f. 40 rouge (693)	6 750 »	4 500 »

Imprimé pendant la guerre sur papier de très mauvaise qualité.

1949. - *Exposition du centenaire du Timbre (Paris CITEX). Timbre non dentelé (avec dentelure extérieure pour découpage), imprimé par feuilles de dix de 154 x 279. Chaque feuille porte dans la marge supérieure les millésimes 1849-1949 (format d'un timbre : 40 x 52).*

5	10 f. (+100 f.), vermillon (841) La feuille de dix timbres	850 »	600 »	600 »
	a. Non dentelée	16 500 »		

A partir de 1960 les cotes de la colonne de gauche concernent les blocs neufs sans charnière, celles de la colonne de droite les blocs oblitérés.

1964. - *Exposition philatélique internationale "Philatec", à Paris. T.-P. de même date imprimé par huit sur feuillets de 145 x 285 avec EXPOSITION INTERNATIONALE PHILATEC PARIS 1964. Dentelés.*

6	8 x 1 f. (+3 f.), brun, bleu foncé et carmin (1422)	300 »	230 »
	a. Non dentelé	3 000 »	

1975. - *Exposition philatélique internationale "Arphila'75". T.-P. de même date réunis sur feuillets de 150 x 143. Dentelés.*

7	2 f. gris-vert et rouge-brique (1834) 3 f. rouge, bleu et gris-bleu (1835) 4 f. bleu, rouge-brique et vert-noir (1836) 6 f. gris-vert, rouge et bleu (1837)		
	Le feuillet	10 »	10 »
	a. Non dentelé	500 »	

1982. - *"Philexfrance'82". Exposition philatélique internationale. T.-P. de même date réunis sur feuillets de 100 x 71,5, avec une vignette centrale sans valeur, sur laquelle figure le logo de l'exposition. Vendu 30 f. Dentelés.*

8	4 f. rouge et bleu (2216) 6 f. bleu et rouge (2217)		
	Le feuillet	14 »	14 »
	a. Non dentelé	300 »	

Épreuve en noir insérée dans le catalogue de l'exposition : 55 ».

1986. - *Cinquantenaire de la cinémathèque française. T.-P. de même date réunis sur feuillet de 143 x 180. Dentelés.*

9	10 x 2 f. 20, noir et gris (n°s 2433/2442)	15 »	15 »
	a. (Non dentelé)	300 »	

1989. - *Personnages célèbres de la Révolution. T.-P. de même date réunis sur feuillet de 78 x 105. Dentelés.*

10	2 f. 20, multicolore (2592)		
	2 f. 20, multicolore (2593)		
	2 f. 20, multicolore (2594)		
	2 f. 20, multicolore (2595)		
	Le feuillet	5 »	5 »
	a. Non dentelé	270 »	

1989. - *Bicentenaire de la Révolution et de la Déclaration des Droits de l'Homme et du Citoyen. T.-P. de même date réunis sur feuillet de 130 x 143. Vendu 50 f. Dentelés.*

11	5 f. multicolore (2596)		
	5 f. multicolore (2597)		
	5 f. multicolore (2598)		
	5 f. multicolore (2599)		
	Le feuillet	18 »	18 »
	a. Non dentelé	400 »	
	b. En noir	150 »	
	c. Papier fluorescent	300 »	

Le N° 11b accompagnait les deux tomes du catalogue de l'exposition "Philexfrance'89".

1990. - *Bicentenaire de la Révolution. T.-P. de même date réunis sur feuillet de 78 x 105. Taille-douce. Dentelés.*

12	2 f. 50, multicolore (2667)		
	2 f. 50, multicolore (2668)		
	2 f. 50, multicolore (2669)		
	2 f. 50, multicolore (2670)		
	Le feuillet	5 »	5 »
	a. Non dentelé	300 »	

1991. - *Bicentenaire de la Révolution française. T.-P. de même date réunis sur feuillet de 106 x 80. Dentelés*

13	2 f. 50, multicolore (2700)		
	2 f. 50, multicolore (2701)		
	2 f. 50, multicolore (2702)		
	2 f. 50, multicolore (2703)		
	Le feuillet	5 »	5 »
	a. Non dentelé	300 »	

1992. - *"Albertville'92". Jeux olympiques d'hiver. T.-P. de 1991 et 1992 réunis sur feuillet de 143 x 27 avec vignette centrale sans valeur (logo des Jeux, impression offset). Dentelés.*

14	2 f. 50+20 c. rouge, gris et bleu (2737)		
	2 f. 50+20 c. rouge, gris et bleu (2738)		
	2 f. 50+20 c. rouge, gris et bleu (2739)		
	2 f. 50+20 c. rouge, gris et bleu (2740)		
	2 f. 50+20 c. rouge, gris et bleu (2742)		
	2 f. 50+20 c. rouge, gris et bleu (2741)		
	2 f. 50+20 c. rouge, gris et bleu (2679a)		
	2 f. 50+20 c. rouge, gris et bleu (2680a)		
	2 f. 50+20 c. rouge, gris et bleu (2709a)		
	2 f. 50+20 c. rouge, gris et bleu (2710a)		
	Le feuillet	15 »	15 »
	a. Non dentelé	500 »	
	b. En noir	500 »	
	c. (Vignette centrale brillante)	18 »	18 »

1993. - *Salon du Timbre. 1er Salon européen des Loisirs du Timbre. T.-P. de même date réunis sur feuillet de 105 x 78, vendu 15 f. avec deux vignettes sans valeur. Dentelés.*

15 2 f. 40, multicolore (2849)
2 f. 40, multicolore (2850)

Le feuillet 18 » 18 »
a. Non dentelé 200 »

1994. - *Salon du Timbre. 1er Salon européen des Loisirs du Timbre. T.-P. de même date réunis sur feuillet de 106 x 78, vendu 16 f. Dentelés.*

16 2 f. 80, multicolore (2909)
2 f. 80, multicolore (2910)

Le feuillet 18 » 18 »
a. Non dentelé 200 »

1995. - *1er siècle du cinéma. T.-P. de même date réunis sur feuillet de 105 x 78. Dentelés.*

17 2 f. 80, multicolore (2919)
2 f. 80, multicolore (2920)
2 f. 80, multicolore (2921)
2 f. 80, multicolore (2922)

Le feuillet 7 » 7 »
a. Non dentelé 185 »

Tirage : 2 334 341.

1995. - *Série Arts décoratifs. Hommage au peintre ornithologue J.-J. Audubon (1785-1851). T.-P. de même date réunis sur feuillet de 121 x 113. Dentelés.*

18 2 f. 80, multicolore (2929a)
2 f. 80, multicolore (2930a)
4 f. 30, multicolore (2931a)
4 f. 40, multicolore (2932a)

Le feuillet 7 » 7 »

Tirage : 1 517 342.

1998. - *"France'98". Coupe du Monde de Football. Types des T.-P. de 1996, 1997 et 1998 réunis avec vignette centrale sans valeur (le Stade de France) sur feuillet de 148 x 140.*

19 3 f. multicolore (3012)
3 f. multicolore (3074)
3 f. multicolore (3011)
3 f. multicolore (3010)
3 f. multicolore (3077)
3 f. multicolore (3130)
3 f. multicolore (3076)
3 f. multicolore (3075)
3 f. multicolore (3013)
3 f. multicolore (3131)
Le feuillet 14 » 14 »

Les caractères des noms du graveur et de l'imprimeur sont légèrement plus serrés, et les espaces de "République française La Poste" un peu plus grands que sur les timbres de feuilles.

Tirage : 4 378 016.

1998. - *"Philexfrance 99". Exposition philatélique internationale. T.-P. de même date réunis sur feuillet de 112 x 158 vendu 25 f. dont 10 f. au profit de l'Exposition. Dentelés. © Fondation Saint-Exupéry 1998.*

20 3 f. multicolore (3175)
3 f. multicolore (3176)
3 f. multicolore (3177)
3 f. multicolore (3178)
3 f. multicolore (3179)
Le feuillet 9 » 9 »

Le logo de l'Exposition figure hors timbres.

Tirage :

1998. - *"Meilleurs Voeux". T.-P. de même date réunis sur feuillet. Dentelés.*

21 2 x 3 f. multicolores (3200)
2 x 3 f. multicolores (3201)
2 x 3 f. multicolores (3202)
2 x 3 f. multicolores (3203)
2 x 3 f. multicolores (3204)
Le feuillet 20 » 20 »

Tirage : 3 998 825.

1999. - *Journée du Timbre. Astérix. T.-P. de même date imprimé sur feuillet de 102 x 77. Dentelé. © Les Editions Albert René/Goscinny-Uderzo.*

22 3 f.+60 c. multicolore (3228) 2 75 2 50

Tirage : 1 471 430.

1999. - *"Philexfrance'99". Exposition philatélique internationale (III). Chefs d'oeuvre de l'Art. T.-P. de même date réunis sur feuillet de 158 x 112, vendu 50 f. dont 30 f. reversés à l'Association pour le Développement de la Philatélie. Dentelés.*

23 5 f. multicolore (3234)
5 f. multicolore (3235)
10 f. multicolore (3236)
Le feuillet 60 » 60 »

Le logo de l'Exposition figure hors timbres.

Vendu sous bande plastique dans une présentation illustrée (2 versions), avec laissez-passer pour l'Exposition.

Tirage :

1999. - *Congrès mondial de Roses anciennes, à Lyon. T.-P. de même date réunis sur feuillet de 110 x 160. Dentelés.*

24 3 f. multicolore (3248)
4 f. 50, multicolore (3249)
4 f. 50, multicolore (3250)
Le feuillet 12 » 12 »

Tirage : 1 902 214.

1999. - *Série "Collection Jeunesse". Armada du siècle - Rouen 1999. Grands voiliers. T.-P. de même date réunis sur feuillet de 108 x 183. Dentelés.*

25 1 f. multicolore (3269)
1 f. multicolore (3270)
1 f. multicolore (3271)
1 f. multicolore (3272)
1 f. multicolore (3273)
1 f. multicolore (3274)
1 f. multicolore (3275)
1 f. multicolore (3276)
1 f. multicolore (3277)
1 f. multicolore (3278)
Le feuillet 6 » 6 »

Tirage : 3 277 294.

1999. - *Coupe du monde de Rugby 1999. T.-P. de même date imprimé sur feuillet de 143 x 210 avec vignette centrale sans valeur (coupe Webb-Ellis). Dentelé.*

26 10 x 3 f. (0,46 €) multicolores (3280) 12 » 12 »

Tirage : 1 900 773.

2000. - *Saint-Valentin. Coeurs 2000 du couturier Yves Saint Laurent. T.-P. de même date réunis sur feuillet de 95 x 150. Dentelés.*

27 3 x 3 f. (0,46 €) multicolores (3295)
2 x 3 f. (0,46 €) multicolores (3296)
Le feuillet 9 » 9 »

Tirage : 1 667 266.

2000. - *Fête du Timbre "Tintin". T.-P. de même date imprimé sur feuillet de 100 x 75. Héliogravure. Dentelé. © Hergé/Moulinsart 2000.*

28 3 f.+60 c. (0,55 €) multicolore (3304) 2 75 2 75

Tirage : 1 658 047.

2000. - *Le siècle au fil du timbre (I). Le sport. T.-P. de même date imprimés sur feuillet de 185 x 245. Héliogravure. Dentelés.*

29 2 x 3 f. (0,46 €) multicolores (3312)
2 x 3 f. (0,46 €) multicolores (3313)
2 x 3 f. (0,46 €) multicolores (3314)
2 x 3 f. (0,46 €) multicolores (3315)
2 x 3 f. (0,46 €) multicolores (3316)
Le feuillet 12 » 12 »

Vendu dans une pochette illustrée.

Tirage : 5 895 439.

2000. - *Série "Collection Jeunesse". Voitures anciennes. "Philexjeunes 2000"-Annecy. T.-P. de même date imprimés sur feuillet de 108 x 183. Héliogravure. Dentelés.*

30 1 f. (0,15 €) multicolore (3317)
1 f. (0,15 €) multicolore (3318)
1 f. (0,15 €) multicolore (3319)
1 f. (0,15 €) multicolore (3320)
1 f. (0,15 €) multicolore (3321)
2 f. (0,30 €) multicolore (3322)
2 f. (0,30 €) multicolore (3323)
2 f. (0,30 €) multicolore (3324)
2 f. (0,30 €) multicolore (3325)
2 f. (0,30 €) multicolore (3326)
Le feuillet 6 » 6 »

La mention de l'exposition "Philexjeunes 2000-Annecy" figure hors timbres.

Tirage : 3 065 089.

2000. - *Série "Nature de France" (XV). Faune et flore. T.-P. de même date imprimés sur feuillet de 110 x 160. Dentelés.*

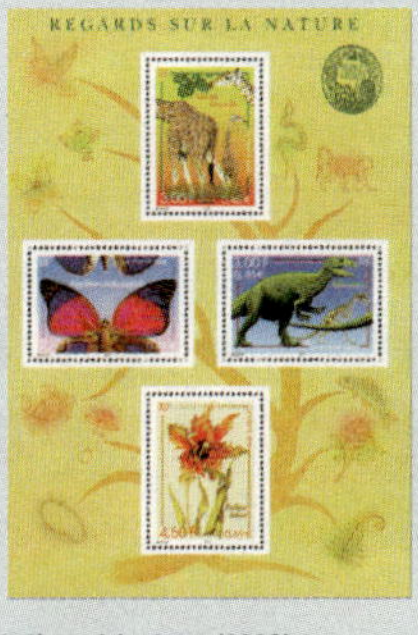

31 2 f. 70 (0,41 €) multicolore (3332)
3 f. (0,46 €) multicolore (3333)
3 f. (0,46 €) multicolore (3334)
4 f. 50 (0,69 €) multicolore (3335)
Le feuillet 5 » 5 »

Tirage : 1 687 497.

2000. - *Jeux olympiques de Sydney (Australie). Disciplines. T.-P. de même date imprimés sur feuillet de 210 x 143. Héliogravure. Dentelés.*

31A 5 x 3 f. (0,46 €) multicolores (3340)
5 x 3 f. (0,46 €) multicolores (3341)
Le feuillet 12 » 12 »

Tirage : 2 505 572.

2000. - *Le siècle au fil du timbre (II). Société. T.-P. de même date imprimés sur feuillet de 185 x 245. Héliogravure. Dentelés.*

32 2 x 3 f. (0,46 €) multicolores (3351)
2 x 3 f. (0,46 €) multicolores (3352)
2 x 3 f. (0,46 €) multicolores (3353)
2 x 3 f. (0,46 €) multicolores (3354)
2 x 3 f. (0,46 €) multicolores (3355)
Le feuillet 12 » 12 »

Tirage : 5 422 674.

2001. - *Saint-Valentin. Coeur 2001 du couturier Christian Lacroix. T.-P. de même date imprimé sur feuillet de 137 x 143. Dentelé.*

33 5 x 3 f. (0,46 €) multicolores (3368) 6 » 6 »

Tirage : 1 675 841.

2001. - *Fête du Timbre. T.-P. de même date imprimé sur feuillet de 100 x 75. Dentelé.*

34 3 f.+0 f. 60 (0,55 €) multicolore (3371) 2 50 2 50

Tirage : 1 307 149.

2001. - *Le siècle au fil du timbre (III). Communication. T.-P. de même date imprimés sur feuillet de 185 x 245. Héliogravure. Dentelés.*

35 2 x 3 f. (0,46 €) multicolores (3372)
2 x 3 f. (0,46 €) multicolores (3373)
2 x 3 f. (0,46 €) multicolores (3374)
2 x 3 f. (0,46 €) multicolores (3375)
2 x 3 f. (0,46 €) multicolores (3376)
Le feuillet 12 » 12 »

Tirage : 5 923 089.

2001. - *Série "Nature de France" (XVI). Faune. T.-P. de même date imprimés sur feuillet de 160 x 110. Dentelés.*

36 2 f. 70 (0,41 €) multicolore (3381)
3 f. (0,46 €) multicolore (3382)
3 f. (0,46 €) multicolore (3383)
4 f. 50 (0,69 €) multicolore (3384)
Le feuillet 5 » 5 »

Tirage : 1 452 391.

2001. - *Personnages célèbres. Artistes de la chanson. T.-P. de même date imprimés sur feuillet de 135 x 143, vendu 28 f. (4,27 €) (faciale 18 f. (2,76 €) dont 10 f. reversés à la Croix-Rouge Française. Dentelés.*

37 3 f. (0,46 €) multicolore (3391)
3 f. (0,46 €) multicolore (3392)
3 f. (0,46 €) multicolore (3393)
3 f. (0,46 €) multicolore (3394)
3 f. (0,46 €) multicolore (3395)
3 f. (0,46 €) multicolore (3396)
Le feuillet 12 » 12 »

Tirage : 1 140 601.

2001. - *Série "Collection Jeunesse". Les légendes du rail. Locomotives. T.-P. de même date imprimés sur feuillet de 108 x 183. Dentelés.*

38 1 f. 50 (0,23 €) multicolore (3405)
1 f. 50 (0,23 €) multicolore (3406)
1 f. 50 (0,23 €) multicolore (3407)
1 f. 50 (0,23 €) multicolore (3408)
1 f. 50 (0,23 €) multicolore (3409)
1 f. 50 (0,23 €) multicolore (3410)
1 f. 50 (0,23 €) multicolore (3411)
1 f. 50 (0,23 €) multicolore (3412)
1 f. 50 (0,23 €) multicolore (3413)
1 f. 50 (0,23 €) multicolore (3414)
Le feuillet 6 » 6 »

Tirage : 1 962 144.

2001. - *Le siècle au fil du timbre (IV). Sciences. T.-P. de même date imprimés sur feuillet de 185 x 245. Héliogravure. Dentelés.*

39 2 x 3 f. (0,46 €) multicolores (3422)
2 x 3 f. (0,46 €) multicolores (3423)
2 x 3 f. (0,46 €) multicolores (3424)
2 x 3 f. (0,46 €) multicolores (3425)
2 x 3 f. (0,46 €) multicolores (3426)
Le feuillet 12 » 12 »

Tirage : 5 200 440.

2001. - *Halloween. T.-P. de même date imprimé sur feuillet de 135 x 143, avec 4 vignettes sans valeur. Dentelé.*

40 5 x 3 f. (0,46 €) multicolores (3428) 5 » 5 »

Tirage : 1 396 241.

2001. - *Les couleurs de Marianne en Francs. Les valeurs de la monnaie et les valeurs de la lettre. Types des T.-P. de 1997 imprimés sur feuillets de 145 x 143. Sans bandes de phosphore. Taille-douce. Dentelés 13.*

41 0,10 F bistre-noir (3086)
0,20 F émeraude (3087)
0,50 F violet-rouge (3088)
1,00 F orange (3089)
2,00 F bleu (3090)
5,00 F bleu-vert (3097)
10 F violet (3099)
Le feuillet 7 » 7 »

Tirage : 791 867.

42 2,70 F vert (3091)
(sans val.) rouge (3083)
3,50 F vert-jaune (3092)
3,80 F bleu (3093)
4,20 F orange foncé (3094)
4,40 F bleu (3095)
4,50 F rose (3096)
6,70 F vert foncé (3098)
Le feuillet 13 » 13 »

Tirage : 759 807.

2002. - *Saint-Valentin. Coeur 2002, du photographe Yann Arthus-Bertrand. T.-P. de même date imprimé sur feuillet de 135 x 143. Dentelé.*

43 5 x 0,46 € multicolores (3459) 5 » 5 »

Tirage :

2002. - *Les couleurs de Marianne en Euros. Les valeurs de la monnaie et les valeurs de la lettre. Types des T.-P. de 2001 et 2002 imprimés sur feuillets de 145 x 143. Sans bandes de phosphore. Taille-douce. Dentelés 13.*

44 0,01 € jaune (3443)
0,02 € bistre-noir (3444)
0,05 € vert-émeraude (3445)
0,10 € violet-rouge (3446)
0,20 € orange (3447)
0,50 € bleu nuit (3449)
1,00 € bleu-vert (3455)
2,00 € violet (3457)
Le feuillet 10 » 10 »

45 0,41 € vert (3448)
(sans val.) rouge (3417)
0,53 € vert-jaune (3450)
0,58 € bleu (3451)
0,64 € orange foncé (3452)
0,67 € bleu outremer (3453)
0,69 € rose (3454)
1,02 € vert foncé (3456)
Le feuillet 15 » 15 »

Tirage :

2002. - *Fête du timbre. T.-P. de même date imprimé sur feuillet de 100 x 75. Dentelé.*

46 0,46 €+0,09 € multicolore (3469) 3 » 3 »

Tirage : 896 131.

2002. - *Le siècle au fil du timbre (V). Transports. T.-P. de même date imprimés sur feuillet de 185 x 245. Héliogravure. Dentelés.*

47 2 x 0,46 € multicolores (3471)
2 x 0,46 € multicolores (3472)
2 x 0,46 € multicolores (3473)
2 x 0,46 € multicolores (3474)
2 x 0,46 € multicolores (3475)
Le feuillet 12 » 12 »

Tirage : 5 165 488.

2002. - *Série "Nature de France" (XVII). Faune marine. T.-P. de même date imprimés sur feuillet de 110 x 160.*

48 0,41 € multicolore (3485)
0,46 € multicolore (3486)
0,46 € multicolore (3487)
0,69 € multicolore (3488)
Le feuillet 5 » 5 »

L'emblème du WWF figure hors timbres.

Tirage : 1 544 877.

2002. - *Champions du monde de Football. Emission commune avec l'Allemagne, l'Argentine, le Brésil et l'Uruguay. T.-P. de même date imprimés sur feuillet de 143 x 210. Dentelés.*

49 5 x 0,46 € multicolores (3483)
5 x 0,46 € multicolores (3484)
Le feuillet 12 » 12 »

Impression au verso du feuillet permettant d'inscrire le nom des pays sélectionnés depuis les quarts de finale jusqu'à la finale.

Tirage : 1 576 221.

2002. - *Les personnages célèbres. Grands interprètes de jazz. T.-P. de même date imprimés sur feuillet de 135 x 143, vendu 4,36 € dont 1,60 € reversés à la Croix-Rouge Française. Dentelés.*

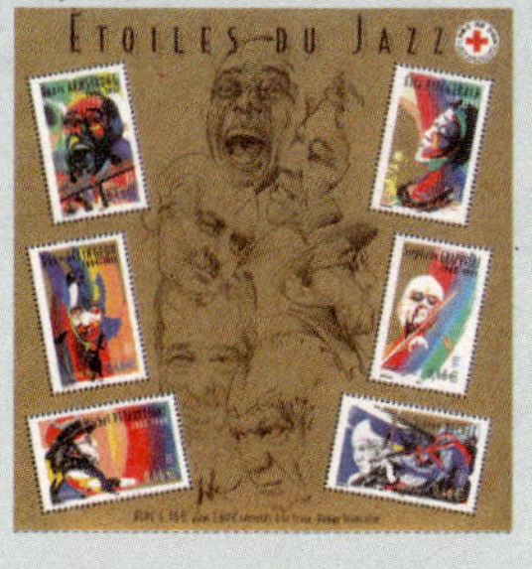

50 0,46 € multicolore et or (3500a)
0,46 € multicolore et or (3501a)
0,46 € multicolore et or (3502a)
0,46 € multicolore et or (3503a)
0,46 € multicolore et or (3504a)
0,46 € multicolore et or (3505a)
Le feuillet 12 » 12 »

Tirage : 944 509.

2002. - *Série "Collection Jeunesse". Cylindrées et carénages. Motos. T.-P. de même date imprimés sur feuillet de 107 x 183. Dentelés.*

51 0,16 € multicolore (3508)
0,16 € multicolore (3509)
0,16 € multicolore (3510)
0,16 € multicolore (3511)
0,16 € multicolore (3512)
0,30 € multicolore (3513)
0,30 € multicolore (3514)
0,30 € multicolore (3515)
0,30 € multicolore (3516)
0,30 € multicolore (3517)
Le feuillet 6 » 6 »

Tirage : 2 313 645.

2002. - *Le siècle au fil du timbre (VI). Vie quotidienne. T.-P. de même date imprimés sur feuillet de 185 x 245. Héliogravure. Dentelés.*

52 2 x 0,46 € multicolores (3519)
2 x 0,46 € multicolores (3520)
2 x 0,46 € multicolores (3521)
2 x 0,46 € multicolores (3522)
2 x 0,46 € multicolores (3523)
Le feuillet 12 » 12 »

Tirage : 4 487 837.

2002. - *Capitales européennes. Rome. T.-P. de même date imprimés sur feuillet de 143 x 135. Dentelés.*

53 0,46 € multicolore (3527)
0,46 € multicolore (3528)
0,46 € multicolore (3529)
0,46 € multicolore (3530)
Le feuillet 6 » 6 »
Tirage : 1 607 976.

2003. - *Saint-Valentin. Coeurs 2003 du couturier Torrente. T.-P. de même date imprimé sur feuillet de 135 x 143. Dentelé.*

54 5 x 0,46 € multicolores et or (3538) 5 » 5 »
Tirage :

2003. - *Fête du timbre. Lucky Luke (de Morris). T.-P. de même date imprimé sur feuillet de 100 x 75. Dentelé. © Lucky Comics 2003.*

55 0,46 €+0,09 € multicolore (3547) 2 50 2 50
Tirage : 883 162.

2003. - *Série "Nature de France" (XVIII). Oiseaux d'outre-mer. T.-P. de même date imprimés sur feuillet de 110 x 160. Dentelés.*

56 0,41 € multicolore (3548)
0,46 € multicolore (3549)
0,46 € multicolore (3550)
0,69 € multicolore (3551)
Le feuillet 5 » 5 »

Tirage :

2003. - *Portraits de régions. La France à vivre n° 1. T.-P. de même date imprimés sur feuillet de 285 x 110. Héliogravure. Dentelés.*

57 0,50 € multicolore (3559)
0,50 € multicolore (3560)
0,50 € multicolore (3561)
0,50 € multicolore (3562)
0,50 € multicolore (3563)
0,50 € multicolore (3564)
0,50 € multicolore (3565)
0,50 € multicolore (3566)
0,50 € multicolore (3567)
0,50 € multicolore (3568)
Le feuillet 12 » 12 »

Tirage :

2003. - *Timbre pour anniversaires. Personnage de bande dessinée. T.-P. de même date imprimé sur feuillet de 135 x 143, avec 4 vignettes sans valeur. Héliogravure. Dentelé. André Franquin & BATEM © Marsu 2003.*

58 5 x 0,50 € multicolores (3569) 5 » 5 »

Tirage :

2003. - *Cyclisme. Centenaire du Tour de France. T.-P. de même date imprimés sur feuillet de 210 x 143. Héliogravure. Dentelés.*

59 5 x 0,50 € multicolores (3582)
5 x 0,50 € multicolores (3583)
Le feuillet 15 » 15 »

Tirage :

2003. - *Les personnages célèbres. Personnages de la littérature française. T.-P. de même date imprimés sur feuillet de 135 x 142, vendu 4,60 € dont 1,60 € reversés à la Croix-Rouge Française. Dentelés.*

60 0,50 € multicolore (3588)
0,50 € multicolore (3589)
0,50 € multicolore (3590)
0,50 € multicolore (3591)
0,50 € multicolore (3592)
0,50 € multicolore (3593)
Le feuillet 10 » 10 »

Tirage : 987 575.

2003. - *Portraits de régions. La France à voir n° 2. T.-P. de même date imprimés sur feuillet de 285 x 110. Dentelés.*

61 0,50 € multicolore (3595)
0,50 € multicolore (3596)
0,50 € multicolore (3597)
0,50 € multicolore (3598)
0,50 € multicolore (3599)
0,50 € multicolore (3600)
0,50 € multicolore (3601)
0,50 € multicolore (3602)
0,50 € multicolore (3603)
0,50 € multicolore (3604)
Le feuillet 12 » 12 »

Tirage :

2003. - *Jardins de France. T.-P. de même date imprimés sur feuillet de 286 x 109. Dentelés.*

62 1,90 € multicolore (3606)
1,90 € multicolore (3607)
Le feuillet 10 » 10 »

La mention "Le Salon du Timbre 2004" figure hors timbres.

BF conçu pour être plié de façon à évoquer l'ouverture d'un portail sur un jardin.

Tirage :

2003. - *Série "Collection Jeunesse". Véhicules utilitaires et grande échelle. T.-P. de même date imprimés sur feuillet de 108 x 183. Dentelés.*

63 0,20 € multicolore (3609)
0,20 € multicolore (3610)
0,20 € multicolore (3611)
0,20 € multicolore (3612)
0,20 € multicolore (3613)
0,30 € multicolore (3614)
0,30 € multicolore (3615)
0,30 € multicolore (3616)
0,30 € multicolore (3617)
0,30 € multicolore (3618)
Le feuillet 6 » 6 »

Tirage : 2 228 832.

2003. - *Capitales européennes. Luxembourg. T.-P. de même date imprimés sur feuillet de 142 x 135. Dentelés.*

64 0,50 € multicolore (3624)
0,50 € multicolore (3625)
0,50 € multicolore (3626)
0,50 € multicolore (3627)
Le feuillet 6 » 6 »

Tirage : 1 676 518.

2003. - *"Meilleurs Voeux" (Rouge-gorge). Type du T.-P. de même date imprimé sur feuillet de 205 x 95. Sans bandes de phosphore. Dentelé.*

65 0,50 € multicolore (3621a) 210 » 210 »

BF inséré dans une carte de voeux 2004. Voir Blocs souvenirs n° 1

2004. - *Saint-Valentin. Coeurs 2004 du couturier Karl Lagerfeld. T.-P. de même date imprimé sur feuillet de 135 x 143. Dentelé.*

66 5 x 0,50 € multicolores (3632) 5 » 5 »

Tirage :

2004. - *Les couleurs de Marianne en Euros. Les valeurs de la lettre. Types des T.-P. de 2001, 2002 et 2003 imprimés sur feuillet de 145 x 143, vendu 6,89 €. Sans bandes de phosphore. Taille-douce. Dentelés 13.*

67 (sans val.) vert (3535A)
(sans val.) rouge (3417)
0,58 € jaune-olive (3570)
0,70 € vert-olive (3571)
0,75 € bleu ciel (3572)
0,90 € bleu foncé (3573)
1,11 € lilas (3574)
1,90 € brun-prune (3575)
Le feuillet 18 » 18 »

Tirage :

2004. - *Portraits de régions. La France à vivre n° 3. T.-P. de même date imprimés sur feuillet de 286 x 110. Dentelés.*

68 0,50 € multicolore (3646)
0,50 € multicolore (3647)
0,50 € multicolore (3648)
0,50 € multicolore (3649)
0,50 € multicolore (3650)
0,50 € multicolore (3651)
0,50 € multicolore (3652)
0,50 € multicolore (3653)
0,50 € multicolore (3654)
0,50 € multicolore (3655)
Le feuillet 12 » 12 »

Tirage :

2004. - *Série "Nature de France" (XIX). Animaux de la ferme. T.-P. de même date imprimés sur feuillet de160 x 110. Dentelés.*

69 0,45 € multicolore (3662)
0,50 € multicolore (3663)
0,50 € multicolore (3664)
0,75 € multicolore (3665)
Le feuillet 5 » 5 »

Tirage :

2004. - *Jardins de France. T.-P. de même date imprimés sur feuillet de 286 x 110. Dentelés.*

70 1,90 € multicolore (3673)
1,90 € multicolore (3674)
Le feuillet 10 » 10 »

La mention "Le Salon du Timbre 2004" figure hors timbres.

Tirage : 1 281 244.

2004. - *"Salon du Timbre 2004". Jardins de France. T.-P. de 2003 et 2004 imprimés sur feuillet de 210 x 144. Dentelés.*

71 1,90 € multicolore (3606)
1,90 € multicolore (3607)
1,90 € multicolore (3673)
1,90 € multicolore (3674)
Le feuillet 20 » 20 »

Tirage :

2004. - *Personnages célèbres. Napoléon 1er et la garde impériale. T.-P. de même date imprimés sur feuillet de 135 x 142, vendu 4,60 € dont 1,60 € reversés à la Croix-Rouge Française. Dentelés.*

72 0,50 € multicolore (3679)
0,50 € multicolore (3680)
0,50 € multicolore (3681)
0,50 € multicolore (3682)
0,50 € multicolore (3683)
0,50 € multicolore (3684)
Le feuillet 10 » 10 »

Tirage : 1 397 523.

2004. - *Jeux olympiques d'Athènes (Grèce). T.-P. de même date imprimés sur feuillet de 183 x 108. Dentelés.*

73 5 x 0,50 € multicolores (3686)
5 x 0,50 € multicolores (3687)
Le feuillet 15 » 15 »

Tirage :

2004. - *Jeux olympiques d'Athènes (Grèce). Passage de la flamme olympique à Paris. T.-P. de même date imprimé sur feuillet de 205 x 95. Dentelé.*

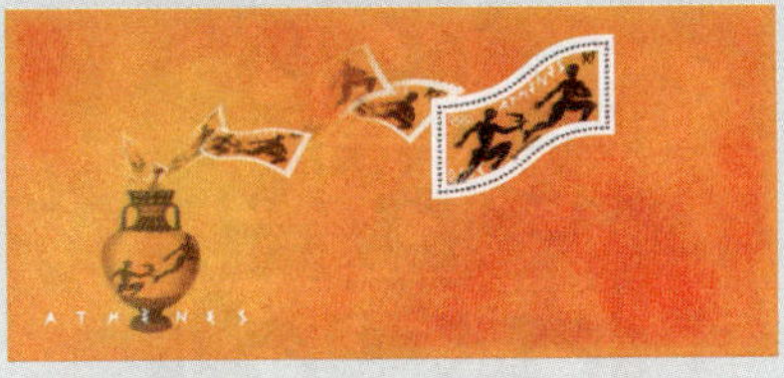

74 0,50 € multicolore (3687) 15 » 15 »

BF inséré dans une carte "Athènes" vendu 3 €. Voir Blocs souvenirs n° 2.

2004. - *Timbre "Anniversaire". T.-P. de même date imprimé sur feuillet de 135 x 143. Dentelé.*

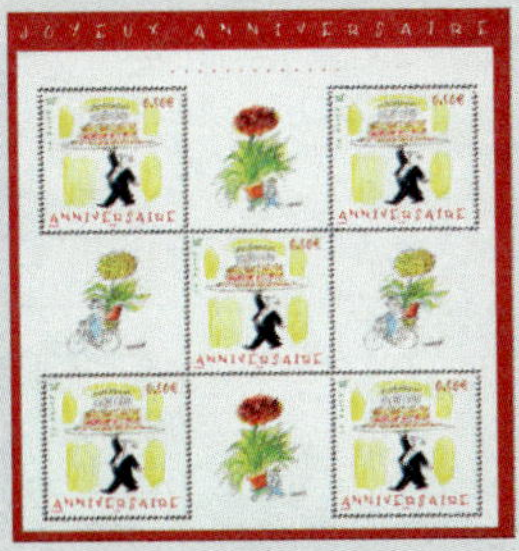

75 5 x 0,50 € multicolores (3688) 5 » 5 »

Tirage :

2004. - *Série "Collection Jeunesse". Les sports de glisse. T.-P. de même date imprimés sur feuillet de 108 x 183. Dentelés.*

76 0,20 € multicolore (3691)
0,20 € multicolore (3692)
0,20 € multicolore (3693)
0,20 € multicolore (3694)
0,20 € multicolore (3695)
0,30 € multicolore (3696)
0,30 € multicolore (3697)
0,30 € multicolore (3698)
0,30 € multicolore (3699)
0,30 € multicolore (3700)
Le feuillet 6 » 6 »

Tirage :

2004. - *Portraits de régions. La France à voir n° 4. T.-P. de même date imprimés sur feuillet de 286 x 110. Dentelés.*

77 0,50 € multicolore (3702)
0,50 € multicolore (3703)
0,50 € multicolore (3704)
0,50 € multicolore (3705)
0,50 € multicolore (3706)
0,50 € multicolore (3707)
0,50 € multicolore (3708)
0,50 € multicolore (3709)
0,50 € multicolore (3710)
0,50 € multicolore (3711)
Le feuillet 12 » 12 »

Tirage :

2004. - *Capitales européennes. Athènes. T.-P. de même date imprimés sur feuillet de 142 x 134. Dentelés.*

78 0,50 € multicolore (3718)
0,50 € multicolore (3719)
0,50 € multicolore (3720)
0,50 € multicolore (3721)
Le feuillet 5 » 5 »
Tirage :

2004. - *"Meilleurs Voeux" (étoile personnage avec fleur). Type du T.-P. de même date imprimé sur feuillet de 205 x 95. Dentelé.*

79 0,50 € multicolore (3724a) 25 » 25 »
BF inséré dans une carte de voeux 2005 vendue 3 €. Voir Blocs souvenirs n° 3.

2005. - *Saint-Valentin. Coeurs 2005 du couturier Cacharel. T.-P. de même date imprimé sur feuillet de 135 x 143. Dentelé.*

80 5 x 0,53 € multicolores (3747) 6 » 6 »
Tirage :

2005. - *Série "Nature" (XX). T.-P. de même date imprimés sur feuillet de 110 x 160. Dentelés.*

81 0,53 € multicolore (3763)
0,53 € multicolore (3764)
0,55 € multicolore (3765)
0,82 € multicolore (3766)
Le feuillet 5 » 5 »

Certaines parties d'images du bloc sont recouvertes d'un vernis parfumé à la vanille.

Tirage :

2005. - *Portraits de régions. La France à vivre n° 5. T.-P. de même date imprimés sur feuillet de 251 x 110. Dentelés.*

82 0,53 € multicolore (3767)
0,53 € multicolore (3768)
0,53 € multicolore (3769)
0,53 € multicolore (3770)
0,53 € multicolore (3771)
0,53 € multicolore (3772)
0,53 € multicolore (3773)
0,53 € multicolore (3774)
0,53 € multicolore (3775)
0,53 € multicolore (3776)
Le feuillet 12 » 12 »

Tirage :

2005. - *Timbre pour Anniversaires. Bande dessinée. Centenaire de Bécassine, du dessinateur Joseph Porphyre Pinchon. T.-P. de même date imprimé sur feuillet de 135 x 143. Dentelé. Caumery - Pinchon © Hachette Livre/GL 2005.*

83 5 x (sans val.) multicolores (3778) 6 » 6 »
Tirage :

2005. - *Jardins de France. T.-P. de même date imprimés sur feuillet de 286* x *110. Dentelés.*

84 1,98 € multicolore (3786)
1,98 € multicolore (3787)
Le feuillet 10 » 10 »

La mention "Le Salon du Timbre 2006" figure hors timbres.

Tirage :

2005. - *Personnages célèbres. Héros de romans de l'écrivain Jules Verne (1828-1905). T.-P. de même date imprimés sur feuillet de 135* x *144, vendu 4,80 €, dont 1,62 € de don reversé à la Croix-Rouge Française. Dentelés.*

85 0,53 € multicolore (3789)
0,53 € multicolore (3790)
0,53 € multicolore (3791)
0,53 € multicolore (3792)
0,53 € multicolore (3793)
0,53 € multicolore (3794)
Le feuillet 10 » 10 »

Tirage :

2005. - *Sport automobile. Coupe Gordon Bennett. T.-P. de même date imprimés sur feuillet de 210* x *142. Dentelés.*

86 0,53 € multicolore (3795)
0,53 € multicolore (3796)
2 x 0,53 € multicolores (3797)
2 x 0,53 € multicolores (3798)
2 x 0,53 € multicolores (3799)
2 x 0,53 € multicolores (3800)
Le feuillet 14 » 14 »

Tirage :

2005. - *Sport automobile. Coupe Gordon Bennett. T.-P. de même date imprimé sur feuillet de 205* x *95. Dentelé.*

87 0,53 € multicolore (3795) 100 » 100 »

BF inséré dans une carte "Coupe Gordon Bennett" vendue 3 €. Voir Blocs souvenirs n° 4.

2005. - *Capitales européennes. Berlin. T.-P. de même date imprimés sur feuillet de 143* x *136. Dentelés.*

88 0,53 € multicolore (3810)
0,53 € multicolore (3811)
0,53 € multicolore (3812)
0,53 € multicolore (3813)
Le feuillet 5 » 5 »

Tirage :

2005. - *Portraits de régions. La France à voir n° 6. T.-P. de même date imprimés sur feuillet de 252* x *110. Dentelés.*

89 0,53 € multicolore (3814)
0,53 € multicolore (3815)
0,53 € multicolore (3816)
0,53 € multicolore (3817)
0,53 € multicolore (3818)
0,53 € multicolore (3819)
0,53 € multicolore (3820)
0,53 € multicolore (3821)
0,53 € multicolore (3822)
0,53 € multicolore (3823)
Le feuillet 12 » 12 »

Tirage :

2005. - *Art. "L'Annonciation", oeuvre du peintre italien Raphaël (1483-1520). Emission commune avec le Vatican. T.-P. de même date imprimés sur feuillet de 130* x *85. Dentelés.*

90 0,53 € multicolore (3838)
0,55 € multicolore (3839)
Le feuillet 2 50 2 50

Tirage :

2005. - *Série "Collection jeunesse". Héros des jeux vidéo. T.-P. de même date imprimés sur feuillet de 108 x 183. Dentelés.*

91 0,20 € multicolore (3842)
0,20 € multicolore (3843)
0,20 € multicolore (3844)
0,20 € multicolore (3845)
0,20 € multicolore (3846)
0,33 € multicolore (3847)
0,33 € multicolore (3848)
0,33 € multicolore (3849)
0,33 € multicolore (3850)
0,33 € multicolore (3851)
Le feuillet 6 » 6 »

Tirage :

2005. - *"Meilleurs voeux" (manchots, renne et bonhomme de neige). T.-P. de même date imprimé sur feuillet de 206 x 96. Dentelé.*

92 (sans val.) multicolore (3854a) 25 » 25 »

BF inséré dans une carte de voeux 2006 vendue 3 €. Voir Blocs souvenirs n° 5.

2006. - *Saint-Valentin. Coeurs 2006 du couturier Stéphane Rolland de la Maison Jean-Louis Scherrer. T.-P. de même date imprimé feuillet de 135 x 142.*

93 5 x (sans val.) multicolore (3861) 5 30 5 30

Tirage :

2006. - *Portraits de régions. La France à vivre n° 7. T.-P. de même date imprimés sur feuillet de 251 x 110. Dentelés.*

94 0,53 € multicolore (3882)
0,53 € multicolore (3883)
0,53 € multicolore (3884)
0,53 € multicolore (3885)
0,53 € multicolore (3886)
0,53 € multicolore (3887)
0,53 € multicolore (3888)
0,53 € multicolore (3889)
0,53 € multicolore (3890)
0,53 € multicolore (3891)
Le feuillet 12 » 12 »

Tirage :

2006. - *Jardins de France. T.-P. de même date imprimés sur feuillet de 286 x 110. Dentelés.*

95 1,98 € multicolore (3895)
1,98 € multicolore (3896)
Le feuillet 10 » 10 »

Tirage :

2006. - *Série "Nature" (XXI). Faune. Les jeunes animaux domestiques. T.-P. de même date imprimés sur feuillet de 110 x 160. Dentelés.*

96 0,53 € multicolore (3897)
0,53 € multicolore (3898)
0,55 € multicolore (3899)
0,82 € multicolore (3900)
Le feuillet 5 » 5 »

2006. - *Coupe du monde de football 2006 en Allemagne. T.-P. de même date imprimés sur feuillet de 210 x 142. Dentelés.*

97 0,53 € multicolore (3906)
0,53 € multicolore (3907)
0,53 € multicolore (3908)
0,53 € multicolore (3909)
0,53 € multicolore (3910)
0,53 € multicolore (3911)
0,53 € multicolore (3912)
0,53 € multicolore (3913)
0,53 € multicolore (3914)
0,53 € multicolore (3915)
Le feuillet 11 » 11 »

2006. - *Personnages célèbres. Les opéras de Mozart. T.-P. de même date imprimés sur feuillet de 135 x 143, vendu 4,80 € dont 1,62 € de don reversé à la Croix-Rouge Française. Dentelés.*

98 0,53 € multicolore (3917)
0,53 € multicolore (3918)
0,53 € multicolore (3919)
0,53 € multicolore (3920)
0,53 € multicolore (3921)
0,53 € multicolore (3922)
Le feuillet 10 » 8 »

2006. - *"Salon du timbre 2006". Jardins de France. Types des T.-P. de 2005 et 2006 imprimés sur feuillet de 210 x 143. Légende Phil@poste (au lieu d'ITVF). Dentelés.*

99 1,98 € multicolore (3786a)
1,98 € multicolore (3787a)
1,98 € multicolore (3895a)
1,98 € multicolore (3896a)
Le feuillet 18 » 18 »

2006. - *Timbre pour Anniversaires. Bande dessinée. 75 ans de l'éléphant Babar par l'auteur et dessinateur Laurent de Brunhoff. T.-P. de même date imprimé sur feuillet de 135 x 143. Dentelé. Babar ™ and © Nelvana Jointly Licensed by Nelvana Ross.*

100 5 x (sans val.) multicolores (3927) 5 50 5 50

2006. – *Capitales européennes. Nicosie (Chypre). T. -P. de même date imprimés sur feuillet de 143 x 135.*

101 0,53 € *Le Musée archéologique* (3928)
0,53 € *L'église byzantine de Chrysaliniotissa (1450)* (3929)
0,53 € *La Porte de Famagouste* (3930)
0,53 € *Le palais de l'Archevêché* (3931)
Le feuillet 5 » 5 »

2006. – *Portraits de régions. La France à voir. T. -P. de même date imprimés sur feuillet de 251 x 110.*

102 0,54 € *Tours catalanes* (3942)
0,54 € *La Croisette à Cannes (Alpes-Maritimes)* (3943)
0,54 € *La forêt de Brocéliande* (3944)
0,54 € *Les volcans d'Auvergne* (3945)
0,54 € *Les Invalides, à Paris (l'édifice illuminé)* (3946)
0,54 € *Le château de Chaumont-sur-Loire* (3947)
0,54 € *Les gorges de l'Ardèche* (3948)
0,54 € *Le moulin de Valmy* (3949)
0,54 € *La grotte de Lourde* (3950)
0,54 € *Calanche de Piana (Corse)* (3951)
Le feuillet 12 » 12 »

2006. – *Aviation. Les machines volantes. T. -P. de même date imprimés sur feuillet de 143* x *105.*

103 0,54 € *L' "Hélicoptère" du vicomte Ponton d'Amécourt* (3978)
0,54 € *La "Demoiselle" d'Alberto Santos-Dumont* (3979)
0,54 € *La "Barque ailée" de Jean-Marie Le Bris* (3980)
0,54 € *L'Avion III de Clément Ader* (3981)
0,54 € *L' "Hydravion" d'Henri Fabre* (3982)
0,54 € *Le "Ballon à rames" de Jean-Pierre Blanchard* (3983)
Le feuillet 6 50 6 50

2007. – *Saint-Valentin. Cœurs 2007 de la Maison de couture Givenchy. T. -P. de même date imprimé sur feuillet de 135x143.*

104 5 x Lettre 20 g noir sur rouge *Cœur rouge* (3996) 5 40 5 40

2007. – *Portraits de régions. La France à voir. T. -P. de même date imprimés sur feuillet de 250* x *110.*

105 0,54 € *Les Baux-de-Provence* (4014)
0,54 € *Cascade dans le Doubs* (4015)
0,54 € *La forêt de Fontainebleau* (4016)
0,54 € *Les bords de Loire* (4017)
0,54 € *Le château de Chantilly* (4018)
0,54 € *Le massif de la Grande-Chartreuse* (4019)
0,54 € *Saint-Malo* (4020)
0,54 € *Saint-Tropez* (4021)
0,54 € *Le ballon d'Alsace* (4022)
0,54 € *Le canal du Midi* (4023)
Le feuillet 10 80 10 80

2007. – *Fête du timbre. « Harry Potter », héros de la série de l'écrivain britannique Joanne Kathleen Rowling. T. -P. de même date imprimé sur feuillet de 105* x *70.*

106 Lettre prioritaire 20 g *Harry Potter* (4024) 1 10 1 10

2007. – *Série "Nature" (XXII). Faune en voie de disparition dans les départements d'outre-mer. T. -P. de même date imprimés sur feuillet de 110x160.*

107 0,54 € *Iguane des Antilles (Iguana delicatissima)* (4033)
0,54 € *Le racoon de la Guadeloupe* (4034)
0,60 € *Le jaguar de Guyane* (4035)
0,86 € *Le pétrel de Barau à La Réunion* (4036)
Le feuillet 5 10 5 10

2007. – *Jardins de France. Le Parc de la Tête d'Or à Lyon (Rhône). T. -P. de même date imprimés sur feuillet de 285x110.*

108 2,11 € *Détail vue du parc* (4047)
2,11 € *Détail vue des serres* (4048)
Le feuillet 8 40 8 40

2007. – *Personnages célèbres. Les voyages de Tintin. T. -P. de même date imprimés sur feuillet de 135* x *143. Vendu 5,00 €dont 1,76 €de don reversé à la Croix-Rouge Française.*

109 0,54 € *Tintin et Milou* (4051)
0,54 € *Le professeur Tournesol avec ses jumelles* (4052)
0,54 € *La capitaine Haddock utilisant un sextant* (4053)
0,54 € *Dupond et Dupont en voiture* (4054)
0,54 € *Bianca Castafiore, la diva* (4055)
0,54 € *Le Chinois Tchang* (4056)
Le feuillet 10 » 10 »

2007. – *VIe coupe du monde de Rugby organisée par la France en 2007. T. -P. de même date imprimés sur feuillet de 210 x 143.*

110 0,54 € *La mêlée* (4063)
0,54 € *L'attaque* (4064)
0,54 € *L'essai* (4065)
0,54 € *La touche* (4066)
0,54 € *La transformation* (4067)
0,54 € *La passe* (4068)
0,54 € *Le raffut* (4069)
0,54 € *Le haka* (4070)
0,54 € *Le plaquage* (4071)
0,54 € *Les supporters* (4072)
Le feuillet 10 80 10 80

2007. – *Capitales européennes. Bruxelles (Belgique). T. -P. de même date imprimés sur feuillet de 143 x 136.*

111 0,54 € *La Maison du Roi* (4073)
0,54 € *L'Hôtel de Ville* (4074)
0,54 € *Le Manneken Pis* (4075)
0,54 € *L'Atomium* (4076)
Le feuillet 4 40 4 40

BLOCS SOUVENIRS

2003. - *"Meilleurs Voeux" (Rouge-gorge). Type du T.-P. de même date imprimé sur feuillet de 205 x 95. Sans bandes de phosphore. Dentelé.* [BF] *n° 65.*

1 0,50 € multicolore (3621a) 210 » 210 »

[BF] inséré dans une carte de voeux 2004.

2004. - *Jeux olympiques d'Athènes (Grèce). Passage de la flamme olympique à Paris. T.-P. de même date imprimé sur feuillet de 205 x 95. Dentelé.* [BF] *n° 74.*

2 0,50 € multicolore (3687) 15 » 15 »

[BF] inséré dans une carte "Athènes" vendu 3 €.

2004. - *"Meilleurs Voeux" (étoile personnage avec fleur). Type du T.-P. de même date imprimé sur feuillet de 205 x 95. Dentelé.* [BF] *n° 79.*

3 0,50 € multicolore (3724a) 25 » 25 »

[BF] inséré dans une carte de voeux 2005 vendue 3 €.

2005. - *Sport automobile. Coupe Gordon Bennett. T.-P. de même date imprimé sur feuillet de 205 x 95. Dentelé.* [BF] *n° 87.*

4 0,53 € multicolore (3795) 100 » 100 »

[BF] inséré dans une carte "Coupe Gordon Bennett" vendue 3 €.

2005. - *"Meilleurs voeux" (manchots, renne et bonhomme de neige). T.-P. de même date imprimé sur feuillet de 206 x 96. Dentelé.* BF *n° 92.*

5 (sans val.) multicolore (3854a) 25 » 25 »

BF inséré dans une carte de voeux 2006 vendue 3 €.

2006. - *Année lunaire chinoise du chien. T.-P. de même date imprimé sur feuillet de 206 x 96. Dentelé.*

6 (sans val.) multicolore (3865) 8 » 8 »

BF inséré dans une carte "Nouvel An chinois" vendue 3 €.

2006. - *Personnages célèbres. Les opéras de Mozart. T.-P. de même date imprimé sur feuillet de 205 x 95. Dentelé.*

7 0,53 € multicolore (3917) 8 » 8 »

Bloc inséré dans une carte "L'Enlèvement au sérail", Mozart.

2006. - *Personnages célèbres. Les opéras de Mozart. T.-P. de même date imprimé sur feuillet de 205 x 95. Dentelé.*

8 0,53 € multicolore (3918) 8 » 8 »

Bloc inséré dans une carte "Les Noces de Figaro", Mozart.

2006. - *Personnages célèbres. Les opéras de Mozart. T.-P. de même date imprimé sur feuillet de 205 x 95. Dentelé.*

9 0,53 € multicolore (3919) 8 » 8 »

Bloc inséré dans une carte "Don Giovanni", Mozart.

2006. - *Personnages célèbres. Les opéras de Mozart. T.-P. de même date imprimé sur feuillet de 205 x 95. Dentelé.*

10 0,53 € multicolore (3920) 8 » 8 »

Bloc inséré dans une carte "Cosi fan tutte", Mozart.

2006. - *Personnages célèbres. Les opéras de Mozart. T.-P. de même date imprimé sur feuillet de 205 x 95. Dentelé.*

11 0,53 € multicolore (3921) 8 » 8 »

Bloc inséré dans une carte "La Clémence de Titus", Mozart.

2006. - *Personnages célèbres. Les opéras de Mozart. T.-P. de même date imprimé sur feuillet de 205 x 95. Dentelé.*

12 0,53 € multicolore (3922) 8 » 8 »

Bloc inséré dans une carte "La Flûte enchantée", Mozart.

2006. - *Sport. Golf. Centenaire de l'Open de France. Type du T.-P. de même date imprimé sur feuillet de 205 x 95. Sans bandes de phosphore. Dentelé.*

13 0,53 € multicolore (3935a) 8 » 8 »

Bloc inséré dans une carte "Centenaire de l'Open de France de golf ", vendue 3 €.

2006. – *"Nancy 2005", le plus beau timbre de l'année 2005. Type du T. -P. de 2005 imprimé sur feuillet de 207 x 95. Légende Phil@poste (au lieu d'ITVF).*

14 0,53 € *La place Stanislas avec la statue de Stanislas Ier Leszczynski, duc de Lorraine, et ses édifices du XVIIIe siècle réalisés par l'architecte Emmanuel Héré de Corny (3785a)* 8 » 8 »

Bloc inséré dans une carte "Nancy 2005", vendue 3 €.

2006. – *"Meilleurs Voeux" (Renne et paquets cadeaux). Type du T. -P. de même date imprimé sur feuillet de 205 x 95. Papier gommé.*

15 Lettre 20 g multicolore (3990a) 18 » 18 »

Bloc inséré dans une carte "Meilleurs vœux", vendue 3 €.

2007. – *Année lunaire chinoise du Cochon. T. -P. de même date imprimé sur feuillet de 205x95.*

16 Lettre 20 g *Cochon, œuvre originale de Li Zhongyao, peintre et calligraphe* (4001) 7 » 7 »

Bloc inséré dans une carte "Nouvel An chinois" vendue 3 €.

2007. – *Personnalité. Albert Londres (1884-1932), journaliste. T. -P. imprimé sur feuillet de 205x95.*

17 0,54 € brun et bleu *Portrait du reporter, scène d'arrivée de bagnards en Guyane (4027)* 5 » 5 »

Bloc avec marge illustrée « Tianjin 1922, les troupes de Zhang Zuolin » inséré dans une carte « Pékin 1922 ».

2007. – *Personnalité. Albert Londres (1884-1932), journaliste. T. -P. imprimé sur feuillet de 205x95.*

18 0,54 € brun et bleu *Portrait du reporter, scène d'arrivée de bagnards en Guyane (4027)* 5 » 5 »

Bloc avec marge illustrée « Cayenne, l'îlet de l'enfant perdu » inséré dans une carte « Cayenne 1923, le bagne ».

2007. – *Personnalité. Albert Londres (1884-1932), journaliste. T. -P. imprimé sur feuillet de 205x95.*

19 0,54 € brun et bleu *Portrait du reporter, scène d'arrivée de bagnards en Guyane (4027)* 5 » 5 »

Bloc avec marge illustrée « Les Flandres 1917 » inséré dans une carte « La Ruhr 1923 ».

2007. – *Personnalité. Albert Londres (1884-1932), journaliste. T. -P. imprimé sur feuillet de 205x95.*

20 0,54 € brun et bleu *Portrait du reporter, scène d'arrivée de bagnards en Guyane* (4027) 5 » 5 »

Bloc avec marge illustrée « Marseille 1926 » inséré dans une carte « Marseille 1926 ».

2007. – *Personnalité. Albert Londres (1884-1932), journaliste. T. -P. imprimé sur feuillet de 205x95.*

21 0,54 € brun et bleu *Portrait du reporter, scène d'arrivée de bagnards en Guyane (4027)* 5 » 5 »

Bloc avec marge illustrée « Les galériens de Bahreïn 1930 » inséré dans une carte « Golfe persique 1930, Sambouk des pêcheurs de perles ».

2007. – *Personnalité. Albert Londres (1884-1932), journaliste. T. -P. imprimé sur feuillet de 205x95.*

22 0,54 € brun et bleu *Portrait du reporter, scène d'arrivée de bagnards en Guyane (4027)* 5 » 5 »

Bloc avec marge illustrée « Reims 1914 » inséré dans une carte « Shanghai 1932, Le Georges-Philippar ».

2007. – *Centenaire de la Fédération internationale de voile. T. -P. de même date imprimé sur feuillet de 206 x 95.*

23 0,85 € *Voiliers en compétition (4050)* 7 » 7 »

Bloc inséré dans une carte vendue 3 €.

BLOCS SPÉCIAUX SUR PAPIER GOMMÉ

Ces blocs-feuillets ont pouvoir d'affranchissement et, à l'exception de Av. n° 20, sont dentelés.

Nos

446 et 753, Lettre de Fragonard et Musée Postal (sans gomme) 3 500 »
748 et 789, Fournier (2 f. + 3 f. rouge-brun 2 f. + 3 f. bleu-noir) 1 250 »
755 à 758, Armoiries (Corse 10 c., Alsace 30 c., Lorraine 50 c., Nice 60 c.) 1 250 »
761 et 762, Conférence de la Paix (3 et 10 f.) 610 »
765 à 770, Célébrités du XVe siècle (2 f. + 1 f., 3 f. + 1 f., 4 f. + 3 f., 5 f. + 4 f., 6 f. + 5 f., 10 f. + 6 f.) 1 700 »
772 à 776, Cathédrales (1 f . + 1 f., 3 f. + 2 f., 4 f. + 3 f., 6 f. + 4 f., 10 f. + 6 f.) 1 700 »
759, 760, 763, 764, 777 et 778 (5, 10, 15, 20, 6 et 25 f.) 1 350 »
780 à 783, 12e Congrès de l'Union Postale (3,50, 4,50, 6 et 10 f.) 1 700 »
Idem, non dentelés 1 250 »
795 à 802, Centenaire de la Révolution de 1848 1 700 »
792, 803 et 805 (15, 12, 18 f.) 1 250 »
818 et 819, Palais de Chaillot (12 f. et 18 f.) 610 »
820 et 821, Paul Langevin (5 f.) et Jean Perrin (8 f.) 1 350 »
823 à 826, Série des métiers (3 f. + 1 f., 5 f. + 3 f., 8 f. + 4 f., 10 f. + 6 f.) 1 350 »
830 à 833, Centenaire du Timbre 4 000 »
834 à 838, Armoiries (Bourgogne 10 c., Guyenne 50 c., Savoie 1 f., Auvergne 2 f., Anjou 4 f.) 1 250 »
841A, 842, 842A et 843 (St-Bertrand de Comminges 20 f., St-Wandrille 25 f., Vallée de la Meuse 40 f., Gerbier de Jonc 50 f.) 1 250 »
844 à 847, Congrès international de télégraphie et téléphonie 1 700 »
850 à 852, 75e anniversaire de l'U.P.U 2 450 »
853 à 858, Célébrités du XVIIIe siècle (1re série) (5 f. + 1 f., 8 f. + 2 f., 10 f. + 3 f., 12 f. + 4 f., 15 f. + 5 f., 25 f.+ 10 f.) 1 400 »
859 à 862, Les saisons (5 f. + 1 f., 8 f. + 2 f., 12 f. + 3 f., 15 f. + 4 f.) 1 400 »
867 à 872, Célébrités du XVIIIe siècle (2e série) (5 f. + 2 f., 8 f. + 3 f., 10 f. + 4 f., 12 f. + 5 f., 15 f. + 6 f., 20 f. + 10 f.) 1 400 »
874 et 875, Mme de Sévigné (15 f.), Mme Récamier (12 f.) 1 200 »
876 et 877, Croix-Rouge, 8 f. + 2 f., 15 f. + 3 f. 1 850 »
873 et 878, Châteaudun 8 f., Fontainebleau 12 f. 1 200 »
891 à 896, Célébrités du XIXe siècle (1re série) (5 f. + 1 f., 8 f. + 2 f., 10 f. + 3 f., 12 f. + 4 f., 15 f. + 5 f., 30 f. + 10 f.) 1 400 »
899 à 903, Armoiries 1 250 »
908 à 910, Poètes symbolistes 1 350 »
911 et 912, Nations Unies 1 650 »
914 et 915, Croix-Rouge 1 750 »
905, 916, 917 et 924, Arbois (30 f.), Pic du Midi (40 f.), Abbaye aux Hommes (50 f.), Château de Chambord (20 f.) 1 250 »
922 et 925, Narvik (30 f.), Bir Hakeim (30 f.) 1 250 »
921 et 928, Vaucouleurs (12 f.), Viaduc de Garabit (15 f.) 1 400 »
930 à 935, Célébrités du XIXe siècle (2e série) (8 f. + 2 f., 12 f. + 3 f., 15 f. + 4 f., 18 f. + 5 f., 20 f. + 6 f., 30 f. + 7 f.) 1 400 »
937 et 938, Croix-Rouge 1 700 »
815 et 942, Leclerc (6 f.), Maréchal Leclerc (8 f.) 1 350 »
945 à 950, Célébrités du XIIe au XXe siècles (8 f. + 2 f., 12 f. + 3 f., 15 f. + 4 f., 18 f. + 5 f., 20 f. + 6 f., 30 f. + 7 f.) 1 400 »
951 à 954, Armoiries 1 250 »
943, 944, 956 et 957, Gargantua (6 f.), Hernani (18 f.), Célimène (8 f.), Figaro (12 f.) 1 250 »
958 et 959, Armoiries 1 200 »
960 à 965, Jeux Olympiques sur 2 feuillets 2 450 »
966 et 967, Croix-Rouge 2 100 »
941 et 970 à 974, Productions, sur 2 feuillets 1 950 »
976 à 981, sur 2 feuillets, Lourdes (6 f.), Les Andelys (8 f.), Royan (10 f.), Quimper (12 f.), Cheverny (18 f.), Ajaccio (20 f.) 1 950 »

Partie centrale du bloc.

982 à 984, Maréchal de Lattre (12 f.), Libération (15 f.), Maréchal Leclerc (12 f.) 1 350 »

Nos

939 et 988, Versailles (18 f.) 1 200 »
989 et 994, Célébrités du XIIIe au XXe siècles 1 350 »
999 à 1005, Armoiries 1 200 »
1006 et 1007, Croix-Rouge 1 700 »
1009A, 1010, 1011 et 1011B, Marianne (de Muller) 1 500 »
1012 à 1017, Inventeurs, sur 2 feuillets 1 650 »
1027 à 1032, Célébrités diverses 1 350 »
1036 à 1042, Série touristique, sur 2 feuillets 1 700 »
1044 à 1047, Armoiries 1 200 »
1048 et 1049, Croix-Rouge 1 700 »

1052 et 1053, Driant, Verdun	1 100 »
1055 à 1058, Fabre, Tellier, Flammarion, Sabatier	1 200 »
1066 à 1071, Célébrités du XVe au XXe siècles	1 350 »
1072 à 1075, Sports	1 700 »
1076 et 1077, Europa	6 000 »
1078 à 1080, Réalisations techniques	1 200 »
1082 à 1087, Personnages étrangers	1 500 »
1089 et 1090, Croix-Rouge	1 650 »
1095 à 1098, Savants et inventeurs	950 »
1100 à 1104, Héros de la Résistance (1re série)	1 200 »
1108 à 1113, Célébrités diverses du XIIIe au XXe siècles, sur 2 feuillets	1 350 »
1115 et 1116, Moissonneuse	1 200 »
1105, 1118 et 1119, Le Quesnoy, Région bordelaise, Cahors	1 100 »
1122 et 1123, Europa	2 250 »
1106 et 1125 à 1131, Série touristique, sur 3 feuillets	1 650 »
1132 à 1138, Célébrités étrangères, sur 2 feuillets	1 850 »
1140 et 1141, Croix-Rouge	1 350 »
1142 à 1145, Grands médecins	1 250 »
1146 à 1149, Grands savants	1 250 »
1152 à 1155, Villes reconstruites	1 200 »
1157 à 1160, Héros de la Résistance (2e série)	1 200 »
1161 à 1164, Jeux traditionnels	1 350 »
1166 à 1171, Célébrités diverses	1 200 »
1173 et 1174, Europa	1 800 »
1177 et 1178, U.N.E.S.C.O.	1 500 »
1180 à 1186, Armoiries	1 250 »
1187 et 1188, Croix-Rouge	1 500 »
1198 à 1202, Héros de la Résistance (3e série)	1 200 »
1203 à 1206, Réalisations techniques (2e série)	1 050 »
1207 à 1212, Célébrités diverses	1 200 »
1218 et 1219, Europa	1 500 »
1226 et 1227, Croix-Rouge	1 500 »

POSTE AÉRIENNE.

N^{os}	
16 à 19, Série mythologique	2 100 »
20, Congrès de l'Union Postale	2 300 »
Idem, non dentelé	1 100 »
21 et 22, Saint-Exupéry, Dagnaux	1 800 »
21, 22 et 23, Saint-Exupéry, Dagnaux, Ader	1 800 »
24 à 27, Lille, Bordeaux, Lyon, Marseille	2 000 »
28, Congrès international de télégraphie et téléphonie	2 000 »
30 à 33, Prototypes	2 300 »
36, Caravelle	2 000 »

TIMBRES DE SERVICE.

N^{os}	
17, 18 et 20, Conseil de l'Europe	1 800

I. - CARNETS ANCIENS

* **Nombre de timbres**

Les carnets contiennent généralement 20 timbres - les exceptions sont signalées.

* **Formats**

De l'origine (1906) à 1922 le format des carnets est de 110x60

De 1923 à 1965 le format passe à 115x72

Les formats différents sont précisés.

* **Couvertures**

De 1906 à 1921 les couvertures sont postales

De 1922 à 1965 (sauf exceptions précisées) les couvertures sont avec publicité

* **Séries**

A partir de 1922 les carnets se rencontrent avec une ou plusieurs couvertures différentes. Les cotes indiquées correspondent aux carnets neufs et complets avec les couvertures les plus courantes.

* **NB**

Cette rubrique ne reprend que les carnets de "base" ; elle exclue les carnets particuliers tels que :

carnets "annulés"

carnets "spécimen"

carnets des cours d'instruction

carnets non dentelés

carnets avec variété d'impression ou de piquage

Les collectionneurs ont maintenant à leur disposition les spécialisés "CARNETS de FRANCE" Volume I et II dans lesquels ils trouveront pour la période 1906-1932 la reproduction de tous les carnets et de toutes les couvertures actuellement connues.

Des ouvrages que tous les collectionneurs de carnets doivent posséder comme documentation.

Le volume III en cours de préparation sera consacré aux carnets PAIX - 1932-1939.

-*-*-*-*-

111 TYPE BLANC - 5c. vert (type I B) - n° 111 e

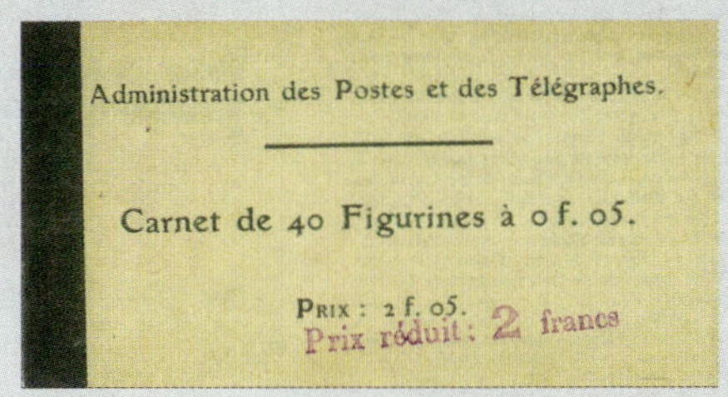

111-C 1 Carnet de 40 figurines à 0f.05 - Prix : 2f.05 ....1 800 »

111-C 2 Carnet C1 - surchargé : Prix réduit : 2 Fr ....1 800 »

111 TYPE BLANC - 5c. vert (type I B) - n° 111

111-CP 1 Aiglon - 8 timbres sur porte-timbre -
carnet de 16 pages (format 160x87)..3 100 »

129 TYPE SEMEUSE LIGNÉE - 10c. rose - n° 129

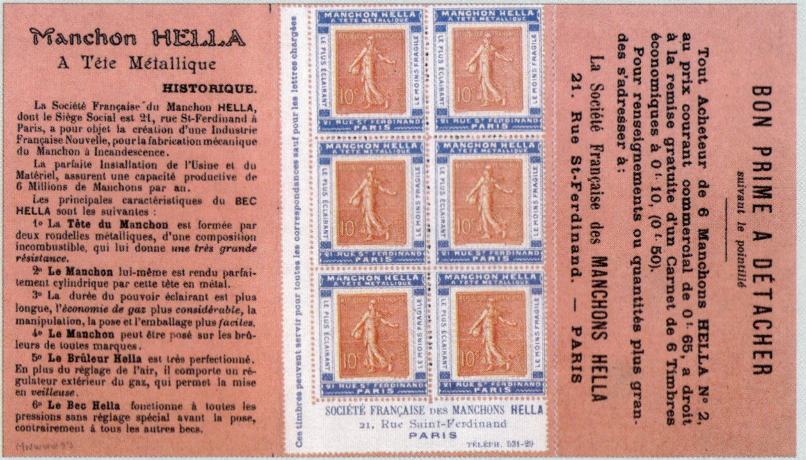

129-CP 1 MANCHON HELLA - 6 timbres sur porte-timbre (format 121x72) 3 100 »
129-CP 2 MIGNON - 6 timbres sur porte-timbre (format 121x72) ....3 300 »

130 TYPE SEMEUSE LIGNEE - 15c. vert olive (type V) - n° 130 d

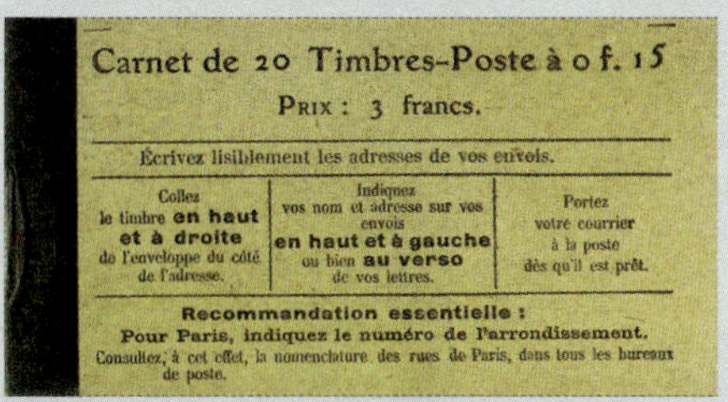

130-C 1	Couverture avec texte sur la 1re page de la couverture - papier GC	900 »
130-C 2	Couverture avec en 2e page : loi du 30 décembre 1916 - papier GC	750 »
130-C 3	Carnet C2 - papier et gomme blancs	1 350 »
130-C 3a	Carnet C2 - isolé au Type IV case 1	2 200 »
130-C 4	Carnet C2 - papier X (gomme striée)	15 000 »
130-C 5	Couverture avec en 2e page : taxes révisées le 12 août 1919 - papier GC	820 »
130-C 6	Carnet C5 - papier blanc	1 000 »
130-C 7	Couverture avec bandes striées - papier GC (40 timbres)	6 800 »

135 TYPE SEMEUSE CAMEE chiffres maigres - 10c. rouge (Type III) - n° 135 c

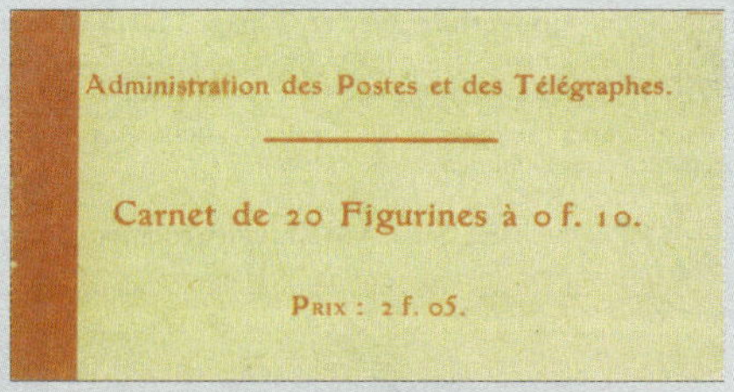

135-C 1	Carnet de 20 figurines à 0f.10 - Prix : 2f.05	600 »
135-C 1a	Carnet C1 - variété semeuse blanche	750 »
135-C 2	Carnet C1 - surchargé : Prix réduit : 2 Fr	700 »
135-C 2a	Carnet C2 - variété semeuse blanche	800 »

135 TYPE SEMEUSE CAMEE chiffres maigres - 10c. rouge (Type III) - n° 135

135-CP1	LA BELLE JARDINIERE - 6 t. sur porte-timbre - pub sur pardessus (format 121x72)	4 300 »
135-CP2	MANCHON HELLA - 6 timbres sur porte-timbre (format 121x72)	3 100 »
135-CP3	MIGNON - 6 timbres sur porte-timbre - le timbre poste économique (format 121x72)	3 200 »

137 TYPE SEMEUSE CAMEE chiffres gras - 5c. vert (type I) - n° 137

137-C 1	Carnet de 40 figurines à 0f.05 - Prix : 2f.05	830 »
137-C 2	Carnet C1 - surchargé: Prix réduit : 2 Fr	950 »

137 TYPE SEMEUSE CAMEE chiffres gras - 5c. vert (type II) - n° 137 d

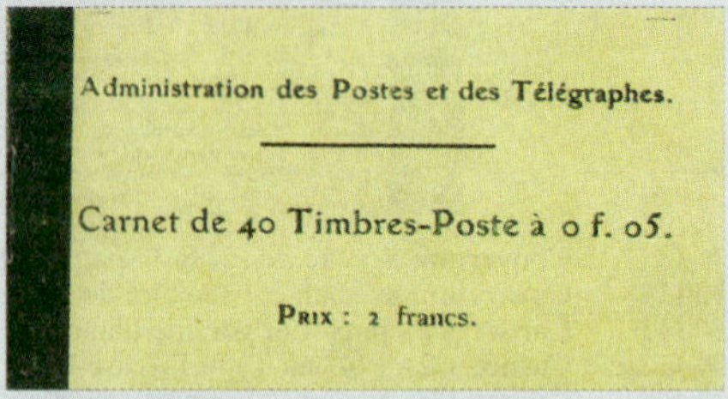

137-C 3	Carnet de 40 Timbres-Poste à 0f.05 - Prix : 2 francs.	370 »
137-C 3a	Paire de 2 carnets C3, non dentelés, se tenant	22 000 »
137-C 3b	Paire de 2 carnets C3, dentelés, se tenant	37 000 »
137-C 4	Carnet C3 - couverture grisâtre - papier brouillé	380 »
137-C 5	Carnet C3 - papier GC	500 »
137-C 5a	Carnet C3 - papier GC blanc	725 »
137-C 6	Carnet C3 ou C4 - papier X (gomme striée)	14 500 »
137-C 7	Couverture avec en 2e page : taxes révisées le 12 août 1919 (40 timbres)	360 »
137-C 8	Carnet C7 - papier GC	900 »
137-C 9	Couverture avec en 2e page : loi du 29 mars 1920 (40 timbres)	370 »

Il existe que 3 exemplaires des 2 paires ci-dessus, ils proviennent de feuilles non dentelées et dentelées préparées pour la fabrication du carnet 137 C3.

137 TYPE SEMEUSE CAMEE chiffres gras - 5c. vert (type II) - n° 137

137-CP1	BUSSANG - 16 timbres sur porte-timbre bleu-noir (format 136x80)	4 400 »
137-CP2	BUSSANG - 8 timbres sur porte-timbre bleu-noir (format 136x80)	3 500 »

138 TYPE SEMEUSE CAMEE chiffres gras - 10c. rouge (type I C) - n° 138 d

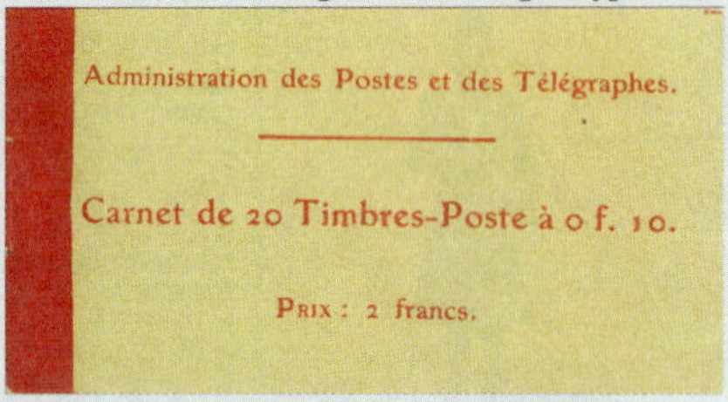

138-C 1	Carnet de 20 Timbres-Poste à 0f.10 - Prix : 2 francs	600 »
138-C 1a	Paire de 2 carnets C1 et C3, non dentelés, se tenant	27 000 »
138-C 1b	Paire de 2 carnets C1 et C3, dentelés, se tenant	42 000 »
138-C 2	Carnet C1 - papier X (gomme striée)	15 000 »
138-C 3	Carnet C1 - avec 1 timbre isolé au type 1a (case 13)	630 »
138-C 4	Carnet C3 - papier X (gomme striée)	15 500 »
138-C 5	Carnet C1 - papier GC	3 900 »
138-C 6	Carnet C5 - papier GC - avec 1 timbre isolé au type 1a (case 13)	4 100 »

Il existe que 3 exemplaires des 2 paires ci-dessus, ils proviennent de feuilles non dentelées et dentelées préparées pour la fabrication du carnet 138 C1.

138 TYPE SEMEUSE CAMEE chiffres gras - 10c. rouge (type II) - n° 138 f

138-C 7	Carnet de 30 timbres - 5 feuillets de 6 sur papier X (format 74x48)	3 250 »
138-C 8	Carnet C7 - 5 feuillets de 6 sur papiers mélangés (X et normal)	2 550 »
138-C 9	Carnet C7 - 5 feuillets de 6 sur papier normal (gomme lisse).	2 750 »
138-C 10	Feuille de 144 t. - sur papier X (pour fabrication du carnet C7)	16 500 »

138 TYPE SEMEUSE CAMEE chiffres gras - 10c. rouge - n°138

138-CP1	AIGLON - 8 timbres sur porte-timbre - carnet de 16 pages (format 160x87)..	1 520 »
138-CP2	LA BELLE JARDINIERE - 6 t. sur porte-timbre - pub sur veston (format 121x72)	4 300 »
138-CP3	MANCHON HELLA - 6 timbres sur porte-timbre (format 121x72)	3 100 »

138-CP4	MENTHE-PASTILLES - 6 timbres sur porte-timbre (format 121x72)	3 200 »
138-CP5	MIGNON - 6 timbres sur porte-timbre - le timbre poste économique (format 121x72)	3 200 »

138-CP6	TISANE du LABOUREUR - 6 timbres sur porte-timbre (format 121x72)	» »

140 TYPE SEMEUSE CAMEE chiffres gras - 25c. bleu (type IV) - n°140 L

140-C 1 Carnet de 20 Timbres à 0f.25 - Prix : 5 francs (couv. postale) ....4 700 »

140-C 2 Carnet C1 - papier GC ....» »

140 TYPE SEMEUSE CAMEE chiffres gras - 25c. bleu (type IB) - n°140 c

140-C 3 Carnet de 20 Timbres à 0f.25 - Prix : 5 francs (couv. postale) ....7 000 »

140 TYPE SEMEUSE CAMEE chiffres gras - 25c. bleu (type II) - n°140 e

140-C 4 Carnet de 20 Timbres à 0f.25 - Prix : 5 francs (couv. postale) ....16 500 »

140-C 5 Carnet avec publicité privée sur couverture (format 110x60)1

séries : SA - 1 à 4 - 6 à 10 - 12 à 25 - 27 ....2 000 »

140-C 6 Carnet avec publicité privée sur couverture (format 115x72)

séries : 29 à 42 ....2 400 »

140 TYPE SEMEUSE CAMEE chiffres gras - 25c. bleu (type II) - n°140 g

140-C 7 ANNALES - ANNALES - ROZAN - ROZAN - série : 45 ....3 100 »
140-C 8 ANNALES - GREY POUPON - OLIBET - VICHY
séries : 68 - 70 à 72 - 74 - 77 - 78 ....2 500 »
140-C 9 BERNOT - BERNOT - KOTO - JIF - série : 76 ....12 800 »
140-C 10 BISQUIT - BISQUIT - BISQUIT - BISQUIT
séries : 75 - 78 - 79 - 81 - 82 ....900 »
140-C 11 ECO - ECO - OLIBET - OLIBET - séries : 45 - 46 ....5 000 »
140-C 12 EVIAN - EVIAN - EVIAN - EVIAN
séries : 43 - 47 - 48 - 51 - 54 - 56 - 58 - 62 - 63 - 67 - 75 - 79
81 à 89 - 89B ....675 »
140-C 13 LOUVRE - LOUVRE - LOUVRE - LOUVRE - série 73............5 500 »
140-C 14 LOUVRE - LOUVRE - 10 timbres - série : 73 ....30 000 »
140-C 15 SECOURS - GREY POUPON - SECOURS - AMOURETTE
séries : 79 à 82 ....2 800 »
140-C 16 SECOURS - GUYOT - SECOURS - JIF - séries 75 à 77 - 80 à 82 ......2 500 »
140-C 17 SECOURS - SECOURS - SECOURS - SECOURS
séries : 50 - 55 - 56 - 61 - 65 - 66 - 68 ....2 500 »
140-C 18 SOULAC - GREY POUPON - OLIBET - VICHY
séries : 64 - 65 - 68 - 69 ....2 500 »
140-C 19 VICHY - SECOURS - OLIBET - SECOURS
séries : 55 - 57 - 59 à 61 ....2 500 »

147 TYPE SEMEUSE CAMEE avec surtaxe - 10c.+ 5c. (type II) - n°147

147-C 1 Couverture avec inscriptions postales sur la 1re page ....2 200 »

158 TYPE SEMEUSE CAMEE chiffres gras - 5c. orange (type IIA) - n° 158 a

158-C 1 Carnet de 40 Timbres-Poste à 0f.05 - Prix : 2 francs (couv. postale) ......250 »
158-C 2 Carnet avec publicité privée sur couverture (format 110x60)
séries : 5 - 11 ....155 »

159 TYPE SEMEUSE CAMEE chiffres gras - 10c. vert (type IC) - n° 159 c

159-C 1 Carnet avec publicité privée sur couverture (format 110x60)
séries : SSB - 26 ....340 »
159-C 2 Carnet C1 - avec 1 timbre isolé au type 1a (case 13) ....360 »

159-C 3 Carnet avec publicité privée sur couverture (format 115X72)
séries : 28 - 44 ....320 »
159-C 4 Carnet C3 - avec 1 timbre isolé au type 1a (case 13) ....320 »
159-C 5 Carnet C3 - avec couverture cartonnée (Pasteur à l'écran) série : 28 ......840 »

159-CP1 Idem C3 - MAURICE DIGEAUX - pub privée sur marge des timbres
séries : 28 et 44 ....7 500 »

170 TYPE PASTEUR - 10c. vert (type II) - n° 170

170-C 1 Carnet avec publicité privée sur couverture (format 115x72)
séries : 44 - 49 - 93 ....65 »

170 TYPE PASTEUR - 10c. vert (type II) - n° 170 (suite)

170-C 2 Carnet C1 - avec couverture cartonnée (Pasteur à l'écran) série : 28 ......700 »

170-CP 1 Idem C1 - VILLES du DOUBS - pub privée sur marge des timbres série : 93 ....1 400 »

170-CP 2 Idem C1 - VILLES de NORMANDIE - pub privée sur marge des timbres - série : 93 ....1 400 »

170-CP 3 Idem C1 - MAURICE DIGEAUX - pub privée sur marge des timbres série : 93 ....4 600 »

170-CP 4 Idem C1 - CYCLES CHANTECLER - pub privée sur marge des timbres - couverture privée - 10 timbres...2 750 »

170-CP 5 Idem C1 - CYCLES CHANTECLER - pub privée sur marge des timbres - couverture privée - 20 timbres .... » »

On ne connait qu'un seul exemplaire de ce carnet.

170-CP 6 Idem C1 - HUILE AIGLON - pub privée sur marge des timbres couverture privée - 10 timbres ....2 750 »

170-CP 7 Idem C1 - HUILE AIGLON - pub privée sur marge des timbres couverture privée - 20 timbres ....5 200 »

188 TYPE SEMEUSE CAMEE chiffres maigres - 10c. Vert (type III) - n° 188

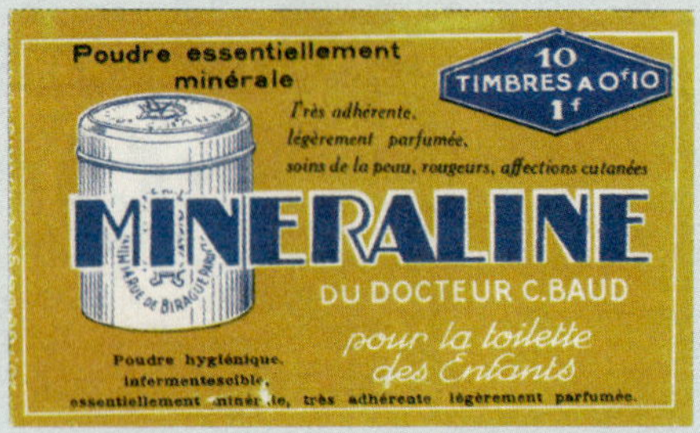

188-C 1 MINERALINE - 10 timbres - (1926) ....6 000 »

188-C 2 PHENA - 10 timbres - (1927) ....550 »

189 TYPE SEMEUSE CAMEE chiffres gras - 15c. Brun (type I) - n° 189 a

189-C 1 VIRGILE CHAREYRE X 2 - 10 timbres - (1928) ....200 »

189-C 2 ROLLAND laboratoires - 20 timbres - (1929)...................................460 »

189 TYPE SEMEUSE CAMEE chiffres gras - 15c. Brun (type I) - n° 189

189-CP 1 LE PHILOPODE - 4 timbres (format 108x50) ....1 530 »

VOTRE PASSION EN UN CLIC
LE TIMBRE SUR INTERNET
Découvrez notre sélection de timbres de France, Monaco, Andorre, Nouvelle Calédonie, Polynésie, Wallis et Futuna, TAAF et St-Pierre-et-Miquelon, Thématiques, en vente au détail.
YVERT.COM

190 TYPE SEMEUSE CAMEE chiffres gras - 20c. lilas-rose (type VI) - n° 190 d

190-C 1 POSTE - BYRRH - BYRRH - POSTE série : 9 ....48 »

191 TYPE SEMEUSE CAMEE chiffres gras - 30c. rose (type IIB) - n° 191 c

191-C 1 EVIAN - EVIAN - EVIAN - EVIAN séries : 88S - 89S - 90..................200 »

191-C 2 SECOURS - AEQUITAS - SECOURS - OXYMENTOL
séries : 88S - 89S - 90 ....200 »

191-C 3 SECOURS - GREY POUPON - SECOURS - PIVOLO
séries : 88S - 89S - 90 ....200 »

192 TYPE SEMEUSE CAMEE chiffres gras - 30c. bleu (type IIB) - n° 192 b

192-C 1 EVIAN - EVIAN - EVIAN - EVIAN
séries : 88S - 89S - 90 - 92 - 94 - 95 ....290 »

192-C 2 GIBBS - GIBBS - GIBBS - GIBBS séries : 101 - 102 - LILOR ....175 »

192-C 3 SECOURS - AEQUITAS - SECOURS - OXYMENTOL
séries : 88S - 89S - 90 - 91 - 96 ....300 »

192-C 4 SECOURS - GREY POUPON - SECOURS - PIVOLO
séries : 88S - 89S - 90 - 91 - 96 - 98 ....300 »

192-C 5 SECOURS - MENIER - SECOURS - FLORENT
séries : 97 à 101 - LILOR ....220 »

193 TYPE SEMEUSE CAMEE chiffres gras - 40c. brun-olive (type I) - n° 193 a

193-C 1 GREY POUPON - URODONAL - GUYOT - GYRALDOSE
séries : 103 - 104 ....260 »

193-C 1a Carnet C1 - série : SLA ....1 750 »

194 TYPE SEMEUSE CAMEE chiffres gras - 40c. vermillon (type I) - n° 194 b

194-C 1 EVIAN - EVIAN - EVIAN - EVIAN séries : 108 à 110 ....200 »
194-C 1a Carnet C1 - série : SLA ....1 700 »
194-C 2 Feuille de 120 timbres pour la confection de 6 carnets C1 ....5 500 »
194-C 3 GIBBS - GIBBS - GIBBS - GIBBS séries : 104 à 107 ....190 »
194-C 4 GREY POUPON - VITTEL - SECOURS - SECOURS
séries : 107 à 110 ....190 »
194-C 5 Feuille de 120 timbres pour la confection de 6 carnets C4 ....5 100 »
194-C 6 LESIEUR - LESIEUR - LESIEUR - LESIEUR séries : 107 - 109 ......240 »
194-C 7 Feuille de 120 timbres pour la confection de 6 carnets C6 ....2 400 »

199 TYPE SEMEUSE LIGNEE - 50c. rouge (type I) - n° 199 c
"carnets imprimés à plat et agrafés à la couverture"

199-C 1 CHEVAL VERT - CHEVAL VERT - CHEVAL VERT
CHEVAL VERT séries : 120 à 123 ....680 »

199 TYPE SEMEUSE LIGNEE - 50c. rouge (type I) - n° 199 c (suite)

199-C 2 COQ - COQ - COQ - COQ séries : 143 - 144 - 144 Hérault
145 - 145 Belfort - 146 à 149 - Le Mans II - Rouen I
Versailles II - Vichy II ....200 »

199-C 3 EVIAN - EVIAN - EVIAN - EVIAN séries : 108s - 110s - 111 à 115
130 à 142 - Dijon I - Le Mans I - Lourdes - Reims I
Versailles I - S V Y ....200 »

199-C 4 EVIAN - DELFT - EVIAN - LESIEUR séries : 126 à 129 ....380 »

199-C 5 EVIAN - GIBBS (Barbe) - EVIAN - GIBBS (Beauté) séries : 128 à 133
137 - Carcassonne - Le Mans I - Reims I ....320 »

199-C 6 EVIAN - GIBBS (Beauté) - EVIAN - GIBBS (Barbe)
séries : 128 à 133 - Carcassonne - Le Mans I - Reims I - Versailles I ......320 »

199-C 7 EVIAN - GOA - EVIAN - R et C séries : 126 à 129 - Reims I ....320 »

199-C 8 EVIAN - GREY POUPON - EVIAN - SECOURS
séries : 139 - 141 à 143 ....300 »

199-C 9 EVIAN - RADIUM - EVIAN - LESIEUR séries : 126 à 129 ....500 »

199-C 10 EVIAN - VOUVRAY - EVIAN - SANGLIER séries : 120 à 124 ......430 »

199-C 11 EVIAN - VOUVRAY - EVIAN - SANS RIVALE séries : 119 à 123 390 »

199-C 12 GIBBS - GIBBS - GIBBS - GIBBS séries : 120 à 126 - Toile d'avion
Dijon I - Le Mans I - Versailles I - S V Y ....380 »

199-C 13 GREY POUPON - URODONAL - GUYOT - GYRALDOSE
séries : 115 à 118....................1 600 »

199-C 14 GREY POUPON - VITTEL - SECOURS - SECOURS
séries : 110 surchargée - 111 ....3 200 »

199-C 15 LESIEUR - LESIEUR - LESIEUR - LESIEUR
séries : 111 - 114 - 115 - 118 ....1 100 »

199-C 16 SECOURS - URODONAL - SECOURS - GYRALDOSE
séries : 111 - 113 à 119 ....340 »

199 TYPE SEMEUSE LIGNEE - 50c. rouge (type IIB) - n° 199 e
"carnets imprimés à plat et agrafés à la couverture"

199-C 17 MONTPEYROUX - 10 timbres - feuillet de gauche perforé ....1 650 »

199-C 18 Carnet C17 - feuillet de gauche non perforé ....170 »

199-C 19 PROVINS - 10 timbres ....125 »

199-C 20 VIRGILE CHAREYRE - 10 timbres ....110 »

199-C 21 BUSSANG - BUSSANG - BUSSANG - BUSSANG série : Nancy ......335 »

199-C 22 Carnet C21 - feuillet gauche : 10 timbres au type IV série : Nancy ......975 »

199-C 23 COQ - COQ - COQ - COQ séries : 157 à 160 - 165 Orléans - 166 Allier
Clermont Ferrand - Lille - Marseille ....160 »

199-C 24 COQ - COQ - FALIERES - MIREILLE séries : 172 à 175 - 174 Paris
180 - Vichy II....................225 »

199-C 25 DU - DU - DU - DU séries : 189 - 192 à 194 - (192 n° int - Blois
Orléans - Saumur) - 197 à 200 - (200 n° int - Amiens - Beauvais - Chartres
Cognac - Gironde - Haut Rhin - Loire inf - Rennes - Strasbourg - Tours)
Toile d'avion - 212 - 217 - 218 - 221 ....160 »

199-C 26 DU - DU - CALVET - KWATTA séries : 189 - 192 à 194 - (192 n° int
Orléans - Saumur - Blois) - Toile d'avion - 197 à 200 - (200 n° int
Amiens - Beauvais - Chartres - Gironde - Loire inf) ....220 »

199-C 27 Carnet C26 - feuillet gauche : 10 timbres au type IV séries : 192 Orléans
192 Saumur - 193 RP - 194 RP - 197SA - Toile d'avion ....1 300 »

199-C 28 FALIERES - SHYB - ANNALES - SHYB
séries : 172 à 174 - 174 Paris - 180 - Vichy II ....310 »

199 TYPE SEMEUSE LIGNEE - 50c. rouge (type IIB) - n° 199 e (suite)

199-C 29 FALIERES - SHYB - GREY POUPON - SHYB séries : 172 à 174
174 Paris - Vichy II .... 300 »

199-C 30 FLORENT - FLORENT - VACHE QUI RIT - MIREILLE
séries : 154 à 157 - Histoire de la chemise - 157 Hérault - Le Mans II 210 »

199-C 31 GITANES - GREY POUPON - REDOUTE - PHENIX
séries : 183 - 185 à 189 - (192 n° int - Amiens - Chaumont - Laval
St Brieuc - Troyes) .... 190 »

199-C 32 GREY POUPON - MOET - CALVET - GUYOT séries : 205 (Chartres
Loire inférieure - Saumur) - 206 - 207 - 212 - 212 Paris - Toile d'avion 275 »

199-C 33 GREY POUPON - SHYB - PHENIX - SHYB
séries : 174 - 175 - 177 - 180 .... 280 »

199-C 34 GUILHON - SHYB - PHENIX - SHYB séries : 174 - 175 - 177 - 180 ...... 270 »

199-C 35 GUYOT - MOET - SPHERE - SPHERE séries : 198 - 199 - 202
206 - 207 - 212 - Toile d'avion .... 200 »

199-C 36 MADON - REDOUTE - ORSAM - PHENIX séries : 181 - 183
185 - Beauvais - Gironde - Haut Rhin - Lille - Loire inférieure .... 200 »

199-C 37 PHENIX - OSRAM - REDOUTE - REDOUTE séries : 180 - 181 - 185 290 »

199-C 38 PHENIX - PHENIX - PHENIX - PHENIX série : Nogent en Bassigny 155 »

199-C 39 PLOMBIERES - SANGLIER - JAFFELIN - JAFFELIN
séries : 147 à 149 - 151 - Versailles II - Vichy II .... 210 »

199-C 40 QUINZAINE PHILATELIQUE X 4 série : Provins........................ 230 »

199-C 41 REDOUTE - SPHERE - SPHERE - REDOUTE séries : 212 - 212 Paris
217 - 218 - 221 .... 380 »

199-C 42 REDOUTE - PHENIX - PHENIX - REDOUTE séries : 187 à 189
192 n° int & ext (Amiens - Chaumont - Laval - Lyon - Saint Brieuc
Troyes) .... 210 »

199-C 43 SPHERE - SPHERE - SPHERE - SPHERE séries : 198 - 199 - 202
Toile d'avion - 205 (Blois - Chaumont - Loire inférieure - Saint Brieuc) 300 »

199-C 44 TOILE D'AVION X 4 - séries : 149 à 155 - 153 (Hérault - Le Havre
Orléans) - 154 Belfort - 155 Allier - 157 - 157 Hérault - Histoire de
la chemise - Clermont-Fer. - Lille I - Lyon I - Rouen I .... 150 »

199-C 45 TOILE D 'AVION X 2 - LAINES st EPIN X 2 - séries : 149 à 152
Clermont-Ferrand - Lyon I .... 220 »

199-C 46 TOURING - FLORENT - FLORENT - QUINZAINE PHILATELIQUE
séries : 157 à 160 - Histoire de la chemise .... 220 »

199-C 47 carnet C46 - 1 seul "e" à "ARMEE " (case 5)
séries : 157 à 160 - Histoire de la chemise .... 270 »

199 TYPE SEMEUSE LIGNEE - 50c. rouge (type IV) - n° 199 h - sans publicité
"carnets imprimés sur rotative et collés à la couverture"

199-C 48 Carnet avec inscriptions postales sur couverture : 1re et 4e page .... 165 »

199-C 49 Carnet avec publicité privée sur couverture (format 115x72)
séries : 161 - 167 à 169 .... 165 »

199 TYPE SEMEUSE LIGNEE - 50c. rouge (type IV) - n° 199 j - avec publicités

199-C 50 BLEDINE - MAZDA - BENJAMIN - BENJAMIN
séries : 228 - 228 Rhône - 233 - 234 - 236 à 239 .... 270 »
199-C 51 Carnet C50 avec 1 timbre isolé au type IIB (case 11)
séries : 234 - 236 .... 1 350 »
199-C 52 DU - DU - DU - DU séries : 191 - 195 - 196 .... 200 »
199-C 53 GITANES - GREY POUPON - REDOUTE - PHENIX
séries : 182 - 184 .... 630 »
199-C 54 GREY POUPON - MOET - CALVET - GUYOT séries : 203 - 204 ...... 450 »
199-C 55 GREY POUPON - SHYB - PHENIX - SHYB
séries : 167 à 169 - 176 - 178 .... 200 »
199-C 56 PHENIX - DU - CALVET - DU séries : 182 - 184 - 190 - 191 .... 225 »
199-C 57 PHENIX - OSRAM - REDOUTE - REDOUTE séries : 176 - 178 - 179 400 »
199-C 58 PHENIX - SHYB - ORSAM - SHYB séries : 178 - 179 - 182 - 184 ...... 310 »
199-C 59 REDOUTE - MAZDA - BENJAMIN - BENJAMIN
séries : 242 à 246 .... 495 »
199-C 60 Carnet C59 avec 1 timbre isolé au type IIA (cases 1 et 14)
séries : 242 - 244 - 245 .... 1 100 »
199-C 61 REDOUTE - MOET - SPHERE - SPHERE séries : 208 à 211
213 à 216 .... 315 »
199-C 62 REMA - GUILHON - CALVET - REDOUTE
séries : 203 - 204 - 208 à 211 - 213 - 215 .... 350 »
199-C 63 Carnet C62 avec 1 timbre isolé au type IIA (case 1) séries : 203 - 213 1 300 »
199-C 64 Carnet C62 avec pont perforé horizontalement séries : 203 - 204 ...... 920 »
199-C 65 Carnet C64 avec 1 timbre isolé au type IIA (case 1)
séries : 203 - 204 .... 3 100 »
199-C 66 SPHERE - SPHERE - SPHERE - SPHERE
séries : 182 - 184 - 195 - 196 - 201 - 203 - 204 .... 210 »

199 TYPE SEMEUSE LIGNEE - 50c. rouge (type IIA) - n° 199 a
"carnets imprimés sur rotative et collés à la couverture"

199-C 67 BENJAMIN - MOET - GREY POUPON - BENJAMIN
séries : 257 (Limoges - Sud-Ouest) - Vosges - 259 - 261 à 263 .... 300 »

199 TYPE SEMEUSE LIGNEE - 50c. rouge (type IIA) - n° 199 a (suite)

199-C 68 BLECAO - MAZDA - BENJAMIN - BENJAMIN
séries : 236 - 238 à 242 ....700 »

199-C 69 BLEDINE - MAZDA - BENJAMIN - BENJAMIN
série : 240 ....3 500 »

199-C 70 GREY POUPON - MAZDA - REDOUTE - BENJAMIN
séries : 238 - 239 - 241 à 245..........300 »

199-C 71 MOET - BENJAMIN - BENJAMIN - BENJAMIN
séries : 246 - 249 à 256 - 258..........255 »

199-C 72 MOET - VICHY - REDOUTE - BENJAMIN séries : 251 à 256
257 Clermont-Ferrand - 258 - 260 ....300 »

199-C 73 PUPIER - MOET - BENJAMIN - BENJAMIN séries : 245
257 Limoges - 257 Sud-Ouest - 258 à 262 - Lyon ....280 »

199-C 74 REDOUTE - MAZDA - BENJAMIN - BENJAMIN séries : 243 à 248 480 »

199-C 75 VICHY - MAZDA - BENJAMIN - REDOUTE
séries : 244 à 252 - 256 RP ....300 »

199 TYPE SEMEUSE LIGNEE - 50c. rouge - n° 199

199-CP 1 LE PHILOPODE - 4 timbres (format 108x50) ....410 »

199-CP 2 Idem C48 - MAURICE DIGEAUX - pub privée sur marges
des timbres - couverture postale .... 4 100 »

199-CP 3 Idem C49 - MAURICE DIGEAUX - pub privée sur marges
des timbres - séries : 167 à 169 .... 4 100 »

199-CP 4 Idem C48 - CYCLES CHANTECLER - pub privée sur marges
des timbres - couverture privée - 10 timbres .... 2 800 »

199-CP 5 Idem C48 - CYCLES CHANTECLER - pub privée sur marges
des timbres - couverture privée - 20 timbres .... 4 850 »

217 TYPE SEMEUSE CAMEE chiffres gras - 25c. sur 30c. bleu (type IIB) - n° 217 a

217-C 1 GIBBS - GIBBS - GIBBS - GIBBS -
feuille de 120 timbres (pour la confection de 6 carnets non émis) ......1 550 »

217-C 2 GIBBS - GIBBS - GIBBS - GIBBS -
bloc de 20 t. de la feuille C1 ....250 »

217-C 3 SECOURS - MENIER - SECOURS - FLORENT -
feuille de 120 timbres (pour confection de 6 carnets non émis) ......28 000 »

217-C 4 SECOURS - MENIER - SECOURS - FLORENT -
bloc de 20 t. de la feuille C3 ....4 400 »

235 TYPE SEMEUSE CAMEE chiffres gras - 25c brun-jaune - n° 235

235-CP 1 LE PHILOPODE - 4 timbres (format 108x50) ....460 »

235-CP 2 LAFLEUR - 12 timbres sur porte-timbre (format 120x93)..................4 100 »

256 TYPE SOURIRE DE REIMS - n° 256

256-C 1 Carnet de 8 timbres, émis pour la caisse d'amortissement ....1 080 »

257 TYPE JEANNE D'ARC - 50c. bleu (type I) - n° 257 a

257-C 1 BUSSANG - BUSSANG - BUSSANG - BUSSANG - série : Nancy ......270 »

257-C 2 CHAMPIGNEULLES X 4 - série : Nancy ....250 »

257-C 3 COQ - COQ - FALIERES - MIREILLE séries : 162 à 166 - 171 à 173 Histoire de la chemise - Dijon - Gironde - Haut-Rhin - Le Mans II Lille - Loire inf - Marseille - Strasbourg - Vichy II ....135 »

257-C 4 FALIERES - BENEDICTINS - FLORENT - FLORENT séries : 162 à 166 - 171 - Histoire de la chemise - Doubs - Le Havre Le Mans II - Rouen I - Vichy II ....130 »

257-C 5 FALIERES - BENEDICTINS - VACHE QUI RIT - VIN séries : 162 à 166 - 171 - Histoire de la chemise - Dijon - Doubs Le Havre - Le Mans II - Rouen I - Strasbourg.....................................105 »

257-C 6 Carnet C5 - R de RF brisé (case 5) - séries : 162 à 166 - 171 - Histoire de la chemise - Le Havre - Le Mans II - Rouen I ....140 »

257-C 7 FALIERES - SHYB - ANNALES - SHYB séries : 171 à 173 Histoire de la chemise - Gironde - Haut-Rhin - Le Mans II Lille - Loire inf - Marseille ....215 »

257 TYPE JEANNE D'ARC - 50c. bleu (type I) - n° 257 a (suite)

257-C 8 FALIERES - TOURING-CLUB - FLORENT - FLORENT
séries : 162 à 166 - 171 - 172 - Histoire de la chemise - Dijon - Doubs
Le Havre - Le Mans II - Rouen I - Strasbourg - Vichy II ....145 »

257-C 9 Carnet C8 - 1 seul "e" à "Armée" (case 10) séries : 162 à 166 - 171 - 172
Histoire de la chemise - Dijon - Doubs - Le Havre - Le Mans II - Rouen I
Strasbourg - Vichy II ....160 »

257-C 10 FLORAVENE X 4 - série : Bordeaux ....250 »

257-C 11 GALLIA X 4 - série : Provins III ....400 »

257-C 12 LE HAVRE X 4 - série : Le Havre ....155 »

257-C 13 LUX RADIO X 4 - série : Lourdes ....195 »

257-C 14 PHILA GALLIA X 4 - série : Provins II ....380 »

257 TYPE JEANNE D'ARC - 50c. bleu (type II) - n° 257 b

257-C 15 VALS - SHYB - FALIERES - SHYB - séries : 167 à 169 ....155 »

257-C 16 VALS - SHYB - PROVINS - SHYB - séries : 167 à 169 ....145 »

272 TYPE FACHI - 50c. rouge (type II) - n° 272 b

272-C 1 BENJAMIN - BENJAMIN - BENJAMIN - BENJAMIN
séries : 208 à 211 - 213 à 215 - 219 - 220 - 222 à 226 - 229 ....310 »

272-C 2 Carnet C1 - avec 1 timbre isolé au type I (case 14)
séries : 208 - 219 - 220 - 222 - 223 ....1 200 »

272-C 3 BENJAMIN - MAZDA - BENJAMIN - BENJAMIN séries : 233 à 235 290 »

272-C 4 BLEDINE - MAZDA - BENJAMIN - BENJAMIN séries : 233 - 234 4 200 »

272-C 5 Carnet C4 - avec 1 timbre isolé au type I (case 4) série : 234 ....» »

272-C 6 DU - DU - DU - DU séries : 208 à 211 - 213 à 216 ....320 »

272-C 7 Carnet C6 - avec 1 timbre isolé au type I (case 14) séries : 211 - 213 1 100 »

272-C 8 GREY POUPON - BENJAMIN - REDOUTE - BENJAMIN
séries : 219 - 220 - 222 à 225....................350 »

272-C 9 Carnet C8 - avec 1 timbre isolé au type I (case 19)
séries : 219 - 220 - 222 - 223 - 225 ....1 200 »

272-C 10 LA CROIX MIR - GREY POUPON - BENJAMIN - BENJAMIN
séries : 224 à 227 - 229 ....320 »

272-C 11 LA CROIX MIR - MAZDA - BENJAMIN - BENJAMIN
séries : 228 - 228 Orléans - 230 à 232 - 234 - 235 ....330 »

272-C 12 REDOUTE - MOET - SPHERE - SPHERE
séries : 208 à 211 - 213 à 216 ....310 »

272-C 13 REDOUTE - SPHERE - SPHERE - REDOUTE
séries : 209 à 211 - 213 à 216 - 219 - 220 ....430 »

272-C 14 Carnet C13 - avec 1 timbre isolé au type I (case 19) série : 216....................1 300 »

272-C 15 RIPOLIN - BENJAMIN - BENJAMIN - BENJAMIN
séries : 227 - 229 à 232 ....320 »

283 TYPE PAIX - 50c. rouge (type I) - n° 283 a

283-C 1 ARC EN CIEL - ART VIVANT - PARIZOT - BENJAMIN
séries : 274 à 277 - 279 - 280 - 281 Nord ....270 »

283-C 2 ARC EN CIEL - PRUD'HOMME - PARIZOT - BENJAMIN
séries : 274 à 277 - 279 - 280 - 281 Nord ....270 »

283-C 3 ART VIVANT - BENJAMIN - BENJAMIN - ART VIVANT
séries : 266 Lyon - 269 Nord - 270 à 273 - Paris ....180 »

283-C 4 ART VIVANT - BON SEL - POISSON DIEPPE - BENJAMIN
séries : 268 - 269 (Est - Nord) - Paris ....530 »

283-C 5 ART VIVANT - MAZDA - GALERIES BARBES - LEDUN
séries : 296 à 299 - 300 (Paris - Rouen) - 301 - 302 ....425 »

283-C 6 BENJAMIN - ART VIVANT - BLEDINE - MAZDA
séries : 300 (Paris - Rouen) - 301 à 304 ....330 »

283-C 7 BLEDINE - MAZDA - BENJAMIN - ART VIVANT
séries : 293 - 294 - 296 à 299 - 300 Paris ....440 »

283-C 8 FER A CHEVAL - REDOUTE - BENJAMIN - ART VIVANT
séries : 285 - 285 Paris - 287 à 295 ....220 »

283-C 9 MOET - BENJAMIN - BENJAMIN - BENJAMIN
séries : 264 - 265 - 266 Côte-d'Or - 267 - 268..........230 »

283-C 10 MONLEON - NELOMBO - MONLEON - BON SEL
séries : 271 - 272 ....700 »

283-C 11 PARIZOT - ART VIVANT - ART VIVANT - BENJAMIN
séries : 264 - 267 - 268 - 269 (Nord - Est) - 270 - Paris ....220 »

283-C 12 REDOUTE - ART VIVANT - ART VIVANT - BENJAMIN
séries : 273 à 278 ....250 »

283-C 13 REDOUTE - HAHN - ART VIVANT - BENJAMIN
séries : 266 - 280 - 281 Nord - 282 à 284 - 285 (Ouest - Sud)
286 à 291 - 293 ....220 »

283-C 14 REMA - ART VIVANT - ART VIVANT - BENJAMIN
séries : 274 à 278 ....250 »

283-C 15 RICQLES - HAHN - BLECAO - ART VIVANT
séries : 292 - 293 - 295 ....1 550 »

283-C 16 RICQLES - HAHN - BLECAO - NUPTIA
séries : 287 à 291 - 293 à 295 ....300 »

283-C 17 RICQLES - MAZDA - GALERIES BARBES - BLECAO
séries : 296 - 298 - 299 - 300 (Paris - Rouen) - 301 - 302 ....530 »

283-C 18 RICQLES - MAZDA - BLEDINE - POUGUES
séries : 285 Paris - 292 à 298 ....430 »

283-C 19 VERAMINT - HAHN - BLECAO - ART VIVANT
séries : 287 à 295 ....370 »

283-C 20 VERAMINT - HAHN - BLECAO - NUPTIA séries : 290 à 295 700 »

283-C 21 VERAMINT - MAZDA - BLEDINE - GREBEL LA PERLE
séries : 285 Paris - 290 - 292 à 298 ....350 »

283 TYPE PAIX - 50c. rouge (type IIA) - n° 283 c

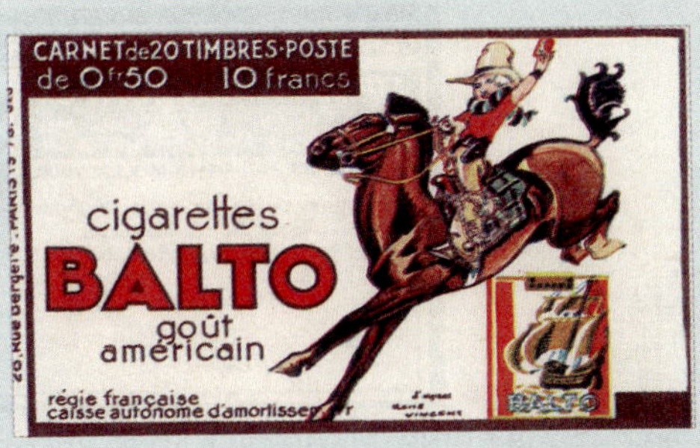

283-C 22 ART VIVANT - ART VIVANT - ART VIVANT - ART VIVANT
séries : 354 à 359 ....360 »

283-C 23 ART VIVANT - HAHN - ART VIVANT - ART VIVANT
séries : 338 à 344 - 346 à 351 - 353 à 356 - Lille....................220 »

283-C 24 ART VIVANT - MAZDA - BENJAMIN - BENJAMIN
séries : 299 - 304 à 310 ....320 »

283-C 25 BERNARD - ART VIVANT - ART VIVANT - CALVADOS
séries : 318 - 320 à 329 - 321 Rennes et Sud-Ouest ....300 »

283-C 26 BERNARD - BLEDINE - ART VIVANT - ART VIVANT
séries : 320 - 321 - 324 à 334....................300 »

283-C 27 Carnet C26 - avec 1 timbre isolé au type I (cases 1 - 5 ou 19)
séries : 321 - 324 à 327 - 330 - 334 ....1000 »

283-C 28 BERNARD - FAUROY - ART VIVANT - ART VIVANT
séries : 318 à 320 - 322 à 325 ....290 »

283-C 29 Carnet C28 - avec 1 timbre isolé au type I (cases 1 ou 5)
séries : 318 à 320 ....1000 »

283-C 30 BERNARD - RISBAN - DU - DU
séries : 306 à 311 - 312 Lyon - 313 à 317 - 319 - 320....................280 »

283-C 31 COURTOIS - MAZDA - BENJAMIN - BLEDINE
séries : 306 à 311 - 312 Dijon - 313 - 314 - 316 ....240 »

283-C 32 D U - GONDOLO - DU - CONORD séries : 315 à 320 ....280 »

283-C 33 GALERIES BARBES - MAZDA - BLEDINE - BENJAMIN
séries : 299 - 300 Paris - 304 à 308 ....370 »

283-C 34 MOET - GITANE - BLEDINE - MOET séries 367 à 372 ....720 »

283-C 35 RICQLES - BLEDINE - ART VIVANT - ART VIVANT
séries : 328 à 333 - 335 ....420 »

283-C 36 RICQLES - BLEDINE - ART VIVANT - CONORD
séries : 328 à 333 - 335 ....520 »

283-C 37 Carnet C36 - avec 1 timbre isolé au type I (case 20)
séries : 328 à 333 ....900 »

283-C 38 RICQLES - FER A CHEVAL - BLEDINE - MOET
séries : 358 à 364 - 366 - 367....................320 »

283-C 39 RICQLES - GITANE - BLEDINE - MOET séries : 367 à 372 ....550 »

283-C 40 RICQLES - HAHN - FAUROY - ART VIVANT
séries : 346 à 348 ....720 »

283-C 41 RICQLES - HERCULE - FAUROY - ART VIVANT
séries : 331 à 333 - 336 à 338 ....530 »

283-C 42 RICQLES - MOET - BLEDINE - DU séries : 356 à 363 - Lyon ....330 »

283-C 43 RICQLES - POMMADE F. M - FAUROY - BLECAO
séries : 331 à 333 - 336 à 338 ....380 »

283-C 44 RIPOLIN - HAHN - ART VIVANT - TETRA
séries : 339 à 344 - 346 à 348 - Lyon ....360 »

283-C 45 TETRA - HAHN - ART VIVANT - ART VIVANT
séries : 346 à 351 - 353 ....420 »

283-C 46 VALISERE - VALISERE - VALISERE - VALISERE
séries : 343 - 345 - 365 - 368 - 370 ....290 »

283 TYPE PAIX - 50c. rouge (type IV) - n° 283 h

283-C 47 BLEDINE - HAHN - BLEDINE - BLEDINE
séries : 393 à 397 - 399 ....1 150 »
283-C 48 MOET - BLEDINE - RICQLES - HAHN séries : 377 à 380 - 382 ......600 »
283-C 49 MOET - FER A CHEVAL - BLEDINE - BLEDINE
séries : 373 à 378 ....610 »
283-C 50 MOET - GITANE - BLEDINE - MOET séries : 368 à 378 ....610 »
283-C 51 MOET - HAHN - BLEDINE - MOET séries : 386 à 391 - 393 ....630 »
283-C 52 RICQLES - GITANE - BLEDINE - MOET séries : 367 - 369 à 372 ......850 »
283-C 53 RICQLES - HAHN - BLEDINE - MOET séries : 386 à 393 ....810 »
283-C 54 RICQLES - HAHN - MOET - BLEDINE séries : 383 à 385 ....900 »
283-C 55 RICQLES - HAHN - MOET - FER A CHEVAL séries : 383 à 388 ......650 »
283-C 56 RICQLES - JIL - FER A CHEVAL - JIL
séries : 379 - 380 - 382 à 384..........800 »
283-C 57 VALISERE - VALISERE - VALISERE - VALISERE série : 381 ......730 »

283 TYPE PAIX - 50c. rouge (type III) - n° 283 f

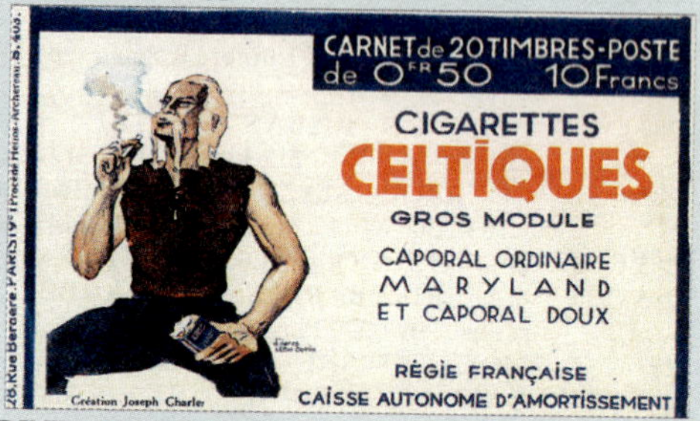

283-C 58 BLEDINE - BLEDINE - BLEDINE - BLEDINE
séries : 396 - 398 - 400 - 401 - 404 - 405 ....290 »
283-C 59 BLEDINE - HAHN - BLEDINE - BLEDINE
séries : 393 à 395 - 397 à 399 ....330 »
283-C 60 FER A CHEVAL - BYRRH - BYRRH - TETRA série : 2 ....270 »
283-C 61 GALERIES BARBES - HAHN - BLEDINE - BLEDINE
séries : 406 à 408 ....445 »
283-C 62 GALERIES BARBES - HAHN - MOET - BLEDINE
séries : 387 à 392 - 395 à 397 - 399 ....320 »
283-C 63 MOET - HAHN - MOET - BLEDINE
séries : 387 à 392 - 395 à 397 ....360 »
283-C 64 P. AERIENNE - BYRRH (Gin) - BYRRH (Zeste) - C.C.P.
séries : 2 - (5-7) - (8-9) ....180 »
283-C 65 P. AERIENNE - BYRRH (Santé) - BYRRH (Fatigués) - C.C.P.
séries : (5-7) - (8-9) ....1 000 »
283-C 66 P. AERIENNE - BYRRH (Naturel) - BYRRH (Noble) - TETRA
séries : 4 - (5-7) ....240 »
283-C 67 TETRA - HAHN - BLEDINE - BLEDINE séries : 401 à 414 ....150 »

360 TYPE SEMEUSE CAMEE chiffres gras - 30c. rouge sombre (type III) - n° 360 b

360-C 1 POSTE AERIENNE - BYRRH - BYRRH - C.C.POSTAL
série : 21 ....42 »

365 TYPE PAIX - 65c. outremer (type II) - n° 365 b

365-C 1 FER A CHEVAL - BYRRH (Gin) - BYRRH (Zeste) - P.A.
séries : 27 à 29 - 33 à 36 ....230 »

365-C 2 FER A CHEVAL - BYRRH (Naturel) - BYRRH (Noble) - TETRA
séries : 27 à 32 ....190 »

365-C 3 FER A CHEVAL - BYRRH (Velouté) - BYRRH (Fameux) - TETRA
séries : 14 - 16 /21 - 18 - 19 - 20/21 ....230 »

365-C 4 HAHN - BYRRH (Naturel) - BYRRH (Noble) - C.C.P.
séries : 28 à 30 - 32 - 36 à 40 - 46........200 »

365-C 5 HAHN - BYRRH (Gin) - BYRRH (Zeste) - C.C.P.
séries : 25 - 30 à 32 - 34 - 37 à 42 - 46 ....190 »

365-C 6 HAHN - BYRRH (Naturel) - BYRRH (Noble) - P.A.
séries : 25 - 27 à 32 - 34 - 37 à 42 - 46 ....250 »

365-C 7 HAHN - BYRRH (Virilise) - BYRRH (Stimule) - P.A.
séries : 26 à 29 - 33 à 38 - 41 - 42........190 »

365-C 8 HAHN - BYRRH - BYRRH - TETRA séries : 22 - 23/21 - 24 - 26 ......220 »

365-C 9 P. AERIENNE - BYRRH (Santé) - BYRRH (Fatigués) - C.C.P.
séries : (5-7) - 12 - 13/1 - 15/1 - 17/1 ....165 »

365-C 10 P. AERIENNE - BYRRH (Virilise) - BYRRH (Stimule) - C.C.P.
séries : 17/1 - 19 - 20/21 - 22 - 23/21 - 24 -26 ....195 »

365-C 11 P. AERIENNE - BYRRH (Velouté) - BYRRH (Fameux) - C.C.P.
séries : 13/1 - 14 - 15/1 - 16/21 - 17/1 - 18 - 19 - 20/21 ....200 »

365-C 12 TELEA - BYRRH (Velouté) - BYRRH (Fameux) - C.C.P.
séries : 12 - 13/1 - 14 - 15/1 - 16/21 - 17/1 ....320 »

365-C 13 TELEA - BYRRH (Gin) - BYRRH (Zeste) - C.C.P.
séries : 25 - 26 - 30 - 32 ....330 »

368 TYPE PAIX - 90c. outremer (type I) - n° 368 a

368-C 1 FER A CHEVAL - BYRRH - BYRRH - C.C.POSTAL
séries : 43 à 45 - 48 à 54 ....150 »

368-C 2 HAHN - BYRRH (Naturel) - BYRRH (Noble) - C.C.POSTAL
séries : 43 à 45 - 47 - 48 - 50 - 55 à 62 ....150 »

368-C 3 HAHN - BYRRH (Virilise) - BYRRH (Stimule) - C.C.POSTAL
séries : 51 - 52 - 55 à 61........150 »

368-C 4 HAHN - BYRRH (Velouté) - BYRRH (Fameux) - C.C.POSTAL
séries : 47 à 54 - 58 ....145 »

433 TYPE IRIS - 1fr. rouge - n° 433 a

433-C 1 Feuille de 80 timbres (pour la confection de 4 carnets non émis) ....430 »
433-C 2 Bloc de 20 timbres de la feuille C1 ....100 »

517 TYPE PETAIN - 1fr.50 brun rouge - n° 517 c et 517 a

517-C 1 Carnet avec barres sur la marge des timbres
(1 à 8 points sous le 20e timbre) ....110 »
517-C 2 SECOURS NATIONAL X 4 - séries : 63 à 67 ....52 »

813 TYPE GANDON - 15fr. rouge (type II) - n° 813 b

813-C 1 HAHN - POSTE - POSTE - POSTE - séries : 1 - 2 ....400 »
813-C 2 HAHN - POSTE - SECCOTINE - POSTE - série : 3 ....400 »
Pour les types voir les explications à la rubrique Poste au 813 et 886.

886 TYPE GANDON - 15fr. bleu (type II) - n° 886 c

886-C 1 BIC - BIC - BIC - BIC - série : 5 ....250 »
886-C 2 BIC - HAHN - BIC - HAHN - série : 8 ....260 »
886-C 3 EXCEL - BIC - EXCEL - BIC - série : 10 ....250 »
886-C 4 HAHN - BIC - HAHN - BIC - série : 4 ....250 »

Pour les types I et II des "Marianne de Gandon (813 et 816)" voir les notes à la rubrique Poste.

886 TYPE GANDON - 15fr. bleu (type II) - n° 886 c (suite)

886-C 5 KANGOUROU - BIC - POSTE - BIC
série : 6 ....290 »

886-C 6 PERNOT - PERNOT - PERNOT - PERNOT
sans n°- couvertures INF 1 et loterie ....230 »

886-C 7 POSTE - BIC - POSTE - BIC
série : 6 ....1 080 »

886-C 8 POSTE - BIC - POSTE - BIC
série : 7 ....260 »

886-C 9 SECCOTINE - POSTE - BIC - BIC
sans n° - couverture revue des PTT ....265 »

886 TYPE GANDON - 15fr. bleu (type I) - n° 886 a

886-C 10 EXCEL - BIC - EXCEL - BIC séries : 9 - 11 ....155 »
886-C 11 EXCEL - BIC - EXCEL - BIC série : 10 ....655 »
886-C 12 EXCEL - BIC - EXCEL - BIC série : 14 ....160 »
886-C 13 EXCEL - BIC - EXCEL - BIC série : 15 ....190 »
886-C 14 EXCEL - BIC - EXCEL - BIC série : 16 ....160 »
886-C 15 HAHN - BIC - HAHN - BIC série : 4 ....730 »
886-C 16 HAHN (barres E et H hautes) - BIC
HAHN (barres E et H hautes) - BIC - série : 13 ....530 »
886-C 17 HAHN (barres E et H centrées) - BIC
HAHN (barres E et H centrées) - BIC - série : 13 ....900 »
886-C 18 HAHN (barres E et H centrées) - BIC
HAHN (barres E et H hautes) - BIC - série : 13 ....590 »
886-C 19 KANGOUROU - BIC - POSTE - BIC série : 6 ....1 250 »
886-C 20 POSTE - BIC - POSTE - BIC série : 7 ....1 000 »
886-C 21 PROVINS - BIC - POSTE - BIC série : 12 ....215 »
886-C 22 SECCOTINE - POSTE - BIC - BIC sans n° - couv. revue des PTT ......650 »
886-CP 1 VILLES de PROVINS - 10 timbres - série 12 ....750 »

886-CP 2 VILLES de PROVINS - 10 timbres - couverture PROVINS ....750 »

1010 TYPE MULLER - 12fr. vert - n° 1010 (feuillet de 10 timbres)

1010-C 1 Couverture (mains pliant le feuillet) gomme jaunâtre - 10 timbres............55 »
1010-C 1a Carnet C1 non dentelé ....3 500 »
1010-C 2 Couverture (mains pliant le feuillet) gomme blanche - 10 timbres............125 »
1010-C 3 Couverture (voyageurs) gomme blanche - 10 timbres ....85 »

1011 TYPE MULLER - 15fr. rouge - n° 1011 a

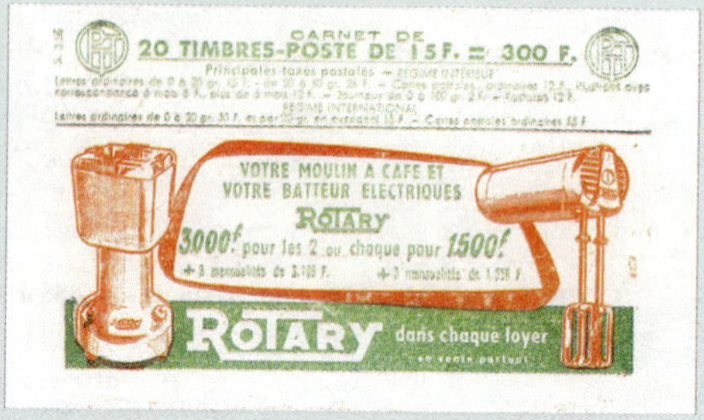

1011-C 1 A.G.VIE - SATAM - A.G.VIE - GRAMMONT
série : 5-57 ....90 »
1011-C 2 EXCEL - BIC - EXCEL - BIC séries : (3-56) - (4-56) ....110 »
1011-C 3 EXCEL - BIC CLIC - EXCEL - BIC CLIC
séries : (2-55) - (8-55) - (16-55) - (2-56) ....100 »
1011-C 4 EXCEL - GRAMMONT - EXCEL - GRAMMONT
série : 4-57 ....90 »
1011-C 5 EXCEL - HAHN (cheveux) - EXCEL - HAHN (cheveux)
série : 1-57 ....320 »
1011-C 6 EXCEL - HAHN (cheveux) - EXCEL - HAHN (pellicules)
série : 1-57 ....130 »
1011-C 7 EXCEL - LINCOLN - EXCEL - LINCOLN
séries : (14-56) - (3-57) ....85 »
1011-C 8 EXCEL - SATAM - EXCEL - GRAMMONT - série : 2-57 ....90 »
1011-C 9 GRAMMONT - BIC CLIC - GRAMMONT - BIC CLIC série : 7-55 ......85 »
1011-C 10 HAHN (barres E-H-A- centrées) - BIC - HAHN - BIC série : 5-56 ......160 »
1011-C 11 HAHN (barres E-H-A- hautes) - BIC - HAHN - BIC séries 5-56 ......430 »
1011-C 12 HAHN - BIC CLIC - HAHN - BIC CLIC séries : (4-55) - (1-56)..........105 »
1011-C 13 HAHN - SLAVIA (5 cases) - HAHN - SLAVIA (case 4) série : 13-56 460 »
1011-C 14 HAHN - SLAVIA (case 4) - HAHN - SLAVIA (case 4) série : 13-56 320 »
1011-C 15 HAHN - SLAVIA (5 cases) - HAHN - SLAVIA (5 cases) série : 13-56 450 »
1011-C 16 JIF - SLAVIA (5 cases) - JIF - SLAVIA (5 cases) série : 12-56 ....250 »
1011-C 17 JIF - SLAVIA (5 cases) - JIF - SLAVIA (case 4) série : 12-56 ....490 »
1011-C 18 JIF - SLAVIA (case 4) - JIF - SLAVIA (case 4) série : 12-56 ....490 »
1011-C 19 JIF - SLAVIA (case 4) - JIF - SLAVIA (5 cases) série : 12-56 ....600 »
1011-C 20 LIEBIG - BIC CLIC - LIEBIG - BIC CLIC
séries : (3-55) - (5-55) - (6-55) ....90 »
1011-C 21 POSTE (Barres) - BIC - PROVINS - BIC série : 6-56 ....85 »
1011-C 22 POSTE - POSTE - POSTE - POSTE séries : (10-56) - (11-56) ....100 »
1011-C 23 PRIMAGAZ - GRAMMONT - WHYP - PROVINS série : 8-56 ....90 »
1011-C 24 ROLLA - AVIA - POSTE - POSTE série 9-56 ....100 »
1011-C 25 SLAVIA (5 cases) - A.G VIE - SLAVIA (5 cases) - A.G VIE
série : 6-57 ....385 »
1011-C 26 SLAVIA (5 cases) - A.G VIE - SLAVIA (case 4) - A.G VIE
série : 6-57 ....160 »
1011-C 27 SLAVIA (case 4) - A.G VIE - SLAVIA (case 4) - A.G VIE
série : 6-57 ....305 »
1011-C 28 SLAVIA - SLAVIA - SLAVIA - SLAVIA série 7-56 ....135 »

1011 TYPE MULLER - 15fr. rouge - n° 1011 a (suite)

1011-CP 1 VILLES de PROVINS - 10 timbres - série 6-56 ....700 »
1011-CP 2 VILLES de PROVINS - 10 timbres - couverture PROVINS ....700 »

1011B TYPE MULLER - 20fr. bleu (type I) - n° 1011Bb

1011B-C 1 A.G VIE - GRAMMONT - A.G VIE - GRAMMONT
série : 12-57 ....90 »
1011B-C 2 A.G VIE - GRAMMONT - A.G VIE - PROVINS série : 5-58 ....95 »
1011B-C 3 A.G VIE - GRAMMONT - A.G VIE - SATAM série : 15-57 ....85 »
1011B-C 4 AKYLON - GRAMMONT - AKYLON - GRAMMONT
série : 12-58 ....100 »
1011B-C 5 CALBERSON - GRAMMONT - CALBERSON - SATAM
série : 16-57 ....90 »
1011B-C 6 COMPTOIR ELECTRIQUE - GRAMMONT - SATAM - SATAM
série : 11-57 ....85 »
1011B-C 7 ELAUL - GRAMMONT - ELAUL - THIAUDE série : 1-58 ....95 »
1011B-C 8 ELCO - GRAMMONT - ELCO - GRAMMONT série : 13-57 ....435 »
1011B-C 9 EXCEL - A.G VIE - EXCEL - A.G VIE série : 14-58 ....85 »
1011B-C 10 EXCEL - GRAMMONT - EXCEL - GRAMMONT
séries : (3-58) - (4-58) - (15-58) ....90 »
1011B-C 11 FRIMATIC - A.G VIE - HAHN - A.G VIE série : 10-58 ....170 »
1011B-C 12 Carnet C11 - 2e I de FRIMATIC cassé (point sur le i)
série : 10-58 ....380 »
1011B-C 13 FRIMATIC - GRAMMONT - FRIMATIC - ROLLA
ssérie : 8-58 ....95 »
1011B-C 14 FRIMATIC - GRAMMONT - FRIMATIC - THIAUDE
série : 16-58 ....135 »
1011B-C 15 Carnet C14 - 2e I de FRIMATIC (supérieur) cassé (point sur le i)
série : 16-58 ....220 »
1011B-C 16 Carnet C14 - 2e I de FRIMATIC (inférieur) cassé (point sur le i)
série : 16-58 ....590 »
1011B-C 17 GUEULES CASSEES - GRAMMONT - A.G VIE - GRAMMONT
série : 11-58 ....100 »
1011B-C 18 HAHN - GRAMMONT - HAHN - SATAM série : 6-58 ....100 »
1011B-C 19 HAHN - PRIMAGAZ - HAHN - GUEULES CASSEES
série : 13-58 ....95 »
1011B-C 20 HAHN - SATAM - HAHN (pellicules) - SATAM série : 14-57 ....130 »
1011B-C 21 HAHN - SATAM - HAHN (cheveux) - SATAM série : 14-57 ....310 »

1011B TYPE MULLER - 20fr. bleu (type I) - n° 1011Bb (suite)

1011B-C 22 ROLLA - GRAMMONT - FRIMATIC - CHÂTEAU THIERRY
série : 7-58 ....95 »
1011B-C 23 ROLLA - SATAM - GRAMMONT - GRAMONT
série : 7-57 ....95 »
1011B-C 24 SLAVIA (5 cases) - ELAUL - SLAVIA (case 4) THIAUDE
série : 2-58 ....195 »
1011B-C 25 SLAVIA (5 cases) - ELAUL - SLAVIA (5 cases) THIAUDE
série : 2-58 ....300 »
1011B-C 26 SLAVIA (case 4) - ELAUL - SLAVIA (case 4) THIAUDE
série : 2-58 ....300 »
1011B-C 27 SLAVIA (5 cases) - GRAMMONT - SLAVIA (5 cases) GRAMMONT
série : 10-57 ....240 »
1011B-C 28 SLAVIA (5 cases) - GRAMMONT - SLAVIA (case 4) GRAMMONT
série : 10-57 ....275 »
1011B-C 29 SLAVIA (4) - GRAMMONT - SLAVIA (case 4) GRAMMONT
série : 10-57 ....290 »
1011B-C 30 SLAVIA (4) - GRAMMONT - SLAVIA (5 cases) GRAMMONT
série : 10-57 ....390 »
1011B-C 31 SLAVIA (5 cases) - SLAVIA (case 4) - SLAVIA (case 4) SLAVIA (5 cases)
série : 9-58 ....485 »
1011B-C 32 SLAVIA (case 4) - SLAVIA (5 cases) - SLAVIA (case 4) SLAVIA (case 4)
série : 9-58 ....320 »
1011B-C 33 SLAVIA (5 cases) - SLAVIA (5 cases) - SLAVIA (4) SLAVIA (5 cases)
série : 9-58 ....375 »
1011B-C 34 SLAVIA (5 cases) - SLAVIA (case 4) - SLAVIA (5 cases) SLAVIA (5 cases)
série : 9-58 ....525 »
1011B-C 35 SLAVIA (5 cases) - SLAVIA (case 4) - SLAVIA (case 4) SLAVIA (case 4)
série : 9-58 ....475 »
1011B-C 36 SLAVIA (case 4) - SLAVIA (case 4) - SLAVIA (5 cases) SLAVIA (5 cases)
série : 9-58 ....550 »

Les carnets du type MULLER 15F rouge et 20F bleu avec pub SLAVIA comportent dans certaines compositions, le 2ème A de SLAVIA ouvert à la base. Celles-ci sont repérées par les n° de cases indiqués.

1011B TYPE MULLER - 20fr. bleu (type II) - n° 1011Bd

1011B-C 37 ELCO - GRAMMONT - ELCO - GRAMMONT série : 13-57 ....375 »
1011B-C 38 PROVINS - GRAMMONT - GRAMMONT - ROLLA
série : 8-57 ....360 »
1011B-C 39 SATAM - A.G VIE - SATAM - A.G VIE série : 9-57 ....360 »

1011C TYPE MULLER - 25fr. rouge (type II) - n° 1011Cc

1011C-C 1 Carnet de 8 timbres - (format 40x75) série : 1-59 ....60 »

1011C TYPE MULLER - 25fr. rouge (type I) - n° 1011Ca

1011C-C 2 Carnet de 20 timbres - avec barres sur les marges
séries : 1-59 à 14-59 ....70 »

1234 TYPE MARIANNE A LA NEF - 0,25fr. bleu et rouge (type II) - n° 1234 b

1234-C 1 Carnet de 8 timbres - (format 40x75) séries : 01-60 - 02-60 ....90 »

1234 TYPE MARIANNE A LA NEF - 0,25fr. bleu et rouge (type I) - n° 1234 a

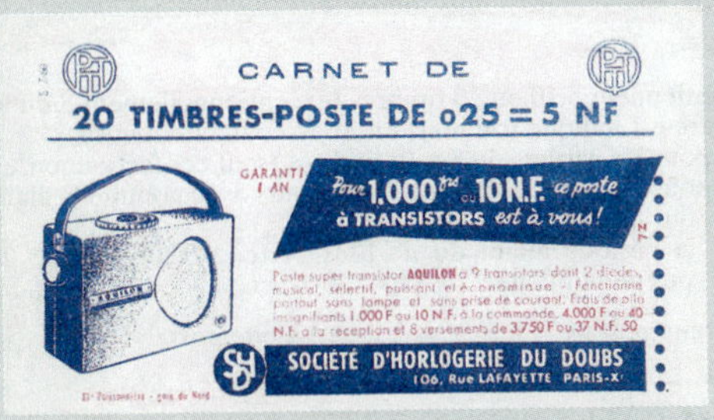

1234-C 2 Carnet de 20 timbres - avec barres sur les marges
séries : 1-60 à 8-60 ....110 »

1263 TYPE MARIANNE de DECARIS - 0,25fr. gris et carmin (type II) - n° 1263 e

1263-C 1 Carnet de 8 timbres - (format 40x75) - n° de série sur 8 mm.
séries : 03-60 à 05-60 - 01-61 à 05-61
01-62 à 05-62 - 01-63 à 04-63 ....52 »

1263-C 2 Carnet C1 - n° de série sur 6 mm. série : 04-63 ....80 »

1263 TYPE MARIANNE de DECARIS - 0,25fr. gris et carmin (type I) - n° 1263 d et 1263 c

1263-C 3 Carnet de 20 timbres - avec barres sur les marges
séries : 9-60 à 15-60 - 1-61 à 22-61
1-62 à 24-62 - 1-63 à 25-63 - 1 à 5-64 - 9-64 à 24-64 ....75 »

1263-C 4 Carnet C3 avec pubs PHILATEC sur marges
séries : 6 à 8-64 ....110 »

1354 TYPE BLASON de PARIS - 0,30fr. bleu et rouge - n° 1354B

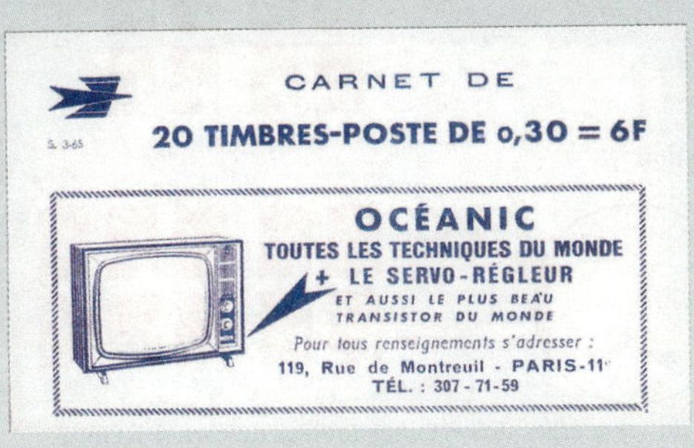

1354-C 1 Carnet de 20 timbres - avec barres sur les marges
séries : 1-65 à 10-65 ....80 »

II. - CARNETS MODERNES

Les carnets modernes comprennent deux grandes catégories :
- carnets fermés
- carnets ouverts

* **Carnets fermés :**

Ces carnets contiennent 5,10 ou 20 timbres (exceptionnellement 8 ou 9)
Sur la couverture est indiqué (ou non) un n° de confectionneuse
Format 72x26 pour les carnets de 5 à 10 timbres (sauf confectionneuse 9)
Format 78x26 pour la confectionneuse 9 - toujours avec gomme brillante
Format 72x52 pour les carnets de 20 timbres
Pendant toute la période allant du n° 1331 A (coq 0,30fr) au n° 2424 (liberté 1,90fr vert) les couvertures comportent 3 types de publicité :

* Caisse d'épargne postale

* Code postal

* Philexfrance 82

Toutes les autres couvertures sont représentées

* **Carnets ouverts (3 formes)**

Carnet pour guichets (avec ou sans pont) - (format : 125x52)

Carnet pour distributeurs - (format 120x57)

Carnet pour distributeurs automatiques de billets - (DAB) - (format : 143x96)

* **Carnets avec carré noir**

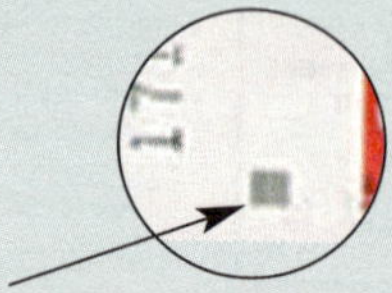

Signe figurant sur les marges de certaines feuilles de carnet RGR-2.

Ce repère, utilisé pour préparer l'enliassage des carnets, ne se rencontre que sur des carnets avec n° de liasse égal à 100 (ou 99 mais il est alors tronqué) / fréquence d'1 carnet sur 500 produits.

1331 TYPE COQ de DECARIS - 0,25 Fr. outremer et carmin-brun - n° 1331

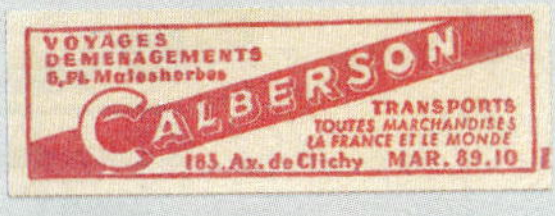

1331-C 1 8 timbres - couverture CALBERSON (diagonal) - série : 101 - 62 ......150 »

1331-C 2 8 timbres - couverture CALBERSON (horizontal)
séries : (101 - 63) - (102 - 63)- (103 - 63) ....40 »

1331-C 3 8 timbres - couverture PHILATEC - série : 101 - 64 ....100 »
1331-C 3a 8 timbres - couverture PHILATEC - série : 102 - 64 ....35 »

1331-C 4 8 timbres - caisse d'épargne postale - sans n° ....45 »

1331-C 5 8 timbres - imprimerie - 7 couleurs différentes - série : PHILATEC - 64 35 »
1331-C 5 A Carnets C5 - série complète des 7 couleurs - série : PHILATEC - 64 ......300 »

1331A TYPE COQ de DECARIS - 0,30 Fr. vert,rouge et bistre - n° 1331 A

1331A-C 1 10 timbres - caisse d'épargne postale - sans n° ....23 »
1331A-C 2 20 timbres - caisse d'épargne postale - sans n° ....45 »

1536 TYPE CHEFFER - 0,30 Fr. lilas - n° 1536

1536-C 1 10 timbres - caisse d'épargne postale - conf. 1 - 2 - 3 - 7
ouvrir ici (avec trait) ....15 »
1536-C 2 10 timbres - caisse d'épargne postale - sans n° - ouvrir ici (sans trait) ......200 »
1536-C 3 20 timbres - caisse d'épargne postale - conf. 4 - 5 - 6
ouvrir ici (avec trait) ....30 »
1536-C 4 20 timbres - caisse d'épargne postale - sans n° - ouvrir ici (sans trait) ......250 »

1536 A TYPE CHEFFER - 0,30 Fr. vert - n° 1536 A

1536 A-C 1 20 timbres - caisse d'épargne postale - conf. 5 - 6 ....17 »

1536 B TYPE CHEFFER - 0,40 Fr. rose - n° 1536 B

1536 B-C 1 10 timbres - caisse d'épargne postale - conf. 1 à 3 - 7 - 8 ....15 »
1536 B-C 2 20 timbres - caisse d'épargne postale - conf. 4 - 5 - 6..............................17 »

1664 TYPE MARIANNE de BEQUET - 0,50 Fr. rouge - n° 1664

1664-C 1 10 timbres - caisse d'épargne postale - conf. 1 à 5 - 7 - 8 ....14 »
1664-C 2 20 timbres - caisse d'épargne postale - conf. 6 à 8 ....23 »
1664-C 3 10 timbres - code postal - ouvrir ici - (sans trait) - conf. 3 à 5 - 7 ....17 »
1664-C 4 10 timbres - code postal - ouvrir ici - (avec trait) - conf. 1 - 2..................120 »
1664-C 5 20 timbres - code postal - ouvrir ici - (sans trait) - conf. 6 à 8 ....22 »
1664-C 6 20 timbres - code postal - ouvrir ici - (avec trait) - conf. 8 ....150 »

1664 TYPE MARIANNE de BEQUET - 0,50 Fr. rouge - n° 1664 c - 3 bandes de phosphore

1664-C 7 10 timbres - code postal - ouvrir ici - (sans trait) - conf. 3 à 5 - 7 et sans n° 13 »
1664-C 8 10 timbres - code postal - ouvrir ici - (avec trait) - conf. 1 - 2 et sans n°......25 »
1664-C 9 20 timbres - code postal - ouvrir ici - (sans trait) - conf. 6 - 8 et sans n° ......19 »
1664-C 10 20 timbres - code postal - ouvrir ici - (avec trait) - conf. 6 ....70 »

1815 TYPE MARIANNE de BEQUET - 0,60 Fr. vert - n° 1815

1815-C 1 20 timbres - code postal - conf. 6 et sans n° ....140 »

1815 TYPE MARIANNE de BEQUET - 0,60 Fr. vert - n° 1815 c - sans phosphore

1815-C 2 20 timbres - code postal - conf. 6 ....420 »

1816 TYPE MARIANNE de BEQUET - 0,80 Fr. rouge - n° 1816

1816-C 1 5 timbres - code postal - conf. 2 et sans n° ....9 »
1816-C 2 10 timbres - code postal - conf. 3 à 5 - 7 et sans n° ....12 »
1816-C 3 20 timbres - code postal - conf. 6 - 8 ....21 »

1816 TYPE MARIANNE de BEQUET - 0,80 Fr. rouge - n° 1816 d - sans phosphore

1816-C 4 10 timbres - code postal - conf. 4 ....100 »
1816-C 5 20 timbres - code postal - conf. 4 - 6 ....160 »

1892 TYPE MARIANNE de BEQUET - 1 Fr. rouge - n° 1892

1892-C 1 5 timbres - code postal - gomme brillante - sans n° de confectionneuse 13 »
1892-C 1 a 5 timbres - code postal - gomme mate - sans n° de confectionneuse ......38 »
1892-C 2 10 timbres - code postal - gomme brillante - conf. 3 à 5 - 7 - 8 et sans n° 14 »
1892-C 2 a 10 timbres - code postal - gomme mate - conf. 4 et sans n° ....38 »
1892-C 3 20 timbres - code postal - gomme brillante - conf. 6 - 8 et sans n° ....23 »
1892-C 3 a 20 timbres - code postal - gomme mate - conf. 6 ....50 »

1893 TYPE MARIANNE de BEQUET - 0,80 Fr. vert - n° 1893

1893-C 1 20 timbres - code postal - gomme brillante - conf. 6 - 8 ....46 »
1893-C 1 a 20 timbres - code postal - gomme mate - conf. 8 ....54 »

1970 TYPE SABINE - 0,80 Fr. vert - n° 1970

1970-C 1 20 timbres - code postal - gomme brillante - conf. 6 ....45 »
1970-C 1 a 20 timbres - code postal - gomme mate - conf. 6 ....62 »

1972 TYPE SABINE - 1 Fr. rouge - n° 1972

1972-C 1 5 timbres - code postal - gomme brillante
sans n° de confectionneuse ....16 »
1972-C 1 a 5 timbres - code postal - gomme mate
sans n° de confectionneuse ....44 »
1972-C 2 10 timbres - code postal - gomme brillante - conf. 3 à 7 ....23 »
1972-C 2 a 10 timbres - code postal - gomme mate - conf. 6 ....67 »
1972-C 3 20 timbres - code postal - gomme brillante - conf. 6 - 8 ....45 »
1972-C 3 a 20 timbres - code postal - gomme mate - conf. 8 ....133 »

1973 TYPE SABINE - 1 Fr. vert - n° 1973

1973-C 1 20 timbres - code postal - gomme brillante - conf. 6 - 8 ....23 »
1973-C 1 a 20 timbres - code postal - gomme mate - conf. 8 ....39 »

1974 TYPE SABINE - 1,20 Fr. rouge - n° 1974

1974-C 1 5 timbres - code postal - gomme brillante
sans n° de confectionneuse ....8 »
1974-C 1 a 5 timbres - code postal - gomme mate
sans n° de confectionneuse ....14 »
1974-C 2 10 timbres - code postal - gomme brillante - conf. 3 à 8 et sans n° ....12 »
1974-C 2 a 10 timbres - code postal - gomme mate - conf. 3 à 5 - 7 ....25 »
1974-C 3 10 timbres - code postal - conf. 9 ....15 »
1974-C 4 20 timbres - code postal - gomme brillante - conf. 8 et sans n° ....24 »
1974-C 4 a 20 timbres - code postal - gomme mate - conf. 8 ....46 »

2058 TYPE SABINE - 1,10 Fr. vert - n° 2058

2058-C 1 20 timbres - code postal - gomme brillante - conf. 8 et sans n° ....23 »
2058-C 1 a 20 timbres - code postal - gomme mate - sans n° de confectionneuse ......63 »

2059 TYPE SABINE - 1,30 Fr . Rouge - n° 2059

2059-C 1 5 timbres - code postal - gomme brillante
sans n° de confectionneuse ....8 »
2059-C 1 a 5 timbres - code postal - gomme mate
sans n° de confectionneuse ....24 »
2059-C 2 10 timbres - code postal - gomme brillante - conf. 3 à 7 ....13 »
2059-C 2 a 10 timbres - code postal - gomme mate - conf. 3 à 5 -7 ....39 »
2059-C 3 10 timbres - code postal - conf. 9 ....17 »
2059-C 4 20 timbres - code postal - gomme brillante - conf. 8 ....23 »
2059-C 4 a 20 timbres - code postal - gomme mate - conf. 8 ....75 »

2101 TYPE SABINE - 1,20 Fr. vert - n° 2101

2101-C 1	20 timbres - code postal - gomme brillante - conf. 8	17 »
2101-C 1 a	20 timbres - code postal - gomme mate - conf. 8	32 »
2101-C 2	20 timbres - philexfrance 82 - gomme brillante - conf. 8	43 »

2102 TYPE SABINE - 1,40 Fr. Rouge - n° 2102

2102-C 1	5 timbres - code postal - gomme brillante sans n° de confectionneuse	16 »
2102-C 1 a	5 timbres - code postal - gomme mate - sans n° de confectionneuse	26 »
2102-C 2	5 timbres - philexfrance 82 - gomme brillante sans n° de confectionneuse	31 »
2102-C 2 a	5 timbres - philexfrance 82 - gomme mate sans n° de confectionneuse	11 »
2102-C 3	10 timbres - code postal - gomme brillante - conf. 3 à 7	13 »
2102-C 3 a	10 timbres - code postal - gomme mate - conf. 4	23 »
2102-C 4	10 timbres - code postal - conf. 9	14 »
2102-C 5	10 timbres - philexfrance 82 - gomme brillante - conf. 3 à 7 et sans n°	9 »
2102-C 5 a	10 timbres - philexfrance 82 - gomme mate - conf. 6	11 »
2102-C 6	10 timbres - philexfrance 82 - conf. 9	11 »
2102-C 7	20 timbres - code postal - gomme brillante - conf. 8	22 »
2102-C 7 a	20 timbres - code postal - gomme mate - conf. 8	38 »
2102-C 8	20 timbres - philexfrance 82 - gomme brillante - conf. 8	17 »
2102-C 8 a	20 timbres - philexfrance 82 - gomme mate - conf. 8	29 »

2154 TYPE SABINE - 1,40 Fr. vert - n° 2154

2154-C 1	20 timbres - philexfrance 82 - gomme brillante - conf. 8	22 »
2154-C 1 a	20 timbres - philexfrance 82 - gomme mate - conf. 8	32 »

2155 TYPE SABINE - 1,60 Fr . Rouge - n° 2155

2155-C 1	5 timbres - philexfrance 82 - gomme brillante sans n° de confectionneuse	13 »
2155-C 1 a	5 timbres - philexfrance 82 - gomme mate - sans n° de confectionneuse	16 »
2155-C 2	10 timbres - philexfrance 82 - gomme brillante - conf. 3 à 7	11 »
2155-C 2 a	10 timbres - philexfrance 82 - gomme mate - conf. 4 - 6	17 »
2155-C 3	10 timbres - philexfrance 82 - conf .9	14 »
2155-C 4	20 timbres - philexfrance 82 - gomme brillante - conf. 8 et sans n°	22 »
2155-C 4 a	20 timbres - philexfrance 82 - gomme mate - conf. 8 et sans n°	26 »

2186 TYPE LIBERTE de DELACROIX - 1,40 Fr. vert - n° 2186

2186-C 1	20 timbres - philexfrance 82 - gomme brillante - conf. 8	20 »
2186-C 1 a	20 timbres - philexfrance 82 - gomme mate - conf. 8	75 »

2187 TYPE LIBERTE de DELACROIX - 1,60 Fr. rouge - n° 2187

2187-C 1	5 timbres - philexfrance 82 - gomme brillante sans n° de confectionneuse	8 »
2187-C 2	10 timbres - philexfrance 82 - gomme brillante - conf. 3 à 7	13 »
2187-C 2 a	10 timbres - philexfrance 82 - gomme mate - conf. 4 - 5 - 6	32 »
2187-C 3	10 timbres - philexfrance 82 - conf. 9	17 »
2187-C 4	20 timbres - philexfrance 82 - gomme brillante - conf. 8	23 »
2187-C 4 a	20 timbres - philexfrance 82 - gomme mate - conf. 8	50 »

2219 TYPE LIBERTE de DELACROIX - 1,60 Fr. vert - n° 2219

2219-C 1	20 timbres - philexfrance 82 - gomme mate - conf. 8	55 »
2219-C 2	20 timbres - code postal - gomme brillante - conf. 8	20 »
2219-C 2 a	20 timbres - code postal - gomme mate - conf. 8	150 »

2220 TYPE LIBERTE de DELACROIX - 1,80 Fr. rouge - n° 2220

2220-C 1 5 timbres - code postal - gomme brillante sans n° de confectionneuse ....7 »
2220-C 1 a 5 timbres - code postal - gomme mate - sans n° de confectionneuse ......10 »
2220-C 2 10 timbres - philexfrance 82 - gomme brillante - conf. 5 à 7 ....38 »

2220-C 3 10 timbres - CNIT philexfrance 82 - conf. 9 ....11 »
2220-C 3 A Carnets C3 - série complète des 11 carnets de couleurs différentes - conf. 9 ....120 »
2220-C 4 10 timbres - philexfbrance 82 - conf. 9 ....16 »
2220-C 5 10 timbres - code postal - gomme brillante - conf. 3 à 7 ....11 »
2220-C 5 a 10 timbres - code postal - gomme mate - conf. 6 ....80 »
2220-C 6 10 timbres - code postal - conf. 9 ....12 »
2220-C 7 20 timbres - philexfrance 82 - gomme brillante - conf. 8 ....52 »
2220-C 7 a 20 timbres - philexfrance 82 - gomme mate - conf. 8 ....60 »
2220-C 8 20 timbres - code postal - gomme brillante - conf. 8 ....19 »
2220-C 8 a 20 timbres - code postal - gomme mate - conf. 8 ....75 »

2274 TYPE LIBERTE de DELACROIX - 2 Fr. rouge - n° 2274

2274-C 1 5 timbres - code postal - gomme brillante sans n° de confectionneuse ....28 »
2274-C 1 a 5 timbres - code postal - gomme mate - sans n° de confectionneuse ......10 »
2274-C 2 10 timbres - code postal - gomme brillante- conf. 3 à 7 ....11 »
2274-C 2 a 10 timbres - code postal - gomme mate - conf. 5 à 7 ....15 »
2274-C 3 10 timbres - code postal - conf. 9 ....16 »
2274-C 4 20 timbres - code postal - gomme brillante - conf. 8 ....20 »
2274-C 4 a 20 timbres - code postal - gomme mate - conf. 8 ....50 »

2318 TYPE LIBERTE de DELACROIX - 1,70 Fr. vert - n° 2318

2318-C 1 20 timbres - code postal - gomme brillante - conf. 8 ....23 »
2318-C 1 a 20 timbres - code postal - gomme mate - conf. 8 ....100 »

2319 TYPE LIBERTE de DELACROIX - 2,10 Fr. rouge - n° 2319

2319-C 1 10 timbres - code postal - gomme brillante - couverture rouge sur crème - conf. 4 à 8 ....13 »
2319-C 1 a 10 timbres - code postal - gomme mate - couverture rouge sur crème - conf. 4 à 8 ....20 »
2319-C 2 10 timbres - code postal - conf. 9 ....14 »
2319-C 3 10 timbres - code postal - gomme mate - couverture bleu sur crème sans n° de confectionneuse ....12 »
2319-C 4 20 timbres - code postal - gomme brillante - couverture rouge sur crème - conf. 8 .... 23 »
2319-C 4 a 20 timbres - code postal - gomme mate - couverture rouge sur crème - conf. 8 ....60 »

2375 TYPE LIBERTE de DELACROIX - 1,80 Fr. vert - n° 2375

2375-C 1 10 timbres - code postal - gomme brillante - conf. 6 ....14 »
2375-C 1 a 10 timbres - code postal - gomme mate - conf. 6 ....70 »

2376 TYPE LIBERTE de DELACROIX - 2,20 Fr. rouge - n° 2376

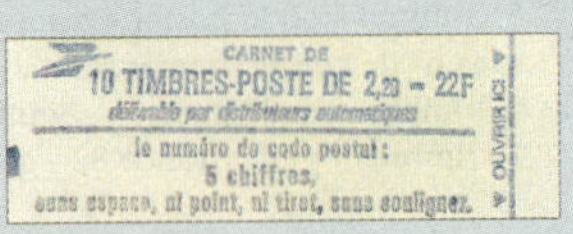

2376-C 1 10 timbres - code postal - gomme mate - couverture bleu sur crème sans n° de confectionneuse ....14 »

2376-C 2 10 timbres - code postal - gomme brillante - couverture rouge sur crème - conf. 4 à 8 ....14 »

2376-C 2 a 10 timbres - code postal - gomme mate - couverture rouge sur crème - conf. 6 - 7 ....25 »

2376-C 3 10 timbres - code postal - conf. 9 ....14 »

2376-C 4 10 timbres - POUR OFFRIR DES TIMBRES - la pochette trimestrielle conf. 9 ....18 »

2376-C 5 10 timbres - POUR OFFRIR DES TIMBRES - la pochette semestrielle conf. 9 ....17 »

2376-C 6 10 timbres - POUR OFFRIR DES TIMBRES - la pochette semestrielle - conf. 6 à 8....................40 »

2376-C 7 10 timbres - POUR OFFRIR DES TIMBRES - la pochette semestrielle - (plus lettre D) - conf. 8 ....45 »

2376-C 8 10 timbres 2376d - Faites de la MUSIQUE - conf. 9 ....15 »

2376 TYPE LIBERTE de DELACROIX - 2,20 Fr. rouge - n° 2376.....(suite)

2376-C 9 10 timbres - LA RESERVATION GRATUITE DES TIMBRES conf. 6 - 7 ....42 »

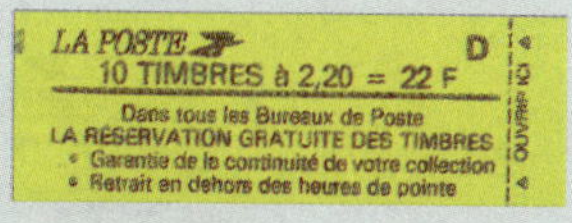

2376-C 10 10 timbres - LA RESERVATION GRATUITE DES TIMBRES - (plus lettre D) - conf. 8 ....42 »

2376-C11
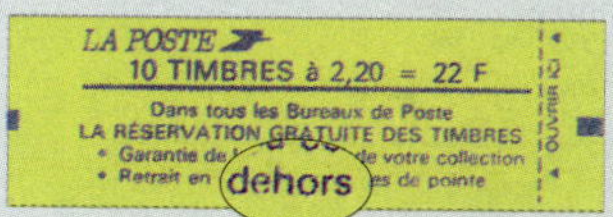

2376-C11a

2376-C 11 10 timbres - LA RESERVATION GRATUITE DES TIMBRES conf. 9 ....17 »
2376-C 11a Carnet C11 sans "S" à dehors ....35 »

2376-C 12 10 timbres - philexfrance 89 - évenements de juillet 1789 - conf. 9............15 »
2376-C 12A Carnets C12 - série complète des 11 carnets différents ....170 »

2424 TYPE LIBERTE de DELACROIX - 1,90 Fr. vert - n° 2424

2 424-C 1 10 timbres - code postal - conf. 8 ....45 »

2427 TYPE LIBERTE de DELACROIX - 2,20 Fr. rouge - n° 2427 - dentelé 3 côtés

2427-C 1 10 timbres - code postal - couverture rouge sur blanc - format 140x52 ......18 »

2427-C 2 10 timbres - RESERVEZ VOS TIMBRES DE COLLECTION bleu sur jaune - (format 140x52) ....15 »

2614 TYPE MARIANNE de BRIAT - 2,30 Fr. rouge - n° 2614

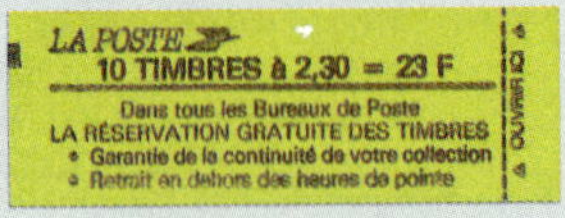

2614-C 1 10 timbres - LA RESERVATION GRATUITE DES TIMBRES
conf. 6 - 7 ....32 »

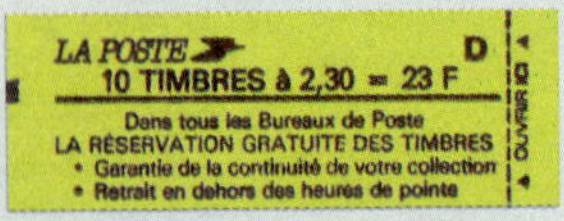

2614-C 2 10 timbres - LA RESERVATION GRATUITE DES TIMBRES
(plus lettre D) - conf. 8 ....32 »

2614-C 3 10 timbres - LA RESERVATION GRATUITE DES TIMBRES
conf. 9 ....18 »

2614-C 4 10 timbres - LA RESERVATION GRATUITE DES TIMBRES
schweppes (au verso) - conf. 9 ....14 »

2614-C 5 10 timbres - JEUX OLYMPIQUES D'HIVER - conf. 6 ....600 »
2614-C 5a 10 timbres - JEUX OLYMPIQUES D'HIVER - conf. 7 ....500 »
2614-C 5b 10 timbres - JEUX OLYMPIQUES D'HIVER - conf. 8 ....650 »

2614-C 6 10 timbres - JEUX OLYMPIQUES D'HIVER - plus lettre D - conf. 8 90 »
2614-C 6 a 10 timbres - JEUX OLYMPIQUES D'HIVER - plus lettre D - conf. 6 400 »

2614-C 7 10 timbres - JEUX OLYMPIQUES D'HIVER - conf. 9 ....20 »

2614-C 8 9 timbres à 2,30 —20 F - lettre D - JEUX OLYMPIQUES D'HIVER -
conf. 9 ....17 »

2614 TYPE MARIANNE de BRIAT - 2,30 Fr. rouge - n° 2614.....(suite)

2614-C 9 10 timbres - Faites de la MUSIQUE - sacem - conf. 9 - 1........................14 »

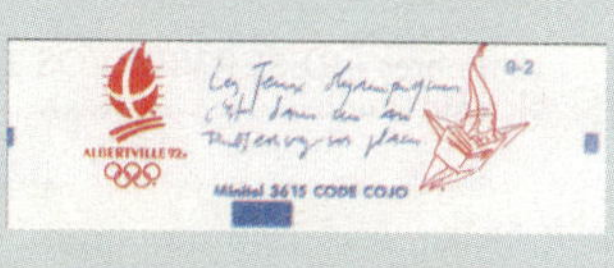

2614-C 10 10 timbres - JEUX OLYMPIQUES D'HIVER - couverture blanche
conf. 9 - 2 ....14 »

2614-C 10 a 10 timbres - JEUX OLYMPIQUES D'HIVER - couverture blanche
sans n° de confectionneuse...50 »

2614-C11

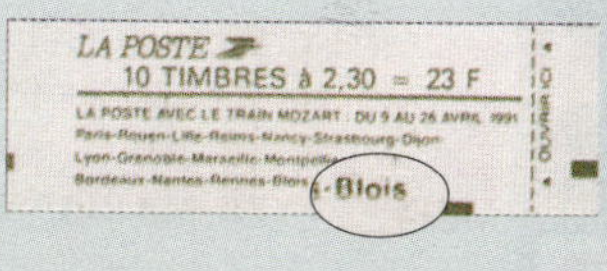

2614-C11a

2614-C 11 10 timbres - la poste avec le train MOZART - conf. 9 - 3 ....14 »

2614-C 11a Carnet C11 sans point après Blois ....45 »

2614-CP 1 10 timbres - la poste figeac - (format 125x54) ....520 »

2629 TYPE MARIANNE de BRIAT - 2,30 Fr. rouge - n° 2629 - dentelé 3 côtés

2629-C 1 10 timbres - RESERVEZ VOS TIMBRES DE COLLECTION
bleu sur jaune - (format 140x52) ....34 »

2630 TYPE MARIANNE de BRIAT - 2,30 Fr. rouge - n° 2630 - non dentelé adhésif

2630-C 1 10 timbres - RESERVEZ VOS TIMBRES DE COLLECTION bleu sur jaune ....25 »

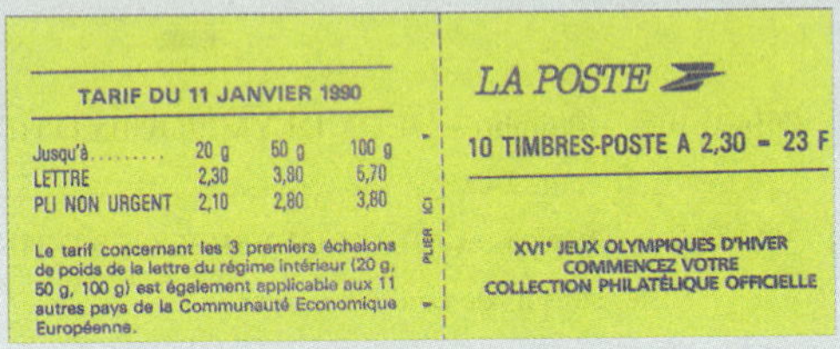

2630-C 2 10 timbres - JEUX OLYMPIQUES D'HIVER - bleu sur jaune ....17 »
2630-C 2a Carnet C2 erreur de date 1999 au lieu de 1990..................................130 »

2712 TYPE MARIANNE de BRIAT - lettre D - rouge - n° 2712 - dentelé

2712-CP 1

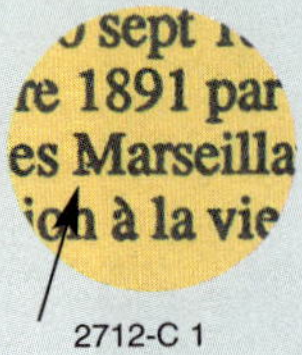

2712-C 1

2712-CP 1 10 timbres - Marseille La Poste Colbert - format 114x54 - tirage local
"en page 4 : M de Marseillais sans trait parasite sur
la branche inclinée gauche ....230 »

2712-C 1 10 timbres - Marseille La Poste Colbert - format 114x54 - tirage officiel
"en page 4 : M de Marseillais avec trait parasite sur
la branche inclinée gauche ....14 »

2713 TYPE MARIANNE de BRIAT - lettre D - rouge - n° 2713 - non dentelé adhésif

2713-C 1 10 timbres - CHANGEMENT DE TARIF (LETTRE D) ....14 »

2715 TYPE MARIANNE de BRIAT - 2,50 Fr. rouge - n° 2715 - dentelé

2715-C 1 8 timbres - Alberville 92 - lettre D - conf. 9 ....17 »

2715-C 2 10 timbres - Alberville 92 - lettre G - conf. 9 ....15 »

2715-C 3 10 timbres - loisirs culture passion - lettre G - conf. 9 ....16 »

2715-C 4 10 timbres - Alberville 92 - lettre D - conf. 6 ....18 »
2715-C 4 a 10 timbres - Alberville 92 - lettre D - conf. 8 ....60 »

2715-C 5 10 timbres - Alberville 92 - lettre G - conf. 7 ....17 »
2715-C 5 a 10 timbres - Alberville 92 - lettre G - conf. 6 ....600 »

2715-C 6 10 timbres - loisirs culture passion - lettre G - conf. 6 ....21 »

2715-C 7 10 timbres - publicité M&M's - sans n° de confectionneuse ....14 »

2720 TYPE MARIANNE de BRIAT - 2,50 Fr. rouge - n° 2720 - non dentelé adhésif

2720-C 1 10 timbres - Alberville 92 - format 125X52..14 »

2720 TYPE MARIANNE de BRIAT - 2,50 Fr. rouge - n° 2720 - non dentelé adhésif (suite)

2720-C 2 10 timbres - loisir,culture,passion - format 125 X 52 ....14 »

2720-C 2a Carnet C2 - absence de prédécoupe des timbres ....120 »

2720-C 3 10 timbres - médiamétrie - sans n° de confectionneuse ....15 »

2806 TYPE MARIANNE de BRIAT - TVP - rouge - n° 2806 - dentelé

2806-C 1 10 timbres à validité permanente - lettre D - conf. 6 ....16 »

2807 TYPE MARIANNE de BRIAT - TVP - rouge - n° 2807 - non dentelé adhésif

2807-C 1 10 timbres - carnet pour distributeur sagem - format 120x57 ....34 »

2807-C 1a Carnet C 1 - paire de 2 carnets se tenant ....100 »

2807-C 1b Roulette de 5 carnets se tenant ....300 »

2807-C 2 10 timbres - carnet pour guichets ....15 »

2874 TYPE MARIANNE de BRIAT - TVP - rouge - n° 2874 (type I) - cisaillés en ligne

2874-C 1 10 timbres - carnet pour guichets - sans pont ....14 »
2874-C 1a Carnet C 1 avec carré noir ....100 »
2874-C 2 10 timbres - carnet pour guichets - avec pont ....14 »
2874-C 2a Carnet C 2 avec carré noir ....80 »
2874-C 2b Carnet C 2 - sans phosphore ....90 »

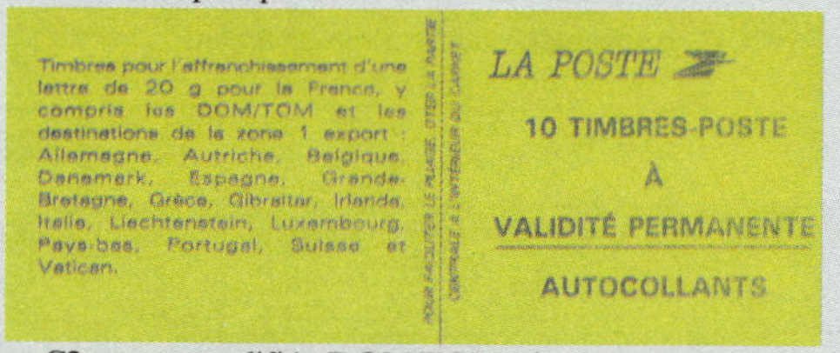

2874-C 3 Carnet C2 - texte modifié : DOM/TOM...(zone 1 export.....Vatican) ......14 »
2874-C 3a Carnet C3 avec carré noir ....90 »

2874-C 4 10 timbres - carnet pour distributeur sagem - (pointillé entre les 2 lignes) 22 »
2874-C 4a Carnet C 4 - paire de 2 carnets se tenant ....60 »
2874-C 4b Roulette de 5 carnets se tenant ....200 »

2874-C 5 10 timbres - carnet pour distributeur sagem - (pointillé sous les 2 lignes) 49 »
2874-C 5a Carnet C 5 - paire de 2 carnets se tenant ....140 »
2874-C 5b Roulette de 5 carnets se tenant ....350 »

2874-C 6 10 timbres - carnet pour guichets - Essayez l'enveloppe timbrée (format 125x52) ....14 »
2874-C 6a Carnet C 6 avec carré noir ....65 »
2874-C 6b Carnet C 6 avec dentelure ondulée inversée ....45 »
2874-C 6c Carnet C 6 sans phosphore ....400 »

2874 TYPE MARIANNE de BRIAT - TVP - rouge - n° 2874 (type I) - cisaillés en ligne (suite)

2874-C 7 10 timbres - carnet pour distributeur sagem - Essayez l'enveloppe timbrée 15 »
2874-C 7a Carnet C 7 - paire de 2 carnets se tenant ....50 »
2874-C 7b Roulette de 5 carnets se tenant ....150 »

2874-C 8 10 timbres - carnet pour distributeur sagem - Essayez l'enveloppe pré-timbrée ....30 »
2874-C 8a Carnet C 8 - paire de 2 carnets se tenant ....90 »
2874-C 8b Roulette de 5 carnets se tenant ....240 »

2874 TYPE MARIANNE de BRIAT - TVP - rouge - n° 2874a (type II) - cisaillés en ligne

2874-C 9 20 timbres - carnet pour distributeurs de billets (DAB) Essayez l'enveloppe pré-timbrée ....150 »

3085 TYPE MARIANNE "du 14 juillet" - TVP - rouge - n° 3085 (type I) cisaillés en ligne

3085-C 1 10 timbres - carnet pour guichets - essayez l'enveloppe timbrée format 125x52 ....13 »
3085-C 1a Carnet C 1 avec carré noir ....40 »
3085-C 1b Roulette de 5 carnets se tenant ....100 »

3085 TYPE MARIANNE "du 14 juillet" - TVP - rouge - n° 3085 (type I) cisaillés en ligne (suite)

3085-C 2 20 timbres - carnet pour distributeurs de billets (DAB) - Essayez l'enveloppe pré-timbrée ....25 »

3085-C 3 10 timbres - carnet pour guichets - LE TIMBRE , UN PLAISIR QUI SE COMMUNIQUE ....13 »
(Ce carnet existe au Type II voir n°3085a-C2)

3085-C 3a Carnet C 3 avec carré noir ....40 »

3085-C 4 10 timbres - carnet pour guichets - le mondial du timbre - PHILEX France 99..12 »

3085-C 4a Carnet C 4 avec carré noir ....40 »

3085-C 5 20 timbres - carnet pour distributeur (DAB) - LE TIMBRE , UN PLAISIR QUI SE COMMUNIQUE ....22 »
(Ce carnet existe au Type II voir n°3085a-C4)

3085 TYPE MARIANNE "du 14 juillet" - TVP - rouge - n° 3085 (type I) cisaillés en ligne (suite)

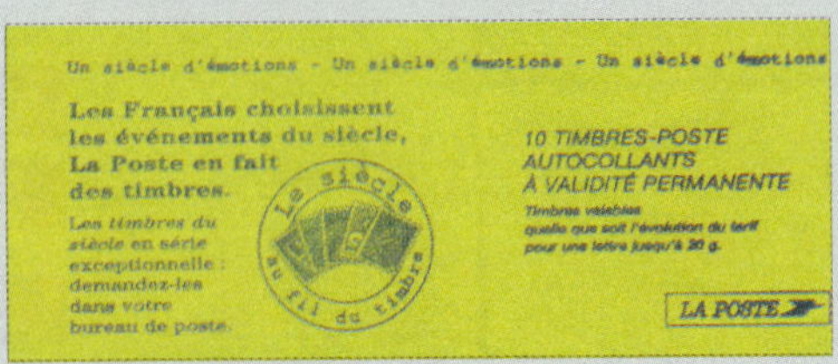

3085-C 6 10 timbres - carnet pour guichets - Un siècle d'émotions ....12 »
3085-C 6a Carnet C 6 avec carré noir ....35 »

3085-C 7 10 timbres - carnet pour guichets - Un siècle de communication ....12 »

(Ce carnet existe au Type II voir n°3085a-C5)

3085-C 7a Carnet C 7 avec carré noir ....30 »

3085a TYPE MARIANNE "du 14 juillet" - TVP - rouge - n° 3085a (type II) cisaillés en ligne

3085a-C 1 10 timbres - carnet pour distributeur sagem - Essayez l'enveloppe pré-timbrée ....17 »
3085a-C 1a Carnet C 1 - paire de 2 carnets se tenant ....40 »
3085a-C 1b Roulette de 5 carnets se tenant ....100 »

3085a-C 2 10 timbres - carnet pour guichets - LE TIMBRE , UN PLAISIR QUI SE COMMUNIQUE ....35 »
(Ce carnet existe au Type I voir n° 3085-C3)
3085a-C 2a Carnet C 2 avec carré noir ....60 »

3085a TYPE MARIANNE “du 14 juillet” - TVP - rouge - n° 3085a (type II) cisaillés en ligne (suite)

3085a-C 3 10 timbres - carnet pour distributeur sagem - LE TIMBRE, UN PLAISIR QUI SE COMMUNIQUE ....32 »
3085a-C 3a Carnet C 3 - paire de 2 carnets se tenant ....65 »
3085a-C 3b Carnet C 3 - sans phosphore ....50 »
3085a-C 3c Roulette de 5 carnets se tenant ....160 »

3085a-C 4 20 timbres - carnet pour distributeur (DAB) - LE TIMBRE , UN PLAISIR QUI SE COMMUNIQUE ....60 »
(Ce carnet existe au Type I voir n°3085-C5)

3085a-C 5 10 timbres - carnet pour guichets - Un siècle de communication ....35 »
(Ce carnet existe au Type I voir n°3085-C7)
3085a-C 5a Carnet C 5 avec carré noir ....60 »

3215 TIMBRE “EURO” - 3 Fr - 0,46 Euro - n° 3215 - cisaillés en ligne

3215-C 1 10 timbres - sigle EURO ....12 »
3215-C 1a Carnet C 1 avec carré noir à droite en haut ....100 »
3215-C 1b Carnet C 1 - Timbres imprimés sur le papier de la couverture et couverture imprimée sur le papier des timbres ....70 »

3419 TYPE MARIANNE "du 14 juillet" avec RF - TVP - rouge - n° 3419 type II cisaillés en ligne

3419-C 1 10 timbres - carnet pour guichets - Un siècle de sciences ....12 »
3419-C 1a Carnet C 1 avec carré noir ....25 »

3419-C 2 10 timbres - carnet pour guichets - la poste vous facilite l'Euro ....12 »
3419-C 2a Carnet C 2 avec carré noir ....25 »

3419-C 3 10 timbres - carnet pour distributeur sagem - LE TIMBRE , UN PLAISIR QUI SE COMMUNIQUE ....12 »
3419-C 3a Carnet C 3 - paire de 2 carnets se tenant ....25 »
3419-C 3b Carnet C 3 - erreur de date 5.12.91 ....120 »
3419-C 3c Roulette de 5 carnets se tenant ....60 »

3419-C 4 20 timbres - carnet pour distributeur (DAB) - LE TIMBRE , UN PLAISIR QUI SE COMMUNIQUE ....21 »

3419-C 5 10 timbres - carnet pour guichets - Un siècle de transport ....12 »
3419-C 5a Carnet C 5 avec carré noir ....25 »

3419 TYPE MARIANNE “du 14 juillet” avec RF - TVP - rouge - n° 3419 type II cisaillés en ligne (suite)

3419-C 6 10 timbres - carnet pour guichets - la boutique du timbre ....12 »
3419-C 6a Carnet C 6 avec carré noir ....25 »

3419-C 7 10 timbres - carnet pour guichets - Vie quotidienne ....12 »
3419-C 7a Carnet C 7 avec carré noir ....25 »

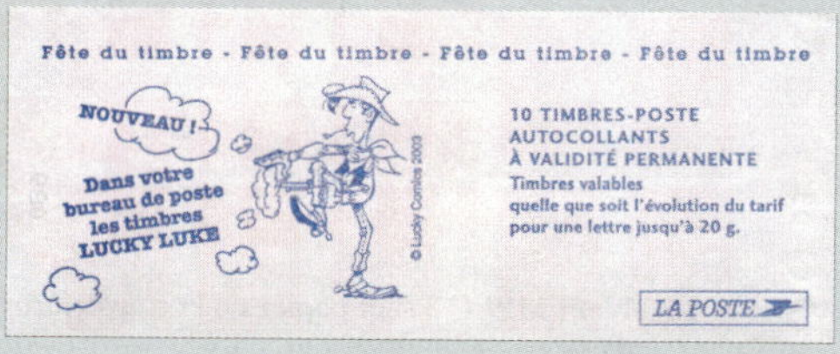

3419-C 8 10 timbres - carnet pour guichets - Lucky Luke ....12 »
3419-C 8a Carnet C 8 avec carré noir ....25 »

3419-C9 10 timbres - carnet pour guichets - La France à vivre. Les spécialités de nos régions ....12 »
3419-C 9a Carnet C 9 avec carré noir ....25 »

3419-C10 10 timbres - carnet pour guichets - La France à voir. Portraits de régions ....12 »
3419-C10a Carnet C 10 avec carré noir ....25 »

3419 TYPE MARIANNE "du 14 juillet" avec RF - TVP - rouge - n° 3419 type II cisaillés en ligne (suite)

3419-C 11 20 timbres - carnet pour distributeur (DAB) - LE TIMBRE, UN PLAISIR QUI SE COMMUNIQUE
Idem 3419-C 4 sauf couverture papier blanc ....21 »

3419-C 12 Idem 3419-C 3 sauf papier de la couverture "blanchâtre" du côté des timbres ....12 »
3419-C 12a Carnet C 12 - paire de 2 carnets se tenant ....25 »
3419-C 12b Roulette de 5 carnets se tenant ....60 »

3419-C 13 10 timbres - carnet pour guichets - Dessinez la nouvelle Marianne ......12 »
3419-C 13a Carnet C 13 avec carré noir ....25 »

3419-C 14 10 timbres - carnet pour guichets
La France à vivre. Portraits de régions ....12 »
3419-C 14a Carnet C 14 avec carré noir ....25 »

3419 TYPE MARIANNE "du 14 juillet" avec RF - TVP - rouge - n° 3419 type II cisaillés en ligne (suite)

3419-C 15 10 timbres - carnet pour guichets - Le salon du Timbre ....12 »
3419-C 15a Carnet C 15 avec carré noir ....25 »

3419-C 16 10 timbres - carnet pour guichets - La boutique Web du timbre ....12 »
3419-C 16a Carnet C 16 avec carré noir ....25 »

3419-C 17 10 timbres - carnet pour guichets - La France à voir. Portraits de régions 15 »
3419-C 17a Carnet C 17 avec carré noir ....30 »

3744 TYPE MARIANNE de LAMOUCHE - TVP - rouge - n° 3744 type II cisaillés en ligne

3744-C 1 10 timbres - carnet pour guichets - L'amour des jeux - Paris 2012 - ville candidate ....11 »
3744-C 1a Carnet C 1 avec carré noir ....25 »

3744-C 2 10 timbres - carnet pour distributeur sagem - La boutique Web du timbre 11 »
Couverture jaune - papier blanc côté timbres
3744-C 2a Carnet C 2 - paire de 2 carnets se tenant ....22 »
3744-C 2b Roulette de 5 carnets se tenant ....55 »

3744 TYPE MARIANNE de LAMOUCHE - TVP - rouge - n° 3744 type II cisaillés en ligne (suite)

3744-C 3 20 timbres - carnet pour distributeur (DAB) - La boutique Web du timbre ....20 »

3744-C 4 10 timbres - carnet pour guichets - La France à vivre. Portraits de régions 11 »
3744-C 4a Carnet C 4 avec carré noir ....25 »

3744-C 5 10 timbres - carnet pour guichets - Jules Verne - Six "Voyages extraordinaires" au prix du timbre ! ....11 »
3744-C 5a Carnet C 5 avec carré noir ....25 »

3744-C 6 10 timbres – carnet pour guichets – La France à voir. Portraits de région 11 »
3744-C 6a Carnet C 6 avec carré noir ....25 »

3744 TYPE MARIANNE de LAMOUCHE - TVP - rouge - n° 3744 type II cisaillé en ligne (suite)

3744-C 7 10 timbres – carnet pour guichets – " Vous aimez les beaux timbres, La Poste vous les réserve " .... 11 »

3744-C 7a Carnet C 7 avec carré noir .... 25 »

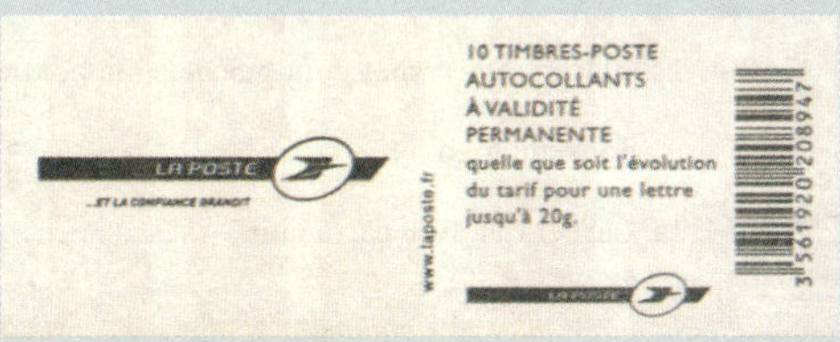

3744-C 8 10 timbres – carnet pour guichets – " La Poste …et la confiance grandit " .... 11 »

3744-C 8a Carnet C 8 avec carré noir .... 25 »

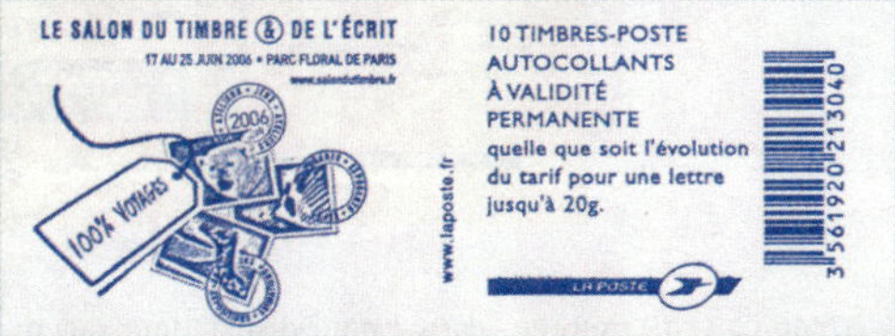

3744-C 9 10 timbres – carnet pour guichets – "Le Salon du Timbre & de l'Ecrit – 17 au 25 juin 2006 – Parc floral de Paris " .... 11 »

3744-C 9a Carnet C 9 avec carré noir .... 25 »

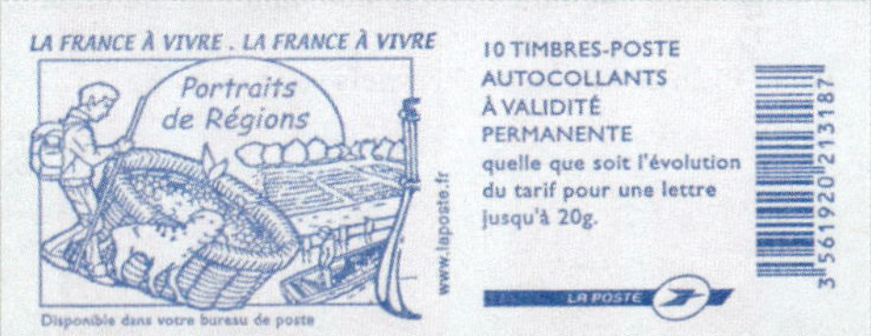

3744-C 10 10 timbres – carnet pour guichets – La France à vivre. Portraits de région .... 11 »

3744-C 10a Carnet C 10 avec carré noir .... 25 »

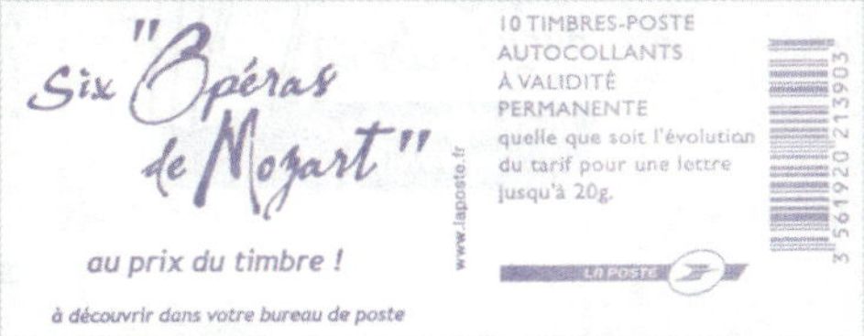

3744-C 11 10 timbres – carnet pour guichets – Six "Opéras de Mozart" au prix du timbre ! .... 10 »

3744-C 11a Carnet C 11 avec carré noir .... 15 »

3744 TYPE MARIANNE de LAMOUCHE - TVP - rouge - n° 3744b - PHIL@POSTE en bas au centre

3744b-C 1 10 timbres - carnet pour guichets - la boutique du web du timbre nouveau logo ....10 »

3744b-C 1a Carnet C 1 avec carré noir ....15 »

3744b-C 2 10 timbres - carnet pour distributeur sagem - la boutique du web du timbre nouveau logo ....10 »

3744b-C 2a Paire de 2 carnets se tenant ....22 »

3744b-C 2b Roulette de 5 carnets se tenant ....55 »

3744b-C 3 20 timbres - carnet pour distributeur (DAB) - la boutique du web nouveau logo ....20 »

3744 TYPE MARIANNE de LAMOUCHE - TVP - rouge - n° 3744b - PHIL@POSTE en bas au centre (suite)

3744b-C 4	10 timbres - carnet pour guichets - la France à voir. Portraits de régions	10 »
3744b-C 4a	Carnet C 4 avec carré noir	15 »

3744b-C 5	12 timbres - carnet pour guichets - l'éco carnet pour la planète papier kraft au verso	15 »
3744b-C 5a	Carnet C 5 avec carré noir	20 »

3744b-C 6	12 timbres - carnet pour guichets - la France à voir. Portraits de régions papier kraft au verso	15 »
3744b-C 6a	Carnet C avec carré noir	20 »

III. - CARNETS DE TIMBRES A COMPOSITION VARIABLE

Type Liberté de Delacroix

Carnet à 10 f., contenant deux bandes horizontales de 5 timbres.

1 bande avec 4 timbres n° 2376 et 1 timbre n° 2183
1 bande avec 4 timbres n° 2179 et 1 timbre n° 2183

1501 Le carnet 12 »

Dentelures horizontales souvent défectueuses.

Type Marianne de BRIAT

Carnet à 10 f., contenant deux bandes horizontales de 5 timbres.

1 bande avec 4 timbres n° 2614 et 1 timbre n° 2618
1 bande avec 4 timbres n° 2617 et 1 timbre n° 2618

1502 Le carnet 32 »

Dentelures horizontales souvent défectueuses.

Carnet à 20 f., contenant deux bandes horizontales de 4 timbres et une vignette.

1 bande avec 4 timbres n° 2807 et 1 vignette
1 bande avec 3 timbres n° 2807, 1 timbre n° 2824 et 1 vignette

1503 Le carnet 45 »

Il existe deux modalités de fixation des bandes sur la couverture.

Idem, couverture modifiée.

1504 Le carnet 40 »

Idem, couverture modifiée.

1505 Le carnet 40 »

Idem, couverture blanche.

1506 Le carnet 40 »

Il existe deux types de vignettes à caractères différents.

Carnet à 20 f., contenant deux bandes identiques de 4 timbres et une vignette.

Bandes de 3 timbres n° 2874 avec 1 timbre n° 3009 et 1 vignette

1507 Le carnet 20 »

Type Marianne du 14 Juillet (Type I)

Carnet à 20 f., contenant deux bandes identiques de 4 timbres et une vignette.

Bandes de 3 timbres n° 3085 avec 1 timbre n° 3101 et 1 vignette

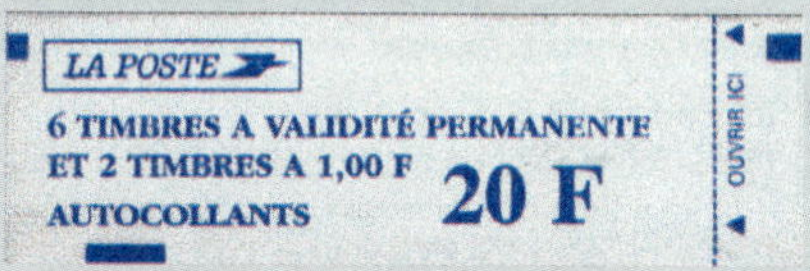

1508 Le carnet 17 »

Idem. Couverture modifiée.

Idem. Couverture modifiée.

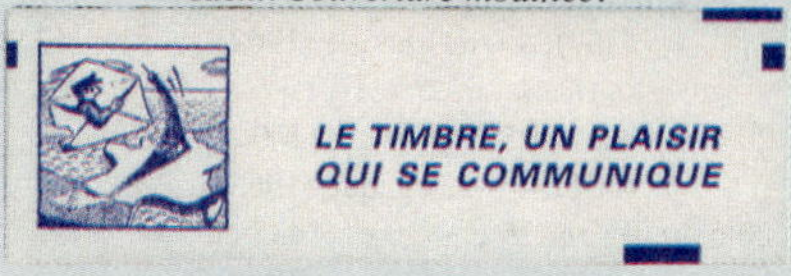

1509 Le carnet 16 »

Ce carnet existe au Type II voir n° 1510.

Type Marianne du 14 Juillet (Type II)

Carnet à 20 f., contenant deux bandes identiques de 4 timbres et une vignette

Bandes de 3 timbres n°3085a avec 1 timbre n° 3101c.

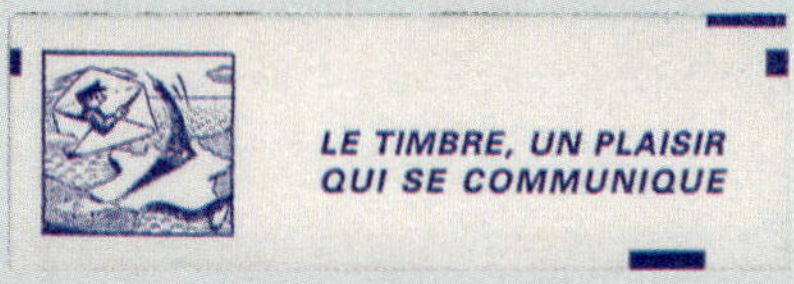

1510 Le carnet 40 »

Ce carnet existe au Type I voir n° 1509.
Type I = oreille intacte + pas d'accent sur "Timbree".
Type II = oreille cassée + accent sur "Timbrée".

Les cent ans de la semeuse de Roty

Carnet à 5 €., contenant : 5 timbres Marianne du 14 Juillet n° 3419a et 5 timbres semeuse de Roty n° 3619.

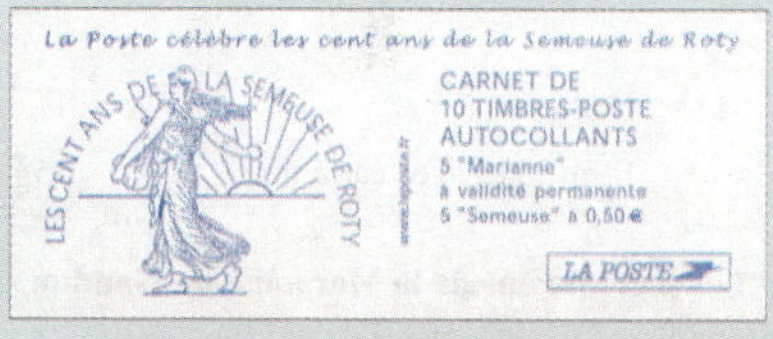

1511 Le carnet 20 »
1511a Idem 1511 avec carré noir 100 »

Les soixante ans de la Marianne d'Alger

Carnet à 5 €., contenant : 5 timbres Marianne du 14 Juillet n° 3419 et 5 timbres Marianne d'Alger n° 3716.

1512 Le carnet 20 »
1512a Idem 1512 avec carré noir 60 »

Les soixante ans de la Marianne de Dulac

Carnet à 5,30 €, contenant : 5 timbres Marianne de Lamouche n° 3744a et 5 timbres Marianne de Dulac n° 3841

1513 Le carnet 17 »

1513a Idem 1513 avec carré noir 35 »

Les soixante ans de la Marianne de Gandon

Carnet à 5,40 €., contenant : 5 timbres Marianne de Lamouche n° 3744b et 5 timbres Marianne de Gandon n° 3977.

1514 Le carnet 14 »

1514a Idem 1514 avec carré noir 20 »

Les carnets des rubriques IV à VII existent oblitérés souvent du 1er jour de l'émission. (Mêmes cotes que pour le carnet à l'état neuf).

IV. - CROIX-ROUGE AVEC PUBLICITÉ (1952)

2001 15 f. + 5 f. bleu foncé et rouge (938a) 520 »

V. - CROIX-ROUGE SANS PUBLICITÉ

2002 12 f. + 3 f. et 15 f. + 5 f. (966-967), 4 timbres de chaque (1953) 160 »
2003 12 f. + 3 f. et 15 f. + 5 f. (1006-1007), 4 timbres de chaque (1954) 180 »

2004 15 f. + 5 f. bleu et rouge (1049) (1955) 410 »
2005 12 f. + 3 f. et 15 f. + 5 f. (1089-1090), 4 timbres de chaque (1956) 83 »
2006 15 f. + 7 f. et 20 f. + 8 f. (1140 et 1141), 4 timbres de chaque (1957) 83 »
2007 15 f. + 7 f. et 20 f. + 8 f. (1187 et 1188), 4 timbres de chaque (1958) 38 »
2008 20 f. + 10 f. et 25 f. + 10 f. (1226 et 1227), 4 t. de chaque (1959) 47 »
2009 20 c. + 10 c. et 25 c. + 10 c. (1278 et 1279), 4 t. de chaque (1960) 57 »
2010 20 c. + 10 c. et 25 c. + 10 c. (1323 et 1324), 4 t. de chaque (1961) 47 »
2011 20 c. + 10 c. et 25 c. + 10 c. (1366 et 1367), 4 t. de chaque (1962) 47 »
a. (2e tirage) avec 1366a et 1367a 925 »
2012 20 c. + 10 c. et 25 c. + 10 c. (1400 et 1401), 4 t. de chaque (1963) 16 »
2013 20 c. + 10 c. et 25 c. + 10 c. (1433 et 1434), 4 t. de chaque (1964) 9 »
2014 25 c. + 10 c. et 30 c. + 10 c. (1466 et 1467), 4 t. de chaque (1965) 8 »
2015 25 c. + 10 c. et 30 c. + 10 c. (1508 et 1509), 4 t. de chaque (1966) 8 »
2016 25 c. + 10 c. et 30 c. + 10 c. (1540 et1541), 4 timbres de chaque (1967) 8 »
2017 25 c. + 10 c. et 30 c. + 10 c. (1580 et 1581) 4 timbres de chaque (1968) 8 »
2018 40 c. + 15 c. et 40 c. + 15 c. (1619 et 1620), 4 timbres de chaque (1969) 8 »

2019 40 c. + 15 c. et 40 c. + 15 c. (1661 et 1662), 4 timbres de chaque (1970) 16 »
a. (Sur la couverture l'inscription « Croix-Rouge » à 27 mm (au lieu de 32) 88 »
2020 30 c. + 10 c. et 50 c. + 10 c. (1700 et 1701), 4 timbres de chaque (1971) 10 »
2021 30 c. + 10 c. et 50 c. + 10 c. (1735 et 1736), 4 timbres de chaque (1972) 10 »
2022 30 c. + 10 c. et 50 c. + 10 c. (1779 et 1780), 4 timbres de chaque (1973) 10 »
2023 60 c. + 15 c. et 80 c. + 15 c. (1828 et 1829), 4 timbres de chaque (1974) 9 »
2024 60 c. + 15 c. et 80 c. + 20 c. (1860 et 1861) 4 timbres de chaque (1975) 9 »
2025 80 c. + 20 c. et 1 f. + 25 c. (1910 et 1911), 4 timbres de chaque (1976) 9 »

2026 80 c. + 20 c. et 1 f. + 25 c. (1959 et 1960), 4 timbres de chaque (1977) 9 »
2027 1 f. + 25 c. et 1 f. 20 + 30 c. (2024 et 2025), 4 timbres de chaque (1978) 9 »
2028 1 f. 10 + 30 c. et 1 f. 30 + 30 c. (2070a et 2071a), 4 timbres de chaque (1979) 10 »
2029 1 f. 20 + 30 c. et 1 f. 40 + 30 c. (2116a et 2117a), 4 timbres de chaque (1980) 9 »
2030 1 f. 40 + 30 c. et 1 f. 60 + 30 c. (2175 et 2176), 4 timbres de chaque (1981) 9 »
2031 1 f. 60 + 30 c. et 1 f. 80 + 40 c. (2247a et 2248a), 4 timbres de chaque (1982) 11 »
2032 1 f. 60 + 40 c. et 2 f. + 40 c. (2295a et 2296a) 4 timbres de chaque (1983) 11 »

Imprimés en feuillet de 10 timbres et deux vignettes sans valeur « Affranchissez Croix-Rouge » :

2033 2 f. 10 + 50 c. multicolore (2345a) (1984) 15 »
2034 2 f. 20 + 50 c. multicolore (2392a) (1985) 13 »
2035 2 f. 20 + 60 c. gris, noir et rouge (2449a) (1986) 15 »
2036 2 f. 20 + 60 c. multicolore (2498a) (1987) 13 »
2037 2 f. 20 + 60 c. noir, rouge et bleu (2555a) (1988) 13 »

Imprimés en feuillet de 10 timbres et deux vignettes sans valeur (motif du timbre, sans valeur faciale, teintes différentes et légende « Affranchissez votre coeur ») :

2038 2 f. 20 + 60 c. multicolore (2612a) (1989) 13 »
2039 2 f. 30 + 60 c. multicolore (2646a) (1990) 15 »

Imprimé en feuillet de 10 timbres et 2 vignettes sans valeur (« Tous les jours une preuve d'amour ») :

2040 2 f. 50 + 60 c. multicolore (2733a) (1991) 15 »

Imprimé en feuillet de 10 timbres et 2 vignettes sans valeur (« Soyons fidèles, continuons l'histoire ») :

2041 2 f. 50 + 60 c. multicolore (2783) (1992) 14 »

Imprimé en feuillet de 10 timbres et 2 vignettes sans valeur (« Avec la Croix-Rouge, soyons plus près de ceux qui ont besoin ») :

2042 2 f. 80 + 60 c. multicolore (2853a) (1993) 17 »
a. (Non dentelé) 385 »

Imprimés en feuillet de 10 timbres et 2 vignettes sans valeur (« L'intégralité des surtaxes de 0,60 F par timbre est réservée à la Croix-Rouge française. LA POSTE »).

2043 2 f. 80 + 60 c. multicolore (2915a) (1994) 15 »
a. (Non dentelé) 385 »
2044 2 f. 80 + 60 c. multicolore (2946a) (1995) 15 »
a. (Non dentelé) 385 »
2045 3 f.+60 c. multicolore (3039a) (1996) 15 »
2046 3 f.+60 c. multicolore (3122a) (1997) 15 »
2047 3 f.+60 c. multicolore (3199a) (1998) 15 »
2048 3 f.+60 c. (0,46+0.09) multicolore (3288a) (1999) 15 »
2049 3 f.+60 c. (0,55 €) multicolore (3362) (2000) 15 »
2050 3 f.+60 c. (0,46+0.09 €) multicolore (3436a) (2001) 14 »
2051 0,46 €+0,09 € multicolore (3531a) (2002) 14 »
2052 0,50 € multicolore (3620) (2003), 1,60 € reversés à la Croix-Rouge Française 20 »
2053 0,50 € multicolore (3717) (2004), 1,60 € reversés à la Croix-Rouge Française 20 »
2054 0,53 € multicolore (3840) (2005), 1,70 € reversés à la Croix-Rouge Française 20 »
2055 (sans val.) multicolores (3991+3992) (2006), 1,70 € reversés à la Croix-Rouge Française 15 »

VI. - CARNETS COMMÉMORATIFS

BC2360A	Personnages célèbres (1985)	35 »
BC2400A	Personnages célèbres (1986)	6 »
BC2460	Personnages célèbres (1987)	10 »
BC2515	La Communication en bandes dessinées(1988)	12 »
BC2523	Personnages célèbres (1988)	6 »

BC2570	Personnages célèbres (1989)	7 »
BC2655	Personnages célèbres (1990)	8 »
BC2687	Personnages célèbres (1991)	8 »
BC2753	Personnages célèbres (1992)	9 »
BC2805	Personnages célèbres (1993)	9 »
BC2848	Le plaisir d'écrire (1993)	15 »
BC2872	Relations culturellesFrance-Suède (1994)	20 »
BC2903	Personnages célèbres (1994)	9 »
BC2982	Personnages célèbres (1995)	9 »
BC3031	Personnages célèbres (1996)	10 »
BC3071A	Les Journées de la Lettre (1997)	24 »
BC3121	Personnages célèbres (1997)	10 »
BC3140	"France 98" (1998)	15 »
BC3161A	La lettre au fil du temps (1998)	24 »
BC3193	Personnages célèbres(1998)	12 »
BC3213	150e anniversaire du premier timbre-poste Français(1999)	12 »
BC3215A	Timbre Euro (1999)	12 »
BC3221A	Saint Valentin (1999)	18 »
BC3268	Personnages célèbres (1999)	12 »
BC3298A	Cœurs 2000 d'Yves Saint Laurent (2000)	20 »
BC3348	Personnages célèbres (2000)	10 »
BC3400A	"Bonnes Vacances" (2001)	15 »
BC3440A	"Bonnes Année" et " Meilleurs vœux" (2001)	15 »
BC3494A	"Vacances" (2002)	15 »
BC3534A	"Meilleurs Vœux" (2002)	15 »
BC3578A	"Vacances" (2003)	15 »
BC3622	"Meilleurs Vœux" (2003)	15 »
BC3634	"C'est une fille" (2004)	12 »
BC3635	"C'est un garçon" (2004)	12 »
BC3672	Europa "Les vacances" (2004)	12 »
BC3722	"Meilleurs Vœux" (2004)	15 »
BC3788	"Vacances" (2005)	12 »
BC3804	"C'est une fille" (2005)	12 »
BC3805	"C'est un garçon" (2005)	12 »
BC3825	"Sourires" (2005)	13 »
BC3853	"Meilleurs voeux" (2005)	13 »
BC3866	Art. Peinture. Les impressionnistes (2006)	13 »
BC3904	"Vacances" (2006)	12 »
BC3953	"Sourires" avec Cubitus (2006)	11 »
BC3986	"Meilleurs voeux" (2006)	12 »
BC4002	"Art. Antiquités" (2006)	11 »
BC4037	"Vacances" (2006)	11 »

VII. - CARNETS « JOURNÉE DU TIMBRE »

Imprimés en carnet de 6 timbres et deux vignettes sans valeur.

BC2411A	Journée du Timbre 1986	9 »
BC2469A	Journée du Timbre 1987	9 »
BC2526A	Journée du Timbre 1988	8 »
BC2578A	Journée du Timbre 1989	8 »
BC2640A	Journée du Timbre 1990	8 »
BC2689A	Journée du Timbre 1991	9 »
BC2744A	Journée du Timbre 1992	9 »
BC2794	Journée du Timbre 1993	10 »

BC2865	Journée du Timbre 1994	18 »
BC2935	Journée du Timbre 1995	18 »
BC2992	Journée du Timbre 1996	22 »
BC3053	Journée du Timbre 1997	22 »
BC3137	Journée du Timbre 1998	22 »
BC3227	Journée du Timbre 1999	20 »
BC3305	Fête du Timbre 2000	16 »
BC3370a	Fête du Timbre 2001	14 »
BC3467a	Fête du Timbre 2002	14 »
BC3546a	Fête du Timbre 2003	14 »
BC3641a	Fête du Timbre 2004	14 »
BC3751a	Fête du Timbre 2005	15 »
BC3877a	Fête du Timbre 2006	15 »
BC4024a	Fête du Timbre 2007	13 »

VIII. - CARNETS ET OUVRAGES DE LUXE

4001 Portraits de régions "La France à vivre" (2003) 38 »

Carnet de 19,00 € composé de 24 pages de textes, illustrations, et de 10 feuillets de timbres, chaque feuillet reprenant un des 10 timbres nos 3559 à 3568 du BF n° 57.

4002 Portraits de régions "La France à voir" (2003) 38 »

Carnet de 19,00 € composé de 24 pages de textes, illustrations, et de 10 feuillets de timbres, chaque feuillet reprenant un des 10 timbres nos 3595 à 3604 du BF n° 61.

4003 "Impressions & expressions" (2004) 100 »

Livre de 196 pages, vendu 60 €, contenant 1 feuillet gommé de 250x235 montrant, avec l'exemple du timbre n° 3585 "Kandinsky", les phases d'impression en héliogravure en quadrichromie (pour ces 3 timbres, la valeur faciale, "La Poste 2003" et le logo "RF" ont été imprimés à partir de plusieurs couleurs, alors que pour le timbre émis en feuilles une seule encre a été utilisée : brun-rouge pour "1,11 €" et orange pour "La Poste 2003" et le logo "RF".

4004 Portraits de régions "La France à vivre" (2004) 38 »

Carnet de 19 € composé de 24 pages de textes, illustrations, et de 10 feuillets de timbres, chaque feuillet reprenant un des 10 timbres nos 3646 à 3655 du BF n° 68.

4005 Portraits de régions “La France à voir” (2004) 38 »

Carnet de 19 € composé de 24 pages de textes, illustrations, et de 10 feuillets de timbres, chaque feuillet reprenant un des 10 timbres nos 3702 à 3711 du BF n° 77.

4006 Portraits de régions “La France à vivre” (2005) 38 »

Carnet de 19 € composé de 24 pages de textes, illustrations, et de 10 feuillets de timbres, chaque feuillet reprenant un des 10 timbres nos 3767 à 3776 du BF n° 82

4007 “Jules Verne - Aventures et légendes” (2005) 58 »

Livre de 85 pages, vendu 29 €, contenant 6 feuillets gommés et illustrés de 250x235, composés chacun d'1 des 6 timbres de la série nos 3789 à 3794 (feuillets imprimés en offset. Gomme brillante). 1 BF n° 85 est inséré dans le livre, présenté dans une pochette transparente.

4008 Portraits de régions “La France à voir” (2005) 38 »

Carnet de 19 € composé de 58 pages de textes, illustrations, et de 10 feuillets de timbres, chaque feuillet reprenant un des 10 timbres nos 3814 à 3823 du BF n° 89.

4009 Portraits de régions “La France à vivre” (2006) 38 »

Carnet de 19 € composé de 58 pages de textes, illustrations, et de 10 feuillets de timbres, chaque feuillet reprenant un des 10 timbres nos 3882 à 3891 du BF n° 94.

4010 Le timbre voyage avec...Mozart (2006) 38 »

Livre de 85 pages, vendu 19 €, contenant 6 feuillets gommés et illustrés de 265x202, composés chacun d'1 des 6 timbres de la série nos 3917 à 3922.

4011 Portraits de régions “La France à voir” (2006) 38 »

Carnet de 19 € composé de 48 pages de textes et illustrations et de 10 feuillets de timbres, chaque feuillet reprenant un des 10 timbres nos 3942 à 3951 du BF n° 102.

4012 Portraits de régions “La France à voir” (2007) 38 »

Carnet de 19 € composé de 48 pages de textes et illustrations et de 10 feuillets de timbres, chaque feuillet reprenant un des 10 timbres nos 4014 à 4023 du BF n° 105.

4013 Le timbre voyage avec ...Tintin 39 60

Livre de 85 pages, vendu 19,80 €, contenant 6 feuillets gommés et illustrés de 265x202, composés chacun d'un des 6 timbres de la série nos 4051 à 4056.

COINS DATÉS

On trouve en général les blocs de quatre timbres avec coin daté comportant deux timbres avec charnière et deux timbres sans charnière.

Entre 1900 et 1959 nos cotes s'entendent pour ce cas de figure ; lorsque les quatre timbres sont sans charnière, avec gomme d'origine intacte, on ajoute, à la cote indiquée pour le coin daté, la cote d'un timbre sans charnière.

A partir de 1960 les prix s'entendent pour des blocs de quatre timbres sans charnière.

A partir de 1975, pour certains timbres sur la rotative à grand rendement (R.G.R.), les prix s'entendent pour un bloc de six timbres (date complète). Ces timbres sont indiqués **[6]**.

On tiendra compte, le cas échéant, des % pour très bon centrage.

Le mot erreur est utilisé pour signaler :

1° que la date indiquée n'est pas celle de l'impression (cas n° 175) ;

2° que la date ne devait pas être portée sur la feuille (cas des commémoratifs modernes comme le n° 1060).

L'année n'est pas indiquée pour les timbres qui n'ont duré que l'année d'émission.

Coin daté avec date à gauche (provenant de bandes sans fin pour roulettes).

107 Blanc (II)	*1 c.*
26	45 »
27	8 »
28	8 »
29	9 »
30	8 »
31	10 »
32	100 »
108 idem (II)	*2 c.*
24	15 »
25	75 »
26	10 »
28	10 »
30	10 »
31	12 50
109 idem (II)	*3 c.*
30	35 »
32	40 »
111 idem	*5 c.*
25 (IIA)	40 »
25 (à gauche IIB)	1000 »
26 (IIA)	25 »
27 (IIA)	25 »
28 (IIA)	25 »
29 (IIA)	25 »
31 (IIA)	25 »
32 (IIA)	30 »
139 Semeuse	*20 c.*
23 (III)	35 »
24 (III)	40 »
25 (III)	45 »
25 (à gauche IV)	700 »
140 idem (IIIB)	*25 c.*
24	45 »
25	90 »
26	25 »
27	25 »
142 idem (II)	*35 c.*
26	600 »
157 Blanc surchargé (II)	*½ s. 1 c.*
26	15 »
27	7 »
28	7 »
30	35 »
31	35 »
32	45 »
159 Semeuse	*10 c.*
22 (IB)	15 »
23 (III)	9 »
24 (III)	180 »
25 (III)	25 »
25 (à gauche IV)	750 »
26 (III)	8 »
26 (à gauche IV)	750 »
27 (III)	8 »
28 (III)	8 »
29 (III)	8 »
170 Pasteur	*10 c.*
23	8 »
24	125 »
25 (erreur)	200 »
171 idem	*15 c.*
24	17 50
25	25 »
172 idem	*20 c.*
26	25 »
174 idem	*30 c.*
26	10 »
27	9 »
28	9 »
29	9 »
30	9 »
31	9 »
175 Pasteur	*45 c.*
24	22 50
34 (erreur)	500 »
176 idem	*50 c.*
24 (à gauche)	7000 »
177 idem	*75 c.*
24 (à gauche)	6000 »
178 idem	*90 c.*
26	110 »
179 idem	*1 f.*
25	225 »
25 (à gauche)	1000 »
26	250 »
180 idem	*1 f. 25*
26	250 »
181 idem	*1 f. 50*
26	90 »
27	75 »
28	75 »
29	75 »
32	75 »
189 Semeuse	*15 c.*
25 (I)	10 »
26 (I)	6 »
27 (I)	4 »
28 (I)	5 »
29 (I)	4 »
30 (I)	4 »
31 (I)	5 »
32 (I)	5 »
33 (I)	4 »
34 (I)	4 »
35 (I)	4 »
36 (I)	4 »
35 (II)	9 »
36 (II)	9 »
37 (II)	6 »
38 (II)	7 »
190 idem	*20 c.*
26 (III)	4 »
27 (III)	4 »
29 (III)	4 »
30 (III)	4 »
31 (III)	7 »
32 (III)	4 »
33 (III)	4 »
34 (III)	4 »
35 (III)	4 »
35 (V)	7 »
36 (V)	7 »
37 (V)	7 »
38 (V)	7 »
191 idem (IIA)	*30 c.*
25	40 »
192 idem	*30 c.*
25 (IIA)	40 »
26 (IIA)	40 »
26 (à gauche IIC)	6000 »
193 idem (II)	*40 c.*
26	40 »
194 idem (II)	*40 c.*
26	25 »
195 idem	*1 f. 05*
25	100 »
196 idem	*1 f. 40*
26	200 »
197 idem	*45 c.*
26	50 »
27	50 »
28	50 »
29	50 »
31	65 »
32	65 »
198 idem (IIA)	*50 c.*
26	80 »
199 Semeuse (IIA)	*50 c.*
26	20 »
27	12 »
28	12 »
29	12 »
30	12 »
31	12 »
32	12 »
200 idem	*60 c.*
24	65 »
25	75 »
201 idem	*65 c.*
24	30 »
202 idem	*75 c.*
26 (I)	60 »
28 (I)	60 »
29 (I)	60 »
30 (I)	65 »
31 (I)	65 »
32 (II)	6000 »
203 idem	*80 c.*
25	350 »
204 idem	*85 c.*
24	135 »
205 idem	*1 f.*
26	80 »
27	75 »
28	75 »
29	80 »
30	80 »

TIMBRES-POSTE (suite)

31	90	»
32	100	»
217 Surch.	*25/30 c.*	
25 (IIA)	150	»
26 (IIA)	6	»
218 idem (II)	*25/35 c.*	
26	8	»
220 idem	*50/80 c.*	
25	17	50
221 idem	*50/85 c.*	
24	35	»
222 idem	*50/1 f. 25*	
26	40	»
223 idem	*50/60 c.*	
24	25	»
25	17	50
224 idem	*50/65 c.*	
24	12	50
225 idem	*50/1 f. 05*	
25	17	50
227 idem	*90/1 f. 05*	
25	35	»
228 idem	*1 f.10/1 f. 40*	
26	15	»
233 Blanc (II)	*10 c.*	
29	45	»
30	55	»
31	45	»
234 Semeuse	*65 c.*	
26	80	»
28	100	»
29	90	»
31	90	»
235 idem (IIIB)	*25 c.*	
27	4	»
28	3	»
29	3	»
30	4	»
31	3	»
32	3	»
33	3	»
34	3	50
35	3	»
36	3	»
37	3	»
38	3	»
236 idem (II)	*40 c.*	
27	25	»
28	25	»
237 idem (II)	*40 c.*	
28	15	»
29	18	»
30	15	»
31	18	»
32	15	»

238 idem	*1 f. 10*	
27	115	»
28	130	»
30	145	»
239 Semeuse	*2 f.*	
30	140	»
31	175	»
243 Berthelot		
27	20	»
28	20	»
29	20	»
31	22	50
32	55	»
246 Caisse d'Amort.	50	»
247 »	70	»
248 »	95	»
249 »	90	»
250 »	275	»
251 »	450	»
253 »	175	»
254 »	250	»
255 »	500	»
256 »	700	»
257 Jeanne d'Arc	20	»
258 Arc de Triomphe		
30	350	»
31	350	»
33	350	»
34	400	»
259 Cath. de Reims		
30 (I)	600	»
30 (II)	900	»
30 (III)	3000	»
31 (IV)	575	»
32 (IV)	575	»
260 Mont-St-Michel		
28 (erreur)	375	»
29 (I)	225	»
30 (I)	225	»
30 (II)	175	»
31 (II)	165	»
32 (II)	175	»
33 (II)	175	»
34 (II)	175	»
35 (II)	165	»
36 (II)	165	»
37 (II)	165	»
261 La Rochelle		
29 (I)	900	»
29 (à droite)	1000	»
30 (II)	1300	»
31 (II)	1450	»
31 (III)	700	»
32 (III)	750	»
35 (III)	725	»
36 (III)	725	»
37 (III)	725	»
38 (III)	700	»
262 Pont du Gard (IIB)		
31	2500	»
36	2500	»
37	2250	»

264 B.I.T.	*50 c.*	
30	30	»
265 idem	*1 f. 50*	
29	190	»
266 Caisse d'Amort.	225	
267 »	450	»
268 »	700	»
269 »	1600	»
270 Expo. Colon.	*15 c.*	
30	12	50
31	12	50
271 idem	*40 c.*	
30	30	»
31	30	»
272 idem	*50 c.*	
30 (I)	8	»
30 (II)	9	»
31 (I)	9	»
31 (II)	10	»
32 (erreur)	40	»
273 idem	*1 f. 50*	
30	150	»
31	150	»
275 Caisse d'Amort.	400	
276 »	1250	»
277 »	1200	»
277A Semeuse	*1 c.*	
33	2	75
34	3	50
35	2	75
36	3	50
277B idem	*1 c.*	
36	3	50
37	3	50
38	4	50
278 idem	*2 c.*	
32	2	75
33	2	75
34	3	50
35	2	75
36	2	75
37	2	75
38	3	»
43 (erreur)	30	»
278A idem	*3 c.*	
33	3	»
34	4	50
35	3	»
36	3	»
37	3	»
278B idem (III)	*5 c.*	
34	2	75
35	2	75
36	2	75
37	4	»
38	4	»

279 idem	*10 c.*	
32 (III)	20	»
33 (à gauche IV)	125	»
34 (III)	20	»
34 (à gauche IV)	125	»
35 (III)	20	»
36 (III)	20	»
37 (III)	20	»
38 (III)	20	»
279A idem	*½ s. 1 c.*	
33	5	»
34	4	50
35	4	50
36	6	»
279B idem	*½ s. 1 c.*	
37	10	»
280 Paix	*30 c.*	
32	12	50
33	12	50
34	20	»
35	12	50
36	12	50
37	12	50
281 idem (I)	*40 c.*	
32	3	»
33	3	»
34	3	»
35	3	»
36	3	»
37	3	»
282 idem	*45 c.*	
33	20	»
34	25	»
35	22	50
36	20	»
37	20	»
283 idem	*50 c.*	
32 (I)	2	50
33 (I)	2	50
34 (I)	2	50
35 (I)	2	50
35 (III)	3	»
36 (III)	3	»
37 (III)	3	»
284 idem	*65 c.*	
33	7	»
35	5	»
36	5	»
37	5	»
284A idem	*75 c.*	
32	2	50
33	4	»
34	2	50
35	2	50
36	2	50
37	2	50
38	2	50
39	2	50

285 idem	*90 c.*	
32	375	»
33	400	»
286 idem	*1 f.*	
33 (I)	45	»
34 (I)	45	»
35 (II)	35	»
36 (II)	35	»
37 (II)	35	»
287 idem	*1 f. 25*	
32	950	»
288 idem	*1 f. 50*	
32	3	»
33	3	50
34	3	75
35	3	»
36	3	75
37	5	»
38	9	»
289 idem	*1 f. 75*	
32	60	»
34	55	»
35	60	»
36	65	»
37	60	»
290 Le Puy	*90 c.*	
33	35	»
34	35	»
35	35	»
36	55	»
37	35	»
291 Briand	*30 c.*	
33	175	»
34	185	»
292 Doumer	325	»
293 Victor Hugo	*1 f. 25*	
33	60	»
34	60	»
35	70	»
294 Colombe	600	»
295 Jacquard	33	»
296 Cartier	500	»
297 »	750	»
298 Paix	*50 c./1 f. 25*	
32	35	»
299 Normandie	*1 f. 50*	
35	150	»
36 (erreur)	275	»
300 idem		
36	650	»
301 Rivière bretonne	*2 f.*	
34	375	»
35	375	»
302 St-Trophine	*3 f. 50*	
35	400	»

TIMBRES-POSTE (suite)

303 Delessert 225 »

304 Victor Hugo 1 f. 25
35 45 »
36 65 »
37 45 »

305 Richelieu 350 »

306 Callot 100 »

307 Chômeurs intellectuels 50 c.+10 c.
35 30 »
36 30 »

308 idem 50 c.+2 f.
35 600 »

309 Aide aux réfugiés 75 c.+50 c.
36 125 »
26 (erreur) 250 »

310 Ampère 200 »

311 Moulin de Daudet 2 f.
36 30 »
37 30 »
38 30 »

312 Enfants de chômeurs 50 c.+10 c.
36 40 »

313 Pilâtre de Rozier 75 c.
36 200 »

314 Rouget de l'Isle 20 c.
36 35 »

315 Marseillaise 75 »

316 Vimy 125 »
317 » 175 »

318 Jaurès 30 »
319 » 175 »

320 Atlantique 200 »
321 » 3500 »

322 Exposition 5 »
323 » 22 50
324 » 15 »
325 » 15 »
326 » 145 »
327 » 350 »

328 Rassemblement pour la Paix 160 »

329 Chômeurs 30 »

330 Chômeurs
36 » 25 »
37 (erreur) 200 »

331 Chômeurs 25
332 » 40 »
333 » 235 »

334 Chamonix 1 f. 50
36 80 »
37 100 »

335 Corneille 20 »

336 Exposition 25 »

337 Mermoz 6 »

338 idem 3 f.
37 70 »
38 85 »

339 Chemins de fer 12 50
340 » 80 »

341 Descartes 22 50
342 » 65 »

343 A. France 25 »

344 Rodin 85 »

345 Œuvres des P.T.T. 18 »
346 » 18 »
347 » 18 »

352 Réfugiés 45 »

353 Loti 45 »

354 Samothrace
37 800 »
42 (erreur) 1500 »
355 » 800 »

356 Pour sauver la race
37 30 »
38 40 »

357 États-Unis 1 f. 75
37 27 50
38 35 »

358 Col de l'Iseran
37 25 »
38 25 »

359 Paix 80 c./1 f.
34 (I) 12 50
35 (II) 5 »
37 (II) 5 »
38 (II) 4 50

360 Semeuse (IIA) 30 c.
37 5 »
38 6 50

361 idem (II) 35 c.
37 9 »
38 10 »

362 idem 50 c.
38 17 50
39 (erreur) 100 »

363 Paix 55 c.
37 9 »
38 11 »

364 idem 60 c.
37 3 50
38 4 »

365 idem 65 c.
36 (erreur) 75 »
37 6 »
38 6 »
39 (erreur) 65 »

366 idem 80 c.
38 2 75
39 2 75
40 5 »

367 idem 90 c.
38 2 »

368 idem (I) 90 c.
38 10 »
39 10 »

369 idem (II) 1 f.
37 35 »
38 35 »
39 35 »

370 idem (I) 1 f. 25
39 25 »

371 idem 1 f.
39 70 »

372 idem 1 f. 75
38 8 »

373 idem 2 f.
39 2 50
40 2 50
41 (erreur) 30 »

374 idem 2 f. 25
39 100 »

375 idem 2 f. 50
39 17 50

375A idem (I) 2 f. 50
40 8 »
41 8 »

376 idem (I) 3 f.
39 9 »
40 9 »
41 9 »

377 Charcot 18 »
377A » 145 »

378 Gambetta 4 »

379 Versailles 175 »

380 Chômeurs 20 »
381 » 25 »
382 » 70 »
383 » 75 »

384 Chômeurs
38 60 »
39 60 »

385 Chômeurs 200 »

386 Infanterie 50 »
387 » 35 »

388 Champenoise 45 »

389 Orange 10 »

390 Mineurs 45 »

391 Avignon 150 »

392 Carcassonne
38 7 »
39 7 »
40 9 »

393 Vincennes
38 17 50
39 17 50

394 Saint-Malo
38 425 »
39 425 »
40 425 »

395 Santé 110 »

396 Football 160 »

397 La Fontaine 8 »

398 Ader
38 850 »
39 850 »
40 900 »

399 Reims 100 »

400 Souverains anglais 8 »

401 Rapatriés 50 »

402 Curie 130 »

403 Armistice 35 »

404 Mercure 1 c.
38 1 »
39 1 »
41 1 »

405 idem 2 c.
38 1 »
39 1 »

406 idem 5 c.
38 1 »
39 1 »
40 1 »

407 idem 10 c.
38 1 »
39 1 »
40 1 »
42 1 50

408 idem 15 c.
38 1 50

409 idem 15 c.
39 8 50

410 idem (I) 20 c.
37 (erreur) 35 »
38 1 »
39 1 »
41 1 »

411 idem 25 c.
38 1 25
39 1 25
40 2 »

412 idem (II) 30 c.
39 1 »
40 1 »
41 1 »
42 1 »

413 Mercure 40 c.
39 1 »
40 1 »
41 1 »
42 1 50

414 idem 45 c.
39 7 »

414A idem 50 c.
39 25 »

414B idem 50 c.
40 6 »
41 6 »

415 idem 60 c.
39 2 »

416 idem (II) 70 c.
38 2 50
39 2 50
40 2 50

416A idem 75 c.
39 60 »

417 Étudiant 100 »

418 Radio aveugles 100 »

419 Race 22 50

420 Trulin 100 »

421 Cézanne 50 »

422 Croix-Rouge 85 »

TIMBRES-POSTE (suite)

423 Génie 80 »

424 Orphelins 250 »

425 Clémenceau 6 »

426 New York 100 »

427 Niepce-Daguerre
38 (erreur) 150 »
39 85 »

428 Enfants chômeurs 20 »

429 Tour Eiffel 85 »

430 Liège 125 »

431 Iris *80 c.*
40 2 »

432 idem *1 f.*
39 8 »
40 8 »

433 idem *1 f.*
39 3 »
40 3 »
41 3 »

434 idem *1 f. 30*
39 2 »
40 2 »

435 idem *1 f. 50*
40 2 »
41 3 »

436 Puvis de Chavanne 10 »

437 Debussy 50 »

438 Balzac 45 »

439 Claude Bernard 175 »

440 Natalité 30 »
441 » 50 »

442 Grégoire de Tours 6 »

443 Strasbourg 10 »

444 Révolution 22 50

445 Verdun 8 »

446 Musée Postal 25 »

447 Marins 160 »

448 Languedoc 4 »

449 Pau 8 »

450 Lyon 6 »

451 Soldats 25 »
452 » 25 »

453 France d'Outre-mer 20 »

454 Joffre 50 »

455 Foch 50 »

456 Galliéni 40 »

457 Paysanne 90 »

458 New York 135 »

459 Blessés 50 »
460 » 60 »

461 Guynemer
40 100 »
41 100 »

462 Debussy 55 »

463 Balzac 55 »

464 Claude Bernard 55 »

465 Victimes de la guerre 8 »

466 Secours national 20 »
467 » 20 »
468 » 20 »
469 » 27 50

470 Pétain
40 2 50

471 Pétain
40 3 50

472 Pétain
40 1 50

473 Pétain
40 9 »

474 Prisonniers 9 »
475 » 9 »

476 Surch. *30/35 c.*
38 (II) 1 50

477 idem *50/75 c.*
39 1 80

478 idem *50/55 c.*
37 12 50
38 1 50

479 idem *50/65 c.*
38 1 25

480 idem *50/75 c.*
34 7 »
35 1 50
38 2 25

481 idem *50/80 c.*
38 15 »
39 1 50
40 110 »

482 idem *50/90 c.*
38 2 »
39 1 25

483 idem *1 f./1 f. 25*
39 2 »

484 idem *1 f./1 f. 40*
39 3 »

485 idem *1 f./1 f. 50*
34 12 50
35 7 50
36 15 »
38 8 »

486 idem *1 f./1 f. 75*
38 2 »

487 idem *1 f./2 f. 25*
39 2 »

488 idem *1 f./2 f. 50*
39 8 »

489 idem *1 f./2 f. 15*
38 3 »

490 idem *2 f. 50/5 f.*
39 8 »
40 3 »

491 idem *5 f./10 f.*
39 14 »

492 idem *10 f./20 f.*
39 11 »
40 11 »

493 idem *20 f./50 f.*
40 400 »
40 papier mince 450 »

494 idem *10 f./1 f.*
41 1 50

495 Mistral 2 »

496 Cancer
40 10 »
41 12 50

497 Secours national 16 »
498 » 60 »

499 Beaune *5 f.*
41 3 »
42 3 25

500 Angers *10 f.*
41 5 »
42 5 »

501 Aigues-Mortes
41 8 »
42 8 »
43 15 »

502 Paquebot Pasteur 3 »

505 Pétain *20 c.*
41 1 »

506 idem *30 c.*
41 1 »

507 idem *40 c.*
41 1 25

508 idem *50 c.*
40 (erreur) 45 »
41 1 »
42 1 »

509 idem *60 c.*
42 1 »
43 1 »
44 12 »

510 idem *70 c.*
41 1 50
42 3 »

511 idem *70 c.*
42 1 50

512 idem *80 c.*
41 2 »

513 idem *80 c.*
42 1 »

514 idem *1 f.*
41 1 »
42 1 »
43 1 »
44 8 »

515 idem *1 f. 20*
42 1 »
43 1 »
44 4 »

516 idem *1 f. 50*
41 1 25
42 1 25

517 idem *1 f. 50*
42 1 »
43 1 »
44 1 50

518 idem *2 f.*
41 1 »
42 1 »
43 1 »
44 2 »

519 idem *2 f. 40*
42 1 50

520 idem *2 f. 50*
41 6 »

521 idem *3 f.*
41 1 »
42 1 »
43 1 »
44 2

521A idem *4 f.*
42 1 50
43 1 50
44 2 75

521B idem *4 f. 50*
42 7 »
43 7 »
44 12 50

522 idem *4 f.*
42 2 »
43 2 25

523 idem *4 f. 50*
42 2 »

524 idem *5 f.*
42 2 »

525 Pétain *50 f.*
42 27 50
43 40 »

538 Mercure *50 c.*
42 1 25

539 Beaune 5 »

546 Mercure *10 c.*
42 1 25
43 1 25
44 1 25
45 1 25

547 idem *30 c.*
42 1 25
43 1 25
44 1 25
45 1 50

548 idem *40 c.*
42 1 50
43 1 50
44 1 50

549 idem *50 c.*
42 1 50
43 1 50
44 1 50
45 5 »

552 Secours national
42 2 »

567 Beffroi d'Arras
42 2 »
43 2 75

572 Armoiries *5 f.*
43 2 75
44 4 50

573 idem *10 f.*
43 4 »

574 idem *15 f.*
43 12 50

575 idem *20 f.*
43 9 »

582 Dauphiné *20 f.*
43 6 »

TIMBRES-POSTE (suite)

602 Armoiries *5 f.*
44 2 »

603 idem 10 f. 2 »
604 idem 15 f. 6 »
605 idem 20 f. 8 »

610 Chenonceaux *15 f.*
44 4 »

611 idem *25 f.*
44 4 50

630 à 648 Coq et Marianne
44, la série 225 »

649 Iris *80 c.*
44 1 75

650 idem *1 f.*
44 1 25
45 2 75

651 idem *1 f. 20*
44 1 25
45 1 50

652 idem *1 f. 50*
44 1 25
45 1 25

653 idem *2 f.*
44 1 25
45 1 35

654 idem *2 f. 40*
44 1 50

655 idem *3 f.*
44 1 50
45 3 »

656 idem *4 f.*
44 2 »
45 9 »

657 Surch. R.F. *10 c.*
42 3 »
43 7 »
44 1 25

658 idem *30 c.*
42 1 25
43 1 25

659 idem *40 c.*
44 1 25

660 idem *60 c.*
43 7 »
44 1 25

670 Écusson *10 c.*
45 1 25
46 1 25

671 idem *30 c.*
45 1 25
46 1 25

672 idem *40 c.*
44 4 »
45 1 75

673 idem *50 c.*
45 1 25
46 1 25

674 Cérès *60 c.*
45 1 25
46 1 35

675 idem *80 c.*
45 1 25

676 idem *1 f.*
45 1 25
46 1 25
47 1 25
48 1 50

677 idem *1 f. 20*
45 2 »

678 idem *1 f. 30*
47 2 »

679 idem *1 f. 50*
45 1 25
46 1 25
47 1 25

680 idem *2 f.*
46 1 35
47 1 35
48 1 50
49 6 »

681 idem *2 f. 50*
46 1 35
47 1 35

712 Marianne, Gandon *1 f. 50*
44 35 »
45 1 50

713 idem *2 f.*
45 1 25

714 idem *2 f. 40*
45 2 50

715 idem *3 f.*
45 1 25
46 1 25

716 idem *3 f.*
46 1 25

716A idem *3 f.*
47 9 15
48 10 »

716B idem *3 f. 50*
47 4 15

717 idem *4 f.*
45 1 25

718 idem *4 f.*
46 1 »
47 1 »
48 9 15

718A idem *4 f. 50*
47 1 »

719 idem *5 f.*
45 1 10
46 1 10

719A idem *5 f.*
46 1 »
47 1 »

719B idem *5 f.*
47 1 60
48 1 60

720 idem *6 f.*
45 2 30

721 idem *6 f.*
46 8 »

721A idem *6 f.*
47 1 40
48 1 40

722 idem *10 f.*
45 3 »
46 3 85

723 idem *10 f.*
46 7 35

724 idem *15 f.*
45 15 50

725 idem *4 f.*
44 4 60
45 1 40

726 idem *10 f.*
46 6 10

727 idem *15 f.*
46 50 »

728 idem *20 f.*
46 5 60
48 (erreur) 200 »

729 idem *25 f.*
46 40 »

730 idem *20 f.*
45 10 »
46 9 »

731 idem *25 f.*
45 10 »
46 12 50

732 idem *50 f.*
45 12 50

733 idem *100 f.*
45 80 »

736 Tuberculeux
45 1 50

750 idem *3 f./2 f.+1 f.*
45 1 50

755 Armoiries *10 c.*
46 1 25
47 1 25
48 1 50

756 idem *30 c.*
46 1 25
47 1 25
48 2 »

757 idem *50 c.*
46 1 25
47 1 25
48 3 »

758 idem *60 c.*
46 1 25
47 1 25
48 1 50

759 Vézelay *5 f.*
46 2 »
47 2 50

760 Luxembourg *10 f.*
46 1 50
47 1 50
48 2 »

763 Rocamadour *15 f.*
46 25 »
47 25 »

764 Pointe du Raz *20 f.*
46 8 »
47 8 »
48 8 »
49 15 »

777 Cannes 9 »

778 Nancy *25 f.*
47 25 »
48 25 »

791 Surchargé 1 50

792 Conques *15 f.*
47 25 »
48 25 »

803 Luxembourg *12 f.*
48 17 50

804 idem *15 f.*
48 5 »

805 Conques 27 50

806 Marianne, Gandon *3 f.*
48 1 50

807 idem *4 f.*
48 2 »

808 idem *4 f.*
48 20 »
49 28 »

809 idem *5 f.*
48 5 50
49 5 50
50 5 50
51 5 50

810 idem *8 f.*
48 2 50
49 2 50
50 2 50
51 2 50
52 3 »
53 4 »

811 idem *10 f.*
48 1 50
50 1 75
51 1 75
52 1 50
53 1 75
54 2 50

812 idem *12 f.*
49 20 »
50 20 »
51 20 »

813 idem (I) *15 f.*
49 7 »
50 7 »
51 9 »

822 Nancy *25 f.*
48 80 »
49 100 »

827 Surchargé *5 f./6 f.*
48 1 50

834 Armoiries *10 c.*
49 1 25
50 1 25
51 1 25

835 idem *50 c.*
49 1 25
50 1 25
51 1 50

836 idem *1 f.*
49 4 50
50 6 »
51 7 »

837 idem *2 f.*
49 5 »
50 7 »
51 10 »

838 idem *4 f.*
49 3 »

841A St-Bertrand-de-Comminges *20 f.*
49 2 »
50 2 »
51 2 »
52 3 »

842 St-Wandrille *25 f.*
49 3 »
50 3 »
51 3 »

842A Vallée de la Meuse *40 f.*
49 90 »
50 90 »
51 90 »

843 Gerbier-de-Jonc *50 f.*
49 15 »

TIMBRES-POSTE (suite)

50 15 »
51 15 »

883 Marianne, Gandon *5 f.*
51 3 »
52 3 50
53 3 50
54 3 50

884 idem *6 f.*
51 40 »
52 40 »
53 70 »

885 idem *12 f.*
51 6 »
52 6 »
53 6 »

886 idem (I) *15 f.*
51 1 50
52 1 50
53 1 50
54 1 50
55 1 50

887 idem *18 f.*
51 100 »

888 St-Wandrille *30 f.*
51 35 »

899 Armoiries *10 c.*
51 1 25

900 idem *50 c.*
51 1 35
53 16 »

901 idem *1 f.*
51 2 »
52 2 »
53 3 »

902 idem *2 f.*
51 5 »
52 5 »
53 5 »

903 idem *3 f.*
51 6 »

905 Arbois *30 f.*
51 7 »
52 8 »
53 10 »

916 Pic du Midi *40 f.*
51 40 »
52 40 »
53 40 »

917 Abbaye aux Hommes *50 f.*
51 30 »
52 30 »
53 30 »

924 Chambord *20 f.*
52 3 »
53 3 »

941 Haute couture *30 f.*
53 6 »

943 Gargantua *6 f.*
53 2 50
54 3 50

944 Hernani *18 f.*
53 3 50

951 Armoiries *50 c.*
53 2 »

952 idem *1 f.*
53 2 »
54 2 »

953 idem *2 f.*
53 2 50
54 2 50

954 idem *3 f.*
53 3 50
54 3 50

956 Célimène *8 f.*
53 2 »
54 3 »

957 Figaro *12 f.*
53 1 50
54 2 »

958 Armoiries *70 c.*
53 2 »

959 idem *80 c.*
53 2 »

960 Sports *20 f.*
53 15 »
54 17 50

961 idem *25 f.*
53 85 »
54 90 »

962 idem *30 f.*
53 15 »
54 17 50

963 idem *40 f.*
53 85 »
54 90 »

964 idem *50 f.*
53 37 50
54 42 50

965 idem *75 f.*
53 225 »
54 250 »

968 Gandon *15 f./18 f.*
51 4 »

970 Productions de luxe *25 f.*
54 85 »

971 idem *30 f.*
54 9 »
55 10 »
56 12 50

972 idem *40 f.*
54 25 »
55 30 »
56 30 »

973 idem *50 f.*
54 9 »
55 10 »
56 11 »

974 idem *75 f.*
54 85 »
55 90 »
56 110 »

976 Lourdes *6 f.*
54 2 50
55 2 50

977 Les Andelys *8 f.*
54 2 25
55 2 25

978 Royan *10 f.*
54 2 50
55 3 »

979 Quimper *12 f.*
53 (erreur) 45 »
54 3 »
55 3 »

980 Cheverny *18 f.*
54 18 »
55 22 50

981 Ajaccio *20 f.*
54 20 »
55 21 »

999 Armoiries *50 c.*
54 2 »
55 (en jaune) 3 »

1000 idem *70 c.*
54 2 »
55 3 »

1001 idem *80 c.*
54 2 »
55 3 »

1002 idem *1 f.*
54 1 75
55 2 25

1003 idem *2 f.*
54 1 25
55 1 25
56 1 35
57 1 35
58 1 35

1004 idem *3 f.*
54 1 25
55 1 25
56 1 25
57 1 25
58 1 50

1005 idem *5 f.*
54 1 »
55 1 »
56 1 »
57 1 25
58 1 35

1011 Marianne, Muller *15 f.*
55 2 »
56 2 »
57 2 50

1011A idem *18 f.*
58 (I) 9 »
58 (II) 2 50

1011B idem (II) *20 f.*
57 3 »
58 3 »
59 3 »
62 (erreur) 100 »

1011C idem (I) *25 f.*
59 8 »

1020 Ganterie *25 f.*
55 6 »

1036 Bordelais *6 f.*
55 2 »
56 2 50
57 3 »

1037 Marseille *8 f.*
55 3 »
56 3 »
57 15 »

1038 Nice *10 f.*
55 2 »
56 2 »
57 2 »

1039 Cahors *12 f.*
55 2 »
56 2 »
57 2 »

1040 Uzerche *18 f.*
55 5 »
56 5 »
57 7 »

1041 Martinique *20 f.*
55 20 »
56 20 »
57 27 50

1042 Brouage *25 f.*
55 7 »
56 7 »
57 11 »

1044 Foix *50 c.*
55 1 »
56 1 35
57 1 35
58 1 75

1045 Marche *70 c.*
55 1 »
56 1 »
57 1 25
58 2 »

1046 Roussillon *80 c.*
55 1 »
56 1 »
57 2 »
58 2 »

1047 Comtat-Venaissin *1 f.*
55 1 »
56 1 35
57 1 35
58 1 75

1060 France-Amérique *30 f.*
56 (erreur) 200 »

1072 Basket *30 f.*
56-57 7 50

1073 Pelote *40 f.*
56-57 35 »

1074 Rugby *50 f.*
56-57 12 50

1075 Alpinisme *75 f.*
56-57 75 »

1105 Le Quesnoy 1 50
1106 (57-58) 1 35

1115 Moissonn. *6 f.*
57 1 »
58 1 25

1115A idem *10 f.*
59 4 »
61 100 »
62 75 »

1116 idem *12 f.*
57 1 50
58 1 50

1118 Bordelais 22 50

1119 Cahors 125 »

1125 Guadeloupe *8 f.*
57 1 25
58 1 25

1126 Élysée *10 f.*
57 1 25
58 1 25
59 8 50

1127 Beynac-Cazenac *18 f.*
57 2 »
58 12 50

1128 Valençay *25 f.*
57 4 »
58 4 »
59 8 »

1129 Rouen *35 f.*
57 2 »
58 2 »
59 3 »

1130 St-Rémy *50 f.*
57 3 »

TIMBRES-POSTE (suite)

58 3 »
59 4 »

1131 Évian *65 f.*
57 5 »
58 6 »

1181 Marseille 1 »

1181 Lyon 1 »

1182 Toulouse 1 »

1183 Bordeaux 1 »

1184 Nice 1 »

1185 Nantes 1 »

1186 Lille
58 1 50
59 1 50

1192 Élysée 15 »

1193 Évian 22 50

1194 Guadeloupe *100 f.*
59 175 »
62 275 »

1195 Alger 15 f. 1 50

1216 Marianne, Nef (I) *25 f.*
59 2 75
61 60 »
62 60 »

1229 Fréjus 2 »

1230 Lille *5 c.*
59 45 »
60 45 »

1230A Oran *5 c.*
60 2 »
61 2 »
62 2 »

1231 Moissonn. *10 c.*
59 4 »
60 4 »
61 4 »
62 4 »

1232 Alger *15 c.*
59 6 »
60 6 »
61 6 »
62 7 »

1233 Semeuse *20 c.*
59 2 »
60 2 »
61 2 »
62 2 »
63 2 25
64 3 »

1234 Marianne, Nef *25 c.*
59 15 »
60 15 »

1234A Semeuse *30 c.*
61 14 »

1235 Laon *15 c.*
59 2 50
60 2 50

1236 Fougères *30 c.*
59 25 »
60 25 »
61 25 »

1237 Kerrata *45 c.*
59 5 »
60 5 »
61 5 50

1238 Tlemcen *50 c.*
59 17 50
60 17 50
61 25 »

1239 Sioule *65 c.*
59 9 »
60 9 »
61 14 »
63 (erreur) 84 »

1240 Chaumont *85 c.*
59 18 50
60 18 50
61 18 50

1241 Cilaos *1 f.*
59 18 »
60 18 »
61 18 »

1263 Marianne, Decaris (I) *25 c.*
60 1 60
61 1 60
62 1 60
63 1 60
64 1 85
65 50 »

1282 Marianne, Cocteau *20 c.*
61 (I) 1 60
62 (I) 1 60
63 (I) 1 60
64 (I) 1 60
65 (I) 1 60
66 (II) 22 50

1311 Saint-Paul *15 c.*
61 1 »
62 1 »

1312 Arcachon *30 c.*
61 1 60
62 1 60
63 1 60

1313 Sully-sur-Loire *45 c.*
61 1 60
62 1 60
63 2 30
64 2 30

1314 Cognac *50 c.*
61 8 40
62 8 40
63 11 50

1315 Dinan *65 c.*
61 2 30
62 2 30
63 2 30
64 3 85

1316 Calais *85 c.*
61 3 »
62 3 »
63 3 »

1317 Dunkerque *95 c.*
62 6 10

1318 Medéa *1 f.*
61 27 50
62 27 50

1331 Coq *25 c.*
62 2 »
63 2 »
64 2 »
65 4 50

1331A idem *30 c.*
63 4 60
64 4 60
65 4 60
66 4 60
67 7 65

1351A Armoiries, Niort *1 c.*
63, 64 1 »
74 1 »
75 1 »
77 1 10

1351B idem Guéret *2 c.*
63 1 »
64 1 »
76 1 25

1352 idem Amiens *5 c.*
62 1 »
63 1 »
64 1 »
65 1 »

1353 idem Troyes *10 c.*
62 1 »
63 1 »
64 1 »
65 1 »
66 1 »
67, 68, 69 1 »
70 1 »
71 1 »
72, 74 1 25
75, 76 1 25
77, 78 1 »

1353a (avec bandes de phosphore)
70 3 »
71 1 60
73, 76 1 »

1353A idem Agen *12 c.*
63 1 »
64 1 »
65 1 »
66 1 »

1354 idem Nevers *15 c.*
62 1 »
63 1 »
64 1 »
69 1 25
70 1 25
71 1 25
72, 73 1 »
75, 76, 77 1 »

1354A idem La Réunion *18 c.*
63 2 50
64 2 50
65 2 50

1354B idem Paris *30 c.*
63 4 »
64 4 »
65 4 »
66 4 »
67 4 »
68 6 »

1355 Le Touquet *1 f.*
62 3 85
63 3 85
64 3 85
65 3 85

1390 Amboise *30 c.*
63 2 30
64 2 30
65 3 35

1391 Côte d'Azur varoise *50 c.*
63 2 30
64 2 30
65 2 30

1392 St-Flour *60 c.*
63 3 85
64 3 85
65 3 85

1392A Provins *70 c.*
64 2 30
65 2 30
66 2 30
67 2 30

1393 Vittel *85 c.*
63 10 »
64 14 50

1394 Moissac *95 c.*
63 4 60
65 6 10

1394A Ronchamp *1 f. 25*
64 4 60

1433 Croix-Rouge *20 c.+10 c.*
64 (erreur) 100 »

1434 idem25 c.+10 c.
64 (erreur) 100 »

1435 Ronchamp *40 c.*
64 1 60
65 1 60
66 1 60
67 1 60

1436 Moustiers *50 c.*
65 2 30
66 2 30
67 2 30

1437 Aix-les-Bains *60 c.*
65 4 60
66 4 60
67 4 60

1438 Gorges du Tarn *75 c.*
65 6 90
66 10 »

1439 Vendée *95 c.*
65 30 50

1440 Carnac *1 f.*
65 7 65
66 7 65
67 9 15

1441 Joux *1 f. 30*
64 7 65
65 7 65

1468 Armoiries, Auch *5 c.*
66 0 80
67, 68 0 80
69 4 60
70, 71, 72, 73 0 80
74 0 80
75 0 80
76, 77 0 80

1469 idem Mont-de-Marsan *25 c.*
66 5 35
67 5 35

1499 Saint-Quentin *50 c.*
67, 68 2 30
69 2 30
70 2 30

1500 Vire *60 c.*
67 3 »
69 3 85

1501 Saint-Germain *70 c.*
67 2 30
68, 69 2 30

1502 La Baule *75 c.*
67 11 50

TIMBRES-POSTE (suite)

1503 Boulogne 95 c.
67 7 65

1504 Rodez 1 f.
67, 68, 69 3 85
70 3 85

1505 Morlaix 1 f. 50
67 7 65

1506 Château de Val 2 f. 30
66 11 50
67 11 50
68 17 »

1510 Saint-Lô 20 c.
66, 67 1 25
68, 70 1 25
71, 72 1 25
73, 74 1 85

1510c (avec bandes de phosphore) 40 c.
71 4 60
73, 74, 75, 76 1 25
77, 78 1 25

1535 Marianne, Cheffer 25 c.
67 3 »

1536 idem 30 c.
67 2 45
68 2 45

1536A idem 30 c.
68 3 »
69 3 »
75 3 »

1536B idem 40 c.
68 3 »
69 3 »
70 3 »

1536Ba (2 bdes phos.)
70 21 50

1546 Grenoble 75 c.+25 c.
67 (erreur) 77 »

1582 Brou 45 c.
69 1 60

1583 Vouglans 80 c.
69, 70 3 »

1584 Chantilly 85 c.
69 5 35
70 17 »

1585 Trinité 1 f. 15
69 5 35

1611 Républ. Cheffer 30 c.
69, 70, 71 1 60
72, 73, 74, 75 1 60
76, 77 2 30

1611b (avec bande de phosphore
70 3 85
71, 72, 73, 74, 75 1 60

1644 Martinique 50 c.
70, 71 2 30

1645 Chancelade 95 c.
70 7 65

1646 Ilet du Gosier 1 f.
70, 71, 72 3 »

1647 Observatoire de Haute-Provence 1 f. 30
70 11 50

1663 Marianne de Béquet 45 c.
71, 72 2 30
73, 74 2 30
77 3 »

1664 Marianne de Béquet 50 c.
70, 71, 72, 73 2 30
74 2 30
71, coin à gauche (TD.3) 765 »

1664c (avec bandes de phosphore)
70 3 85
71, 72, 73 3 »
74, 75, 76, 77 2 30

1683 Riom 60 c.
71, 72 2 50
73 4 »

1684 Dole 65 c.
71, 72 3 85
73 13 75

1685 Riquewihr 90 c.
71, 72, 73 3 85

1686 Sedan 1 f. 10
71 3 85
73 6 10

1687 Gorges de l'Ardèche 1 f. 40
71 4 60
74 4 60

1692 Caméléon 60 c.
71 6 10

1712 Charlieu 1 f. 20
72, 73, 74 3 85

1713 Narbonne 3 f. 50
72, 73 12 25

1719 Code postal 30 c.
72 0 80

1720 idem 50 c.
72 2 30

1725 Sologne 1 f.
72 3 85
73 6 10

1726 Bazoches 2 f.
72, 73, 74 6 10

1757 Dijon 65 c.
73 2 60
74 2 30

1758 Gien 90 c.
73 2 75
74 2 75

1759 Amboise (Clos-Lucé) 1 f.
73 3 85
74 5 35
75 3 »
76 4 60

1764 Saut du Doubs 60 c.
73 2 30
74 2 30

1793 Salers 65 c.
74 3 »

1794 St-Florent 3 f. 74
8 40
75 8 40

1806 Rouen (Palais de Justice) 35 c.
75 3 »

1807 Vallée du Lot 1 f. 10
74 3 »
76 6 90

1808 Saint-Pol-de-Léon 1 f. 20
74 4 60
75 3 »
76 3 »

1809 Rochechouart 1 f. 40
74 3 85
75 3 85
76 3 85

1810 Saint-Nicolas de Port 2 f.
74 6 10
75 6 10
76 6 10

1814 Marianne de Béquet 60 c.
74 4 60
75 4 60
76 4 60

1814a (sans bande de phosphore)
74, 75 13 »

1816 idem 80 c.
74 4 30
75 3 85
76 3 85
75, 76 **[6]** 7 65

1816a (sans bande de phosphore)
74 65 »

G.T. = gomme tropicale

1816b G.T.
75 35 »

1816d G.T. (sans bande de phosphore)
74 35 »

1871 Bonaguil 1 f.
76 2 30

1872 Ussel 2 f.
76 5 35
77, 78 5 35

1873 Malmaison 3 f.
76 7 »
77 7 65

1891 Marianne de Béquet 80 c.
76 3 »
77 3 »

1891 idem G.T.
76 6 10
77 6 10

1891b idem (sans bde de phosphore)
77 10 »

1892 idem 1 f.
76 3 »
77 3 »

1892 idem G.T.
76 9 15
77 10 75

1892b idem (sans bde de phosphore)
77 9 15

1902 Lodève 1 f. 10
76 3 »

1903 Biarritz 1 f. 40
76, 77 3 85

1904 Thiers 1 f. 70
76, 77, 78 4 60

1937 Dorat 1 f. 45
77 3 85

1938 Fontenay 1 f. 50
77, 78 3 85

1939 Bayeux 1 f. 90
77 5 35

1947 Pont-à-Mousson 1 f. 25
77 3 »

1948 St-Amand-les-Eaux 1 f. 40
77 3 85

1949 Vitré 2 f. 40
77, 78 6 10

1951 Excoffon 3 f.
77 (erreur) 150 »

1962 Sabine 1 c.
78, 79, 80, 81 0 80

1962 idem G.T.
78 1 »

1963 idem 2 c.
78, 79 0 80

1963 idem G.T.
78 1 »

1964 idem 5 c.
78, 79, 80 0 80

1964 idem G.T.
78,79, 80 1 »

1965 idem 10 c.
78, 79, 80, 81 0 80

1965 idem G.T.
78, 79, 80 1 »

1966 idem 15 c.
78, 79, 80 2 30

1966 idem G.T.
78, 79, 80 2 30

1967 idem 20 c.
78, 79, 80, 81 0 80

1967 idem G.T.
78, 79, 80 1 85

1967a idem (bande à gauche)
79 3 »

1968 idem 30 c.
78, 79, 80, 81 0 80
78, coin à gauche (TD.3) 23 »

1968 idem G.T.
78, 79 1 60

1969 idem 50 c.
78, 79, 80, 81 1 60

1969 idem G.T.
79, 80, 81 1 85

1970 idem 80 c. vert
77 6 90

1970 idem G.T.
78 15 50

1970a (sans bande de phosphore) G.T.
77 10 75

1971 id. 80 c. jne-ol.
78, 79, 80, 81 2 30
78, coin à gauche (TD.3) 12 25

TIMBRES-POSTE (suite)

1971 idem G.T.
78 2 30

1972 idem 1 f. rouge
77 7 65
78 15 50

1972 idem G.T.
77,78 30 50

1972a (sans bande de phosphore) G.T.
77 29 »

1973 idem 1 f. vert
78, 79 3 85
78, coin à gauche (TD.3) » »

1973 idem G.T.
78, 79 5 35

1974 idem 1 f. 20
78, 79 3 85

1974 idem G.T.
78, 79 6 90

1975 idem 1 f. 40
78, 79 9 15

1975 idem G.T.
79 13 75

1976 idem 1 f. 70
78, 79, 80 5 35

1976 idem G.T.
78, 80 6 90

1977 idem 2 f.
78, 79, 80, 81 4 60

1977 idem G.T.
78, 79 5 35

1978 idem 2 f. 10
78, 79 5 35
80 8 40

1978 idem G.T.
78 7 65

1979 idem 3 f.
78, 79, 80, 81 6 90

1979 idem G.T.
78, 80 9 15

1996 Verdon 50 c.
77 1 60

1998 Saint-Saturnin 1 f.
78 2 30

1999 Bec-Hellouin 1 f. 10
78 3 85

2000 Esquelbecq 1 f. 10
78 3 »

2001 Église Aubazine 1 f. 25
77 6 90
78 4 60

2002 Abbaye de Fontevraud 1 f. 70
78 5 35

2040 Abbayes Normandes 1 f. 79
2 30
80 11 50

2041 Auray 1 f.
79 2 30
80 11 50

2042 Moulin de Steenvoorde 1 f. 20
79 3 »

2043 Grotte de Niaux 1 f. 50
78 3 85
79 3 85
80 4 60

2044 Palais des Rois Majorque 1 f. 70
79 3 85

2056 Sabine 70 c.
79 1 60
80 3 »

2056 idem G.T.
79 2 30

2057 idem 1 f. olive
79, 80, 81 2 30

2057 idem G.T.
79, 80 2 30

2058 idem 1 f. 10
79, 80 4 60

2058 idem G.T.
79 12 25

2059 idem 1 f. 30
78, 79 4 60

2059 idem G.T.
79, 80 12 25

2060 idem 1 f. 60
78, 79 6 10

2060 idem G.T.
79 10 »

2060a (sans bande de phosphore)
79 » »

2061 idem 1 f. 80
79 5 35

2061 idem G.T.
79 6 10

2064 Maisons-Laffitte 45 c.
79 1 60
80 2 30

2081 Cordes 1 f. 50
79, 80 3 85

2082 Maintenon 2 f. 80
4 50

2083 Montauban 2 f. 30
79, 80 6 10

2084 Le Puy 3 f. 20
80 3 84

2101 Sabine 1 f. 20
80, 81 3 »

2101 idem G.T.
80 4 60

2102 idem 1 f. 40
80, 81 3 85

2102 idem G.T.
80, 81 4 60

2111 Rambouillet 2 f. 20
80 5 35
81 6 90

2112 Solesmes 2 f. 50
80, 81 6 10

2118 Sabine 40 c.
80 2 30

2118 idem G.T.
80 1 60

2119 idem 60 c.
80 1 60

2119 idem G.T.
80 2 30

2120 idem 90 c.
80 2 30

2120 idem G.T.
80 3 »

2121 idem 3 f. 50
80 8 40

2121 idem G.T.
80 8 40

2122 idem 4 f.
80 10 75

2122 idem G.T.
80 11 50

2123 idem 5 f.
80, 81 13 75

2123 idem G.T.
80, 81 15 50

2132 Cathédrale Saint-Jean de Lyon 1 f. 40
81 3 85

2133 Nîmes 1 f. 70
80 5 35

2134 Ste-Anne d'Auray 2 f. 20
81 6 10

2135 Sully 2 f. 50
81 6 10

2154 Sabine 1 f. 40
81 3 85

2154 idem G.T.
81 4 50

2155 idem 1 f. 60
81 3 85

2155 idem G.T.
81 5 35

2156 idem 2 f. 30
81 11 50

2156 idem G.T.
81 20 »

2160 Abbaye de Vaucelles 2 f.
81 6 10

2161 N.-D. de Louviers 2 f. 20
81 6 10

2162 Saint-Émillion 2 f. 60
81, 82 6 90

2163 Crest 2 f. 90
81, 82 7 65

2178 Liberté 5 c.
81, 82, 83 1 60
84, 85, 86 1 60

2179 idem 10 c.
81, 82, 83, 84, 85 1 »
85, 86, 87, 88
89, 90 **[6]** 1 40

2180 idem 15 c.
81, 82, 84 2 30

2181 idem 20 c.
81, 82, 83, 84, 85 1 »
85, 86, 87, 88
89, 90 **[6]** 1 40

2182 idem 30 c.
81, 82, 83, 84, 85
86, 87, 88, 89, 1 »

2183 idem 40 c.
81, 82, 83, 84, 85
86, 87, 88, 89, 1 60

2184 idem 50 c.
81, 82, 83, 84, 85
86, 87, 88, 89 ,90 1 60

2185 idem 1 f.
81, 82, 83, 84, 85
86, 87, 88, 89, 90 2 30

2186 idem 1 f. 40
81, 82, 4 60

2187 idem 1 f. 60
81, 82, 3 85

2188 idem 2 f.
81, 82, 5 35

2188a idem 2 f.
84, 86 5 35

2189 idem 2 f. 30
81 12 25

2190 idem 5 f.
81, 82, 83, 84,
85, 86, 87, 88,
89, 90 13 »

2193 Saint-Pierre-et-Miquelon 1 f. 60
81, 82, 4 60

2194 Aix-en-Provence 2 f.
82, 4 60

2195 Château de Pau 3 f.
82, 6 90

2196 Collonges-la-Rouge 3 f.
82, 6 90

2219 Liberté 1 f. 60
82, 83, 84 4 60

2220 idem 1 f. 80
82, 83 4 60

2221 idem 2 f. 60
82 15 50

2232 Château de Ripaille 2 f. 90
82 7 65

2239 Liberté 60 c.
82, 83, 84, 85,
87, 88, 89, 90 1 60

2240 idem 70 c.
82, 83, 84, 85,
86, 87, 88, 89 2 30

2241 idem 80 c.
82, 83, 85, 87,
88 2 30

2242 idem 90 c.
82, 83, 84, 86,
87 2 30

2243 idem 3 f.
82, 83, 85, 86,
87, 88, 89 6 90

2244 idem 4 f.
82, 83, 84, 85,
87, 88, 9 15

2274 idem 2 f.
83, 84 4 60

2275 idem 2 f. 80
83 14 50

TIMBRES-POSTE (suite)

2276 idem *10 f.*
82, 84, 85, 86,
87, 88, 89, 90 23 »

2311 Légion étrangère *3 f. 10*
84 (erreur) 9 15

2318 Liberté *1 f. 70*
84, 85 4 60

2319 idem *2 f. 10*
84, 85 5 35

2320 idem *3 f.*
84, 85 13 »

2375 Liberté *1 f. 80*
85 5 35
85, 86 **[6]** 8 40

2376 idem *2 f. 20*
85, 86, 89 5 35
85, 86, 87, 88,
89 **[6]** 8 40

2376a idem (Type II) *1 f. 60*
85 19 50
86, 87, 89 15 50
85, 86 **[6]** 27 »

2377 idem *3 f. 20*
85 18 »

2423 idem A=*(1 f. 90)*
86 **[6]** 7 65

2424 idem *1 f. 90*
86, 87 **[6]** 17 »

2425 idem *3 f. 40*
86 14 50
87 23 »

2483 idem B = *(2 f.)*
87 **[6]** 6 90

2484 idem *2 f.*
87, 88, 89 **[6]** 7 65

2485 idem *3 f. 60*
87, 89 9 15

2486 idem *3 f. 70*
87, 88, 89 9 15

2486a idem (1 bande phosphore)
88 17 »

2530 idem surch. 0,31 écu s. 2 f. 20
88 7 65

2614 Marianne du Bicentenaire 2 f. 30
89, 90, 91 5 35
89, 90, 91 **[6]** 9 15

2615 Liberté C = *(2 f. 10) vert*
89 **[6]** 8 40

2616 idem C = *(2 f. 30) rouge*
89 **[6]** 9 15

2617 Marianne du Bicentenaire 10 c.
90, 91, 92, 93,
94, 96 **[6]** 1 25

2618 idem *20 c.*
90, 91, 92, 93,
94, 95, 96,
97 **[6]** 9 15

2619 idem *50 c.*
90, 91, 92, 93,
94, 95, 96, 97 1 »

2620 idem *1 f.*
90, 91, 92, 93,
94, 95, 96, 97 2 30

2621 idem *2 f.*
90, 91, 92 4 60

2622 idem *2 f. 10*
89, 90, 91 5 35
89, 90 **[6]** 7 65

2623 idem *3 f. 20*
90 9 15

2624 idem *3 f. 80*
90, 91 9 15

2625 idem *5 f.*
90, 91, 92, 93,
94, 95, 96, 97 11 50

2626 idem *10 f.*
90, 91, 92, 93,
94, 95, 96, 97 21 50

2711 idem D = *(2 f. 20) vert*
90, 91 **[6]** 8 »

2712 idem D = *(2 f. 50) rouge*
90, 91 **[6]** 8 »

2714 idem *2 f. 20*
91, 92 **[6]** 9 15

2715 idem *2 f. 50*
91, 92, 93 **[6]** 10 »

2716 idem *3 f. 40*
91, 92 8 40

2717 idem *4 f.*
91, 92 11 50

2770 idem *4 f. 20*
92, 93, 94 10 »

2773 Bicentenaire de la République (M. Raysse)
93 **[6]** 10 »

2775 idem (J.-C. Blais) *2 f. 50*
93 **[6]** 10 »

2790 Marianne du Bicentenaire *2 f. 20*
92, 93 **[6]** 10 75

2806 idem *(sans val.)*
93, 94, 95, 96,
97 **[6]** 10 75

2820 idem *2 f. 40*
93, 94, 95 **[6]** 9 15

2821 idem *3 f. 50*
93 8 40

2821a idem *3 f. 50*
93, 95, 97 10 75

2822 idem *4 f. 40*
93, 94, 95 10 »

2906 idem *2 f.*
94, 95, 96, 97 4 60

2949 Bretagne *2 f. 40*
95 **[6]** 8 40

2950 Vosges *2 f. 40*
95 **[6]** 8 40

2951 Auvergne *2 f. 80*
95 **[6]** 10 »

2952 Camargue *2 f. 80*
95 **[6]** 10 »

3005 Marianne du Bicentenaire *2 f. 70*
96, 97 **[6]** 9 15

3006 idem *3 f. 80*
96 8 40

3007 idem *4 f. 50*
96, 97 10 »

3081 Château du Plessis-Bourré *4 f. 40*
97 (erreur) 11 50

3083 Marianne du 14 Juillet *(Sans val.)*
97, 98, 99,
00 **[6]** 7 65

3086 idem *10 c*
97, 98, 99,
00 **[6]** 1 25

3087 idem *20 c.*
97, 98, 99 **[6]** 1 25

3088 idem *50 c.*
97, 98, 99, 00 1 »

3089 idem *1 f.*
97, 98, 99, 00 1 60

3090 idem *2 f.*
97, 98, 99 3 »

3091 idem *2 f. 70*
97, 98, 99,
00 **[6]** 7 65

3092 idem *3 f. 50*
97, 98, 99, 00 5 35

3093 idem *3 f. 80*
97, 98, 99 6 10

3094 idem *4 f. 20*
97, 98 6 90

3095 idem *4 f. 40*
97, 98 6 90

3096 idem *4 f. 50*
97, 98, 99, 00 6 90

3097 idem *5 f.*
97, 98, 99 7 65

3098 idem *6 f. 70*
97, 98, 99, 00 10 »

3099 idem *10 f.*
97, 98, 99, 00 15 50

3417 Marianne du 14 Juillet avec mention RF *(sans val.)*
01, 02, 03, 04 5 »

3443 idem *0,01 €*
01, 02, 03, 04 0 75

3444 idem *0,02 €*
01, 02, 03, 04 0 75

3445 idem *0,05 €*
01, 02, 03, 04 0 75

3446 idem *0,10 €*
01, 02, 03, 04 1 »

3447 idem *0,20 €*
01, 02, 03, 04 2 »

3448 idem *0,41 €*
01, 02, 03 3 50

3449 idem *0,50 €*
01, 02, 03, 04 5 50

3450 idem *0,53 €*
01, 02, 03 6 »

3451 idem *0,58 €*
01, 02, 03, 04 7 »

3452 idem *0,64 €*
01, 02, 03 8 »

3453 idem *0,67 €*
01, 02, 03 8 »

3454 idem *0,69 €*
01, 02, 03 8 »

3455 idem *1,00 €*
01, 02, 03, 04 10 »

3456 idem *1,02 €*
01, 02, 03 10 »

3457 idem *2,00 €*
01, 02, 03, 04 20 »

3535A Marianne du 14 Juillet avec mention RF *(sans val.)*
02, 03, 04 5 »

3570 idem *0,58 €*
03, 04 5 »

3571 idem *0,70 €*
03, 04 7 »

3572 idem *0,75 €*
03, 04 7 »

3573 idem *0,90 €*
03, 04 9 »

3574 idem *1,11 €*
03, 04 11 »

3575 idem *1,90 €*
03, 04 20 »

3594 Massoud *0,50 €*
03 5 »

3676 Salvatore Dali *1,11 €*
(21.04.04) » »

3731 Marianne de Lamouche *0,01 €*
04 0 75

3732 idem *0,10 €*
04 1 »

3733 idem vert *(sans val.)*
04 5 »

3734 idem rouge *(sans val.)*
04 6 »

3735 idem *0,58 €*
04 6 »

3736 idem *0,70 €*
04 7 »

3737 idem *0,75 €*
04 7 »

3738 idem *0,90 €*
04 10 »

3739 idem *1,00 €*
04 10 »

3740 idem *1,11 €*
04 11 »

3741 idem *1,90 €*
04 20 »

3754 idem *0,05 €*
05 0 75

3755 idem *0,55 €*
05 6 »

3756 idem *0,64 €*
05 6 50

3757 idem *0,82 €*
05 8 »

3758 idem *1,22 €*
05 12 »

3759 idem *1,98 €*
05 20 »

POSTE AÉRIENNE

5 Marseille 1 f. 50
28 (erreur) 275 »
29 225 »
30 225 »
31 (erreur) 275 »

6 Marseille 1 f. 50
30 225 »
30, outremer 450 »
30, outr. vif 3500 »
31 225 »
32 225 »

6c perf. EIPA 1 f. 50+5 f.
30 4500 »

7 Blériot 2 f. 25
34 225 »

8 Avion s. Paris 85 c.
35 (8a) 125 »
36 30 »
37 30 »

9 idem 1 f. 50
35 100 »

10 idem 2 f. 25
35 200 »
37 200 »

11 idem 2 f. 50
35 250 »
36 250 »

12 idem 3 f.
35 225 »

13 idem 3 f. 50
35 600 »

14 idem 50 f.
35 9000 »
35, vert fcé 10000 »

15 Burelé 50 f.
7000 »

16 Sagittaire 40 f.
46 5 »
47 6 »
48 5 »
49 5 »

17 Iris 50 f.
46 5 »
47 5 »
48 5 »
49 5 »

18 Egine 100 f.
46 45 »
47 60 »
48 50 »
49 50 »

19 Soleil 200 f.
46 35 »
48 35 »
49 50 »

24 Lille 100 f.
49 7 50
50 7 50
51 7 50
52 7 50
53 7 50

25 Bordeaux 200 f.
49 80 »
50 80 »
51 80 »
52 80 »
53 80 »

26 Lyon 300 f.
49 100 »

27 Marseille 500 f.
49 400 »
53 450 »

29 Paris 1000 f.
49 900 »
51 1000 »
52 900 »
53 900 »

30 Mystère IV 100 f.
53 17 50
54 17 50
55 17 50
56 17 50
57 17 50
58 17 50

31 Noratlas 200 f.
53 60 »
54 60 »
55 60 »
56 60 »
57 60 »
58 60 »
59 75 »

32 Magister 500 f.
53 1000 »
54 1000 »
55 1100 »

33 Provence 100 f.
53 650 »
54 650 »

35 Morane 300 f.
59 40 »

36 Caravelle 500 f.
57 175 »
59 175 »

37 Alouette 1000 f.
57 385 »
58 385 »
59 385 »

38 Noratlas 2 f.
59 10 »
60 10 »
61 10 »
62 10 »
63 10 »
64 10 »
65 10 »

38a Noratlas
63 20 »
64 20 »

39 Morane 3 f.
59 10 »
61 10 »
62 à 69 10 »
70 10 »
71 10 »
72 à 73 10 »
74 30 »

40 Caravelle
59 à 68 20 »
69 20 »
sans date 30 »

41 Alouette 10 f.
59 à 65, 67, 68 80 »
70 110 »

42 Mystère 20 2 f.
65 à 69 5 »
70 5 »
71, 72 7 50

44 Mermoz et Saint-Exupéry 20 f.
70 90 »
76, 78, 79, 80, 81, 82, 83, 84 70 »

46 Daurat et Vanier 5 f.
76 16 »
77 16 »
78, 79 16 »
80, 81 20 »

47 Boucher et Hilsz 10 f.
72 30 »
74 30 »
75, 76 30 »
77, 78, 79 30 »
80, 81 30 »

48 Guillaumet et Codos 15 f.
72 80 »
73, 79 50 »
80, 81
82, 84 45 »
83 80 »

55 Costes et Le Brix 10 f.
81, 82, 83 30 »

57 Farman Goliath 15 f.
84, 85, 86 42 »

57b 87, 88, 89, 90, 91, 92, 94 45 »

58 Hydravion CAMS 53 20 f.
84, 85, 86 50 »

58b 87, 88, 89, 90, 91, 92, 93, 94, 95, 96 60 »

59 Trimoteur Wibault 283 30 f.
85, 86 70 »

59b, 92 80 »

62 Biplan Potez 25 30 f.
98 50 »

64 Couzinet 70 50 f.
99, 00 75 »

65 Airbus A300 3,00 €
04, 05 30 »

66 Jacqueline Auriol 4,00 €
03 40 »

67 Marie Marvingt 5,00 €
04 50 »

TIMBRES DES COURS D'INSTRUCTION

ANNULÉ	
Semeuse camée	
139CI 2	*20 c.*
23	125 »
SPÉCIMEN	
Type Blanc	
108CI 3	*2 c.*
25	400 »
111CI 1	*5 c.*
25	400 »

Semeuse lignée	
200CI 1	*60 c.*
25	125 »
203CI 1	*80 c.*
25	250 »
Semeuse camée	
159CI 3	*10 c.*
25	150 »
26	150 »
189CI 1	*15 c.*
25	200 »

Semeuse camée	
139CI 3	*20 c.*
25	200 »
140CI 4	*25 c.*
25	200 »
192CI 1	*30 c.*
25	150 »
195CI 1	*1 f. 05*
25	225 »

Pasteur	
175CI 1	*45 c.*
24	275 »
179CI 1	*1 f.*
25	275 »
Préoblitérés	
41CI 1	*5 c.*
25	2500 »
51CI 1	*10 c.*
25	2250 »
53CI 1	*15 c.*
25	2250 »

54CI 2	*20 c.*
24	2250 »
67CI 1	*45 c.*
24	2250 »

TIMBRES DE FRANCHISE

6 Semeuse (IIA)	*50 c.*
28	100 »
31	85 »
7 Paix	*50 c.*
33 (I)	60 »
34 (I)	45 »
35 (I)	45 »
35 (III)	42 50
36 (III)	42 50

37 (III)	50 »
8 Paix (I)	*65 c.*
36 (erreur)	6 »
37	7 »
38	7 »
9 Paix (I)	*90 c.*
39	6 »
10 Paix (I)	*90 c.*
39	20 »

11 Emblème Vert	
46	12 50
12 Emblème Rouge	
46	3 50
47	4 »
48	3 50
49	4 »
50	4 »
51	4 »
52	3 50

53	3 50
54	4 »
55	3 50
56	3 50
57	4 »
58	4 »
59	4 »
60	4 »
61	4 »
62	3 50
63	3 50
64	10 »

13 Drapeau	
64	3 »
67	3 »
68	3 »
69	3 »
70	5 »
71	5 »

TIMBRES DE SERVICE

1 (42)	400 »
2 (42)	400 »
3 (42)	500 »
4 (42)	500 »
5 (42)	4500 »
6 (42)	2500 »
7 (42)	1250 »
8 (42)	500 »
9 (42)	200 »
10 (42)	550 »
11 (42)	1250 »
12 (42)	100 »
13 (42)	500 »
14 (42)	200 »
15 (42)	250 »
1 à 15 (42)	14000 »
16 (57,58)	12 50
17 (58)	2 »
18 (58)	2 50
19 (59)	6 »
20 (58)	5 »
21 (59)	10 »
22 (61)	2 50
23 (61)	3 50
25 (61)	10 »

27 (62, 63)	7 »
28 (62, 63)	17 »
29 (63, 65)	7 »
30 (63, 65)	7 »
31 (69)	9 »
32 (62, 63)	17 »
33 (71)	20 »
34 (63, 65)	8 »
35 (69)	27 50
39 (69)	4 »
40 (69)	6 »
41 (71)	15 »
42 (69)	20 »
43 (75)	10 »
44 (75)	15 »
45 (75)	30 »
46 (75)	8 »
47 (75)	12 50
48 (75)	42 »
49 (76)	30 »
50 (76)	7 »
51 (76)	4 50
52 (76)	15 »
53 (76)	7 50
54 (76)	5 »

55 (76)	17 »
56 (78)	4 10
57 (78)	5 50
58 (78)	4 »
59 (78)	5 50
60 (80)	4 50
61 (80)	5 50
62 (80)	7 »
63 (80)	5 50
64 (80)	7 »
65 (81)	5 »
66 (81)	5 »
67 (81)	6 »
68 (81)	6 »
69 (81)	6 »
70 (81)	6 »
71 (82)	6 »
72 (82)	7 »
73 (82)	6 »
74 (82)	7 »
75 (83)	5 50
76 (83)	8 »
77 (83)	6 »
78 (83)	8 »
79 (84)	6 »

80 (84)	7 »
81 (84)	11 »
82 (84)	5 50
83 (84)	6 »
84 (84)	9 50
85 (85)	6 »
86 (85)	8 »
87 (85)	11 50
88 (85)	8 50
89 (85)	8 50
90 (85)	17 50
91 (86)	7 65
92 (86)	15 »
93 (86)	10 »
94 (86)	10 »
95 (86)	17 »
96 (87)	8 »
97 (87)	15 »
98 (87)	8 »
99 (87)	15 »
100 (89)	11 »
101 (89)	18 50
102 (90)	9 »
103 (90)	11 »
104 (90)	9 »

105 (90)	13 75
106 (91)	9 »
107 (91)	11 »
108 (91)	9 »
109 (91)	11 »
110 (93)	9 »
111 (93)	9 »
112 (93)	9 »
113 (93)	9 »
114 (96)	7 »
115 (96)	10 »
116 (96)	7 »
117 (96)	10 »
118 (98)	7 »
119 (98)	8 50
120 (99)	8 50
121 (99)	8 50
122 (01)	8 50
123 (01)	8 50
124 (01)	8 50
125 (01)	8 50

TIMBRES-PRÉOBLITÉRÉS

40 Blanc (II)	*4 c.*
24 (à gauche)	4000 »
41 idem	*5 c.*
25 (IIA)	50 »
25 (41a)	575 »
25 (à gauche IIB)	1100 »
26 (IIA)	50 »
42 idem (II)	*7½ c.*
26	10 »
43 idem (II)	*10 c.*
29	15 »
30	15 »
31	15 »
32	40 »
46 Semeuse	*45 c.*
27	75 »
28	50 »
29	50 »
30	65 »
31	50 »
47 idem	*55 c. s. 60 c.*
25	1250 »
48 idem	*65 c.*
24	70 »
49 idem	*65 c.*
27	100 »
28	175 »
29	100 »
30	110 »
32	125 »
51 idem (III)	*10 c.*
25	60 »
25 (51a)	450 »
26	11 »
27	5 »
28	5 »
29	5 »
52 idem (III)	*10 c.*
32	7 50
33	7 50
34	7 50
35	7 50
36	7 50
37	30 »
53 idem	*15 c.*
25 (I)	20 »
25 (I) (53a)	450 »
26 (I)	5 »
27 (I)	5 »
28 (I)	4 »
30 (I)	4 »
31 (I)	4 »
32 (I)	4 »
33 (I)	4 »
34 (I)	5 »
35 (I)	4 »
35 (II)	6 »
36 (I)	4 »
36 (II)	25 »
37 (II)	6 »
38 (II)	6 »
54 idem (III)	*20 c.*
23	650 »
24	600 »
25	650 »
55 idem	*20 c.*
32 (III)	25 »
33 (III)	25 »
35 (III)	30 »
35 (V)	32 50
36 (V)	30 »
37 (V)	30 »
56 idem (IIIB)	*25 c.*
24	325 »
26	100 »
27	100 »
57 idem (IIIB)	*25 c.*
27	30 »
28	20 »
29	20 »
30	20 »
31	20 »
31 (à gauche IIIC)	600 »
32	20 »
33	30 »
34	20 »
35	30 »
36	20 »
37	30 »
38	20 »
60 idem (IIA)	*30 c.*
25	2000 »
61 idem (IIA)	*30 c.*
38	12 50
63 idem (II)	*35 c.*
37	60 »
38	75 »
64 idem (II)	*40 c.*
26	200 »
65 Pasteur	*15 c.*
24	300 »
25	400 »
66 idem	*30 c.*
32	300 »
67 Pasteur	*45 c.*
24	200 »
69 Paix	*30 c.*
33	32500 »
70 idem (I)	*40 c.*
34	75 »
35	75 »
37	90 »
71 idem	*45 c.*
32	175 »
34	200 »
35	180 »
36	180 »
72 idem	*60 c.*
37	65 »
38	65 »
73 idem	*65 c.*
33	450 »
35	400 »
36	400 »
74 idem (II)	*80 c./1 f.*
37	8 »
75 idem	*80 c.*
38	700 »
76 idem	*1 f.*
38	100 »
77 idem	*1 f. 40*
39	100 »
78 Mercure (I)	*20 c.*
38	6 »
39	6 »
40	6 »
41	7 »
79 idem (I)	*30 c.*
41	20 »
80 idem	*40 c.*
39	9 »
40	9 »
42	11 »
81 idem	*40 c.*
43	5 »
44	5 »
82 idem	*50 c.*
42	5 »
83 idem	*60 c.*
40	225 »
84 Pétain	*70 c.*
42	12 50
85 idem	*1 f. 20*
42	15 »
86 idem	*2 f.*
42	30 »
87 Mazelin	*60 c.*
45	4 »
88 idem	*80 c.*
45	4 »
89 idem	*90 c.*
46	5 »
90 idem	*1 f.*
46	4 »
47	4 »
91 idem	*1 f. 20*
45	5 »
91A idem	*1 f. 50*
47	4 »
48	5 »
92 idem	*2 f.*
46	5 »
93 idem	*2 f. 50*
47	7 »
94 Marianne	*2 f.*
45	4 »
95 idem	*2 f. 50*
48	15 »
96 idem	*3 f.*
46	4 »
97 idem	*4 f.*
47	4 »
98 idem	*4 f.*
48	4 »
99 idem	*4 f.*
49	8 »
100 idem	*6 f.*
47	8 »
48	35 »
101 idem	*8 f.*
49	6 »
50	6 »
51	6 »
52	7 50
53	7 50
102 idem	*10 f.*
48	4 »
103 idem	*12 f.*
49	7 »
50	7 »
51	9 »
103A idem	*12 f.*
51	45 »
52	45 »
53	47 50
104 idem (I)	*15 f.*
49	5 »
105 Armoiries, Anjou	*4 f.*
49 (105a)	250 »
49	3 »
50	3 »
51	3 »
52	4 »
53	4 »
106 Moissonneuse	*4 f.*
54	2 50
55	2 50
56	2 50
57	2 50
107 Coq	*5 f.*
57	2 50
58	3 50
108 Moissonneuse	*8 f.*
54	35 »
55	40 »
56	35 »
57	40 »
109 Coq	*8 f.*
59	5 »
110 idem	*10 f.*
57	12 50
58	15 »
111 idem	*12 f.*
54	22 50
55	25 »
56	25 »
57	25 »
112 idem	*15 f.*
57	17 50
58	22 50
113 idem	*20 f.*
59	12 50
114 idem	*24 f.*
54	125 »
55	150 »
56	150 »
57	150 »
115 idem	*30 f.*
57	60 »
58	75 »
116 idem	*40 f.*
59	30 »
117 Coq	*45 f.*
57	140 »
118 idem	*55 f.*
59	110 »
119 idem	*8 c.*
59	7 »
60	7 »
61	7 »
62	8 »
63	8 »
64	13 »
120 idem	*20 c.*
59	20 »
60	22 »
61	22 »
62	22 »
63	30 »

TIMBRES-PRÉOBLITÉRÉS (suite)

121 idem 40 *c.*
59 65 »
60 75 »
61 75 »
62 75 »
63 75 »
64 100 »

122 idem 55 *c.*
59 200 »
61 230 »
62 230 »
63 230 »

123 Monnaie 10 *c.*
63 6 »
64 6 »
65 7 »
66 7 »

124 idem 15 *c.*
66, 67 3 »
68 3 »

125 idem 22 *c.*
69 6 »
70 6 »

126 idem 25 *c.*
63 5 »
64 5 »
66 5 »
67 5 »
68 7 »

127 idem 35 *c.*
69 10 »
70 17 »

128 idem 50 *c.*
63, 64 8 »
66, 67 8 »
68 10 »

129 idem 70 *c.*
69 40 »

130 idem 26 *c.*
71 5 »

131 idem 30 *c.*
71 6 »
74 10 »

132 idem 45 *c.*
71 12 »

133 idem 90 *c.*
71 15 »
72 18 »

134 idem 42 *c.*
75 8 »

135 idem 48 *c.*
75 9 »

136 idem 70 *c.*
75 17 »

137 idem 1 *f.* 35
75 22 »

138 idem 50 *c.*
75 9 »

139 idem 52 *c.*
76 5 »

140 idem 60 *c.*
75 13 »

141 idem 62 *c.*
76 9 »

142 idem 90 *c.*
75 17 »

143 idem 95 *c.*
76 11 »

144 idem 1 *f.* 60
75 35 »

145 idem 1 *f.* 70
76 23 »

146 Zodiaque 54 *c.*
76 6 »
77 8 »

147 idem 68 *c.*
77 8 »

148 idem 1 *f.* 05
76 12 »

149 idem 1 *f.* 85
76 46 »
77 23 »

150 idem 58 *c.*
77, 78 9 »

151 idem 73 *c.*
78 12 »

152 idem 1 *f.* 15
78 19 »

153 idem 2 *f.*
78 23 »

154 idem 61 *c.*
78 7 »

155 idem 78 *c.*
78 7 »

156 idem 1 *f.* 25
78 9 »

157 idem 2 *f.* 10
78 12 »

158 Champignon 64 *c.*
78 8 »
79 7 »

159 idem 83 *c.*
78 8 »
79 7 »

160 idem 1 *f.* 30
78 11 »
79 9 »

161 idem 2 *f.* 25
78 12 »
79 11 »

162 Tours 68 *c.*
79 5 »

163 idem 88 *c.*
79 5 »

164 idem 1 *f.* 40
79 7 »

165 idem 2 *f.* 35
79 9 »

166 Châteaux 76 *c.*
80 4 »

167 idem 99 *c.*
80 4 »

168 idem 1 *f.* 60
80 5 »

169 idem 2 *f.* 65
80 9 »

170 idem 88*c.*
81 4 »

171 idem 1 *f.* 14
81 4 »

172 idem 1 *f.* 84
81 6 »

173 idem 3 *f.* 05
81 11 »

174 Monuments 97 *c.*
82 4 »

175 idem 1 *f.* 25
81, 82 4 »

176 idem 2 *f.* 03
82 6 »

177 idem 3 *f.* 36
82 10 »

178 Saisons 1 *f.* 05
83 4 »

179 idem 1 *f.* 35
83 5 »

180 idem 2 *f.* 19
82, 83 6 »

181 idem 3 *f.* 63
83 11 »

182 Cartes à jouer 1 *f.* 14
84 3 »

183 idem 1 *f.* 47
84 4 »

184 idem 2 *f.* 38
84 7 »

185 idem 3 *f.* 95
84 12 »

186 Mois de l'année 1 *f.* 22
85 8 »

187 idem 1 *f.* 57
85 10 »

188 idem 2 *f.* 55
85 12 »

189 idem 4 *f.* 23
85 19 »

190 idem 1 *f.* 28
86 8 »

191 idem 1 *f.* 65
86 10 »

192 idem 2 *f.* 67
86 12 »

193 idem 4 *f.* 44
86 20 »

194 idem 1 *f.* 31
87 9 »

195 idem 1 *f.* 69
87 12 »

196 idem 2 *f.* 74
87 15 »

197 idem 4 *f.* 56
87 22 »

198 Les quatre éléments 1 *f.* 36
88 8 »

199 idem 1 *f.* 75
88 12 »

200 idem 2 *f.* 83
88 12 »

201 idem 4 *f.* 75
88 22 »

202 Instruments de musique 1 *f.* 39
89 8 »

203 idem 1 *f.* 79
89 9 »

204 idem 2 *f.* 90
89 15 »

204a idem 2 *f.* 90
90 1050 »

205 idem 4 *f.* 84
89 21 »

206 idem 1 *f.* 46
90 7 »

207 idem 1 *f.* 89
90 9 »

208 idem 3 *f.* 06
90 17 »

209 idem 5 *f.* 10
90 23 »

210 idem 1 *f.* 93
90 9 »

211 idem 2 *f.* 39
90 12 »

212 idem 2 *f.* 74
90 17 »

213 idem 1 *f.* 60
91 260 »

213a idem 1 *f.* 60
91 38 »

214 idem 1 *f.* 98
91 23 »
92 46 »

214a idem 1 *f.* 98
92 765 »

215 idem 2 *f.* 08
91 15 »

215a idem 2 *f.* 08
91 195 »

216 idem 2 *f.* 46
91 15 »

216a idem 2 *f.* 46
91 54 »

217 idem 2 *f.* 98
91 15 »

218 idem 3 *f.* 08
91, 92 37 »

218a idem 3 *f.* 08
91, 92 54 »

219 idem 3 *f.* 14
91 31 »

219a idem 3 *f.* 14
91 305 »

220 idem 3 *f.* 19
91 37 »

220a idem 3 *f.* 19
91, 92 43 »

221 idem 5 *f.* 28
91 31 »

221a idem 5 *f.* 28
91 140 »

222 idem 5 *f.* 3
91 19 »

222a idem 5 *f.* 30
91 385 »

223 idem 5 *f.* 32
91 20 »

223a idem 5 *f.* 32
91 115 »

224 idem 1 *f.* 73
92 5 »

225 idem 2 *f.* 25
92 7 »

226 idem 3 *f.* 51
92 13 »

227 idem 5 *f.* 40
92 17 »

228 idem 1 *f.* 82
93 5 »

229 idem 2 *f.* 34
93 6 »

230 idem 3 *f.* 86
32 12 »

231 idem 5 *f.* 93
93 17 »

TIMBRES-PRÉOBLITÉRÉS (suite)

232 Feuilles d'arbres *1 f. 91*
94 5 »

233 idem *2 f. 46*
94 7 »

234 idem *4 f. 24*
94 12 »

235 idem *6 f. 51*
94 19 »

236 idem *1 f. 87*
96 5 »

237 idem *2 f. 18*
96 6 »

238 idem *4 f. 66*
96 12 »

239 idem *7 f. 11*
96 17 »

240 Fleurs sauvages *1 f. 87*
98 5 »

241 idem *2 f. 18*
98 6 »

242 idem *4 f. 66*
98 11 »

243 idem *7 f. 11*
98 15 »

244 Orchidées *0,29 €*
02 6 »

245 idem *0,33 €*
02 10 »

246 idem *0,30 €*
03 6 »

247 idem *0,35 €*
03 7 50

248 idem *0,39 €*
04 10 »

249 idem *0,42 €*
05 10 »

TIMBRES-TAXE

28 Banderole *5 c.*
34 5 »
35 5 »
36 5 »
37 5 »
38 7 »

29 Banderole *10 c.*
34 6 »
35 5 »
36 5 »
37 5 »
38 5 »
40 5 »
42 5 »

33 Banderole *30 c.*
34 6 »
35 6 »
36 6 »
37 5 »
38 5 »
39 5 »
40 5 »
42 5 »

37 Banderole *50 c.*
34 7 »
35 7 »
36 7 »
37 6 »
38 6 »
39 6 »
40 6 »
42 6 »

38 Banderole *60 c.*
35 10 »
36 12 »
37 9 »
38 9 »
39 9 »

40A Banderole *1 f.*
35 15 »
36 15 »
37 15 »
38 15 »
39 15 »
40 15 »
41 25 »
42 15 »

42 Banderole *2 f.*
34 8 »
35 7 »
37 7 »
40 7 »
42 7 »

42A Banderole *3 f.*
26 7 50
36 25 »

37 7 50
38 7 50
39 7 50
40 7 50
42 7 50

55 Recouvrem. *1 c.*
27 12 50
28 40 »

56 Recouvrem. *10 c.*
30 20 »
31 20 »

57 Recouvrem. *30 c.*
26 60 »
28 50 »
29 50 »

58 Recouvrem. *60 c.*
26 55 »
27 50 »
28 45 »
30 45 »
31 45 »

59 Recouvrem. *1 f.*
26 175 »

60 Recouvrem. *1 f.*
31 190 »
32 190 »
33 190 »
34 190 »
35 190 »

61 Recouvrem. *2 f.*
27 800 »

62 Recouvrem. *2 f.*
31 1500 »

63 Recouvrem. *1/60 c.*
31 275 »

64 Recouvrem. *1 f. 20/2 f.*
27 450 »

65 Recouvrem. *5 f./1 f.*
26 600 »

66 Banderole *5 f.*
40 15 »
42 17 50

67 Gerbes Chiffre-Taxe *10 c.*
43 1 »
45 1 25

68 Gerbes *30 c.*
43 1 »

69 Gerbes *50 c.*
43 1 »

44 1 »
45 1 »
46 1 25

70 Gerbes *1 f.*
43 1 »
45 1 25
46 1 25

71 Gerbes *1 f. 50*
43 1 75
44 2 50
45 3 »

72 Gerbes *2 f.*
43 1 75
45 2 50
46 2 50

73 Gerbes *3 f.*
43 2 50
45 3 50
17 3 50

74 Gerbes *4 f.*
45 35 »

75 Gerbes *5 f.*
43 3 »

76 Gerbes *10 f.*
45 22 50

77 Gerbes *20 f.*
46 60 »

78 Gerbes Timbre-Taxe *10 c.*
47 9 »

79 Gerbes *30 c.*
47 9 »

80 Gerbes *50 c.*
47 150 »

81 Gerbes *1 f.*
47 1 75
48 1 75
49 1 75
50 1 75
51 1 75
52 1 75
53 3 »
55 1 75
56 3 »
57 3 »
58 4 »

82 Gerbes *2 f.*
46 1 75
47 1 75
48 1 75
51 1 75
52 1 75

53 1 75
54 1 75
55 1 75
56 1 75
58 4 »

83 Gerbes *3 f.*
46 3 »
47 3 »
48 2 30
50 1 75
51 1 75
54 3 »

84 Gerbes *4 f.*
46 1 75
47 2 »
48 2 »
52 2 »
53 2 50

85 Gerbes *5 f.*
47 1 75
48 1 75
49 1 75
50 3 »
51 1 75
52 1 75
53 1 75
54 1 75
55 1 75
56 1 75
57 1 75
58 1 75
59 17 50

86 Gerbes *10 f.*
47 1 75
48 1 75
49 1 75
50 1 75
51 1 75
52 1 75
53 1 75
54 1 75
55 1 75
56 1 75
57 1 75
58 1 75
59 1 75
61 20 »

87 Gerbes *20 f.*
47 10 »
49 10 »
50 10 »
51 10 »
52 10 »
53 10 »
54 10 »

55 10 »
56 10 »
57 10 »
58 10 »
59 10 »

88 Gerbes *50 f.*
50 140 »
51 140 »
52 140 »
53 140 »
54 140 »
55 140 »
57 140 »
59 140 »
61 175 »

89 Gerbes *100 f.*
53 425 »
55 425 »
57 425 »

90 Gerbes *5 c.*
59 20 »
60 20 »
61 20 »
62 22 50
63 22 50
64 25 »

91 Gerbes *10 c.*
59 35 »
60 35 »
61 35 »
62 35 »
63 35 »

92 Gerbes *20 c.*
59 30 »
60 30 »
61 30 »
62 30 »
63 30 »
64 30 »

93 Gerbes *50 c.*
60 85 »
61 100 »
62 85 »
63 65 »
64 85 »

94 Gerbes *1 f.*
60 325 »
61 325 »
62 325 »
63 400 »
64 325 »

95 Centaurée *5 c.*
64 0 80
65 0 80

TIMBRES-TAXE (suite)

66, 68	0 80
70, 71	0 80
76, 79	0 80
96 Gentiane	*10 c.*
65	0 80
66	0 80
67	0 80
69	0 80
70, 71	0 80
75, 76	0 80
78, 79	0 80
80, 81	0 80
97 Coquelicot	*15 c.*
64	1 55
98 Pervenche	*20 c.*
71	0 80
74	0 80
75	0 80
76, 78	0 80
79, 81	0 80
99 Myosotis	*30 c.*
64	1 10
66	1 10
67	1 10
68	1 10
69	1 10
70	1 10
71	1 10
72	1 55
74, 75, 76, 77, 78	1 10
79, 80, 81	1 10
100 Ancolie	*40 c.*
71	2 30
74	1 85
75	1 85
76, 77, 78	1 85
79, 81	1 85
101 Trèfles	*5 c.*
64	1 85
65	1 85
66	3 05
67	1 85
68	1 85
69	1 85
71	1 85
73	1 85
74	1 85
75	1 85
76, 77, 78, 79	1 85
80	1 85
102 Soldanelle	*1 f.*
64	3 85
65	3 85
66	3 85
67	3 85
68	3 85
69	3 85
70	3 85
71	3 85
73	3 85
74	3 85
75, 76	3 85
78, 79, 80, 81	3 85
103 Coléoptères	*10 c.*
81, 82, 84, 86	1 55
104 idem	*20 c.*
81, 82, 83	1 55
105 idem	*50 c.*
81, 82, 83, 85, 87	1 55
106 idem	*1 f.*
81, 83, 84, 86	4 20
87	5 85
107 idem	*2 f.*
81, 86	6 90
108 idem	*4 f.*
81, 82, 83, 84, 85	13 75
109 idem	*30 c.*
82, 83, 85, 87	2 30
110 idem	*40 c.*
82, 83, 85, 86	2 50
111 idem	*3 f.*
82, 83, 84, 85	10 »
87	20 »
112 idem	*5 f.*
82, 83	15 25
87	18 50

TIMBRES POUR COLIS POSTAUX

Jusqu'en 1939 les cotes de la colonne de gauche concernent les timbres neufs avec charnière légère, et celles de la colonne de droite les timbres oblitérés.

1892. - *Lithographie.*

II - VALEUR DÉCLARÉE

I - APPORT A LA GARE

a

III - LIVRAISON PAR EXPRÈS

	Non dentelé.		
1	10 c. rouge sombre (II)	23 »	18 50
	Dentelés 13½.		
2	10 c. rouge (II)	1 200 »	300 »
3	25 c. brun s. jaune (I)	950 »	300 »
4	25 c. vert (III)	60 »	30 »
	Dentelé 10 x 13½.		
5	10 c. rouge (II)	1 000 »	360 »
	Dentelés 11.		
6	10 c. rouge-orange (II)	32 »	14 »
	a. rose foncé	38 »	15 »
7	25 c. brun s. jaune (I)	32 »	23 »
8	25 c. vert-jaune (III)	50 »	25 »

De nouvelles valeurs à ce type ont paru en 1918-23 (nos 28 à 32). Les 10 c. noir, 25 c. bleu sur azuré et 25 c. lilas, appartiennent à l'Algérie, ainsi que le même type à valeur encadrée.

1901. - *Typographie. Dentelés 14 x 13½.*

9	5 c. *gris*	3 »	
10	10 c. *vert pâle*	4 »	
11	20 c. *rose pâle*	22 »	
	a. (Non dentelé)	170 »	
12	50 c. *bleu*	9 »	
13	1 f. *brun*	10 »	
14	2 f. *rouge-brun*	46 »	
	Nos 9 à 14 (6 val.)	94 »	

1918. - *Typographie. Dentelés 11.*

b

15	5 c. noir	1 25	1 »
16	15 c. lilas-brun	1 25	1 »
	Non dentelés.		
17	5 c. noir	3 85	2 30
18	15 c. violet	10 »	4 60
	a. lilas-brun	11 50	6 10

1918-20. - *Impression plus fine. Typographie. Dentelés 11-11½.*

c

19	5 c. noir	115 »	42 »
20	35 c. rouge	4 »	2 30
21	50 c. violet foncé	5 »	1 55
22	1 f. jaune-orange	4 »	1 55
	Non dentelés.		
23	5 c. noir	115 »	42 »
24	15 c. lilas	30 »	18 50
25	35 c. rouge	3 85	2 30
26	50 c. violet-bleu	26 »	14 »
27	1 f. jaune	20 »	14 »

De nouvelles valeurs à ce type ont paru en 1926 (nos 77 à 80) et en 1938 (nos 155 à 159).

Les mêmes timbres avec indication de monnaie (fr.) appartiennent à l'Algérie.

1918-23. - *Type **a**. Lithographie. Dentelés 10½-11.*

	I. - Apport à la gare.		
28	30 c. brun s. jaune	50 »	15 50
29	60 c. brun s. jaune	60 »	30 »
	II - Valeur déclarée.		
30	15 c. vermillon	20 »	11 50
	III. - Livraison par exprès.		
31	30 c. vert	50 »	23 »
32	60 c. vert	95 »	55 »

1924. - *Type Daussy. Valeur et COLIS POSTAUX en bleu. Typographie. Dentelé 13½.*

33	15 c. rouge	5 50	4 60
	(Sur document)		300 »
	a. (Valeur et COLIS POSTAUX renversés)	800 »	500 »
	b. (Valeur en rouge)	1 100 »	
	c. (Sans légende)	1 100 »	
	d. (Non dentelé)	1 300 »	

1926. - *Types de 1918-20 (dentelés 11) surchargés.*

Les cotes de la 1re colonne concernent les timbres avec gomme, la 2e colonne sans gomme et la 3e colonne oblitérés.

34	0 F. 20 s. 2 f. rose (c)	2 50	1 25	1 25
35	0 F. 30 s. 2 f. jaune (c)	2 50	1 25	1 25
	a. (Sans 0,30 mais avec les traits)	50 »		
36	0 F. 40 s. 3 f. gris (c)	2 50	1 25	1 55
37	0 F. 45 s. 3 f. orange (c)	2 50	1 25	0 80
	a. (Ss point après F)	12 25	6 10	6 10
38	0 F. 95 s. 1 f. jaune (c)	10 »	3 85	3 »
	a. (Non dentelé)	70 »		
39	1 F. 35 s. 3 f. violet (c)	14 »	7 65	5 35
40	1 F. 45 s. 5 c. noir (b) (R)	2 50	1 25	1 25
41	1 F. 75 s. 2 f. bleu (c)	14 »	7 »	5 35
42	1 F. 85 s. 10 c. orange	2 50	1 25	1 55
43	1 F. 95 s. 15 c. lilas-brun (b)	3 »	1 85	1 55
	a. (Non dentelé)	85 »		
44	2 F. 35 s. 25 c. vert (c)	3 »	1 10	1 10
	a. (Non dentelé)	85 »		
45	2 F. 90 s. 35 c. rouge (c)	4 »	1 25	0 80
	a. (Point avant et après F)	15 »		6 10
	b. (Non dentelé)	95 »		
46	3 F. 30 s. 50 c. violet foncé (c) (R)	4 50	2 »	1 85
	a. (Double surch.)	130 »		77 »
	a. (Non dentelé)	65 »		

1926. - *Fond formé des mots COLIS POSTAL répétés à l'infini. Format 18* x *21,5. Typographie. Dentelés 11.*

d

e

f

I. - Apport à la gare.

47	1 F. 00, s. 60 c. brun s. jaune (d)	17 »	12 25
48	1 f. 00, brun s. jaune (e)	20 »	14 »
49	1 F. 30, s. 1 f. brun s. jaune	20 »	13 »
50	1 f. 50, brun s. jaune (e)	22 »	12 25
51	1 f. 65, brun s. jaune (e)	17 »	13 »
52	1 F. 90 s. 1 f. 50, brun s. jaune	20 »	13 »
53	2 F. 10 s. 1 f. 65, brun s. jaune	20 »	13 »

I bis. - Apport à la gare d'un colis déposé dans un bureau de Paris.

I

II

III

54	15 c. brun s. jaune (f) (I)	9 »	3 »
	a. brun foncé s. jaune vif (II)	230 »	
	b. (Non dentelé) (II)	260 »	

Le type III concerne le n° 95.

II. - Valeur déclarée.

55	0 F. 50 s. 15 c. rouge (d)	3 20	1 55
56	50 c. rouge (e)	925 »	
57	50 c. rouge (1)	5 »	2 30
	a. (Double impression du chiffre 1)	245 »	
	b. (Non dentelé)	200 »	
58	0 F. 55 s. 15 c. rouge (d (1)	7 »	3 85
59	0 F. 55 s. 50 c. rouge (1)	7 »	4 60
60	0 F. 65 s. 50 c. rouge	3 »	2 30
61	0 F. 65 s. 50 c. rouge (1)	17 »	9 95
62	1 F. 50 s. 50 c. rouge (3) □	7 »	5 35
63	2 F. 00 s. 50 c. rouge (4)	9 »	3 »
64	2 F. 50 s. 50 c. rouge (5)	17 »	9 15

Les chiffres entre ( ) sont ceux qui ont été imprimés en haut et à gauche du timbre, pour rappeler au personnel combien de fois la taxe initiale de 50 centimes devait être perçue.

III. - Livraison par exprès.

65	1 F. 00 s. 60 c. vert (d)	10 »	6 10
66	1 f. 00, vert (e)	90 »	49 »
67	1 F. 30 s. 1 f. vert	18 »	14 »
68	1 f. 50, vert (e)	18 »	15 50
69	1 f. 65, vert (e)	18 »	14 »
70	1 F. 90 s. 1 f. 50, vert	18 »	14 »
71	2 F. 10 s. 1 f. 65, vert	33 »	18 50

IV. - Intérêt à la livraison.

72	50 c. lilas (d)	3 »	1 55
73	50 c. lilas (e) (1)	7 50	4 60
74	1 F. 50 s. 50 c. lilas (e) (3)	9 »	5 35
75	2 F. s. 50 c. lilas (e) (4)	11 »	7 65
76	2 F. 50 s. 50 c. lilas (e) (5)	11 »	7 65

Le type **d** a reparu en 1933 (nos 96 à 100), en 1937 (nos 119 à 126), en 1938 (nos 147 à 154) et en 1939 (no 164) ; il a été ensuite légèrement retouché (nos 165 à 173).

1926. - *Type c. Typographie. Dentelés 11.*

77	10 c. orange	3 »	1 55
78	25 c. vert	3 »	1 55
79	2 f. bleu	33 »	18 50
80	3 f. violet	135 »	77 »

1928. - *Timbres de 1926 surchargés.*

Les chiffres entre ( ) indiquent les prix auxquels étaient vendus ces timbres provisoires.

I. - Apport à la gare.

81	1 f. 00, brun s. jaune (1,45)	18 »	15 50
82	1 f. 50, brun s. jaune (2,15)	18 »	12 25
83	1 f. 65, brun s. jaune (2,35)	18 »	12 25

II. - Valeur déclarée.

84	50 c. rouge (n° 56) (0,75) □	7 »	4 60
	a. (Surcharge renversée)	190 »	185 »

III. - Livraison par exprès.

85	1 f. 00, vert (1,45)	20 »	15 50
86	1 f. 50, vert (2,15)	20 »	15 50
87	1 f. 65, vert (2,35)	20 »	15 50

1928-29. - *Type* ***d*** *(n° 88) et type* ***e*** *(n°s 88A à 94) avec nouvelle valeur en surcharge. Dentelés 11.*

I. - Apport à la gare.

88	1 F. 45 s. 60 c. brun s. jaune	8 »	7 »
88A	1 F. 45 s. 1 f. brun s. jaune	50 »	30 »
89	2 F. 15 s. 1 f. 50, brun s. jaune	75 »	46 »
90	2 F. 35 s. 1 f. 65, brun s. jaune	75 »	46 »

II. - Valeur déclarée.

91	0 F. 75 s. 50 c. rouge	3 »	1 55

0F.

au lieu de

0F.

91a	(Lettre F plus petite)	15 50	3 85

III. - Livraison par exprès.

92	1 F. 45 s. 1 f. vert	75 »	42 »
93	2 F. 15 s. 1 f. 50, vert	75 »	42 »
94	2 F. 35 s. 1 f. 65, vert	75 »	42 »

1932. - *Type* ***f*** *modifié. Dentelé 11.*

I bis. - Apport à la gare d'un colis déposé dans un bureau de Paris.

95	15 c. brun s. jaune (III)	10 »	4 60

(Voir différence des types avant le n° 54).

1933-34. - *Type* ***d****. Dentelés 11.*

I. - Apport à la gare.

96	1 f. 45, brun s. jaune	50 »	20 »
97	2 f. 35, brun clair s. jaune	1 750 »	

II. - Valeur déclarée.

98	75 c. rouge	20 »	3 »

III. - Livraison par exprès.

99	1 f. 45, vert	500 »	300 »

V. - Colis encombrant.

100	2 f. bleu	50 »	21 »

Voir à Algérie les timbres à ce type avec la surcharge CONTROLE REPARTITEUR (n°s 38 à 43) ou CONTROLE (n°s 62 et 63).

1936. - *Timbres de 1926 (type* ***e****) surchargés B.*

I. - Apport à la gare.

101	1 f. 00, *brun s. jaune* (48)	115 »
102	1 f. 50, *brun s. jaune* (50)	115 »
103	1 f. 65, *brun s. jaune* (51)	115 »

II. - Valeur déclarée.

104	50 c. *rouge* (56)	115 »

III. - Livraison par exprès.

105	1 f. 00, *vert* (66)	115 »
106	1 f. 50, *vert* (68)	115 »
107	1 f. 65, *vert* (69)	115 »

Les n°s 101 à 107, préparés en vue d'une augmentation des tarifs, n'ont pas été émis.

1937. - *Timbres de 1928-33 (type* ***e*** *pour les n°s 109, 114 et 116, type* ***d*** *pour les autres, surchargés.*

Les chiffres entre ( ) indiquent les prix auxquels étaient vendus ces timbres :

Les crochets [ ] encadrant la couleur d'un timbre indiquent que ce timbre n'a pas été émis sans surcharge.

I. - Apport à la gare.

108	1 f. 45, brun s. jaune (96) (1 f. 85)	7 »	7 »
109	2 F. 15 s. 1 f. 50, brun s. jaune (89) (2 f. 75)	45 »	30 »
110	2 f. 15 [brun s. jaune] (2 f. 75)	30 »	20 »
111	2 f. 35, brun s. jaune (97) (3 f. 05)	30 »	20 »

II - Valeur déclarée.

112	75 c. rouge (98) (0 f. 95)	20 »	17 »
	a. (Surch. renversée)	115 »	
	b. (Paire dont un sans surcharge)	280 »	
	c. (Double surcharge)	130 »	

III. - Livraison par exprès.

113	1 f. 45, vert (99) (1 f. 85)	20 »	15 50
114	2 F. 15 s. 1 f. 50 (93) (2 f. 75)	20 »	15 50
115	2 f. 15 [vert] (2 f. 75)	50 »	30 »
116	2 F. 35 s. 1 f. 65 (94) (3 f. 05)	275 »	100 »
117	2 f. 35 [vert] (3 f. 05)	20 »	15 50

V. - Colis encombrant.

118	2 f. bleu (100) (2 f. 60)	45 »	35 »

1937. - *Timbres de 1933-34 (type **d**) avec nouvelle valeur en surcharge.*

Les crochets [ ] encadrant la couleur d'un timbre indiquent que ce timbre n'a pas été émis sans surcharge.

I. - Apport à la gare.

119	1 F. 85 s. 1 f. 45, brun s. jaune (96)	15 50	9 15
120	2 F. 75 s. 2 f. 15 [brun s. jaune]	30 »	18 50
121	3 F. 05 s. 2 f. 35, brun s. jaune (97)	58 »	27 »

II - Valeur déclarée.

122	0 F. 95 s. 75 c. rouge (98)	46 »	25 »

III. - Livraison par exprès.

123	1 F. 85 s. 1 f. 45, vert (99)	77 »	45 »
124	2 F. 75 s. 2 f. 15 [vert]	77 »	45 »
125	3 F. 05 s. 2 f. 35 [vert]	77 »	45 »

V. - Colis encombrant.

126	2 F. 60 s. 2 f. bleu (100)	17 »	14 »

Le tarif des colis postaux ayant été augmenté, ces timbres, émis en remplacement des provisoires surchargés C, ont été remplacés à leur tour par les suivants avec surcharge D.

1938. - *Timbres de 1928-37 (type **e** pour les nos 129, 139 et 141, type **d** pour les autres) surchargés.*

Les chiffres entre ( ) indiquent les prix auxquels étaient vendus ces timbres provisoires.

Les crochets [ ] encadrant la couleur d'un timbre indiquent que ce timbre n'a pas été émis sans surcharge.

I. - Apport à la gare.

127	1 f. 45, brun s. jaune (96) (2 f. 30)	3 »	2 30
128	1 F. 85 s. 1 f. 45, brun s. jaune (119) (2 f. 30)	3 »	2 30
129	2 F. 15 s. 1 f. 50, brun s. jaune (89) (3 f. 45)	3 »	2 30
130	2 f. 15 [brun s. jaune] (3 f. 45)	45 »	35 »
131	2 F. 35 s. 1 f. 65, brun s. jaune (90) (3 f. 85)	725 »	535 »
132	2 f. 35, brun s. jaune (97) (3 f. 85)	3 »	2 30
133	2 F. 75 s. 2 f. 15, brun s. jaune (120) (3 f. 45)	3 »	2 30
134	3 F. 05 s. 2 f. 35, brun s. jaune (121) (3 f. 85)	6 50	5 35

II. - Valeur déclarée.

135	75 c. rouge (98) (1 f. 15)	4 »	3 »
	a. (Paire dont un sans surcharge)	160 »	
136	0 F. 95 s. 75 c. rouge (122) (1 f. 15)	3 »	3 »

III. - Livraison par exprès.

137	1 f. 45, vert (99) (2 f. 30)	4 »	3 85
138	1 F. 85 s. 1 f.45 (123) (2 f.30)	6 »	3 85
139	2 F. 15 s. 1 f. 50 (93) (3 f. 45)	500 »	370 »
140	2 f. 15 [vert] (3 f. 45)	20 »	18 50
141	2 F. 35 s. 1 f. 65 (94) (3 f. 45)	800 »	800 »
142	2 f. 35 [vert] (3 f. 85)	11 50	11 50
143	2 F. 75 s. 2 f. 15 (124) (3 f. 45)	4 »	3 »
144	3 F. 05 s. 2 f. 35 (125) (3 f. 85)	5 »	3 85

V - Colis encombrant.

145	2 f. bleu (100) (3 f. 25)	3 »	2 30
146	2 F. 60 s. 2 f. bleu (126) (3 f. 25)	3 »	2 30

1938. - *Timbres de 1933-34 (type **d**) avec nouvelle valeur en surcharge.*

Les crochets [ ] encadrant la couleur d'un timbre indiquent que ce timbre n'a pas été émis sans surcharge.

I. - Apport à la gare.

147	2 F. 30 s. 1 f. 45, brun s. jaune (96)	4 20	3 »
148	3 F. 45 s. 2 f. 15, [brun s. jaune]	4 20	3 »
149	3 F. 85 s. 2 f. 35, brun s. jaune (97)	4 20	3 »

II. - Valeur déclarée.

150	1 F. 15 s. 75 c. rouge (98)	1 80	1 55

III. - Livraison par exprès.

151	2 F. 30 s. 1 f. 45, vert (99)	4 20	3 »
152	3 F. 45 s. 2 f. 15 [vert]	4 20	3 »
153	3 F. 85 s. 2 f. 35 [vert]	4 20	3 »

V. - Colis encombrant.

154	3 F. 25 s. 2 f. bleu (100)	1 55	1 55

Cette série a été émise en remplacement des provisoires surchargés D.

1938. - *Type **c**. Typographie. Dentelés 11.*

155	10 c. noir	20 »	18 50
156	10 c. lilas-rose	100 »	100 »
	a. (Non dentelé)	110 »	110 »
157	15 c. outremer	100 »	100 »
	a. (Non dentelé)	110 »	110 »
158	20 c. lilas-brun	20 »	18 50

Percé en lignes.

159	20 c. lilas-brun	12 »	11 50

1938. - *Timbres de 1938 (surchargés D.) avec nouvelle surcharge 10 kg = 2 f. 30.*

160	2 F. 30 s. 2 f. 15, vert (140)	80 »	70 »
161	2 F. 30 s. 2 f. 35, vert (142)	80 »	70 »
162	2 F. 30 s. 2 F. 75 s. 2 f. 15 (143)	160 »	110 »
163	2 F. 30 s. 3 F. 05 s. 2 f. 35 (144)	160 »	110 »

A partir de 1939 et jusqu'en 1945, les cotes de la colonne de gauche concernent les timbres neufs avec gomme d'origine intacte et sans charnière, celles de la colonne centrale les timbres neufs avec charnière légère, celles de la colonne de droite les timbres oblitérés.

1939. - *Type d. Valeur déclarée. Typographie. Dentelé 11.*

164	1 f. 15, rouge	3 »	1 55	1 55

1939. - *Format 17,5 x 21. Typographie. Dentelés 11.*

I. - Domicile.

165	2 f. 40, brun s. jaune	5 »	3 »	3 »
166	3 f. 50, brun s. jaune	5 »	3 »	3 »
167	3 f. 80, brun s. jaune	5 »	3 »	3 »

II. - Valeur déclarée.

168	1 f. rouge	5 »	3 »	2 30
169	5 f. rouge	5 »	3 »	3 »

III. - Remboursement.

170	2 f. 50, vert-jaune	5 »	3 »	2 30
171	7 f. 50, vert-jaune	5 »	3 »	2 30

IV - Intérêt à la livraison.

172	1 f. lilas	17 »	10 75	7 65

V. - Colis encombrant.

173	3 f. 20, bleu	20 »	12 25	8 40

1941. - *Taille-douce. Dentelés 12-12½.*

i

k

Viaduc de Garabit.
l

Viaduc de Fontpedrouse.
m

Lorsque le cartouche ne porte pas la valeur, nous indiquons entre ( ) le prix auquel était vendu le timbre.

*I. - Livraison à domicile (**i**).*

174	(2 f. 70), brun	10 75	6 10	5 35
175	(3 f. 90), bleu	10 75	6 10	5 35
176	(4 f. 20), vert foncé	10 75	6 10	5 35
	a. (Non dentelé)		100 »	

*II. - Valeur déclarée (**k**).*

177	1 f. brun	4 60	2 75	1 55
	a. (Valeur omise)		77 »	
	b. (Id. non dentelé)		155 »	
178	5 f. carmin	2 30	1 55	1 85
	a. (Valeur omise)		77 »	
	b. (Id. non dentelé)		155 »	

*III. - Remboursement (**l**).*

179	2 f. 50, bleu	2 30	1 55	1 85
	a. (Valeur omise)		77 »	
	b. (Double impression de la valeur dont une à l'envers)		115 »	
180	7 f. 50, vert-jaune	6 10	4 60	3 85
	a. (Non dentelé)		77 »	
	b. (Valeur omise)		385 »	

*IV. - Intérêt à la livraison (**m**).*

181	1 f. violet	1 55	1 »	1 10
	a. (Valeur omise)		140 »	
	b. (Id. non dentelé)		200 »	

*V. - Colis encombrant (**n**).*

n

182	(3 f. 50), bleu	15 50	12 25	11 50

Le cartouche des n°s 174, 175, 176 et 182 ne porte pas l'indication de la valeur.

1941. - *Types précédents avec valeur dans le cartouche. Taille-douce. Dentelés 12-12½.*

*I. - Livraison à domicile (**i**).*

183	2 f. 70, brun	12 25	7 65	6 10
184	3 f. 90, bleu	12 25	7 65	6 10
185	4 f. 20, vert foncé	12 25	7 65	6 10

*V. - Colis encombrant (**n**).*

186	3 f. 50, bleu	55 »	40 »	18 50

De nouvelles valeurs au type **i** ont paru en 1943 (n°s 208 à 210) et en 1944 (n°s 212 à 214). Le type **n** a également été repris en 1944 (n° 215).

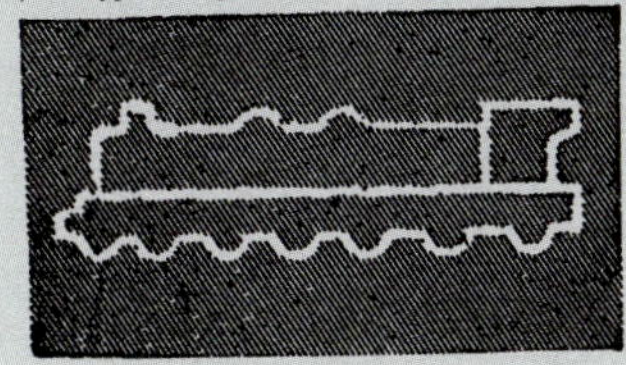

A

1942-43. - *Idem, avec chiffres de la valeur plus forts. Filigrane A. Taille-douce. Dentelés 12½.*

au lieu de

II. - Valeur déclarée.

Avec filigrane A.

187A	1 f. brun (k)	10 75	7 65	7 65
188A	5 f. carmin (k)	21 50	15 50	12 25

Sans filigrane.

187B	1 f. brun (k)	2 30	1 55	1 55
188B	5 f. carmin (k)	7 65	6 10	6 10

III. - Remboursement.

Avec filigrane A.

189A	2 f. 50, bleu (l)	14 »	9 15	6 10
190A	7 f. 50, vert-jaune (l)	23 »	17 »	12 25

Sans filigrane.

189B	2 f. 50, bleu (l)	2 30	1 55	1 55
190B	7 f. 50, vert-jaune (l)	11 50	7 65	7 65

Un 20 f. rouge au type **l** a été émis en 1943 (nº 211).

1942. - *Surtaxe au profit du Comité national de solidarité des cheminots. Timbres de 1941-42 surchargés.*

Les lignes de la surcharge sont moins espacées sur les timbres du petit format.

I. - Livraison à domicile.

191	+3 F s. 2 f. 70, brun (183) (V)	20 »	15 »
192	+3 F s. 3 f. 90, bleu (184) (B)	20 »	15 »
193	+3 F s. 4 f. 20, vert foncé (185) (V)	20 »	15 »

II. - Valeur déclarée.

194	+3 F s. 1 f. brun (187) (Br.)	21 »	15 »
195	+3 F s. 5 f. carmin (178) (V)	21 »	15 »

III. - Remboursement

196	+3 F s. 2 f. 50, bleu (189) (B)	21 »	15 »
197	+3 F s. 7 f. 50, vert (190) (V)	21 »	15 »

IV - Intérêt à la livraison.

198	+3 F s. 1 f. violet (181) (R)	23 »	15 »

V. - Colis encombrant.

199	+3 F s. 3 f. 50, bleu (186) (B)	23 »	15 »
	Nºs 191 à 199 (9 val.)	190 »	135 »

Les nºs 194 à 198 existent sans point après N.
Valeur, chaque 27 »

1943. - *Timbres de 1941 avec lettre F dans le cartouche réservé à la valeur. Taille-douce.*

I. - Livraison à domicile (nºs 174 à 176, type ***i****).*

200	(3 f.), brun (B)	4 60	3 »	3 »
201	(4 f. 30), bleu (R)	4 60	3 »	3 »
202	(4 f. 70), vert foncé (R)	4 60	3 »	3 »

V. - Colis encombrant (nº 182, type ***n****).*

203	(3 f. 90), bleu (R)	11 50	7 »	7 »

1943. - *Timbres de 1941 avec nouvelle valeur en surcharge.*

I. - Livraison à domicile.

o

204	3 F 0 s. 2 f. 70, brun (B)	7 65	6 10	4 60
205	4 F 3 s. 3 f. 90, bleu (R)	4 60	3 »	3 »
206	4 F 7 s. 4 f. 20, vert foncé (R)	5 35	3 85	3 »

V. - Colis encombrant.

207	3 F 9 s. 3 f. 50, bleu (R)	5 35	3 85	3 »

1943. - *Types de 1941 avec valeur dans le cartouche. Taille-douce.*

*I. - Livraison à domicile (****i****). Dentelé 12 x 12½.*

208	3 f. 0, brun et bleu	6 10	4 60	3 »
	a. brun-rouge et bleu	7 »	5 35	3 85
209	4 f. 3, bleu et rouge	15 50	10 75	6 10
210	4 f. 7, vert foncé et rouge	17 »	12 25	2 30

Ont reparu avec filigrane A en 1944 (Nºs 212 à 214).

*III. - Remboursement (**l**). Filigrane A. Dentelé 12½ x 13.*

211	20 f. rouge	7 65	5 35	4 60

1944. - *Types de 1941 avec valeur dans le cartouche. Filigrane A. Taille-douce. Dentelés 12-12½.*

*I. - Livraison à domicile (**i**).*

212	3 f. 0, brun et bleu	22 »	14 »	10 »
213	4 f. 3, bleu et rouge	35 »	22 »	14 »
214	4 f. 7, vert et rouge	35 »	22 »	14 »

*V. - Colis encombrant (**n**).*

215	3 f. 9, bleu et rouge	22 »	14 »	12 25
	a. (Sans filigrane)		77 »	

1944-45. - *Taille-douce. Dentelés 12 x 12½.*

Barrage de Marèges.
p

Caténaires.
q

Ligne à haute tension.
r

*II. - Valeur déclarée (**p**).*

Avec filigrane A.

216A	1 f. lie-de-vin	8 40	6 10	6 10
217A	5 f. carmin	10 »	7 »	7 »

Sans filigrane.

216B	1 f. lie-de-vin	385 »	300 »
217B	5 f. carmin	385 »	300 »

*III. - Remboursement (**q**).*

Avec filigrane A.

218A	2 f. 5, bleu	10 »	7 »
219A	7 f. 5, vert	10 »	7 »

Sans filigrane.

218B	2 f. 5, bleu	385 »	300 »
219B	7 f. 5, vert	385 »	300 »

*IV. - Intérêt à la livraison (**r**).*

Avec filigrane A.

220A	1 f. violet	10 »	7 »

Sans filigrane.

220B	1 f. violet	385 »	300 »

1945. - *Timbres de 1941 avec lettre G dans le cartouche réservé à la valeur.*

*I. - Livraison à domicile (**i**).*

Avec filigrane A.

221A	(5 f.), brun	23 »	18 50	20 »
222A	(7 f. 2), bleu (Vte)	20 »	14 »	14 »
223A	(7 f. 8), Vert foncé (Vte)	20 »	14 »	14 »

Sans filigrane.

221B	(5 f.), brun	7 65	6 10	6 10
222B	(7 f. 2), bleu (Vte)	7 65	6 10	6 10
223B	(7 f. 8), Vert foncé (Vte)	7 65	6 10	6 10

*V. - Colis encombrant (**n**).*

224	(6 f. 6), bleu (Vte)	9 15	7 »	7 »

L'ancien n° 225 est catalogué sous le n° 187B.

1945. - *Timbres de 1943 avec nouvelle valeur en surcharge.*

I. - Livraison à domicile.

Avec filigrane A.

226A	5 F. 0 s. 3 f. 0	9 15	7 »	7 »
227A	7 F. 2 s. 4 f. 3 (Vte)	9 15	7 »	7 »
228A	7 F. 8 s. 4 f. 7 (Vte)	9 15	7 »	7 »

Sans filigrane.

226B	5 F. 0 s. 3 f. 0	65 »	46 »
227B	7 F. 2 s. 4 f. 3 (Vte)	65 »	46 »
228B	7 F. 8 s. 4 f. 7 (Vte)	65 »	46 »

V. - Colis encombrant.

Avec filigrane A.

229A	6 F. 6 s. 3 f. 9 (Vte)	11 50	7 65

Sans filigrane.

229B	6 F. 6 s. 3 f. 9 (Vte)	65 »	46 »

1945. - *Taille-douce. Dentelés 12 x 12½.*

s

t

*I. - Livraison à domicile (**s**).*

Avec filigrane A.

230A	5 f. lie-de-vin et noir	23 »	17 »
231A	7 f. 2, bleu et violet	23 »	17 »
232A	7 f. 8, vert et violet	23 »	17 »

Sans filigrane.

230B	5 f. lie-de-vin et noir	12 25	7 65
231B	7 f. 2, bleu et violet	46 »	30 »
232B	7 f. 8, vert et violet	30 »	20 »

*V. - Colis encombrant (**t**).*

Avec filigrane A.

233	6 f. 6, outremer et violet	9 15	7 »

TIMBRES POUR COLIS POSTAUX ET AUTRES (DE 0 À 50 KILOS)

Dits Timbres pour "Petits Colis".

Émis par la S.N.C.F., ces timbres n'ont pas été vendus à l'état neuf. Leur dentelure est de qualité médiocre.

1944-47. - *Lithographie. Filigrane A. Dentelés 12½.*

1	1 f. vert	1 50
2	2 f. violet	1 85
3	3 f. gris	1 85
3A	4 f. gris-noir	2 50

Taille-douce. Format 18,5 x 22.

4	5 f. bleu	2 30
4A	5 f. outremer	1 50
5	6 f. lilas-rose	1 50
6	7 f. violet	3 35
7	7 f. mauve	20 »
8	8 f. vert-olive	2 50
9	9 f. bleu-vert	5 35
10	10 f. rose	1 70
11	20 f. vert-jaune	1 50
	a. (Non dentelé, sans filigrane)	230 »
12	30 f. violet-rouge	1 50
13	30 f. gris	1 50
14	40 f. ocre	1 50
15	50 f. orange	1 40
16	60 f. lilas-rose	1 50
17	70 f. violet	28 »
18	70 f. mauve	7 65
19	80 f. olive	2 »
20	90 f. bleu-vert	29 »
21	90 f. turquoise	2 45
22	100 f. gris-brun	1 50
23	100 f. jaune clair	2 30
23A	100 f. rouge	2 »
24	200 f. vert-jaune	2 »
25	500 f. jaune-orange	2 30
26	1000 f. jaune	16 »
	Nos 1 à 26 (29 val.)	150 »

Seul le 1er tirage des nos 1, 2, 4, 10, 11, 15 et 22 est sans filigrane.

1948-54. - *Type de 1944-47. Taille-douce. Filigrane A. Dentelés 13 x 13½.*

27	9 f. bleu clair	17 »
28	10 f. vert	10 »
29	20 f. lilas	17 »
30	50 f. bleu	11 »
	Nos 27 à 30 (4 val.)	55 »

Des séries des nos 1 à 30 existent neuves.
Valeur : 3 050 »

1960. - *Taille-douce. Filigrane A. Dentelés 13.*

31	5 c. orange	2 »
32	10 c. rouge	10 »
33	20 c. rouge	4 »
34	30 c. rouge	4 »
35	40 c. rouge	9 »
36	50 c. rouge	4 50
37	60 c. rouge	4 50
38	70 c. rouge	4 50
39	80 c. rouge	4 50
40	90 c. rouge	4 50
41	1 f. bleu	2 50
42	2 f. bleu	2 »
43	3 f. bleu	2 »
44	4 f. bleu	2 »
45	5 f. bleu	2 »
46	10 f. jaune	3 »
47	20 f. vert	20 »
	Nos 31 à 47 (17 val.)	85 »

Des séries des nos 31 à 47 existent neuves.
Valeur : 500 »

Ces timbres existent avec surcharge SPECIMEN.
La série 250 »

Seul le dernier tirage (sur papier très blanc) est sans filigrane. Il comporte toute la série sauf les nos 31, 32, 36 et 37.

COLIS POSTAUX D'ALSACE-LORRAINE

(Timbres-Pré-Perforés)

Entre les deux guerres mondiales, le Service des Colis-Postaux a été directement assuré, en Alsace-Lorraine, par la Poste.

L'affranchissement consistait en timbres-poste apposés sur des récépissés. Les timbres des valeurs faciales supérieures à 2 F devaient réglementairement posséder une perforation centrale.

Cette dernière fut souvent obtenue, après affranchissement et oblitération, par un coup de poinçon ou d'emporte-pièce traversant le récépissé. Mais dans certains bureaux, les fortes valeurs étaient vendues pré-perforées aux usagers. Les perforations étaient de forme variable, mais le plus souvent circulaire.

Il est actuellement connu, sur récépissé, les pré-perforés suivants : Merson : nos 123, 206, 207 et 240 et Monuments : nos 259, 260 et 261. D'autres valeurs ont pu être pré-perforées occasionnellement. Par suite d'une mauvaise application des directives postales, le 2 F Merson n° 145 fut pré-perforé en 1927 par le Bureau de Strasbourg-Tanneries.

Valeur sur récépissé.

1919-31. - *Type Merson.*

1	3 f. violet et bleu (206)	45 »
2	3 f. lilas et carmin (240)	95 »
3	5 f. bleu et chamois (123)	30 »
4	10 f. vert et rouge (207)	77 »

Erreur.

5	2 f. orange et vert-bleu (145)	340 »

1929-31. - *Sites et Monuments.*

6	3 f. ardoise (259)	50 »
7	5 f. brun (260)	23 »
8	10 f. bleu (261)	77 »

Timbres de Port-payé d'Entreprises.

Au début des années 30, certaines entreprises, grandes utilisatrices du service des colis-postaux d'Alsace-Lorraine, furent autorisées à remplacer, sur leurs bulletins d'expédition, les timbres-poste normaux par une étiquette numérotée portant la mention "P.P." et l'indication de chaque entreprise expéditrice (une cinquantaine de connues). Ces étiquettes étaient imprimées en noir pour les colis normaux et en rouge pour les envois de colis contre remboursement. (Val. des timbres de port-payé d'entreprise, sur bull. d'expéd. : Noirs, à partir de 61 » Rouges, à partir de 140 »).

TIMBRES DES COURS D'INSTRUCTION

(Pour les timbres fictifs, se reporter à l'édition 2007)

En 1911, un arrêté du 9 mai publié au Bulletin mensuel des postes et des Télégraphes daté du 15 octobre institue et organise des ***cours d'instruction*** pour les surnuméraires. Parmi le matériel dont doivent être pourvues les salles de cours, on relève notamment des timbres-poste nécessaires aux exercices pratiques. Pour leur ôter toute valeur fiduciaire, ces timbres-poste sont préalablement annulés d'une mention spécifique décrite ci-après.

Les cotes de la colonne de gauche concernent les timbres neufs avec gomme d'origine intacte et sans charnière, celles de la colonne de droite, les timbres avec charnière légère. Les timbres oblitérés proprement avec un cachet de COURS PRATIQUES valent plus que les timbres avec charnière.

Emission de 1911

Surcharge ANNULÉ en noir, apposée en typographie "à plat" sur toutes les valeurs ayant cours à l'époque. Cette surcharge est dite "basse" puisque l'écart entre le bas de la surcharge et celui du timbre est généralement compris entre 8 et 9 millimètres.

ANNULÉ

Surcharge A

Une surcharge similaire de couleur violette sera également utilisée individuellement et manuellement sur les timbres de carnets et les entiers.

ANNULÉ

Surcharge B

Emission de 1923

La même surcharge A est réutilisée pour un nouveau tirage sur des timbres re-émis. Cette surcharge est dite "haute" car l'écart entre le bas de la surcharge et celui du timbre est plus constant à 11 millimètres. Pour les timbres de grand format (type Merson) la surcharge est répétée 2 fois dans le sens horizontal.

Emission de 1925

La précédente mention est abandonnée et fait place à la surcharge SPÉCIMEN dont on connaît 2 types selon qu'il s'agisse de timbre au petit format (Surcharge C) ou au grand format (Surcharge D).

SPÉCIMEN

Surcharge C

Spécimen

Surcharge D

Variétés

Toutes les surcharges (notamment les ANNULÉ) comportent de nombreuses variétés de positionnement (décalages importants) ou d'impressions multiples (surcharges doubles ou triples). Au regard des abus possibles, nous recommandons aux collectionneurs de ne leur consentir qu'une faible plus-value sur la cote.

La surcharge C comporte une variété constante avec une fréquence de deux par feuille : **absence d'accent**. Le prix est de 2 fois la cote du timbre sans variété correspondant.

Type Blanc

107-CI 1	1 c. gris Type I Surcharge A tirage de 1911	40 »	27 »
107a-CI 2	1 c. ardoise Type I Surcharge A tirage de 1923	20 »	15 »
107a-CI 3	1 c. ardoise Type I Surcharge C tirage de 1925	55 »	40 »
157-CI 4	1 sur 1 c. ardoise Type I Surcharge C tirage de 1925	900 »	600 »

108-CI 1	2 c. brun-lilas Type I Surcharge A tirage de 1911	25 »	18 »
108a-CI 2	2 c. brun-lilas foncé Type I Surcharge A tirage de 1923	20 »	15 »
108-CI 3	2 c. brun-lilas Type II Surcharge C	60 »	42 »

109-CI 1	3 c. orange Type I Surcharge A tirage de 1911	28 »	20 »
109a-CI 2	3 c. rouge-orange Type I Surcharge A tirage de 1923	20 »	15 »
109-CI 3	3 c. orange Type I Surcharge C	60 »	42 »
111-CI 1	5 c. vert Type II A Surcharge C	60 »	42 »

Type Merson

119-CI 1	40 c. rouge et bleu Surcharge A tirage de 1911	1 500 »	1 000 »
119-CI 2	40 c. rouge et bleu Deux surcharges A tirage de 1923	55 »	38 »

143-CI 1	45 c. vert et bleu Surcharge A tirage de 1911	1 500 »	1 000 »
143-CI 2	45 c. vert et bleu Deux surcharges A tirage de 1923	95 »	60 »

120-CI 1	50 c. brun et gris Surcharge A tirage de 1911	1 500 »	1 000 »

144-CI 1	60 c. violet et bleu Deux surcharges A tirage de 1923	17 »	11 »

121-CI 1	1 f. lie-de-vin et olive Surcharge A tirage de 1911	1 500 »	1 000 »
121-CI 2	1 f. lie-de-vin et olive Deux surcharges A tirage de 1923	90 »	55 »

122-CI 1	2 f. violet et jaune Surcharge A tirage de 1911	3 200 »	2 150 »

145-CI 1	2 f. orange et vert-bleu Deux surcharges A tirage de 1923	70 »	46 »
145-CI 2	2 f. orange et vert-bleu Surcharge D	180 »	120 »

206-CI 1	3 f. violet et bleu Surcharge D	220 »	140 »

123-CI 1	5 f. bleu et chamois Surcharge A tirage de 1911	1 600 »	1 100 »
123-CI 2	5 f. bleu et chamois Deux surcharges A tirage de 1923	400 »	275 »

123-CI 3	5 f. bleu et chamois Surcharge D	300 »	220 »

Type Semeuse Lignée

130-CI 1	15 c. vert-olive Type IV (feuille de 1906) Surcharge A tirage de 1911	20 »	13 »
130-CI 2	15 c. vert-olive Type IV (feuille de 1923) Surcharge A tirage de 1923	20 »	13 »
161-CI 2	50 c. bleu Surcharge A tirage de 1923	75 »	60 »

198-CI 2	50 c. vert-olive Type I Surcharge C	37 »	25 »
200-CI 1	60 c. violet Surcharge C	37 »	25 »
203-CI 1	80 c. rouge Surcharge C	65 »	50 »

Type Semeuse Fond plein

137-CI 1	5 c. vert foncé Type I Surcharge A tirage de 1911	70 »	46 »
137-CI 2	5 c. vert foncé Type II A Surcharge B	200 »	120 »
158-CI 1	5 c. orange Type I Surcharge A tirage de 1911	9 »	6 »

138-CI 1	10 c. rouge Type IA Surcharge A tirage de 1911	80 »	55 »
138-CI 2	10 c. rouge Type IC Surcharge B	220 »	140 »

159-CI 1	10 c. vert Type IA Surcharge A tirage de 1911	12 »	8 »

159-CI 2 10 c. vert Type IC Surcharge A tirage de 1923 100 » 65 »
159-CI 3 10 c. vert Type III Surcharge C 22 » 15 »

189-CI 1 15 c. brun-lilas Type I Surcharge C 36 » 24 »

139a-CI 1 20 c. brun-lilas Type I Surcharge A tirage de 1911 22 » 14 »
139-CI 2 20 c. brun-lilas Type III Surcharge A tirage de 1923 22 » 14 »
139-CI 3 20 c. brun-lilas Type III Surcharge C 32 » 22 »

140a-CI 1 25 c. bleu foncé Type IA Surcharge A tirage de 1911 20 » 13 »
140a-CI 2 25 c. bleu clair Type IA Surcharge A tirage de 1923 15 » 9 »
140-CI 3 25 c. bleu Type II de carnet Surcharge A tirage de 1923 180 » 120 »
140-CI 4 25 c. bleu Type IIB Surcharge C 30 » 20 »

141-CI 1 30 c. orange Surcharge A tirage de 1911 76 » 55 »
160-CI 1 30 c. rouge Surcharge A tirage de 1923 16 » 11 »

192-CI 1 30 c. bleu Type IIA Surcharge C 20 » 13 »
192-CI 2 30 c. bleu Type IIB de carnet Surcharge C 100 » 70 »

142a-CI 1 35 c. violet Type I Surcharge A tirage de 1911 20 » 14 »
142-CI 1 35 c. violet foncé Type I Surcharge A tirage de 1923 42 » 28 »
142-CI 2 35 c. violet Type I Surcharge C 45 » 30 »

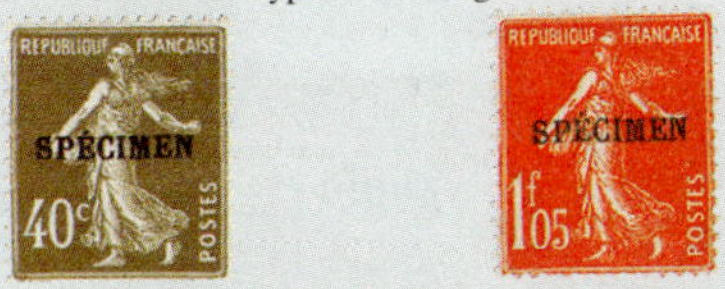

193-CI 1 40 c. brun olive Type I Surcharge C 26 » 16 »
195-CI 1 1 f. 05 vermillon Surcharge C 34 » 23 »

Type Pasteur

170-CI 1 10 c. vert Surcharge C 300 » 200 »
175-CI 1 45 c. rouge Surcharge C 37 » 25 »
177-CI 1 75 c. bleu Surcharge C 37 » 25 »
179-CI 1 1 f. bleu Surcharge C 37 » 25 »

TAXE

10-CI 1 1 c. noir Surcharge A 45 » 30 »
28-CI 1 5 c. bleu Surcharge A 45 » 30 »
28-CI 2 5 c. bleu Surcharge C 45 » 30 »

29-CI 1 10 c. brun Surcharge A 45 » 30 »
29-CI 2 10 c. brun Surcharge C 45 » 30 »
31-CI 1 20 c. olive Surcharge A 45 » 30 »
31-CI 2 20 c. olive Surcharge C 45 » 30 »

32-CI 1 25 c. rose Surcharge A 45 » 30 »
33-CI 1 30 c. rouge carminé Surcharge A 45 » 30 »
33-CI 2 30 c. rouge carminé Surcharge C 45 » 30 »
35-CI 1 40 c. rose Surcharge C 45 » 30 »

37-CI 1	50 c. lilas Surcharge A	45 »	30 »
37-CI 2	50 c. lilas Surcharge C	45 »	30 »
40-CI 1	1 f. lilas-brun sur paille Surcharge A	90 »	60 »
40-CI 2	1 f. lilas-brun sur paille Surcharge C	45 »	30 »

41-CI 1	2 f. rouge-orange Surcharge A	510 »	350 »

Il existe, pour tous les taxes, deux tirages avec la surcharge A : l'un en 1911, l'autre en 1923. Les surcharges et les timbres support étant identiques, seule la hauteur de la surcharge permet de les distinguer, ce qui est parfois difficile. Nous n'avons pas jugé utile de leur attribuer une numérotation différente et nous laissons le soin aux collectionneurs de juger.

SURCHARGE LOCALE de CAEN

Surcharge réalisée localement sur des timbres au type Blanc (N° 109a-CI 2) par l'ajout de la mention CH-T (CHiffre-Taxe) en violet et d'une nouvelle valeur.

CH-T

50

Surcharge E

109a-CI 4	"5" sur 3 c. orange type I	170 »	130 »
109a-CI 5	"10" sur 3 c. orange type I	170 »	130 »
109a-CI 6	"30" sur 3 c. orange type I	170 »	130 »
109a-CI 7	"50" sur 3 c. orange type I	170 »	130 »
109a-CI 8	"60" sur 3 c. orange type I	170 »	130 »
109a-CI 9	"1 F" sur 3 c. orange type I	170 »	130 »
109a-CI 10	"2 F" sur 3 c. orange type I	170 »	130 »

RECOUVREMENTS

43-CI 1	1 c. olive Surcharge A	45 »	30 »
43-CI 2	1 c. olive Surcharge C	90 »	60 »
44-CI 1	10 c. violet Surcharge A	45 »	30 »
44-CI 2	10 c. violet Surcharge C	90 »	60 »

46-CI 1	30 c. bistre Surcharge A	45 »	30 »
46-CI 2	30 c. bistre Surcharge C	90 »	60 »
47-CI 1	50 c. rouge Surcharge A	700 »	460 »
48-CI 1	60 c. rouge Surcharge C	90 »	60 »

Même remarque que pour les timbres TAXE.

PREOBLITERES

41-CI 1	5 c. vert type IIA Surcharge C	485 »	325 »
44-CI 1	45 c. vert et bleu Surcharge A tirage de 1923	435 »	290 »
45-CI 1	15 c. vert type IV Surcharge A tirage de 1923	125 »	85 »

50-CI 1	5 c. orange type I Surcharge A tirage de 1923	140 »	94 »
51-CI 1	10 c. vert type III Surcharge C	400 »	270 »
53-CI 1	15 c. brun type II Surcharge C	400 »	270 »

54-CI 1	20 c. lilas-brun type I Surcharge A tirage de 1923	145 »	95 »
54-CI 2	20 c. lilas-brun type III Surcharge C	400 »	270 »
58-CI 1	30 c. rouge Surcharge A tirage de 1923	320 »	200 »
59-CI 1	30 c. rose type I Surcharge C	400 »	270 »

62-CI 1	35 c. violet Type I Surcharge A tirage de 1923	300 »	190 »
62-CI 2	35 c. violet Type I Surcharge C	400 »	270 »
67-CI 1	45 c. rouge Surcharge C	400 »	270 »
68-CI 1	50 c. bleu Surcharge C	400 »	270 »

Pour les carnets et les entiers postaux utilisés dans les cours d'instruction on se reportera aux rubriques correspondantes.

Attention : il existe de nombreuses surcharges ANNULÉ SPÉCIMEN avec différentes typographies et couleurs non-destinées aux Cours d'Instruction. Les plus connues sont répertoriées à la rubrique "Timbres-Spécimens" du présent catalogue.

TIMBRES DE DISTRIBUTEURS

En 1969, l'Administration postale a mis en service à titre expérimental, une machine automatique avec laquelle il était possible d'obtenir, entre autres, des vignettes d'affranchissement. Ces dernières, imprimées par le distributeur, étaient traitées comme des timbres-poste ordinaires, donc régulièrement oblitérées. L'appareil, installé dans le centre commercial de MONTGERON (91230 Essonne), a fonctionné pendant une quinzaine de mois.

1969. - *Timbre de distributeur. Impression rouge. Papier blanc. Gommé.*

A droite, valeur dans un cadre, avec indicatif BAA-001 (Bureau Affranchissement Automatique).

A gauche, origine 91 MONTGERON 1 ESSONNE dans un cercle.

1 –.–	*(Valeur selon affranchissement usuel - 0,10 à 0,50, particulièrement)*	500 »
	(Sur lettre)	350 »
1A –.–	*(Trait d'union à mi-hauteur)*	1 850 »
	(Sur lettre)	1 200 »

Type 1

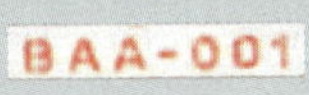

Type 1A

1969. - *Idem. Présentation différente.*

A droite, valeur dans un cadre, avec indicatif SA 0001 (Service Automatique).

A gauche, origine 91 MONTGERON AUT. 1 ESSONNE sur trois lignes.

2 –.–	*(Valeur selon affranchissement usuel 0,10 à 0,50, particulièrement)*	350 »
	(Sur lettre)	310 »
	2,90 (Sur lettre recommandée)	1 400 »

2a	000 (pour démonstration)	300 »

Cette dernière vignette existe en papier rose.

1969. - *Idem. Papier jaunâtre.*

Le point entre AUT et 1 est placé prés du .1

2A –.–	*(Valeur selon affranchissement usuel - 0,10 à 0,50, particulièrement)*	200 »
	(Sur lettre)	150 »
2Aa	000 (pour démonstration)	100 »

Type 2

Type 2A

NOTE. - Le n° 1 a été délivré en mai et juin 1969, le n° 2, dès juillet 1969, et le n° 2A d'avril 1970 jusqu'à la fin de l'exploitation (juillet 1970).

Dès 1981, de nouveaux distributeurs (9 maquettes non définitives) ont été mis en service. Ces appareils effectuent en totalité l'impression des timbres, sur papier adhésif, avec, à la demande de l'usager, l'une des 40 valeurs tarifaires du régime intérieur en vigueur (LETTRES ET PLIS NON URGENTS - PNU - PAQUETS POSTE ORDINAIRES et URGENTS), à l'exclusion des envois recommandés.

1981. - *Timbres de distributeurs. Papier adhésif. Impression lilas-rose, carmin, rouge ou rouge-orange. Valeur selon tarif en vigueur. Avec inscriptions LS ou LSA (Libre Service Affranchissement), n° de l'appareil et code comptable du bureau d'exploitation (les valeurs indiquées s'entendent pour l'unité inférieure de chaque tarif concerné).*

Type 1. Distributeur C.G.A. (LSA 04) (sans support papier).

Type 2. Distributeur EMD-CAMP (LS 1, 2, 3) (sans support papier).

Type 3. Distributeur C.G.A. (PNU sans point)
(LSA 05 et 06) (avec support papier).

Type 4. Distributeur CROUZET (LS 07, 08, 09)
(sans trait d'union entre LS 07 et le n° comptable)
(avec support papier).

Type 4a. Distributeur CROUZET (LS 07)
(avec trait d'union entre LS 07 et le n° comptable)
(avec support papier).

—

P.N.U. ou PNU = Pli non urgent.
LETTRE = Courrier rapide.
– = Paquet poste ordinaire.
URGENT = Paquet poste urgent.

—

Dès 1988,
– = Paquet poste départemental.

Les cotes indiquées concernent les vignettes neuves les plus courantes. Les supports papier existent en blanc ou en jaune.

—

Type 1. LSA 04 - 75649 (rue Molière, PARIS).

3 1 f. 20 (P.N.U.) 75 »
4 1 f. 40 (LETTRE) 75 »
a. sans indication LETTRE 200 »
5 2 f. 20 (–) 90 »
6 3 f. 50 (URGENT) 90 »

Type 2. LS 1 PC - 75652 (bd du Montparnasse, PARIS)
LS 2 PC - 93048 (MONTREUIL Ppal)
LS 3 PC - 75508 (rue La Boétie, PARIS)

7 1 f. 20 (P.N.U.) 65 »
8 1 f. 40 (LETTRE) 65 »
9 2 f. 20 (–) 75 »
10 3 f. 50 (URGENT) 75 »
7a à 10a (LS1) 4 val. 540 »
7b à 10b (LS2) 4 val. 310 »

Type 3. LSA 05 - 75724 (bd Bonne-Nouvelle, PARIS)
LSA 06 - 94022 (CHOISY-LE-ROI)

11 1 f. 20 (P.N.U.) 65 »
12 1 f. 40 (LETTRE) 65 »
13 2 f. 20 (–) 75 »
14 3 f. 50 (URGENT) 75 »
11a à 14a (LSA 06) 4 val. 500 »

Type 4. LS 07 - 92050 (NANTERRE R.P.)
LS 08 - 75628 (rue des Ecoles, PARIS)
LS 09 - 75513 (avenue d'Italie, PARIS)

15 1 f. 20 (P.N.U.) 65 »
16 1 f. 40 (LETTRE) 65 »
17 2 f. 20 (–) 65 »
18 3 f. 50 (URGENT) 65 »
15a à 18a (LS 07) 4 val. 460 »
15b à 18b (LS 08) 4 val. 310 »

1981. - *Idem. Tarif postal au 01.09.81.*

Type 1. LSA 04 - 75747 (avenue du Général Leclerc, PARIS)

19 1 f. 40 (P.N.U.) 45 »
20 1 f. 60 (LETTRE) 45 »
21 2 f. 60 (–) 45 »
22 4 f. (URGENT) 45 »

Type 2. LS 1 PC - 75652 (bd du Montparnasse, PARIS)
LS 2 PC - 93048 (MONTREUIL Ppal)
LS 3 PC - 75508 (rue La Boétie, PARIS)

23 1 f. 40 (P.N.U.) 65 »
24 1 f. 60 (LETTRE) 65 »
25 2 f. 60 (–) 65 »
26 4 f. (URGENT) 65 »
23a à 26a (LS 1) 4 val. 700 »
23b à 26b (LS 2) 4 val. 310 »

Type 3. LSA 05 - 75724 (bd Bonne-Nouvelle, PARIS)
LSA 06 - 92184 (NEUILLY-SABLONS)

27 1 f. 40 (P.N.U.) 25 »
28 1 f. 60 (LETTRE) 25 »
29 2 f. 60 (–) 25 »
30 4 f. (URGENT) 25 »
27a à 30a (LSA 06) 160 »

Type 4. LS 07 - 92962 (BOULOGNE-BILLANCOURT)
LS 08 - 75628 (rue des Ecoles, PARIS)
LS 09 - 75513 (avenue d'Italie, PARIS)

31 1 f. 40 (P.N.U.) 25 »
32 1 f. 60 (LETTRE) 25 »
33 2 f. 60 (–) 25 »
34 4 f. (URGENT) 25 »

1982. - *Idem. Tarif postal au 01.06.82.*

Type 2. LS 3 PC - 75508 (rue La Boétie, PARIS)

35 1 f. 60 (P.N.U.) 17 50
36 1 f. 80 (LETTRE) 17 50
37 2 f. 90 (–) 17 50
38 4 f. 50 (URGENT) 17 50

Type 3. LSA 05 - 75724 (bd Bonne Nouvelle, PARIS)
LSA 06 - 92184 (NEUILLY-SABLONS)
LSA 06 - 75747 (av. du Général Leclerc, PARIS)

39 1 f. 60 (P.N.U.) 17 50
40 1 f. 80 (LETTRE) 17 50
41 2 f. 90 (–) 17 50
42 4 f. 50 (URGENT) 17 50
39a à 42a (LSA 05) 4 val. 100 »

Type 4. LS 07 - 92962 (BOULOGNE-BILLANCOURT)
LS 08 - 75628 (rue des Ecoles, PARIS)
LS 09 - 75513 (avenue d'Italie, PARIS)

43	1 f. 60 (P.N.U.)	15 »
44	1 f. 80 (LETTRE)	15 »
45	2 f. 90 (–)	15 »
46	4 f. 50 (URGENT)	15 »
43a à 46a	(LS 07) 4 val.	65 »

Type 4a. LS 07 - 75747 (avenue du Général Leclerc, PARIS)

47	1 f. 60 (P.N.U.)	17 50
48	1 f. 80 (LETTRE)	17 50
49	2 f. 90 (–)	25 »
50	4 f.50 (URGENT)	25 »

1982. - *Idem. Philexfrance 1982. Exposition philatélique internationale, à Paris.*

Type 1. PHILEXFRANCE 1982 (texte 36 mm).

51	1 f. 60 (P.N.U.)	25 »
52	1 f. 80 (LETTRE)	25 »
53	2 f. 90 (–)	32 50
54	4 f. 50 (URGENT)	32 50

Type 2. PHILEXFRANCE 1982 (texte 39 mm).

55	1 f. 60 (P.N.U.)	20 »
56	1 f. 80 (LETTRE)	20 »
57	2 f. 90 (–)	25 »
58	4 f. 50 (URGENT)	25 »

1982. - *Idem. SICOB 1982.*

59	1 f. 60 (P.N.U.)	20 »
60	1 f. 80 (LETTRE)	20 »
61	2 f. 90 (–)	25 »
62	4 f. 50 (URGENT)	25 »

NOTE. - Majoration 100 % pour timbres avec impression parfaitement lisible. En effet, cette impression a tendance à disparaître au contact de certaines matières (cristal ou plastique) ou à une exposition prolongée à la lumière. Conservation difficile.

1983. - *Idem. Tarif postal au 01.06.83.*

Type 2. LS 3 PC - 75508 (rue La Boétie, PARIS)

63	2 f. (LETTRE)	8 50
64	3 f. 10 (–)	8 50
65	4 f. 90 (URGENT)	8 50

Type 4. LS 09 - 75513 (avenue d'Italie, PARIS)

66	2 f. (LETTRE)	8 50
67	3 f. 10 (–)	8 50
68	4 f. 90 (URGENT)	8 50

Type 4a. LS 07 - 75747 (avenue du Général Leclerc, PARIS)

69	2 f. (LETTRE)	8 50
70	3 f. 10 (–)	8 50
71	4 f. 90 (URGENT)	8 50

1983. - *Idem. Bourg-en-Bresse (28 au 30.10). Congrès du Parti socialiste. LSO 01053.*

72	1 f. 60 (P.N.U.)	115 »
73	2 f. (LETTRE)	115 »
74	3 f. 10 (–)	115 »
75	4 f. 90 (URGENT)	115 »

1984. - *Idem. Valence : 10e exposition du Cercle Philatélique Crouzet (21 et 22.01) et Foire-Exposition (27.04-06.05). LSO 26362.*

76	1 f. 60 (P.N.U.)	25 »
77	2 f. (LETTRE)	25 »
78	3 f. 10 (–)	25 »
79	4 f. 90 (URGENT)	25 »

1984. - *Idem. Tarif postal au 01.07.84.*

Type 4. LS 09 - 75513 (avenue d'Italie, PARIS)

80	1 f. 70 (P.N.U.)	8 50
81	2 f. 10 (LETTRE)	8 50
82	3 f. 20 (–)	8 50
83	5 f. (URGENT)	8 50

Type 4a. LS 07 - 75747 (avenue du Général Leclerc, PARIS)

84	1 f. 70 (P.N.U.)	8 50
85	2 f. 10 (LETTRE)	8 50
86	3 f. 20 (–)	8 50
87	5 f. (URGENT)	8 50

NOTE. - Les timbres de distributeurs avec mention SPECIMEN proviennent d'appareils placés en démonstration dans certaines expositions. Exemples : LS 1, à la Foire internationale de NANCY (juin 1981), LS 07, au SICOB, Paris - La Défense (octobre 1981).

Les vignettes portant les mentions. TSTPTT, JOUR, PERP, etc. n'ont aucune valeur fiducaire. Il s'agit de vignettes de service des P.T.T.

Fonctionnement des appareils :

LS 1	Du 04. 02.81 au 23.09.81	Bd de Montparnasse, PARIS 52 (14e arr.)
LS 2	Du 18.02.81 au 07.05.82	MONTREUIL PRINCIPAL (93)
LS3	Du 26.01.81 à 11-1983	Rue La Boétie, PARIS 8 (8e arrondissement)

LSA 04	Du 13.01.81 au 31.07.81	Rue Molière, PARIS 49 (1er arrondissement)
	Du 17.11.81 à février 82	Avenue du Général Leclerc, PARIS (14e arr.)
LSA 05	Du 06.03.81 au 07.06.82	Bd Bonne-Nouvelle, PARIS 124 (10e arr.)

NOTE. - Cet appareil a fonctionné avec la référence LSA 06, du 09.06.82 à février 1983, avenue du Général Leclerc, PARIS 147 (14e arr.).

LSA 06	Du 26.02.81 au 06.06.81	CHOISY-LE-ROI (94)
	Du 12.11.81 au 17.12.82 (92)	NEUILLY-SABLONS

NOTE. - Pendant un court laps de temps (fin avril 82), le distributeur de Neuilly-Sablons a délivré, par erreur, des étiquettes portant la référence

LSA 05	- 75724 (Paris Bonne-Nouvelle).	
LS 07	Du 29.04.81 au 18.09.81	NANTERRE R.P. (92)
	Du 17.03.82 au 15.02.83	BOULOGNE-BILLANCOURT (Hôtel de Ville) (92)
	Dès le 16.03.83	Avenue du Général Leclerc, PARIS 147 (14e arr.)
LS 08	Du 13.05.81 au 07.03.83	Rue des Écoles, PARIS 28 (5e arr.)
LS 09	Dès le 11.06.81	Avenue d'Italie, PARIS 13 (13e arr.)

Ces maquettes (prototypes) très sensibles, sont l'objet de fréquents arrêts de marche dus à leur réglage et leur mise au point.

A l'issue de la période d'essai précédente, dix distributeurs identiques aux appareils LSA 07, 08, 09 sont commandés à la firme CROUZET. Ils seront mis en place dans les bureaux à partir de 1985. Tout comme les appareils prototypes, ils effectuent en totalité l'impression des timbres. Au numéro de machine près qui est exprimé sous la forme "C0001", le cliché utilisé est identique à celui des appareils prototypes de la firme.

1985. - *Timbres de distributeurs. Papier adhésif bleu ciel. Impression lilas-rose. Valeur selon tarif en vigueur (1.07.84). Avec n° de l'appareil et code comptable du bureau d'exploitation. Papier support jaune ou gris-bleu.*

Type A (papier Carrier)

88	1 f. 70 (P.N.U.)	11 50
89	2 f. 10 (LETTRE)	11 50
90	3 f. 20 (–)	15 25
91	5 f. (URGENT)	15 25
88a à 91a	C 007 75628 (R. des Ecoles, PARIS) (4 val.)	77 »
88b à 91b	C 001 - 69123) (R.P. LYON) (4 val.)	115 »
88c et 89c	C 001 - 69264) (VILLEFRANCHE-SUR-SAONE) (2 val.)	125 »

NOTE. - Le Service Philatélique des P.T.T. a vendu ces timbres sous forme de plaquette comprenant 1.70 (P.N.U.), 3 f. 70 (LETTRE), 2 f. 10 (–) et 5 f. (URGENT).

La plaquette	11 50
La plaquette (Code erroné 75951)	77 »

Fonctionnement des appareils :

C 001 - 01249 (25.02.85) (MIRIBEL (Ain)
C 004 - 75961 (04.85) (Service Philatélique des P.T.T., PARIS)
C 007 - 75628 (24.06.85 au 31.07.85) (Rue des Ecoles, PARIS 28)
C 001 - 69920 (02.07.85) (LYON-BROTTEAUX)
C 001 - 75508 (05.07.85) (Rue La Boétie, PARIS 8)
C 001 - 75513 (05.07.85) (Av. d'Italie, PARIS 13)
C 001 - 75747 (05.07.85) (Av. du Général Leclerc, PARIS 147)
C 001 - 69123 (29.07.85) (Recette Principale, LYON)
C 001 - 69264 (31.07.85) (VILLEFRANCHE-SUR-SA0NE

NOTE. - Début 1985, le type A a été utilisé à titre d'essai sur les appareils L 07-75747 et LS 09 75513.

1985. - *Timbres de distributeurs FRAMA/SATAS. Papier blanc fluorescent. Gomme invisible. Impression lilas-rose. L'usager a le choix d'une valeur de taxe de 0 f. 10 à 80 f. Les deux valeurs courantes du tarif peuvent être obtenues directement en poussant une touche correspondant à ces valeurs. Ce sont celles que nous mentionnons (ce type d'appareil ne rend pas la monnaie en pièces, comme les précédents, mais en vignette).*

92	1 f. 70, lilas-rose	1 40
92A	0 f. 10 à 80 f.	Valeur faciale x 5
	Avec minimum de 3	
93	2 f. 10, lilas-rose	1 70

Appareils

S 01 45234 ORLÉANS (dès le 26.02.85)
S 01 92184 NEUILLY-SABLONS (dès le 26.03.85) (retirés en 1989).

NOTE. - Les rouleaux de papier placés dans ces appareils annonçaient la fin du tirage par l'impression d'une, deux voire trois bandes verticales roses (valeur de chaque timbre ainsi marqués : 16 €).

1985. - *Timbres de distributeurs. Type A. Tarif postal au Ier 08.85.*

94	1 f. 80 (P.N.U.)	8 50
95	2 f. 20 (LETTRE)	8 50
96	3 f. 20 (–)	8 50
97	5 f. (URGENT)	8 50
94a à 97a	C 001 - 010201 (ARS) (4 val.)	40 »

NOTE. - En 1985 et 1986, le Service Philatélique des P.T.T. a vendu ces timbres sous forme de plaquette comprenant les nos 94 à 97.

La plaquette (C 004 - 75961)	54 »
La plaquette (C 004 - 75951) (code erroné)	15 25
La plaquette (C 034 - 34001) (code erroné)	45 75

Fonctionnement des appareils (du 01.08.85 au 31.07.86, sauf indications contraires)

C 001 - 01249 MIRIBEL (Ain)
C 001 - 69123 (LYON R.P.)
C 001 - 69264 (VILLEFRANCHE-SUR-SA0NE)
C 001 - 69920 (01.08.85 à juillet 86)
(LYON BROTTEAUX)
(cet appareil a été transféré
à ARS-SUR-FORMANS)
C 001 - 75508 PARIS 8)
C 001 - 75513 PARIS 13)
C 001 - 75628 PARIS 28)
(code modifié)
C 001 - 75747 PARIS 147)
C 001 - 75500 (26.09.85) (PARIS R.P.)
C 001 - 75505 (27.10.85) (PARIS 5 - rue de l'Epée de Bois)
C 001 - 01021 (16.07.86) (ARS-SUR-FORMANS)

1985. - *Idem. Exposition « FESTIVAL INDUSTRIE et TECHNOLOGIE » La Villette, PARIS (27.10.85 au 19.01.86).*

98 1 f. 80 (P.N.U.) 8 50
99 2 f. 20 (LETTRE) 8 50
100 3 f. 20 (-) 8 50
101 5 f. (URGENT) 8 50
98a à 101a (avec support jaune) (4 val.) 47 50

Appareil C 001 - 75900.

1985. - *Timbres de distributeurs FRAMA/SATAS. Type précédent (n° 92). Tarif postal au 1er.08.85.*

102 1 f. 80, lilas-rose 1 75
103 2 f. 20, lilas-rose 2 »

Voir au n° 92A Appareil en service du 21.02.86 au 28.06.89 :

S 01 29039 CONCARNEAU, Finistère

1986. - *Timbres de distributeurs. Type A. Tarif postal au 01.08.1986.*

104 1 f. 90 (P.N.U.) 4 50
105 2 f. 20 (LETTRE) 4 50
106 3 f. 50 (–) 4 50
107 5 f. 40 (URGENT) 4 50
104a à 107a C 001 - 01021 (ARS) (4 val.) 25 »

Fonctionnement des appareils.
Modifications :

C 001 - 01021 (ARS-SUR-FORMANS du 01.08.86 au 11.10.86)

(Cet appareil a fonctionné le 15.10.86 par erreur avec ce code à LYON BROTTEAUX où il était de retour).

C 001 - 69920 (16.10.86) (LYON BROTTEAUX)

1986. - *Timbres de distributeurs FRAMA/SATAS. Type précédent (n° 92). Tarif postal au 01.08.86.*

108 1 f. 90, rose-lilas 2 »

1986. - *Timbres de distributeurs IIe Congrès philatélique régional du Dauphiné et cinquantenaire de la Société Philatélique de Valence (25 et 26.10.1986), à Valence. Types de 1984 (nos 76 à 79).*

109 1 f. 90 (P.N.U.) 16 50
110 2 f. 20 (LETTRE) 16 50
111 3 f. 50 (–) 16 50
112 5 f. 40 (URGENT) 16 50

1987. - *Timbres de distributeurs. Type A. Tarif postal au 01.08.1987.*

113 2 f. (P.N.U.) 4 60
114 2 f. 20 (LETTRE) 4 60
115 3 f. 70 (–) 4 60
116 5 f. 60 (URGENT) 4 60

Codes A à G (voir fonctionnement des appareils).

1987. - *Timbre de distributeurs FRAMA/SATAS. Type précédent (n° 92). Tarif postal au 01.08.87.*

117 2 f. lilas-rose 1 55

1988.- *Idem. Type A. Valence. Congrès national de la Fédération des Sociétés philatéliques françaises. N° de Code C. 000 26362.*

118 2 f. (P.N.U.) 15 25
119 2 f. 20 (LETTRE) 15 25
120 3 f. 70 (–) 15 25
121 5 f. 60 (URGENT) 15 25

Type B

1988. - *Timbres de distributeurs. Type B. Support papier jaune.*

122 2 f. (P.N.U.) 4 60
123 2 f. 20 (LETTRE) 4 60
124 3 f. 70 (–) 9 15

Codes A à I (1988) et J (1989).

1988. - *Idem. Type B.*

125 5 f. 60 (–) 23 »
126 5 f. 60 (URGENT) 15 25

Codes A à F.
Le n° 125, Code E, n'existe pas.

1988. - *Tarif postal au 16.08.88. Timbres de distributeurs. Type A.*

127 6 f. 20 (–) 23 »
128 6 f. 20 (URGENT) 15 25

Codes A, B, C, F, G et H.

Idem. Type B.

129 6 f. 20 (–) 23 »
130 6 f. 20 (URGENT) 15 25

Codes A à I.

Fonctionnement des appareils (références) :

A) C 001 - 01249 (MIRIBEL)
B) C 001 - 75500 (PARIS LOUVRE RP)
C) C 001 - 75505 (PARIS MOUFFETARD)
D) C 001 - 75508 (PARIS LA BOETIE)
E) C 001 - 75513 (PARIS ITALIE)
F) C 001 - 75628 (PARIS JUSSIEU)
G) C 001 - 75747 (PARIS DENFERT ROCHEREAU)

Mise en place de 1988 à 1990 :

H) C 001 - 75702 (PARIS BIENVENUE) (15.11.88)
I) C 001 - 77468 (TORCY) (14.11.88)
J) C 001 - 75724 (PARIS BONNE NOUVELLE) (01.08.89)
K) C 001 - 75663 (PARIS JEANNE D'ARC) (17.01.90)
L) C 002 - 75500 (PARIS LOUVRE RP) (12.07.90)

NOTES. - A sa mise en service, l'appareil (code H) placé à PARIS BIENVENUE a distribué les vignettes n° 113 à 115 et 127, 128 (valeur : 40 €).

De même l'appareil (code J) a distribué les vignettes nos 113 à 115 et 143-144 (valeur : 35 €) et, idem, avec support publicitaire Fassroll (valeur : 47 50 €).

En août 1988, un nouvel échelon de tarif est introduit d'où une nouvelle nomenclature :

(–) Paquet-poste départemental à délai garanti (URGENT) - idem, extra départemental

Fin juin 1989, est introduit le service "COLISSIMO" qui entraîne peu à peu l'émission de nouveaux timbres :
(J + 1) Colissimo départemental
(J + 2) Colissimo extra-départemental

1989. - *Tarif postal modifié. Type B.*

131	11 f. (URGENT)	30 50

Codes A, I et G.

1989. - *PHILEXFRANCE 89. Exposition mondiale de philatélie à Paris (07-17.07). Timbres de distributeurs type B. Code C 001 75900.*

132	1 f. 90 cerise	385 »
133	2 f. cerise	25 »
134	2 f. 20 cerise	25 »
135	3 f. 70 cerise	32 50
136	6 f. 20 cerise	32 50
137	11 f. cerise	32 50
133a à 137a	brun-rouge (5 val.)	100 »

En 1990, à la faveur d'une réparation de l'appareil à PARIS ITALIE (Code E), ces vignettes ont été émises par erreur avec le code du bureau C 001 75513 (Valeur de chaque timbre : 80 €).

NOTE. - Le n° 132, à la suite d'une erreur, n'a été disponible que le 07.07 de 14 h à 20 h. (Nbre de timbres : 599).

1989. - *Sommet des pays industrialisés, à l'Arche de la Défense, à Puteaux (14.17.07). Timbres de distributeurs. Type B.*

138	2 f	77 »
139	2 f. 20	77 »
140	3 f. 70	115 »
141	6 f. 20	115 »
142	11 f.	115 »

NOTE. - A la mise en service, les timbres étaient du type A (Valeur : 305 € la vignette).

1989. - *Timbres de distributeurs. Type A.*

143	6 f. 20 (J+1)	11 50
144	11 f. (J+2)	11 50

Codes J et K (1991).

1989. - *Idem. Type B.*

145	6 f. 20 (J+1)	11 50
146	11 f. (J+2)	11 50

Codes A, B, C, E, G, H, I, J (1989), K et L (1990).

NOTE. - A sa mise en service l'appareil Code K, placé à PARIS JEANNE D'ARC a délivré des timbres avec valeurs inversées 6,20 (J+2) et 11,00 (J+1) valeur de chaque timbre : 200 €.

1989. - *Modernité et LA POSTE. Exposition de la Poste à l'Assemblée nationale (05.07.12). Timbre de distributeur. Type B.*

147	2 f.	125 »
148	2 f. 20	125 »
149	3 f. 70	125 »
150	6 f. 20	125 »
151	11 f.	125 »

1989. - *Idem. Exposition de la Poste au Sénat (12.14.12). Timbres de distributeurs. Type B.*

152	2 f.	92 »
153	2 f. 20	92 »
154	3 f. 70	92 »
155	6 f. 20	92 »
156	11 f.	92 »

1990. - *Tarif postal du 11.01.90. Timbres de distributeurs. Type B.*

157	2 f. 10 (P.N.U.)	3 85
158	2 f. 30 (LETTRE)	3 85
159	4 f. 20 (–)	7 65

Codes A, B, C, E, G, H, I, J, K et L.

Type A.

157A	2 f. 10 (P.N.U.)	3 85
158A	2 f. 30 (LETTRE)	3 85
159A	4 f. 20 (–)	7 65

Code K (1991).

En 1990, deux nouveaux types de distributeurs sont mis en service dans les bureaux :

- le DIVA (Distributeur de Vignettes d'Affranchissement).

- le LISA (Libre Service Affranchissement).

Fabriqué par la firme CERSEM, le DIVA délivre des timbres dont la valeur d'affranchissement correspond exactement aux sommes introduites dans l'équipement.

Les timbres délivrés se caractérisent par :

- une hauteur des chiffres de la valeur d'affranchissement de 6 mm ;

- 2 grosses étoiles à 6 branches placées de part et d'autre de cette valeur d'affranchissement.

Par contre aucune inscription ne caractérise :

- le tarif utilisé pour l'objet à affranchir,

- le numéro de l'appareil,

- le code comptable du bureau d'implantation

Le LISA est fabriqué par la firme MONETEL. Il délivre des timbres dont la valeur d'affranchissement peut être soit précisée par l'utilisateur soit calculée automatiquement par l'équipement. Le calcul effectué tient compte de la catégorie de courrier sélectionnée par l'utilisateur et du poids de l'objet à affranchir.

Les timbres délivrés se caractérisent par :

- une hauteur des chiffres da la valeur d'affranchissement de 5 mm ;

- 2 petites étoiles à 8 branches placées de part et d'autre de cette valeur d'affranchissement ;

- l'inscription d'une mention tarifaire complémentaire ajoutée pour certaines catégories de courriers (LETTRE, J+1, J+2) ;

Par contre aucune inscription ne caractérise le numéro de l'appareil ni le code comptable du bureau d'implantation.

DIVA

LISA

1990. - *Timbres de distributeurs. Papier adhésif gris-bleu. Impression de la valeur en rouge. Papier support jaune.*

Type C (DIVA). Gros chiffres avec étoiles à 6 branches.

160	0 f. 10 à 200 f.		Valeur faciale x 3
	avec minimum de 3		

Type C (LISA). Chiffres maigres avec étoiles à 8 branches. Impression rouge-orange.

- = valeur à la demande, pli non urgent, lettre ordinaire au premier échelon de poids et colis au tarif économique,

LETTRE = lettre ordinaire à partir du deuxième échelon de poids

J+1 = Colis intradépartementaux à délais garanti J+1

J+2 = Colis extradépartementaux à délais garanti J+2

—

A partir de août 1993

J+1 = Colis intradépartementaux et colis régionaux à délais garanti J+1

J+2 = Colis nationaux à délais garanti J+2

161	0 f. 10 à 99 f. 90	Valeur faciale x 5
	avec minimum de 3 (avec mention)	
162	3 f. 80 (LETTRE)	3 05
163	6 f. 20 (J+1)	4 60
164	11 f. (J+2)	7 65

Idem. Impression violet-rose.

(sans mention) (rare)

161a	0 f. 10 à 99 f. 90	Valeur faciale x 30
	avec minimum de 10 (avec mention)	
162a	3 f. 80 (LETTRE)	23 »
163a	6 f. 20 (J+1)	34 50
164a	11 f. (J+2)	45 75

NOTE. - Pour information, nous donnons les mises en place des premiers appareils seulement, les timbres étant désormais partout identiques.

1 DIVA PARIS ÉTOILE (12.03.90)
RAMBOUILLET (13.03.90)
LA DÉFENSE PUTEAUX (14.03.90)

2 LISA PARIS ST LAZARE (19.04.90)
PARIS MONTMARTRE (19.04.90)

Le distributeur LISA de PARIS ST LAZARE a délivré le 19.04.90, un timbre erroné 2 f. 80 (LETTRE) valeur : 95 €.

NOTE. – Les vignettes portant les mention : TEST IMPRIMANTE, TEST de valeur, Table de tarifs (LISA), AUTOTEST (Diva), ANNULÉ (centres d'instruction disposant d'appareils), sont des vignettes de service des P.T.T. sans valeur fiduciaire ; elles complètent agréablement une collection.

Type C (LSA)

165	2 f. 10 (P.N.U.)	23 »
166	2 f. 30 (LETTRE)	23 »
167	4 f. 20 (–)	23 »
168	6 f. 20 (J+1)	23 »
169	11 f. (J+2)	23 »

Codes B et L. (Août 1990 et février 1991).
(Émission due à un manque de papier de type B)

1991. - *Tarif postal au 19.08.91. Timbres de distributeur. Type B (L.S.A.).*

170	2 f. 20 (P.N.U.)	1 55
171	2 f. 50 (LETTRE)	1 55
172	6 f. (–)	4 60
173	9 f. (J+1)	7 65
174	12 f. (J+2)	7 65

Codes B, C, E, G, H, J, K et L.

NOTE. - Les distributeurs Codes C, E, H, K et L ont délivré des timbres 000,00 (possibilité technique erronée). Valeur de chaque timbre : 80 € Code H 160 €.

170a à 174a	(5 val.)	305 »

Code I (TORCY).

1991. - *Idem. Type C (LISA). Impression rouge-orange.*
(avec mention)

175	4 f. (LETTRE)	3 05
176	9 f. (J+1)	4 60
177	12 f. (J+2)	7 65

NOTE. - En janvier 1992, le distributeur mis en service rue Duhesmes à Paris 18e a délivré des timbres 0,00 (valeur : 40 € la vignette).

1991. - *Idem. Type C (LISA). Impression violet-rose.*

175a	4 f. (LETTRE)	23 »
176a	9 f. (J+1)	34 50
177a	12 f. (J+2)	45 75

NOTE. - La rupture de stock, soit du papier, soit du ruban de l'imprimante, est à l'origine d'emissions provisoires d'une durée de quelques heures à quelques semaines (Nos 189 à 196).

En particulier, l'utilisation de papier du type A de 1985 (Carrier) a été constatée fin 1992 et début 1993 sur distributeurs DIVA (Saint-André de Cubzac) ou LISA (Rue Duc, Paris 18e) (valeur d'un timbre 50 €. Puis dès le 05.07.93, selon nouveau tarif postal.

Par ailleurs un rouleau de timbres avec impression décalée (suppression des mots République Française) a été utilisé au bureau R. de la Boétie, à Paris. Valeur de chaque vignette : 25 €.

1991. - *Idem. Type B (L.S.A.) Impression en noir.*

178	2 f. 20 (P.N.U.)	19 25
179	2 f. 50 (LETTRE)	19 25
180	6 f. (–)	19 25
181	9 f. (J+1)	19 25
182	12 f. (J+2)	19 25

Code I (TORCY).

1991. - *Idem. Type C (LSA). Impression en noir.*

183	2 f. 20 (P.N.U.)	19 25
184	2 f. 50 (LETTRE)	19 25
185	6 f. (–)	19 25
186	9 f. (J+1)	19 25
187	12 f. (J+2)	19 25

Code I (TORCY).

1991. - *Idem. Type B (LSA). Valeur erronée. 19.08.*

188	14 f. (P.N.U.)	38 25

Code B, J et L (impression rouge).
Code I (impression en noir).

Idem. Type C (LSA)

188a	14 f. (P.N.U.)	38 25

Code I (Impression en noir)

1991. - *Idem. Type B (LISA).*
(sans mention)

189 0 f. 10 à 99 f. 90 Valeur faciale x 10
avec minimum de 10
(avec mention)

190	4 f. (LETTRE)	6 10
191	9 f. (J+1)	15 25
192	12 f. (J+2)	15 25

NOTE. - A Bandol, du 13 au 20.08.93, le distributeur a délivré par erreur un timbre LETTRE à 1 f. 30 (valeur : 100 €).

1992. - *Idem. Type C (LISA). Impression en noir.*
(sans mention)

193 0 f. 10 à 99 f. 90 Valeur faciale x 40
avec minimum de 10
(avec mention)

194	4 f. (LETTRE)	30 50
195	9 f. (J+1)	38 25
196	12 f. (J+2)	38 25

Origine : PARIS MOUFFETARD (25.02)

1992. - *Timbres de distributeurs. Papier adhésif TURQUOISE. Impression de la valeur en rouge. Type C de 1990 (DIVA) (n° 160).*

197 0 f. 10 à 200 f. Valeur faciale x 3
avec minimum de 3

1992. - *Idem. Type C de 1990 (LISA) (n° 161). Papier adhésif turquoise.*

(sans mention)

198	0 f. 10 à 99 f. 90	Valeur faciale x 3 avec minimum de 3

(avec mention)

199	4 f. (LETTRE)	3 05
200	9 f. (J+1)	7 65
201	12 f. (J+2)	9 15

L'usager peut obtenir du distributeur, avec chaque timbre du type LISA, une vignette "Reçu" libellée en français, en allemand, en anglais, en italien ou en espagnol, au choix.

1993. - *Idem. Impression de la valeur en noir.*

198a	0 f. 10 à 99 f. 90	Valeur faciale x 20 avec minimum de 13

Impression de la valeur en lilas (Nantes).

198b	0 f. 10 à 99 f. 90	Valeur faciale x 50 avec minimum de 100

1992. - *Tarif postal au 10.08.92. Timbres de distributeurs. Type C. (LISA) avec mentions. Papier adhésif gris-bleu. Impression de la valeur en rouge.*

202	4 f. 20 (LETTRE)	3 05
203	11 f. (J+1)	7 65
204	14 f. (J+2)	9 15

Par erreur de programmation : on peut trouver 2 f. 50 (LETTRE) (valeur 32 50 €) (1993) (PARIS 9-ROCHECHOUART).

1992. - *Idem. Papier adhésif turquoise. Impression de la valeur en rouge.*

205	4 f. 20 (LETTRE)	3 05
206	11 f. (J+1)	7 65
207	14 f. (J+2)	9 15

1993. - *Erreurs : 11 f. (J+2), 14 f. (J+1) : valeur de chaque timbre 100 € (PARIS-Gare de Lyon) ; 2 f. 50 (LETTRE) valeur 32 50 € (Paris 9 - Rochechouart)*

1993. - *Impression de la valeur en noir.*

205a	4 f. 20 (LETTRE)	45 75
206a	11 f. (J+1)	45 75
207a	14 f. (J+2)	61 »

Origine : PARIS POPINCOURT (05.93)

1993. - *Papier Type B (LISA).*

(avec mention)

205b	4 f. 20 (LETTRE)	23 »
206b	11 f. (J+1)	23 »
207b	14 f. (J+2)	23 »

1993. - *Papier Type A (LISA). Montage à l'endroit (PARIS MONTMARTRE) ou à l'envers.*

(avec mention)

205c	4 f. 20 (LETTRE)	45 75
206c	11 f. (J+1)	45 75
207c	14 f. (J+2)	45 75

1993. - *Idem. Type C (LISA). Papier adhésif bleu. Impression de la valeur en rouge.*

2080 f. 10 à 99 f. 90		Valeur faciale x 3 avec minimum de 3

209	4 f. 20 (LETTRE)	4 60
210	11 f. (J+1)	7 65
211	14 f. (J+2)	9 15

1993. - *Idem. Type C (DIVA). Papier adhésif bleu. Impression de la valeur en rouge.*

212	0 f. 10 à 200 f.	Valeur faciale x 3 avec minimum de 3

1993. - *Idem. Type C (DIVA). Papier adhésif turquoise. Impression de la valeur en noir.*

213	0 f. 10 à 200 f.	Valeur faciale x 20 avec minimum de 50

Origine : PARIS-PATAY (10-93)

1993. - *Tarif postal au 05.07.93. Timbres de distributeur, appareil LISA. Impression en rouge.*

(avec mention)

Papier adhésif Type C, turquoise.

214	4 f. 40 (LETTRE)	3 05
215	13 f. (J+1)	7 65
216	17 f. (J+1) *	9 95
217	17 f. (J+2)	9 95

* NOTE : Nouveau tarif colissimo avec délai garanti en 24 heures pour les départements de proximité.

Papier adhésif Type C, bleu.

214a	4 f. 40 (LETTRE)	3 05
215a	13 f. (J+1)	7 65
216a	17 f. (J+1)	9 95
217a	17 f. (J+2)	9 95

Papier adhésif Type C, gris-bleu.

214b	4 f. 40 (LETTRE)	3 05
215b	13 f. (J+1)	7 65
216b	17 f. (J+1)	9 95
217b	17 f. (J+2)	9 95

Papier adhésif Type B.

214c	4 f. 40 (LETTRE)	3 05
215c	13 f. (J+1)	7 65
216c	17 f. (J+1)	9 95
217c	17 f. (J+2)	9 95

Papier adhésif Type A, (Carrier). Support jaune, avec publicité. Montage à l'envers.

214d	4 f. 40 (LETTRE)	23 »
215d	13 f. (J+1)	23 »
217d	17 f. (J+2)	23 »

Origine : LE PERREUX

Papier adhésif Type A, (Carrier). Support jaune. Montage à l'endroit.

214e	4 f. 40 (LETTRE)	23 »
215e	13 f. (J+1)	23 »
216e	17 f. (J+1)	23 »
217e	17 f. (J+2)	23 »

Origine : STRASBOURG

Papier adhésif Type A, (Carrier). Support bleu.

214f	4 f. 40 (LETTRE)	23 »
215f	13 f. (J+1)	23 »
217f	17 f. (J+2)	23 »

Origine : SAINT-QUENTIN

Papier adhésif Type C, turquoise. Impression en noir.

214g	4 f. 40 (LETTRE)	15 25
215g	13 f. (J+1)	15 25
216g	17 f. (J+1)	15 25
217g	17 f. (J+2)	15 25

Papier adhésif Type C, turquoise. Impression en lilas.

214h	4 f. 40 (LETTRE)	23 »
215h	13 f. (J+1)	23 »
216h	17 f. (J+1)	23 »
217h	17 f. (J+2)	23 »

Papier adhésif Type C, bleu. Impression en noir (Mégève).

214j	4 f. 40 (LETTRE)	30 50
215j	13 f. (J+1)	30 50
216j	17 f. (J+1)	30 50
217j	17 f. (J+2)	30 50

1996. - *Tarif postal au 18 Mars. Type C (Lisa). Papier adhésif turquoise (avec mentions). Impression en rouge.*

218	4 f. 50 (LETTRE)	7 65
219	19 f. (J+1)	15 25
220	19 f. (J+2)	15 25

Papier adhésif Type C, turquoise. Impression en noir.

218a	4 f. 50 (LETTRE)	23 »
219a	19 f. (J+1)	23 »
220a	19 f. (J+2)	23 »

Papier adhésif Type C, gris-bleu. Impression en noir.

218b	4 f. 50 (LETTRE)	30 50
219b	19 f. (J+1)	30 50
220b	19 f. (J+2)	30 50

Papier adhésif Type B, (Comète). Impression en rouge.

218c	4 f. 50 (LETTRE)	23 »
219c	19 f. (J+1)	23 »
220c	19 f. (J+2)	23 »

Papier adhésif Type C, gris-bleu. Impression en rouge.

218d	4 f. 50 (LETTRE)	23 »

1996. - *Modification de logiciel, les vignettes portent de nouveaux codes (mise en service échelonnée) afin d'identifier le tarif choisi.*

E = Ecopli
C = Colieco
J+1D = Colissimo Départemental (délai 24 h.)
J+1R = Colissimo Régional (délai 24 h.)
J+2N = Colissimo National (délai 48 h.)

221	2 f. 70 (E)	3 05
222	13 f. (C)	7 65
223	13 f. (J+1D)	7 65
224	19 f. (J+1R)	10 75
225	19 f. (J+2N)	10 75

Papier adhésif Type C, turquoise. Impression en noir.

221a	2 f. 70 (E)	7 65
222a	13 f. (C)	7 65
223a	13 f. (J+1D)	7 65
224a	19 f. (J+1R)	10 75
225a	19 f. (J+2N)	10 75

Papier adhésif Type C, gris-bleu. Impression en rouge.

221b	2 f. 70 (E)	23 »
222b	13 f. (C)	23 »
223b	13 f. (J+1D)	23 »
224b	19 f. (J+1R)	23 »
225b	19 f. (J+2N)	23 »

Papier adhésif Type B, (Comète). Impression en rouge.

221c	2 f. 70 (E)	15 25
222c	13 f. (C)	15 25
223c	13 f. (J+1D)	15 25
224c	19 f. (J+1R)	15 25
225c	19 f. (J+2N)	15 25

La vignette "Reçu" que l'usager peut obtenir (voir après N° 201) porte la mention complémentaire : "SANS VALEUR D'AFFRANCHISSEMENT". A noter une erreur dans le libellé anglais : "WHITOUT au lieu de WITHOUT" (SANS...), erreur rectifiée par la suite.

> De nombreuses variétés de toutes sortes apparaissent, telles que : Montage du papier à l'envers, impression sur support, impression du reçu sur la vignette, massicotage à cheval, erreurs de programmation (ex : 0,00, J+1 1.70 (1994) etc., nouvelles erreurs de ruban encreur : impression en NOIR ou en VIOLET.
> Valeur de chaque pièce : 20 €

1996. - *Tarif de 1993 avec nouveaux codes, le basculement sur le tarif 1996 n'ayant pas été effectué sur certains appareils.*

221A	2 f. 40 (E)	» »
222A	13 f. (C)	» »
223A	13 f. (J+1D)	» »
224A	17 f. (J+1R)	» »
225A	17 f. (J+2N)	» »

1998. - *Tarif postal du 07.09.98. Type C (Lisa) turquoise. Impression en rouge.*

226	13 f. 50 (C)	7 65
227	13 f. 50 (J+1D)	7 65
228	19 f. 50 (J+1R)	10 75
229	19 f. 50 (J+2N)	10 75

Idem. Impression en noir (Stains).

226a	13 f. 50 (C)	15 25
227a	13 f. 50 (J+1D)	15 25
228a	19 f. 50 (J+1R)	23 »
229a	19 f. 50 (J+2N)	23 »

Idem. Papier gris-bleu. Impression en rouge (Perpignan).

226b	13 f. 50 (C)	23 »
227b	13 f. 50 (J+1D)	23 »
228b	19 f. 50 (J+1R)	30 50
229b	19 f. 50 (J+2N)	30 50

Type B (Comète). Impression en rouge (Eure).

226c	13 f. 50 (C)	15 25
227c	13 f. 50 (J+1D)	15 25
228c	19 f. 50 (J+1R)	23 »
229c	19 f. 50 (J+2N)	23 »

1998. - *Nouveau logiciel (préparation à l'introduction à l'Euro). Type C (Lisa) papier turquoise. Impression en rouge. L'étoile placée derrière la valeur faciale est supprimée, remplacée par les lettres FRF (franc français).*

230	0 f. 10 à 99 f. 90 avec minimum de 15	Valeur faciale x 10
231	2 f. 70 FRF (E)	2 30
232	4 f. 50 FRF (LETTRE)	2 30
233	13 f. 50 FRF (C)	6 10
234	13 f. 50 FRF (J+1D)	6 10
235	19 f. 50 FRF (J+1R)	9 15
236	19 f. 50 FRF (J+2N)	9 15

Par suite de basculement non effectué, il existe :

231a	2 f. 40 FRF (E)	
232a	4 f. 40 FRF (LETTRE)	

Origine : AUBERVILLIERS et PANTIN (le jour de la mise en service).

1998/99. - *Type C (Lisa) modifié comme précédemment avec mention de la parité Euro* **(€)**. *Les règles précises de l'arrondi ne sont parfois pas respectées.*

237	0 f. 10 FRF à 99 f. 90 FRF avec valeur en € avec minimum de 0 50	Valeur faciale x 3	

Note : Le 0 f. 10 FRF sort avec la parité € 0 01 EUR valeur 0 50 €.

238	2 f.70 FRF (E)	0,41 EUR	1 25
239	4 f. 50 FRF (LETTRE)	0,68 EUR	3 »
240	13 f. 50 FRF (C)	2,06 EUR	4 50
241	13 f. 50 FRF (J+1D)	2,06 EUR	4 50
242	19 f. 50 FRF (J+1R)	2,97 (ou 2,98) EUR	6 25
243	19 f. 50 FRF (J+2N)	2,97 (ou 2,98) EUR	6 25

Idem. Impression en noir

237a	0 f.10 FRF à 99 f. 90 FRF (avec val. en €) avec minimum de 7 50	Valeur faciale x 5	
238a	2 f. 70 FRF (E)	0,41 EUR	7 50
239a	4 f. 50 FRF (LETTRE)	0,68 EUR	7 50
240a	13 f. 50 FRF (C)	2,06 EUR	12 50
241a	13 f. 50 FRF (J+1D)	2,06 EUR	12 50
242a	19 f. 50 FRF (J+1R)	2,97 (ou 2,98) EUR	16 50
243a	19 f. 50 FRF (J+2N)	2,97 (ou 2,98) EUR	16 50

Idem. Impression en violet-bleu

237b	0 f. 10 FRF à 99 f. 90 FRF (avec val. en €) avec minimum de 7 50	Valeur faciale x 10	
238b	2 f. 70 FRF (E)	0,41 EUR	7 50
239b	4 f. 50 FRF (LETTRE)	0,68 EUR	7 50
240b	13 f. 50 FRF (C)	2,06 EUR	20 »
241b	13 f. 50 FRF (J+1D)	2,06 EUR	20 »
242b	19 f. 50 FRF (J+1R)	2,97 (ou 2,98) EUR	30 »
243b	19 f. 50 FRF (J+2N)	2,97 (ou 2,98) EUR	30 »

La parité FRF/EUR est introduite manuellement par les postiers, entraînant de nombreuses erreurs, telles que :

Paris Champs Elysées 3 f. FRF donne 20 EUR

Chassieu 0 f. 10 FRF donne 0,00 EUR, 3 f. FRF donne 0 04 EUR

1999. - *Type C (Lisa), comme précedemment avec mention de la parité EURO (€). Logiciel corrigé. La parité FRF/EUR est intégrée directement, les règles de l'arrondi sont respectées.*

244	0 f. 10 FRF	0,02 EUR	0 50

Pour les autres valeurs sans mention, voir le n° 237.

245	4 f. 50 FRF (LETTRE)	0,69 EUR	3 »
246	19 f. 50 FRF (J+1R)	2,97 EUR	6 25
247	19 f. 50 FRF (J+2N)	2,97 EUR	6 25

Note : Les n°s 237 à 247 existent sur papier Type B (Comète) avec impression rouge ou en noir.

1999. - *PHILEXFRANCE 99. Exposition philatélique internationale « Mondial du Timbre » Paris (2-11.07). Timbre de distributeur Type D (Lisa) ; papier bleu-turquoise, adhésif.*

A. Avec parité FRF-EUR. Paiement en numéraire.

Type D (LISA). Monuments de Paris.

248	2 f. 70 FRF à 130 f. FRF avec valeur en € avec minimum de 2 30 avec mentions :	Valeur faciale x 5	
249	2 f. 70 FRF (E)	0,41 EUR	2 30
250	4 f. 50 FRF (LETTRE)	0,69 EUR	3 50
251	13 f. 50 FRF (C)	2,06 EUR	10 »
252	13 f. 50 FRF (J+1D)	2,06 EUR	10 »
253	19 f. 50 FRF (J+1R)	2,97 EUR	15 »
254	19 f. 50 FRF (J+2N)	2,97 EUR	15 »

Impossible d'obtenir des valeurs inférieures à 2 f. 70.

B. Sans parité EUR. Paiement par carte à puce (porte-monnaie électronique) MODEUS à 50 f. (vendue 60 f.) ou à 100 f. (vendue 120 f.)

259	2 f. 70 à 105 f. avec minimum de 7 50	Valeur faciale x 10	
260	4 f. 50 (LETTRE)		7 50
261	13 f. 50 (J+1)		22 50
262	19 f. 50 (J+2)		30 »

Note : Le 0 f. 10, bien qu'interdit, a pu être obtenu (valeur 15 €).

En 1999, un nouveau type de distributeur fabriqué par la firme IER est mis en service dans les bureaux : le LISA 2 (Libre Service Affranchissement de 2e génération).

Le procédé d'impression employé par l'équipement nécessite l'utilisation de vignettes thermosensibles.

Tout comme les distributeurs fabriqués par MONETEL, il délivre des timbres dont la valeur d'affranchissement peut être soit précisée par l'utilisateur soit calculée automatiquement par l'équipement.

Pourvu d'un écran tactile, il accepte les paiements soit en numéraire, soit par carte bancaire.

Les timbres délivrés se caractérisent par :

- une valeur d'affranchissement exprimée en francs et en euros ;

- une hauteur des chiffres de la valeur d'affranchissement de 5 mm ;

- 3 petites étoiles à 8 branches placées devant cette valeur d'affranchissement ;

- l'inscription d'une mention tarifaire complémentaire ajoutée devant les étoiles pour certaines catégories de courrier (E, LETTRE, C, J+1D, J+1R, J+2N).

Par contre, aucune inscription ne caractérise le numéro de l'appareil, ni le code comptable du bureau d'implantation.

Deux prototypes sont mis en place à Saint-Germain des Prés et à la Défense le 22 octobre, d'autres appareils seront ensuite mis en place progressivement.

1999. - *Timbre de distributeurs Type E (Lisa 2) Société IER. Papier adhésif thermosensible turquoise. Impression en noir, avec parité €.*

Type E (Lisa 2) Sté IER.

263	0 f. 10 FRF à 130 f. FRF avec parité € avec minimum de 0 50	Valeur faciale x 3	
264	2 f. 70 FRF (E)	0,41 EUR	1 25
265	4 f. 50 FRF (LETTRE)	0,69 EUR	3 »
266	13 f. 50 FRF (C)	2,06 EUR	4 50
267	13 f. 50 FRF (J+1D)	2,06 EUR	4 50
268	19 f. 50 FRF (J+1R)	2,97 EUR	6 25
269	19 f. 50 FRF (J+2N)	2,97 EUR	6 25

A la mise en service, une valeur 3 f. FRF (LETTRE) a été émise (valeur 120 €).

Note : Le reçu délivré n'est pas semblable au timbre mais imprimé sur papier blanc thermosensible. Par ailleurs du papier thermosensible du type E a également été utilisé sur un appareil LISA de la première génération.

Comme pour les machines de type Lisa 1, ces machines de type LISA 2 délivrent des vignettes TEST qui peuvent agrémenter une collection

Vignette TEST LISA 2 type 1

2000. - *Timbre de distributeur. Type C (Lisa 1). Papier adhésif turquoise thermosensible analogue à celui utilisé sur les appareils LISA 2 ci-dessus. Impression en rouge. (PARIS-LA DEFENSE).*

263a	0 f. 10 FRF à 130 f. FRF avec parité € avec minimum de 7 50	Valeur faciale x 5	
264a	2 f. 70 FRF (E)	0,41 EUR	7 50
265a	4 f. 50 FRF (LETTRE)	0,69 EUR	7 50
266a	13 f. 50 FRF (C)	2,06 EUR	10 »
267a	13 f. 50 FRF (J+1D)	2,06 EUR	10 »
268a	19 f. 50 FRF (J+1R)	2,97 EUR	15 »
269a	19 f. 50 FRF (J+2N)	2,97 EUR	15 »

Note : Plus lisse et acceptant difficilement l'impression, le papier thermosensible est néanmoins souvent introduit dans tous les appareils en usage (Lisa 1 et Diva).

2000. - *2e Biennale philatélique de Paris (25-27.02). Timbre de distributeur. Type F (Lisa). Papier adhésif bleu clair. Impression rouge, avec parité €.*

Type F (Lisa)

270	2 f. 70 FRF à 130 f. FRF avec valeur en € avec minimum de 7 50	Valeur faciale x 5	
271	2 f. 70 FRF (E)	0,41 EUR	7 50
272	4 f. 50 FRF (LETTRE)	0,69 EUR	7 50
273	13 f. 50 FRF (C)	2,06 EUR	10 »
274	13 f. 50 FRF (J+1D)	2,06 EUR	10 »
275	19 f. 50 FRF (J+1R)	2,97 EUR	15 »
276	19 f. 50 FRF (J+2N)	2,97 EUR	15 »

Impossible d'obtenir des valeurs inférieures à 2 f. 70.

2000. - *Tarif postal au 01.06. Timbre de distributeur Type C (Lisa). Papier adhésif turquoise. Sans parité €. Impression en noir.*

277	14 f. 50 (C)	6 75
278	14 f. 50 (J+1D)	6 75
279	20 f. 50 (J+1R)	10 »
280	20 f. 50 (J+2N)	10 »

2000. - *Idem avec parité €. Impression en rouge.*

281	14 f. 50 FRF (C)	2,21 EUR	6 75
282	14 f. 50 FRF (J+1D)	2,21 EUR	6 75
283	20 f. 50 FRF (J+1R)	3,13 EUR	10 »
284	20 f. 50 FRF (J+2N)	3,13 EUR	10 »

Idem. Impression en noir.

285	14 f. 50 FRF (C)	2,21 EUR	6 75
286	14 f. 50 FRF (J+1D)	2,21 EUR	6 75
287	20 f. 50 FRF (J+1R)	3,13 EUR	10 »
288	20 f. 50 FRF (J+2N)	3,13 EUR	10 »

Idem. Impression en violet.

285a	14 f. 50 FRF (C)	2,21 EUR	6 75
286a	14 f. 50 FRF (J+1D)	2,21 EUR	6 75
287a	20 f. 50 FRF (J+1R)	3,13 EUR	10 »
288a	20 f. 50 FRF (J+2N)	3,13 EUR	10 »

Idem. Papier thermosensible. Impression en rouge.

281a	14 f. 50 FRF (C)	2,21 EUR	6 75
282a	14 f. 50 FRF (J+1D)	2,21 EUR	6 75
283a	20 f. 50 FRF (J+1R)	3,13 EUR	10 »
284a	20 f. 50 FRF (J+2N)	3,13 EUR	10 »

Idem. Papier thermosensible. Impression en noir.

285b	14 f. 50 FRF (C)	2,21 EUR	6 75
286b	14 f. 50 FRF (J+1D)	2,21 EUR	6 75
287b	20 f. 50 FRF (J+1R)	3,13 EUR	10 »
288b	20 f. 50 FRF (J+2N)	3,13 EUR	10 »

Idem. Type E (Lisa 2) Sté IER. Papier thermosensible. Impression en noir.

289	14 f. 50 FRF (C)	2,21 EUR	6 75
290	14 f. 50 FRF (J+1D)	2,21 EUR	6 75
291	20 f. 50 FRF (J+1R)	3,13 EUR	10 »
292	20 f. 50 FRF (J+2N)	3,13 EUR	10 »

2000. - *Timbre de distributeur. Type G (Diva). Papier adhésif bleu clair et jeune clair. Impression de la valeur en rouge. Sans parité €.*

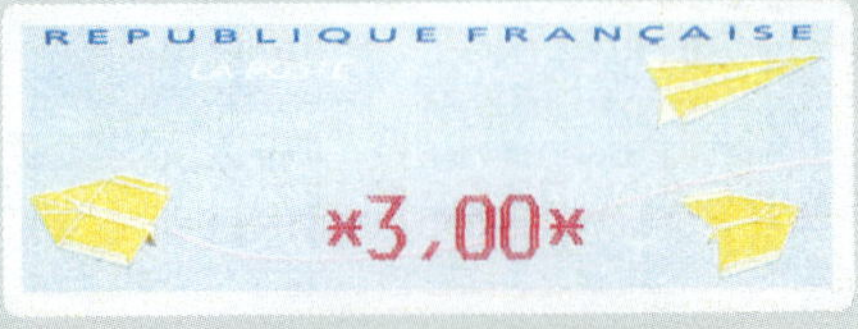

Type G (Diva). Avions en papier plié.

293	0 f. 10 à 200 f. avec minimum de 1 40	Valeur faciale x 5

2001. - *Idem. Avec une barre de phosphore à gauche et à droite (barres de sécurité).*

293a	0 f. 10 à 200 f. avec minimum de 1 40	Valeur faciale x 5	

2000. - *Idem. Impression de la valeur en noir.*

294	0 f. 10 à 200 f. avec minimum de 1 40	Valeur faciale x 5	

2001. - *Idem. Avec une barre de phosphore à gauche et à droite (barres de sécurité).*

294a	0 f. 10 à 200 f. avec minimum de 1 40	Valeur faciale x 5	

2001. - *Idem. Type G (Diva). Papier thermosensible. Impression de la valeur en rouge.*

294A	0 f. 10 à 200 f. avec minimum de 1 40	Valeur faciale x 5	

Note. L'exploitation des appareils DIVA a cessé le 31 décembre 2001, avec la disparition du franc.

2000. - *Idem. Type G (Lisa). Impression en rouge, avec parité €.*

Type G (Lisa 1). Avions en papier plié.

295	0 f. 10 à 200 f. avec parite € avec minimum de 1 40	Valeur faciale x 3	
296	2 f. 70 FRF (E)	0,41 EUR	1 40
297	4 f. 50 FRF (LETTRE)	0,69 EUR	2 25
298	14 f. 50 FRF (C)	2,21 EUR	6 75
299	14 f. 50 FRF (J+1D)	2,21 EUR	6 75
300	20 f. 50 FRF (J+1R)	3,13 EUR	9 50
301	20 f. 50 FRF (J+2N)	3,13 EUR	9 50

Ancien tarif maintenu par erreur.

298a	13 f. 50 FRF (C)	2,06 EUR	10 »
299a	13 f. 50 FRF (J+1D)	2,06 EUR	10 »
300a	19 f. 50 FRF (J+1R)	2,97 EUR	15 »
301a	19 f. 50 FRF (J+2N)	2,97 EUR	15 »

2000. - *Idem. Type G (Lisa 1). Impression en noir, avec parité €.*

Type G (Lisa 1). Avions en papier plié.

302	0 f. 10 à 130 f. avec parite € avec minimum de 1 40	Valeur faciale x 3	
303	2 f. 70 FRF (E)	0,41 EUR	1 40
304	4 f. 50 FRF (LETTRE)	0,69 EUR	2 25
305	14 f. 50 FRF (C)	2,21 EUR	6 75
306	14 f. 50 FRF (J+1D)	2,21 EUR	6 75
307	20 f. 50 FRF (J+1R)	3,13 EUR	9 50
308	20 f. 50 FRF (J+2N)	3,13 EUR	9 50

Idem. Impression en violet (Région de Nantes et à Nanterre).

302a	0 f. 10 à 130 f. avec parite € avec minimum de 1 40	Valeur faciale x 3	
303a	2 f. 70 FRF (E)	0,41 EUR	1 40
304a	4 f. 50 FRF (LETTRE)	0,69 EUR	2 25
305a	14 f. 50 FRF (C)	2,21 EUR	6 75
306a	14 f. 50 FRF (J+1D)	2,21 EUR	6 75
307a	20 f. 50 FRF (J+1R)	3,13 EUR	9 50
308a	20 f. 50 FRF (J+2N)	3,13 EUR	9 50

Ancien tarif maintenu à Nanterre par erreur.

305b	13 f. 50 FRF (C)	2,06 EUR	6 75
306b	13 f. 50 FRF (J+1D)	2,06 EUR	6 75
307b	19 f. 50 FRF (J+1R)	2,97 EUR	9 50
308b	19 f. 50 FRF (J+2N)	2,97 EUR	9 50

2000. - *Timbre de distributeur. Type I (Lisa 1). Papier bleu clair et jaune clair. Impression en noir. Sans parité €. (Gennevilliers).*

Type I (Lisa 1). Sans parité €.

309	0 f. 10 à 130 f. avec minimum de 1 40	Valeur faciale x 3	
310	2 f. 70 (E)		1 40
311	4 f. 50 (LETTRE)		2 25
312	14 f. 50 (C)		6 75
313	14 f. 50 (J+1D)		6 75
314	20 f. 50 (J+1R)		9 50
315	20 f. 50 (J+2N)		9 50

2000. - *Timbre de distributeur. Type H (Lisa 2). Société IER. Parpier thermosensible bleu clair et jaune clair. Impression en noir, avec parité €.*

Type H (Lisa 2). Ste IER

316	0 f. 10 à 130 f. avec parité € avec minimum de 1 40	Valeur faciale x 3	

317	2 f. 70 FRF (E)	0,41 EUR	1 40
318	4 f. 50 FRF (LETTRE)	0,69 EUR	2 25
319	14 f. 50 FRF (C)	2,21 EUR	6 75
320	14 f. 50 FRF (J+1D)	2,21 EUR	6 75
321	20 f. 50 FRF (J+1R)	3,13 EUR	9 50
322	20 f. 50 FRF (J+2N)	3,13 EUR	9 50

2000. - *Idem. Type G (Lisa 1). Papier thermosensible. Impression en noir. Avec parité €.*

Type G (Lisa 1). Avions en papier plié. Lisse.

323	0 f. 10 à 130 f. avec parité € avec minimum de 1 40	Valeur faciale x 3	
324	2 f. 70 FRF (E)	0,41 EUR	1 40
325	4 f. 50 FRF (LETTRE)	0,69 EUR	2 25
326	14 f. 50 FRF (C)	2,21 EUR	6 75
327	14 f. 50 FRF (J+1D)	2,21 EUR	6 75
328	20 f. 50 FRF (J+1R)	3,13 EUR	9 50
329	20 f. 50 FRF (J+2N)	3,13 EUR	9 50

2000. - *Idem. Papier thermosensible. Impression en rouge.*

330	0 f. 10 à 130 f. avec parité € avec minimum de 1 40	Valeur faciale x 3	
331	2 f. 70 FRF (E)	0,41 EUR	1 40
332	4 f. 50 FRF (LETTRE)	0,69 EUR	2 25
333	14 f. 50 FRF (C)	2,21 EUR	6 75
334	14 f. 50 FRF (J+1D)	2,21 EUR	6 75
335	20 f. 50 FRF (J+1R)	3,13 EUR	9 50
336	20 f. 50 FRF (J+2N)	3,13 EUR	9 50

2000-01. - *Timbre de distributeur. Type B (Comète). Impression en noir, avec parité €. (Deville-les-Rouen).*

330A	0 f. 10 à 130 f. avec parité € avec minimum de 1 40	Valeur faciale x 3	
331A	2 f. 70 FRF (E)	0,41 EUR	1 40
332A	4 f. 50 FRF (LETTRE)	0,69 EUR	2 25
333A	14 f. 50 FRF (C)	2,21 EUR	6 75
334A	14 f. 50 FRF (J+1D)	2,21 EUR	6 75
335A	20 f. 50 FRF (J+1R)	3,13 EUR	9 50
336A	20 f. 50 FRF (J+2N)	3,13 EUR	9 50

2000-01. - *Idem. Impression en rouge, avec parité €. (Vanves).*

330B	0 f. 10 à 130 f. avec parité € avec minimum de 1 40	Valeur faciale x 3	
331B	2 f. 70 FRF (E)	0,41 EUR	1 40
332B	4 f. 50 FRF (LETTRE)	0,69 EUR	2 25
333B	14 f. 50 FRF (C)	2,21 EUR	6 75
334B	14 f. 50 FRF (J+1D)	2,21 EUR	6 75
335B	20 f. 50 FRF (J+1R)	3,13 EUR	9 50
336B	20 f. 50 FRF (J+2N)	3,13 EUR	9 50

1999-2000. - *Expérimentation du porte-monnaie électronique MODEUS, à NOISY LE GRAND, avec utilisation d'un ancien programme analogue à celui implanté sur les appareils de type Lisa, en 1996. (N°s 218 à 220).*

1999. - *Timbre de distributeur. Type C (Lisa). Papier adhésif turquoise. Impression en rouge.*

337	13 f. 50 (J+1)	9 »
338	19 f. 50 (J+2)	15 »

2000. - *Idem. Tarif au 01.06. Impression en rouge.*

339	14 f. 50 (J+1)	9 »
340	20 f. 50 (J+2)	15 »

Idem. Impression en noir.

341	14 f. 50 (J+1)	9 »
342	20 f. 50 (J+2)	15 »

2000. - *Timbre de distributeur. Type I (Lisa). Papier adhésif bleu clair et jaune clair. Impression en rouge. Sans parité €.*

Type I (Lisa 1). Sans parité € (en rouge).

343	0 f. 10 à 130 f. avec minimum de 1 40	Valeur faciale x 3	
344	4 f. 50 (LETTRE)		2 50
345	14 f. 50 (J+1)		7 50
346	20 f. 50 (J+2)		10 »

NB. Seules mentions existantes.

Idem. Impression en noir.

Type I (Lisa 1). Sans parité € (en noir).

	0 f. 10 à 130 f. avec minimum de 1 40 (voir n° 309)	Valeur faciale x 3	
	4 f. 50 (LETTRE) (voir n° 311)		
347	14 f. 50 (J+1)		7 50
348	20 f. 50 (J+2)		10 »

NB. Idem. Seule mentions existantes.

2001. - *Idem. Tarif au 01.06. Impression en noir, sans parité €.*

348A	15 f. 50 (J+1)	50 »
348B	21 f. 70 (J+2)	50 »

Note : L'expérience MODEUS a cessé en juillet 2001.

2000. - *54e Salon philatélique d'automne. Paris (9-12-11). Timbre de distributeur. Type K (Lisa). Papier adhésif orangé. Impression en noir, avec parité €.*

Type K (Lisa). Feuilles d'automne et Tour Eiffel stylisées.

349	2 f. 70 FRF à 130 f. FRF avec parité € avec minimum de 7 50	Valeur faciale x 5	
350	2 f. 70 FRF (E)	0,41 EUR	7 50
351	4 f. 50 FRF (LETTRE)	0,69 EUR	7 50
352	14 f. 50 FRF (C)	2,21 EUR	10 »
353	14 f. 50 FRF (J+1D)	2,21 EUR	10 »
354	20 f. 50 FRF (J+1R)	3,13 EUR	15 »
355	20 f. 50 FRF (J+2N)	3,13 EUR	15 »

2001. - *Salon philatélique, Nancy (23-25.03). Timbre de distributeur. Type L (Lisa). Papier adhésif gris-beige. Impression en noir, avec parité €.*

Type L (Lisa). Place Stanislas et 50e anniversaire du 1er jour.

356	0 f. 10 FRF à 130 f. FRF avec parité € avec minimum de 7 50	Valeur faciale x 5	
357	2 f. 70 FRF (E)	0,41 EUR	7 50
358	4 f. 50 FRF (LETTRE)	0,69 EUR	7 50
359	14 f. 50 FRF (C)	2,21 EUR	10 »
360	14 f. 50 FRF (J+1D)	2,21 EUR	10 »
361	20 f. 50 FRF (J+1R)	3,13 EUR	15 »
362	20 f. 50 FRF (J+2N)	3,13 EUR	15 »

L'un des appareils a délivré des timbres à l'ancien tarif.

359a	13 f. 50 FRF (C)	2,06 EUR	12 »
360a	13 f. 50 FRF (J+1D)	2,06 EUR	12 »
361a	19 f. 50 FRF (J+1R)	2,97 EUR	18 »
362a	19 f. 50 FRF (J+2N)	2,97 EUR	18 »

Par ailleurs, reçus obtenus datés des 23 et 24.03.2000... De l'un des deux autres distributeurs mis en place.

2001. - *74e Congrès de la F.F.A.P. (1-4 juin), Tours. Timbre de distributeur. Type M (Lisa). Papier adhésif vert pâle. Impression en noir, avec parité €. Deux bandes de phosphore à droite (barre de sécurité).*

Type M (Lisa). La gare de Tours.

363	0 f. 10 FRF à 130 f. FRF avec parité € avec minimum de 7 50	Valeur faciale x 5	
364	2 f. 70 FRF (E)	0,41 EUR	7 50
365	4 f. 50 FRF (LETTRE)	0,69 EUR	7 50
366	15 f. 50 FRF (C)	2,36 EUR	12 »
367	15 f. 50 FRF (J+1D)	2,36 EUR	12 »
368	21 f. 70 FRF (J+1R)	3,31 EUR	16 50
369	21 f. 70 FRF (J+2N)	3,31 EUR	16 50

2001. - *Modifications tarifaires du 01.06. Timbre de distributeur. Type G (Lisa 1). Avions en papier plié. Impression en rouge, avec parité €.*

370	15 f. 50 FRF (C)	2,36 EUR	6 75
371	15 f. 50 FRF (J+1D)	2,36 EUR	6 75
372	21 f. 70 FRF (J+1R)	3,31 EUR	9 50
373	21 f. 70 FRF (J+2N)	3,31 EUR	9 50

2001. - *Idem. Papier thermosensible. Impression en rouge.*

370a à 373a Mêmes prix

2001. - *Idem. Impression en noir.*

374	15 f. 50 FRF (C)	2,36 EUR	6 75
375	15 f. 50 FRF (J+1D)	2,36 EUR	6 75
376	21 f. 70 FRF (J+1R)	3,31 EUR	9 50
377	21 f. 70 FRF (J+2N)	3,31 EUR	9 50

2001. - *Idem. Papier thermosensible. Impression en noir.*

374a à 377a Mêmes prix

2001. - *Idem. Type I (Lisa 1). Impression en noir, sans parité €. (Gennevilliers).*

378	15 f. 50 (C)	25 »
379	15 f. 50 (J+1D)	25 »
380	21 f. 70 (J+1R)	25 »
381	21 f. 70 (J+2N)	25 »

2001. - *Idem. Type H (Lisa 2). Sté IER. Impression en noir, avec parité €.*

382	15 f. 50 FRF (C)	2,36 EUR	6 75
383	15 f. 50 FRF (J+1D)	2,36 EUR	6 75
384	21 f. 70 FRF (J+1R)	3,31 EUR	9 50
385	21 f. 70 FRF (J+2N)	3,31 EUR	9 50

2001. - *Timbre de distributeur. Type C (Lisa 1). Oiseaux papier turquoise. Impression en noir, sans parité €.*

386	15 f. 50 FRF (C)	2,36 EUR	6 75
387	15 f. 50 FRF (J+1D)	2,36 EUR	6 75
387A	21 f. 70 FRF (J+1R)	3,31 EUR	9 50
387B	21 f. 70 FRF (J+2N)	3,31 EUR	9 50

2001. - *Idem. Type C (Lisa 1). Impression en rouge, avec parité €.*

386a	15 f. 50 FRF (C)	2,36 EUR	6 75
387a	15 f. 50 FRF (J+1D)	2,36 EUR	6 75
387Aa	21 f. 70 FRF (J+1R)	3,31 EUR	9 50
387Ba	21 f. 70 FRF (J+2N)	3,31 EUR	9 50

2001. - *Timbre de distributeur. Type E (Lisa 2). Sté IER. Oiseaux papier turquoise thermosensible. Impression en noir, avec parité €.*

387C	15 f. 50 FRF (C)	2,36 EUR	6 75
387D	15 f. 50 FRF (J+1D)	2,36 EUR	6 75
387E	21 f. 70 FRF (J+1R)	3,31 EUR	9 50
387F	21 f. 70 FRF (J+2N)	3,31 EUR	9 50

Au cours du 2e trimestre 2001, l'utilisation du papier avec bandes de phosphore se généralise (barres de sécurité). Ces bandes peuvent se trouver à cheval sur deux timbres.

2001. - *Timbre de distributeur. Type G (Lisa 1). Impression en noir, avec parité € et 2 bandes de phosphore à gauche et à droite (barres de sécurité).*

Type G (Lisa 1). Avec barres de sécurité.

388	0 f. 10 FRF à 130 f. FRF avec parité € avec minimum de 1 40	Valeur faciale x 3	
389	2 f. 70 FRF (E)	0,41 EUR	1 40
390	4 f. 50 FRF (LETTRE)	0,69 EUR	2 25
391	15 f. 50 FRF (C)	2,36 EUR	6 75
392	15 f. 50 FRF (J+1D)	2,36 EUR	6 75
393	21 f. 70 FRF (J+1R)	3,31 EUR	9 50
394	21 f. 70 FRF (J+2N)	3,31 EUR	9 50

2001. - *Idem. Impression en rouge.*

394A	0 f. 10 FRF à 130 f. FRF avec parité € avec minimum de 1 40	Valeur faciale x 3	
394B	2 f. 70 FRF (E)	0,41 EUR	1 40
394C	4 f. 50 FRF (LETTRE)	0,69 EUR	2 25
394D	15 f. 50 (C)	2,36 EUR	6 75
394E	15 f. 50 (J+1D)	2,36 EUR	6 75
394F	21 f. 70 (J+1R)	3,31 EUR	9 50
394G	21 f. 70 (J+2N)	3,31 EUR	9 50

Voir également le type G (Diva) nos 293a, 294a et 294A.

2001. - *Idem. Type G (Lisa 1). Papier thermosensible, impression en noir, avec parité € et barres de sécurité.*

395	0 f. 10 FRF à 130 f. FRF avec parité € avec minimum de 1 40	Valeur faciale x 3	
396	2 f. 70 FRF (E)	0,41 EUR	1 40
397	4 f. 50 FRF (LETTRE)	0,69 EUR	2 25
398	15 f. 50 FRF (C)	2,36 EUR	6 75
399	15 f. 50 FRF (J+1D)	2,36 EUR	6 75
400	21 f. 70 FRF (J+1R)	3,31 EUR	9 50
401	21 f. 70 FRF (J+2N)	3,31 EUR	9 50

2001. - *Idem. Papier thermosensible, impression en rouge.*

402	0 f. 10 FRF à 130 f. FRF avec parité € avec minimum de 1 40	Valeur faciale x 3	
403	2 f. 70 FRF (E)	0,41 EUR	1 40
404	4 f. 50 FRF (LETTRE)	0,69 EUR	2 25
405	15 f. 50 FRF (C)	2,36 EUR	6 75
406	15 f. 50 FRF (J+1D)	2,36 EUR	6 75
407	21 f. 70 FRF (J+1R)	3,31 EUR	9 50
408	21 f. 70 FRF (J+2N)	3,31 EUR	9 50

2001. - *Timbre de distributeur. Type H (Lisa 2). Sté IER. Impression en noir, avec parité € et barres de sécurité.*

409	0 f. 10 FRF à 130 f. FRF avec parité € avec minimum de 1 40	Valeur faciale x 3	
410	2 f. 70 FRF (E)	0,41 EUR	1 40
411	4 f. 50 FRF (LETTRE)	0,69 EUR	2 25
412	15 f. 50 FRF (C)	2,36 EUR	6 75
413	15 f. 50 FRF (J+1D)	2,36 EUR	6 75
414	21 f. 70 FRF (J+1R)	3,31 EUR	9 50
415	21 f. 70 FRF (J+2N)	3,31 EUR	9 50

2001. - *55e Salon philatélique d'automne. Paris (8-11.11). Timbre de distributeur. Type N (Lisa). Papier adhésif gris. Impression en noir, avec parité €.*

Type N (Lisa). Hommage au graveur Albert Decaris, Paris et la Tour Eiffel.

416	2 f. 70 FRF à 130 f. FRF avec parité € avec minimum de 7 50	Val. fac. en € x 5	
417	2 f. 70 FRF (E)	0,41 EUR	7 50
418	4 f. 50 FRF (LETTRE)	0,69 EUR	7 50
419	15 f. 50 FRF (C)	2,36 EUR	12 »
420	15 f. 50 FRF (J+1D)	2,36 EUR	12 »
421	21 f. 70 FRF (J+1R)	3,31 EUR	16 50
422	21 f. 70 FRF (J+2N)	3,31 EUR	16 50

A partir du 1er janvier 2002
100 centimes d'euro = 1 EURO (€)
1 EURO = 6 f. 55957.

2002. - *(01 et 02.01). Timbre de distributeur. Types précédents G (Lisa 1) et H (Lisa 2).*

Type G (Lisa 1). Impression en noir.

423	0,01 EUR à 99,99 EUR avec minimum de 1 40	Valeur faciale x 3	
424	0,41 EUR (E)		1 40
425	0,69 EUR (LETTRE)		2 25
426	2,35 EUR (C)		6 75
427	2,35 EUR (J+1D)		6 75
428	3,30 EUR (J+1R)		9 50
429	3,30 EUR (J+2N)		9 50

Idem. Impression en rouge.

423a à 429a — Mêmes prix

Idem. Impression en noir, avec une bande de phosphore à gauche et à droite (barres de sécurité).

430 à 436 — Mêmes prix

Idem. Impression en rouge.

430a à 436a — Mêmes prix

Idem. Impression en noir. Papier thermosensible.

437 à 443 — Mêmes prix

Idem. Impression en rouge.

437a à 443a — Mêmes prix

Idem. Impression en noir. Papier thermosensible, avec une bande de phosphore à gauche et à droite (barres de sécurité).

444 à 450 — Mêmes prix

Idem. Impression en violet (région de Nantes).

Type G (Lisa 1). Impression en violet.

450A à 450G	Mêmes prix

Type H (Lisa 2). S[té] IER. Papier thermosensible.

451	0,01 EUR à 99,99 EUR avec minimum de 1 40	Valeur faciale x 3
452	0,41 EUR (E)	1 40
453	0,69 EUR (LETTRE)	2 25
454	2,35 EUR (C)	6 75
455	2,35 EUR (J+1D)	6 75
456	3,30 EUR (J+1R)	9 50
457	3,30 EUR (J+2N)	9 50

Idem. Avec une bande de phosphore à gauche et à droite (barres de sécurité).

458 à 464	Mêmes prix

Type H (Lisa 2). Avec trait diagonal et bande de phosphore à gauche et à droite.
(Origine : PARIS RP rue du Louvre, en particulier).

465	0,01 EUR à 99,99 EUR avec minimum de 7 50	Valeur faciale x 5
466	0,41 EUR (E)	7 50
467	0,69 EUR (LETTRE)	7 50
468	2,36 EUR (C)	12 »
469	2,36 EUR (J+1D)	12 »
470	3,31 EUR (J+1R)	16 50
471	3,31 EUR (J+2N)	16 50

(Les n°s 468 à 479 ont des valeurs non réajustées avant la mise en service 01.01.2002).

2002. - *Timbre de distributeur. Type B (Lisa 1). Papier adhésif bleu clair "Comète". Impression en noir.*

Type B (LISA 1). Impression en noir.

471A	0,01 EUR à 99,99 EUR avec minimum de 1 40	Valeur faciale x 3
471B	0,41 EUR (E)	1 40
471C	0,69 EUR (LETTRE)	2 25
471D	2,35 EUR (C)	6 75
471E	2,35 EUR (J+1D)	6 75
471F	3,30 EUR (J+1R)	9 50
471G	3,30 EUR (J+2N)	9 50

Idem. Impression en rouge.

471Aa à 471Ga	Mêmes prix

2002. - *Timbre de distributeur. Type C (Lisa 1). Oiseaux papier turquoise. Impression en rouge.*

Type C (Lisa 1). (EURO).

472	0,01 EUR à 99,99 EUR avec minimum de 1 40	Valeur faciale x 3
473	0,41 EUR (E)	1 40
474	0,69 EUR (LETTRE)	2 25
475	2,35 EUR (C)	6 75
476	2,35 EUR (J+1D)	6 75
477	3,30 EUR (J+1R)	9 50
478	3,30 EUR (J+2N)	9 50

Idem. Impression en noir.

Type C (Lisa 1). Impression en noir.

479 à 485	Mêmes prix

2002. - *Timbre de distributeur. Type E (Lisa 2). S[té] IER. Oiseaux papier turquoise thermosensible. Impression en noir.*

486	0,01 EUR à 99,99 EUR avec minimum de 1 40	Valeur faciale x 3
487	0,41 EUR (E)	1 40
488	0,69 EUR (LETTRE)	2 25
489	2,35 EUR (C)	6 75
490	2,35 EUR (J+1D)	6 75
491	3,30 EUR (J+1R)	9 50
492	3,30 EUR (J+2N)	9 50

2002. - *3e Biennale philatélique de Paris (08-10.02). Timbre de distributeur. Type P (Lisa). Papier adhésif bleu clair. Impression en noir.*

Type P (Lisa). Avénement de l'Euro (sigles €).

493	0,01 EUR à 99,99 EUR avec minimum de 7 50	Valeur faciale x 5
494	0,41 EUR (E)	7 50
495	0,69 EUR (LETTRE)	7 50
496	2,35 EUR (C)	12 »
497	2,35 EUR (J+1D)	12 »
498	3,30 EUR (J+1R)	16 50
499	3,30 EUR (J+2N)	16 50

2002. - *Salon philatélique de printemps. Les arènes de Nîmes (22-24.03). Timbre de distributeur. Type Q (Lisa). Papier adhésif orange. Impression en noir.*

Type Q (Lisa). Le Pont du Gard.

500	0,01 EUR à 99,99 EUR avec minimum de 7 50	Valeur faciale x 5
501	0,41 EUR (E)	7 50
502	0,69 EUR (LETTRE)	7 50
503	2,35 EUR (C)	12 »
504	2,35 EUR (J+1D)	12 »
505	3,30 EUR (J+1R)	16 50
506	*3,30 EUR (J+2N)*	16 50

2002. - *75e Congrès de la FFAP (17-20-05), Marseille. Timbre de distributeur. Type R. (Lisa). Papier adhésif bleu clair, impression en noir. Bandes de phosphore à gauche et à droite.*

Type R (Lisa). Le port de Marseille.

507	0,01 EUR à 99,99 EUR avec minimum de 7 50	Valeur faciale x 5
508	0,41 EUR (E)	7 50
509	0,69 EUR (LETTRE)	7 50
510	2,35 EUR (C)	15 »
511	2,35 EUR (J+1D)	15 »
512	3,30 EUR (J+1R)	20 »
513	3,30 EUR (J+2N)	20 »

Idem. Nouveau tarif minimum des colis (Voir ci-après nos 514 à 517).

510A	3,40 EUR (C)	15 »
511A	3,40 EUR (J+1D)	15 »
512A	4,60 EUR (J+1R)	20 »
513A	4,60 EUR (J+2N)	20 »

2002. - *Timbre de distributeur. Nouveau tarif minimum des colis (dès le 2.04 - mise en place échelonnée) dû à la suppression de la première tranche de poids (1gr à 250 gr devient 1 gr à 500 gr.) Types précédents G (Lisa 1) et H (Lisa 2).*

Type G (Lisa 1). Impression en noir.

514	3,40 EUR (C)	15 »
515	3,40 EUR (J+1D)	15 »
516	4,60 EUR (J+1R)	20 »
517	4,60 EUR (J+2N)	20 »

Idem. Impression en rouge.

514a à 517a — Mêmes prix

Idem. Impression en violet (Nantes Degré).

514b	3,40 EUR (C)	18 »
515b	3,40 EUR (J+1D)	18 »
516b	4,60 EUR (J+1R)	25 »
517b	4,60 EUR (J+2N)	25 »

Idem. Impression en noir avec une bande de phosphore à gauche et à droite (barres de sécurité).

514A	3,40 EUR (C)	15 »
515A	3,40 EUR (J+1D)	15 »
516A	4,60 EUR (J+1R)	20 »
517A	4,60 EUR (J+2N)	20 »

Idem. Impression en rouge.

514Aa à 517Aa — Mêmes prix

Idem. Papier thermique. Impression en noir.

514B à 517B — Mêmes prix

Idem. Papier thermique. Impression en rouge.

514Ba	3,40 EUR (C)	18 »
515Ba	3,40 EUR (J+1D)	18 »
516Ba	4,60 EUR (J+1R)	25 »
517Ba	4,60 EUR (J+2N)	25 »

Idem. Type H (LISA 2). Papier thermique avec ou sans bandes de phosphore. Impression de la valeur en noir en bas des vignettes.

514C	3,40 EUR (C)	15 »
515C	3,40 EUR (J+1D)	15 »
516C	4,60 EUR (J+1R)	20 »
517C	4,60 EUR (J+2N)	20 »

Idem. Type B (LISA 1). Papier adhésif bleu clair "Comète". Impression en noir (ou en rouge vraisemblablement).

514D	3,40 EUR (C)	18 »
515D	3,40 EUR (J+1D)	18 »
516D	4,60 EUR (J+1R)	25 »
517D	4,60 EUR (J+2N)	25 »

Idem. Type C (LISA 1). Papier Oiseaux turquoise. Impression en noir.

514E	3,40 EUR (C)	15 »
515E	3,40 EUR (J+1D)	15 »
516E	4,60 EUR (J+1R)	20 »
517E	4,60 EUR (J+2N)	20 »

Idem. Type C (LISA 1). Impression en rouge.

514Ea	3,40 EUR (C)	18 »
515Ea	3,40 EUR (J+1D)	18 »
516Ea	4,60 EUR (J+1R)	25 »
517Ea	4,60 EUR (J+2N)	25 »

Idem. Type E (LISA 2). Papier thermique. Oiseaux turquoise. Impression de la valeur en noir.

514F à 517F Mêmes prix

2002. - *56e Salon philatélique d'automne, Paris (7-11.11). Timbre de distributeur. Type S (Lisa). Thème Paris-Rome. Papier adhésif multicolore. Impression en noir.*

Type S (Lisa). Paris (Tour Eiffel - Sacré-Coeur) et Rome (Colisée).

518	0,01 EUR à 99,99 EUR avec minimum de 4 »	Valeur faciale x 4
519	0,41 EUR (E)	4 »
520	0,69 EUR (LETTRE)	4 »
521	3,40 EUR (C)	13 50
522	3,40 EUR (J+1D)	13 50
523	4,60 EUR (J+1R)	18 50
524	4,60 EUR (J+2N)	18 50

2003. - *Tarif du 02.04.02. Timbre de distributeur. Type H (LISA 2). Papier thermique. Impression de la valeur en noir à mi-hauteur des vignettes.*
(0.01 EUR à 99,99 EUR (voir n° 532).

519A	0,41 EUR (E)	1 50
520A	0,69 EUR (LETTRE)	25
521A	3,40 EUR (C)	18 »
522A	3,40 EUR (J+1D)	18 »
523A	4,60 EUR (J+1R)	25 »
524A	4,60 EUR (J+2N)	25 »

Idem. Impression en noir avec une bande de phosphore à gauche et à droite.

519Aa à 524Aa Mêmes prix

Note : les vignettes TEST subissent également la même modification

Vignette TEST LISA 2 type2 impression à mi-hauteur.

2003. - *Salon philatélique de printemps, Nantes (4-6.04). Timbre de distributeur. Type T (Lisa). Papier adhésif multicolore. Bandes de phosphore à gauche et à droite. Impression en noir.*

Type T (Lisa). Nantes, Cité des Congrès.

525	0,41 EUR à 99,99 EUR avec minimum de 4 »	Valeur faciale x 4
525a	0,01 EUR à 0,40	10 »
526	0,41 EUR (E)	4 »
527	0,69 EUR (LETTRE)	4 »
528	3,40 EUR (C)	13 50
529	3,40 EUR (J+1D)	13 50
530	4,60 EUR (J+1R)	18 50
531	4,60 EUR (J+2N)	18 50
528a	4,00 EUR (C)	» »
529a	4,00 EUR (J+1D)	» »
530a	4,80 EUR (J+1R)	» »
531a	4,80 EUR (J+2N)	» »
528b	2,35 EUR (C)	» »
529b	2,35 EUR (J+1D)	» »
530b	3,30 EUR (J+1R)	» »
531b	3,30 EUR (J+2N)	» »

<u>Remarque</u> : Cette émission a été réalisée dans la confusion. Pour éviter le tirage de petites valeurs, la Poste avait bridé les appareils, ce qui a eu pour résultat de ne pouvoir obtenir dans l'enceinte du Salon
- des vignettes au tarif colis pour la France
- des vignettes au tarif réduit (ECOPLI)
- des vignettes au tarif international

Dès lors, la Poste a proposé la vente des vignettes par commande sur place, exécutée par courrier recommandé ultérieur.
Aucun reçu n'a été délivré.
Cependant pour permettre l'intervention sur les machines, le technicien pouvait les débrider. Lors de changements de rouleaux l'opération inverse fut omise, autorisant ainsi l'émission de petites valeurs (0,01 EUR - une centaine) et quelques séries complètes avec ou sans reçu (une trentaine au tarif d'avril 2003, une dizaine à celui de janvier 2002).

2003. - *(01.04) Modification du tarif des colis Timbre de distributeur. Types G (LISA 1). Impression en noir.*

528A	4,00 EUR (C)	12 »
529A	4,00 EUR (J+1D)	16 »
530A	4,80 EUR (J+1R)	20 »
531A	4,80 EUR (J+2N)	14 50

Idem. Impression en rouge.

528Aa à 531Aa Mêmes prix

Idem. Impression en noir avec une bande de phosphore à gauche et à droite.

528B	4,00 EUR (C)	12 »
529B	4,00 EUR (J+1D)	16 »
530B	4,80 EUR (J+1R)	20 »
531B	4,80 EUR (J+2N)	14 50

Idem. Impression en rouge.

528Ba à 531Ba Mêmes prix

Idem. Impression en violet (Nantes Degré).

528Bb	4,00 EUR (C)	20 »
529Bb	4,00 EUR (J+1D)	20 »
530Bb	4,80 EUR (J+1R)	25 »
531Bb	4,80 EUR (J+2N)	25 »

Idem. Papier thermique. Impression en noir.

528C	4,00 EUR (C)	12 »
529C	4,00 EUR (J+1D)	20 »
530C	4,80 EUR (J+1R)	25 »

531C	4,80 EUR (J+2N)	14 50

Idem. Papier thermique. Impression en violet (Nantes Degré).

525Ca	0,01 EUR à 99,99 EUR avec minimum de 2 »	Valeur faciale x 5
526Ca	0,41 EUR (E)	2 25
527Ca	0,69 EUR (LETTRE)	3 50
528Ca	4,00 EUR (C)	20 »
529Ca	4,00 EUR (J+1D)	20 »
530Ca	4,80 EUR (J+1R)	25 »
531Ca	4,80 EUR (J+2N)	25 »

Idem. Type C (LISA 1). Papier Oiseaux turquoise. Impression en noir.

Type C (LISA 1). Impression en noir.

528D	4,00 EUR (C)	12 »
529D	4,00 EUR (J+1D)	20 »
530D	4,80 EUR (J+1R)	25 »
531D	4,80 EUR (J+2N)	14 50

Idem. Type C (LISA 1). Impression en rouge.

528Da à 531Da — Mêmes prix

2003. - *Timbre de distributeur. Type H (LISA 2). Papier thermique. Impression de la valeur en noir à mi-hauteur des vignettes.*

529E	4,00 EUR (J+1D)	12 »
530E	4,80 EUR (J+1R)	14 50

Idem. Impression en noir avec une bande de phosphore à gauche et à droite.

529F et 530F — Mêmes prix

Note : Les n°s 529E, 530E, 529F et 530F existent vraisemblablement avec impression de la valeur en bas des vignettes.

2003. - *Timbre de distributeur. Type précédent (H Lisa 2). Tarif au 01.06. Impression de la valeur en noir à mi-hauteur.*

Type H (Lisa 2). Papier thermosensible.

532	0,01 EUR à 99,99 EUR avec minimum de 1 50	Valeur faciale x 3
533	0,45 EUR (E)	1 50
534	0,50 EUR (P)	1 50
535	0,75 EUR (LETTRE)	2 25
536	4,00 EUR (C)	12 »
537	4,00 EUR (J+2D)	12 »
538	4,80 EUR (J+2N)	14 40

Remarques : Nouvelle mention P (PRIORITY) pour lettre à destination de l'étranger ; par contre l'indication J+1R est supprimée.

Lorsqu'un timbre à valeur à choix (0,01 EUR à 99,99 EUR) est demandé en cumul de service après une lettre prioritaire pour l'étranger, la valeur faciale de cette vignette est également précédée de la lettre P.

534a	0,01 EUR à 99,99 EUR (P) avec minimum de 3 »	Valeur faciale x 4

Type H (LISA 2). Papier thermique édité en cumul. (P).

2003. - *Timbre de distributeur. Tarif au 01.06. Types G (LISA 1). Impression en noir.*

533A	0,45 EUR (E)	1 50
534A	0,50 EUR (P)	1 50
535A	0,75 EUR (LETTRE)	2 25
537A	4,00 EUR (J+2D)	12 »

Idem. Impression en rouge.

533Aa à 537Aa — Mêmes prix

Idem. Impression en noir avec une bande de phosphore à gauche et à droite.

533B à 537B — Mêmes prix

Idem. Impression en rouge.

533Ba à 537Ba — Mêmes prix

Idem. Papier thermique. Impression en noir.

533C	0,45 EUR (E)	2 »
534C	0,50 EUR (P)	2 »
535C	0,75 EUR (LETTRE)	3 »
537C	4,00 EUR (J+2D)	15 »

Idem. Papier thermique. Impression en rouge.

533Ca	0,45 EUR (E)	4 »
534Ca	0,50 EUR (P)	4 »
535Ca	0,75 EUR (LETTRE)	5 »
536Ca	4,00 EUR (C)	20 »
537Ca	4,00 EUR (J+2D)	20 »
538Ca	4,80 EUR (J+2N)	25 »

Idem. Type C (LISA 1). Papier Oiseaux turquoise. Impression en noir.

533D	0,45 EUR (E)	1 50
534D	0,50 EUR (P)	1 50
535D	0,75 EUR (LETTRE)	2 25
537D	4,00 EUR (J+2D)	12 »

Idem. Type C (LISA 1). Impression en rouge.

533Da	0,45 EUR (E)	2 »
534Da	0,50 EUR (P)	2 »
535Da	0,75 EUR (LETTRE)	3 »
537Da	4,00 EUR (J+2D)	15 »

Idem. Type E (LISA 2). Papier thermique. Oiseaux turquoise. Impression de la valeur en noir à mi-hauteur de la vignette.

Type E (LISA 2). Papier thermique.
Impression en noir.

532E	0,01 EUR à 99,99 EUR avec minimum de 3 »	Valeur faciale x 4
533E	0,45 EUR (E)	4 »
534E	0,50 EUR (P)	4 »
535E	0,75 EUR (LETTRE)	6 »
536E	4,00 EUR (C)	20 »
537E	4,00 EUR (J+2D)	20 »
538E	4,80 EUR (J+2N)	25 »
534Ea	0,01 EUR à 99,99 EUR (P) avec minimum de 4 »	Valeur faciale x 5

Note : voir remarque concernant le 534a.

Idem. Type B (LISA 1). Papier “Comète”.
Impression en noir.

533F	0,45 EUR (E)	4 »
534F	0,50 EUR (P)	4 »
535F	0,75 EUR (LETTRE)	6 »
536F	4,00 EUR (C)	20 »
537F	4,00 EUR (J+2D)	20 »
538F	4,80 EUR (J+2N)	25 »

Idem. Type B (LISA 1). Existe vraisemblablement avec impression en rouge.

533Fa à 538Fa Mêmes prix

2003. - *76e Congrès de la FFAP (06-09.06), Mulhouse. Timbre de distributeur. Type U. (Lisa 2). Papier adhésif quadrichromie, impression de la valeur en noir. Bandes de phosphore à gauche et à droite.*

Type U (Lisa 2). Mairie et armoiries de Mulhouse.

539	0,45 EUR à 99,99 EUR avec minimum de 3 »	Valeur faciale x 4
539A	0,01 EUR à 0,44 EUR	3 »
540	0,45 EUR (E)	3 »
541	0,50 EUR (P)	3 »
542	0,75 EUR (LETTRE)	3 »
543	4,00 EUR (C)	16 »
544	4,00 EUR (J+2D)	16 »
545	4,80 EUR (J+2N)	19 20

Note : Afin de terminer les rouleaux invendus, la Poste décida de les utiliser sur les appareils de Mulhouse Principal. Ces derniers n’étant pas bridés comme ceux du Congrès, il fut possible d’obtenir des petites valeurs (n° 539A - 0,01 EUR à 0,44 EUR).

541a	0,01 EUR à 99,99 EUR (P) avec minimum de 10 »	Valeur faciale x 4

Note : voir remarque concernant le 534a

2003. - *Foire européenne de Strasbourg (5-15.09). Timbre de distributeur. Type V (LISA 2). Papier adhésif thermique, quadrichromie. Impression de la valeur en noir. Bandes de phosphore à gauche et à droite.*

Type V (LISA 2). Strasbourg.
L’Ill et “La Petite France”.

546	0,45 EUR à 99,99 EUR avec minimum de 3 »	Valeur faciale x 4
546A	0,01 EUR à 0,44 EUR	3 »
547	0,45 EUR (E)	3 »
548	0,50 EUR (P)	3 »
549	0,75 EUR (LETTRE)	3 »
550	4,00 EUR (C)	16 »
551	4,00 EUR (J+2D)	16 »
552	4,80 EUR (J+2N)	19 20

Note : Les timbres de petites valeurs n’ont pu être obtenus qu’en début de service le premier jour de la Foire (05.09), les machines étant ensuite bridées, ou après l’exposition au bureau de Strasbourg Marseillaise (utilisation normale du reste des rouleaux).

548a	0,01 EUR à 99,99 EUR (P) avec minimum de 4 »	Valeur faciale x 5

Note : voir remarque concernant le 534a.

2003. - *57e Salon Philatélique d’automne, Paris (06-10.11). Timbre de distributeur. Type W (LISA 1). Thème Paris-Luxembourg. Papier adhésif, quadrichromie. Impression de la valeur en noir. Bandes de phosphore à gauche et à droite.*

Type W (LISA 1). Luxembourg : Palais Grand Ducal, Cathédrale Notre-Dame, Citadelle Saint-Esprit et Pont Adolphe. Paris : Notre-Dame, la Cité et le Pont Neuf.

553	0,45 EUR à 99,99 EUR avec minimum de 1 50	Valeur faciale x 3
554	0,45 EUR (E)	1 50
555	0,50 EUR (P)	1 50
556	0,75 EUR (LETTRE)	1 50
557	4,00 EUR (C)	12 »
558	4,00 EUR (J+2D)	12 »
559	4,80 EUR (J+2N)	14 50

2004. - *Salon Philatélique de printemps, Clermont-Ferrand (26-28.03). Timbre de distributeur. Type X (LISA 2). Papier adhésif thermique, quadrichromie. Impression de la valeur en noir. Une bande de phosphore à gauche et à droite.*

Type X (LISA 2). Clermont-Ferrand : monuments anciens et modernes.

560	0,01 EUR à 99,99 EUR avec minimum de 3 »	Valeur faciale x 4	
561	0,45 EUR (E)		3 »
562	0,50 EUR (P)		3 »
563	0,75 EUR (LETTRE)		3 »
564	4,00 EUR (C)		16 »
565	4,00 EUR (J+2D)		16 »
566	4,80 EUR (J+2N)		19 20
562a	0,01 EUR à 99,99 EUR (P) avec minimum de 10 »	Valeur faciale x 4	

Note : Voir remarque concernant le n° 534a.

Note : Dès le 01.04, par suite de la réforme tarifaire des colis, les distributeurs LISA ne délivrent plus de timbres J+2D et J+2N.

2004. - *Le Salon du timbre 2004 - Paris (26.6-4.7.04). Timbre de distributeur. Type Y (LISA). Papier adhésif, multicolore. Impression en noir. Bandes de phosphore à gauche et à droite.*

Type Y (LISA). Dahlia, fleur de Lotus et coin du parc floral de Paris.

567	0,45 EUR à 99,99 EUR avec minimum de 1 50	Valeur faciale x 3	
568	0,45 EUR (E)		1 50
569	0,50 EUR (P)		1 50
570	0,75 EUR (LETTRE)		2 50
571	4,00 EUR (C)		12 »

2004. - *77e Congrès de la FFAP - Paris (26.6-4.7.04). Timbre de distributeur. Type Z (LISA). Papier adhésif, multicolore. Impression en noir. Bandes de phosphore à gauche et à droite.*

Type Z (LISA). Vue générale de Paris.

572	0,45 EUR à 99,99 EUR avec minimum de 1 50	Valeur faciale x 3	
573	0,45 EUR (E)		1 50
574	0,50 EUR (P)		1 50
575	0,75 EUR (LETTRE)		2 50
576	4,00 EUR (C)		12 »

2004. – *Timbre de distributeur LISA2. Papier thermique adhésif "avion papier plié" Type AA, marges latérales larges, bandes de phosphore larges à gauche et à droite (type 1). Impression en noir.*

Type AA (LISA 2). Avions en papier plié, marges latérales larges

577	0,01 EUR à 99,99EUR avec un minimum de 1,50	Valeur faciale x 3	
578	0,45 EUR (E)		1 50
579	0,50 EUR (P)		1 50
580	0,75 EUR (LETTRE)		2 50
581	4,00 EUR (C)		12 »
577a	0,01 EUR à 99,99EUR (P) avec un minimum de 2,50	Valeur faciale x 5	

Note : voir remarque concernant le 534a

Bandes de phosphore larges, type 1

Bandes de phosphore étroites, type 2

Idem LISA 2, papier thermique type AA, bandes de phosphore étroites à gauche et à droite (type 2). Impression en noir

577A à 581A			Même prix
577a	0,01 EUR à 99,99EUR (P) avec un minimum de 2,50	Valeur faciale x 5	

Note : voir remarque concernant le 534a

2004. – *SALON PHILATELIQUE – ANGERS 2004, Angers (9 – 10.10). Timbre de distributeur LISA 2. Papier adhésif, quadrichromie Type AB. Bandes de phosphore à gauche et à droite. Impression en noir.*

Type AB (LISA 2) Angers : le château.

582	0,01 EUR à 99,99EUR avec minimum de 1,50	Valeur faciale x 4	
583	0,45 EUR (E)		2 »
584	0,50 EUR (P)		2 »

585	0,75 EUR (LETTRE)	3 »
586	4,00 EUR (C)	16 »

2004. – *Timbre de distributeur LISA 1. Tarif du 01.06.02. Type G. Impression en violet (Nantes)*

587	0,45 EUR (E)	2 50
588	0,50 EUR (P)	2 50
589	0,75 EUR (LETTRE)	3 75
590	4,00 EUR (C)	20 »

2004. – *Timbre de distributeur LISA 1. Papier thermique Type AA marges latérales larges, bandes de phosphore larges à gauche et à droite (type 1). Impression en noir*

591	0,01 EUR à 99,99EUR avec minimum de 1,50	Valeur faciale x 4
592	0,45 EUR (E)	2 »
593	0,50 EUR (P)	2 »
594	0,75 EUR (LETTRE)	3 »
595	4,00 EUR (C)	16 »
582	0,01 EUR à 99,99EUR avec minimum de 1,50	Valeur faciale x 4
583	0,45 EUR (E)	2 »
584	0,50 EUR (P)	2 »
585	0,75 EUR (LETTRE)	3 »
586	4,00 EUR (C)	16 »

2004. – *Timbre de distributeur LISA 1. Tarif du 01.06.02. Type G. Impression en violet (Nantes)*

587	0,45 EUR (E)	2 50
588	0,50 EUR (P)	2 50
589	0,75 EUR (LETTRE)	3 75
590	4,00 EUR (C)	20 »

2004. – *Timbre de distributeur LISA 1. Papier thermique Type AA marges latérales larges, bandes de phosphore larges à gauche et à droite (type 1). Impression en noir.*

Type AA (LISA 1). Avions en papier plié, marges latérales larges

591	0,01 EUR à 99,99EUR avec minimum de 1,50	Valeur faciale x 4
592	0,45 EUR (E)	2 »
593	0,50 EUR (P)	2 »
594	0,75 EUR (LETTRE)	3 »
595	4,00 EUR (C)	16 »

2004. – *58e Salon philatélique d'automne, Paris (29.10 – 1.11). Timbre de distributeur LISA 1. Thème Paris - Athènes. Papier adhésif, quadrichromie Type AC. Bandes de phosphore à gauche et à droite. Impression en noir.*

Type AC (LISA 2) Athènes : Parthénon ; Paris : église de la Madeleine, colonne de la Bastille

596	0,45 EUR à 99,99EUR avec minimum de 1,50	Valeur faciale x 4
597	0,45 EUR (E)	2 »
598	0,50 EUR (P)	2 »
599	0,75 EUR (LETTRE)	3 »
600	4,00 EUR (C)	16 »

2005. – *Timbre de distributeur LISA 2. Tarif du 01/03/05. Papier thermique Type AA, marges latérales larges, bandes de phosphore larges type 1. Impression en noir.*

601	0,48 EUR (E)	1 50
602	0,55 EUR (P)	2 »
603	0,82 EUR (LETTRE)	2 50
604	4,05 EUR (C)	12 »

Idem. LISA 2, papier thermique Type AA, bandes de phosphore étroites type 2. Impression en noir.

601A à 604A — Même prix

Note : Pendant quelques jours la date de fabrication des rouleaux de vignettes est imprimée au dos des vignettes (toutes les 23 vignettes). Cette date s'étale sur 3 ou 4 vignettes. Les dates connues actuellement vont du 9 au 14/06/2005. (valeur = valeur des vignettes correspondantes + 10,00 €).

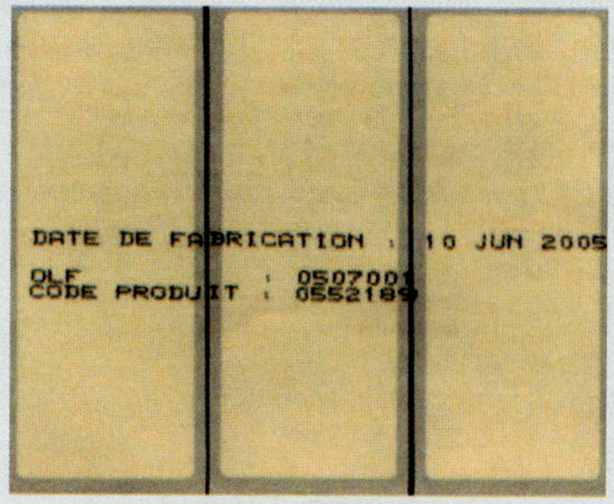

2005. - *Timbre de distributeur LISA 2. Papier thermique Type AA, marges latérales larges, sans bandes de phosphore. Impression en noir.*

601B	0,48 EUR (E)	2 50
602B	0,55 EUR (P)	2 75
603B	0,82 EUR (LETTRE)	4 »
604B	4,05 EUR (C)	20 »

Idem. LISA 2. Papier thermique Type H. Bandes de phosphore à gauche et à droite. Impression en noir.

601C à 604C — Même prix

2005. – *Timbre de distributeur LISA1. Tarif du 01/03/05. Papier Type G. Bandes de phosphore à gauche et à droite. Impression en noir.*

605	0,48 EUR (E)	1 50
606	0,55 EUR (P)	2 »
607	0,82 EUR (LETTRE)	2 50
608	4,05 EUR (C)	12 »

Idem. Impression en rouge

605a à 608a — Même prix

Idem. Sans bande phosphore. Impression en noir

605A à 608A — Même prix

Idem. Papier thermique marges étroites. Bandes de phosphore à gauche et à droite. Impression en noir

605B à 608B Même prix

Idem. Impression en rouge

605Ba à 608Ba Même prix

Idem. Papier thermique marges étroites. Sans bande de phosphore. Impression en noir

605Bb à 608Bb Même prix

2005. - *Timbre de distributeur LISA 1. Papier thermique type AA marges latérales larges, bandes de phosphore larges (type 1). Impression en noir.*

609	0,48 EUR (E)	1 50
610	0,55 EUR (P)	2 »
611	0,82 EUR (LETTRE)	2 50
612	4,05 EUR (C)	12 »

Idem. Impression en rouge

609a à 612a Même prix

Idem. Papier thermique type AA marges latérales larges, bandes de phosphore étroites (type 2). Impression en noir

609A à 612A Même prix

Idem. Papier thermique type AA marges latérales larges, sans bande de phosphore. Impression en noir

609B à 612B » »

2005. – *Timbre de distributeur LISA 1. Papier "Oiseaux turquoise" Type C. Impression en rouge (Toulon).*

613	0,48 EUR (E)	2 50
614	0,55 EUR (P)	3 »
615	0,82 EUR (LETTRE)	4 »
616	4,05 EUR (C)	20 »

Idem. Papier thermique. Impression en rouge (Poste de Paris Musée du Louvre - mai 2005)

613A à 616A » »

Idem. Papier thermique. Impression en noir (Poste de Paris Musée du Louvre - mai 2005)

613Aa à 616Aa » »

2005. – *Timbre de distributeur LISA 1. Papier "Comète" Type B. Impression en noir.*

617	0,48 EUR (E)	3 »
618	0,55 EUR (P)	3 50
619	0,82 EUR (LETTRE)	5 »
620	4,05 EUR (C)	25 »

2005. – *SALON PHILATELIQUE DE PRINTEMPS - AIX-EN-PROVENCE 2005, Aix-en-Provence (01- 03.04). Timbre de distributeur LISA 2. Papier adhésif, quadrichromie Type AD. Bandes de phosphore à gauche et à droite. Impression en noir.*

Type AD (LISA 2) Aix-en-Provence : Fontaine de la Rotonde et Montagne Ste Victoire.

621	0,48 EUR à 99,99EUR avec minimum de 1,50	Valeur faciale x 4
622	0,48 EUR (E)	2 »
623	0,55 EUR (P)	2 »
624	0,82 EUR (LETTRE)	3 »
625	4,05 EUR (C)	16 »

Note : des vignettes à 0,01 EUR ont pu être obtenues hors salon

621a 0,01 EUR 5 »

2005. - *FÉDÉRATION FRANÇAISE DES ASSOCIATIONS PHILATÉLIQUES - 78e CONGRÈS - NANCY 2005 (05-08.05). Timbre de distributeur LISA 1. Papier adhésif, quadrichromie Type AE. Bandes de phosphore à gauche et à doite. Impression en noir.*

Type AE (LISA 1) Nancy : place Stanislas - fontaine et grille en fer forgé de Jean Lamour.

626	0,48 EUR à 99,99EUR avec minimum de 2,00	Valeur faciale x 4
627	0,48 EUR (E)	2 »
628	0,55 EUR (P)	2 »
629	0,82 EUR (LETTRE)	3 »
630	4,05 EUR (C)	16 »

Note : des vignettes à 0,01 EUR ont pu être obtenues en tout début de service le premier jour à l'ouverture du Congrès.

626a 0,01 EUR 5 »

2005. – *Timbre de distributeur LISA 1. Papier non thermique Type AA, marges latérales larges, bandes de phosphore étroite type 2. Impression en noir.*

631	0,48 EUR (E)	1 50
632	0,55 EUR (P)	2 »
633	0,82 EUR (LETTRE)	2 50
634	4,05 EUR (C)	12 »

2005. - *MAXIFRANCE 2005 CORBEIL ESSONNES - Corbeil Essonnes (23-25.09.05). Timbre de distributeur Lisa1. Papier adhésif, quadrichromie Type AF. . Impression en noir. Bandes de phosphore à gauche et à droite.*

Type AF (LISA1) : Mairie, église et monuments divers de Corbeil Essonnes.

636	0,48 EUR à 99,99EUR avec minimum de 2,00	Valeur faciale x 4
637	0,48 EUR (E)	2 »
638	0,55 EUR (P)	2 »
639	0,82 EUR (LETTRE)	3 »
640	4,05 EUR (C)	16 »

2005. – *59e Salon philatélique d'automne, Paris (10.11 – 13.11). Timbre de distributeur LISA1. Thème Paris – Stockholm. Papier adhésif, quadrichromie Type AG. Bandes de phosphore à gauche et à droite. Impression en noir.*

Type AG (LISA 1) Stocholm : Hôtel de ville ; Paris : Mairie de Paris.

641	0,48 EUR à 99,99EUR avec minimum de 2,00	Valeur faciale x 4	
642	0,48 EUR (E)		2 »
643	0,55 EUR (P)		2 »
644	0,82 EUR (LETTRE)		3 »
645	4,05 EUR (C)		16 »

Note : A partir du 01/03/2006 les distributeurs de type LISA1 et LISA2 ne délivrent plus de timbres C (COLIECO).

2006. – *SALON PHILATELIQUE DE PRINTEMPS - DIJON 2006, Dijon (07- 09.04). Timbre de distributeur LISA 2. Papier adhésif, quadrichromie Type AH. Bandes de phosphore à gauche et à droite. Impression en noir.*

Type AH (LISA 2) : Place de la libération à Dijon.

646	0,01 EUR à 99,99EUR avec minimum de 1,50	Valeur faciale x 4	
647	0,48 EUR (E)		2 »
648	0,55 EUR (P)		2 50
649	0,82 EUR (LETTRE)		3 50

2006. – *LE SALON DU TIMBRE & DE L'ECRIT 2006, Parc floral de Paris (17-25.06). Timbre de distributeur LISA 1. Papier adhésif, quadrichromie Type AI. Bandes de phosphore à gauche et à droite. Impression en noir.*

Type AI (LISA 1), Hommage à Mozart : piano et violon sur fond de partition.

650	0,48 EUR à 99,99EUR avec minimum de 2,00	Valeur faciale x 4	
651	0,48 EUR (E)		2 »
652	0,55 EUR (P)		2 50
653	0,82 EUR (LETTRE)		3 50

2006. – *LE SALON DU TIMBRE & DE L'ECRIT 2006, Parc floral de Paris (17-25.06). Timbre de distributeur LISA 1. Papier adhésif, quadrichromie Type AJ. Bandes de phosphore à gauche et à droite. Impression en noir.*

Type AJ (LISA 1) : fruits exotiques divers (banane, mangue, pastèque…).

654	0,48 EUR à 99,99EUR avec minimum de 2,00	Valeur faciale x 4	
655	0,48 EUR (E)		2 »
656	0,55 EUR (P)		2 50
657	0,82 EUR (LETTRE)		3 50

2006. – *FEDERATION FRANÇAISE DES ASSOCIATIONS PHILATELIQUES – 79e CONGRES – PARIS 2006, Parc floral de Paris (18-25.06). Timbre de distributeur LISA 1. Papier adhésif, quadrichromie Type AK. Bandes de phosphore à gauche et à droite. Impression en noir.*

Type AK (LISA 1) : Paris : fronton de l'Opéra Garnier.

658	0,48 EUR à 99,99EUR avec minimum de 2,00	Valeur faciale x 4	
659	0,48 EUR (E)		2 »
660	0,55 EUR (P)		2 50
661	0,82 EUR (LETTRE)		3 50

Note : Contrairement aux deux autres timbres émis lors du salon du timbre et de l'écrit, le timbre commémorant le 79e Congrès de la Fédération n'a été utilisé qu'à partir du 18 juin.

2006 – *BILATÉRALE FRANCE-ALLEMAGNE – NEVERS 2006 (15.09 – 17.09). Timbre de distributeur LISA 2. Papier adhésif, quadrichromie Type AL. Bandes de phosphore à gauche et à droite. Impression en noir.*

Type AL (LISA 2) vues diverses de Nevers.

662	0,01 EUR à 99,99EUR avec minimum de 2,00	Valeur faciale x 4	
663	0,48 EUR (E)		2 50
664	0,55 EUR (P)		2 50
665	0,82 EUR (LETTRE)		3 50

Note : Après le 1er octobre (date de changement de tarif) La Poste de Nevers confectionna par correspondance des vignettes au nouveau tarif et correspondant aux nouvelles inscriptions portées sur les vignettes par les LISA 2.

Type AL (LISA 2) vues diverses de Nevers. nouvelle présentation

662A	0,01 EUR à 99,99EUR avec minimum de 2,00	Valeur faciale x 10
664A	0,60 EUR (PRIORITAIRE)	6 »
665A	0,86 EUR (LETTRE)	8 50

2006 – *Timbre de distributeur LISA 2. Tarif du 01/10/06 Papier thermique Type AA, marges latérales larges, bandes de phosphore type 1 ou 2. Impression en noir. La valeur faciale est maintenant centre horizontalement sure le timbre La mention tarifaire E (ECOPLI) n'est plus inscrite sur les timbres, la mention PRIORITAIRE est inscrite en toute lettre sous la valeur faciale du timbre comme la mention tarifaire LETTRE.*

Type AA (LISA 2) nouvelle présentation.

666	0,01 EUR à 99,99EUR avec minimum de 1,50	Valeur faciale x 3
667	0,60 EUR (PRIORITAIRE)	2 »
668	0,86 EUR (LETTRE)	2 50

Note: existe sans bande de phosphore.

Note : les vignettes TEST délivrées par les LISA 2 subissent également une modification.

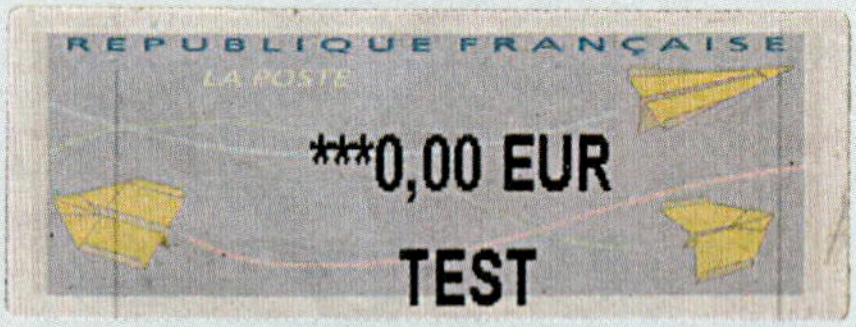

Vignette TEST LISA 2 type3

Idem. LISA 2. Papier thermique Type H. Bandes de phosphore à gauche et à droite Impression en noir.

666B et 667B Même prix

2006 – *Timbre de distributeur LISA1. Tarif du 01/10/06. Papier Type G. Bandes de phosphore à gauche et à droite. Impression en noir.*

669	0,49EUR (E)	1 50
670	0,60EUR (P)	2 »
671	0,86 EUR (LETTRE)	2 50

Note : Contrairement aux LISA 2, les LISA 1 ne subirent pas de modification dans l'inscription des mentions tarifaires.

Idem. Impression en rouge

605a à 608a Même prix

2006 - *Timbre de distributeur LISA 1. Papier thermique type AA marges latérales larges, bandes de phosphore type 1 ou 2). Impression en noir.*

672	0,49 EUR (E)	1 50
673	0,60 EUR (P)	2 »
674	0,86 EUR (LETTRE)	2 50

2006 – *60e Salon philatélique d'automne, Paris (08.11 – 11.11). Timbre de distributeur LISA1. Thème Paris - Vienne. Papier adhésif, quadrichromie Type AM. Bandes de phosphore à gauche et à droite. Impression en noir.*

Type AM (LISA 1) Vienne : Paris : l'Opéra Garnier.

675	0,49 EUR à 99,99EUR avec minimum de 2,00	Valeur faciale x 4
676	0,49 EUR (E)	2 »
677	0,60 EUR (P)	2 50
678	0,86 EUR (LETTRE)	3 50

2007 – *FÊTE DU TIMBRE 2007 (10.3 – 11.03) -Timbre de distributeur LISA1. Thème Harry Potter. Papier adhésif nonthermique, quadrichromie Type AN. Bandes de phosphore à gauche et à droite. Impression en noir.*

Type AN (LISA 1) Harry Potter.

679	0,49 EUR à 99,99EUR avec minimum de 2,50	Valeur faciale x 5
680	0,49 EUR (E)	2 50
681	0,60 EUR (P)	3 »
682	0,86 EUR (LETTRE)	4 50

Note : Vu la dispersion des sites où il était possible d'obtenir ces timbres, des vignettes à 0,01 EUR ont pu être obtenues.

679a	0,01 EUR	4 »

Idem. Papier thermique. Impression en noir

(bureau de Poste de Valbonne Village 06)

679A	0,49 EUR à 99,99EUR avec minimum de 5,00	Valeur faciale x 10
680A	0,49 EUR (E)	5 »
681A	0,60 EUR (P)	6 »
682A	0,86 EUR (LETTRE)	9 »

Idem. Timbre de distributeur LISA 2.
Papier thermique, Type AN

Type AN (LISA 2) Harry Potter, papier thermique.

683	0,01 EUR à 99,99EUR avec minimum de 2,00	Valeur faciale x 4
684	0,60 EUR (PRIORITAIRE)	2 50
685	0,86 EUR (LETTRE)	3 50

2007 – *Salon philatélique de printemps – LIMOGES 2007 (23.03 – 25.03). Timbre de distributeur LISA 2. Papier adhésif, quadrichromie Type AO. Bandes de phosphore à gauche et à droite. Impression en noir.*

Type AO (LISA 2) Gare et mairie de limoges.

686	0,49 EUR à 99,99EUR avec minimum de 2,00	Valeurfaciale x 4
687	0,60 EUR (PRIORITAIRE)	2 50
688	0,86 EUR (LETTRE)	3 50

2007 – *Fédération française des associations philatéliques - 80e Congrès – Poitiers (15.06 – 17.06). Timbre de distributeur LISA 2. Papier adhésif, quadrichromie Type AP. Bandes de phosphore à gauche et à droite. Impression en noir.*

Type AP (LISA 2) : Notre-Dame La Grande
et mairie de Poitiers.

689	0,01 EUR à 99,99EU avec minimum de 2,00	Valeur faciale x 4
690	0,60 EUR (PRIORITAIRE)	2 50
691	0,86 EUR (LETTRE)	3 50

TIMBRES FISCAUX

Voir catalogue des Timbres Fiscaux et Socio-postaux de France - 2004, Yvert & Tellier, Amiens, 1er catalogue de Fiscaux en couleurs.

ENTIERS POSTAUX

Tout support tel que carte postale, carte-lettre, enveloppe ou bande pour journaux, sur lequel un timbre-poste est imprimé est un « ENTIER POSTAL ».

La nomenclature donnée ci-après est celle des entiers émis par le Service des Postes et diffuses auprès du public, augmentée de quelques entiers timbrés sur commande à des types qui n'existent pas en entiers postaux usuels. Timbrés sur commande (TSC) : il s'agit d'entiers postaux fabriqués sur mesure pour une entreprise, une association, une manifestation qui en commande une certaine quantité à l'administration.

Pour les entiers postaux TSC dont le timbre imprimé existe déjà en entier postal usuel vendu au public on se reportera aux catalogues spécialisés : « Les entiers postaux de France et de Monaco » par Robert Françon et Jean Storch et « Catalogue des entiers postaux de France » édité par l'Association des Collectionneurs d'Entiers Postaux (ACEP).

Par contre, nous avons jugé utile de mentionner dans ce chapitre les entiers TSC dont le timbre imprimé n'existe pas en entier postal usuel (exemple : 10 c Pasteur vert, 4 F 50 Gandon bleu...).

Repiquages : il s'agit de surimpressions effectuées sur des entiers postaux usuels existants. Les repiquages n'apportent pas de plus-value, sauf dans quelques cas particuliers comme les annonces publicitaires permettant de vendre l'entier repiqué à un prix réduit (voir catalogues spécialisés).

ABRÉVIATIONS

AER- Aérogramme.

BJ- Bande pour journaux.

CL- Carte-lettre.

CLPM- Carte-lettre pneumatique pour Marseille.

CLPMRP- Idem, avec réponse payée.

CP- Carte postale

CPP- Carte pneumatique pour Paris.

CPRP- Carte postale pour réponse payée.

D- Date, avec date.

E- Enveloppe.

EPM- Enveloppe pneumatique pour Marseille.

EPP- Idem, pour Paris.

LI- Livret d'identité.

MC- Maxicarte

RPCE- Pneu avec réponse payée de la Caisse d'Epargne

SD- Sans date.

NOTES EXPLICATIVES

Les chiffres romains entre parenthèses sont ceux des « TYPES » des timbres.

Dates des « ENTIERS » : Assez nombreux sont les entiers postaux datés.

La date dont ils sont porteurs est constituée de trois chiffres : le premier indique le millésime de l'année et les deux autres la énième semaine au cours de laquelle l'entier a été imprimé dans la dite année.

Il existe des dates obliques et renversées.

Cotations : les cotes des entiers postaux avec réponse payée, oblitérés, s'appliquent à chacun des éléments de ceux-ci. Cependant, il faut admettre que la partie « réponse » mérite une majoration de 100 % et davantage si le timbre est oblitéré de l'étranger.

1878-1906 TYPE SAGE

83-BJ1	1 c. noir	6 50	2 50
83-BJ2	1 c. noir avec date (801 à 108)	6 50	2 50

85-BJ1	2 c. brun-rouge	6 50	2 50
85-BJ2	2 c. brun rouge- avec date (806 à 032)	6 50	2 50

BJ1	3 c. vermillon	18 50	11 50

75-E1	5 c. vert (107x70 mm)	8 »	4 75
75-E2	5 c. vert sur vert (116x76 mm)	8 »	4 75
75-E3	5 c. vert sur blanc (116x76 mm)	6 50	3 »
75-E4	5 c. vert sur bulle (152x117 mm)	25 »	12 50

102-E1	5 c. vert-jaune (107x70 mm)	11 »	5 »

89-CP1	10 c. noir sur lilas (sans « République Française » et avec « réservé exclusivement »)	25 »	5 »
89-CP2	10 c. noir sur lilas (sans « République Française » et avec « exclusivement réservé »)	8 »	2 50
89-CP3	10 c. noir sur chamois (sans « République Française » et avec « exclusivement réservé »)	8 »	1 75
89-CP4	10 c. noir sur vert (sans « République Française » et avec « exclusivement réservé »)	6 50	1 »
89-CP5	10 c. noir sur vert (avec « République Française » et « exclusivement réservé »)	5 »	1 »
89-CPRP1	10 c. noir sur bleu (sans « République Française » et avec « réservé exclusivement »)	25 »	10 »
89-CPRP2	10 c. noir sur bleu (sans « République Française » et avec « exclusivement réservé »)	16 »	9 50
89-CPRP3	10 c. noir sur bleu (avec « République Française »)	16 »	9 50

90-CP1	15 c. bleu sur bleu (2 lignes pour l'adresse)	37 50	25 »
90-CP2	15 c. bleu sur bleu (3 lignes pour l'adresse)	37 50	26 »

CARTES-LETTRES

Trois piquages ont été successivement utilisés.

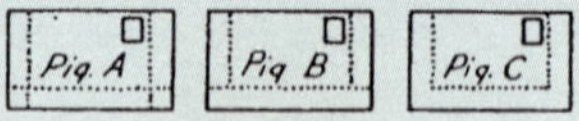

90-CL1	15 c. bleu sur paille (piquage A sans « avis » sur bandelette inférieure)	47 50	16 »

90-CL2	Idem, avec surcharge « Taxe réduite à 0f10 » de 1906	47 50	30 »
90-CL3	15 c. bleu sur paille (piquage A avec « Avis : pour ouvrir… » sur bandelette inférieure)	47 50	16 »
90-CL4	Idem, avec surcharge « Taxe réduite à 0f10 » de 1906	47 50	30 »
90-CL5	15 c. bleu sur gris, piquage A	65 »	40 »
90-CL6	Idem, avec surcharge « Taxe réduite à 0f10 » de 1906	20 »	15 »
90-CL7	15 c. bleu sur paille (piquage B)	31 »	13 »
90-CL8	Idem, avec surcharge « Taxe réduite à 0f10 » de 1906	40 »	31 »
90-CL9	15 c. bleu sur gris (piquage B)	11 »	5 50
90-CL10	Idem, avec surcharge « Taxe réduite à 0f10 » de 1906	25 »	16 »

90-CL11	15 c. bleu sur verdâtre (piquage B)	220 »	110 »
90-CL12	15 c. bleu sur gris (sans République Française, sans date)	9 50	4 75
90-CL13	Idem, avec surcharge « Taxe réduite à 0f10 » de 1906	20 »	13 50
90-CL14	15 c. bleu sur gris (sans République Française, dates 602 à 608)	16 »	8 »
90-CL15	Idem, avec surcharge « Taxe réduite à 0f10 » de 1906	16 »	8 »
90-CL16	15 c. bleu sur gris (sans République Française, dates 624 ou 625	16 »	8 »
90-CL17	15 c. bleu sur gris foncé ou clair (avec République Française)	6 50	1 75
90-CL18	Idem, avec surcharge « Taxe réduite à 0f10 » de 1906	8 »	2 50
90-CLRP1	15 c. + 15 c. bleu sur gris (sans République Française)	32 »	25 »
90-CLRP2	Idem, avec surcharge « Taxe réduite à 0f10 » de 1906	» »	» »
90-CLRP3	15 c. bleu sur chamois (avec République Française – sans date)	32 »	25 »
90-CLRP4	Idem, avec surcharge « Taxe réduite à 0f10 » de 1906	115 »	
90-CLRP5	15 c. bleu sur chamois (avec République Française, date 926)	45 »	31 »
90-CLRP6	Idem, avec surcharge « Taxe réduite à 0f10 » de 1906	115 »	
90-E1	15 c. bleu sur azuré (116x76 mm)	31 »	16 »
90-E2	15 c. bleu sur bleu gris ou bleu vert	15 »	8 »
90-E3	15 c. bleu sur azuré (123x96 mm)	31 »	16 »
90-E4	Idem, avec surcharge « Taxe réduite à 0f10 » de 1906	27 »	13 »
90-E5	15 c. bleu sur bleu-gris (123x96 mm)	16 »	8 »
90-E6	Idem avec surcharge « Taxe réduite à 0f10 »	9 50	6 50
90-E7	15 c. bleu sur bleu-vert (123x96 mm)	11 »	6 50
90-E8	Idem, avec surcharge « Taxe réduite à 0f10 » de 1906	5 »	3 »
90-E9	15 c. bleu sur verdâtre (123x96 mm – avec date au verso 808 à 022)	6 50	3 »
90-E10	Idem, avec surcharge « Taxe réduite à 0f10 » de 1906	5 »	3 »
90-E11	15 c. bleu sur azuré (147x112 mm)	32 50	16 »
90-E12	Idem – surcharge « Taxe réduite à 0f10 » de 1906	26 »	12 50
90-E13	15 c. bleu sur bleu-gris (format 147x112 mm)	16 »	8 »
90-E14	Idem avec surcharge « Taxe réduite à 0f10 » de 1906	9 50	6 50
90-E15	15 c. bleu sur bleu vert (format 147x112 mm)	12 »	6 50
90-E16	Idem avec surcharge « Taxe réduite à 0f10 » de 1906	5 »	3 »
90-E17	15 c. bleu sur vert clair, date 813 à 027	45 »	25 »
90-E18	Idem avec surcharge « Taxe réduite à 0f10 » de 1906	5 »	3 »

90-CPRP1	15 C. + 15 C. noir sur vert	250 »	120 »

97-CL1	25 c. noir sur rose (sans « République Française », sans « avis », piquage A)	32 »	16 »
97-CL2	25 c. noir sur rose (sans « République Française », sans « avis », piquage B)	32 »	16 »
97-CL3	25 c. noir sur rose (sans « République Française », sans « avis », piquage B ou C)	25 »	17 50
97-CL4	25 c. noir sur rose (avec « République Française », sans date ou date 806 à 110)	20 »	17 50

98-CPP1	50 c. rose sur chamois	160 »	100 »

98-CPP2	Idem, avec surcharge « Taxe réduite 30 c. » de 1880	150 »	100 »
98-LI1	Livret d'identité postal de 36 pages	4000 »	4000 »

81-CLPP1	75 c. noir sur bleu	160 »	100 »

81-CLPP2	Idem avec surcharge « Taxe réduite 50 c. » de 1880	160 »	100 »

1901-1924 TYPE BLANC

107-BJ1	1 c. gris (n° 107-I)	7 »	4 »

107a-BJ2	1 c. ardoise (n° 107a-I) avec date	7 »	4 »
	a) avec surcharge « Annulé » en violet	65 »	
107a-BJ3	1 c. ardoise, (n° 107a-I) sans date	16 »	8 »
107a-BJ4	1 c. ardoise (n° 107b-II) dates 217 à 222	175 »	125 »

108-BJ5	2 c. brun rouge (n°108-I) avec date	5 50	4 »
	a) avec surcharge « annulé » en noir ou violet	60 »	
108-BJ6	2 c. brun rouge (n° 108-I) sans date	20 »	9 50
108-BJ7	2 c. brun rouge (n° 108b-II), dates 921 à 937 ou 115 à 139	80 »	55 »
108-BJ8	2 c. brun rouge (n° 108b-II) sans date	47 50	31 »

109-BJ9	3 c. brun orange	25 »	12 50

111-E1	5 c. vert-jaune (107x70 mm), dates 113 à 226	18 »	10 »
111-E2	5 c. vert-bleu (107x70 mm) (n° 111a-I) dates 237 à 617	12 50	3 »

111-E3	5 c. vert (107x70 mm) (n° 111b-I), dates 635 à 649	25 »	10 »
111-BJ1	5 c. vert (n° 111-Ic), dates 437 à 531	95 »	31 »

1901-1906 TYPE MOUCHON

112-CP1	10 c. rouge (dates 114 à 212)	15 »	2 »
112-CPRP1	10 c. + 10 c. rouge (date 131)	60 »	20 »

117-CL1	15 c. orange sur gris (dates 115 à 123)	13 »	11 »
117-CL2	15 c. orange sur gris (sans date)	16 »	12 »
117-CL3	Idem avec surcharge « Taxe réduite à 0f10 » de 1906	12 50	7 »
117-CLRP1	15 C. + 15 C. orange sur chamois	55 »	32 »

117-CLRP2	Idem avec surcharge « Taxe réduite à 0f10 » de 1906	225 »	
117-E1	15 c. orange sur vert-gris (123x96 mm) (sans inscriptions pour l'expéditeur)	17 50	7 50
117-E2	Idem avec surcharge « Taxe réduite à 0f10 » de 1906	6 »	5 »
117-E3	15 c. orange sur vert-gris (147x112 mm) (sans inscriptions pour l'expéditeur)	17 50	7 50
117-E4	Idem, avec surcharge « Taxe réduite à 0f10 » de 1906	7 »	5 »
117-E5	15 c. orange sur vert-gris (123x96 mm) (avec inscriptions pour l'expéditeur)	12 »	6 50
117-E6	Idem, avec surcharge « Taxe réduite à 0f10 » de 1906	5 »	2 50
117-E7	15 c. orange sur vert-gris (147x112 mm) (avec inscriptions pour l'expéditeur)	12 »	6 50

1902-1906 MOUCHON RETOUCHE

124-CP1	10 c. rose sur vert (dates 211 à 347)	15 »	2 »
124-CPRP1	10 c. + 10 c. rose sur bleu (dates 221 et 324)	47 50	16 »

125-CL1	15 c. vermillon sur gris (dates 244 à 342)	9 50	5 »
125-CL2	Idem avec surcharge « Taxe réduite à 0f10 » de 1906	4 »	3 »

125-CLRP1	15 c. + 15 c. vermillon sur chamois	55 »	31 »
125-CLRP2	Idem avec surcharge « Taxe réduite à 0f10 » de 1906	275 »	
125-E1	15 c. Vermillon sur vert-gris (123x96 mm) (dates 313 et 314 ou sans date)	9 50	4 50
125-E2	Idem avec surcharge « Taxe réduite à 0f10 » de 1906	5 »	3 50
125-E3	15 c. vermillon sur vert-gris (147x112 mm) (dates 313 et 314 ou sans date)	9 50	3 50
125-E4	Idem avec surcharge « Taxe réduite à 0f10 » de 1906	3 50	2 50

127-CL1	25 c. bleu sur rose	120 »	65 »

1910 TYPE MERSON

120-LI1	Livret d'identité postal de 36 pages	7500 »	

1904-1944 SEMEUSE LIGNEE

129-CP1	10 c. rose sur vert (dates 344 à 647)	9 50	1 50
129-CPRP1	10 c. + 10 c. rose sur bleu (dates 414 et 513)	30 »	11 »
129-CPRP2	10 c. + 10 c. rose sur bleu (sans date)	30 »	11 »
129-CL1	10 c. rose sur chamois ou gris	12 »	6 50
129-E1	10 c. rose sur blanc (123x96 mm) (intérieur bleu clair) (dates 533 et 534)	16 »	6 50
129-E2	10 c. rose sur blanc (123x96 mm) (intérieur violet-noir) (date 646)	19 50	8 »
129-E3	10 c. rose sur gris-vert (123x96 mm) (dates 610 à 613 et 645 ou sans date)	13 »	5 »
129-E4	10 c. rose sur blanc (147x112 mm) (intérieur bleu clair) (dates 533 et 534 ou sans date)	16 »	6 50
129-E5	10 c. rose sur blanc (147x112 mm) (intérieur violet noir) (date 646)	22 50	8 »
129-E6	10 c. rose sur gris-vert (147x112 mm) (dates 610 à 613 et 645 ou sans date)	13 »	5 »

130-CP1	15 c. vert sur vert ou gris (dates 727 à 742)	10 »	5 »

Mention de l'expéditeur sur 6 lignes : inscriptions sur marge inférieure, papier gris épais, avec date

130-CL1	15 c. vert sur gris (timbre au type 1) (dates 404 à 601)	9 50	4 »
130-CL2	Idem, avec surcharge « Taxe réduite à 0f10 » de 1906	3 25	1 75
130-CL3	15 c. vert sur gris (timbre au type 2) (dates 432 à 505)	13 »	6 50
130-CL4	Idem avec surcharge « Taxe réduite à 0f10 » de 1906	5 »	3 50

Papier mou gris-chamois, inscriptions sur marge inférieure seulement

130-CL5	15 c. vert sur gris chamois (timbre au type 1)	16 »	6 50
130-CL6	15 c. vert sur gris chamois (timbre au type 4)	12 50	5 »

Inscriptions sur les 3 marges

130-CL7	15 c. vert sur bulle (timbre au type 5)	15 »	6 50

Avec mention pour l'expéditeur, papier vert-gris.

130-E1	15 c. vert sur vert gris (123x96 mm) (timbre au type 1) (dates 412 et 507)	9 50	4 »
130-E2	Idem, avec surcharge « Taxe réduite à 0f10 » de 1906	4 75	1 60
130-E3	15 c. vert sur vert gris (147x112 mm) (timbre au type 1) (dates 410, 411, 507 et 510)	9 50	4 »
130-E4	Idem avec surcharge « Taxe réduite à 0f10 » de 1906	4 75	1 60

Sans mention de l'expéditeur, papier vergé crème

130-E5	15 c. vert sur papier vergé crème (123x96 mm) (dates 751, 752 et 754)	47 50	20 »
130-E6	15 c. vert sur papier vergé crème (147x112 mm) (date 747)	47 50	20 »
130-E7	15 c. vert sur papier vergé crème (147x112 mm) (sans date)	55 »	20 »

Mention de l'expéditeur sur 4 lignes

130-E8	15 c. vert sur papier vergé crème (147x112 mm) (dates 841 et 842)	55 »	20 »
130-E9	15 c. vert sur papier jaunâtre ou blanchâtre (147x112 mm) (intérieur lilas) (dates 912 à 943)	16 »	8 »

132-CL1	25 c. bleu sur rose ou saumon	125 »	40 »

199-CL1	50 c. rouge sur chamois gris (timbre au type IIA à 4,5) mm à droite du mot lettre)	15 »	6 50
199-CL2	50 c. rouge sur chamois gris (timbre au type IIB à 7 mm à droite du mot lettre)	25 »	10 »
199-CL3	50 c. rouge sur chamois gris (timbre au type IV à 7 mm à droite du mot lettre)	20 »	8 »

CP	1f20 brun sur chamois	92 »	92 »
CP	1f20 brun sur jaune	92 »	92 »

Ces deux cartes postales ont été imprimées à Rennes à l'automne 1944 pour les départements libérés de l'Ouest à partir d'un poinçon réalisé localement par l'Imprimerie Oberthur.

1906 - TYPE SEMEUSE FOND PLEIN À INSCRIPTIONS MAIGRES.

135-CP1	10 c. rouge sur vert (dates 646 à 727)	32 »	16 »
135-CL1	10 c. rouge (timbre au type I) (dates 628, 629 et 630)	45 »	20 »
135-CL2	10 c. rouge (timbre au type IIA) (dates 632 à 651)	16 »	8 »
135-CL3	10 c. rouge (timbre au type IIB) (dates 652 à 710)	12 50	6 25
135-CL4	10 c. rouge (timbre au type III) (dates 702 et 703)	80 »	32 »

1907-1939 TYPE SEMEUSE CAMÉE

277A-BJ1	1 c. bistre-olive sur chamois (dates 425 à 745 ou sans date)	4 »	1 75

278-BJ1	2 c. vert foncé sur chamois (dates 224 à 721)	4 »	1 75

137-E1	5 c. vert sur papier blanc vergé (107x70 mm) (dates 736 à 419 ou sans date)	4 »	1 75
	a) avec surcharge « annulé » en noir ou en violet	32 50	

158-BJ1	5 c. orange sur chamois	55 »	32 »

138-CP1	10 c rouge sur vert-bleu (dates 749 à 611)	6 50	3 »
138-CPRP1	10 c + 10 c. rouge sur vert-bleu (timbre au type 1C) sans date	20 »	9 50
138-CPRP2	10 c. + 10 c. rouge sur vert-clair (même date sur les 2 volets)	25 »	9 50
138-CPRP3	10 c. + 10 c. rouge sur azuré (dates diverses et date 537 sur le volet réponse)	32 »	12 50
	a) avec surcharge « annulé » en violet	40 »	
138-CL1	10 c. rouge sur chamois clair à gris (timbre au type 1A) (dates 711 à 629)	3 25	1 75
	a) avec surcharge « annulé » en violet	30 »	
138-E1	10 c. rouge sur vert-gris (123x96 mm) (avec inscriptions pour l'expéditeur)	6 50	3 »
	a) avec surcharge « annulé » en violet	32 50	
138-E2	10 c. rouge sur blanc (123x96 mm) (avec inscriptions pour l'expéditeur)	14 »	5 »
	a) avec surcharge « annulé » en violet	32 50	
138-E3	10 c. rouge sur vert-gris (147x112 mm) (avec inscriptions pour l'expéditeur)	6 50	2 50
	a) avec surcharge « annulé » en violet	32 50	
138-E4	10 c. rouge sur blanc (147x112 mm) (avec inscriptions pour l'expéditeur)	18 »	6 50
	a) avec surcharge « annulé » en violet	32 50	
138-E5	10 c. rouge sur blanc (123x96 mm) (sans inscriptions pour l'expéditeur) (dates 815 à 419)	8 »	3 50
	a) avec surcharge « annulé » en violet	32 50	
138-E6	10 c. rouge sur blanc (123x96 mm) (sans inscriptions pour l'expéditeur) (sans date)	9 50	2 50
	a) avec surcharge « annulé » en violet	32 50	
138-E7	10 c. rouge sur blanc (147x112 mm) (sans inscriptions pour l'expéditeur) (dates 815 à 601)	12 50	4 »
	a) avec surcharge « annulé » en violet	32 50	
138-E8	10 c. rouge sur papier vergé crème (147x112 mm) (dates 640 et 641)	55 »	16 »
	a) avec surcharge « annulé » en violet	32 50	

279-BJ1	10 c. outremer sur chamois-brun (dates 726 à 949)	7 »	3 50

189-BJ1	15 c. brun sur papier bulle chamois clair (dates 650 à 004 et 037 à 828)	47 50	16 »
189-BJ2	15 c. brun sur papier bulle chamois clair (sans date)	47 50	16 »

139-CP1	20 c. lilas-brun (timbre au type IIA) (dates 015 à 035 ou sans date)	9 50	2 50
139-CP2	20 c. lilas-brun (timbre au type IIB)	9 50	2 50
139-CPRP1	20 c. + 20 c. lilas brun sur bleuté (dans date ou avec date 431 sur la réponse)	80 »	25 »

190-BJ1	20 c. lilas-rose sur chamois (dates 737 à 806)	130 »	55 »

140-CL1	25 c. bleu sur chamois clair (timbre au type 3) (dates 447 à 452 et 502)	32 50	25 »
140-CL2	25 c. bleu sur chamois clair (timbre au type 4) (dates 017 à 502)	8 50	8 50

140-E1	25 c. bleu (147x112 mm) (avec inscriptions pour l'expéditeur) (dates 015 017 ou sans date)	20 »	8 »
140-E2	25 c. bleu (147x112 mm) (sans inscriptions pour l'expéditeur) (sans date)	15 »	6 50

TYPE 1 : Se reporter aux Timbres-poste (émission de 1924-26).

TYPE IV.

Boule du chiffre 3 plus haute que dans le type 1.

Dans République, la lettre B est plus haute que les autres et le i petit. La signature O. Roty est tronquée près du cadre.

CLPP1	30 c. violet (Type 1) (1907), 14 lignes au verso, 19 localités desservies	85 »	16 »
CLPP2	30 c. idem, 16 lignes au verso, 20 localités desservies (1908) (dates 733 à 735)	85 »	16 »
CLPP3	30 c. idem (sans date	80 »	20 »
CLPP4	30 c. idem, 17 lignes au verso et 3 lignes de texte ajoutées au bas du recto (1910) (dates obliques 010 à 026)	85 »	16 »
	a) avec surcharge « annulé » en noir ou violet	70 »	
CLPP5	30 c. violet (type IV) (1911), 17 lignes au verso, petits caractères, 42 localités desservies (dates 128 à 516)	85 »	16 »
CLPP6	30 c. idem (1916), 3 lignes consacrées aux tarifs au verso (dates 629 à 636)	85 »	16 »
CLPPRP1	30 c. violet (Type I) (1908), (sans date) 16 lignes au verso, 20 localités desservies	120 »	32 »
CLPPRP2	30 c. Idem (1910), même recto que CLPP4	120 »	32 »
	a) avec surcharge « annulé » en noir ou violet	160 »	
CLPPRP3	30 c. violet (Type IV) (1911), 17 lignes au verso, petits caractères, 42 localités desservies	120 »	32 »
EPP1	30 c. violet (Type I) (1907) au verso : 19 villes desservies	67 50	16 »
EPP2	30 c. Idem (1908), 20 villes desservies	67 50	16 »
EPP3	30 c. violet (Type IV) (1911), tarifs au recto et 42 villes desservies au verso	67 50	16 »
	a) avec surcharge « annulé »	110 »	
CLPM	30 c. violet (Type IV) (1910)	310 »	240 »
CLPMRP	30 c. Id. (id.)	550 »	275 »
EPM	30 c. Idem (idem)	385 »	240 »

PRPCE1	30 c. + 30 c. noir sur verdâtre (270x230 mm) (timbre au type I) (date 190)	500 »	550 »
PRPCE2	30 c. + 30 c. noir sur bleuté (261x223 mm) (timbre au type I) (date 190)	500 »	550 »
PRCPE3	30 c. + 30 c. noir sur lilacé (261x223 mm)	500 »	550 »
PRCPE4	30 c. + 30 c. noir sur gris verdâtre (270x228 mm) (timbre au type I)	500 »	550 »
PRCPE5	30 c. + 30 c. noir sur papier gris verdâtre glacé (avec mention « remboursement par tube pneumatique ») (timbre au type IV)	525 »	550 »

160-CP1	Rouge sur vert (timbre au type IV) (dates 128 et 129 ou sans date)	47 »	16 »

Types du 30 c.

HA

HD

Type HD : Boucle inférieure de l's de Française qui remonte.

Type HA : Boucle plus horizontale, donc plus ouverte.

192-CP1	30 c. bleu sur verdâtre (timbre au type IID) (dates 631 à 635 ou sans date)	32 »	11 »
192-CPRP1	30 c. + 30 c. bleu sur vert (timbre au type IID) (sans date ou date 631 sur la réponse)	80 »	27 50
192-E1	30 c. bleu (147x112 mm) (timbre au type IIA)	95 »	40 »

360-BJ1	30 c. rouge sombre sur chamois (timbre au type IIA) (dates 917 à 919)	150 »	95 »

Types du 40 c.

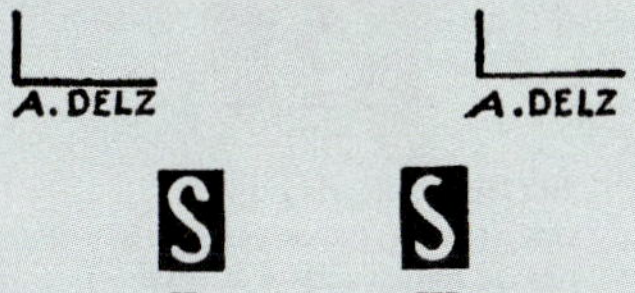

II III

Type II : pas de point à l'endroit d'une flèche. Boucle supérieure de l's de Française « fermée ».

Type III : Présence constante d'un point à l'endroit précité. Boucle supérieure de l's « ouverte ». N'existe que sur entiers.

194-CL1	40 c. vermillon sur chamois gris (timbre au type II) (dates 619 à 627)	12 50	3 »
194-CL2	Idem, mais timbre au type III	15 50	4 »

236-CP1	40 c. violet sur gris vert (137x88 mm) (timbre au type II) (dates horizontales 637 à 649)	5 »	1 60
236-CP2	40 c. violet sur gris vert (147x104 mm) (timbre au type II) (dates verticales à droite 701 à 735 ou à gauche 813 à 823)	5 »	1 60
236-CPRP1	40 c. + 40 c. violet sur gris vert (sans date)	65 »	25 »

237-CP1	40 c. outremer sur gris (timbre au type II) (dates 848 à 218)	4 »	1 »
237-CP2	40 c. outremer sur gris vert (timbre au type II) (sans date)	40 »	20 »
237-CPRP1	40 c + 40 c outremer sur gris-vert (147x104 mm) (sans date)	62 50	20 »
237-CPRP2	40 c. + '0 c. outremer sur gris-vert (147x104 mm) (date 047)	62 50	20 »

NB : sur les entiers du n° 237 la couleur du timbre varie de l'outremer au gris à peine bleuté.

CP1	90 c rouge (dates 021, 026, 124 ou sans date)	95 »	47 50
CPRP1	90 c. + 90 c. rouge (dates 021, 124 ou sans date)	145 »	62 50

1924 – JEUX OLYMPIQUES DE PARIS

185-CP1	30 c. noir et rouge sur vert	125 »	200 »

1925 – EXPOSITION INTERNATIONALE DES ARTS DECORATIFS DE PARIS

213-CP1	45 c. lilas et carmin	50 »	32 50

1923-1927 – TYPE PASTEUR

170-CP1	10 c. vert entrepôt d'Ivry	1500 »	1500 »
170-CP2	10 c. vert savon Lecat	4000 »	» »

171-CP1	15 c. vert jeux olympiques de Paris 1924 avec illustration au verso (aviron, boxe, course à pied, javelot, lutte, rugby, saut, tennis) chaque	275 »	275 »
	a) la série complète dans sa pochette	2500 »	
171-CP2	15 c. vert expo philatélique de Paris	45 »	30 »

172-CP1	20 c. vert, dates 541 à 543	15 »	5 »
172-CP2	20 c. vert, sans date	15 »	5 »

173-CP1	30 c. rouge, date 318	30 »	8 »
173-CPRP1	30 c. + 30 c. rouge, date 324	125 »	35 »
	a) Surcharge « Annulé »	100 »	

174-CP1	45 c. rouge expo philatélique de Paris	45 »	35 »

CPRP1	60 c. + 60 c. rouge	200 »	85 »

CP1	75 c. rouge	200 »	100 »

CPRP1	90 c + 90 c. rouge	400 »	175 »

1927 – CENTENAIRE DE LA NAISSANCE DE MARCELIN BERTHELOT

243-CP1	90 c. rouge	200 »	150 »

TYPE PAIX

281-CP1	40 c. lilas sur gris ou gris vert (type 1, dates 241 à 710, pas de lignes sous « adresse »)	5 »	0 90
281-CP2	40 c. lilas sur crème (type 3, dates 706 à 711, 4 lignes sous « adresse »)	25 »	6 50
281-CPRP1	40 c. + 40 c. lilas (sans date ou date 546)	140 »	40 »

283-CL1	50 c. rouge sur chamois gris (dates 235 à 721)	32 »	10 »
283-E1	50 c. rouge sur blanc	25 »	10 »

363-CP1	55 c. violet	13 »	3 »
363-CPRP1	55 c. + 55 c. violet	1600 »	600 »

365-CL1	65 c outremer (type 1)	32 »	9 50
365-E1	65 c. outremer (type 2)	47 50	20 »

285-CP-CP1	90 c. rouge (sans date ou date 540)	130 »	32 »
285-CPRP1	90 c. + 90 c. rouge (sans date ou date 540)	150 »	50 »

368-CL1 90 c. outremer sur chamois clair (date 916 ou sans date) (type 3) 115 » 40 »

368-CL2 90 c. outremer sur gris bleu (type 3) (dates 916 à 929) 55 » 20 »

363-CP1 1 f. rose sur crème (dates 828, 848 ou sans date) (type 2) 130 » 60 »

1938 – MEMORIAL AUSTRALIEN DE VILLERS-BRETONNEUX

400-CP1 55 c. vert 16 » 12 50

400-CP2 1 f. carmin 16 » 12 50

(vendus en pochettes de 5 cartes postales avec vues différentes en sépia au verso).

1939-1940 – DEFILE DU 11 NOVEMBRE

403-CP1 70 c. bleu 8 » 2 50
a) oblitéré sans timbre complémentaire 16 »

403-CP2 80 c. bleu 15 » 6 50

1939 – EXPOSITION INTERNATIONALE DE NEW-YORK

426-CP1 70 c. vert 17 50 11 »
a) avec repiquage « Coupe internationale du philatéliste » 15 » 10 »

1939- PAQUEBOT NORMANDIE

299-CP1 1f25 vermillon 25 » 14 »
a) avec repiquage « Coupe internationale du philatéliste » 22 50 12 50

1939-1940 – TYPE MERCURE

416-CP1 70 c. lilas-rose 32 » 9 »

SPE-CL1 1 f. bleu 35 » 12 »

1940 – LA MARSEILLAISE DE RUDE

315-E1 50 c. carmin 32 » 27 50

Cette enveloppe, imprimée en 1937 n'a été mise en vente qu'en 1940.

On connaît des essais (cartes postales et enveloppes) à 40 c. (valeur 750 »).

1940 – 1944 – TYPE IRIS

431-CP1 80 c. brun sur crème ou chamois (sans mention d'expéditeur) 6 50 1 75

431-CP2 80 c. brun sur chamois (avec mentions » expéditeur » et « destinataire ») 6 50 1 75
431-CPRP1 80 c. + 80 c. brun sur crème 1600 » 625 »

433-CL1 1 f. rouge sur gris bleu ou gris-jaunâtre 32 » 15 »
433-E1 1 f. rouge 40 » 14 »

651-CP1 1 f. 20 violet sur blanc couché 4 » 1 50

SPE-CP1 1 f. 25 carmin sur crème 100 » 50 »

ESSAI-CP1 1 f. 30 noir sur 1 f. 20 Pétain brun-rouge 2500 »

(Cet essai, dont on connaît quatre modèles, fut réalisé à l'automne 1944 dans l'espoir de recycler les entiers 1 f. 20 Pétain démonétisés le 1er novembre 1944).

435-CP1 1 f. 50 orange sur crème 70 » 46 »

654-CP1 2 f. 40 rose carminé sur blanc couché 25 » 8 »

SANS VALEUR-CP1 brun sur carton de couleur variable 6 » 1 »

Cette carte, comportant au verso 4 lignes d'instructions et 14 lignes de texte à compléter fut mise en vente à partir du 26 septembre 1940 pour assurer la correspondance familiale entre zone occupée et zone libre. Elle se rencontre sur carton beige, chamois, brun, blanc, rouge, gris-bleu, vert-clair ou jaune.

Elle fut aussi utilisée hors de France : Algérie, Maroc, Tunisie (à partir de 10 »), Côte des Somalis (225 »), Côte d'Ivoire (120 »), Dahomey (250 »), Guadeloupe (350 »), Guinée (75 »), Guyane (400 »), Indochine (350 »), Liban (200 »), Madagascar (400 »), Réunion (500 ») Sénégal (45 »), Soudan (125 »), Syrie (300 »), Togo (300 »).

SANS VALEUR-CP2 Brun sur chamois 8 » 1 »

Cette carte comporte au verso 8 lignes d'instructions et 7 lignes pointillées. Elle fut aussi utilisée hors de France (voir carte précédente).

SANS VALEUR-CP3 Brun sur gris ou chamois, correspondance commerciale avis de commande 120 » 75 »

SANS VALEUR-CP4 Brun sur rose, correspondance commerciale accusé de réception d'avis de commande 150 » 85 »

1941-1943 – TYPE PETAIN

512-CP1 80 c. brun rouge sur chamois 3 » 0 90
512-CP2 80 c. brun sur blanc couché 1 » 0 50

512 CPRP1 80 c. + 80 c. br. sur blanc couché 120 » 60 »
512-CP3 80 c. brun sur blanc couché avec surcharge encadrée « complément de taxe perçu » en haut à gauche de la carte 3 » 0 75

Les cartes postales CP1, CP2 et CP3 ont été utilisées hors de France en Algérie, Maroc, Tunisie (10 »), Côte des Somalis (225 »), Côte d'Ivoire (150 »), Dahomey (225 »), Guinée (100 »), Sénégal (45 »), Togo (300 »), Monaco (60 »).

512-CP4	80 c. rouge sur vert « correspondance commerciale »	80 »	45 »
512-CP5	80 c. rouge sur vert avec surcharge encadrée « complément de taxe perçu »	80 »	45 »

514-CL1	1 f. rouge sur gris bleuté	40 »	12 50
514-E1	1 f. rouge sur blanc	40 »	15 »

515-CP1	1 f. 20 brun rouge sur blanc couché	1 »	0 50

Cette carte postale a été utilisée hors de France en Algérie, Maroc, Tunisie (10 »), Côte des Somalis (225 »), Côte d'Ivoire (75 »), Dahomey (225 »), Guinée (75 »), Sénégal (45 »).

Cette carte postale a été surchargée RF à Orléans et Blois au moment de la libération (40 » 40 »).

515-CP2	1 f. 20 rouge-brun sur bleu « correspondance commerciale »	110 »	65 »
515-CPRP1	1 f. 20 + 1 f. 20 brun rouge sur blanc couché	125 »	50 »

515-CPRP2	1 f. 20 + 1 f.20 brun sur chamois « demande d'extrait de mariage »	400 »	60 »
515-CPRP3	1 f. 20 + 1 f. 20 brun sur chamois « demande d'extrait de naissance »	400 »	60 »

515-CPRP4	1 f. 20 + 1 f. 20 brun sur blanc « demande d'extrait de mariage »	750 »	200 »

515-CP	5 f. bleu « Salon du prisonnier »	40 »	40 »

FRANCE FRANCE

Etat 1 Etat 2

Deux états de cet entier existent selon que sous « France » le trait commence à gauche du « F » (Etat 1) ou à droite du « F » (Etat 2).

Des essais de couleurs numérotés 1 à 18 (sauf n° 13 adopté) ou non numérotés furent réalisés (750 » chaque)

Des essais de CPRP 5 f. + FM furent réalisés fin 1942 en vert foncé, vert vif, marron, rouge, noir (1500 » chaque) mais les allemands n'en autorisèrent pas la mise en circulation.

517-E1	1 f. 50 brun sur grisâtre « L'urbaine et la Seine » (caractères ornés)	750 »	750 »
517-E2	1 f. 50 brun sur blanc « L'urbaine et la Seine » (caractères bâtons)	750 »	750 »

519-CP1	2 f. 40 rouge sur blanc couché	50 »	40 »

521-CLPP1	3 f. orange sur vert jaune ou gris azuré	50 »	12 »

521-PRCPE 3 f. + 3 f. noir Caisse d'Epargne 6500 » 2750 »

1945 – 1946 – TYPE CERES DE MAZELIN

Essai-CP1 1 f. 20 noir sur 1 f. 20 Pétain brun-rouge 2500 »

679-CP1 1 f. 50 lilas 8 » 2 50

679-CPRP 1 f.50 + 1 f. 50 lilas 135 » 80 »

681-CP2 2 f. 50 brun 8 50 2 50

1945 – 1954 – TYPE MARIANNE DE GANDON

713-E1 2 f. vert foncé L'urbaine et la Seine 750 » 750 »

715-E1 3 f. brun foncé L'urbaine et la Seine 600 » 600 »

716-E1 3 f. rose chemin de fer métropolitain de Paris 3000 » » »

716A-CP1 3 f. vert expo philatélique de Nancy – Blason de Nancy 45 » 40 »

716A-CP2 3 f. vert expo philatélique de Nancy – Porterie du palais ducal 45 » 40 »

716B-CP1 3 f. 50 rouge-brun sur blanc couché 35 » 7 »

716B-CP2 3 f. 50 rouge-brun sur gris 50 » 8 »

718A-ENV1 4 f. 50 bleu L'urbaine et la Seine 700 » 700 »

719B-CP1 5 f. bleu sur chamois 12 » 3 »

721-CP1 6 f. rouge-orange sur blanc couché 130 » 50 »

810-CP1 8 f. bleu clair sur chamois 52 » 8 »

812-CP1 12 f. outremer sur chamois clair (3 lignes pour l'expéditeur) 30 » 8 »

812-CP2 12 f. outremer sur chamois clair (4 lignes pour l'expéditeur) 30 » 8 »

885-CP1 12 f. orange sur chamois clair (format 148x104 mm) ou 140x100 mm) 17 » 3 »

813-CP1 15 f. rouge sur chamois clair (trois lignes pour l'expéditeur) 95 » 40 »

813-CP2 15 f. rouge sur chamois clair (quatre lignes pour l'expéditeur) 85 » 30 »

886-CL1 15 f. bleu sur chamois carte-lettre annonces les panneaux bleus 1250 » 2000 »

886-E1 15 f. bleu sur chamois RATP 300 » 300 »

D'autres enveloppes 15 f. bleu TSC existent : Banque Populaire Montrouge, Crédit du Nord Paris, Crédit de l'Ouest Paris, Général Motors Frigidaire, I.N.S.E.E., Urbaine-Seine Paris, Banque Industrielle et Commerciale Montrouge (300 » chaque) et Henri Doré Chartres (750 »).

887-CP1 18 f. rose carminé (148x104mm ou 140x100mm) 190 » 115 »

1955 – 1961 – TYPE MARIANNE DE MULLER

1010-CP1 12 f. vert-jaune sur chamois ou jaune 20 » 5 »

1011-CP1 15 f. rose 12 » 3 »

1011A-CP1 18 f. bleu sur chamois ou jaune 145 » 65 »

1011B-CP1 20 f. bleu sur chamois ou rosé 16 » 2 50

1011C-E1 25 f. rouge TSC Crédit Français60 » 45 »

D'autres enveloppes 25 f. rouge TSC existent : Crédit Lyonnais, Général Motors Frigidaire, R.A.T.P., Statistiques Laitières, Crédit du Nord, O'Cédar, Diffusion Industrielle Nouvelle (60 » 45 » chaque)

0,20 bleu CP1 Laboratoire Bellon 100 » 75 »

D'autres cartes postales 0,20 bleu TSC existent : Cinéma publicité, Duburcq, Ford, Pied-Selle, Société Coopérative… (100 » 75 »)

0,25 rouge sur blanc E1 (utilisateur R. Bloch, Metz) 45 » 30 »

D'autres enveloppes 0,25 rouge TSC existent : Ancienne Mutuelle, Cie Générale d'Assurances, La Confiance, Crédit Français, Crédit Lyonnais (Paris, Toulouse), Crédit du Nord, Formation Professionnelle des Adultes, etc…

1960 – TYPE SEMEUSE LIGNEE DE PIEL

1233-CP1		16 »	2 50

1965 – TYPE MARIANNE DE DECARIS

1263-CP1	25 c. lie de vin et gris sur chamois ou blanc crème	4 50	1 75

1969-1973 – TYPE MARIANNE DE CHEFFER

1611-CP1	30 c. vert sur beige clair (recto divisé par un trait vertical	5 »	1 50
1611-CP2	30 c. vert sur beige clair (recto non divisé. Destinataire en rouge)	3 25	1 75

1975-1976 – *Type MARIANNE DE BEQUET . Typographie.*

Bande de phosphore sur REPUBLIQUE FRANCAISE

1814-CP1	60 c. vert	3 25	1 60
1891-CP1	80 c. vert	3 25	1 60

1976. - *Exposition philatélique JUVAROUEN. Taille-douce.*

1876-CP1	60 c. Ardoise	2 50	1 25

1978-80 – *Type SABINE – Taille-douce.*

Bande de phosphore sur le timbre, à droite.

1970-CP1	80 c. vert	4 75	3 »
1973-CP1	1 f. vert	3 25	1 »
2058-CP1	1 f. 10 vert	3 25	0 90
2101-CP1	1 f. 20 vert	4 »	0 90

1981 – *Idem légende REPUBLIQUE FRANCAISE.*

2154-CP1	1 f. 40 vert	2 50	1 60

1982 – *Exposition philatélique internationale PHILEX-FRANCE 82. Taille-douce.*

2216-CP1	1 f. 60 brun-rouge	2 »	1 »

1982 – *Inauguration du bureau de poste de Paris-Tour Eiffel. Taille-douce.*

429-CP1	1 f 60 vert-jaune	2 50	1 25

1982-88 – *Type LIBERTE DE GANDON.*

2186-CP1	1 f 40 vert	1 60	0 80
2219-CP1	1 f. 60 vert	1 90	0 75
2318-CP1	1 f. 70 vert	1 60	0 75
2375-CP1	1 f. 80 vert	1 60	0 75
2424-CP1	1 f. 90 vert	1 60	0 75
2484-CP1	2 f. vert	1 60	0 75

1984. - *Liberté de Gandon. Nouveaux types, sans valeurs faciales indiquées. Carton ou papier jaune.*

2484A-CP	(1 f. 70), vert	1 60	0 80
CL	(2 f. 10), rouge	1 60	1 »
E	(2 f. 10), rouge	1 60	1 »

Ces entiers expérimentaux ont été vendus dans le département de l'Isère ; leur validité n'a pas été affectée par les changements de tarifs postaux.

1984. - *"Philex-Jeunes'84". Exposition philatélique de la jeunesse, à Dunkerque. Taille-douce.*

2308-CP1	2 f. rouge	2 40	1 »

1984. - *Europa. 25e anniversaire de la Conférence européenne des administrations des postes et télécommunications (C.E.P.T.). Taille-douce.*

2309-CP1	2 f. 20 bleu	2 40	1 »

1986. - *Centenaire de l'érection de la Statue de la Liberté, à New York. Taille-douce.*

2421-CP1	2 f. 50 bleu et rouge	2 40	1 30

1987. - *Centenaire de l'Institut Pasteur. Taille-douce.*

2496-CP1	2 f. 20 rouge et bleu	1 60	0 80

1989. - *Liberté de Gandon. "Carte Postale électronique". Valeur imprimée à l'Exposition "Philexfrance'89". La valeur imprimée dans le timbre varie selon le pays de destination. L'illustration au verso reproduit l'affiche de l'exposition.*

2496A-CP	bleu, rouge et noir, valeur imprimée : 2 f. 20	12 50
	a. autre valeur, à destination de l'étranger	21 50

1989. - *Panorama de Paris. Multicolores. Taille-douce.*

2579-CP1	2 f. 20 *(Arche de la Défense)*	1 55	0 80
2580-CP1	2 f. 20 *(Centenaire de la tour Eiffel)*	1 55	0 80
2581-CP1	2 f. 20 *(Pyramide du Grand Louvre)*	1 55	0 80
2582-CP1	2 f. 20 *(Notre-Dame)*	1 55	0 80
2583-CP1	2 f. 20 *(Opéra Bastille)*	1 55	0 80
	La série de 5 cartes postales	7 75	4 »

1990-91. - *Type MARIANNE DU BICENTENAIRE.*

2622-CP1	2 f. 10, vert	1 25	0 75

2715-CP1	2 f. 50, rouge	1 »	0 75

1990. - *Course autour du monde 1989-1990. Offset. Au recto : "La Poste".*

2648-CP1	2 f. 30, vert, bleu et jaune	1 85	1 10

1992. - *Course autour du monde à la voile en équipage. Au recto, le voilier "La Poste".*

2755-CP1	2 f. 50, multicolore (2755)	2 30	1 55
2756-CP1	3 f. 40, multicolore (2756)	3 05	2 30

1992. - *80e anniversaire de la 1re liaison postale aérienne, Nancy-Lunéville. Offset.*

2778-CP1	2 f. 50, multicolore (2778)	1 85	1 10

1993. - *Les Postiers autour du monde. Offset. Dentelure figurée.*

2789-E1	2 f. 50, multicolore	1 25	0 80
2831-CP1	2 f. 80, multicolore	2 »	1 »
2831-CP2	2 f. 80, multicolore	2 »	1 »

Texte de la CP2 : « Whitbread 1993-94 ». Le Maxi-Yacht « La Poste » à Fremantle (Australie).

Date d'impression : Fév. 94 (au lieu de Sept. 93).

1994. - *Les restaurants du coeur. Offset. Dentelures figurées.*

2902-CP1	2 f. 80 + 0,60 multicolore	4 »	2 50

1994. - *Marianne du Bicentenaire. Sans valeur indiquée (validité permanente). Timbre sur fond de sécurité bleu.*

2806-CP1	(sans val.) rouge	1 25	0 65
2806-E1	(sans val.) rouge (162x114)	1 25	0 50
2806-E2	(sans val.) rouge (220x110)	1 25	0 50

Il existe de nombreuses variétés des nos 442 et 443.

Idem. Fond de sécurité modifié.

2806-E3	(sans val.) rouge (162x114)	1 25	0 30
2806-E4	(sans val.) rouge (220x110)	1 25	0 30
2806-E5	(sans val.) rouge (220x110) (à fenêtre, autocollante)	1 25	0 30
2806-E6	(sans val.) rouge(225x115) (à fenêtre, patte gommée)	1 25	0 30

1997. - *Marianne du Bicentenaire. Sans valeur indiquée (Validité permanente pour l'envoi en "Lettre" en Métropole, à destination d'Andorre et Monaco ou à l'intérieur des DOM, de documents jusqu'à 100 g (I) et jusqu'à 500 g (II). Deux barres de phosphore à gauche du timbre dans la partie fluorescente entourant le timbre.*

2806-E7	(sans val.) rouge Enveloppe cartonnée (I) (229x162)	3 05	1 »
2806-E8	(sans val.) rouge Enveloppe cartonnée (II) (328x248)	6 10	2 30

Timbre agrandi sur le 449.

Idem. Sans valeur indiquée (Validité permanente pour l'envoi en "Prioritaire" de documents à destination des DOM-TOM ou en provenance des DOM, jusqu'à 100 g (I) et jusqu'à 500 g (II). Deux barres de phosphore à gauche du timbre dans la partie fluorescente entourant le timbre.

2806-E9	(sans val.) bleu turquoise Enveloppe cartonnée (I) (229x162)	3 85	1 85

2806-E10	(sans val.) bleu turquoise Envel. cartonnée (II) (328x248)	10 75	3 85

Timbre agrandi sur le 451.

1997. - *Type MARIANNE DU 14 JUILLET. Sans valeur indiquée (validité permanente). Timbre sur fond de sécurité bleu avec tête de la Marianne.*

3083-E1	(sans val.) rouge (162x115)	1 25	0 30
3083-E2	(sans val.) rouge (220x110)	1 25	0 30
3083-CP1	(sans val.) rouge (150x105)	2 »	1 »

1999. - *Type Marianne du 14 Juillet. Sans valeur indiquée . Validité permanente pour l'envoi en "Lettre" en Métropole, à destination d'Andorre et Monaco ou à l'intérieur des DOM, de documents jusqu'à 100 g. (I) et jusqu'à 500 g. (II). Deux barres de phosphore à gauche du timbre.*

3083-E3	(sans val.) rouge Enveloppe cartonnée (I) (229x162)	3 05	1 25
3083-E4	(sans val.) rouge Enveloppe cartonnée (II) (328x248)	6 10	2 30

2000. - *Type Marianne du 14 Juillet. Sans valeur indiquée (validité permanente). Enveloppes réservées à la réexpédition temporaire ou définitive des correspondances ordinaires dont le destinataire a changé d'adresse en France. Deux barres de phosphore à gauche du timbre.*

3083-E5	(sans val.) rouge	1 55	» »
3083-E6	(sans val.) rouge	2 30	» »

2001. - *Type Marianne du 14 Juillet. Sans valeur indiquée (validité permanente). Lettre recommandée suivie R1 avec avis de réception. Deux barres de phosphore à gauche du timbre. Se présente comme une carte-lettre.*

3083-CL1	(sans val.) rouge	7 »	5 »

2002. - *Type Marianne du 14 Juillet avec mention RF. Sans valeur indiquée (validité permanente pour l'envoi en "Lettre" en Métropole, à destination d'Andorre et Monaco ou à l'intérieur des DOM). Deux barres de phosphore.*

3417-E1	(sans val.) rouge (170x114)	1 »	0 30
3417-E2	(sans val.) rouge (220x110)	1 »	0 30
3417-E3	(sans val.) rouge lettre jusqu'à 50 g (229x162)	1 50	0 40
3417-E4	(sans val.) rouge lettre jusqu'à 100 g (324x229)	2 50	0 50

2002. - *Type Marianne du 14 Juillet avec mention RF. Sans valeur indiquée. Validité permanente pour l'envoi en « Lettre » en Métropole, à destination d'Andorre et Monaco ou à l'intérieur des DOM, de documents jusqu'à 100 g (I) et jusqu'à 500 g (II). Deux barres de phosphore à gauche du timbre.*

3417-E5	(sans val.) rouge Enveloppe cartonnée(I) (229x162)	3 »	1 »
3417-E6	(sans val.) rouge Enveloppe cartonnée (II) (328x248)	6 »	2 »
3417-E7	(sans val.) bleue Enveloppe cartonnée utilisée aux DOM (II) (328x248)	7 »	3 »

2002. - *Type Marianne du 14 Juillet avec mention RF. Sans valeur indiquée (validité permanente). Enveloppes réservées à la réexpédition temporaire ou définitive des correspondances ordinaires dont le destinataire a changé d'adresse en France. Deux barres de phosphore à gauche du timbre.*

3417-E8	(sans val.) rouge (230x163)	1 50	» »
3417-E9	(sans val.) rouge (328x248)	2 25	» »

2002. - *Type Marianne du 14 Juillet. Sans valeur indiquée (validité permanente). Lettre recommandée suivie R1 avec avis de réception. Deux barres de phosphore à gauche du timbre. Se présente comme une carte-lettre.*

3417-CL1	(sans val.) rouge	7 »	5 »

AÉROGRAMMES

1969. - *Avion Concorde. Offset. Timbre au type du n° 43 de poste aérienne.*

1001-AER	1 f. bleu et noir	20 »	12 25

1970-75. - *Timbre « Emblème » des P.T.T. (oiseau stylisé). Offset.*

1002-AER	1 f. 15, jaune et bleu-violet	12 25	5 35
	a. ocre-jaune et bleu-violet	7 65	5 35
1003-AER	1 f. 40, jaune et bleu-violet	12 25	4 60

1977-80. - *Avion Concorde survolant Paris. Offset.*

1004-AER	1 f. 60, noir et polychrome	8 »	3 »
1005-AER	1 f. 90, noir et polychrome	8 »	3 »
1006-AER	2 f. 10, noir et polychrome	9 50	4 »
1007-AER	2 f. 35, noir et polychrome	9 50	3 »

1982. - *Idem. Légende RÉPUBLIQUE FRANÇAISE.*

1008-AER	2 f. 70, noir et polychrome	6 10	3 »
1009-AER	3 f. 10, noir et polychrome	6 10	3 »

1983. - *Bicentenaire de l'air et de l'espace et type Liberté de Gandon. Offset.*

1010-AER 3 f. 10, bleu, rouge et noir 3 25 1 85

1984. - *Type de 1982.*

1011-AER 3 f. 30, noir et polychrome 3 25 1 25
1012-AER 3 f. 50, noir et multicolore 2 50 1 25

1984. - *Avion survolant Paris. Offset.*

1013-AER 3 f. 50, bleu et outremer 1 85 1 25

1985-87. - *Type de 1982.*

1014-AER 3 f. 70, multicolore 2 30 1 25
1015-AER 3 f. 90, multicolore 3 05 1 25
1016-AER 4 f. 20, multicolore 2 30 1 25

1989. - *Bicentenaire de la Révolution. Timbre au type du nº 2560. Offset.*

1017-AER 4 f. 20, bleu et rouge 3 05 1 »

1990. - *Avion ATR 72 en vol. Offset.*

1018-AER 4 f. 20, bleu clair et bleu 1 85 1 10

1992. - *Hélicoptère Dauphin 2 en vol. Offset.*

1019-AER 4 f. 50, multicolore 2 30 1 10

1993. - *Airbus A 340 en vol, sur planisphère. Offset.*

1020-AER 5 f. multicolore 1 85 1 10

1994. - *50e anniversaire de la disparition d'Antoine de Saint-Exupéry. Type du T. aérien de 1947. Offset.*

1021-AER 5 f. brun-lilas 1 85 1 10

1996-2002. - *Hélicoptère Eurocopter EC 135. Héliogravure.*

1022-AER 5 f. multicolore 1 75 0 80
1023-AER 0,76 e. multicolore 1 50 0 80

La cote des aérogrammes oblitérés s'entend pour des plis ayant voyagé au tarif.

ENVELOPPES « DISTINGO »

1991. - *Enveloppes "Distingo", pour envoi de documents importants. Imperméables et indéchirables.*

Composition géométrique.

Au verso : « La Poste organisateur officiel » et logotypes des jeux olympiques d'hiver et du parcours de la flamme olympique.

2001-E ( ) multicolore, format de l'enveloppe 229x162 15 25 10 »
2002-E ( ) multicolore, format de l'enveloppe 326x229 15 25 12 25

Idem, sans les mentions olympiques

2003-E ( ) format 229x162 11 50 3 85
2004-E ( ) format 326x229 13 75 4 60

Des N°s 2001, 2002 et 2003 ont été surchargés : Envoi intra-départemental pour les D.O.M. et inter D.F.A.

Idem, validité étendue pour les D.O.M.
Bandeau « La Poste » réduit.

2005-E ( ) format 229x162 9 95 6 90

2006-E	( ) format 326x229	8 40	5 35

Existent avec et sans précasage ; ces derniers font souvent l'objet d'une personnalisation pour l'entreprise utilisatrice.

Idem. Logo « La Poste » plus petit et encadré.

2007-E	( ) format 229x162	6 10	3 85
2008-E	( ) format 326x229	7 65	4 60

Idem. Mention ronde « Courrier suivi » en haut à gauche et étiquette de suivi collée sur l'enveloppe.

2009-E	( ) format 221x110	2 30	1 55
2010-E	( ) format 221x121	2 30	1 55
2011-E	( ) format 230x162	3 05	2 30

Le n° 2009 possède une fenêtre ; les mentions : "Distingo 20" figure sur les n°s 2009 et 2010 et "Distingo 50" sur le n° 2011.

EMBALLAGES PRÉAFFRANCHIS « DILIGO »

Depuis 1992 La Poste commercialise divers emballages préaffranchis comportant des vignettes autocollantes. Il ne s'agit pas d'entiers postaux. Ces pièces postales ont été placées dans ce chapitre par commodité.

2101 « Flèches entrecroisées »

1996. -

2102 « Carte de France avec flèches »

1997. - *Avec fond de sûreté. Dentelé.*

2103

Ces objets ont été placés dans la rubrique « Entiers Postaux », La Poste ne vendant pas les vignettes séparément.

TYPE CHAPLAIN

30 c. rose.

2501	CPP	30 c. (1880)	15 25	4 60
2502	CPRP	30 c. (1882)	38 25	7 65
2504	CPRP	30 c. surchargée « valable pour tout Paris » (1885)	69 »	15 25

30 c. carmin.

Légende « République Française » et « carte pneumatique ». Six lignes d'avis au verso.

2594	CLPP	30 c. (1902)	15 25	4 60
2595	CLPPRP	30 c. (1903)	33 75	15 25

Quatorze lignes d'avis au verso.

2596	CLPP	30 c. (1907)	15 25	6 10
2597	CLPPRP	30 c. (1907)	61 »	17 »
2763	EPP	30 c. (1902)	15 25	6 10

30 c. noir.
Plan de Paris, teinté foncé à l'ouest.

2505	CPP	30 c. (1882)	12 25	3 85

Idem, à l'ouest et au nord.

2506	CPP	30 c. (1883)	13 75	3 85

Plan de Paris, sans teinte rose.

2507	CPP	30 c. (1884)	13 75	3 85

Idem, avec surcharge « valable pour tout Paris ».

2508	CPP	30 c. (1885), à partir de	13 75	3 85

Texte vertical simplifié. Sans plan.
Avec et sans date.

2511	CPP	30 c. (1885-1894), à partir de	10 75	3 »
2512	CPRP	30 c. (1887-1896), à partir de	70 »	21 50

Nouvelle légende : « République Française » et « Carte pneumatique ». Avec date.

2521	CPP	30 c. (1897-1898)	15 25	3 »

Idem. Avec ou sans date.

2523	CPRP 30 c. (1897-1899)	62 50	15 25
2593	CLPP 30 c. (1902)	15 25	7 65

Caisse d'épargne.

2780	PRPCE 30 c.+30 c. noir	110 »	250 »

Existe avec à l'intérieur date "188" ou "190".

2783	PRPCE 30 c.+30 c. noir	120 »	225 »

Formule 265x140 mm sur papier jaune paille.

40 c. rouge-brique.

2598	CLPP 40 c. (1919)	30 50	9 15
2750	CLPM 40 c. (1919)	275 »	175 »
2773	EPP 40 c. (1919)	38 25	12 25

50 c. rose.

2516	CPP 50 c. (1880)	61 »	38 25
2519	CPRP 50 c. (1880)	460 »	305 »

Idem, surcharge « Taxe réduite 30 c. ».

2517	CPP 30 c. s. 50 c. (1880)	45 75	15 25
2520	CPRP 30 c. s. 50 c. (1880)	77 »	45 75

50 c. carmin.

Format 145x85 mm.

2764	EPP 50 c. (1897),à partir de	30 50	7 65
2765	EPP 30 c. s. 50 c. (1902), à partir de	54 »	23 »

Format 123x95 mm.

2766	EPP 50 c. (1897)	15 25	6 10

Surcharge à la main.

2767	EPP 30 c. s. 50 c. (1902), à partir de	10 75	6 10

Surcharge typographique.

2768	EPP 30 c. s. 50 c. (1902)	10 »	5 35

50 c. noir.
Papier bleu. Légende : « Télégramme ».
Cinq lignes d'avis au verso. Piquage AA 10½.

N.B. : AA, BB, CC désignent les piquages A, B et C à l'envers.

2526	CLPP 50 c. (1881)	38 25	12 25

Plan de Paris, teinté violet à l'ouest.

2527	CLPP 50 c. (1882)	30 50	9 15

Plan de Paris, teinté violet à l'ouest et au nord.

2528	CLPP 50 c. (1883)	23 »	9 15

Plan de Paris, sans teinte violette.

2529	CLPP 50 c. (1884)	26 75	9 15

Idem, surcharge « valable pour tout Paris ».

2530	CLPP 50 c. (1885)	38 25	10 75

Neuf lignes d'avis au verso.
Piquage AA 13½. ou 10½.

2531	CLPP 50 c. (1885) à partir de	30 50	9 15
2533	CLPP 30 c. s. 50 c. (1902)	15 25	7 65

Idem. Piquage CC. Avec ou sans date.

2534	CLPP 50 c. (1890)	10 75	7 65
2535	CLPP 30 c. s. 50 c. (1902)	19 25	4 60

Légende : «Carte pneumatique fermée»
et « République Française ».
Six lignes d'avis au verso. Piquage CC.

2550	CLPP 50 c. (1897)	9 15	6 10
2551	CLPP 30 c. s. 50 c. (1902), à partir de	15 25	4 60

Trois lignes d'avis du verso sont barrées de six traits.

2553	CLPP 50 c. (1898), à partir de	15 25	4 60
2554	CLPP 30 c. s. 50 c. (1902), à partir de	45 75	15 25

Cinq lignes d'avis au verso. Piquage CC.

2563	CLPP 50 c. (1899)	9 15	5 35

Surcharge faite à la presse.

2564	CLPP 30 c. s. 50 c. (1902), à partir de	15 25	3 85

Surcharge faite à la main.

2567	CLPP 30 c. s. 50 c. (1902), à partir de	15 25	4 60

60 c. carmin.

2756 EPP 60 c. (1889) 45 75 10 75

2757 EPP 50 c. s. 60 c. (1896), à partir de 15 25 7 65

60 c. violet.

2599 CLPP 60 c. (1921) 30 50 7 65
2751 CLPM 60 c. (1921) 305 » 275 »
2774 EPP 60 c. (1921) 38 25 7 65

Caisse d'Epargne.

2787 PRCPE 60 c.+60 c. noir 175 » » »

Format 270x230 mm sur papier gris verdâtre.
Existe avec à l'intérieur dates "19", "191" ou "192".

2787 PRCPE 60 c. + 60 c.noir 175 » » »

Format 120x230 mm sur papier paille.

75 c. carmin.

2759 EPP 75 c. (1885) 33 75 23 »
2760 EPP 60 c. s. 75 c. (1887) 20 » 10 75

75 c. violet.

2600 CLPP 75 c. (1924) 30 50 12 25

1 f. noir.

Papier rose avec « Bon de réponse » sur côté droit. Légende: « Télégramme ». Piquage AA 13½.

2540 CLPPRP 1 f. (1884) 45 75 30 50
2541CLPPRP 60 c. s. 1 f. (1902), à partir de 77 » 45 75

Inscription « Pour ouvrir... » de 69 mm. Piquage AA 10½.

2543 CLPPRP 1 f. (1884) 45 75 30 50
2544CLPPRP 60 c. s. 1 f. (1902) 77 » 38 25

Inscription « Pour ouvrir...» de 73 mm.

2545 CLPPRP 1 f. (1884) 45 75 30 50
2546 CLPPRP 60 c. s. 1 f. (1902) 77 » 23 »

Idem. Piquage CC.

2547 CLPPRP 1 f. (1890) 54 » 30 50
2548 CLPPRP 60 c. s. 1 f. (1902), à partir de 110 » 30 50

Légende : « Carte pneumatique fermée » et « République Française ». Piquage AA. Neuf lignes d'avis au verso.

2574 CLPPRP 1 f. (1898) 61 » 45 75
2575 CLPPRP 60 c. s. 1 f. (1902) 110 » 45 75

Idem. Trois lignes du verso sont barrées de six gros traits.

2576CLPPRP 1 f. (1899) 61 » 36 75
2577 CLPPRP 60 c. s. 1 f. (1902), à partir de 77 » 30 50

Bon de réponse tenant en plein. Cinq lignes d'avis au verso. Piquage AA 13½ ou AA 13½ sur 10 ½.

2580 CLPPRP 1 f. (1899), à partir de45 75 30 50
2581 CLPPRP 60 c. s. 1 f. (1902), à partir de 38 25 19 25

Idem. Bon de réponse perforé. Piquage AA 13½.

2588 CLPPRP 1 f. (1899) 61 » 38 25
2589 CLPPRP 60 c. s. 1 f. (1902), à partir de 38 25 26 75

1 f. violet.

2601 CLPP 1 f. (1926) 38 25 9 15
2752 CLPM 1 f. (1926) 305 » 255 »
2775 EPP 1 f. (1925) 38 25 7 65

1 f. noir
Caisse d'Epargne.

2790	PRCPE	1 f.+1 f. noir	225 »	350 »

1 f. 50, violet.

2603	CLPP	1 f. 50 (1929), à partir de	38 25	9 15
2776	EPP	1 f. 50 (1928)	38 25	9 15

1 f. 50, rouge.
Papier bleu-vert foncé.

2604	CLPP	1 f. 50 (1929)	38 25	9 15
2753	CLPM	1 f. 50 (1929)	345 »	270 »
2777	EPP	1 f. 50 (1930)	23 »	9 15

Papier azuré clair.

2605	CLPP	1 f. 50 (1930)	13 75	4 60
2754	CLPM	1 f. 50 (1934)	305 »	270 »
2778	EPP	1 f. 50 (1931)	26 75	6 10

Une carte-lettre à 1 f. 50 a été émise en 1964 (n° 2617).

1 f. 50 noir
Caisse d'Epargne.

2791	PRCPE	1 f. 50+1 f. 50 noir	175 »	350 »

Existe avec à l'intérieur date "192" ou "193", et en plusieurs formats (276x235 mm - 260x220 mm - 268x226 mm - 280x240 mm).

2 f. rouge.

2606	CLPP	2 f. (1938)	69 »	5 35
2755	CLPM	2 f. (1938)	610 »	385 »
2779	EPP	2 f. (1938)	45 75	12 25

2 f. noir.
Caisse d'Epargne.

2794	PRCPE	2 f.+2 f. noir	200 »	400 »

3 f. rouge.
Papier épais avec fils de soie.

2607	CLPP	3 f. (1944)	23 »	7 65

6 f. rouge.

2608	CLPP	6 f. (1946)	30 50	7 65

6 f. noir.
Caisse d'Epargne

2795	PRCPE	6 f.+6 f. noir	225 »	300 »

19 f. rouge.

2609	CLPP	19 f. (1947)	45 75	10 75

30 f. rouge.

2610	CLPP	30 f. (1949)	38 25	10 75

45 f. rouge.

2611 CLPP 45 f. (1950-1951), à partir de 45 75 10 75

100 f. rouge.

2613 CLPP 100 f. (1958) 45 75 15 25

125 f. rouge.

2614 CLPP 125 f. (1959) 45 75 15 25

Nouveau franc.

1 f. 25, rouge.

Papier vert-jaune clair.

2615 CLPP 1 f. 25 (1960) 38 25 12 25

Papier bleu.

2616 CLPP 1 f. 25 (1963) 30 50 13 »

1 f. 50, rouge.

2617 CLPP 1 f. 50 (1964) 30 50 10 75

1 f. 60, rouge.

Papier gris-bleu, au verso liste des communes Seine et Seine-et-Oise.

Dimensions maxima 155x125 mm.

2618 CLPP 1 f. 60 (1965) 24 50 7 65

Papier azuré. Suppression de la liste du verso.

Dimensions maxima 155x125 mm.

2619 CLPP 1 f. 60 (1968) 23 » 7 65

Papier gris-bleu. Idem. Dimensions maxima 225x125 mm.

2620 CLPP 1 f. 60 (1970) 23 » 7 65

Idem. Papier azuré.

2621 CLPP 1 f. 60 (1971) 24 50 7 65

3 f. rouge.

Papier azuré.

2622 CLPP 3 f. (1971) 12 25 5 35

8 f. 40, rouge.

2623 CLPP 8 f. 40 (1977) 9 15 6 10

12 f. rouge.

2624 CLPP 12 f. (1981) 9 15 6 10

Le Service Pneumatique a été suspendu le 30 mars 1984.

ENTIERS A TYPES SPÉCIAUX.

1935-36. - *Vues de Paris. Illustrations au recto. Héliogravure.*

a) Notre-Dame, Champs Élysées, Concorde. Tombeau de Napoléon, La Madeleine, soit 5 cartes dans chacune des couleurs noire, verte et sépia.

Sans la légende RÉPUBLIQUE FRANÇAISE.

1 CP 90 c. rouge 23 » 12 25

Avec la légende RÉPUBLIQUE FRANÇAISE. *

2 CP 90 c. rouge 42 » 19 25

b) La Conciergerie : 5 cartes avec illustrations différentes dans chacune des couleurs verte, prune, sanguine, brune, sépia et noire.

Sans la légende RÉPUBLIQUE FRANÇAISE.

3 CP 90 c. rouge 23 » 15 25

Avec la légende RÉPUBLIQUE FRANÇAISE. *

4 CP 90 c. rouge 42 » 20 »

c) Le lac du Bois de Boulogne : 5 cartes avec illustrations différentes en vert.

Sans la légende RÉPUBLIQUE FRANÇAISE.

5 CP 90 c. rouge 25 25 15 25

Avec la légende RÉPUBLIQUE FRANÇAISE. *

6 CP 90 c. rouge 42 » 26 75

* Pour les nos 2, 4 et 6 « REPUBLIQUE FRANÇAISE » se situe sur la C. P. au dessus de « CARTE POSTALE ».

1936. - *Mémorial de Vimy. Héliogravure.*

Dix illustrations au verso de chacune des CP nos 7 et 8.

7 CP 50 c. vert sur chamois ou crème 20 » 12 25

8 CP 90 c. rouge 20 » 12 25

Cinq illustrations au verso de chacune des CP nos 9 à 13

1937. - *Mémorial de Montfaucon. Héliogravure.*

CP 9/10.

CP 11.

9 CP 1 f. brun-noir 20 » 12 50

10 CP 1 f. sépia 20 » 12 50

1937. - *Mémorial de Château-Thierry. Héliogravure.*

11 CP 1 f. brun-noir 36 » 18 50

1938. - *Mémorial de la Pointe de Grave. Héliogravure.*

12 CP 55 c. bleu 20 » 11 50

13 CP 1 f. rouge 20 » 11 50

1938. - *Armoiries de l'Ile-de-France. Héliogravure.*

Dix illustrations en noir ou brun.

14 CL 65 c. bleu 32 50 35 »

1939. - *Éclaireurs de France.*

15 CP 40 c.+60 c. bleu 60 » 47 50

PRET-À-POSTER (PAP)

Les prêt-à-poster correspondent à une volonté de la Poste, à partir de 1995, de fournir une gamme complète d'enveloppes, de carnets, d'emballages préaffranchis pour répondre aux besoins du public, des professionnels et des entreprises.

Jusqu'au début 2003 les PAP se présentaient avec valeur faciale pour le régime intérieur et sans valeur faciale pour le régime international ("validité monde entier" au verso). A partir du début 2003, pour ne pas subir les contraintes des changements de tarif, la valeur faciale fut également supprimée sur les PAP du régime intérieur comme pour les Entiers Postaux. La nomenclature donnée ci-après est celle des PAP émis par la Poste et diffusés auprès du public, augmentée de quelques PAP "sur mesure" à des types qui n'existent pas en PAP usuels. Il s'agit de PAP fabriqués sur mesure pour une entreprise, une association, une manifestation qui en commande au moins 50 000 à la Poste.

Pour les PAP "sur mesure" dont le timbre imprimé existe déjà en entier postal usuel vendu au public on se reportera au "catalogue des entiers prêt-à-poster de France et de Monaco" par Jean Storch, Bertrand Sinais et Agnès Monottoli.

Par contre nous avons donc jugé utile de mentionner dans ce chapitre les PAP "sur mesure" dont le timbre imprimé n'existe pas en PAP usuel (exemple : Corps Préfectoral, Jean Jaurès, Jean Bart...).

Les enveloppes et cartes postales au type Marianne (Briat, Luquet...) ont été maintenues dans la rubrique Entiers Postaux.

1995. - *Tricentenaire de la mort du fabuliste Jean de la Fontaine.*

2958-E1	*La cigale et la fourmi*	4 »	2 »
2959-E1	*La grenouille et le boeuf*	4 »	2 »
2960-E1	*Le loup et l'agneau*	4 »	2 »

2961-E1	*Le corbeau et le renard*	4 »	2 »
2962-E1	*Le chat, la belette et le lapin*	4 »	2 »
2963-E1	*Le lièvre et la tortue*	4 »	2 »
	La série de 6 enveloppes	24 »	12 »
2958-CP1	*La cigale et la fourmi*	4 »	2 »
2959-CP1	*La grenouille et le boeuf*	4 »	2 »
2960-CP1	*Le loup et l'agneau*	4 »	2 »
2961-CP1	*Le corbeau et le renard*	4 »	2 »
2962-CP1	*Le chat, la belette et le lapin*	4 »	2 »
2963-CP1	*Le lièvre et la tortue*	4 »	2 »
	La série de 6 cartes postales	24 »	12 »

1995-96. - *Poste-livre et duo.*

2841-E1	Poste-livre 176 x 270^{mm} ("La Poste 1995")	9 »	5 »
	a. Avec surcharge specimen	15 »	
2841-E2	Poste-livre 176 x 270^{mm} ("La Poste")	9 »	5 »
2841-E3	Poste-livre 250 x 350^{mm} ("La Poste")	15 »	8 »
	a. Avec surcharge specimen	20 »	
2841-E4+CL1	Duo (Papier satiné)	2 »	2 »
	a. Avec surcharge specimen	10 »	
2841-E5-CL2	Duo (Papier mat)	2 »	2 »

1995. - *Meilleurs voeux. Plaisir d'écrire.*

2844-E1	Lutins (Papier normal) (1995)	2 »	1 50
	a. Avec surcharge specimen	10 »	
2844-E2	Lutins (Papier épais) (1996)	4 »	2 »
2845-E1	Femme à la fenêtre (Papier normal) (1995)	2 »	1 50
2845-E2	Femme à la fenêtre (Papier épais) (1996)	4 »	2 »

1995-96. - *Joyeux Noël (Père Noël en patins).*

Type 1.

Type 2.

2846-E1	Illustration Père Noël en patins (Type 1)	3 »	2 »
	a. Utilisée en 1996 pour le courrier du Père Noël	5 »	5 »

La figurine comporte la légende "La Poste 1995" sans mention "Port payé".

2846-E2	Illustration Père Noël sur une flèche en papier (Type 2)	3 »	2 »
2846-E3	Illustration Père Noël à saute mouton (Type 2)	3 »	2 »
2846-E4	Illustration Père Noël jongleur (Type 2)	3 »	2 »
2846-E5	Père Noël sur une flèche en papier, au verso mention orange "Le Père Noël au ciel" (Type 2)	30 »	15 »
2846-E6	Père Noël jongleur, au verso mention orange "Le Père Noël au ciel" (Type 2)	30 »	15 »

EXPEDITEUR : *Le Père Noël au Ciel.*

Les enveloppes E5 et E6 ont été employées respectivement en 1997 et en 1998 pour le courrier du Père Noël.

1995-97. - *Coupe du monde de Football : stade.*

2985-E1	Agrandissement du timbre en illustration - timbre 22 x 31mm - La poste 1996, ITVF	3 »	1 50
2985-E2	Illustration Footix - Timbre 20 x 27mm - La poste sans ITVF. Hors commerce pour voeux des postiers	15 »	10 »
2985-E3	Agrandissement du timbre en illustration - Timbre 20 x 27mm La poste - sans ITVF - port payé	4 »	2 »
2985-E4	Idem - avec fenêtre	8 »	3 »
2985-CP1	Ingenio - Timbre 22 x 31mm - La poste - ITVF - port payé	5 »	5 »

1996. - *La Communication (Bilal).*

2514-E1+CL1	La Marianne amoureuse - Duo (timbre 26 x 31mm - mention port payé)	5 »	5 »
	a. Avec surcharge specimen	10 »	

1996. - *Coupe du monde de Football 1998 : villes (1re émission).*

3010-E1	*Joueur de Lens*	3 »	2 »
3011-E1	*Joueur de Montpellier*	3 »	2 »

3012-E1	*Joueur de Saint-Etienne*	3 »	2 »
3013-E1	*Joueur de Toulouse*	3 »	2 »
	La série de 4 enveloppes	12 »	8 »

Cette première émission se reconnaît au verso blanc des enveloppes.

3010-CP1	*Joueur de Lens*	3 »	2 »
3011-CP1	*Joueur de Montpellier*	3 »	2 »
3012-CP1	*Joueur de Saint-Etienne*	3 »	2 »
3013-CP1	*Joueur de Toulouse*	3 »	2 »
	La série de 4 cartes postales	12 »	8 »
	La série surchargée specimen	50 »	

1997. - *Coupe du monde de Football 1998 : villes (2e émission).*

3074-E1	*Joueur de Lyon*	3 »	2 »
3075-E1	*Joueur de Marseille*	3 »	2 »

3076-E1	*Joueur de Nantes*	3 »	2 »
3077-E1	*Joueur de Paris*	3 »	2 »
	La série de 4 enveloppes	12 »	8 »

Les enveloppes de cette deuxième émission comportent quatre villes au verso en drapeau.

3074-CP1	*Joueur de Lyon*	3 »	2 »
3075-CP1	*Joueur de Marseille*	3 »	2 »
3076-CP1	*Joueur de Nantes*	3 »	2 »
3077-CP1	*Joueur de Paris*	3 »	2 »
	La série de 4 cartes postales	12 »	8 »
	La série surchargée specimen	50 »	

1998. - *Coupe du monde de Football 1998 : villes (3e émission).*

3010-E2	*Joueur de Lens*	3 »	1 »
3011-E2	*Joueur de Montpellier*	3 »	1 »
3012-E2	*Joueur de Saint-Etienne*	3 »	1 »
3013-E2	*Joueur de Toulouse*	3 »	1 »
3074-E2	*Joueur de Lyon*	3 »	1 »
3075-E2	*Joueur de Marseille*	3 »	1 »
3076-E2	*Joueur de Nantes*	3 »	1 »
3077-E2	*Joueur de Paris*	3 »	1 »
3130-E1	*Joueur de Bordeaux*	3 »	1 »
3131-E1	*Joueur de Saint-Denis*	3 »	1 »
	La série de 10 enveloppes	30 »	10 »

Les enveloppes de cette troisième émission comportent dix villes en drapeau au verso.

Existent aussi avec fenêtre pour les entreprises (valeur : 5 » 3 » chaque).

1996. - *Corse.*

3017-E1	*Train Ajaccio-Vizzavona*	3 »	3 »
3019-E1	*Iles Sanguinaires*	3 »	3 »
	La paire avec surcharge specimen	30 »	

1996. - *Panorama de Paris.*

2579-E1	*Arche de la Défense*	3 »	1 50
2580-E1	*Tour Eiffel*	3 »	1 50
2581-E1	*Pyramide du Grand Louvre*	3 »	1 50

2582-E1	*Notre-Dame*	3 »	1 50
2583-E1	*Opéra Bastille*	3 »	1 50
	La série de 5 enveloppes	15 »	7 50
	La série avec surcharge specimen	40 »	

Un deuxième tirage fut effectué en 1997 : les monuments sont en noir au lieu de gris-noir ; il n'y a pas d'entailles de sureté sur la patte des enveloppes. L'enveloppe Arche de la Défense porte la signature Otto Von Spreckelsen avec le millésime 1997. Valeur 2 » 1 » chaque.

1996. - *Bandes dessinées.*

2503-E1	*Pellos*	3 »	1 50
2507-E1	*Moebius*	3 »	1 50
2508-E1	*Gillon*	3 »	1 50

2511-E1	*Mezières*	3 »	1 50
2514-E1	*Bilal*	3 »	1 50
	La série de 5 enveloppes	15 »	7 50
	La série avec surcharge specimen	40 »	

La figurine "Marianne amoureuse" de Bilal a été également utilisée pour le Duo, mais sans mention "Port payé".

1996. - *Cinquantenaire d'EDF.*

2996-E1	*Ampoule et flamme de gaz*	3 »	3 »

1996. - *Meilleurs voeux. Au profit de la Croix-Rouge.*

3039-E1	Illustration Bonhomme de neige jongleur	2 »	1 50
3039-E2	Illustration Bonhomme de neige à la guitare	2 »	1 50
3039-E3	Illustration Bonhomme de neige écrivant	2 »	1 50
3039-E4	Illustration Bonhomme de neige et étoile	2 »	1 50
3039-E5	Illustration Bonhomme de neige et calendrier	2 »	1 50
	La série de 5 enveloppes	10 »	7 50
	La série avec surcharge specimen	40 »	

En 2003 cette figurine, sans la mention "Croix-Rouge Française" a été reprise pour l'enveloppe du courrier du Père Noël.

3039-E6	Illustration Lutin en forme de souris tenant une boule de Noël entre deux sapins	20 »	10 »

Au verso mention d'expéditeur "Le Père Noël-ciel".

1996. - *Madame de Sévigné.*

3000A-E1	*Madame de Sévigné*	12 »	8 »

Enveloppe hors commerce utilisée pour l'envoi des voeux des postiers pour le Nouvel An 1997.

1997. - *Bonne fête.*

3045-E1	Illustration Personnage sortant d'une boîte aux lettres	5 »	4 »
3045-E2	Illustration les 101 dalmatiens	5 »	4 »
3045-E3	Illustration Aventures d'Astérix "Je te souhaiiiite..."	5 »	4 »

Sur l'enveloppe E3 la figurine ne comporte pas la mention ITVF.

1997. - *Joyeux anniversaire.*

3046-E1	Illustration Bougie sur un gâteau	5 »	4 »

3046-E2	Illustration Mickey et ses amis	5 »	4 »
3046-E3	Illustration Astérix et ses amis	5 »	4 »
3046-CP1	Maxicarte Donald facteur	3 »	3 »

Sur la maxicarte la figurine ne comporte pas de dentelure figurée ; au verso figure un timbre mobile n° 3046 avec oblitération illustrée du 5e Anniversaire du Parc Disneyland-Paris.

1997. - *Martinique.*

1738-E1	Illustration La maison du Bagnard	3 »	2 »
1738-E2	Illustration Carnaval	3 »	2 »
1738-E3	Illustration Fleurs de bougainvillier	3 »	2 »
1738-E4	Illustration Pointe de diamant	3 »	2 »
1738-E5	Illustration Place de la Petite Anse	3 »	2 »
	La série de 5 enveloppes	15 »	10 »

1997. - *Guadeloupe.*

Sans faciale Type 1.

Faciale avec double affichage Francs-Euro Type 2.

1646-E1	Illustration Guadeloupéennes (Type 1)	3 »	2 »
1646-E2	Illustration Cocotiers (Type 1)	3 »	2 »
1646-E3	Illustration Ilet du Gosier (Type 1)	3 »	2 »
1646-E4	Illustration Balisier (Type 1)	3 »	2 »
1646-E5	Illustration Village de Deshaies (Type 1)	3 »	2 »
	La série de 5 enveloppes	15 »	10 »
1646-E6	Enveloppe blanche (Type 2)	10 »	10 »
1646-E7	Enveloppe blanche à fenêtre (Type 2)	10 »	10 »

Les enveloppes E6 et E7 étaient vendues par lots de 100 pour les entreprises ; leur figurine ne comporte pas la mention "Port payé" mais une faciale en double affichage 3,00 F/0,46 €.

1997. - *Réunion.*

Sans faciale Type 1.

Faciale avec double affichage Francs-Euro Type 2.

1914-E1	Illustration Volcan en éruption (Type 1)	3 »	2 »
1914-E2	Illustration Maison (Type 1)	3 »	2 »
1914-E3	Illustration Flamboyant (Type 1)	3 »	2 »
1914-E4	Illustration Fougère arborescente (Type 1)	3 »	2 »
1914-E5	Illustration Charrette de canne à sucre (Type 1)	3 »	2 »
	La série de 5 enveloppes	15 »	10 »
1914-E6	Enveloppe blanche (Type 2)	10 »	10 »
1914-E7	Enveloppe blanche avec fenêtre (Type 2)	10 »	10 »

Les enveloppes E6 et E7 étaient vendues par lots de 100 pour les entreprises ; leur figurine ne comporte pas la mention "Port payé" mais une faciale en double affichage 3,00 F/0,46 €.

1997. - *Guyane.*

2948-E1	Illustration Atelier de menuisier	3 »	2 »
2948-E2	Illustration Ile du Salut, Bagne	3 »	2 »
2948-E3	Illustration La Comté	3 »	2 »
2948-E4	Illustration Ile du Salut	3 »	2 »
2948-E5	Illustration Espace et Guyane, Ariane	3 »	2 »
	La série de 5 enveloppes	15 »	10 »

1997. - *Franche-Comté.*

1916-E1	*Clocher Comtois (Haute-Saône)*	2 50	2 »
1916-E2	*Lion de Belfort (Territoire de Belfort)*	2 50	2 »
1916-E3	*Lac de Saint Point (Doubs)*	2 50	2 »
1916-E4	*Forêt du Massacre (Jura)*	2 50	2 »
1916-E5	*Ferme Comtoise (Doubs)*	2 50	2 »
	La série de 5 enveloppes	12 50	10 »

1997. - *Châteaux de la Loire.*

924-E1	*Chambord*	2 50	2 »
1390-E1	*Amboise*	2 50	2 »

2464-E1	*Azay-le-Rideau*	2 50	2 »
1255-E1	*Blois*	2 50	2 »

610-E1 *Chenonceaux* 2 50 2 »

La série de 5 enveloppes 12 50 10 »

1997. - *Nord-Pas-de-Calais.*

1503-E1 *Boulogne-sur-mer* 2 50 2 »

2088-E1 *Dunkerque* 2 50 2 »

1316-E1 *Calais* 2 50 2 »

2238-E1 *Lille* 2 50 2 »

1355-E1 *Le Touquet-Paris-Plage* 2 50 2 »

La série de 5 enveloppes 12 50 10 »

1997. - *Paysages de Vendée.*

1439-E1 Illustration Cinéscènie du Puy du Fou 2 50 2 »

1439-E2 Illustration L'Ile d'Yeu (La Chapelle) 2 50 2 »

1439-E3 Illustration L'Ile d'Yeu (Le Port) 2 50 2 »

1439-E4 Illustration Le Marais Poitevin 2 50 2 »

1439-E5 Illustration Les Marais Salants : Ile de Noirmoutier 2 50 2 »

La série de 5 enveloppes 12 50 10 »

1997. - *Le voyage d'une lettre.*

3060-E1 *Personnage écrivant une lettre* 3 » 2 »

3061-E1 *Mise à la boîte* 3 » 2 »

3062-E1 *Le voyage de la lettre* 3 » 2 »

3063-E1 *Le facteur* 3 » 2 »

3064-E1 *Réception de la lettre* 3 » 2 »

3065-E1 *Lecture de la lettre* 3 » 2 »

La série de 6 enveloppes 18 » 12 »

3065-CP1 Carte postale ingénio 3 » 5 »

La carte postale ingénio permettait de coller au verso une photo de vacances.

3063-E2 Votre facteur vous écrit 10 »

Pseudo-PAP déposé dans les boîtes aux lettres et contenant un questionnaire à remplir par les usagers.

3063-E3 Carte internet sous enveloppe 15 »

Il s'agit d'une carte internet glissée ensuite sous enveloppe carrée 165 x 165[mm] expédiée par la Poste. La figurine comporte la mention "RF" au lieu de "République Française". Emise en 2004 elle n'était pas vendue au public à l'état neuf.

1997. - *Rhône-Alpes.*

2557-E1	*Violet intense (Lavande)*	2 50	2 »
2557-E2	*Rouge flamboyant (Feuilles)*	2 50	2 »
2557-E3	*Vert d'eau (Ruisseau)*	2 50	2 »
2557-E4	*Jaune feu (Forêt)*	2 50	2 »
2557-E5	*Bleu glacé (Stalagtites)*	2 50	2 »
	La série de 5 enveloppes	12 50	10 »

1997. - *Santons de Provence.*

2976-E1	*Le berger*	2 50	2 »
2977-E1	*Le meunier*	2 50	2 »
2978-E1	*Le tambourinaire et le ravi*	2 50	2 »

2979-E1	*La poissonnière*	2 50	2 »
2980-E1	*Le rémouleur*	2 50	2 »
2981-E1	*Les vieux*	2 50	2 »
	La série de 6 enveloppes	15 »	12 »

1997. - *Héros d'aventures.*

3115-E1	*Lancelot*	3 »	2 »
3116-E1	*Pardaillan*	3 »	2 »

3117-E1	*D'Artagnan*	3 »	2 »
3118-E1	*Cyrano*	3 »	2 »

3119-E1	*Le Capitaine Fracasse*	3 »	2 »
3120-E1	*Le Bossu*	3 »	2 »
	La série de 6 enveloppes	18 »	12 »

Deux enveloppes avec cette figurine n°s 3117-E2 et 3117-E3 avec la mention "France 20 g" ont été émises en 2005-06.

1997. - *Joyeux Noël. Au profit de la Croix-Rouge*

3122-E1	*Ourson chaussé de bottes*	3 »	2 »
3122-E2	*Ourson sur une étoile*	3 »	2 »
3122-E3	*Paquets cadeaux animés*	3 »	2 »

1997. - *Meilleurs voeux.*

3123-E1	*Chat et souris*	3 »	2 »
3123-E2	*Renard et poules*	3 »	2 »
3123-E3	*Chat et oiseau sur une branche*	3 »	2 »
3123-E4	*Loup et agneaux*	3 »	2 »
3123-E5	*Lièvre et tortue*	3 »	2 »
	La série de 5 enveloppes	15 »	10 »

1998. - *Coupe du monde "France 98". Ballon.*

3139-E1	Enveloppe blanche 114 x 162^{mm}	1 50	1 »
3139-E2	Enveloppe blanche 110 x 220^{mm}	1 50	1 »
3139-E3	Enveloppe blanche 110 x 220^{mm} avec petite fenêtre (35 x 100^{mm})	3 »	2 »
3139-E4	Enveloppe blanche 110 x 220^{mm} avec grande fenêtre (45 x 100^{mm})	3 »	2 »

1998. - *Coupe du monde "France 98". Ballon.*

3139-CP1	Maxicarte Footix	4 »	4 »

3139-CP2 Maxicarte Footix Philfoot 4 » 4 »

La figurine ne comporte pas de dentelure figurée ; au verso figure un timbre mobile autocollant n° 3140 avec oblitération 1er Jour de Paris.

La maxicarte Footix Philfoot existe aussi sans le timbre mobile ni l'oblitération 1er Jour au verso ; il s'agit d'un cadeau offert avec un numéro spécial du Monde des Philatélistes (valeur : 15 »).

1998. - *Pour l'Humour du foot.*

3139-E5 *Blachon : Allez les Bleus* 3 » 2 »
3139-E6 *Bretécher : Halte-garderie* 3 » 2 »
3139-E7 *Binet : Football ?* 3 » 2 »
3139-E8 *Wolinski : A quelle heure on mange ?* 3 » 2 »
3139-E9 *Serre : Mais tu peux regarder...* 3 » 2 »
La série de 5 enveloppes 15 » 10 »

1998. - *Enfants de la balle autour du monde.*

3139-E10 *Deux enfants en jaune* 3 » 2 »
3139-E11 *Trois enfants en blanc et rouge* 3 » 2 »
3139-E12 *Quatre enfants en bleu et moniteur en rouge* 3 » 2 »
3139-E13 *Sept enfants en blanc et en rouge* 3 » 2 »
3139-E14 *Huit enfants en rouge et en bleu* 3 » 2 »
La série de 5 enveloppes 15 » 10 »

1998. - *Footix en délire.*

3139-CP3 *L'auto-carte Footix* 3 » 3 »
3139-CP4 *Couleur Footix* 3 » 3 »
3139-CP5 *La carte mystère Footix* 3 » 3 »
3139-CP6 *La figurine Footix* 3 » 3 »

Chaque lot de 4 cartes Footix était livré avec un petit jeu en plastique.

1998. - *Passion V.T.T.*

2590-CP1 *Evasion* 3 » 3 »
2590-CP2 *Sensation* 3 » 3 »
2590-CP3 *Emotion* 3 » 3 »

1998. - *Le Petit Prince.*

3175-CP1 *Le Petit Prince dans son manteau* 4 » 4 »

3176-CP1 *Le Petit Prince avec le renard* 4 » 4 »

3177-CP1 *Le Petit Prince sur sa planète* 4 » 4 »
3178-CP1 *Le Petit Prince sur un mur avec le serpent* 4 » 4 »

3179-CP1 *Le Petit Prince arrosant la fleur* 4 » 4 »
La série de 5 cartes postales 20 » 20 »

Emis sous forme de maxicartes avec timbre mobile au verso oblitéré 1er Jour.

1998. - *The X Files.*

2200-CP1 *Affiche The X Files* 3 » 3 »
2200-CP2 *Scully et Mulder* 3 » 3 »
2200-CP3 *Dallage* 3 » 3 »
2200-CP4 *Mulder* 3 » 3 »
La série de 4 cartes postales 12 » 12 »

1998. - *Meilleurs voeux. Chalet vert sur fond rouge.*

17x27mm Type 1

24x36mm Type 2

3203-E1 *Maisons et lanternes* (Type 1) 2 » 1 »

3203-E2 *Soleil et lune* (Type 1) 2 » 1 »

3203-E3 *Fenêtre et deux chats assis* (Type 1) 2 » 1 »

3203-E4 *Fenêtres et rideau violet* (Type 1) 2 » 1 »

3203-E5 *Fenêtre et chat blanc* (Type 1) 2 » 1 »

La série de 5 enveloppes (Type 1) 10 » 5 »

3203-E6 *Maison au clair de lune* (Type 2) 2 » 1 »

1998. - *Meilleurs voeux. Chalet rouge sur fond jaune et vert.*

17x22mm Type 1.

26x40mm Type 2.

22x37mm sans dentelure figurée Type 3.

3201-E1 Enveloppe blanche (Type 1) 2 » 1 »

3201-E2 Enveloppe avec fenêtre 35 x 100mm (Type 1) 2 » 1 »

Les enveloppes E1 et E2 étaient vendues par lots de 100 pour les entreprises.

3201-E3 Sapin de Noël et texte manuscrit (Type 2) 125 » 125 »

Cette enveloppe a été émise à l'usage de l'Association des Paralysés de France.

3201-E4 Service national (Type 3) 30 » 30 »

Cette enveloppe comporte l'adresse d'un bureau (BSN) ou d'une caserne (CSN) du service national auquel elle devait être renvoyée.

1998. - *Joyeux Noël. Au profit de la Croix-Rouge.*

Type 1

Type 2

3199-E1 *Lutin tête en bas* (Type 1) 3 » 3 »

3199-E2 *Lutin funambule sur une guirlande* (Type 1) 3 » 3 »

3199-E3 *Lutin en équilibre sur des cadeaux* (Type 1) 3 » 3 »

En 1999 et 2000 cette figurine, sans la mention "Croix-Rouge Française" a été reprise pour l'enveloppe du courrier du Père Noël.

3199-E4 *Lutin funambule sur une guirlande* (Type 2) 30 » 20 »

3199-E5 *Lutin tête en bas* (Type 2) 30 » 20 »

Au verso mention d'expéditeur : "Le Père Noël au Ciel".

1998-99. - *Cérès.*

Sans faciale ni mention "Port payé" Type 1.

Avec faciale "20 c" et mention "Port payé" Type 2.

3-E1 Cérès (Sans faciale) (Type 1) 15 » 10 »

Enveloppe hors commerce utilisée pour l'envoi des voeux des postiers pour le Nouvel An 1999.

3-E2 Cérès (Avec faciale) (Type 2) 10 » 10 »

7-CP1 Cérès vermillon 150 » 5 »

Carte postale expédiée oblitérée via Internet lors de l'exposition Philexfrance 99. Quelques exemplaires neufs ont été distribués à la presse ou vendus par le Service Philatélique de la Poste.

1999. - *Coeurs d'Aurélie Baras.*

Type 1

Type 2

3217-CP1 *Coeur avec étoiles* (Type 1) 5 » 5 »

Maxicarte avec au verso timbre mobile autocollant oblitéré 1er Jour.

3217-E1 *Bonjour l'Europe* (Type 2) 3 » 2 »

Fait partie d'une série de 5 enveloppes avec figurines différentes émise en juin 1999.

3218-CP1 *Coeur avec roses* 5 » 5 »

Maxicarte avec au verso timbre mobile autocollant oblitéré 1er Jour.

1999-2001. - *Astérix.*

30x40mm avec mention "Journée du Timbre Type 1

22x36mm sans mention "Journée du Timbre" Type 2

3225-CP1 *Astérix* (Type 1) 5 » 5 »

Maxicarte avec au verso timbre mobile oblitéré de la Journée du Timbre 1999.

3225-E1 *Astérix et ses amis* (Type 2) 5 » 5 »

21x29mm sans mention "Journée du Timbre" Type 3

3225-E2 *Astérix : Ça c'est une bonne idée* (Type 3) 3 » 2 »

3225-E3 *Astérix : J'ai l'impression* (Type 3) 3 » 2 »

3225-E4 *Astérix : Obélix cueillant des fleurs* (Type 3) 3 » 2 »

3225-E5 *Astérix : Bong !* (Type 3) 3 » 2 »

3225-E6 *Astérix : Toc ! toc ! toc !* (Type 3) 3 » 2 »

La série de 5 enveloppes E2 à E6 15 » 10 »

1999. - *Euro.*

3214-E1 Enveloppe blanche carrée 114 x 162mm 1 » 0 50

3214-E2 Enveloppe blanche rectangulaire 110 x 220mm avec précasage 1 » 0 75

3214-E3 Enveloppe blanche rectangulaire 110 x 220mm sans précasage 2 » 1 »

3214-E4 Enveloppe blanche rectangulaire 110 x 220mm avec petite fenêtre 35 x 110mm 2 » 1 »

3214-E5 Enveloppe blanche rectangulaire 110 x 220mm avec grande fenêtre 45 x 100mm 2 » 1 »

Les enveloppes 3214 E3 et E5 étaient vendues par lots de 100 pour les entreprises.

1999. - *Roland Garros.*

2012-E1 *Stade Roland Garros* 3 » 2 »

1999. - *Bonjour l'Europe.*

429-E1 *Tour Eiffel* 3 » 2 »

3206-E1 *Parlement Européen* 3 » 2 »

3217-E1 *Coeur* 3 » 2 »

3230-E1 *Merci* 3 » 2 »

3233-E1 *Conseil de l'Europe* 3 » 2 »

La série de 5 enveloppes 15 » 10 »

1999. - *Coupe du monde de rugby.*

Sans faciale Type 1.

Avec faciale Type 2.

3280-E1 Enveloppe avec illustration et sigle (Type 1) 4 » 3 »

3280-E2 Enveloppe blanche 110 x 220mm (Type 2) 3 » 2 »

a. Avec surcharge specimen 10 »

3280-E3 Enveloppe blanche 110 x 220mm avec petite fenêtre 35 x 110mm (Type 2) 3 » 2 »

a. Avec surcharge specimen 10 »

3280-E4 Enveloppe blanche 110 x 220mm avec grande fenêtre 45 x 100mm (Type 2) 3 » 2 »

a. Avec surcharge specimen 10 »

Les enveloppes 3280 E2 à E4 étaient vendues par lots de 100 pour les entreprises

Sans faciale dentelure figurée par des points Type 3

3280-E5-CP1	*Rugby (Type 3)*	4 »	4 »

Maxicarte avec au verso timbre mobile.

1999. - *Merci.*

Sans facialeavec mention Port Payé. Type 2.

Avec faciale double affichage Francs/Euro Type 2.

3230-E1	Bonjour l'Europe (Type 1)	3 »	2 »

Fait partie d'une série de 5 enveloppes avec figurines différentes émise en juin 1999.

3230-E2	Enveloppe blanche 110 x 220mm (Type 2)	3 »	2 »
	a. Avec surcharge specimen	10 »	
3230-E3	Enveloppe blanche 110 x 220mm avec petite fenêtre 35 x 100mm (Type 2)	» »	» »
	a. Avec surcharge specimen	10 »	
3230-E4	Enveloppe blanche 110 x 220mm avec grande fenêtre 45 x 100mm (Type 2)	» »	» »
	a. Avec surcharge specimen	10 »	

Les enveloppes 3230 E2 et E4 étaient vendues par lots de 100 pour les entreprises.

Sans faciale mentions ITVF et Port Payé Type 3.

Avec faciale affichage seulement en Euro Type 4.

3230-E5	PAP réponse Handicap International Lyon (Type 3)	15 »	10 »
3230-E6	Env. 260 x 240mm Musée Rodin (Type 3)	20 »	20 »
3230-E7	Prêt à poster réponse Panda WWF (Type 4)	30 »	30 »

1999-2002. - *Saint-Pierre. Patrimoine martiniquais.*

3244-E1	3,00 f/0,46 € enveloppe blanche 110 x 220mm (Type 1)	20 »	10 »
3244-E2	3,00 F/0,46 € enveloppe blanche 110 x 220mm avec petite fenêtre 35 x 100mm (Type 1)	10 »	10 »

Les enveloppes 3244 E1 et E2 étaient vendues par lots de 100 pour les entreprises.

3244-E3	Sans faciale, avec illustration Centenaire de l'éruption de la Montagne Pelée (Type 2)	4 »	4 »

3244-E4	0,46 € enveloppe blanche avec mention en bleu Centenaire de l'éruption de la Montagne Pelée (Type 3)	10 »	10 »

L'enveloppe 3244 E4 était vendue par lots de 100 pour les entreprises.

1999. - *Rugby.*

2236-E1	*Rugby, France Telecom partenaire de l'USAP*	30 »	30 »
2236-E2	*Rugby, France Telecom partenaire du Rugby Club Camargue, Nimes*	30 »	30 »

Ces deux enveloppes ont été imprimées à l'usage exclusif de France Telecom Perpignan et France Telecom Nimes.

1999. - *1900-2000 Un siècle d'émotions : Photographies.*

3262-E1	*Doisneau*	3 »	2 »
3263-E1	*Brassaï*	3 »	2 »

3264-E1	*Lartigue*	3 »	2 »
3266-E1	*Atget*	3 »	2 »

3267-E1	*Nadar*	3 »	2 »
	La série de 5 enveloppes	15 »	10 »

1999. - *Célébration de l'An 2000.*

Légende "La Poste RF" Type 1.

3259-E1 Enveloppe blanche 110 x 220 mm (Type 1) 3 » 2 »
a. Avec surcharge spécimen 10 »

3259-E2 Enveloppe blanche 110 x 220 mm avec petite fenêtre 35 x 100 mm (Type 1) 3 » 2 »
a. Avec surcharge spécimen 10 »

3259-E3 Enveloppe blanche 110 x 220 mm avec grande fenêtre 45 x 100 mm (Type 1) 3 » 2 »
a. Avec surcharge spécimen 10 »

Les enveloppes 3259-E1 à E3 étaient vendues par lots de 100 pour les entreprises.

Légende "La Poste 1999 RF" Type 2.

3259-E4 *Service national* (Type 2) 30 » 20 »

Cette enveloppe avec figurine "La Poste 1999 RF" comporte l'adresse d'un bureau (BSN) ou d'une caserne (CSN) du Service National auquel elle devait être renvoyée.

1999. - *Aimer Accueillir.*

3255-E1 Enveloppe blanche 110 x 220 mm 3 » 2 »

3255-E2 Enveloppe blanche 110 x 220 mm avec petite fenêtre 35 x 100 mm 3 » 2 »

3255-E3 Enveloppe blanche 110 x 220 mm avec grande fenêtre 45 x 100 mm 3 » 2 »

Les enveloppes 3255-E1 à E3 étaient vendues par lots de 100 pour les entreprises.

Cinq enveloppes avec cette figurine n°s 3255-E4 à 3255-E8 avec la mention "France 20 g" ont été émises en 2006.

1999. - *La Lettre (Scribe).*

3151-E1 *80e anniversaire BRED* 30 » 30 »

Cette enveloppe a été imprimée à l'usage de la banque BRED.

1999. - *Prêt à Souhaiter-Enfant.*

2038-E1 *Poulbot - "Une surprise est arrivée pour toi"* 4 » 4 »

1999. - *Prêt à Souhaiter-Femme.*

3249-E1 *Rose ancienne* 4 » 4 »

1999. - *2004 Magritte - Le Retour.*

37x46 mm sans faciale Type 1.

30x38 mm faciale avec double affichage Francs/Euros Type 2.

36x46 mm faciale avec double affichage Francs/Euros Type 3.

30x38 mm faciale avec double affichage Francs/Euros sans ITVF Type 4.

41x51 mm faciale avec affichage seulement en Francs Type 5.

30x40 mm sans valeur faciale Type 6.

3145-E1 *Prêt à souhaiter - Homme* (Type 1) 4 » 4 »
3145-E2 Enveloppe blanche 110 x 220 mm (Type 3) 2 » 1 »
a. Avec surcharge spécimen 10 »
3145-E3 Enveloppe blanche 110 x 220 mm avec petite fenêtre 35 x 100 mm (Type 3) 2 » 1 »
a. Avec surcharge spécimen 10 »
3145-E4 Enveloppe blanche 110 x 220 mm avec grande fenêtre 45 x 100 mm (Type 3) 2 » 1 »
a. Avec surcharge spécimen 10 »
3145-E5 Enveloppe blanche 110 x 220 mm avec petit timbre Magritte (Type 2) 2 » 1 »

Cette enveloppe a été émise en décembre 2001.

Les enveloppes 3145-E2 à E5 étaient vendues par lots de 100 pour les entreprises.

3145-E6 Enveloppe 110 x 220 mm, papier glacé avec précasage (Type 4) 2 » 1 »

Enveloppe vendue par lot de 5 sous blister.

3145-E7 Enveloppe 130 x 180 mm, papier glacé sans précasage (Type 5) 25 » 20 »
3145-E8 *Affiche 60e anniversaire Débarquement de Normandie* (Type 6) 2 » 2 »
3145-E9 *Photo Alençon - Orne 12 Août 1944* (Type 6) 2 » 2 »
3145-E10 *Photo Cherbourg - Manche Juillet 1944* (Type 6) 2 » 2 »
3145-E11 *Photo Omaha Beach - Calvados 6 Juin 1944* (Type 6) 2 » 2 »
3145-E12 *3 mini-photos : Accueil des soldats libérateurs* (Type 6) 2 » 2 »
La série de 5 enveloppes 10 » 10 »

Vendues dans l'Orne, le Calvados et la Manche.

1999. - *Meilleurs Voeux.*

18x23 mm sans faciale Type 1.

3290-E1 *Coeur et deux oiseaux* (Type 1) 3 » 2 »
3290-E2 *Chat blanc à la fenêtre* (Type 1) 3 » 2 »
3290-E3 *Horloge à coucou* (Type 1) 3 » 2 »
3290-E4 *Croissant de lune jaune et étoiles* (Type 1) 3 » 2 »
3290-E5 *Croissant de lune bleu et chalets* (Type 1) 3 » 2 »
La série de 5 enveloppes 15 » 10 »

25x38 mm faciale avec double affichage Francs/Euros Type 2.

3290-E6 Enveloppe blanche 115 x 225 mm (Type 2) 5 » 5 »
a. Avec surcharge spécimen 10 »
3290-E7 Enveloppe blanche 115 x 225 mm avec petite fenêtre 35 x 100 mm (Type 2) 5 » 5 »
a. Avec surcharge spécimen 10 »
3290-E8 Enveloppe blanche 115 x 225 mm avec grande fenêtre 45 x 100 mm (Type 2) 5 » 5 »
a. Avec surcharge spécimen 10 »

Les enveloppes 3290-E6 à E8 étaient vendues par lots de 100 pour les entreprises.

1999. - *"2000".*

Sans faciale, avec mention "Port Payé" Type 1.

Sans faciale, sans mention "Port Payé" Type 2.

3291-E1 *Meilleurs voeux* (Type 1) 3 » 2 »
3291-E2 *Meilleurs voeux de la Poste* (Type 2) 20 » 10 »

Enveloppe hors commerce utilisée pour l'envoi des voeux des postiers pour le nouvel an 2000.

Faciale avec double affichage Francs/Euros Type 3.

3291-E3 Enveloppe blanche 110 x 220 mm (Type 3) 5 » 5 »
a. Avec surcharge spécimen 10 »
3291-E4 Enveloppe blanche 110 x 220 mm avec petite fenêtre 35 x 100 mm (Type 3) 5 » 5 »
a. Avec surcharge spécimen 10 »
3291-E5 Enveloppe blanche 115 x 225 mm avec grande fenêtre 115 x 225 mm (Type 3) 5 » 5 »
a. Avec surcharge spécimen 10 »

Les enveloppes 3291-E3 à E5 étaient vendues par lots de 100 pour les entreprises.

3291-CP1 *Carte postale par internet* (Type 1) 80 »

Cette carte postale n'éxiste en principe qu'oblitérée du timbre à date illustré "Prêt à poster" électronique @ Paris.

2000. - *Coeurs Yves Saint-Laurent.*

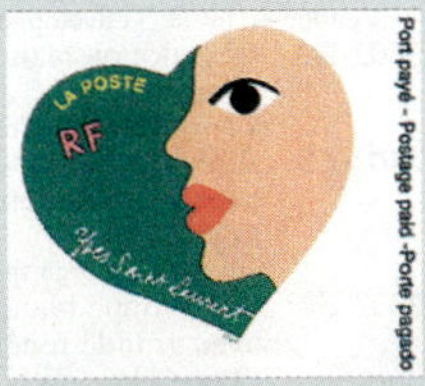

3295-CP1 *Coeurs entourés de deux serpents* 4 » 4 »
3296-CP1 *Coeur avec profil féminin* 4 » 4 »

Maxicartes avec au verso timbre mobile autocollant respectivement n° 3297 et n° 3298 oblitérés 1er Jour.

2000. - *Corps Préfectoral.*

3300-E1 Enveloppe blanche 115 x 161 mm 40 » 40 »

Enveloppe hors commerce réservée au courrier des Préfets. Certaines enveloppes ont reçu en haut à gauche le repiquage de la Préfecture utilisatrice.

2000. - *Jean-Jaurès.*

318-E1 *Conseil Général du Tarn* 45 » 20 »

Enveloppe hors commerce réservée au courrier du Conseil Général. Deux tirages successifs ont été effectués, l'un sur papier blanc, l'autre sur papier légèrement grisatre.

2000. - *2003 Tintin.*

27x37 mm Type 1.

3303-E1 *Joyeux anniversaire - Nestor* (Type 1) 5 » 5 »
3303-E2 *Prêt à souhaiter - Fusée* (Type 1) 5 » 5 »

22x29 mm Type 2.

3303-E3 *Dupont courant après le train* (Type 2) 3 » 2 »
3303-E4 *Professeur Tournesol en patins à roulettes* (Type 2) 3 » 2 »
3303-E5 *Capitaine Haddock abattant un arbre* (Type 2) 3 » 2 »
3303-E6 *Tintin, Milou et éléphant* (Type 2) 3 » 2 »
3303-E7 *Milou pourchassant trois souris* (Type 2) 3 » 2 »
La série de 5 enveloppes 15 » 10 »

Avec mention RF Type 3.

3303-E8 *Tintin et Milou en médaillon* (Type 3) 3 » 3 »
3303-E9 *Haddock glissant sur un jouet* (Type 3) 3 » 3 »

2000. - *2003 Félicitations.*

3308-E1 *Félicitations* 1 000 » 500 »

Grande enveloppe cartonnée 248 x 348 mm avec mention rouge "R lettre recommandée pré-payée" hors commerce utilisée par le rectorat de l'Académie de Dijon pour l'envoi des résultats du bac.

3308-E2 *Félicitations* 1 000 » 500 »

Tirage de 2003 avec mention rouge "R1 lettre recommandée pré-payée" avec en-tête "Académie Dijon" et logo tricolore.

2000. - "*2001 Nouveau Millénaire*".

3357-E1 Enveloppe blanche 110 x 220 mm 3 » 2 »
a. Avec surcharge spécimen 10 »

3357-E2 Enveloppe blanche 110 x 220 mm avec petite fenêtre 35 x 100 mm 3 » 2 »
a. Avec surcharge spécimen 10 »

3357-E3 Enveloppe blanche 115 x 225 mm avec grande fenêtre 45 x 100 mm 3 » 2 »
a. Avec surcharge spécimen 10 »

Les enveloppes 3357-E1 à E3 étaient vendues par lots de 100 pour les entreprises.

2000. - *3e Millénaire.*

Sans faciale Type 1.

Faciale avec double affichage Francs/Euros Type 2.

Faciale avec double affichage Francs/Euros avec simili-vignette attenante Type 3.

3365-E1 *3e Millénaire* (sans faciale) (Type 1) 15 » 10 »

Enveloppe hors commerce utilisée pour l'envoi des voeux des postiers pour le Nouvel An 2001. Mention "Hors commerce" au verso.

3365-E2 *3e Millénaire* (avec simili-vignette) (Type 3) 3 » 2 »

Vendu en lot de 5 enveloppes précassées, papier glacé, sous blister.

3365-E3 Enveloppe blanche 110 x 220 mm (Type 3) 3 » 2 »
a. Avec surcharge spécimen 10 »

3365-E4 Enveloppe blanche 110 x 220 mm avec petite fenêtre 35 x 100 mm (Type 3) 3 » 2 »
a. Avec surcharge spécimen 10 »

3365-E5 Enveloppe blanche 115 x 225 mm avec grande fenêtre 45 x 100 mm (Type 3) 3 » 2 »
a. Avec surcharge spécimen 10 »

3365-E6 Enveloppe Société Suisse, Roubaix avec grande fenêtre 45 x 100 mm (Type 2) 20 » 10 »

Enveloppe imprimée à l'usage de la Compagnie d'Assurances Société Suisse à Roubaix.

2001. - *Coeur Christian Lacroix.*

3368-CP1 *Bijou* 4 » 4 »

Maxicarte avec au verso timbre n° 3368 oblitéré 1er Jour.

2001. - *Demain l'Euro.*

Faciale avec double affichage Francs/Euros Type 1.

3402-E1 *Demain l'Euro* 3 » 2 »

Vendue en lot de 5 enveloppes précassées sous blister.

3402-E2 Enveloppe blanche 110 x 220 mm (Type 1) 3 » 2 »
a. Avec surcharge spécimen 10 »

3402-E3 Enveloppe blanche 110 x 220 mm avec petite fenêtre 35 x 100 mm (Type 1) 3 » 2 »
a. Avec surcharge spécimen 10 »

3402-E4 Enveloppe blanche 115 x 225 mm avec grande fenêtre 45 x 100 mm (Type 1) 3 » 2 »
a. Avec surcharge spécimen 10 »

Sans faciale Type 2.

3402-E5 *L'Euro en humour - "Combien ça fait..."* (Type 2) 3 » 3 »

3402-E6 *L'Euro en humour - "Tu vas me la rendre..."* (Type 2) 3 » 3 »

3402-E7 *L'Euro en humour - "J'ai l'impression..."* (Type 2) 3 » 3 »

3402-E8	*L'Euro en humour - "Je ne vous ai pas oubliés..."* (Type 2)	3 »	3 »
3402-E9	*L'Euro en humour - "1 Euro ça fait..."* (Type 2)	3 »	3 »
	La série de 5 enveloppes	15 »	15 »

Chaque enveloppe comporte un dessin humoristique de Claire Bretecher.

Faciale avec affichage seulement en Euros Type 3.

3402-E10	Enveloppe sachet Premier Ministre - Journaux officiels (Type 3)	20 »	15 »
3402-E11	Enveloppe Crédit Mutuel Caen avec fenêtre 45 x 100 mm (Type 3)	30 »	30 »

2001. - *Patrimoine Guyanais.*

3048-E1	*Papillon Danaus Plexippus*	30 »	30 »
3048-E2	*Le fleuve Maroni*	30 »	30 »
3048-E3	*Camp de la Transportation*	30 »	30 »
3048-E4	*Perroquet Ara Ararauna*	30 »	30 »
3048-E5	*Orchidée - Sobralia Sessilis*	30 »	30 »
	La série de 5 enveloppes	150 »	150 »

2001. - *Grands aventuriers français.*

26x38 mm sans faciale Type 1.

19x30 mm faciale 0,46 € Type 2.

3346-CL1	*Jacques Yves Cousteau*	3 »	10 »
3344-CL1	*Haroun Tazieff*	3 »	10 »
3342-CL1	*Eric Tabarly* (Type 1)	3 »	10 »
3342-E1	*Eric Tabarly* (Type 2)	15 »	15 »

Enveloppe avec à gauche illustration "Les Sables d'Olonne la ville du Vendée Globe" vendue uniquement en Vendée et au Service Philatélique de la Poste.

2001. - *Meilleurs Voeux.*

Sans faciale Type 1.

3364-E1	*Chapeau pointu et boules de Noël* (Type 1)	3 »	3 »
3364-E2	*Lune et maison* (Type 1)	3 »	3 »
3364-E3	*Lune et forêt* (Type 1)	3 »	3 »
3364-E4	*Pile de cadeaux* (Type 1)	3 »	3 »
3364-E5	*Pantins multicolores* (Type 1)	3 »	3 »
	La série de 5 enveloppes	15 »	15 »

Faciale avec double affichage Francs/Euros Type 2.

3364-E6	Enveloppe blanche 110 x 220 mm (Type 2)	4 »	4 »
	a. Avec surcharge spécimen	10 »	
3364-E7	Enveloppe blanche 110 x 220 mm avec petite fenêtre 35 x 100 mm (Type 2)	4 »	4 »
	a. Avec surcharge spécimen	10 »	
3364-E8	Enveloppe blanche 115 x 225 mm avec grande fenêtre 45 x 100 mm (Type 2)	4 »	4 »
	a. Avec surcharge spécimen	10 »	

2001. - *Père Noël.*

3362-E1	*Pantin en avion*	30 »	20 »

Enveloppe hors commerce utilisée pour le courrier du Père Noël. Timbre sans valeur faciale et sans Croix-Rouge. Au verso mention orange "Le Père Noël ? Ciel".

2001. - *Voeux des postiers 2002.*

E1-2002		20 »	10 »

Enveloppe hors commerce utilisée pour l'envoi des voeux des postiers pour le Nouvel An 2002. Réutilisation de la figurine du timbre "2001" (n° 3357) transformé en "2002". N'éxiste pas en timbre mobile.

2002. - *Jean Bart.*

1167-E1 *Jean Bart* 25 » 25 »

La figurine comporte une date de naissance rectifiée 1650 au lieu de 1651. Cette enveloppe blanche éxiste aussi avec repiquages. Année Jean Bart Dunkerque - Année Jean Bart Dunkerque Communauté Urbaine - Cortège Spectacle - Mythologies Urbaines.

2002. - *Sites touristiques.*

3470-E1 *Les arènes de Nîmes* 4 » 3 »

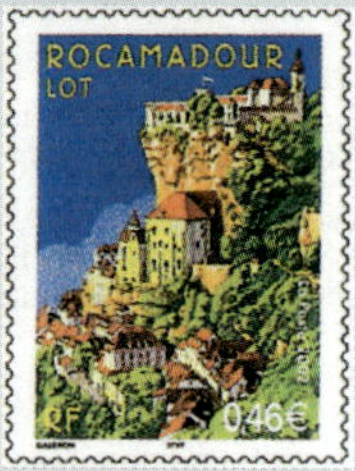

3492-E1 *Rocamadour* 4 » 3 »

3497-E1 *Collioure* 4 » 3 »

Ces enveloppes à diffusion départementale étaient vendues respectivement dans le Gard, le Lot et les Pyrénées-Orientales.

2002. - *Champions du monde de Football.*

Avec faciale Type 1.

3483-E1 Enveloppe précassée 110 x 220 mm sur papier glacé (Type 1) 3 » 3 »

3483-E2 Enveloppe blanche 110 x 220 mm sans précasage (Type 1) 3 » 3 »
a. Avec surcharge spécimen 20 »

3483-E3 Enveloppe blanche 110 x 220 mm avec petite fenêtre 35 x 100 mm (Type 1) 3 » 3 »
a. Avec surcharge spécimen 20 »

Sans faciale Type 2.

3483-E4 Enveloppe blanche 115 x 225 mm avec grande fenêtre 45 x 100 mm (Type 2) 3 » 3 »
a. Avec surcharge spécimen 20 »

3483-CP1 *Carte postale* 105 x 210 mm sur carton épais (Type 2) 4 » 4 »

Au verso photo de l'équipe de France.

3483-CP2 *Carte postale* 105 x 210 mm sur carton souple avec adresse de la Fédération Française de Football (Type 2) 300 » 300 »

Au verso photo de l'équipe de France avec mention en travers "Avec la Poste, soyez carrément Foot - vibrez avec les bleus pendant toute la coupe du monde 2002". La figurine est vert olive au lieu de vert vif.

Cette carte postale est restée non émise du fait de l'élimination prématurée de l'équipe de France.

2002. - *Parc des Pyrénées (1re série).*

Avec faciale et mention "La Poste 2002".

3056-E1 *Lac* 3 » 3 »
3056-E2 *Ferme* 3 » 3 »
3056-E3 *Torrent* 3 » 3 »
3056-E4 *Arbres et montagne* 3 » 3 »
3056-E5 *Chevaux devant un lac* 3 » 3 »

La série de 5 enveloppes 15 » 15 »

2002. - *Bicentenaire Louis Delgrès.*

Sans faciale Type 1.

Avec faciale Type 2.

3148-E1	Enveloppe précassée avec illustration "Liberté" (Type 1)	4 »	4 »
3148-E2	Enveloppe blanche 110 x 220 mm (Type 2)	20 »	20 »
3148-E3	Enveloppe blanche 110 x 220 mm avec petite fenêtre 35 x 100 mm (Type 2)	20 »	20 »

2002. - *Père Noël.*

3436-E1	*Père Noël boule de Noël*	20 »	10 »

Enveloppe hors commerce utilisée pour le courrier du Père Noël. Timbre sans valeur faciale et sans Croix-Rouge. Au verso mention orange "Le Père Noël ? Ciel".

2002. - *Le monde en réseau.*

3532-E1	"*L'Année 2003*" avec logo argenté de la Poste et précasage	15 »	10 »

Enveloppe hors commerce utilisée pour l'envoi des voeux des postiers pour le Nouvel An 2003.

3532-E2	Enveloppe blanche 110 x 220 mm	3 »	3 »
3532-E3	Enveloppe blanche 110 x 220 mm avec petite fenêtre 35 x 100 mm	3 »	3 »
3532-E4	Enveloppe blanche 110 x 220 mm avec grande fenêtre 45 x 100 mm	3 »	3 »

Les enveloppes 3532-E2 à E4 étaient vendues par lots de 100 pour les entreprises.

> A partir du début 2003 tous les Prêt à poster sont à validité permanente pour pallier les inconvénients dûs aux changements de tarif. La faciale est désormais remplacée par la mention "Lettre 20 g".

2003. - *Parc des Pyrénées (2e série).*

Sans faciale et mention "La Poste 2003".

3056-E6	*Traces de pas dans la neige*	3 »	3 »
3056-E7	*Ferme*	3 »	3 »
3056-E8	*Chevaux devant un lac*	3 »	3 »
3056-E9	*Pente enneigée*	3 »	3 »
3056-E10	*Torrent*	3 »	3 »
	La série de 5 enveloppes	15 »	15 »

2003. - *Ile de la Réunion.*

1692-E1	*Flamboyant*	3 »	3 »
1692-E2	*Fruits "Pei" de la Réunion*	3 »	3 »
1692-E3	*Bassin Nicole*	3 »	3 »
1692-E4	*Piton de la Fournaise*	3 »	3 »
	La série de 4 enveloppes	12 »	12 »

2003. - *Yoles Martinique.*

1644-E1	*Yoles rondes*	3 »	3 »

2003. - *Méditerranée.*

3577-E1	*Ballon, gourde et lunettes*	2 »	2 »
3577-E2	*Ballon, sandales et serviette*	2 »	2 »
3577-E3	*Deux boules de pétanque et boisson*	2 »	2 »
3577-E4	*Assiette de poisson*	2 »	2 »
3577-E5	*Grillade*	2 »	2 »
	La série de 5 enveloppes	10 »	10 »

2003. - *Voiliers.*

2923-E1	*Le Royalist (Grande-Bretagne)*	2 »	2 »
2923-E2	*Kaskelot (Grande-Bretagne)*	2 »	2 »
2923-E3	*Le Renard - Saint-Malo (France)*	2 »	2 »
2923-E4	*Kruzenshtern (Russie)*	2 »	2 »
2923-E5	*Cuauhtemoc (Méxique)*	2 »	2 »
	La série de 5 enveloppes	10 »	10 »

Une enveloppe non illustrée avec légende "France 20 g" a été émise en 2006.

2003. - *Epicea.*

2387-E1	*Ville de Montagne, sans mention*	2 »	2 »
2387-E2	*Ville de Montagne, Megève, capitale de l'eau en montagne*	2 »	2 »

2003. - *Carcassonne.*

3302-E1	*Carcassonne*	2 »	2 »

Prêt à poster départemental vendu dans l'Aude.

2003. - *Le train capitale.*

3475-E1	*Le train capitale, Champs Elysées 17 mai - 15 juin*	3 »	2 »

2003. - *BNP Paribas.*

3449+3451+3453-E1	400 »	200 »

Enveloppe composite de 200 grammes à 1,75 € utilisée au Printemps 2003 pour une campagne publicitaire.

2003. - *Centenaire du Tour de France.*

3583-E1	*1903-2003 Le Tour de France*	50 »	40 »

Enveloppe hors commerce à l'usage de la Mairie de Montgeron et le Conseil Général de l'Essonne.

2003. - *La Pérouse*

2519-E1	*Conseil Général du Tarn*	30 »	20 »

Enveloppe hors commerce réservée au courrier du Conseil Général.

2003. - *Bretagne.*

3207-E1	*Port de Sauzon - Belle Ile en Mer (56)*	3 »	3 »
3207-E2	*Ile de Brehat (22) - Moulin du Birlot*	3 »	3 »
3207-E3	*Saint-Malo (35)*	3 »	3 »
3207-E4	*Ile Louet (29)*	3 »	3 »
3207-E5	*Ploumanac'h (22)*	3 »	3 »
	La série de 5 enveloppes	15 »	15 »

2003. - *Nantes.*

3552-E1 *Tramway Tan et tour Lu* 3 » 3 »

Prêt à poster départemental vendu en Loire-Atlantique.

2003. - *Le Trotteur.*

3183-E1 *Le Trotteur* 3 » 3 »

Prêt à poster vendu en Basse Normandie.

2003. - *Sean Scully.*

2858-E1 Enveloppe blanche 110 x 220 mm 2 » 2 »
2858-E2 Enveloppe blanche 110 x 220 mm avec petite fenêtre 35 x 100 mm 2 » 2 »

Prêt à poster entreprises vendus par lots de 100.

A partir de fin 2003, la poste à abandonné la fabrication des PAP entreprise mécanisables avec grande fenêtre 45 x 100 mm.

2003. - *Prêt à déposer "Orchidée".*

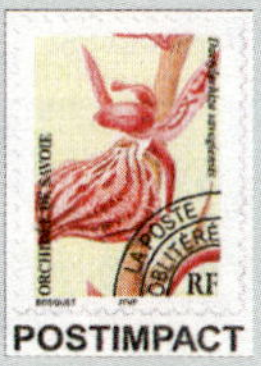

Préo247-E1 Enveloppe blanche 162 x 229 mm 15 » 15 »
Préo247-E2 Enveloppe blanche 115 x 225 mm avec fenêtre 45 x 100 mm 15 » 15 »

Ces 2 enveloppes ont été mises en vente à titre expérimental dans une soixantaine de bureaux à l'automne 2003.

Préo247-E3 Enveloppe blanche 115 x 225 mm avec mention "POSTIMPACT" 2 » 2 »
Préo247-E4 Enveloppe blanche 115 x 225 mm avec mention "POSTIMPACT" et fenêtre 100 x 45 mm 2 » 2 »
Préo247-E5 Enveloppe blanche 160 x 230 mm avec mention "POSTIMPACT" et grande figurine 33 x 25 mm 3 » 3 »

2003. - *Meilleurs voeux 2004.*

3621-E1 *4 Saisons de bonheur !* enveloppe carrée 166 x 166 mm 2 » 2 »
3623-E1 Enveloppe blanche glacée 110 x 220 mm 2 » 2 »
3623-E2 Enveloppe blanche glacée 110 x 220 mm avec fenêtre 35 x 100 mm 2 » 2 »

2003. - *Voeux des postiers 2004.*

3555-E1 *Paysage enneigé sous un ciel bleu* 10 » 10 »

Enveloppe hors commerce utilisée pour l'envoi des voeux des postiers pour le Nouvel An 2004.

2003. - *Guyane.*

3485-E1 *Panthera onca* 2 » 2 »
3485-E2 *Caïman noir* 2 » 2 »
3485-E3 *Amaryllis* 2 » 2 »
3485-E4 *Orchidée d'Amazonie* 2 » 2 »
3485-E5 *Ibis rouge* 2 » 2 »
La série de 5 enveloppes 10 » 10 »

2003. - *Les Alpes.*

3602-E1 *Mosaïque de 7 clichés* 3 » 3 »

Enveloppe avec carte dépliante vendue sous blister.

3602-E2 *Montagne sous la Lune* 2 » 2 »
3602-E3 *Ferme dans un pré* 2 » 2 »
3602-E4 *Pente enneigée* 2 » 2 »
3602-E5 *Mouflon - Fleur - Marmotte* 2 » 2 »
3602-E6 *Lac et montagne* 2 » 2 »

La série de 5 enveloppes 3602-E2 à E6 vendues sous blister 10 » 10 »

Enveloppes vendues en Isère, Savoie et Haute-Savoie.

2 enveloppes avec mention "France 20 g" sous la figurine ont été émises en 2005.

2004. - *Lille.*

3638-E1 *Lille 2004* 2 » 2 »

Enveloppe vendue dans le Nord.

2004. - *Est de la France.*

3245-E1 *Strasbourg* 2 » 2 »
3245-E2 *Colmar - Marché de Noël* 2 » 2 »
3245-E3 *Dessin de Hansi : Enfants Alsaciens* 2 » 2 »
3245-E4 *Nid de Cigognes* 2 » 2 »
3245-E5 *Le château du Haut-Koenigsbourg* 2 » 2 »

La série de 5 enveloppes 10 » 10 »

Vendues dans le Haut-Rhin, le Bas-Rhin et les Vosges.

2004. - *L'eau richesse de l'Auvergne.*

2665-E1 *Lac* 2 » 2 »
2665-E2 *Rivière, église en arrière-plan* 2 » 2 »
2665-E3 *Rivière, montagne en arrière-plan* 2 » 2 »
2665-E4 *Cascade* 2 » 2 »
2665-E5 *Rivière avec pêcheur* 2 » 2 »

La série de 5 enveloppes 10 » 10 »

Vendues dans le Puy-de-Dôme, la Haute-Loire, l'Allier et le Cantal.

2004. - *Coeur de Torrente.*

3538-E1 *Coeur avec trèfle à quatre feuilles* 2 » 2 »

Vendue en lot de 3 enveloppes semblables contenant des cartons avec inscriptions en bleu, vert ou rose.

2004. - *60ᵉ anniversaire du Débarquement en Normandie.*

2887-E1 *Débarquement en Normandie* 30 » 20 »

Existe aussi avec repiquage "Réservations" ou repiquages illustrés locaux des sites du Débarquement (Sword - Gold - Juno - Omaha Beach - Pointe du Hoc - Utah Beach - Overlord 60ᵉ anniv.).

2004. - *Parc des Pyrénées (3ᵉ série).*

Sans faciale avec mention "La Poste".

3056-E11 *Maison Fleurie* 2 » 2 »
3056-E12 *Snow-Board* 2 » 2 »
3056-E13 *Isard* 2 » 2 »
3056-E14 *Femme cycliste devant un lac* 2 » 2 »
3056-E15 *Skieur* 2 » 2 »

La série de 5 enveloppes 10 » 10 »

2004. - *Bordeaux.*

3661-E1 *La Grosse Cloche* 2 » 2 »
3661-E2 *La place des Quinconces* 2 » 2 »
3661-E3 *Le Pont d'Aquitaine* 2 » 2 »
3661-E4 *Le Pont de Pierre* 2 » 2 »
3661-E5 *Hôtel-de-Ville* 2 » 2 »

La série de 5 enveloppes 10 » 10 »

Chaque enveloppe au verso a une vue de la Fontaine de la Place de la Bourse.

3661-E6 sans illustration au recto 3 » 3 »

Enveloppe sans illustration au recto, avec au verso une vue du Pont de Pierre. Vendues par lots de 100 pour les entreprises.

2004. - *Vittel.*

1393-E1	Enveloppe avec illustration "Vivez Vittel"	2 »	2 »
1393-E2	Enveloppe avec illustration "Vivez Vittel" et fenêtre 35 x 100 mm	2 »	2 »

2004. - *Gallé.*

2854-E1	*La place Stanislas*	2 »	2 »
2854-E2	*Jardinière de table 1878*	2 »	2 »
2854-E3	*La Vallée de la Moselle*	2 »	2 »
2854-E4	*L'Abbaye des Prémontrés*	2 »	2 »
2854-E5	*Vase "Trois Graces" 1909*	2 »	2 »
	La série de 5 enveloppes	10 »	10 »

2004. - *Floralies de Nantes.*

3250-E1	Enveloppe sans précasage	2 »	2 »
3250-E2	Enveloppe avec précasage	2 »	2 »

2004. - *Invitation.*

3636-E1	*Ceci est une invitation*	40 »	2 »

Enveloppe de service utilisée par le Service Philatélique de la Poste.

2004. - *Picasso.*

3162-E1	Enveloppe blanche glacée 110 x 220 mm	2 »	2 »
3162-E2	Enveloppe blanche glacée 110 x 220 mm avec fenêtre 35 x 100 mm	2 »	2 »

Vendues par lots de 100 pour les entreprises.

2004. - *La Flamme Olympique.*

3687-E1	*Flamme olympique*	3 »	3 »

Emis le 25 juin 2004 à l'occasion du passage de la flamme olympique à Paris.

2004. - *"Paris : Hauts lieux touristiques".*

776-E1	*Notre Dame de Paris*	2 50	2 50
780-E1	*Colonnade du Louvre*	2 50	2 50

781-E1	*La Conciergerie*	2 50	2 50
782-E1	*La Cité*	2 50	2 50

783-E1	*Place de la Concorde*	2 50	2 50
	La série de 5 enveloppes	12 50	12 50

Emis à l'occasion du Salon du Timbre (26 juin - 4 juillet).

2004. - *"Paris : vue d'avions".*

PA14-E1 *Avion survolant Paris* 3 » 3 »

PA15-E1 *Burelé : Caudron "Simoun" sur Paris* 3 » 3 »

PA20-E1 *Les Ponts de Paris* 3 » 3 »

PA28-E1 *Grand Palais et Pont Alexandre III* 3 » 3 »

PA29-E1 *Vue de Paris* 3 » 3 »

La série de 5 enveloppes 15 » 15 »

Emis à l'occasion du Salon du Timbre (26 juin - 4 juillet).

2004. - *Corse.*

3598-E1	*Bonifacio*	2 »	2 »
3598-E2	*Santa Giulia*	2 »	2 »
3598-E3	*Bavella*	2 »	2 »
3598-E4	*Ajaccio le port*	2 »	2 »
3598-E5	*Capo Rosso*	2 »	2 »
	La série de 5 enveloppes	10 »	10 »

Chaque enveloppe comporte au verso une vue de Palombaggia. Vendues en Corse du sud (20 A).

3598-E6	*Bastia - Le vieux Port*	2 »	2 »
3598-E7	*La Restonica*	2 »	2 »
3598-E8	*Calvi*	2 »	2 »
3598-E9	*Etang d'Urbino*	2 »	2 »
3598-E10	*Elpa Nera - Galeria*	2 »	2 »
	La série de 5 enveloppes	10 »	10 »

Chaque enveloppe comporte au verso une vue de Saleccia. Vendues en Haute Corse (20 B).

2004. - *Bicentenaire de la naissance de George Sand.*

3645-E1 *George Sand* 2 » 2 »

Deux tirages existent : au verso réf. 0406514 et 0409406.

2004. - *Marseille.*

3489-E1	*Le Port de Marseille*	2 »	2 »
3489-E2	*Le Garlaban*	2 »	2 »
3489-E3	*La Sainte Victoire*	2 »	2 »
3489-E4	*Les Alpilles*	2 »	2 »
3489-E5	*La Côte Bleue*	2 »	2 »
	La série de 5 enveloppes	10 »	10 »

Une enveloppe non illustrée a été émise en 2006.

2004-2005. - *Vaucluse.*

3600-E1 *Avignon, la Cité des Papes* 2 » 2 »

3600-E2	*Le Mont Ventoux, Géant de Provence*	2 »	2 »
3600-E3	*Roussillon, les Ocres*	2 »	2 »
3600-E4	*Lavandes*	2 »	2 »
3600-E5	*Châteauneuf du Pape, le Vignoble*	2 »	2 »

La série de 5 enveloppes rectangulaires 110 x 220 mm (mention : Lettre 20 g) 10 » 10 »

Existent aussi en enveloppes carrées 114 x 162 mm.

La série de 5 enveloppes carrées 114 x 162 mm (3600-E6 à E10) 10 » 10 »

3600-E11	*Vaison la Romaine, les fouilles de la Villasse*	3 »	3 »
3600-E12	*Les dentelles de Montmirail*	3 »	3 »
3600-E13	*Avignon, Saint Bénézet*	3 »	3 »
3600-E14	*Fontaine de Vaucluse, la Sorgue*	3 »	3 »
3600-E15	*Luberon, les Bories*	3 »	3 »

La série de 5 enveloppes rectangulaires 110 x 220 mm (mention : France 20 g) 15 » 15 »

Existent aussi en enveloppes carrées 114 x 162 mm.

La série de 5 enveloppes carrées 114 x 162 mm (3600-E16 à E20) (mention : Port Payé) 15 » 15 »

2004. - *Clermont-Ferrand, métropole à vivre.*

3656-E1	*L'Opéra*	2 »	2 »
3656-E2	*Cyberparc Pascalis*	2 »	2 »
3656-E3	*Festival du court métrage*	2 »	2 »
3656-E4	*Vue de la Cathédrale*	2 »	2 »
3656-E5	*Notre-Dame-du-Port, patrimoine mondial de l'Unesco*	2 »	2 »

La série de 5 enveloppes 10 » 10 »

Chaque enveloppe comporte au verso une vue de la place de Jaude.

Une série de 5 enveloppes avec légende "France 20 g" a été émise en 2006.

2004. - *Les Huitres.*

3651-E1	*Les huitres* (Env. 110 x 220 mm sur papier glacé)	2 »	2 »
3651-E2	*Les huitres* (Env. 110 x 220 mm sur papier non glacé)	5 »	5 »
3651-E3	*Les huitres* (Env. 114 x 162 mm)	3 »	3 »

Vendues dans la Charente-Maritime. L'enveloppe sur papier non glacé était utilisée par les ostréiculteurs.

2004. - *Arras.*

Elu plus beau Timbre-Poste de l'année 2003 par les collectionneurs

3605-E1	*Arras*	» »	15 »
3605-E2	*Arras* (avec fenêtre)	» »	15 »

Enveloppe de service utilisée par le Service Philatélique de la Poste.

Une enveloppe a été émise dans le Pas-de-Calais en 2005.

2004. - *Champagne.*

3561-E1	*Les vignobles de Champagne*	3 »	3 »
3561-E2	*Idem mais mention France 20 G sous la figurine*	3 »	3 »

Enveloppe imprimée sur papier non glacé. Trois tirages existent (au verso références 0404738, 0409404 et 0410443). Vendue dans la Marne et l'Aube.

2004-2005. - *Gorges du Tarn.*

3704-E1	*Les Gorges du Tarn*	2 »	2 »

Enveloppe non illustrée. Vendue dans la Lozère.

3704-E2	*Les Gorges du Tarn*	2 »	2 »
3704-E3	*Aubrac*	2 »	2 »
3704-E4	*Cévennes*	2 »	2 »
3704-E5	*Margeride*	2 »	2 »
3704-E6	*Mende*	2 »	2 »

La série de 5 enveloppes 10 » 10 »

Vendues en Lozère. Chaque enveloppe, outre l'illustration, comporte la mention "Terres de Lozère".

2004. - *Queen Mary 2.*

3631-E1	*Queen Mary 2*	6 »	6 »

Vendue à la Martinique avec une carte assortie.

2004-2005. - *(28 janvier) Vendée globe.*

2913-E1	*Les Sables d'Olonne*	2 »	2 »
2913-E2	*Vendée globe 2004-2005*	2 »	2 »

Vendues en Vendée et Loire-Atlantique (E1) et en Vendée seulement (E2).

2004. - *Musée de la Poste.*

1710-E1	*La "Simyanette"*	2 »	2 »
1710-E2	*Le Retour du Postillon*	2 »	2 »
1710-E3	*Wagon postal Paris-Rouen*	2 »	2 »
1710-E4	*Etrennes du facteur*	2 »	2 »
1710-E5	*La télégraphiste*	2 »	2 »
	La série de 5 enveloppes	10 »	10 »

Vendues à Paris intra-muros.

2004. - *Meilleurs Voeux.*

3722-E1	*Etoiles dans un fond bleu enneigé*	3 »	3 »

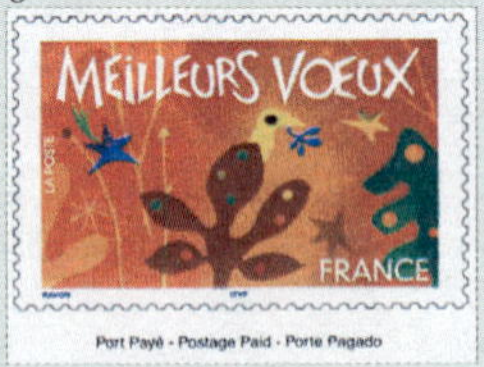

3723-E1	*Etoiles et oiseau dans un fond rouge*	3 »	3 »

3724-E1	*Etoile rouge et fleur bleue*	3 »	3 »

3725-E1	*Etoiles, sapin et cloche dans un fond bleu*	3 »	3 »

3726-E1	*Etoiles dans un fond vert*	3 »	3 »
	La série de 5 envelop. carrées (145 x 145 mm) accompagnées de 5 cartes assorties.	15 »	15 »

Deux enveloppes avec cette figurine n°s 3722-E2 et 3722-E3 avec la mention "France 20 g" ont été émises en 2005.

2004. - *Martinique.*

3548-E1	*Le Rocher du Diamant*	3 »	3 »
3548-E2	*Le Sucrier Fal jaune*	3 »	3 »
3548-E3	*La Rose de Porcelaine*	3 »	3 »
3548-E4	*Le Colibri*	3 »	3 »
	La série de 4 enveloppes avec 4 cartes assorties	12 »	12 »

Vendues à la Martinique.

2004. - *Meilleurs Voeux entreprises.*

3728-E1	Enveloppe blanche glacée 110 x 220 mm	2 »	2 »
3728-E2	Enveloppe blanche glacée 110 x 220 mm avec fenêtre 35 x 100 mm	3 »	3 »

2004. - *L'Agenda de l'environnement 2005.*

3045-CP1	*Bonne fête*	4 »	4 »
3368-CP1	*Facteur à vélo*	4 »	4 »

3577-CP1 *Gardarem lo moral* 4 » 4 »

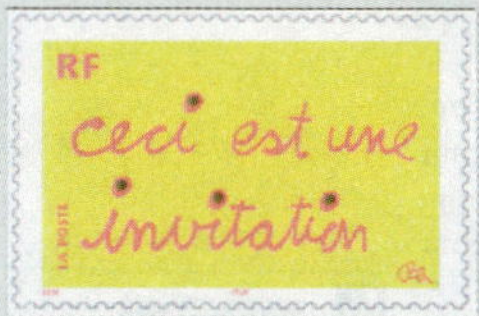

3636-CP1 *Ceci est une invitation* 4 » 4 »
3637-CP1 *Un grand merci* 4 » 4 »
3637-CP2 *Bravo pour cette belle soirée !* 4 » 4 »

3663-CP1 *Je suis au vert* 4 » 4 »
3664-CP1 *Laissez moi respirer* 4 » 4 »

3688-CP1 *Bon anniversaire !* 4 » 4 »
3744-CP1 *Bonjour 2005 !* 4 » 4 »
La série de 10 cartes postales 40 » 40 »

Cette série de 10 cartes postales étaient incluses dans l'agenda 2005 de l'écrit mis en vente anticipée au Salon Philatélique d'Automne à partir du 10 novembre 2004.

2004. - *Millau.*

3730-E1 *Millau, le Viaduc qui rapproche les hommes* 2 » 2 »
3730-E2 *Millau, prenez de la hauteur !* 2 » 2 »
3730-E3 *Millau, nos pierres aussi ont une âme...* 2 » 2 »
3730-E4 *Millau, terre de création* 2 » 2 »
3730-E5 *Creissels, tout un art de vivre* 2 » 2 »
La série de 5 enveloppes 10 » 10 »

Vendues dans l'Aveyron.

2004. - *Coiffe Madras.*

3650-E1 *La Cascade aux écrevisses* 3 » 3 »
3650-E2 *Les Saintes* 3 » 3 »
3651-E3 *La Pointe des Châteaux* 3 » 3 »
3652-E4 *Ilet Gosier* 3 » 3 »
La série de 4 enveloppes avec 4 cartes assorties 12 » 12 »

Vendues à la Guadeloupe.

2004. - *Chambord.*

3703-E1 *Le château de Chambord* 2 » 2 »
3703-E2 *Idem mais mention France 20 g sous la figurine* (Env. 114 x 162 mm) 2 » 2 »

Vendues dans le Loir et Cher.

3703-E3 *Idem* (110 x 220 mm) 2 » 2 »

2004. - *Région Champagne Ardenne.*

3095-E1 30 » 30 »

Enveloppe imprimée en 1999 mais utilisée en 2004.

2004. - *C.G.O.S. Réseau France Billet.*

3181-E1 *Opéra de Paris* 150 » 150 »
3572-E1 Enveloppe blanche 110 x 220 mm 15 » 15 »
3572-E2 Enveloppe blanche 110 x 220 mm avec fenêtre 35 x 100 mm 15 » 15 »

L'enveloppe 3572-E2 existe avec deux en-têtes différentes : "CNAS Services C.G.O.S./RFB" et "C.G.O.S./RFB" seule.

2004. - *Prêt à déposer "Orchidée insulaire".*

Préo248-E1	Enveloppe 225 x 115 mm	10 »	10 »
Préo248-E2	Enveloppe 229 x 162 mm	10 »	10 »

Ces enveloppes furent diffusées lors d'un test d'envois intradépartementaux jusqu'à 35 g par 100 exemplaires réalisé dans les Bouches-du Rhône, la Corrèze, la Gironde et la Haute-Vienne du 1er octobre au 31 décembre 2004 ainsi que dans les Hauts-de-Seine du 29 novembre au 31 décembre.

2004. - *Père Noël.*

3122-E1	*Joyeux Noël*	20 »	10 »

Enveloppe hors commerce utilisée pour le courrier du Père Noël : Timbre sans valeur faciale et sans Croix-Rouge. Au verso mention orange "Père Noël".

2004. - *Voeux des postiers 2005*

3033-E1	*Enfant jouant à la balle*	10 »	10 »

Enveloppe hors commerce utilisée pour l'envoi de voeux des postiers 2005.

2005. - *Prêt-à-poster "Nouvelle marque".*

PAP-1	20 G Enveloppe 114 x 162 mm	3 »	1 »
PAP-2	20 G Enveloppe 110 x 220 mm sans fenêtre	3 »	1 »
PAP-3	20 G Enveloppe 110 x 220 mm avec fenêtre 35 x 100 mm	5 »	5 »

Les PAP étant valables aussi bien pour la France que pour la zone A (Union Européenne) (tarif à 0,50 €) comportaient la simple mention "20 G". A partir du 1er mars 2005 le tarif devenant différent pour la France (0,53 €) et la zone A (0,55 €), la mention "20 G" se transforme en "France 20 G".

PAP-3	France 20 G Enveloppe 114 x 162 mm	2 »	1 »
PAP-4	France 20 G Enveloppe 110 x 220 mm sans fenêtre	2 »	1 »
PAP-5	France 20 G Enveloppe 110 x 220 mm avec fenêtre 35 x 100 mm	3 »	3 »
PAP-6	France 50 G Enveloppe 230 x 162 mm sans fenêtre	3 »	1 50
PAP-7	France 50 G Enveloppe 230 x 162 mm avec fenêtre	5 »	5 »
PAP-8	France 100 G Enveloppe 324 x 229 mm	4 »	4 »
PAP-9	France 100 G Enveloppe cartonnée 228 x 160 mm	4 »	4 »
PAP-10	France 500 G Enveloppe cartonnée 248 x 328 mm	6 »	6 »

Au printemps 2005 le G majuscule devient g minuscule pour se conformer aux normes d'écriture.

PAP-11	France 20 g Enveloppe 114 x 162 mm	2 »	0 50
PAP-12	France 20 g Enveloppe 110 x 220 mm sans fenêtre	2 »	0 50
PAP-13	France 20 g Enveloppe 110 x 220 mm avec fenêtre 35 x 100 mm	2 »	2 »
PAP-14	France 50 g Enveloppe 230 x 162 mm sans fenêtre	2 »	1 »
PAP-15	France 50 g Enveloppe 230 x 162 mm avec fenêtre	3 »	3 »
PAP-16	France 100 g Enveloppe 324 x 229 mm	3 »	2 »
PAP-17	France 100 g Enveloppe cartonnée 228 x 160 mm	3 »	2 »
PAP-18	France 500 g Enveloppe cartonnée 248 x 328 mm	4 »	3 »
PAP-19	Réexpédition Enveloppe 230 x 162 mm	2 »	1 50
PAP-20	Réexpédition Enveloppe 330 x 250 mm	3 »	2 »

Suite au changement de tarif du 1er mars 2005 différenciant le tarif des lettres pour la France (0,53 €) de celui des lettres pour l'Union Européenne (0,55 €), les Prêt-à-Poster comportent désormais la mention "France 20 g" sous la figurine.,

2005. - *Le pain.*

3649-E1	*Le pain*	2 »	2 »

Vendue dans 12 départements (08-10-25-52-54-55-57-67-68-70-88-90).

2005. - *De Gaulle.*

2656-E1 *Général De Gaulle - Colombey-les-deux-Eglises* 3 » 3 »

Vendue par lots de 5 dans la Haute-Marne, le Nord et le Pas-de-Calais.

2005. - *Henri Wallon.*

3729-E1 *Henri Wallon* 2 » 2 »

Vendue dans le Nord.

2005. - *Château Cathare.*

3710-E1 *Château Cathare* 2 » 2 »

Vendue dans l'Aude.

2005. - *Le Mont Blanc. Mention "France 20 G" sous la figurine.*

3602-E7 *Le Mont Blanc* 3 » 3 »

Vendue dans la Savoie.

Ne pas confondre avec les PAP émis en 2003 qui comportent la mention "Lettre 20 g" sous la figurine.

2005. - *Le Moulin du Nord.*

3706-E1 *Moulin du Nord* 2 » 2 »

Vendue dans le Nord.

2005. - *Le P'tit Quinquin.*

3772-E1 *Le P'tit Quinquin* 2 » 2 »

Vendue dans le Nord.

2005. - *Les rillettes.*

3773-E1 *Les rillettes* 2 » 2 »

Vendue dans la Sarthe.

2005. - *Calanques.*

3708-E1 *La calanque de Port Miou - Cassis* 2 » 2 »
3708-E2 *Le Castellas-Aureille* 2 » 2 »
3708-E3 *Le canal Saint-Sébastien - Martigues* 2 » 2 »
3708-E4 *L'entrée du vieux Port - Marseille* 2 » 2 »
3708-E5 *La Rotonde - Aix-en-Provence* 2 » 2 »

La série de 5 enveloppes rectangulaires 110 x 220 mm 10 » 10 »

Existent aussi en enveloppes carrées 114 x 162 mm.

La série de 5 enveloppes carrées 114 x 162 mm (3708-E6 à E10) 10 » 10 »

2005. - *Choucroute.*

3774-E1 *La choucroute* 3 » 3 »

Vendue en Alsace.

2005. - *Tarn.*

2519-E2	*Castres*	2 »	2 »
2519-E3	*Lautrec*	2 »	2 »
2519-E4	*Le Sidobre*	2 »	2 »
2519-E5	*Albi*	2 »	2 »
2519-E6	*Cordes sur Ciel*	2 »	2 »
	La série de 5 enveloppes	10 »	10 »

Un autre PAP avec le timbre la Pérouse avait déjà été émis en 2003.

2005. - *Puy-du-Fou.*

2867-E1	*Les Vikings*	2 »	2 »

Vendue en Vendée.

2005. - *Dunkerque.*

744-E1	*Dunkerque*	10 »	10 »

Enveloppe à l'occasion du 60e anniversaire de la ville de Dunkerque. Existe aussi avec repiquages : 1940, la place Jean Bart après les bombardements - 10 mai 1945 le drapeau français flotte à nouveau sur Dunkerque - Baraquements sur la place Jean Bart - Dunkerque au 3e millénaire.

2005. - *Golfe du Morbihan.*

3783-E1	*Vannes*	2 »	2 »
3783-E2	*Port-Anna*	2 »	2 »
3783-E3	*Larmor-Baden*	2 »	2 »
3783-E4	*Saint-Goustan*	2 »	2 »
3783-E5	*Port-Navalo*	2 »	2 »
	La série de 5 enveloppes	10 »	10 »

Vendues dans le Morbihan.

Une enveloppe non illustrée a été émise en 2006.

2005. - *Saint-Jacques-de-Compostelle*

3385-E1	*Saint-Jean-Pied-de-Port*	3 »	3 »
3385-E2	*Sarrance*	3 »	3 »
3385-E3	*Lescar*	3 »	3 »
3385-E4	*Navarrenx*	3 »	3 »
3385-E5	*Orthez*	3 »	3 »
	La série de 5 enveloppes avec cartes assorties	15 »	15 »

Vendues dans les Pyrénées-Atlantiques.

A la mi-2005 a été émise une série de 5 enveloppes "Toulouse" (3385-E6 à E10) avec mention "France 20 g".

2005. - *Le Phare d'Ouistreham.*

3715-E1	*Le Phare d'Ouistreham*	2 »	2 »

Vendue dans le Calvados.

2005. - *Le Bagad.*

3655-E1	*Le Bagad*	2 »	2 »

Vendue dans le Finistère.

2005. - *Le cassoulet.*

3567-E1	*Le cassoulet*	2 »	2 »

Vendue dans l'Aude.

2005. - *Jules Verne.*

3789-E1 *Cinq semaines en ballon* 2 » 2 »
3790-E2 *De la Terre à la Lune* 2 » 2 »

A gauche de chaque enveloppe illustration bleue : portrait de Jules Verne et évocation de ses romans.

Vendues dans la Somme et la Loire-Atlantique.

2005. - *Médoc.*

3560-E1 *La pêche au carrelet* 2 » 2 »

Enveloppe non illustrée avec au verso mention "Pays Médoc".

Vendue en Gironde.

7 enveloppes avec figurine "Pêche au carrelet" légendée "France la Poste" ont été émises mi-2005 pour la Loire-Atlantique.

2005. - *Coupe Gordon Bennett.*

3795-E1 2 » 2 »

3796-E1 2 » 2 »

Enveloppes non illustrées vendues dans le Puy-de-Dôme et l'Allier.

2005. - *Chalet des Alpes.*

3711-E1 *Chalet des Alpes* 2 » 2 »

2005. - *La crêpe.*

3566-E1 *La crêpe* 2 » 2 »

Enveloppe non illustrée vendue dans le Finistère, la Loire-Atlantique et l'Ile-et-Vilaine.

2005. - *Villefranche-sur-Mer.*

3802-E1 *Villefranche-sur-Mer* 2 » 2 »

Enveloppe non illustrée vendue dans les Alpes-Maritimes.

2005. - *Chapelle de Ronchamp.*

1394A-E1 *Chapelle Notre-Dame du Haut* 2 » 2 »

Enveloppe sur papier glacé avec une vue à gauche et 3 petites vues au verso, vendue dans la Haute-Saône, le Territoire de Belfort et le Doubs.

2005. - *Collioure.*

3497-E2 *Collioure* (110 x 220 mm) 2 » 2 »
3497-E3 *Collioure* (114 x 162 mm) 2 » 2 »

Enveloppes non illustrées vendues dans les Pyrénées-Orientales. Une enveloppe avait déjà été émise en 2002, avec valeur faciale 0,46 €.

2005. - *Course Landaise.*

3653-E1	*La course Landaise*	2 »	2 »

Vendue dans les Landes.

2005. - *La Brenne.*

2601-E1	*La Brenne*	2 »	2 »

Enveloppe non illustrée vendue dans l'Indre.

2005. - *Paris : "Le 14ᵉ en 1900".*

3442-E1	*L'église Saint-Pierre de Montrouge*	2 »	2 »
3442-E2	*Les échoppes de la rue Didot*	2 »	2 »
3442-E3	*La fête du Lion, place Denfert-Rochereau*	2 »	2 »
3442-E4	*Les enfants de la rue Daguerre*	2 »	2 »
3442-E5	*Le Lion de Belfort, place Denfert-Rochereau*	2 »	2 »
3442-E6	*Les élégantes de l'avenue Reille*	2 »	2 »
3442-E7	*Les cafés de Montparnasse*	2 »	2 »
3442-E8	*Le tramway de l'avenue d'Orléans*	2 »	2 »
3442-E9	*Les commerçants de la rue Pernety*	2 »	2 »
3442-E10	*L'hôpital Saint-Joseph*	2 »	2 »
	La série de 10 enveloppes	20 »	20 »

Chaque enveloppe sur papier glacé, comporte la reproduction d'une carte postale ancienne.

Une série de 5 enveloppes avec mention "Port Payé" a été émise pendant l'été 2005.

2005. - *Les cabines de bain.*

3559-E1	*Les cabines de bain* (110 x 220 mm)	2 »	2 »
3559-E2	*Les cabines de bain* (114 x 162 mm)	2 »	2 »

Enveloppes non illustrées vendues dans le Nord, le Pas-de-Calais, la Manche et le Calvados.

2005. - *Meurthe-et-Moselle.*

3785-E1	*La place Stanislas*	2 »	2 »
3785-E2	*Lunéville, château des Lumières*	2 »	2 »
3785-E3	*La Renommée*	2 »	2 »
3785-E4	*Le château d'Haroué*	2 »	2 »
3785-E5	*La place Stanislas, tableau de Pange*	2 »	2 »
	La série de 5 enveloppes	10 »	10 »

Vendues dans la Meurthe-et-Moselle.

2005. - *Arènes de Nîmes.*

3470-E2	*Les arènes de Nîmes* (110 x 220 mm)	2 »	2 »
3470-E3	*Les arènes de Nîmes* (114 x 162 mm)	2 »	2 »

Vendues dans le Gard.

Une enveloppe avec valeur faciale 0,46 € a été émise en 2002

2005. - *Vendée.*

3712-E1	*La cathédrale de Luçon*	2 »	2 »
3273-E1	*L'Ile d'Yeu*	2 »	2 »

2788-E1	*Le Marais Poitevin*	2 »	2 »
2867-E2	*Les Vikings*	2 »	2 »

3167-E1 *Le Gois* 2 » 2 »

La série de 5 enveloppes rectangulaires 110 x 220 mm 10 » 10 »

Existent aussi en enveloppes carrées 114 x 162 mm.

La série de 5 enveloppes carrées 114 x 162 mm 10 » 10 »

2005. - *Le Gard à vivre.*

3604-E1 *Le pont du Gard* 2 » 2 »
3604-E2 *La vallée de la Cèze* 2 » 2 »
3604-E3 *Village au pied de l'Aigoual* 2 » 2 »
3604-E4 *Gardian en Camargue* 2 » 2 »
3604-E5 *La Bambouseraie de Prafrance* 2 » 2 »

La série de 5 enveloppes rectangulaires 110 x 220 mm 10 » 10 »

Existent aussi en enveloppes carrées 114 x 162 mm.

La série de 5 enveloppes carrées 114 x 162 mm 10 » 10 »

2005-06. - *Les Alpes.*

3602-E7 *Le Mont Blanc* (Env. 110 x 220 mm non illustrée) 2 » 2 »
3602-E8 *Le Mont Blanc* (Env. 114 x 162 mm non illustrée) 2 » 2 »

6 enveloppes illustrées avec mention "Lettre 20 g" avaient déjà été émises en 2003.

2005. - *Les huitres.*

3651-E4 *Les huitres* (Env. 110 x 220 mm sur papier glacé) 2 » 2 »
3651-E5 *Les huitres* (Env. 110 x 220 mm sur papier non glacé) 4 » 4 »
3651-E6 *Les huitres* (Env. 114 x 162 mm sur papier non glacé) 2 » 2 »

2005. - *Vaucluse.*

3600-E21 *Mas Provençal* 2 » 2 »

Enveloppe non illustrée sur papier non glacé vendue dans le Vaucluse.
La série de 5 enveloppes illustrées avec mention Lettre 20 g, Port Payé ou France 20 g ont été émises en 2004-2005.

2005. - *Calanques.*

3708-E6 *La calanque de Port Miou - Cassis* 2 » 2 »
3708-E7 *Le Castellas - Aureille* 2 » 2 »
3708-E8 *Le canal Saint-Sébastien - Martigues* 2 » 2 »
3708-E9 *L'entrée du Vieux Port - Marseille* 2 » 2 »
3708-E10 *La Rotonde - Aix-en-Provence* 2 » 2 »

La série de 5 enveloppes rectangulaires 110 x 220 mm 10 » 10 »

Vendues dans les Bouches-du-Rhône.

2005. - *Hansi : Alsace et Traditions.*

3596-E1 *Cicogne* 3 » 3 »
3596-E2 *Petite alsacienne marchant* 3 » 3 »
3596-E3 *Petit alsacien avec chapeau* 3 » 3 »
3596-E4 *Ecolier alsacien* 3 » 3 »
3596-E5 *Petite alsacienne et chat sur un banc* 3 » 3 »

La série de 5 enveloppes rectangulaires 110 x 220 mm 15 » 15 »

La série de 5 enveloppes carrées 114 x 162 mm (3596-E6 à E10) 15 » 15 »
Vendues dans le Haut-Rhin et le Bas-Rhin.

2005. - *Marché de Noël en Alsace.*

3596-E11 *Noël en Alsace* 3 » 3 »
3596-E12 *Noël à Colmar* 3 » 3 »
3596-E13 *Noël à Kaysersberg* 3 » 3 »
3596-E14 *Noël à Strasbourg* 3 » 3 »
3596-E15 *Noël à Saverne* 3 » 3 »

La série de 5 enveloppes rectangulaires 110 x 220 mm 15 » 15 »

Vendues dans le Haut-Rhin et le Bas-Rhin.

2005. - *Corse.*

3598-E11 *Bonifacio* 2 » 2 »
3598-E12 *Santa Giulia* 2 » 2 »
3598-E13 *Bavella* 2 » 2 »
3598-E14 *Ajaccio le Port* 2 » 2 »
3598-E15 *Capo Rosso* 2 » 2 »

La série de 5 enveloppes 110 x 220 mm avec mention "France 20 g" 10 » 10 »

La série de 5 enveloppes carrées 114 x 162 mm avec mention "Port Payé" (3598-E16 à E20) 10 » 10 »

Chaque enveloppe comporte au verso une vue de Palombaggia. Vendues en Corse du sud (20 A).

3598-E21 *Bastia - Le Vieux Port* 2 » 2 »
3598-E22 *La Restonica* 2 » 2 »
3598-E23 *Calvi* 2 » 2 »
3598-E24 *Etang d'Urbino* 2 » 2 »
3598-E25 *Les Agriates* 2 » 2 »

La série de 5 enveloppes 110 x 220 mm avec mention "France 20 g" 10 » 10 »

La série de 5 enveloppes carrées 114 x 162 mm (3598-E26 à E30) 10 » 10 »

Chaque enveloppe comporte au verso une vue de Saleccia. Vendues en Haute-Corse (20 B).

2005. - *Var.*

3647-E1 *Le golfe de Saint-Tropez* 2 » 2 »
3647-E2 *La rade de Toulon* 2 » 2 »
3647-E3 *Les Gorges du Verdon* 2 » 2 »
3647-E4 *Le village de Callas* 2 » 2 »
3647-E5 *Ile de Porquerolles* 2 » 2 »

La série de 5 enveloppes 110 x 220 mm avec mention "France 20 g" 10 » 10 »

La série de 5 enveloppes carrées 114 x 162 mm (3647-E6 à E10) 10 » 10 »

Vendues dans le Var.

2005. - *Le Cantal.*

3769-E1 2 » 2 »

Enveloppe 110 x 220 mm sur papier non glacé. Vendue dans le Cantal.

2005. - *Sables-d'Olonne.*

3788-E1 *Les Sables-d'Olonne, la ville du Vendée globe* 2 » 2 »

Enveloppe carrée 114 x 162 mm. Vendue en Vendée.

2006. - *Vacances. Spécial "Postiers".*

3788-CP1 *Voiliers* 40 » 40 »
3789-CP2 *Meules de blé* 40 » 40 »
3790-CP3 *Symboles (arbre, nuage, oiseau etc...)* 40 » 40 »

Série de 3 cartes postales 105 x 210 mm offerte pour l'achat d'un lot de produits philatéliques à prix réduit vendu exclusivement aux Postiers (un lot par Postier).

2005. - *Sarthe.*

3797-E1 *Circuit de la Sarthe* 2 » 2 »
3797-E2 *Château de Courtanvaux* 2 » 2 »
3797-E3 *Faïences de Malicorne* 2 » 2 »
3797-E4 *Abbaye de l'Epau* 2 » 2 »
3797-E5 *Forêt de Bercé* 2 » 2 »

La série de 5 enveloppes avec au verso illustration "La Sarthe, on en est fier !" 10 » 10 »

2005. - *Toulouse.*

3385-E6	*Toulouse, la Basilique Saint-Sernin*	2 »	2 »
3385-E7	*Toulouse, le Capitole*	2 »	2 »
3385-E8	*Toulouse, l'Hôtel d'Assézat*	2 »	2 »
3385-E9	*Toulouse, la Cité de l'Espace*	2 »	2 »
3385-E10	*Toulouse, le Pont Neuf*	2 »	2 »
	La série de 5 enveloppes avec au verso illustration "Toulouse, la Garonne"	10 »	10 »

Vendues en Haute-Garonne.

Début 2005 une série Saint-Jacques de Compostelle (3385-E1 à E5) a été émise avec mention "Port Payé".

2005. - *Nantes - Loire-Atlantique.*

2704-E1	*Nantes - Loire-Atlantique*	2 »	2 »
2704-E2	*Loire-Atlantique*	2 »	2 »

Vendues en Loire-Atlantique.

2005. - *Jura.*

3345-E1	*Le pays où l'eau joue avec la roche...*	2 »	2 »
3345-E2	*Le pays où l'homme crée des vins rares et précieux...*	2 »	2 »
3345-E3	*Le pays où les montagnes sont plus douces...*	2 »	2 »
3345-E4	*Le pays des savoir-faire ancestraux...*	2 »	2 »
3345-E5	*Le pays où les villes et les villages vous racontent une histoire...*	2 »	2 »
	La série de 5 enveloppes	10 »	10 »

Vendues dans le Jura.

2005. - *Orléans.*

2665-E6	*Bateaux traditionnels sur la Loire*	2 »	2 »
2665-E7	*Bateaux traditionnels sur la Loire*	2 »	2 »
2665-E8	*Bateaux traditionnels sur la Loire*	2 »	2 »
2665-E9	*Bateaux traditionnels sur la Loire*	2 »	2 »
2665-E10	*Bateaux traditionnels sur la Loire*	2 »	2 »
	La série de 5 enveloppes avec au verso pont illuminé avec mention "Val-de-Loire patrimoine mondial"	10 »	10 »

2005. - *Le Haras du Pin.*

3808-E1	*Le Haras du Pin - Orne* (illustration à gauche)	2 »	2 »
3808-E2	*Le Haras du Pin* (sans illustration)	2 »	2 »

2005. - *Quais de Seine.*

3818-E1	*Paris-Plage 21 juillet - 21 août 2005*	3 »	3 »

2005. - *Parlement de Bretagne.*

3307-E1	*Plafond de la Grand'Chambre du Parlement* (110 x 220 mm)	2 »	2 »
3307-E2	*Plafond de la Grand'Chambre du Parlement* (114 x 162 mm)	2 »	2 »

Vendues en Ille-et-Vilaine.

2005. - *Pompiers.*

3618-E1 *Pompiers en action contre le feu* 3 » 3 »

Vendue dans le Cher.

2005. - *Ile de France.*

3442-E11 *Paris - La Tour Eiffel* 2 » 2 »
3442-E12 *Paris - Les Champs Elysées* 2 » 2 »
3442-E13 *Val-d'Oise - L'église d'Auvers-sur-Oise* 2 » 2 »
3442-E14 *Val-de-Marne - La Roseraie du Val-de-Marne, L'Haÿ-les-Roses* 2 » 2 »
3442-E15 *Seine-Saint-Denis - La Basilique Royale de Saint-Denis* 2 » 2 »

La série de 5 enveloppes 110 x 220 mm 10 » 10 »

Une série de 10 enveloppes avec mention "France 20 g" a été émise en mai 2005.

2005. - *Jardins Ile de France.*

3389-E1 *Seine-et-Marne - Le château de Vaux-le-Vicomte* 2 » 2 »
3389-E2 *L'Abbaye des Vaux de Cernay* 2 » 2 »
3389-E3 *Essonne - La cathédrale d'Evry* 2 » 2 »
3389-E4 *Hauts-de-Seine - La Défense* 2 » 2 »
3389-E5 *Paris - La Tour Eiffel* 2 » 2 »

La série de 5 enveloppes 110 x 220 mm 10 » 10 »

2005. - *Charente-Maritime.*

3294-E1 *Les Tours de la Rochelle* 2 » 2 »
3294-E2 *Corderie Royale de Rochefort* 2 » 2 »
3294-E3 *Balade en Charente-Maritime* 2 » 2 »
3294-E4 *Arc Germanicus Saintes* 2 » 2 »
3294-E5 *Carrelets* 2 » 2 »

La série de 5 enveloppes 110 x 220 mm avec mention "France 20 g" 10 » 10 »

Vendues en Charente-Maritime.

La série de 5 enveloppes carrées 114 x 162 mm avec mention Port-Payé (E6 à E10) 10 » 10 »

Vendues en Charente-Maritime.

2005. - *Arras.*

3605-E3 *Arras* 2 » 2 »

Enveloppe non illustrée 110 x 220 mm vendue dans le Pas-de-Calais.

Deux enveloppes de service ont été émises en 2003.

2005. - *Moulin de Valmy.*

2595-E1 *Moulin de Valmy, renaissance d'un symbole* 2 » 2 »

Enveloppe illustrée 110 x 220 mm sur papier ordinaire. Vendue dans la Marne.

2005. - *La dentelle.*

2631-E1 *Dentelle d'Alençon* 2 » 2 »

Enveloppe illustrée 110 x 220 mm. Vendue dans l'Orne.

2005. - *Falaises d'Etretat.*

3815-E1 *Les Falaises d'Etretat* 2 » 2 »

Enveloppe non illustrée sur papier ordinaire. Vendue en Seine-Maritime.

3815-E2 *Etretat (tableau de F. Dumouchel)* 2 » 2 »
3815-E3 *Port de Dieppe (tableau de F. Dumouchel)* 2 » 2 »
3815-E4 *Régates le Havre (tableau de F. Dumouchel)* 2 » 2 »
3815-E5 *Pourville (tableau de F. Dumouchel)* 2 » 2 »
3815-E6 *Bord de la Varenne (tableau de F. Dumouchel)* 2 » 2 »

La série de 5 enveloppes illustrées sur papier glacé 10 » 10 »

Vendues en Seine-Maritime.

2005. - *Arc de Triomphe.*

3599-CP1 *Arc de Triomphe* 3 » 3 »

Carte postale vendue à Paris à l'occasion de la "Nuit Blanche".

2005-06. - *Toits de Bourgogne.*

3597-E1 *Dijon, Musée des Beaux-Arts* 2 » 2 »
3597-E2 *Château du Clos de Vougeot* 2 » 2 »
3597-E3 *Le lac de Chamboux* 2 » 2 »
3597-E4 *Cap Canal à Pouilly-en-Auxois* 2 » 2 »
3597-E5 *Véloroute Beaune - Santenay* 2 » 2 »

La série de 5 enveloppes 110 x 220 mm 10 » 10 »

La série de 5 enveloppes carrées 114 x 162 mm (E6 à E10) 10 » 10 »

Vendues en Côte-d'Or

3597-E11 *Le Mâconnais Clunisois Tournugeois* 2 » 2 »
3597-E12 *L'Autunus bassin minier* 2 » 2 »
3597-E13 *La Bresse* 2 » 2 »
3597-E14 *Le Chalonnais* 2 » 2 »
3597-E15 *Le Charollais Brionnais* 2 » 2 »

La série de 5 enveloppes 110 x 220 mm 10 » 10 »

La série de 5 enveloppes carrées 114 x 162 mm (E16 à E20) 10 » 10 »

Vendues en Saône-et-Loire.

2005. - *Lac d'Annecy.*

3814-E1 *Le lac d'Annecy* 2 » 2 »

Enveloppe non illustrée sur papier ordinaire. Vendue en Haute-Savoie.

3814-E2 *Massifs des Dents de Lanfon et de la Tournette* 2 » 2 »
3814-E3 *Palais de l'Ile-d'Annecy* 2 » 2 »
3814-E4 *La baie de Talloires* 2 » 2 »
3814-E5 *Grand lac et petit lac* 2 » 2 »
3814-E6 *Le château de Duingt* 2 » 2 »

La série de 5 enveloppes illustrées 110 x 220 mm avec mention "France 20 g" 10 » 10 »

Vendues en Haute-Savoie.

La série de 5 enveloppes illustrées carrées 114 x 162 mm avec mention "Port Payé" (E7 à E11) 10 » 10 »

Vendues en Haute-Savoie.

2005. - *Guignol.*

2861-E1 *Guignol* 2 » 2 »

Enveloppe non illustrée sur papier ordinaire.

2861-E2 *Statue et bassin* 2 » 2 »
2861-E3 *Basilique de Fourvière* 2 » 2 »
2861-E4 *Ruines romaines* 2 » 2 »
2861-E5 *Le Rhône à Lyon* 2 » 2 »
2861-E6 *Vignoble et église* 2 » 2 »

La série de 5 enveloppes illustrées 110 x 220 mm 10 » 10 »

La série de 5 enveloppes illustrées carrées 114 x 162 mm 10 » 10 »

Vendues dans le Rhône.

2005. - *Carnac.*

3819-E1 *Les mégalithes de Carnac* 2 » 2 »

Enveloppe non illustrée 110 x 220 mm sur papier ordinaire. Vendue dans le Morbihan.

2005. - *Phare du Cap-Ferret.*

3709-E1	*Le phare du Cap-Ferret*	2 »	2 »

Enveloppe non illustrée 110 x 220 mm sur papier ordinaire.

Vendue en Gironde.

2005. - *Oise.*

3801-E1	*Pierrefonds, le château de "La belle au bois dormant"*	2 »	2 »
3801-E2	*Chantilly, le berceau de la crème*	2 »	2 »
3801-E3	*Compiègne, la chambre de l'Empereur*	2 »	2 »
3801-E4	*Beauvais, vue aérienne de la cathédrale*	2 »	2 »
3801-E5	*Gerberoy, classé parmi les plus beaux villages de France*	2 »	2 »
	La série de 5 enveloppes illustrées 110 x 220 mm	10 »	10 »

Vendues dans l'Oise.

2005. - *Loire.*

3801-E6	*Les Monts du Pilat*	2 »	2 »
3801-E7	*Le Roannais*	2 »	2 »
3801-E8	*Les Monts de la Madeleine*	2 »	2 »
3801-E9	*Les Monts du Forez*	2 »	2 »
3801-E10	*La Plaine du Forez*	2 »	2 »
	La série de 5 enveloppes illustrées 110 x 220 mm	10 »	10 »

Vendues dans la Loire.

2006. - *Vienne.*

3801-E11	*Poitiers : Notre-Dame la Grande*	2 »	2 »
3801-E12	*Parc du Futuroscope : le Kinemax*	2 »	2 »
3801-E13	*Poitiers : Maisons à colombages*	2 »	2 »
3801-E14	*Poitiers : Vitrail de l'Hôtel-de-Ville*	2 »	2 »
3801-E15	*Poitiers : Rives du Clain*	2 »	2 »
	La série de 5 enveloppes illustrées 110 x 220 mm	10 »	10 »

Vendues dans la Vienne.

2005. - *Beaujolais.*

3648-E1	*Les vignobles du Beaujolais*	3 »	3 »

Enveloppe non illustrée 110 x 220 mm sur papier ordinaire.

Vendue en Saône-et-Loire.

2005. - *Cathédrale de Luçon.*

3712-E2	*Cathédrale de Luçon*	2 »	2 »

Enveloppe non illustrée 110 x 220 mm sur papier ordinaire.

Vendue en Vendée.

Une enveloppe illustrée a été émise en mai 2005 dans la série illustrée "Vendée".

2005. - *Maison Solognote.*

3820-E1	*Maison Solognote*	3 »	3 »

Enveloppe non illustrée 110 x 220 mm sur papier ordinaire.

2005. - *Invitation.*

3760-E1	*Ceci est une invitation*	10 »	2 »

Enveloppe de service utilisée par le Service Philatélique de la Poste.

2005. - *Meilleurs Voeux.*

3853-E1 *Ours blanc et manchot tirant une luge* 3 » 3 »

3854-E1 *Manchots, renne et bonhomme de neige* 3 » 3 »

3855-E1 *Renne et manchot sur une luge* 3 » 3 »

3856-E1 *Manchots avec boules de neige* 3 » 3 »

3857-E1 *Ours blanc sur une luge et manchots skiant* 3 » 3 »

La série de 5 enveloppes carrées 145 x 145 mm accompagnées de 5 cartes assorties 15 » 15 »

2005. - *Meilleurs Voeux - Spécial "Postiers".*

3853-CP1 *Ours blanc et manchot tirant une luge* 50 » 50 »

3855-CP1 *Renne et manchot sur une luge* 50 » 50 »

3856-CP1 *Manchots avec boules de neige* 50 » 50 »

Série de 3 cartes postales 105 x 210 mm offerte pour l'achat d'un lot de produits Philatéliques à prix réduit vendu exclusivement aux postiers (un par postier).

2005. - *Père Noël.*

3857-E2 *Joyeux Noël* 3 » 3 »

Enveloppe hors commerce utilisée pour le courrier du Père Noël.

2005. - *Meilleurs Voeux entreprises.*

3722-E2 Enveloppe blanche glacée 110 x 220 mm 2 » 2 »

3722-E3 Enveloppe blanche glacée 110 x 220 mm avec fenêtre 35 x 100 mm 3 » 3 »

Une enveloppe avec cette figurine avec la mention "Port Payé" a été émise en 2004.

2005-06. - *D'Artagnan.*

3117-E2 *Bienvenue en Gascogne* 2 » 2 »

Enveloppe illustrée avec mention "France 20 g". Vendue dans le Gers, le Lot-et-Garonne et le Tarn-et-Garonne.

3117-E3 *D'Artagnan* 2 » 2 »

Enveloppe non illustrée. Vendue dans le Gers.

3117-E4 *Mousquetaire de Richelieu, parc du Puy du Fou* 2 » 2 »

Enveloppe illustrée 110 x 220 mm. Vendue en Vendée.

Une enveloppe avec cette figurine avec la mention "Port Payé" a été émise en 1997.

3117-E5 *Bienvenue en Gascogne* 3 » 3 »

Enveloppe illustrée avec mention "Port Payé". Vendue dans le Gers, le Lot-et-Garonne et le Tarn-et-Garonne.

2005. - *Essonne.*

2984-E1 *Château de Villeconin* 2 » 2 »

2984-E2 *Cathédrale d'Evry* 2 » 2 »

2984-E3 *Domaine de Couranges* 2 » 2 »

2984-E4 *Château de Saint-Jean de Beauregard* 2 » 2 »

2984-E5 *Moulin de Danemois* 2 » 2 »

La série de 5 enveloppes illustrées 110 x 220 mm 10 » 10 »

Vendue dans l'Essonne.

2005. - *Guyane.*

3549-E1 *Coq de roche* 3 » 3 »

3549-E2 *Ara Macao* 3 » 3 »

3549-E3 *Saki à face pâle* 3 » 3 »

3549-E4 *Grand Tamanoir* 3 » 3 »

3549-E5 *Boa canin, boa émeraude* 3 » 3 »

La série de 5 enveloppes illustrées 110 x 220 mm avec cartes assorties 15 » 15 »

Vendues en Guyane.

2005. - *L'Orchidée de Vénus.*

3764-E1	*Sabot de Vénus*	2 »	2 »

Enveloppe non illustrée 110 x 220 mm. Vendue en Haute-Marne.

2005. - *Joutes nautiques.*

3767-E1	*Joutes nautiques*	2 »	2 »

Enveloppe non illustrée 110 x 220 mm.

2005. - *Marcel Dassault.*

2502-E1	*Marcel Dassault*	60 »	40 »

Enveloppe non illustrée 230 x 115 mm avec fenêtre 100 x 35 mm utilisée pour l'envoi des feuilles de paie des employés de la firme Dassault.

2005. - *Bureaux de Poste pionniers.*

3541-E1	*Naissance*	10 »	10 »

Enveloppe hors commerce distribuée lors de l'inauguration des bureaux de poste rénovés avec au verso mention "Ne peut être vendu".

2005. - *Voeux des Postiers 2006.*

3803-E1	*Bonne Année 2006*	10 »	10 »

Enveloppe hors commerce pour l'envoi des voeux des postiers 2006.

2006. - *Hauts-de-Seine.*

3109-E1	*Parc André Malraux, Nanterre*	2 »	2 »
3109-E2	*Haras de Jardy, Marnes-la-Coquette*	2 »	2 »
3109-E3	*Maison de Chateaubriand, Chatenay-Malabry*	2 »	2 »
3109-E4	*Temple d'Amour, Ile de la Jatte, Neuilly-sur-Seine*	2 »	2 »
3109-E5	*Château de Sceaux*	2 »	2 »
	La série de 5 enveloppes illustrées 110 x 220 mm	10 »	10 »

Vendues dans les Hauts-de-Seine.

2006. - *Yonne.*

3817-E1	*Avallon*	2 »	2 »
3817-E2	*Vézelay : patrimoine mondial*	2 »	2 »
3817-E3	*Chablis*	2 »	2 »
3817-E4	*Tonnerre : la fosse Dionne*	2 »	2 »
3817-E5	*Auxerre : au bord de l'Yonne*	2 »	2 »
	La série de 5 enveloppes illustrées 110 x 220 mm	10 »	10 »

Vendues dans l'Yonne.

2006. - *Nièvre.*

3255-E4	*Saut du Gouloux*	2 »	2 »
3255-E5	*La Loire*	2 »	2 »
3255-E6	*Le lac de Saint-Agnan*	2 »	2 »
3255-E7	*Canal du Nivernais*	2 »	2 »
3255-E8	*Passage du Morvan*	2 »	2 »
	La série de 5 enveloppes illustrées	10 »	10 »

Vendues dans la Nièvre.

Trois enveloppes avec cette figurine ont été émises en 1999.

2006. - *Le foie gras.*

3563-E1 *Foie gras* 2 » 2 »

Enveloppe non illustrée. Vendue dans l'Ariège, la Charente, la Dordogne, le Gers, la Gironde, les Landes, le Lot, le Lot-et-Garonne, les Pyrénées-Atlantiques et le Tarn-et-Garonne.

2006. - *Le roquefort.*

3885-E1 *Roquefort* 2 » 2 »

Enveloppe non illustrée. Vendue dans l'Aveyron.

2006. - *Les hortillonnages.*

3891-E1 *Barque chargée de casiers bleus de salades* 2 » 2 »
3891-E2 *Plan d'eau sous la neige* 2 » 2 »
3891-E3 *Barque chargée* 2 » 2 »
3891-E4 *Deux cygnes sur un plan d'eau* 2 » 2 »
3891-E5 *Avant d'une barque chargée de fleurs roses* 2 » 2 »

La série de 5 enveloppes illustrées 110 x 220 mm 10 » 10 »

2006. - *Parc des Ecrins.*

3054-E1 *Parc des Ecrins* 2 » 2 »

Enveloppe 110 x 220 mm non illustrée sur papier ordinaire.

Vendue dans les Hautes-Alpes.

3054-E2 *Alpinisme dans les Ecrins* 3 » 3 »
3054-E3 *Le Lac Noir face à la Meije et au Râteau* 3 » 3 »
3054-E4 *Les Ecrins face nord (4102 m)* 3 » 3 »
3054-E5 *Benoîtes des montagnes dans la Moraine du glacier blanc (Vallouise)* 3 » 3 »
3054-E6 *Chamois mâle en hiver* 3 » 3 »

La série de 5 enveloppes illustrées 110 x 220 mm avec légende "Port Payé" et 5 cartes assorties 15 » 15 »

2006. - *Golfe du Morbihan.*

3783-E6 *Golfe du Morbihan* 2 » 2 »

Enveloppe non illustrée 110 x 220 mm sur papier ordinaire.

Vendue dans le Morbihan. Une série de 5 enveloppes illustrées a été émise en 2005.

2006. - *Hommage aux Mineurs - Courrières.*

3880-E1 *Courrières 1906-2006* 2 » 2 »

Enveloppe non illustrée 110 x 220 mm. Vendue dans le Pas-de-Calais.

2006. - *Les marais salants.*

3883-E1 *Marais salants* 2 » 2 »

Enveloppe illustrée 110 x 220 mm.

Vendue dans la Loire-Atlantique.

2006. - *Le phare du Stiff.*

3822-E1	*Phare du Stiff*	2 »	2 »

Enveloppe non illustrée 110 x 220 mm sur papier ordinaire.

Vendue dans le Finistère.

2006. - *Marseille.*

3489-E6	*Marseille*	2 »	2 »

Enveloppe non illustrée 110 x 220 mm.

Vendue dans les Bouches-du-Rhône.

Une série de 5 enveloppes illustrées a été émise en 2004.

2006. - *Alpes-Maritimes.*

3734-E1	*Antibes*	2 »	2 »
3734-E2	*Isola 2000*	2 »	2 »
3734-E3	*L'olivier*	2 »	2 »
3734-E4	*Ile Saint-Honorat*	2 »	2 »
3734-E5	*Eze - Village*	2 »	2 »
La série de 5 enveloppes illustrées 110 x 220 mm		10 »	10 »

Vendues dans les Alpes-Maritimes.

2006. - *Alpes-Maritimes.*

3886-E1	*Antibes*	3 »	3 »
3886-E2	*Isola 2000*	3 »	3 »
3886-E3	*L'olivier*	3 »	3 »
3886-E4	*Ile Saint-Honorat*	3 »	3 »
3886-E5	*Eze - Village*	3 »	3 »
La série de 5 enveloppes illustrées 110 x 220 mm		15 »	15 »

Vendues dans les Alpes-Maritimes.

2006. - *Gard.*

3886-E6	*Le Gard, Terre d'olive*	2 »	2 »

Enveloppe illustrée 110 x 220 mm avec mention "France 20 g".

Vendue dans le Gard.

2006. - *La mirabelle.*

3882-E1	*Mirabelle*	2 »	2 »

Enveloppe non illustrée 110 x 220 mm.

Vendue dans la Meurthe-et-Moselle.

2006. - *Les vendanges.*

3888-E1	*Vendanges*	2 »	2 »

Enveloppe non illustrée 110 x 220 mm. Vendue dans 30 départements.

2006. - *Monuments Nationaux.*

3755-E1	*Monument*	5 »	5 »

A partir d'une même enveloppe 114 x 162 mm Marianne de Lamouche bleue (tarif vers l'Union Européenne) ont été réalisés 65 repiquages différents de Monuments Nationaux. Chaque enveloppe comporte la mention "Monum".

Vendues sur les sites des Monuments concernés.

2006. - *Loire-Atlantique.*

3560-E2	*Vue du Pont de Saint-Nazaire* (110 x 220 mm)	2 »	2 »
3560-E3	*Vue du Pont de Saint-Nazaire* (114 x 162 mm)	2 »	2 »
3560-E4	*Pornic*	2 »	2 »
3560-E5	*Clisson*	2 »	2 »
3560-E6	*Saint-Nazaire*	2 »	2 »
3560-E7	*Guérande*	2 »	2 »
3560-E8	*Nantes*	2 »	2 »
	La série de 5 enveloppes (E4 à E8)	10 »	10 »

Vendues en Loire-Atlantique.

Au début de 2005 a été émise une enveloppe "Médoc" avec figurine "Pêche au carrelet" légendée "RF La Poste".

2006. - *Yvoire.*

FRANCE 20 g

Port Payé - Postage Paid - Porte Pagado

3892-E1	*Yvoire*	2 »	2 »

Enveloppe non illustrée 110 x 220 mm sur papier ordinaire.

Vendue en Haute-Savoie.

3892-E2	*Le lac Léman, Pointe d'Yvoire*	2 »	2 »
3892-E3	*Le lac Léman, Yvoire porte de Nernier*	2 »	2 »
3892-E4	*Le lac Léman, Evian, vue générale*	2 »	2 »
3892-E5	*Le lac Léman, Thonon, la plage*	2 »	2 »
3892-E6	*Le lac Léman, Thonon, château de Ripaille*	2 »	2 »
	La série de 5 enveloppes illustrées 110 x 220 mm (E2 à E6)	10 »	10 »
3892-E7	*Le lac Léman, Thonon, port de Rives*	3 »	3 »
3892-E8	*Le lac Léman, Yvoire, le château*	3 »	3 »
3892-E9	*Le lac Léman, Yvoire, porte de Rovorée*	3 »	3 »
3892-E10	*Le lac Léman, Thonon, la plage*	3 »	3 »
3892-E11	*Le lac Léman, Evian, vue générale*	3 »	3 »
	La série de 5 enveloppes illustrées carrées 114 x 162 mm avec mention "Port Payé" (E7 à E11)	15 »	15 »

2006. - *90e anniversaire de la Bataille de Verdun.*

Port Payé - Postage Paid - Porte Pagado

3881-E1	*Verdun au temps de la tourmente*	3 »	3 »
3881-E2	*Transport de troupes*	3 »	3 »
3881-E3	*La vie dans les tranchées*	3 »	3 »
3881-E4	*La voie sacrée*	3 »	3 »
3881-E5	*La vie quotidienne*	3 »	3 »
	La série de 5 enveloppes illustrées 110 x 220 mm	15 »	15 »

2006. - *Clermont-Ferrand, l'élan du développement.*

FRANCE 20 g

3656-E6	*Tramway*	2 »	2 »
3656-E7	*Musée d'art Roger Quilliot*	2 »	2 »
3656-E8	*Opéra*	2 »	2 »
3656-E9	*Blaise Pascal*	2 »	2 »
3656-E10	*Cathédrale*	2 »	2 »
	La série de 5 enveloppes illustrées 110 x 220 mm avec légende "France 20 g"	10 »	10 »

Une série de 5 enveloppes avec légende "Lettre 20 g" a été émise en 2004.

2006. - *Hérault.*

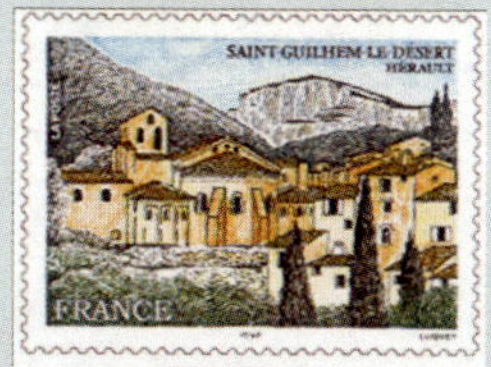

FRANCE 20 g

3310-E1	*La Grande Motte*	2 »	2 »
3310-E2	*Le lac du Salagou*	2 »	2 »
3310-E3	*Vignoble du Biterrois*	2 »	2 »
3310-E4	*La plage de la Grande Conque*	2 »	2 »
3310-E5	*Montpellier - Place de la Comédie*	2 »	2 »
	La série de 5 enveloppes illustrées 110 x 220 mm	10 »	10 »

2006. - *Montpellier.*

FRANCE 20 g

2350-E1	*Montpellier - Statue des Trois Graces*	2 »	2 »

Enveloppe illustrée 110 x 220 mm.

Vendue dans l'Hérault.

2006. - *Montagne Sainte-Victoire.*

FRANCE 20 g

2891-E1	*Montagne Sainte-Victoire*	2 »	2 »

Enveloppe non illustrée 110 x 220 mm sur papier ordinaire.

Vendue dans les Bouches-du-Rhône.

2006. - *La Roche-sur-Yon - Vendée.*

3683-E1	*La Roche-sur-Yon*	2 »	2 »

Enveloppe illustrée 110 x 220 mm.

Vendue en Vendée.

2006. - *Evreux.*

2926-E1	*Les grandes orgues de la cathédrale d'Evreux*	2 »	2 »

Enveloppe illustrée 110 x 220 mm.

Vendue dans l'Eure.

2006. - *Pont de Normandie.*

2923-E6	*Pont de Normandie*	2 »	2 »

Enveloppe non illustrée 110 x 220 mm.

Vendue en Seine-Maritime.

Une série de 5 enveloppes illustrées a été émise en 2003.

2006. - *Gien.*

1758-E1	*Château de Gien*	2 »	2 »

Enveloppe non illustrée 110 x 220 mm.

Vendue à Gien.

2006. - *Métiers du luxe.*

941-E1	*Haute couture*	3 »	3 »
971-E1	*Edition et reliure*	3 »	3 »
972-E1	*Porcelaine et cristaux*	3 »	3 »

973-E1	*Joaillerie et orfèvrerie*	3 »	3 »
1020-E1	*Ganterie*	3 »	3 »
	La série de 5 enveloppes illustrées 110 x 220 mm	15 »	15 »

Emis à l'occasion du Salon du Timbre et de l'Ecrit (17-25 juin).

2006. - *Béarn - Pays basque.*

3775-E1	*Ici le sport est sans limite*	2 »	2 »
3775-E2	*Ici la fête est tout un art*	2 »	2 »
3775-E3	*Ici la glisse est au sommet*	2 »	2 »
3775-E4	*Ici la nature est surprenante*	2 »	2 »
3775-E5	*Ici le bien-être est sensation*	2 »	2 »
	La série de 5 enveloppes illustrées 110 x 220 mm	10 »	10 »

Vendues dans les Pyrénées-Atlantiques.

2006. - *Mont-Saint-Michel.*

3924-E1	*Vue du Mont-Saint-Michel*	2 »	2 »
3924-E2	*Vue du Mont-Saint-Michel en soirée*	2 »	2 »
3924-E3	*Vue du Mont-Saint-Michel la nuit*	2 »	2 »
3924-E4	*Montgolfière au-dessus du Mont-Saint-Michel*	2 »	2 »
3924-E5	*Vol d'oiseaux devant le Mont-Saint-Michel*	2 »	2 »
	La série de 5 enveloppes illustrées 110 x 220 mm	10 »	10 »

Vendues dans la Manche.

2006. - *Préhistoire.*

3334-E1	*La préhistoire en Ariège*	2 »	2 »
3334-E2	*Parc de la préhistoire (Tarascon sur Ariège)*	2 »	2 »
3334-E3	*Bouquetin (Grotte de Niaux - Ariège)*	2 »	2 »
3334-E4	*Belette (Grotte de Niaux - Ariège)*	2 »	2 »
3334-E5	*Poney (Grotte de Niaux - Ariège)*	2 »	2 »
La série de 5 enveloppes illustrées 110 x 220 mm		10 »	10 »

Vendues dans l'Ariège.

2006. - *La Drôme en couleur.*

3000A-E2	*Vallon de Combeau*	2 »	2 »
3000A-E3	*Le Saint-Julien*	2 »	2 »
3000A-E4	*Col de la Bataille*	2 »	2 »
3000A-E5	*Merindol les Oliviers*	2 »	2 »
3000A-E6	*Oliviers - Buis les Baronnies*	2 »	2 »
La série de 5 enveloppes illustrées 110 x 220 mm		10 »	10 »
La série de 5 enveloppes carrées 114 x 162 mm (3000A-E7 à E12)		10 »	10 »

Une enveloppe hors commerce a été émise en 1996 pour les voeux des postiers.

2006. - *Poste interarmées.*

3734-E6	*Transbordement du courrier*	2 »	2 »
3734-E7	*Hélitreuillage de sacs de courrier*	2 »	2 »
3734-E8	*Distribution en toute circonstance*	2 »	2 »
3734-E9	*Arrivée du courrier*	2 »	2 »
3734-E10	*Bureau postal militaire en mission*	2 »	2 »
La série de 5 enveloppes illustrées 110 x 220 mm		10 »	10 »

Vendues dans les bureaux postaux militaires.

2006. - *Open de France de golf.*

3935-E1	*Centenaire de l'Open de France*	2 »	2 »

Enveloppe non illustrée 110 x 220 mm sur papier ordinaire.

Vendue dans les Yvelines.

2006. - *Ile de la Réunion.*

3144-E1	*Le Piton des Neiges*	3 »	3 »
3144-E2	*Mafate*	3 »	3 »
3144-E3	*Boucan canot*	3 »	3 »
3144-E4	*Le Trou de Fer*	3 »	3 »
3144-E5	*La Fournaise en éruption*	3 »	3 »
La série de 5 enveloppes illustrées 110 x 220 mm avec cartes assorties		15 »	15 »

Vendues à la Réunion.

2006. - *Carte de changement d'adresse.*

3062-CP1	*Le voyage de la lettre*	4 »	4 »

Carte postale faisant partie d'un pack "Ma nouvelle adresse".

2006. - *Droits de l'Homme.*

3208-E1	*Conseil Général du Tarn*	30 »	20 »

Enveloppe hors commerce réservée au Conseil Général, utilisée en particulier pour l'envoi du courrier des Agences pour l'Emploi.

2006. - *Chalet des Alpes.*

3711-E2 à E6	Série de 5 enveloppes illustrées *Patrimoine en Isère*	15 »	15 »
3711-E7 à E11	Série de 5 enveloppes *Quatre saisons en Savoie*	10 »	10 »

2006. - *Pyrénées-Orientales.*

3886-E7 à E11	Série de 5 enveloppes illustrées	10 »	10 »

Vendues dans les Pyrénées-Orientales.

3886-E12	Enveloppe non illustrée	2 »	2 »

2006. - *D'Artagnan.*

3117-E6	Enveloppe non illustrée	2 »	2 »

2006. - *100 ans du Grand Prix de France.*

3796-E2 à E7	10 »	10 »

Série de 5 enveloppes avec vues de l'histoire du Grand Prix, avec 5 cartes assorties.

2006. - *Antibes Juan-les-Pins.*

3940-E1	*Les Remparts d'Antibes*	2 »	2 »

2006. - *Charente-Maritime.*

3559-E3	*La Rochelle, belle et rebelle* (110 x 220 mm)	2 »	2 »
3559-E4	*Chars à voile - entre ciel et mer*	2 »	2 »

La figurine comporte la mention "France" au lieu de "RF" sur les deux enveloppes émises en 2005.

2006. - *Honfleur.*

2867-E3	*Honfleur - Calvados - La Lieutenance*	2 »	2 »

2006. - *Martinique - Faune sous-marine.*

3485-E6 à E10	Série de 5 enveloppes avec 5 cartes assorties	15 »	15 »

2006. - *Château Cathare.*

3710-E2	*Château Cathare*	2 »	2 »

Enveloppe non glacée en vente dans l'Aude.

2006. - *Sisteron.*

3600-E22	*Sisteron - Porte de la Provence*	2 »	2 »

2006. - *Châteaux.*

3888-E2 à E6 Série de 5 enveloppes illustrées *Chenonceau - Blois - Chambord - Chaumont-sur-Loire - Cheverny* 10 » 10 »

2006. - *Haute-Loire.*

2825-E1 à E5 Série de 5 enveloppes *Vues de Haute-Loire* 10 » 10 »

Vendues en Haute-Loire.

2006. - *Viaduc de Millau.*

3730-E6 *Viaduc de Millau* 2 » 2 »

Enveloppe non illustrée, vendue dans l'Aveyron.

2006-2007. - *Les Gorges de l'Ardèche.*

3948-E1 à E5 Série de 5 enveloppes *Vues de l'Ardèche* (110 x 220 mm) 10 » 10 »

3948-E6 à E10 Idem, série de 5 enveloppes carrées (114 x 162 mm) 15 » 15 »

3948-E11 Enveloppe non illustrée avec légende "France lettre prioritaire" 2 » 2 »

Vendues dans l'Ardhèche.

2006. - *Dordogne.*

3809-E1 à E5 Série de 5 enveloppes *Vues de Châteaux de la Dordogne* (110 x 220 mm) 15 » 15 »

3810-E6 à E10 Idem mais série de 5 enveloppes carrées (114 x 162 mm) 10 » 10 »

Vendues en Dordogne.

2006. - *Le Jura.*

3939 Série de 5 enveloppes *Vues de sites naturels du Jura* 10 » 10 »

Vendues dans le Jura.

2006. - *Yvelines.*

3389-E6 à E10 Série de 5 enveloppes *Vues du Château de Versailles* 15 » 15 »

2006. - *Oléron.*

1489-E1 à E5 Série de 5 enveloppes *Vues de l'Ile d'Oléron* 15 » 15 »

2006. - *Aude.*

3302-E2 à E6 Série de 5 enveloppes "*Aude pays Cathare quelle histoire !*" *avec monuments et paysages* 15 » 15 »

Vendues dans l'Aude.

2006. - *Sud-Ouest.*

3816-E1 Enveloppe "*Promenons-nous... au coeur du sud-ouest*" 2 » 2 »

2006. - *Les marais salants.*

3883-E2 Enveloppe non illustrée 2 » 2 »

Une enveloppe illustrée était parue en 2006.

2006. - *La dune du Pilat.*

3821-E1 à E5 Série de 5 enveloppes *Vues du littoral de Gironde* 15 » 15 »

2006. - *Haut-Koenigsbourg.*

3245-E6 *Haut-Koenigsbourg* 2 » 2 »

Enveloppe non illustrée, vendue dans le Bas-Rhin.

2006. - *Thionville.*

3952 *Thionville* 2 » 2 »

Enveloppe illustrée, vendue en Moselle.

2006. - *Charte de l'Environnement.*

3801-E17 *Charte de l'Environnement* (non illustrée 110 x 220 mm) 2 » 2 »
3801-E17A Idem (avec fenêtre) 3 » 3 »

2006. - *La Mayenne.*

3801-E18 à E22 Série de 5 enveloppes illustrées 10 » 10 »

2006. - *Puy-de-Dôme.*

3945-E1 à E5 Série de 5 enveloppes *Vues des volcans d'Auvergne* 15 » 15 »

Vendues dans le Puy-de-dôme.

2006. - *Antilles.*

3776-E1 *La canne à sucre* 2 » 2 »

Enveloppe non illustrée.

3776-E2 à E6 *La route du rhum* série de 5 enveloppes
3777-E7 à E11 *Paysages de Guadeloupe*, série de 5 enveloppes avec 5 cartes assorties 15 » 15 »

2006. - *Bombaysers de Lille 3000. Enveloppes émises à l'occasion de la manifestation Franco-Indienne qui s'est déroulée à Lille du 14 octobre 2006 au 14 janvier 2007.*

3630-E1 *Tête de femme indienne* sur fond vert 10 » 10 »
3630-E2 *Tête de femme indienne* sur fond rose 10 » 10 »

2006. - *Deux-Sèvres.*

3801-E23 à E27	Série de 5 enveloppes illustrées	10 »	10 »

Vendues dans les Deux-Sèvres.

2006. - *Les Pyrénées en hiver.*

3801-E28 à E32	Série de 5 enveloppes illustrées	10 »	10 »

Vendues dans l'Ariège, l'Aude, le Gers, la Haute-Garonne, les Landes, le Lot-et-Garonne, les Pyrénées-Atlantiques, les Hautes-Pyrénées, les Pyrénées-Orientales et le Tarn-et-Garonne.

2006. - *Ardennes.*

3801-E33 à E37	Série de 5 enveloppes illustrées	10 »	10 »

Vendues dans les Ardennes.

2006. - *Pas-de-Calais.*

3801-E38 à E42	Série de 5 enveloppes illustrées *Vues des Marais*	10 »	10 »

2006. - *Voeux des Postiers.*

3801-E43	*Charte de l'Environnement*	3 »	3 »

Enveloppe hors commerce à usage de service.

2006. - *Maisons Alsaciennes.*

3596-E17 à E21	Série de 5 enveloppes 110 x 220 mm *Colmar - Mulhouse - Riquewihr - Kaysersberg - Klentzheim*	15 »	15 »
3596-E22 à E26	Idem, série de 5 enveloppes carrées (114 x 162 mm)	15 »	15 »

2006. - *Ain.*

3255-E9 à E13	Série de 5 enveloppes *Bourg-en-Bresse, Pérouges, Vallée de l'Ain, les Dombes/Etang, Cascade de Virieu le Grand*	10 »	10 »

2006. - *Mirabelle.*

3882-E2 à E6	Série de 5 enveloppes illustrées	10 »	10 »

2007. - *Peintures de la Meuse.*

3882-E7 à E11	Série de 5 enveloppes illustrées	10 »	10 »

2006. - *Maison normande.*

3702-E1	Enveloppe illustrée *Les nouvelles promenades de l'Iton*	2 »	2 »

2006. - *Aube.*

3561-E3 à E7	Série de 5 enveloppes illustrées	10 »	10 »

Vendues dans l'Aube.

2006. - *Saint-Dié des Vosges.*

3639-E1	Série de 5 enveloppes illustrées	15 »	15 »

2006. - *La poule.*

3663-E2	Enveloppe non illustrée	2 »	2 »

Vendue dans l'Ain.

2006. - *Lourdes.*

3950-E1 Enveloppe non illustrée 2 » » »
3950-E2 à E6 Série de 5 enveloppes illustrées (110 x 220 mm) 10 » 10 »

2006. - *Lourdes.*

3056-E16 à E20 Série de 5 enveloppes carrées (114 x 162 mm) 15 » 15 »

2006. - *Forêt de Brocéliande.*

3944-E1 Enveloppe non illustrée 2 » 2 »

2006. - *Douai.*

2076-E1 à E5 Série de 5 enveloppes illustrées 10 » 10 »

Vendues dans le Nord.

2006. - *Maine-et-Loire.*

3640-E1 à E5 10 » 10 »

Vendues dan le Maine-et-Loire.

2006. - *Arc de Triomphe.*

3599-E2 Enveloppe carrée non illustrée (114 x 162 mm) 2 » 2 »

Une carte postale avait été éditée en 2005 à l'occasion de la "Nuit blanche".

2006. - *Doubs.*

3768-E1 à E4 5 enveloppes illustrées *Vues du Doubs* 10 » 10 »

Vendues dans le Doubs.

2006-2007. - *Mémoire partagée.*

3976-E1 Enveloppe illustrée *Obenheim 4-11 janvier 1945* 2 » 2 »
3976-E2 Série de 5 enveloppes illustrées *Monument de Vimy* 15 » 15 »

2006. - *Saint-Emilion.*

3251-E1 Enveloppe non illustrée 2 » 2 »

Vendue en Gironde.

2006. - *Aisne.*

2961-E2 Enveloppe illustrée avec trois petites vues 2 » 2 »

Une série de cartes et de lettres sur les fables de la Fontaine avait été émise en 1995, avec faciale 2,80.

2006. - *Les Landes.*

3734-E11 à E15 5 enveloppes illustrées 10 » 10 »

Vendues dans les Landes.

2006. - *Courrier du Père Noël.*

3060-E2 *Joyeux Noël* 5 » 5 »

Enveloppe hors commerce utilisée pour le courrier du Père Noël.

2006. - *La Croisette.*

3943-E1 à E5 5 enveloppes illustrées *Vues de Cannes* 15 » 15 »

Vendues dans les Alpes-Maritimes.

2006. - *Le bagad.*

3655-E2 Enveloppe non illustrée 2 » 2 »

Cette enveloppe comporte au verso le logo orange de la poste dans un ovale, contrairement à l'enveloppe émise en 2005.

2006. - *Les charmes de l'Yonne.*

3817-E6 à E10 Série de 5 enveloppes illustrées (110 x 220 mm) 10 » 10 »

3817-E11 à E15 Série de 5 enveloppes illustrées carrées (114 x 162 mm) 10 » 10 »

Vendues dans l'Yonne.

2006. - *Meilleurs Voeux.*

3986-E1 *Manchots et renne en traineau* 3 » 3 »

3987-E1 *Renne pêchant et manchots se baignant* 3 » 3 »

3988-E1 *Renne et manchots décorant un sapin* 3 » 3 »

3989-E1 *Manchots regardant le renne patiner* 3 » 3 »

3990-E1 *Renne avec paquet cadeau et manchots dans des paquets cadeaux* 3 » 3 »

2006. - *Rocamadour.*

3492-E2 Enveloppe non illustrée 2 » 2 »

2007. - *Cantal.*

3769-E2 Série de 5 enveloppes illustrées 15 » 15 »

Une enveloppe avec la mention "France 20 g" a été émise en 2005.

2007. - *Savoie.*

3711-E12 à E16 Série de 5 enveloppes illustrées 110 x 220 mm 10 » 10 »

3711-E17 à E21 Série de 5 enveloppes illustrées carrées 114 x 162 mm 10 » 10 »

Vendues dans le département de la Savoie.

3605-E4 à E8 10 » 10 »

2007. - *Valenciennes.*

4012-E1 à E5 Série de 5 enveloppes *Vues d'oeuvres d'art et événements de Valenciennes* 10 » 10 »

2007. - *Mont-Blanc.*

3602-E9 à E13 Série de 5 enveloppes carrées 114 x 162 mm 15 » 15 »

2007. - *Limoges.*

4029-E1 Enveloppe non illustrée 2 » 2 »

4029-E2 à E6 Série de 5 enveloppes illustrées 10 » 10 »

Vendues dans le département de la Haute-Vienne.

2007. - *Thermalisme.*

2556-E1 Enveloppe non illustrée 2 » 2 »

2007. - *Art chorégraphique.*

3507-E1 Enveloppe non illustrée 5 » 5 »

3507-E2 Enveloppe non illustrée avec fenêtre 35 x 100 mm 10 » 10 »

2007. - *Vauban.*

4031-E1 Enveloppe non illustrée 2 » 2 »

4031-E2 à E6 Série de 5 enveloppes illustrées *Vauban Bretagne* 15 » 15 »

Vendues dans les côtes d'Armor, l'Ille-et-Vilaine, le Finistère, le Maine-et-Loire, la Manche et le Morbihan.

4031-E7 à E12	Série de 5 enveloppes illustrées *Vauban tricentenaire*	15 »	15 »
4031-E13 à E17	Série de 5 enveloppes illustrées *Vauban 1707-2007*	15 »	15 »
4031-E18 à E22	Série de 5 enveloppes illustrées *Vauban méditerranée*	15 »	15 »

Vendues dans le Hautes-Alpes.

2007. - *Vaucluse.*

FRANCE 20 g

3647-E11 à E16	Série de 5 enveloppes illustrées "*Les saveurs de Vaucluse*"	10 »	10 »

Vendues dans le Vaucluse.

2007. - *Festival de l'oiseau et de la nature en Baie de Somme.*

FRANCE 20 g

3168-E1 à E5	Série de 5 enveloppes illustrées 110 x 220 mm	10 »	10 »
3168-E6 à E10	Série de 5 enveloppes illustrées carrées 114 x 162 mm	10 »	10 »

Vendues dans le Somme.

2007. - *La Loire.*

Port Payé - Postage Paid - Porte Pagado

4017-E1 à E5	Série de 5 enveloppes illustrées	15 »	15 »

2007. - *L'Orne.*

FRANCE 20 g

3808-E3 à E8	Série de 5 enveloppes illustrées	10 »	10 »

Vendues dans le département de l'Orne.

2007. - *Le canal du Midi - Le Lot-et-Garonne.*

FRANCE 20 g

Port Payé - Postage Paid - Porte Pagado

France Lettre Prioritaire

4023-E1	Enveloppe non illustrée	2 »	2 »
4023-E2 à E6	Série de 5 enveloppes illustrées *Plans du canal du Midi*	15 »	15 »
4023-E7 à E11	Série de 5 enveloppes illustrées *Lot-et-Garonne*	10 »	10 »

Vendues dans l'Aude, la Haute-Garonne, le Lot-et-Garonne et le Tarn.

2007. - *Caen.*

FRANCE 20 g

2867-E4 à E9	Série de 5 enveloppes illustrées *Tableaux de Fabrice Pouteaux*	10 »	10 »

Vendues dans le Calvados.

2007. - *Montpellier.*

FRANCE 20 g

2350-E2	Enveloppe non illustrée	2 »	2 »
2350-E3 à E7	Série de 5 enveloppes illustrées	10 »	10 »

2007. - *Indre-et-Loire.*

Port Payé - Postage Paid - Porte Pagado

3707-E1 à E5	Série de 5 enveloppes illustrées	15 »	15 »

2007. - *Chinon.*

2817-E1 à E5 Série de 5 enveloppes illustrées 15 » 15 »

2007. - *Faune des départements d'Outre-Mer.*

4033-E1 *Iguane des Antilles* 2 » 2 »
4034-E1 *Racoon* 2 » 2 »

4035-E1 *Jaguar* 2 » 2 »
4036-E1 *Pétrel de Barau* 2 » 2 »

2007. - *Fête des Mères.*

3861-E1 *Coeur Jean-Louis Scherrer* 12 » 12 »

Enveloppe cartonnée 228 x 160 mm, 250 grammes, vendue avec un petit livre "Lettres à nos Mères".

2007. - *Faune et Flore de l'Ile de la Réunion.*

3551-E1 à E5 Série de 5 enveloppes illustrées 15 » 15 »

2007. - *Cathédrale d'Albi.*

667-E1 *Conseil Général du Tarn* 20 » 15 »

Enveloppe hors commerce réservée au Conseil Général, utilisée en particulier pour l'envoi du courrier des Agences pour l'Emploi.

2007. - *Haute-Saône.*

3660-E1 Enveloppe non illustrée 2 » 2 »
3660-E2 à E6 Série de 5 enveloppes illustrées "*Croquer la nature en Haute-Saône*" 10 » 10 »

Vendues dans le département de la Haute-Saône.

2007. - *Isère été.*

4019-E1 à E5 Série de 5 enveloppes illustrées 15 » 15 »

Vendues dans le département de l'Isère.

2007. - *Tramway de Marseille.*

3489-E7 *Tramway de Marseille* 2 » 2 »

Enveloppe illustrée, vendue dans les Bouches-du-Rhône.

2007. - *Seine-et-Marne.*

3801-E44 à E48 Série de 5 enveloppes illustrées 15 » 15 »

Vendues en Seine-et-Marne. Validité Monde Entier.

France Lettre Prioritaire

4016-E1 à E5 Série de 5 enveloppes illustrées 10 » 10 »

Vendues en Seine-et-Marne. Validité France seulement.

2007. - *Tarn.*

Port Payé - Postage Paid - Porte Pagado

France Lettre Prioritaire

4079-E1 Enveloppe non illustrée 2 » 2 »

4079-E2 à E6 Série de 5 enveloppes illustrées 15 » 15 »

2007. - *Porte-Avions Charles de Gaulle.*

FRANCE 20 g

3557-E1 Enveloppe non illustrée 114 x 162 mm 8 » 8 »

2007. - *Bussang - Congrès de l'Amicale des Chefs d'Etablissement de la Poste (A.C.E.).*

France Lettre Prioritaire

678-E1 *Départ des facteurs en 1947* 10 » 10 »

France Lettre Prioritaire

1846-E1 *Vue de Bussang* 10 » 10 »

France Lettre Prioritaire

4061-E1 *60 ans de l'A.C.E.* 10 » 10 »

Ces 3 Prêt à Poster étaient vendus en lot indivisible accompagné de 3 cartes philatéliques avec timbre mobile.

ÉPREUVES DE LUXE

Depuis 1923, l'Administration des Postes fait imprimer des épreuves de luxe de la plupart des timbres émis. Ces épreuves sont constituées, en général, par un feuillet mesurant 150 x 120 mm, au centre duquel le ou les timbres sont imprimés dans leur couleur exacte, mais *non dentelés.* Ces feuilles, *officiellement* réservées aux titulaires des hautes charges de l'État et à quelques hauts fonctionnaires des Postes, sont recherchées par les collectionneurs.

Sans indication de valeur ; celle-ci (10 c., 30 c., 50 c.) est imprimée en petits chiffres au-dessous de chaque timbre :

Nos		
170	Pasteur, vert	
173	“ rouge	
174	“ bleu	
	Épreuve collective	2000 »
	Avec chiffres de la valeur :	
170	Pasteur, 10 c. vert	
173	“ 30 c. rouge	
176	“ 50 c. bleu	
	Épreuve collective	2000 »
183	Jeux Olympiques, 10 c.	
184	“ “ 25 c.	
185	“ “ 30 c.	
186	“ “ 50 c.	
	Épreuve collective	5500 »
209	Ronsard, 75 c.	130 »
210	Arts décoratifs, 10 c.	
211	“ “ 15 c.	
212	“ “ 25 c.	
213	“ “ 25 c.	
214	“ “ 75 c.	
215	“ “ 75 c.	
	Entier 38. 45 c. rouge	
	Épreuve collective	1200 »
216	Exposition philatélique de Paris, 5 f., en bloc de 4 (BF n° 1)	3000 »
241, 242,	Exposition philatélique de Strasbourg, 5 f. et 10 f. (BF n° 2)	3000 »
243	Berthelot, 90 c.	130 »
244	Légion américaine, 90 c.	
245	“ “ 1 f. 50	
	Épreuve collective	700 »
246	Caisse d'Amortissement, + 10, bleu	
247	“ “ + 25, vert-olive	
248	“ “ + 50, rge-orange	
	Épreuve collective	900 »
249	Caisse d'Amortissement, + 10, violet-gris	
250	“ “ + 25, rouge-br.	
251	“ “ + 50, lilas	
	Épreuve collective	1000 »
252	Le Travail, 1 f. 50+8 f. 50	700 »
253	Caisse d'Amortissement, + 10, vert	
254	“ “ + 25, roses-lilas	
255	“ “ + 50, rouge-br.	
	Épreuve collective	1000 »
256	Sourire de Reims, 1 f. 50 + 3 f. 50	700 »
257	Jeanne d'Arc, 50 c.	200 »
257A	Exposition philatélique du Havre, 2 f.	1850 »
258	Arc de Triomphe, 2 f.	280 »
259	Cathédrale de Reims, 3 f.	400 »
260	Mont-Saint-Michel, 5 f.	250 »
261	Port de la Rochelle, 10 f.	380 »
262	Pont du Gard, 20 f.	1000 »
263	Centenaire de l'Algérie, 50 c.	135 »
264	Congrès du B.I.T., 50 c.	
265	“ “ 1 f. 50	
	Épreuve collective	700 »
266	Caisse d'Amortissement, + 10, rose	
267	“ “ + 25, brun	
268	“ “ + 50, violet	
	Épreuve collective	1000 »
269	Provinces françaises, 1 f. 50 + 3 f. 50	700 »
270	Femme Fachi, 15 c.	
271	“ “ 40 c.	
272	“ “ 50 c.	
273	“ “ 1 f. 50	
	Épreuve collective	375 »
274	Exposition coloniale, 1 f. 50	250
275	Caisse d'Amortissement, + 10, vert-olive	
276	“ “ + 25, violet	
277	“ “ + 50, rouge	
	Épreuve collective	1000 »
277A	Semeuse, 1c.	
278	“ 2 c.	
278A	“ 3 c.	
278B	“ 5 c.	
279	“ 10 c.	
	Épreuve collective	450 »
280	Type Paix, 30 c.	
281	“ “ 40 c.	
282	“ “ 45 c.	
283	“ “ 50 c.	
284	“ “ 65 c.	
284A	“ “ 75 c.	
285	“ “ 90 c.	
369	“ “ 1 f.	
288	“ “ 1 f. 50	
	Épreuve collective	850 »
286	Type Paix, 1 f.	
287	“ “ 1 f. 25	
289	“ “ 1 f. 75	
	Épreuve collective	600 »
290	Le puy-en-Velay, 90 c.	120 »
291	Briand, 30 c.	140 »
292	Doumer, 75 c.	140 »
293	Victor Hugo, 1 f. 25	160 »
294	Colombe, 1 f. 50	240 »
295	Jacquard, 40 c.	100 »
296	Jacques Cartier, 75 c.	
297	“ “ 1 f. 50 les 2 épreuves	550 »
	Épreuve collective	550 »
299	Normandie, 1 f. 50, bleu	150 »
299	“ *petit format*	400 »
300	“ 1 f. 50, bleu clair	350 »
300	“ *petit format*	600 »
301	Rivière Bretonne, 2 f.	160 »
302	Saint-Trophime, 3 f. 50	140 »
303	Delessert, 75 c.	140 »
304	Victor Hugo, 1 f. 25	160 »
305	Richelieu, 1 f. 50	140 »
306	Jacques Callot, 75 c.	140 »
307	Chômeurs intellectuels, 50 + 10 c.	110 »
308	“ “ 50 + 2 f.	175 »
308	“ “ petit format	275 »
309	Aide aux réfugiés, 75 + 50 c	180 »
310	Ampère, 75 c.	135 »
311	Moulin de Daudet, 2 f.	100 »
312	Enfants de Chômeurs, 50 + 10 c.	100 »
313	Pilâtre de Rozier, 75 c.	350 »
314	Rouget de l'Isle, 20 c.	135 »
315	La Marseillaise, 40 c.	135 »
316	Vimy, 75 c.	100 »
316	“ 75 c., *petit format*	140 »
317	“ 1 f. 50	100 »
317	“ 1 f. 50, *petit format*	140 »
318	Jaurès, 40 c.	130 »
319	“ 1 f. 50	130 »
320	Conquête de l'Atlantique, 1 f. 50	325 »
32	“ “ 10 f.	1400 »
322	Exposition de Paris, 20 c.	
323	“ “ 30 c.	
324	“ “ 40 c.	
325	“ “ 50 c.	
326	“ “ 90 c.	
327	“ “ 1 f. 50	
	Deux épreuves collectives	575 »
328	Rassemblement pour la Paix, 1 f. 50	100 »
329	Chômeurs intellectuels, 50 + 20 c.	90 »
329	“ “ *petit format*	175 »
330	Jacques Callot, 20 + 10 c.	110 »
331	Berlioz, 40 + 10 c.	120 »
332	Victor Hugo, 50 + 10 c.	150 »
333	Pasteur, 1 f. 50 + 50 c.	150 »
334	Chamonix, 1 f. 50	375 »
335	Corneille, 75 c.	90 »
336	Exposition de Paris, 1 f. 50	90 »
337	Mermoz, 30 c.	175 »
338	“ 3 f.	225 »
339	Chemins de fer, 30 c.	275 »
340	“ “ 1 f. 50	300 »
341	Discours *sur* la méthode, 90 c.	90 »
342	Discours de la méthode, 90 c.	90 »
343	Anatole France, 30 + 10 c.	90 »
344	Rodin, 90 + 10 c.	90 »
345	Sports et Loisirs, 20 + 10 c.	
346	Sports et Loisirs 40 + 10 c.	
347	“ “ 50 + 10 c.	
	Les trois	240 »

348 à 351,	PEXIP , 5c., 15 c., 30 c., 50 c.	
	(*B.-F.* 3)	1300 »
352	Réfugiés politiques, 50 + 25 c.	140 »
353	Pierre Loti, 50 + 20 c.	90 »
354	Samothrace, 30 c.	
355	" 55 c.	
	Les deux	725 »
356	Pour sauver la race, 65 + 25 c.	90 »
357	Constitution des États-Unis, 1 f. 75	110 »
358	Col de l'Iseran, 90 c.	85 »
360	Semeuse, 30 c.	
361	" 35 c.	
362	" 50 c.	
	Épreuve collective	350 »
363	Type Paix, 55 c.	
364	" " 60 c.	
365	" " 65 c.	
	Épreuve collective	350 »
366	Type Paix, 80 c.	50 »
367	" " 90 c. vert	50 »
368	" " 90 c. bleu	50 »
369	" " 1 f.	50 »
370	" " 1 f. 25	50 »
371	" " 1 f. 40	50 »
372	Cérès, 1 f. 75	50 »
373	" 2 f.	50 »
374	" 2 f. 25	50 »
375	" 2 f. 50, vert	50 »
375A	" 2 f. 50, outremer	50 »
376	" 3 f.	50 »
377	Charcot, 65 + 35 c.	
377A	" 90 + 35 c.	
	Les deux	350 »
378	Gambetta, 55 c.	70 »
379	Château de Versailles, 1 f. 75 + 75 c.	100 »
380	Anatole France, 30 + 10 c.	70 »
381	Jacques Callot, 35 + 10 c.	70 »
382	Berlioz, 55 + 10c.	90 »
383	Victor Hugo, 65 + 10 c.	145 »
384	Rodin, 1 f. + 10 c.	90 »
385	Pasteur, 1 f. 75 + 25 c.	160 »
386	Infanterie, 55 + 70 c.	
387	" 65 + 1 f. 10	
	Les deux	140 »
388	Champagne, 1 f. 75	70 »
389	Arc de Triomphe d'Orange, 2 f.	70 »
390	Mineurs, 2 f. 15	70 »
391	Avignon, 3 f.	75 »
392	Carcassone, 5 f.	75 »
393	Donjon de Vincennes, 10 f.	80 »
394	Saint-Malo, 20 f.	150 »
395	Service de Santé, 55 + 45 c.	90 »
396	Football, 1 f. 75	400 »
397	La Fontaine, 55 c.	60 »
398	Ader, 50 f.	375 »
399	Cathédrale de Reims, 65 + 35 c.	75 »
400	Souvenirs anglais, 1 f. 75	60 »
400	" " 1 f. 75, *petit format*	115 »
401	Rapatriés d'Espagne, 65 + 60 c.	70 »
402	Pierre et Marie Curie, 1 f. 75 + 50 c.	200 »
403	Armistice, 65 + 35 c.	60 »
404	Mercure, 1 c.	30 »
405	" 2 c.	30 »
406	" 5 c.	30 »
407	" 10 c.	30 »
408	" 15 c. vermillon	30 »
409	" 15 c. brun-orange	30 »
410	Mercure, 20 c.	30 »
411	" 25 c.	30 »
412	" 30 c.	30 »
413	" 40 c.	30 »
414	" 45 c.	30 »
414A	" 50 c. bleu	30 »
414B	" 50 c. vert	30 »
415	" 60 c.	30 »
416	" 70 c.	30 »
416A	" 75 c.	30 »
417	Oeuvres des Étudiants, 65 + 60 c.	65 »
418	Radio aux Aveugles, 90 + 25 c.	65 »
419	Prophylaxie, 90 + 30 c.	65 »
420	Le jeune Trulin, 90 + 35 c.	75 »
421	Cézanne, 2 f. 25	200 »
422	75ᵉ anniversaire de la Croix-Rouge 90 + 35 c.	260 »
423	Génie Militaire, 70 + 50 c.	70 »
424	Orphelins des P.T.T., 90 + 35 c.	85 »
425	Clémenceau, 90 c.	65 »
426	Exposition de New York, 2 f. 25	140 »
427	Niepce et Daguerre, 2 f. 25	95 »
428	Enfants des Chômeurs, 90 + 35 c.	60 »
429	Tour Eiffel, 90 + 50 c.	120 »
430	Exposition de Liège, 2 f. 25	65 »
431	Iris, 80 c.	50 »
432	" 1 f. vert	50 »
433	" 1 f. rouge	50 »
434	" 1 f. 30	50 »
435	" 1 f. 50	50 »
436	Puvis de Chavannes, 40 + 10 c.	80 »
437	Debussy, 70 + 10 c.	90 »
438	Balzac, 90 + 10 c.	70 »
439	Claude bernard, 2 f. 25 + 25 c.	70 »
440	Pour la Natalité, 70 + 80 c.	
441	" " 90 + 60 c.	
	Les deux	200 »
442	Grégoire de Tours, 90 c.	80 »
443	Cathédrale de Strasbouirg, 70 c.	90 »
444	150ᵉ aniversaire de la Révolution, 90 c.	90 »
445	Verdun,90 c.	70 »
446	La lettre de Fragonard, 40 + 60 c.	125 »
446	" *Petit format*	325 »
446	" *Petit format avec remarque*	350 »
446	" 40 + 60 c. violet, *Petit format*	350 »
447	Marins perdus en mer, 70 + 30 c.	70 »
448	Languedoc, 70 c.	65 »
449	Château de Pau, 90 c.	65 »
450	Pont de la Guillotière, 90 C.	65 »
451	Pour nos Soldats, 40 + 60 c.	
452	" " 1 f. + 50 c.	
	Les deux	125 »
453	France d'Outre-Mer, 1 f. + 25 c.	80 »
454	Joffe, 80 c. + 45 c.	
455	Foch, 1 f. + 50 c.	
456	Galliéni, 1 f. 50 + 50 c.	
457	Paysanne à la charrue, 2 f. 50 + 50 c.	
	Les quatre	325 »
458	Exposition de New York, 2 f. 50	140 »
459	Croix-Rouge, 80 c. + 1 f.	
460	" " 1 f. + 2 f.	
	Les deux	400 »
461	Guynemer, 50 f.	250 »
462	Debussy, 80 + 10 c.	70 »
463	Balzac, 1 f. + 10 c.	70 »
464	Claude Bernard, 2 f. 50 + 25 c.	70 »
465	Pour les victimes de la guerre, 1 f. + 2 f.	70 »
466	Secours national, 80 c. + 2 f.	
467	" " 1 f. + 2 f.	
468	" " 1 f. 50 + 2 f.	
469	" " 2 f. 50 + 2 f.	
	Les quatre	180 »
470	Maréchal Pétain, 40 c.	
471	" " 80 c.	
472	" " 1 f.	
473	" " 2 f. 50	
	Les quatre	240 »
	Les 4 valeurs, épreuve collective	475 »
474	Pour nos Prisonniers, 80 c. + 5 f.	
475	" " 1 f. + 5 f.	
	Les deux	100 »
476	Semeuse, 30 s. 35 c.	40 »
477	Mercure, 50 s. 75 c.	40 »
478	Paix, 50 s. 55 c.	40 »
479	" 50 s. 65 c.	40 »
480	" 50 s. 75 c.	40 »
481	" 50 s. 80 c.	40 »
482	" 50 s. 90 c.	40 »
483	" 1 f. s. 1 f. 25	40 »
484	" 1 f. s. 1 f. 40	40 »
485	" 1 f. s. 1 f. 50	40 »
486	Cérès, 1 f. s. 1 f. 75	40 »
487	" 1 f. s. 2 f. 25	40 »
488	" 1 f. s. 2 f. 50	40 »
489	Mineurs, 1 f. s. 2 f. 15	80 »
490	Carcassonne, 2 f. 50 s. 5 f.	80 »
491	Vincennes, 5 f. s. 10 f.	80 »
492	Saint-Malo, 10 f. s. 20 f.	80 »
493	Ader, 20 f. s. 50 f.	250 »
494	Maréchal Pétain, + 10 s. 1 f.	80 »
495	Mistral, 1 f.	80 »
495	" 1 f., *grand format vertical, avec remarque*	110 »
495	" sur papier rose	130 »
496	Contre la cancer, 2 f. 50 + 50 c.	135 »
497	Secours national, 1 f. + 2 f.	
498	" " 2 f. 50 + 7 f. 50	
	Les deux	225 »
	1 f. + 2 f. et 2 f. 50 + 7 f. 50,	
	Épreuve collective	350 »

499 Hôtel-Dieu de Beaume, 5 f. 80 »
500 Angers, 10 f. 80 »
501 Aigues-Mortes, 20 f. 80 »
502 Paquebot Pasteur, 1 f. + 1f. s. 70 c. 100 »
503 Pour la France d'Outre-Mer, 1 f. + 1 f. 80 »
504 Société des œuvres de mer, 1 f. + 9 f. 80 »
505 à 524 (+ 521A-B), Maréchal Pétain
Les 22 épreuves 450 »
505 à 507 (20 c., 30 c., 40 c.,),
Les 3 valeurs, épreuve collective 500 »
508 à 515 (50 c., 60 c., 70 c. bleu, 70 c., orange, 80 c. brun,
80 c. vert-jaune, 1 f., 1 f. 20)
Les 8 valeurs, épreuve collective 500 »
516 à 521 (1 f. 50, rose, 1 f. 50, brun-rouge,
2 f., 2 f. 40, 2 f. 50, 3 f.).
Les 6 valeurs, épreuve collective 550 »
521A + B (4 f. bleu-violet, 4 f. 50, vert-jaune).
Les 2 valeurs, épreuve collective 550 »
522 à 524 (4 f. outremer, 4 f. 50, vert foncé, 5 f.).
Les 3 valeurs, épreuve collective 550 »
525 Maréchal Pétain, 50 f. 150 »
526 à 537, Armoiries de villes, 20 c. + 30 c., 40 c. + 60 c.,
50 c. + 70 c., 70 c + 80 c., 80 c. + 1 f., 1 f. + 1 f., 1 f. 50
+ 2 f., 2 f. + 2 f., 2 f. 50 + 3 f., 3 f. + 5 f., 5 f. + 6 f.,
10 f. + 10 f.
Les 12 épreuves 480 »
Les 12 valeurs, épreuve collective 1000 »
538 Mercure, 50 c. turquoise 45 »
539 Hôtel-Dieu de Beaume, 15 f. 50 »
540 Œuvres de l'air, 1 f. 50 + 3 f. 50 200 »
541 La Pérouse, 2 f. 50 + 7 f. 50 150 »
542 Chabrier, 2 f. + 3 f. 170 »
543 Qinzaine impériale, 1 f. 50 + 8 f. 50 150 »
544 Jean de Vienne, 1 f. 50 + 8 f. 50 150 »
545 Massenet, 4 f. 80 »
546 Mercure, 10 c.
547 " 30 c.
548 " 40 c.
549 " 50 c.
Les quatre 140 »
550 Stendhal, 4 f. 85 »
551 Blondel, 4 f. 85 »
552 Secours national, + 50 c. sur 1 f. 50 50 »
553 à 564, Armoiries de villes, 50 c. + 60 c. 60 c. + 70 c.,
80 c. + 1 f., 1 f. + 1 f. 30, 1 f. 20 + 1 f. 50, 1 f. 50 +
1 f. 80, 2 f. + 2 f. 30, 2 f. 40 + 2 f. 80,
3 f. + 3 f. 50, 4 f. + 5 f., 4 f. 50 + 6 f., 5 f. + 7 f.
La série des 12 valeurs 480 »
Les 12 valeurs, épreuve collective 1000 »
565 à 566, Légion tricolore, 1 f. 20 + 8 f. 80,
bleu et 1 f. 20 + 8 f. 80, rouge.
Les 2 valeurs, sur même feuillet 250 »
567 Beffroi d'Arras, 10 f. vert 70 »
568 à 571, Secours national, 1 f. + 10 f. bleu,
1 f. + 10 f. rouge, 2 f. + 12 f. bleu et 2 f. + 12 f. rouge 300 »
Les 4 valeurs, sur même feuillet 700 »
572 Armoiries du Lyonnais, 5 f.
573 Armoiries de la Bretagne, 10 f.
574 Armoiries de la Provence, 15 f.
575 Armoiries de l'Ile-de-France, 20 f.
Les quatre 125 »
Les 4 valeurs, épreuve collective 300 »
576 à 580, Secours national, 1 f. 20 + 1 f. 40,
1 f. 50 + 2 f. 50, 2 f. 40 + 7 f.,
4 f. + 10 f., 5 f. + 15 f.
Les 5 épreuves 300 »
Les 5 valeurs, épreuve collective 700 »
Épreuve collective en violet 800 »
581 Lavoisier, 4 f. 50 »
582 Paysage du Dauphiné, 20 f. 80 »
583 Hôtel-Dieu de Beaune, 4 f. 80 »
584 Secours national, 1 f. 50 + 3 f. 50 90 »
585 Famille du prisonnier, 1 f. 50 + 8 f. 50
586 " " 2 f. 40 + 7 f. 60
Les deux 150 »
Les 2 valeurs, épreuve collective 375 »
587 à 592, Célébrités du XVIe siècle, 60 c. +
80 c., 1 f. 20 + 1 f. 50, 1 f. 50 + 3 f.,
2 f. 40 + 4 f., 4 f. + 6 f., 5 f. + 10 f.
Les 6 épreuves 250 »
Les 6 valeurs, épreuve collective 525 »
593 à 598, Costumes régionaux, 60 c. + 1 f. 30,
1 f. 20 + 2 f., 1 f. 50 + 4 f., 2 f. 40
+ 5 f., 4 f. + 6 f., 5 f. + 7 f.
Les 6 épreuves 250 »
Les 6 valeurs, épreuve collective 525 »
599 Branly, 4 f. 60 »

600 Tourville, 4 f. + 6 f. 90 »
601 Gounod, 1 f. 50 + 3 f. 50 65 »
602 Armoires de Flandre, 5 f.
603 " du Languedoc, 10 f.
604 " de l'Orléannais, 15 f.
605 " de la Normandie, 20 f.
Les quatre 160 »
Les 4 valeurs, épreuve collective 300 »
606 Maréchal Pétain, 1 f. 50 + 3 f. 50
607 Corporation payasanne, 2 f. + 3 f.
608 Charte du travail, 4 f. + 6 f.
Les trois 275 »
Les 3 valeurs, épreuve collective 500 »
609 Création du service ambulant, 1 f. 50 80 »
610 Château de Chenonceaux, 15 f. 70 »
611 " " 25 f. 80 »
612 à 617, Célébrités du XVIIe siècle,
50 c. + 1 f. 50, 80 c. + 2 f. 20, 1 f. 20
+ 2 f. 80, 1 f. 50 + 3 f. 50,
2 f. + 4 f., 4 f. + 6 f.
Les 6 épreuves 250 »
Les 6 valeurs, épreuve collective 525 »
618 Paris-Orléans, 4 f. + 6 f. 90 »
619 Claude Chappe, 4 f. 65 »
649 Iris, 80 c. vert-jaune
650 " 1 f. bleu clair
651 " 1 f. 20, violet
652 " 1 f. 50, rouge-brun
653 " 2 f. brun
654 " 2 f. 40, rose carminé
655 " 3 f. rouge-orange
656 " 4 f. bleu
Les huit 250 »
Les 8 valeurs, épreuve collective 650 »
661 Basilique de Saint-Denis, 2 f. 40 60 »
662 Maréchal Bugeaud, 4 f. 60 »
663 à 667, Cathédrales, 50 c. + 1 f. 50,
80 c. + 2 f. 20, 1 f. 20 + 2 f. 80,
1 f. 50 + 3 f. 50, 4 f. + 6 f. 350 »
Les 5 valeurs, épreuve collective 525 »
668 Journée du Timbre (1944) 60 »
669 Libération, 4 f. bleu 65 »
670 Chaîne brisée, 10 c.
671 " " 30 c.
672 " " 40 c.
673 " " 50 c.
Les quatre 130 »
Les 4 valeurs, épreuve collective 450 »
674 Cérès (de Mazelin), 60 c. 40 »
675 " " 80 c. 40 »
677 " " 1 f. 40 »
678 " " 1 f. 20 40 »
678A " " 1 f. 30 40 »
679 " " 1 f. 50 40 »
674, 675 et 677 à 679, 60 et 80 c., 1 f.,
1 f. 20 et 1 f. 50
Les 5 valeurs, épreuve collective 375 »
680 Cérès (de Mazelin), 2 f. vert-jaune 40 »
68 1 " " 2 f. 50, brun 40 »
Les 2 valeurs, épreuve collective 350 »

Marianne (de Gandon), typographiés

712 1 f. 50, rose carminé 50 »
713 2 f. vert 50 »
714 2 f. 40, rouge 50 »
715 3 f. brun 50 »
716 3 f. rose 50 »
716A 3 f. vert 50 »
716B 3 f. 50, rouge-brun 50 »
717 4 f. bleu 50 »
718 4 f. violet 50 »
718B 4 f. 50, bleu 50 »
719 5 f. vert 50 »
719A 5 f. rose 50 »
719B 5 f. bleu 50 »
720 6 f. bleu-violet 50 »
721 6 f. rouge 50 »
721A 6 f. rose 50 »
722 10 f. orange 50 »
723 10 f. bleu 45 »
716B, 718A et 719A : 3 f. 50, 4 f. 50 et 5 f. rose
Les 3 valeurs, épreuve collective 525 »
716, 718, 721, 723 : 3 f. rose, 4 f. violet,
6 f. rouge et 10 f. bleu
Les 4 valeurs, épreuve collective 525 »
716A, 719B et 721 : 3 f. vert, 5 f. bleu et 6 f. rouge
Les 3 valeurs, épreuve collective 525 »

724 : 15 f. lilas-rose 45 »
712, 713, 714, 715, 717, 719, 720, 722, 724 :
1 f. 50, 2 f., 2 f. 40, 3 f. brun,
4 f. bleu, 5 f., 6 f. bleu-violet,
10 f. orange et 15 f.
Les 9 valeurs, épreuve collective 700 »

Marianne (de Gandon), gravés

725 4 f. bleu
726 10 f. bleu
727 15 f. lilas-rose
728 20 f. vert
729 25 f. orange
Les cinq 275 »
Les 5 valeurs, épreuve collective 600 »

Grand format

730 20 f. vert
731 25 f. violet
732 50 f. brun-rouge
733 100 f. carmin
Les quatre 300 »
Les 4 valeurs, épreuve collective 600 »
734 Metz, 2 f. 40
735 Strasbourg, 4 f.
Les deux 120 »
736 Ligue anti-tuberculeuse, 2 f. + 1 f. 60 »
737 Semaine des P.T.T., 4 f. + 6 f. 60 »
738 Sarah Bernhardt, 4 f. + 1f. 90 »
739 Libération, 4 f. brun-rouge 60 »
740 Croisade. Air pur, 4 f. + 2 f. 60 »
741 France d'Outre-Mer, 2 f. 60 »
742 Oradour, 4 f. + 2 f. 65 »
743 Journée du Timbre (1945) 80 »
744 Dunkerque, 1 f. 50 + 1 f. 50
745 Rouen, 2 f. + 2 f.
746 Caen, 2 f. 40 + 2 f. 60
747 Saint-Malo, 4 f. + 4 f.
Les quatre 240 »
Les 4 valeurs, épreuve collective 500 »
748 Fournier, 2 f. + 3 f. 80 »
749 Becquerel, 2 f. + 3 f. 80 »
750 3 f. s. 2 f. + 1 f. orange 60 »
751 Invalides de guerre, 4 f. + 6 f. 70 »
752 Œuvres de la Marine, 2 f. + 3 f. 80 »
753 Musée Postal, 2 f.+ 3 f. 175 »
753 " " *petit format* 300 »
753 " " *petit format*
" " *avec remarque* 400 »
753 " " *petit format*
" " *papier bleuté* 400 »
446 et 753, Lettre de Fragonard et le cachet de cire.
Les 2 valeurs, épreuve collective 1500 »
754 Journée du Timbre (1946) 120 »
755 Armoiries, Corse, 10 c.
756 " Alsace, 30 c.
757 " Lorraine, 50 c.
758 " Nice, 60 c.
Les quatre 180 »
755 à 758. Les 4 valeurs, épreuve collective 350 »
759 Vézelay, 5 f. 65 »
760 Palais du Luxembourg, 10 f. 65 »
761 Conférence de la Paix, 3 f.
762 " " 10 f.
Les deux 140 »
761 et 762. Les 2 valeurs, épreuve collective 225 »
763 Rocamadour, 15 f. 60 »
764 Pointe du Raz, 20 f. 60 »
765 à 770. Célébrités du XVe siècle :
2 f. + 1 f. ; 3 f. + 1 f. ; 4 f. + 3 f. ;
5 f. + 4 f. ; 6 f. + 5 f. ; 10 f. + 6 f. 250 »
Les 6 valeurs, épreuve collective 525 »
771 U.N.E.S.C.O., 10 f. bleu 180 »
772 à 776. Cathédrales : 1 f. + 1 f. ; 3 f. + 2 f. ;
4 f. + 3 f. ; 6 f. + 4 f. ; 10 f. + 6 f.
Les 5 épreuves 225 »
Les 5 valeurs, épreuve collective 525 »
777 Cannes, 6 f. 65 »
778 Nancy, 25 f. 65 »
759, 760, 763, 764, 777 et 778 : 5, 6, 10,
15, 20 et 25 f.
Les 6 valeurs, épreuve collective 500 »
779 Louvois, Journée du Timbre (1947) 60 »
780 à 783. 12e Congrès de l'Union Postale :
3,50, 4,50, 6 et 10 f. 525 »
780 à 783. *Petit format,* les 4 épreuves 600 »
780 à 783 et *Av.* 20
Les 5 valeurs, épreuve collective 2800 »

784 Pavie, 4 f. 50 60 »
785 Fénelon, 4 f. 50 60 »
786 Saint-Nazaire, 6 f. + 4 f. 65 »
787 Jamboree, 5 f. 500 »
788 Voie de la Liberté, 6 f. + 4 f. 60 »
789 Fournier, 2 f. + 3 f. bleu-noir 50 »
748 et 789. Fournier, 2 f. + 3 f. rouge-brun
et Fournier, 2 f. + 3 f. bleu-noir.
Les 2 valeurs, épreuve collective 450 »
790 Résistance, 5 f. 65 »
790 Id., épr. collect. en bleu et en rouge 725 »
791 Cérès, 1 f. sur 1 f. 30, bleu 50 »
678 et 791 : 1 f. 30, bl. et 1 f. sur 1 f. 30
Les 2 valeurs, épreuve collective 450 »
792 Abbaye de Conques, 15 f. 60 »
793 Braille, 6 f. + 4 f. 65 »
794 Arago. Journée du Timbre (1948) 80 »
795 à 802. Centenaire de la Révolution
de 1848. Les 8 épreuves 325 »
795 à 802. Les 8 valeurs, épreuve collective 750 »
803 Palais du Luxembourg, 12 f. 60 »
804 " " 15 f. 60 »
805 Conques, 18 f. 60 »
792, 803, 805. Les 3 val., épreuve collective 450 »
806 Marianne (de Gandon), 3 f. 55 »
807 " " 4 f. 55 »
808 " " 4 f. 55 »
809 " " 5 f. 55 »
810 " " 8 f. 55 »
811 " " 10 f. 55 »
806, 807, 811. Marianne (de Gandon)
Les 3 valeurs, sur même feuillet 500 »
812 Marianne (de Gandon), 12 f. 55 »
813 " " 15 f. 55 »
814 Calmette, 6 f. + 4 f. 60 »
815 Leclerc, 6 f. 60 »
816 Chateaubriand, 18 f. 60 »
817 Barrage de Génissiat, 12 f. 60 »
818 Palais de Chaillot, 12 f.
819 " " 18 f. Les deux 350 »
Idem. Les 2 valeurs, épreuve collective 525 »
820 Paul Langevin, 5 f.
821 Jean Perrin, 8 f. Les deux 110 »
Les 2 valeurs, épreuve collective 150 »
822 Nancy, 25 f. 60 »
823 à 826. Série des métiers, 3 f. + 1 f. ; 5 f.
+ 3 f. ; 8 f. +4 f. ; 10 f. + 6 f. 240 »
Les 4 valeurs, épreuve collective 450 »
827 Marianne (de Gandon), 5 f. s. 6 f. 60 »
828 Choiseul. Journée du Timbre (1949) 100 »
829 Expéditions polaires, 15 f. 200 »

Centenaire du Timbre.

830 Cérès, 15 f
831 " 25 f.
832 Marianne, 15 f.
833 " 25 f. Les quatre 300 »
830 à 833. Épreuve collective 1100 »
830 à 833. *Petit format,*
avec remarque. Les quatre 1100 »
834 Armoiries, Bourgogne, 10 c.
835 " Guyenne, 50 c.
836 " Savoie, 1 f.
837 " Auvergne, 2 f.
838 " Anjou, 4 f. Les cinq 200 »
Les cinq valeurs, épreuve collective 400 »
839 6e centenaire du rattachement du
Dauphiné, 12 f. 65 »
840 Amitié franco-américaine, 25 f. 110 »
841 Exposition philatélique de Paris
(Citex), 10 f. 425 »
841 Id. *Petit format, avec remarque* 700 »
830 à 833 et 841. Les 5 valeurs, épreuve collective 1350 »
841A Saint-Bertrand de Comminges, 20 f.
842 Saint-Wandrille, 25 f.
842A Vallée de la Meuse, 40 f.
843 Gerbier de Jonc, 50 f. Les quatre 200 »
841A à 843. Les 4 valeurs, épreuve collective 450 »

Congrès International de Télégraphie et Téléphonie.

844 à 847 : 10, 15, 25 et 50 f. Les 4 épreuves 250 »
844 à 847 et P.A. 28. *Grand format.*
Les 5 valeurs, épreuve collective, distance
entre les timbres : 2 cm 1000 »
Petit format.
Les 5 valeurs, épreuve collective, distance
entre les timbres : 1 cm 800 »
848 Racine, 12 f. 65 »

A partir du n° 849, toutes les épreuves simples sont de petit format, à peu près 130x110 mm.

849	Chambres de Commerce, 15 f.	50	»

75e anniversaire de l'U.P.U. :

850 à 852 :	5, 15 et 25 f. Les 3 épreuves	850	»
	Les 3 valeurs, épreuve collective	1600	»

Célébrités du XVIIIe siècle (première série) :

853 à 858 :	5 f. + 1 f. ; 8 f. + 2 f. ; 10 f. + 3 f. ; 12 f. + 4 f. ; 15 f. + 5 f. ; 25 f. + 10 f.		
	Les 6 épreuves	360	»
	Les 6 valeurs, épreuve collective	725	»

Les saisons :

859 à 862 :	5 f. + 1 f. ; 8 f. + 2 f. ; 12 f. + 3 f. ; 15 f. + 4 f. Les 4 épreuves	325	»
	Les 4 valeurs, épreuve collective	550	»
863	Facteur, 12 f. + 3 f.	100	»
864	Poincarré, 15 f.	60	»
865	Péguy, 12 f.	60	»
866	Rabelais, 12 f.	60	»

Célébrités du XVIIIe siècle (deuxième série) :

867 à 872 :	5 f. + 2 f. ; 8 f. + 3 f. ; 10 f. + 4 f. ; 12 f. + 5 f. ; 15 f. + 6 f. ; 20 f. + 10 f.		
	Les 6 épreuves	360	»
	Les 6 valeurs, épreuve collective	700	»
873	Châteaudun, 8 f.	60	»
874	Madame de Sévigné, 15 f.	60	»
875	Madame de Récamier, 12 f.	65	»
874-875.	Épreuve collective	200	»
876-877.	Croix-Rouge (1950). La paire	325	»
876-877.	*Idem*, épreuve collective	550	»
878	Fontainebleau, 12 f.	60	»
873 et 878.	Épreuve collective	200	»
879	Journée du Timbre (1951)	90	»
880	Jules Ferry, 15 f.	60	»
881	Textile, 25 f.	60	»
882	Saint Jean-Baptiste de la Salle, 15 f.	60	»
883 à 887.	*Gandon*, 5 f., 6 f., 12 f., 15 f. et 18 f.		
	Les 5 épreuves	200	»
883-887.	Épreuve collective	400	»
888	Saint-Wandrille, 30 f.	60	»
889	Troupes coloniales, 15 f.	60	»
890	Vincent d'Indy, 25 f.	90	»

Célébrités du XIXe siècle (première série) :

891 à 896 :	5 f. + 1 f. ; 8 f. + 2 f. ; 10 f. + 3 f. ; 12 f. + 4 f. ; 15 f. + 5 f. ; 30 f. + 10 f.		
	Les 6 épreuves	360	»
	Les mêmes, épreuve collective	700	»
897	Médecine vétérinaire, 12 f.	60	»
898	Médecine militaire, 15 f.	60	»

Armoiries des provinces françaises (5e série) :

899 à 903.	Les 5 épreuves	125	»
	Les mêmes, épreuve collective	225	»
904	Saint Nicolas, 15 f.	100	»
905	Arbois, 30 f.	60	»
906	Bimillénaire de Paris, 15 f.	80	»
907	Noguès, 12 f.	90	»
908 à 910.	Symbolistes. Les 3 épreuves	150	»
	Les mêmes, épreuve collective	450	»
911, 912.	Nations Unies. Les deux	500	»
	Les mêmes, épreuve collective	650	»
913	Clos de Vougeot, 30 f.	90	»
914-15.	Croix-Rouge (1951). La paire	300	»
	Les mêmes, épreuve collective	500	»
916	Pic du Midi, 40 f.	85	»
917	Abbaye aux Hommes, 50 f.	65	»
918	Clémenceau, 15 f.	60	»
919	Journée du Timbre (1952)	90	»
920	Maréchal de Lattre, 15 f.	60	»
921	aucouleurs, 12 f.	70	»
922	Narvik, 30 f.	70	»
923	Conseil de l'Europe, 30 f.	600	»
924	Château de Chambord, 20 f.	60	»
924, 905, 916, 917.	Épreuve collective	225	»
925	Bir Hakeim, 30 f.	70	»
922 et 925.	Épreuve collective	200	»
926	Sainte-Croix de Poitiers, 15 f.	60	»
927	Médaille, militaire, 15 f.	70	»
921 et 928.	Épreuve collective	200	»
928	Viaduc de Garabit, 15 f.	70	»
929	Léonard de Vinci, 30 f.	180	»

Célébrités du XIXe siècle (deuxième série) :

930 à 935 :	8 f. + 2 f. ; 12 f. + 3 f. ; 15 f. + 4 f. ; 18 f. + 5 f. ; 20 f. + 6 f. ; 30 f. + 7 f.		
	Les 6 épreuves	360	»
	Les mêmes, épreuve collective	700	»
936	Laennec, 12 f.	70	»
937-38.	Croix-Rouge (1952). La paire	250	»
	Les mêmes, épreuve collective	450	»
939	Versailles, 18 f. (voir aussi 988)	90	»
940	Comte d'Argenson. Journée du Timbre (1953)	80	»
668, 743, 754, 779, 794, 828, 863, 879, 919	et 940. Épreuve collective	1000	»
941	Haute Couture, 30 f.	70	»
942	Maréchal Leclerc, 8 f.	60	»
815 et 942.	Épreuve collective	200	»
943	Gargantua, 6 f.	65	»
944	Hernani, 18 f.	65	»

Célébrités du XIIe au XXe siècles :

945 à 950 :	8 f. + 2 f. ; 12 f. + 3 f. ; 15 f. + 4 f. ; 18 f. + 5 f. ; 20 f. + 6 f. ; 30 f. + 7 f.		
	Les 6 épreuves	360	»
	Les mêmes, épreuve collective	700	»
951 à 954.	Armoiries. Les 4 épreuves	160	»
	Les mêmes, épreuve collective	300	»
955	Tour de France, 12 f.	90	»
956	Célimène, 8 f.	65	»
957	Figaro, 12 f.	65	»
943, 944, 956, 957.	Épreuve collective	250	»
958, 959.	Armoiries. Les deux	90	»
	Les mêmes, épreuve collective	175	»
960 à 965.	Sports. Les 6 épreuves	450	»
	Les mêmes, épreuve collective, sur deux épreuves. Les deux	1000	»
966-67.	Croix-Rouge (1953). La paire	250	»
	Les mêmes, épreuve collective	450	»
968	15 f. s. 18 f.	60	»
969	La Valette. Journée du Timbre (1954)	90	»
970 à 974.	Productions. Les 5 épreuves	250	»
970 à 974, 941.	Épreuve collective sur deux épreuves. Les deux	450	»
975	Foire de Paris, 15 f.	65	»
976	Lourdes, 6 f.		
977	LesAndelys, 8 f.		
978	Royan, 10 f.		
979	Quimper, 12 f.		
980	Cheverny, 18 f.		
981	Ajaccio, 20 f. Les six	250	»
976 à 981.	Épreuve collective, sur deux épreuves. Les deux	475	»
982	Maréchal de Lattre, 12 f.	65	»
983	Libération, 15 f.	65	»
984	Maréchal Leclerc, 12 f.	65	»
982 à 984.	Épreuve collective	275	»
985	Jumièges, 12 f.	60	»
986	Tournus, 30 f.	60	»
987	Stenay	60	»
988	Versailles	90	»
939, 988;	Épreuve collective	225	»

Célébrités du XIIe au XXe siècles :

989 à 994.	Les 6 épreuves	390	»
	Les mêmes, épreuve collective	750	»
995	Villandry	65	»
996	Saint-Cyr	90	»
997	Légion d'Honneur	75	»
998	Système métrique	65	»
999 à 1005.	Armoiries. Les 7 épreuves	245	»
	Les mêmes, épreuve collective	380	»
1006-07.	Croix-Rouge (1954). La paire	350	»
	Les mêmes, épreuve collective	500	»
1008	Saint-Simon	60	»
1009	Rotary	250	»
1009A	Marianne (Muller)	150	»
1010A	Marianne (Muller)	150	»
1011	Marianne (Muller)	80	»
1011A	Marianne (Muller)	80	»
1001B	Marianne (Muller)	80	»
1009A,	1010, 1011 1011B. En épreuve collective	725	»
1011C	Marianne (Muller)	80	»
1012-1017.	Les six	240	»
	Inventeurs, sur 2 épreuves collectives	475	»
1018	Journée du Timbre (1955)	80	»
1019	Limoges	60	»
1020	Ganterie	65	»
1021	Florian	60	»
1022	Télévision	65	»
1023	Déportation	60	»
1024	Électrification	65	»

1025	Jacquemart	60 »
1026	Jules Verne	125 »
1027 à 1032.	Les six	390 »
	Épreuve collective	750 »
1033	Lumière	65 »
1034	Jacques Cœur	60 »
1035	Canada	70 »
1036 à 1042.	Les sept	300 »
	Idem. Sur 2 épreuves collectives	450 »
1043	Gérard de Nerval	65 »
1044 à 1047.	Les 4 armoiries	160 »
	Id. Épreuve collective	300 »
1048-49.	Croix Rouge (1955). La paire	250 »
	Idem. Épreuve collective	400 »
1050	Déportation	60 »
1051	Douai	60 »
1052	Driant	60 »
1053	Verdun	60 »
	Les 2, en épreuve collective	150 »
1054	F. de Tassis. J. du T. (1956)	65 »
1055	J.-H. Fabre	
1056	Charles Tellier	
1057	Camille Flammarion	
1058	Paul Sabatier. Les quatre	200 »
	Idem. Épreuve collective	325 »
1059	Grand Trianon	60 »
1060	France-Amérique Latine	65 »
1061	Reims-Florence	70 »
1062	Malte	65 »
1063	Saint Yves	60 »
1064	Franchet d'Esperey	60 »
1065	Montceau-les-Mines	60 »
1066 à 1071.	Les six	240 »
	Épreuve collective	450 »
1072 à 1075.	Les quatre	240 »
	Épreuve collective	500 »
1076 et 1077.	Europa (1956). La paire	700 »
	Épreuve collective	1100 »
1078 à 1080.	Les trois	150 »
	Épreuve collective	250 »
1081	Parmentier	60 »
1082 à 1087.	Les six	240 »
	Épreuve collective	400 »
1088	Coubertin	220 »
1089-90.	Croix-Rouge (1956). La paire	200 »
	Épreuve collective	325 »
1091	Colombophilie	65 »
1092	Schœlcher	60 »
1093	Felouque. J. du Timbre (1957)	65 »
1094	Sièvres	60 »
1095 à 1098.	Les quatre	160 »
	Épreuve collective	325 »
1099	Uzès	60 »
1100 à 1104.	Les cinq	200 »
	Épreuve collective	350 »
1105, 1106.	Le Quesnoy. Les deux	80 »
1107	Cour des Comptes	60 »
1108 à 1113.	Les six	200 »
	Deux Épreuves collectives	425 »
1114	Travaux publics	60 »
1115, 1115A, 1116.	Moissonneuse. Les trois	120 »
1115, 1116.	Épreuve collective	200 »
1117	Brest	60 »
1118	Région bordelaise	60 »
1119	Cahors	60 »
1118, 1119 et 1105.	Épreuve collective	250 »
1120	Jeux anniversaires	60 »
1121	Auguste Comte	60 »
1122-23.	Europa (1957). La paire	420 »
	Épreuve collective	600 »
1124	Bimillénaire de Lyon	60 »
1125 à 1131.	Les sept	200 »
	Les sept, sur trois épreuves collectives	400 »
1132 à 1138.	Les sept	210 »
	Les sept, sur deux épreuves collectives	400 »
1139	Thénard	60 »
1140-41.	Croix-Rouge (1957). La paire	170 »
	Épreuve collective	350 »
1142 à 1145.	Les quatre	160 »
	Épreuve collective	275 »
1146 à 1149.	Les quatre	160 »
	Épreuve collective	300 »
1150	Lourdes	50 »
1151	Journée du Timbre (1958)	60 »
1152 à 1155.	Les quatre	160 »
	Épreuve collective	300 »
1156	Exposition de Bruxelles	60 »

1157 à 1160.	Les quatre	160 »
	Épreuve collective	300 »
1161 à 1164.	Les quatre	160 »
	Épreuve collective	300 »
1165	Cathédrale de Senlis	60 »
1166 à 1171.	Les six	200 »
	Épreuve collective	325 »
1172	Tapisserie	60 »
1173-74.	Europa (1958). La paire	225 »
	Épreuve collective	400 »
1175	Château de Foix	50 »
1176	Jumelage Paris-Rome	65 »
1177, 1178.	U.N.E.S.C.O. Les deux	130 »
	Épreuve collective	250 »
1179	Armistice	60 »
1180 à 1186.	Armoiries. Les sept	200 »
	Épreuve collective	350 »
1187-1188.	Croix-Rouge. La paire	180 »
	Épreuve collective	325 »
1189	Floralies	60 »
1190	Palmes académiques	50 »
1191	Charles de Foucauld	50 »
1192 à 1194.	Les trois	120 »
1195	Blason d'Alger	50 »
1196	Journée du Timbre (1959)	70 »
1197	Écoles des Mines	50 »
1198 à 1202.	Les cinq	200 »
	Épreuve collective	325 »
1203 à 1206.	Les quatre	160 »
	Épreuve collective	275 »
1207 à 1212.	Les six	200 »
	Épreuve collective	325 »
1213	Goujon et Rozanoff	70 »
1214	Marceline Desbordes-Valmore	50 »
1215	Pont de Tancarville	60 »
1216	Marianne à la Nef	50 »
1217	Jaurès	50 »
1218-19.	Europa (1959). La paire	225 »
	Épreuve collective	375 »
1220	Donneurs de sang	50 »
1221 à 1223.	Tricentenaire du traité des Pyrénées	80 »
1224	Poliomyélite	50 »
1225	Bergson	50 »
1226-27.	Croix-Rouge (1959). la paire	150 »
	Épreuve collective	300 »
1228	O.T.A.N.	110 »
1229	Fréjus	60 »
1230 à 1234.	Les cinq	325 »
	Épreuve collective	550 »
1230A	5 c. Oran	60 »
1234A	30 c. Semeuse	100 »
1235 à 1241.	Les sept	225 »
	Sur 2 épreuves collectives	375 »
1242	Nolhac	50 »
1243	Musée d'Art et d'Industrie	60 »
1244	États Généraux	90 »
1245	Journée du Timbre (1960)	60 »
1246-1247.	Savoie et Nice. Les deux	100 »
	Épreuve collective	225 »
1248 à 1252.	Résistance. Les cinq	200 »
	Épreuve collective	325 »
1253	Réfugiés	80 »
1254	Strasbourg	50 »
1255	Blois	50 »
1256	La Bourboule	50 »
1257 à 1262.	Célébrités. Les six	200 »
	Épreuve collective	325 »
1263	Marianne de Decaris	80 »
1264	18 juin	175 »
1265	Jeux olympiques	175 »
1266-67.	Europa (1960). La paire	225 »
	Épreuve collective	350 »
1268	Lisieux	50 »
1269	Madame de Staël	60 »
1270	Estienne	50 »
1271	Sangnier	50 »
1272	Libération	55 »
1273 à 1276.	Oiseaux. Les quatre	200 »
1277	Honnorat	50 »
1278-79.	Croix-Rouge (1960). La paire	125 »
	Épreuve collective	250 »
1280	Sainte-Barbe	50 »
1281	Maillol	50 »
1282	20 c.Cocteau	60 »
1283	Orly	50 »
1284	Méliès	100 »
1285	Journée du Timbre (1961)	50 »

1286	Nicot	60	»
1287	Lacordaire	50	»
1288 à 1291.	Résistance. Les quatre	160	»
	Épreuve collective	280	»
1292	Anciens Combattants	50	»
1293	Bagnoles-de-l'Orne	50	»
1294	Deauville	50	»
1295 à 1300.	Célébrités. Les six	200	»
	Épreuve collective	350	»
1301 à 1305.	Comédiens. Les cinq	200	»
	Épreuve collective	350	»
1306	Mont-Dore	50	»
1307	Fauchard	50	»
1308	Thann	50	»
1309-10.	Europa (1961). La paire	225	»
	Épreuve collective	350	»
1311-18.	Série touristique. Les huit	250	»
	(sauf 1317), sur 2 épreuves collectives	450	»
1319-22.	Tableaux. Les quatre	800	»
1323-24.	Croix-Rouge (1961). La paire	180	»
	Épreuve collective	350	»
1325	Paquebot France	90	»
1326-27.	Ski	180	»
	Épreuve collective	375	»
1328	Bretonneau	40	»
1329	Bourdet	40	»
1330	Laval	50	»
1331	Coq	80	»
1331A	Coq	80	»
1332	Journée du Timbre (1962)	50	»
1333	Vannes	50	»
1334	Journée de Théâtre	40	»
1335-37.	Résistance. Les trois	100	»
	Épreuve collective	225	»
1338	Paludisme	110	»
1339	Semaine national des hôpitaux	40	»
1340-41.	Aviation. La paire	160	»
	Épreuve collective	350	»
1342	Besançon	40	»
1343	Gobelins	40	»
1344	Pascal	40	»
1345-50.	Célébrités. Les six	180	»
	Sur deux épreuves collectives	350	»
1351	Rennes	40	»
1351A-54B.	Armoiries. Les huit	250	»
1355	Touquet	80	»
1356-57.	Roses. Les deux	110	»
	Épreuve collective	250	»
1358-59.	Europa (1962). La paire	200	»
	Épreuve collective	350	»
1360-61	Télécommunications. Les deux	250	»
	Épreuve collective	550	»
1362	Radiotéléscope de Nançay	110	»
1363-65	Tableaux. Les trois	550	»
1366-67	Croix-Rouge (1962). La paire	180	»
	Épreuve collective	350	»
1368	Bathyscaphe	60	»
1369	Floralies nantaises	60	»
1370-75	Célébrités. Les six	180	»
	Les deux épreuves collectives	350	»
1376	Tableau de Delacroix	175	»
1377	Vitrail Sainte-Foy	175	»
1378	Journée du Timbre (1963)	50	»
1379	Campagne mondiale contre la faim	60	»
1380-81	Résistants. Les deux	80	»
	Épreuve collective	200	»
1382-86	Grands hommes. Les cinq	160	»
	Épreuve collective	350	»
1387	Première Conférence postale	90	»
1388	Lycée Louis-le-Grand	50	»
1389	Caen	50	»
1390-94A	Série touristique. Les sept	200	»
1390-94	Épreuve collective	380	»
1395	Ski nautique	70	»
1396-97	Europa (1963). La paire	200	»
	Épreuve collective	380	»
1398-99	Tableaux. Les deux	350	»
1400-01	Croix-Rouge (1963). La paire	180	»
	Épreuve collective	350	»
1402	Maison de la Radio	50	»
1403	PHILATEC	90	»
1404	Sapeurs-Pompiers	50	»
1405	Paralysés	50	»
1406	Journée du Timbre (1964)	50	»
1407-11.	Libération. Les cinq	185	»
1412	Coty	40	»
1413	Jean le Bon	150	»

1414-17	PHILATEC - Les quatre	450	»
	+ emblème Philatec, épreuve coll.	750	»
	En noir, grand format, épreuve coll.	1200	»
1418	Postale de nuit	60	»
1419	Notre-Dame de Paris	150	»
1420	Calvin	50	»
1421	Gerbet	50	»
1422	PHITALEC	500	»
1423	Mandel	40	»
1424-25	Champlevé, Licorne. Les deux	300	»
1426	La serveuse anglaise «du Star»	150	»
1427	Vitrail de Sens	150	»
1428	Tokyo	200	»
1429	Bataille de la Marne	60	»
1430-31	Europa (1964). La paire	200	»
	Épreuve collective	350	»
1432	Coopération	40	»
1433-34	Croix-Rouge (1964). La paire	150	»
	Épreuve collective	275	»
1435 à 1441.	Les 7 épreuves	200	»
	Idem + 1392A. Épreuves collectives (2)	380	»
1442 à 1445.	Célébrités 1965. Les 4 épreuves	150	»
	Idem. Épreuve collective	250	»
1446	«La Guienne» J. du T. (1965)	50	»
1447	Retour des Déportés	50	»
1448	Maison des Jeunes	40	»
1449	Campagne d'accueil	40	»
1450	20e anniversaire de la Victoire	50	»
1451	U.I.T.	60	»
1452	Croix de guerre	50	»
1453	Bourges	50	»
1454	Tunnel Mont-Blanc	55	»
1455-56	Europa (1965). La paire	200	»
	Idem. Épreuve collective	380	»
1457	Duc de Berry	130	»
1458	Apocalypse	130	»
1459	Violon rouge, de Dufy	130	»
1460	Reboisement	40	»
1461	Ile Bourbon	50	»
1462	Énergie atomique	60	»
1463	École de l'Air	60	»
1464-65	Diamant/A 1. Les deux	300	»
	Idem. Épreuve collective	550	»
1466-67	Croix-Rouge (1965). La paire	140	»
	Idem. Épreuve collective	300	»
1468-69	5 + 25 c. Blasons. Les deux	80	»
1470 à 1475.	Célébrités (1966) (6)	180	»
	Idem. Épreuve collective	300	»
1476	Satellite D 1	120	»
1477	Journée du Timbre (1966)	40	»
1478	Cratère de Vix	130	»
1479	Nouveau-Né	130	»
1480	Échecs	450	»
1481	Pont-Saint-Esprit	50	»
1482	Millénaire du Mont-Saint-Michel	50	»
1483	Bicentenaire de la Lorraine	40	»
1484	Verdun	50	»
1485	Niort	50	»
1486	Hastings	50	»
1487	Académie	40	»
1488	Chemins de fer	50	»
1489	Oléron	50	»
1490-91	Europa (1966). La paire	200	»
	Idem. Épreuve collective	380	»
1492	Sainte-Chapelle	130	»
1493	Lurçat	130	»
1494	Daumier	130	»
1495 à 1497.	Sujets historiques (3)	120	»
	Idem. Épreuve collective	280	»
1498	Pneumatique	50	»
1499 à 1506.	Sites (8)	225	»
	Idem. Deux Épreuves collectives	425	»
1507	Rance	50	»
1508-09	Croix-Rouge (1966). La paire	140	»
	Idem. Épreuve collective	300	»
1510	Blason de Saint-Lô	60	»
1511-14	Célébrités (4)	130	»
	Idem. Épreuve collective	225	»
1515	Radio européenne	50	»
1516	Journée du Timbre (1967)	50	»
1517	Rousseau	130	»
1518	François 1er	130	»
1519	Montréal	50	»
1520	Grenoble	150	»
1521-22	Europa (1967). La paire	160	»
	Idem. Épreuve collective	350	»
1523	Nungesser-Coli	60	»

1524	Bordeaux	50	»
1525	Tours	50	»
1526	Esnault-Pelterie	100	»
1527	Vétérinaire	50	»
1528	Floralies	60	»
1529	Comptablité	50	»
1530	Ingres	140	»
1531	Troyes	140	»
1532	Bir-Hakeim	50	»
1533	Curie	150	»
1534	Lions international	225	»
1535-36	Marianne Cheffer (2)	120	»
	Idem. Épreuve collective	325	»
1536A/B	2 val. Cheffer (30 et 40 c.)	120	»
	Idem. Épreuve collective	425	»
1537 à 1539.	Histoire	120	»
	Idem. Épreuve collective	250	»
1540-41	Croix-Rouge (1967). La paire	140	»
	Idem. Épreuve collective	280	»
1542	Chèque postaux	35	»
1543-47	Grenoble (5)	380	»
	Idem. Épreuve collective	600	»
1548	Prévention routière	30	»
1549	Journée du Timbre (1968)	35	»
1550 à 1553	Personnages (4)	100	»
	Idem. Épreuve collective	185	»
1554	5e Conférence de l'audiovisuel	30	»
1555	Lascaux	130	»
1556-57	Europa (1968). La paire	150	»
	Idem. Épreuve collective	275	»
1558	Lesage	35	»
1559	Langeais	35	»
1560	Larousse	35	»
1561	Rambouillet	35	»
1562	Valreas	35	»
1563	Flandre	35	»
1564	Pont de Martrou	35	»
1565	Liaison Paris-Saint-Nazaire	150	»
1566	Prisonnières Huguenottes	40	»
1567	Béziers	40	»
1568	Arearea	130	»
1569	La Danse	125	»
1570	Modèle	130	»
1571	Armistice en Orient	35	»
1572	Corse	35	»
1573	Jeux de Mexico	175	»
1574	Expéditions polaires	110	»
1575	Petits lits blancs	35	»
1576	Armistice	35	»
1571 + 1576	Épreuve collective	160	»
1577 à 1579	Histoire	150	»
	Idem. Épreuve collective	275	»
1580-81	Croix-Rouge (1968). La paire	140	»
	Idem. ÉPreuve collective	250	»
1582 à 1585	Sites (4)	140	»
	Idem. Épreuve collective	225	»
1586	Amiens	120	»
1587	Philippe le Bon	120	»
1588	Abbaye de Saint-Savin	120	»
1588A	Le Cirque	130	»
1589	Journée du Timbre (1969)	40	»
1590 à 1595.	Célébrités (6)	180	»
	Idem. Épreuve collective	275	»
1596	Hautefort	35	»
1597	Floralies	40	»
1598-99	Europa (1969). La paire	140	»
	Idem. Épreuve collective	250	»
1600	Albert Thomas	40	»
1601	Garigliano	40	»
1602	Châlons-sur-Marne	40	»
1603	Libération	40	»
1604	Libération	40	»
1605	Libération	40	»
1606	Normandie-Niémen	50	»
1607	Libération de Paris	40	»
1608	Libération de Strasbourg	40	»
1609	Canoë-kayak	100	»
1610	Bonaparte	125	»
1611	Marianne (Cheffer)	50	»
1612	Charte européenne de l'eau	50	»
1613	Année de la nature	40	»
1614	Châtenay-Malabry	40	»
1615	« Le Redoutable »	50	»
1616 à 1618.	Histoire (3)	110	»
	Idem. Épreuve collective	220	»
1619-20	Croix-Rouge (1969). La paire	120	»
	Idem. Épreuve collective	225	»
1621	Tour du monde	50	»
1622	Gendarmerie nationale	40	»
1623 à 1628.	Personnages célèbres (6)	180	»
	Idem. Épreuve collective	275	»
1629	Handball	60	»
1630	Maréchal Juin	50	»
1631	Aérotrain	70	»
1632	Journée du Timbre (1970)	40	»
1633	Quinine	50	»
1634	Protection de la nature	80	»
1635	Diamant B.	80	»
1636	Lutte contre le cancer	50	»
1637-38	Europa (1970). La paire	130	»
	Idem. Épreuve collective	275	»
1639	De Lattre de Tassigny	50	»
1640	Primitif de Savoie	110	»
1641	Triomphe de Flore	110	»
1642	Lens	35	»
1644	Rochers du diamant	35	»
1645	Chancelade	35	»
1646	Ilet du Gosier	35	»
1647	Observatoire de Haute-Provence	50	»
1648	Camp de concentration	35	»
1649	Jeux des handicapés	35	»
1650	Athlétisme	50	»
1651	Salines de chaux	40	»
1652	Diane, de Boucher	110	»
1653	Degas	110	»
1654	Cathédrale de Strasbourg	110	»
1655 à 1657.	Histoire (1970) (3)	110	»
	Idem. Épreuve collective	200	»
1658	25e anniversaire de l'O.N.U.	40	»
1659	Bordeaux	50	»
1660	Belfort	35	»
1661-62	Croix-Rouge (1970). La paire	120	»
	Idem. Épreuve collective	200	»
1663	45 c. Béquet	70	»
1664	50 c. Béquet	70	»
1665	Patinage	70	»
1666	Océanexpo	40	»
1667-70	Célébrités (4)	120	»
1671	Journée du Timbre (1971)	35	»
1672	Millet	110	»
1673	« Songe creux »	110	»
1674	« Cap-Hornier »	40	»
1675	Isard	40	»
1676-77	Europa 71. La paire	125	»
	Idem. Épreuve collective	250	»
1678-80	Histoire	160	»
	Idem. Épreuve collective	250	»
1681	Grenoble	35	»
1682	Famille rurale	35	»
1683-87	Sites 71 (5)	150	»
1688	Union interparlementaire	35	»
1689-90	Célébrités 71 (2 val. suppl.)	60	»
	Idem. Épreuve collective	200	»
1691	Chambre des Métiers	35	»
1692	Caméléon	40	»
1693	Saumon	40	»
1694	Grand-duc	40	»
1695 à 1698.	De Gaulle (4)	400	»
	Idem. Épreuve collect. (la bande compl.)	750	»
1699	Académie de Médecine	35	»
1700-01	Croix-Rouge (1971). La paire	120	»
	Idem. Épreuve collective	200	»
1702	Fragonard	110	»
1703	Monet	110	»
1704	Crozet et Kerguelen	80	»
1705	Sapporo	100	»
1706-09	Célébrités (4)	130	»
1710	Journée du Timbre (1972)	40	»
1711	Mois du cœur	40	»
1712	Charlieu	35	»
1713	Narbonne	35	»
1714-15	Europa 72. La paire	130	»
1716	Donneurs de sang	40	»
1717	Voilier Terre-Neuvas	40	»
1718	Saint-Brieuc	35	»
1719-20	Code postal	70	»
	Idem. Épreuve collective	100	»
1721	Internationale P.T.T.	35	»
1722	J.O. de Munich	110	»
1723	Tourisme pédestre	35	»
1724	Championnats cyclistes	80	»
1725	Sologne	40	»
1726	Bazoches du Morvand	35	»
1727-28	Célébrités	65	»

1729-31	Histoire (3)	150	»
	Idem. Épreuve collective	200	»
1732	Maître de Moulins	100	»
1733	Derain	100	»
1734	Champollion	50	»
1735-36	Croix-Rouge (1972). La paire	110	»
	Idem. Épreuve collective	200	»
1737	Sainte-Thérèse	40	»
1738	Anthurium	50	»
1739	Traité Franco-Allemand	80	»
1740	Immigration Polonaise	35	»
1741	Chapiteau d'Issoire	100	»
1742	Le Brun	100	»
1743	Moutier d'Ahun	100	»
1744-48	Célébrités (5)	150	»
1749	Journée du Timbre (1973)	40	»
1750	Centre téléph. Tuileries	35	»
1751	Airbus	80	»
1752-53	Europa (1973). La paire	120	»
1754	Raton laveur	40	»
1755	Cigognes	40	»
1756	Bicentenaire du Grand-Orient	50	»
1757	Dijon	35	»
1758	Gien	35	»
1759	Amboise	35	»
1760	Académie des Sciences d'Outre-Mer	35	»
1761	24 heures du Mans	60	»
1762	5 mâts « France »	40	»
1763	Toulouse	35	»
1764	Saut du Doubs	35	»
1765	Watteau	110	»
1766	Cardinal de Richelieu	125	»
1767	Hansen	35	»
1768	Pasteur	40	»
1769	Tony Garnier	35	»
1770	Ducretet	35	»
1771	Molière	40	»
1772	Écluse «François 1er»	35	»
1773	Bourgoin et Kieffer	40	»
1774-76	Histoire (3)	130	»
	Idem. Épreuve collective	200	»
1777	Flamme de l'Arc de Triomphe	35	»
1778	Chambre d'Agriculture	35	»
1779-80	Croix-Rouge (1973). La paire	110	»
	Idem. Épreuve collective	200	»
1781	Déclaration des Droits de l'Homme	35	»
1782	Musée Postal	35	»
1783	Exposition «Arphila»	40	»
1784	Saint-Grignon de Montfort	35	»
1785	Poulenc	35	»
1786	Journée du Timbre (1974)	35	»
1787	Aéroport «Charles de Gaulle»	110	»
1788	Centenaire du Club Alpin	40	»
1789-90	Europa (1974). la paire	120	»
	Idem. Épreuve collective	200	»
1791	Sauvetage en mer	35	»
1792	Conseil de l'Europe	60	»
1793	Salers	35	»
1794	Saint-Florent	35	»
1795	Bison	40	»
1796	Général Kœning	35	»
1797	Villes Compagnons de la Libération	35	»
1798	Colmar	35	»
1799	Débarquement en Normandie	40	»
1800	J.O. échiquéens	325	»
1801	Tricentenaire l'Hôtel des Invalides	35	»
1802	Turbotrain TGV 001	60	»
1803	Surrégénérateur Phénix	40	»
1804	Réseau Exprès Régional	50	»
1805	Hélicoptère Gazelle	70	»
1806-10	Sites (5)	100	»
1811	Tableau de Miro	120	»
1812	Tableau de Sisley	120	»
1812 et 1766.	Épreuve collective en noir	500	»
1813	Tapisserie, par Mathieu	120	»
1814	60 c. Béquet (*Typo*)	60	»
1816	80 c. Béquet	60	»
1817	Centenaire de l'U.P.U.	200	»
1818	Naissance de Copernic	60	»
1819	Tatou géant de la Guyane	40	»
1820	Aigrette Garzette	40	»
1821	Libération et médaille de la Libération	40	»
1822	Jean Giraudoux	35	»
1823	Barbey d'Aurevilly	35	»
1824	Docteur Schweitzer	60	»
1825	Edmond Michelet	35	»
1826	Robert Schuman	40	»

1827	Eugène Thomas	35	»
1828-29.	Croix-Rouge (1974). La paire	110	»
	Idem. Épreuve collective	200	»
1830-33.	Arphila (4)	300	»
	Idem. Épreuve collective	650	»
	Idem. En noir	1100	»
1834-37.	Arphila (4). Voir BF n° 7		
1838	Journée du Timbre (1975)	35	»
1839	Président Georges Pompidou	35	»
1840-41.	Europa (1975). La paire	140	»
1842	Exposition de la machine-outil	35	»
1843	Centenaire du Sénat	35	»
1844	Convention du mètre	40	»
1845	Fondation Santé des étudiants	35	»
1846	Théâtre du peuple du Bussang	35	»
1847	Région de Picardie	35	»
1848	Région de Bourgogne	35	»
1849	Région des Pays de la Loire	35	»
1850	Région d'Auvergne	35	»
1851	Région Poitou-Charentes	35	»
1852	Région Nord-Pas-de-Calais	35	»
1853	Libération des camps de concentration	35	»
1854	Création du Service de Déminage	35	»
1855	Villes nouvelles	35	»
1856	Pont de Saint-Nazaire	35	»
1857	Année internationale de la Femme	50	»
1858	André Siegfried	35	»
1859	Relations franco-sociétiques	35	»
1860-61.	Croix-Rouge (1975). La paire	110	»
	Idem. Épreuve collective	200	»
1862	Frégate «La Melpomène»	35	»
1863	Région du Centre	35	»
1864	Région Aquitaine	35	»
1865	Région Limousin	35	»
1865A	Région Guyane	35	»
1866	Région Midi-Pyrénées	40	»
1867	Linteau de Saint-Genis des Fontaines	100	»
1868	Vénus de Brassempouy	100	»
1869	Delaunay	100	»
1870	Journée du Timbre (1976)	40	»
1871-73.	Sites (3)	80	»
1874	Cinquantenaire ACORAM	35	»
1875	Rouen	35	»
1876	Juvarouen	35	»
1877-78.	Europa (1976). La paire	140	»
1879	Bicentenaire des États-Unis	100	»
1880	Maréchal Moncey	35	»
1881	Max Jacob, par Picasso	35	»
1882	Mounet-Sully	35	»
1883	Verdun	35	»
1884	Communication	35	»
1885	Associaition France-Libre	35	»
1886	Protection de la nature (Tronçais)	35	»
1887	Satellite Symphonie	50	»
1888	La Fête	35	»
1889	J.O. Montréal	100	»
1890	Officiers de réserve	35	»
1891	80 c. Béquet (*Typo*)	40	»
1892	1 f. Béquet (*Gravé*)	40	»
1896	Général Daumesnil	35	»
1897	Eugène Fromentin	35	»
1898	Anna de Noailles	35	»
1899	Ramsès	100	»
1900	Carzou	100	»
1901	Vlaminck	100	»
1902	Lodève	35	»
1903	Biarritz	35	»
1904	Thiers	35	»
1905	Centenaire du Téléphone	50	»
1906	10e festival du film de Tarbes	35	»
1907	Police nationale	35	»
1908	Accélérateur CERN	80	»
1909	Foires Expositions	35	»
1910-11.	Croix-Rouge (1976). La paire	100	»
	Idem. Épreuve collective	200	»
1912	Douane	35	»
1913	Musée de l'Atlantique (Port-Louis)	40	»
1914-21.	Régions (8 valeurs)	180	»
1922	Centre Pompidou	50	»
1923	Corot	110	»
1924	Vasarely	100	»
1925	Dunkerque	35	»
1926	Souvenir Français	35	»
1927	Journée du Timbre (1977)	35	»
1928-29.	Europa (1977). La paire	130	»
	Idem. Épreuve collective	225	»
1930	Horticulture	40	»

1931	Floralies Internationales de Nantes	40	»
1932	Rattachement du Cambrésis	35	»
1933	Instituts catholiques	35	»
1934	Fédération Europ. de la Construction	35	»
1935	Annecy	35	»
1936	École Polytechnique de Palaiseau	45	»
1937	Dorat	35	»
1938	Abbaye de Fontenay	35	»
1939	Bayeux	35	»
1940	60e anniv. Coupe de France de football	70	»
1941	Mémorial au Général de Gaulle	100	»
1942	Chambre économique	35	»
1943	5e anniv. de la bataille de Nancy	35	»
1944	Rattachement de la Bourgogne	35	»
1945	Assoc. Internat. des Parlementaires de langue française	35	»
1946	Cigale rouge	40	»
1947	Pont-à-Mousson	35	»
1948	Saint-Amand-les-Eaux	35	»
1949	Vitré	35	»
1950	Trémois	120	»
1951	Excoffon	110	»
1952	Meilleurs ouvriers de France	35	»
1953	Édouard Herriot	35	»
1954	Abbé Breuil	35	»
1955	Guillaume de Machault	35	»
1956	Charles Cros	35	»
1957	Conseil Économique et Social	35	»
1958	4e centenaire de la naissance de Rubens	120	»
1959-60.	Croix-Rouge (1977). La paire	100	»
	Idem. Épreuve collective	200	»
1961	Tennis de Table	100	»
1962 à 1979.	Sabine (18)	650	»
1970 et 1972.	Épreuve collective	500	»
1982	Birr (Percheron)	50	»
1983	Carrousel sous Louis XIV	120	»
1984	École Nationale Supérieure des Télécommunications	35	»
1985	Ile Saint-Barthélémy	35	»
1986-90A.	Célébrités (6)	150	»
1991-93.	Régions (3)	80	»
1994	Buffet	110	»
1195	Aménagement du Territoire (DATAR)	35	»
1996 à 2002.	Sites (7)	200	»
2003	Juvexniort	35	»
2004	Journée du Timbre (1978)	35	»
2005	Port Cros	40	»
2006	Fleurir la France	35	»
2007	Économies d'Énergie	35	»
2008-09.	Europa (1978). La paire	100	»
	Idem. Épreuve collective	200	»
2010	Notre-Dame de Lorette	35	»
2011	Troyes	35	»
2012	Stade Roland Garros	110	»
2013	Métiers d'Art	35	»
2014	Imprimerie Nationale	35	»
2015	Réunion de la Franche-Comté	35	»
2016	Rattachement de Valenciennes et Maubeuge	35	»
2017	Académie de Philatélie	50	»
2018	Balbuzard	40	»
2019	Championnat européen de gymnastique, à Strasbourg	100	»
2020	Sport pour Tous	50	»
2021	Monument aux Combattants polonais	35	»
2022	60e anniversaire de l'Armistice	35	»
2023	Aide à la réadaptation	35	»
2024-25.	Croix-Rouge (1978). La paire	110	»
	Idem. Épreuve collective	200	»
2026	Brayer	100	»
2027	Droits de l'Homme	70	»
2028	Année de l'Enfant	70	»
2029	Maréchal de Bercheny	35	»
2030	Léon Jouhaux	35	»
2031	Pierre Abélard	35	»
2032	Courteline	35	»
2032A	Simone Weil	35	»
2032B	André Malraux	35	»
2033	Miniature sur la musique	110	»
2034	Victor Segalen	35	»
2035	Floralies de la Martinique	40	»
2036	Temple de Borobudur	70	»
2037	Journée du Timbre (1979)	35	»
2038	Francisque Poulbot	35	»
2039	Abeille	80	»
2040-44.	Sites (5)	150	»
2045	Saint-Germain-des-Prés	35	»
2046-47.	Europa (1979). La paire	130	»
	Idem. Épreuve collective	200	»
2048	Nantes	35	»
2049	Palais Royal	35	»
2050	Élection Assemblée des Communautés Européennes	85	»
2051	Jeanne d'Arc	35	»
2052	Félix Guyon	35	»
2053	Diane au bain	110	»
2054	Van Gogh	120	»
2055	Télécom 79	35	»
2056-61.	Sabine (6)	200	»
2064	Maisons-Laffitte	35	»
2065	Lorraine	35	»
2066	École Centrale	35	»
2067	Dali	110	»
2068	Chapelain-Midy	100	»
2069	Championnats de judo	90	»
2070-71.	Croix-Rouge (1979). La paire	100	»
	Idem. Épreuve collective	200	»
2072	La Lutherie	35	»
2073	Eurovision	60	»
2074	Zadkine	100	»
2075	Ubac	100	»
2076	Géants du Nord	35	»
2077	Gastronomie française	35	»
2078	Journée du Timbre (1980)	50	»
2079	La Broderie	35	»
2080	Lutte contre le tabagisme	35	»
2081	Cordes	35	»
2082	Maintenon	35	»
2083	Montauban	35	»
2084	Le Puy	35	»
2085-86.	Europa (1980). La paire	120	»
	Idem. Épreuve collective	200	»
2087	École d'Arts et Métiers	35	»
2088	Dunkerque	35	»
2089	Papillon	40	»
2090	Dürer (Philexfrance)	150	»
	Idem. Noir. *Grand format*	400	»
2091	Assoc. des Relations publiques	35	»
2092	Année du Patrimoine	35	»
2093	Sciences de la Terre	35	»
2094	Rochambeau	80	»
2095	Viollet-le-Duc	35	»
2096	Jean Monnet	50	»
2097	Jean-Marie de La Mennais	35	»
2098	Frédéric Mistral	35	»
2099	Saint-John Perse	35	»
2100	Pierre Paul de Riquet	35	»
2101	Sabine 1 f. 20, vert	50	»
2102	Sabine 1 f. 40, rouge	50	»
2105	Fédération française de Golf	80	»
2106	Comédie Française (Tricentenaire)	35	»
2107	Picart Le Doux	100	»
2108	Le Nain	110	»
2109	Modigliani	110	»
2110	Hartung	100	»
2111	Rambouillet	35	»
2112	Abbaye de Solesmes	35	»
2113	Agam	100	»
2114	40e anniversaire du 18 juin 1940	150	»
2115	Garde Républicaine	35	»
2116-17.	Croix-Rouge (1980). La paire	100	»
	Idem. Épreuve collective	200	»
2118-23.	Sabine (6)	180	»
2124	Journée du Timbre (1981)	70	»
2125	L'eau	35	»
2126 à 30.	Grandes réalisations (5)	180	»
2131	La Reliure	35	»
2132	Saint-Jean de Lyon	35	»
2133	Maison Carrée, Nîmes	35	»
2134	Sainte-Anne d'Auray	35	»
2135	Château de Rosny	35	»
2136	Pissarro	110	»
2137	Gleizes	100	»
2138-39.	Europa (1981). La paire	110	»
	Idem. Épreuve collective	200	»
2140	École Saint-Maixent	35	»
2141-42	Philexfrance'82 - Trémois	280	»
	Idem. Épreuve collective	500	»
2143	Presse	35	»
2144	Vichy	35	»
2145	H.E.C.	35	»
2146	Espace littoral	40	»
2147	Escrime	70	»
2148	Louis Armand	35	»
2149	Louis Jouvet	35	»
2150	Sœur Javouhey	35	»
2151	Offenbach	50	»
2152	Theillard de Chardin	35	»
2153	Pasteur Boegner	35	»

2154-56	Sabine R.F. (3)	130	»
	Idem. Épreuve collective	300	»
2159	Boire ou conduire	35	»
2160	Abbaye de Vaucelles	35	»
2161	Notre-Dame de Louviers	35	»
2162	Saint-Émilion	35	»
2163	Crest	35	»
2164	Pen Club	35	»
2165-66	Caisse Nationale d'Épargne	50	»
	Idem. Épreuve collective	150	»
2167	École publique	35	»
2168	Pignon	100	»
2169	Manessier	100	»
2170	École navale	35	»
2171	Maison de la Chasse	35	»
2172	Panthéon	40	»
2173	Année Internationale des personnes handicapées	35	»
2174	Virgile	100	»
2175-76	Croix-Rouge (1981). La paire	130	»
	Idem. Épreuve collective	200	»
2177	Châteaubriant	35	»
2178-90	Liberté (13)	400	»
	Idem. Épreuve collective (N°s 2186, 2187, 2189)	350	»
2193	Saint-Pierre-et-Miquelon	35	»
2194	Aix-en-Provence	35	»
2195	Pau. Château Henri IV	35	»
2196	Collonges-la-Rouge	35	»
2197	Région. Corse	35	»
2198	Saint François d'Assise	35	»
2199-2200	Philexfranc'82. Folon	250	»
	Idem. Épreuve collective	600	»
2201	Lord Baden-Powell	110	»
2202	Recensement	40	»
2203	Aéroport Bâle-Mulhouse	40	»
2204	Lutte contre le racisme	35	»
2205	Journée du Timbre (1982)	80	»
2206	La Ferronnerie	35	»
2207-08	Europa (1982). La paire	120	»
	Idem. Épreuve collective	200	»
2209	Coupe du monde de football	80	»
2210	« L'éphèbe d'Agde »	110	»
2211	Claude Gelée, dit Le Lorrain	110	»
2212	Festival international du film. Cannes	35	»
2213	Centre National d'Études Spatiales	50	»
2214	Sommet des Pays industrialisés	35	»
2215	Jules Vallès	35	»
2216-17	Philexfrance'82. Voir BF n°8		
2218	F. et I. Joliot-Curie	50	»
2219-21	Liberté (3)	110	»
2224	Éclairage public, Grenoble 1882	35	»
2225	Guillaume Postel	35	»
2226	Henri Mondor	35	»
2227	Louis Pergaud	35	»
2228	Robert Debré	35	»
2229	André Chantemesse	35	»
2230	Gustave Eiffel	40	»
2231	«Le Dentellière», de Vermeer	110	»
2232	Château de Ripaille	35	»
2233	Sapeurs-Pompiers	35	»
2234	«La Famille», de Marc Boyan	100	»
2235	Marionnettes	35	»
2236	Rugby	80	»
2237	Écoles Normales Supérieures	35	»
2238	Lille	35	»
2239-44	Liberté (6)	200	»
2245	«Chambre turque», de Balthus	100	»
2246	Bacille de Koch	30	»
2247-48	Croix-Rouge 1982. La paire	120	»
	Idem. Épreuve collective	200	»
2249	Sainte Thérèse d'Avila	35	»
2250	Cavelier de La Salle	40	»
2251	Léon Blum	35	»
2252	Région. Provence-Alpes-Côte d'Azur	35	»
2253	Brantôme en Périgord	35	»
2254	Concarneau	35	»
2255	Noirlac	35	»
2256	Martin Luther	50	»
2257	Alliance Française	35	»
2258	Journée du Timbre (1983)	80	»
2259	Danielle Casanova	35	»
2260	Année mondiale des communications	35	»
2261-62	Bicentenaire de l'air et de l'espace (2)	225	»
2263	Dewasne	100	»
2264	Raphaël	110	»
2265	Gustave Doré	100	»
2266-69	Flore et Faune de France (4)	180	»

2270-71	Europa (1983). La paire	110	»
	Idem. Épreuve collective	200	»
2272	Propriété industrielle	35	»
2273	Marseille	35	»
2274-76	Liberté (3)	130	»
	Idem. Épreuve collective	250	»
2278	Air France	50	»
2279	André Messager	35	»
2280	Jacques-Ange Gabriel	35	»
2281	Hector Berlioz	50	»
2282	Max-Pol Fouchet	35	»
2283	René Cassin	35	»
2284	Stendhal	35	»
2285	Traités de Paris et de Versailles	80	»
2286	Art du Bijou	35	»
2287	Jarnac	35	»
2288	Charleville-Mézières	35	»
2289	Conseil de Coopération douanière	35	»
2290	Vélocipède P. et E. Michaux	50	»
2291	Jean Effel	110	»
2292	Météorologie nationale	50	»
2293	Renée Lévy	35	»
2294	Berthie Albrecht	35	»
2295-96	Croix-Rouge 1983. La paire	100	»
	Idem. Épreuve collective	180	»
2297	Utrillo	110	»
2298	Pierre Mendès France	35	»
2299	César	100	»
2300	Messagier	100	»
2301	Bonnard	100	»
2302	Guadeloupe	35	»
2303	Flora-Tristan	35	»
2304	Journée du Timbre (1984)	80	»
2305	Syndicats professionnels	35	»
2306	Élections Parlement Européen	40	»
2307	Jacques Cartier	80	»
2308	Philex-Jeunes'84	35	»
2309-10	Europa (1984). La paire	100	»
	Idem. Épreuve collective	200	»
2311	Légion Étrangère	35	»
2312-13	40e anniv. Libération (2)	120	»
	Idem Le Triptyque	200	»
2314	Jeux Olympiques	120	»
2315	La Gravure	35	»
2316	Bordeaux	35	»
2317	CNET	35	»
2318-20	Liberté (3)	120	»
	Idem. Épreuve collective	400	»
2323	Grande Chartreuse	35	»
2324	Palais Facteur Cheval	35	»
2325	Belle-Ile-en-Mer	35	»
2326	Phare de Cordouan	35	»
2327	Congrès de géographie	70	»
2328	Émile Littré	35	»
2329	Jean Zay	35	»
2329A	Pierre Corneille	35	»
2330	Gaston Bachelard	35	»
2331	Jean Paulhan	35	»
2332	Evariste Galois	35	»
2333	Télécom 1	70	»
2334	TGV Postal	70	»
2335	Château de Montségur	35	»
2336	Marx Dormoy	35	»
2337-40	Faune et Flore de Ffrance (Rapaces)-(4)	200	»
2341	Centenaire de l'automobile	50	»
2342	Masson	100	»
2343	Hélion	100	»
2344	Vincent Auriol	35	»
2345	Croix-Rouge (1984)	80	»
2346	9e Plan	35	»
2347	La Francophonie	35	»
2348	Vienne (Isère)	35	»
2349	Abbaye de Landévennec	35	»
2350	Cathédrale de Montpellier	35	»
2351	Saint-Michel-de-Cuxa	35	»
2352	Saintonge romane (Talmont)	35	»
2353	50e anniversaire de la Télévision	40	»
2354	La Saint-Valentin	80	»
2355	Romain Rolland	30	»
2356	Jules Romains	30	»
2357	Jean-Paul Sartre	30	»
2358	Victor Hugo	30	»
2359	Roland Dorgelès	30	»
2360	François Mauriac	30	»
2355-60	Personnages célèbres		
	Épreuve collective	400	»
2361	Pauline Kergomard	35	»

2362	Journée du Timbre (1985)	40 »
2363	Vitrail de Strasbourg	100 »
2364	Nicolas de Staël	100 »
2365	Architecture contemporaine (Givors)	35 »
2366-67	Europa (1985). La paire	110 »
	Idem. Épreuve collective	200 »
2368-69	40e anniv. de la Victoire (2)	100 »
	Idem. Le triptyque	200 »
2370	Tours	35 »
2371	Vaccin contre la rage	40 »
2372	Mystère Falcon 900	80 »
2373	Société sauvetage du Lac Léman	40 »
2374	40e anniversaire des Nations Unies	35 »
2375-77	Liberté (3)	80 »
	Idem. Épreuve collective	1000 »
2380	Accueil des Huguenots	35 »
2381	Dubuffet	100 »
2382	Alechinski	100 »
2383	«Le chien», de Giacometti	100 »
2384-87	Faune et Flore de France (Arbres) (4)	150 »
2388	Solutré	35 »
2389	La France à ses morts	35 »
2390	Charles Dullin	35 »
2391	Documentation française	35 »
2392	Croix-Rouge (1985)	50 »
2393	Tricentenaire France-Thaïlande	35 »
2394	Front populaire	80 »
2395	Carnaval - Venise à Paris	60 »
2396	François Arago	35 »
2397	Henri Moissan	35 »
2398	Henri Fabre	35 »
2399	Marc Seguin	35 »
2400	Paul Héroult	35 »
2396-2400	Personnages célèbres (5 épreuves)	150
	Épreuve collective	400 »
2401	Filitosa	35 »
2402	Château de Loches	35 »
2403	Saint-Germain de Livet	35 »
2404	Notre-Dame-en-Vaux	35 »
2405	Monpazier	50 »
2406	Pierre Cot	35 »
2407	La Typographie	90 »
2408	Louise Michel	35 »
2409	La Villette, Cité des Sciences et de l'Industrie	50 »
2410	Journée du Timbre (1986)	40 »
2411	Idem. Timbre du carnet	40 »
2412	Hautes Études Afrique et Asie modernes	35 »
2413	Estève	100 »
2414	Magnelli	100 »
2415	Année internationale de la Paix	35 »
2416-17	Europa (1986). La paire	110 »
	Idem. Épreuve collective	180 »
2418	Curé d'Ars	40 »
2419	Nancy	35 »
2420	Championnats de volley-ball	50 »
2421	Statue de la Liberté	60 »
2422	Bicentenaire ascension Mont-Blanc	35 »
2423	Liberté «A»	40 »
2424-25	Libert (2)	80 »
2423-25	Idem. Épreuve collective	400 »
2428	Mesures arcs de méridien	35 »
2429-32	Nature de France (Minéraux) (4)	180 »
2443	Henri Alain-Fournier	35 »
2444	Enseignement technique	35 »
2445	Conférence énergie, à Cannes	35 »
2446	Léonard de Vinci	100 »
2447	Arp	100 »
2448	Soulages	100 »
2449	Croix-Rouge (1986)	70 »
2450	Musées techniques de Mulhouse	50 »
2451	Musée d'Orsay	45 »
2452	Fulgence Bienvenüe	40 »
2453	Raoul Follereau	35 »
2454	Charles Richet	35 »
2455	Eugène Jamot	35 »
2456	Bernard Halpern	35 »
2457	Alexandre Yersin	35 »
2458	Jean Rostand	35 »
2459	Jacques Monod	35 »
2454-59	Personnages célèbres 6 épreuves	150 »
	Épreuve collective	475 »
2461	«Philexfrance'89»	80 »
2462	Redon	35 »
2463	Étretat	35 »
2464	Azay-le-Rideau	35 »
2465	Les Baux de Provence	35 »
2466	Côtes de Meuse	35 »
2467	Coutellerie de Thiers	35 »
2468	Journée du Timbre (1987)	40 »
2469	Idem. Timbre du carnet	40 »
2470	Le Corbusier	40 »
2471-72	Europa (1987). La paire	110 »
	Idem. Épreuve collective	180 »
2473	Bram Van Velde	100 »
2474	Eugène Boudin	100 »
2475	Henri Pourrat	35 »
2476	Lens	35 »
2477	Entrée en guerre des États-Unis	60 »
2478	Millénaire Hugues Capet	35 »
2479	La Flèche	35 »
2480	Congrès transports à câbles	35 »
2481	Nice 25 ans après	35 »
2482	Championnats de lutte	50 »
2483	Liberté «B»	40 »
2484-85	Libert (2)	120 »
	Idem. Épreuve collective	400 »
2486	Liberté	60 »
2488-91	Nature de France (Champignons) (4)	200 »
2492	Guillaume le Conquérant	40 »
2493	Camille Bryen	100 »
2494	Antoine Pevsner	100 »
2495	Montbenoît, Le Saugeais	35 »
2496	Institut Pasteur	40 »
2497	Blaise Cendrars	50 »
2498	Croix-Rouge (1987)	60 »
2499	Maréchal Leclerc	35 »
2500	Traité d'Andelot	35 »
2501	Coopération franco-allemande	50 »
2502	Marcel Dassault	50 »
2515	La Communication en bandes dessinées	500 »
2516	Synagogue Victoire	35 »
2517	Duquesne	35 »
2518	Suffren	35 »
2519	La Pérouse	35 »
2520	La Bourdonnais	35 »
2521	Bougainville	35 »
2522	Dumont d'Urville	35 »
2517-22	Personnages célèbres 6 épreuves	180 »
	Épreuve collective	475 »
2524	Liberté «Philexfrance'89»	80 »
2525	Journée du Timbre (1988)	40 »
2526	Idem. Timbre du carnet	40 »
2527	École Nationale Supérieure P.T.T.	35 »
2528	Don du sang	35 »
2529	«Philex-Jeunes 88»	35 »
2530	Liberté surchargé en ÉCU	50 »
2531-32	Europa (1988). La paire	130 »
	Idem. Épreuve collective	200 »
2533	Jean Monnet	40 »
2534	Valence	35 »
2535	Assistance médicale internationale	35 »
2536	Handicapés	35 »
2537-38	Bicentenaire de la Révolution (2)	225 »
2537-38	Épreuve collective, couleur	600 »
2537-38	Épreuve collective, noire	500 »
2539-42	Nature de Ffrance («Histoire naturelle» de Buffon) (4)	160 »
2543	Troupes alpines	35 »
2544	Roland Garros	60 »
2545	Douarnenez	35 »
2546	Sédières	35 »
2547	Cirque de Gavarnie	35 »
2548	Hermès dicéphale	45 »
2549	Armistice de 1918	35 »
2550	Pérouges	35 »
2551	Jacobsen	100 »
2552	Bimillénaire de Strasbourg	35 »
2553	Sépulcre de Ligier-Richier	100 »
2554	Serge Poliakoff	100 »
2555	Croix-Rouge (1988)	60 »
2556	Le thermalisme	70 »
2557	Tinguely	120 »
2558	Pietà de Villeneuve-lés-Avignon	100 »
2559	Droits de l'Homme	50 »
2560	Bicentenaire de la Révolution - Folon	90 »
2561	Yves Klein	100 »
2562	Pour le bien des aveugles	35 »
2563	École Estienne	40 »
2564	Sieyes	35 »
2565	Mirabeau	35 »
2566	Vicomte de Noailles	35 »
2567	La Fayette	35 »
2568	Barnave	35 »
2569	Drouet	35 »

2564-69	Personnages célèbres. 6 épreuves	180	»
	Épreuve collective	575	»
2571	Vol franco-soviétique	70	»
2572	Élections Parlement européen	80	»
2573	La Liberté	60	»
2574	L'Égalité	60	»
2575	La Fraternité	60	»
2576	Liberté, Égalité, Fraternité (triptyque)	350	»
2577	Journée du Timbre (1989)	50	»
2578	Idem. Timbre de carnet	50	»
2579-83	Panorama de Paris (bande)	275	»
2584-85	Europa (1989) La paire	180	»
	Idem. Épreuve collective	400	»
2586	Forêt de Fontainebleau	35	»
2587	Château de Vaux-le-Vicomte	40	»
2588	Malestroit	35	»
2589	U-I-T	90	»
2590	Championnats du monde de cyclisme	100	»
2591	«Le Serment du Jeu de Paume» par David	100	»
2600	Sommet des pays industrialisés	60	»
2601	La Brenne	40	»
2602-05	Bicentenaire de la Déclaration des Droits de l'Homme et du Citoyen (bande)	275	»
2606	Lapicque	100	»
2607	TGV Atlantique	90	»
2608	Tramway électrique	50	»
2609	Ordonnance de Villers-Cotterêts	35	»
2610	Cauchy	35	»
2611	Maréchal de Lattre de Tassigny	40	»
2612	Croix-Rouge (1989)	50	»
2613	Harkis	40	»
2614	Marianne du Bicentenaire	35	»
2615-16	Liberté «C» (2)	100	»
2617-26	Marianne du Bicentenaire : 10 valeurs	450	»
	Épreuve collective (11 valeurs)		
	10 valeurs + le 2F30 rouge	1000	»
2631	La dentelle	35	»
2632	«Albertville'92»	110	»
2633	«Albertville'92» Patinage artistique	110	»
2634	Centenaire de la naissance du Général de Gaulle	100	»
2635	Odilon Redon	100	»
2636	Odilon Redon	100	»
2637	Odilon Redon	100	»
2638	Max Hymans	50	»
2639	Journée du Timbre (1990)	35	»
2640	Idem. Timbre de carnet	35	»
2641	Jean Guehenno	35	»
2642-43	Europa (1990). La paire	130	»
	Idem. Épreuve collective	550	»
2644	Centenaire du 1er Mai	35	»
2645	Institut du Monde arabe	35	»
2646	Croix-Rouge (1990)	60	»
2647	Villefrance-sur-Saône	35	»
2648	Course autour du monde «La Poste»	50	»
2649	Aristide Bruant	35	»
2650	Maurice Chevalier	35	»
2651	Tino Rossi	35	»
2652	Édith Piaf	35	»
2653	Jacques Brel	35	»
2654	Georges Brassens	35	»
2649-51	Personnages célèbres. Épreuve collective	600	»
2656	Cinquantenaire Appel du 18 juin 1940	100	»
2657	Abbaye de Cluny	35	»
2658	Pont-canal de Briare	35	»
2659	Abbaye de Flaran	35	»
2660	Cap Canaille	35	»
2661	Maison France-Brésil	40	»
2662	Institut Géographique National	40	»
2663-66	Nature de France : Poissons d'eau douce (4)	150	»
2671	Maurice Genevoix	35	»
2672	Roger Bissière	100	»
2673	O-C-D-E	80	»
2674	«Albertville'92» Saut à skis	90	»
2675	«Albertville'92» Ski de vitesse	90	»
2676	«Albertville'92» Slalom	90	»
2677	«Albertville'92» Hockey	90	»
2678	«Albertville'92» Ski de fond	90	»
2679	«Albertville'92» Luge	90	»
2680	«Albertville'92» Curling	90	»
2681	Paul Éluard	35	»
2682	André Breton	35	»
2683	Louis Aragon	35	»
2684	Francis Ponge	35	»
2685	Jacques Prévert	35	»
2686	René Char	35	»
2681-86	Personnages célèbres. Épreuve collective	525	»
2688	Journée du Timbre (1991)	35	»
2689	Idem. Timbre de carnet	35	»
2690	«Philexjeunes'91». Cholet	35	»
2691	Imprimerie Nationale	35	»
2692	Auguste Renoir	100	»
2693	Georges Seurat	100	»
2694	Concours Lépine	35	»
2695	Mozart	100	»
2696-97	Europa (1991) La paire	180	»
	Idem. Épreuve collective	600	»
2698	Perpignan	35	»
2699	Tournoi de Roland Garros	100	»
2700-03	Bicentenaire Révolution (bloc)	380	»
2704	Pont de Cheviré	50	»
2705	Carennac	50	»
2706	Wasquehal	50	»
2707	Munster	50	»
2708	Gaston Febus	40	»
2709	«Albertville'92» Ski artistique	100	»
2710	«Albertville'92» Ski alpin	100	»
2711-12	«Albertville'92»	90	»
2714-17	«Albertville'92»	240	»
	Série épreuves collectives	700	»
2721-24	Nature de France (espèces protégées)	180	»
2725	Congrès Forestier	40	»
2726	École Spéciale des Travaux Publics	35	»
2727	Max Ernst	60	»
2728	Amnesty International	35	»
2729	Marcel Cerdan	35	»
2730	François Rouan	100	»
2731	Roberto Matta	100	»
2732	Parcours de la Flamme Olympique	70	»
2733	Croix-Rouge (1991)	60	»
2734	Jeux Paralympiques à Tignes	50	»
2737-42	«Albertville'92» Épreuve collective	50	»

De 1992 à 1998 (N° 3210 - Le Radium), les épreuves de luxe furent remplacées par des feuillets non dentelés avec gomme. Ces feuillets, outre le verso gommé se distinguent des épreuves de luxe par la présence d'une légende imprimée sous la figurine.

PRÉOBLITÉRÉS

89	Cérès, 90 c.	30	»
95	Marianne (de Gandon), 2 f. 50	50	»
106 à 118	(13 val.)	275	»
119 à 122	(4 val.)	110	»
123 à 133.	Monnaie gauloise (11 val.)	200	»
134 à 137.	Monnaie gauloise (4 val.)	80	»
138 à 145.	Monnaie gauloise (8 val.)	125	»
146 à 149.	Zodiaque (4 val.)	80	»
150 à 153.	Zodiaque (4 val.)	80	»
154 à 157.	Zodiaque (4 val.)	80	»
158 à 161	Champignons (4 val.)	200	»
162 à 165.	Cathédrales (4 val.)	75	»
166 à 169.	Châteaux (4 val.)	75	»
170 à 173.	Monuments (4 val.)	75	»
174 à 177.	Monuments (4 val.)	75	»
178 à 181.	Les quatre saisons (4 val.)	75	»
182 à 185.	Cartes à jouer (4 val.)	75	»
186 à 189.	Les mois de l'année (4 val.)	75	»
190 à 193.	Les mois de l'année (4 val.)	75	»
194 à 197.	Les mois de l'année (4 val.)	75	»
198 à 201.	Les quatre éléments (4 val.)	75	»
202 à 205.	Instruments de musique (4 val.)	75	»
206 à 209.	Instruments de musique (4 val.)	75	»
210 à 212.	Instruments de musique (3 val.)	75	»

POSTE AÉRIENNE

1	Premier Salon de l'Aviation, 2 f.		
2	» » 5 f.		
	Les 2 sur même feuillet	3000	»
5	Port de Marseille, 1 f. 50, carmin	550	»
6	» 1 f. 50, bleu	550	»
7	Blériot, 2 f. 25	400	»
8	Vues de Paris, 85 c.	275	»
9	» 1 f. 50	275	»
10	» 2 f. 25	275	»
11	» 2 f. 50	275	»
12	» 3 f.	275	»
13	» 3 f. 50	275	»
14	» 50 f. vert	2750	»

15	Vues de Paris, 50 f. outremer et rose	3250	»
16	Mythologie, 40 f. vert foncé		
17	» 50 f. rose carminé		
18	» 100 f. bleu foncé		
19	» 200 f. vermillon. Les quatre	900	»
16 à 19.	Les 4 valeurs. Épreuve collective	1800	»
20	Congrès de l'U.P.U., 500 f. vert foncé	550	»
20	*Petit format*	700	»
21	Saint-Exupéry, 50 f. + 30 f.		
22	Dagnaux, 100 f. + 70 f. Les deux	450	»
21 et 22.	Les 2 valeurs. Épreuve collective	700	»
23	Premier vol Ader, 40 f. + 10 f., bl. fcé	160	»
21, 22, 23.	Les 3 val. Épreuve collective	750	»
24	Lille, 100 f.		
25	Bordeaux, 200 f.		
26	Lyon, 300 f.		
27	Marseille, 500 f. Les quatre	650	»
24 à 27	*Grand format.* Les 4 valeurs		
	Épreuve collective	1100	»
28	Congrès international de Télégraphie et Téléphonie, 100 f.	400	»
29	Paris, 1000 f.	900	»
30 à 33	Les 4 valeurs	700	»
	Épreuve collective	1100	»
34	Maryse Bastié	100	»
35	Morane Saulnier	90	»
36	Caravelle	200	»
37	Alouette	250	»
38 à 41.	Les quatre valeurs	500	»
	Idem. Épreuve collective	900	»
42	Mystère 20	90	»
43	Concorde	275	»
44	20 f. Mermoz et Saint-Exupéry	200	»
45	Ballon monté	125	»
46	5 f. Daurat et Vanier	100	»
47	10 f. Boucher et Hilsz	100	»
48	15 f. Guillaumet et Codos	100	»
49	Concorde	200	»
50	Traversée Atlantique-Nord	100	»
51	Liaison Villacoublay et Pauillac	100	»
52	Salon Aéronautique	150	»
53	Anniversaire Paris-New-York	100	»
54	Salon Aéronautique (1981)	100	»
55	Costes et Le Brix	100	»
56	Hydravion Laté 300	90	»
57	Avion bimoteur Farman F 60 Goliath	90	»
58	Hydravion CAMS 53	90	»
59	Trimoteur Wibault 283	90	»
60	Trimoteur Dewoitine 338	90	»

BLOCS ET FEUILLETS

7	Arphila'75	700	»
8	Philexfrance'82	500	»
	Idem. En noir (insérée dans le catalogue de l'exposition). *Format* 140 x 200 mm. Avec inscriptions «EXPOSITION PHILATÉLIQUE INTERNATIONALE - PARIS - La Défense - 11-21 Juin 1982»	50	»
	Idem. En noir. *Format* 200 x 290 Sans inscriptions	1000	»
9	Cinémathèque française	275	»
10	Personnages célèbres de la Révolution	250	»
11	Bicentenaire de la Révolution et de la Déclaration des Droits de l'Homme et du Citoyen	325	»
12	Bicentenaire de la Révolution	375	»
13	Bicentenaire de la Révolution	375	»
14	«Albertville'92» Jeux olympiques	800	»

FRANCHISE MILITAIRE

11	Vert	40	»
12	Rouge	40	»
13	Bleu, blanc, rouge	40	»

TIMBRES DE SERVICE

16	Conseil de l'Europe	700	»
17 à 21	Conseil de l'Europe. Les cinq val.	750	»
17-18-20	Idem. Épreuve collective	900	»
22 à 26	UNESCO. Les cinq val.	600	»
	Idem. Épreuve collective (22, 24, 25)	750	»
27 à 35	Conseil de l'Europe, 9 épreuves	700	»
27-28-32	Épreuve collective	600	»
36 à 38	UNESCO (3 val.)	220	»
	Idem. Épreuve collective	400	»
39 à 42	UNESCO (4 val.)	200	»
39-40-42	Épreuve collective	300	»
43 à 45	UNESCO (3 val.)	150	»
	Idem. Épreuve collective	200	»
46 à 49	Conseil de l'Europe (4 val.)	250	»
50 à 52	UNESCO (3 val.)	160	»
	Idem. Épreuve collective	220	»
53 à 55	Bâtiment du Conseil (3 val.)	200	»
	Idem. Épreuve collective	220	»
56-57	UNESCO (2 val.)	110	»
	Idem. Épreuve collective	200	»
58-59	Anniversaire des Droits de l'Homme (Conseil de l'Europe) (2 val.)	120	»
	Idem. Épreuve collective	240	»
60-62	UNESCO (Patrimoine universel) (3 val.)	110	»
	Idem. Épreuve collective	175	»
63-64	Conseil de l'Europe (2 val.)	90	»
65-67	Conseil de l'Europe (3 val.)	120	»
	Idem. Épreuve collective	240	»
68-70	UNESCO (Patrimoine universel) (3 val.)	110	»
	Idem. Épreuve collective	200	»
71-72	UNESCO (Patrimoine universel) (2 val.)	80	»
	Idem. Épreuve collective	180	»
73-74	Conseil de l'Europe (2 val.)	90	»
75-76	UNESCO (Patrimoine universel) (2 val.)	60	»
	Idem. Épreuve collective	180	»
77-78	Conseil de l'Europe (2 val.)	80	»
79-81	UNESCO (Patrimoine universel) (3 val.)	110	»
	Idem. Épreuve collective	200	»
82-84	Conseil de l'Europe (3 val.)	110	»
85-87	Conseil de l'Europe (3 val.)	110	»
	Idem. Épreuve collective	180	»
88-90	UNESCO (Patrimoine universel) (3 val.)	110	»
	Idem. Épreuve collective	180	»
91-92	UNESCO (Patrimoine universel) (2 val.)	80	»
	Idem. Épreuve collective	170	»
93-95	Conseil de l'Europe (3 val.)	90	»
	Idem. Épreuve collective	180	»
96-97	Conseil de l'Europe (2 val.)	80	»
	Idem. Épreuve collective	180	»
98-99	UNESCO (Patrimoine universel) (2 val.)	80	»
	Idem. Épreuve collective	180	»
100-101	Conseil de l'Europe (2 val.)	100	»
	Idem. Épreuve collective	200	»
102-103	UNESCO (Patrimoine universel) (2 val.)	100	»
	Idem. Épreuve collective	250	»
104-105	Conseil de l'Europe (2 val.)	100	»
106-107	Conseil de l'Europe (2 val.)	80	»
108-109	UNESCO (Patrimoine universel) (2 val.)	80	»
	Idem. Épreuve collective	300	»

TIMBRES-TAXE

67 à 77	10, 30, 50 c., 1, 1,50, 2, 3, 4, 5 10 et 20 f. Les 10 val.	250	»
67 à 73 et 75	Les 8 val. Épreuve collective	500	»
74, 76 et 77	4, 10 et 20 f. Les 3 valeurs Épreuve collective	275	»
78 à 87	Lég. timbre-taxe : 10, 30, 50 c. 1, 2, 3, 4, 5, 10 et 20 f. Les dix val.	225	»
78 à 87	Les 10 valeurs. Épreuve collective	500	»
88	*Petit format*, 50 f.	40	»
89	100 f.	90	»
90 à 94	Les cinq val.	140	»
95 à 102	Les huit val.	140	»
103-108	Coléoptères (6 val.)	150	»
109-112	Coléoptères (4 val.)	100	»

ENTIERS POSTAUX

39 et 40	Les deux val.	400	»

BLOCS ET FEUILLETS NON DENTELES AVEC GOMME

De 1992 à 1998 (N° 3210 – Le Radium), les épreuves de luxe furent remplacées par des feuillets non dentelés avec gomme. Ces feuillets, outre le verso gommé se distinguent des épreuves de luxe par la présence d'une légende imprimée sous la figurine.

2735	Rattachement de Mayotte	125	»
2736	Exposition Universelle de Séville	125	»
2743	Journée du Timbre (1992)	150	»
2744	Idem. Timbre de carnet	150	»
2745	Jeux olympiques de Barcelone	200	»
2746	Marguerite d'Angoulême	100	»
2747-52	Personnages célèbres (6)	600	»
2754	Sandro Botticelli	100	»
2755-56	Europa (1992) La paire	250	»
	Idem. Feuillet collectif	500	»
2757	Congrès des céréales et du pain	100	»
2758	Niort	125	»
2759	L'Homme de Tautavel	100	»
2760	Pays olympiques 1992	200	»
2761	Gravure de Jacques Callot	150	»
2762	Ascension du Mont Aiguille	100	»
2763	Château de Biron	100	»
2764	Canal de l'Ourcq	100	»
2765	Lorient	100	»
2766-69	Nature de France : Fleurs des étangs et des marais (4)	500	»
2770	4 f. 20 Marianne de Briat	150	»
2771	An 1 de la République	100	»
2772-75	Proclamation de la République	400	»
2776	Marché unique européen	150	»
2777	Marcel Paul	125	»
2778	Liaison aérienne Nancy-Lunéville	150	»
2779	Francis Bacon	200	»
2780	Alberto Burri	200	»
2781	Paul Delvaux	200	»
2782	Antoni Tapies	200	»
2783	Croix-Rouge (1992)	150	»
2784	Les gens du voyage	125	»
2785-88	Nature de France : Canards (4)	500	»
2789	Postiers autour du monde	125	»
2790	2 f. 20 Marianne de Briat	150	»
2791	Mémorial des guerres en Indochine	125	»
2792	Journée du Timbre (1993)	150	»
2793	Idem. Timbre de carnet	150	»
2795	Jeux méditerranéens 93	150	»
2796	Ordre maçonnique " Droit humain "	150	»
2797-98	Europa (1993) La paire	250	»
	Idem. Feuillet collectif	500	»
2799-2804	Personnages célèbres (6)	600	»
	Idem. Feuillet collectif	1200	»
2806	T.V.P. Marianne de Briat	150	»
2808	Cours constitutionnelles européennes	125	»
2809	Louise Weiss	125	»
2810	Django Reinhardt	150	»
2811	Lille	150	»
2812	Museum d'Histoire naturelle	125	»
2813-14	Martyrs et héros de la Résistance	250	»
2815	Télégraphe Chappe	125	»
2816	Train d'Artouste	125	»
2817	Chinon	100	»
2818	Minerve	100	»
2820	2 f. 40 Marianne de Briat	150	»
2821	3 f. 50 Marianne de Briat	150	»
	Idem. Feuillet collectif 2824-2820-2821-2822	1000	»
2825	Abbaye de la Chaise-Dieu	100	»
2826	Montbéliard	100	»
2827	Jacquemard de Lambesc	100	»
2828	Georges de la Tour	200	»
2829	Libération de la Corse	125	»
2830	Service de santé	100	»
2831	Postiers autour du monde	125	»
2832	Maurice Denis	200	»
2833	Arts du cirque	150	»
2834	Takis	200	»
2835	Vieira da Silva	200	„
2836-47	Le plaisir d'écrire	750	»
2849-50	Salon du Timbre	600	»
2851-52	Musée du Louvre	200	»
	Idem. Feuillet collectif	400	»
2853	Croix-Rouge (1993)	150	»
2854-57	Arts décoratifs (4)	400	»
2858	Sean Scully	200	»
2859	Vitrail de la cathédrale du Mans	200	»
2860	Elections au Parlement Européen	150	»
2861	Guignol	125	»
2862	Ecole Polytechnique	125	»
2863	Journée du Timbre (1994)	150	»
2864	Idem. Timbre de carnet	150	»
2866-71	Relations France-Suède	300	»
2875	Georges Pompidou	125	»
2876	Hommage aux Maquis	150	»
2877	Philexjeunes 94	125	»
2878-79	Europa (1994) La paire	300	»
	Idem. Feuillet collectif	600	»
2880-81	Tunnel sous la Manche, feuillet collectif	200	»
2882-83	Tunnel sous la Manche, feuillet collectif	200	»
2884	Banque asiatique	100	»
2885	Martigues	125	»
2886	Cour de cassation	100	»
2887-88	Débarquement (2)	300	»
2889	Centenaire du C.I.O.	200	»
2890	Orgue de Poitiers	125	»
2891	Montagne Sainte-Victoire	100	»
2892	Pays de la Saulx	100	»
2893	Bastia	100	»
2894	Argentat	100	»
2895	Débarquement de Provence	125	»
2896	Nicolas Poussin	150	»
2897-2902	Personnages célèbres (6)	600	»
	Idem. Feuillet collectif	1200	»
2904	Conservatoire des Arts et Métiers	125	»
2905	Parc de Saint-Cloud	125	»
2906	2 f. Marianne de Briat	150	»
2907	Ecole Normale Supérieure	125	»
2908	Prévention des toxicomanies	100	»
2909-10	Salon du Timbre	600	»
2911	Georges Simenon	125	»
2912	Grande Loge de France	125	»
2913	Alain Colas	125	»
2914	Georg Baselitz	200	»
2915	Croix-Rouge (1994)	150	»
2917	La Presse	125	»
2918	Champs-Elysées	150	»
2919-22	1er siècle du cinéma	500	»
2923	Pont de Normandie	150	»
2924	Notariat européen	125	»
2925	Louis Pasteur	150	»
2926	Chasse Saint-Taurin, Evreux	200	»
2927	Prud'hon	200	»
2928	Zao Wou Ki	200	»
2929-32	Oiseaux de J.J. Audubon (4)	500	»
2933	Journée du Timbre (1995)	150	»
2934	Idem. Tirage de carnet	150	»
2936	Comités d'entreprise	125	»
2937	Ecole Supérieure d'Electricité	125	»
2938	Ecole de Langues Orientales	125	»
2939	Jean Giono	125	»
2940	Sidérurgie Lorraine	125	»
2941-42	Europa (1995) La paire	300	»
	Idem. Feuillet collectif	600	»
2943	Métier de la forêt	125	»
2944	8 mai 1945. La Victoire	150	»
2945	Assemblée Nationale	150	»
2946	Croix-Rouge (1995)	150	»
2947	Secours Populaire Français	125	»
2948	Espace et Guyane	150	»

2949-52	Les régions françaises (4)	450	»
2953	Orléans	125	»
2954	Malterie de Stenay	100	»
2955	Remiremont	100	»
2956	Pont de Nyons	100	»
2957	Corrèze en Corrèze	100	»
2958-2963	Fables de la Fontaine (6)	600	»
2965	Rafle de Vel d'Hiv	100	»
2966	André Maginot	125	»
2967	Grande Loge Féminine	125	»
2968	Pharmacie hospitalière	125	»
2969	Kirkeby	200	»
2970	Barbizon	150	»
2971	Ecole Nationale d'Administration	125	»
2972	Berthe Morisot	200	»
2973	Institut de France	150	»
2974	Automobile Club de France	200	»
2975	Organisation des Nations Unies	150	»
2976-81	Santons de Provence (6)	700	»
2983	Francis Jammes	125	»
2984	Cathédrale d'Evry	125	»
2985	Coupe du Monde de Football	150	»
2986	Wercollier	200	»
2987	Dibbets	200	»
2988	Civilisations des Arawaks (Guadeloupe)	125	»
2989	Corot	200	»
2990	Journée du Timbre (1996)	150	»
2991	Idem. Timbre de carnet	150	»
2993	L'Imaginaire irlandais	125	»
2994	Jacques Rueff	125	»
2995	René Descartes	125	»
2996	E.D.F. – G.D.F.	125	»
2997-99	Nature de France (3)	375	»
3000	50e Salon Philatélique d'Automne	150	»
3000A	Europa (1996)	200	»
3001	Institut National de la Recherche Agronomique	125	»
3002	Maison de Jeanne d'Arc	125	»
3003	Accord Ramoge	125	»
3004	Clermont-Ferrand	125	»
3005-3007	Marianne de Briat (3)	500	»
	Idem. Feuillet collectif	1000	»
3010-13	Coupe du Monde de Football (4)	600	»
3014	Trésor de Neuvy en Sullias	200	»
3015	Jacques Marette	150	»
3016	Centenaire des Jeux Olympiques	200	»
3017	Train Ajaccio-Vizzavona	125	»
3018	Bitche	100	»
3019	Iles Sanguinaires	100	»
3020	Abbaye du Thoronet	100	»
3021	Cathédrale de Chambéry	100	»
3022	Basilique Notre-Dame de Fourvière	100	»
3023	Arman	200	»
3024-30	Héros français du roman policier (6)	600	»
	Idem. Feuillet collectif	1200	»
3032	Lycée Henri IV	125	»
3033	U.N.I.C.E.F.	125	»
3034	Conseil Economique et Social	100	»
3035	Cinquantenaire de l'UNESCO	125	»
3036	Départements d'Outre-Mer	100	»
3037	Ecole Française d'Athènes	100	»
3038	André Malraux	100	»
3039	Croix-Rouge (1996)	150	»
3040	50e Festival de Cannes	150	»
3041	Bibliothèque Nationale de France	100	»
3042	François Mitterrand	125	»
3043	Innovation participative	100	»
3044	Centre Georges Pompidou	125	»
3045-46	Timbres de souhaits (2)	250	»
3047	Ecole Nationale des Ponts et Chaussées	125	»
3048	Patrimoine guyanais	125	»
3049	Tavant	200	»
3050	Bernard Moninot	200	»
3051	Journée du Timbre (1997)	150	»
3052	Idem. Timbre de carnet	150	»
3053-57	Nature de France : Parcs naturels (4)	500	»
3058	Europa (1997)	200	»
3059	Philexjeunes 97	150	»
3060-65	Les Journées de la Lettre (6)	600	»
3072	Combattants français en Afrique du Nord	150	»
3073	Versailles	125	»
3074-77	Coupe du Monde de Football (4)	600	»
3078	De la Gaule à la France	125	»
3079	Millau	100	»
3080	Guimiliau	100	»
3081	Château de Plessis-Bourré	100	»
3082	Les Salles Lavauguyon	100	»
3083-3091-3093	Marianne du 14 Juillet, feuillet collectif	500	»
3086-99	(sauf 3091 et 3093) (12)	1000	»
	Idem. Feuillet collectif	1500	»
3102	Championnat du Monde d'Aviron	125	»
3103	Corsaires basques	125	»
3104	César	200	»
3105	Chardin	200	»
3106	Voiturier de marée	125	»
3107	Sablé sur Sarthe	125	»
3108	Basilique d'Epinal	125	»
3109	Domaine de Sceaux	125	»
3110	Année du Japon	125	»
3111	Championnats du Monde de Judo	125	»
3112	Espace européen SAR.LOR.LUX	125	»
3113	La Qualité	125	»
3114	Le Collège de France	125	»
3115-20	Héros d'Aventures (6)	600	»
	Idem. Feuillet collectif	1200	»
3122	Croix-Rouge (1997)	150	»
3123	Meilleurs vœux	150	»
3124	Protection de l'enfance maltraitée	125	»
3125	Meilleurs vœux du facteur	150	»
3126	Maréchal Leclerc	150	»
3127	Philexfrance 99	150	»
3128	Abbaye du Moutier d'Ahun	125	»
3129	Michel Debré	100	»
3130-31	Coupe du Monde de Football (2)	300	»
3132	Bicentenaire de l'Assemblée Nationale	100	»
3133	Bonne fête	150	»
3134	Le Médiateur de la République	125	»
3135	Journée du Timbre (1998)	150	»
3136	Idem. Timbre de carnet	150	»
3138	Abbé Franz Stock	125	»
3139	Coupe du Monde de Football	150	»
3141	Joyeux anniversaire	150	»
3142	Réunion de Mulhouse à la France	125	»
3143	Abbaye de Citeaux	125	»
3144	Patrimoine réunionnais	125	»
3145	Magritte	200	»
3146	Edit de Nantes	125	»
3147	Delacroix	200	»
3148	Abolition de l'esclavage	125	»
3149	Ligue des Droits de l'Homme	125	»
3150-55	Les Journées de la Lettre (bande de 6)	500	»
3162	Pablo Picasso	200	»
3163	Henri Collet	100	»
3164	Dunkerque	125	»
3165	Mont Saint Michel	120	»
3166	Europa (1998)	150	»
3167	Le Gois – Ile de Noirmoutier	100	»
3168	Baie de Somme	100	»
3169	Château de Crussol	100	»
3171	Stéphane Mallarmé	125	»
3172	Aéro-Club de France	125	»
3173-74	Emission commune France-Chine (2)	250	»
3180	Collégiale de Mantes-la-Jolie	100	»
3181	Opéra de Paris – Palais Garnier	100	»
3182-85	Nature de France chevaux (4)	500	»
3186	Salon de l'Auto	125	»
3194	Saint-Dié	100	»
3195	La Constitution 1958-1998	125	»
3196	80e Anniversaire de l'Armistice	125	»
3197	Marcel Duchamp	200	»
3198	Union Mondiale pour la Nature	125	»
3199	Croix-Rouge (1998)	150	»
3205	Médecins sans frontières	125	»
3206	Parlement Européen	125	»
3207	Paul Gauguin	200	»
3208-09	Déclaration Universelle des Droits de l'Homme (2)	300	»
3210	Le Radium	150	»

TIMBRE DE FRANCHISE

Jusqu'en 1964 les cotes de la colonne de gauche concernent les timbres neufs avec gomme d'origine intacte et sans charnière, celles de la colonne centrale les timbres neufs avec charnière légère, celles de la colonne de droite les timbres oblitérés.

1901-04. - *Timbres-poste surchargés.*

Les lettres F.M. sont les initiales des mots "Franchise Militaire".

1	15 c. orange (117)	230 »	85 »	8 »
	(Sur lettre)			17 »
	a. (Surch. renversée)	600 »	400 »	150 »
	b. (Chiffre 1 touchant le cadre)	325 »	200 »	40 »
	c. (Non dentelé)		250 »	
2	15 c. vermillon (125)	300 »	95 »	7 »
	(Sur lettre)			14 »
3	15 c. vert-olive (130) (IV)	200 »	75 »	7 »
	(Sur lettre)			13 75
	a. (Sans point après M)	350 »	175 »	50 »
	b. (Non dentelé)		200 »	

Très bon centrage (+50%).

1906-07. - *Idem.*

4	10 c. rose (129) (III)	125 »	45 »	9 »
	(Sur lettre)			17 »
	a. (Sans point après M)	250 »	150 »	50 »
	b. (Non dentelé)		200 »	
5	10 c. rouge (138) (IA)	4 »	2 »	1 »
	(Sur lettre)			5 35
	a. (Surch. renversée)	165 »	125 »	55 »
	b. (Non dentelé)		110 »	

Très bon centrage (+50%).

1929. - *Idem.*

6	50 c. rouge (199) (IIA)	14 »	6 »	1 »
	(Sur lettre)			4 60
	a. (Sans point après M)	70 »	40 »	15 »
	b. (Point avant et après F)	70 »	40 »	15 »
	c. (M rapproché)	25 »	15 »	11 »

1933. - *Idem.*

7	50 c. rose-rouge (283) (I)	12 »	4 »	0 80
	(Sur lettre)			4 60
	a. (Type III)	12 »	4 »	0 80
	b. (Surch. renversée)		225 »	125 »

1937. - *Idem.*

8	65 c. outremer (365) (I) (C)	0 80	0 50	0 50
	(Sur lettre)			3 85
	a. (Sans point après M)		35 »	25 »

1939. - *Idem.*

9	90 c. outremer (368) (I) (C)	1 »	0 65	0 65
	(Sur lettre)			3 85

1939. - *Pour la correspondance des réfugiés espagnols. Timbre-poste de 1937-39 surchargé.*

10	90 c. outremer (368) (I) (C)	3 40	2 30	3 »
	(Sur lettre)			9 15
	a. (Avec point après F)	60 »	30 »	25 »

1946-58. - *Typographie. Dentelés 14 x 13½.*

11	Vert	1 85	1 50	1 50
	(Sur lettre)			23 »
	a. (Non dentelé)		23 »	
12	Rouge	0 50	0 30	0 30
	(Sur lettre)			2 30
	a. rouge carminé	0 65	0 30	0 65

1964. - *Drapeau. Typographie. Dentelé 12 x 14.*

13	Bleu, blanc, rouge	0 50	0 50
	(Sur lettre)		1 »
	a. (Non dentelé)	19 25	

1991. - *Etiquette "Daguet Armées" (Guerre du Golfe).*

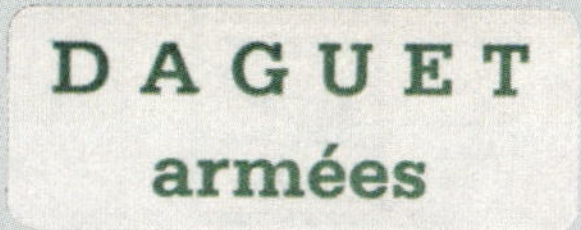

13A	Etiquette Daguet Armées	30 »	30 »
	(Sur lettre)		75 »

Timbres de Franchise Militaire pour colis

En 1952, les P.T.T. ont mis en service une formule illustrée destinée aux paquets militaires bénéficiant de la Franchise Postale. La partie supérieure était conservée par le Bureau de Poste recevant le colis ; la partie inférieure était une étiquette à coller sur l'envoi. Elle était gommée et dentelée.

MINISTÈRE DES POSTES, TÉLÉGRAPHES & TÉLÉPHONES

POSTES ET TÉLÉGRAPHES

Cachet de l'Unité

Régiment et Cie

Bâtiment ou Formation

BON POUR UN PAQUET
en FRANCHISE POSTALE

Délivré le (1)

Bénéficiaire (1)
Nom et grade

(1) Partie à remplir par l'autorité militaire.

Timbre à date de la Poste

Paquet expédié par M
Nom et adresse

Bon valable pendant **trois mois** seulement à compter de sa délivrance.
L'imitation et la contrefaçon de la présente formule exposent les contrevenants aux sanctions prévues par le Code pénal.

Étiquette à coller sur le paquet

FRANCHISE POSTALE
(Loi du 24 Mai 1951.)

14	FRANCHISE POSTALE (Loi du 24 mai 1951), noir	60 »

Le texte de la partie inférieure a été modifié en 1964 :

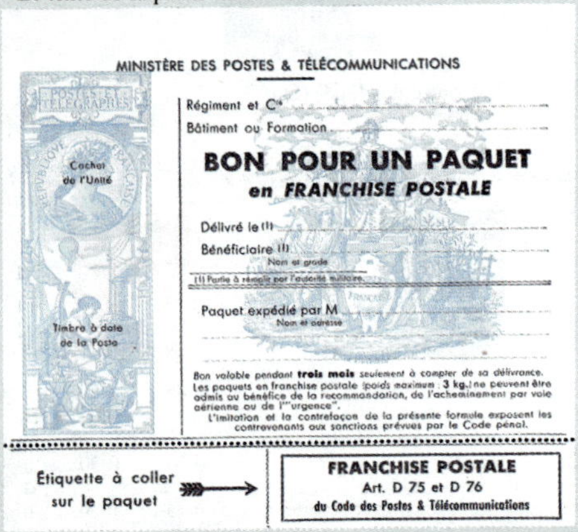
MINISTÈRE DES POSTES & TÉLÉCOMMUNICATIONS

POSTES ET TÉLÉGRAPHES

RÉPUBLIQUE FRANÇAISE

Cachet de l'Unité

Régiment et Cie

Bâtiment ou Formation

BON POUR UN PAQUET
en FRANCHISE POSTALE

Délivré le (1)

Bénéficiaire (1)
Nom et grade

(1) Partie à remplir par l'autorité militaire.

Timbre à date de la Poste

Paquet expédié par M
Nom et adresse

Bon valable pendant **trois mois** seulement à compter de sa délivrance.
Les paquets en franchise postale (poids maximum : 3 kg.) ne peuvent être admis au bénéfice de la recommandation, de l'acheminement par voie aérienne ou de l'"urgence".
L'imitation et la contrefaçon de la présente formule exposent les contrevenants aux sanctions prévues par le Code pénal.

Étiquette à coller sur le paquet

FRANCHISE POSTALE
Art. D 75 et D 76
du Code des Postes & Télécommunications

15	FRANCHISE POSTALE (Art. D 75 et D 76), noir	10 »
16	Idem, rouge sur bleu	640 »

TIMBRES DE GRÈVE

Les cotes de la colonne de gauche concernent les timbres neufs avec gomme d'origine intacte et sans charnière, celles de la colonne centrale les timbres neufs avec charnière légère, celles de la colonne de droite les timbres oblitérés.

1909. - *Lithographie. Dentelé 11½.*

Ce timbre a eu cours à Amiens pendant la grève des postiers, du 13 au 19 mai.

1	10 c. vert et outremer	35 »	20 »	30 »
	a. (10 sans c)	90 »	60 »	80 »
	b. (Tête-bêche)	130 »	90 »	130 »
	c. (Non dentelé)			
	d. vert (sans teinte de fond)		120 »	
	e. (10 sans c) (sans teinte de fond)		350 »	
	f. (Tête-bêche) (sans teinte de fond)		1 000 »	
	La feuille de 25		1 100 »	

1953. - *Dentelés 11½.*

Émis par la Chambre de Commerce d'Orléans le 11 août 1953, au cours de la grève des postiers, ces timbres concrétisaient la surtaxe uniforme de 10 francs demandée pour l'acheminement, à travers le département du Loiret, du courrier à caractère strictement commercial.

2	10 f. rouge-brun sur bleu	250 »	200 »	200 »
	(sur lettre)			305 »
3	10 f. rouge-brique sur jaune	400 »	305 »	275 »
	(Sur lettre)			385 »

TIMBRES DE GUERRE

Pour le n° 1 et les nos 26 à 37 les cotes de la colonne de gauche concernent les timbres neufs avec gomme d'origine intacte et sans charnière, celles de la colonne centrale les timbres neufs avec charnière légère, celles de la colonne de droite les timbres oblitérés.

1914. - *Dentelé 11½.*

Émis le 3 septembre 1914 par la Chambre de Commerce de Valenciennes pendant l'occupation allemande. A été en cours jusqu'au 30 octobre.

1	10 c. vermillon	850 »	500 »	480 »
	(Sur lettre)			650 »
	a. (Non dentelé)		1 600 »	

1940. - *Timbres de France de 1932-38 aux types Mercure et Paix (nos 3 et 6) surchargés à la main.*

Dunkerque (paires).

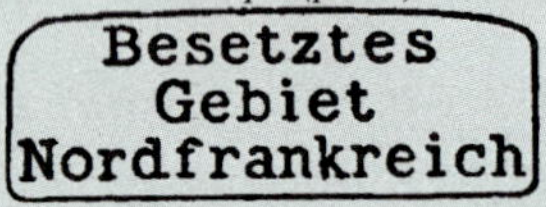

2	40 c. violet (413)	2 800 »	3 200 »
3	50 c. rose-rouge (283)	150 »	140 »
4	50 c. bleu (414A)	150 »	140 »

Coudekerque (paires).

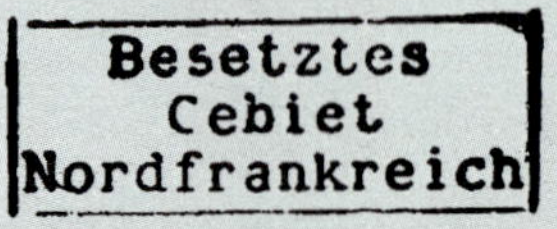

5	40 c. violet (413)	620 »	850 »
6	50 c. rose-rouge (283)	1 200 »	1 250 »
7	50 c. bleu (414A)	260 »	255 »

Les prix des timbres oblitérés s'appliquent à des paires sur lettres.

En dehors des timbres nos 2 à 7, qui ont été vendus aux guichets de la poste en paires neuves surchargées, il existe, tant pour Dunkerque que pour Coudekerque, diverses autres valeurs dans les types *Semeuse, Paix, Cérès, Mercure et Iris,* ainsi que certains timbres de grand format (nos 392 à 394, 419, 421, 428, 436 à 441, 446, 451 à 457). Des enveloppes et des cartes, jetées dans des boîtes postales et affranchies au moyen de ces timbres et dont la valeur totale ne dépassait pas 1 franc pour les lettres et 80 c. pour les cartes ont été en effet régulièrement acheminées par la poste après avoir été munies de la surcharge qui, dans ce cas, doit être à cheval sur le ou les timbres et l'enveloppe ou la carte. Les différentes valeurs ainsi utilisées pour l'affranchissement normal d'une lettre ou d'une carte peuvent être considérées comme régulières, à la condition toutefois d'être sur les enveloppes ou cartes originales et de porter les cachets à date du départ et de l'arrivée.

Les autres valeurs que l'on peut rencontrer revêtues de l'un des deux cachets, et qui constituent un affranchissement supérieur à 1 f., doivent être considérées comme ayant été surchargées par complaisance.

1945. - *Lithographie. Sans gomme. Dentelés 11½.*

8	50 c. vert foncé s. vert pâle	185 »	210 »
	a. (Tête-bêche)	700 »	
9	2 f. brun-lilas s. vert pâle	185 »	210 »
	a. (Tête-bêche)	700 »	

Ces timbres furent émis par la Chambre de Commerce de Saint-Nazaire pour pallier la pénurie de timbres-poste dans les bureaux de la "poche" allemande de Saint-Nazaire.

Le sujet du timbre représente les armes de la ville de Saint-Nazaire : une galère avec rameurs, voile déployée brodée d'une clef. Tirage : 30000 pour le 50 c. (dont 19000 vendus) et 20000 pour le 2 f. (dont 16000 vendus). Du 9 au 15 mai ces timbres reçurent une surcharge manuelle "Libération" (même valeur).

Interdits sur le reste du territoire à partir du 1.11.1944, les timbres au type Pétain continuèrent à affranchir le courrier de la "poche" jusqu'au 8.5.1945 (valeur 300 »). De février-mars à mai 1945, les bureaux de La Turballe, Batz-sur-Mer, Guérande et Piriac sur Mer, dépourvus de timbres ont apposé une griffe "taxe perçue" sur les plis non affranchis (valeur : 400 »). A partir du 8.1.1945 le bureau de La Baule a apposé l'empreinte de machine à affranchir rouge C0443 des Chantiers navals de Penhöet - Saint-Nazaire sur le courrier (valeur : 300 »).

Il n'y a pas de nos 10 à 25, pour conserver à la série suivante la même numérotation qu'en Belgique. En effet cette série servait aux Postes d'étapes, tant dans la partie envahie du Nord de la France qu'en Belgique (voir Tome III).

1916-17. - *Timbres d'Allemagne de 1905-16 surchargés.*

26	3 c. sur 3 p. brun	2 30	0 80	0 80
27	5 c. sur 5 p. vert	2 30	0 80	0 80
28	8 c. sur 7½ p. orange	3 85	1 40	1 40
29	10 c. sur 10 p. rouge	2 30	0 80	0 80
30	15 c. sur 15 p. bistre	3 05	1 »	1 »
31	25 c. sur 20 p. bleu-violet	3 05	1 »	1 »
	a. outremer	6 10	1 85	1 85
32	40 c. sur 30 p. rouge et noir sur chamois	6 50	2 20	2 20
33	50 c. sur 40 p. carmin et noir	7 65	3 »	3 »
34	75 c. sur 60 p. lilas	39 50	11 50	11 50
35	1 F. sur 80 p. rouge et noir sur rose	39 50	11 50	11 50
36	1 F. 25 cent. sur 1 m. carmin	170 »	52 »	52 »
37	2 F. 50 cent. sur 2 m. bleu	170 »	54 »	54 »
	Nos 26 à 37 (12 val.)	450 »	140 »	140 »

POSTES MONTÉNÉGRINES EN EXIL À BORDEAUX

(Émissions privées)

L'inscription S.P. du M. est l'abréviation des mots "Service Postal du Monténégro". - Les timbres ci-dessous ont été ainsi surchargés par le gouvernement monténégrin durant son séjour à Bordeaux. Ils ont affranchi pendant trois semaines un nombre restreint de correspondances simples ou recommandées.

1916. - *Timbres de France de 1900-06 surchargés.*

1	5 c. (137)
2	10 c. (138)
3	15 c. (130)
4	20 c. (139)
5	25 c. (140)
6	30 c. (141)
7	35 c. (142)
8	40 c. (119)
9	45 c. (143)
10	50 c. (120)
11	1 f. (121)
	Nos 1 à 11 (11 val.)

Existent tous avec surcharge renversée et les nos 8, 9 et 11 avec surcharge verticale.

TIMBRES DE RETOUR

1916. -

1	Noir sur bleu	10 »

Idem Légende : Le destinataire n'a pu être atteint.

2	Noir sur rouge	10 »

3	Bleu sur blanc	30 »

Le cliché du no 3 est réduit de moitié.

POSTES SERBES À CORFOU

1917. - *Timbres de France de 1900-06 revêtus de la griffe postale apposée pour donner l'origine des plis en langue française.*

1	1 c. gris (107)	
2	2 c. brun-lilas (108)	
3	3 c. orange (109)	
4	5 c. vert foncé (137)	
5	10 c. rouge (138)	
6	15 c. vert-olive (130)	
7	20 c. lilas-brun (139)	
8	25 c. bleu (140)	
9	30 c. orange (141)	
10	35 c. violet (142)	
11	40 c. rouge et bleu (119)	
12	45 c. vert et bleu (143)	
13	50 c. brun et gris (120)	
14	1 f. lie-de-vin et olive (121)	
	Nos 1 à 14 (14 val.)	

Cette marque a été utilisée par les employés du bureau serbe à Corfou, pour pallier l'absence momentanée de timbres de Serbie.

Trois timbres de Grèce (5, 10 et 20 l.) ont été employés dans les mêmes conditions.

BASE NAVALE ITALIENNE DE BORDEAUX

Les cotes de la colonne de gauche concernent les timbres neufs avec gomme d'origine intacte et sans charnière, celles de la colonne centrale les timbres neufs avec charnière légère, celles de la colonne de droite les timbres oblitérés.

1943-44. - *Timbres d'Italie de 1929-30 surchargés.*

Sujets : 5 c. la louve allaitant Romulus et Remus ; 10 c. Auguste ; 15 c. "Italia" ; 20 c. Jules César ; 25 c. Victor-Emmanuel III de profil ; 30 c. et 50 c. Victor-Emmanuel III de face.

1	10 c. sépia (226)	12 50	8 50	12 50
2	15 c. vert-gris (227)	17 000 »	11 500 »	11 500 »
3	20 c. rose-rouge (228)	47 50	35 »	47 50
4	25 c. vert (229)	140 »	77 »	115 »
5	30 c. sépia (230)	17 »	9 15	17 »
6	50 c. violet (232)	50 »	30 50	50 »

Sans T à FASCISTA.

1a	10 c.	77 »	110 »
3a	20 c.	385 »	535 »
4a	25 c.	460 »	690 »
5a	30 c.	385 »	535 »
6a	50 c.	535 »	690 »

Tenant à non surchargé.

1 b	10 c.+10 c.	230 »	305 »
3 b	20 c.+20 c.	535 »	690 »
4 b	25 c.+25 c.	535 »	690 »
5 b	30 c.+30 c.	535 »	690 »
6 b	50 c.+50 c.	535 »	690 »

7	5 c. sépia (224)	9 250 »	5 750 »	6 100 »
8	10 c. sépia (226)	305 »	255 »	270 »
9	15 c. vert-gris (227)	1 400 »	1 100 »	1 400 »
10	25 c. vert (229)	25 »	15 25	25 »
11	30 c. sépia (230)	35 »	23 »	31 »
12	50 c. violet (232)	20 »	11 50	17 »
	a. (Impression recto verso)		270 »	

Existent sans le second b à Républlica.

Ces émissions ont été faites à Bordeaux pour les équipages des sous-marins stationnés dans cette ville.

TIMBRES POUR JOURNAUX

1868. - *Typographie.*

Le 2 c. lilas acquittait une taxe purement fiscale ; les timbres bleus de 2 c. étaient vendus 4 c., dont 2 pour la poste et 2 pour le fisc ; les timbres roses de 2 c. étaient vendus 6 c., dont 4 pour la poste et 2 pour le fisc. - Il existe des essais sur fond moiré. - Les nos 3 à 6 sont généralement sans gomme.

1	2 c. lilas	350 »	85 »
2	2 c. bleu	700 »	350 »
3	2 c. rose carminé	1 550 »	
4	5 c. *lilas*	21 500 »	
5	5 c. *bleu*	10 000 »	
6	5 c. *rose carminé*	10 000 »	

Les réimpressions, dentelées ou non dentelées, faites à l'occasion de l'exposition du Gand (1913), ont été tirées sur les papiers les plus divers au moyen du coin original. Il y a une très grande variété de teintes. Quelques exemplaires portent la surcharge ÉPREUVE.

Une nouvelle réimpression des nos 1 à 6 a été faite à l'occasion de l'exposition de Paris (PEXIP, 1937) tirée avec soin sur papier blanc, timbre par timbre, celle-ci se rapproche beaucoup plus des originaux.

1869. - *Même type. Typographie. Dentelés 11½-12½.*

7	2 c. violet	60 »	25 »
8	2 c. bleu	90 »	40 »
9	2 c. rose	300 »	115 »
10	5 c. lilas	1 500 »	725 »
11	5 c. *bleu*	2 500 »	
12	5 c. *rose*	2 500 »	

Les nos 10, 11 et 12 sont sur papier teinté.

LEGION DES VOLONTAIRES FRANCAIS CONTRE LE BOLCHEVISME (L.V.F.)

Après l'invasion de l'U.R.S.S. par l'armée allemande le 22 juin 1941, la L.V.F. fut créée le 7 juillet, à l'instigation des mouvements collaborateurs. La L.V.F. procéda à plusieurs émissions de timbres de bienfaisance qui, bien que vendus exclusivement à Paris, peuvent se rencontrer sur des lettres de soldats du Front de l'Est (valeur : à partir de 150 »).

Les cotes de la colonne de gauche concernent les timbres neufs avec gomme d'origine intacte et sans charnière, celles de la colonne centrale les timbres neufs avec charnière légère, celles de la colonne de droite les timbres oblitérés.

1941. - *Bloc-feuillet de l'Ours. Taille-douce. Dentelé 12½.*

1	F+100F bleu et rouge	500 »	300 »	550 »
	a. (Non dentelé)	1 000 »		

1941. - *Timbres pour le courrier. Taille-douce. Dentelés 12 x 12½.*

2	F vert foncé et rouge	17 50	10 »	50 »

3	F+10F carmin et bleu	17 50	10 »	50 »

Tirage : 450.000 paires dont 141.000 vendues par souscription du 10 au 20 novembre 1941 puis au public du 12 au 15 décembre.

1942. - *Timbres précédents surchargés "Front de l'Est - Ostfront".*

4	F vert foncé et rouge	22 50	12 »	60 »

5	F+10F carmin et bleu	22 50	12 »	60 »

Tirage : 300.000 paires dont 137.000 vendus par souscription le 15 janvier 1942 puis au public du 20 janvier au 7 février.

1942. - *Série "Borodino". Héliogravés. Dentelés 13.*

Guetteur devant un village russe.

Artillerie.

6	F+1F violet et rouge	5 »	2 »	12 »
7	F+1F vert et noir	5 »	2 »	12 »

Char d'assaut.

Soldats de la L.V.F. et grenadiers du 1er empire.

8	F+1F sépia et bleu	5 »	2 »	12 »
9	F+1F outremer et rouge	5 »	2 »	12 »

Cavalerie.

10	F+1F carmin et vert	5 »	2 »	12 »
	Nos 6 à 10 (5 val.)	25 »	10 »	60 »
	La série avec vignette	30 »	12 50	

Tirage : 1.000.000 séries dont 450.000 vendues par souscription close le 20 avril 1942 et au public à partir du 30 avril.

La L.V.F. envisagea ensuite l'émission d'une série de timbres sur les rapprochements Franco-Allemands depuis Charlemagne mais le projet n'eut pas de suite.

TIMBRES DE LA LIBÉRATION

Nous décrivons, sous cette rubrique, les seules émissions authentifiées par le ministère des Postes après la libération du territoire. Certaines de ces émissions (Bordeaux, Lille, Lyon) ont eu cours dans une région. Les autres ont eu un emploi plus restreint, à l'échelon départemental, voire local. Pour tous ces timbres, le prix est le même à l'état neuf ou oblitéré, mais les exemplaires sur lettre bénéficient d'une plus-value parfois importante.

D'autres surcharges ont été faites à la même époque dans un certain nombre de localités plus ou moins importantes, dont nous donnons la liste en fin de rubrique ; elle n'est pas limitative.

L'ordonnance N° 45-2458 du 19 octobre 1945 parue dans le Journal officiel de la République Française ordonne l'arrêt des surcharges sur Timbres-Poste et la validité d'affranchissement. Précise, dans son article 2, que cet arrêté du gouvernement signé par le Général de Gaulle, le garde des Sceaux, les Ministres des Postes et des Colonies, n'est pas applicable aux Timbres-Poste surchargés antérieurement. Ce qui constitue une reconnaissance de fait de toutes les surcharges de la Libération.

Aveyron (DECAZEVILLE).

1944. - *Timbres de 1941-42 surchargés en bleu.*

ou

I II

		I	II
1	10 c. outremer *(Mercure)*	400 »	400 »

Maréchal Pétain.

		I	II
2	60 c. violet	190 »	190 »
3	70 c. rouge-orange	180 »	180 »
4	1 f. rouge	130 »	130 »
5	1 f. 20, brun-rouge	190 »	190 »
6	1 f. 50, brun-rouge	110 »	110 »
7	2 f. vert	200 »	200 »
8	3 f. rouge-orange	200 »	200 »
9	4 f. bleu-violet	200 »	200 »
10	4 f. 50, vert	200 »	200 »
Nos 1 à 10 (10 val.)		2 000 »	2 000 »

Il existe un 40 c. violet (Mercure) et 80 c. vert (Pétain) non émis.
Il existe un type III.

Charente-Maritime (PONS).

1944. - *Timbres de 1941-42 (Maréchal Pétain) surchargés.*

R.F *(I)* — ***R.F*** *(II)*

		I	II
1	60 c. violet	15 »	20 »
2	70 c. rouge-orange	15 »	20 »
3	80 c. vert-jaune	20 »	25 »
4	1 f. rouge	10 »	15 »
5	1 f. 20, brun-rouge	15 »	20 »
6	1 f. 50, brun-rouge	10 »	15 »
7	2 f. vert	15 »	20 »
8	2 f. 40, rouge	60 »	200 »
9	3 f. rouge-orange	15 »	25 »
10	4 f. bleu-violet	20 »	25 »
11	4 f. 50, vert	20 »	25 »
12	4 f. 50, vert *(gravé)*	85 »	300 »
Nos 1 à 12 (12 val.)		300 »	700 »

Creuse (MEASNES).

1944. - *Timbres de 1941-42 (Maréchal Pétain) surchargés.*

1	1 f. rouge	50 »
2	1 f. 50, brun-rouge	50 »
3	2 f. vert	50 »
4	3 f. rouge-orange	50 »
5	4 f. bleu	50 »
6	4 f. 50, vert-jaune	150 »
Nos 1 à 6 (6 val.)		400 »

Deux-Sèvres (NIORT).

1944. - *Timbres de 1941-42 (Maréchal Pétain) surchargés en rouge.*

R F *(I)* — **R F** *(II)*

		I	II
1	60 c. violet	20 »	20 »
2	70 c. rouge-orange	20 »	20 »
3	80 c. vert-jaune	20 »	20 »
4	1 f. rouge	20 »	20 »
5	1 f. 20, brun-rouge	20 »	20 »
6	1 f. 50, brun-rouge	20 »	20 »
7	2 f. vert	20 »	20 »
8	2 f. 40, rouge	100 »	100 »
9	3 f. rouge-orange	30 »	30 »
10	4 f. bleu-violet	20 »	20 »
11	4 f. 50, vert	40 »	40 »
Nos 1 à 11 (11 val.)		330 »	330 »
12	4 f. 50, vert *(gravé)*	900 »	900 »
13	5 f. vert-bleu	1 100 »	1 100 »
14	1 f. 50 + 3 f. 50, brun (n° 606)	3 200 »	4 000 »

Gironde (BORDEAUX).

1944. - *Timbres de 1941-42 (Maréchal Pétain) surchargés.*

R. F. *(I)* — **R. F.** *(II)* — **R. F.** *(III)*

		I	II	III
1	60 c. violet	70 »	95 »	180 »
2	70 c. rouge-orange	4 »	5 »	6 »
3	80 c. vert	8 »	12 »	16 »
4	1 f. rouge	3 »	4 »	5 »
	a. (Dble surch.)	100 »	125 »	170 »
	b. (Surch. renv.)	100 »	140 »	200 »
5	1 f. 20, brun-rouge	3 »	4 »	5 »
6	1 f. 50, brun-rouge	2 »	3 »	4 »
	a. (Dble surch.)	110 »	140 »	200 »
	b. (Surch. renv.)	110 »	140 »	200 »
7	2 f. vert	3 »	4 »	5 »
8	2 f. 40, rouge	8 »	11 »	13 »
9	3 f. rouge-orange	3 »	4 »	5 »
10	4 f. bleu-violet	3 »	4 »	6 »
	a. (Surch. renv.)	100 »	140 »	170 »
11	4 f. 50, vert	3 »	4 »	5 »
Nos 1 à 11 (11 val.)		110 »	150 »	250 »

Timbres-taxe de 1943 avec les mêmes surcharges.

		I	II	III
12	30 c. lilas-rose	90 »	135 »	270 »
13	50 c. vert	8 »	10 »	15 »
14	1 f. outremer	8 »	10 »	15 »
15	1 f. 50, rouge	8 »	10 »	15 »
16	2 f. bleu-vert	12 »	18 »	25 »
	a. (Dble surch.)	140 »	200 »	255 »
17	3 f. rouge-brun	9 »	12 »	25 »
18	5 f. rose-lilas	15 »	25 »	35 »
Nos 12 à 18 (7 val.)		150 »	220 »	400 »

La série complète (poste et taxe),
54 valeurs : 1 280 »

La feuille de 100 timbres contenait 50 surcharges au type I, 30 au type II et 20 au type III.

Indre (AIGURANDE).

1944. - *Timbres de 1941-42 (Maréchal Pétain) surchargés.*

1	60 c. violet	20 »
2	70 c. rouge-orange	25 »
3	80 c. vert-jaune	25 »
4	1 f. rouge	20 »
5	1 f. 20, brun-rouge	50 »
6	1 f. 50, brun-rouge	40 »
7	2 f. vert	20 »
8	2 f. 40, rouge	80 »
9	3 f. rouge-orange	40 »
10	4 f. bleu-violet	65 »
11	4 f. 50, vert	65 »
Nos 1 à 11 (11 val.)		450 »

Indre-et-Loire (TOURS-GARE).

1944. - *Timbres de 1941-42 (Maréchal Pétain) surchargés.*

1	70 c. rouge-orange	38 »
2	1 f. rouge	38 »
3	1 f. 20, brun-rouge	38 »
4	1 f. 50, brun-rouge	38 »
5	2 f. vert	38 »
6	4 f. outremer *(gravé)*	550 »
7	4 f. 50, vert *(gravé)*	170 »
8	5 f. vert-bleu	185 »
Nos 1 à 8 (8 val.)		1 100 »

Il existe d'autres valeurs et d'autres surcharges de Tours (Tours-Mairie - Tours-Halles - Tours gare transit - Tours Ravenel).

(LOCHES).

1944. - *Timbre de 1941-42 surchargé.*

1	40 c. violet *(Mercure n° 548)*	100 »
2	1 f. 50, brun-rouge *(Pétain n° 517)*	200 »

D'autres valeurs en surcharge de Loches existent.

Loir et Cher (BLOIS) *et Loiret* (ORLÉANS).

Surcharge d'une carte postale valeur 375.

Voir rubrique des Entiers Postaux (n° 389).

Manche (CHERBOURG).

1944. - *Timbres de 1941-42 (Maréchal Pétain) surchargés.*

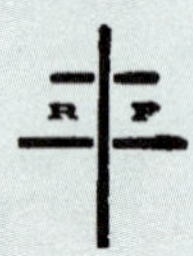

1	60 c. violet	15 »
2	70 c. rouge-orange	15 »
3	80 c. vert-jaune	15 »
4	1 f. rouge	15 »
5	1 f. 20, brun-rouge	25 »
6	1 f. 50, brun-rouge	25 »
7	2 f. vert	20 »
8	2 f. 40, rouge	25 »
9	3 f. rouge-orange	15 »
10	4 f. bleu-violet	15 »
11	4 f. outremer *(gravé)*	115 »
12	4 f. 50, vert	15 »
13	4 f. 50, vert *(gravé)*	115 »
14	5 f. vert-bleu	100 »
15	50 f. noir	720 »
Nos 1 à 15 (15 val.)		1 250 »

Marne (CHALONS, REIMS).

1944. - *Timbre de 1941-42 surchargé.*

R.F.

1	1 f. 50, brun-rouge (517)	35 »

Nord (LILLE).

1944. - *Timbre de 1941-42 surchargé.*

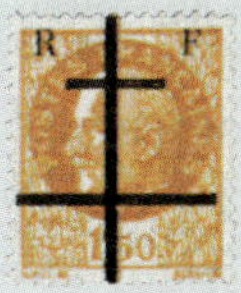

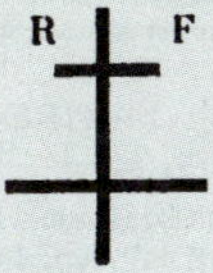

1	1 f. 50, brun-rouge (517)	3 »
	a. (Surch. renv.)	45 »
	b. Petite cassure	5 »
	c. Grande cassure	20 »
	d. Sa,ns F (case 50)	25 »
	e. R et F rapprochés	15 »

Il exite d'autres valeurs LILLE mais non émises.

Rhône-Alpes (LYON).

1944. - *Timbres de 1941-42 surchargés.*

R. F.

Mercure.

1	10 c. outremer	0 80
2	30 c. rouge	0 80
3	40 c. violet	0 80
4	50 c. turquoise	0 70

Maréchal Pétain.

5	60 c. violet	1 25
6	70 c. rouge-orange	1 75
7	80 c. vert-jaune	1 75
8	1 f. rouge	0 80
9	1 f. 20, brun-rouge	0 80
10	1 f. 50, brun-rouge	0 80
11	2 f. vert	1 »
12	2 f. 40, rouge	14 50
13	3 f. rouge-orange	1 25
14	4 f. bleu-violet	1 25
15	4 f. 50, vert	1 75
Nos 1 à 15 (15 val.)		30 »

Ces timbres ont été utilisés simultanément et pendant deux mois dans huit départements de la région Rhône-Alpes : Rhône, Ain, Isère, Loire, Savoie, Haute-Savoie, Drôme, Ardèche.

On note l'exitence de 3 timbres BLASONS (Nos 603 à 60) LYON vendus un seul jour et retirés de la vente. (Valeur 800).

Savoie (CHAMBÉRY).

1944. - *Timbres de 1941-44 surchargés.*

F. F. I.
SAVOIE
+ 1F50

Timbres de 1941-42.

1	+ 1 f.50 s. 1 f. 50, brun-rouge (517)	20 »
2	+ 10 f. s. 5 f. vert-bleu (524)	20 »

Timbres de 1944.

3	+ 15 f. s. 10 f. (603)	20 »
4	+ 20 f. s. 15 f. (604)	20 »
5	+ 25 f. s. 20 f. (605)	25 »

F. F. I.
SAVOIE
25-8-1944
+ 20F

Timbres de 1944 (Célébrités du XVIIe siècle).

6	+ 6 f. s. 50 c. + 1 f. 50	150 »
7	+ 6 f. s. 80 c. + 2 f. 20	150 »
8	+ 6 f. s. 1 f. 20 + 2 f. 80, noir	150 »
9	+ 6 f. s. 1 f. 50 + 3 f. 50, outremer	150 »
10	+ 6 f. s. 2 f. + 4 f. bruit-rouge	150 »
11	+ 6 f. s. 4 f. + 6 f. rouge-orange	150 »

Timbre de 1944 (Centenaire des chemins de fer).

12	+ 20 f. s. 4 f. + 6 f. noir	150 »

+ 6F
F. F. I.
SAVOIE

Timbre de 1944 (Claude Chappe).

13	+ 6 f. s. 4 f. bleu	765 »

F F I. SAVOIE
25 Août 1944
+ 30F

Timbre de 1943 (Paysage du Dauphiné).

14	+ 30 f. s. 20 f. vert foncé	80 »
Nos 1 à 14 (14 val.)		2 000 »

Vienne (CHATELLERAULT).

1944. - *Timbres de 1941-42 (Maréchal Pétain) surchargés.*

1	60 c. violet (R)	50 »
	a. (Surcharge rouge)	92 »
2	70 c. rouge-orange	20 »
3	80 c. vert-jaune	20 »
4	1 f. rouge	20 »
5	1 f. 20, brun-rouge	20 »
6	1 f. 50, brun-rouge	20 »
7	2 f. vert	30 »
8	2 f. 40, rouge	100 »
9	3 f. rouge-orange	20 »
10	4 f. bleu-violet	20 »
	a. (Surcharge rouge)	77 »
11	4 f. outremer *(gravé)*	170 »
12	4 f. 50, vert	20 »
13	4 f. 50, vert *(gravé)*	170 »
14	5 f. vert-bleu	220 »
15	50 f. noir	900 »
Nos 1 à 15 (15 val.)		1 800 »

*Vienne (*POITIERS).

1944. - *Timbres de 1941-42 (Maréchal Pétain) surchargés.*

I

16	1 f. 50, brun-rouge	36 »

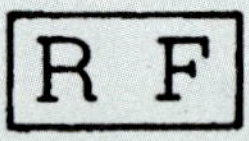

II

III

IV

		II	III	IV
17	60 c. violet	40 »	110 »	8 »
18	70 c. rouge-orange	50 »	160 »	12 »
19	80 c. vert-jaune	80 »	130 »	10 »
20	1 f. rouge	30 »	100 »	7 »
21	1 f. 20, brun-rouge	25 »	100 »	7 »
22	1 f. 50, brun-rouge	20 »	400 »	7 »
23	2 f. vert	30 »	2 300 »	10 »
24	2 f. 40, rouge	30 »	2 100 »	15 »
25	3 f. rouge-orange	55 »	150 »	7 »
26	4 f. bleu-violet	80 »	200 »	7 »
27	4 f. 50, vert	80 »	3 250 »	8 »
Nos 17 à 27 (11 val.)		520 »	9 000 »	100 »
28	50 f. noir	1 150 »	2 550 »	1 700 »

Surchargé avec la planche des petits formats, le n° 28, type IV, porte des doubles ou parties de doubles surcharges. On ne connaît que quelques exemplaires portant une seule surcharge. (Valeur 16500).

AUTRES SURCHARGES LOCALES

Annecy (1 val.)		54 »
Annemasse (Poste 11 val., type I ou II	(Type I)	610 »
et taxe 8 val., type I ou II) :	(Type II)	1 550 »
Baccarat (10 val., type I ou II)		275 »
Badonviller (11 val.)		275 »
Bellegarde (6 val.)		305 »
Bourg d'Oisans (3 val.) sur cartes		460 »
Chouzé-sur-Loire (12 val.)		385 »
Cinq-Mars-la-Pile (16 val.)		1 850 »
Collonges (20 val.)		1 100 »
Curzay (16 val.)		8 800 »
Lignères (12 val.)		275 »
Montreuil-Bellay (14 val.)		185 »
Sainte-Foy-la-Grande (1 val.)		140 »
Thorens (4 val.)		305 »

Saverne.

Nos 1 à 20, 1 p. à 1 m. (type I) effigie d'Hitler	805 »
Nos 1a à 20a, 1 p. à 1 m. (type II)	
effigie d'Hitler	1 200 »
Les 2 séries se tenant	2 150 »

Haguenau.

Effigie d'Hitler surchargée (6 val.)	500 »

Région parisienne.

Pendant l'interruption du service postal, entre le 19 et le 26 août 1944, les services F.F.I. de la région parisienne ont utilisé pour leur service personnel intérieur des enveloppes sur lesquelles étaient apposés un timbre de 1 f. 50 (Maréchal Pétain) surchargé d'une croix de Lorraine et une vignette bleue à l'effigie du Général de Gaulle.

L'enveloppe (griffe FFI du 19 au 25 Août)	25 »
L'enveloppe du 26 Août griffe PARIS LIBRE	30 »

MILLESIMES

A partir d'octobre 1891, les 3 panneaux de 50 timbres constituants la feuille de vente de 150, ont reçu chacun sur leur 2e rangée, un chiffre correspondant au millésime de l'année de fabrication (1 pour 1901, 5 pour 1915 etc...). C'est ce chiffre encadré de 2 timbres que nous côtons. (Il y en a 3 par feuille).

Seul 1 bloc de quatre surmonté d'un haut de feuille ou d'un interpanneau prouve l'absence sur la 2e rangée de ce millésime. C'est ce bloc de 4 sans chiffre que nous cataloguons. (Il peut en exister 3 par feuille).

Durant la guerre, un papier GC, dit de grande consommation, fut utilisé. Il peut être blanc, gris, chamois, jaunâtre etc... Sur la feuille de 150 timbres l'inscription GC (dans la couleur du timbre) était apposée au centre et en haut de feuille. C'est ce bloc de 4 avec "manchette" GC qui est catalogué. (Il en existe 1 par feuille).

Les feuilles émises pour la confection des roulettes ont une disposition différente. Elles sont aussi de 150 timbres, mais d'un seul tenant sans interpanneaux. Pour les différencier avec certitude, il suffit d'un bloc de 6 avec le Millésime surmonté de 2 rangées blanches ou bien d'un bloc de 12 montrant 6 timbres verticaux se tenant (par opposition aux 5 timbres verticaux maximum des feuilles normales).

Les côtes indiquées ci-dessous s'entendent pour des millésimes encadrés de 2 timbres neufs avec charnières légères. Un timbre, voire les deux, pouvant avoir une gomme d'origine intacte sans charnière, on ajoutera dans ce cas aux côtes ci-dessous la différence entre les côtes respectives des deux qualités et ceci pour chaque timbre concerné. Pour cette qualité (sans charnière) ont peut néanmoins admettre une trace sur le pont interpanneau.

Les Millésimes suivis d'un (*) correspondent à une impression sur papier GC.

Millésime sur la 2e rangée

Sans millésime sur la 2e rangée

Millésime roulette avec 2 rangées au dessus

Millésime 6 (1916) - N° 137
Bloc de 4 avec manchette GC

Millésime 8 (1918) - N° 140
Bloc de 4 avec manchette GC

Millésime 8 (1918) - N° 142
Bloc de 4 avec manchette GC

TYPE SAGE

Nos	Sans Mill.	1 (1891)	2 (1892)	3 (1893)	4 (1894)	5 (1895)	6 (1896)	7 (1897)	8 (1898)	9 (1899)	0 (1900)
75 (5 c. vert)	220 »	380 »	185 »	200 »	180 »	130 »	120 »	100 »	90 »		
80 (30 c. brun-jaune)	550 »	800 »	500 »	400 »	380 »	350 »	330 »	330 »	320 »	320 »	300 »
82 (1 f. olive clair)	950 »	1500 »	875 »	825 »	550 »	550 »	525 »	500 »	475 »	450 »	450 »
83 (1 c. noir s. azuré)	110 »	200 »	100 »	80 »	40 »	35 »	25 »	22 »	20 »	20 »	20 »
85 (2 c. brun-rouge)	110 »	130 »	85 »	50 »	50 »	45 »	40 »	35 »	30 »	30 »	25 »
87 (3 c. gris)	90 »	130 »	45 »	35 »	40 »	40 »	30 »	22 »	22 »	20 »	20 »
88 (4 c. lilas-brun)	110 »	150 »	55 »	45 »	45 »	40 »	35 »	40 »	25 »	30 »	25 »
89 (10 c. noir s. lilas)	250 »	400 »	250 »	250 »	180 »	170 »	150 »	130 »	120 »	120 »	
94 (40 c. rouge-orange)	800 »	1200 »	650 »	600 »	500 »	500 »	400 »	370 »	340 »	340 »	340 »
95 (5 f. violet s. lilas)	3400 »	3800 »	1700 »		1800 »				1700 »	1600 »	
95 (Non encadré)		1000 »	800 »		850 »				750 »	700 »	

Le n° 83 (1 c. noir) existe avec le chiffre 8 renversé (valeur : 50 »)

Nos	Sans Mill.	1 (1891)	2 (1892)	3 (1893)	4 (1894)	5 (1895)	6 (1896)	7 (1897)	8 (1898)	9 (1899)	0 (1900)
96 (20 c. brique s. vert)	300 »	450 »	250 »	250 »	230 »	200 »	180 »	150 »	150 »	140 »	140 »
97 (25 c. noir s. rose)	550 »	700 »	350 »	375 »	350 »	350 »	300 »	280 »	280 »	270 »	270 »
98 (50 c. rose)	1300 »	1650 »	1000 »	1500 »	770 »	800 »	700 »	650 »	675 »	650 »	
99 (75 c. violet s. orange)	1750 »	1650 »	700 »	700 »	700 »	650 »	900 »				
101 (15 c. bleu)	320 »	45 »	40 »	240 »	160 »	240 »	55 »	50 »	45 »	50 »	45 »
102 (5 c. vert-jaune III)									100 »	65 »	60 »
103 (10 c. noir s. lilas)									90 »	100 »	80 »
104 (50 c. rose)											700 »
105 (2 f. bistre s. azuré)											400 »
106 (5 c. vert-jaune II)									75 »	70 »	

Le n° 106 (5 c. vert-jaune II) existe avec chiffre 8 renversé (valeur : 150 »)

TYPE BLANC

Nos	Sans Mill.	0 (1900)	1 (1901)	2 (1902)	3 (1903)	4 (1904)	5 (1905)	6 (1906)	7 (1907)	8 (1908)
107 (1 c. gris IA)		10 »	12 »							
107 (1 c. gris IB)	230 »		7 »	6 »	6 »	17 »	15 »	13 »	15 »	
108 (2 c. brun-lilas IA)		12 »	8 »	7 »						
108 (2 c. brun-lilas IB)	300 »				7 »	7 »	7 »	9 »	18 »	7 »
109 (3 c. orange IA)	340 »	9 »						110 »	110 »	25 »
109 (3 c. orange IB)									150 »	25 »
110 (4 c. brun-jaune)	370 »	27 »	25 »	32 »	25 »	17 »	27 »	27 »	20 »	
111 (5 c. vert IA)	330 »	16 »	13 »	24 »	18 »	18 »	18 »	18 »	30 »	

Les timbres sans millésime proviennent :

- 107 IB (Mill. 5 à sec en 1905)
- 108 IB (Mill. 6 omis ou cassé en 1906)
- 109 IA (Mill. omis sur papier GC)
- 110 (Mill. 4 omis ou cassé en 1924)
- 111 (Mill. 2 omis ou cassé en 1902)

Nos	9 (1909)	0 (1910)	1 (1911)	2 (1912)	3 (1913)	4 (1914)	5 (1915)	6 (1916)	6* (1916)	7* (1917)
107 (1 c. gris IA)					240 »	15 »	840 »	22 »		30 »
107 (1 c. gris IB)	25 »	11 »	10 »	15 »	12 »	12 »		22 »	26 »	
108 (2 c. brun-lilas IB)	7 »	7 »	7 »	14 »	14 »	7 »				24 »
109 (3 c. orange IB)	8 »	8 »	8 »	7 »			7 »	7 »		7 »

Nos	8* (1918)	9* (1919)	0 (1920)	0* (1920)	1 (1921)	2 (1922)	3 (1923)	4 (1924)	5 (1925)	6 (1926)
107 (1 c. gris IA)	27 »	30 »								
107 (1 c. ardoise IA)		12 »		25 »	9 »	11 »	8 »			
107 (1 c. ardoise IB)		12 »		25 »		11 »	8 »	7 »	7 »	18 »
108 (2 c. brun-lilas IA)				29 »		12 »	12 »			
108 (2 c. brun lilas IB)		45 »		28 »	9 »	12 »	12 »			
109 (3 c. orange IB)		9 »	9 »		9 »		9 »			
110 (4 c. brun-jaune)								15 »		

- 107 IA ou IB sur papier x en 1916 (300 ») - 108 IB est connu en 1908 avec le Mill. 8 renversé (35 »)

On connaît les Mill. suivants avec timbres non dentelés :

- 107 (Tous les Mill. sauf le 8) - 108 (Mill. 0,2,5 et 8) - 109 (Tous les Mill.) - 111 (Mill. 3)

Pour déterminer l'année d'un millésime on devra se référencer à la qualité du papier et/ou à la nuance du timbre.

TYPE BLANC (suite)

Mill. 7 (1917) avec Manchette GC
(n° 109)

Nos	6*	7*	8*	9*	0*
Bloc de 4 avec manchette GC	(1916)	(1917)	(1918)	(1919)	(1920)
107 (1 c. gris IA)		50 »	50 »	80 »	
107 (1 c. gris IB)	80 »				
107 (1 c. ardoise IA)				40 »	70 »
107 (1 c. ardoise IB)				40 »	70 »
108 (2 c. brun-lilas IA)					80 »
108 (2 c. brun-lilas IB)		65 »		100 »	75 »
109 (3 c. orange IB)		27 »		27 »	

On trouve des papiers GC gris - jaune - blanc ou chamois.

TYPE MOUCHON

Nos	Sans	0	1	2	3
	Mill.	(1900)	(1901)	(1902)	(1903)
112 (10 c. rose)		120 »			
113 (20 c. brun-lilas)		250 »			
114 (25 c. bleu)	» »	400 »			
115 (30 c. violet)		370 »			
116 (10 c. rouge II)		120 »	100 »		
117 (15 c. orange II)	500 »	35 »	35 »	40 »	
118 (25 c. bleu II)		450 »	500 »		
124 (10 c. rose)				120 »	125 »
125 (15 c. vermillon)				45 »	50 »
126 (20 c. brun-lilas)				325 »	
127 (25 c. bleu)				325 »	450 »
128 (30 c. violet)				850 »	

SEMEUSE LIGNEE

Nos	Sans Mill.	3 (1903)	4 (1904)	5 (1905)	6 (1906)	7 (1907)
129 (10 c. rose I)		33 »				
129 (10 c. rose II)			180 »			
129 (10 c. rose III)			32 »	32 »	37 »	
130 (15 c. vert I)		20 »	35 »	25 »	35 »	
130 (15 c. vert II)		65 »	90 »			
130 (15 c. vert III)			110 »			
130 (15 c. vert IV)			50 »	15 »	17 »	
131 (20 c. brun-lilas)		265 »	320 »	300 »	275 »	
132 (25 c. bleu)		280 »	300 »	310 »	300 »	
133 (30 c. lilas)		620 »	670 »	700 »	725 »	
134 (10 c. rouge I)	90 »					
134 (10 c. rouge II)	200 »				13 »	
135 (10 c. rouge I)					36 »	
135 (10 c. rouge IIA)					72 »	100 »
136 (35 c. violet I)					900 »	
136 (35 c. violet clair II)					550 »	

Nos	6 (1916)	6* (1916)	7* (1917)	8* (1918)	9* (1919)	0 (1920)	1 (1921)	2 (1922)	3 (1923)	4 (1924)
130 (15 c. vert IV)	22 »	50 »	20 »	22 »	28 »	28 »	17 »	17 »	17 »	17 »
130 (bloc de 4 + Manchette GC)		100 »	60 »	65 »	70 »					

- Il existe des blocs avec manchette GC, non dentelés avec le Mill. 8
- Le 130 Type IV est connu sur papier x Mill. 7 en 1917 (120 »)

SEMEUSE CAMEE

Nos	Sans Mill.	7 (1907)	8 (1908)	9 (1909)	0 (1910)	1 (1911)	2 (1912)	3 (1913)	4 (1914)	5 (1915)
137 (5 c. vert foncé)	200 »	7 »	7 »	7 »	10 »	9 »	9 »	9 »	10 »	
138 (10 c. rouge)	300 »	9 »	8 »	8 »	9 »	9 »	9 »	8 »	9 »	8 »
139 (20 c. brun-rouge)		14 »	14 »	14 »	14 »		17 »	17 »	17 »	
140 (25 c. bleu) IA	» »	10 »	12 »	12 »	10 »	15 »	15 »	19 »	15 »	45 »
141 (30 c. orange)		50 »	50 »	50 »	60 »	75 »	60 »	70 »	70 »	70 »
142 (35 c. violet)		32 »	35 »		35 »	35 »	38 »	38 »	48 »	32 »

SEMEUSE CAMEE (suite)

N^{os}	6 (1916)	6* (1916)	7* (1917)	8* (1918)	9* (1919)	0* (1920)	0 (1920)	1 (1921)	2 (1922)	3 (1923)	4 (1924)
137 (5 c. vert foncé)	9 »	11 »	16 »	16 »	20 »	130 »	15 »	20 »			
138 (10 c. rouge)	8 »	130 »					14 »	11 »			
139 (20 c. brun-rouge)	19 »		19 »	22 »	24 »	24 »		14 »			
140 (25 c. bleu) IA	14 »		25 »	30 »	45 »	55 »	12 »	12 »	12 »	12 »	
140 (25 c. bleu IIIA)										70 »	62 »
141 (30 c. orange)	85 »	75 »	75 »	70 »	70 »	80 »	55 »				
142 (35 c. violet)	35 »			40 »	45 »		30 »	30 »	30 »		32 »

137 : Mill. 8 renversé (25 »)
Sans Mill. en vert-clair 1920 (250 »)
Tous les Mill. existent non dentelés sauf le 8.

138 : Mill. 5 penché (20 ») - Mill. 7 "écarlate" (650 ») - Mill. 7 "rouge sang" (175 »)
Mill. 6 (1916) sur papier x (140 »)
Tous les Mill. existent non dentelés sauf 3 et 4

139 : Est connu en non dentelé avec Mill. 2-8-9

140 : Mill. 7 (1907) bleu-noir (70 ») - Mill. 5 (1915) sur papier x (60 ») - Mill. 6 (1916) sur papier x (40 »)
Les Mill. 0-2-8 sont connus non dentelés.

141 : Mill. 6 (1916) sur papier x (120 »)
Les Mill. 0-2-6-7-9 sont connus non dentelés.

142 : Les Mill. 2-7-8 sont connus non dentelés.

137 Mill. 7 (1917) avec manchette GC

N^{os} Bloc de 4 avec manchette GC	6* (1916)	7* (1917)	8* (1918)	9* (1919)	0* (1920)
137 (5 c. vert foncé)	37 »	45 »	55 »	50 »	280 »
138 (10 c. rouge)	325 »				
139 (20 c. brun-rouge)		80 »	85 »	85 »	70 »
140 (25 c. bleu) IA		90 »	100 »	130 »	150 »
141 (30 c. orange)	190 »	190 »	175 »	175 »	200 »
142 (35 c. violet)			130 »	140 »	

Les 137 Mill. 6* - 139 Mill. 8* et 142 Mill. 8* et 9* existent en non dentelés.
Les papiers GC existent en blanc, gris, gris jaunâtre et chamois.

TIMBRES COMMEMORATIFS ET DIVERS

Nos	4 (1914)	5 (1915)	6 (1916)	7 (1917)	9 (1919)
146 (+ 5 c. s. 10 c. rouge)	23 »				
147 (10 c. + 5 c. rouge)	140 »	190 »	400 »		
148 (2 c. + 3 c. brun-lilas)				20 »	
149 (5 c. + 5 c. vert)					80 »
150 (15 c. + 10 c. gris-vert)				120 »	
151 (25 c. + 15 c. bleu)				360 »	
162 (+1 c. s. 2 + 3 c.)				6 »	
163 (+ 2½ c. s. 5 + 5 c.)					11 »
164 (+ 5 c. s. 15 + 10 c.)				11 »	
165 (+ 5 c. s. 25 + 15 c.)				80 »	
229 (2 c. + 1 c. brun-lilas)				10 »	

Nos	9* (1919)	0* (1920)	0 (1920)	1 (1921)	2 (1922)
151 (25 c. + 15 c.bleu)			400 »		
157 (1 c. s. 1 c. gris IA)	5 »	65 »			6 »
157 (1 c. s. 1 c. gris IB)	8 »	90 »			
157 (bloc de 4 + manch. GC IA)	40 »	160 »			
157 (bloc de 4 + manch. GC IB)	50 »	225 »			
158 (5 c. orange I)				7 »	7 »
159 (10 c. vert IA)				9 »	7 »
160 (30 c. rouge)				28 »	
161 (50 c. bleu)				115 »	
162 (+ 1 c. s. 2 + 3 c.)					8 »
163 (+ 2½ c. s. 5 + 5 c.)					10 »
165 (+ 5 c. s. 25 + 15 c.)			14 »		12 »

Nos	3 (1923)	4 (1924)	5 (1925)	6 (1926)
157 (1 c. s. 1 c. gris IB)		6"	10"	13"
158 (5 c. orange I)	12 »	15 »		
159 (10 c. vert IA)	25 »			
173 (30 c. Pasteur rouge)	6 »			
176 (50 c. Pasteur bleu)	25 »	90 »		
177 (75 c. Pasteur bleu)		19 »		
191 (30 c. rose I)		7 »	50 »	
193 (40 c. brun-olive I)			15 »	9 »
198 (50 c. olive I)			35 »	
209 (75 c. Ronsard bleu)		12 »		
219 (50 c. s. 75 c. bleu)		20 »		

- 157 IA avec Mill. 9* est connu avec surcharge renversée (très rare)
- 158 existe sans Mill. 2 (omis ou cassé) (200 »)
- 159 avec Mill. 1 existe non dentelé.
- 177 avec Mill. 4, dentelé tenant à non dentelé (7000 »)

TIMBRES PREOBLITERES

Nos	3 (1893)	6 (1916)	7* (1917)	9* (1919)	0 (1920)	1 (1921)
13 (3 c. gris "Sage")	2000 »					
24 (5 c. vert)				1500 »	1750 »	
25 (15 c. vert-olive)				1200 »	1200 »	
26 (5 c. vert)		1200 »	1300 »			1200 »
27 (5 c. orange)						2800 »
28 (15 c. vert-olive)					2500 »	2500 »
29 (30 c. orange)					2000 »	
30 (5 c. orange)					800 »	
32 (30 c. rouge)						2750 »
33 (5 c. orange)						920 »
34 (15 c. vert-olive)						6500 »

Nos	9* (1919)	1 (1921)	2 (1922)	3 (1923)	4 (1924)	5 (1925)
36 (5 c. orange)			720 »			
37 (15 c. olive)	2750 »					
39 (3 c. orange I)		120 »		47 »		
40 (4 c. brun I)					11 »	135 »
45 (15 c. olive IV)		10 »	15 »	10 »	10 »	
50 (5 c. orange I)		160 »	140 »	140 »	140 »	
54 (20 c. lilas-brun I)		325 »				
58 (30 c. rouge I)		500 »				
59 (30 c. rose I)					130 »	
62 (35 c. violet I)			300 »		275 »	
68 (50 c. bleu)				465 »	640 »	

TIMBRES FM

Nos	1 (1901)	2 (1902)	4 (1904)	5 (1905)	6 (1906)
1 (15 c. orange "Mouchon")	220 »	450 »			
2 (15 c. vermillon "Mouchon")			250 »		
3 (15 c. vert-olive IV)			180 »	210 »	
4 (10 c. rose III)				120 »	110 »

Nos	7 (1907)	8 (1908)	0 (1910)	1 (1911)	2 (1912)	3 (1913)	4 (1914)	5 (1915)	6 (1916)
5 (10 c. rouge IA)	8 »	12 »	10 »	13 »	13 »	14 »	16 »	13 »	14 »

On connaît le n° 1 avec surch. renversée Mill. 1 (1350 »), le n° 4 avec Mill. 5 penché (150 »), et le n° 5 Mill. 2 non dentelé (450 »), Mill. 5 surch. renversée (600 »), Mill. 7 surch. renversée (500 »).

TIMBRES-TAXE

Nos	Sans Mill.	8 (1898)	9 (1899)	0 (1900)	1 (1901)	2 (1902)	3 (1903)	4 (1904)	5 (1905)	6 (1906)	7 (1907)
10 (1 c. noir)	250 »	12 »	14 »	12 »	10 »	11 »	10 »	12 »	12 »	14 »	10 »

Nos	Sans Mill.	1 (1891)	2 (1892)
14 (5 c. noir)	750 »		375 »
15 (10 c. noir)	700 »		350 »
16 (15 c. noir)	650 »	300 »	260 »
18 (30 c. noir)	1350 »	850 »	780 »
20 (50 c. noir)	3500 »	2000 »	2200 »
22 (1 f. noir)	4200 »	2250 »	2300 »

Nos	3 (1893)	4 (1894)	5 (1895)	6 (1896)	7 (1897)	8 (1898)	9 (1899)	0 (1900)	1 (1901)	2 (1902)	3 (1903)
28 (5 c. bleu)	9 »	9 »	7 »	7 »	8 »	7 »	7 »	7 »	7 »	7 »	7 »
29 (10 c. brun)	7 »	7 »	7 »	7 »	7 »	6 »	6 »	6 »	6 »	6 »	6 »
30 (15 c. vert-jaune)	125 »			125 »	125 »	105 »	105 »	105 »	105 »		125 »
33 (30 c. rouge carminé)	6 »	6 »		6 »	6 »	6 »	6 »	6 »	6 »	6 »	6 »
34 (30 c. rouge-orange)		2000 »									
37 (50 c. lilas)		9 »	8 »	6 »	6 »	6 »	6 »	6 »	6 »	6 »	6 »
39 (1 f. rose s. paille)				2000 »							

Nos	4 (1904)	5 (1905)	6 (1906)	7 (1907)	8 (1908)	9 (1909)	1 (1911)	2 (1912)	3 (1913)	4 (1914)
28 (5 c. bleu)	7 »	7 »	7 »	7 »	7 »	7 »	7 »	7 »	7 »	7 »
29 (10 c. brun)		6 »	6 »	6 »	6 »	6 »	6 »	6 »	6 »	6 »
30 (15 c. vert-jaune)	125 »	140 »								
31 (20 c. olive)			32 »	32 »	32 »	32 »	32 »	32 »	32 »	
33 (30 c. rouge carminé)	6 »	6 »								
37 (50 c. lilas)	6 »		6 »							

TIMBRES-TAXE (suite)

Nos	5 (1915)	7* (1917)	8* (1918)	9 (1919)	9* (1919)	0 (1920)	0* (1920)	1 (1921)	2 (1922)	3 (1923)
28 (5 c. bleu)	6 »	7 »	7 »	6 »		6 »	6 »	6 »	6 »	
29 (10 c. brun)	6 »	7 »	7 »	6 »		6 »		6 »	6 »	
30 (15 c. vert-jaune)		120 »								
31 (20 c. olive)	32 »		40 »			32 »		32 »	32 »	32 »
32 (25 c. rose)										40 »
33 (30 c. rouge carminé)		7 »			8 »			6 »	6 »	6 »
37 (50 c. lilas)			20 »			6 »	22 »		6 »	6 »
40 (1 f. lilas-brun s. paille)						50 »				

Nos	7* (1917)	8* (1918)	9* (1919)	0* (1920)
Bloc de 4 avec manchette GC				
28 (5 c. bleu)	20 »	20 »		
29 (10 c . brun)	20 »	25 »		
30 (15 c. vert-jaune)	240 »			
31 (20 c. olive)		75 »		
33 (30 c. rouge carminé)	20 »		22 »	
37 (50 c. lilas)		37 »		47 »

Nos	4 (1924)	5 (1925)	6 (1926)	7 (1927)	8 (1928)	9 (1929)	0 (1930)	1 (1931)	2 (1932)	3 (1933)	4 (1934)
28 (5 c. bleu)	6 »		6 »	6 »	6 »	6 »	6 »		6 »	6 »	
29 (10 c. brun)	6 »		6 »	6 »	6 »	6 »	6 »	6 »		6 »	
31 (20 c. olive)	32 »		32 »								
33 (30 c. rouge carminé)	6 »		6 »	6 »	6 »	6 »	6 »	6 »	6 »		
35 (40 c. rose)		55 »									
36 (45 c. vert)	50 »										
37 (50 c. lilas)	6 »		6 »	6 »	6 »		6 »	6 »	6 »	6 »	
38 (60 c. vert)		7 »			7 »	8 »		7 »	7 »		
40 (1 f. lilas-brun s. paille)			70 »	50 »	50 »	50 »	50 »	50 »		50 »	50 »
42 (2 f. violet)			6 »				6 »		6 »		

Le n° 31 est connu sans Mill. (80 »)

Le n° 41 (2 f. vermillon) est connu sans Mill. (1450 »)

TIMBRES-TAXE (Recouvrements)

N^os	**8** (1908)	**9** (1909)	**0** (1910)	**1** (1911)	**2** (1912)	**6** (1916)	**7*** (1917)	**8*** (1918)	**9*** (1919)
43 (1 c. olive)	9 »							12 »	
44 (10 c. violet)	12 »	10 »	10 »	10 »	10 »	10 »	12 »		
45 (20 c. bistre)									200 »
46 (30 c. bistre)		80 »	80 »		80 »				
47 (50 c. rouge)		950 »	950 »						
49 (20 c. s. 30 c. bistre)		85 »	80 »		85 »				
50 (40 c. s. 50 c. rouge)		40 »	40 »						
52 (60 c. s. 1 c. olive)								40 »	

N^os	**0** (1920)	**2** (1922)	**3** (1923)	**4** (1924)	**5** (1925)	**6** (1926)
44 (10 c. violet)	8 »	8 »	8 »		8 »	8 »
45 (20 c. bistre)	160 »					
46 (30 c. bistre)			80 »	80 »	80 »	80 »
48 (60 c. rouge)					17 »	
51 (50 c. s. 10 c. violet)					13 »	13 »
53 (1 f. s. 60 c. rouge)					65 »	
54 (2 f. s. 60 c. rouge)					65 »	

N^os Bloc de 4 avec manchette GC	**7*** (1917)	**8*** (1918)	**9*** (1919)
43 (1 c. olive)		25 »	
44 (10 c. violet)	45 »		
45 (20 c. bistre)			380 »
52 (60 c. s. 1 c. olive)		85 »	

TIMBRES "ANNULE"

N^os^	6 (1906)	0 (1910)	1 (1911)
1 (1 c. gris IB)			100 »
3 (2 c. brun-lilas IB)		55 »	
5 (3 c. orange IB)			60 »
13 (15 c. vert-olive IV)	60 »		
16 (5 c. vert foncé IA)		160 »	
18 (10 c. rouge IA)			175 »
20 (20 c. brun-lilas I)		45 »	
21 (25 c. bleu IA)			45 »
22 (30 c. orange)			160 »
24 (35 c. violet foncé I)			75 »

N^os^	1 (1921)	2 (1922)	3 (1923)
2 (1 c. ardoise IA)		47 »	
2 (1 c. ardoise IB)		47 »	47 »
3 (2 c. brun-lilas IA)			47 »
3 (2 c. brun-lilas IB)			47 »
5 (3 c. orange IB)	50 »		50 »
13 (15 c. vert-olive IV)			50 »
15 (50 c. bleu I)	100 »		
17 (5 c. orange IA)		23 »	20 »
19 (10 c. vert IA)		27 »	
21 (25 c. bleu IA)			20 »
23 (30 c. rouge I)	38 »		
24 (35 c. violet foncé I)		38 »	

N^os^	**Sans** Mill.	6 (1906)	7 (1907)	1 (1911)	0 (1920)	1 (1921)	2 (1922)	3 (1923)
25 (1 c. noir)			80 »					
26 (5 c. bleu)				80 »			80 »	
27 (10 c. brun)				80 »			80 »	
28 (20 c. olive)				80 »		80 »		
29 (25 c. rose)								85 »
30 (30 c. rouge carminé)							80 »	
31 (50 c. lilas)		80 »					80 »	
32 (1 f. lilas-brun s. paille)					160 »			
33 (2 f. rouge-orange)	1400 »							

N^os^	8 (1908)	9 (1909)	0 (1910)	8* (1918)	1 (1921)	2 (1922)	3 (1923)
34 (1 c. olive)	110 »			100 »			
34 (bloc de 4 + manch. GC)				230 »			
35 (10 c. violet)			100 »				100 »
36 (30 c. bistre)			100 »				100 »
37 (50 c. rouge)		1200 »					
38 (15 c. vert-olive IV)							320 »
39 (5 c. orange)						320 »	
40 (20 c. lilas-brun)					320 »		
41 (30 c. rouge)					320 »		
42 (35 c. violet)						310 »	

TIMBRES "SPECIMEN"

Nos	3 (1923)	4 (1924)	5 (1925)
50 (1/2 c. 1 c. ardoise IB)		1700 »	
51 (1 c. ardoise IB)			130 »
53 (3 c. orange IB)	130 »		
58 (50 c. vert-olive I)			100 »
66 (35 c. violet I)		130 »	
67 (40 c. brun-olive I)			60 »
71 (1 f. bleu Pasteur)		90 »	
73 (5 c. bleu Taxe)		65 »	
74 (10 c. brun Taxe)		90 »	
75 (20 c. olive Taxe)		90 »	

Nos	8 (1908)	0 (1920)	4 (1924)	5 (1925)
76 (30 c. rouge carminé Taxe)			90 »	
77 (40 c. rose Taxe)				90 »
78 (50 c. lilas Taxe)			140 »	
79 (1 f. brun-lilas s. paille Taxe)		90 »		
80 (1 c. olive Recouvrement)	200 »			
81 (10 c. violet Recouvrement)				150 »
82 (30 c. bistre Recouvrement)				150 »
83 (60 c. rouge Recouvrement)				150 »
88 (30 c. rose I)			1000 »	
89 (35 c. violet I)			1000 »	
91 (50 c. bleu Pasteur)			1000 »	

TIMBRES DE ROULETTES

Nos (Bloc de 6)	Sans Mill.	8 (1908)	0 (1910)	2 (1912)	3 (1913)	4 (1914)	5 (1915)	7 (1917)	8 (1918)
130 (15 c. vert-gris) IV								1600 »	1600 »
137 (5 c. vert I)	3750 »		750 »		750 »	750 »			
138 (10 c. rouge IA)	7000 »	375 »	375 »	375 »		375 »	375 »		
140 (25 c. bleu I)	»								

- Afin de différencier avec certitude les Sans Mill. de feuilles pour roulettes, il faut constater leur absence dans un bloc de 12 timbres (voir début de rubrique).

- On ne connaît actuellement qu'une feuille de 150 timbres (sans mill.) du 25 c. bleu. Elle se trouve au musée postal.

TIMBRES-POSTE AVEC VIGNETTES PERSONNALISÉES OU PERSONNALISABLES

Il convient de distinguer deux sortes de timbres :

- Les timbres avec vignette **personnalisée** ce sont les vignettes avec un logo de la Poste : “Service Philatélique de la Poste”, “Les Timbres Personnalisés”, “Meilleurs vœux”...

- Les timbres avec vignette **personnalisable** dont la vignette a été personnalisée à la demande de particuliers ou d’entrepises. Ces logos sont très variables.

2000. - *3e millénaire. Héliogravure. Dentelé 13 x 13½.*

3365 3 f. (0,46 €) multicolore 1 20 0 50

Imprimé attenant horizontalement à une vignette personnalisée sans valeur (symboles @ et "Meilleurs voeux"). Emis en petite feuille de 10 timbres+vignettes avec marges illustrées de nuages.

F3365 La feuille 12 » 8 »

2000. - *3e millénaire. Type du T.-P. de même date. Offset. Dentelé 13 x 13½.*

3365A 3 f. (0,46 €) multicolore (3365) 10 » 9 »

Imprimé attenant horizontalement à une vignette sans valeur, personnalisable par un portrait d'après photo, pendant toute la durée du 54e Salon philatélique d'Automne. Cette possibilité de personnalisation a été renouvelée et élargie pendant l'année 2001. (Musée de la Poste et Salons de Tours et Nancy).

Ce timbre a également été vendu par correspondance à partir de juillet 2002 avec vignette personnalisée "Cérès" ou "Les Timbres personnalisés" (voir note après le nº 3431 et 3432).

3365B Logo Cérès ou Timbres personnalisés 5 » 4 »

2001. - *Timbres pour naissances. "C'est un garçon", "Cest une fille". Types des T.-P. de même date. Impression offset avec vignette "Cérès" ou "Les timbres personnalisés". Dentelés 13.*

3431 3 f. (0,46 €) multicolore (3377) 5 » 4 »

3432 3 f. (0,46 €) multicolore (3378) 5 » 4 »

Ces timbres personnalisés (3431 et 3432), en offset, furent proposés lors du 55e Salon Philatélique d'Automne (8 au 11 novembre 2001), mais par suite d'une panne informatique, peu d'exemplaires furent réalisés. Ils furent proposés à nouveau à Bordeaux du 5 au 13 mai. Finalement ils furent mis en vente par correspondance à partir de juillet 2002 avec vignette personnalisée "Cérès - Service Philatélique de la Poste - Paris France" ou "Les Timbres personnalisés".

Emis en feuille de 10.

2001. - *Timbre de message. "merci". Type du T.-P. de même date. Impression offset avec vignette personnalisée "Cérès" ou "Les timbres personnalisés". Dentelé 13.*

3433 3 f. (0,46 €) multicolore (3379) 5 » 4 »

Voir note après le nº 3432.

2002. - *Timbre pour invitations. Type du T.-P. de même date. Sans bandes de phosphore. Impression offset avec vignette "Cérès" ou "Les timbres personnalisés" ou personnalisable. Dentelé 13.*

3479A 0,46 € or et multicolore 5 » 4 »

Emis en feuilles de 10 timbres avec vignettes attenantes personnalisées avec "Cérès - Service Philatélique de la Poste - Paris France" ou avec le logo "Les timbres personnalisés" ou personnalisables.

2002. - *Timbre pour anniversaires. Type du T.-P. de même date. Sans bandes de phosphore. Impression offset avec vignette "Cérès" ou "Les timbres personnalisés" ou personnalisable. Dentelé 13.*

3480A 0,46 € multicolore 5 » 4 »

Emis en feuilles de 10 timbres avec vignettes attenantes personnalisées avec "Cérès - Service Philatélique de la Poste - Paris France" ou avec le logo "Les timbres personnalisés" ou personnalisables.

2002. - *"Le Monde en réseau". Timbre destiné au courrier des Entreprises. Type du T.-P. de même date. Sans bandes de phosphore. Impression offset avec vignette "Cérès" ou "Les timbres personnalisés" ou personnalisable. Dentelé 13.*

3532A 0,46 € multicolore 6 » 4 »

Emis en feuilles de 10 timbres avec vignettes attenantes personnalisées avec "Cérès - Service Philatélique de la Poste - Paris France" ou avec le logo "Les timbres personnalisés" ou personnalisables.

2002. - *"Meilleurs Voeux". Type du T.-P. de même date. Sans bandes de phosphore. Impression offset avec vignette "Cérès" ou "Les timbres personnalisés" ou personnalisable. Dentelé 13.*

3533A 0,46 € multicolore 6 » 4 »

Emis en feuilles de 10 timbres avec vignettes attenantes personnalisées avec "Cérès - Service Philatélique de la Poste - Paris France" ou avec le logo "Les timbres personnalisés" ou personnalisables.

2003. - *Timbre pour anniversaires. Personnage de bande dessinée. Marsupilami, d'André Franquin et Batem. Type du T.-P. de même date. Sans bandes de phosphore. Impression offset avec vignette "Cérès" ou "Les timbres personnalisés"ou personnalisable. Dentelé 13. André Franquin & BATEM Marsu 2003.*

3569A 0,50 € multicolore 5 » 4 »

Emis en feuilles de 10 timbres avec vignettes attenantes personnalisées avec "Cérès - Service Philatélique de la Poste - Paris France" ou avec le logo "Les timbres personnalisés" ou personnalisables.

2003. - *Type Marianne du 14 Juillet. Type du T.-P. de 2001. Deux bandes de phosphore. Impression offset avec vignette "Cérès", "Les timbres personnalisés" ou personnalisables. Dentelé 13.*

3587A (sans val.) rouge (3417a) 4 » 3 »

Emis en feuilles de 15 timbres avec vignettes attenantes personnalisées avec "Cérès - Service Philatélique de la Poste - Paris France" pour l'une, avec le logo "Les timbres personnalisés" ou personnalisables.

Papier jaunâtre aux U.V., gomme jaunâtre et brillante ne pas confondre avec le n° 3417a.

Le timbre n° 3417a (papier fluorescent aux U.V., gomme blanche et mate) a été personnalisé et mis en vente en feuillets de 15 au 76e Congrès de la FFAP à Mulhouse du 6 au 9 juin 2003.

2003. - *"Meilleurs Voeux". Rouge-gorge. Sans bandes de phosphore. Type du T.-P. de même date. Impression offset avec vignette "Cérès" ou "Les timbres personnalisés" ou personnalisable. Dentelé 13.*

3621A 0,50 € multicolore 5 » 4 »

Emis en feuilles de 10 timbres avec vignettes attenantes personnalisées avec "Cérès - Service Philatélique de la Poste - Paris France" ou avec le logo "Les timbres personnalisés" ou personnalisables.

2003. - *"Meilleurs Voeux" (pour entreprises). Deux bandes de phosphore. Type du T.-P. de même date. Impression offset avec vignette "Cérès" ou "Les timbres personnalisés" ou personnalisable. Dentelé 13.*

3623A 0,50 € multicolore 5 » 4 »

Emis en feuilles de 10 timbres avec vignettes attenantes personnalisées avec "Cérès - Service Philatélique de la Poste - Paris France" ou avec le logo "Les timbres personnalisés" ou personnalisables.

2004. - *Saint-Valentin. Coeurs 2004 du courturier Karl Lagerfeld. Type des T.-P. de même date. Impression offset avec vignette "Cérès" ou "Les timbres personnalisés" ou personnalisable. Dentelés.*

3632A 0,50 € multicolore 4 » 3 »

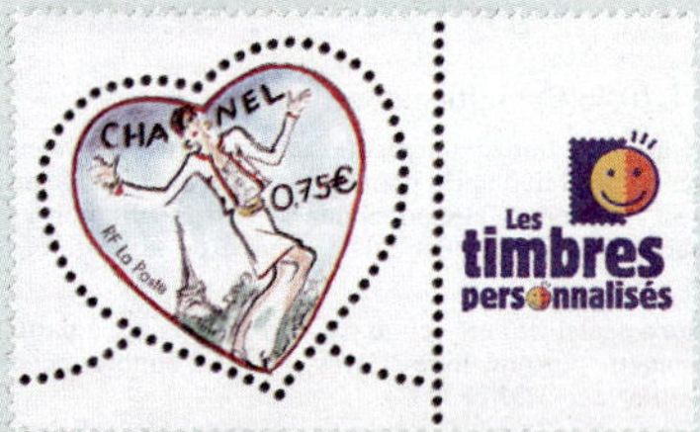

3633A 0,75 € multicolore 6 » 5 »

Emis chacun en feuilles de 10 timbres avec vignettes attenantes personnalisées avec "Cérès - Service Philatélique de la Poste - Paris France" ou avec le logo "Les timbres personnalisés" ou personnalisables.

2004. - *Timbre pour naissances. "C'est une fille". Type du T.-P. de même date. Deux bandes de phosphore. Papier gommé. Impression offset avec vignette "Cérès" ou "Les timbres personnalisés" ou personnalisable. Dentelé 13.*

3634A 0,50 € multicolore 5 » 4 »

Emis en feuilles de 10 timbres avec vignettes attenantes personnalisées avec "Cérès - Service Philatélique de la Poste - Paris France" ou avec le logo "Les timbres personnalisés" ou personnalisables.

2004. - *Timbre pour naissances. "C'est un garçon". Type du T.-P. de même date. Deux bandes de phosphore. Papier gommé. Impression offset avec vignette "Cérès" ou "Les timbres personnalisés" ou personnalisable. Dentelé 13.*

3635A 0,50 € multicolore 5 » 4 »

Emis en feuilles de 10 timbres avec vignettes attenantes personnalisées avec "Cérès - Service Philatélique de la Poste - Paris France" ou avec le logo "Les timbres personnalisés" ou personnalisables.

2004. - *Timbre de message. "Ceci est une invitation". Type du T.-P. de même date. Deux bandes de phosphore. Impression offset avec vignette "Cérès" ou "Les timbres personnalisés"ou personnalisable. "i" non perforés. Dentelé 13.*

3636A 0,50 € multicolore 5 » 4 »

Emis en feuilles de 10 timbres avec vignettes attenantes personnalisées avec "Cérès - Service Philatélique de la Poste - Paris France" ou avec le logo "Les timbres personnalisés" ou personnalisables.

2004. - *Timbre de message. "Un grand merci". Type du T.-P. de même date. Deux bandes de phosphore. Impression offset avec vignette "Cérès" ou "Les timbres personnalisés" ou personnalisable. "i" non perforé. Dentelé 13.*

3637A 0,50 € multicolore 5 » 4 »

Emis en feuilles de 10 timbres avec vignettes attenantes personnalisées avec "Cérès - Service Philatélique de la Poste - Paris France" ou avec le logo "Les timbres personnalisés" ou personnalisables.

2004. - *Timbre pour Anniversaires. Type du T.-P. de même date. Deux bandes de phosphore. Impression offset avec vignette "Cérès", "Les timbres personnalisés" ou personnalisables. Dentelé 13.*

3688A 0,50 € multicolore 5 » 4 »

Emis en feuilles de 10 timbres avec vignettes attenantes personnalisées avec "Cérès - Service Philatélique de la Poste - Paris France" ou avec le logo "Les timbres personnalisés" ou personnalisables.

2004. - *Type Marianne du 14 juillet. Types des T.-P. 2002 et 2003. Sans valeur indiquée pour les nos 3688G et 3688H (validité permanente). Deux bandes de phosphore. Impression offset avec vignette "Cérès" ou "Les timbres personnalisés" ou personnalisable. Gomme mate ou brillante. Couche de vernis. Dentelés 13.*

3688B	0,01 € jaune (3443)	0 30	0 20
3688C	0,02 € bistre-noir (3444)	0 30	0 20
3688D	0,05 € vert-émeraude (3445)	0 40	0 20
3688E	0,10 € violet-rouge (3446)	0 50	0 40
3688F	0,20 € orange (3447)	1 »	0 80
3688G	(sans val.) vert (3535A)	2 »	1 70
3688H	(sans val.) rouge (3417)	3 »	2 »
3688J	0,58 € jaune-olive (3570)	3 »	2 »
3688K	0,70 € vert-olive (3571)	3 »	2 50
3688L	0,75 € bleu ciel (3572)	3 »	2 50
3688M	0,90 € bleu foncé (3573)	4 »	3 »
3688N	1,00 € bleu-vert (3455)	4 »	3 »
3688P	1,11 € lilas (3574)	5 »	4 »
3688Q	1,90 € brun-prune (3575)	6 50	6 »
3688R	2,00 € violet (3457)	7 »	6 50
	Nos 3688B à 3688R (15 val.)	39 »	35 »

Emis en feuilles composées chacune de 15 timbres avec vignettes attenantes personnalisées avec "Cérès - Service Philatélique de la Poste - Paris France" ou avec le logo "Les timbres personnalisés" ou personnalisables.

F3688B La feuille 40 » 35 »

2004. - *"Meilleurs Voeux". Types des T.-P. de même date. Papier gommé. Impression offset avec vignette "Cérès" ou "Les timbres personnalisés" ou personnalisable. Deux bandes de phosphore. Dentelés 13.*

3722A	0,50 € multicolore	4 »	3 »
3723A	0,50 € multicolore	4 »	3 »
3724A	0,50 € multicolore	4 »	3 »
3725A	0,50 € multicolore	4 »	3 »
3726A	0,50 € multicolore	4 »	3 »
	Nos 3722A à 3726A (5 val.)	20 »	15 »

Emis en feuilles composées chacune de 2 séries nos 3722A à 3726A avec vignettes attenantes personnalisées avec "Cérès - Service Philatélique de la Poste - Paris France" ou avec le logo "Les timbres personnalisés" ou personnalisables.

F3722A La feuille 40 » 30 »

2004. - *Type Marianne du 14 Juillet. Type du T.-P. de 2001. Emis en roulettes et en feuilles avec petite ou grande vignette personnalisable. Sans valeur indiquée (validité permanente). Deux bandes de phosphore. Autoadhésif. Précoupé vertical en lignes ondulées.*

3729A (sans val.) rouge (3419) 6 » 5 »
a. petite vignette 5 » 4 »

Emis en roulettes sur support jaune avec petite ou grande vignette attenante personnalisable à destination des entreprises.

Emis également en feuilles de 50 timbres avec petites vignettes attenantes personnalisables (support blanc) à destination des entreprises ou en feuilles de 30 timbres avec grandes vignettes attenantes personnalisables (support blanc) à destination des entreprises.

2004. - *Type Marianne du 14 Juillet. Type du T.-P. de 2003. Impression avec grande vignette personnalisable. Deux bandes de phosphore. Autoadhésif. Précoupé vertical en lignes ondulées.*

3729B 0,75 € bleu ciel (3572) 12 » 10 »

Emis en feuilles de 30 timbres avec grandes vignettes attenantes personnalisables à destination des entreprises.

2004. - *Type Marianne du 14 Juillet. Type du T.-P. de 2003. Impression avec grande vignette "Cérès" ou "Les timbres personnalisés". Deux bandes de phosphore. Autoadhésif. Précoupé vertical en lignes ondulées.*

3729C 1,11 € brun-prune (3574) 8 » 6 »

Emis en feuilles de 30 timbres avec grandes vignettes attenantes personnalisées soit avec "Cérès - Service Philatélique de la Poste - Paris France", soit avec le logo "Les timbres personnalisés".

2004. - *Type Marianne du 14 Juillet. Type du T.-P. de 2003. Impression avec grande vignette personnalisable. Deux bandes de phosphore. Autoadhésif. Précoupé vertical en lignes ondulées.*

3729D 1,11 € lilas (3574) 12 » 10 »

Emis en feuilles de 30 timbres avec grandes vignettes attenantes personnalisables à destination des entreprises.

2005. - *Type Marianne de Lamouche. Type du T.-P. de 2005. Sans valeur indiquée (validité permanente). Deux bandes de phosphore. Impression offset avec vignette "Cérès" ou "Les timbres personnalisés" ou personnalisable. Dentelé 13. Légende ITVF.*

3741A (sans val.) rouge (3734) 3 » 2 »
a. légende Phil@poste 2 » 1 »

Emis en feuilles de 15 timbres avec vignettes attenantes personnalisées avec "Cérès - Service Philatélique de la Poste - Paris France" ou avec le logo "Les timbres personnalisés" ou personnalisables.

2005-06. - *Type Marianne de Lamouche. Type du T.-P. de 2005. Emis en feuilles avec vignette personnalisable. Sans valeur indiquée (validité permanente) (Lettre 20 g). Deux bandes de phosphore. Autoadhésif. Dentelé 11 sur 4 côtés. Légende ITVF.*

3744A (sans val.) rouge 4 » 3 »

Emis en feuilles de 15 timbres avec vignettes attenantes personnalisables.

2005. - *Saint-Valentin. Coeurs 2005 du couturier Cacharel. Types des T.-P. de même date. Impression offset avec vignette "Cérès" ou "Les timbres personnalisés" ou "Bonne fête maman" ou "Bonne fête papa" ou personnalisable. Dentelés.*

3747A 0,53 € multicolore 4 » 3 »

Le timbre n° 3747A a été émis en feuilles de 10 timbres avec vignettes attenantes personnalisées avec "Cérès - Service Philatélique de la Poste - Paris France" ou avec le logo "Les timbres personnalisés" ou avec "Bonne fête maman" ou avec "Bonne fête papa" ou personnalisables.

3748A 0,82 € multicolore 5 » 4 »

Le timbre n° 3748A a été émis en feuilles de 10 timbres avec vignettes attenantes personnalisées avec "Cérès - Service Philatélique de la Poste - Paris France" ou avec le logo "Les timbres personnalisés" ou personnalisables.

2005. - *Timbre de message. "Ceci est une invitation". Type du T.-P. de même date. Impression offset avec vignette "Cérès" ou "Les timbres personnalisés" ou personnalisable. "i" non perforés. Deux bandes de phosphore. Dentelé 13.*

3760A (sans val.) multicolore 3 » 2 »

Emis en feuilles de 10 timbres avec vignettes attenantes personnalisées avec "Cérès - Service Philatélique de la Poste - Paris France" ou avec le logo "Les timbres personnalisés" ou personnalisables.

2005-06. - *Timbre de message. "Ceci est une invitation". Type du T.-P. de même date. Impression offset avec vignette personnalisable. Deux bandes de phosphore. Autoadhésif. Dentelé 11.*

3760B (sans val.) multicolore 4 » 3 »

Emis en feuilles de 10 timbres avec vignettes attenantes personnalisables.

2005. - *Timbre de message. "Un grand merci". Type du T.-P. de même date. Impression offset avec vignette "Cérès" ou "Les timbres personnalisés" ou personnalisable. "i" non perforé. Deux bandes de phosphore. Dentelé 13.*

3761A (sans val.) multicolore 3 » 2 »

Emis en feuilles de 10 timbres avec vignettes attenantes personnalisées avec "Cérès - Service Philatélique de la Poste - Paris France" ou avec le logo "Les timbres personnalisés" ou personnalisables.

2005-06. - *Timbre de message. "Un grand merci". Type du T.-P. de même date. Impression offset avec vignette personnalisable. Deux bandes de phosphore. Autoadhésif. Dentelé 11.*

3761B (sans val.) multicolore 4 » 3 »

Emis en feuilles de 10 timbres avec vignettes attenantes personnalisables.

2005. - *Timbre pour Anniversaires. Bande dessinée. Centenaire de Bécassine, du dessinateur Joseph Porphyre Pinchon. Type du T.-P. de même date. Impression offset avec vignette "Cérès" ou "Les timbres personnalisés" ou personnalisable. Deux bandes de phosphore. Dentelé 13¼.*

3778A (sans val.) multicolore 6 » 5 »

Emis en feuilles de 10 timbres avec vignettes attenantes personnalisées avec "Cérès - Service Philatélique de la Poste - Paris France" et " ANS " pour l'une, avec le logo " Les timbres personnalisés " et " ANS" pour l'autre, ou personnalisables.

2005-06. - *Timbre pour Anniversaires. Bande dessinée. Centenaire de Bécassine, du dessinateur Joseph Porphyre Pinchon. Type du T.-P. de même date. Impression offset avec vignette personnalisable. Deux bandes de phosphore. Autoadhésif. Dentelé 11.*

3778B (sans val.) multicolore 20 » 15 »

Emis en feuilles de 10 timbres avec vignettes attenantes personnalisables.

2005-06. - *Type Marianne de Lamouche. Type du T.-P. de 2005. Emis en roulettes et feuilles avec petite ou grande vignette personnalisable. Sans valeur indiquée (validité permanente) (Lettre 20 g). Deux bandes de phosphore. Autoadhésif. Précoupé vertical en lignes ondulées.*

3802A (Sans val.) rouge (3744)

Légende ITVF	4 »	3 »
a. (Petite vignette)	4 »	3 »
b. (Dentelé sur 4 côtés, légende Phil@poste, grande vignette)	2 50	1 50
c. (Dentelé sur 4 côtés, légende Phil@poste, petite vignette)	2 50	1 50

Emis en roulettes sur support jaune au verso avec petite ou grande vignette attenante personnalisable à destinations des entreprises.

Emis également en feuilles de 30 timbres avec grandes vignettes attenantes personnalisables à destination des entreprises (nº 3802A - légende ITVF) ou en feuilles de 50 timbres avec petites vignettes attenantes personnalisables à destination des entreprises (nº 3802Aa - légente ITVF).

Emis en feuilles de 10 timbres avec grandes vignettes attenantes personnalisables (nº 3802Ab - légende Phil@poste) ou en feuilles de 15 timbres avec petites vignettes attenantes personnalisables (nº 3802Ac - légende Phil@poste).

2005-06. - *Type Marianne de Lamouche. Type du T.-P. de 2005. Impression avec petite ou grande vignette personnalisable. Deux bandes de phosphore. Autoadhésif. Précoupé vertical en lignes ondulées.*

3802B 0,82 € lilas-brun clair (3757) *Légende*

ITVF	10 »	8 »
a. (Dentelé sur 4 côtés, légende Phil@poste, grande vignette)	8 »	6 »
b. (Dentelé sur 4 côtés, légende Phil@poste, petite vignette)	8 »	6 »

Emis en feuilles de 30 timbres avec grandes vignettes attenantes personnalisable à destination des entreprises.

Emis en feuilles de 10 timbres avec grandes vignettes attenantes personnalisables (nº 3802Ba - légende Phil@poste) ou en feuilles de 15 timbres avec petites vignettes attenantes personnalisables (nº 3802Bb - légende Phil@poste).

2005. - *Type Marianne de Lamouche. Type du T.-P. de 2005. Impression avec grande vignette personnalisable. Deux bandes de phosphore. Autoadhésif. Précoupé vertical en lignes ondulées.*

3802C 1,22 € lilas (3758) *Légende ITVF* 12 » 10 »

Emis en feuilles de 30 timbres avec grandes vignettes attenantes personnalisables à destination des entreprises.

2005-06. - *Type Marianne de Lamouche. Type du T.-P. de 2005. Légende Phil@poste. Impression avec grande ou petite vignette personnalisable. Deux bandes de phosphore. Autoadhésif. Dentelés sur 4 côtés.*

3802D 0,55 € bleu (3755) (grande vignette) 20 » 15 »
a. (Petite vignette) 15 » 12 »

Emis en feuuilles de 10 timbres avec grandes vignettes attenantes personnalisables (n° 3802D - légende Phil@poste) ou en feuilles de 15 timbres avec petites vignettes attenantes personnalisables (n° 3802Da - légende Phil@poste).

2005. - *Timbre pour naissances. "C'est une fille". Type du T.-P. de même date. Impression offset avec vignette "Cérès" ou "Les timbres personnalisés" ou personnalisable. Papier gommé. Deux bandes de phosphore. Dentelé 13.*

3804A (sans val.) multicolore 3 » 2 »

Emis en feuilles de 10 timbres avec vignettes attenantes personnalisées avec "Cérès - Service Philatélique de la Poste - Paris France" ou avec le logo "Les timbres personnalisés" ou personnalisables.

2005-06. - *Timbre pour naissances. "C'est une fille". Type du T.-P. de même date. Impression offset avec vignette personnalisable. Deux bandes de phosphore. Autoadhésif. Dentelé 11.*

3804B (sans val.) multicolore 4 » 3 »

Emis en feuilles de 10 timbres avec vignettes attenantes personnalisables.

2005. - *Timbre pour naissances. "C'est un garçon". Type du T.-P. de même date. Impression offset avec vignette "Cérès" ou "Les timbres personnalisés" ou personnalisable. Papier gommé. Deux bandes de phosphore. Dentelé 13.*

3805A (sans val.) multicolore 3 » 2 »

Emis en feuilles de 10 timbres avec vignettes attenantes personnalisées avec "Cérès - Service Philatélique de la Poste - Paris France" ou avec le logo "Les timbres personnalisés" ou personnalisables.

2005-06. - *Timbre pour naissances. "C'est un garçon". Type du T.-P. de même date. Impression offset avec vignette personnalisable. Deux bandes de phosphore. Autoadhésif. Dentelé 11.*

3805B (sans val.) multicolore 4 » 3 »

Emis en feuilles de 10 timbres avec vignettes attenantes personnalisables.

2005. - *"Meilleurs Voeux". Types des T.-P. de même date. Papier gommé. Impression offset avec vignette "Cérès" ou "Les timbres personnalisés" ou personnalisable. Deux bandes de phosphore. Dentelés 13.*

3853A (sans val.) multicolore 7 » 6 »
3854A (sans val.) multicolore 7 » 6 »
3855A (sans val.) multicolore 7 » 6 »
3856A (sans val.) multicolore 7 » 6 »
3857A (sans val.) multicolore 7 » 6 »
Nos 3853A à 3857A (5 val.) 35 » 30 »

Emis en feuilles composées chacune de 2 séries nos 3853A à 3857A avec vignettes attenantes personnalisées avec "Cérès - Service Philatélique de la Poste - Paris France" ou avec le logo "Les timbres personnalisés" ou personnalisables.

F3853A La feuille 70 » 60 »

2006. - *Saint-Valentin. Coeurs 2006 du couturier Stéphane Rolland de la Maison Jean-Louis Scherrer. Type du T.-P. de même date. Impression offset avec vignette "Cérès", "Les timbres personnalisés", "Je t'aime" ou "Bonne fête maman" en 10 langues ou personnalisable. Dentelé.*

3861A (sans val.) multicolore 3 » 2 »

Emis en feuilles de 10 timbres avec vignettes attenantes personnalisées avec "Cérès - Service Philatélique de la Poste - Paris France" ou avec le logo "Les timbres personnalisés" ou "Je t'aime" ou "Bonne fête maman" en 10 langues ou personnalisables.

F3861A La feuille *"Je t'aime"* en 10 langues 25 » 20 »
F3861B La feuille *"Bonne fête maman"* en 10 langues 25 » 20 »

2006. - *Saint-Valentin. Coeurs 2006 du couturier Stéphane Rolland de la Maison Jean-Louis Scherrer. Type du T.-P. de même date. Impression offset avec vignette "Cérès", "Les timbres personnalisés" ou personnalisable. Dentelé.*

3862A (sans val.) multicolore 4 » 3 »

Emis en feuilles de 10 timbres avec vignettes attenantes personnalisées avec "Cérès - Service Philatélique de la Poste - Paris France", avec le logo "Les timbres personnalisés" ou personnalisables.

2005-06. - *Saint-Valentin. Coeurs 2006 du couturier Stéphane Rolland de la Maison Jean-Louis Scherrer. Type du T.-P. de même date. Impression offset avec vignette personnalisable. Autoadhésif. Dentelé.*

3863A	(sans val.) multicolore	4 »	3 »

Emis en feuilles de 10 timbres avec vignettes attenantes personnalisables.

2005-06. - *Saint-Valentin. Coeurs 2006 du couturier Stéphane Rolland de la Maison Jean-Louis Scherrer. Type du T.-P. de même date. Impression offset avec vignette personnalisable. Autoadhésif. Dentelé.*

3864A	(sans val.) multicolore	5 »	4 »

Emis en feuilles de 10 timbres avec vignettes attenantes personnalisables.

2006. - *Art. Peinture. Les impressionnistes. Sans valeur indiquée (validité permanente) (Lettre 20 g). Types des T.-P. de même date. Papier gommé. Impression offset avec vignette "Cérès" ou "Les timbres personnalisés" ou personnalisable. Deux bandes de phosphore. Dentelés.*

3866A	(sans val.) multicolore	2 »	1 50
3867A	(sans val.) multicolore	2 »	1 50
3868A	(sans val.) multicolore	2 »	1 50
3869A	(sans val.) multicolore	2 »	1 50
3870A	(sans val.) multicolore	2 »	1 50
3871A	(sans val.) multicolore	2 »	1 50
3872A	(sans val.) multicolore	2 »	1 50
3873A	(sans val.) multicolore	2 »	1 50
3874A	(sans val.) multicolore	2 »	1 50
3875A	(sans val.) multicolore	2 »	1 50
	Nos 3866A à 3875A (10 val.)	20 »	15 »
F3866A	La feuille	20 »	15 »

Emis en feuilles, soit avec chacun des 10 timbres attenant à une vignette personnalisée avec "Cérès - Service Philatélique de la Poste", soit avec chacun des 10 timbres attenant à une vignette personnalisée avec le logo "Les timbres personnalisés" ou personnalisables.

F3866B	La feuille (10 val. autoadhésifs)	25 »	20 »

2006. - *Type Marianne de Lamouche. Type du T.-P. de 2005. Héliogravure. Sans bandes de phosphore. Papier brillant. Gomme mate. Dentelé 13.*

3916A	0,10 € violet (3732)	3 »	2 »

Emis en feuilles de 10 timbres attenant chacun à une vignette "Timbres Plus" (cadeau de la Poste pour ses réservataires).

2006. - *Type Marianne de Lamouche. Types des T.-P. de 2005. Légende Phil@poste (au lieu d'ITVF). Sans valeur indiquée pour les nos 3925D et 3925E (validité permanente). Deux bandes de phosphore. Impression offset avec vignette "Cérès" ou "Les timbres personnalisés" ou personnalisable. Couche de vernis. Dentelés 13.*

3925A	0,01 € jaune (3731)	0 30	0 20
3925B	0,05 € bistre-noir (3754)	0 30	0 20
3925C	0,10 € violet-rouge (3732)	0 40	0 30
3925D	(sans val.) vert (3733)	2 50	2 »
3925E	(sans val.) rouge (3734)	2 50	2 »
3925F	0,55 € bleu (3755)	3 »	2 »
3925G	0,64 € vert-olive (3756)	3 »	2 »
3925H	0,75 € bleu ciel (3737)	3 »	2 50
3925J	0,82 € lilas-brun clair (3757)	3 »	2 50
3925K	0,90 € bleu foncé (3738)	4 »	3 »
3925L	1,00 € orange (3739)	4 »	3 »
3925M	1,22 € lilas (3758)	5 »	3 50
3925N	1,98 € brun-prune (3759)	8 »	7 »
	Nos 3925A à 3925N (13 val.)	42 »	30 »

Emis en feuille de 15 timbres attenant chacun à une vignette personnalisée avec "Cérès - Service Philatélique de la Poste" ou en feuille de 15 timbres attenant chacun à une vignette personnalisée avec le logo "Les timbres personnalisés" ou en feuille de 15 timbres attenant chacun à une vignette personnalisable, les timbres nos 3925D et 3925E figurant deux fois dans les feuilles.

F3925A	La feuille	45 »
F3925P	La feuille (15 val. autoadhésifs)	60 »

2006. - *Timbre pour Anniversaires. Bande dessinée. 75 ans de l'éléphant Babar par l'auteur et dessinateur Laurent de Brunhoff. Type du T.-P. de même date. Impression offset avec vignette "Cérès" ou "Les timbres personnalisés". Deux bandes de phosphore. Dentelé 13¼. Babar ™ and © Nelvana Jointly Licensed by Nelvana Ross.*

3927A	(sans val.) multicolore	3 »	2 »

Emis en feuilles de 10 timbres, soit avec chacun des 10 timbres attenant à une vignette personnalisée avec "Cérès - Service Philatélique de la Poste", soit avec chacun des 10 timbres attenant à une vignette personnalisée avec le logo "Les timbres personnalisés" ou personnalisable.

2006. - *Timbre pour Anniversaires. Bande dessinée. 75 ans de l'éléphant Babar par l'auteur et dessinateur Laurent de Brunhoff. Type du T.-P. de même date. Impression offset avec vignette personnalisable. Deux bandes de phosphore. Autoadhésif. Dentelé. Babar ™ and © Nelvana Jointly Licensed by Nelvana Ross.*

3927B	(sans val.) multicolore	4 »	3 »

Emis en feuille de 10 timbres avec vignettes attenantes personnalisables.

2006. – *Sport. Football. "Merci les Bleus". Offset. Papier gommé. Deux bandes de phosphore. Dentelé 13.*

Type du T. -P. de même date.

3936A 0,53 € *Mains et ballon* (3936) 4 » 3 »

Impression avec vignette "Cérès" ou "Les timbres personnalisés".

Emis en feuilles de 10 timbres, soit avec chacun des 10 timbres attenant à une vignette personnalisée avec "Cérès - Service Philatélique de la Poste", soit avec chacun des 10 timbres attenant à une vignette personnalisée avec le logo "Les timbres personnalisés".

2006. – *Sport. Football. "Merci les Bleus". Offset. Autoadhésif. Deux bandes de phosphore. Dentelé 11.*

Type du T. -P. de 2006.

3936B 0,53 € *Mains et ballon* (3936A) 5 » 4 »

Impression avec vignette personnalisable

Emis en feuilles de 10 timbres avec vignettes attenantes personnalisables.

2006. – *Type Marianne de Lamouche. Taille-douce numérique. Autoadhésif. Deux bandes de phosphore. Dentelé 11 sur 4 côtés.*

Type du T. -P. de 2006.

3966A 0,60 € bleu (3966) 4 » 3 »

a. (Petite vignette) 3 50 2 50

Impression avec grande vignette personnalisable.

Le timbre n° 3966A est émis en feuilles de 10 timbres avec grandes vignettes attenantes personnalisables.

Le timbre n° 3966Aa est émis en feuilles de 15 timbres avec petites vignettes attenantes personnalisables.

2006. – *Type Marianne de Lamouche. Taille-douce numérique. Autoadhésif. Deux bandes de phosphore. Dentelé 11 sur 4 côtés.*

Type du T. -P. de 2006.

3969A 0,86 € lilas-brun clair (3969) 5 » 4 »

a. (Petite vignette) 4 » 3 »

Impression avec grande vignette personnalisable.

Le timbre n° 3969A est émis en feuilles de 10 timbres avec grandes vignettes attenantes personnalisables.

Le timbre n° 3969Aa est émis en feuilles de 15 timbres avec petites vignettes attenantes personnalisables.

2006. – *"Meilleurs Vœux". Offset. Papier gommé. Deux bandes de phosphore. Multicolore. Dentelés.*

Types des T. -P. de même date. Impression avec vignette « Cérès » ou « Les timbres personnalisés ».

Sans valeur indiquée (validité permanente).

3986A (Lettre 20 g) *Manchots et renne en traîneau* 3 » 2 40

3987A (Lettre 20 g) *Renne pêchant et manchots se baignant* 3 » 2 40

3988A (Lettre 20 g) *Renne et manchots décorant un sapin* 3 » 2 40

3989A (Lettre 20 g) *Manchots regardant le renne patiner* 3 » 2 40

3990A (Lettre 20 g) *Renne avec paquet cadeau et manchots dans des paquets cadeaux* 3 » 2 40

N°s 3986A à 3990A (10 val.) 15 » 12 »

Emis en feuilles composées chacune de 2 séries n° 3986A à 3990A avec vignettes attenantes personnalisées avec « Cérès – Service Philatélique de la Poste – Paris France » ou avec le logo « Les timbres personnalisés ».

Le timbre n° 3986A a également été émis en feuille de 5 timbres attenant chacun à une vignette personnalisée par « Meilleurs vœux pour 2007 » (cadeau de la Poste pour ses réservataires).

F3986A. Feuille "Meilleurs Voeux" de 2006 (manchots et renne) (papier gommé) 30 »

Feuille "Meilleurs Vœux" avec vignettes attenantes "Cérès" ou "Les timbres personnalisés".

2006. – *"Meilleurs Vœux". Offset. Autoadhésifs. Deux bandes de phosphore. Multicolore. Dentelés 11.*

Types des T. -P. de même date. Impression avec vignette personnalisable.

Sans valeur indiquée (validité permanente).

3986B	(Lettre 20 g) *Manchots et renne en traîneau* (3986A)	6 »	5 »
3987B	(Lettre 20 g) *Renne pêchant et manchots se baignant* (3987A)	6 »	5 »
3988B	(Lettre 20 g) *Renne et manchots décorant un sapin* (3988A)	6 »	5 »
3989B	(Lettre 20 g) *Manchots regardant le renne patiner* (3989A)	6 »	5 »
3990B	(Lettre 20 g) *Renne avec paquet cadeau et manchots dans des paquets cadeaux* (3990A)	6 »	5 »

Emis en feuilles composées chacune de 2 séries n° 3986B à 3990B avec vignettes attenantes personnalisables.

F3986B. Feuille "Meilleurs Voeux" de 2006 (manchots et renne) (autoadhésive) 60 »

Feuille "Meilleurs Vœux" avec vignettes attenantes personnalisables.

F3986C. Feuille "Meilleurs Voeux" avec vignette"Bonne Année 2007" 10 langues 35 »

La série n° 3986A à 3990A a également été émise en feuille composée de 2 séries n° 3986A à 3990A avec vignettes attenantes personnalisées par « Bonne année 2007 » en 10 langues.

2007. – *Année lunaire chinoise du Cochon. Offset. Papier gommé. Deux bandes de phosphore. Dentelé 13½ x 13.*

Sans valeur indiquée (validité permanente).
Type du T. -P. de même date.

4001A	(Lettre 20 g) *Cochon, œuvre originale de Li Zhongyao, peintre et calligraphe*	4 »	3 »

Impression avec vignette "Cérès" ou "Les timbres personnalisés".

Emis en feuilles de 5 timbres avec vignettes attenantes personnalisées soit avec "Cérès - Service Philatélique de la Poste - Paris France", soit avec le logo "Les timbres personnalisés".

2007. – *Année lunaire chinoise du Cochon. Offset. Autoadhésif. Deux bandes de phosphore. Dentelé 11.*

Type du T. -P. de même date.
Sans valeur indiquée (validité permanente).

4001B	(Lettre 20 g) *Cochon, œuvre originale de Li Zhongyao, peintre et calligraphe* (4001A)	5 »	4 »

Impression avec vignette personnalisable.

Emis en feuille de 10 timbres avec vignettes attenantes personnalisables.

2007. – *L'Arc de Triomphe. Papier gommé. Deux bandes de phosphore. Multicolore. Dentelé 13.*

Sans valeur indiquée (validité permanente).
Type du T. -P. de 2003.

4027A	(Lettre prioritaire 20 g) *L'Arc de Triomphe illuminé*	2 »	1 50

Impression avec vignettes personnalisées "J'aime Paris" en 10 langues.

Emis en feuilles de 10 timbres attenant chacun à une vignette personnalisée par "J'aime Paris" en 10 langues".

F4027A. Feuille "Arc de Triomphe" avec vignettes perso. "J'aime Paris 10 langues". 20 »

Feuille composée de 10 timbres n° 4027A attenant chacun à une vignette personnalisée par « J'aime Paris » en 10 langues.

2007. – *L'Arc de Triomphe. Autoadhésif. Deux bandes de phosphore. Dentelé 11.*

Type du T. -P. de même date.
Sans valeur indiquée (validité permanente).

4027B	(Lettre prioritaire 20 g) *L'Arc de Triomphe illuminé* (4027A)	2 50	2 »

Impression avec vignette personnalisable.

Emis en feuille de 10 timbres avec vignettes attenantes personnalisables.

2007. – *"Allez les petits". Timbre annonce de la VIe Coupe du monde de Rugby en France en 2007. Offset. Papier gommé. Deux bandes de phosphore. Dentelé 13 x 13¼.*

Type du T. -P. de même date.

4032A 0,54 € *Encouragement du commentateur sportif Roger Couderc (1918-1984) et joueurs* 3 » 2 »

Impression avec vignette "Cérès" ou "Les timbres personnalisés".

Emis en feuilles de 5 timbres avec vignettes attenantes personnalisées soit avec "Cérès - Service Philatélique de la Poste - Paris France", soit avec le logo "Les timbres personnalisés".

2007. – *"Allez les petits". Timbre annonce de la VIe Coupe du monde de Rugby en France en 2007. Offset. Autoadhésif. Deux bandes de phosphore. Dentelé 11.*

Type du T. -P. de même date.

4032B 0,54 € *Encouragement du commentateur sportif Roger Couderc (1918-1984) et joueurs* (4032A) 3 50 3 »

Impression avec vignette personnalisable.

Emis en feuille de 10 timbres avec vignettes attenantes personnalisables.

2007. – *Type Marianne de Lamouche. Offset. Papier gommé. Deux bandes de phosphore. Dentelés 13.*

Types des T. -P. de 2006. Impression avec vignettes "Cérès" ou "Les timbres personnalisés".

Type du T. -P. n° 3731b.

4048A 0,01 € jaune

Type du T. -P. n° 3754b.

4048B 0,05 € bistre noir

4048C 0,10 € gris (3965)

Type du T. -P. n° 3733b.

4048D (sans val.) vert

Type du T. -P. n° 3734b.

4048E (sans val.) rouge

4048F 0,60 € bleu (3966)

4048G 0,70 € vert-olive (3967)

4048H 0,85 € violet rouge (3968)

4048J 0,86 € lilas-brun clair (3969)

Type du T. -P. n° 3739b.

4048K 1,00 € orange

4048L 1,15 € bleu ciel (3970)

4048M 1,30 € lilas (3971)

4048N 2,11 € brun-prune (3972)

Emis en feuille de 15 timbres attenant chacun à une vignette personnalisée avec "Cérès -Service Philatélique de la Poste" ou en feuille de 15 timbres attenant chacun à une vignette personnalisée avec le logo "Les timbres personnalisés", les timbres n° 4048D et 4048E figurant deux fois dans la feuille.

F4048A. Feuille de 15 Type Marianne de Lamouche 13 couleurs différentes (papier gommé) 28 »
La feuille de 15 valeurs.

2007. – *Type Marianne de Lamouche. Offset. Autoadhésifs. Deux bandes de phosphore. Dentelés 11.*

Types des T. -P. de même date. Impression avec vignettes personnalisables.

4048P 0,01 € jaune (4048A)

4048Q 0,05 € bistre noir (4048B)

4048R 0,10 € gris (4048C)

4048S (sans val.) vert (4048D)

4048T (sans val.) rouge (4048E)

4048U 0,60 € bleu (4048F)

4048V 0,70 € vert-olive (4048G)

4048W 0,85 € violet rouge (4048H)

4048X 0,86 € lilas-brun clair (4048J)

4048Y 1,00 € orange (4048K)

4048Z 1,15 € bleu ciel (4048L)

4048AA 1,30 € lilas (4048M)

4048AB 2,11 € brun-prune (4048N)

Emis en feuille de 15 timbres attenant chacun à une vignette personnalisable, les timbres n° 4048S et 4048T figurant deux fois dans la feuille.

F4048P. Feuille de 15 Type Marianne de Lamouche 13 couleurs différentes (autoadhésives) 36 »
La feuille de 15 valeurs autoadhésives.

DOCUMENTS OFFICIELS (Doc)

Collection historique réalisée par l'Administration.

De 1973 à 1992, l'Administration des Postes et Télécommunications a réalisé pour le « Musée Postal », à l'occasion de chaque parution de timbre, un Document mis en vente pendant 8 semaines.

De format 22 x 29,7, tiré sur les presses de l'Imprimerie des Timbres-Poste à Périgueux, ce Document, qui est sur velin pur chiffon d'Arches, comporte :
- le texte de la notice officielle
- l'impression du poinçon original
- une illustration gravée
- le timbre oblitéré du cachet Premier Jour
- la marque à sec de l'Imprimerie du Timbre
- le n° d'ordre de parution (que nous indiquons avant le sujet).

Depuis 1993, le « Document Philatélique Officiel édité par la Poste et tiré sur les presses de l'Imprimerie des Timbres-Poste et des Valeurs Fiduciaires » ne comporte plus de numéro d'ordre de parution ; la période de mise en vente a été portée à un an.

A compter de 2000 le papier utilisé est un Montevrain Lana Vélin.

OBLITÉRATIONS « PREMIER JOUR » (1er j.)

Le premier timbre ayant fait l'objet d'une mise en vente anticipée régulière fut le 20 c. Rouget de l'Isle, disponible à Lons-le-Saunier et à Paris R.P. dès le 27 juin 1936. Cette exception devint une règle à peu près constante à partir du timbre Péguy (juin 1950) ; une oblitération spéciale dite « Premier Jour » l'a sanctionnée à partir du timbre Fontainebleau (février 1951) ; avec le 15 f. Jules Ferry (mars 1951), un modèle standard d'oblitération fut adopté, qui au début de 1966 (voir pages suivantes), a été modifié.

Ce type de marque n'a cependant pas l'exclusivité de la qualification « Premier Jour ». Un certain nombre d'oblitérations spéciales, illustrées ou non, de grand ou de petit format, ont pleine valeur de « Premiers Jours ». Il en est de même de quelques oblitérations ordinaires, sous réserve d'origine et de date déterminées.

Premier Jour (PJ)

Grand Format (GF)

Petit Format spécial (PF)

Ordinaire (O)

Grand Format - Premier Jour (GF-PJ)

SUR ENVELOPPES illustrées ou non

La plupart des enveloppes émises avant 1950 se présentent non illustrées.

1936	(Doc)	(1er j)
20 c. Rouget de l'Isle (O), Lons-le-Saunier, 27/6		90 »
75 c. et 1 f. Vimy (PF), Vimy, 26/7		125 »

1938	(Doc)	(1er j)
Journée du Timbre, oblit. format ord.		45 »

1939	(Doc)	(1er j)
Journée du Timbre, oblit. format ord. 5/3		25 »

1940	(Doc)	(1er j)
Journée du Timbre		35 »

1941	(Doc)	(1er j)
Journée du Timbre		35 »

1942	(Doc)	(1er j)
Journée du Timbre, oblit. (GF), ill. 19/4		12 »

1943	(Doc)	(1er j)
Journée du Timbre, oblit. (GF), ill. 10/10		15 »
4 f. Beaune (GF), Beaune, 21/7		25 »

1944	(Doc)	(1er j)
1 f. 50+3 f. 50, Journée du Timbre (GF), 9/12		38 »

1945	(Doc)	(1er j)
4 f. + 2 f. Oradour (GF), Oradour, 13/10		30 »
2 f. + 3 f. Journée du Timbre (GF), 13/10		35 »

1946	(Doc)	(1er j)
2 f. + 3 f. Musée Postal (GF), Paris-Salon de la Philatélie, 25/5		5 50
3 f. + 2 f. Journée du Timbre (GF), 29/6		25 »
5 f. Vézelay (GF), Vézelay, 21/7		35 »
3 f. et 10 f. Conférence de Paris (PF), Paris 29/7		10 »
10 f. U.N.E.S.C.O. (PF), Paris, 19/11		20 »

1947	(Doc)	(1er j)
4 f. 50+5 f. 50, Journée du Timbre (GF), 15/3		30 »
3 f. 50, 4 f. 50, 6 f., 10 f., U.P.U. (PF), Paris, 7/5		125 »
500 f. U.P.U. (PF), Paris, 7/5		350 »
4 f. 50, Pavie (PF), Dinan, 1/6		18 »
4 f. 50, Fénelon (GF), Cambrai, 12/7		18 »
6 f. + 4 f. Saint-Nazaire (GF), Saint-Nazaire, 2/8		40 »
5 f. Jamboree (PF), Moisson (S.-et-O.), 2/8		35 »

1948	(Doc)	(1er j)
6 f. +4 f. Journée du Timbre (GF), 6/3		30 »
12 f. et 18 f. Nations Unies (PF),		
bureau temporaire de Chaillot, 21/9		35 »

1949	(Doc)	(1er j)
15 f.+5 f. Journée du Timbre Choiseul (GF), 26/3		27 »
12 f. Dauphiné (GF), Grenoble et Romans, 14/5		55 »
Bloc CITEX (GF et grille), Paris-Grand Palais, 1/6		85 »
Série C.I.T.T. (PF), Paris, bureau temporaire du		
Congrès, 13/6,		400 »

1950	(Doc)	(1er j)
12 f. + 3 f. Journée du Timbre (GF), 11/3		38 »
12 f. Péguy (O). Toutes oblitérations de l'Eure-et-Loir		
et du Loiret du 10/6		110 »
12 f. Rabelais (O), Chinon et Meudon, 24/6		110 »
Révolutionnaires de 1789 (CD), Paris, 10/7		1000 »
8 f. Châteaudun (PF), Châteaudun, 25/11		85 »
15 f. Madame de Sévigné (O), Grignan, 25/11		450 »
(PF), Hôtel Carnavalet, 25/11		85 »
15 f. Madame Récamier (O), Lyon, 9/12		85 »
Paire Croix-Rouge (GF), Paris-Musée Postal, 22/12 (2 env.)		430 »

1951	(Doc)	(1er j)
12 f. Fontainebleau (PJ), Fontainebleau, 20/1		250 »
12 f. + 3 f. Journée du Timbre (GF), 10/3		160 »
15 f. Jules Ferry (PJ), Saint-Dié, 17/3		225 »
25 f. Textile (Lille) (O), 9/4		140 »
15 f. Saint J.-B. de La Salle (GF) Reims, 28/4		90 »
15 f. Troupes coloniales (GF), Paris, 12/5		70 »
15 f. Idem. Bordeaux - Congrès fédéral, 12/5		125 »
25 f. D'Indy (PJ), Paris, 15/5		75 »
5 f. + 1 f. A. de Musset (PJ), Paris, 2/6		125 »
8 f. + 2 f. Delacroix (PJ), Saint-Maurice, 2/6		125 »
10 f. + 5 f. Gay-Lussac (PJ),		
Saint-Léonard-de-Noblat, 2/6		160 »
12 f. + 14 f. Surcouf (PJ), Saint-Malo, 12/6		160 »
15 f. + 5 f. Talleyrand (PJ), Paris, 12/6		125 »
30 f. + 10 f. Napoléon (PJ), Ajaccio, 2/6		170 »
La série, Musset à Napoléon (sur 1 enveloppe)		850 »
12 f. Médecine vétérinaire (PF), Journée vétérinaire		
d'Alfort, 8/6		60 »
15 f. Médecine militaire (GF), Paris - Val-de-Grâce, 17/6		60 »
15 f. Saint-Nicolas (GF), Epinal - Imagerie, 23/6		60 »
30 f. Arbois (PJ), Arbois, 23/6		60 »
15 f. Bimillénaire de Paris (GF), Paris - Musée de Cluny, 7/7		40 »
12 f. Noguès (PJ), Rennes, 13/10		65 »
(GF), Paris exposition philatélique, 13/10		100 »
8 f. Baudelaire (PJ), Paris, 27/10		50 »
12 f. Verlaine (PJ), Metz, 27/10		50 »
15 f. Raimbaud (PJ), Charleville, 27/10		50 »
18 f. et 30 f. Nations Unies (PF),		
Paris - Palais de Chaillot, 6/11		100 »
15 f. Clemenceau (PJ), Paris, 11/11		18 »
(O), St-Vincent-sur-Jard, 11/11		30 »
30 f. Clos-Vougeot (PJ), Vougeot, 17/11		38 »
Paire Croix-Rouge (GF), Paris, 15/12		50 »
40 f. Pic du Midi (PJ), Bagnères-de-Bigorre, 22/12		35 »
50 f. Caen (PJ), Caen, 22/12		35 »

1952	(Doc)	(1er j)
12 f. + 3 f. Journée du Timbre (GF), 8/3		35 »
15 f. De Lattre (PJ), Paris, 8/5		15 »
(O), Mouilleron-en-Pareds, 8/5		125 »
12 f. Vaucouleurs (PJ), Vaucouleurs, 11/5		25 »
30 f. Narvik (PJ), Paris, 28/5		30 »
20 f. Chambord (PJ), Chambord, 30/5		45 »
30 f. Conseil de l'Europe (PJ), Strasbourg, 31/5		60 »
30 f. Bir Hakeim (PJ), Paris, 14/6		30 »
15 f. Poitiers (PJ), Poitiers, 21/6		30 »
15 f. Médaille militaire (PJ), Paris, 5/7		25 »
15 f. Viaduc de Garabit (PJ), Saint-Flour, 5/7		45 »
30 f. Léonard de Vinci (PJ), Amboise, 9/7		45 »
(GF), Congrès d'Amboise, 9/7		800 »
8 f. + 2 f. Flaubert (PJ), Rouen, 18/10		25 »
12 f. + 3 f. Manet (PJ), Paris, 18/10		25 »
15 f. + 4 f. Saint-Saëns (PJ), Paris, 18/10		30 »
18 f. + 5 f. Henri Poincaré (PJ), Nancy, 18/10		25 »
20 f. + 6 f. Haussmann (PJ), Paris, 18/10		25 »
30 f. + 7 f. Thiers (PJ), Marseille, 18/10		25 »
12 f. Laennec (PJ), Quimper, 7/11		14 »
(GF), Paris-Salon Philatélique d'Automne, 7/11		17 »
Paire Croix-Rouge (GF), Metz, 13/12		25 »
(GF), Paris, 13/12		25 »
18 f. Versailles (PJ), Versailles, 20/12		30 »
(O), Château de Versailles, 20/12		800 »

1953	(Doc)	(1er j)
12 f. + 3 f. Journée du Timbre (GF), 14/3		20 »
30 f. Haute Couture (PJ), Paris, 24/4		13 »
6 f. Gargantua (PJ), Paris, 27/5		13 »
18 f. Hernani (PJ), Paris, 6/6		13 »
8 f. Leclerc (GF), Paris-Kermesse aux étoiles, 13/6		15 »
8 f . + 2 f. Saint Bernard (PJ), Citeaux, 9/7		15 »
12 f. +3 f. Olivier de Serres (PJ), Le Pradel, 9/7		15 »
15 f.+ 4 f. Rameau (PJ), Dijon, 9/7		18 »
18 f. + 5 f. Monge (PJ), Beaune, 9/7		15 »
20 f. + 6 f. Michelet (PJ), Paris, 9/7		15 »
30 f. + 7 f. Lyautey (PJ), Nancy, 9/7		16 »
12 f. Tour de France cycliste (PJ), Paris, 26/7		20 »
(GF), Paris, 26/7		150 »
8 f. Célimène (PJ), Paris, 19/9		13 »
12 f. Figaro (PJ), Paris, 19/9		13 »
20 f., 25 f., 30 f., 40 f., 50 f., 75 f. Sports (PJ), Paris, 28/11		100 »
Paire Croix-Rouge (GF), Le Havre, 12/12		40 »

1954	(Doc)	(1er j)
100 f., 200 f., 500 f., 1000 f. Avion (PJ), Paris, 16/1		1150 »
12 f. + 3 f. Journée du Timbre (GF), 20/3		20 »
25 f., 30 f., 40 f., 50 f., 75 f. Métiers d'Art (PJ), Paris, 6/5		85 »
15 f. Foire de Paris (PJ), Paris, 22/5		10 »
(GF), Paris, 22/5		85 »
15 f. Débarquement (PJ), Arromanches, 5/6		32 »
Deuxième Jour : (GF), Lion-sur-Mer, 6/6		110 »
(GF), Sainte-Marie-du-Mont, 6/6		110 »
(GF), Paris, 6/6		50 »
8 f. Les Andelys (PJ), Les Andelys, 5/6		5 »
12 f. De Lattre (GF), Paris, 5/6		20 »
12 f. Leclerc (GF), Paris-Kermesse aux étoiles, 12/6		7 »
12 f. Quimper (PJ), Quimper, 12/6		5 »
6 f. Lourdes (PJ), Lourdes, 12/6		7 »
12 f. Jumièges (PJ), Jumièges, 13/6		7 »
30 f. Tournus (PJ), Tournus, 18/6		15 »
18 f. Cheverny (PJ), Cour-Cheverny, 19/6		10 »
15 f. Stenay (PJ), Stenay, 26/6		5 »
10 f. Royan (PJ), Royan, 3/7		6 »
20 f. Ajaccio (PJ), Ajaccio, 3/7		7 »
18 f. Versailles (obl. hexagone du château), 10/7		18 »
12 f. + 4 f. Saint-Louis (PJ), Poissy, 10/7		35 »
15 f. + 5 f. Bossuet (PJ), Dijon, 10/7		30 »
18 f. + 6 f. Sadi Carnot (PJ), Limoges, 10/7		30 »
20 f. + 7 f. Bourdelle (PJ), Montauban, 10/7		30 »
25 f. + 8 f. Dr Roux (PJ), Confolens, 10/7		32 »
30 f. + 10 f. Paul Valéry (PJ), Sète, 10/7		35 »
18 f. Villandry (PJ), Villandry, 17/7		15 »
15 f. Saint-Cyr (PJ), Coetquidan 1/8		10 »
12 f. Légion d'Honneur (PJ), Boulogne-sur-Mer, 14/8		35 »
30 f. Système métrique (PJ), Paris, 4/10		16 »
50 c. Maine, 70 c. Navarre, 80 c. Bourbonnais,		
1 f. Nivernais (PJ), Paris, 3/11		6 »
(GF), Paris-Enfance, 3/11		30 »
2 f. Aunis, 3 f. Angoumois, 5 f. Saintonge (PJ), Paris, 11/11		6 »
(GF), Paris-Salon Philatélique d'Automne, 11/11		60 »
Paire Croix-Rouge (GF), Mulhouse, 13/12		35 »

1955

	(Doc)	(1er j)
12 f. Saint-Simon (PJ), Paris, 5/2		7 »
30 f. Rotary (PJ), Paris, 23/2		8 »
5 f. Le Bon (PJ), Brachay, 5/3		3 »
10 f. Thimonnier (PJ), L'Arbresle, 5/3		3 »
12 f. Appert (PJ), Châlons-s/-Marne, 5/3		3 »
18 f. Sainte-Claire-Deville (PJ), Paris, 5/3		4 »
25 f. Martin (PJ), Bourges, 5/3		4 »
30 f. Chardonnet (PJ), Besançon, 5/3		4 »
12 f. +3 f. Journée du Timbre (GF), 19/3		18 »
25 f. Ganterie (PJ), Saint-Junien, 26/3		4 »
12 f. Limoges (PJ), Limoges, 26/3		5 »
12 f. Florian (PJ), Sauves, 2/4		5 »
15 f. Télévision (PJ), Paris, 16/4		4 »
12 f. Camp de déportés (PJ), Paris, 23/4		4 »
12 f. Électrification Chemin de fer (PJ), Lille, 11/5		7 »
12 f. Jacquemart de Moulins (PJ), Moulins, 28/5		4 »
(GF), Congr. féd. de Vichy, 28/5		35 »
30 f. Jules Verne (PJ), Nantes, 3/6		20 »
(GF), Paris, 3/6		60 »
(O), Amiens, 3/6		525 »
50 f. Maryse Bastié (PJ), Limoges, 4/6		45 »
(GF), Paris, 4/6		70 »
12 f. + 5 f. Philippe-Auguste (PJ), Gonesse, 11/6		20 »
15 f. + 6 f. Malherbe (PJ), Caen, 11/6		20 »
18 f. + 7 f. Vauban (PJ), St-Léger-Vauban, 11/6		20 »
25 f. + 8 f. Vergennes (PJ), Dijon, 11/6		20 »
30 f. + 9 f. Laplace (PJ), Beaumont (Calvados). 11/6		20 »
50 f. + 15 f. Renoir (PJ), Limoges, 11/6		30 »
30 f. Lumière (PJ), Besançon, 12/6		18 »
(GF), Lyon, 12/6		270 »
12 f. Jacques Coeur (PJ), Bourges, 18/6		8 »
30 f. France-Canada (PJ), La Rochelle, 9/7		20 »
6 f. Bordeaux (PJ), Bordeaux, 15/10		3 »
8 f. Marseille (PJ), Marseille, 15/10		3 »
10 f. Nice (PJ), Nice, 15/10		3 »
12 f. Cahors (PJ), Cahors, 15/10		3 »
18 f. Uzerche (PJ), Uzerche, 15/10		4 50
25 f. Remparts de Brouage (PJ), Brouage, 15/10		3 50
20 f. Martinique (GF), Paris-Salon de l'enfance + griffe, 1/11		3 »
12 f. G. de Nerval (PJ), Paris, 11/11		4 »
(GF), Paris-Salon Philatélique d'Automne, 11/11		22 »
50 f. Comté de Foix (PJ), Foix, 19/11		1 80
70 f. Marche (PJ), Guéret, 19/11		1 80
80 f. Roussillon (PJ), Perpignan, 19/11		1 80
1 f. Comtat Venaissin (PJ), Carpentras, 19/11		1 80
Paire Croix-Rouge (GF), Angers, 17/12		30 »
6 f. Marianne de Muller obl. Service Pub. P.T.T., 24/11		30 »

1956

	(Doc)	(1er j)
15 f. Struthof (PJ), Natzwillers, 14/1		30 »
(GF), Paris, 14/1		25 »
15 f. Douai (PJ), Douai, 11/2		6 »
15 f. Colonel Driant (PJ), Neufchâtel-sur-Aisne, 21/2		6 »
30 f. Verdun (PJ), Verdun, 3/3		13 »
(GF), Paris 3/3		15 »
12 f. +3 f. Journée du Timbre (GF), 17/3		12 »
12 f. Fabre (PJ), Saint-Léons (Aveyron), 7/4		7 50
(O), Sérignan, 7/4		12 »
15 f. Charles Tellier (PJ), Amiens, 7/4		4 »
(GF), Paris, 7/4		5 »
18 f. Flammarion (PJ), Montigny-le-Roi, 7/4		7 50
(GF), Juvisy, 7/4		8 »
30 f. Sabatier (PJ), Carcassonne, 7/4		6 »
12 f. Trianon (PJ), Versailles, 14/4		6 »
30 f. France-Amérique Latine (PJ), Paris, 21/4		6 »
12 f. Reims-Florence (PJ), Reims, 5/5		7 »
12 f. Ordre de Malte (PJ), Paris, 12/5		5 »
15 f. Saint-Yves (PJ), Tréguier, 19/5		4 »
30 f. Franchet d'Esperey (PJ), Paris, 26/5		2 50
12 f. Montceau les Mines (PJ), Montceau-les-Mines, 2/6		2 50
(GF), Montceau-les-Mines, 2/6		5 50
12 f. + 3 f. Jean Goujon (PJ), Paris, 9/6		7 50
12 f. + 3 f. G. Budé (PJ), Paris, 9/6		7 50
12 f. + 3 f. Champlain (PJ), Brouage, 9/6		10 »
(GF), Paris, 9/6		15 »
15 f. + 5 f. Chardin (PJ), Paris, 9/6		9 »
15 f. + 5 f. M. Barrés (PJ), Charmes, 9/6		9 »
15 f. + 5 f. M. Ravel (PJ), Ciboure, 9/6		12 »
30 f. Basket (PJ), Mulhouse, 7/7		6 »
40 f. Pelote basque (PJ), Hasparren, 7/7		6 »
50 f. Rugby (PJ), Toulouse, 7/7		7 »
75 f. Alpinisme (PJ), Grenoble, 7/7		8 »
15 f. et 30 f. Europa 56 (GF), Paris, 15/9		50 »
(GF), Strasbourg, 15/9		65 »
12 f. Donzère-Mondragon (PJ), Bollène-Ecluse, 6/10		9 »
18 f. Téléphérique (PJ), Chamonix, 6/10		9 »
30 f. Port de Strasbourg (PJ), Strasbourg, 6/10		9 »
12 f. Parmentier (PJ), Montdidier, 27/10		3 »
8 f. Pétrarque (PJ), Fontaine-de-Vaucluse, 10/11		3 »
12 f. Lulli (PJ), Paris, 10/11		6 »
(GF), Paris-Salon Philatélique d'Automne, 10/11		8 »
15 f. J.-J. Rousseau (PJ), Montmorency, 10/11		6 »
18 f. Franklin (PJ), Paris, 10/11		4 50
(GF), Paris-Salon de l'enfance, 10/11		3 »
20 f. Chopin (PJ), Paris, 10/11		10 »
(GF), Paris-Salon Philatélique d'Automne, 10/11		10 »
30 f. Van Gogh (PJ), Paris, 10/11		12 »
(GF), Paris, 10/11		22 »
30 f. Coubertin (PJ), Paris, 24/11		15 »
Paire Croix-Rouge (GF), Epinal, 8/12		13 »

1957

	(Doc)	(1er j)
15 f. Colombophilie (PJ), Vincennes, 12/1		10 »
(PF), Vincennes, 12/1		11 »
500 f. Caravelle (PJ), Toulouse, 26/1		125 »
18 f. Schoelcher (PJ), Paris, 16/2		8 »
12 f. + 3 f. Journée du Timbre (GF), 16/3		12 »
30 f. Sèvres (PJ), Sèvres, 23/3		8 »
8 f. Planté (PJ), Orthez, 13/4		3 »
12 f. Beclère (PJ), Paris, 13/4		3 »
18 f. Terrillon (PJ), Oigny-s/-Seine, 13/4		3 »
30 f. Oehmichen (PJ), Châlons-sur-Marne, 13/4		12 »
(GF), Valentigney, 13/4		15 »
12 f. Uzès (PJ), Uzès, 27/4		4 »
8 f. Jean Moulin (PJ), Béziers, 18/5		10 »
10 f. D'Estienne d'Orves (PJ), Verrières-le-Buisson, 18/5		7 »
12 f. Keller (PJ), Petit-Quevilly, 18/5		7 »
18 f. Brossolette (PJ), Paris, 18/5		7 »
20 f. Lebas (PJ), Roubaix, 18/5		7 »
8 f. Le Quesnoy (PJ), Le Quesnoy, 1/6		2 50
12 f. Cour des Comptes (PJ), Paris, 1/6		2 50
12 f. + 3 f. Joinville (PJ), Joinville (Hte-Mne), 15/6		4 50
12 f. + 3 f. B. Palissy (PJ), Agen, 15/6		4 50
15 f. + 5 f. Lamennais (PJ), Saint-Malo, 15/6		4 50
15 f. + 5 f. Quentin de la Tour (PJ), Saint-Quentin, 15/6		7 50
18 f. + 7 f. George Sand (PJ), Paris, 15/6		6 »
18 f. + 7 f. J. Guesde (PJ), Paris, 15/6		6 »
(GF), Roubaix, 15/6		6 »
30 f. Travaux publics (PJ), Paris, 20/6		2 20
12 f. Brest (PJ), Brest, 6/7		3 »
18 f. Jeux universitaires (PJ), Paris, 31/8		4 »
(GF), Antony, 31/8		5 50
35 f. Aug. Comte (PJ), Montpellier, 14/9		2 70
(GF), Paris, 14/9		2 70
20 f. et 35 f. Europa 57 (GF), Paris, 16/9		22 »
(GF), Strasbourg, 16/9		22 »
20 f. Lyon (PJ), Lyon, 5/10		3 »
8 f. Guadeloupe (PJ), Basse-Terre et Pointe-à-Pitre, 19/10		3 »
10 f. Elysée (PJ), Paris, 19/10		3 »
12 f. Beynac (PJ), Beynac-Cazenac, 19/10		3 »
25 f. Valençay (PJ), Valençay, 19/10		4 »
35 f. Rouen (PJ), Rouen, 19/10		3 »
50 f. Saint-Rémy (PJ), Saint-Rémy, 19/10		2 »
65 f. Evian (PJ), Evian, 19/10		2 »
8 f. Copernic (PJ), Paris, 9/11		7 50
10 f. Michel-Ange (PJ), Paris, 9/11		3 »
12 f. Cervantès (PJ), Paris, 9/11		2 50
(GF), Paris-Salon de l'enfance, 9/11		2 50
15 f. Rembrandt (PJ), Paris, 9/11		3 »
(GF), Paris-Salon Philatélique d'Automne, 9/11		4 »
18 f. Newton (PJ), Paris, 9/11		3 50
25 f. Mozart (PJ), Paris, 9/11		10 »
35 f. Goethe (PJ), Paris, 9/11		3 50
15 f. Thénard (PJ), La Louptière (Aube), 30/11		1 80
Paire Croix-Rouge (GF), Niort, 7/12		12 »

1958

	(Doc)	(1er j)
1000 f. Alouette (PJ), Paris, 11/1		125 »
8 f. Pinel (PJ), Jonquière 25/1		5 »
12 f. Widal(PJ), Paris, 25/1		5 »
15 f. Nicolle (PJ), Rouen, 25/1		5 »
35 f. Leriche (PJ), Roanne, 25/1		5 »
35 f. Surchargé Conseil de l'Europe (flamme PJ du Conseil), 14/1		24 »
8 f. Lagrange (PJ), Paris, 15/2		3 »

12 f. Le Verrier (PJ), Saint-Lô, 15/2	3 »
15 f. Foucault (PJ), Paris, 15/2	3 »
35 f. Berthollet (PJ), Talloires, 15/2	4 »
20 f. Lourdes obl. flamme, 28/2	9 »
12 f. Le Havre (PJ), Le Havre, 29/3	3 »
15 f. Maubeuge (PJ), Maubeuge, 29/3	3 »
18 f. Saint-Dié (PJ), Saint-Dié, 29/3	3 »
25 f. Sète (PJ), Sète, 29/3	4 »
15 f. + 5 f. Journée du Timbre (GF), 17/3	8 »
35 f. Expo. Bruxelles (PJ), 12/4	4 »
8 f. Cavaillès (PJ), Saint-Maixent, 19/4	5 »
12 f. Scamaroni (PJ), Ajaccio, 19/4	5 »
15 f. Simone Lévy (PJ), Chaussin, 19/4	5 »
20 f. Bingen (PJ), Paris, 19/4	5 »
12 f. Boules (PJ), Valence, 26/4	4 »
15 f. Joutes (PJ), Givors, 26/4	4 »
18 f. Arc (PJ), Soissons, 26/4	5 »
25 f. Lutte bretonne (PJ), Quimper, 26/4	4 »
15 f. Senlis (PJ), Senlis, 17/5	2 70
12 f. + 4 f. J. du Bellay (PJ), Liré, 7/6	4 »
12 f. + 4 f. Jean Bart (PJ) Dunkerque, 7/6	6 »
(GF), Paris, 7/6	7 »
15 f. + 5 f. Diderot (PJ), Langres, 7/6	4 »
15 f. + 5 f. Courbet (PJ), Ornans, 7/6	8 »
20 f. + 8 f. Carpeaux (PJ), Valenciennes, 7/6	6 »
(GF) Courbevoie, 7/6	5 »
35 f. + 15 f. Toulouse-Lautrec (PJ), Albi, 7/6	11 »
15 f. Bayeux (PJ), Bayeux, 21/6	3 50
20 f. Marianne de Muller, mise en service des timbres de métropole en Algérie, Alger 22/7	40 »
20 f. et 25 f. Europa 58 (GF), Paris, 13/9	5 »
(GF), Strasbourg, 13/9	6 »
Cachet de Bruxelles	6 »
8 f. Conseil de l'Europe sur fragment (PF), 11/10	4 50
Flamme sur lettre	37 50
20 f. Conseil de l'Europe sur fragment (PF), 12/10	4 50
Flamme sur lettre	37 50
35 f. Conseil de l'Europe sur fragment (PF), 13/10	4 50
Flamme sur lettre	37 50
Les 3 fragments réunis sur une enveloppe 11-12-13/10	12 »
15 f. Foix (PJ), Foix, 11/10	3 50
35 f. Paris-Rome (PJ), Paris, 11/10	7 »
20 f. et 35 f. U.N.E.S.C.O. (PJ), Paris, 1/11	3 »
15 f. Armistice (PJ), Compiègne-Rethondes, 11/11	7 »
50 c. Blason Marseille (PJ), Marseille, 15/11	2 »
70 c. Blason Lyon (PJ), Lyon, 15/11	2 »
80 c. Blason Toulouse (PJ), Toulouse, 15/11	2 »
1 f. Blason Bordeaux (PJ), Bordeaux, 15/11	2 »
2 f. Blason Nice (PJ), Nice, 15/11	2 »
3 f. Blason Nantes (PJ), Nantes, 15/11	2 »
5 f. Blason Lille (PJ), Lille, 15/11	2 »
15 f. + 7 f. Saint Vincent de Paul (PJ), Saint-Vincent-de-Paul (Landes), 6/12	4 »
20 f.+ 8 f. Dunant (PJ), Paris, 6/12	4 »
Les deux précédents (GF), Toulouse, 6/12	10 »

1959 (Doc) (1er j)

25 f. Marianne de Muller, obl. Musée Postal, 5/1	3 »
10 f. Moissonneuse, obl. Paris R.P. 12/1	3 »
15 f. Floralies (PJ), Paris, 17/1	3 »
20 f. Palmes académiques (PJ), Paris, 24/1	5 »
300 f. Avion (PJ), Paris, 14/2	25 »
50 f. Père de Foucauld (PJ), Strasbourg, 31/1	8 »
30 f. Palais de l'Élysée, obl. Musée Postal, 10/2	4 »
65 f. Évian obl. Musée Postal, 10/2	4 50
100 f. Guadeloupe obl. Musée Postal, 10/2	7 50
15 f. Blason d'Alger (PJ), Alger, 7/3	2 »
20 f. + 5 f. Journée du Timbre (GF), 21/3	15 »
20 f. École des Mines (PJ), Paris, 11/4	2 50
15 f. Yvonne Le Roux (PJ), Toulon, 25/4	3 »
15 f. Martyrs du Lycée Buffon (PJ), Paris, 25/4	3 »
20 f. Martin-Bret (PJ), Marseille, 25/4	3 »
20 f. Médéric (PJ), Paris, 25/4	3 »
30 f. Moutardier (PJ), Comines, 25/4	3 »
15 f. Foum et Guerza (PJ), Biskra, 23/5	3 »
20 f. Marcoule (PJ), Chusclan, 23/5	4 »
30 f. Hassi Messaoud (PJ), Hassi-Messaoud, 23/5	3 »
50 f. Palais du C.N.I.T. (PJ), Puteaux, 23/5	4 50
20 f. Pilotes d'essai (PJ), Le Bourget, 13/6	7 50
20 f. + 5 f. Villehardouin (PJ), Piney (Aube), 13/6	4 »
15 f. + 5 f. Le Notre (PJ), Paris, 13/6	4 50
15 f. + 10 f. D'Alembert (PJ), Paris, 13/6	4 »
20 f. + 10 f. David d'Angers (PJ), Angers, 13/6	4 50
30 f. + 10 f. Bichat (PJ), Thoirette, 13/6	4 50
30 f. + 10 f. Bartholdi (PJ), Colmar, 13/6	8 »
30 f. Desbordes-Valmore (PJ), Douai, 20/6	2 »
30 f. Tancarville (PJ), Tancarville, 1/8	3 »
50 f. Jaurès (PJ), Castres, 12/9	2 50
25 f. et 50 f. Europa 59 (GF), Paris, 19/9	4 »
(GF), Strasbourg, 19/9	4 »
20 f. Donneurs de sang (PJ), Paris, 17/10	3 »
(GF), Paris, 17/10	3 50
50 f. Traité des Pyrénées (PJ), Behobie, 24/10	3 »
20 f. Poliomyélite (PJ), Paris, 31/10	2 »
(GF), Paris-Salon de l'enfant, 31/10	2 »
50 f. Bergson (PJ), Paris, 7/11	2 »
20 f. Avesnes (PJ), Avesnes, 14/11	2 »
30 f. Castillet de Perpignan (PJ), Perpignan, 14/11	2 »
20 f. + 10 f. Abbé de l'Epée (PJ), Versailles, 5/12	4 »
25 f. + 10 f. Valentin Hauy (PJ), Saint-Just-en-Chaussée, 5/12	4 »
La paire des précédents (GF), Châlons-s/-M., 5/12	6 »
25 f.+ 5 f. Fréjus (O), Paris, 11/12	3 »
50 f. O.T.A.N. (PJ), Paris, 12/12	3 50
Conférence De Gaulle - Eisenhower (O) Paris 14/12	5 »
Session Ministérielle (O) Paris 15/12	5 »

1960 (Doc) (1er j)

20 c. Semeuse de Piel obl. Paris R.P., 2/1	3 »
15 c. Laon (PJ), Laon, 16/1	3 »
30 c. Fougères (PJ), Fougères, 16/1	3 »
45 c. Gorges de Kerrata (PJ), Kerrata, 16/1	3 »
50 c. Tlemcen (PJ), Tlemcen, 16/1	3 »
65 c. Vallée de la Sioule (PJ), Ebreuil, 16/1	3 »
(GF), Menat, 16/1	4 »
85 c. Chaumont (PJ), 16/1	3 »
1 f. Réunion (PJ), Paris, 16/1	2 »
20 c. Nolhac (PJ), Ambert, 13/2	2 »
30 c. Saint-Etienne (PJ), Saint-Etienne, 20/2	2 »
50 c. Communes d'Europe (PJ), Cannes, 5/3	2 50
(GF), Cannes, 5/3	3 »
20 c. + 5 c. Journée du Timbre (GF), 12/3	5 »
30 c. Savoie (PJ), Chambéry, 24/3	3 »
50 c. Nice (PJ), 24/3	2 50
20 c. Debeaumarché (PJ), Dijon, 26/3	3 »
20 c. Masse (PJ), Ribérac, 26/3	3 »
30 c. Ripoche (PJ), Paris, 26/3	4 »
30 c. Vieljeux (PJ), Les Vans (Ardèche), 26/3	4 50
(GF), La Rochelle, 26/3	4 »
50 c. Abbé Bonpain (PJ), Dunkerque, 26/3	5 »
25 c. + 10 c. Réfugié (PJ), Paris, 7/4	2 »
(GF), Paris, 7/4	2 »
20 c. Strasbourg (PJ), Strasbourg, 21/5	2 »
30 c. Blois (PJ), Blois, 21/5	3 »
50 c. La Bourboule (PJ), La Bourboule, 28/5	4 »
10 c. + 5 c. L 'Hospital (PJ), Aigueperse, 11/6	4 »
20 c. + 10 c. Turenne (PJ) Sedan, 11/6	4 »
(GF), Paris, 11/6	4 »
20 c. + 10 c. Boileau (PJ), Paris, 11/6	4 »
30 c. + 10 c. Dr Charcot (PJ), Paris, 11/6	5 50
30 c. + 10 c. Bizet (PJ), Paris, 11/6	8 »
50 c. + 15 c. Degas (PJ), Paris, 11/6	8 »
25 c. Marianne de Decaris (GF), Paris, 15/6	5 »
20 c. 18 Juin (PJ), Paris, 18/6	11 »
20 c. Jeux olympiques (PJ), Paris, 9/7	7 »
25 c. et 50 c. Europa 60 (GF), Paris, 17/9	3 »
(GF), Strasbourg, 17/9	3 »
15 c. Basilique de Lisieux (PJ), Lisieux, 24/9	2 »
5 c. Blason d'Oran (PJ), Oran, 15/10	1 50
30 c. Madame de Staël (PJ), Paris, 22/10	2 20
15 c. Général Estienne (PJ), Condé-en-Barrois, 5/11	2 20
(GF), Paris, 5/11	2 20
20 c. Marc Sangnier (PJ), Paris, 5/11	2 20
(GF), Paris Salon de l'Enfant, 5/11	1 80
20 c. Ordre de la Libération (PJ), Paris, 11/11	8 »
30 c . Macareux (PJ), Paris, 12/11	10 »
50 c. Guêpier (PJ), Paris, 12/11	8 »
30 c. André Honnorat (PJ), Paris, 19/11	2 »
30 c. Collège Sainte-Barbe (PJ), Paris, 3/12	2 »
20 c. + 10 c. et 25 c. + 10 c. Saint-Martin (PJ), Tours 3/12	8 »
(GF), Marseille, 3/12	8 »
20 c. Vanneau (PJ), Paris, 17/12	8 »
45 c. Sarcelle (PJ), Paris, 17/12	8 »

1961 (Doc) (1er j)

20 c., 25 c., 50 c. U.N.E.S.C.O. (PJ), Paris, 21/1	8 »
20 c. Aristide Maillol (PJ), Banyuls-sur-Mer, 18/2	3 »
30 c. Semeuse de Piel obl. Musée Postal, 23/2	3 »

20 c. Marianne de Cocteau, obl. Musée Postal, 23/2 — 4 »
50 c. Aéroport de Paris (PJ), Paris, 25/2 — 5 50
50 c. Georges Méliès (PJ), Paris, 11/3 — 7 »
20 c. + 5 c. Journée du Timbre (GF), 18/3 — 5 20
30 c. Jean Nicot (PJ), Nîmes, 25/3 — 3 »
30 c. Lacordaire (PJ), Recey-sur-Ource, 25/3 — 3 50
20 c. Jacques Renouvin (PJ), Paris, 22/4 — 3 »
(GF), Paris, 22/4 — 3 »
20 c. Lionel Dubray (PJ), Joinville-le-Pont, 22/4 — 3 »
30 c. Paul Gateaud (PJ), Ozolles, 22/4 — 3 »
(GF), Mâcon, 22/4 — 3 »
30 c. Mère Elisabeth (PJ), Draria (Algérie), 22/4 — 3 »
(GF), Lyon, 22/4 — 3 »
50 c. Fédération mondiale des Anciens Combattants (PJ), Paris, 6/5 — 3 50
20 c. Bagnoles de l'Orne (PJ), Bagnoles-de-l'Orne, 6/5 — 2 50
50 c. Deauville (PJ), Deauville, 13/5 — 3 »
15 c. + 5 c. Du Guesclin (PJ), Broons, 20/5 — 4 »
20 c. + 10 c. Pierre Puget (PJ), Marseille, 20/5 — 4 »
20 c. + 10 c. Coulomb (PJ), Angoulême, 20/5 — 4 »
30 c. + 10 c. Général Drouot (PJ), Nancy, 20/5 — 4 »
(GF), Nancy, 20/5 — 4 »
45 c. + 10 c. Daumier (PJ), Marseille, 20/5 — 6 »
(GF), Paris, 20/5 — 6 »
50 c. + 15 c. Guillaume Apolinaire (PJ), Paris, 20/5 — 5 »
20 c. La Champmeslé (PJ), Rouen, 10/6 — 3 »
30 c. Talma (PJ), Paris, 10/6 — 3 »
30 c. Rachel (PJ), Paris, 10/6 — 3 »
50 c. Raimu (PJ), Toulon, 10/6 — 5 »
50 c. Gérard Philippe (PJ), Cannes, 10/6 — 5 »
20 c. Le Mont-Dore (PJ), Mont-Dore, 1/7 — 4 50
50 c. Pierre Fauchard (PJ), Paris, 1/7 — 3 »
20 c. Thann (PJ), Thann, 1/7 — 2 50
25 c. + 50 c. Europa (GF), Paris, 16/9 — 3 »
(GF), Strasbourg, 16/9 — 3 »
(GF), Lens 16/9 — 3 »
(GF), Charleville 16/9 — 3 »
15 c. Saint-Paul (PJ), Saint-Paul, 7/10 — 4 »
30 c. Arcachon (PJ), Arcachon, 7/10 — 4 »
45 c. Sully-sur-Loire (PJ), Sully-sur-Loire, 7/10 — 5 »
50 c. Cognac (PJ), Cognac, 7/10 — 4 »
65 c. Dinan (PJ), Dinan, 7/10 — 4 »
85 c. Calais (PJ), Calais, 7/10 — 4 »
1 f. Médéa (PJ), Médéa (Algérie), 7/10 — 4 »
50 c. Le Messager (PJ), Paris, 10/11 — 35 »
65 c. Nus bleus (PJ), Paris, 10/11 — 35 »
85 c. Joueurs de cartes (PJ), Aix-en-Provence, 10/11 — 65 »
1 f. 14 Juillet (PJ), Paris, 10/11 — 60 »
20 c. + 10 c. et 25 c. + 10 c. Croix-Rouge (PJ), Bourges, 2/12 — 20 »

1962 (Doc) (1er j)

30 c. Paquebot France (PJ), Le Havre, 11/1 — 11 »
Traversée Le Havre - U.S.A 3/2 (O) — 11 »
30 c. et 50 c. Championnats du monde de ski (PJ), Chamonix, 27/1 — 17 »
50 c. Pierre - Fidèle Bretonneau (PJ), Saint-Georges-sur-Cher, 17/2 — 3 50
(GF), Tours, 17/2 — 3 50
30 c. Maurice Bourdet (PJ), Marseille, 17/2 — 3 50
(GF), Paris, 17/2 — 3 50
20 c. Laval (PJ), Laval, 24/2 — 4 »
25 c. Coq Gaulois (PJ), Paris, 10/3 — 6 50
20 c. + 5 c. Journée du Timbre (GF), 17/3 — 6 »
50 c. Journée mondiale du Théâtre (PJ), Paris, 24/3 — 4 »
30 c. Vannes (PJ), Vannes, 24/3 — 5 »
95 c. Dunkerque (PJ), Dunkerque, 24/3 — 6 50
20 c. Mont-Valérien (PJ), Mont-Valérien, 7/4 — 7 50
30 c. Vercors (PJ), La Chapelle-en-Vercors, 7/4 — 7 50
50 c. Ile de Sein (PJ), Ile de Sein, 7/4 — 7 50
50 c. Lutte contre le paludisme (PJ), Paris, 14/4 — 2 20
30 c. Semaine nationale des hôpitaux (PJ), Paris, 5/5 — 3 »
15 c. Vol à voile (PJ) - Toussus le Noble 12/5 — 3 50
20 c. Aviation légère et sportive (PJ), Toussus-le-Noble, 12/5 — 3 50
(GF), Paris, 12/5 (2 env.) — 6 »
50 c. Ecole d'horlogerie de Besançon (PJ), Besançon, 19/54 — »
50 c. Tricentenaire des Gobelins (PJ), Paris, 26/5 — 4 »
50 c. Pascal (PJ), Clermont-Ferrand, 26/5 — 4 50
15 c. + 5 c. Denis Papin (PJ), Blois, 2/6 — 6 »
20 c. + 10 c. Edmé Bouchardon (GF), Chaumont, 2/6 — 5 20
20 c. + 10 c. Joseph Lakanal (PJ), Serres-sur- Arget, 2/6 — 5 20
30 c. + 10 c. Gustave Charpentier (PJ), Dieuze, 2/6 — 7 50
45 c. + 15 c. Edouord Esraunier (PJ), Dijon, 2/6 — 5 20
50 c.+ 20 c. Hyacinthe Vincent (PJ), Bordeaux, 2/6 — 6 »
30 c. Rennes (PJ), Rennes, 9/6 — 3 50
(GF), Rennes, 9/6 — 3 50
5 c. Blason d'Amiens (PJ), Amiens, 21/7 — 2 20
15 c. Blason de Nevers (PJ), Nevers, 21/7 — 2 20
1 f. Le Touquet-Paris-Plage (PJ), Touquet-Paris Plage,1/9 — 2 20
20 c. et 30 c. Roses (PJ), Orléans, 8/9 (2 envel.) — 7 »
Idem "Vertolaye" (GF) (2 envel.) — 8 »
25 c. et 50 c. Europa (GF), Paris, 15/9 — 2 20
(GF), Strasbourg, 15/9 — 2 50
(GF), Aix-en-Provence, 15/9 — 3 »
25 c. et 50 c. Télécommunications spatiales (PJ), Pleumeur-Bodou, 29/9 (2 envel.) — 4 50
50 c. "Bonjour, Monsieur Courbet" (PJ), Ornans, 9/11 — 40 »
65 c. "Madame Manet au canapé bleu" (PJ), Paris, 9/11 — 40 »
1 f. "Officier de chasseurs à cheval" (PJ), Rouen, 9/11 — 40 »
(GF), Paris, 9/11 — 20 »
20 c. + 10 c. et 25 c. + 10 c. "Croix-Rouge" (PJ), Angoulême, 8/12 — 20 »

1963 (Doc) (1er j)

20 c., 25 c. et 50 c. Conseil de l'Europe (PJ),Strasbourg, 3/1 — 10 »
10 c. Blason de Troyes (PJ), Troyes, 12/1 — 2 »
30 c. Bathyscaphe "Archimède" (PJ), Paris, 26/1 — 2 »
30 c. Floralies nantaises (PJ), Nantes, 9/2 — 2 50
20 c. + 10 c. Amyot (PJ), Melun, 23/2 — 3 »
30 c. + 10 c. Marivaux (PJ), Paris, 23/2 — 3 »
50 c. + 20 c. Daviel (PJ), Barre-en-Ouche, 23/2 — 3 »
50 c. "La lutte de Jacob avec l'ange" (PJ), St-Maurice, 2/3 — 12 »
1 f. "Vitrail de l'église Sainte-Foy de Conches" (PJ), Conches-en-Ouche, 2/3 — 12 »
20 c. + 5 c. Journée du Timbre (GF), 16/3 — 4 »
50 c. Campagne mondiale contre la faim (PJ), Paris, 22/3 — 2 »
30 c. Plateau des Glières (PJ), Thônes, 23/3 — 4 »
(GF), Thorens-Glières 23/3 — 4 »
50 c. Déportés, Paris (PJ), Paris, 23/3 — 3 »
Déportés (idem) (GF), Paris, 23/3 — 3 »
20 c. Beethoven, 20 c. Verhaeren, 20 c. Mazzini, 20 c. Mayrish, 30 c. De Groot (PJ), Paris, 27/4 — 10 »
50 c. 1re Conférence postale internationale (PJ), Paris, 4/5 — 2 »
30 c. Lycée Louis-le-Grand (PJ), Paris, 18/5 — 2 »
20 c. + 10 c. Etienne Méhul (PJ), Givet, 25/5 — 3 »
30 c. + 10 c. Nicolas Vauquelin (PJ), Saint-André-d'Hébertot, 25/5 — 2 20
(GF), Paris, 25/5 — 2 20
50 c. + 20 c. Alfred de Vigny (PJ), Loches, 25/5 — 3 70
30 c. Caen (PJ), Caen, 1/6 — 3 »
(GF), Caen, 1/6 — 3 50
50 c. Radiotélescope de Nançay (PJ), Nançay, 8/6 — 3 50
(GF), Le Bourget, 8/6 — 10 »
30 c. Château d'Amboise (PJ), Amboise, 15/6 — 3 »
50 c. Côte d'Azur varoise (PJ), Saint-Raphaël, 15/6 — 2 50
60 c. Saint-Flour (PJ), Saint-Flour, 15/6 — 2 50
85 c. Vittel (PJ), Vittel, 15/6 — 2 50
95 c. Abbaye de Moissac (PJ), Moissac, 15/6 — 2 50
30 c. Ski nautique (PJ), Vichy, 31/8 — 2 »
25 c. et 50 c. Europa (GF), Paris, 14/9 — 2 »
(GF), Strasbourg, 14/9 — 3 »
85 c. Les Mariés de la Tour Eiffel (PJ), Paris, 9/11 — 10 »
(GF), Vence, 9/11 — 7 50
(GF), Paris, 9/11 — 7 50
95 c. Vitrail de la cathédrale de Chartres (PJ), Chartres, 9/11 — 15 »
20 c. + 10 c. et 25 c. + 10 c. Croix-Rouge (GF-PJ), Bordeaux, 7/12 — 5 »
25 c. Philatec (PJ), Paris, 14/12 — 1 50
20 c. Maison de la radio-télévision (PJ), Paris, 15/12 — 1 50

1964 (Doc) (1er j)

1 c. Blason de Niort (GF), Niort, 25/1 — 2 »
2 c. Blason de Guéret (PJ), Guéret, 25/1 — 2 »
30 c. Protection civile (PJ), Paris, 8/2 — 4 »
30 c. Reclassement professionnel des paralysés (PJ), Paris, 22/2 — 2 »
20 c. + 5 c. Journée du Timbre (GF), 14/3 — 4 »
20 c. + 5 c. Déportation (PJ), Paris, 21/3 — 3 50
50 c. + 5 c. Résistance (PJ), Paris, 21/3 — 3 50
30 c. + 10 c. Président Coty (PJ), Le Havre, 25/4 — 2 »
1 f. Jean le Bon (PJ), Le Mans, 25/4 — 12 »
25 c., 25 c., 30 c. et 30 c. Bande Philatec (PJ), Paris, 9/5 — 4 50
25 c. Aéropostale de Nuit (PJ), Le Bourget, 9/5 — 3 »
12 c. Blason d'Agen (PJ), Agen, 16/5 — 2 »
18 c. Saint-Denis de la Réunion (PJ), Paris, 16/5 — 2 »
30 c. + 10 c. Calvin (PJ), Noyon, 23/5 — 2 »
60 c. Notre-Dame de Paris (PJ), Paris, 23/5 — 9 »
30 c. + 10 c. Gerbert (PJ), Aurillac, 30/5 — 1 60
(GF), Reims, 30/5 — 1 60

1 f. Philatec (PJ), Paris, 5/6 — 30 »
(GF), Paris, 8/6 — 30 »
idem, en bloc de quatre sur grande enveloppe — 100 »
30 c. + 5 c. Débarquements de Normandie et de Provence (GF-PJ), Caen, Bayeux, Saint-Lô, Cherbourg, Valognes, Sainte-Mère-Eglise, 6/6 (6 enveloppes) — 22 50
70 c. Tour de César (PJ), Provins, 13/6 — 2 »
1 f. 25, Chapelle de Notre-Dame-du-Haut (PJ), Ronchamp, 13/6 — 3 »
15 c.+ 5 c. Appel du 18 Juin (PJ), Paris, 18/6 — 10 »
30 c. Georges Mandel (PJ), Chatou, 4/7 — 1 50
50 c. Jeux Olympiques de Tokyo (PJ), Paris, 4/7 — 2 »
1 f. Email champlevé limousin (PJ), Limoges, 4/7 — 7 50
(GF), Le Mans, 4/7 — 7 »
30 c. + 5 c. Libération de Paris et de Strasbourg (GF-PJ), Paris, 22/8 — 4 »
30 c. 50e anniversaire de la victoire de la Marne (PJ), Gagny, 5/9 — 3 »
(GF), Sézanne, 5/9 — 3 »
25 c. et 50 c. Europa (PJ), Paris, 12/9 — 2 60
(GF), Strasbourg, 12/9 — 2 60
1 f. "La Dame à la licorne" (PJ), Paris, 31/10 — 8 »
25 c. Coopération (PJ), Paris, 6/11 — 2 »
20 c. + 10 c. Jean Nicolas Corvisart (PJ), Dricourt, 12/12 — 6 »
25 c. + 10 c. Dominique Larrey (PJ), Baudéan, 12/12 — 6 »

1965 (Doc) (1er j)

30 c. Coq gaulois (PJ), Paris, 15/1 — 3 50
30 c. Blason de Paris (PJ), Paris, 16/1 — 3 50
25, 30 et 60 c. Conseil de l'Europe (PJ), Paris, 16/1 — 9 »
30 et 60 c. U.N.E.S.C.O. (PJ), Paris, 23/1 — 4 50
40 c. Chapelle Notre-Dame-du-Haut, à Ronchamp (PJ), Ronchamp, 6/2 — 3 »
1 f. 30, Château de Joux (PJ), Pontarlier, 6/2 — 3 »
30 c. + 10 c. La Rochefoucauld (PJ), Paris, 13/2 — 2 »
40 c. + 10 c. Paul Dukas (PJ), Paris, 13/2 — 2 50
30 c. + 10 c. Nicolas Poussin (PJ), Les Andelys, 20/2 — 3 »
40 c. + 10 c. Charles d'Orléans (PJ), Paris, 20/2 — 3 »
(GF), Blois, 20/2 — 2 »
1 f. "L'anglaise du Star au Havre" (PJ), Albi, 12/3 — 10 »
(GF), Paris, 12/3 — 9 »
25 c. + 5 c. Journée du Timbre (GF), 27/3 — 4 »
40 c. Retour des déportés (PJ), Paris, 1/4 — 3 »
(GF), Paris, 2-3/4 — 3 »
25 c. Maison des Jeunes et de la Culture (PJ), Paris, 10/4 — 3 »
60 c. "Campagne de l'accueil et de l'amabilité" (PJ), Paris, 24/4 — 2 »
40 c. 20e anniversaire de la Victoire de 1945 (PJ), Reims, 8/5 — 3 70
(GF), Paris, 8/5 — 3 50
60 c. U.I.T. (PJ), Paris, 17/5 — 2 20
40 c. Croix de Guerre (PJ), Paris, 22/5 — 3 »
40 c. Cathédrale de Bourges (PJ), Bourges, 5/6 — 3 »
(GF), Bourges, 5/6 — 3 »
1 f. Cathédrale de Sens (PJ), Sens, 5/6 — 6 »
(GF), Sens, 7/6 — 14 »
2 f. Mystère 20 (PJ), Le Bourget, 12/6 — 12 »
(GF), Le Bourget, 12/6 — 14 »
50 c. Moustiers-Sainte-Marie (PJ), Moustiers, 19/6 — 3 »
75 c. Gorges du Tarn (PJ), Sainte-Enimie, 10/7 — 3 »
95 c. Paysage vendéen (PJ), Saint-Jean-de-Monts, 10/7 — 3 »
1 f. Alignements de Carnac (PJ), Carnac, 10/7 — 3 »
30 c. Tunnel routier sous le Mont-Blanc (PJ), Chamonix, 17/7 — 3 »
60 c. Aix-les-Bains (PJ), Aix-les-Bains, 17/7 — 3 »
30 c. et 60 c. Europa (PJ), Paris, 25/9 — 1 50
(GF), Strasbourg, 25/9 — 2 »
1 f. Les très riches heures du duc de Berry (PJ), Chantilly, 25/9 — 5 50
25 c. 1 000 000 ha reboisés (PJ), Paris, 2/10 — 2 »
30 c. Tricentenaire du repeuplement de l'Ile Bourbon (PJ), Paris, 2/10 — 2 »
60 c. 20e anniversaire du Commissariat à l'énergie atomique (PJ), Paris, 9/10 — 2 20
1 f. L'apocalypse (PJ), Angers, 30/10 — 5 50
(GF), Paris, 31/10 — 3 20
25 c. 30e anniversaire de l'École de l'Air (PJ), Salon-de-Provence, 6/11 — 2 20
(GF), Paris, 6/11 — 3 »
1 f. Le violon rouge (PJ), Le Havre, 6/11 — 4 »
(GF), Paris, 6/11 — 2 50
30 et 60 c. Fusée Diamant et Satellite A I (PJ), Paris, 30/11 — 2 »
25 c. + 10 c. et 30 c. + 10 c. Croix-Rouge (GF-PJ), Strasbourg, 11/12 — 3 »
(GF), Cagnes-sur-Mer, 11/12 — 3 »

1966 (Doc) (1er j)

La plupart des oblitérations Premier Jour sont désormais à l'un des trois types ci-dessous :
I. Grand format illustré avec la mention Premier Jour.
II. Grand format illustré sans mention Premier Jour.
III. Grand format ordinaire avec mention Premier jour.
Il y a de très rares exceptions, telle l'oblitération accompagnant le satellite D1
Les clichés sont réduits d'1/3.

I

II

III

5 c. Armoiries d'Auch (I), Auch, 22/1 — 2 20
25 c. Armoiries de Mont-de-Marsan (I), Mont-de-Marsan, 22/1 — 2 20
30 c. Marcel Proust (I), Paris, 12/2 — 2 50
(II), Illiers, 12/2 — 2 20
30 c. Saint Pierre Fourier (I), Mirecourt, 12/2 — 3 »
30 c. François Mansart (I), Paris, 12/2 — 3 »
60 c. Satellite D I (PJ), Paris, 18/2 — 1 80
25 c. + 10 c. Journée du Timbre (II), 19/3 — 3 50
1 f. Cratère de Vix (I), Châtillon-sur-Seine, 26/3 — 10 »
60 c. Jeu d'échecs (I), Le Havre, 2/4 — 4 »
25 c. Pont de Pont-Saint-Esprit (I), Pont-Saint-Esprit, 23/4 — 2 20
25 c. Millénaire du Mont-Saint-Michel (I), Le Mont-Saint-Michel, 30/4 — 4 »
25 c. Bicentenaire de la réunion de la Lorraine et du Barrois à la France (I), Nancy, 6/5 — 2 20
(II), Bar-le-Duc, 6/5 — 2 20
30 c. + 5 c. 50e anniversaire de la victoire de Verdun (I), 28/5 — 3 50
(II), Paris, 28/5 — 3 50
40 c. Niort (III), Niort, 28/5 — 2 20
60 c. 9e centenaire de la bataille d'Hastings (I), Falaise, 4/6 — 3 »
(II), Bayeux, 4/6 — 3 »
60 c. Tricentenaire de l'académie des Sciences (I), Paris, 4/6 — 2 »
60 c. 19e Congrès international des Chemins de fer (I), Paris, 11/6 — 2 20
25 c. Pont d'Oléron (I), Château d'Oléron et Bourcefranc, 18/6, chaque — 2 »
1 f. Le Nouveau-Né (I), Rennes, 25/6 — 4 »
30 c. + 10 c. Gabriel Fauré (1), Pamiers, 25/6 — 2 50
30 c. + 10 c. Elie Metchnikoff (I), Paris, 9/7 — 2 »
30 c. + 10 c. Hippolyte Taine (I), Vouziers, 9/7 — 2 »
30 c. et 60 c. Europa (I), Paris, 24/9 — 2 »
(II), Strasbourg, 24/9 — 2 »
1 f. Vitrail de la Sainte-Chapelle à Paris (I), Paris, 22/10 — 4 »
40 c. Vercingétorix (I), Clermond-Ferrand, 5/11 — 2 »
(II), Alésia, 5/11 — 2 »
40 c. Clovis (I), Reims, 5/11 — 2 »
60 c. Charlemagne (I), Noyon, 5/11 — 2 »
(II), Paris, 5/11 — 2 »
1 f. 60, Centenaire du réseau pneumatique (I), Paris, 11/11 — 4 50
2 f. 30, Château de Val (I), Lanobre, 19/11 — 8 50
1 f. Tapisserie de Lurçat (I), Aubusson, 19/11 — 3 »
(II), St-Céré, 19/11 — 2 20
60 c. Usine marémotrice de la Rance (I), Saint-Servan, 3/12 — 2 »
La Richardais, 3/12 — 2 »
1 f. Crispin et Scapin (I), Marseille, 10/12 — 2 20
25 c. + 10 c. et 30 c. + 10 c. Croix-Rouge (I), Saint-Étienne, 10/12 — 3 »
20 c. Blason de Saint-Lô (I), Saint-Lô, 17/12 — 2 »
25, 30 et 60 c. U.N.E.S.C.O. (I), Paris, 17/12 — 4 50

1967

1967	(Doc)	(1er j)
30 c. + 10 c. Émile Zola (I) Paris, 4/2		3 »
(II), Paris		2 »
30 c. +10 c. Beaumarchais (I), Paris, 4/2		3 »
(II), Paris, 4/2		2 »
40 c. 3e Congrès international de l'U.E.R. (I) Paris, 4/3		1 50
25 c. +10 c. Journée du Timbre (II), 8/4		3 50
1 f. "La carriole du Père Juniet" (I), Laval, 15/4		5 »
60 c. Exposition internationale de Montréal (I), Paris, 22/4		1 80
60 c. 10es Jeux olympiques d'hiver (I), Grenoble, 22/4		2 »
30 c. et 60 c. Europa (I), Paris, 29/4		2 20
(II), Strasbourg, 29/4		2 20
40 c. Nungesser et Coli (I), Paris, 6/5		3 »
25 c. Pont de Bordeaux (I), Bordeaux, 6/5		2 20
40 c. Tours (III), Tours, 13/5		2 50
60 c. Esnault-Pelterie (I), Le Bourget, 27/5		2 50
25 c. Ecole vétérinaire (I), Maisons-Alfort, 27/5		1 80
1 f. Cathédrale de Rodez (I), Rodez, 10/6		2 50
1 f. 50, Morlaix (I), Morlaix, 10/6		2 50
70 c. Saint-Germain-en-Laye (I), Saint-Germain-en-Laye, 17/6		3 »
30 c. +10 c. Saint François de Sales (I), Thorens-Glières, 24/6		2 »
30 c. +10 c. Camus (I), Lourmarin, 24/6		2 »
1 f. François 1er (I), Cognac, 1/7		4 »
95 c. Boulogne-sur-Mer (I), Boulogne-sur-Mer, 8/7		2 20
60 c. Vire (I), Vire, 8/7		2 20
50 c. Saint-Quentin (I), Saint-Quentin, 8/7		2 20
75 c. La Baule (I), La Baule, 22/7		2 20
40 c. Floralies d'Orléans (I), Orléans, 29/7		2 50
40 c. 9e Congrès international de la Comptabilité (I), Paris, 2/9		2 »
Ingres "La Baigneuse" (I), Montauban, 9/9		7 »
Bir Hakeim, 25e anniversaire (I), Paris, 7/10		3 »
Eglise Sainte-Madeleine (I), Troyes, 7/10		4 »
Marie Curie (I), Paris, 21/10		3 »
Cinquantenaire du Lions international, Paris, 28/10		2 50
République, nouvelles valeurs 0,25, 0,30 (I), Paris, 4/11		2 50
Hugues Capet (I), Senlis, 10/11		2 »
Hugues Capet (II), Paris, 10/11		2 »
Philippe-Auguste (I), Bouvines, 10/11		2 »
Saint Louis (I), Paris, 10/11		2 »
Croix-Rouge (I), Dieppe, 16/12		4 »

1968

1968	(Doc)	(1er j)
Cinquantenaire des Chèques Postaux (I), Paris, 6/1		1 50
Xes Jeux Olympiques d'hiver, sur 5 env. différentes (I), Grenoble, 27/1		7 50
Idem, cachet "Inauguration", sur 5 env. différentes (II), Grenoble, 6/2		7 50
La Prévention routière (I), Paris, 24/2		2 »
Journée du Timbre 1968 (II), 16/3		3 »
François Couperin (I), Paris, 23/3		2 »
Général Desaix (I), Ayat-sur-Sioule (23-3)		1 50
5e Conférence de coopération mondiale 'Cités Unies' (I), Royan, 13/4		1 80
Grotte préhistorique de Lascaux-Montignac (I), 13/4		25 »
Europa (I), Paris, 27/4		1 80
"Conseil de l'Europe" (II), Strasbourg, 27/4		2 »
Alain René Lesage (I), Sarzeau, 4/5		1 50
Château de Langeais (I), Langeais, 4/5		2 50
Pierre Larousse (I), Toucy, 11/5		1 80
Jumelage Forêt de Rambouillet-Forêt Noire, Rambouillet, 18/5		2 »
650e anniversaire de l'Enclave des Papes, Valréas (I), 25/5		2 »
Tricentenaire du traité d'Aix-la-Chapelle, Paris (I), 29/6		1 50
Paul Claudel, Villeneuve-sur-Fère (I), 6/7		2 »
Paris (II), 6/7		1 80
Saint-Pol-Roux, Marseille (I), 6/7		1 80
Camaret (II), 6/7		1 80
Le Pont de Martrou, Rochefort (I), 20/7		3 »
1re liaison postale par avion, Saint-Nazaire (I), 17/8		2 »
1re liaison postale par avion, Paris (I), 17/8		2 »
Bicentenaire de la Libération des prisonnières huguenotes, Aigues-Mortes (I), 31/8		3 50
Béziers, Béziers (I), 7/9		1 80
Arearea, Paris (I), 21/9		4 »
50e anniversaire de l'Armistice sur le front d'Orient, Paris (I), 28/9		2 20
Bicentenaire du rattachement de la Corse à la France, Ajaccio (I), 5/10		2 20
Jeux olympiques de Mexico, Paris (I), 12/10		2 »
20e anniversaire des Expéditions polaires françaises, Paris (I), 19/10		3 »
La Danse, Paris (I), 26/10		3 »
50e anniversaire du bal des Petits Lits Blancs, Paris (I), 26/10		1 50
50e anniversaire de l'Armistice, Paris (I), 9/11		2 20
50e anniversaire de l'Armistice, La Capelle (I), 9/11		4 50
Portrait de modèle, Paris (I), 9/11		3 »
Philippe IV le Bel, Paris (I), 16/11		1 80
Du Guesclin, Châteauneuf-les-Randon (I), 16/1		1 80
Jeanne-d'Arc, Vaucouleurs (I), 16/11		2 »
Croix-Rouge, Troyes (I), 14/12		4 »

1969

1969	(Doc)	(1er j)
Marianne de Cheffer, Paris (I et II), 11/1		2 50
Eglise de Brou, Bourg-en-Bresse (I), 15/2		1 80
Barrage de Vouglans, Vouglans (I), 15/2		2 20
La Trinité-sur-Mer, La Trinité-s/Mer (I), 15/2		3 »
Cathédrale d'Amiens, Amiens (I), 22/2		3 »
Avion " Concorde ", Toulouse (I), 2/3		9 »
U.N.E.S.C.O. Paris (I), 8/3		8 »
Journée du Timbre, Paris (I), 15/3		3 »
Albert Roussel, Tourcoing (I), 22/3		2 »
Général Marceau, Chartres (I), 22/3		2 »
Sainte-Beuve, Boulogne-sur-Mer (I), 22/3		1 80
Conseil de l'Europe, Strasbourg (I), 22/3		7 »
Château de Hautefort, Hautefort (I), 5/4		2 50
Floralies de Paris, Paris (I), 12/4		2 50
Floralies de Paris, "Inauguration" (I), 23/4		6 »
Europa, Paris (I), 26/4		1 80
Europa, Strasbourg (II), 26/4		4 »
Philippe le Bon, Dijon (I), 3/5		3 »
Victoire du Garigliano, Paris (I), 10/5		2 »
50e anniversaire de l'O.I.T., Paris (I), 10/5		1 50
Maréchal Lannes, Lectoure (I), 10/5		1 80
André Gide, Paris (I), 17/5		1 80
Georges Cuvier, Montbéliard (I), 17/5		1 80
Châlons-sur-Marne, Châlons-s.-Marne (I), 24/5		1 80
25e anniversaire du débarquement de Normandie, Paris (I), 31/5		4 »
Combats du Mont Mouchet, St-Flour (I), 7/6		3 »
Chantilly, Chantilly (I), 21/6		1 50
Saint-Savin-sur-Gartempe, St-Savin (I), 28/6		2 70
Canoë-Kayak, Bourg-Saint-Maurice (I), 2/8		1 80
Bicentenaire de Napoléon, Ajaccio (I), 16/8		3 50
Débarquement de Provence, St-Raphaël (I), 23/8		3 »
Maréchal Leclerc, Paris (I), 23/8		3 50
Charte de l'Eau, Paris (I), 27/9		1 80
Charte de l'Eau, Strasbourg (II), 27/9		1 80
Mouflon, Paris (I), 11/10		2 80
Normandie-Niemen, Paris (I), 18/10		3 50
Ecole Centrale, Châtenay-Malabry (I), 18/10		2 »
Le Redoutable, Cherbourg (I), 25/10		2 »
Le Redoutable, Paris (II), 25/10		2 20
Louis XI, Paris (I), 8/11		2 »
Idem, Charles le Téméraire, Dijon (II)		2 »
Bayard, Poncharra (I), 8/11		2 »
Henri IV, Nantes (I), 8/11		2 50
"Le Cirque", de Seurat, Paris (I), 8/11		4 »
Maréchal Leclerc Strasbourg (I), 22/11		3 50
Croix-Rouge, Avignon (I), 13/12		5 50

1970

1970	(Doc)	(1er j)
Alain Gerbault, Laval (I), 10/1		4 »
Alain Gerbault, Puteaux (II), 10/1		6 »
Gendarmerie, Paris (I), 31/1		6 »
Philibert de l'Orme, Lyon (I), 14/2		1 80
Le Vau, Paris (I), 14/2		1 50
Prosper Mérimée, Paris (I), 14/2		2 »
Handball, Paris (I), 21/2		2 »
Maréchal Juin, Paris (I), 28/2		2 50
Aérotrain, Orléans (I), 7/3		2 50
Journée du Timbre, (II), 14/3		3 »
Flamant rose, Paris (I), 21/3		2 20
Caventou, Saint-Omer (I), 21/3		1 50
Pelletier, Paris (I), 21/3		1 50
Fusée Diamant, Kourou Guyane (I), 28/3		3 »
Lutte contre le cancer, Paris (I), 4/4		2 50
Alexandre Dumas, Villers-Cotterets (I), 11/4		2 »
Edouard Branly, Amiens (I), 11/4		2 »
Maurice de Broglie, Paris (I), 11/4		2 »
Europa, Paris (I), 2/5		1 80
Europa, Strasbourg (II), 2/5		3 »
Armistice de Berlin, Paris (I), 8/5		2 50
Primitif de Savoie, Chambéry (I), 9/5		4 50
Lens, Lens (I), 16/5		1 50

Périgueux, Périgueux (II), 13/6	2 »
Martinique, Diamant (I), 20/6	1 50
Chancelade, Chancelade (I), 20/6	2 20
Guadeloupe, Le Gosier (I), 20/6	1 80
Retour des Déportés, Strasbourg (I), 27/6	2 »
Handicapés physiques, Saint-Étienne (I), 27/6	1 80
"Flore" de Carpeaux, Valenciennes (I), 4/7	4 50
Observatoire de Haute-Provence, Saint-Michel-l'Observatoire (I), 4/7	2 50
Mermoz, Aubenton (I), 19/9	60 »
Saint-Exupéry, Lyon (I), 19/9	70 »
Athlétisme, Paris (I), 11/9	1 80
Salines Royales, Arc et Senans (I), 26/9	1 80
Diane (Boucher), Paris (I), 10/10	3 50
Richelieu, La Rochelle (I), 17/10	2 »
Louis XIV, Versailles (I), 17/10	4 »
Fontenoy, Paris (I), 17/10	2 »
O.N.U., Paris (I), 24/10	1 80
Bordeaux, Bordeaux (I), 7/11	3 50
Denfert-Rochereau, Belfort (I), 14/11	2 70
Degas, Paris (I), 14/11	4 »
Fresque de Dissay, Poitiers	
Croix-Rouge (I), 12/12	4 50

1971	(Doc)	(1er j)
Marianne de Béquet, Paris (I), 2/1		2 »
Ballons montés, Paris (I), 16/1		5 »
Musée Postal, (III), 16/1		3 »
Saint Mathieu, Strasbourg (I), 23/1		3 30
Marianne 0,45, Paris (I), 6/2		2 »
U.N.E.S.C.O., Paris (I), 13/2		3 »
Conseil de l'Europe, Strasbourg (I), 20/2		3 »
Patinage artistique, Lyon (I), 20/2		2 »
Auber, Caen (I), 6/3		2 70
Général Brosset, Paris (I), 6/3		2 20
Lyon (III), 6/3		2 20
Océanexpo, Bordeaux (I), 6/3		2 »
Journée du Timbre (III), 27/3		2 50
Millet, Paris (I), 3/4		4 »
Cap Hornier, Saint-Malo (I), 10/4		5 »
Didier Daurat, Paris (I), 17/4		15 »
Raymond Vanier, Orléans (I), 17/4		15 »
Isard, Tarbes (I), 24/4		2 »
Etats Généraux, Versailles (I), 8/5		3 »
Grignard, Cherbourg (I), 8/5		1 80
Lyon (III), 8/5		1 80
Europa (2 enveloppes), Paris (I), 8/5		3 »
Strasbourg (III), 8/5		3 »
Grenoble "Congrès", Grenoble (I), 29/5		2 »
Farman, Le Bourget (I), 29/5		3 »
A.F.R., Angers (I), 5/6		1 50
Rouault, Paris (I), 5/6		3 »
Sedan "Château", Sedan (I), 12/6		2 20
Pont d'Arc, Vallon Pont d'Arc (I), 12/6		2 20
Sainte-Chapelle, Riom (I), 19/6		1 50
Place aux Fleurs, Dole (I), 3/7		1 50
Le Dolder, Riquewihr (I), 3/7		1 80
La Bastille, Paris (I), 10/7		3 »
U.I. Interparlementaire, Paris (I), 28/8		1 80
Valmy, Valmy (I), 18/9		4 »
Général Delestraint, Saint-Vaast (I), 16/10		2 50
Bourg-en-Bresse (II), 16/10		2 50
Robert Houdin, Blois (I), 16/10		4 50
Chambre des Métiers, Paris (I), 16/10		1 50
Caméléon, Paris (I), 6/11		1 80
Général de Gaulle, Lille (O), 9/11		5 »
Entrevue de Brazza, Lille (O), 9/11		5 »
Arc de Triomphe, Lille (O), 9/11		5 »
Président de la République, Lille (O), 9/11		5 »
La bande complète, Lille (O), 9/11		15 »
Existe avec oblitération de Colombey-les-Deux-Eglises		15 »
Académie de Médecine, Paris (I), 13/11		2 »
Croix-Rouge (2 env.), Tournus (I), 11/12, R		4 »
(2 env.), Royan (II), 11/12, R		6 »

1972	(Doc)	(1er j)
Fragonard, Paris (I), 22/1		4 »
Crozet, Paris (I), 29/1		3 »
J.O. Sapporo, Paris (I), 5/2		2 20
Chomedey de Maisonneuve, Neuville-s.-Vanne (I)		1 80
Troyes (O)		2 20
Bergès, Lorp-Sentaraille (I), 19/2		1 80
Lancey (II)		2 20
Journée du Timbre 1972 (I), 18/3		2 50
Mois du coeur, Paris (I), 8/4		1 80
Cathédrale de Saint-Just, Narbonne (I), 8/4		3 70
Grand-duc, Paris (I), 15/4		3 »
Europa (2 enveloppes), Paris (I), 22/4		3 »
(2 enveloppes), Strasbourg (II), 22/4		4 50
Abbaye de Charlieu, Charlieu (I), 29/415		2 50
Donneurs de sang, Nantes (I), 5/5		2 »
Terre-Neuvas, Dinard (I), 6/5		3 »
45e Congrès Société phil., Saint-Brieuc (I), 20/5		1 50
Saumon, Paris (I), 27/5		2 20
Code Postal, Paris (I), 3/6		2 »
Aviatrices, H. Boucher, Paris (I), 10/6		11 »
M. Hilsz, Levallois (I), 10/6		11 »
Claude Monet, Paris (I), 17/6		3 »
Edouard Belin, Vesoul (I), 24/6		1 80
I.P.T.T., Paris (I), 1/7		1 50
Louis Blériot, Cambrai (I), 1/7		2 50
J.O. Munich, Paris (I), 8/7		2 »
Randonnée pédestre, Florac (I), 15/7		2 20
Championnats du monde cyclistes, Gap (I), 22/7		3 »
Marseille (I), 22/7		3 »
Château de Bazoches, Bazoches (I), 2/9		2 50
Amiral de Grasse, Le Bar-sur-Loup (I), 9/9		2 »
Idem, Toulon (II), 9/9		2 »
Théophile Gautier, Tarbes (I), 9/9		2 70
La Sologne, Romorantin (I), 30/9		1 80
Incroyables, Paris (I), 7/10		2 »
Le Maître de Moulins, Paris (I), 14/10		3 50
Champollion, Paris (I), 14/10		3 50
Idem, Figeac (II), 14/10		3 50
Pont d'Arcole, Paris (I), 11/11		3 50
Bonaparte en Egypte, Paris (I), 11/11		3 50
Desgenettes, Luxeuil (I), 16/12		3 »
Broussais, Luxeuil (I), 16/12		3 »
Derain, Paris (I), 16/12		6 »

"A partir de la fin de l'année 1973 les cotes de la colonne de gauche concernent les Documents Officiels et celles de droite les Premiers Jours".

1973	(Doc)	(1er j)
Sainte Thérèse, Alençon (I), 6/1		3 »
Anthurium, Fort-de-France (I), 20/1		2 20
Coopération Franco-Allemande, Paris (I), 22/1		2 50
Amiral Coligny, Châtillon-Coligny (I), 17/2		1 80
Idem, Paris (II), 17/2		1 80
Immigration polonaise, Auchel (I), 3/2		1 80
Eglise Saint-Austremoine, Issoire (I), 10/2		6 »
Codos, Ivier, 24/2		35 »
Guillaumet, Bouy, 24/2		35 »
Journée du Timbre (II), 24/3		3 »
Airbus, Toulouse (I), 7/4		12 »
Europa (2 enveloppes), Paris (I), 14/4		3 »
Idem Strasbourg (II), 14/4		3 »
Ernest Renan, Tréguier (I), 28/4		1 80
Lebrun, "Etude", Paris (I), 28/4		3 70
Cigogne, Strasbourg (I), 12/5		2 20
Grand-Orient de France, Paris (I), 12/5		3 »
Centre "Tuileries", Paris (I), 15/5		1 50
Palais des Ducs de Bourgogne, Dijon (I), 19/5		2 »
(Le cachet n'est pas illustré, avec texte au centre)		
Santos-Dumont, Le Bourget (I), 26/5		3 »
Boiseries, "Le Moutier d'Ahun" (I), 26/5 +		3 50
Cinquantenaire de l'Académie des Sciences d'Outre-Mer, Paris (I), 26/5		1 50
Colette, Saint-Sauveur-en-Puisaye (I), 2/6		3 70
Cinquantenaire des 24 heures du Mans, Le Mans (I), 2/6		2 30
Congrès des sociétés philatéliques, Toulouse (I), 9/6		1 80
Duguay-Trouin, Saint-Malo (I), 9/6		5 »
5 mâts "France II", La Rochelle (I), 9/6		5 »
Raton laveur, Basse-Terre (I), 23/6		2 »
Le Clos-Lucé, Amboise (I), 23/6		2 »
Château de Gien, Gien (I), 18/8		2 »
Saut du Doubs, Villers-le-Lac (I), 8/9		1 80
Watteau "La Finette", Paris (I), 22/9		3 »
Hansen, "Lèpre", Paris (I), 29/9		1 80
Pasteur, Dole (I), 6/10		2 50
Idem, Paris (II), 6/10		2 50
E. Ducretet, Paris (I), 6/10		1 80
Molière, Paris (I), 20/10		2 20
Idem, Pezenas (II), 20/10		2 20
Ecluse "François 1er", Le Havre (I), 27/10		2 20
Bourgoin-Kieffer, Paris (I), 27/10		2 50

Code Civil, Paris (I), 3/11		1 80
Anniversaire de la flamme, Paris (I), 10/11		2 20
Sacre de l'Empereur, Paris (I), 10/11		3 20
Tony Garnier, Lyon (I), 17/11		2 »
Industrie, Paris (I), 24/11		1 50
Agriculture, Paris (I), 1/12		1 50
Croix-Rouge, Cognac (I) R, 1/12		4 »
Idem, Tonnerre (II), 1/12		4 »
Droits de l'Homme, Paris (I), 8/12		3 »
Musée Postal, Paris (I), 19/12	10 »	1 50

1974

1974	(Doc)	(1er j)
Arphila, Paris (I), 19/1	7 »	2 20
St-Louis Grignion de Montfort, Montfort (I), 23/2	23 »	2 50
Journée du Timbre, (II), 9/3	20 »	3 70
Aéroport Charles de Gaulle, Paris (I), 16/3	30 »	3 »
Richelieu, Paris (I), 23/3	30 »	5 »
Club Alpin Français, Paris (I), 30/3	8 »	3 »
Europa, "Rodin Maillol", Paris (I), 20/4	15 »	2 20
Idem, Strasbourg (II), 20/4		2 20
Sauvetage en mer, Paris (I), 27/4	15 »	2 »
Conseil de l'Europe, Strasbourg (I), 4/5	15 »	1 80
Saint-Florent, Saint-Florent (I), 11/5	12 »	6 »
Bison, Mouzon (I), 25/5	20 »	2 20
Général Koenig, Caen (I), 25/5	12 »	2 »
Idem, Paris (II), 25/5		2 »
Colmar, Colmar (I), 1/6	8 »	1 50
Débarquement, Arromanches (I), 8/6	23 »	4 50
XXes J.O. Echecs, Nice (I), 8/6	30 »	3 »
Hôtel des Invalides Paris (I), 15/6	9 »	1 80
Villes Compagnons de la Libération (III), 15/6	7 »	2 50
Musée Postal, Koenig, Villes Compagnons de la Libération ont été oblitérés avec cachet sans cercle.		
Salers, Salers (I), 22/6	9 »	1 80
Francis Poulenc, Paris (I), 20/7	9 »	2 »
Turbotrain 001, Tours (I), 31/8	33 »	4 »
Turbotrain 001, Tours (II), 1/9		15 »
Vallée du Lot, Decazeville (I), 7/9	6 »	1 50
Oeuvre de Miro, Paris (III), 14/9	14 »	3 30
Phenix, Bagnols-sur-Cèze (I), 21/9	11 »	1 80
U.P.U. Paris (I), 5/10	13 »	2 70
0,60/0,80, Marianne, Paris (I), 5/10	13 »	6 »
Saint-Nicolas-de-Port, (I), 12/10	7 »	2 »
Copernic, Paris (I), 12/10	10 »	3 »
Tatou, Cayenne (I), 19/10	15 »	3 »
Oeuvre de Sisley, Paris (I), 9/11	18 »	3 »
Barbey d'Aurevilly, Saint-Sauveur-le-Vicomte (I), 16/11	9 »	2 20
Jean Giraudoux, Bellac (I), 16/11	9 »	2 20
Tapisserie de Mathieu, Créteil (I), 16/11	10 »	3 50
Médaille Résistance, Paris (I), 23/11	10 «	3 50
Croix-Rouge, Pau (I), 30/11	10 »	6 »
Mulhouse (II), 30/11		6 50

1975

1975	(Doc)	(1er j)
A. Schweitzer, Kaysersberg (I), 11/1	20 »	4 »
Château de Rochechouart (I), 11/1	20 »	2 50
Église de Saint-Paul-de-Léon (I), 18/1	15 »	2 »
Palais de Justice, Rouen (I), 25/1	13 »	2 »
Aigrette, Villars-les-Dombes (I), 15/2	15 »	3 »
Edmond Michelet, Paris/Brives (I), 22/2	7 »	2 20
Arphila, "Oeil", Paris (I), 1/3	8 »	1 60
Journée du Timbre, Paris (II), 8/3	20 »	3 »
Arphila, " Chapiteau ", Paris (I), 22/3	8 »	2 »
Georges Pompidou, Aurillac-Saint-Flour (III), 2/4	11 »	4 50
Paris (III), 2/4		4 50
Arphila, " Graphisme ", Paris (I), 19/4	9 »	2 »
Europa, Paris (I), 26/4 (2 enveloppes)	10 »	8 »
Strasbourg (II), 26/4 (2 enveloppes)		8 »
Exposition Machine-Outil, Paris (I), 3/5	11 »	2 20
Robert Schuman, Paris-Scy-Chazelles (III), 10/5	11 »	2 »
Arphila, "Cérès", Paris (I), 17/5	9 »	2 50
Sénat, Paris (I), 24/5	7 »	2 »
Convention du Mètre, Paris (I), 31/5	9 »	2 »
Hélicoptère Gazelle, Le Bourget (I), 31/5	10 »	4 50
Arphila (4 enveloppes), Paris (I), 9/6		45 »
Bloc entier, Paris (I), 6/6		25 »
(4 enveloppes), Paris (II)		45 »
Bloc entier, Paris (II), 9/6	19 »	30 »
Santé des Etudiants, Paris (I), 21/6	7 »	2 »
Métro régional, Puteaux (I), 21/6	23 »	4 »
Paris (I), 21/6		8 »
Eugène Thomas, Vieux-Condé-Le Quesnoy (I), 28/6	4 »	2 »
Théâtre du Peuple, Bussang (I), 9/8	6 »	1 50
Pays de la Loire, Nantes (I), 6/9	6 »	1 80
Libération des Camps, Besançon (I), 27/9	7 »	1 80
Auvergne, Clermont-Ferrand (I), 4/10	6 »	1 80
Déminage, Lepuix (I), 11/10	4 »	1 50
Villes-Nouvelles, Evry, Cergny, l'Isle d'Abeau (I), 18/10	6 »	2 »
Bourgogne, Dijon (I), 25/10	6 »	2 »
Année de la Femme, Paris, 8/11 (cachet sans cercle).	7 »	2 »
Pont de Saint-Nazaire, Saint-Nazaire, Saint-Brevin (cachet sans cercle), 8/11	6 »	2 »
Picardie, Noyon (I), 15/11	6 »	2 »
Siegfried André, Le Havre (I), 15/11	4 »	1 80
U.N.E.S.C.O. Paris (I), 15/11		10 »
Franco-Russe (50e anniversaire) (III), 22/11	7 »	2 »
Conseil de l'Europe, Strasbourg, 22/11		10 »
Croix-Rouge, Le Creusot (I), 29/11	9 »	5 50
Croix-Rouge, Fort-de-France (I), 29/11		6 »
La Melpomène , Paris (I), 6/12	9 »	3 »
Poitou-Charentes, Poitiers (I), 6/12	6 »	2 70
Nord-Pas-de-Calais, Lille (I), 13/12	7 »	5 »

1976

1976	(Doc)	(1er j)
Concorde Paris/Rio, Paris (I), 10/1	24 »	8 »
Midi-Pyrénées, Toulouse (I), 10/1	6 »	3 70
Art Roman, St-Genis-des-Fontaines (I), 24/1	9 »	5 »
Centre, Orléans (I), 31/1	5 »	2 »
Vénus de Brassempuy, St-Germain-en-Laye, 6/3	9 »	5 »
Journée du Timbre (II), 13/3	8 »	3 »
Château, Rueil-Malmaison (I), 10/4	6 »	3 »
A.C.O.R.A.M., Paris (I), 24/4	5 »	1 50
Le Gros Horloge, Rouen (I), 24/4	6 »	1 50
Juvarouen, Rouen (I), 27/4	6 »	2 »
Europa (céramique), Paris (I), 8/5	9 »	3 »
Europa (céramique), Strasbourg (I) 8/5		4 50
Bicentenaire des États-Unis, Versailles (I), 15/5	9 »	2 20
Aquitaine, Bordeaux (I), 22/5	3 »	1 50
Maréchal Moncey, Paris Palise (I), 22/5	5 »	1 80
Limousin, Limoges (I), 29/5	5 »	1 50
Verdun, Paris, Verdun (I), 12/6	6 »	3 »
La Communication, Paris (I), 12/6	5 »	1 50
Forêt de Tronçais, Montluçon (I), 19/6	6 »	2 »
France Libre, Paris (I), 19/6	5 »	2 »
Symphonie, Toulouse, Issy-les-Moulineaux, 26/6	6 »	3 »
Bonaguil, Saint-Flour-sur-Lémance (I), 10/7	6 »	2 »
La Fête, Paris (I), 10/7	5 »	1 50
Ussel, Ussel (I), 10/7	6 »	2 20
J.O. Montréal, Paris (I), 17/7	6 »	1 80
Officiers de Réserve, Saint-Denis de la Réunion (I), 17/7	5 »	2 »
Oeuvre de Delaunay, Paris (III), 24/7	7 »	5 »
Max Jacob, Quimper (I), 22/7	7 »	1 80
Marianne 76, Paris (I), 31/7	23 »	3 »
Mounet-Sully, Bergerac (I), 28/8	5 »	2 »
Général Daumesnil, Périgueux et Vincennes (I), 4/9	5 »	2 20
Ramsès, Paris (I), 4/9	9 »	6 50
Oeuvre de Carzou, Vence, Paris (III), 18/9	9 »	4 50
Fromentin, La Rochelle (I), 25/9	5 »	1 80
Côte Basque, Biarritz (I), 25/9	6 »	1 80
Centenaire Téléphone, Paris et Riquewihr (I), 25/9	5 »	1 50
Film de tourisme, Tarbes (I), 2/10	6 »	2 »
Police nationale, Paris (I), 9/10	5 »	2 »
Thiers, Thiers (I), 9/10	6 »	2 »
Conseil de l'Europe, Strasbourg (I), 16/10		5 »
Guyane, Cayenne (I), 16/10	5 »	1 80
C.E.R.N., Pressevin (I), 22/10	8 »	2 50
U.N.E.S.C.O. Paris (I), 23/10		6 »
Anna de Noailles, Paris (I), 6/11	5 »	1 80
Cathédrale de Lodève, Lodève (I), 13/11	6 »	1 50
Croix-Rouge, Bourg-en-Bresse et Saint-Denis de la Réunion (I), 20/11	6 »	3 70
Foire Exposition, Paris (I), 20/11	5 »	1 50
Douane, Paris (I), 27/11	6 »	1 50
Musée de l'Atlantique, Port-Louis et Paris (I), 4/12	6 »	3 »
Oeuvre de de Vlaminck, Paris (I), 18/12	7 »	3 »

1977

1977	(Doc)	(1er j)
Franche-Comté, Besançon (I), 8/1	8 »	2 »
Languedoc-Roussillon, Montpellier (I), 15/1	8 »	2 »
Rhône-Alpes, Lyon (I), 22/1	6 »	2 50
Conseil de l'Europe, Strasbourg (I), 22/1		5 »
Martinique, Fort-de-France (I), 29/1	6 »	1 80

Réunion, Saint-Denis (I), 5/2	7 »	1 80
Centre Pompidou, Paris (I), 5/2	9 »	3 »
Oeuvre de Corot, Paris (I), 12/2	9 »	4 »
Dunkerque, Dunkerque (I), 12/2	5 »	1 50
Bretagne, Rennes (I), 19/2	6 »	2 70
Alsace, Strasbourg (I), 26/2	5 »	3 20
Souvenir français, Lille (I), 5/3	6 »	3 »
Journée du Timbre (II), 26/3	7 »	3 »
Oeuvre de Vasarely, Paris (III), 7/4	9 »	3 »
Champagne-Ardenne, Châlons-s.-Marne (I), 16/4	5 »	3 »
Europa, Paris (I), 23/4	7 »	2 20
Europa, Strasbourg (I), 23/4		2 20
Horticulture, Paris (I), 23/4	5 »	2 »
Floralies, Nantes (I), 7/5	5 »	2 »
Rattachement du Cambrésis, Cambrai (I), 14/5	5 »	1 50
Instituts catholiques, Paris-Lille-Lyon (I), 14/5	5 »	1 80
Fédérat. Europ. construct., Paris (I), 21/5	5 »	1 50
Congrès Philatélique, Annecy (I), 28/5	4 »	2 »
Abbaye de Fontenay, Marmagne (I), 4/6	5 »	1 80
Ecole Polytechnique, Palaiseau (I), 4/6	5 »	2 »
Traversée Atlantique Nord, Le Bourget et Nogent-sur-Marne (I), 4/6	9 »	4 50
Coupe de France de football, Paris (I), 11/6	21 »	3 50
Mémorial de Gaulle, Colombey-Paris (I), 18/6	20 »	5 50
Jeune Chambre économique, Paris-Lyon (I), 18/6	5 »	1 50
Bataille de Nancy, Nancy (I), 25/6	5 »	1 80
Rattachement de la Bourgogne, Dijon (I), 2/7	5 »	1 80
Parlementaires de langue française, Paris (I), 8/7	5 »	1 80
Cathédrale de Bayeux, Bayeux (I), 9/7	5 »	2 50
Collégiale de Dorat, Le Dorat (I), 16/7	5 »	1 80
Cigale Rouge, Paris-Serignan (I), 10/9	5 »	3 »
Saint-Amand-les-Eaux, Saint-Amand (I), 17/9	5 »	1 80
Oeuvre de Trémois, Paris (III), 17/9	24 »	4 »
Château de Vitré, Vitré (I), 24/9	5 »	2 »
Les Prémontrés, Pont-à-Mousson (I), 1/10	5 »	1 50
Meilleurs ouvriers, Paris (I), 1/10	5 »	1 50
Éd. Herriot, Troyes et Lyon (I), 8/10	5 »	2 »
Abbé Breuil, Mortain (I), 15/10	5 »	2 20
Conseil Economique, Paris (I), 22/10	5 »	1 50
Oeuvre de Rubens, Tours-Paris (I), 5/11	18 »	6 »
Guillaume de Machault, Machault et Paris (I), 12/11	4 »	2 50
Croix-Rouge, Marseille (I), 26/11	7 »	4 »
Charles Cros, Fabrezan-Paris (I), 3/12	4 »	1 80
Tennis de table, Paris-Annecy (I), 17/12	13 »	4 »
Art contemporain-Excoffon, Paris (III), 17/12	8 »	3 20
Sabine, Lille (I), 17/12	41 »	6 »

1978

	(Doc)	(1er j)
Percheron, Paris (I), 7/1	9 »	3 70
Carrousel, Versailles (I), 14/1	9 »	7 »
École de Communications, Paris (I), 19/1	8 »	1 50
Saint-Barthélémy, Saint-Barthélémy (I), 19/1	8 »	1 50
Haute-Normandie, Rouen (I), 21/1	8 »	2 »
Oeuvre de Buffet, Paris (I), 4/2	22 »	5 »
Aménagement du territoire, Paris (I), 11/2	6 »	1 50
Marie Noël, Auxerre (I), 11/2	5 »	1 50
Bernanos, Paris (I), 18/2	5 »	1 80
Aubazine, Aubazine (I), 18/2	7 »	1 80
Juvexniort, Niort (I), 25/2	5 »	2 50
Gorges du Verdon, La Palud (I), 4/3	5 »	1 50
Ile-de-France, Paris (I), 4/3	5 »	1 80
Bec-Hellouin, Bec-Hellouin (I), 25/3	5 »	2 20
Lecomte de l'Isle, Saint-Paul (I), 25/3	5 »	1 80
Basse-Normandie, Caen (I), 1/4	5 »	2 40
Sabine (11 val.), Paris (I), 31/3 (3 enveloppes)	21 »	18 »
Journée du Timbre (II), 8/4	5 »	3 »
Tolstoï Paris (I), 15/4	5 »	2 »
Port Cros, Hyères (I), 15/4	5 »	3 »
Économies d'Énergie, Paris (I), 22/4	5 »	1 50
Fleurir la France, Nice-Colmar (I), 22/4	5 »	2 50
Notre-Dame de Lorette, Ablain St-Nazaire (I), 6/5	5 »	2 »
Europa, Paris (I), 6/5	6 »	2 70
Europa, Strasbourg (II), 6/5		2 70
Congrès Philatélique, Troyes (I), 13/5	6 »	2 »
Pont-Neuf, Paris (I), 27/5	5 »	1 80
Stade Roland Garros, Paris (I), 27/5	6 »	3 »
Abbaye de Fontevraud, Fontevraud (I), 3/6	5 »	1 80
Saint-Saturnin, Saint-Saturnin (I), 10/6	5 »	1 80
Sabine (5 val.), Paris (I), 3/6 (2 env.)	21 »	9 »
Château d'Esquelbecq, Esquelbecq (I), 17/6	6 »	2 »
Voltaire, J.-J. Rousseau, Ferney-Voltaire-Montmorency (I), 1/7	7 »	2 »
Métiers d'Art, Paris (I), 9/9	5 »	1 80
Claude Bernard Saint-Julien (I), 16/9	5 »	2 »
Imprimerie Nationale, Paris (I), 23/9	5 »	1 50
Franche-Comté, Besançon (I), 23/9	5 »	1 50
Rattachement de Valenciennes et Maubeuge, (I), 30/9	5 »	1 50
Académie de Philatélie, Paris (I), 7/10	5 »	2 »
Balbuzard, Bastia (I), 14/10	9 »	2 50
1re liaison, Villacoublay-Pauillac (I), 14/10	9 »	2 70
Conseil de l'Europe, Strasbourg (I), 14/10		2 30
U.N.E.S.C.O., Paris (I), 14/10		2 30
Gymnastique, Strasbourg (I), 21/10	9 »	1 80
Sport pour Tous, Blanzac (I), 21/10	7 »	1 80
Armistice 1918/1978, Compiègne et la Flamengrie (I), 11/11	5 »	2 20
Combattants Polonais, Paris (I), 11/11	5 »	2 »
Réadaptation, Paris (I), 18/11	5 »	1 80
Croix-Rouge, Château-Thierry (I), 26/12	9 »	3 »
Droits de l'Homme, Paris (I), 9/12	6 »	3 »
Yves Brayer, Paris (I), 9/12	9 »	3 »

1979

	(Doc)	(1er j)
Année de l'Enfant, Paris (I), 6/1	10 »	5 »
Maréchal de Bercheny, Tarbes (I), 13/1	6 »	2 »
Miniature sur la musique, Paris (I), 13/1	10 »	3 50
Victor Segalen, Brest-Paris (I), 20/1	8 »	1 80
Floralies internationales, Les Trois Ilets (I), 3/2	8 »	1 50
Borobudur, Paris (1), 24/2	8 »	2 20
Journée du Timbre (I), 10/3	8 »	2 50
Poulbot, Paris (I), 24/3	8 »	2 50
Abeille, Paris-Evian (I), 31/3	8 »	3 »
Abbaye de Saint-Germain-des-Prés, Paris (I), 21/4	8 »	2 »
Palais des Rois, Perpignan (I), 21/4	8 »	1 80
Europa (2 envel.), Paris (I), 28/4	8 »	2 20
Idem (2 envel.), Strasbourg (II), 28/4		2 20
Congrès Fédération, Nantes (I), 5/5	7 »	1 50
Léon Jouhaux, Paris (I), 12/5	8 »	2 »
Moulin de Steenvoorde (I), 12/5	8 »	2 »
Palais Royal, Paris (I), 19/5	8 »	2 50
Elections Européennes, Strasbourg (I), 19/5	8 »	3 »
Hommage à Jeanne d'Arc, Rouen (I), 24/5	8 »	2 »
Abélard, Le Pallet (I), 9/6	8 »	2 »
Salon Aéronautique, Le Bourget (I), 9/6	8 »	5 »
Abbayes Normandes, Bernay, Saint-Pierre-sur-Dives (I), 16/6	8 »	2 »
Courteline, Tours (I), 23/6	8 »	2 »
Félix Guyon, Paris (I), 23/6	8 »	1 80
Auray, Auray (I), 30/6	8 »	1 50
Grotte de Niaux, Niaux (I), 7/7	8 »	2 »
Télécom 79, Paris (I), 22/9	8 »	1 80
Diane au Bain, Ecouen (I), 22/9	8 »	4 »
Sabine (6 val.) (2 envel.), Paris (II), 1/10	23 »	15 »
Château de Maisons-Laffitte (I), 6/10	6 »	1 80
L'église d'Auvers-sur-Oise, Paris (I), 27/10	25 »	11 »
"Lorraine", Nancy-Metz (I), 10/11	5 »	2 »
Simone Weil, Paris (I), 10/11	5 »	2 »
École Centrale des Arts et Manufactures, Paris (I), 17/11	6 »	1 80
Oeuvre de Salvador Dali, Paris (III), 17/11	12 »	4 »
André Malraux, Paris (I), 24/11	5 »	2 »
Championnats du monde de judo, Paris (I), 24/11	5 »	2 »
Oeuvre de Chapelain-Midy, Paris (III), 1/12	8 »	3 »
Croix-Rouge, "Vitrail", de Rouen (I), 1/12	6 »	3 »
La Lutherie, Paris-Mirecourt (I), 8/12	3 »	3 »

1980

	(Doc)	(1er j)
Eurovision, Paris (I), 12/1	5 »	2 50
"Femme à l'Eventail", Paris (I), 19/1	6 »	2 50
Oeuvre de Ubac, Paris (III), 2/2	6 »	2 50
Viollet-le-Duc, Paris (I), 16/2	3 »	2 20
Géants du Nord, Douai-Lille, 16/2	3 »	1 80
Gastronomie française, Paris (I), 23/2	3 »	1 80
Journée du Timbre, Paris (I), 8/3	6 »	3 50
Jean Monnet, Cognac (I), 15/3	11 »	2 50
La Broderie, Paris (I), 29/3	4 »	2 20
Cité médiévale de Cordes (I), 5/4	4 »	1 80
Tabac ou Santé, Paris (I), 5/4	4 »	1 80
A. Briand, "Europa", Paris (I), 26/4	7 »	2 20
Saint Benoît, "Europa", Paris (I), 26/4		3 »
A. Briand, Europa 80, Strasbourg (I), 26/4		2 20
Saint Benoît, Europa 80, Strasbourg (I), 26/4		2 50
Cathédrale du Puy, Le Puy (I), 10/5	4 »	2 50
Montauban, Montauban (I), 17/5	4 »	3 »
École Normale Supérieure d'Arts et Métiers Liancourt (I), 17/5	3 »	1 50
Congrès S.P.F., Dunkerque (1), 24/5	3 »	1 50
Papillon ; Gap (I), 31/5	6 »	2 50

Château de Maintenon (I), 7/6	4 »	2 »
Albrecht Dürer, Paris (I), 7/6	18 »	2 20
Relations Publiques, Paris (I), 10/6	3 »	1 50
Patrimoine National, Paris (I), 21/6	3 »	1 80
Congrès géologique, Paris (1), 5/7	3 »	1 80
Bicentenaire du débarquement à Newport, Paris (I), 12/7	5 »	2 50
Sabine, 2 valeurs, Paris (I), 1/8	10 »	5 »
Traversée Paris-New York, Le Bourget (I), 30/8	10 »	3 50
De La Mennais, Saint-Malo (I), 6/9	4 »	2 »
Mistral, Maillane (I), 6/9	4 »	2 »
Abbaye de Solesmes (I), 20/9	4 »	2 »
Jean Picart Le Doux, Paris (I), 20/9	6 »	4 50
Agam. Message de Paix, Paris et Pérouges (I), 4/10	7 »	4 50
Saint-John Perse, Point-à-Pitre et Aix-en-Provence (I), 11/10	4 »	2 »
Pierre-Paul de Riquet, Béziers (I), 11/10	4 »	2 »
Le golf, Paris (I), 18/10	10 »	3 »
Comédie Française, Paris (I), 18/10	3 »	2 »
Modigliani, Creil (I), 25/10	10 »	3 »
Hommage à Charles de Gaulle, Paris (I), 8/11	11 »	5 »
Louis Le Nain, Paris (I), 8/11	10 »	3 »
U.N.E.S.C.O. (I), 15/11		4 »
Garde Républicaine, Paris (I), 22/11	4 »	3 50
Conseil de l'Europe, Strasbourg (I), 22/11		3 20
Croix-Rouge, "Stalles", Amiens (I), 6/12	4 »	3 20
Château de Rambouillet, Rambouillet (I), 6/12	4 »	2 50
Oeuvre de Hans Hartung, Paris (I), 20/12	10 »	3 20

1981	(Doc)	(1er j)
"Sabine", 6 val. (2 enveloppes), Paris (I), 10/1	30 »	38 »
Microélectronique, Meylan (I), 5/2	7 »	2 20
A.-M. Javouhey, Jallanges et Paris (I), 7/2	5 »	2 »
Jacques Offenbach, Paris (I), 14/2	7 »	2 70
Albert Gleizes, Paris (I), 28/2	6 »	3 »
Journée du Timbre, "Goya", Paris (II), 7/3	6 »	4 50
L'Eau, Paris et Châteauneuf-les-Martigues (I), 14/3	5 »	2 20
Château de Sully, Rosny-sur-Seine (I), 21/3	5 »	2 50
Biologie, Paris (1), 28/3	4 »	1 80
Energies nouvelles, Odeillo et Nandy (I), 28/3	6 »	2 »
Fonds marins, Dunkerque (I), 28/3	6 »	2 »
Télématique, Rennes (I), 28/3	7 »	2 »
La Reliure, Paris (I), 4/4	5 »	2 »
La maison carrée, Nîmes (I), 11/4	5 »	2 »
Oeuvre de Pissarro, Perpignan (1), 18/4	9 »	6 »
Europa, Paris (I), 2/5	7 »	3 »
Europa, Strasbourg (I), 2/5		3 »
Centen. de l'École Militaire, Saint-Maixent (I), 16/5	6 »	2 »
Teilhard de Chardin, Orcines (I), 23/5	6 »	2 »
Louis Armand, Cruseilles (I), 23/5	6 »	2 20
Philexfrance, 3 enveloppes (I), 23/5	20 »	10 »
Saint-Jean de Lyon (I), 30/5	4 »	1 50
La Presse. Th. Renaudot, Loudun et Paris (I), 30/5	5 »	2 »
Congrès S.P.F., Vichy (I), 6/6	4 »	1 80
Salon de l'aéronautique, Le Bourget (I), 6/6	9 »	5 20
Louis Jouvet, Crozon (I), 13/6	5 »	2 20
Hautes Etudes commerciales, Jouy-en-Josas (I), 19/6	6 »	1 80
Conservatoire de l'espace littoral, Rochefort (I), 20/6	5 »	2 20
Championnats du monde d'escrime, Clermont-Ferrand (I), 27/6	6 »	2 20
Basilique, Sainte-Anne d'Auray (I), 4/7	5 »	2 »
"Sabine", 3 val., Paris (I), 1/9	16 »	10 »
Boire ou conduire, Paris (I), 5/9	5 »	2 20
Costes et Le Brix, Baden/Septfonds (I), 12/9	10 »	12 »
Abbaye de Vaucelles, Les Rues des Vignes (1), 19/9	5 »	1 80
Pen Club, Paris (I), 19/9	5 »	1 80
Caisse Nationale d'Epargne, Paris (I), 21/9	5 »	2 »
Centenaire École publique, Saint-Dié-Paris (I), 26/9	5 »	1 80
Notre-Dame de Louviers, Louviers (I), 26/9	5 »	1 80
Pignon. "Les Plongeurs", Paris (I), 3/10	8 »	3 »
Saint-Émilion, Saint-Émilion (I), 10/10	5 »	2 »
École Navale, Lanvéoc-Paris (I), 17/10	4 »	1 80
Chasse et nature, Paris (I), 24/10	4 »	1 80
Panthéon, Paris (I), 2/11	8 »	2 »
Handicapés, Paris (I), 7/11	5 »	1 80
Pasteur Boegner, Epinal (I), 14/11	6 »	2 »
Virgile, Paris (I), 14/11	13 »	2 30
Conseil de l'Europe, Strasbourg (I), 21/11		3 »
Crest, Crest (I), 28/11	5 »	2 »
Croix-Rouge, Audincourt-Argentan (1), 5/12	10 »	4 »
U.N.E.S.C.O., Paris (I), 12/12		3 »
Martyrs de Châteaubriant (I), 12/12	5 »	2 20
Manessier. "Alléluia", Paris (I), 19/12	7 »	3 50

1982	(Doc)	(1er j)
"Liberté", 13 val., Paris (I), 4 envelop., 4/1	35 »	45 »
Corse, Ajaccio-Bastia (I), 9/1	5 »	2 20
Saint-Pierre-et-Miquelon, Saint-Pierre (I), 9/1	5 »	3 »
Guillaume Postel, Barenton (I), 23/1	4 »	1 80
Louis Pergaud, Belmont (I), 23/1	4 »	1 80
Saint François d'Assise, Paris (I), 6/2	9 »	1 80
Philexfrance, Folon, Paris (I), 13/2	35 »	12 »
Lord Baden-Powell, Lille (I), 20/2	7 »	3 »
Recensement, Paris (I), 27/2	7 »	2 20
Idem, sans chiffre 7		140 »
Aéroport Bâle-Mulhouse, Mulhouse (I), 13/2	7 »	4 »
Lutte contre le racisme, Paris (I), 20/3	6 »	1 80
Clichy (II), 20/3		1 80
Journée du Timbre, Paris (II), 27/3	6 »	4 »
La Ferronnerie, Paris (I), 17/4	6 »	2 50
Europa, Paris (I), 24/4	7 »	2 70
Europa, Strasbourg (II), 24/4		2 70
Coupe du monde de football, Paris (I), 28/4	15 »	2 50
Robert Debré, Sedan (I), 15/5	6 »	2 »
Paris (II), 15/5		2 »
Ephèbe d'Agde, Agde (I), 15/5	9 »	5 »
Château Henri IV, Pau (I), 15/5	6 »	3 50
Festival de Cannes, Cannes (I), 15/5	10 »	2 20
C.N.E.S., Toulouse (I), 15/5	6 »	3 70
Henri Mondor, Saint-Cernin (I), 22/5	6 »	2 20
Aurillac (II), 22/5		2 50
Créteil (II), 22/5		2 50
"Liberté", 3 val., Paris (I), 1/6	21 »	5 »
Sommet pays industrialisés, Versailles (I), 4/6	6 »	2 »
Jules Vallès, Le Puy (I), 5/6	6 »	1 50
Philexfrance-Bloc Cocteau, Paris-La-Défense (I), 11/6	40 »	34 »
Philexfrance-Bloc Cocteau, Paris-La-Défense (II), 14/6		30 »
Cl. Gellée, dit Le Lorrain, Charme (I), 19/6	10 »	5 »
Aix-en-Provence, Aix-en-Provence (I), 19/6	5 »	1 80
Frédéric et Irène Joliot-Curie, Paris (I), 26/6	10 »	1 80
Collonges-la-Rouge, Collonges (I), 3/7	3 »	2 »
Eclairage Public, Grenoble (I), 10/7	3 »	1 80
Château de Ripaille, Thonon-les-Bains (I), 4/9	3 »	2 50
"La dentelière", de Vermeer, Paris (I), 4/9	10 »	6 50
Sapeurs-Pompiers, Reims (I), 18/9	10 »	6 50
"La Famille", de Boyan, Paris (I), 18/9	3 »	6 50
Marionnettes, Charleville (I), 25/9	3 »	3 »
Marionnettes, Lyon (II), 25/9		3 »
Rugby, Bordeaux (I), 9/10	10 »	3 20
Écoles Normales Supérieures (III), 16/10	3 »	1 50
Beffroi de Lille, Lille (I), 16/10	3 »	1 50
Chantemesse, Le Puy (I), 23/10	3 »	1 80
U.N.E.S.C.O., Paris (I), 23/10		3 »
"Liberté", 6 val., Paris (I), 3/11 (2 env.)	20 »	10 »
La "chambre turque", de Balthus, Paris (III), 6/11	9 »	4 50
Robert Koch, Paris (I), 13/11	6 »	2 50
Conseil de l'Europe, Strasbourg (I), 13/11		3 30
Croix-Rouge, Nantes (I), 20/11	6 »	11 »
Sainte Thérèse d'Avila, Paris (I), 20/11	6 »	2 »
Croix du Sud, Biscarrosse (I), 4/12	7 »	5 »
Croix du Sud, Les Mureaux (II), 4/12		5 »
Léon Blum, Paris (I), 18/12	7 »	1 80
Gustave Eiffel, Dijon (I) 18/12	7 »	2 20
Gustave Eiffel, Paris (II), 18/12		2 20
Cavelier de la Salle, Paris (1), 18/12	16 »	3 »

1983	(Doc)	(1er j)
Provence-Alpes-Côte d'Azur, Marseille (I), 8/1	6 »	1 50
André Messager, Montluçon (I), 15/1	6 »	3 »
Hector Berlioz, La Côte-Saint-André (I), 22/1	6 »	3 »
Brantôme, Brantôme (I), 5/2	6 »	1 50
Martin Luther, Paris (I), 12/2	7 »	2 »
Alliance Française, Paris (I), 19/2	6 »	1 50
Journée du Timbre, Paris (II), 26/2	6 »	3 »
Hommage à la Femme, Paris (I), 8/3	6 »	2 »
Année des communications, Paris (I), 12/3	6 »	1 80
Bicentenaire de l'air et de l'espace, 3 enveloppes, Le Bourget (I), 19/3	19 »	8 »
Bicentenaire de l'air et de l'espace, Annonay (II), 19/3		5 »
"Aurora-Set", de Dewasne, Paris (III), 19/3	8 »	3 »
Oeuvre de Raphaël, Paris (I), 9/4	19 »	3 »
Jacques-Ange Gabriel, Paris (I), 16/4	6 »	2 »
Flore et Faune de France, 4 val. Toulouse (I), 23/4	15 »	8 »
Europa, Paris (I), 29/4	7 »	5 20
Europa, Strasbourg (II), 29/4		5 20
Max-Pol Fouchet, St-Vaast-la-Hougue (1), 30/4	6 »	2 »
Max-Pol Fouchet, Vézelay (II), 30/4		2 »

Propriété industrielle, Paris (I), 14/5	4 »	1 50
Congrès S.P.F., Marseille (I), 21/5	5 »	1 50
Idem, P.T.T. France (II), 21/5		2 »
"Liberté", 3 val., Paris (I), 1/6	22 »	16 »
Concarneau, Concarneau (I), 11/6	6 »	2 20
Air-France, Paris (I), 18/6	15 »	3 »
Gustave Doré, Strasbourg (I), 18/6	10 »	3 »
René Cassin, Bayonne (I), 25/6	6 »	2 »
René Cassin, Nice (II), 25/6		2 »
Abbaye de Noirlac, Bruère-Allichamps (I), 2/7	6 »	2 40
Traités de Versailles, Versailles (III), 2/9	7 »	3 50
Traités de Versailles, Paris (II), 2/9		3 50
Traités de Versailles (obl. Washington), 2/9		4 50
Art du Bijou, Paris (I), 10/9	6 »	2 20
Charleville-Mézières, Charleville-Mézières (I), 17/9	6 »	2 50
Coopération douanière, Bordeaux (1), 22/9	6 »	1 60
Vélocipède, Bar-le-Duc (I), 1/10	10 »	2 50
Vélocipède, Paris (II), 1/10		2 50
Jarnac, Jarnac (1), 8/10	10 »	2 »
U.N.E.S.C.O. Paris (I), 8/10		3 »
Hommage à Jean Effel, Paris (I), 15/10	17 »	5 »
Météorologie Nationale, Paris (I), 22/10	4 »	1 50
Renée Lévy, Auxerre (I), 5/11	6 »	2 »
Berthie Albrecht, Marseille (I), 5/11	6 »	2 »
Stendhal, Grenoble (I), 12/11	6 »	2 »
Stendhal, Paris (II), 12/11		2 »
Conseil de l'Europe, Strasbourg (I), 19/11		3 »
Croix-Rouge, Enghien-les-Bains (I), 26/11	7 »	3 »
Utrillo, Paris (I), 3/12	9 »	3 »
Pierre Mendès France, Paris (I), 16/12	6 »	1 80
Pierre Mendès France, Louviers (II), 17/12		1 80

1984

	(Doc)	(1er j)
Émile Littré, Paris (I), 14/1	6 »	2 »
César, Paris (1), 4/2	16 »	4 50
Jean Zay, Orléans (I), 18/2	6 »	2 »
Guadeloupe, Basse-Terre, Pointe-à-Pitre (I), 25/2	6 »	1 80
Farman F 60 Goliath, Toulouse (I), 3/3	15 »	7 50
Farman F 60 Goliath, Toulouse (II), 3/3		9 »
Flora Tristan, Paris (I), 8/3	6 »	1 80
Journée du Timbre, Paris (II), 17/3	6 »	3 »
Centenaire des syndicats, Paris (I), 22/3	6 »	2 »
Élections au Parlement Européen, Strasbourg (I), 24/3	7 »	2 20
Messagier, Paris (I), 31/3	9 »	6 »
Colombier Fontaine (II) 1/4		6 »
Pierre Bonnard, Paris (I), 14/4	10 »	6 »
Jacques Cartier, Saint-Malo (I), 20/4	7 »	4 »
Jacques Cartier (Canada n° 869), Saint-Malo (I), 20/4		4 »
Philex-Jeunes, Dunkerque (I), 21/4	5 »	2 »
Europa, Paris (I), 28/4	7 »	3 »
Europa, Strasbourg (II), 28/4		3 »
Légion Étrangère, Aubagne (1), 30/4	10 »	2 »
Légion Etrangère, Paris (II), 30/4		2 20
40e anniversaire de la Libération, Paris (I), 8/5	10 »	4 »
Belle-Ile-en-Mer, Belle-Ile-en-Mer (I), 26/5	6 »	2 »
Jeux Olympiques, Paris (I), 2/6	13 »	2 50
La Gravure, Versailles (I), 8/6	6 »	1 80
Bordeaux, Bordeaux (I), 9/6	6 »	1 80
CNET, Paris (I), 18/6	5 »	2 »
Phare de Cordouan, Verdon (I), 23/6	10 »	2 »
Gaston Bachelard, Bar-sur-Aube (I), 23/6	5 »	2 »
Palais idéal du Facteur Cheval, Hauterives (I), 30/6	9 »	4 50
"Liberté", 3 valeurs, Paris (I), 2/7	15 »	8 »
Grande Chartreuse, St-Pierre-de-Chartreuse (I), 7/7	8 »	1 80
Congrès de géographie, Paris (I), 25/8	7 »	2 »
Télécom I, Paris (1), 1/9	10 »	3 »
TGV Postal, Lyon (I), 8/9		5 »
TGV 1re rame postale (C.D.), 1/10	21 »	5 »
Château de Montségur (Lavelanet) (I), 15/9	7 »	2 30
Les Rapaces, Paris (I), 22/9	30 »	8 »
Marx Dormoy, Montluçon (I), 22/9	7 »	1 80
Pierre Corneille, Rouen (I), 29/9	6 »	2 »
Centenaire Automobile, Paris (1), 6/10	10 »	2 50
La Pythie (A. Masson), Paris (I), 13/10	7 »	4 »
U.N.E.S.C.O. (3 P.J.), Paris (I), 20/10		4 »
Jean Paulhan, Nîmes (I), 27/10	6 »	2 »
Vincent Auriol, Revel (I), 3/11	6 »	1 80
Conseil de l'Europe, Strasbourg (I), 10/11		4 »
Evariste Galois, Bourg-la-Reine (I), 10/11	6 »	2 »
Croix-Rouge, Grasse (I), 24/11	9 »	4 »
Jean Hélion, Amiens (I), 1/12	9 »	3 »
9e Plan, Paris (I), 8/12	7 »	1 80

1985

	(Doc)	(1er j)
La Francophonie, Paris (I), 15/1	6 »	2 »
Vienne (Isère), Vienne (1), 19/1	6 »	2 »
Télévision (50e anniversaire), Paris (I), 26/1	6 »	2 »
Peynet, Saint-Amour (I), 14/2	23 »	4 »
Idem, avec oiseau blanc sur branche		60 »
Peynet, Saint-Valentin (I), 14/2		4 »
Idem, avec oiseau blanc sur branche		60 »
Victor Hugo, Besançon (1), 23/2	10 »	5 »
Roland Dorgelès, Amiens (I), 23/2	9 »	4 50
François Mauriac, Bordeaux (I), 23/2	9 »	4 50
Romain Rolland, Clamecy (I), 23/2	9 »	4 50
Jules Romains, Saint-Julien-Chapteuil (I), 23/2	9 »	4 50
Jean-Paul Sartre, Paris (I), 23/2	10 »	4 50
Idem, avec point sur i de française		75 »
Personnages Célèbres (bande carnet) (III), 23/2	51 »	70 »
Hydravion CAMS 53, Marseille (I), 2/3	15 »	20 »
Hydravion CAMS 53, Marseille (II), 2/3		22 »
Pauline Kergomard, Paris (I), 8/3	7 »	1 50
Journée du Timbre, Paris (II), 16/3	7 »	3 »
Millénaire de la fondation de Montpellier (I), 30/3	10 »	1 80
Vitrail Cathédrale, Strasbourg (I), 13/4	10 »	4 50
Architecture contemporaine, Givors (I), 20/4	7 »	2 »
Abbaye de Landévennec (I), 20/4	7 »	1 70
Europa "Musiciens", Paris (2 P.J.) (I), 27/4	6 »	3 70
Europa "Musiciens", Strasbourg (2 P.J.) (II), 27/4		3 70
40e anniversaire de la Victoire, Paris (I), 8/5	9 »	3 50
Congrès Fédération, Tours (I), 25/5	6 »	1 50
Vaccin contre la rage, Paris (I), 1/6	7 »	2 »
Nicolas de Staël, Antibes (I), 1/6	9 »	5 »
Mystère Falcon 900, Le Bourget (I), 1/6	9 »	6 »
Saintonge Romane, Talmont (I), 15/6	7 »	2 »
Société Internationale de Sauvetage du Lac Léman, Saint-Gingolph (I), 15/6	10 »	3 »
Idem, Jumelage Franco/Suisse, 15/6		3 »
40e anniversaire de l'O.N.U., Paris (I), 26/6	6 »	2 »
Abbaye Saint-Michel-de-Cuxa, Codalet (I), 6/7	6 »	2 »
"Liberté", 3 valeurs, Paris (I), 1/8	17 »	7 »
Accueil des Huguenots, Anduze (I), 31/8	10 »	3 »
Conseil de l'Europe, Strasbourg (I), 31/8	10 »	6 »
Jean Dubuffet, Le Havre (I), 14/9	10 »	3 »
Les Arbres, Orléans (I), 21/9	30 »	8 »
Solutré, Solutré (I), 28/9	11 »	3 »
P. Alechinsky, Paris (I), 12/10	10 »	3 50
U.N.E.S.C.O. (3 P.J.), Paris (I) B, 26/10	9 »	4 »
La France à ses Morts, Paris (I), 2/11	7 »	2 »
Charles Dullin, Yenne (I), 9/11	6 »	2 »
Charles Dullin, Puteaux (II), 9/11		2 50
Documentation Française, Paris (I), 16/11	5 »	1 50
Croix-Rouge, Colmar (I) R, 23/11	9 »	3 »
Croix-Rouge-P.T.T. France, New York (II) R, 23/11		3 »
Giacometti, Paris (I), 7/12	11 »	4 »
Giacometti-P.T.T. France, Monaco (II), 7/12		4 »

1986

	(Doc)	(1er j)
Franco-Thaïlandaise, Paris (I), 25/1	10 »	2 »
Franco-Thaïlandaise, Brest (II), 25/1		2 »
Front Populaire, Paris (I), 1/2	9 »	2 40
Carnaval. Venise à Paris, Paris (I), 11/2	9 »	2 »
François Arago, Estagel (I), 22/2	7 »	2 20
Henri Moissan, Paris (I), 22/2	7 »	2 20
Henri Fabre, Marseille (I), 22/2	7 »	2 20
Henri Fabre, La Terrasse (II), 22/2		2 20
Marc Seguin, Annonay (I), 22/2	7 »	2 20
Paul Héroult, Thury-Harcourt (I), 22/2	7 »	2 20
Personnages célèbres (feuille du carnet) (III), 22/2	15 »	15 »
Raymond Gid. Typographie, Paris (I), 1/3	15 »	3 »
Raymond Gid. Typographie, Rennes (II), 1/3		3 70
Pierre Cot, Coise (I), 1/3	9 »	4 »
Saint-Germain-de-Livet, Saint-Germain (I), 1/3	7 »	2 »
Louise Michel, Paris (I), 8/3	7 »	2 »
La Villette, Paris (I), 14/3	9 »	2 50
Journée du Timbre. "La Briska" (II), 5/4	10 »	3 »
Journée du Timbre (timbre du carnet) (II), 5/4		3 »
Journée du Timbre (feuille du carnet) (II), 5/4	15 »	30 »
C.H.E.A.M., Paris (I), 12/4	4 »	1 80
Estève, Culan (I), 12/4	9 »	4 »
Victor Basch, La Rochelle (I), 26/4	8 »	1 80
Europa, Paris (I), 26/4	8 »	3 »
Europa, Strasbourg (II), 26/4		4 50
Curé d'Ars, Ars-sur-Formans (I), 3/5	4 »	1 80
Curé d'Ars, Dardilly (I), 3/5		1 80
Congrès Fédération, Nancy (I), 17/5	6 »	2 »
Volley-ball, Paris (I), 24/5	9 »	2 »

Notre-Dame-en-Vaux, Châlons-sur-Marne (I), 7/6	8 »	1 80
Château de Loches, Loches (I), 14/6	8 »	2 »
Château de Loches. "Stamplink'86", P.T.T. France (II), 14/6		2 50
Magnelli, Paris (I), 25/6	11 »	3 30
Magnelli, Vallauris (II), 25/6		3 »
Statue de la Liberté, Paris (I), 4/7	16 »	4 »
Statue de la Liberté, obl. New York, 4/7		4 »
Statue de la Liberté, sur grande envel. cachet PARIS-NEW YORK, 4/7		
Filitosa, Filitosa (Corse) (I), 5/7	8 »	2 »
Monpazier, Monpazier (I), 5/7	10 »	2 50
"Liberté" "A", Paris (I), 1/8	11 »	3 »
"Liberté" "3 f. 40", Paris (II), 1/8		3 50
Bicentenaire Mont-Blanc, Chamonix (I), 8/8	10 »	2 »
Mesures d'arcs de méridien, Paris (I), 5/9	10 »	2 50
Mesures d'arcs de méridien "Stockholmia 86", P.T.T. France (II), 5/9		2 50
"Liberté" "1 f 90", Paris (II), 13/9		2 20
Minéraux, Paris (I), 13/9	30 »	10 »
Cinémathèque (5 PJ), Paris (I), 20/9		12 »
Cinémathèque (Bloc), Paris (I), 20/9	30 »	23 »
H. Alain Fournier, La Chapelle d'Angillon (I), 4/10,	9 »	1 80
Épineuil le Fleuriel (I), 4/10		1 80
Enseignement technique, Voiron (I), 4/10	7 »	1 50
Conférence énergie, Cannes (I), 5/10	7 »	2 40
Trimoteur Wibault 283, Le Bourget (I), 11/10	15 »	30 »
"La danseuse" d'Arp, Strasbourg (I), 8/11	9 »	4 »
"Isabelle d'Esté" de Léonard de Vinci, Puteaux (I), 8/ 11	10 »	4 »
Croix-Rouge, Reims (I) R, 22/11	9 »	2 20
Musées techniques de Mulhouse, Mulhouse (I), 22/11	15 »	3 »
U.N.E.S.C.O. (2 P.J.), Paris (I) B, 6/12	9 »	3 »
Musée d'Orsay, Paris (I), 9/12	10 »	3 »
Conseil de l'Europe, Strasbourg (I), 13/12	9 »	4 »
Pierre Soulages, Paris (I), 20/12	9 »	4 »

1987

	(Doc)	(1er j)
F. Bienvenüe, métropolitain, Paris (I), 17/1	9 »	2 20
Uzel près l'Oust (I), 17/1		2 20
Raoul Follereau, Nevers (I) 24/1	8 »	2 »
Charles Richet Paris (I), 21/2	8 »	3 »
Eugène Jamot St Sulpice les champs (I), 21/2	8 »	3 »
Bernard Halpern, Paris (I), 21/2	8 »	3 »
Alexandre Yersin, Paris (I), 21/2	8 »	3 »
Jean Rostand, Paris (I), 21/2	8 »	3 »
Jacques Monod, Paris (I), 21/2	8 »	3 »
Personnages célèbres, (bande-carnet), (I), 21/2	20 »	30 »
"Philexfrance'89", Dijon (I), 7/3	9 »	2 20
Redon, Redon (I) (I), 7/3	7 »	1 80
Coutellerie, Thiers (I), 7/3	7 »	3 »
Journée du Timbre, "La Berline", (II), 14/3	9 »	3 »
Journée du Timbre, (timbre de carnet), (II), 14/3		3 »
Journée du Timbre, (bande-carnet), (II), 14/3	9 »	20 »
Le Corbusier, Paris (I), 11/420	9 »	2 50
Dewoitine 338, Toulouse (I), 11/4	23 »	38 »
Bram Van Velde, Paris (I), 25/4	9 »	5 »
Europa, Paris (I), 25/4	9 »	3 50
Europa, Strasbourg (II), 25/4		3 50
Henri Pourrat Ambert (I), 9/5	8 »	1 80
Château d'Azay le Rideau, Azay le Rideau (I), 9/5	9 »	2 50
Eugène Boudin, Honfleur (I), 23/5	10 »	6 »
Côtes de Meuse, Vigneulles les Hattonchatel (I), 30/5	10 »	3 »
Congrès Fédération, Lens (I), 6/6	6 »	1 80
Congrès Exposition Philatélique, Lens (II), 6/6		2 »
Vue d'Étretat d'après Delacroix, Étretat (I), 12/6	10 »	2 70
Entrée en guerre des États-Unis, Paris (I), 13/6	10 »	2 30
Transports à câbles, Grenoble (I), 17/6	9 »	2 »
Millénaire Hugues Capet, Noyon (I), 20/6	9 »	2 »
Prytanée national de La Flèche, La Flèche (I), 20/6	9 »	2 »
Les Baux de Provence, Baux de Provence (I), 27/6	7 »	2 »
Rassemblement mondial des "Pieds-noirs", Nice (I), 27/6	10 »	1 80
"Liberté" "B", Paris (I), 1/8	12 »	4 »
"Liberté" "3f. 60", Paris (II), 1/8		4 »
Championnats de lutte, Clermont-Ferrand (I), 21/8	9 »	3 »
Champignons (4 P.J.), Paris (I), 5/9	29 »	10 »
Guillaume le Conquérant, Caen (I), 5/9	9 »	2 20
Rouen (I), 5/9		2 20
Camille Bryen, Paris (I), 12/9	9 »	3 »
Le Saugeais, Montbenoît (I), 19/9	9 »	2 »
Institut Pasteur, Paris (I), 3/10	10 »	1 80
Conseil de l'Europe, Strasbourg, 10/10	9 »	3 »
"Liberté" "2f", Paris (II), 15/10		2 20
Blaise Cendrars, Courbevoie (II), 6/11	9 »	1 80
Antoine Pevsner Paris (I), 14/11	9 »	3 »
Monaco (II), 14/11		3 20
"Liberté" "f. 70", Paris (II), 16/11		3 »
Croix-Rouge, Dijon (I), 21/11	9 »	3 »
Maréchal Leclerc, Paris (I), 28/11	9 »	2 50
Strasbourg (I), 28/11		2 50
Traité d'Andelot, Andelot-Blancheville (I), 28/11	9 »	2 20
U.N.E.S.C.O. (2 P.J.), Paris (I), 5/12	9 »	3 50

1988

	(Doc)	(1er j)
Coopération franco-allemande, Paris (I), 14/1	10 »	3 »
Idem, timbre allemand, Bonn, 14/1		3 »
Idem, les 2 timbres, Paris et Bonn, 14/1		3 »
Marcel Dassault, Suresnes (I), 23/1	10 »	3 »
"La communication" en bandes dessinées, (6 envel.), Angoulême (I), 29/1	23 »	15 »
Idem, bande-carnet Angoulême (I) 29/1		30 »
Synagogue, Paris (I), 7/2	10 »	1 80
Duquesne, Dieppe (I), 20/2	9 »	2 20
Suffren, St-Cannat (I), 20/2	9 »	2 20
St-Tropez (II), 20/2		2 20
La Pérouse, Albi (I), 20/2	9 »	2 20
La Bourdonnais, St-Malo (I), 20/2	9 »	2 20
Bougainville, Paris (I), 20/2	9 »	2 20
Dumont d'Urville, Condé-sur-Noireau (I), 20/2	9 »	2 20
Personnages célèbres, (bande-carnet) (I), 20/2	10 »	22 »
"Philexfrance'89", Metz (I), 4/3	9 »	2 20
Paris (I), 4/3		2 20
Journée du Timbre, "Voiture montée", (II), 12/3	9 »	3 »
Journée du Timbre, (timbre de carnet), (II), 12/3		3 »
Journée du Timbre, (bande-carnet), (II), 12/3	30 »	15 »
Ecole Nationale Supérieure P.T.T., Paris (I), 21/3	8 »	2 20
"Philex-Jeunes 88", Nevers (I), 5/4	5 »	1 80
Don du sang, Metz (I), 9/4	15 »	2 »
"Liberté" surcharge en Ecu, Paris (I), 16/4	15 »	6 »
Europa (2 P.J.), Paris (I), 30/4	9 »	3 50
Europa (2 P.J.), Strasbourg (II), 30/4		3 70
Jean Monnet, Cognac (I), 9/5	11 »	2 »
Congrès Fédération, Valence (I), 21/5	6 »	2 »
Assistance médicale, Paris (I), 23/5	8 »	2 10
Handicapés, Lyon (I), 28/5	9 »	2 20
Hermès dicéphale, Fréjus (I), 11/6	9 »	3 »
Bicentenaire de la Révolution (2 P.J.), Vizille-Grenoble (I), 18/6	15 »	6 »
Idem, le triptyque sur grande enveloppe, Vizille-Grenoble (I), 18/6		8 »
Animaux de Buffon, (4 PJ), Montbard (I), 18/6	30 »	5 »
Paris (I), 18/6		5 »
Troupes alpines, Grenoble (I), 27/6	6 »	1 80
Roland Garros, Saint-Denis de la Réunion (I), 2/7	10 »	2 »
Vouziers (II), 2/7		2 »
Château de Sédières, Clergoux (I), 2/7	9 »	3 50
Cirque de Gavarnie, Gavarnie (I), 25/7	9 »	2 20
Musée du Bateau, Douarnenez (I), 25/7		1 80
Armistice de 1918, Paris (I), 10/9	9 »	2 »
Pérouges, Pérouges (I) 10/9	6 »	1 80
Jacobsen Paris (I), 22/9	10 »	3 »
Copenhague, 22/9		4 »
Bimillénaire de Strasbourg, Strasbourg, 24/9	9 »	2 20
Sépulcre Saint-Mihiel, St-Mihiel, 15/10,	9 »	4 »
Poliakoff, Lille (I), 22/10	11 »	3 50
Thermalisme, Paris (I), 22/10	9 »	2 »
Idem, main coupée		75 »
Croix-Rouge, Le Bourget (I), 19/11	11 »	3 »
Tinguely, Paris (I), 25/11	10 »	5 »
Bâle, 25/11		5 20
Pietà de Villeneuve-lès-Avignon, Villeneuve-les-Avignon (II), 10/12	10 »	4 »
Paris (I), 10/12		4 »
Droits de l'Homme, Paris (I), 10/12	11 »	2 50

1989

	(Doc)	(1er j)
Bicent. de la Révolution Française, Paris (I), 1/1	10 »	3 »
Idem. 100 enveloppes avec cachets des 100 départements (II), 1/1		375 »
Yves Klein Paris (I), 21/1	9 »	4 »
Pour le bien des aveugles, Paris (I), 27/1	9 »	2 »
École Estienne, Paris (I), 4/2	8 »	2 »
Conseil de l'Europe, Strasbourg (I), 4/2	9 »	3 »
Sieyès, Fréjus (I), 25/2	8 »	3 »
Mirabeau, Bignon/Mir., 25/2	8 »	3 »
Mirabeau (II), 25/2		3 »

Vicomte de Noailles, Maintenon (I), 25/2	8 »	3 »
La Fayette, Chavaniac (I), 25/2	8 »	3 »
Barnave, St-Egreve (I), 25/2	8 »	3 »
Drouet, St-Menehould (I), 25/2	8 »	3 »
Varennes (II), 25/2		3 »
Personnages célèbres (bande-carnet) (II), 25/2	10 »	12 »
Élections Parlement Européen, Strasbourg (I), 4/3	9 »	2 »
Vol Franco-soviétique, Paris (I), 4/3	11 »	3 »
La Liberté, Villeurbanne (I), 18/3	9 »	3 »
Journée du Timbre, (II), 15/4	9 »	3 »
Journée du Timbre (timbre de carnet) (II), 15/4		3 »
Journée du Timbre (bande-carnet) (II), 15/4	11 »	12 »
L'Égalité, Ermenonville (I), 22/4	9 »	2 50
Panorama de Paris (5 P.J.), Puteaux (I), 21/4		11 50
Idem bande entière, Puteaux (I), 21/4	10 »	9 »
Europa, Paris (I), 29/4	9 »	3 »
Europa, Strasbourg (II), 29/4		3 »
Forêt de Fontainebleau, Fontainebleau (I), 20/5	6 »	2 »
U.I.T., Nice (I), 23/5	8 »	2 20
La Fraternité, Champagney (I), 27/5	9 »	2 50
Champ. du monde de cyclisme, Chambéry (I), 3/6	9 »	2 50
Malestroit, Malestroit (I), 10/6	8 »	2 20
Serment du Jeu de Paume, Paris (I), 20/6	9 »	4 »
Serment du Jeu de Paume, Versailles (I), 20/6		4 »
Mme Roland, Paris (I), 24/6		2 70
Camille Desmoulins, Guise (I), 24/6		2 70
Condorcet, Ribemont (I), 24/6		2 70
Bourg la Reine (II), 24/6		3 »
Clamart (II), 24/6		3 »
Kellermann, Strasbourg (I), 24/6		2 70
Personnages célèbres, Bloc (Bloc-Feuillet), 24/6	12 »	12 »
Philexfrance'89, Bloc (I), Paris 7/7	15 »	30 »
Idem. (4 P.J.) avec bloc découpé (I) Paris, 7/7		40 »
Liberté, Egalité, Fraternité, tryptique avec vignette, Paris (II), 14/7	13 »	5 »
Sommet de l'Arche, Puteaux (I), 14/7	9 »	2 50
Sommet Puteaux (II), 14/7		5 »
Château de Vaux-le-Vicomte, Maincy (I), 14/7	9 »	5 »
La Brenne, Rosnay (I), 25/8	9 »	2 50
Droits de l'Homme, (4 P.J.), Versailles (I), 26/8	15 »	10 »
Idem bande sur grande enveloppe, Versailles (I), 26/8		10 »
TGV Atlantique, Nantes (I), 23/9	11 »	5 »
Paris (II), 23/9		5 »
Charles Lapicque, Dijon (I), 23/9	10 »	3 50
Villers-Cotterêts, Villers-Cotterêts (I), 28/10	9 »	2 »
Tramway électrique, Clermont-Ferrand (I), 28/10	9 »	3 50
Augustin Cauchy, Paris (I), 10/11	7 »	2 20
Sceaux (II), 10/11		2 20
Maréchal de Lattre, Belfort (I), 18/11	7 »	2 20
Mouilleron (I), 18/11		2 20
Croix-Rouge, Lyon (I), 18/11	7 »	2 50
Washington (II), 18/11		2 50
Harkis, Paris (I), 9/12	10 »	2 »
Marseille (II), 9/12		2 »
Marianne du Bicentenaire, 2 f. 30, Paris (I), 31/12	11 »	3 50

1990	(Doc)	(1er j)
"Liberté" " C", Paris (I), 2/1	15 »	3 »
Marianne du Bicentenaire, 2 f. 10, Paris (I), 22/1		3 »
2 f. 30 adhésif, Paris (II), 29/1		6 »
La Dentelle, Paris (I), 3/2	9 »	2 50
Jeux d'Albertville'92, Albertville (I), 8/2	13 »	2 20
Jeux olympiques, Patinage (I) Albertville, 8/2	13 »	3 »
Gal de Gaulle, Lille (I), 24/2	11 »	4 »
Paris (II), 24/2		4 »
Max Hymans, Paris (I), 3/3	9 »	2 »
Odilon Redon, Bordeaux (I) 3/3	13 »	3 20
Journée du Timbre, (II) 17/3	9 »	3 »
(Timbre du carnet) (II) 17/3		3 »
(Bande carnet) (II) 17/3	12 »	12 »
Jean Guehenno, Fougères (I), 24/3	9 »	2 50
Marianne du Bicentenaire, 0,10, 0,20, 0,50, 3,20 et 3,80. (2 P.J.), Paris (I), 26/3		8 »
U.N.E.S.C.O., Paris (I), 7/4	9 »	3 »
Abbaye de Flaran, Valence s/Baïse, (I) 21/4	9 »	3 »
Europa, (2 P.J), Strasbourg (I), 28/4	9 »	4 50
Macon (II), 28/4		2 20
Cerizay (II), 28/4		2 20
1er Mai, Paris (I) 1/5	9 »	2 20
Institut du Monde Arabe, Paris (I), 5/5	9 »	3 »
Croix-Rouge, Quimper (I), 5/5	9 »	3 50
Marianne du Bicentenaire 1, 2, 5 et 10 f. (2 P.J.), Paris (I) 21/5	15 »	12 »
Conseil de l'Europe, Strasbourg (I), 26/5	9 »	3 50
Congrès Fédération, Villefranche sur Saône (I), 2/6	6 »	2 20
Course autour du monde, Paris (I), 6/6	11 »	2 20
Lorient (II), 9/6		2 20
Auguste Rodin, Paris (I), 9/6	10 »	4 »
Aristide Bruant, Courtenay (I), 16/6	11 »	4 »
Maurice Chevalier, Paris (I), 16/6	11 »	4 »
Tino Rossi, Ajaccio (I), 16/6	11 »	4 »
Édith Piaf, Paris (I), 16/6	11 »	4 »
Jacques Brel, Paris (I), 16/6	11 »	4 »
Georges Brassens, Sète (I), 16/6	11 »	4 »
Personnages célèbres, (bande-carnet) (II), 16/6	18 »	20 »
Christ de Wissembourg, Wissembourg (I), 16/6	10 »	4 »
Appel du 18 Juin 40, Paris (I), 17-18/6	11 »	3 50
Lille (II), 17-18/6		3 50
Abbaye de Cluny, Cluny (I), 23/6	7 »	2 20
Pont-Canal de Briare, Briare (I), 7/7	9 »	2 20
Maison France-Brésil, Paris (I), 14/7	9 »	2 70
Cap Canaille, Cassis (I), 14/7	7 »	2 70
Institut Géographique National, St-Mandé (I), 29/9	10 »	2 20
Nature : les Poissons, (2 P.J.), Neuilly s/S. (I), 6/10	30 »	10 »
Création du Drapeau Tricolore, Paris (I), 13/10		3 »
Création des Départements Français, Port s/Saône (I), 13/10		3 »
G. Monge, Beaune (I), 13/10		3 »
Abbé Grégoire, Vého-Embermenil (I), 13/10		3 »
Bicentenaire de la Révolution Française, Paris (II), 13/10 Bloc-feuillet (II), 13/10	15 »	12 »
Maurice Genevoix, Decize (I), 10/11	7 »	2 20
Châteauneuf s/Loire (II), 10/11		2 70
Verdun (II), 10/11		2 70
Roger Bissière, Paris (I), 8/12	9 »	3 »
O.C.D.E., Paris (I), 15/12	10 »	2 70
Jeux olympiques, Saut, Courchevel (I), 22/12	13 »	3 »
Ski de vitesse, Les Arcs (I), 29/12	13 »	3 »

1991	(Doc)	(1er j)
Jeux olympiques, Slalom, Les Ménuires (I), 19/1	13 »	2 50
Ski de fond, Les Saisies (I), 2/2	13 »	2 50
Hockey, Méribel (I), 9/2	13 »	2 50
Auguste Renoir, Limoges (I), 23/2	13 »	4 »
Jacques Prévert, Neuilly s/S (I), 23/2	11 »	3 »
Paul Éluard, St-Denis (I), 23/2	11 »	3 »
Louis Aragon, St-Arnoult en Y. (I), 23/2	11 »	3 »
André Breton, Tinchebray (I), 23/2	11 »	3 »
Francis Ponge, Montpellier (I), 23/2	11 »	3 »
René Char, L'Isle s/La Sorgue (I), 23/2	11 »	3 »
Personnages célèbres, (bande-carnet) (II), 23/2	12 »	22 50
Jeux olympiques, Luge, Macot, La Plagne (I), 2/3	13 »	2 50
Journée du Timbre, (II) 16/3	11 »	3 »
(Timbre de carnet) (II), 16/3		3 »
(Bande-carnet) (II), 16/3	10 »	12 »
Philexjeunes'9I, Cholet (I), 30/3	9 »	2 50
Mozart, Paris (I), 9/4	15 »	3 20
Imprimerie Nationale, Paris (I), 13/4	13 »	3 »
Georges Seurat, Mulhouse (I), 13/4	13 »	3 70
Jeux olympiques, Curling, Pralognan (I), 20/4	13 »	2 80
Concours Lépine, Paris (I), 27/4	12 »	3 »
Pont de Cheviré, Nantes (I), 27/4	12 »	2 50
Europa. Espace, Strasbourg (I), 27/4	10 »	4 »
Kourou (I), 27/4		4 »
Congrès Fédération, Perpignan (I), 18/5	9 »	2 20
Roland Garros'9I, Paris (I), 24/5	14 »	3 »
Paris (II), 26/5		3 »
L'Arbre de La Liberté, Paris (I), 1/6	6 »	3 »
Gendarmerie Nationale, Paris (I), 1/6	10 »	3 »
La Tour d'Auvergne, Carhaix Plouguer (I), 1/6	7 »	3 »
Saint-Just, Decize (I), 1/6	6 »	3 »
Blérancourt (II), 1/6 Blérancourt		3 »
Bloc-Feuillet, Révolution (I), 1/6	15 »	12 »
Orgues de Wasquehal, Wasquehal (I), 22/6	13 »	3 »
Carennac, Carennac (I), 6/7	9 »	2 20
Vallée de Munster, Munster (I), 6/7	9 »	2 70
Gaston Fébus, l'Hôpital d'Orion-Orthez (I), 13/7	12 »	4 »
Foix (II), 13/7		4 »
Jeux Olympiques, ski artistique, Tignes (I), 3/8	13 »	3 »
Jeux Olympiques, ski alpin, Val d'Isère (I), 17/8	13 »	3 »
Marianne du Bicentenaire "D", Paris (I), 19/8		3 »
Idem, "D" adhésif, Paris (I), 19/8		3 »
Ours des Pyrénées, St-Lory-Soulan (I), 14/9	10 »	3 »
Tortue terrestre, Gonfaron (I), 14/9	9 »	3 »
Castor, Ste-Marie-de-la-Mer (I), 16/9	9 »	3 »
Martin-pêcheur, Dole (I), 14/9	9 »	3 »
Congrès forestier mondial, Paris (I), 22/9	9 »	2 50
Langeac (II), 22/9		2 50
Marianne du Bicentenaire, 2 f. 20, 2 f. 50, 3 f. 40 et 4 f., Paris (I), 30/9 (2 PJ)	16 »	10 »

Marianne du Bicentenaire, 2 f. 50, Rge adhésif, Paris (I), 30/9		3 »
École Spéciale Travaux Publics, Paris (I), 5/10	12 »	2 20
Max Ernst, Sceaux (I), 10/10	12 »	3 »
Bonn 1 (I), 10/10		3 »
Marcel Cerdan, Paris (I), 19/10	12 »	2 50
Amnesty International, Paris (I), 19/10	9 »	3 »
François Rouan, Paris (I), 9/11	10 »	3 50
Flamme Olympique, Paris (I), 14/11	12 »	2 50
Idem, parcours de la Flamme :		
Départ, Paris (II), 14/12/91		4 »
Arrivée, Albertville (II), 8/2/92		4 »
U.N.E.S.C.O., Paris (I), 13/11	11 »	4 »
Conseil de l'Europe, Strasbourg (I), 23/11	11 »	4 »
Roberto Matta, Paris (I), 30/11	10 »	3 70
Croix-Rouge, Toulon (I), 30/11	10 »	3 »
Montréal (II), 30/11		3 »
Idem, Carnet, Toulon (I), 30/11		20 »
Jeux Paralympiques, Paris (I), 6/12	13 »	2 50
Lyon (II), 7/12		2 50
Ratt. volontaire Mayotte, Paris (I), 20/12	9 »	2 20

1992	(Doc)	(1er j)
Expo 92 Séville, Paris (I), 18/1	11 »	2 70
Bloc Jeux Olympiques, Albertville (II), 8/2	17 »	25 »
Journée du Timbre (II), 7/3	10 »	3 »
(Timbre du Carnet) (II), 7/3		3 »
(Bande Carnet) (II), 7/3	9 »	15 »
Jeux Olympiques, émission franco-grecque, Tours (I), 3/4	13 »	3 »
Idem, Timbre grec, Athènes-Tours (I), 3/4		3 20
César Franck, Paris (I), 11/4	9 »	3 »
Germaine Tailleferre, St-Maur-des-Fossés (I), 11/4	9 »	3 »
Érik Satie, Honfleur (I), 11/4	9 »	3 »
Arcueil (II), 11/4		3 »
Arthur Honegger, Le Havre (I), 11/4	9 »	3 »
Florent Schmitt, Blamont (I), 11/4	9 »	3 »
Georges Auric, Lodère (I), 11/4	9 »	3 »
Personnages célèbres, (Bande-carnet) (I), 11/4	11 »	15 »
Marguerite d'Angoulême, Angoulême (I), 11/4	9 »	3 50
Fondation d'Ajaccio, Ajaccio (I), 30/4	11 »	3 50
Europa. Christophe Colomb, Strasbourg (I), 9/5	13 »	4 »
St-Dié (I), 9/5		4 »
Essen (I), 9/5		4 »
Canal de l'Ourcq, Bondy (I), 30/5	11 »	2 50
Congrès des céréales et du pain, Paris (I), 30/5	11 »	2 70
Congrès Fédération, Niort (I), 6/6	9 »	2 20
France et Espagne, Pays olympiques, Paris (I), 19/6	13 »	3 »
Madrid (II),		3 20
L'Homme de Tautavel, Tautavel (I), 20/6	11 »	3 »
Jacques Callot, Nancy (I), 27/6	11 »	4 50
Metz (II), 27/6		4 50
Mont Aiguille, Clelles en Trièves, 27/6	11 »	2 70
Château de Biron, Biron, 4/7	11 »	2 70
Lorient, Lorient, 4/7	11 »	3 »
Fleurs des étangs et marais, Nantes (I), 12/9 (4 PJ)	30 »	12 »
Marianne du Bicentenaire, 4 f. 20, Paris (I), 14/9		3 70
1792, An I de la République, Paris (I), 26/9	9 »	4 »
Bicentenaire de la proclamation de la République, Paris (I), 26/9 (4 PJ)	15 »	16 »
Marché unique européen, Paris (I), 6/11	13 »	3 50
Idem Strasbourg (II), 6/11		3 »
Liaison postale aérienne Nancy-Lunéville, Roissy (I), 12/11	10 »	3 »
Lunéville (II), 12/11		4 »
Nancy (II), 12/11		4 »
Marcel Paul, Paris (I), 13/11	10 »	3 »
"Philateg", Paris (II), 13/11		6 50
Francis Bacon, Paris (I), 20/11	10 »	5 50
Alberto Burri, Paris (I), 20/11	10 »	5 50
Paul Delvaux, Paris (I), 20/11	10 »	5 50
Antoni Tapies, Paris (I), 20/11	10 »	5 50
Croix-Rouge, Strasbourg (I), 28/11	10 »	3 »
Stockholm (II), 28/11		3 »
Idem, Carnet, Strasbourg (I), 28/11		21 »
Les Gens du voyage, Paris (I), 5/12	9 »	3 »

1993	(Doc)	(1er j)
Les Postiers autour du monde, Port Camargue (I), 6/2	9 »	3 50
Espèces protégées de canards, Villars-les-Dombes (I), 6/2 (4 PJ)	27 »	15 »
Marianne du Bicentenaire, 2 f. 20, vert clair, Paris (II), 8/2		3 20
Mémorial des guerres en Indochine, Fréjus (I), 16/2	11 »	2 70
Journée du Timbre, (II) 6/3	10 »	3 50
(Paire du carnet) (II) 6/3		4 »
(Bande carnet) (II) 6/3	10 »	20 »
Jeux méditerranéens 93, Montpellier (I), 13/3	9 »	2 20
Centenaire du "Droit Humain", Paris (I), 3/4	10 »	3 50
Europa, art contemporain, Strasbourg (I), 17/4 (2 PJ)	10 »	6 »
Idem Paris (II), 17/4 (2 PJ)	10 »	6 »
Marianne du Bicentenaire "à validité permanente", Boulogne sur Seine (I), 19/4	11 »	4 »
Guy de Maupassant, Tourville sur Arques (I), 24/4	10 »	3 »
Alain, Mortagne au Perche (I), 24/4	10 »	3 »
Jean Cocteau, Maisons Lafitte (I), 24/4	10 »	3 »
Marcel Pagnol, Aubagne (I), 24/4	10 »	3 »
André Chamson, Nîmes (I), 24/4	10 »	3 »
Marguerite Yourcenar, Paris (I), 24/4	10 »	3 »
Bailleul (II), 24/4		3 »
Personnages célèbres, (Bande-carnet) (I), 24/4	10 »	20 »
Chinon, Chinon (I), 24/4	10 »	3 20
Conférence des Cours Constitutionnelles, Paris (I), 8/5	10 »	2 20
Django Reinhardt, Boulogne sur Seine (I), 14/5	10 »	3 »
Louise Weiss, Paris, (I) 15/5	10 »	2 20
Congrès Fédération, Lille (I), 29/5	9 »	3 20
Muséum national d'Histoire naturelle, Paris (I), 5/6	10 »	2 20
Martyrs et Héros de la Résistance, Lyon (I), 18/6	10 »	5 20
Télégraphe optique de Chappe, Saint-Martin-du-Tertre (I), 10/7	10 »	3 »
Petit train d'Artouste, Laruns (I), 10/7	10 »	3 20
Minerve, Minerve (I), 17/7	10 »	3 »
Marianne du Bicentenaire, 2 f. 40 vert, Paris (I), 12/7	11 »	2 50
4 f. 40 bleu, Paris (I), 26/7		3 »
70 c. adhésif avec timbre adhésif "à validité permanente", Paris (II), 2/8		15 »
3 f. 50 vert-jaune, Paris (I), 9/8		3 »
Abbaye de La Chaise-Dieu, La Chaise-Dieu (I), 4/9	10 »	2 50
Georges de la Tour, Vic sur Seille (I), 9/9	10 »	4 50
Libération de la Corse, Ajaccio ou Bastia (I), 9 et 10/9	10 »	2 70
Montbéliard, Montbéliard (I), 11/9	10 »	3 »
Le Val de Grâce, Paris (I), 25/9	10 »	3 »
Les Postiers autour du monde, Cherbourg (II), 25/9		3 »
Maurice Denis, Saint Germain en Laye (I), 2/10	10 »	4 50
Arts du cirque, Châlons sur Marne (I), 2/10	10 »	3 »
Takis, Paris (I), 9/10	10 »	4 50
Le Jacquemard de Lambesc, Lambesc (I), 9/10	10 »	3 »
"Le plaisir d'écrire", Paris (I), 21/10 (7 PJ)	9 »	22 50
La bande-carnet, sur grande enveloppe		22 50
U.N.E.S.C.O., Paris (I), 23/10	10 »	5 25
Salon du Timbre, (2 env.), Paris (I), 10/11		12 »
Bloc sur grande enveloppe, Paris (I) 10/11	11 »	12 »
Musée du Louvre, diptyque, Paris (I), 20/11	11 »	4 50
Musée du Louvre, bande de deux diptyques, grande enveloppe, Paris (II), 20/11		11 »
Croix-Rouge, Metz (I), 27/11	9 »	3 »
Montréal (II), 27/11		3 »
Idem, carnet, Metz (I)		20 »
Marie-Hélène Vieira da Silva, Paris (I), 11/12	9 »	5 »

1994	(Doc)	(1er j)
Conseil de l'Europe, Strasbourg (I), 15/1	10 »	6 50
Arts décoratifs, Nancy (I), 22/1 (4 PJ)	30 »	12 »
Bourg la Reine (II), 22/1 (4 PJ)		12 »
Sean Scully, Paris (I), 29/1	10 »	4 50
Cathédrale du Mans, Le Mans (I), 12/2	10 »	4 50
Marianne du Bicentenaire, timbre adhésif "à validité permanente" avec dentelure verticale en lignes ondulées, Paris (II), 16/2		5 »
Bastia, Bastia (I), 19/2	9 »	2 70
Élections au Parlement Européen, Paris (I), 26/2	10 »	2 40
Strasbourg (II), 26/2		2 40
Laurent Mourguet, créateur de Guignol, Villeurbanne (I), 4/3	9 »	2 70
Salon Lugdunum (II), 4/3		5 »
École Polytechnique, Palaiseau (I), 11/3	10 »	2 40
Journée du Timbre, (II) 12/3	10 »	4 »
Paire du carnet (II) 12/3		5 »
Bande carnet	9 »	22 »

Relations culturelles France-Suède, Paris (I), 18/3 (4 PJ)	23 »	18 »
Bande carnet, grande enveloppe		25 »
Bande carnet et carnet suédois sur grande enveloppe, Paris et Stockholm (I et II), 18/3		28 »
Président Georges Pompidou, Paris (I), 9/4	10 »	2 40
Hommage aux Maquis, Thones (I), 9/4	10 »	2 70
Petit Bornand (II), 9/4		3 »
Thorens-Glières (II), 9/4		3 »
Philexjeunes'94, Grenoble (I), 22/4	9 »	2 40
Europa, l'Europe et les découvertes,		
Strasbourg (I), 30/4	10 »	5 50
Paris (II), 30/4	10 »	5 50
Inauguration du Tunnel sous la Manche,		
Coquelles (I), 3/5 (2 PJ)	15 »	8 »
Calais (II), 3/5 (2 PJ)		10 »
Timbres français et britanniques sur grande enveloppe (I) et (II), 3/5		24 »
Banque asiatique de développement, Nice (I), 3/5	10 »	2 20
Congrès Fédération, Martigues (I), 20/5	9 »	2 20
Cour de Cassation, Paris (I), 3/6	10 »	2 40
Cinquantenaire du Débarquement, Bayeux (I), 4/6	10 »	4 »
Caen (II), 4/6		4 »
Hommage aux libérateurs, Bayeux (I), 4/6	10 »	4 »
Montagne Sainte Victoire, Aix en Provence (I), 18/6	10 »	3 »
Argentat (Corrèze), Argentat (I), 18/6	10 »	3 »
Centenaire du C.I.O., Paris (I), 23/6	10 »	3 »
Pays de la Saulx (Meuse), Haironville (I), 2/7	10 »	2 50
Orgues de Poitiers, Poitiers (I), 5/7	10 »	3 »
Marianne du Bicentenaire 2 f., Paris (I), 5/7		2 70
50e anniversaire du Débarquement en Provence		
La Croix Valmer (I), 13/8	9 »	3 »
Draguignan (II), 13/8		3 50
Saint-Raphaël (II), 13/8		3 50
Toulon (II), 13/8		3 50
Nicolas Poussin, Les Andelys (I), 10/9	10 »	3 50
Fernandel, Marseille (I), 17/9	10 »	3 70
Yvonne Printemps, Ermont (I), 17/9	10 »	3 70
Joséphine Baker, Castelnaud (I), 17/9	10 »	3 70
Bourvil, Pretot-Vicquemare (I), 17/9	10 »	3 70
Yves Montand, Marseille (I), 17/9	10 »	3 70
Coluche, Paris (I), 17/9	10 »	4 »
Personnages célèbres (Bande carnet) (I), 17/9	13 »	22 »
Conservatoire des Arts et Métiers, Paris (I), 24/9	10 »	2 70
Cascade du Parc de Saint Cloud		
Saint Cloud (I), 24/9	10 »	3 »
Ecole Normale Supérieure, Paris (I), 8/10	10 »	2 70
Toxicomanie, Paris (I), 15/10		2 70
Georges Simenon, Paris (I), 15/10	9 »	3 »
Parc Floral de Paris - Salon du Timbre Paris (I), 15/10 (2 env.)		14 »
Bloc sur grande enveloppe, Paris (I), 15/10	12 »	16 »
Grande loge de France, Paris (I), 5/11	10 »	3 50
Baselitz, Paris (I), 19/11	10 »	5 »
Alain Colas, Clamecy (I), 19/11	10 »	3 »
Croix Rouge, Arras (I), 26/11	9 »	3 70
Montreal (II), 26/11		3 70
Idem. Carnet Arras (I), 26/11		20 »
Contre le Sida, Paris (I), 1/12		2 50
Fédération Nationale de la Presse, Paris (I), 1/12	10 »	2 70
Les Champs Elysées, Paris (I), 31/12	15 »	5 »

1995	(Doc)	(1er j)
Les Champs Elysées, Paris (II), 1/1		6 »
Centenaire du Cinéma (4 env.), Paris (I), 14/1		12 »
(4 env.), Lyon (II), 14/1		12 »
Bloc sur 1 grande enveloppe, Paris (I), Lyon (II), Besançon (II) et La Ciotat (II), 14/1	15 »	14 »
Pont de Normandie,, Le Havre (I), 20/1	17 »	5 50
Honfleur (II), 20/1		5 50
Notariat Européen, Paris (I), 21/1	10 »	2 70
Louis Pasteur, Dole (I), 18/2	10 »	3 »
Paris (II), 18/2		3 »
Châsse de Saint Taurin, Evreux (I), 25/2	10 »	5 »
Audubon, Les Oiseaux (4 PJ), Paris (I), 25/2		14 »
Idem (4 PJ) Nantes (II), 25/2		16 »
Bloc oiseaux, Paris (I), 25/2	10 »	18 »
Nantes (II), 25/2		32 »
Malterie, Stenay (I), 25/2	10 »	2 70
Journée du Timbre (II), 4/3	9 »	4 50
Paire du Carnet, 4/3		5 »
Bande-carnet sur grande env., 4/3	10 »	20 »
Comités d'Entreprise, Paris (I), 7/3	10 »	2 70
Ecole supérieure d'Electricité, Gif/Yvette (I), 11/3	10 »	4 »
Institut langues Orientales, Paris (I), 25/3	10 »	3 »
Jean Giono, Manosque (I), 25/3	10 »	3 »
Ariane - 100e satellite, Kourou (I), 28/3		3 »
Sidérurgie lorraine, Hayange (I) 1/4	10 »	3 »
Europa, Paix et Liberté (2 env.),		
Strasbourg (I), 29/4	10 »	6 »
Paris (II), 29/4		6 »
Métier de la Forêt (I), Renwez, 29/4	9 »	3 30
De Gaulle - La Victoire, Paris (I), 8/5	10 »	5 »
Pierre Prud'hon, Toulouse (I), 12/5	10 »	7 »
Remiremont, Remiremont (I), 13/5	10 »	2 70
Assemblée Nationale, Paris (I), 13/5	10 »	3 »
Croix Rouge, Saumur (I), 13/5	10 »	5 »
Helsinki (II), 13/5		7 »
Carnet, Saumur (I), 13/5		20 »
Secours populaire, Paris (I), 20/5	10 »	2 20
Metz (II), 20/5		2 20
Pont de Nyons, Nyons (I), 20/5	11 »	3 30
La Bretagne, Rennes (I), 27/5	(les 4) 11 »	3 »
Les Vosges, Epinal (I), 27/5		3 »
L'Auvergne, Clermont-Ferrand (I), 27/5		3 »
La Camargue, Arles (I), 27/5		3 »
Congrès Fédération, Orléans (I), 2/6	9 »	3 »
Orléans (II), 2/6		6 »
Village de Corrèze, Corrèze (I), 3/6	10 »	3 »
Zao Wou-Ki, Paris (I), 10/6	12 »	7 »
Fables de La Fontaine (6 env.) (I),		
Château-Thierry 24/6	10 »	20 »
Bande de 6 T.-P., Château-Thierry 24/6		15 »
Rafle du Vel d'Hiv, Paris (I) 9/7	10 »	3 »
André Maginot, Paris (I), 9/9	10 »	3 »
Revigny (II),9/9		3 »
Grande Loge Féminine, Paris (I)	10 »	3 »
Kirkeby, Paris (I) 23/9	10 »	7 »
La pharmacie hospitalière, Paris (I), 23/9	10 »	3 »
Lyon (II), 23/9		4 »
Congrès, Paris (II), 26/9		10 »
Barbizon, Barbizon (I), 30/9	10 »	4 »
Ecole Nationale d'Administration, Paris (I), 5/10	10 »	3 »
Ecole Nationale d'Administration,		
Strasbourg (I), 5/10		3 »
Berthe Morisot, Paris (I), 7/10	10 »	6 »
Institut de France, Paris (I), 14/10	10 »	3 »
Automobile Club de France, Paris (I), 4/11	10 »	3 50
50e anniversaire de l'O.N.U., Paris (I), 16/11	10 »	3 50
50e anniversaire de l'O.N.U., enveloppe mixte		
France - O.N.U. - Paris 16/11		5 »
Les santons de Provence (6 env.)	chaque 11 »	
Marseille (I), 25/11		25 »
Sceaux (II), 25/11		27 »
Carnet santons (I), 25/11		17 »
Montréal (II), 25/11		30 »
Francis James, Orthez (I), 2/12	10 »	5 »
Tournay (II), 2/12		5 »
Cathédrale d'Evry, Evry (I), 9/12	10 »	4 »
Coupe du Monde de Football 98, Paris (1), 12/12	11 »	4 »

1996	(Doc)	(1er j)
Wercollier, Strasbourg (I), 20/1	9 »	6 »
Dibbets, Paris (I) 10/2	10 »	6 »
Civilisation des Arawaks, St Martin (I), 10/2	10 »	3 »
Corot, Ville d'Avray (I), 2/3	10 »	7 »
L'Imaginaire Irlandais, Paris (I) 16/3	10 »	3 »
Journée du Timbre (II), 16/3	10 »	4 »
Paire du Carnet (II), 16/3		6 »
Bande-carnet (II) 16/3		18 »
Jacques Rueff, Paris (I), 23/3	9 »	3 50
Marianne du Bicentenaire (2 70-3 80-4 50)		
Paris (I), 18/3	11 »	6 50
René Descartes, Descartes (I), 30/3	10 »	4 »
50 ans d'EDF-GDF, Paris (I) 6/4	10 »	3 »
Toulouse (II) 6/4		3 »
Grenoble (II) 6/4		3 »
Parc des Cévennes, Florac (I), 20/4	(les 3) 15 »	3 50
Parc du Mercantour, St Etienne de Tinée (I) 20/4		4 »
Parc de la Vanoise, Planay (I) 20/4		4 »
I.N.R.A., Paris (I) 4/5	10 »	3 »
Europa, Madame de Sévigné, Strasbourg (I) 27/4	10 »	4 »
Paris (II) 27/4		4 »
Maison de Jeanne d'Arc - Domrémy 11/5	10 »	5 »
Accord Ramoge, Marseille 14/5	7 »	4 »
Monaco 14/5		6 »
Gênes 14/5		7 »
Congrès Fédération, Clermont Ferrand (I) 26/5	9 »	3 »
Aulnat (II) 26/5		3 50

Bitche, Bitche (I), 25/5	7 »	2 70
Coupe du Monde de Football, Lens, Montpellier, Saint-Etienne, Toulouse (I), 1/6 (4 env.)	11 »	12 »
U.N.E.S.C.O., Paris (I), 1/6 (2 env.)		6 50
Conseil de l'Europe, Strasbourg (I), 1/6		6 50
Iles Sanguinaires, Ajaccio (I), 1/6	10 »	3 50
Cathédrale de Chambéry, Chambéry (I), 8/6	10 »	3 70
Trésor de Neuvy-en-Sullias, Orléans (I), 8/6	9 »	5 »
Jacques Marette, Paris (I), 15/6	9 »	3 »
Centenaire des Jeux olympiques, Lille (I), 15/6	10 »	3 »
Train Ajaccio-Vizzavona, Ajaccio (I), 29/6	10 »	4 »
Abbaye du Thoronet, Le Thoronet (I), 6/7	10 »	3 70
Notre-Dame de Fourvière, Lyon (I), 6/9	10 »	3 »
Baptême de Clovis, Reims (I), 14/9	10 »	3 50
Arman, Marseille (I), 21/9	10 »	5 50
Héros français du roman policier (6 env.)		
Paris (I), 5/10	12 »	22 »
Saint-Nazaire (II), 5/10		23 »
bande carnet (I) Paris 5/10		22 »
Lycée Henri IV, Paris (I), 12/10	10 »	3 »
U.N.I.C.E.F., Paris (I), 19/10	10 »	3 »
Conseil Economique et Social, Paris (I), 26/10	10 »	2 70
Cinquantenaire de l'U.N.E.S.C.O., Paris (I), 2/11	10 »	3 »
Salon Philatélique d'Automne, Paris (I), 7/11	10 »	5 »
Croix-Rouge, Paris (I) 16/11	10 »	5 »
Bande carnet, Paris (I) 16/11		20 »
Départements d'Outre-Mer, Paris (I), 16/11	10 »	3 »
Basse Terre (II), 16/11		3 »
Cayenne (II), 16/11		3 »
Fort de France (II), 16/11		3 »
Saint Denis de la Réunion (II), 16/11		3 »
Ecole Française d'Athènes, Paris (I), 23/11	10 »	3 »
André Malraux, Paris (I), 23/11	10 »	3 »
Festival de Cannes, Paris (I), 30/11	12 »	3 »
Cannes (II), 30/11		3 »
Bibliothèque Nationale de France, Paris (I), 14/12	10 »	4 50

1997

1997	(Doc)	(1er j)
François Mitterrand, Château Chinon (I), 4/1	18 »	4 50
Paris (II), 4/1		4 50
Innovation participative, Paris (I), 24/1	10 »	2 70
Centre Pompidou, Paris (I), 31/1	10 »	3 »
Timbres de souhaits, Chessy (I), 8/2	10 »	2 70
Saint Valentin (I), 8/2		2 70
Ecole Nationale des Ponts et Chaussées, Paris (I), 14/2	10 »	2 70
Patrimoine guyanais, Saint-Laurent-du Maroni (I) 22/2	10 »	2 70
Fresques de Tavant, Tavant (I), 1/3	10 »	5 »
Journée du Timbre, (II), 15/3	10 »	3 50
Paire du carnet (II), 15/3		5 »
Bande-carnet (II), 15/3		20 »
Millau, Millau (I), 15/3	10 »	3 50
Bernard Moninot, Paris (I), 29/3	10 »	6 »
Parc des Ecrins, Briançon (I), 12/4		3 »
Parc de la Guadeloupe, Petit Bourg (I), 12/4		3 »
Parc des Pyrénées, 12/4		3 70
Parc de Port-Cros, Hyères (I) 12/4		3 70
Les 4 Parcs ci-dessus, Mulhouse (II) 12/4	12 »	15 »
Europa "Le Chat Botté", Strasbourg (I), 26/4	10 »	3 50
Philexjeunes'97, Nantes (I), 2/5	9 »	2 70
Les Journées de la Lettre, Paris (I) 8/5 (6 env.)		17 »
Idem. Timbres auto-adhésifs du carnet Paris (I), 8/5	13 »	20 »
Idem. Enveloppe grand format (avec oblitérations de 8 villes : Lille, Strasbourg, Bordeaux, Lyon, Rennes, Marseille, Clermont Ferrand, Paris) (II)		30 »
Hommage aux combattants en A.F.N., Paris (I) 10/5	10 »	3 »
Congrès Fédération, Versailles (I), 17/5	9 »	5 »
Versailles (O), 17/5		5 »
75e anniversaire de la Fédération, Versailles (II) 17/5		5 »
Château du Plessis-Bourré, Ecuillé (I) 24/5	10 »	4 »
Coupe du Monde de Football, Lyon, Marseille, Nantes, Paris (I) 31/5 (4 env.)	10 »	12 »
Fresque Les Salles Lavauguyon, Les Salles Lavauguyon (I) 14/6	10 »	4 »
Saint Martin, Tours (I) 5/7	10 »	4 »
Amiens, Ligugé, St Martin Lacaussade (II) 5/7 (3 env.)		12 »
Enclos Paroissial, Guimiliau (I) 12/7	10 »	3 »
Marianne du 14 Juillet (4 val.), Paris (I) 14/7 (2 env.)	10 »	8 20
Championnats du monde d'aviron, Novalaise (I) 30/8	10 »	3 »
César, Paris (I) 13/9	10 »	5 »
Corsaires Basques, St Jean de Luz (I) 13/9	10 »	2 70
Marianne du 14 Juillet (12 val.) Paris (I) 15/9 (4 env.)	15 »	22 »
Sablé sur Sarthe, Sablé (I) 20/9	9 »	2 70
Basilique St Maurice, Epinal (I) 20/9	10 »	2 70
Voiturier de Marée, Boulogne s/mer (I) 26/9	10 »	2 70
J. B. Chardin, Paris (I) 27/9	10 »	5 »
Année du Japon, Paris (I) 4/10	10 »	4 »
Judo, Paris (I) 9/10	10 »	3 »
Domaine de Sceaux, Sceaux (I) 11/10	10 »	2 70
SAR.LOR.LUX Metz (I) 16/10	9 »	2 70
Luxembourg 16/10		3 »
Bonn 16/10		3 »
La Qualité, St Dié (I) 18/10	8 »	3 »
Abbeville et Dijon (II) 18/10 (2 env.)		6 70
Collège de France, Paris (I) 18/10	8 »	3 70
Héros d'aventures, Paris (I) 25/10 (6 env.)		20 »
Lancelot, Rennes (II) 25/10		3 50
Le Bossu, Nevers (II) 25/10		3 50
Cyrano, Bergerac (II) 25/10		3 50
Héros d'aventures (bande-carnet) (I) 25/10	12 »	20 »
Croix-Rouge, Paris (I) 6/11	10 »	5 »
Idem carnet, Paris (I) 6/11		20 »
Meilleurs Voeux ; chat et souris, Paris (I) 8/11	10 »	3 »
Breguet XIV, Paris (I) 15/11	20 »	20 »
Enfance maltraitée, Paris (I) 20/11	10 »	2 70
Meilleurs Voeux du Facteur, Paris (I) 22/11	10 »	3 »
Maréchal Leclerc, Paris (I) 28/11	10 »	3 »
Amiens, Strasbourg (II) 28/11 (2 env.)		6 »
"Philexfrance 99" Paris (I) 6/12	15 »	3 »
Moutier d'Ahun, Moutier d'Ahun (I) 13/12	10 »	3 »

1998

1998	(Doc)	(1er j)
Michel Debré, Paris (I) 15/1	6 »	3 »
Amboise, St Denis Réunion (II) 15/1 (2 env.)		6 50
Assemblée Nationale, Paris (I) 24/1	7 »	2 70
Coupe du Monde de Football, Bordeaux, St Denis (I) 24/1 (2 env.)	11 »	6 »
Idem bloc 10 villes (I) 24/1	15 »	25 »
"Bonne Fête" St Valentin (I) (31/1)	11 »	2 70
Médiateur de la République Paris (I) 5/2	11 »	2 70
Journée du Timbre, Paris (II) 21/2	12 »	3 »
Paire du carnet (II) 21/2		5 »
Bande carnet (II) 21/2		16 »
Coupe du Monde de Football (timbre rond gommé), St Denis (I) 28/2	10 »	3 »
Idem (timbre rond auto-adhésif), Paris (I) 28/2		3 »
Abbé Franz Stock, Paris (I) 28/2	9 »	4 »
Chartres (II) 28/2		4 »
"Joyeux anniversaire", Paris (I) 13/3	11 »	2 70
Réunion Mulhouse à la France, Mulhouse (I) 14/3	11 »	4 »
Abbaye de Cîteaux, St Nicolas les Cîteaux (I) 14/3	11 »	4 »
Patrimoine réunionnais, St Pierre (I) 4/4	11 »	4 »
Magritte, Paris (I) 18/4	13 »	8 »
Bruxelles 18/4		8 »
Edit de Nantes, Nantes (I) 18/4	11 »	4 »
Pau (II) 18/4		5 »
Delacroix, St Maurice (I) 25/4	13 »	8 »
Abolition esclavage, Paris (I) 25/4	11 »	2 70
Nantes, Champagney, Basse Terre, Cayenne, St Denis, Fort de France (II) 25/4 (6 env.)		18 »
Gois de Noirmoutiers, Barbâtre (I) 2/5	11 »	3 »
Beauvoir s/mer (II) 2/5		3 »
Les Journées de la Lettre, Paris (I) 9/5 (6 env.)	20 »	20 »
Idem, auto-adhésifs, Lille, Lyon, Rennes, Marseille, Strabourg, Chateauroux (II) 9/5 (6 env.)		21 »
Idem env . G. F. avec la bande+1 carnet oblit. des 7 villes 9/5		30 »
Ligue des Droits de l'Homme, Paris (I) 9/5	9 »	4 »
Pablo Picasso, Villeurbanne (I) 15/5	12 »	7 »
Henri Collet, Bordeaux (I) 15/5	9 »	4 »
Congrès Fédération Dunkerque, Dunkerque (I) 29/5	7 »	3 »
71e Congrès (II) 30/5		4 »
Le Mont Saint-Michel, Mont Saint-Michel (I) 6/6	11 »	6 »
Europa, Fête de la Musique, Strasbourg (I) 13/6	9 »	3 50
Paris (II) 13/6		3 50
La Baie de Somme, St Valéry s/Somme (I) 27/6	11 »	3 »
Château de Crusol, St Péray (I) 4/7	10 »	3 »
"Champion du Monde FRANCE", St Denis (II) 12/7		5 »
Potez 25, Evreux (I) 13/7	16 »	22 »
Stéphane Mallarmé, Vulaines s/Seine (I) 5/9	9 »	3 »
Sens (II) 5/9		3 50
Aéro-Club de France, Paris (I) 12/9	9 »	3 »
avec griffe spéciale Transport par ballon, oblitération ordinaire d'arrivée, Matougues 14/9		5 »
Saint-Exupéry, (5 env.), Paris (I) 12/9		20 »
Bloc entier, env. G.F. 12/9	15 »	16 »

France-Chine (2 env.), Paris (I) 12/9	11 »	6 »
Pékin (II) 12/9		4 50
Collégiale de Mantes-la-Jolie, Mantes-la-Jolie (I) 19/9	9 »	3 50
Opéra de Paris, Paris (I) 19/9	9 »	4 50
Chevaux, (4 env.) Paris (I) 27/9	8 »	13 »
(4 env.) Argentan, Arles, Charleville, Espelette (II) 27/9		14 »
(3 env.) St Lo, La Glacerie, Marcq en Baroeul (II) 27/9		10 »
Salon de l'Auto, Paris (I) 1/10	10 »	3 »
Paris, Salon (II) 1/10		4 »
Acteurs de Cinéma Français (6 env.) Paris (I) 3/10	12 »	20 »
Bande-carnet (I) 3/10		20 »
Saint-Dié, Saint-Dié (I) 3/10	10 »	3 »
Constitution de la Ve République, Reims (I) 3/10	10 »	3 »
Armistice 1914-1918, Paris (I) 17/10	10 »	3 »
Marcel Duchamp, Rouen (I) 17/10	10 »	5 »
UNESCO (2 env.), Paris (I) 24/10	10 »	6 70
Union Mondiale pour la Nature, Fontainebleau (I) 3/11	10 »	3 »
Croix-Rouge, Paris (I) 5/11	10 »	4 »
Carnet, Paris (I) 5/11		20 »
"Meilleurs voeux", Paris (I) 7/11	13 »	5 »
"Bonne année", Paris (I) 7/11		5 »
Bloc-feuillet, Paris, (I) 7/11		22 »
Médecins Sans Frontières, Paris (I) 21/11	10 »	3 »
Paul Gauguin, Pont Aven (I) 5/12	10 »	7 »
Parlement européen, Strasbourg (I) 5/12	10 »	3 »
Déclaration Universelle des Droits de l'Homme (2 env), Paris, (I) 10/12	10 »	6 »
Dijon (II), Manosque (II) 10/12		6 »
Le radium, Fontenay-aux-Roses (I) (15/12	10 »	3 »
Paris (II) 15/12		3 »

1999	(Doc)	(1er j)
150e anniversaire du timbre-poste français, (2 env.) Paris (I) 1/1	11 »	8 »
Bande-carnet, Paris (I) 1/1		14 »
Timbre Euro, Paris (I) 1/1	10 »	5 »
Assistance Publique - Hôpitaux de Paris, Paris (I) 9/1	9 »	2 70
Relations diplomatiques France-Israël, Paris (I) 24/1	11 »	3 »
(4 env.), Lyon (II), Marseille (II), Strasbourg (II), Toulouse (II)		15 »
Timbres de souhaits (2 env.), Paris (I) 6/2	11 »	7 50
Timbre Euro auto-adhésif, Paris (I) 6/2		5 »
Jean Goujon, Paris (I) 13/2	10 »	5 50
Recensement de la population, Paris (I) 20/2	10 »	2 70
Patrimoine culturel du Liban, Paris (I) 27/2	10 »	4 »
Journée du Timbre - Astérix, Paris (II) 6/3	16 »	5 »
Paire du carnet, Paris (II) 6/3		7 »
Bande-carnet, Paris (II) 6/3		30 »
Bloc et paire du carnet, Paris (II) 6/3		18 »
Cinquantenaire du Conseil de l'Europe, Strasbourg (I) 19/3	10 »	3 »
Mariages, remerciements, naissance (4 env.), Strasbourg (I) 20/3	10 »	12 »
Elections au Parlement Européen, Paris (I) 27/3	10 »	2 70
Strasbourg (II) 27/3		2 70
Philexfrance'99, oeuvres d'art (3 env.), timbres du bloc Paris (I) 26/3		55 »
Bloc-feuillet, Paris (I) 26/3	25 »	35 »
Richard Coeur de Lion, Chalus (I) 10/4	10 »	3 »
Les Andelys, Fontevraud (II) 10/4		7 50
Airbus A300-B4, Blagnac (I) 10/4	27 »	18 »
Dieppe, Dieppe (I) 17/4	15 »	3 »
Europa, la Camargue, Strasbourg (I) 24/4	10 »	3 50
Arles (II) 24/4		3 50
Bonnes vacances, Joyeux anniversaire (2 env.) Paris (I) 13/5	11 »	6 70
Betton (II) 13/5		7 50
Patrimoine martiniquais, St Pierre (I) 15/5	10 »	3 »
Château du Haut Koenigsbourg, Sélestat (I) 15/5	10 »	4 50
Ecole de Nancy - Emile Gallé, Nancy (I) 22/5	10 »	3 50
Claude Monet, Giverny (I) 29/5	10 »	7 »
Roses anciennes (3 env.), Lyon (I) 28/5		10 »
Bloc feuillet, Lyon (I) 28/5	13 »	12 »
Jurade de St Emilion, St Emilion (I) 29/5	9 »	3 30
Hôtel de la Monnaie, Paris (I) 5/6	9 »	3 70
La Comtesse de Ségur, Aube (I) 12/6	9 »	3 »
Pluneret (II) 12/6		3 50
Aimer accueillir, Paris (I) 19/6	9 »	3 »
Vitrail de la Cathédrale d'Auch, Auch (I) 19/6	9 »	5 »
René Caillié, Mauzé sur le Mignon (I) 26/6	9 »	3 70
Figeac - Hommage à Champollion, Figeac (I) 26/6	8 »	3 50
"Philexfrance'99" - Cérès avec hologramme, Paris (I) 2/7	8 »	6 »
Célébration de l'An 2000, Paris (I) 5/7	9 »	3 20
Dessine-moi l'An 2000, Paris (I) 6/7	9 »	3 »
Laubert (II) 6/7		6 »
Eclipse de Soleil, Paris (I) 8/7	9 »	4 »
Photographes français (6 env.), Paris (I) 10/7	10 »	25 »
Bande carnet, Paris (I) 10/7		22 »
Armada du Siècle (5 env.), Rouen (I) 10/7		18 »
Bloc, Rouen (I) 10/7	10 »	14 »
Arnac-Pompadour, Arnac-Pompadour (I) 10/7	9 »	3 »
Frédéric Ozanam, Paris (I) 11/9	9 »	3 70
Coupe du Monde de Rugby, St Denis (I) 11/9	9 »	3 50
Toulouse, Béziers, Montpellier, Lens (4 env.) (I) 11/9		18 »
Conseil de l'Europe - Art (2 env.), Strasbourg (I) 18/9	9 »	7 »
Mouvement Emmaüs, Orléans (I) 26/9	9 »	3 »
Chats et chiens, (4 env.), Gennevilliers (I) 2/10 (les 2 doc.)	20 »	16 »
Laon, Brignais, Laruns, Rennes (II) 2/10		16 »
Frédéric Chopin, Paris (I) 17/10	12 »	4 »
Pologne (I) 17/10		4 »
Croix-Rouge, Paris (I) 10/11	7 »	4 »
Bande carnet, Paris (I) 10/11		20 »
Van Dyck, Paris (I) 11/11	11 »	5 »
Salon Automne (II) 11/11		6 »
Meilleurs Vœux 2000, Melun (I) 20/11	9 »	6 »
Paris (II) 31/12/99 et 1/01/2000		8 »
Le métro parisien, Paris (I) 4/12	7 »	3 50
Conseil d'Etat, Paris (I) 11/12	9 »	3 »

2000	(Doc)	(1er j)
Le phare du bout du monde, Paris (I) 1/1/2000	9 »	3 50
Le phare du bout du monde, La Rochelle (I) 1/1		3 50
Nantes (II) 1/1		4 »
Cœurs 2000 (2 env.), Paris (I) 8/1	10 »	9 »
Bloc, St Valentin (II) 14/2		11 »
Banque de France, Paris (I) 15/1	9 »	3 20
Chamalières (II) 15/1		3 50
Avion Couzinet 70, Paris (I) 12/2	20 »	25 »
Corps Préfectoral, Paris (I) 17/2	9 »	3 »
Sandro Botticelli, Paris (I) 25/2	9 »	6 »
Carcassonne, Carcassonne (I) 3/3	9 »	5 50
Fête du Timbre, Tintin et Milou (TP feuille), Paris (II) 11/3	12 »	7 »
Paire carnet, Paris (II) 11/3		8 »
Bande carnet, Paris (II) 11/3		25 »
Bloc + paire carnet, Paris (II) 11/3		17 »
Parlement de Bretagne, Rennes (I) 25/3	9 »	3 »
Pervenche de Madagascar, Castres (I) 25/3	9 »	4 »
Félicitations, Villeurbanne (I) 7/4	9 »	3 »
Camille Claudel, Paris (I) 8/4	9 »	5 50
Fère en Tardenois (II) 8/4		6 »
St-Guilhem-le-Désert, St-Guilhem-le-Désert (I) 8/4	9 »	3 »
Le Siècle au fil du Timbre, N° 1 Sport (5 env.) Clermont-Ferrand, Lens, Paris, Marseille, St Etienne (I) 15/4	16 »	17 »
Bande, Bordeaux, Reims, Vannes, Paris (I) 15/4		13 »
Gérardmer, vallée des lacs, Gérardmer (I) 15/4	9 »	3 »
Voitures anciennes " Philexjeunes 2000 ", (5 env.), Annecy (I) 5/5		20 »
Sochaux, Mulhouse, Puteaux (II) 5/5		20 »
Bloc, Annecy (I) 5/5	10 »	13 »
Europa 2000, Strasbourg (I) 9/5	8 »	3 50
Paris (II) 9/5		3 50
Henri-Louis Duhamel du Monceau, Orléans (I) 13/5	9 »	4 »
73e Congrès F.F.A.P Nevers, Nevers (I) 19/5	7 »	3 »
Bonnes Vacances, Paris (I) 1/6	9 »	3 »
Conquète Annapurna - Premier 8000, Chamonix Mt-Blanc (I) 3/6	9 »	3 »
Abbatiale d'Ottmarsheim, Ottmarsheim (I) 17/6	9 »	3 50
Papillon sardanapale, Paris (I) 17/6		4 »
Allosaure, Paris (I) 17/6		3 50
Girafe reticulée, Paris (I) 17/6		3 50
Tulipe lutea, Paris (I) 17/6		4 »
Bloc regard sur la nature, Paris (I) 17/6	13 »	17 »
Antoine de Saint-Exupéry, Lyon (I) 24/6	11 »	4 »
Agay (II) - St Maurice de Remens (II) 24/6 sur 1 envel.		5 »
Le Train Jaune, Villefranche de Conflent (I) 14/7	15 »	3 50
Ste Léocadie (II) 14/7		3 50
Folklores de France, Confolens (I) 12/8	10 »	3 80
Biarritz (II) 12/8		3 80
J.O Sydney 2000, Arcueil (I) 9/9 (2 P.J)		6 »
Bloc J.O Sydney 2000, Arcueil (I) 9/9	13 »	20 »
Paul-Emile-Victor, Paris (I) 16/9		4 »
Prémanon (II) 16/9		4 50

Haroun Tazieff, Paris (I) 16/9		4 »
Eric Tabarly, La Trinité (I) 16/9		4 »
Nantes (II) 16/9		4 50
Jacques-Yves Cousteau, St André de Cubzac (I) 16/9		4 »
Norbert Casteret, St Martory (I) 16/9		4 »
Aramits (II) 16/9		4 50
Alexandra David-Néel, Digne les Bains (I) 16/9		4 »
Saint-Mandé (II) 16/9		4 50
Carnet Aventuriers célèbres, (I) 16/9	30 »	20 »
Gaston Chaissac, Paris (I) 23/9	9 »	6 »
Les Sables d'Olonnes (II) 23/9		6 »
Frère Alfred Stanke, Bourges (I) 23/9	7 »	4 »
Dijon (II) 23/9		4 »
S.O.S amitié, Paris (I) 30/9	9 »	3 »
Le Siècle au fil du timbre, N° 2 Société (5 P.J) Paris, Rouen, Pleumeur Bodou, Toulouse, Nice (I) 30/9	15 »	17 »
Bande entière Paris (I) 30/9		13 »
Nouveau Millenaire 2001, Paris (I) 14/10	9 »	3 »
Mosaïque Carolingienne, Germigny-des-Prés (I) 21/10	11 »	5 »
France/Nouvelle Zélande, Paris (I) 4/11 (2 P.J)	11 »	8 »
Stamps Centre Wanganui (II) 4/11 (2 P.J)		8 »
Raymond Peynet, Valence (I) 4/11	13 »	6 »
Saint Valentin (II) 4/11		6 »
Croix-Rouge, Paris (I) 9/11	9 »	4 »
Bande carnet, Paris (I) 9/11		20 »
3e Millenaire, Paris (I) 9/11	9 »	3 »
Timbre personnalisé, Paris (II) 9/11		6 »
Bonne Année - Meilleurs vœux, Paris (I) 11/11	9 »	4 50
La Métallurgie, Paris (I) 9/12	9 »	4 50
Le Creusot (II) 9/12		4 50

2001

	(Doc)	(1er j)
Championnat du Monde de Handball, Nantes (I) 20/1	7 »	3 »
Dunkerque, Montpellier, Besançon (II) 3 envel. 20/1		15 »
Cœur 2001- Christian Lacroix, Paris (I) 27/1	7 »	3 »
Bloc Cœur 2001, Paris (I) 27/1		11 »
Pieter Bruegel l'ancien, Paris (I) 3/2	10 »	7 »
Fête du Timbre, Gaston Lagaffe, (TP feuille), Paris (II) 24/2	11 »	5 »
Paire carnet, Paris (II) 24/2		6 »
Bande carnet, Paris (II) 24/2		18 »
Bloc seul, Paris (II) 24/2		11 »
Le siècle au fil du Timbre, N° 3 Communication, Paris (I) 17/3 (5 P.J)	15 »	17 »
Bande entière, Paris (I) 17/3		13 »
Garçon - Fille - Oui - Merci, Nancy (I) 23/3 (3 P.J)		11 50
(les 2 doc.)	19 »	
L'écureuil, Paris (I) 21/4		3 50
Le Hérisson, Paris (I) 21/4		3 »
Le Chevreuil, Paris (I) 21/4		3 »
L' hermine, Paris (I) 21/4		3 50
Bloc Animaux des bois, Paris (I) 21/4	10 »	13 »
Hôtel des Chevaliers St Jean de Jerusalem, Toulouse (I) 21/4	9 »	5 »
Nogent le Retrou, le château, Nogent le Retrou (I) 28/4	9 »	4 »
Besançon, la citadelle, Besançon (I) 5/5	9 »	3 »
Europa 2001, l' eau, Strasbourg (I) 8/5	9 »	3 »
St Jean de Luz (II) 8/5	9 »	3 50
Jardins de Versailles, Versailles (I) 12/5	9 »	5 »
Chanteurs célèbres, Paris (I) (6PJ) 19/5	14 »	25 »
Bloc, Paris (II) 19/5		22 »
Vieux Lyon, Lyon (I) 19/5	10 »	3 20
74e Congrès F.F.A.P. Tours, Tours (I) 1/6	7 »	3 »
Jean Vilar, Sète (I) 7/6	8 »	3 »
Jean Vilar, Avignon (I) 7/6	6 »	3 »
Vacances (TP gommé), Paris (I) 10/6		3 30
Vacances (TP autocol.), Aix en Provence (I) 10/6		3 30
Calais, Calais (I) 16/6	9 »	3 »
Demain l'Euro, Paris (I) 23/6	9 »	4 »
Strasbourg (II) 23/6		3 50
Albert Caquot, Vouziers (I) 30/6	10 »	3 50
Liberté d'Association, Paris (I) 1/7	10 »	3 »
Les Légendes du Rail, Paris (I) 6/7 (5PJ)	15 »	20 »
Dijon, Mulhouse (II) 6/7 - Chalindrey (II) 7/7 sur 5 PJ	9 »	22 »
Bloc, Paris (II) 6/7		17 »
Château de Grignan, Grignan (I) 7/7	9 »	4 »
Convention Genève Réfugiés, Paris (I) 28/7	9 »	3 50
Marianne du 14 Juillet TVP "RF", Paris (I) 1/8	12 »	4 »
Pierre de Fermat, Beaumont de Lomagne (I) 19/8	10 »	3 50
H. de Toulouse Lautrec, Albi 8/9	12 »	5 »
Le Siècle au fil du Timbre N° 4 Sciences, Paris (I) 22/9 (5 PJ)	12 »	17 »
Bande entière, Paris (I) 22/9		13 »
Val de Reuil, Val de Reuil (I) 29/9	9 »	3 »
Halloween, Paris ou Boulogne s/mer (I) 22/10	12 »	3 »
Bloc, Paris ou Boulogne s/mer (II) 22/10		13 »
J. Barthold Jongkind, La Côte St André (I) 27/10	12 »	5 50
Honfleur (II), 27/10		5 50
Croix Rouge, Paris (I) 8/11	7 »	4 »
Jean Pierre-Bloch, Paris (I) 8/11	7 »	4 »
Meilleurs Voeux, Bonne Année, Paris (I) 9/11	8 »	4 »
Albert Decaris, Paris (I) 9/11	12 »	5 »
Sotteville les Rouen (I) 9/11		5 »
Jacques Chaban-Delmas, Paris (I) 10/11	6 »	3 50
Bordeaux (I) 10/11		3 50
Ascain (II) 10/11		3 50
Blocs de Marianne en Francs, Paris (I) 10/11 (2 PJ)	32 »	32 »
Conseil de l'Europe, Strasbourg (I) 1/12	9 »	4 50
UNESCO, Paris (I) 1/12	14 »	8 »
France/Maroc, les Fontaines, Paris (I) 14/12 (2 PJ)	15 »	8 »
Maroc (II) 14/12 (2 PJ)		8 »

2002

	(Doc)	(1er j)
Marianne du 14 Juillet - 15 valeurs en Euro, Paris 1/1 (4 PJ)	30 »	30 »
Coeur 2002 - Yann Arthus Bertrand, Paris (I) 18/1	5 »	4 »
Bloc, Paris (I) 18/1		14 »
Salt Lake City, Albertville (I) 26/1	9 »	3 50
Gustav Klimt, Paris (I) 8/2	10 »	6 »
Blocs de Marianne en Euros, Paris (I) 8/2	32 »	28 »
Alain Bosquet, Paris (I) 16/2	9 »	3 50
Garçon - Fille - Oui, Paris (I) 23/2 (2 PJ)	9 »	8 »
Europa 2002 - Le Cirque, Strasbourg (I) 2/3	12 »	4 »
Fête du Timbre - Boule et Bill, Paris (II) 16/3	13 »	5 »
Paire carnet, Paris (II) 16/3		6 »
Bande carnet, Paris (II) 16/3		17 »
Bloc seul, Paris (II) 16/3		10 »
Les Arènes de Nîmes, Nîmes (I) 22/3	12 »	4 »
Le Siècle au fil du Timbre N° 5 Transports, Paris (I) 23/3 (5 PJ)	39 »	18 »
Bande entière, Paris (I) 23/3		15 »
France/Australie, Paris et St Martin de Ré (I) 4/4 (2 PJ)	20 »	8 »
Australie (II) 4/4 (2 PJ)		8 »
La Charité-sur-Loire, La Charité-sur-Loire (I) 6/4	7 »	3 50
Anniversaire - Invitation, Sevrier (I) 6/4 (2 PJ)	7 »	7 »
100e Course Paris-Roubaix, Compiègne (I) 13/4	11 »	4 »
Roubaix (I) 13/4		4 »
Fernando Botero, Paris (I) 27/4	15 »	6 »
Champions du Monde de Football, Paris (I) 27/4	15 »	4 50
Les Animaux Marins, Boulogne s/mer (I) 4/5	15 »	
ou Paris (I) 5/5 (4 PJ)		15 »
Bloc, Boulogne s/mer (II) 4/5 ou Paris (II) 5/5		14 »
75e Congrès F.F.A.P. Marseille, Marseille (I) 17/5	13 »	3 50
La Légion d'Honneur, Paris (I) 18/5	15 »	3 50
Longué - Jumelles (II) 18/5		4 50
Champions du Monde de Football	10 »	
(TP du bloc), St Denis (I) 18/5		4 50
Rocamadour, Rocamadour (I) 25/5	9 »	3 50
Louis Delgrès, Basse Terre (Guadeloupe) (I) 25/5	9 »	3 50
St Pierre (Martinique) (I) 25/5		3 50
Vacances (TP gommé), Paris (I) 8/6	7 »	3 50
Vacances (TP autocol.), La Rochelle (II) 8/6		3 50
Athlétisme Handisport, Villeneuve d'Ascq (I) 15/6	9 »	3 50
Chapelle Saint Ser, Puyloubier (I) 22/6	9 »	3 50
Collioure (Tableau Derain), Collioure (I) 22/6	9 »	4 »
Cathédrale de Metz (Vitrail Chagall), Metz (I) 6/7	9 »	4 50
Etoile du Jazz, Paris ou Juan les Pins (I) 6 PJ 13/7	12 »	24 »
Bloc, Paris ou Juan les Pins (I) 13/7		20 »
Locronan, Locronan (I) 13/7	9 »	3 50
Notre-Dame de la Salette, La Salette Fallavaux (I) 15/8	9 »	3 50
L'Art Chorégraphique, Lyon (I) 13/9	9 »	3 50
L'Art Chorégraphique, Grenoble (II) 13/9	10 »	3 50
Cylindrées et Carénages, Paris (I) 5 PJ 14/9		18 »
Cylindrées et Carénages, Magny Cours (I) 5 PJ 14/9		20 »
Bloc, Paris ou Magny Cours (I) 14/9		14 »
Georges Perec, Paris (I) 21/9	9 »	4 »
Georges Perec, Villard de Lans (II) 21/9		3 50
Le Siècle au Fil du Timbre n° 6 : Vie Quotidienne, Paris (I) 5 PJ 28/9	10 »	18 »
Bande entière, Paris (I) 28/9		13 »
Emile Zola, Paris (I) 5/10	9 »	3 50
Médan (II) 5/10		3 50
Neufchâteau (Vosges), Neufchâteau (I) 12/10	9 »	3 50
E. Vigée Lebrun (Tableau), Paris (I) 12/10	9 »	5 »

Avion Airbus A 300, Toulouse (I) 26/10	15 »	15 »
Croix Rouge, Paris (I) 7/11	5 »	4 »
Capitales européennes : ROME (4 TP du BF), Paris (I) 7/11	13 »	15 »
Bloc entier, Paris (I) 7/11		13 »
Meilleurs Voeux, Paris (I) 8/11	5 »	3 50
Timbre Entreprise, Paris (I) 8/11	5 »	3 50
Marianne du 14 Juillet TVP VERT, Paris (I) 9/11	10 »	3 20
Jesus Rafael Soto (Tableau), Paris (I) 11/11	9 »	4 50
Alexandre Dumas, Paris (I) 30/11	9 »	3 80
Alexandre Dumas, Villers Cotterêts (I) 30/11		3 50
Léopold Sédar Senghor, Paris (I) 20/12	9 »	3 50
Léopold Sédar Senghor, Verson (I) 20/12		3 50

2003	(Doc)	(1er j)
Coeur 2003 Torrente, Paris (I) 11/1	10 »	7 »
Bloc, Paris (I) 11/1	9 »	12 »
Naissance, Paris 11/1	9 »	3 50
Merci, Paris (I)	9 »	3 50
40e ann. Traité Franco/Allemand, Paris 16/1	9 »	3 50
Timbre allemand, Berlin 16/1	9 »	5 »
40 ans d'aménagement du territoire, Paris (I) 8/2		3 50
Geneviève de Gaulle-Anthonioz, Paris (I) 11/2	9 »	3 80
Chambre de Commerce et d'Industrie de Paris, Paris (I) 22/2	9 »	3 50
Fête du Timbre - Lucky Luke, Paris (II) 15/3	11 »	5 »
Paire carnet, Paris (II) 15/3	10 »	6 »
Bande carnet, Paris (II) 15/3	10 »	18 »
Bloc seul, Paris (II) 15/3	10 »	11 »
Les oiseaux d'outre-mer, Fort de France (I) St Denis (I) - Matoury (I) - Pointe à Pitre (I) - 4 PJ 22/3	8 »	15 »
Bloc entier, Paris (I) 22/3		12 »
Nantes - Loire Atlantique, Nantes (I) 4/4	9 »	3 50
Pierre Bérégovoy, Nevers (I) 30/4	9 »	3 80
Pierre Bérégovoy, Déville les Rouen (I) 30/4		3 80
France - Slovaquie (M. R. Stéfanik), Paris (I) 3/5	7 »	3 50
Slovaquie, Modra (II) 3/5		4 50
Europa 2003 - Art de l'Affiche, Strasbourg (I) 8/5	9 »	3 50
Charte des Droits Fondamentaux de l'Union Européenne Strasbourg (I) 8/5	9 »	3 50
Porte-avions Charles de Gaulle, Toulon (I) 8/5	10 »	4 50
Michel-Ange (Tableau les esclaves), Paris (I) 24/5	10 »	6 50
Portraits de Régions : n° 1 La France à Vivre (10 PJ) 24/5	35 »	35 »
Bloc découpé en deux sur 2 PJ, Paris (I) 24/5		22 »
Anniversaire - Le Marsupilami, Paris (I) 31/5	9 »	5 »
Bloc anniversaire, Paris (I) 31/5		13 »
Marianne du 14 Juillet (6 val.), Paris (2 PJ) 1/6	21 »	20 »
76e Congrès F.F.A.P. Mulhouse, Mulhouse (I) 6/6	7 »	3 50
Vacances (TP gommé), Paris (I) 14/6	9 »	3 50
Vacances (TP autocol.), Antibes, ou Canet en R. ou St Jean de Luz (II) 14/6		3 50
Poste aérienne - Jacqueline Auriol, Challans (I) 21/6	10 »	16 »
Paris (II) 21/6	10 »	17 »
Basilique Notre-Dame de l'Epine, l'Epine (I) 21/6	9 »	3 50
Tulle en Corrèze, Tulle (I) 21/6	9 »	3 50
Franc Maçonnerie Française, Lyon (I) 28/6	10 »	4 50
St Denis (II) 28/6	10 »	4 50
Tour de France (2 PJ), Paris et Montgeron (I), 28/6	21 »	8 »
5 PJ, Bordeaux, Nantes, Lyon, Toulouse, Marseille (I), 28/6		30 »
Kandinsky - tableau, Paris (I) 5/7	15 »	5 50
Signac - tableau, St Tropez (I) 5/7	15 »	5 50
Eglise de St Père (Yonne), St Père (I) 12/7	8 »	3 50
Athlétisme 2003, Paris (I) 19/7	8 »	3 50
St Denis (I) 19/7	8 »	3 80
Destinées romanesques (6 PJ), Paris (I) 30/8	10 »	22 »
Bloc, Paris (I) 30/8		18 »
Ahmad Shah Massoud, Paris (I) 9/9	5 »	3 50
Portaits de Régions n° 2 - La France à voir 10 PJ (I) 20/9		35 »
Bloc découpé en 2 sur 2 PJ, Paris (I) 20/9		22 »
Arras (Pas de Calais), Arras (I) 20/9	5 »	3 50
Les Jardins de France I - 2 PJ, Paris (I) 27/9	13 »	13 »
Bloc, Paris (I) 27/9		16 »
Pontarlier (Doubs), Pontarlier (I) 11/10	5 »	3 50
Conseil de l'Europe 2003, Strasbourg (I) 18/10	5 »	4 50
Utilitaires et Grandes Echelles - 5 PJ, Paris (I) 24/10	9 »	18 »
5 PJ autres villes (I et II), 24/10		20 »
Croix Rouge 2004, Paris (I) 6/11	12 »	4 50
Semeuse de Roty, Paris (I) 6/11	12 »	6 50
Vœux oiseau, Paris (I) 6/11	10 »	4 50
Vœux entreprise, Paris (I) 6/11		3 50
Capitales européennes II - Luxembourg - 4 PJ, Paris (I) 7/11	11 »	15 »
Bloc, Paris (I) 7/11		12 »
Andy Warhol - tableau, Paris (I) 8/11	10 »	6 50
Emission France/Inde - 2 PJ Paris (I) 29/11	10 »	7 50
2 PJ Inde (II) 29/11		10 »
UNESCO - Laponie/St Petersbourg 2 PJ Paris (I) 6/12	10 »	7 50
Queen Mary 2, St Nazaire (I) 12/12		5 »

2004	(Doc)	(1er j)
Cœur Chanel, Paris (I) 9/1	11 »	5 »
Bloc, Paris (I) 9/1		12 »
Naissance (2 TP), Paris (I) 9/1	11 »	4 »
Ceci est une invitation, Paris (I) 9/1		3 50
Un grand merci, Paris (I) 9/1		3 50
Lille, capitale européenne de la culture, Lille (I) 10/1	10 »	3 50
Lille (TGV - II) 10/1		5 »
Auguste Bartholdi - tableau, Paris (I) 21/2	10 »	5 »
Colmar (I) 21/2		5 »
Bloc couleurs de marianne, Paris (I) 28/2	20 »	20 »
Aliénor d'Aquitaine, Fontevraud (I) 28/2	10 »	4 »
Paris (II), 28/2		4 »
Fête du Timbre 2004 - Mickey, Paris (II) 6/3	11 »	5 »
Donald et Minnie - 2 PJ, Chessy (II) 6/3		11 »
Bande carnet, Paris (II) 6/3		22 »
Code Civil, Paris (I) 12/3	10 »	4 »
George Sand, Paris (I) 20/3		4 »
Nohant Vic (I) 20/3		4 »
Clermont Ferrand (Puy de Dôme), Clermont Ferrand (I) 26/3	10 »	3 50
Portraits de Région n° 3 - La France à vivre 10 PJ (I) 26-27/3	12 »	35 »
Bloc découpé en 2 sur 2 PJ - Paris (I) 26/3		22 »
Entente Cordiale - Emission France/Angleterre 2 PJ, Paris (I) 6/4	16 »	8 »
2 PJ London (II) 6/4		8 »
La sécurité routière, Paris (I) 7/4	10 »	3 50
Jean Léon Gérôme - tableau, Vesoul (I) 17/4	10 »	6 »
Les animaux de la Ferme - 4 PJ (I) 24/4		15 »
Bloc Paris (I) 24/4	15 »	12 »
Bordeaux (Gironde), Bordeaux (I) 24/4	5 »	4 »
Elargissement Union Européenne, Paris ou Strasbourg (I) 1/5	10 »	3 50
Diên Biên Phu, Paris ou Pau (I) 7/5	10 »	3 50
Vacances - tableau de Dufy - Strasbourg (I) 9/5	10 »	4 50
TP autocol de carnet, Paris (I) 4/6		4 50
Blake et Mortimer - Emission France/Belgique 2 PJ Paris (I) 15/5	12 »	12 »
2 PJ Liège (Léodiphilex) (II) 15/5		12 »
Centenaire de la F.I.F.A., Paris (I) 21/5	5 »	4 »
Les Jardins de France II (2 Pj), Paris (I) 4/6	13 »	13 »
Bloc Paris (I) 4/6		16 »
Débarquement et Libération, Paris, Caen ou d'autres villes (I) 5/6	10 »	4 »
Ste Mère Eglise ou d'autres villes (II), 5/6		4 »
Salvador Dali - tableau, Perpignan (I) 19/6	6 »	5 50
Don d'organes, Paris (I) 22/6		3 50
Pierre Dugua de Mons - Emission France/Canada PJ Paris (I) 26/6	4 »	4 20
PJ Bayside (II) 26/6		4 »
Napoléon et la Garde impériale (6 PJ) Paris (I) 26/6	22 »	22 »
Napoléon (TP seul), Ajaccio (I) 26/6	4 »	4 »
Bloc Paris (I) 26/6		20 »
77e Congrès FFAP, Paris (I) 27/6	4 »	3 80
J.O. Athènes 2004 (2 TP du bloc), Paris (I) 28/6	8 »	7 50
Bloc entier, Paris (I) 28/6		18 »
Poste Aérienne - Marie Marvingt, Paris (I) 29/6	15 »	18 »
Aurillac (I) 29/6	14 »	18 »
Anniversaire, Paris (I) 30/6	8 »	3 50
Bloc Paris (I) 30/6		12 »
Une Marianne pour une grande cause, Paris (I) 1/7	4 »	3 50
Vincent Van Gogh - Tableau, Paris (I) 2/7	5 »	5 »
Auvers s/Oise (II) 2/7	5 »	5 »
Sports de Glisse (5 PJ), Paris (I) 3/7	17 »	17 50
Bloc Paris (I) 3/7		12 »
Vaux sur mer (Charente maritime), Vaux (I) 17/7	4 »	3 50
Portraits de Régions n° 4 - La France à voir - 10 PJ - (I) 18/9	35 »	35 »
Bloc découpé en deux sur 2 PJ, Paris (I) 18/9		24 »

Cathédrale de Luçon, Luçon (I) 2/10	7 »	3 50
Halloween, Paris ou Angers (I) 9/10	7 »	3 50
Félix Eboué, Paris (I) 16/10	7 »	3 80
Paris Salon du Livre (II) 16-17/10		4 »
Phare d'Ouistreham, Ouistreham (I) 30/10	4 »	4 20
Croix-Rouge 2004, Paris (I) 10/11	4 »	5 »
Marianne d'Alger, Paris (II) 10/11	5 »	5 »
Capitales européennes - Athènes - 4 PJ Paris (I) 11/11	16 »	15 »
Bloc, Paris (I) 11/11		12 »
Vœux (autocollant de carnet), Paris (II) 12/11	4 »	3 80
Vœux entreprise, Paris (I) 12/11	4 »	3 50
Henri Wallon, Paris (I) 13/11	4 »	3 50
Viaduc de Millau (Aveyron), Millau (I) 14/12	11 »	5 50

2005	(Doc)	(1er j)
Marianne de Lamouche (12 val) - 4 PJ, Paris (I) 8/1	34 »	35 »
Marianne Solidarité Asie, Paris (I) 13/1		5 »
Rachi, Paris ou Troyes (I) 16/1	4 »	3 80
Année du Coq - Nouvel an chinois, Paris (I) 29/1	5 »	3 80
Cœur Cacharel - 2 PJ, Paris 29/1	8 »	8 »
Bloc, Paris (I) 29/1		12 »
Rotary club, Paris (I) 19/2	5 »	4 »
Fête du Timbre 2005 - Titeuf - Paris (II) 26/2	5 »	4 50
Bande carnet, Paris (II) 26/2		22 »
Marianne de Lamouche (6 val) - 2 PJ Paris (I) 1/3	17 »	18 »
Merci - Invitation, Paris (I) 1/3	7 »	4 »
Nicolas de Staël - Tableau, Grenoble (I) 5/3	7 »	5 50
Les Orchidées - 4 PJ, Paris (I) 11/3	14 »	15 »
Bloc, Paris (I) 11/3	13 »	12 »
Portraits de Régions n° 5 - La France à vivre - 10 PJ (I) 19/3	34 »	35 »
Bloc découpé en deux sur 2 PJ, Paris (I) 19/3		24 »
Aix-en-Provence (Fontaine 4 dauphins), Aix (I) 1/4	6 »	3 50
Anniversaire "Bécassine", Paris ou Aix (I) 2/4	4 »	4 50
Bloc, Paris ou Aix (I) 2/4		13 50
Albert Einstein, Paris (I) 16/4	5 »	3 80
Alexis de Tocqueville, Paris (I) 23/4		4 20
60e ann. Libération des Camps, Paris (I) 24/4	5 »	3 80
Lyon (II) 24/4		4 »
Emission commune France / République Tchèque : Napoléon et la bataille d'Austerlitz, Paris (I) 4/5	10 »	4 50
PJ Slavkov (II) 4/5		6 »
78e Congrès FFAP Nancy, Nancy (I) 5/5	7 »	3 50
Expo. Nat, Nancy (II) 5/5		4 »
Golfe du Morbihan, Vannes (I) 5/5	7 »	3 80
Europa 2005, Gastronomie, Strasbourg (I) 8/5	7 »	3 80
Jardin de Nîmes - 2 PJ, Nîmes (I) 15/5	7 »	14 »
Bloc Nîmes (I) 15/5		15 »
Vacances 2005, Paris (II) 21/5	4 »	3 50
Jules Verne - 6 PJ - Nantes (I) 28/5	24 »	25 »
6 PJ - Amiens (I) 28/5		25 »
6 PJ - Paris (I) 28/5		25 »
Bloc, Nantes - Amiens ou Paris (I) 28/5		20 »
Coupe Gordon Bennett - 3 PJ - Clermont Ferrand (I) 2/6	14 »	15 »
3 PJ, Paris (I) 2/6		15 »
Villefranche s/Mer (Alpes maritimes), Villefranche (I) 4/6	3 »	3 50
Charte de l'environnement, Paris (I) 5/6	3 »	3 50
Naissance (Garçon/Fille), Paris (II) 18/6	3 »	4 20
Loi pour les personnes handicapées, Paris (I) 18/6	3 »	3 50
François POMPON - tableau - Saulieu (I) 2/7	10 »	5 »
Le Haras du Pin, Le Pin au Haras (I) 16/7	8 »	3 80
La Roque Gageac (Dordogne), La Roque Gageac (I) 23/7	7 »	3 50
Capitales européennes - Berlin - 4 PJ Paris (I) 27/8	30 »	15 »
Bloc Paris (I) 27/8		12 »
Victor Baltard - tableau - Nogent sur marne (I) 17/9	10 »	5 50
Portraits de Régions n° 6 - La France à Voir - 10 PJ (I) 17/9	34 »	35 »
Bloc découpé sur 2 PJ Paris (I) 17/9		24 »
Conseil de l'Europe, Paris (I) 18/9	10 »	5 50
J.B. Greuze - tableau - Tournus (I) 24/9	10 »	5 »
Carnet sourrires - le chat - 3 PJ Courbevoie (II) 1/10	21 »	22 »
Dépistage du cancer du sein, Paris (I) 1/10		3 50
Raymond Aron, Paris (I) 7/10	7 »	3 50
Poste Aérienne - Adrienne Bolland, St Denis de l'Hôtel (I) 22/10	15 »	8 »
Croix Rouge 2005, Paris (I) 10/11	10 »	4 50
Emission France/Vatican - tableaux de Raphaël - 2 PJ Paris (I) 10/11	10 »	8 »
2 PJ Vatican (II) 10/11		12 »
Bloc Paris (I) 10/11		8 »
Marianne de Dulac, Paris (II) 11/11	10 »	5 50
Jeux vidéo - 5 PJ Paris (I) 11/11	17 »	17 50
Bloc Paris (I) 11/11		12 »
Meilleurs voeux autocollant - 2 PJ Paris (II) 12/11	10 »	10 »
Avicene, Paris (I) 12/11	7 »	3 50
Jacob Kaplan, Paris (I) 14/11	7 »	3 50
UNESCO - 2 PJ Paris (I) 26/11	7 »	7 50
Loi sur la sépartion des églises et de l'état, Paris (I) 3/12	7 »	3 50

2006	(Doc)	(1er j)
Coeur Scherrer - 2 PJ Paris (I) 7/1	10 »	8 »
Bloc, Paris (I) 7/1		12 »
Année du Chien - nouvel an chinois - Paris (I) 21/1	10 »	3 80
Les Impressionnistes - 10 PJ Paris (II) 21/1	40 »	40 »
J.O. Turin 2006, Paris (I) 4/2	7 »	3 50
Albertville (I) 4/2	7 »	3 80
Fête du Timbre 2006 - SPIROU - Paris (II) 25/2		4 50
Bande carnet - Paris (II) 25/2		22 »
Hommage aux mineurs, Courrières (I) 25/2	7 »	3 80
Ossuaire de Douaumont, Douaumont (I) 4/3	7 »	3 80
Portraits de Régions n° 7- La France à Vivre 10PJ (I) 25/3	35 »	35 »
Bloc découpé sur 2 PJ Paris (I) 25/3		24 »
Dijon (Côte d'or), Dijon (I) 7/4	7 »	3 50
Paul Cézanne - tableau, Aix en Provence (I) 8/4	10 »	6 »
Jeunes animaux domestiques - 4 PJ Paris (I) 22/4	10 »	15 »
Bloc, Paris (I) 22/4		12 »
Jardins des Hauts-de-Seine - 2 PJ Boulogne Billancourt et Chatenay Malabry (I) 22/4	10 »	14 »
Bloc Paris (I) 22/4		15 »
Pierre Bayle, Carla Bayle (I) 29/4	7 »	3 50
EUROPA 2006, l'intégration, Strasbourg (I) 30/4	7 »	3 50
Mémoires de l'esclavage et de son abolition, Paris 10/5	10 »	3 50
Coupe du Monde de Football, 3 PJ TP découpés Paris (I) 27/5	21 »	25 »
Bloc découpé en deux sur 2 PJ, Paris (I) 27/5		25 »
Vacances, Paris (II) 27/5	10 »	3 50
Grotte de Rouffignac - tableau - Rouffignac St Cernin de Reilhac (I) 27/5	10 »	5 »
Claude Viallat - tableau - Nîmes (I) 3/6	7 »	6 »
Marianne des Français en Argent, Paris (II) 17/6		15 »
Opéras de Mozart - 6 PJ Paris (I) 17/6		24 »
Bloc Paris(I) 17/6		20 »
Emission France / ONU - 2 PJ Mont Saint Michel (I) et Provins (I) 17/6	7 »	8 »
2 PJ ONU - Genève (II) 17/6	7 »	9 »
79° Congrès FFAP - Opéra Garnier Paris (I) 18/6		3 50
Congrès Paris (II) 18/6	7 »	4 »
Anniversaire "BABAR", Paris (I) 19/6	7 »	4 50
Bloc Paris (I) 19/6		13 »
Capitales européennes - Nicosie - 4 PJ Paris 20/6	12 »	15 »
Bloc Paris (I) 20/6		12 »
Emission France / Argentine Le Tango - Paris (I) 21/6	10 »	5 50
Agentine - Buenos Aires (II) 24/6		8 »
Fondation d'entreprise La Poste, Paris (I) 22/6	10 »	3 50
Poste Aérienne - Airbus A 380, Paris (I) 23/6	20 »	12 50
Toulouse ou St Nazaire (I) 23/6		12 50
Open de France de Golf - Paris (I)	10 »	3 80
Merci les Bleus - Paris (I) 5/7	9 »	4 »
Musée du Quai Branly Paris (I) 8/7	10 »	4 »
Réhabilitation du Capitaine Dreyfus Mulhouse ou autre ville (I) 12/7	8 »	3 80

Rouget de Lisle - Paris ou autre ville (I) 13/7	8 »	3 80
Lons le Saunier (II) 14/7	8 »	4 »
Antibes Juan-les-Pins (I) Antibes Juan-les-Pins 15/7	8 »	3 80
Pablo Casals - Prades (I) 29/7	8 »	4 »
Portraits de Régions n° 8 - La France à Voir 10 PJ (I) 2/9	35 »	35 »
Bloc découpé sur 2 PJ Paris (I) 2/9	24 »	24 »
Pont Ecluse Thionville - Thionville (I) 16/9	8 »	3 80
Carnet sourires - Cubitus - 3 PJ Paris (II) 20/9	20 »	20 »
Emission France/Roumanie - Brancusi - 2 PJ Paris (I) 25/9	11 »	8 50
Roumanie - 2 PJ Bucarest (II) 25/9	10 »	10 »
Marianne des Français - nouveaux tarifs - 2 PJ Paris 1/10	25 »	25 »
Aviation sans Frontières - Paris (I) 7/10	8 »	3 80
Henri Moissan - Paris ou Melun (I) 14/10	8 »	3 80
Mémoire partagée - Paris (I) 26/10	8 »	3 80
Marianne de Gandon - Paris (II) 8/11	12 »	5 50
Machines volantes - 6 PJ Paris 9/11	25 »	25 »
Bloc Paris 9/11	15 »	15 »
Rembrandt - tableau 10/11	10 »	6 »
Tram Train - Les Pavillons sous Bois (I) 18/11	8 »	4 »
Croix Rouge 2006 - Paris (I) 25/11	10 »	5 50
Meilleurs voeux autocollant - 2 PJ Paris (II) 25/11	10 »	10 »
Grande Loge Nationale Française - Paris (I) 1/12	8 »	4 »
Alain Poher - Paris (I) 2/12	8 »	3 80
UNESCO - 2 PJ Paris (I) 7/12	15 »	8 »
Le Tramway à Paris - Paris (I) 16/12	8 »	4 »

2007	(Doc)	(1er j)
Coeur GIVENCHY - Paris (I) 6/1	10 »	5 50
Les Justes de France - Paris (I) 18/1	12 »	4 »
Année du Cochon - nouvel an Chinois - Paris (I) 27/1	10 »	3 80
Les antiquités - 10 PJ Paris (II) 27/1	40 »	40 »
Valenciennes - Valenciennes (I) 3/2	8 »	3 80
Bibliothèque Humaniste de Sélestat - Sélestat (I) 10/2	8 »	4 20
Poste aérienne - Hélicoptère EC 130 - Paris (I) 17/2	15 »	12 »
Marignane ou Châlons en Champagne (I) 17/2	12 »	12 »
Portraits de Régions n° 9 - La France à Voir 10 PJ (I) 24/2	35 »	35 »
Fête du Timbre 2007 - Harry Potter - Paris (II) 10/3	9 »	4 50
Albert Londres - Périgueux (I) 16/3	8 »	3 80
Cour des Comptes - Paris 17/3	8 »	3 80
Traité de Rome - Paris 23/3	7 »	3 80
Limoges - Limoges (I) 23/3	8 »	3 80
Vauban - St Léger Vauban ou autre ville (I) 30/3	8 »	3 80
Allez les Petits - Rugby - Paris ou Souillac (I) 14/4	12 »	3 80
Parc de la Tête d'Or - 2 PJ Lyon (I) 28/4	10 »	14 »
Bloc - Lyon 28/4	14 »	14 »
Vacances (10 TP autocollants sur grande env.) Paris (II) 28/4	10 »	20 »
Espèces protégées d'outremer - 4 PJ paris ou villes des DOM 28/4	10 »	15 »
Bloc - Paris (I) 28/4	10 »	12 »
Europa 2007 - le scoutisme - Strasbourg (1) 1/5	7 »	4 »
Fédération internationale de voile - Paris (I) 4/5	7 »	4 20
Personnages de TINTIN - 3 PJ Paris (I) 12/5	20 »	16 »
Bloc Personnages de TINTIN - Paris (I) 12/5	40 »	22 »
Arcachon - Arcachon (I) 19/5	7 »	3 80
Emission France/Arménie - 2 PJ Paris 22/5	11 »	8 50
Arménie - 2 PJ 22/5	11 »	11 »
Sanglier-Enseigne Gaulois - tableau - Soulac s/mer 2/6	10 »	6 »
TGV EST Européen - Paris (I) 9/6	12 »	4 »
TGV EST Européen - Strasbourg (I) 9/6	4 »	4 »
TGV EST Européen - Reims, Metz ou Nancy (I) 9/6	4 »	4 »
80e Congrès FFAP - Poitiers (I) 15/6	8 »	3 80
Congrès de Poitiers (II) 16/6	4 »	4 »
Coupe du Monde de Rugby - 4 PJ Paris (I) 23/6	40 »	22 »
sur 10 PJ avec 10 oblit. différentes (I) 23/6	40 »	40 »
Conseil de l'Europe - Strasbourg (I) 23/6	10 »	6 »
Capitales européennes - Bruxelles - 4 PJ Paris (I) 30/6	12 »	16 »
Bloc - Paris (I) 30/6	12 »	12 »

TIMBRES POUR IMPRIMES DITS "PREOBLITERES"

Les numéros entre parenthèses renvoient aux numéros des timbres-poste.

1893. - *Timbres-poste au type Sage surchargés.*

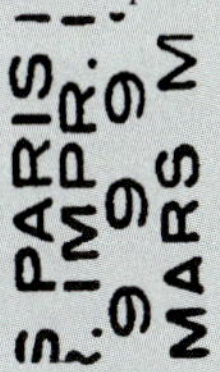

1re période.

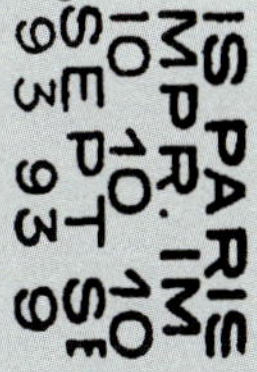

2e période.

Les Préoblitérés de 1893 sont rarement en bel état. Les prix donnés s'appliquent aux exemplaires sans gomme de qualité courante, c'est-à-dire présentant même de légers défauts.

I. - Première période (Janvier à Mars) Surcharge sur 4 lignes.

1	2 c. brun-rouge (85)	3 500 »
2	4 c. lilas-brun (88)	1 500 »
3	5 c. vert (75)	1 500 »
4	10 c. noir sur lilas (89)	2 200 »
5	15 c. bleu (101)	2 400 »
6	20 c. brique sur vert (96)	1 300 »
7	25 c. noir sur rose (97)	2 800 »
8	30 c. brun (80)	2 000 »
9	40 c. rouge-orange sur paille (94)	6 500 »
10	50 c. rose (98)	12 000 »
10A	75 c. violet sur orange (99)	25 000 »

II. - Seconde période (Septembre à Décembre) Surcharge sur 5 lignes.

Dans cette période il existe des surcharges sur 4 lignes, sans le quantième, ligne de surcharge du milieu.

11	1 c. noir sur azuré (83)	2 300 »
12	2 c. brun-rouge (85)	2 500 »
13	3 c. gris (87)	700 »
14	4 c. lilas-brun (88)	700 »
15	5 c. vert (75)	580 »
16	10 c. noir sur lilas (89)	1 200 »
17	15 c. bleu (101)	1 700 »
18	20 c. brique sur vert (96)	1 250 »
19	25 c. noir sur rose (97)	2 500 »
20	30 c. brun (80)	2 000 »
21	40 c. rouge-orange sur paille (94)	5 200 »
22	50 c. rose (98)	8 000 »
23	75 c. violet sur orange (99)	17 000 »
23A	1 f. olive (82)	» »

On ne connaît qu'un exemplaire défectueux du N° 23A.

Jusqu'en 1959 les cotes de la colonne de gauche concernent les timbres avec gomme d'origine intacte et sans charnière, celles de la colonne centrale les timbres avec gomme et charnière légère, celles de la colonne de droite les timbres sans gomme ou avec gomme altérée.

1920-22. - *Timbres-poste au type Semeuse, surchargés.*

POSTES PARIS 1920

24	5 c. vert (137)	725 »	400 »	170 »
25	15 c. vert-olive (130)	550 »	320 »	125 »

POSTES PARIS 1921

26	5 c. vert (137)	550 »	320 »	80 »
27	5 c. orange (158)	1 300 »	750 »	280 »
28	15 c. vert-olive (130)	1 100 »	700 »	180 »
29	30 c. orange (141)	900 »	500 »	80 »

POSTES PARIS 1922

30	5 c. orange (158)	320 »	175 »	20 »
31	15 c. vert-olive (130)	1 450 »	850 »	400 »
32	30 c. rouge (160)	1 200 »	700 »	200 »

POSTES FRANCE 1921

33	5 c. orange (158)	400 »	240 »	80 »
34	15 c. vert-olive (130)	3 000 »	1 800 »	850 »
35	30 c. orange (141)			6 250 »

POSTES FRANCE 1922

36	5 c. orange (158)	280 »	180 »	60 »
37	15 c. olive (130)	1 350 »	800 »	500 »
38	30 c. rouge (160)	2 000 »	1 100 »	650 »

Nos 24 à 38, très bon centrage (+30%).

1922-47. - *Timbres-poste de 1900-46, surchargés :*

(p.) Surcharge à plat, fine, encre brillante.

(r.) Surcharge rotative lourde encre terne.

Reproduction agrandie du n° 56 pour illustrer les deux types de surcharges.

Type Blanc.

39	3 c. orange (109) (I) (p.)	25 »	12 »	3 50
40	4 c. brun (110) (I) (p.)	4 50	2 »	1 »
	a. (110) (II) (r.)	500 »	350 »	20 »
41	5 c. vert (111) (IIA) (r.)	12 »	5 »	0 50
	a. (111) (IIA) (p.)	125 »	80 »	4 »
	b. (111) (IIB) (r.)	125 »	80 »	15 »
	c. (Surcharge verte)		2 800 »	1 800 »

42	7½ c. [lilas] (II) (r.)	1 40	0 50	0 80
43	10 c. violet (233) (II) (r.)	2 60	1 55	0 30

Type Merson.

44	45 c. vert et bleu (143) (p.)	100 »	50 »	45 »

Type Semeuse lignée.

45	15 c. olive (130) (IV) (p.)	4 »	2 30	2 30
46	45 c. violet (197) (r.)	13 50	6 »	1 25
47	55 c. sur 60 c. [violet] (p.)	330 »	165 »	65 »
48	65 c. rose (201) (p.)	15 »	7 »	5 »
49	65 c. olive (234) (r.)	30 »	13 »	5 »

Type Semeuse fond plein.

50	5 c. orange (158) (I) (p.)	110 »	45 »	1 25
51	10 c. vert (159) (III) (r.)	1 »	0 50	0 30
	a. (159) (III) (p.)	75 »	50 »	3 50
	b. (159) (IV) (r.)	60 »	40 »	25 »
	c. (Premier s de Postes retouché)	320 »	250 »	215 »
52	10 c. outremer (279) (III) (r.)	1 25	0 80	0 30
	a. (279) (IV) (r.)	88 »	66 »	30 »
53	15 c. brun-lilas (189) (I) (r.)	1 »	0 50	0 50
	a. (189) (I) (p.)	100 »	50 »	4 »
	b. (189) (II) (r.)	1 »	0 65	0 50
54	20 c. lilas-brun (139) (III) (p.)	160 »	85 »	15 »
	a. (139) (I) (p.)	160 »	90 »	24 »
55	20 c. lilas-rose (190) (III) (r.)	9 »	5 »	0 50
	a. (190) (V) (r.)	5 »	3 50	0 50
56	25 c. bleu (140) (IIIB) (r.)	27 »	10 »	2 »
	a. (140) (IIIB) (p.)	70 »	40 »	4 »
57	25 c. jaune-brun (235) (IIIB) (r.)	4 »	2 50	0 30
	a. (235) (IIIC) (r.)	100 »	65 »	3 50
58	30 c. rouge (160) (p.)	320 »	160 »	8 »
59	30 c. rose (191) (I) (p.)	80 »	40 »	4 15
60	30 c. bleu (192) (IIA) (r.)	420 »	250 »	70 »
61	30 c. rouge sombre (360) (IIA) (r.)	2 30	1 70	1 70
62	35 c. violet (142) (I) (p.)	210 »	100 »	15 »
63	35 c. vert (361) (II) (r.)	15 »	8 »	3 »
64	40 c. vermillon (194) (II) (r.)	45 »	22 »	12 50

Type Pasteur.

65	15 c. vert (171) (p.)	65 »	35 »	8 »
66	30 c. vert (174) (r.)	60 »	32 »	7 »
67	45 c. rouge (175) (p.)	45 »	22 »	3 50
68	50 c. bleu (176) (p.)	285 »	150 »	30 »

Type Paix.

69	30 c. vert (280) (r.)	8 250 »	5 500 »	
70	40 c. lilas (281) (I) (p.)	13 »	7 35	2 »
71	45 c. bistre (282) (r.)	40 »	20 »	2 50
72	60 c. bistre (364) (r.)	13 »	8 25	1 70
73	65 c. violet-brun (284) (r.)	110 »	55 »	5 »
74	80 c. sur 1 f. orange (359) (II) (r.)	2 »	1 40	1 40
	a. (Surch. 80 c. renv.)	600 »	450 »	
	b. (double surcharge)		1 400 »	900 »
75	80 c. orange (366) (r.)	150 »	80 »	50 »
76	1 f. rose (369) (r.)	20 »	10 »	3 »
77	1 f. 40, lilas (371) (r.)	22 »	10 »	7 »

Nos 39 à 77, très bon centrage (+30%).

Les surcharges des Nos 71 et 73 sont imprimées soit en haut, soit en bas des timbres (mêmes cotes).

Type Mercure.

78	20 c. lilas (410) (I) (r.)	1 »	0 50	0 50
79	30 c. rouge (412) (I) (r.)	3 85	2 30	2 30
80	40 c. violet (413) (r.)	2 »	1 »	0 65
81	40 c. violet (548) (r.)	1 »	0 50	0 50
82	50 c. turquoise (538) (r.)	1 »	0 50	0 50
83	60 c. rouge-orange (415) (r.)	45 »	26 »	26 »

Type Pétain.

84	70 c. rouge-orange (511) (r.)	2 »	1 50	1 50
85	1 f. 20, brun-rouge (515) (r.)	3 »	1 50	1 50
86	2 f. vert (518) (r.)	6 »	3 »	3 »

Type Cérès de Mazelin.

87	60 c. outremer (674) (r.)	0 50	0 50	0 50
88	80 c. vert-jaune (675) (r.)	0 50	0 50	0 50
89	90 c. [vert] (r.)	0 80	0 65	0 65
	a. (Non dentelé)		9 15	
90	1 f. rose-rouge (676) (r.)	0 50	0 50	0 50
91	1 f. 20, brun-noir (677) (r.)	0 80	0 80	0 80
91A	1 f. 50, lilas (679) (r.)	0 65	0 30	0 30
92	2 f. vert-jaune (680) (r.)	1 »	0 80	0 80
93	2 f. 50, brun (681) (r.)	1 25	1 »	1 »
	Nos 87 à 93 (8 val.)	6 »	5 »	5 »

Type Marianne de Gandon.

94	2 f. vert (713) (r.)	0 50	0 50	0 50
95	2 f. 50, [brun] (r.)	2 60	1 50	1 35
96	3 f. rose (716) (r.)	0 50	0 50	0 50
97	4 f. violet (718) (r.)	0 50	0 50	0 50
98	4 f. émeraude (807) (r.)	0 50	0 50	0 50
99	4 f. orange (808) (r.)	1 40	0 80	0 80
100	6 f. rose carminé (721a) (r.)	1 50	1 »	1 »
	a. (Mèche relevée)	80 »	40 »	40 »
	b. (Mèche croisée)	80 »	40 »	40 »
101	8 f. bleu clair (810) (r.)	1 »	0 50	0 50
102	10 f. lilas (811) (r.)	1 »	0 50	0 50
103	12 f. outremer (812) (r.)	1 50	1 »	0 65
103A	12 f. rouge-orange (885) (r.)	8 »	4 »	2 15
104	15 f. rouge (813) (I) (r.)	1 »	0 70	0 70
	Nos 94 à 104 (12 val.)	20 »	12 »	9 65

Armoiries.

105	4 f. outremer, rouge et jaune (838) (r.)	0 30	0 30	0 30
	a. Idem (838) (p.)	55 »	30 »	17 »

1953-59. - *Typographie. Dentelés 14 x 13½.*

Moissonneuse.

Coq Gaulois.

Le type "Coq Gaulois" n'existe qu'avec préoblitération.

(1) timbres émis en 1953

(2) timbres émis en 1957

(3) timbres émis en 1959

Type Moissonneuse.

106	4 f. bleu-vert (1)	0 30	0 20	0 20

Type Coq Gaulois.

107	5 f. brun-olive (2)	0 50	0 30	0 25

Type Moissonneuse.

108	8 f. rouge-brun (1)	6 90	3 »	1 50

Type Coq Gaulois.

109	8 f. violet (3)	0 80	0 50	0 30
110	10 f. bleu (2)	2 45	1 40	0 50
111	12 f. rouge carminé (1)	4 60	3 »	1 »
112	15 f. lilas (2)	3 05	1 60	1 »
113	20 f. vert (3)	2 30	1 50	1 25
114	24 f. vert-bleu (1)	24 50	13 »	6 »
115	30 f. orange (2)	14 25	6 »	4 »
116	40 f. rouge-brun (3)	5 35	3 »	3 »
117	45 f. vert foncé (2)	27 »	17 »	17 »
118	55 f. vert-jaune (3)	23 »	14 50	14 »
	Nos 106 à 118 (13 val.)	115 »	65 »	50 »
	La série, non dentelée		305 »	

A partir de 1960 les cotes de la colonne de gauche concernent les timbres avec gomme sans charnière, celles de la colonne de droite les timbres sans gomme.

1960. - *Type Coq gaulois. Valeur en nouveau franc. Typographie. Dentelés 14 x 13½.*

119	8 c. violet	1 »	0 20
120	20 c. vert	3 »	0 70
121	40 c. rouge-brun	11 »	2 70
122	55 c. vert-jaune	35 »	20 »
	Nos 119 à 122 (4 val.)	50 »	23 60
	La série, non dentelée	110 »	

1964-69. - *Monnaie gauloise. Typographie. Dentelés 13½ x 14.*

Monnaie gauloise.

123	10 c. vert et sépia	0 50	0 30
124	15 c. orange et brun	0 30	0 30
125	22 c. turquoise et outremer foncé	0 70	0 50
126	25 c. lilas et sépia	0 50	0 65
127	35 c. carmin et bleu	1 50	0 80
128	50 c. bleu et brun	1 »	1 10
129	70 c. bleu et brun-rouge	6 50	3 85
	Nos 123 à 129 (7 val.)	11 »	7 50
	La série, non dentelée	92 »	

Le 15 c. existe avec surcharge brune.

1971. - *Idem.*

130	26 c. bistre et violet	0 80	0 30
131	30 c. bistre foncé et bistre clair	0 80	0 80
132	45 c. bistre et vert	2 »	1 »
133	90 c. bistre et rouge	2 40	1 55
	Nos 130 à 133 (4 val.)	6 »	3 65
	La série, non dentelée	61 »	

A partir du n° 134 et jusqu'au n° 173, les timbres portent l'inscription FRANCE à la place de RÉPUBLIQUE FRANÇAISE.

1975. - *Idem.*

134	42 c. orange et carmin	1 85	0 65
135	48 c. bleu et brun	1 50	1 50
136	70 c. lilas-rose et rouge	3 »	1 85
137	1 f. 35, vert et brun	3 25	2 »
	Nos 134 à 137 (4 val.)	9 60	6 »
	La série, non dentelée	34 50	

1976. - *Idem.*

138	50 c. émeraude et brun	1 50	1 »
139	52 c. rose et brun	0 50	0 80
140	60 c. brun-lilas et brun	2 »	1 70
141	62 c. lilas et brun	1 50	1 50
142	90 c. orange et brun	3 »	2 20
143	95 c. bistre et brun	1 50	1 50
144	1 f. 60, lilas et brun	5 »	3 50
145	1 f. 70, bleu et brun	4 »	2 30
	Nos 138 à 145 (8 val.)	19 »	14 50
	La série, non dentelée	61 »	

1977. - *Signes du Zodiaque. Taille-douce. Dentelés 13.*

Poissons.

Taureau.

146	54 c. violet	0 80	0 50
147	68 c. brun foncé	0 80	0 65

Scorpion.

Verseau.

148	1 f. 05, lilas-rouge	1 70	1 55
149	1 f. 85, vert foncé	3 70	2 »
	Nos 146 à 149 (4 val.)	7 »	4 70
	La série, non dentelée	54 »	

1978. - *Idem. Taille-douce. Dentelés 13.*

Cancer.

Bélier.

150	58 c. vert-jaune	1 »	0 50
151	73 c. carmin	1 50	1 »

Capricorne.

Vierge.

152	1 f. 15, orange	2 50	2 »
153	2 f. vert-émeraude	3 »	3 »
	Nos 150 à 153 (4 val.)	8 »	6 50
	La série, non dentelée	54 »	

1978. - *Idem. Taille-douce. Dentelés 13.*

Sagittaire.

Balance.

154	61 c. bleu	0 65	0 50
155	78 c. rouge	1 »	0 65

Lion.

Gémeaux.

156	1 f. 25, olive	1 25	1 25
157	2 f. 10, carmin	1 85	1 55
	Nos 154 à 157 (4 val.)	4 75	3 95
	La série, non dentelée	54 »	

1979. - *Champignons. Taille-douce. Dentelés 13½ x 13.*

Oronge.

Trompette de la mort.

158	64 c. orange	0 65	0 30
159	83 c. brun-olive	0 65	0 50

Pleurote de l'olivier.

Clavaire chou-fleur.

160	1 f. 30, ocre	1 10	0 80
161	2 f. 25, violet	1 60	1 40
	Nos 158 à 161 (4 val.)	4 »	3 »
	La série, non dentelée	125 »	

1979. - *Monuments historiques. Taille-douce. Dentelés 13.*

Tour de la lanterne, La Rochelle.

Tours de la cathédrale de Chartres.

162	68 c. lilas-brun	0 50	0 50
163	88 c. bleu-outremer	0 50	0 65

Tours de la cathédrale de Bourges.

Tours de la cathédrale d'Amiens.

164	1 f. 40, vert-olive	1 »	0 80
165	2 f. 35, brun-olive	1 50	1 25
	Nos 162 à 165 (4 val.)	3 50	3 20
	La série, non dentelée	42 »	

1980. - *Idem. Taille-douce. Dentelés 13.*

Château d'Angers.

Château de Kerjean.

166	76 c. bleu	0 50	0 30
167	99 c. vert-gris	0 50	0 50

Château de Pierrefonds.

Château de Tarascon.

168	1 f. 60, rose	1 »	1 »
169	2 f. 65, brun-orange	1 50	1 25
	Nos 166 à 169 (4 val.)	3 50	3 05
	La série, non dentelée	34 50	

1981. - *Idem. Taille-douce. Dentelés 13.*

La chapelle impériale d'Ajaccio.

L'horloge astronomique de Besançon.

170	88 c. lilas-rose	0 50	0 30
171	1 f. 14, bleu	0 50	0 50

Les ruines du château de Coucy-le-Château.

La Grotte de Font-de-Gaune, à Les Eyzies-de-Tayac.

172	1 f. 84, vert foncé	1 »	1 »
173	3 f. 05, rouge-brun	1 50	1 25
	Nos 170 à 173 (4 val.)	3 50	3 05
	La série, non dentelée	34 50	

1982. - *Monuments historiques. Taille-douce. Dentelés 13.*

Château de Tanlay, Yonne.

Fort de Salses, Pyrénées-Orientales.

174	97 c. olive	0 50	0 30
175	1 f. 25, rouge	0 50	0 50

Tour de Montlhéry, Essonne.

Château d'If, Bouches-du-Rhône.

176	2 f. 03, brun foncé	1 »	1 »
177	3 f. 36, bleu	1 50	1 25
	Nos 174 à 177 (4 val.)	3 50	3 05
	La série, non dentelée	34 50	

1983. - *Les quatre saisons. Taille-douce. Dentelés 13.*

Printemps.

Été.

178	1 f. 05, vert-olive	0 50	0 50
179	1 f. 35, rouge	0 50	0 50

Automne.

Hiver.

180	2 f. 19, brun	1 »	1 »
181	3 f. 63, violet	1 50	1 25
	Nos 178 à 181 (4 val.)	3 50	3 25
	La série, non dentelée	30 »	

1984. - *Cartes à jouer. Taille-douce. Dentelés 13.*

Coeur.

Pique.

182	1 f. 14, noir, violet et rouge	0 50	0 50
183	1 f. 47, noir et bleu	0 80	0 60

Carreau.

Trèfle.

184	2 f. 38, noir, brun et rouge	1 20	1 »
185	3 f. 95, noir et vert	1 50	1 40
	Nos 182 à 185 (4 val.)	4 »	3 50
	La série, non dentelée	30 50	

1985. - *Les mois de l'année (I). Taille-douce. Dentelés 13.*

Janvier.

Février.

186	1 f. 22, lilas	1 »	0 50
187	1 f. 57, bleu et gris	1 25	1 »

Mars.

Avril.

188	2 f. 55, olive et brun	1 50	1 50
189	4 f. 23, brun-jaune et olive	2 75	2 »
	Nos 186 à 189 (4 val.)	6 50	5 »
	La série, non dentelée	30 50	

1986. - *Les mois de l'année (II). Taille-douce. Dentelés 13.*

Mai.

Juin.

190	1 f. 28, rose et vert foncé	1 »	0 50
191	1 f. 65, vert-bleu et vert	1 »	1 »

Juillet.

Août.

192	2 f. 67, rouge et bleu	1 50	1 50
193	4 f. 44, brun et orange	3 »	2 »
	Nos 190 à 193 (4 val.)	6 50	5 »
	La série, non dentelée	30 50	

1987. - *Les mois de l'année (III). Taille-douce. Dentelés 13.*

Septembre.

Octobre.

194 1 f. 31, brun-roux et lilas-brun 1 » 0 50
195 1 f. 69, lilas et brun-jaune 1 25 1 »

Novembre.

Décembre.

196 2 f. 74, bleu et gris 1 75 1 50
197 4 f. 56, lilas et vert foncé 3 » 2 50
Nos 194 à 197 (4 val.) 7 » 5 50
La série, non dentelée 30 »

1988. - *Les quatre éléments. Taille-douce. Dentelés 13.*

L'air.

L'eau.

198 1 f. 36, noir et turquoise 1 » 0 50
199 1 f. 75, noir et bleu 1 25 0 80

Le feu.

La terre.

200 2 f. 83, noir et rouge-brun 1 75 1 70
201 4 f. 75, noir et olive 3 » 3 »
Nos 198 à 201 (4 val.) 7 » 6 »
La série, non dentelée 35 »
Le no 201 a été vendu 4 f. 72.

1989. - *Les instruments de musique (I). Offset. Dentelés 12 x 12½.*

Harpe.

Piano.

202 1 f. 39, bleu et noir 1 » 0 50
203 1 f. 79, brun-jaune et noir 1 » 1 »

Trompette.

Violon.

204 2 f. 90, orange et noir 2 » 1 50
a. (Dentelé 13) 350 » 150 »
205 4 f. 84, brun-orange et noir 3 » 3 »
Nos 202 à 205 (4 val.) 7 » 6 »
La série, non dentelée 42 »
Au type du 2 f. 90 est paru un 1 f. 82 en 1993 (No 228).

1990. - *Les instruments de musique (II). Offset. Dentelés 13.*

Accordéon.

Musette ou biniou.

206 1 f. 46, émeraude, vert et noir 1 25 1 »
207 1 f. 89, orange, brun et noir 1 50 1 »

Tambourin.

Vielle.

208 3 f. 06, bleu clair, bleu et noir 2 » 2 »
209 5 f. 10, rose, lilas et noir 3 25 3 »
Nos 206 à 209 (4 val.) 8 » 7 »
La série, non dentelée 45 75
De nouvelles valeurs à ces types sont parues en 1992 (Nos 214, 216, 218 et 219) et en 1993 (Nos 229 et 230).

1990. - *Les instruments de musique (III). Offset. Dentelés 13.*

Harpe.

Piano.

Violon.

210 1 f. 93, vert clair et noir 1 25 1 »
211 2 f. 39, rose et noir 1 50 1 40
212 2 f. 74, mauve et noir 2 25 1 85
La série, non dentelée 38 25
De nouvelles valeurs à ces types sont parues en 1992 (Nos 220, 222 et 223).

1992. - *Les instruments de musique (IV). Types précédents et nouveaux instruments. Offset. Dentelés 13.*

Guitare électrique.

Accordéon.

Saxophone.

213 1 f. 60, orange, brun et noir 58 » 30 »
214 1 f. 98, ocre, olive et noir (206) 4 60 3 30
215 2 f. 08, jaune, brun-jaune et noir 2 30 1 85

Musette ou biniou.

Banjo.

Tambourin.

216 2 f. 46, lilas, violet et noir (207) 2 30 1 85
217 2 f. 98, rose, violet et noir 2 30 1 85
218 3 f. 08, rouge, lie-de-vin et noir (208) 6 90 4 30

Vielle.

Harpe.

Xylophone.

219	3 f. 14, turquoise, vert et noir (209)	3 »	2 30
220	3 f. 19, gris et noir (210)	8 90	4 85
221	5 f. 28, vert-jaune, vert-bleu et noir	6 »	3 70

Piano.

Violon.

222	5 f. 30, bleu clair, bleu et noir (211)	3 85	3 »
223	5 f. 32, brun et noir (212)	3 85	3 »
	Nos 213 à 223 (11 val.)	102 »	60 »
	La série, non dentelée	125 »	

Ces timbres portent le millésime 1991.

L'encre utilisée pour l'impression des textes et du fond pointillé des 1 f. 60, 2 f. 08, 2 f. 98 et 5 f. 28 est phosphorescente.

Dentelés 12.

213a	1 f. 60	7 65	4 60
214a	1 f. 98	155 »	145 »
215a	2 f. 08	35 25	28 50
216a	2 f. 46	10 75	7 65
218a	3 f. 08	10 75	7 65
219a	3 f. 14	54 »	46 »
220a	3 f. 19	7 60	4 60
221a	5 f. 28	28 »	20 »
222a	5 f. 30	68 »	61 »
223a	5 f. 32	23 »	20 »
	Nos 213a à 223a (10 val.)	400 »	345 »

De nouvelles valeurs aux types des 1 f. 60, 2 f. 08, 2 f. 98 et 5 f. 28 sont parues en 1992 (Nos 224 à 227) et en 1993 (No 231).

1992. - *Les instruments de musique (V). Types précédents. Offset. Dentelés 13.*

Guitare électrique.

Saxophone.

224	1 f. 73, vert-jaune, vert-bleu et noir (213)	1 »	0 65
225	2 f. 25, orange, brun-rouge et noir (215)	1 25	1 »

Banjo.

Xylophone.

226	3 f. 51, bleu clair, bleu et noir (217)	2 50	1 55
227	5 f. 40, rose, brun-rouge et noir (221)	3 »	2 30
	Nos 224 à 227 (4 val.)	7 75	5 50
	La série, non dentelée	42 »	

1993. - *Les instruments de musique (VI). Types précédents. Offset. Dentelés 13.*

Trompette.

Tambourin.

228	1 f. 82, gris, beige et noir (204)	1 »	0 65
229	2 f. 34, orange, brun-jaune et noir (208)	1 25	1 »

Vielle.

Xylophone.

230	3 f. 86, rose, rouge-brun et noir (209)	2 50	1 55
231	5 f. 93, rose, lilas et noir (221)	3 »	2 30
	Nos 228 à 231 (4 val.)	7 75	5 50
	La série, non dentelée	45 75	

1994. - *Feuilles d'arbres (I). Offset. Dentelés 13.*

Chêne.

Platane.

232	1 f. 91, olive, vert et noir	1 »	0 65
233	2 f. 46, vert sombre, vert et noir	1 25	0 80

Marronnier.

Houx.

234	4 f. 24, rouge, brun et noir	2 15	1 40
235	6 f. 51, vert-bleu foncé, bleu-vert et noir	3 35	2 60
	Nos 232 à 235 (4 val.)	7 75	5 45
	La série, non dentelée	45 75	

1996. - *Feuilles d'arbres (II). Offset. Dentelés 13.*

Frêne.

Hêtre.

236	1 f. 87, brun, vert et noir	1 10	0 50
237	2 f. 18, carmin, orange et noir	1 40	0 80

Noyer.

Orme.

238	4 f. 66, vert, jaune et noir	2 50	1 55
239	7 f. 11, bleu, bleu-vert et noir	3 50	2 60
	Nos 236 à 239 (4 val.)	8 50	5 45

1998. - *Fleurs sauvages. Offset. Dentelés 13.*

Liseron.

Coquelicot.

240	1 f. 87, multicolore	0 90	0 50
241	2 f. 18, multicolore	1 25	0 65

Violette.

Bouton d'or.

242	4 f. 66, multicolore	2 15	1 55
243	7 f. 11, multicolore	3 35	2 60
	Nos 240 à 243 (4 val.)	7 65	5 30

2002. - *Fleurs. Orchidées (I). Une bande de phosphore. Offset. Dentelés 13.*

Orchidée insulaire.

Orchidée Bourbon.

244	0,29 € multicolore	1 »	0 60
245	0,33 € multicolore	1 »	0 65

Tirages : 5 615 765 et 2 736 212.

2003. - *Fleurs. Orchidées (II). Une bande de phosphore à gauche. Offset. Dentelés 13.*

Orchidée à fleurs vertes.

Orchidée de Savoie.

246	0,30 € multicolore	1 »	0 60
247	0,35 € multicolore	1 »	0 65

2004. - *Fleurs. Orchidées (III). Offset. Une bande de phosphore à gauche. Dentelé 13.*

Orchidée insulaire.

248	0,39 € multicolore	1 »	0 80

2005. - *Flore. Fleurs. Orchidées (IV). Type du T.-P. de 2004. Une bande de phosphore à gauche. Offset. Dentelé 13.*

Orchidée insulaire.

249	0,42 € multicolore (248)	1 »	0 80

2007. – *Flore. Fleurs. Orchidées (V). Offset. Une bande de phosphore à gauche. Multicolore. Dentelés 13.*

Type du T. -P. de 2003 n° 246.

250	0,31 € *Orchidée à fleurs vertes (Platanthera chlorantha)*	0 60	0 30

Type du T. -P. de 2003 n° 247.

251	0,36 € *Orchidée de Savoie (Dactylorhiza savogiensis)*	0 70	0 35

Type du T. -P. de 2004 n° 248.

252	0,43 € *Orchidée insulaire (Orchis insularis)*	0 85	0 40

RADIODIFFUSION

Le ministère des P.T.T. a émis pendant trois années successives des timbres matérialisant la taxe mise à la charge des possesseurs d'appareil de radiodiffusion.

1935-37. - *Taille-douce. Dentelés 13.*

1	( ) bleu	150 »	77 »	30 »
2	( ) rouge	80 »	40 »	25 »
3	( ) vert	50 »	25 »	» »

La radiodiffusion fut érigée en administration autonome en 1939.

WWW.YVERT.COM
LA RÉFÉRENCE MONDIALE SUR LE NET
Achat-vente de timbres
Catalogues de cotation
Matériel toutes marques
Numismatique
Cartophilie
Plaquomusophilie
2006 TIMBRES DE FRANCE
2006 TIMBRES DE MONACO ET DES TOM
2006 TIMBRES DES COLONIES FRANÇAISES 1re PARTIE
2006 PAYS INDÉPENDANTS D'AFRIQUE 2e PARTIE
2006 TIMBRES D'EUROPE DE L'OUEST 1re PARTIE
2005 VOLUME 1 TIMBRES DES PAYS D'OUTRE-MER de Abou Dhabi à Burundi
2006 VOLUME 2 TIMBRES DES PAYS D'OUTRE-MER de Caïmanes à Dominicaine
2005 LES TIMBRES DE L'ANNÉE
Y&T
2006 TIMBRES DE MONACO
MONACO'S STAMPS
YVERT&TELLIER
TIMBRES DE FRANCE
Pratique la boutique en ligne... CLIC!
Tous les produits,
les infos, les promos !
Colissimo suivi - Dossier CNIL n° 856738 - Paiement sécurisé

ROULETTES

Certains timbres de grande consommation destinés aux machines distributrices ont été confectionnés en « bandes sans fin ». Ils se présentent alors sous forme de bobines d'abord de 600 (tirage à plat) ou 1200 (tirage par rotative) et, depuis 1929 en bobines de 500 ou 1000 exemplaires et exceptionnellement de 2000.

Les timbres provenant de ces bobines, dites « Roulettes », se collectionnent généralement par bande verticale de 6 ou 11, afin de pouvoir les différencier avec certitude (*).

Ces timbres se présentent généralement avec les dents coupées sur un ou deux côtés.

Des feuilles de Roulettes ont parfois servi à l'approvisionnement des Bureaux, qui, les ont détaillées au public. Il existe donc des bandes horizontales de 6 timbres des Roulettes n°s 11, 13, 15, 16, 17, 18, 19, 31, 37, 39, 42, 43, et 47.

N°	Timbre	Type	N° au catalogue	Bande de	Cote verticale	Bande horizont. de 6
	A. - IMPRESSION à PLAT					
1	5 c. Semeuse vert	I	137	6	245 »	
2	10 c. Semeuse rouge	IA	138	6	110 »	
3	15 c. Semeuse lignée vert-gris	IV	130c	6	1 650 »	
4	25 c. Semeuse bleu	I	140	6		
5	5 c. Semeuse orange	I	158	6	305 »	
6	10 c. Semeuse vert	IA	159a	6		
7	50 c. Semeuse lignée bleu	I	161	6	525 »	
	B. - IMPRESSION par ROTATIVE					
8	5 c. Semeuse orange	IIB	158c	6	185 »	
9	10 c. Pasteur vert		170	11	425 »	
10	15 c. Semeuse lignée vert	VI	130f	6		
11	50 c. Pasteur bleu		176a	6		3 250 »
12	15 c. Pasteur vert		171	11	210 »	
13	20 c. Semeuse lilas-brun	IV	139c	11	460 »	245 »
14	25 c. Semeuse bleu	IIIC	140k	11	680 »	
15	75 c. Pasteur bleu		177	6	2 450 »	2 450 »
16	5 c. Blanc vert	IIB	111	11	1 300 »	650 »
17	10 c. Semeuse vert	IV	159e	11	100 »	270 »
18	30 c. Semeuse bleu	IIC	192c	11	4 800 »	2 600 »
19	1 f. Pasteur bleu		179	11	950 »	650 »
20	15 c. Semeuse brun-lilas	I	189	11	750 »	
21	40 c. Semeuse vermillon	II	194	11	7 000 »	
22	30 c. Pasteur vert		174	11	500 »	
23	50 c. Semeuse lignée rouge	III	199f	11	400 »	
24	1 f. 50, Pasteur bleu		181	11	850 »	
25	25 c. Semeuse jaune-brun	IIIC	235a	11	900 »	
26	40 c. Semeuse violet	II	236	11	500 »	
27	40 c. Semeuse outremer	II	237	11	1 250 »	
28	30 c. Paix vert		280	11	500 »	
29	40 c. Paix lilas	II	281a	11	1 400 »	
30	20 c. Semeuse lilas-rose	IV	190a	11	360 »	
31	10 c. Semeuse outremer	IV	279a	11		115 »
32	50 c. Paix rose-rouge	IIB	283d	3	480 »	
33	65 c. Paix outremer	III	365c	11	675 »	
34	30 c. Mercure rouge	II	412a	11	725 »	
35	70 c. Mercure lilas-rose	II	416a	11	1 400 »	
36	90 c. Paix outremer	II	368b	11	1 000 »	
37	15 f. Marianne (Gandon) outremer	III	886d	11	530 »	3 200 »
38	6 f. Marianne (Muller) brun-rouge (N'existe qu'en roulettes).		1009A	11	45 »	
39	15 f. Marianne (Muller) rose carminé		1011	11	45 »	5 250 »
40	20 f. Marianne (Muller) bleu	I	1011B	11	250 »	
41	25 f. Marianne (Muller) rouge		1011C	11	250 »	
	Timbres préoblitérés					
42	4 c. Blanc, surch. « Affranchissement Postes »	II	40a	6	3 250 »	3 000 »
43	5 c. Blanc, id., surch. « Affranchissement Postes »	IIB	41b	11	1 400 »	775 »
44	10 c. Semeuse vert, surch. « Affranch. Postes »	IV	51b	11	600 »	
45	15 c. Semeuse brun-lilas, surch. « Affr. Postes »	I	53	11	5 250 »	
46	10 c. Blanc, surch. « Affranchissement Postes »	II	43	11	1 025 »	
47	25 c. Semeuse jne-br., surch. « Affranch. Postes »	IIIC	57a	11		460 »
48	10 c. Semeuse outremer, surch. « Affranch. Postes »	IV	52a	11	995 »	
49	20 c. Mercure lilas, surch. « Affranch. Postes »	I	78	11	1 500 »	

Remarque : la numérotation des roulettes 8 à 49 a été modifiée en séparant les roulettes de timbres préoblitérés.

N°	Timbre	Type	N° au catalogue	Bande de	verticale Cote	Bande horizont. de 6
	Timbres en nouveaux francs					
50	20 c. Semeuse (Piel) turquoise et rose	II	1233a	11	270 »	
51	25 c. Marianne à la Nef bleu et rouge		1234	11	210 »	
52	25 c. Marianne (Decaris) gris clair et carm. fcé		1263	11	65 »	
52a	25 c. Marianne (Decaris) rose clair et carm. fcé		1263a	11	340 »	
	(Depuis 1962, un timbre sur dix des roulettes porte un numéro rouge inscrit au verso, sur la gomme, pour faciliter la comptabilité). (Après 1986, 1 timbre sur cinq).					
53	25 c. Coq, outremer, carmin et brun dont 1 timbre avec n° vert au verso		1331	11	340 »	
53a	dont 1 timbre avec n° rouge au verso		1331	11	77 »	
54	30 c. Coq, vert, rouge et bistre		1331A	11	30 50	
55	25 c. Armoiries (Mont-de-Marsan), brun-rouge et bleu		1469	11	140 »	
56	25 c. Marianne (Cheffer), bleu		1535	11	92 »	
57	30 c. Marianne (Cheffer), lilas		1536	11	25 25	
58	30 c. Marianne (Cheffer), vert		1536A	11	9 15	
59	40 c. Marianne (Cheffer), rouge carminé		1536B	11	26 75	
60	5 c. Armoiries (Auch), bleu et rouge		1468	11	3 85	
61	50 c. Marianne (Béquet), carmin-rose		1664	11	38 25	
62	50 c. Marianne (Béquet), idem avec bandes phosphore		1664c	11	26 75	
63	40 c. La chapelle de Ronchamp (en raison du format le n° inscrit est porté 2 fois). vert, ocre et violet-brun		1435	11	» »	
64	20 c. Armoiries (Saint-Lô), multicolore		1510	11	19 25	
65	60 c. Marianne (Béquet), vert (gravé) avec bandes phosphore		1815a	11	95 »	
66	80 c. Marianne (Béquet), rouge avec bandes phosphore		1816b	11	45 75	
	Non dentelés verticalement					
67	80 c. Marianne (Béquet), vert avec 1 bande phosphore		1894	11	10 75	
68	1 f. Marianne (Béquet), rouge avec 3 bandes phosphore		1895	11	10 75	
69	80 c. Sabine, vert avec 1 bande phosphore		1980	11	24 50	
70	1 f. Sabine, rouge avec 2 bandes phosphore		1981	11	26 »	
71	1 f. Sabine, vert avec 1 bande phosphore		1981A	11	18 50	
72	1 f. 20, Sabine, rouge avec 2 bandes phosphore		1981B	11	20 »	
73	1 f. 10, Sabine, vert avec 1 bande phosphore		2062	11	27 50	
74	1 f. 30, Sabine, rouge avec 2 bandes phosphore		2063	11	27 50	
75	1 f. 20, Sabine, vert avec 1 bande phosphore		2103	11	10 »	
76	1 f. 40, Sabine, rouge avec 2 bandes phosphore		2104	11	11 50	
77	1 f. 40, Sabine, vert avec 1 bande phosphore		2157	11	10 »	
78	1 f. 60, Sabine, rouge avec 2 bandes phosphore		2158	11	10 75	
79	1 f. 40, Liberté, vert avec 1 bande phosphore		2191	11	24 50	
80	1 f. 60, Liberté, rouge avec 2 bandes phosphore		2192	11	24 50	
81	1 f. 60, Liberté, vert avec 1 bande phosphore		2222	11	11 50	
82	1 f. 80, Liberté, rouge avec 2 bandes phosphore		2223	11	13 »	
83	2 f. Liberté, rouge avec 2 bandes phosphore		2277	11	13 »	
84	1 f. 70, Liberté, vert avec 1 bande phosphore		2321	11	11 50	
84a	Idem. Gomme brillante		2321b	11	54 »	
85	2 f. 10, Liberté, rouge avec 2 bandes de phosphore		2322	11	13 75	
85a	Idem. Gomme brillante		2322b	11	84 »	
86	1 f. 80, Liberté, vert avec 1 bande de phsophore		2378	11	13 »	
86a	Idem. Numérotation tous les 5 timbres		2378	11	15 25	
86b	Idem. Gomme brillante		2378c	11	160 »	
87	2 f. 20, Liberté, rouge avec 2 bandes de phsophore		2379	11	15 25	
87a	Idem. Numérotation tous les 5 timbres		2379	11	13 75	
87b	Idem. Gomme brillante, jaunâtre		2379c	11	27 50	
88	1 f. 90, Liberté, vert avec 1 bande de phosphore		2426	11	23 »	
89	2 f. Liberté, vert avec 1 bande de phosphore		2487	11	11 50	
89a	Idem. Gomme brillante jaunâtre		2487b	11	20 »	
90	2 f. 10, Marianne du Bicentenaire, vert avec 1 bande de phosphore		2627	11	11 50	
91	2 f. 30, Marianne du Bicentenaire, rouge avec 2 bandes de phosphore		2628	11	13 75	

N°	Timbre	N° au catalogue	Bande de	verticale Cote	Bande horizont. de 6
92	2 f. 20, Marianne du Bicentenaire, vert avec 1 bande de phosphore	2718	11	18 »	
93	2 f. 50, Marianne du Bicentenaire, rouge avec 2 bandes de phosphore	2719	11	18 »	
94	2 f. 40, Marianne du Bicentenaire, vert avec 1 bande de phosphore	2823	11	22 »	
95	(sans valeur) Marianne du Bicentenaire, rouge avec 2 bandes de phosphore	2819	11	22 »	
96	2 f. 70, Marianne du Bicentenaire, vert avec 1 bande de phosphore	3008	11	30 »	
97	(sans valeur) Marianne du 14 Juillet, rouge avec 2 bandes de phosphore	3084	11	22 »	
98	2 f. 70, Marianne du 14 Juillet, vert avec 1 bande de phosphore	3100	11	22 »	
99	(sans valeur) Marianne du 14 Juillet « Mention RF », rouge avec 2 bandes de phosphore	3418	11	22 »	
100	0,41 €, Marianne du 14 Juillet « Mention RF », vert avec 1 bande de phosphore à droite	3458	11	23 »	
100a	0,41 €, avec nos noirs au verso	3458b	11	22 »	
101	(sans valeur) Marianne du 14 Juillet « Mention RF », vert avec 1 bande de phosphore à droite	3535B	11	22 »	
102	(sans valeur) Marianne de Lamouche, vert avec 1 bande de phosphore à droite	3742	11	16 »	
102a	idem, légende philaposte	3742a	11	11 »	
103	(sans valeur) Marianne de Lamouche, rouge avec 2 bandes de phosphore	3743	11	19 »	
103a	idem, légende philaposte	3743a	11	12 »	
104	0,55 €, Marianne de Lamouche, bleu avec 2 bandes de phosphore	3807	11	22 »	
105	0,60 €, Marianne de Lamouche, bleu avec 2 bandes de phosphore	3973	11	13 »	

(*) A partir de la roulette n° 53, la bande de 11 n'est plus indispensable pour différencier avec certitude les timbres de roulette, avec les novations de 1962 (Nos au verso d'un timbre sur 10) et de 1976 (non dentelé verticalement) ; certains collectionneurs se contentent désormais d'une bande de 10 ; les cotes sont à diminuer de 15%. Avec la numérotation tous les cinq timbres, à partir de 1986, il est également loisible de collectionner une bande de 6 ou 5 timbres : les cotes sont à diminuer de 50% ou de 60%. Depuis 2002, roulette n° 101, tous ont un numéro noir au verso.

TIMBRES DE SERVICE

Pour les n°s 1 à 15 les cotes de la colonne de gauche concernent les timbres neufs avec gomme d'origine intacte et sans charnière, celles de la colonne de droite les timbres avec charnière ou sans gomme.

1943. - *Francisque. Typographie.*

Format 17 x 22. Dentelés 14 x 13½.

1	10 c. *brun-orange*	70 »	35 »
2	30 c. *outremer*	70 »	40 »
3	40 c. *lilas*	100 »	32 »
4	50 c. *bleu-vert*	100 »	45 »
5	70 c. *gris-noir*	1 000 »	700 »
6	1 f. *rose*	500 »	250 »
7	1 f. 20, *bleu*	250 »	60 »
8	1 f. 50, *brun-rouge*	100 »	45 »
9	2 f. *vert*	35 »	26 »
10	3 f. *orange*	110 »	35 »
11	4 f. 50, *olive*	250 »	225 »
12	5 f. *violet*	10 »	7 »

Format 22 x 36. Dentelés 13½ x 14.

13	10 f. *bleu*	80 »	60 »
14	15 f. *vert*	35 »	20 »
15	20 f. *lilas-rose*	40 »	20 »
	N°s 1 à 15 (15 val.)	2750 »	1 600 »

Très bon centrage +100%.

Ces timbres auraient dû être émis pour l'affranchissement du courrier des administrations, qui devaient perdre le droit à la franchise postale, à partir du 1er janvier 1942. Les réticences des ministères et administrations concernés entraînèrent le report de l'émission, et le tirage fut finalement détruit à la Libération.

Un petit stock de timbres avec gomme fut découvert au début des années soixante et les timbres sans gomme, souvent froissés, furent récupérés dans des bacs d'eau à la Libération, juste avant leur destruction.

En 1946, une étiquette gommée, bleue et rouge (dent. 12½) portant la mention "Affranchissement en compte avec l'Administration des Postes" fut mise en service pour affranchir les questionnaires du Service du Ravitaillement Général. Elle était oblitérée par le bureau de poste de départ.

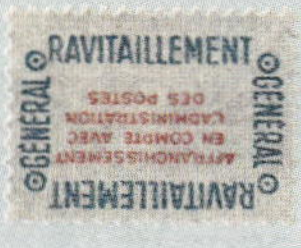

15A	Bleu et rouge	8 »	2 50

A partir du n° 16, les cotes de la colonne de gauche concernent les timbres neufs, sans charnière, celles de la colonne de droite, les timbres oblitérés.

1958. - *T.-P. de 1957 (Cathédrale de Rouen) surchargé.*

16	35 f. rose et lie-de-vin (1129)	1 50	3 »

1958-59. - *Conseil de l'Europe. Taille-douce. Dentelés 13.*

Drapeau du Conseil.

17	8 f. violet, bleu foncé et orange	0 30	0 30
18	20 f. ocre, bleu foncé et jaune pâle	0 30	0 30
19	25 f. vert foncé, outremer et lilas-rose	0 65	0 65
20	35 f. rouge-brique et bleu foncé	0 50	0 50
21	50 f. lilas-rose et outremer	1 25	1 25
	N°s 17 à 21 (5 val.)	3 »	3 »
	La série, non dentelée	535 »	

Les n°s 16 à 21 étaient réservés à l'affranchissement du courrier des membres du Conseil de l'Europe. Ils peuvent être utilisés sur du courrier privé déposé dans les bureaux du Conseil, à Strasbourg.

Huit nouvelles valeurs à ce type ont paru en 1963-71 (n°s 27 à 35), trois autres en 1975 (n°s 46 à 48) et une en 1976 (n° 49).

1960-65. - *Service de l'U.N.E.S.C.O., à Paris. Taille-douce. Dentelés 13.*

Tête de Bouddha et Hermès de Praxitèle.

22	20 c. noir, bleu et ocre	0 50	0 50
23	25 c. noir, vert et violet	0 50	0 50
24	30 c. bistre clair et bistre foncé	1 25	1 »
25	50 c. noir, violet et rouge	1 25	1 25
26	60 c. rouge-brun, carmin et bleu	1 50	1 50
	N°s 22 à 26 (5 val.)	5 »	4 75
	La série, non dentelée	385 »	

1963-71. - *Type de 1958-59 (Conseil de l'Europe). Taille-douce. Dentelés 13.*

27	20 c. brun, bleu et jaune	1 25	1 25
28	25 c. vert foncé, bleu et rose	2 50	1 85
29	25 c. bleu, jaune, vert et rouge	1 25	1 »

30	30 c. bleu, jaune et rouge	1 »	1 »
	a. (Couleur jaune omise)	535 »	
	b. (jaune omis sur les étoiles)	155 »	
31	40 c. gris, bleu, jaune et rouge	1 50	1 40
32	50 c. lilas-rose et bleu	3 »	2 45
33	50 c. vert, bleu, rouge et jaune	3 »	2 »
34	60 c. bleu, jaune, violet et rouge	1 50	1 50
35	70 c. brun-violet, bleu, jaune et rouge	5 »	3 65
	Nos 27 à 35 (9 val.)	20 »	16 10
	La série, non dentelée	500 »	

Les étoiles du drapeau sont en blanc sur les nos 27, 28 et 32, en jaune sur les autres valeurs.

1966. - *U.N.E.S.C.O. Campagne de l'alphabétisation. Taille-douce. Dentelés 13.*

36	25 c. gris et noir	0 50	0 50
37	30 c. rouge-brique et brun-rouge	0 75	0 75
38	60 c. vert et vert foncé	1 25	1 25
	La série, non dentelée	215 »	

1969-71. - *U.N.E.S.C.O. Déclaration universelle des Droits de l'Homme. Taille-douce. Dentelés 13.*

39	30 c. vert foncé, rouge et brun	0 80	0 80
40	40 c. carmin, rouge et brun	1 »	0 80
41	50 c. outremer, carmin et brun	1 60	1 40
42	70 c. violet, rouge et ardoise	2 60	2 60
	Nos 39 à 42 (4 val.)	6 »	5 60
	La série, non dentelée	230 »	

Du no 43 au no 65, les timbres portent l'inscription FRANCE à la place de République Française.

1975. - *Idem.*

43	60 c. vert, brun-lilas et rouge	1 50	1 25
44	80 c. brun-orange, brun-rouge et rouge	2 »	1 50
45	1 f. 20, bleu-nuit, lilas-brun et rouge	4 »	4 »
	La série, non dentelée	140 »	

1975. - *Conseil de l'Europe. Drapeau. Type de 1958-59. Dentelés 13.*

46	60 c. vert-jaune, bleu, jaune et orange	1 50	1 40
47	80 c. grenat, jaune et bleu	2 »	1 70
48	1 f. 20, turquoise, bleu, jaune et rouge	6 »	4 60
	La série, non dentelée	140 »	

1976. - *Idem.*

49	1 f. olive, rouge, jaune et bleu	4 »	4 »
	a. (Non dentelé)	61 »	

1976. - *U.N.E.S.C.O. Taille-douce. Dentelés 13.*

50	80 c. vert-bleu, gris et bistre-olive	1 »	1 »
51	1 f. vert-jaune, bleu et orange	0 50	0 50
52	1 f. 40, brun, brun-orange et lilas-rose	2 30	2 30
	La série, non dentelée	110 »	

1977. - *Conseil de l'Europe. Bâtiment du Conseil, à Strasbourg. Taille-douce. Dentelés 13.*

53	80 c. ocre, brun-orange et rouge	1 »	1 »
54	1 f. bleu, vert foncé et brun	0 50	0 50
55	1 f. 40, vert foncé, olive et gris	2 30	2 30
	La série, non dentelée	110 »	

1978. - *U.N.E.S.C.O. Type de 1976. Dentelés 13.*

56	1 f. 20, vert, outremer et brun-rouge	0 65	0 65
57	1 f. 70, rouge, vert-bleu et brun-rouge	1 »	0 80
	La paire, non dentelée	92 »	

1978. - *25e anniversaire de l'entrée en vigueur de la Convention Européenne des Droits de l'Homme. Conseil de l'Europe. Type de 1977 modifié. Taille-douce. Dentelés 13.*

58	1 f. 20, lilas-rouge, vert foncé et gris-bleu	0 65	0 65
59	1 f. 70, bleu, émeraude et vert-bleu	1 »	1 »
	La paire, non dentelée	92 »	

1980. - *U.N.E.S.C.O. Patrimoine universel. Sites classés à protéger. Taille-douce. Dentelés 13.*

"La maison des esclaves", île de Gorée - Sénégal.

Site de Moenjodaro - Pakistan.

60	1 f. 20, rose-bleu, bleu et vert	0 75	0 75
61	1 f. 40, vert-jaune, bleu et rose	1 »	1 »

Palais de Sans-Souci - Haïti.

62	2 f. rose-brun, violet et vert-gris	1 25	1 25
	La série, non dentelée	92 »	

1980. - *Conseil de l'Europe. Bâtiment du Conseil, à Strasbourg. Type de 1977. Dentelés 13.*

63	1 f. 40, brun-olive	1 »	1 »
64	2 f. bleu-gris	1 25	1 25
	La paire, non dentelée	69 »	

1981. - *Conseil de l'Europe. Taille-douce. Dentelés 13.*

Palais de l'Europe : "Entrée et Hémicycle".

65	1 f. 40, brun-rouge, bleu-gris foncé et violet	0 80	0 80
66	1 f. 60, brun-orange et olive	0 80	0 80
67	2 f. 30, bleu-vert, gris-bleu et olive foncé	1 »	1 »
	La série, non dentelée	92 »	

1981. - *U.N.E.S.C.O. Patrimoine universel. Sites classés à protéger. Taille-douce. Dentelés 13.*

Fès - Maroc.

Sukhotaï - Thaïlande.

68	1 f. 40, bleu, roux et rose foncé	0 80	0 80
69	1 f. 60, rose foncé, bleu et olive	0 80	0 80

Fort Saint-Elme - Malte.

70	2 f. 30, olive, bleu et roux	1 »	1 »
	La série, non dentelée	92 »	

1982. - *U.N.E.S.C.O. Patrimoine universel. Sites classés à protéger. Taille-douce. Dentelés 13.*

Huê - Viet Nam.

São Miguel - Brésil.

71	1 f. 80, lilas-rose, lilas et vert-bleu	1 10	1 10
72	2 f. 60, gris-bleu, sépia et rouge	1 25	1 25
	La paire, non dentelée	61 »	

1982. - *Conseil de l'Europe. Type de 1981. Taille-douce. Dentelés 13.*

73	1 f. 80, brun-violet, vert foncé et carmin	1 10	1 10
74	2 f. 60, bleu-vert, gris-bleu et violet	1 25	1 25
	La paire, non dentelée	61 »	

1983. - *U.N.E.S.C.O. Patrimoine universel. Sites classés à protéger. Taille-douce. Dentelés 13.*

Mosquée de Chinguetti - Mauritanie.	Mur d'enceinte intérieur d'Istanbul - Turquie.

75	2 f. bleu, brun et noir	1 »	1 »
76	2 f. 80, bleu, noir et brun	1 25	1 25
	La paire, non dentelée	61 »	

1983. - *Conseil de l'Europe. Type de 1981. Taille-douce. Dentelés 13.*

77	2 f. vert, carmin et bleu-vert	1 »	1 »
78	2 f. 80, violet, brun-rouge et bleu-vert	1 25	1 25
	La paire, non dentelée	61 »	

1984. - *U.N.E.S.C.O. Patrimoine universel. Sites classés à protéger. Taille-douce. Dentelés 13.*

Eglise monolithique de Lalibela - Ethiopie.	Sanaa - République arabe du Yémen.

79	1 f. 70, vert et brun-jaune	1 »	1 »
80	2 f. 10, bleu et brun	1 10	1 10

Église Sainte-Marie Kotor - Yougoslavie.

81	3 f. vert, brun-jaune et brun	1 50	1 50
	La série, non dentelée	92 »	

1984. - *Conseil de l'Europe. Type de 1981. Taille-douce. Dentelés 13.*

82	1 f. 70, vert	1 »	1 »
83	2 f. 10, rouge	1 10	1 10
84	3 f. bleu	1 50	1 50
	La série, non dentelée	77 »	

1985. - *Conseil de l'Europe. Taille-douce. Dentelés 13.*

Pied chaussé sortant d'un oeuf.

85	1 f. 80, vert	1 »	1 »
86	2 f. 20, rouge	1 25	1 25
87	3 f. 20, bleu	1 50	1 50
	La série, non dentelée	77 »	

1985. - *U.N.E.S.C.O. Patrimoine universel. Sites classés à protéger. Taille-douce. Dentelés 13.*

Théâtre romain de Carthage - Tunisie.	Vieille place de La Havane - Cuba.	Temple d'Anuradhapura - Sri Lanka.

88	1 f. 80, bleu, vert et brun	1 10	1 10
89	2 f. 20, bleu, vert et brun	1 25	1 25
90	3 f. 20, bleu, vert et brun	2 »	2 »
	La série, non dentelée	92 »	

1986. - *U.N.E.S.C.O. Patrimoine universel. Sites classés à protéger. Taille-douce. Dentelés 13.*

Temple de Tikal - Guatemala.	Mosquée de Bagerhat - Bangladesh.

91	1 f. 90, gris, brun clair et vert	1 25	1 25
92	3 f. 40, brun clair, gris et vert	2 »	2 »
	La paire, non dentelée	61 »	

1986. - *Conseil de l'Europe. Impression en offset. Dentelés 13.*

Bâtiment du Conseil.

93	1 f. 90, vert	1 25	1 25
94	2 f. 20, rouge	1 40	1 40
95	3 f. 40, bleu	2 »	2 »
	La série, non dentelée	77 »	

1987. - *Idem.*

96	2 f. vert	1 25	1 25
97	3 f. 60, bleu	2 »	2 »
	La paire, non dentelée	61 »	

1987. - *U.N.E.S.C.O. Patrimoine universel. Sites classés à protéger. Taille-douce. Dentelés 13.*

Acropole d'Athènes - Grèce.

Temple de Philae - Égypte.

98	2 f. bleu, beige et brun	1 25	1 25
99	3 f. 60, bleu, beige et brun	2 »	2 »
	La paire, non dentelée	61 »	

1989. - *40ᵉ anniversaire du Conseil de l'Europe. Valeur en Francs et ÉCU. Taille-douce sur fond offset. Dentelés 13.*

Allégorie.

100	2 f. 20, rouge, lilas et jaune sur rose	1 50	1 50
101	3 f. 60, bleu, vert et jaune sur azuré	2 »	2 »
	La paire, non dentelée	77 »	

1990. - *U.N.E.S.C.O. Patrimoine universel. Sites classés à protéger. Taille-douce. Dentelés 13.*

San Francisco de Lima - Pérou.

Shibam - Yémen du Sud.

102	2 f. 30, vert, brun-jaune et noir	1 50	1 50
103	3 f. 20, bleu, bleu clair et brun-roux	2 »	2 »
	La paire, non dentelée	61 »	

1990. - *Conseil de l'Europe. Offset. Dentelés 13.*

Carte d'Europe et étoiles.

104	2 f. 30, noir, vert, rouge, bleu et jaune	1 50	1 50
105	3 f. 20, noir, rouge, bleu et jaune	2 »	2 »
	La paire, non dentelée	61 »	

1991. - *Conseil de l'Europe. Type précédent. Offset. Dentelés 13.*

106	2 f. 50, multicolore	1 50	1 50
107	3 f. 40, multicolore	2 »	2 »
	La paire, non dentelée	61 »	

1991. - *U.N.E.S.C.O. Patrimoine universel. Sites classés à protéger. Taille-douce. Dentelés 13.*

Temple de Bagdaon - Népal.

Citadelle d'Herat - Afghanistan.

108	2 f. 50, brun et rouge	1 50	1 50
109	3 f. 40, vert, brun-olive et brun	2 »	2 »
	La paire, non dentelée	61 »	

1993. - *U.N.E.S.C.O. Patrimoine universel. Sites classés à protéger. Offset. Dentelés 13.*

Parc archéologique d'Angkor - Cambodge.

Parc national du Tassili n'Ajjer - Algérie.

110	2 f. 80, multicolore	1 70	1 50
111	3 f. 70, multicolore	2 30	2 »
	La paire, non dentelée	61 »	

1994. - *Conseil de l'Europe. Offset. Dentelés 13.*

Détail de "36 têtes", oeuvre originale de Hundertwasser.

Détail de "36 têtes", oeuvre originale de Hundertwasser.

112	2 f. 80, multicolore	2 20	1 80
113	3 f. 70, multicolore	2 80	2 20
	La paire, non dentelée	61 »	

1996. - *U.N.E.S.C.O. Patrimoine universel. Sites classés à protéger. Offset. Dentelés 13.*

Parc national "Uluru" - Australie.

Parc national "Los Glaciares" - Argentine.

114	3 f. multicolore	2 25	2 25
115	3 f. 80, multicolore	2 75	2 75

1996. - *Conseil de l'Europe. Offset. Dentelés 13.*

Palais des Droits de l'Homme - Strasbourg.

Palais des Droits de l'Homme - Strasbourg.

116	3 f. bleu clair, argent et rouge	2 25	2 25
117	3 f. 80, bleu clair, argent et bleu foncé	2 75	2 75

1998. - *U.N.E.S.C.O. Patrimoine universel. Sites classés à protéger. Offset. Dentelés 13.*

Pompéi (femme cueillant des fleurs - peinture murale).

Ile de Pâques (statues).

118	3 f. multicolore	2 25	2 25
119	3 f. 80, multicolore	2 75	2 75

1999. - *Conseil de l'Europe. Héliogravure. Dentelés 13.*

Statue en bronze de l'aurige de Delphes.

Statue de la divinité grecque Niké, oeuvre de Petras Mazuras.

120	3 f. (0,46 €) multicolore	2 25	2 25
121	3 f. 80 (0,58 €) multicolore	2 75	2 75

2001. - *Conseil de l'Europe. Offset. Dentelés 13.*

"Je suis noir, je suis blanc, je suis noir et blanc", oeuvre de Tomi Ungerer.

122	3 f. (0,46 €) multicolore	2 50	2 50
123	3 f. 80 (0,58 €) multicolore	3 »	3 »

2001. - *UNESCO. Offset. Dentelés 13.*

Pyramides de Guizèh.

Parc national de Komodo.

124	3 f. (0,46 €) multicolore	2 50	2 50
125	3 f. 80 (0,58 €) multicolore	3 »	3 »

Tirages : 327 726 et 371 400.

2003. - *Conseil de l'Europe. D'après l'oeuvre du dessinateur Tomi Ungerer "Le marcheur sur les étoiles". Offset. Dentelés 13.*

126	0,50 € multicolore	2 »	2 »
127	0,75 € multicolore	2 50	2 50

2003. - *UNESCO. Deux bandes de phosphore. Offset. Dentelés 13.*

Renne.

Eglise de la Résurrection, à Saint-Pétersbourg.

128	0,50 € multicolore	2 »	2 »
129	0,75 € multicolore	2 50	2 50

2005. - *Conseil de l'Europe. Offset. Deux bandes de phosphore. Dentelés 13 x 13¼.*

"Jardinier semant des étoiles" - "Conseil de l'Europe semeur d'espoir", de Jean-Thomas Ungerer dit Tomi Ungerer.

Drapeau avec nuages formant une carte de l'Europe, création de Rafal Olbinski.

130	0,55 € multicolore	1 50	1 50
131	0,75 € multicolore	2 »	2 »

2005. - *UNESCO. Offset. Deux bandes de phosphore. Dentelés 13.*

Bison de la forêt de Bialowieza (Pologne).

Monument du Deir à Pétra (Jordanie).

132	0,55 € multicolore	1 50	1 50
133	0,90 € multicolore	2 »	2 »

2006. – *U.N.E.S.C.O.. Offset. Deux bandes de phosphore. Multicolore. Dentelés 13.*

Format horizontal pour le n° 135.

134	0,60 € *Tigre de Sibérie*	1 20	0 60
135	0,85 € *Vat Xieng Tong (temple de la Cité d'Or) à Luang Prabang (Laos)*	1 70	0 85

2007. – *Conseil de l'Europe. Offset. Deux bandes de phosphore. Multicolore. Dentelés 13.*

136	0,60 € *Emblème et globe avec carte d'Europe*	1 20	0 60
137	0,85 € *Détail du monument aux Droits de l'Homme offert par le gouvernement espagnol au Conseil de l'Europe (sculpture de Mariano Gonzalez Beltrán)*	1 70	0 85

TIMBRES-SPÉCIMEN

Certains timbres-poste ou taxe existent avec la surcharge noire SPECIMEN, frappée horizontalement au moyen d'un cachet à main. Elle mesure généralement 16x3 mm.

On connaît les suivants :

Empire non lauré, dentelés.

1	1 c. vert-olive (19)	380 »
2	5 c. vert (20)	300 »
3	10 c. bistre (21)	250 »
4	20 c. bleu (22)	250 »
5	20 c. et 20 c. *(tête-bêche)* (22b)	9 000 »
6	40 c. orange (23)	320 »
7	80 c. rose (24)	320 »
8	80 c. et 80 c. *(tête-bêche)* (24b)	16 000 »

Empire lauré.

9	1 c. vert-olive (25)	800 »
10	2 c. rouge-brun (26)	250 »
11	4 c. gris (27)	250 »
12	20 c. bleu (29)	1 700 »
13	30 c. brun (30)	1 700 »
14	40 c. orange (31)	1 800 »
15	80 c. rose (32)	1 800 »
16	5 f. violet-gris (33)	3 200 »

Pour le 5 f. il existe deux types de surcharges.

Cérès gros chiffres.

17	15 c. bistre (55)	780 »

Idem, petits chiffres.

18	15 c. bistre (59)	780 »

Pour les timbres au Type Cérès ainsi que pour ceux au Type Sage il existe plusieurs types de surcharges.

Type Sage.

19	1 c. noir s. azuré (83)	500 »
20	2 c. brun-rouge (85)	500 »
21	4 c. lilas-brun (88)	800 »
22	5 c. vert (75)	1 100 »
23	10 c. noir s. lilas (80)	650 »
24	15 c. bleu (90)	550 »
25	20 c. brun-lilas s. paille (67)	1 100 »
26	25 c. jaune clair (92)	380 »
27	30 c. brun-jaune (80)	750 »
28	40 c. rouge-orange (94)	650 »
29	75 c. carmin (71)	1 250 »
30	1 f. vert-bronze (72)	1 000 »
31	5 f. violet s. lilas (95)	1 400 »

Chômeurs intellectuels.

32	20 c.+10 c. brun carminé (330)	85	»
33	40 c.+10 c. vert (331)	85	»
34	50 c.+10 c. rouge-brique (332)	85	»
35	1 f. 50+50 c. outremer (333)	85	»

Ces timbres sont normalement sans gomme.

Timbres-taxe.

36	60 c. jaune-bistre (8)	1 200	»
37	60 c. bleu (9)	700	»
38	1 c. noir (10)	100	»
39	25 c. rose (32)	120	»
40	45 c. vert (36)	120	»

TIMBRES-TAXE

Avant l'institution du timbre-poste en France, des "vignettes-taxe" avaient été employées officiellement, soit pour frapper d'une double-taxe les plis de service qui contenaient, à tort, une correspondance personnelle, soit pour servir de bordereau de décompte de taxe dans le cas des lettres réexpédiées de l'étranger.

Il existe deux séries de vignettes de double-taxe. L'une imprimée sur papier vieux rose en vertu de l'Ordonnance royale du 14 décembre 1825, était employée, soit entière, soit coupée par moitié, soit avec la seule mention TAXE A PERCEVOIR. La seconde série est du 12 février 1845 ; elle comporte trois types présentant tous le même aspect général, mais de couleurs différentes, rouge, bleu et jaune. (Valeur : à partir de 9150 »).

Quant aux vignettes-bordereaux de taxe, elles étaient imprimées sur papier jaune et réglementairement employées pour la taxe à percevoir des lettres réexpédiées de l'étranger en vertu des Instructions des Postes de juin 1832.

Le chapitre concerne les émissions aux chiffres taxe, aux timbres taxe et aux timbres de recouvrement.

1859. -

I

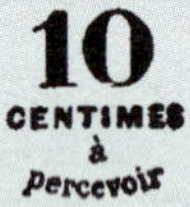

II

I. - Barre supérieure du 1 très légère ; mot "centimes" en lettres petites et espacées ; l'accent grave de l'à très léger et presque horizontal ; trait inférieur de la barre verticale du p de percevoir à peine visible.

II. - Barre supérieure du 1 très marquée ; mot "centimes" en lettres fortes et rapprochées ; accent grave de l'à presque vertical ; p de percevoir nettement imprimé.

I. - Lithographie.

1	10 c. noir	32 500	»	300	»
	(Sur lettre)			750	»
	Le n° 1, sans gomme, vaut	6 500	»		

II. - Typographie.

2	10 c. noir	40	»	20	»
	(Sur lettre)			35	»

BLOCS DE QUATRE

10 c. (n° 1)				
10 c. (n° 2)	180	»	450	»

1863-70. - *Même type.*

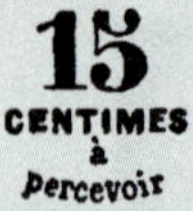

I

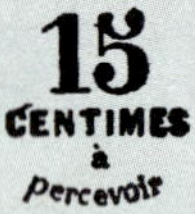

II

I. - Accent grave de l'à presque vertical ; mot "percevoir" légèrement cintré ; p nettement imprimé ; l'oeil de cette lettre est petit.

II. - Accent grave de l'à presque horizontal ; mot "percevoir" plus cintré ; trait inférieur de la barre verticale du p à peine visible ; l'oeil de cette lettre est assez fort.

I. - Typographie.

3	15 c. noir	45	»	15	»
	(Sur lettre)			35	»

Avec surcharge manuscrite.

3A	25 sur 15 c. noir (sur lettre)			3 200	»

II. - Lithographie.

4	15 c. noir	175	»	300	»
	(Sur lettre)			1 500	»

Avec surcharge manuscrite.

4A	25 sur 15 c. noir	600	»	4 600	»

BLOCS DE QUATRE

15 c. (n° 3)	200	»	300	»
15 c. (n° 4)	800	»		

1871-78. - *Idem. Typographie.*

5	25 c. noir	200	»	65	»
	(Sur lettre)			120	»
6	30 c. noir	300	»	160	»
	(Sur lettre)			300	»
7	40 c. bleu	500	»	600	»
	(Sur lettre)			2 500	»
	a. (outremer)	8 500	»	8 000	»
	(Sur lettre)			23 000	»
	b. (bleu de Prusse)	3 250	»		
8	60 c. jaune-bistre	600	»	1 500	»
	(Sur lettre)			10 000	»
9	60 c. bleu	90	»	130	»
	(Sur lettre)			1 500	»
	a. (bleu très foncé)	700	»	900	»

NON ÉMIS

9A	20 c. *noir*	5 500	»
9B	60 c. *noir*	3 000	»

BLOCS DE QUATRE

25 c.	1 000	»	1 400	»
30 c.	1 500	»	1 500	»
40 c.	2 200	»		
60 c. (n° 8)	3 000	»		
60 c. (n° 9)	400	»	900	»
60 c. (n° 9a)	3 000	»		

Piquages.

B. - Percés en lignes.

2a	10 c.	270	»
3a	15 c.	420	»
5a	25 c.	450	»
6a	30 c.	700	»
7c	40 c.	4 000	»
9b	60 c. bleu	3 500	»

D. - Piquage de Clamecy.

2b	10 c.	1 100 »	5 500 »
3b	15 c.	1 000 »	5 000 »

Les cotes ci-dessus s'entendent pour des timbres oblitérés sur lettre entière. (Les timbres sur très grand fragment valent le tiers).

Les timbres-taxe précédents ont eu un emploi restrictif (correspondances locales) jusqu'au 30 septembre 1882.

1881-92. - *Type Duval. Typographie. Dentelés 14* x *13½.*

Les timbres à ce type, non dentelés, appartiennent aux Colonies françaises. Le n° 10 a été imprimé jusqu'en 1907.

10	1 c. noir	3 »	2 50
11	2 c. noir	40 »	30 »
12	3 c. noir	40 »	28 »
13	4 c. noir	70 »	45 »
14	5 c. noir	165 »	35 »
15	10 c. noir	165 »	2 50
16	15 c. noir	115 »	12 »
17	20 c. noir	450 »	150 »
18	30 c. noir	300 »	2 50
19	40 c. noir	200 »	70 »
20	50 c. noir	850 »	225 »
	a. (Non dentelé)	1 500 »	
21	60 c. noir	850 »	65 »
22	1 f. noir	1 050 »	400 »
23	2 f. noir	2 000 »	900 »
24	5 f. noir	3 850 »	2 000 »

Très bon centrage (+50%).

BLOCS DE QUATRE

1 c.	12 »	15 »
2 c.	180 »	170 »
3 c.	180 »	170 »
4 c.	325 »	285 »
5 c.	700 »	340 »
10 c.	625 »	40 »
15 c.	475 »	90 »
20 c.	2 250 »	1 100 »
30 c.	1 350 »	55 »
40 c.	825 »	400 »
50 c.	3 800 »	1 450 »
60 c.	3 800 »	1 150 »
1 f.	5 250 »	3 250 »
2 f.	10 000 »	5 500 »
5 f.	22 000 »	12 500 »

Ces timbres et ceux des deux émissions suivantes sont souvent oblitérés par un cachet triangulaire.

Les 5 et 10 c. ont été surchargés au Maroc pour servir de T.-P. (voir Tome II 1re partie).

1884. - *Idem.*

25	1 f. marron	600 »	100 »
26	2 f. marron	250 »	170 »
27	5 f. marron	600 »	380 »

BLOCS DE QUATRE

1 f.	2 850 »	1 100 »
2 f.	1 100 »	900 »
5 f.	2 850 »	2 100 »

A partir du n° 28 et jusqu'en 1959 les cotes de la colonne de gauche concernent les timbres neufs avec gomme d'origine intacte et sans charnière, celles de la colonne centrale les timbres neufs avec charnière légère, celles de la colonne de droite les timbres oblitérés.

1893-1935. - *Idem.*

28	5 c. bleu (1894)	0 60	0 30	0 45
29	10 c. brun (1893)	0 60	0 30	0 45
30	15 c. vert-jaune (1894)	65 »	35 »	1 60
31	20 c. olive (1906)	15 »	7 60	0 75
32	25 c. rose	13 »	7 50	4 50
33	30 c. rouge carminé	0 60	0 30	0 30
34	30 c. rouge-orange (1894)	1 200 »	700 »	100 »
35	40 c. rose	30 »	15 »	5 »
36	45 c. vert	25 »	10 »	5 50
37	50 c. lilas (1895)	1 »	0 50	0 50
38	60 c. vert	1 80	0 75	0 75
39	1 f. rose s. paille (1896)	1 200 »	700 »	450 »
	(Sur lettre)			600 »
40	1 f. lilas-brun s. paille	28 »	11 »	0 30
40A	1 f. lilas-brun s. blanc	2 50	1 35	0 45
41	2 f. rouge-orange (1910)	600 »	325 »	75 »
42	2 f. violet	1 40	0 75	1 05
42A	3 f. lilas-rose	1 40	0 75	1 20

Nos 34, 39 et 41. Très bon centrage (+30%).

Un 5 f. rouge-orange a paru en 1941 (N° 66).

Papier G.C.

28a	5 c. bleu	2 50	0 90	1 50
29a	10 c. brun	2 50	0 90	0 90
30a	15 c. vert-jaune	45 »	22 50	1 50
31a	20 c. olive	10 50	5 25	0 90
33a	30 c. rouge carminé	2 70	1 20	0 90
37a	50 c. lilas	6 75	3 75	3 »

A la fin de 1916 et jusqu'en 1920 les timbres ont été imprimés sur un papier grisâtre ou jaunâtre de très mauvaise qualité, dit de "grande consommation" (G.C).

Les nos 28, 29, 33, 37, 38 et 42 ont fait l'objet de tirage à plat et par rotatives ; seules les dimensions permettent de les distinguer. (Voir Catalogue Spécialisé Tome I Edit. 1975).

1908-25. - *Typographie. Dentelés 14* x *13½.*

43	1 c. olive	2 50	1 10	1 50
44	10 c. violet	3 »	1 40	0 50
	a. (Non dentelé)		135 »	
45	20 c. bistre	100 »	50 »	1 50
46	30 c. bistre	35 »	15 »	0 50
47	50 c. rouge	750 »	400 »	70 »
48	60 c. rouge	7 »	3 »	5 »
	Nos 43 à 48 (6 val.)	897 50	470 50	79 »

N° 47. Très bon centrage (+30%).

Papier G.C.

43a	1 c. olive	3 75	2 50	1 50
44b	10 c. violet	5 25	3 »	1 50
45a	20 c. bistre	80 »	40 »	1 50

Ces timbres servaient à taxer les valeurs dont le recouvrement, confié à la Poste, restait impayé.

1917. - *Timbres de 1908 surchargés.*

49	20 c. s. 30 c. bistre (46)	60 »	35 »	4 50
50	40 c. s. 50 c. rouge (47)	27 »	12 »	4 50
	a. (Sans point après c)	90 »	65 »	65 »
	b. (Chiffre 0 éloigné de 4)	120 »	90 »	90 »
	c. (Double surcharge)	750 »	600 »	

1926. - *Idem, surchargés.*

II

I

51	50 c. s. 10 c. violet (44)	10 »	4 »	4 60
52	60 c. s. 1 c. olive (I) (43)	16 »	7 »	5 40
	a. 6 large (II)	160 »	100 »	
53	1 F. s. 60 c. rouge (48)	42 »	23 »	15 »
54	2 F. s. 60 c. rouge (48)	42 »	23 »	15 »
	Nos 51 à 54 (4 val.)	110 »	57 »	40 »

1927-31. - *Typographie. Dentelés 14 x 13½.*

55	1 c. olive	2 50	1 50	1 60
56	10 c. rose	4 »	2 50	2 30
57	30 c. bistre	11 50	6 »	0 50
58	60 c. rouge	15 »	6 »	0 50
59	1 f. lilas	32 »	17 »	3 70
60	1 f. bleu-vert	40 »	20 »	0 90
61	2 f. bleu	250 »	100 »	50 »
62	2 f. sépia	335 »	180 »	30 50
	Nos 55 à 62 (8 val.)	690 »	333 »	90 »

1929-31. - *Timbres de 1927 avec nouvelle valeur en surcharge.*

63	UN f. s. 60 c. rouge (58)	80 »	35 »	2 »

Surcharge en chiffres

64	1 f. 20 s. 2 f. bleu (C) (61)	125 »	50 »	16 »
65	5 f. s. 1 f. lilas (59)	170 »	70 »	17 »

1941. - *Type Duval de 1881-92. Dentelé 14 x 13½.*

66	5 f. rouge-orange	3 50	2 50	2 75

1943-46. - *Type Gerbes. Légende FRANCE CHIFFRE-TAXE. Typographie. Dentelés 14 x 13½.*

67	10 c. sépia	0 15	0 15	0 15
68	30 c. lilas-rose	0 15	0 15	0 15
69	50 c. vert	0 15	0 15	0 15
70	1 f. bleu-violet	0 15	0 15	0 15
71	1 f. 50, rouge	0 30	0 15	0 30
72	2 f. bleu-vert	0 30	0 15	0 30
73	3 f. rouge-brun	0 50	0 15	0 30
74	4 f. violet	7 »	3 85	3 35
75	5 f. rose-lilas	0 65	0 30	0 35
76	10 f. rouge-orange	3 85	2 45	2 30
77	20 f. brun-olive	11 50	7 65	3 50
	Nos 67 à 77 (11 val.)	24 70	15 30	11 »

1946-55. - *Type Gerbes. Légende FRANCE TIMBRE TAXE. Typographie. Dentelés 14 x 13½.*

78	10 c. sépia	1 35	0 70	1 35
79	30 c. lilas-rose	1 35	0 70	1 35
80	50 c. vert	28 »	11 50	10 75
81	1 f. bleu-violet	0 30	0 30	0 30
82	2 f. bleu-vert	0 30	0 30	0 30
83	3 f. rouge-brun	0 30	0 30	0 30
84	4 f. violet	0 30	0 30	0 30
85	5 f. rose-lilas	0 30	0 30	0 30
86	10 f. rouge-orange	0 30	0 30	0 30
87	20 f. brun-olive	2 »	0 80	0 50
88	50 f. vert foncé	28 50	15 50	1 60
89	100 f. vert	87 »	54 »	7 65
	Nos 78 à 89 (12 val.)	150 »	85 »	25 »

A partir de 1960 les cotes de la colonne de gauche concernent les timbres neufs, sans charnières, celles de la colonne de droite les timbres oblitérés.

1960. - *Type Gerbes. Légende REPUBLIQUE FRANCAISE TIMBRE TAXE. Typographie. Dentelés 14 x 13½.*

90	5 c. rose-lilas	4 »	0 80
91	10 c. orange	6 »	0 70
92	20 c. brun-olive	5 »	0 30
93	50 c. vert foncé	15 »	1 40
94	1 f. vert	60 »	2 30
	Nos 90 à 94 (5 val.)	90 »	5 50

1964-71. - *Fleurs des Champs. Typographie. Dentelés 14 x 13½.*

Centaure jacée.

Gentiane.

Coquelicot.

95	5 c. lilas, rose, rouge et vert	0 15	0 15
96	10 c. carmin, vert et outremer	0 15	0 15
97	15 c. brun, vert et rouge	0 30	0 30

Pervenche.

Myosotis.

Ancolie.

98	20 c. mauve, vert clair et vert foncé	0 15	0 15
99	30 c. brun, vert foncé et outremer	0 15	0 15
100	40 c. jaune, rouge et vert foncé	0 30	0 30

Trèfle.

Soldanelle des Alpes.

101	50 c. outremer, vert et rouge	0 30	0 30
102	1 f. outremer, vert et lilas	0 80	0 30
	Nos 95 à 102 (8 val.)	2 30	1 80
	La série, non dentelée	92 »	

1982. - *Insectes. Coléoptères (I). Taille-douce. Dentelés 13.*

"Ampedus cinnabarinus".

"Dorcadion fuliginator".

"Pyrochroa coccinea".

103	10 c. noir et brun-rouge foncé	0 15	0 15
104	20 c. noir	0 15	0 15
105	50 c. noir et rouge-brique	0 30	0 30

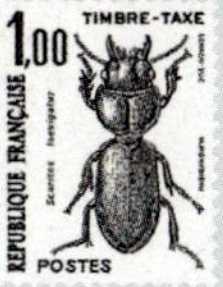
"Scarites laevigatus".

"Trichius gallicus".

"Apoderus corily".

106	1 f. noir	0 50	0 50
107	2 f. noir et brun-jaune	1 »	0 80
108	4 f. noir et rouge-brun	2 20	0 80
	Nos 103 à 108 (6 val.)	4 30	2 70
	La série, non dentelée	61 »	

Double frappe.

103a	10 c.	25 »
104a	20 c.	40 »
105a	50 c.	25 »
106a	1 f.	25 »
108a	4 f.	25 »

1983. - *Insectes. Coléoptères (II). Taille-douce. Dentelés 13.*

"Leplura cordigera".

"Paedurus littoralis".

109	30 c. noir, brun et rouge	0 30	0 30
110	40 c. noir, bleu et brun-rouge	0 50	0 30

"Adelia alpina".

"Tricodes alvearius".

111	3 f. noir et brun-rouge	1 55	0 50
112	5 f. noir, bleu-lilas et rouge-brun	2 30	0 50
	Nos 109 à 112 (4 val.)	4 65	1 60
	La série, non dentelée	54 »	

Les timbres-taxe ont été définitivement retirés le 18-11-1988.

TIMBRES-TELEGRAPHE

1868. - *Typographie.*

1	25 c. rouge-carmin	700 »	155 »
2	50 c. vert	700 »	245 »
3	1 f. orange	1 250 »	275 »
4	2 f. violet	1 250 »	200 »

Avec surcharge ÉPREUVE.

1a	25 c.	260 »	
3a	1 f.	340 »	
4a	2 f.	300 »	
	BLOCS DE QUATRE		
	25 c.	3 500 »	2 100 »
	50 c.	3 500 »	2 100 »
	1 f.	6 500 »	2 600 »
	2 f.	6 500 »	1 950 »

1868 (14 janvier). - *Idem. Dentelés 11½ x 12½.*

5	25 c. rouge carminé	960 »	105 »
6	50 c. vert	285 »	17 75
	a. vert clair	285 »	20 »
7	1 f. orange	285 »	15 50
	a. orange clair	340 »	20 »
8	2 f. violet	460 »	27 50
	a. violet clair	490 »	29 »

Avec surcharge ÉPREUVE.

6b	50 c.	92 »	
7b	1 f.	115 »	
8b	2 f.	140 »	

BLOCS DE QUATRE

	25 c.	5 000 »	765 »
	50 c.	1 550 »	460 »
	1 f.	1 550 »	4 600 »
	2 f.	2 300 »	500 »

TIMBRES-TELEPHONE

Les Timbres-Téléphone sont sans gomme.

1880. - *Formules typographiques avec talon et n° d'ordre. Papier mince.*

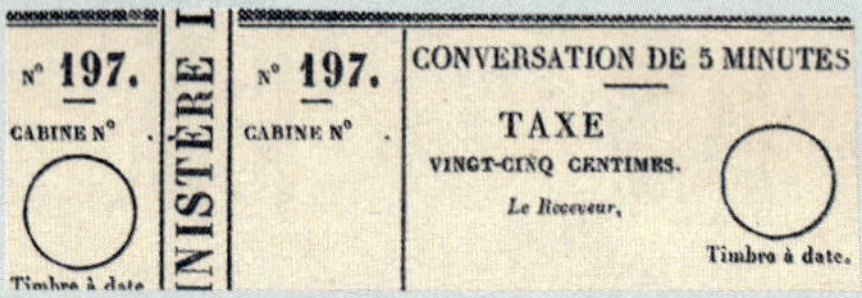

1	25 c. noir sur bulle	2 000 »	2 300 »
2	50 c. noir sur bulle	2 000 »	2 300 »

A. - Sur les n°s 3 à 15, le timbre porte dans le cartouche inférieur : TÉLÉGRAPHE.

1885-87. - *Légende MINISTÈRE des POSTES et des TÉLÉGRAPHES-TÉLÉPHONES - Bulletin de conversation. Fond de sûreté formé des mots MINISTÈREDESPOSTESETDESTÉLÉGRAPHESTÉLÉPHONES. Typographie. Papier carte. Dentelés 13½.*

A partir des cabines téléphoniques ouvertes au public.

3	25 c. bleu sur chamois	260 »	13 »
4	50 c. rouge sur rose	325 »	30 »

Service téléphonique à longue distance.

5	1 f. rouge sur azuré	825 »	33 »

Service téléphonique international.

6	3 f. noir sur vert	700 »	80 »

1888-96. - *Id. Légende POSTES ET TÉLÉGRAPHESTÉLÉPHONES - Bulletin de Conversation. Fond de sûreté formé des mots POSTESETTÉLÉGRAPHESTÉLÉPHONES. Typographie. Dentelés 13½.*

7	25 c. bleu sur chamois	285 »	20 »
8	30 c. noir sur lilas	170 »	18 »
8A	30 c. vert sur gris	200 »	88 »
9	50 c. rouge sur rose	180 »	17 »
	a. (Fond omis)	200 »	
	b. (Non dentelé)	300 »	
	c. (Non dentelé, noir sur rose)	325 »	
10	1 f. rouge sur azuré	190 »	17 »
11	3 f. noir sur vert	485 »	25 »

1896. - *Timbres précédents avec "5 Minutes dans le service local 3 Minutes dans le service interurbain" en surcharge.*

12	25 c. bleu s. chamois (3) (R)	2 750 »	2 000 »
13	25 c. bleu s. chamois (7) (R)	525 »	180 »
14	25 s. 50 c. rouge s. rose (9) (B)	360 »	190 »

Id. BULLETIN de CONVERSATION.

15	25 c. bleu et rouge s. chamois	195 »	85 »

B. - Sur les n°s 16 à 30, le timbre porte dans le cartouche inférieur : TÉLÉPHONES.

1897. - *Légende POSTES & TÉLÉGRAPHES -Bulletin de Communication. Fond de sûreté formé des mots POSTESETTÉLÉGRAPHESTÉLÉPHONES. Papier carte. Typographie. Dentelés 13½.*

16	25 c. bleu sur chamois	95 »	9 »
17	30 c. brun-noir sur lilas	155 »	50 »
18	50 c. rouge sur rose	130 »	9 »
19	1 f. rouge sur azuré	150 »	33 »
20	3 f. noir sur vert	800 »	170 »
	a. (Non dentelé)		240 »

Surcharge rouge : TAXE RÉDUITE à 0,15 centimes.

21	0,15 sur 25 c. bleu sur chamois (16)	95 »	17 »
	a. (Surcharge noire)	245 »	

1900-06. - *Id. Sans fond de sûreté. Papier blanc ou crème. Typographie. Dentelés 13½.*

22	10 c. violet	85 »	6 »
23	15 c. noir	120 »	11 »
24	25 c. bleu	50 »	5 »
25	30 c. brun	120 »	13 »
26	40 c. brun-rouge	85 »	7 »
27	50 c. orange	70 »	7 »
28	75 c. rose	180 »	25 »
29	1 f. rouge	150 »	26 »
30	3 f. vert	8 200 »	920 »

Non dentelés.

22a	10 c.	185 »	
23a	15 c.	300 »	
24a	25 c.	185 »	
25a	30 c.	300 »	
26a	40 c.	155 »	
27c	50 c.	460 »	

Impression double.

23b	15 c.	460 »	
26b	40 c.	460 »	

DÉPARTEMENTS D'OUTRE-MER

A) Guadeloupe, Guyane, Martinique.

Ces départements utilisent depuis 1949 les timbres de la Métropole.

B) Réunion.

A utilisé les timbres de la Métropole, surchargés en francs C.F.A., (Voir Tome II 1re partie).

Depuis le 1er janvier 1975, il n'est plus émis de timbres exprimés en francs C.F.A. et les timbres métropolitains les remplacent.

C) Mayotte.

Collectivité territoriale depuis 1976. Les timbres métropolitains y ont été utilisés jusqu'en 1996.

Depuis cette date Mayotte émet ses propres timbres, voir au Tome 1 Bis.

D) Saint-Pierre-et-Miquelon.

Les timbres de la Métropole ont été utilisés entre 1976 et 1985. Collectivité territoriale depuis lors, Saint-Pierre-et-Miquelon utilise ses propres timbres (voir au tome 1 Bis).

COLONIES FRANÇAISES

1 f(ranc) = 100 c(entimes).

Les timbres métropolitains de 10 c., 25 c. et 1 f. carmin de l'émission 1849-1850 (France, nos 1, 4 et 6) ont été provisoirement utilisés de novembre 1851 à août 1853 en Guadeloupe et Martinique, et de mars 1852 à août 1855 à la Réunion. Les mêmes valeurs, et en outre le 25 c. type de 1852 (France n° 10) ont servi à la Guyane en 1852 et jusqu'à la fin de 1853.

L'oblitération s'effectuant en France, l'origine ne peut être identifiée que sur les lettres, connues en petit nombre, dont la rareté croît dans l'ordre suivant : Guadeloupe, Martinique, Guyane, Réunion.

Oblitérations

Les premiers cachets oblitérants des colonies étaient constitués par des points (ronds ou carrés) assemblés en losanges ou en carrés. Certains de ces cachets sont muets, d'autres portent au centre l'abréviation en trois lettres du nom de la colonie (sauf pour INDE), selon le tableau ci-après :

ASI Assinié (Côte-d'Ivoire).
CCH Cochinchine.
GAB Gabon.
GOR Gorée (Sénégal).
GPE Guadeloupe.
INDE Inde.
MQE Martinique.
NSB Nossi-Bé.
OCN Océanie.
SNG Sénégal.
SPM Saint-Pierre-et-Miquelon.

Pour la cote des timbres sur lettre, voir l'introduction de notre Tome II 1re partie qui détaille chaque Colonie française.

Emissions générales

1859-65. - *Aigle impérial. Papier teinté.*

1	1 c. olive	23 »	27 »
	⊞	125 »	270 »
	a. (Paire intergalvano)	915 »	» »
2	5 c. vert	27 »	17 »
	⊞	135 »	230 »
	b. (Paire intergalvano)	610 »	» »
3	10 c. bistre-jaune	35 »	9 »
	⊞	170 »	70 »
4	20 c. bleu	40 »	15 »
	⊞	185 »	200 »
5	40 c. vermillon	30 »	15 »
	⊞	140 »	155 »
6	80 c. rose	125 »	70 »
	⊞	610 »	700 »

Les nos 3 et 4 existent avec double impression sans gomme (REBUTS) valeur n° 3 : 80 » - n° 4 : 105 ».

Paire dont un timbre couché.

3a	10 c. et 10 c.	1 100	»	575	»

Timbre sans parenthèses.

2a	5 c.	170	»	125	»

Dans le timbre normal, l'inscription se présente ainsi :

5 c. POSTES (5) c.

Ces timbres ont été réimprimés (valeur : 90 » pièce). Les réimpressions sont de nuances plus vives que les originaux et donnent, sous la lumière de Wood, la teinte jaune caractéristique des réimpressions Granet. La planche du 10 c. ne comporte pas de timbre couché.

De 1871 à 1880, les timbres des Colonies françaises sont les mêmes que les timbres de France, mais non dentelés.

1871-72. - *Napoléon III. Papier teinté.*

a

b

7	1 c. vert-olive (a)	80	»	80	»
	⊞	350	»	610	»
	a. (A la cigarette)	2 100	»	1 250	»
8	5 c. vert-jaune	1 100	»	500	»
	⊞	9 200	»	10 000	»
9	30 c. brun (b)	180	»	55	»
	⊞	840	»	385	»
10	80 c. rose (b)	1 200	»	130	»
	⊞	5 900	»	3 400	»

Le n° 8 (effigie non laurée) fut émis spécialement et fourni aux colonies en novembre 1871 ; il ressemble beaucoup au 5 c. vert de France de 1853. Il est aisé cependant de l'en distinguer par la nuance qui est semblable à celle du n° 35 (de France) et par l'état de la gravure usée.

Il existe différents types de surcharges "SPECIMEN" apposées sur les exemplaires d'exposition dans les bureaux de poste (rares), ces surcharges sont connues sur les types Cérès, Sage et Alphée Dubois, ainsi que sur les timbres Taxe au type Duval.

1871. - *Cérès. Idem.*

11	10 c. bistre	420	»	150	»
	⊞	2 000	»	2 000	»
12	20 c. bleu	600	»	140	»
	⊞	3 000	»	1 700	»
13	40 c. orange	300	»	15	»
	⊞	2 000	»	610	»
	a. saumon	575	»	50	»

Chiffres 4 larges.

Pour la distinction de ce type, voir les clichés de France (1849-50).

13b	40 c. orange	3 850	»	700	»
13c	Paire avec un normal	8 000	»	2 000	»
13d	Paire des deux timbres retouchés	23 000	»	8 400	»

TETE-BECHE

11a	10 c. et 10 c.	50 000	»	23 000	»
12a	20 c. et 20 c.	17 000	»		

1872-77. - *Cérès. Papier teinté.*

A. - Grands chiffres dans les angles inférieurs.

14	1 c. vert-olive	15	»	17	»
	⊞	75	»	150	»
	a. (Cadre inférieur brisé)	90	»	»	»
15	2 c. rouge-brun	550	»	900	»
	⊞	2 900	»	»	»
	a. (à la barbiche)	2 300	»	3 000	»

16	4 c. gris	12 500	»	650	»
	⊞	»	»	»	»
17	5 c. vert s. azuré	17	»	11	»
	⊞	85	»	110	»
	a. (Papier filigrané LACROIX)	300	»	230	»

Les 2 c. et 4 c. ne furent fournis qu'à la Cochinchine. Ne pas confondre avec le 4 c. de France, non dentelé. Le 4 c. Colonies est gris jaunâtre, tandis que le 4 c. de France, non dentelé, est gris pâle. Quant au 4 c., essai, il est très facilement reconnaissable à une petite tâche sur la joue, due à un trait de burin.

B. - Type de 1871. Gros chiffres.

18	10 c. brun s. rose	270	»	15	»
	⊞	1 350	»	275	»
19	15 c. bistre	600	»	120	»
	⊞	3 050	»	1 400	»
20	30 c. brun	130	»	25	»
	⊞	610	»	230	»
21	80 c. rose	700	»	170	»
	⊞	3 400	»	1 100	»

C. - Même type. Petits chiffres.

22	15 c. bistre	380	»	15	»
	⊞	1 800	»	155	»
23	25 c. bleu (I)	200	»	15	»
	⊞	900	»	140	»
	a. (III)	460	»	30	»
	⊞	2 300	»	300	»

1877-79. - *Type Sage. Papier teinté.*

Type I.

24	1 c. vert	30	»	45	»
	⊞	200	»	275	»
25	4 c. vert	20	»	20	»
	⊞	105	»	140	»
26	30 c. brun	45	»	60	»
	⊞	210	»	285	»
27	40 c. rouge-orange	30	»	25	»
	⊞	155	»	230	»
28	75 c. rose	85	»	100	»
	⊞ rose	430	»	535	»
	a. carmin	200	»	150	»
	⊞	840	»	840	»
29	1 f. olive	55	»	60	»
	⊞	250	»	260	»

Type II.

30	2 c. vert	15	»	12	»
	⊞	77	»	77	»
31	5 c. vert	20	»	6	»
	⊞	105	»	90	»
	a. (vert sur vert)	25	»	11	»
	⊞	125	»	125	»
32	10 c. vert	100	»	15	»
	⊞	500	»	140	»
33	15 c. gris	300	»	85	»
	⊞	1 550	»	1 400	»
34	20 c. brun-lilas s. paille	60	»	10	»
	⊞	290	»	125	»
35	25 c. bleu	5 000	»	200	»
	⊞	»	»	3 850	»
36	25 c. outremer	45	»	10	»
	⊞	215	»	110	»
36A	1 f. *vert-bronze*	2 100	»		
	⊞	»	»	»	»

36A : quelques exemplaires furent envoyés au Tonkin entre 1884 et 1888 où ils reçurent une oblitération de complaisance.

Pour la distinction des types, se reporter aux clichés qui accompagnent l'émission de France de la même époque.

1878-80. - *Idem (Type II).*

37	1 c. noir s. azuré	20	»	20	»
	⊞	105	»	185	»
38	2 c. lilas-brun s. paille	20	»	30	»
	⊞	95	»	125	»
39	4 c. lilas-brun s. gris	30	»	40	»
	⊞	140	»	195	»
40	10 c. noir s. lilas	125	»	30	»
	⊞	610	»	250	»
41	15 c. bleu	30	»	15	»
	⊞	155	»	200	»
42	20 c. brique s. vert	85	»	15	»
	⊞	420	»	200	»
43	25 c. noir s. rouge	700	»	300	»
	⊞	3 500	»	»	»

44	25 c. jaune-bistre	800	»	35	»
	⊞	4 200	»	460	»
45	35 c. violet-noir s. jaune	55	»	35	»
	⊞	250	»	275	»

Ne pas confondre le n° 43 avec la réimpression Granet ni avec le timbre de France non dentelé (qui est sur papier mince).

Le n° 44 est jaune-bistre sur jaune foncé, contrairement au n° 92b de France qui est jaune-bistre sur jaune clair.

Tirage spécial de 1900 sur bristol avec dentelure figurée.

L'Atelier du Timbre a procédé à un tirage de luxe des timbres de France, des Colonies françaises et des Bureaux français à l'étranger émis entre 1876 et 1892, en vue de la présentation à l'Exposition Universelle de 1900.

Lorsque les timbres originaux sont dentelés, le dentelure est figurée par une impression supplémentaire à l'encre sépia.

Pour les timbres des Colonies françaises et des Bureaux français à l'étranger, on ne connaîtrait que 2 panneaux de 25 timbres découpés.

Pour les Sage ce tirage n'est pas avec dentelure figurée mais seulement sur bristol.

1881. - *Type Alphée Dubois. Papier teinté. Dentelés 14 x 13½.*

46	1 c. noir s. azuré	6	»	5	»
	⊞	28	»	95	»
47	2 c. lilas-brun s. paille	6	»	5	»
	⊞	28	»	95	»
48	4 c. lilas-brun s. gris	6	»	6	»
	⊞	28	»	95	»
49	5 c. vert	7	»	3	»
	⊞	30	»	54	»
50	10 c. noir s. lilas	12	»	5	»
	⊞	60	»	95	»
51	15 c. bleu	17	»	3	»
	⊞	85	»	95	»
52	20 c. brique s. vert	60	»	20	»
	⊞	285	»	285	»
53	25 c. jaune-bistre	15	»	6	»
	⊞	77	»	95	»
54	25 c. noir s. rose	20	»	3	»
	⊞	77	»	95	»
55	30 c. brun	45	»	25	»
	⊞	210	»	230	»
56	35 c. violet-noir s. orange	45	»	35	»
	⊞	225	»	275	»
	a. sur jaune	115	»	61	»
	⊞	575	»	575	»
57	40 c. rouge-orange	45	»	30	»
	⊞	230	»	285	»

58	75 c. rose	140 »	70 »
	⊞	700 »	1 000 »
59	1 f. olive	85 »	50 »
	⊞	420 »	460 »

Type Alphée Dubois, la série de 14 valeurs avec dentelure figurée 1500 ».

L'émission au type Alphée Dubois fut la dernière qui eut cours dans toutes les Colonies françaises. Les variations du change dans quelques-unes de nos possessions obligèrent les pouvoirs publics à doter chaque colonie d'une série particulière ne servant que dans ses bureaux de poste ; on obtint d'abord ces timbres particuliers par des surcharges indiquant le nom de la colonie.

Dans certains cas la surcharge ne comportait que l'indication de la monnaie ainsi :

Sur timbres-poste ou timbres-taxe de France :

Surcharge en ANNAS, voir Zanzibar.

Surcharge en CENTIMOS, voir Maroc.

Surcharge en CENTS, voir Chine.

Surcharge en MILLIEMES, voir Alexandrie et Port-Saïd.

Surcharge en PIASTRES, voir Levant.

Surcharge chiffre et texte arabe, voir Maroc.

Surcharge 0.15 ou 15, voir Majunga.

Sur timbres-poste ou timbres-taxe des Colonies :

Sur émission Aigle, Napoléon, Cérès et Sage :

Surcharge chiffre et R, voir Réunion.

Sur émission Sage :

Surcharge 25, voir Nossi-Bé.

Surcharge 25 et deux barres, voir Tahiti.

Surcharge 20, 25 et GPE, voir Guadeloupe.

Sur émission Alphée Dubois :

Surcharge chiffre et A et T, voir Annam et Tonkin.

Surcharge 5, 15, avec ou sans C.CH., voir Cochinchine.

Surcharge violette 15, généralement oblique, voir Diégo-Suarez.

Surcharge 15, 25, voir Gabon.

Surcharge 05, 5, 15, 25, voir Madagascar.

Surcharge chiffre et MQE, voir Martinique.

Surcharge chiffre et NSB, voir Nossi-Bé.

Surcharge chiffre et R, voir Réunion.

Surcharge 2, voir Réunion.

Surcharge chiffre et SPM, voir Saint-Pierre-et-Miquelon.

Surcharge 5, 10, 15, voir Sénégal.

Sur timbre-taxe de 1893 :

Surcharge 10, voir Sénégal.

A partir de 1892, parut une émission d'un type général pour toutes les colonies, mais portant, dans un cartouche, le nom de chacune d'elles. Ce principe a été adopté depuis lors mais quelques timbres ont été imprimés par erreur sans nom de colonie. On connaît ainsi :

Type groupe, 25 c., voir Indochine (n° 10a).

Type groupe, 30 c., voir Diégo-Suarez (n° 46a).

Type Faidherbe, 1 c., voir Sénégal (n° 30a).

Type Faidherbe, 5 c., voir Côte-d'Ivoire (n° 24a).

Type Faidherbe, 10 c., voir Sénégal (n° 4a).

Exp. colon., tous, voir Cameroun (n°s 149a à 152a). 3 f. BF, voir Guadeloupe et Martinique.

Exposition de Paris, 20 c., 30 c., 90 c., 1 f. 50, voir Afrique Equatoriale (n°s 27 à 32).

Effigie de Caillé, 90 c., voir Côte-d'Ivoire (n°s 141a à 143a).

150e anniversaire de la Révolution, 2 f. 25 + 2 f., voir Afrique Equatoriale (n° 76a).

Effigie d'Eboué, 2 f., voir Afrique Equatoriale (n° 206a).

Poste aérienne 1940, 1 f. 90, 2 f. 90, 4 f. 50, 4 f. 90, et 6 f. 90, voir Côte-d'Ivoire (n°s 1a et suivants).

Protection de l'enfance indigène, voir Côte-d'Ivoire (n°s 6 à 8).

Voir aussi, à Afrique Occidentale (n° 75), un 20 f. sans nom de colonie portant la légende : OFFICE DES POSTES ET TELECOMMUNICATIONS.

Les timbres suivants, qui ne portent pas de nom de colonie, ont été émis par le Comité français de la libération nationale et mis en vente dans la plupart des colonies et en Corse.

Pour les n°s 60 à 66 et le P.A. n° 1, les cotes de la colonne de gauche concernent les timbres neufs avec gomme d'origine intacte et sans charnière, celles de la colonne centrale les timbres neufs avec charnière légère, celle de la colonne de droite les timbres oblitérés.

1943. - *Pour l'aide aux combattants. Dentelés 12.*

60	0 f. 50+4 f. 50, émeraude	1 50	1 »	2 »
61	1 f. 50+8 f. 50, rose	1 50	1 »	2 »
62	3 f.+12 f. bleu clair	1 50	1 »	2 »
63	5 f.+15 f. gris-brun	1 50	1 »	2 »

64	9 f.+41 f. lilas	4 »	2 50	3 50
	N°s 60 à 64 (5 val.)	10 »	6 50	11 50
	La série, non dentelée		38 »	

1943. - *Pour l'aide aux résistants. Percé en scie.*

Ce timbre a été imprimé par feuillets de 10 exemplaires, en deux rangées horizontales de cinq. Au dessus ou en dessous de chaque timbre se trouve un cadre en pointillés gris renfermant une croix de Lorraine bleu foncé.

65	1 f. 50+98 f. 50, bleu foncé et gris	55 »	40 »	55 »
	a. (sans le cadre attenant)	25 »	15 »	15 »

1943. - *Au profit des oeuvres de Solidarité française. Dentelé 12.*

66	10 f.+40 f. bleu	6 »	5 »	7 »
	a. (Non dentelé)	12 25		

TIMBRE POUR LA POSTE AERIENNE

1944. - *Entraide de l'Aviation. Dentelé 12.*

1	10 f.+40 f. gris-vert	8 »	6 »	7 »
	a. (Non dentelé)	20 »		

TIMBRES-TAXE

1884. - *Non dentelés.*

1	1 c. noir	3 85	3 85
2	2 c. noir	3 85	3 85
3	3 c. noir	3 85	3 85
4	4 c. noir	4 60	3 85
5	5 c. noir	6 10	3 »
6	10 c. noir	9 15	6 10
7	15 c. noir	15 »	11 50
8	20 c. noir	15 »	12 25
9	30 c. noir	17 »	9 15
10	40 c. noir	23 »	9 15
11	60 c. noir	34 50	19 25
12	1 f. *noir*	350 »	
13	2 f. *noir*	350 »	
14	5 f. *noir*	460 »	

Les n°s 1 à 11 existent sur papier jaunâtre et sur papier blanc.

Tirage sur bristol (sans dentelure figurée), les 14 valeurs 1100 ».

1884. - *Idem.*

15	1 f. marron	35 »	23 »
16	2 f. marron	30 »	23 »
17	5 f. marron	105 »	70 »

On connaît des paires interpanneaux des 1 f., 2 f. et 5 f. en Aile de Moulin (Tête-Bêche).

Valeur d'une paire 765 »

Tirage sur bristol (sans dentelure figurée), les 3 valeurs 385 ».

1893-1908. - *Idem.*

18	5 c. bleu	1 10	1 10
19	10 c. brun	1 10	1 10
20	15 c. vert-jaune	1 25	1 25
21	20 c. olive (1906)	1 25	1 25
22	30 c. rouge carminé	2 50	1 60
23	50 c. violet	2 50	1 60
24	60 c. brun jaunâtre	4 30	2 50
	a. brun violacé	5 50	3 »
25	1 f. rose s. paille	25 »	21 »
26	1 f. lilas-brun s. paille (1905)	6 »	4 60
	N°s 18 à 26 (9 val.)	45 »	36 »

Tirage sur bristol (sans dentelure figurée) sauf les n°s 21 et 26, les 7 valeurs 305 ».

Les 50 c. et 1 f. avec COLIS POSTAUX en surcharge sont catalogués à Côte-d'Ivoire.

1945-46. - *Dentelés 11½.*

27	10 c. bleu	0 30	0 30
28	15 c. vert-jaune	0 30	0 30
29	25 c. jaune-orange	0 30	0 30
30	50 c. vert foncé	0 80	0 65
31	60 c. brun-rouge	0 80	0 65
32	1 f. lie-de-vin	0 80	0 50
33	2 f. rouge	0 80	0 65
34	4 f. gris	3 35	2 75
35	5 f. outremer	3 35	2 75
36	10 f. violet	18 50	15 »
37	20 f. brun	3 80	3 »
38	50 f. vert	6 90	6 15
	Nos 27 à 38 (12 val.)	40 »	33 »

Les émissions générales des Colonies françaises ont été de 1871 à 1881 aux mêmes types que les émissions de France, aussi sont-elles reprises dans le présent volume I. Toutefois le chapitre figure également en tête du volume II 1re partie.

FEUILLETS-SOUVENIR DE LA C.N.E.P.

Ces feuillets sont mis en vente par les professionnels membres de la Chambre Syndicale Française des Négociants et Experts en Philatélie (C.N.E.P.) à l'occasion des Salons Philatéliques organisés par celle-ci.

Ils n'ont pas pouvoir d'affranchissement.

1980. - *Salon Philatélique de Strasbourg.*

1 "ALSATEC" 15 »

1981. - *Salon Philatélique de Lyon.*

2 "RHONALPEX" 10 »

1982. - *Salon Philatélique d'automne, à Paris.*

3 "PARIPEX" (I) 15 »

Idem. Dessin différent au-dessus de Notre-Dame.
Pas de traits sur les toits des immeubles près du Pont Neuf.
Pas de "Pont" à gauche de Notre-Dame.

3A "PARIPEX" (II) 16 »

1983. - *Salon Philatélique de Lille.*

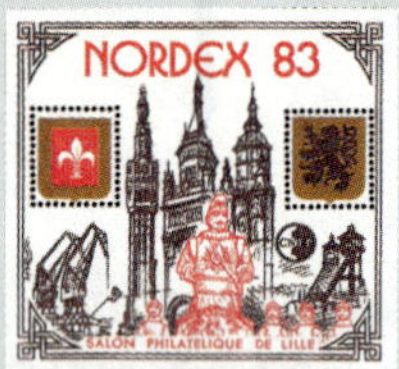

4 "NORDEX" (Type I,
3e clocher extrémité sans croix) 8 »

4A "NORDEX" (Type II,
3e clocher extrémité avec croix) 9 »

1984. - *Salon Philatélique de Toulouse.*

5 "AVIAPHIL" 20 »

Idem. Toit de l'église coupé en dessous du breguet 14.

5A "AVIAPHIL" (Type 2) 22 »

1985. - *Salon Philatélique de Marseille.*

6 "MASSILIA" 9 »

1986. - *Salon Philatélique de Rennes.*

7 "BRETAGNE" 9 »

1987. - *Salon Philatélique de Dijon.*

8 "BOURGOGNE" 14 »

1988. - *Salon Philatélique de Metz.*

9 "LORRAINE" 19 »

1989. - *Salon Philatélique de Lyon.*

10 "LYONNAIS" 21 »

Idem, avec surcharge rouge "ANNÉE DU BICENTENAIRE DE LA REVOLUTION FRANÇAISE".

11 30 »

Le papier du n° 11 est plus blanc que celui du n° 10.

1990. - *Salon Philatélique de Bordeaux.*

12 "AQUITAINE" 16 »

1991. - *Salon Philatélique de Mulhouse.*

13 "ALSACE" 12 »

1992. - *Salon Philatélique de Tours.*

14 "TOURAINE" 80 »

Idem, spécial Jeux olympiques.

15 "ANNÉE OLYMPIQUE" 75 »

1992. - *46e Salon Philatélique d'automne, à Paris.*

16 "DISNEY 92" 16 »

1993. - *Salon Philatélique de Strasbourg.*

17 "EUROPHILEX" 47 »

1994. - *Salon Philatélique de Lyon.*

18 "LUGDUNUM" 19 »

1994. - *48e Salon Philatélique d'automne, à Paris.*

19 "CHAMPS-ÉLYSÉES 94" 18 »

1995. - *Salon Philatélique de Toulouse.*

20 "TOLOSA 95" 40 »

1995. - *49e Salon Philatélique d'automne, à Paris.*

21 "PARIS 95" Hommage au Général de Gaulle 13 »

1996. - *Salon Philatélique de Lille.*

22 "PHILAFLANDRE 96" 13 »

1996. - *50e Salon Philatélique d'automne, à Paris.*

23 "PARIS 1946-1996" 16 »

1997. - *Salon Philatélique de Mulhouse.*

24 "MULHOUSE-97" 18 »

1997. - *51e Salon Philatélique d'automne, à Paris.*

25 "PARIS 97" Croix-Rouge Française 21 »

1998. - *Salon Philatélique de Lyon.*

26 "Coupe du monde" 10 »

FRANCE
VAINQUEUR DU BRESIL
3·0
COUPE DU MONDE
12 07 1998

27 Idem surchargé 24 »

1998. - *52e Salon Philatélique d'automne, à Paris.*

28 "150e anniversaire du 1er Timbre-Poste français" 10 »

1999. - *Salon Philatélique de Strasbourg.*

29 "50e anniversaire du Conseil de l'Europe" 10 »

1999. - "*Philexfrance'99*".

30 "150e anniversaire du premier timbre-poste de France (Hologramme du 20 c. Cérès)" 11 »

2000. - *Salons Philatéliques Paris - Lyon.*

31 "An 2000" 10 »

2000. - *54e Salon Philatélique d'Automne, à Paris.*

32 "1900 à 2000" 10 »

2001. - *Salon Philatélique de Printemps, à Nancy.*

33 "Nancy 2001" 11 »

2001. - *55e Salon Philatélique d'Automne, à Paris.*

34 "2001 Hommage à Decaris" 9 »

2002. - *3e Biénnale Philatélique de Paris.*

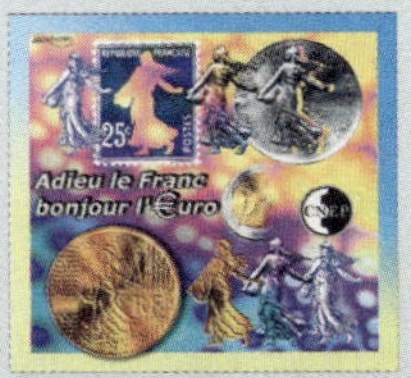

35 "Adieu le Franc bonjour l'€uro" 9 »

2002. - *Salon Philatélique de Printemps, à Nîmes.*

36 "Nîmes 2002" 9 »

2002. - *Salon Philatélique d'Automne, à Paris.*

37 "Paris-Rome" 9 »

2003. - *Salon Philatélique de Printemps, à Nantes.*

38 "Nantes 2003" 9 »

2003. - *Salon Philatélique d'Automne, à Paris.*

39 "Luxembourg 2003" 9 »

2004. - *Salon Philatélique de Printemps, à Clermont-Ferrand.*

40 "Clermont-Ferrand 2004" 9 »

2004. - *Salon du Timbre, à Paris.*

41 "Salon du Timbre 2004 (Parc Floral de Paris)" 9 »

2004. - *Salon Philatélique d'Automne, à Paris.*

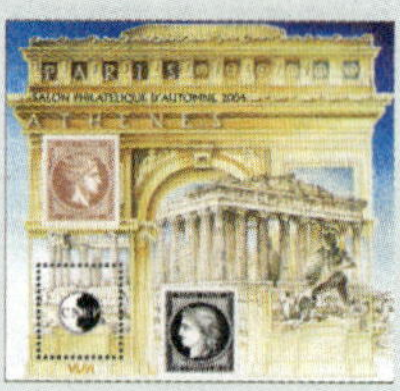

42 "Paris" 9 »

2005. - *Salon Philatélique de Printemps, à Aix-en-Provence.*

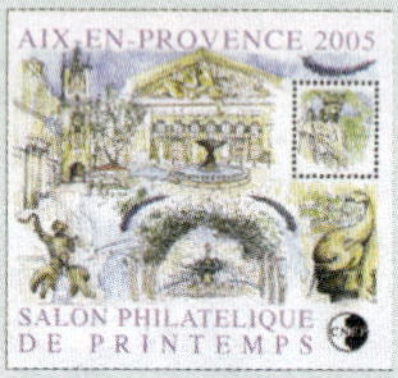

43 "Aix-en-Provence 2005" 8 »

2005. - *Salon Philatélique d'Automne, à Paris.*

44 "Paris - Art du timbre gravé" 8 »

2006. - *Salon Philatélique de Printemps, à Dijon.*

45 "Dijon 2006" 8 »

2006. - *Salon du Timbre & de l'Ecrit, à Paris.*

46 "Salon du Timbre & de l'Ecrit 2006 (Parc Floral de Paris)" 8 »

2007. - *Salon Philatélique d'Automne à Paris.*

47 "60e anniversaire du Salon d'Automne à Paris" 8 »

2007. - *Salon Philatélique de Printemps à Limoges.*

48 "Limoges 2007" 7 »

FEUILLETS-SOUVENIR DE LA FÉDÉRATION FRANÇAISE DES ASSOCIATIONS PHILATÉLIQUES (F.F.A.P.)

Ces feuillets sont mis en vente auprès des associations philatéliques fédérées et offerts aux abonnés de la revue "La Philatélie Française".

2007. - *80e Congrès Poitiers 2007.*

1 La Passion du Timbre. Notre-Dame-La-Grande 7 »

VOTRE PASSION EN UN CLIC
LE TIMBRE SUR INTERNET
Découvrez notre sélection de timbres de France, Monaco, Andorre, Nouvelle Calédonie, Polynésie, Wallis et Futuna, TAAF et St-Pierre-et-Miquelon, Thématiques, en vente au détail.
YVERT.COM

Découvrez
les philatélistes
de

votre région

Les points «club»

01 • AIN

01000 LIB MONTBARBON
Place de la Grenouillère
Bourg-en-Bresse
Tél. 04 74 24 61 00

03 • ALLIER

03200 VICHY PHILATELIE
22 avenue P. Doumer
Vichy
Tél. 04 70 31 65 41

06 • ALPES-MARITIMES

06000 ROLAND VESPA PHILATELIE
37 rue Gioffredo
Nice
Tél. 04 93 62 26 10

06110 ED. LA ROSE DES VENTS
383 bd J. Monod
Rocheville
Tél. 04 93 45 22 95

08 • ARDENNES

08000 VILLERS COLLECTIONS
8 rue Jules Lobet BP 45
Villers-Semeuse
Tél : 03 24 37 31 97

09 • ARIEGE

09500 LOISIRS ET COLLECTIONS
43 Pl du Maréchal Leclerc
Mirepoix
Tél : 05 61 60 13 13

11 • AUDE

11000 PHILATELIE RAMORINO
24 rue Armagnac
Carcassonne
Tél. 04 68 25 03 83

13 • BOUCHES-DU-RHÔNE

13001 MAISON DU TIMBRE
1 rue Pythéas
Marseille
Tél. 04 91 33 76 16

13100 ATOUT PHILATELIE
19 bis rue Emeric David
Aix-en-provence
Tél. 04 42 91 40 39

13400 AUBAGNE PHILATELIE
Avenue Joseph Lafond
Le Verdi
Aubagne
Tél. 04 42 03 02 88

14 • CALVADOS

14000 CAEN PHILATELIE
97 rue Saint Jean
Caen
Tél. 02 31 86 04 35

14000 LE PHILATELISTE
24 rue Caponière
Caen
Tél. 02 31 86 44 78

16 • CHARENTE

16000 PHILATELIE CHARENTAISE
12 place Delivertoux
Angoulême
Tél. 05 45 92 59 35

17 • CHARENTE-MARITIME

17000 LE COLLECTIONNEUR
14 rue du Cordouan
La Rochelle
Tél. 05 46 41 74 86

17000 MONNAIES / MÉDAILLES 17
20 rue Gargoulleau
La Rochelle
Tél. 05 46 41 40 01

17300 PHILARÊVE
51 rue Jean Jaurès
Rochefort
Tél. 05 46 99 04 41

18 • CHER

18000 BERNADET PHILATELIE
20 rue Porte Jaune
Bourges
Tél. 02 48 24 10 00

21 • CÔTE-D'OR

21000 DIJON PHILATELIQUE
17 place Darcy
Dijon *(Sauf lundi)*
Achat - Vente - Timbres Poste - Lettres - Cartes postales - Monnaies
Tél./Fax 03 80 30 58 06

25 • DOUBS

25000 BESANCON PHIL.
22 rue de la République
Besançon
Tél. 03 81 81 44 09

25000 ART ET PHILATÉLIE
32 rue Proudhon
Besançon
Tél. 03 81 81 31 44

25200 PHILA CARTO NUMI
8 rue de la Sous préfecture
Montbeliard
Tél. 03 81 97 10 09

26 • DROME

26000 L'AMATEUR TIMBROPHILE
1 Cité Chabert
Valence
Vente-Achat : Timbres Monnaies, Cartes postales
Tél. 04 75 43 36 63
Fax : 04 75 43 38 38

26000 VALENCE COLLECTION
34 rue Faventines
Valence
Achat - Vente - Timbres Cartes, Monnaies, Matériel
Tél. 04 75 55 51 73
email : yannoffline@yahoo.fr

27 • EURE

27000 ESPACE COLLECTIONS
5 rue des Lombards
Evreux
Timbres et Monnaies de France, Euros et Monnaies de Paris
Tél.Fax 02 32 62 31 82

29 • FINISTÈRE

29000 ESPACE COLLECTIONS
13 rue du Salle
Quimper
Tél. 02 98 95 89 64

29200 BREST PHILATELIE
18 rue de Lyon
Brest
Tél. 02 98 44 31 71

30 • GARD

30100 LE COLLECTIONNEUR CÉVENOL
14, rue Taisson
Alès
Tél. 04 66 52 90 99

30000 AS DE NÎMES COLLECTIONS
13, rue de la Curaterie
Nimes
Tél. 04 66 21 74 58

31 • HAUTE-GARONNE

31000 AUGERY PHILATELIE
7, rue du Rempart St-Etienne
Toulouse
Tél. 05 61 23 67 38

31000 PHILATELIE DES CARMES
40 rue du Pharaon
Toulouse
Tél. 05 61 55 39 08

31 • HAUTE-GARONNE

31000 CIRY PHILATELIE
9 ter, rue des Lois
Toulouse
Timbres et matériel philatélique...
Tél./Fax 05 61 22 45 27

33 • GIRONDE

33000 PHILATELIE BORDELAISE
3, rue Louis Combes
Bordeaux
Nouveautés du Monde, Abonnements, Thématiques, Mancolistes - Matériel
Tél. 05 56 81 20 47
Fax : 05 56 44 60 58

33000 ART ET PHILATELIE
31, rue Porte Dijeaux
Bordeaux
Tél. 05 56 52 10 68

33000 BARRET PHILATÉLIE
30 rue des Remparts
Bordeaux
Tél. 05 56 51 22 13

33000 LA MAISON DU COLL.
24 rue des Ayres
Bordeaux
Tél. 05 56 51 11 64

33000 PHILATEXTE
65 rue G. Bonnac
Bordeaux
Tél. 05 56 51 42 36

34 • HÉRAULT

34000 DENOY PHILATÉLIE
35 rue St Guilhem
Montpellier
Tél. 04 67 60 32 49

34500 BEZIERS-PHILATELIE
12 rue Trencavel
Béziers
Tél. 04 67 28 24 73

35 • ILLE-ET-VILAINE

35000 REN' COLLECTIONS
6 rue d'Argentré
Rennes
Timbres - Thématique - Matériel philatélique...
20ème anniversaire !
Tél. 02 99 78 22 04
Fax 02 99 79 66 85
email : ren.collection@cegetel.net

36 • INDRE

36100 ISSOUDUN PHIL.
4 Bld. Roosevelt
Issoudun
Tél. 02 54 21 02 19

37 • INDRE-ET-LOIRE

37000 PHILARAMA SARL
5, rue de Jérusalem
Tours
Achat-Vente de timbres de collection. Matériel philatélique et numismatique.
Tél. 02 47 66 32 01
Fax 02 47 66 03 04
email : philarama@wanadoo.fr

38 • ISÈRE

38000 PHILATELIE RAPHAEL
33 Avenue Alsace Lorraine
Grenoble
Tél. 04 76 87 10 74

41 • LOIR-ET-CHER

41000 ARTS ET PASSIONS
4, rue St-Lubin
Blois
Tél. 02 54 78 61 61

42 • LOIRE

42000 M. J. RIOCREUX
29 rue de la République
St-Etienne
Tél. 04 77 32 50 81

44 • LOIRE-ATLANTIQUE

44000 LA BOURSE AUX TIMBRES
19 passage Pommeraye
Nantes
Tél. 02 40 48 52 04

44000 ARMEL HENRY PHILATÉLIE PLUS
2 rue des Deux Ponts
Nantes
Tél. 02 40 20 45 71

49 • MAINE-ET-LOIRE

49100 ANJOU-PHILATELIE
53, rue Bressigny
Angers
Tél. 02 41 88 55 45

50 • MANCHE

50100 PHILATELIE 50
9 rue Albert Mahieu
Cherbourg
Tél. 02 33 93 55 91

51 • MARNE

51100 REIMS PHILATELIE
27 rue de Vesle
Reims
Tél. 03 26 47 72 21

52 • HAUTE-MARNE

52100 SAINT DIZIER PHIL.
7 place Aristide Briand
Saint-Dizier
Tél. 03 25 05 10 67

53 • MAYENNE

53000 PHILATÉLIE LAVALLOISE
47 Grande Rue
Laval
Tél. 02 43 67 15 41

54 • MEURTHE-ET-MOSELLE

54000 JEAN HECKLER
48 rue Stanislas
Nancy
Tél. 03 83 32 20 86

54000 PHILATELOR
25, rue de mon Desert
Nancy
Tél. 03 83 40 42 01

57 • MOSELLE

57500 NABOR COLLECTIONS
46, rue Poincaré
Saint-Avold
Tél. 03 87 29 04 13

57970 PHILA PASSION PLUS
111 route Nationale
Yutz
Tél. 03 82 56 52 12

59 • NORD

59000 MOLINEL PHILATÉLIE
127 rue du Molinel
Lille
Nouveautés d'Europe
Tél.Fax 03 20 57 40 89

59 • NORD

59000 ESPACE YVERT & TELLIER
54 rue du Molinel
Lille
Tél. 03 20 44 22 22

59140 DUNKERQUE PHILATÉLIE
33 rue Nationale
Dunkerque
Tél. 03 28 69 56 20

59200 PHILATELIE M. BLOT
55, rue de Mouvaux
Tourcoing
Tél. 03 20 26 95 12

60 • OISE

60000 PHILATELIE MALHERBE
18 rue de Malherbe
Beauvais
Achat-Vente-Estimation
Timbres - Lettres
Tél. 03 44 45 26 90

60200 PHILATEMARQ
20 rue des Cordeliers
Compiègne
Tél. 03 44 23 18 76

61 • ORNE

61000 ART ET COLLECTION
4 place du 103ème R.I.
Alençon
Tél. 02 33 32 17 25

62 • PAS-DE-CALAIS

62114 SAINS LOISIRS
50 Résidence
les Claires Fontaines
Sains en Gohelle
Tél./Fax 03 21 29 93 36

62600 JP LEPRETRE PHIL.
431 rue de l'Impératrice
Berck-sur-Mer
Tél. 03 21 09 07 70

63 • PUY-DE-DOME

63000 CLERMONT COLLECTIONS
1 rue Saint Barthélemy
Clermont-Ferrand
Tél : 04 73 37 88 31

64 • PYRÉNÉES-ATLANTIQUES

64100 M. SCHNEIDER
3 bis rue Marengo
Bayonne
Tél. 05 59 59 85 64

64000 LE TIMBRE EUROPEEN
5 rue Lamothe
Pau
Tél. 05 59 83 76 06

65 • PYRÉNÉES-ATLANTIQUES

65000 PYRÉNÉES PHILATÉLIE
40 rue Larrey
Tarbes
Tél. 05 62 44 80 10

66 • PYRÉNÉES ORIENTALES

66000 COMPTOIR DU COLLECTIONNEUR
2 rue Brousse
Perpignan
Tél. 04 68 34 52 09

67 • BAS-RHIN

67000 PHILATELIE SCHOTT
10 rue du Fbg de Pierre
Strasbourg
Tél. 03 88 32 44 52

67000 STRAPHIL
24 rue de la 1ère armée
Strasbourg
Tél. 03 88 24 18 99

68 • HAUT-RHIN

68000 BROCAPHIL
22 rue Vauban
Colmar
Tél. 03 89 23 98 34

68100 EST-PHILATELIE
20 rue Henriette
Mulhouse
Tél. 03 89 45 53 23
Fax 03 89 45 38 75

69 • RHÔNE

69000 ESPACE YVERT & TELLIER
48-50 rue de la Charité
Lyon
Tél. 04 78 42 22 22

69002 PHILATÉLIE LAHITTE
39 rue Ste Hélène
Lyon
Tél 04 78 37 17 25

69160 DEMI LUNE PHILATÉLIE
138 rue Joliot Curie
Tassin la Demi lune
Tél 04 78 36 53 12

69219 BOURSE AUX TIMBRES
62 rue Auguste Comte
Lyon BP 2405
Tél 04 78 37 47 47

72 • SARTHE

72000 L'UNIVERS PHILATÉLIQUE
3 av. du Gal de Gaulle
Le Mans
Timbres et Monnaies
Achat - Vente
Tél : 02 43 24 41 70

72000 PHILATELIE 72
52 grande rue
Le Mans
Tél. : 02 43 23 27 55
Fax : 02 43 87 05 32
www.philatelie72.com
Site de paiement sécurisé
email : philippe@phila72.fr

73 • SAVOIE

73490 PHILATÉLIE SAVOISIENNE
226, RN6
La Ravoire
Achat - Vente - Timbres
Matériel toutes marques
Tél. 04 79 71 35 44
Fax. 04 79 71 36 28

73000 MARIANNE PHILATÉLIE
154 rue Croix d'or
Chambéry
Tél. 04 79 33 09 65

74 • HAUTE-SAVOIE

74100 AMORSI COLLECTIONS
8 Passage Jean Moulin
Annemasse
Tél. 04 50 38 83 15

75 • PARIS

75002 AU MATÉRIEL DE COLLECTIONS
54 Passage des Panoramas
Paris
Tél. 01 42 36 03 18

75005 ARPHI-DIF
15 bd St-Germain
Paris
Tél. 01 43 54 34 54

75008 RENON
Gal. Elysées La Boétie,
52 av. Ch.Elysées
Paris
Tél. 01 42 25 58 20

75009 BERNARD AUMONT
22 rue Drouot
Paris
Tél. 01 47 70 63 34

75009 ESPACE YVERT & TELLIER
10 rue de Châteaudun
Paris
Tél. 01 40 82 74 70

75009 STE PHILA. LANGUEDOCIENNE
22 rue la Fayette
Paris
Tél. 01 42 46 99 30

75009 LA BOURSE DU TIMBRE
7, rue Drouot
Paris
Tél. 01 47 70 87 60

75010 MAISON CHAMPION
62 bld de Strasbourg
Paris
Tél. 01 42 46 70 38

76 • SEINE-MARITIME

76200 MINERAPHIL
6 et 8 rue Vauquelin
Dieppe
Tél. 02 35 84 10 04
Fax : 02 32 90 11 89

Nouveau
76600 ESPACE YVERT ET TELLIER
72 avenue Foch
Le Havre
Tél. 02 35 41 22 22

76000 REP. PHILATELIE
60 rue de la République
Rouen
Tél. 02 35 88 54 73

77 • SEINE-ET-MARNE

77000 LA BOURSE AUX COLLECTIONS
21 rue Carnot
Melun
Timbres - Monnaies - Matériel - Achat - Vente
Tél. 01 64 39 94 49
www.labourseauxcollections.fr

77170 MARC BESNARD PHILATÉLIE
9 rue des Halles
Brie Comte Robert
Tél/fax. 01 64 05 80 81

78 • YVELINES

78000 VERSAILLES PHILATÉLIE
5 rue de la Paroisse
Versailles
Tél. 01 39 25 03 59

78220 ARPHI
58 rue de Jouy
Viroflay
Tél. 01 30 24 21 62

80 • SOMME

80000 PHIL'AMIENS
81 rue du Hocquet
Amiens
Tél. 03 22 91 66 51

80000 ESPACE YVERT ET TELLIER
26 rue au Lin
Amiens
Tél. 03 22 92 33 32

81 - TARN

81100 TARN COLLECTIONS
31 rue Fuzies
Castres
Tél. 05 63 59 98 78

83 • VAR

83000 TOULON PHILATELIE
1 rue Saunier
Toulon
Tél. 04 94 91 92 04

84 • VAUCLUSE

84300 PHILATELIE CHABANNES
2 bis rue Diderot
Cavaillon
Tél. 04 90 78 07 76

85 • VENDÉE

85003 AGORA SA
11 rue Clémenceau
La Roche-Sur-Yon
Tél. 02 51 44 58 90

85100 OLONNES PHILATÉLIE
54 bis rue Nationale
Les Sables d'Olonnes
Tél. 02 51 95 30 51

86 • VIENNE

86000 PHILATELIE ET MILITARIA
8 rue Gaston Hulin
Poitiers
Tél. 05 49 88 94 27

87 • HAUTE-VIENNE

87000 PHILATÉLIE 87
8 rue Jean Jaurès
Limoges
Tél. 05 55 34 47 82

88 • VOSGES

88000 VOSGES-PHILATELIE
11 rue Mal De Lattre
Épinal
Tél. 03 29 64 11 30

91 • ESSONNE

91600 RICHARD PHILATELIE
22 bis rue Charles Rossignol
Savigny sur Orge
Tél. 01 69 24 32 05

92 • HAUTS-DE-SEINE

92160 PHILATÉLIE SUD
5 rue Raymond Aron
Antony
Tél. 01 43 50 52 22

92400 ED. FARCIGNY
36 avenue
de la République
Courbevoie
Tél. 01 43 33 31 63

92600 AV EDITIONS
DE MORANT
6 rue du Chalet
Asnières
Timbres, Matériel toute marque, Album encyclo--pédique France AV
Tél. 01 47 93 61 16
Fax. 01 47 33 24 65
email : avoacp@wanadoo.fr

95 • VAL-D'OISE

95170 VAL D'OISE DOCUMENTS ET COLLECTIONS
3, bis rue Charles de Gaulle
Deuil la Barre
Tél. 01 39 84 14 95

95610 LE GRAND CERCLE
Centre Cial Art de Vivre
1 rue du Bois-Noyer
Eragny
Tél. 01 34 30 48 00

VOTRE PASSION EN UN CLIC
LE TIMBRE SUR INTERNET
Découvrez notre sélection de timbres de France, Monaco, Andorre, Nouvelle Calédonie, Polynésie, Wallis et Futuna, TAAF et St-Pierre-et-Miquelon, Thématiques, en vente au détail.
YVERT.COM

Sélection de TIMBRES 2007

ANIMAUX, OISEAUX, REPTILES

ANIMAUX

0174	POCH 100	4,50
0175	POCH 200	8,90
0176	POCH 300	12,90
0177	POCH 500	21,90
0178	POCH 1000	46,90

ANIMAUX DE LA FERME

0723	POCH 100	19,50

ANIMAUX POLAIRE

0724	POCH 100	16,50

ANIMAUX PRÉHISTORIQUES

0725	POCH 100	5,50

ANIMAUX SAUVAGES

0726	POCH 300	19,50

CHATS

0355	POCH 200	16,90

CHIENS

0727	POCH 50	2,90
0728	POCH 200	16,90
0729	POCH 500	189,00

ÉLÉPHANTS

0731	POCH 50	4,50

FÉLINS

0732	POCH 100	10,90

INSECTES

0733	POCH 300	41,20

OISEAUX

0734	POCH 100	4,30
0735	POCH 300	16,40
0736	POCH 1500	189,00

OURS

0737	POCH 50	8,30

PAPILLONS

0738	POCH 200	9,90
0739	POCH 500	54,90

PERROQUETS

0740	POCH 50	13,70

RAPACES

0743	POCH 50	32,90

SINGES

0745	POCH 50	5,40

SERPENTS

0744	POCH 100	9,90

TORTUES

0746	POCH 50	18,70

ARTS

PICASSO

0750	POCH 50	8,30

RUBENS

0751	POCH 50	8,30

SCULPTURES

0749	POCH 100	11,20

TABLEAUX

0193	POCH 100	4,50
0194	POCH 200	8,90
0195	POCH 300	12,90
0196	POCH 500	25,90
0197	POCH 1000	69,90

CÉLÉBRITÉS

LADY DIANA

0753	POCH 100	32,90

DE GAULLE

0752	POCH 100	16,40

PAPES

0712	POCH 25	5,50
0713	POCH 50	13,90

NAPOLÉON

0754	POCH 100	11,20

ENFANCE

CIRQUE

0759	POCH 30	3,20

CONTES

0719	POCH 50	13,90
0720	POCH 100	18,90

DISNEY

0721	POCH 50	11,90
0722	POCH 100	27,50

NOËL

0356	POCH 50	13,90

FLEURS ET FRUITS

CACTUS

0768	POCH 50	16,40

CHAMPIGNONS

0769	POCH 50	2,70
0770	POCH 200	38,50

FLORE

0179	POCH 100	4,50
0180	POCH 200	8,90
0181	POCH 300	12,90
0182	POCH 500	22,90
0183	POCH 1000	62,90
0492	POCH 50	21,90

FRUITS

0771	POCH 200	24,70

ORCHIDÉES

0772	POCH 50	16,40

ROSES

0773	POCH 50	3,80

MER

BÂTEAUX

0779	POCH 100	4,30
0780	POCH 500	38,50

COQUILLAGES

0730	POCH 50	3,90

POISSONS

0741	POCH 100	4,30
0742	POCH 300	19,30

VOILIERS

0787	POCH 200	22,00

PHARES

0765	POCH 25	8,30

RELIGIONS

NATIVITÉ VIERGE

0714	POCH 100	10,90
0715	POCH 200	27,50

NOËL

0356	POCH 50	13,90

PAPES

0712	POCH 25	5,50
0713	POCH 50	13,90

PÂQUES

0764	POCH 50	13,70

RELIGIONS

0716	POCH 100	4,50
0717	POCH 200	12,90
0718	POCH 300	32,90

SPORTS

ARTS MARTIAUX

0476	POCH 25	5,50
0477	POCH 50	16,90

BOXE

0478	POCH 50	10,90

CYCLISME

0479	POCH 50	3,90
0480	POCH 100	13,90

FOOTBALL

0481	POCH 100	4,50
0482	POCH 200	8,90
0483	POCH 300	16,90

FOOT ARGENTINE 78

0486	POCH 50	6,90
0487	POCH 75	16,90

FOOT ESPAGNE 82

0503	POCH 50	6,90
0504	POCH 100	18,90

FOOT FRANCE 98

0488	POCH 50	3,90
0510	POCH 100	10,90

FOOT ITALIE 90

0507	POCH 50	6,90
0508	POCH 100	18,90

FOOT MEXICO 70

0484	POCH 25	6,90

FOOT MEXICO 86

0505	POCH 50	6,90
0506	POCH 100	18,90

FOOT ALLEMAGNE 74

0485	POCH 50	13,90

FOOT USA 94

0509	POCH 50	13,90

GYMNASTIQUE

0511	POCH 50	10,90

HIPPISME

0489	POCH 50	7,90
0490	POCH 75	16,90

JUDO

0475	POCH 25	4,50

LUTTE

0491	POCH 25	7,90
0492	POCH 50	21,90

TENNIS

0493	POCH 25	2,90
0473	POCH 50	10,90

SPORTS

184	POCH 100	4,50
0185	POCH 200	8,90
0186	POCH 500	19,90
0187	POCH 1000	59,90

TRANSPORTS ET COMMUNICATION

AIRBUS

0797	POCH 10	4,50

ASTRONAUTIQUE

0188	POCH 100	4,50
0189	POCH 200	8,90
0190	POCH 300	12,90
0191	POCH 500	27,50
0192	POCH 1000	62,90

AVIONS

0774	POCH 100	4,30
0775	POCH 300	16,40
0776	POCH 1000	137,20

BÂTEAUX

0779	POCH 100	4,30
0780	POCH 500	38,50

CONCORDE

0777	POCH 25	6,70

HÉLICOPTÈRES

0778	POCH 50	16,90

LOCOMOTIVES

0781	POCH 100	11,20

MOTOS

0782	POCH 100	11,20

TRAINS

0783	POCH 100	4,30
0784	POCH 300	13,10
0785	POCH 500	57,60
0786	POCH 800	192,10

TRANSPORTS

0245	POCH 100	4,50
0246	POCH 200	8,90
0247	POCH 300	12,20
0248	POCH 500	22,90
0249	POCH 1000	59,90

VOILIERS

0787	POCH 200	22,00

VOITURES

0357	POCH 300	21,50

VOITURES DE COURSE

0788	POCH 40	9,90

VOITURES FERRARI

0789	POCH 10	3,20

VOITURES MERCEDES

0790	POCH 25	8,30

FRANCE, MONACO, DOM-TOM

FRANCE

0156	POCH 200	6,90
0157	POCH 300	12,90
0158	POCH 400	21,90
0159	POCH 500	33,50
0160	POCH 600	45,00
0161	POCH 800	69,90
0162	POCH 1000	89,90
0163	POCH 1200	149,00
0164	POCH 1500	185,00
0165	POCH 2000	335,00

FRANCE EUROPA

0132	POCH 25	5,40

FRANCE PRÉ-OBLITÉRÉS

0134	POCH 25	13,70

FRANCE TABLEAUX

0131	POCH 100	76,90

FRANCE TAXE

0137	POCH 50	24,90

GUADELOUPE

0343	POCH 25	10,90

MARTINIQUE

0345	POCH 25	10,90

MONACO

0410	POCH 50	4,90
0411	POCH 100	17,50
0412	POCH 200	46,90

NOUVELLE-CALÉDONIE

0416	POCH 50	16,90

OCÉANIE POLYNÉSIE

0417	POCH 50	16,90

TAAF

0427	POCH 25	34,90
0428	POCH 50	79,90

RÉUNION

0418	POCH 25	10,90
0419	POCH 50	35,90
0420	POCH 100	79,90

WALLIS ET FUTUNA

0439	POCH 50	21,90
0440	POCH 100	62,90

AFRIQUE FRANCOPHONE

AFRIQUE ÉQUATORIALE

0259	POCH 25	4,50

ALGÉRIE

0260	POCH 50	2,90
0261	POCH 100	9,90
0262	POCH 300	54,90

BÉNIN

0292	POCH 50	2,90
0293	POCH 100	4,50

BURKINA

0294	POCH 25	2,90
0295	POCH 50	4,90

CAMEROUN

0268	POCH 50	4,50
0269	POCH 100	16,90

CENTRAFRIQUE

0270	POCH 50	4,50
0271	POCH 100	9,50
0272	POCH 200	29,90

COMORES

0273	POCH 50	4,90
0274	POCH 100	13,90
0275	POCH 200	38,50

CONGO

0276	POCH 50	5,50
0277	POCH 100	18,90
0278	POCH 200	54,90

CÔTE D'IVOIRE

0279	POCH 50	6,90
0280	POCH 100	18,90
0281	POCH 200	52,00

CÔTE DES SOMALIS AFARS

0282	POCH 25	4,50

DAHOMEY

0283	POCH 50	4,90
0284	POCH 100	12,90
0285	POCH 200	49,90

DJIBOUTI

0286	POCH 50	3,90
0287	POCH 100	7,90
0288	POCH 200	18,90

GABON

0289	POCH 25	2,90
0290	POCH 50	5,50
0291	POCH 100	24,90

GUINÉE

0375	POCH 100	4,50
0376	POCH 200	8,90
0377	POCH 400	24,90
0378	POCH 500	35,90

HAUTE VOLTA

0380	POCH 50	3,90
0381	POCH 100	7,90
0382	POCH 200	23,90

MADAGASCAR

0388	POCH 100	3,90
0389	POCH 200	15,50
0390	POCH 300	35,90

MALI

0391	POCH 50	2,90
0392	POCH 100	7,90
0393	POCH 200	21,90
0394	POCH 300	59,90

MAROC

0395	POCH 50	3,90
0396	POCH 100	7,90
0397	POCH 200	19,90
0398	POCH 300	43,90

MAURITANIE

0407	POCH 50	3,90
0408	POCH 100	11,50
0409	POCH 200	32,90

NIGER

0413	POCH 50	3,90
0414	POCH 100	10,90
0415	POCH 200	31,90

SÉNÉGAL

0421	POCH 50	4,50
0422	POCH 100	15,50

TCHAD

0423	POCH 50	3,90
0424	POCH 100	6,90
0425	POCH 200	12,90
0426	POCH 300	27,50

TOGO

0429	POCH 100	5,50
0430	POCH 200	12,90
0431	POCH 500	43,9

TUNISIE

0432	POCH 50	3,90
0433	POCH 100	7,90
0434	POCH 200	21,90
0435	POCH 300	45,00

PAYS D'AFRIQUE FRANCOPHONE

0251	POCH 100	2,90
0252	POCH 200	5,90
0253	POCH 300	9,90
0254	POCH 500	17,90
0255	POCH 1000	45,00
0256	POCH 2000	99,90
0257	POCH 3000	169,90
0258	POCH 5000	329,00

Prix en euros. Valables jusqu'au 31/12/2008 sauf modifications, erreurs ou omissions. Photos non contractuelles.

EUROPE DU NORD ET SCANDINAVIE

ALAND

0346	POCH 10	8,90

ALLEMAGNE

0449	POCH 200	7,90
0450	POCH 500	24,90
0451	POCH 1000	62,90

BELGIQUE

0455	POCH 100	6,90
0456	POCH 200	17,50
0457	POCH 500	65,00
0458	POCH 1000	99,90

ANCIENNES POSSESSIONS BELGES

0593	POCH 100	5,50
0594	POCH 200	10,90
0595	POCH 300	18,90

DANEMARK

0515	POCH 100	3,90
0516	POCH 200	7,90
0517	POCH 300	13,90
0518	POCH 400	24,90

FEROE

0347	POCH 25	27,50

FINLANDE

0524	POCH 100	4,50
0525	POCH 200	10,90
0526	POCH 300	21,90

GRANDE-BRETAGNE

0527	POCH 100	3,90
0528	POCH 200	6,90
0529	POCH 300	13,90
0530	POCH 500	32,90

ANCIENNES POSSESSIONS BRITANNIQUES

0590	POCH 500	12,90
0591	POCH 1000	36,90
0592	POCH 2000	99,90

GROËNLAND

0348	POCH 25	19,90

GUERNESEY

0534	POCH 25	6,90
0535	POCH 50	12,90
0536	POCH 100	23,90

IRLANDE

0138	POCH 200	48,30

ISLANDE

0349	POCH 25	4,90

JERSEY

0531	POCH 25	6,90
0532	POCH 50	12,90
0533	POCH 100	23,90

LUXEMBOURG

0548	POCH 100	10,90
0549	POCH 200	27,50
0550	POCH 300	43,90
0551	POCH 500	99,90

NORVEGE

0554	POCH 100	4,50
0555	POCH 200	10,90
0555	POCH 300	23,90

PAYS-BAS

0557	POCH 100	3,90
0558	POCH 200	6,90
0559	POCH 500	39,90

ANCIENNES POSSESSIONS NÉERLANDAISES

0611	POCH 50	6,90
0612	POCH 100	19,90
0613	POCH 200	49,90

SUÈDE

0572	POCH 100	3,90
0573	POCH 200	7,90
0350	POCH 300	11,50
0351	POCH 400	16,90

RUSSIE ET EX-URSS

ARMÉNIE

0373	POCH 25	6,90
0374	POCH 50	24,90

AZERBAÏDJAN

0327	POCH 50	3,90
0363	POCH 75	7,90
0328	POCH 100	18,90

BIELORUSSIE

0329	POCH 25	2,90
0330	POCH 50	10,90

ESTONIE

0364	POCH 25	13,90
0365	POCH 50	38,50

KAZAKHSTAN

0366	POCH 15	5,50

KIRGHIZSTAN

0331	POCH 25	2,90
0332	POCH 50	5,50

LETTONIE

0367	POCH 25	10,90
0368	POCH 50	27,50

LITUANIE

0369	POCH 25	10,90
0370	POCH 50	24,90

OUZBEKISTAN

0333	POCH 25	2,90
0334	POCH 50	5,50

TADJIKISTAN

0335	POCH 25	2,90

UKRAINE

0372	POCH 50	22,50

URSS

0584	POCH 300	8,90
0585	POCH 500	18,90
0586	POCH 1000	46,90

EUROPE CENTRALE

ALBANIE

0447	POCH 100	13,90
0448	POCH 300	79,90

AUTRICHE

0452	POCH 100	4,50
0453	POCH 200	11,90
0454	POCH 500	38,50

BOSNIE

0127	POCH 25	9,50

BULGARIE

0512	POCH 100	3,90
0513	POCH 500	27,50
0514	POCH 1000	79,90

HONGRIE

0540	POCH 100	2,90
0541	POCH 200	4,50
0542	POCH 500	14,90
0543	POCH 1000	38,50

LIECHTENSTEIN

0140	POCH 100	34,10

POLOGNE

0560	POCH 100	2,90
0561	POCH 500	16,90
0562	POCH 1000	43,90

ROUMANIE

0566	POCH 100	2,90
0567	POCH 500	16,90
0568	POCH 1000	41,90

SERBIE

0141	POCH 25	7,20
0142	POCH 50	22,00

SUISSE

0574	POCH 100	6,90
0575	POCH 300	31,90

TCHÉCOSLOVAQUIE

0576	POCH 100	2,90
0577	POCH 200	5,50
0578	POCH 300	8,90
0579	POCH 1000	49,90

TURQUIE

0580	POCH 100	2,90
0581	POCH 200	4,50
0582	POCH 500	17,50
0583	POCH 1000	59,90

EUROPE MÉDITERANNÉENNE

ANDORRE

0263	POCH 25	5,50
0264	POCH 50	21,90
0265	POCH 100	69,90

ESPAGNE

0519	POCH 100	4,50
0520	POCH 200	10,90
0521	POCH 300	19,90
0522	POCH 500	41,90
0523	POCH 1000	89,90

ANCIENNES POSSESSIONS ESPAGNOLES

0596	POCH 100	17,90
0597	POCH 200	42,90

GRÈCE

0537	POCH 100	7,90
0538	POCH 200	18,90
0539	POCH 300	32,90

ITALIE

0544	POCH 100	2,90
0545	POCH 200	6,90
0546	POCH 500	41,90
0547	POCH 1000	99,90

ANCIENNES POSSESSIONS ITALIENNES

0598	POCH 50	16,90
0599	POCH 100	41,90

PORTUGAL

0563	POCH 100	6,90
0564	POCH 200	13,90
0565	POCH 500	54,90

ANCIENNES POSSESSIONS PORTUGAISES

0614	POCH 100	7,90
0615	POCH 200	18,90
0616	POCH 500	89,90

MALTE

0552	POCH 100	6,90
0553	POCH 200	18,90

ST MARIN

0569	POCH 50	4,90
0570	POCH 100	9,90
0571	POCH 200	21,90

VATICAN

0152	POCH 50	12,00

YOUGOSLAVIE

0587	POCH 100	3,90
0588	POCH 200	7,90
0589	POCH 500	27,50

AFRIQUE

AFRIQUE DU SUD

0619	POCH 100	5,50
0620	POCH 200	9,90

BURUNDI

0628	POCH 100	5,50
0629	POCH 300	24,90
0630	POCH 500	54,90

EGYPTE

0646	POCH 100	5,90
0647	POCH 200	13,90
0648	POCH 500	69,90

GUINÉE ÉQUATORIALE

0657	POCH 100	3,90

IFNI

0358	POCH 50	16,90

LIBERIA

0676	POCH 100	10,90
0677	POCH 300	54,90

LIBYE

0359	POCH 50	9,90
0360	POCH 100	19,90

MAROC ESPAGNOL

0361	POCH 25	7,90

MOZAMBIQUE

0681	POCH 50	4,50
0682	POCH 100	10,90

SAHARA ESPAGNOL

0362	POCH 50	16,90

ST THOMAS ET PRINCE

0691	POCH 100	5,50
0692	POCH 200	16,90

AMÉRIQUE & CARAÏBES

ANTIGUA ET BARBUDA

0336	POCH 25	4,50
0337	POCH 50	10,90

ARGENTINE

0623	POCH 100	2,90
0624	POCH 300	10,90
0625	POCH 500	23,90

BARBADE

0338	POCH 25	7,90

CANADA

0631	POCH 100	2,90
0632	POCH 200	6,90
0633	POCH 300	12,90

CHILI

0634	POCH 100	5,90
0635	POCH 300	32,90

COLOMBIE

0638	POCH 100	6,90
0639	POCH 200	17,50

CUBA

0642	POCH 100	3,90
0643	POCH 200	6,90
0659	POCH 300	11,90
0644	POCH 500	24,90
0645	POCH 1000	79,90

DOMINIQUE

0339	POCH 25	2,90
0340	POCH 50	5,50
0341	POCH 100	16,90

EQUATEUR

0649	POCH 100	7,90

ETATS-UNIS

0650	POCH 100	3,90
0651	POCH 200	7,90
0652	POCH 300	13,90
0653	POCH 500	27,50
0654	POCH 1000	69,90

GRENADE

0655	POCH 50	5,50
0656	POCH 100	10,90

GRENADINES

0342	POCH 100	16,90

HAÏTI

0658	POCH 100	13,90

HONDURAS

0660	POCH 50	10,90

JAMAÏQUE

0344	POCH 25	4,50

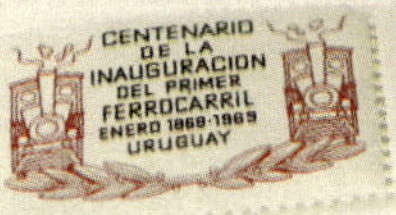

NICARAGUA

0683	POCH 100	3,90
0684	POCH 300	13,90

PARAGUAY

0687	POCH 100	7,90
0688	POCH 200	16,90
0689	POCH 300	27,50

ST VINCENT DE GRENADINES

0352	POCH 100	17,50

STE LUCIE

0353	POCH 25	4,50
0354	POCH 50	13,90

URUGUAY

0693	POCH 100	3,90
0694	POCH 200	9,90

VENEZUELA

0695	POCH 50	5,50
0696	POCH 100	13,90

ASIE, OCÉANIE

AFGHANISTAN

0617	POCH 100	5,50
0618	POCH 200	16,90

AUSTRALIE

0626	POCH 100	3,90
0627	POCH 200	6,90

BHOUTAN

0703	POCH 100	15,50

CAMBODGE

0267	POCH 100	4,50
0266	POCH 200	8,90
0704	POCH 300	15,50

CHINE

0636	POCH 100	13,90
0705	POCH 200	29,90
0637	POCH 300	56,90

CORÉE DU NORD

0640	POCH 100	4,50
0706	POCH 200	8,90
0641	POCH 300	13,90

CORÉE DU SUD

0707	POCH 50	8,90

INDE

0661	POCH 200	3,90
0662	POCH 300	10,90

INDONÉSIE

0663	POCH 100	3,90
0664	POCH 200	13,90

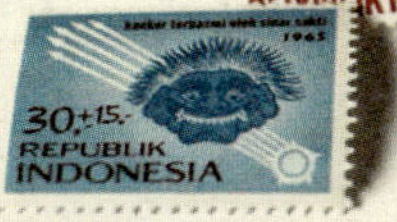

IRAK

0665	POCH 100	6,90

IRAN

0666	POCH 100	5,90
0667	POCH 200	13,90

ISRAËL

0669	POCH 100	6,90
0670	POCH 200	18,90
0671	POCH 500	89,90

JAPON

0672	POCH 100	5,90
0673	POCH 200	17,50
0709	POCH 300	31,90

JORDANIE

0674	POCH 50	8,90

KAMPUCHEA

0383	POCH 100	4,50
0384	POCH 300	15,50

LAOS

0385	POCH 100	4,50
0386	POCH 200	8,90
0387	POCH 300	17,50

MONGOLIE

0678	POCH 100	3,90
0679	POCH 200	9,50
0710	POCH 300	14,90
0680	POCH 500	29,90

NOUVELLE-ZÉLANDE

0685	POCH 100	4,90
0686	POCH 200	8,90

PHILIPPINES

0690	POCH 100	8,90

SINGAPOUR

0708	POCH 50	10,90

VIETNAM

0436	POCH 100	4,50
0437	POCH 200	8,90
0711	POCH 300	13,90
0438	POCH 500	27,50

RESTE DU MONDE ET EUROPE

MONDE ENTIER

0166	POCH 300	3,90
0167	POCH 500	5,50
0168	POCH 1000	13,90
0169	POCH 2000	29,90
0170	POCH 3000	59,90
0171	POCH 5000	99,90
0172	POCH 10000	299,00
0173	POCH 20000	890,00

EUROPE

0441	POCH 200	2,90
0442	POCH 500	6,90
0443	POCH 1000	16,90
0444	POCH 2000	38,50
0445	POCH 3000	62,90
0446	POCH 5000	135,00

EUROPA

0153	POCH 50	15,50
0154	POCH 200	55,00

Prix en euros. Valables jusqu'au 31/12/2008 sauf modifications, erreurs ou omissions. Photos non contractuelles.

YVERT&TELLIER

2 RUE DE L'ÉTOILE
80094 AMIENS CEDEX 3
Tél (33) 03 22 71 71 78
Fax (33) 03 22 71 71 89
contact@yvert.com

S.A.S. au capital de 504 000 €
SIRET 551 721 343 B
RC AMIENS - CCP Paris 5 303 64 N

BON DE COMMANDE

Nom / Prénom : .... Pays : .... Tél : ....

Adresse : .... Ville : .... Email : ....

YVERT & TELLIER 2 RUE DE L'ÉTOILE 80094 AMIENS CEDEX 3

BON DE COMMANDE SÉLECTION DE TIMBRES 2007

Description	Référence	Prix unitaire	Qté	TOTAL
		, €		
		, €		
		, €		
		, €		
		, €		
		, €		
		, €		
		, €		
		, €		
		, €		
		, €		
		, €		
		, €		
		, €		
		, €		
		, €		
		, €		
		, €		
		, €		
		, €		
		, €		
		, €		
		, €		
		, €		
		, €		

BON DE COMMANDE SÉLECTION DE TIMBRES 2007

Description	Référence	Prix unitaire	Qté	TOTAL
		, €		
		, €		
		, €		
		, €		
		, €		
		, €		
		, €		
		, €		
		, €		
		, €		
		, €		
		, €		
		, €		
		, €		
		, €		
		, €		
		, €		
		, €		
		, €		
		, €		
		, €		
		, €		
		, €		

RÈGLEMENT *(à joindre à votre commande)*

❑ Chèque bancaire ❑ C.C.P *(à l'ordre de Yvert & Tellier)* N°

❑ Carte bancaire (16 numéros + signature obligatoire)

N°

Expire fin Clé (les 3 derniers chiffres au dos de votre carte bancaire)

Signature :

▶ **MONTANT DE VOTRE COMMANDE** , €

▶ **FRAIS DE PORT ET D'EMBALLAGE** **+ 6 €**

Étranger et DOM-TOM sur devis minimum 6€

▶ **MONTANT TOTAL À PAYER** , €

AUTRE ADRESSE *cette adresse est :*

❑ Pour la livraison ❑ Ma nouvelle adresse

NOM PRÉNOM

ADRESSE

CODE POSTAL VILLE

T1_08

YVERT&TELLIER

2 RUE DE L'ÉTOILE
80094 AMIENS CEDEX 3
Tél (33) 03 22 71 71 78
Fax (33) 03 22 71 71 89
contact@yvert.com

S.A.S. au capital de 504 000 €
SIRET 551 721 343 B
RC AMIENS - CCP Paris 5 303 64 N

BON DE COMMANDE

Nom / Prénom : .... Pays : .... Tél : ....

Adresse : .... Ville : .... Email : ....

YVERT & TELLIER 2 RUE DE L'ÉTOILE 80094 AMIENS CEDEX 3

BON DE COMMANDE

Description	Référence	Prix unitaire	Qté	TOTAL
ENCYCLOPHILATÉLIE	2314	35,00 €		€
TOME DE RÉFÉRENCE 2007	3402	19,90 €		€
CARNET DE FRANCE 1	2310	95,00 €		€
CARNET DE FRANCE 2	2313	95,00 €		€
TOME DES NOUVEAUTÉS 2006	3089	19,00 €		€
LE SPÉCIALISÉ DES TIMBRES DE FRANCE	2303	57,95 €		€
CLASSIQUES DU MONDE	2312	79,00 €		€
TOME 1 bis 2008	4013	19,90 €		€
ASSORTIMENT DE POCHETTES	14710	9 €		€
JEU FCE ALPHA 2007 1er semestre	670055	9 €		€
JEU FRANCE SC 2007 1er semestre	77001	27 €		€
JEU FRANCE FS 2007 1er semestre	670011	9 €		€
JEU FRANCE FO 2007 1er semestre	670033	9 €		€
TOME 2, 1ème PART. 2006	3028	29 €		€
TOME 2, 2ème PART. 2006	3027	19,90 €		€
TOME 2, 3ème PART. 2008	3029	19,90 €		€
TOME 3, 1ème PART. 2006	3040	35 €		€
TOME 3, 2ème PART. 2008	3041	39 €		€
TOME OUTRE-MER VOL. 3 2006	3055	29 €		€

RÈGLEMENT *(à joindre à votre commande)*

❏ Chèque bancaire ❏ C.C.P *(à l'ordre de Yvert & Tellier)* N°

❏ Carte bancaire (16 numéros + signature obligatoire)

N°

Expire fin Clé (les 3 derniers chiffres au dos de votre carte bancaire)

Signature :

AUTRE ADRESSE *cette adresse est :*

❏ Pour la livraison ❏ Ma nouvelle adresse

NOM ____________ PRÉNOM ____________

ADRESSE ____________

CODE POSTAL ____ VILLE ____________

▶ **MONTANT DE VOTRE COMMANDE** €

▶ **FRAIS DE PORT ET D'EMBALLAGE** + 6 €

Etranger et DOM-TOM sur devis minimum 6€

▶ **À PAYER** €

Les informations qui vous sont demandées sont nécessaires au traitement de votre commande et pourront être communiquées à des tiers. Conformément à la Loi Informatique & Libertés du 06/01/78 (art.27), vous disposez d'un droit d'accès et de rectification des données vous concernant. Vous pouvez aussi vous opposer à ce qu'elles soient communiquées à des tiers en nous écrivant. S.A.S. au capital de 504000 euros. SIRET 551 721 343 B - RC AMIENS - CCP Paris 5 303 64 N. Prix indiqués valables jusqu'au 31/12/2008 selon les stocks disponibles sauf erreurs ou omissions.

T1_08

Pré-presses Éditions YVERT & TELLIER Amiens
Impression Groupe Morault - Compiègne
Brochage : Reliure BRUN à Malesherbes
Dépôt légal Août 2007